The Most Frequently Tested Words

VOCA Bible

V 4.0

보카바이블 4.0

허 민 지음

보카바이블닷컴(www.vocabible.com) 자료실

▶ 원어민 mp3 다운로드(무료)

▶ 각종 스터디 자료 및 보충자료 제공

▶ 각종 영어시험 기출문제 제공

▶ 영어어휘 학습상담 및 교재 문의(e-mail)

보카바이블 4.0 동영상 강좌(유료)

온라인 인강 사이트 마공스터디(magongstudy.com)

▶ 한상준 선생님(전 김영편입학원 어휘 대표강사)

보카바이블 4.0 유튜브 동영상 (무료)

▶ 보카바이블4.0에 수록된 단어들의 암기에 도움이 되도록 다양한 암기동영상 제공

· 보카바이블 4.0[A권] – 표제어1000개 이미지로 정복하기 (총 48개 영상)
· 보카바이블 4.0[A권] – 동의어 자동암기(총48개 영상)
· 보카바이블 4.0[B권] – 접두어로 어원훈련(기초편) (총10개 영상)
· 보카바이블 4.0[B권] – 어원으로 단어확장(어근편)(총30개 영상)
· 보카바이블 4.0[B권] – 공무원기출숙어 하루 10문제 풀어보기(총39개 영상)

▶ 쉬는 시간이나 이동할 때 반복적으로 복습하기에 매우 유용

The Most Frequently Tested Words

VOCA 4.0

공무원, 편입, TOEFL, TEPS, SAT, GRE 대비 　Completely Revised 4th Edition

Bible B권 어원·숙어·동의어

보카바이블 4.0

VOCA Bible 4.O (The Most Frequently Tested Words)

지 은 이 **허 민**
펴 낸 이 **허 민**
펴 낸 곳 **스텝업**

디 자 인 **홍은선**
마 케 팅 **김봉주**

1판 1쇄 발행 2006.02.20 (타사)
　　 6쇄 인쇄 2006.11.10 (타사)
2판 1쇄 발행 2007.02.25 (타사)
　　 68쇄 인쇄 2011.02.05 (타사)
3판 1쇄 발행 2011.07.07
　　 49쇄 인쇄 2018.02.28
4판 1쇄 발행 2018.06.12
　　 24쇄 인쇄 2024.12.24 (총 147쇄)

출판신고 2012년 9월 12일 제 324-2012-000051호
05248 서울시 강동구 올림픽로 667 대동피렌체리버 705호

TEL 02-747-7078
FAX 02-747-7079

www.vocabible.com
www.stepupbook.net

ISBN 978-89-94553-09-2-13740

가격은 뒤표지에 있습니다.

The Most Frequently Tested Words

VOCA 4.0

공무원, 편입, TOEFL, TEPS, SAT, GRE 대비   Completely Revised 4th Edition

Bible

B권 어원·숙어·동의어

허 민 지음

보카바이블 4.0

스텝업

contents

[A권]

PART1. TOP1000 WORDS (TOP1000 표제어)

[B권]

PART 2. ETYMOLOGY & IDIOMS (어원표제어) (+숙어표제어)

contents

PART 3. SYNONYM/THEME & WORDS (동의어표제어)

보카바이블닷컴
www.vocabible.com

VOCA BIBLE 4.0

PART. 2

ETYMOLOGY &IDIOM

INTRODUCTION

- PART2. ETYMOLOGY & IDIOMS(어원표제어 & 숙어표제어)에서는 〈A권〉PART1. TOP1000 WORDS의 TOP1000 **표제어**에서 다루지 않은 기출어휘들을 접두어, 접미어, 어근 등을 이용한 어원학습법을 통해 어휘를 보다 쉽게 학습할 수 있도록 하였습니다. 또한 해당 어원과 같은 의미를 갖는 기본단어들(전치사, 부사, 기본동사, 기본명사)을 이용하여 효율적인 기출숙어 학습이 될 수 있도록 하였습니다.

- PART2. ETYMOLOGY & IDIOMS(어원표제어 & 숙어표제어)에서는 이미 알고 있는 〈전치사, 부사〉와 관련된 기출숙어와 함께 쉬운 단어들인 중고등학교 단어를 통해 단어의 인상을 결정하는 〈접두어〉와 단어의 품사를 결정하는 〈접미어〉를 가볍게 학습합니다. 다음으로 단어의 의미를 직접적으로 좌우하는 〈어근〉을 통해 기출어휘들을 같은 뜻을 갖는 〈기본동사, 기본명사〉들의 숙어들과 함께 집중적으로 학습합니다.

  [1] 접두어 · 접미어로 학습하는 필수어휘 (DAY 01~10)
  - 접두어(接頭語, 약 80개), 접미어(接尾語, 약 50개)와 400여 개의 필수어휘
  - 전치사, 부사 36개와 기출숙어 400여 개

  [2] 어근으로 학습하는 기출어휘 (DAY 11~40)
  - 어근(語根, 약 500개)과 기출어휘 1,500여 개(어근표제어)
  - 기본동사, 기본명사와 기출숙어 1,300여 개(숙어표제어)

- PART2. ETYMOLOGY & IDIOMS(어원표제어 & 숙어표제어)에서는

  [어원 표제어] A권 〈TOP1000표제어〉에서 다루지 못한 기출어휘를 〈어원표제어〉로 다룹니다.

  [추가 어휘] 시험에 출제되지 않은 기타 어근 관련 어휘들을 다룹니다. (여기에서는 쉬운 기본단어와 어려운 단어가 혼재합니다. 어렵고 중요하지 않은 단어는 회색으로 처리하였으므로 학습에서 제외하셔도 됩니다.)

  [표제어 복습] A권 〈TOP1000표제어〉에서 다루었던 표제어들을 어근 별로 재정리해서 복습할 수 있도록 쉽게 찾을 수 있는 링크 인덱스와 함께 실었습니다. A권의 해당 표제어에서는 반대로 어근 색인을 수록하여 상호 유기적인 학습이 되도록 배려하였습니다.

학습방법

- 보카바이블 4.0의 구성 순서대로 가장 중요한 단어들인 A권 〈TOP1000표제어〉를 먼저 학습한 다음, B권에서 어원학습방법을 통해 〈어원표제어〉와 〈숙어표제어〉를 학습합니다. 기출어휘인 〈어원표제어〉 학습과 더불어 〈표제어 복습〉 코너를 통해 어근별로 정리된 〈TOP1000표제어〉를 복습해 주면 암기효과가 오래 갑니다. 반대로 두 번째로 A권 〈TOP1000표제어〉를 학습할 때에는 B권 어원편을 같이 참고하면서 학습하면 보다 효율적일 수 있습니다.

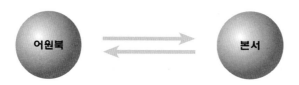

- 각 **어원표제어, 숙어표제어** 앞에 링크 인덱스 번호를 표시하여 두었는데, 각 번호 앞에 P(접두어편), S(접미어편), R(어근편), I(숙어표제어)만 추가하면 고유 링크 인덱스가 됩니다. 링크인덱스 번호의 4자리~5자리 중 마지막 번호가 0으로 끝나는 경우는 오른쪽 심화코너(회색박스 안)의 〈추가어휘〉, 〈표제어 복습〉에 있음을 의미합니다.

어원(etymology)에 대해서

1. 어원(語原)이란??

어원(Etymology)은 한마디로 단어생성의 기원입니다. 영어 어휘는 크게 앵글로 색슨 계통의 단어와 라틴, 그리스어 계통의 단어로 대별할 수 있습니다. 앵글로 색슨계통의 단어가 원래 영어의 조상이고 라틴, 그리스 계통의 단어는 빌려 온 외국어라고 보시면 됩니다. 영어, 프랑스어, 독일어 등에서 비슷한 스펠링을 가진 단어들이 많은 이유가 한 어원에서 출발한 단어이기 때문입니다. 즉, 우리가 쓰는 말이 순수 우리말이 있고 한자로 된 말이 있듯이, 라틴, 그리스 계통의 단어는 영어의 한자라고 보면 쉽게 이해됩니다. 우리말에도 순수 우리말보다 한자가 차지하는 비중이 훨씬 높듯이 영어단어도 라틴, 그리스 계통의 단어가 더욱 많은 비중을 차지합니다. 앵글로 색슨계통의 단어는 주로 쉬운 단어이며 구어(회화에서 사용하는)로 사용되는데 반해, 라틴, 그리스어 계통의 단어는 학술이나, 문헌에 주로 사용되는 것입니다. 많이 배운 사람일수록 유식하게 보이려고 한자를 많이 쓰듯이, 영어에서도 유식한 사람일수록 라틴, 그리스어 계통의 단어를 사용합니다. 앵글로 색슨계통의 단어는 어원분석이 안 되거나 공통 어원의 단어가 별로 없어 어원접근이 의미가 없는 단어가 대부분이고, 어원으로 접근하는 단어는 주로 라틴, 그리스어 계통의 단어입니다.

2. 단어의 구성요소와 구성원리

1 단어를 구성하는 형태소

1. **접두어(接頭語: PREFIX)** : 단어의 구성요소로서 제일 앞에 위치하는 형태소로서 주로 단어의 뜻을 강조하거나 어근의 의미를 변형하는 역할을 한다. 접두어는 뒤에 오는 스펠링의 영향을 받아 형태가 다소 변형되는 것들도 있다.
ex) ab, ad, com, re, fore, sub, in, mal, bene, under 등

2. **접미어(接尾語: SUFFIX)** : 단어의 꼬리에 붙어 주로 품사를 변화시키는 역할을 하는데, 때로는 단어의 의미를 강화시켜 주는 역할을 하기도 한다.
ex) able, ous, ment, tion 등

3. **어근(語根): ROOT)** : 단어의 가장 중심적인 뜻을 가지는 핵核)으로서 더 이상 쪼갤 수 없는 말의 기본단위이다. 단어의 본질적인 의미를 가지고 있으므로 접두어나 접미어가 없는 경우는 있어도, 단어에 어근이 없는 경우는 있을 수 없다.
ex) capt, tain, post, pend 등

2 단어를 구성하는 원리

1. 접두어+어근+접미어
ex) impartial: <u>im</u>(=not)+<u>part</u>(부분)+i+<u>al</u>(형용사 접미어) : 일부에 치우치지 않는 → 공평한
        접두어   어근   접미어

2. 접두어+어근
ex) impart: <u>im</u>(=on)+<u>part</u>(부분) : 부분을 주다 → 나누어주다
        접두어   어근

3. 어근+접미어
ex) partial: <u>part</u>(부분)+i+<u>al</u> : 일부분에 치우치는 → 불공평한
        어근   접미어

4. 어근
ex) part (부분, 나누다)

5. 어근+어근+접미어
ex) participate: <u>part</u>(부분)+i+<u>cip</u>(=take)+<u>ate</u>(동사 접미어): 한 부분(자리)를 차지하다 → 참여하다
          어근   어근   접미어

6. 어근+어근
ex) manicure: <u>man</u>(=hand)+i+<u>cure</u>(=cure): 손을 돌보는 것 → 매니큐어
         어근   어근

※ 1, 3, 5, 6에서 각 형태소 사이에 들어간 "i"는 아무런 의미를 가지지 않는 연결형 어미로서 단어를 매끄럽게 구성하거나 발음하기 좋게 인위적으로 집어넣은 것이므로 신경 쓰지 말 것

3 어원학습의 순서

어원학습은 먼저 접두어, 접미어의 의미와 구성원리부터 이해하고 어근 학습을 시작해야 합니다.

상당히 많은 단어들이 접두어, 접미어를 포함하는 단어이니, 먼저 접두어, 접미어 뜻을 정확히 파악한 후 개별적 어근에 접근하는 것이 순서인 것입니다. 단, 접두어, 접미어 공부는 그 개수가 얼마 되지 않고 이미 중·고등학교를 거치면서 접했던 수많은 단어들에서 대충의 감을 잡고 있으므로 정리 정도만 해주면 됩니다. 하지만 어근은 그 수가 상당히 많고 체계적인 학습을 해 본 적이 없는 독자들이 대부분일 것이므로 체계적이고 반복적으로 학습을 해 주어야 수많은 단어들이 자기 것이 됩니다.

4 어원학습의 장점

어원으로 어휘를 학습할 때 가지는 장점은

1. 한 어근을 익힘으로써 많게는 수십 개의 단어를 한꺼번에 익힐 수 있다.
2. 한꺼번에 유사 어원의 단어를 익힘으로써 암기의 효과가 오래간다.
3. 대부분의 같은 어원을 가진 어휘군이 쉬운 단어를 하나씩 가지고 있기 때문에 이를 기본으로 같은 어원의 단어를 확장해 나가면 단어 암기가 매우 쉬워진다 .(ex 어근 vid(=see)는 video를 생각)
4. 낯선 단어를 보아도 많은 어원을 알고 있으면 대강의 의미를 유추할 수 있다.
5. 단어의 정확한 스펠링의 암기가 용이하다. (어원으로 조합된 단어를 분석해서 공부하기 때문)

그러나 어원학습법도 장점만 있는 것이 아니라 단점도 분명 있습니다.

1. 모든 단어가 어원으로 분석되는 것은 아니다. (앵글로 색슨 계통의 어휘)
2. 하나의 어원에서 많은 단어가 파생되어 나오는 경우가 아닌 경우에는 어원을 이용해서 단어를 공부하는 것보다 단순 암기하는 것이 오히려 효율적이다.
3. 단어가 원래의 어원에서 뜻이 너무 멀어진 경우에는 차라리 어원을 생각하지 않고 암기하는 것이 효율적이다.

※ 결론적으로 분명 어원학습이 가지는 단점들이 있음에도 불구하고, 장점이 더 많은 것은 어느 누구도 부인할 수 없는 사실입니다. 그렇다고 해서 모든 단어를 어원으로 익히고자 하는 것도 매우 무모한 방법인 것도 사실입니다. 따라서 어원으로 해결가능하고 그것이 효율적인 단어들만 어원학습으로 암기하고, 그렇지 않은 경우는 다른 방법(예문, 테마, 동의어, 연상)을 통해 어휘를 늘려가는 것이 좋습니다.

PART.2 ETYMOLOGY편에서는 어원학습을 통해서 학습하는 것이 효율적인 단어들을 중심으로, 어원을 통해서 효율적인 암기와 어휘 확장을 돕습니다.

숙어(idiom)에 대해서

1. 숙어(Idiom), 구동사(phrasal-verb)란?

1) 원래 순수영어라고 할 수 있는 앵글로 색슨어 자체가 풍부한 언어가 아니어서 이 부족함을 메우기 위한 방편이 이 책에서 다루는 기본 동사나 전치사, 부사를 조합하여 만든 **구동사(phrasal-verb)**와 여러 개의 단어들이 모여 만들어진 관용적 표현인 **이디엄(Idiom)**입니다. 우리가 중학교에서 가장 먼저 배우는 단어들의 거의 대부분을 차지하는 기본동사, 기본명사는 제각기 무수한 뜻과 구동사들을 포함하고 있는데 이것이 영어의 빈약함을 메우려는 이유입니다. 흔히들 "3천 단어면 영어를 완벽하게 말할 수 있다"고 하는 근거가 바로 구동사가 있기 때문입니다. 이 책에서 다루는 수천 개의 이디엄이나 구동사의 대부분은 단지 150여개에 이르는 중학교 기본단어들의 조합에서 나오는 것이라는 점만 보아도 그 위력을 알 수 있겠다 할 것입니다.

2) 우리가 숙어(熟語)라고 부르는 관용적 표현(Idiomatic Expression)에는 이디엄과 구동사, 연어 등이 포함되는데 이들 용어는 각각 다음과 같이 구분해 쓰는 것이 일반적입니다. ❶ **이디엄(Idiom)**은 여러 개의 단어들이 구를 이루어 본래의 제 각기 단어들이 갖는 의미를 벗어나는 새로운 의미를 갖는 것을 지칭합니다. 그것에는 역사적 사건이나 문학작품에서 유래하는 것들이 대부분이기 때문에 그 뜻을 유추하기 힘든 경우가 많습니다. (ex. 이솝우화에서 유래한 "sour grapes", 단테의 신곡에서 유래한 "on a cloud nine") ❷ **구동사(phrasal-verb)**는 동사와 전치사나 부사가 결합하여 하나의 구가 동사 역할을 하는 것을 지칭합니다. (ex. make up) ❸ **연어(collocation)**는 특정 단어들이 자주 붙어서 사용되는 경우를 지칭하는 것으로서 어떤 명사는 자주 특정 동사를 수반하는 경우입니다. (ex. shed tears)

3) 학습자의 입장에서 무엇이 이디엄이고 구동사이며 연어인지를 구분한다는 것이 쉽지 않고 그 실익도 많지 않으므로 이 책에서는 특별히 구분하지 않을 것이며 다음과 같이 쉽게 호칭하고자 합니다. 즉, 본서에서는 숙어(idiom)은 명사구, 전치사구, 부사구, 구동사, 연어 등 관용적으로 쓰이는 여러 개로 이루어지는 모든 관용구를 통칭하기로 합니다.

2. 숙어(Idiom)의 학습방법과 구성원리

▌1▐ 숙어의 학습방법

1) 앞에서 말했듯이 이디엄을 이루는 기본 어휘들은 대부분 앵글로 · 색슨 계통의 어휘로서 이미 초등학교나 중학교 과정에서 전부 배웠던 단어들입니다. 예를 들어 기본 동사인 take, have, make 등의 단어와 전치사 in, on, from, with 등의 단어들의 조합인 것이죠. 하지만 우리는 수십 년 동안 영어공부를 해 왔음에도 불구하고 아직도 이디엄을 생소해하고 어려워합니다. 그 이유는 기본어휘들(기본 동사, 전치사)의 다양한 의미를 제대로 모르고 있고 숙어 공부 자체를 "이건 숙어니까 외워!"라는 식의 주입식 영어교육을 받았기 때문인 것입니다. 언어는 절대 암기과목이 아닙니다. 언어는 원어민처럼 자연스럽게 생활에서 체득해야 가장 손쉽게 익힐 수 있는 것이지만 외국어로서 영어를 공부해야 하는 우리 외국인들에게는 그것이 쉽지 않으므로 암기라는 무식한 방법이 동원되는 것입니다.

2) 하지만 언어에는 원리라는 것이 있습니다. 하루아침에 뚝딱 만들어져서 "이렇게 사용해!"라고 강요된 것이 아니고 수십 세기를 흘러오면서 스스로 변하고 발전하고 몸집을 불려가는 유기체 같은 것입니다. 그 변화나 발전에는 일정한 원리들이 있는데 그 대표적인 것에는 유사한 상황에 비유적으로 뜻을 많이 불려 나가는 것입니다. 예를 들면 우리나라에서 "죽이다"라는 말을 "❶ 어떤 생명체를 죽이다(kill animals) ❷ 시간을 죽이다(kill time) ❸ 옷을 죽이게(멋있게) 입다(be dressed to kill)"와 같이 다양하게 쓰는 것처럼 영어도 마찬가지인 것입니다. 특정 어휘를 비슷한 상황에 비유적으로 많이 사용하다보니 뜻이 매우 많이 생성되는 것이고 이런 비유적인 의미는 구어체에 특히 많습니다. 위의 예에서도 ❶은 문어체 적이고 ❷,❸은 구어체적 표현입니다.

3) 따라서 이디엄뿐만 아니라 언어를 공부함에 있어 가장 중요한 것은 기본의미를 확실하게 정립한 후에 무한한 확장가능성을 열어두고 그 원리를 생각하면서 공부하는 것입니다. 쉽게 말하면 위의 예에서 "어떤 것을 죽이거나 본래 상태를 없애다(기본의미) → 시간을 흘려보내다(죽이다) → 예쁜 옷이 나를 좋아 죽게 만들다"로 비유적 발전 가능성을 이해하면서 학습한다면 보다 암기가 용이해지고 자연스러운 언어학습이 될 것입니다.

2 구동사의 형태와 구성요소

구동사는 동사를 포함하여 대부분 2~3개의 단어로 구성되며, 크게 동사+부사 또는 동사+전치사의 형태를 취합니다. 여기서 동사가 자동사인지 타동사 인지에 따라 다음과 다양한 형태의 조합이 이루어집니다.

구동사의 형태	목적어의 위치(기울임체)	역할
A. 자동사+부사	목적어 없음	하나의 자동사
(come in, sit down)	· Do you want to *come in* and *sit down*?	
B. 자동사+전치사	전치사 뒤	하나의 타동사
(look after)	· You should *look after* the child.	
D. 타동사+부사	동사 뒤 or 부사 뒤	하나의 타동사
(put off)	· He *put off* the meeting. (=He put the meeting off.)	
C. 타동사+전치사	동사 뒤 and 전치사 뒤	
(keep from)	· The noise *kept* me *from* sleeping.	
E. 자동사+부사+전치사	전치사 뒤	하나의 타동사
(put up with)	· I cannot *put up with* such behavior.	
F. 자동사+전치사+전치사	전치사 뒤	타동사+전치사
(think of ~ as...)	· I don't *think of* myself *as* a genuine.	
G. 타동사+부사+전치사	타동사 뒤 and 전치사 뒤	
(keep away from)	· *Keep* him *away from* my daughter.	

3. 이 책에 사용된 약어

약어	지칭하는 의미
sb	사람(somebody)의 약어 (인칭대명사나 인명)
sth	사물(something)의 약어
sb/sth	사람(somebody) 또는 사물(something) (두 가지가 선택적으로 쓰임)
sw	장소(somewhere)를 나타내는 명사상당어구
oneself	재귀대명사로서 주어와 일치하는 경우
sb's	주어와 다른 사람의 소유격(somebody's)의 약어
one's	주어와 동일인의 소유격
R	주로 to부정사 다음에 위치하는 동사원형(root)의 약어
~ing	목적어로서 동명사를 취하는 경우
that ~	목적어로서 that 절을 취하는 경우
*	동사와 부사(구) 사이로 목적어가 이동이 가능한 경우 그 자리를 나타내는 기호
()	생략 가능한 경우
[]	앞의 단어를 대체하여 같은 의미로 쓰이는 경우

PREFIX & SUFFIX

PREPOSITION & ADVERB

접두어 · 접미어로
학습하는 필수어휘
(+전치사·부사로 학습하는 기출숙어)

주요 접두어 도해

1. 시간, 장소, 공간, 방향

[위, 초과, 능가: up, over, beyond]
* **up-** (=up): 위(쪽으)로 ➲ PO12
* **over-** (=over, exessive): ～을 넘어서, 지나친 ➲ PO13
* **super-** (=over, beyond): ～을 넘어서,초과하여 ➲ PO14
* **trans-** (=beyond): ～을 초과하여 ➲ PO23
* **hyper-** (=over, excessive): ～을 초과하는 ➲ PO16
* **ultra-** (=beyond, exceeding): 넘어서는, 초과하는 ➲ PO15

[주변, 둘레, 옆: around, beside, by]
* **ambi-** (=both, around): 양쪽, 둘레의 ➲ PO28
* **circum-** (=around): ～의 둘레의 ➲ PO27
* **peri-** (=around): 주변의 ➲ PO26
* **para-** (=beside): ～의 옆의 ➲ PO25
* **per-** (=by): ～의 옆에
* **epi-** (=beside, among, outside) ➲ PO30
* **by-** (=by): 옆에, 더불어 ➲ PO29

[밖: out]
* **ex-** (=out, beyond): 밖에, 밖으로, 능가 ➲ POO3
* **extra-/ extro-** (=outside): 바깥의, 바깥으로 ➲ POO4
* **out-** (=outside, outward): 바깥의, 바깥으로 ➲ POO5

[뒤, 후퇴: back, again]
* **re-** (=back, again): 뒤로, 다시 ➲ PO39
* **retro-**(=backward): 되돌아가는 ➲ PO40
* **with-** (=back): 뒤로 ➲ PO43
* **ana-** (=back, again): 뒤로, 다시 ➲ PO41
* **post-** (=after): ～뒤에, ～이후 ➲ PO42
* **hind-** (=behind): ～의 뒤에

* **mid-** (=middle) 중간의
* **inter-** (=between, together): ～사이에 서로 ➲ PO31
* **com-** (=together): 같이, 함께, 서로 ➲ P32

[앞, 전진: before, forward]
* **pre-** : 미리, 이전에 ➲ PO35
* **pro-** : 미리, 앞으로 ➲ PO38
* **ante-** : 미리, 이전의 ➲ PO37
* **fore-** : 미리, 앞에, 뛰어난 ➲ PO36

ROOT (어근)
CORE (의미의 핵)
― 행위자 또는 행위자의 행위
― 사물 또는 사물의 상태,모양
― 사건, 일 등의 시점

+ ROOT

[부착, 근접: to, near, add]
* **ad-** (=to, near, add): 이동, 근접, 부가 ➲ PO21
* **a-** (=on): 상태 ➲ POO6

[안: in]
* **in-** (=in, into): 안에, 안으로 ➲ POO7
* **intra-/ intro-** (=in, into): 안에, 안으로 ➲ POO2

[관통: through]
* **trans-** : ～을 통하여, 가로질러 ➲ PO23
* **dia-** : ～을 통하여, 가로질러 ➲ PO22
* **per-** : ～을 통하여, 철저히 ➲ PO24

[분리, 이탈: away, apart, from]
* **ab-** (=away, from, off): 분리, 이탈, 제거 ➲ POO7
* **apo-** (=away from): ～ 으로부터 떨어져 나온
* **se-** (=apart): 분리, 이탈 ➲ POO9
* **for-** (=away, apart): 분리, 이탈 ➲ POO8
* **de-** (=from): ～에서 떨어진 ➲ PO17
* **dis-** (=apart): 따로따로 ➲ PO11
* **off-** (=off): 분리 ➲ PO10

[아래, 감소, 부족, 종속: down, under, secondary]
* **de-** (=down): 아래의, 밑으로 ➲ PO17
* **sub-** (=under, secondary): 아래의, 종속적인 ➲ PO2O
* **under-** (=under): 아래의, 정도가 낮은 ➲ PO19
* **hypo-** (=under, less): ～에 못 미치는 ➲ PO16
* **cata-** (=down, backward, away) ➲ PO18

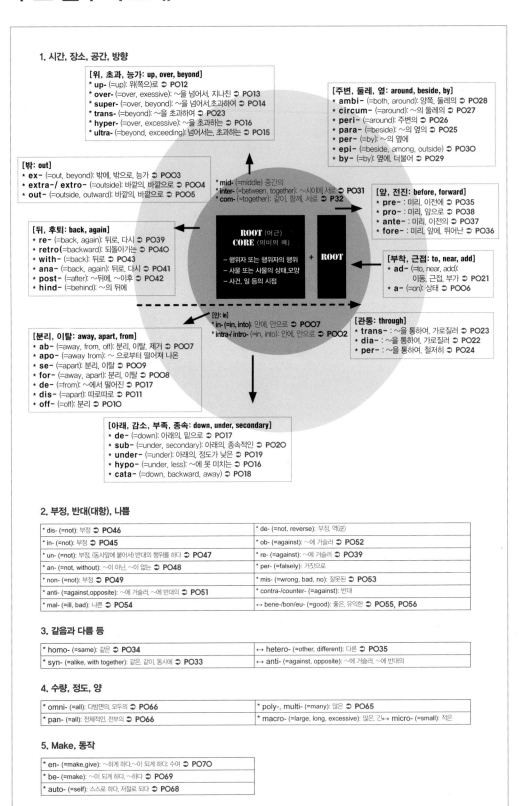

2. 부정, 반대(대항), 나쁨

* dis- (=not): 부정 ➲ PO46	* de- (=not, reverse): 부정, 역(逆)
* in- (=not): 부정 ➲ PO45	* ob- (=against): ～에 거슬러 ➲ PO52
* un- (=not): 부정 (동사앞에 붙어서) 반대의 행위를 하다 ➲ PO47	* re- (=against): ～에 거슬러 ➲ PO39
* an- (=not, without): ～이 아닌, ～이 없는 ➲ PO48	* per- (=falsely): 거짓으로
* non- (=not): 부정 ➲ PO49	* mis- (=wrong, bad, no): 잘못된 ➲ PO53
* anti- (=against,opposite): ～에 거슬러, ～에 반대의 ➲ PO51	* contra-/counter- (=against): 반대
* mal- (=ill, bad): 나쁜 ➲ PO54	↔ bene-/bon/eu- (=good): 좋은, 유익한 ➲ PO55, PO56

3. 같음과 다름 등

* homo- (=same): 같은 ➲ PO34	↔ hetero- (=other, different): 다른 ➲ PO35
* syn- (=alike, with together): 같은, 같이 동시에 ➲ PO33	↔ anti- (=against, opposite): ～에 거슬러, ～에 반대의

4. 수량, 정도, 양

* omni- (=all): 다방면의, 모두의 ➲ PO66	* poly-, multi- (=many): 많은 ➲ PO65
* pan- (=all): 전체적인, 전부의 ➲ PO66	* macro- (=large, long, excessive): 많은, 긴↔ micro- (=small): 적은

5. Make, 동작

* en- (=make,give): ～하게 하다,～이 되게 하다: 수여 ➲ PO70
* be- (=make): ～이 되게 하다, ～하다 ➲ PO69
* auto- (=self): 스스로 하다, 저절로 되다 ➲ PO68

P001

[접두어] **in(=in, on)**
접두어 in은 "in, on"의 의미로서 가장 많이 사용되는 접두어이다.
(i로 시작하는 단어의 절반 이상이 이 접두어로 이루어진 단어이다.)
❶ [in, into] 안에, 안으로 ❷ [on] ~위에, ~을 걸치고 ❸ [not] 부정 ⊃ P046

• 접두어 in이 부정의 의미인지 in의 의미인지에 대해서 딱히 원칙은 없으므로 구분이 쉽지 않다. 대부분의 단어를 in의 의미로 보되, 뒤에 완전한 형용사가 붙은 경우처럼 부정 접두어로 사용된 것들만 예외적으로 구분하도록 하자.
• 접두어 in으로 구성된 단어에는 in/on/to 등의 전치사가 따라오는 경우가 많다.
[변형] in은 뒤에 나오는 스펠링에 따라 im(b, m, p앞에서), il(l앞에서), ir(r앞에서), i(g앞에서)로 변하기도 한다.

0011 inside
[ìnsáid]

in(in)+side(쪽, 편) → 안쪽의
prep. ~내부에, 안에서 **ad.** 안쪽에서, 옥내에서 **n.** 안쪽
• inside the plane to Seoul 서울로 가는 비행기 안에서
• the inside of the car 차 안쪽, 차 내부
뗌 **outside** 바깥에, 외부의

0012 inward
[ínwərd]

in(in)+ward(쪽의) → 안쪽으로 향하는
a. 내부의, 내부로 향하는 **ad.** 내부로 **n.** 내부
• inward happiness/panic 마음 속의 행복/공포
• look inward 내부를 살피다

0013 inner
[ínər]

in(in)+ner → 안쪽에 있는
a. 내부의, 안의
• have an inner beauty 내적 아름다움을 지니다
• elegant inner decorations 우아한 실내 장식

0014 indoor
[índɔ́:r]

in(in)+door(문) → 문 안쪽의
a. 실내의
• indoor air pollution 실내 공기 오염
뗌 **outdoor** 실외의, 옥외의

0015 inland
[ínlæ̀nd]

in(in)+land(땅) → 땅 안쪽의
a. 내륙의
• inland area 내륙 지역

0016 income
[ínkʌm]

in(in)+come(오는 것) → 내 수중으로 들어오는 것
n. 수입, 소득
• income tax 소득세
• low and medium income households 저소득층과 중산층 가구

0017 inform
[infɔ́:rm]

in(in)+form(형태) → 마음속에 형태를 갖추게 하다
v. 알리다, 통지하다(=notify)
•inform A of B A에게 B를 알리다
• He informed me of his arrival. = He informed me that he had arrived. 그는 나에게 도착했음을 알렸다.
ⓝ information 정보, 지식

0018 input
[ínpùt]

in(in)+put(두다) → 안에 두는 것
n. 투입 ↔ output 산출
• an input device 입력 장치

0019 import
[impɔ́:rt]

in(in)+port(항구) → 항구 안으로 들여오는 것
n. 수입, 수입품 **v.** 수입하다
• an increase in import taxes 수입 관세의 인상
• import raw materials 원자재를 수입하다
뗌 **export** 수출하다

0019(1) imprison
[imprízn]

in(in)+prison(감옥) → 감옥 안에 넣다
v. 투옥하다, 감금하다
• imprison an innocent man 죄 없는 사람을 투옥하다
• be imprisoned for a decade 십 년간 구금되다

0019(2) implant
[implǽnt]

in(on)+plant(식물) → 땅 위에 심다
v. 심다, 이식하다 **n.** (치과) 임플란트
• implant an embryo 배아를 이식하다
• implant respect for democracy 민주주의에 대한 존중심을 심어주다

P002

[접두어] intra/intro/inter(=within)
접두어 intra/intro는 "within(안에, 내부의), inward(안으로, 내부로)"의 의미이다.

0021 interior
[intíəriər]

inter(within)+ior → 안쪽의

a. 안의, 내부의 (↔ exterior)
n. 실내, 내부, 실내 장식
- modern interior design 현대 실내 디자인
- interior space 실내 공간

🔄 **exterior** 바깥쪽의, 외부의 ➔ P0042

0022 intracity
[íntrəsìti]

intra(within)+city(도시) → 도시 안의

a. 시내의
- intracity travel 시내 교통

0023 introduce
[ìntrədjúːs]
➔ R1355

intro(within)+duce(이끌다) → 안으로 이끌다

v. 소개하다, 도입하다, 안내하다
- introduce other countries' culture 다른 나라의 문화를 소개하다
- introduce a new system 새로운 제도를 도입하다

ⓝ introduction 도입, 소개, 서론

0024 internal
[intə́ːrnl]
16.한양대

inter(within)+nal → 안쪽에 있는

a. 내부에 있는, 내면적인, 내재적인
- internal combustion 내연 기관

🔄 **external** 외부의, 외래의; 외부 ➔ P0044

P003

[접두어] ex(=out)
접두어 ex는 "out"의 의미와 뜻을 강조하는 역할을 하는 접두어이다.
❶ [out] 밖에, 밖으로, 밖으로 뻗치는   ❷ [out] 꺼져, 없어져
❸ [out] 분리해내어, 벗어나, 골라내어   ❹ [강조] 철저하게, 완전하게, 아주

[변형] ex는 뒤에 나오는 스펠링에 따라 대부분의 자음 앞에서는 x가 탈락하여 "e"만 남고, 특별히 f 앞에서는 **ef**로 c, s, p 앞에서는 **ec**로 변형되며, 심지어는 뒤에 오는 자음s를 탈락시키기도 한다. (e로 시작하는 대부분의 단어는 접두어 ex라고 생각하면 편하다.)

0031 export
[ékspɔːrt]
[ikspɔ́ːrt]

ex(밖으로)+port(항구) → 항구 밖으로 나가는 것

n. 수출 **v.** 수출하다(↔ import)
- the export of labor 노동력 수출
- begin to export raw materials 원자재를 수출하기 시작하다

0032 exchange
[ikstʃéindʒ]

ex(밖으로)+change(교환하다) → 꺼내어 교환하다

n. 교환, 환전 **v.** 교환하다
- the exchange rate 환율
- exchange information 정보를 교환하다

0033 exit
[égzit/ éksit]

ex(밖으로)+it(go) → 밖으로 나가다

n. 출구(=way out) **v.** 퇴장하다
- a fire exit 화재 대피구(비상구)
- Please exit the theater by the side doors.
  옆문으로 극장을 나가주시기 바랍니다.

0034 express
[iksprés]

ex(밖으로)+press(누르다) → 말을 밖으로 짜내다

v. (자기 생각을) 표현하다
n. 속달, 급행열차
- express ideas clearly 생각을 명료하게 표현하다
- the express for Paris 파리행 급행열차

ⓝ expression 표현, 어법, 표정

0035 explain
[ikspléin]

ex(꺼내어)+plain(분명한) → 속사정을 꺼내 분명히 보여주다

v. 설명하다, 해명하다(=account, elucidate)
- explain the difference between A and B A와 B의 차이를 설명하다

ⓝ explanation 설명, 해명, 해설

0036 educate
[édʒukèit]

e(밖으로)+duc(이끌어내다)+ate → 잠재력을 이끌어내다

v. 교육하다
- continually educate workers 끊임없이 사원들을 교육시키다

ⓝ education 교육

0037 example
[igzǽmpl]

ex(밖으로)+sample(샘플) · 샘플을 내어 놓은 것

n. 전형적인 예, 실례, 견본
- for example 예를 들어
- a typical example 전형적인 예

目 **unexampled** 선례가 없는(=unprecedented), 둘도 없는

08.성신여대

P004

[접두어] extra/extro/exter(=outside)
접두어 extra/extro/exter는 "outside(바깥에)"의 의미를 가진다.

0041 extra
[ékstrə]

extra(outside) → 정상적인 계산을 벗어난 (요금)

a. 여분의, 추가의, 할증의
n. 할증 요금, 추가 요금
- two extra pencils 두 자루의 여분의 연필
- an extra charge 추가 요금, 별도의 요금
- pay extra 추가 요금을 내다

0042 exterior
[ikstíəriər]

exter(outside)+ior → 바깥쪽의

a. 바깥쪽의, 외부의(↔ interior)
- exterior wall 건물 외벽

目 **interior** 안의, 내부의 ⊃ P0021

0043 extreme
[ikstrí:m]

extre(outside)+me → 가장 바깥쪽의

a. 극도의, 극한의, 과격한
- because of the extreme pressure 극도의 압력 때문에
- extreme poverty 극빈

06.세무사/97.총신대

@d **extremely** 극단적으로(=exceptionally), 매우(=intensely)

0044 external
[ikstá:rnl]

08.경희대

exter(outward)+nal → 바깥에서 온

a. 외부의, 외래의(↔ internal) **n.** 외부
- from the external world 외부 세계로부터
- as a result of external pressures 외부 압력의 결과로

目 **internal** 내부에 있는, 내면적인 ⊃ P0024

P005

[접두어] out(=out)
❶ [outside] 바깥에, ❷ [better] ~보다 나은, 뛰어난 ❸ 강조

0051 outlook
[áutlùk]

out+look(모습) → 바깥의 모습

n. 전망, 조망, 경치
- maintain the rational outlook 합리적인 관점을 유지하다

0052 outcome
[áutkʌm]

97-2.상명대

out+come(나오다) → 바깥으로 나온 것

n. 결과, 성과(=result)
- predict the outcome of elections 선거의 결과를 예측하다

0053 output
[áutpùt]

out+put(두다) → 바깥으로 내놓은 것

n. 생산, 산출, 생산고(↔ input)
- increase output 생산을 늘리다
- industrial output 산업생산

0054 outlet
[áutlèt]

⊃ T0722

out+let → 밖으로 내보내다(let out)

n. 상점, 아웃렛, 콘센트, (감정 등의) 배출구, 배출수단
- an electrical outlet 전기 콘센트
- as an outlet for stress 스트레스의 해소책으로

0055 outline
[áutlàin]

out+line(선) → 바깥선

n. 개요, 윤곽, 외형
- read an outline of the plot 줄거리의 개요를 읽다
- draw the outlines 초안을 잡다

0056 outing
[áutiŋ]

out+ing → 밖으로 나가는 것

n. 소풍, 행락
- go for an outing to the mountains 산으로 소풍을 가다

추가 어휘
- [ ] **out**poll ~보다 더 많은 표를 얻다
- [ ] **out**run 앞서다, 도를 넘다; ~보다 많은 표를 얻다
- [ ] **out**shine ~보다 더 빛나다, (뛰어나서 다른 사람을) 가리다
- [ ] **out**match ~보다 낫다, 한 수 위다
- [ ] **out**smart ~보다 재치가 한 수 더 높다

0057 outgoing
[áutgòuiŋ]

out+going(가는) → 바깥으로 잘 나가는

a. 나가는, 사임하는; 사교적인, 외향성의

n. 지출, 비용, 경비
- seem to be outgoing and warm 외향적이고 다정해 보이다

0058 outspoken
[àutspóukən]
10.국가직9급

out+spoken(speak) → 말을 거침없이 꺼내는

a. 거침없이 말하는, 솔직한
- Outspoken advice is[sounds] harsh to the ear.
바른 말은 귀에 거슬린다.

0059 outlandish
[àutlǽndiʃ]

out(outside)+land(땅)+ish(형접) → 바깥 나라의

a. 이국풍의, 기이한
- outlandish furniture/clothes 이국풍의 가구/옷
- outlandish behavior 이상한 행동

ⓝ outland 시골, 지방

0059(1) outdo
[àutdú:]

out(better)+do(하다) → 보다 잘하다

v. ~보다 뛰어나다, ~을 능가하다
- try to outdo everybody else 다른 모든 이들을 능가하려 하다

0059(2) outwit
[àutwít]

out(better)+wit(재치) → 보다 재치가 있다

v. ~보다 약다, 더 나은 꾀로 허를 찌르다
- outwit even the most clever of opponents
가장 영리한 반대자조차도 앞지르다

0059(3) outgrow
[àutgróu]

out(better)+grow(자라다) → 옷보다 더 자라다

v. ~보다 빨리 자라다, 옷이 맞지 않게 되다
- My son has outgrown his clothes. 아들이 자라서 옷이 맞지 않는다.

0059(4) outlaw
[áutlɔ̀ː]
10.국민대/98.경기대

out(out)+law(법) → 합법의 범위 밖에 두다

vt. 불법화하다, 금지하다(=prohibit)

n. 무법자, 추방자
- outlaw prostitution 성매매를 불법화하다

0059(5) outstrip
[àutstríp]
17.명지대/13.숙명여대
11.국민대

out(better)+strip(move quickly) → 보다 빨리 움직이다

vt. ~을 능가하다(=exceed), 보다 뛰어나다(=surpass, outclass)
- demand outstrips supply 수요가 공급을 능가하다

0059(6) outclass
[àutklǽs]
13.숙명여대

out(better)+class(부류) → 부류들보다 낫다

vt. (경쟁 상대를) 압도하다(=outstrip)
- be outclassed by younger opponent 어린 상대에게 압도당하다

0059(7) outlive
[àutlív]
05.세종대

out(better)+live(살다) → 보다 오래 살다

vt. ~보다 더 오래 살다(=survive); 극복하다
- outlive their children 자식들보다 오래 살다

0059(8) outperform
[àutpərfɔ́ːrm]
05.세종대

out(better)+perform(해내다) → 보다 잘 해내다

vt. ~보다 성능이 낫다; 능가하다(=one-up)
- outperform their competitors 경쟁자들을 능가하다

0059(9) outweigh
[àutwéi]
05-2.고려대/96.홍익대

out(better)+weigh(따져 보다) → 따져 본 것을 넘어서다

vt. ~보다 더 중대하다(=exceed), 대단하다
- We must pay attention to the side effects of some drugs, which often outweigh the possible benefits.
우리는 일부 약품의 경우 종종 있음직한 이익을 능가하는 부작용에 대해 주의를 기울여야 한다.

11.고려대

> 窅 **weigh** 1. 무게를 달다; 무게가 ~이다
> 　　　　　2. (결정을 내리기 전에) 따져 보다, 저울질하다[up]
>
> **weight** 무게, 체중; 부담; 중요성
>
> **weightless** (거의) 중량이 없는; 무중력의
>
> **weighted** (한쪽에) 치우친, 편중된; 가중된

I.001

in

전치사 in은 시간·공간·범위·상태 등의 안에 있음을 의미한다.
뒤에 나오는 at보다는 시간·공간적으로 더 넓은 범위를 포괄한다. 사람이 옷을 입는 경우에도 옷안에 사람이 들어가 있는 경우이므로 in을 사용한다.

1. (at 보다 장소, 공간이 상대적으로 넓은 공간) ~안에
2. (at 보다 긴 시간의 표현 앞에 쓰여) ~내에, ~동안에
3. (어떠한 상태나 상황에 처해 있음) ~에 처한, ~인
4. (목적) ~할 목적으로, ~을 위해, ~으로서의
5. (방법, 양식) ~으로, ~을 가지고
6. (조건) ~하므로, ~하는 경우에는

---

1. (at 보다 장소, 공간이 상대적으로 넓은 공간) ~안에

00101
in the distance
94.경찰

먼 거리(distance)에서
먼 곳에, 저 멀리(=far away)
• He made for the light he saw **in the distance**.
그는 저 멀리 보이는 불빛을 향해 나아갔다. *make for sth ~로 향하다

---

2. (at 보다 긴 시간의 표현 앞에 쓰여) ~내에, ~동안에

00102
in advance
00.여자경찰/토익

선불(advance)로, 사전에
미리, 사전에(=beforehand), 선불로
• He paid the rent **in advance**.
그는 미리 임대료를 지불했다.

00103
in no time
02.성균관대/97.인천대/94.군법무관

시간을 두지 않고(no) 바로
곧, 바로, 즉시(=very soon, immediately, at once)
• She'll be back **in no time**.
그녀는 곧 돌아올 거야.

[관] in no time at all 〈97-2.인천대〉
순식간에, 마파람에 게 눈 감추듯
= in a flash 순식간에, 눈 깜짝할 사이에
*번개가 번쩍하는 순간에

00104
in the nick of time
07.세종대/99.한국외대.한양대

시계의 새김 눈(nick)에 정확히 맞추어
아슬아슬한 때에, 꼭 알맞은 때에(=just in time)
• You've turned up **in the nick of time**.
아주 때맞게 나타났구나. *turn up 나타나다

[동] in time *정해진 시간(time) 안에(in)
1. 제때에, 일찍(=early)
2. 결국(=eventually)
[관] on time 정각에, 시간을 어기지 않고
(=punctual)

00105
in the long run
02.경찰/입사

마지막에는 결국
1. 결국, 마침내(=in the end, finally, ultimately, at last), 2. 장기적으로는
• **In the long run**, ten votes determined the outcome of the election.
결국 10표가 선거의 결과를 결정했다.

---

3. (어떠한 상태나 상황에 처해 있음) ~에 처한, ~인

00106
in a muddle / in a mess
98.경찰

muddle(혼란상태)에 빠진(in)
어리둥절하여, 당황하여
• We're **in a muddle** because we missed our plane.
우리는 비행기를 놓치는 바람에 당황했다.

[관] make a muddle of sth
~을 실수하다, 엉망으로 만들다

00107
in a turmoil
기술고시

turmoil(소란, 소동)에 빠진
혼란에 빠져있는(=in a state of agitation and upheaval)
• The house is **in a turmoil**.
집이 대혼란에 빠져 있다.

00108
in a jam
99.사법시험

jam(혼잡 상태, 교통정체)에 빠진
곤경에 처한
• John, can you help me out? I'm kind of **in a jam**.
존, 나 좀 도와줄래? 곤경에 처한 것 같아.

[동] be caught in a traffic jam
교통 정체(교통 마비)에 갇히다
= be caught in traffic
= be tied up in traffic

00109
**be in hot[deep] water/
get into hot water**
05-2.고려대/05.건국대

hot water/deep water(끓는 물/깊은 물)에 빠진
곤란한 상황에 빠지다, 난처한 입장에 처하다(=get into trouble)
• When Fred was caught cheating on his exam, he **got into hot water**.
프레드는 시험 중 부정행위를 하다 걸리자 곤란에 빠졌다.

00110
in a bind
99.서울대학원/행시/Teps

bind(동아줄, 속박)에 묶인
〈미 구어〉 속박되어, 곤경에 처하여(=in distress)
• The rise in fuel prices and the reduced number of customers has put the airlines **in a bind**.
기름값 상승과 승객의 감소는 항공회사들을 곤경에 빠뜨렸다.

00111
in despair
98.입법고시

despair(절망)에 빠진
절망하여
- He appeared to be **in despair**.
  그는 절망에 빠진 듯 보였다.

00112
be (all) in the same boat
06.건국대/Teps

모두(all) 한 배(same boat)를 탄
처지[운명, 위험]를 같이하다; 같은 운명이다
- We **are** all **in the same boat**.
  우리는 너 나 할 것 없이 같은 운명이다.

00113
in need of [sth]
토플/Teps

need(궁핍, 필요)한 상태에 있는
~을 필요로 하는, 궁핍한
- He is **in need of** help.
  그는 도움을 필요로 한다.

---

4. (목적) ~할 목적으로, ~을 위해, ~으로서의

00114
in honor of [sb]/[sth]
92.법원직/토익

존경(honor)을 표시하기 위하여
~을 기념하여, ~에게 경의를 표하여(=to pay respect to [sb]/[sth])
- The party was held **in honor of** a teacher who was leaving.
  그 파티는 떠나는 선생님을 위해 열렸다.

00115
in return for [sth]
09.서강대/07.상명대/03.명지대/Teps

~에 대해 되돌려주는 것(return)으로
~에 대한 답례로
- Let me treat you to a meal **in return for** the help you've given me.
  당신에게 신세를 진 대가로 한턱 낼게요.

00116
in token of [sth]
96.서울시9급/93.행자부9급
85.행자부7급

token(증거)로써
~의 표시[증거]로(=as a sign of [sth]); ~의 기념으로
- Mary gave him a lighter **in token of** friendship.
  메리는 우정의 표시로 그에게 라이터를 주었다.

00117
in charge (of [sth])
06.명지대/00.경찰/Teps

charge(책임, 의무)를 가진
(~을) 맡고 있는, 담당의, (~에) 책임이 있는(=responsible for [sth])
- He is the superintendent **in charge of** that building.
  그는 저 건물을 맡고 있는 관리인이다.

🔒 the person in charge 담당자

00118
in behalf of [sb]
입사

자기편(behalf)을 위해, 누구의 이익(behalf)을 위해
~의 이익을 위해(=in the interest(s) of [sb]/[sth]), ~을 도우려고
- He did so **in behalf of** his friend.
  그는 친구를 위해서 그렇게 했다.

🔒 on behalf of ~을 대신해서
= in lieu of [sth] ~ 대신에 *lieu(장소)
= instead of [sb]/[sth]

00119
in favor of [sb]/[sth]
12.서강대/90.법원직

favor(호의, 친절, 지지)로써
~에 찬성하여, ~에 편들어, ~에 유리하도록
- But both religious leaders refrained from taking positions **in favor of** either party.
  하지만 두 종교 지도자는 그 어느 당도 편들기를 자제했다. *refrain from ~을 삼가다

00120
in comparison with[to] [sth]
02.입법고시/토익/Teps

~와(with) comparison(비교)를 위해
~와 비교하여(=vis-à-vis)
- **In comparison to** other recent video games, this one is dull.
  다른 최근 비디오게임에 비하면, 이것은 지루하다.

🔒 vice versa 거꾸로, 반대로 〈98.경찰〉

---

5. (방법, 양식) ~으로, ~을 가지고

00121
in a measure/
in some measure
07.동덕여대/사법시험

어느 정도의 분량(measure) 안에서
다소, 얼마간
- The new law was **in a measure** harmful.
  새 법률은 다소 유해한 것이었다.

00122
in person
02.계명대/토익/Teps

몸, 신체(person)가 직접
본인이, 스스로, 직접
- You had better go and speak to him **in person**.
  네가 직접 그에게 말을 걸어보는게 좋겠다.

00123
in earnest
01.한국외대/00.경기대/토플

earnest(진지한) 방법으로(in)
1. 본격적으로(=to a great extent) 2. 진지하게(=seriously); 진심으로
- The rainy season has come **in earnest**.
  이제 본격적인 장마철이다.

00124
in a nutshell
10.성균관대/11.국가직/급
04.동국대/토플/Teps

아주 적은 것(nutshell)으로
아주 간결하게(=very clearly and briefly, shortly), 단 한마디로
• **In a nutshell**, Linda has to do the work because everyone else is busy.
  간단히 말해서 다른 모든 사람이 바쁘기 때문에 린다가 그 일을 해야 해.

00125
in a row
07.인양대/토익/Teps

row(줄, 열)을 서서
연속하여, 한 줄로
• The cars are parked **in a row**.
  차들이 한 줄로 주차되어 있다.

row 1. 열, 줄 ➡ TO723
2. (배를) 젓다
3. 법석, 소동, 말다툼
in droves (08.전남대)
떼 지어(=in large numbers)
*drove (소·돼지·양의) 떼 → 인파
- come in droves[flocks/crowds]
떼 지어 몰려들다

00126
in a rut
07.강남대/Teps

rut(바퀴자국 → 상투적인 방법) → 바퀴자국대로 따라가는
(생활이나 일의 상황이) 틀에 박혀 지루함을 느끼는, 판에 박힌
• My relationship with Jeff is stuck **in a rut**.
  제프와의 관계가 권태로움에 직면했다.

00127
in store
95.행자부9급/94.입법고시/토플/Teps

store(창고)안에 넣어 둔
(운명 등이) 기다리고 있는(=about to happen); 준비[비축]하고 있는
• We have some surprises **in store** for you.
  너를 놀래 줄 일이 있다.

00128
in good taste
02.덕성여대/토플/Teps

취향(taste)이 좋은(good)
점잖은(=polite), 격조 높은, 멋있는
• Her dress is **in good taste**.
  그녀의 옷차림은 멋있다.

00129
in full accord
04.성균관대/85.행자부9급

완전히(full) 일치(accord)하는 방법으로(in)
만장일치의(=unanimous)
• The graduate committee were **in full accord** in their approval of her dissertation.
  졸업위원회는 그녀의 졸업논문을 만장일치로 승인했다.

00130
in fact
01.기술고시/토플

사실(fact)로서의
사실상(=actually, precisely, really)
• **In fact**, the situation may be getting worse.
  사실상, 이러한 상황은 더욱 악화되고 있는지도 모른다.

00131
in the wake of sth
93.연세대학원

wake 지나간 자국, 흔적
~의 자국을 좇아서; ~에 뒤이어(=following), ~에 계속해서,
~의 결과로
• The governor has enjoyed a huge surge in the polls **in the wake of** last week's convention.
  지난주의 전당대회의 여파로 주지사는 여론조사에서 엄청난 급상승을 보였다.

prior to sth ➡ NO541
이전에(=before)

6. (조건) ~하므로, ~하는 경우에는

00132
in that ~
02-2.경기대

(사정이) that 이하이므로
~이라는 점에서, ~하기 때문에(=since, because)
• The conclusion is wrong **in that** it is based on false premises.
  잘못된 전제에 근거하고 있다는 점에서 그 결론은 틀렸다.

00133
in this wise[manner]
99.서울대학원

이런 wise (古語: 방법) 으로
이와 같이, 이런 방법으로, 이따위로(=like this)
• Have you ever been treated **in this manner**?
  당신은 이런 식으로 대우 받은 적이 있나요?

00134
in the last[final] analysis
97.행.외시

마지막으로 분석(last analysis)해 본 결과로
결국(=eventually, after all, at last)
• **In the final analysis**, profit is the motive.
  결국, 이익이 동기이다. 얻는게 있어야 행동하게 된다.

00135
in case
03.광운대/99.국민대/Teps

~경우(case)에는
1. ~에 대비하여, 만일을 생각하여
2. ~의 경우에는(=in the event of sth)
• I'll take an umbrella **in case** (it rains).
  만약을 (비가 올 것을) 대비하여 우산을 가지고 갈 것이다.

00136
in the face of sth
99.법원직/88.법원직/토플

face(상황, 국면)에 있는
1. ~에도 불구하고(=in spite of, despite, with all, notwithstanding sth)
2. ~에 직면하여, ~의 면전에서(=in the presence of sb)
• He succeeded **in the face of** difficulties.
  그는 많은 역경에도 불구하고 성공했다.

00137

in spite of oneself

01-2.계명대/92.행정고시/Teps

스스로를(oneself) 무시하고(in spite of)
자신도 모르게, 무의식적으로(=unconsciously, unwittingly)
- The blunt comment made Richard laugh **in spite of himself**.
  그 갑작스러운 말에 리처드는 자기도 모르게 웃어버렸다.

00138

in terms of sth

00.경찰/93.한서대/
85.법원직/토익/입사/Teps

term(조건; 말)로서 보면
1. ~의 점에서 보아(=with regard to, with respect to, in view of)
2. ~의 말로, 특이한 표현으로
- One may think of job satisfaction **in terms of** salary.
  직업에 대한 만족도를 월급의 관점에서 생각하는 사람도 있다.

國 in (the) light of sth ~에 비추어

00139

in a sense

06.국가직7급

어떤 sense(의미, 뜻)로 보면
어떤 점에서는, 어떤 면에서는
- Birth is, **in a sense**, the beginning of death.
  어떤 면에서 보면 출생은 죽음의 시초라고도 할 수 있다.

I002

into

전치사 into는 동작을 나타내는 동사와 함께 "밖에서 안으로", "어떤 상태에서 다른 상태로"처럼 이동이나
변화의 의미를 내포한다. 결국 "무엇에 열중하거나 관심을 가지는 것"도 안으로 들어가는 것이 된다.

00201

into the bargain

토플/입사

깎은 데다(bargain)가 또 덤에 열중하는(into)
게다가(=besides, in addition, furthermore, as well), 덤으로
- At long last, they acquired the jewelry, and the masterpiece **into the bargain**.
  마침내, 그들은 보석을 얻었고, 덤으로 걸작도 손에 넣었다.

00202

be into sb/sth

07.경북9급/Teps

안으로 깊숙이 파고드는(into)
〈구어〉 (일시적으로) ~에 열중[몰두]하다,
~에 푹 빠지다(=be keen on sb/sth)
- He**'s** really **into** playing chess.
  그는 체스 게임하는 데 푹 빠져 있다.

00203

enter into sth

96.외무고시

안으로(into) 들어가다(enter)
~에 참가하다, ~의 일부가 되다(=sympathize), (조약 등을) 맺다;
~을 시작하다
- I have not **entered into** any financial agreements with them.
  나는 그들과 어떠한 재정적인 합의도 하지 않았다.

00204

dodge into sth

92.행정고시

(물) 안으로(into) 몸을 재빨리 피하다(dodge)
~안으로 몸을 숨기다
- To avoid my friend, I **dodged into** the restaurant.
  내 친구를 피하기 위해, 난 식당 안으로 몸을 숨겼다.

I003

out

out은 "시간이나 장소로부터 바깥"을 의미한다. (in의 반대)
또한 on의 반대적 의미로 "고장, 품절, 비정상"을 뜻한다.
cf. out of
① 〈운동방향이〉 ~의 안에서 밖으로, ~의 밖으로
② 〈위치적으로〉 ~바깥에, ~을 떨어져서
③ 〈행위 · 능력 · 제약 · 조건 따위가〉 범위 밖에(beyond)
④ 〈근원 · 출처 · 동기 · 원인이〉 ~에서(from)
⑤ 〈수단 · 재료〉 ~으로, ~에 의해
⑥ 〈상태 따위가〉 ~와 달라서, ~에서 벗어나서; (어떤 성질 · 상태를) 잃어
⑦ 〈필요한 물건이〉 떨어져

1. 안에서 밖으로, 밖에 있는, ~밖의

00301

ins and outs

99.행정고시/Teps

안과 밖
세부사항, 자초지종(=details); 여당과 야당; 꼬불꼬불한 길
- I don't know the **ins and outs** of their quarrel.
  나는 그들이 싸우게 된 상세한 사정은 모른다.

園 out and out 철저히(=thoroughly)
- out-and-out 전적인,
철저한(=thorough)

00302
out of bounds
04.경기대

bound(경계, 범위)의 밖인(out of)
줄입금지 지역인(=off limits)
- This place is **out of bounds** to foreigners.
  여기는 외국인의 입장을 금지하고 있다.

00303
out of place
13.고려대/12.서강대/09.광운대
99-2.세종대/토플/Teps

제자리(place)를 벗어난(out of)
제자리에 있지 않은; 불편한(=uncomfortable)
- I feel **out of place** at formal dances.
  격식있는 댄스 파티에서는, 내가 있을 자리가 못 되는 것처럼 느낀다.
  🔧 **feel out of place** (모임이나 장소에서) 위화감을 느끼나

00304
out of the woods
11.중앙대/Teps

위험한 숲(woods)을 벗어나(out of)
곤란을 벗어나
- When the patient got **out of the woods**, everyone relaxed.
  환자가 고비를 넘기자, 모두가 안도의 숨을 내쉬었다.

00305
out of date
14.가천대/02.중앙대/00.동국대/98.건국대
92.연세대학원/토플

시대(date)를 벗어난(out of)
구식의, 시대에 뒤떨어진(=obsolete, outdated, old-fashioned)
- Your wardrobe is really **out of date**.
  네 옷은 정말 구식이다. *wardrobe 옷장, 의상

🔧 **up to date** 최신식의 ⊃ IOO716

00306
out of sorts
10.중앙대/01-2.한성대/Teps

가지런히 정렬됨(sort)을 벗어난(out of)
건강이 좋지 않은; 기분이 언짢은, 화가 난
- I've been **out of sorts** for a day or two. I think I might be getting the flu.
  나는 어제 오늘 몸이 좋지 않다. 독감에 걸린 것 같다.

00307
out of season
09,97.경찰/토플/입사/Teps

한창 때(season)를 벗어난(out of)
제철이 지난, 시기를 놓친(=unseasonable, inopportune, untimely)
- The price is so high because lilacs are **out of season** now.
  라일락은 지금 제철이 아니기 때문에 가격이 매우 높다.

🔧 **in season and out of season**
언제든지, 때를 가리지 않고
(=regardless of time, at all times)

00308
out of the question
12.경북교행/07.강남대/00.경찰/99.경찰간부
92.행정고시/87.행자부7급/토플/Teps

the question(기회,가능성)의 밖에 있는
불가능한(=impossible), **상상할 수 없는**(=unthinkable), **터무니없는**
- Such a thing is **out of the question**.
  그러한 일은 불가능하다.

🔁 **out of question**
틀림없이(=certainly, undoubtedly, surely)
*question (의문)의 밖에 있는
= **beyond question** 틀림없이

00309
out of one's depth / beyond one's depth [grasp]
입사/Teps

사람의 깊이(depth)를 벗어난(out of)
사람의 지식이나 능력을 벗어난,
이해할 수가 없는(=not able to understand sth)
- The child is being taught subjects that are **beyond his depth**.
  그 아이는 이해하기 힘든 과목들을 배우고 있다.

00310
figure * out sb/sth
11.경원대/07.경원대/06.강원소방직
02.101단/00.여자경찰/00.행자부9급/Teps

바깥으로(out) 모습을 드러내다(figure)
1. ~을 이해하다(=understand), **생각해 내다 2. ~을 계산하다**
- He couldn't **figure out** how to solve the problem.
  그는 그 문제를 푸는 방법을 몰랐다.

00311
hammer[iron] * out sth
13.국가직9급/96.지방고시/Teps

해머로 때려서(hammer) 만들어 내다(out)
(문제 따위를) 애써 해결하다(=solve); **견해차를 해소하다**
- I think we can **hammer out** a solution.
  우리가 해결책을 짜낼 수 있으리라 생각한다.

00312
check out
00.경찰/Teps

check하고 나가다(out)
1. (호텔 등에서) 계산을 하고 나가다(↔ check in)
2. (도서관에서 책 등을) 대출(貸出)하다, 확인하다
- I'd like to **check out**.
  체크아웃 하려구요

🔧 **check up on** sb/sth
조사하다, 진위를 확인하다
(=investigate, scrutinize)
- **check-up** 정기검진

00313
spread * out sth
13.중앙대/98.단국대

밖으로(out) 퍼지다(spread)
퍼지다(=radiate); **전개되다**; 〈미·구어〉 (사업 등의) 범위를 넓히다
- The prairie **spread out** mile upon mile.
  그 초원은 몇 마일이나 펼쳐져 있었다. *prairie 초원, 목초지

00314
branch out (into sth)
13.산업기술대

밖으로(out) 가지를 뻗다(branch)
(새로운 분야로) 확장하다(=expand), **새로운 사업을 시작하다**
- The company **branched out into** computer software.
  그 회사는 컴퓨터 소프트웨어로 사업을 확장했다.

00315
single ∗ out [sb]/[sth]

12.성신여대/05.영남대/92.서울대학원

단 한 개를(single) 밖으로 끄집어내다(out)
뽑아내다, 선발하다(=choose, mark, pick out [sb]/[sth])
• It is impossible to **single out** one player.
한 선수만 추려낸다는 것은 불가능하다.

00316
sort out [sb]/[sth]

토익/Teps

골라서(sort) 끄집어내다(out)
1. (부적격인 것을) 골라내다, 가려내다, 분류하다
2. (어지럽게 흩어진 것을) 가지런히 정돈하다
3. (어려운 문제를) 성공적으로 처리하다
4. (정신적으로 힘든 상황이) 진정되다
5. (문제가) 저절로 해결되다
• I've **sorted out** the file that can be thrown away.
폐기해도 될 서류철을 골라냈습니다.

> 🔄 **screen ∗ out** [sb]/[sth]
> (부적격인 사람을) 걸러내다

00317
dine out

01-2.광운대/Teps

밖에서(out) 먹다(dine)
외식하다(=eat out)
• We **dine out** once a week.
우리는 일주일에 한 번 외식을 한다.

00318
send ∗ out [sb]/[sth]

15-2.경찰

밖으로(out) 보내다(sent)
1. ~을 보내다, 발송하다 2. (빛·신호·소리를) 내다
• Have you **sent out** the invitations yet?
초대장은 보내셨나요?

00319
be on the outs with [sb]

17.한성대

사이가 나빠 멀찌감치 떨어져 있다
~와 사이가 나쁘다
• He **is on the outs with** her.
그는 그녀와 사이가 나쁘다.
> 🔄 **be at outs with** [sb] ~와 사이가 나쁘다

---

2. 고장난, 비정상적인, 다 떨어진

00320
out of order

00.여자경찰/Teps

명령(order)을 벗어난(out of)
고장난(=not working properly)
• The radio is **out of order**.
라디오가 고장났다.

> 🔄 **out of commission**
> 퇴역하여, 작동불능인 ∗임무에서 벗어난

00321
out of stock/all sold out

11.경북교행/08.덕성여대
01.동덕여대/사법시험/토익/Teps

재고품(stock)이 떨어져
품절되어, 매진되어
• The article is **out of stock**. = The article is **all sold out**.
그 물건은 떨어졌습니다.

> 🔄 **out of print** 절판된
> ∗더 이상 인쇄(print)하지 않는(out of)

00322
out of one's wits
[mind, head]

11.명지대/05.건국대
89.행자부9급/Teps

사람의 재치[정신,머리]를 벗어나서(out of)
미쳐서, 제정신을 잃고, 몹시 흥분해서
• The sight of the gun in his hand scared me **out of my wits**.
그의 손에 총이 들려 있는 광경에 나는 정신이 나갈 정도로 기겁했다.

00323
out of the blue

07.대구대/05-2.한성대/04.행자부9급
04.변리사/03-2.고려대/02.덕성여대
01-4.여자경찰/01-2.세종대/00-2.한성대/Teps

마른하늘(blue sky)에서(out of) 날벼락(a bolt)
뜻밖에, 돌연; 불쑥, 느닷없이(=all of a sudden, unexpectedly, without any advance notice)
• Sometimes he brings up a funny question **out of the blue**.
때때로 그는 느닷없이 우스운 질문을 제기하곤 한다.

> 🔄 **a bolt out of the blue (sky)**
> 청천벽력, 전혀 예상 밖의 일
> ∗푸른 하늘에 번개가 치는

00324
out of this[the] world

토플/입사

이 세상에서 온 것이 아닌 듯한
더할 나위 없는, 매우 훌륭한, 보통을 넘는(=exceptional)
• This pie is just **out of this world**.
이 파이는 이 세상 것이라고 생각되지 않을 만큼 맛있다.

00325
out of the way

11.홍익대

the way(정해진 길)을 벗어난(out)
1. 평상시와 다른, 별난(=eccentric) 2. (방해가 안 되도록) 비키어
• The idea is nothing **out of the way**.
그 생각은 조금도 특이하지 않다.

00326
out in left field

13.국가직7급

left field(왼쪽 외야)을 벗어난(out)
별난, 의외의, 머리가 이상한
• What a strange idea. It's really **out in left field**.
그참 색다른 생각이네. 정말 별나군.
> 🔄 **out of left field** 생각지도 않은 곳에서, 뜻밖에

00327
blot ★ out [sb]/[sth]

15.국가직7급

blot(얼룩)을 없애다(out)
~'을 안전히 덮다[가리다]; (안 좋은 기억을) 에써 잊다
- I try to **blot** those bad thoughts **out**.
  나는 안 좋은 생각을 애써 잊으려 했다.

00328
sputter out

11.홍익대/02.기술고시

sputter(불꽃 등이 탈 때 나는 소리)
(불꽃 등이 튀는 소리를 내며) 꺼지다
- The candle **sputtered out**.
  촛불이 바지직 소리를 내며 꺼졌다.

00329
snuff ★ out [sb]/[sth]

07.경기9급

심지를 잘라(snuff) 없애다(out)
1. (촛불을) 심을 잘라 끄다 ; (희망 등)을 꺾다 ;
   ~을 멸망시키다(=extinguish)
2. 〈구어〉 죽이다(=kill), 죽다(=die)
- The recent rebound in mortgage rates could **snuff out** the housing recovery.
  최근의 저당부 대출 이율의 반동은 주택공급 회복의 희망을 꺾을 수 있다.
  cf. snuff the candle 초의 심지를 끄나

00330
weed ★ out [sb]/[sth]

07.중앙대/02-2.서울여대/92.고려대학원/토플

잡초(weed)를 뽑아내다(out)
~을 제거하다(=eliminate, get rid of [sb]/[sth], root ★ out [sth])
- A small group of neo-Nazis have infiltrated the ranks. We must **weed** them **out** as soon as possible.
  소수의 신나치주의자들이 당원들 사이에 침투했다. 우리는 한시 바삐 그들을 색출해야

00331
root ★ out [sth]

05.중앙대/02.세무사

뿌리(root)를 바깥으로 뽑아버리다(out)
뿌리 뽑다, 근절하다(=eradicate, get rid of [sb]/[sth])
- No government will ever **root out** crime completely.
  범죄를 완전히 뿌리뽑을 수 있는 정부는 없다.

图 **stamp ★ out** [sb]/[sth]
박멸하다, 근절하다, 죽이다

■ out 보충 표현

□ **churn ★ out** [sth] 대량생산하다

□ **map ★ out** [sth] ~을 계획하다, 상세히 보여주다

□ **phase ★ out** [sth] 단계적으로 폐지[폐기]하다 ↔ **phase in** [sth] 단계적으로 도입하다

□ **ride ★ out** [sth] (폭풍, 곤란 따위를) 이겨내다 **cf. ride again** 원기를 회복하다

□ **sound ★ out** [sb]/[sth] /**sound** [sb] **out** [sth] (다른 사람의 의중을) 떠보다, 의사타진하다

□ **bail ★ out** [sb]/[sth] 낙하산으로 탈출하다; 보석금을 내고 석방시키다; (금융 지원으로 경제적) 위험을 벗어나게 하다
  cf. bail-out 구제금융

□ **close ★ out** [sth] 다 팔아치우다, 헐값으로 매각하다

P006

[접두어] a(=on, in, 강조)
접두어 a는: "~에 접촉하여(on), ~하는 중인(on)"의 의미의 접두어로, 주로 동사 앞에 붙어서 형용사로, 형용사 앞에 붙어 부사로, 명사 앞에 붙어 형용사로 만든다.

0061 **adrift**
[ədríft]
15.단국대
05.아주대

a(on)+drift(표류하다) → 표류하는 중인
a. 표류하는, 방황하는(=floating)
• alienated and adrift 소외되고 방황하는
団 drift 표류하다, 떠내려가다(=float) 표류, 흐름; 경향

0062 **astray**
[əstréi]
17.숭실대/15.가천대
06.국가직7급/06.영남대

a(on)+stray(헤매다) → 길을 잃고 헤매는 중인
ad. 길을 잃고, 타락하여
• lead a person astray ~를 타락시키다, 엇나가게 만들다
• begin to go astray 엇나가기 시작하다
団 stray 길을 잃다, 헤매다; 빗나가다, 탈선하다(=deviate)
　　a. 길 잃은, 방황하는(=lost)

0063 **askew**
[əskjú:]
07.아주대

17.이화여대/14.경기대
12.기상직9급

a(on)+skew(굽다) → 비스듬하게 굽혀
ad. 비스듬히, 일그러져; 수상쩍은 눈으로
団 skew v. 비스듬하게 하다; 굽다(=slant) 왜곡하다
　　a. 비스듬한, 비뚤어진, 휜
skewed 왜곡된(=distorted), 편향된
• skewed information 왜곡된 정보

0064 **askance**
[əskǽns]
16.고려대/11.중앙대

a(on)+skance(skew(굽다) → 비스듬하게 굽혀
ad. 의심의 눈으로; 비스듬히
• look askance 곁눈질로 바라보다

0065 **awry**
[ərái]
06.성균관대

a(on)+wry(뒤틀린) → 뒤틀리게
ad. 구부러져, 비뚤게; (사람의 행동이) 잘못되어
団 look awry 흘겨보다
go awry 실패하다, 잘못되다(=go wrong), (일이) 꼬이다
団 wry[rái] a. 비틀어진, 뒤틀린, 찡그린; 삐딱한; 심술궂은

추가 어휘

☐ **a**jar (문이) 약간 열린
　　- jar 삐걱거리다; 병, 항아리
☐ **a**ghast 소스라치게 놀라서 •ghast(ghost(유령)
☐ **a**glow 환히 빛나는
　　- glow 빛나다, 타다
☐ **a**light a. 불타서, 타올라서
　　　　 v. (탈 것에서) 내리다, 내려앉다
　　- light 빛, 광선, 불

P007

[접두어] ab(=away, from, off)
접두어 ab은 "away, from, off"의 의미이다.
❶ [away, from, off] ~로부터 멀리, ~과 떨어져, 사라져　❷ 강조

*접두어 ab-의 단어에는 전치사 from과 결합되는 경우가 많다.
[변형] 자음 c, t 앞에서 abs-로, 자음 m, v 앞에서는 b가 탈락되어 a-로 쓰인다.
[주의] 뒤에서 설명하는 접두어 ad (➡ PO21)와 혼동되기 쉬우나 완전히 다른 의미의 접두어이므로 세심한 구별을 요한다.

0071 **abnormal**
[æbnɔ́ːrməl]

ab(~에서 멀어진)+normal(정상적인) → 정상적인 것과 동떨어진
a. 비정상적인, 이상한(=strange), 변칙의
• abnormal behavior 이상 행동
団 normal 표준의, 보통의, 정상적인

0072 **absent**
[ǽbsənt]

abs(away)+ent(be ➡ R159) → 있을 곳에 있지 않고 가버린
a. 결석[결근]한; 부재중인
vt. 결석[결근]하다, 불참하다
• be absent from work 결근하다
ⓝ absence 부재, 불참; 결근
absenteeism 장기 결석[결근]; 부재지주 제도

0073 **absorb**
[æbsɔ́ːrb, æbzɔ́ːrb]
16.중앙대/99.경찰
96.중앙대/95.청주대

ab(from)+sorb(흡수하다) → 무엇으로부터 흡수하다
vt. 1. 흡수하다(=imbibe), 빨아들이다; 합병하다
　　2. 열중시키다, 시간을 빼앗다
*be absorbed in ~에 몰두하다, 전념하다(=be engrossed in)
ⓐ absorbing 열중케 하는, 흥미진진한
ⓝ absorption 병합; 흡수; 몰두
団 sorb 흡수하다

P008

[접두어] for(=away, apart, off)
접두어 for은 "away, apart, off"의 의미이다.
* '앞(before)'을 뜻하는 접두어 fore(➲ **P036**)와 혼동하지 말 것

0081 forgo
[fɔːrgóu]
16.기상직9급/11.단국대

for(apart)+go(가다) → ~과 떨어져 가다
v. ~없이 지내다, 삼가다; 포기하다(=relinquish, waive)
• forgo atomic weapons 원자력 무기를 포기하다
• forgo having children 아이를 갖지 않다

0082 forswear
[fɔːrswéər]
13.숭실대

for(apart)+swear(맹세하다) → ~과 떨어질 것을 맹세하다
v. 맹세코 그만두다, 부인하다
• forswear the use of violence 폭력 사용을 그만두다
🔁 **swear** (~할 것을) 맹세하다; 맹세, 서약

0083 forlorn
[fərlɔ́ːrn]
16.서강대/12.중앙대

for(apart)+lorn(외로운) → ~과 혼자 떨어져서 외로운
a. 버림받은, 외로운, 절망적인
• feel forlorn 외로워하나
• a forlorn attempt 허망한 시도
🔁 **lorn** 고독한, 외로운

0084 forbear
[fɔːrbéar]
13.서울여대

for(apart)+bear(지니다) → 지니지 않고 멀리하다
v. (~을) 삼가다, 참다
ⓝ forbearance 인내, 관용(=patience)
• forbear laughing 웃음을 참다
• forbear from asking questions 질문을 하려다가 그만두다
🔁 **bear** 지니다, 견디다, 참다, (아이를) 낳다

P009

[접두어] se(=apart)
접두어 se는 "따로 떨어져(apart)"의 의미이다.

0091 secret
[síːkrit]

se(apart)+cret(나누다) → 따로 떼어내어 보관하는
a. 비밀의, 은밀한(=surreptitious)
n. 비밀, 비결, 비법, 신비
• a secret meeting 비밀회의, 은밀한 만남
• keep a secret 비밀을 지키다
ⓐⓓ secretly 비밀리에, 은밀하게(=surreptitiously)
ⓝ secretary 비서, 장관

0092 select
[silékt]
11.서강대

se(apart)+lect(choose) → 골라서 따로 두다
vt. 선택하다, 고르다(=pick up, pick out)
a. 가려 뽑은, 정선한
• select a red dress 빨간 드레스를 고르다
ⓝ selection 선발, 선택, 정선; 발췌
ⓐ selective 선택하는, 선택의(=elective)

P010

[접두어] off(=off)
접두어 off는 "off"의 의미이다. 주로 구동사의 파생어로 많이 쓰인다.

0101 offspring
[ɔ́ːfspriŋ]
09.단국대/97.서울대학원
95.세종대

off+spring(원천) → 원천에서 분리되어 나온 것
n. (사람·동물의) 자손, 새끼(=progeny); 소산, 결과
• preference for male offspring 남아 선호 사상
• produce offspring 자식을 낳다
🔁 **spring** 샘, 원천; 용수철; 튀어 오름, 도약

0102 off-the-record
[ɔ́ːfðərékərd]

off+record(기록) → 기록과 떨어져서
a. 기록에 남기지 않는, 비공개의, 기밀의
• off-the-record conference 비공식 회의

[접두어] **dis(=apart, away, not)**
접두어 dis는 ❶ "~과 따로 떨어져(apart)" ❷ "사라져, 멀어져(away)" 의 의미와 ❸ "반의(not ⊃ P046)" 의 의미로 쓰인다.

O111 **discourage**
[diskə́:ridʒ]
⊃ R1891

dis(apart)+courage(용기) → 용기에서 떨어져 나오다
v. 용기를 잃게 하다, 낙담시키다
• be discouraged by misfortune 불운으로 낙담하다
ⓐ discouraged 낙담한, 실망한
囮 **courage** 용기, 담력
cf. courageous 용기 있는, 용감한

O112 **dismember**
[dismémbər]

dis(apart)+member(멤버) → 멤버를 떼어놓다
v. 해체하다, 분할하다
• dismember the empire 제국을 분할하다

O113 **divest**
[divést]

00.행자부7급

dis(away)+vest(dress) → 옷을 벗어버리다
vt. 1. (옷을) 벗다
　　2. ~에게서 ~을 박탈하다; 처분하다[of]
囮 **vest** 러닝셔츠; 조끼
　　- **be vested in** (권리나 의무로) 주어지다

T 004

on

전치사 on은 어떤 것의 표면에 닿거나 그 바로 위에 붙어 있음을 의미한다.
기계가 작동 중인 경우에도 on을 사용하는 데 전원 콘센트가 접촉되어 있기 때문이라고 이해하면 쉽다.
1. (장소 · 시간의 접촉 근접) ~의 표면에 위에 ~에 접하여
2. (부착 · 소지 · 소속) ~에 붙여 몸에 지니고
3. (진행 중 상태 · 경과) ~하여, ~하는 중, ~의 도중에
4. (원인 · 이유 · 조건 · 관계) ~에 따라, ~에 의해서, ~에 대해서

1. (장소 · 시간의 접촉, 근접) ~의 표면에, 위에, ~에 접하여

00401
on time
10.계명대/Teps

약속시간(time)에 근접하게(on)
시간을 어기지 않고, 정각에(=punctual) *'정확히 그 시간에'를 강조
• I cooked my own goose by not showing up **on time**.
나는 시간에 맞춰서 가지 않아 스스로 체면을 손상시켰다.

▣ **in time** 시간에 늦지 않게, 알맞은 때에
*늦지 않음을 의미
⑤ **punctual to the minute**
1분도 어기지 않는, 정각에
= **on the button** 정확하게, 정각에
= **on the dot** 정각에, 정시에
= **on the nose** 정확하게

00402
on pins and needles/
on needles and pins
06.삼육대/06.가톨릭대
03.경찰/덕성여대/Teps

핀(pin)과 바늘(needle) 위에 있어 따끔따끔한
매우 불안한(=nervous)
• I've been **on pins and needles** all day, waiting for you to call with the news.
나는 하루 종일 당신에게서 그 소식에 대한 전화가 오기를 안절부절못하고 기다렸다.

▣ **pins and needles**
손발이 저려 따끔따끔(바늘로 찌르는) 느낌

00403
on edge
12.가상직9급/03.공인노무사/01.세종대
00.행정고시/98.사법시험/95.외무고시
91.서울대학원/Teps

모서리 끝(edge) 위에(on) 있는
긴장된, 초조한(=nervous, irritable)
• I have really been **on edge** lately.
나는 최근들어 정말로 초조했다.

00404
on the brink of [sth]
11.성신여대/09.홍신대/02-2.숙명여대

가장자리(brink)에 접한(on)
~의 직전에(=on the edge of, on the verge of [sth])
• The two countries are **on the brink of** war.
두 나라는 전쟁 직전에 있다.

▣ **on the blink** 고장난, 몸이 좋지 않은
⑤ **on the edge of** [sth] ~의 가장자리에;
~의 직전에, 막 ~하려던 찰나에

00405
on the point of ~ing
00.경찰/85.서울대학원

~하려는 그 시점(point)에 (on)
~의 직전에(=be about to R)
• He was **on the point of** leaving.
그는 막 떠나려 하고 있었다.

00406
on the heels of [sb]/[sth]
03.숭실대

발꿈치(heel)에 붙어서(on)
~바로 뒤를 따라서, 뒤이어(=directly after [sb]/[sth])
• There was a rainstorm **on the heels of** the windstorm.
폭풍에 뒤이어 폭우가 몰아쳤다.

00407
on the outskirts of [sth]
98.홍신대

outskirt(변두리, 교외)에 붙어 있는
~의 변두리에(=at the edges)
• He lives **on the outskirts of** Seoul.
그는 서울 교외에 살고 있다.

▣ **in the heart of** [sth]
~의 중심에, 한복판에
*the heart 중심, 한가운데

00408
on the spot
13.국가직9급/토플/Teps

spot(현장)에서
즉시(=instantly, immediately)
• A child was run over by a car and killed **on the spot**.
아이가 자동차에 치어 즉사했다.

▣ **on-the-spot** 현장의, 즉석의, 즉결의

00409
on cloud nine
토플

cloud nine(단테의 "신곡"에서 기원)
매우 행복한, 날아갈 듯이 기쁜(=very happy)
• I'm **on cloud nine**. (= I'm walking on air.)
날아갈 듯한 기분이다. 구름 위를 걷는 기분이다.

⑤ **walking on air** 너무나 행복한
*하늘 위를 걷는

00410
border on [sth]
92.연세대학원

경계(border)가 서로 접하다(on)
~에 인접하다; ~에 가깝다(=verge on [sth]), 마치 ~같다(=be like [sb]/[sth])
• Mexico **borders on** the United States.
멕시코는 미국과 접해 있다.

00411
It dawns on [sb] **that ~**
02.감정평가사/93.서울대학원

~위로 밝아진
~을 이해하기 시작하다, 깨닫기 시작하다(=strike)
• **It** gradually **dawned on** me **that** I still had talent and ought to run again.
나는 여전히 재능이 있다는 것과 다시 달려야 한다는 것을 점차 깨닫기 시작했다.

▣ **dawn** n. 새벽, 여명, vi. 날이 새다, 밝아지다; 일이 이해되기 시작하다
⑤ **It strikes** [sb] **that**
~에게 ~라는 생각이 들다

2. (부착·소지·소속) ~에 붙혀, 몸에 지니고 ~의 부담으로

00412
on the tip of one's tongue
15.경찰2차/07.세무사
94.행자부7급/입사/토플/Teps

말이 혀끝(tongue)에 붙어(on) 떨어지지 않는
(이름 등이) 기억날 듯 말 듯한, 혀끝에서 맴도는
• Her name is **on the tip of my tongue**.
  그녀 이름이 기억이 날듯 말듯하다.

00413
on the horns of dilemma
07.세무사/98.안양대/94.행자부7급
91.서울대학원/입사/토플

딜레마에 빠진
진퇴양난에 빠진, 이러지도 저러지도 못하는(=in a quandary)
• Mary found herself **on the horns of a dilemma**. She didn't know which to choose.
  메리는 딜레마에 빠져 있었다. 그녀는 어느 쪽을 선택해야 할지 몰랐다.

00414
on the spur of the moment
98.경찰/입사/Teps

순간(the moment)에 박차(spur)를 가해서
아무 생각없이 당장, 앞 뒤를 가리지 않고(=without previous thought)
• I decided to go to the party **on the spur of the moment**.
  나는 앞뒤를 가리지 않고 그 파티에 가기로 결정했다.

> **᠍웹 on the spur** 전속력으로, 매우 급히
> **= on the double** 급히, 신속히

00415
on the square / on the level
10.중앙대/입사/토플

정사각형(square)인
1. 솔직한, 정직한(=forthright, honest); 공정한; 솔직하게
2. 정확한, 믿을 수 있는(=reliable)
• Their dealings with us have always been **on the square**.
  그들은 우리를 언제나 공정하게 대해 왔다.

> **밴 out of square** 난잡한; 부정한
> *직각이 아닌
> **᠍웹 square away** [sb]/[sth]
> 반듯하게 정리하다, 준비하다

00416
on the straight and narrow
97.서울대학원

똑바르고(straight) 엄밀한(narrow)
도덕적으로 바르게 사는, 정직한(=honest)
• He taught his children to keep strictly **on the straight and narrow**.
  그는 아이들에게 엄격히 바른 처신을 유지하도록 가르쳤다.

00417
on the house
99.세무사/Teps

식당(house)의 부담으로(on)
공짜로, 술집에서 서비스로 주는(=with no payment)
• Today's the first anniversary of our opening, so it's **on the house**.
  오늘이 개점 1주년이기 때문에 술값은 공짜입니다.

> **᠍회 This is on me.**
> 〈회화〉 (음식값을) 이번엔 내가 낼게

00418
dwell on[upon] [sth]
06.영남대/89.서울시9급/토플/Teps

~에(on) 눌러 붙어 있다
1. 심사숙고하다(=ponder, contemplate, think over, mull over [sth])
2. 자세히 설명하다; 머뭇거리다
• But he doesn't **dwell on the past**.
  하지만 그는 과거에 연연해 하지 않습니다.

> **᠍회 dwell in** [sw] 거주하다

3. (진행 중 상태·경과) ~하여, ~하는 중, ~의 도중에; (기계 등이) 작동하는

00419
on leave
97.경찰/86.행자부9급

일에서 떠나 있는(leave) 중인(on)
휴가 중인(=away from work)
• Who is going to cover for you while you're **on leave**?
  네 휴가 중에 누가 너를 대신할 거니? *be away on leave 휴가를 떠나다, 출장 중이다

> **᠍회 call in sick** 전화로 병가를 알리다

00420
on one's knees /
on bended knee(s)
서울시9급

무릎을 굽힌(bended knee) 상태로(on)
무릎을 꿇고, 굴욕적으로(=humiliatingly)
• He fell **on his knees** to thank God.
  그는 하느님께 감사드리기 위해 무릎을 꿇었다. *fall on one's knees 무릎을 꿇다

00421
on sale
01.동덕여대

sale(판매; 할인 판매) 중인(on)
할인해서 파는; 판매 중인
• Every item in the store is **on sale**!
  전 품목이 세일이에요!

> **᠍ off-price** 할인의
> *an off-price store 할인 판매점

00422
on a roll
02.공인회계사

잘 회전(roll)하고 있는, 잘 굴러가는
행운이 계속되는, 잘 나가는(=at a high point)
• She's **on a roll**. I don't think anyone can beat her right now.
  그녀는 잘 나가고 있어. 지금 당장은 누구도 그녀를 이길 수 없다고 봐.

> **᠍회 call the roll** 출석을 부르다
> *roll 두루마리, 공문서, 출석부, 명부

00423
on the go
13.동국대/05.한양대/Teps

계속 가고 있는(go) 중인(on)
끊임없이 활동하여; 아주 바쁜(=very busy)
• She has been **on the go** all day.
  그녀는 하루 종일 분주했다.

00424
on the way (to [sth])
04-2.고려대

길 가운데에 있는 → 도중에
(~하는) 도중에(=en route to [sth])
• We saw him **on the way to** California.
  우리는 캘리포니아로 가는 도중에 그를 보았다.

> **᠍회 on the road** 여행 도중에,
> (순회공연원정 등을) 하는 도중에
> *길바닥에 있는

00425
on the run
00.세무사/Teps

날리는(run) 중에 있는
1. 경찰에 쫓겨, 도주하여(=in flight) 2. 서둘러, 허겁지겁
• He was **on the run** for two years.
  그는 2년째 도망다니고 있었다.

00426
on the blink
도들/Teps

가전제품이 고장나면 깜빡거리는(blink) 것에서 유래
고장이 난(=out of order) ; 몸 상태가 좋지 않은
• Tom's car is **on the blink** again. Let's take your car.
  톰의 차가 또 맛이 갔어. 네 차를 타자.

国 on the brink of sth ⊃ IOO4O4
~의 직전에

00427
on the wane
97.건국대/94.수원대

썰물기간(wane) 중인(on)
줄어가는, 하락하는(=dwindling)
• He was a star player, but now he is **on the wane**.
  그는 한 때 스타선수였지만, 이제는 하락세이다.

00428
on and on
토플/입사/Teps

계속 on(진행중)인 상태인
지루할 정도로 장황하게(=at great length), 계속해서(=continuously)
• They rambled **on and on** about their grandchildren.
  그들은 손자들에 대해 쉬지않고 두서없이 얘기했다. *ramble 두서없이 말하다

国 on and off 이따금
国 on end 계속해서

00429
on the alert
토플/입사/Teps

alert (경계상태) 중인(on)
빈틈없이 경계하고 있는(=watchful)
• He was **on the alert** all night.
  그는 밤새 빈틈없이 경계를 섰다.

国 yellow alert (황색경보)
→ **blue alert** (청색 경보, 제2경계 경보)
→ **red alert** ([긴급] 공습 경보)

00430
on the quiet / on the Q.T.
91.서울대학원

들키지 않게 조용히
암암리에, 조용히, 비밀리에(=secretly)
• They were married **on the quiet**.
  두 사람은 몰래 결혼했다.

---

4. (원인 · 이유 · 조건 · 관계) ~에 따라, ~에 의해서, ~에 대해서

00431
on account of sth
입사/토익/Teps

account(이유)에 의해서
~때문에(=owing to sth)
• **On account of** the rain, the game was postponed.
  우천으로 인해, 경기가 연기되었다.

00432
on the ground(s) that ~
02.고려대

ground(근거, 이유)에 의해서
~라는 이유로
• He was dismissed **on the ground that** he was found unpunctual.
  그는 시간을 지키지 않는다는 이유로 해고되었다.

00433
on behalf of sb
07.광주시9급/91.국회사무처7급/토익/Teps

누구의 이익(behalf)을 위해서
1. ~을 대신하여(=instead of, in place of sb/sth)
2. ~을 대표하여(=as the representative of sb)
• Robin Thompson spoke **on behalf of** his colleagues.
  로빈 톰슨은 동료들의 이익을 대변하여 말했다.

00434
on a par with sb/sth
02-2.단국대/96.사법시험

골프에서 정해진 타수(par)와 같은
(~와) 똑같은, 동등한(=equivalent to)
• He doesn't think his salary is **on a par with** his position in the company.
  그의 연봉이 회사에서 자신의 직위와 걸맞지 않다고 그는 생각한다.

00435
on the contrary
01-2.강남대/토플/Teps

contrary(정반대)의 방법으로
반대로(=conversely)
• In jazz, **on the contrary**, the performers often improvise their own melodies.
  반면에, 재즈에서는 공연을 하는 사람들이 종종 자신들의 멜로디를 즉석에서 만든다.

00436
on the whole
00.경찰/97-2.덕성여대/입사/Teps

the whole(전부)에 대해서
전반적으로, 대체로, 대개(=generally, in general)
• **On the whole**, Koreans are diligent.
  대체로 한국인은 부지런하다.

00437
on purpose
06.대구대/02.삼육대/97.홍익대
88.행자부9급/Teps

목적(purpose)에 의해서
고의로, 일부러(=intentionally, purposely)
• He gave the distorted report **on purpose**.
  그는 사실을 고의로 왜곡해서 보고했다.

00438
hinge on [sth]
00.변리사/98.서울대학원/97.경희대

hinge(경첩)에 따라(on) 문이 움직이는 것으로 이해
~여하에 달려있다, ~에 따라 정해지다(=depend on, rely on [sb]/[sth])
• The result of the whole competition **hinges on** the last match.
전체적인 경기의 결과는 최종전에 따라 정해진다.

00439
depend on [sb]/[sth]
10.성균관대/98.동국대/토익/Teps

바짓가랑이에 찰싹 붙어서(on) 의존하다(depend)
1. ~에 의존하다 (=rely on, count on [sb]/[sth])
2. ~에 달려 있다 (=contingent upon [sth])
• Elderly parents often **depend on** their adult children.
나이가 든 부모들은 종종 그들의 성인 자녀들에게 의존한다.

🔼 **Depend upon it!** 〈03-2.가톨릭대〉
틀림없다, 염려마라

00440
wait on [sb]/[sth]
12.국민대

테이블 옆에 찰싹 붙어서(on) 기다리다(wait)
1. 시중을 들다 (=serve) 2. ~을 기다리다
• She **waited on** customers all day at the restaurant.
그녀는 레스토랑에서 하루종일 손님들의 시중을 들었다.

00441
zero in on [sb]/[sth]
05-2.단국대/96.고려대

목표에 딱 붙어 영점(조준점)을 잡다
~에 모든 관심[신경]을 집중시키다 (=focus on, concentrate on)
• They **zeroed in on** the issues.
그들은 그 쟁점에 대해 집중했다.

🔽 **focus on** 집중하다
= **concentrate on** 집중하다

Ⅰ005
off

off는 어떤 것으로부터 떨어져 나오거나 벗어나는 것이 기본 의미이다. (부착 · 접촉의 on과 반대)
고정된 것에서 떨어져 나가거나, 탈 것에서 내리는 경우, 기준 · 주제 또는 일에서 잠시 벗어나거나 술, 담배나 마약 등의 습관 등을 끊는 경우도 포함한다.

00501
off the wagon
02.여자경찰
12.국민대

마차(wagon)에서 내린(off)
술을 다시 마시기 시작하여(↔ on the wagon)
• As a matter of fact, I once quit drinking, but I'm **off the wagon** now.
사실은 나도 한때 술을 끊었는데 지금은 다시 마신다.
🔽 **on the wagon** 술을 끊고

🔼 **on the booze** 몹시 취하여
(=very drunk)
🔼 **hit the booze** 술을 마시다

00502
off the wall
07.국가직9급

벽에서 떨어져 나온(off)
(아이디어 · 생각 등이) 엉뚱하고 별난(=eccentric)
• Her ideas are **off the wall**. (=Her ideas are informal or eccentric.)
그녀의 아이디어는 엉뚱하고 별나다.

00503
off-the-cuff
17.경기대/09.고려대

연설문을 적어둔 소맷동(cuff)을 때 놓고서
즉석의, 준비없이 하는(=extemporaneous, impromptu); 즉흥적으로
• The politician is very good at making speeches **off-the-cuff**.
그 정치인은 즉흥적으로 연설하는 데 매우 능숙하다.

🔽 **on the cuff** 외상으로

00504
off the record
03.101단/01.전남대/96.입법고시
96-2광운대/Teps

기사나 기록(record)에서 벗어난(off)
비공식적인; 비공식적으로(=not known to the public)
• Although her comments were **off the record**, the newspaper published them anyway.
그녀의 논평은 비공식적인 것이었는데도 불구하고, 그 신문은 공표하고 말았다.

🔼 **for the record** 공식적인; 공식적으로
기록하기 위한

00505
better off / better-off
01.고려대/95.산업대/Teps

(가난에서) 벗어나(off) 보다 좋아진(better)
1. 이전보다 부유해진(=more fortunate, wealthier, richer than now)
보다 행복한(=happier)
2. 보다 좋은 환경에 있는(=in better circumstances)
• Are you **better off** than you were four years ago?
4년 전 보다 형편이 좋아지셨나요?

🔽 **well-off** (남들 보다) 부유한, 유복한
(=having more money than many other people)
- **well-to-do** 〈01.입법고시〉
유복한, 부유한 (=rich and with a high social position)
- **live[be] in clover** 풍족하게 살다

00506
bad off / badly off
건국대/성균관대

(상황이) 완전히(off) 나쁜(bad)
궁핍한, 가난한; 열악한 환경에 있는(=in a bad situation)
• They were **badly off** when they were young.
그들은 젊었을 때 궁핍했다.

🔽 **hard-up** 돈에 쪼들리는, 궁색한
(=short of money)

00507
laugh ★ off [sth]
06.성균관대

(걱정과) 따로 떨어져서(off) 웃다(laugh)
(심각한 상황 등을) 가볍게 웃어넘기다, 농담으로 얼버무리다
• The couple **laughed off** rumours that their marriage was in trouble.
그 커플은 그들의 결혼에 문제가 생겼다는 소문을 가볍게 웃어넘겼다.

00508

kiss * off [sb]/[sth]

98.세무사

작별의 인사로 키스(kiss)하고 밀리 떨어지나(off)

1. ~을 거절하다(=dismiss), 해고하다; 단념하다(=give up [sth]/[sth])

2. 〈구어〉 귀찮게 하지마, 꺼져버려

• He **kissed off** their offer.
  그는 그들의 제의를 거절했다

팁 **give** [sb] **the kiss-off**
시기던 사람을 입짝기 차버리나

00509

have ~ off

01-2.광운대

일에서 벗어나디(off)

~에는 쉬다, 휴무이다

• I **have** every Monday **off**.
  나는 매주 월요일에 쉰나.

00510

spin-off

05.동국대/95.중앙대

물레를 자아서(spin) 떼어낸 것(off)

1. (산업·기술 개발 등의) 부산물, 파급 효과, 부작용

2. (TV 프로그램의) 속편, 시리즈 프로

• The paperback is a **spin-off** from the large hardcover encyclopedia
  송이 표지로 된 보급판 책은 양장본 백과사전으로부터 나온 부산물이다.

팁 **spin * off** [sth] 원심력으로 분리하다, 부수적으로 생산하다;
(새로운 회사를) 분리 신실하나

00511

tick * off [sb]/[sth]

00.세무사

1. 점검의 표시로 찍어두는 점(tick) 2. 진드기

1. 체크 등으로 표시하다(=show with marking), 점검하다

2. 건드려 화나게 하다

• I **ticked off** the names of those on the list as they entered the room.
  나는 그들이 방으로 들어갈 때 리스트상에 그들의 이름을 체크해 두었다.

00512

tip * off [sb]

96.효성가대/행정고시

tip(범죄 등의 내부 정보)를 빼내다(off)

~에게 미리 정보를 주다, 밀고하다

• He was arrested two days later after a friend **tipped off** the FBI.
  한 친구가 FBI에 정보를 준 이틀 후에 그는 체포되었다.

팁 **tip-off** 비밀정보, 조언, 암시

00513

cool off / cool down

16.광운대/03.사법시험/Teps

싸우고 있는 사람을 떼어내서(off) 열을 식히다(cool)

식다; (노여움 따위가) 가라앉다

• Let's wait until his anger **cools off**.
  그의 노여움이 착 가라앉았을 때까지 기다리자.

> ■ **cool** 시원한 → 차분한 → 냉담한; 냉정, 침착; (화 등을) 가라 앉히다
> - **keep cool/keep one's cool/keep a cool head** 냉정을 유지하다
> ·· **lose one's cool** 이성을 잃다(=lost control)
> = **lose one's head** 당황하다, 흥분하다(=lose one's senses)
> = **lose one's marbles** * marble(차가운 대리석 → 이성)
> = **lose one's sanity** * sanity(건전한 정신)
> - **as cool as a cucumber** 아주 침착한
> - **cool one's heels** 오래 기다리다
> - **That's cool.** 〈속어〉 아주 좋다. 멋지군.

00514

slack * off [sth] /
slack off (on [sth])

94.행정고시

완전히(off) 축 늘어지다(slack)

늦추다; 느슨해지다(=become slow-moving), 줄어들다(=abate)

• I could not **slack off** because he was watching me.
  그가 주시하고 있었기 때문에 나는 게으름을 필 수가 없었다.

팁 **slack-off** 〈구어〉 태업(怠業)

동 **taper * off** [sth]
차츰 소멸되다, 약해지다, 줄다; 줄이다

00515

stave * off [sth]

10.한성대/10.인천대/09.지방직9급

빗장(stave)를 가로질러 막다(off)

(위험, 파멸 등) 저지하다, 막다(=prevent, avoid)

• In order to **stave off** a disaster and get Haiti on its feet again, the world needs to respond in rapid and coordinated fashion.
  재난을 막고 아이티를 다시 자립하게 하기 위해서, 세계는 신속하고 조화롭게 대응할 필요가 있다.

동 **fend * off** [sb]/[sth]
피하다, 다가오지 못하게 하다
* defend(방어하다) → fend
= **keep** [sb]/[sth] **away**
가까이 하지 못하게 하다
= **fight off** [sb]/[sth]
(병과) 싸워서 물리치다, 퇴치하다
* 싸워서 병이 떨어져 나가게 하다

00516

rub * off [sth]

13.산업기술대

문질러서(rub) 떨어져 나가게 하다(off)

문질러 벗기다

• Don't scrub too hard, or you'll **rub** the paint **off** the car.
  너무 빡빡 문지르지 마. 그러면 자동차 칠이 벗겨질 수도 있어.

팁 **rub off on** [sb]
(사람에게) 영향을 주다, ~에 옮다

ⅠＩ006
away

부사 away는 특정 장소로부터 이탈 · 제거가 중심개념이다.
여기에서 저리로 가버리거나 여기에서 저 멀리 떨어져 있거나 사라져 없어지는 경우 등이다.
1. (이탈) 특정 장소로부터 떨어져, 떠나; 멀리; (소실 · 제거) 사라져, 없어져
2. (강조) 훨씬(=far)

---

1. (이탈) 특정 장소로부터 떨어져, 떠나; 멀리; (소실 · 제거) 사라져, 없어져

00601
get away (from sb/sth)
98.변리사/Teps

안 보이는 데로 멀리(away) 가 버려(get)
(~에서) 떠나다, 도망치다; 제거하다
- **Get away** immediately! 썩 물러가거라!, 꺼져! [=Beat it!]
- **Get away** from me! 날 내버려 둬! [=Leave me alone!]
  *getaway 〈구어〉 (범인의) 도망, 도주; 휴가

00602
steal away
03.경기대

훔쳐서(steal) 사라지다(away)
1. 몰래 떠나다(=leave furtively) **2. 살며시 훔치다**
- He **stole away** from the scene.
  그는 그 자리에서 슬그머니 떠나버렸다. *the scene 현장, 장소

00603
clear * away sth
토플/입사

안 보이게(away) 깨끗이 하다(clear)
~을 치우다, 제거하다(=remove, eliminate, get rid of sb/sth)
- May I **clear away** these dishes?
  이 접시들을 치워도 될까요?

▣ **sweep away** sth (태풍 등이) 쓸어가
버리다; 완전히 없애버리다
　cf. sweep the board
　노름에 이겨 판돈을 쓸어가다,
　(상이나 의석을) 독차지하다

00604
fade away
12.국민대

희미하게(fade) 사라지다(away)
서서히 사라지다, 점점 희미해지다
- The sound of the drums **faded away** into the distance.
  드럼 소리가 저 멀리 사라져 갔다.

▣ **fade out** 점점 희미해지다
▣ **fade in** 점점 커지다[또렷해지다]

00605
tow away sth
16.홍익대

끌고(tow) 가버리다(away)
견인하다
- Her car was **towed away** while she bought some food.
  그녀가 음식을 사러 간 사이에 차가 견인되었다.
　cf. tow-away zone 불법주차 견인구역 **tow truck** 견인차

---

2. (강조) 훨씬(=far)

00606
far and away
02.경찰

멀리(far) 더 멀리(away)
훨씬, 단연(=very much, by far)**; 틀림없이, 분명히**(=without exception)
- This is **far and away** the best.
  이것이 훨씬 낫다.

▣ **by far** 단연코

00607
right away
입사/토플/Teps

지금 곧(right)
즉시, 곧, 지체하지 않고(=right off, right now, at once, immediately)
- We hit it off **right away**.
  우리는 그 자리에서 눈이 맞았다. *hit it off 마음이 맞다

P012

[접두어] up(=up)
접두어 up은 "upward(위쪽으로), 최근의, throughly(철저히)"의 의미를 갖는다.

0121 upgrade
[ʌpgréid]

up(upward)+grade(등급) → 등급을 위로 올리다
v. 진급시키다, 등급을 올리다
- upgrade the quality 품질을 향상시키다

🔄 **downgrade** 강등시키다

0122 upscale
[ʌpskèil]
16.경기대

up(upward)+scale(저울) → 저울이 눈금 이상인
a. 평균 이상의, 부자의, 고급의(=high-end)
- an upscale restaurant 고급 레스토랑

0123 uproot
[ʌprúːt]
16.경기대/13.단국대

up(up)+root(뿌리) → 뿌리를 위로 뽑다
v. 뿌리째 뽑다, 몰아내다, 근절하다(=eradicate, deracinate)
- uproot wrong practices 악습을 근절하다

📘 **root up** 뿌리째 뽑다

0124 upheaval
[ʌphíːvəl]
96.기술고시

up(up)+heave(융기하다)+al → 땅이 위로 솟아오르는 것
n. 대변동(=turmoil), 급격한 변화, 격변; 〈지질〉 융기
- uproot foreign and classic cultures during the upheaval of the cultural revolution
  문화 혁명의 격변기에 외국문화와 전통문화를 근절시키다

📘 **heave** 들어 올리다, 던지다; 융기하다, 부풀다

0125 upturn
[ʌptə́ːrn]
14.경기대

up(up)+turn(방향을 틀다) → 위로 방향을 틀다
v. 뒤집히다
n. (경기의) 상승, 호전
- an economic upturn 경제 호전

🔄 **downturn** (경기의) 하강, 침체

0126 uplift
[ʌplíft]
13.성균관대

up(upward)+lift(들어 올리다) → 위로 들어 올림
vt. 들어 올리다, 사기를 북돋우다(=inspire)
n. (위로) 올리기, 증가; 희망

0127 upend
[ʌpénd]
13.고려대

up(upward)+end(끝) → 끝 부분이 위로 가다
vt. (위아래를) 거꾸로 하다[뒤집다]
- be upended at the last moment 막판에 뒤집히다

0128 upset
[ʌpsét]
01.경기대,상명대
98.가톨릭대

up(위로)+set(고정하다) → 발이 위로 가게 하다
v. 뒤집다, 당황하게 하다
n. 전복, 혼란, 당황
a. 당황한(=freaked), 속이 불편한, 엉망인
- have an upset stomach 배탈이 나다
- get upset about unimportant matters 대수롭지 않은 문제에 대해 화를 내다
- I didn't mean to upset you. 너를 화나게 할 생각은 없었어.

0129 upside-down
[ʌpsàiddáun]

upside(위쪽으로)+down(아래로) → 발은 위로, 머리는 아래로
a. 거꾸로 된, 전도된; 혼란된, 엉망이 된
- hang upside-down 거꾸로 매달리다
- turn the market upside down 시장을 전도시키다

0129(1) upright
[ʌpràit]

up(위로)+right(똑바른) → 위로 똑바로 선
a. 똑바로 선, 직립의; 정직한
- stand upright 직립 자세로 몇 발자국 걷다
- lead an upright life 올바른 삶을 살다

0129(2) upcoming
[ʌpkʌ́miŋ]

up(최근에)+come(오는) → 곧 나오는
a. 다가오는, 곧 나올; 이번의
- in the upcoming election 다가오는 선거에, 이번 선거에서

0129(3) upstart
[ʌpstàːrt]
17.광운대

up(최근에)+start(시작하다) → 최근에 시작한
n. 벼락부자, 벼락출세자 a. 최근에 나타난
- be famous as a young upstart 젊은 벼락출세자로 유명하다

📘 **startup** 신규 업체(주로 인터넷 기업)

[접두어] over(=over, above)
접두어 over는 "over, above" 의 의미로서, 매우 자주 쓰이는 접두어이다.
❶ [over] ~을 넘어, ~너머　　　　　❷ [above] ~위에, 위쪽에
❸ [over] 뒤집어, 끝나서, 온통　　　　❹ [over] 과다하게, 초과하여

0131 overhead
[óuvərhèd]

over(위에)+head(머리) → 머리 위에

ad. 머리 위에, 높이
- pass overhead 머리 위로 지나가다

0132 overshadow
[òuvərʃǽdou]
13.산업기술대

over(위로)+shadow(그림자) → 그림자가 위를 덮어서 가리다

v. (너무 뛰어나서 다른 사람의 명성을) 가리다
- I have always been overshadowed by my brother.
　나는 항상 형의 그늘에 가려져 왔다.

🔁 **shadow** 그림자: 그늘지게 하다, 미행하다

0133 override
[òuvərráid]
09.이화여대/06.세무사

over(위에)+ride(올라타다) → 위에 올라타다

v. 1. (직권으로 타인의 결정 등을) 무시하다(=ignore)
　　2. ~보다 중요하다, 우선시하다
- You must not override other's happiness in pursuit of your own.
　자신의 행복을 위해 다른 사람의 행복을 무시해서는 안 된다.
- override a presidential veto 대통령의 거부권을 무효화하다

🔁 **ride** 탈 것을 타다, 괴롭히다

0134 oversee
[òuvərsíː]

over(위에서)+see(보다) → 위에서 내려다보다

v. 감독하다, 감시하다, 망보다
- oversee all new programs 모든 새로운 프로그램을 감독하다

0135 overlook
[òuvərlúk]
16.가천대/03-2.경기대

over(넘어)+look(보다) → 건너뛰어 보다

v. 간과하다(=pass over); 눈감아 주다; 검열하다(=survey)
- overlook details 세부사항을 간과하다

🔁 **look over** 조사하다, ~을 훑어보다 ⊃ IO7707
🔁 **pass over** ~을 무시하다, 간과하다(=overlook) ⊃ IO56O6

0136 overcome
[òuvərkΛm]

over(넘어)+come(가다) → 난관을 넘어가다

v. (장애 등을) 극복하다, 이겨내다(=surmount, get over)
- overcome challenges with intelligence and technology
　지성과 기술로 도전을 극복하다
- manage to overcome every obstacle 모든 장애물을 극복해내다

0137 overflow
[òuvərflóu]
90.고려대학원

over(넘어)+flow(흐르다) → 강둑을 넘어 흐르다

v. 넘치다, 범람하다
- The heavy rain caused the river to overflow.
　(= Because of the heavy rain, the river overflowed.)
　비가 너무 많이 내려 강물이 넘쳤다.

0138 overturn
[òuvərtáːrn]
17.항공대/10.동국대
06.고려대/01.경기대

over(뒤집어)+turn(방향을 틀다) → 배 바닥이 위를 보다

v. 1. 뒤집다, 전복하다(=capsize, topple)
　　2. (결정 등을) 번복하다
n. 전복, 붕괴
- overturn a decision 결정을 뒤집다
- overturn previous theories 기존의 학설을 뒤집다

🔁 **turn over** 뒤집어 엎다(=capsize) ⊃ IO6612

0139 overseas
[óuvərsíːz]

over(너머)+sea(바다) → 바다 저 너머에

a. 해외에 있는, 외국의
- increase overseas sales 해외 매출을 늘리다
- plan an overseas trip 해외 여행을 계획하다

0139(1) overthrow
[òuvərθróu]
16.한국외대

over(뒤집어)+throw(던지다) → 어깨 너머로 던져버리다

v. (정부 등을) 전복시키다, (법률을) 폐지하다
- be overthrown by more powerful forces
　보다 강력한 세력에 의해 전복되다

0139(2) overrule
[òuvərrúːl]
96.연세대학원

over(뒤집어)+rule(판결하다) → 앞의 결정을 뒤집어엎다

v. 뒤엎다; 압도하다; 기각하다(=decide against)
- be overruled by the judge 판사에 의해 기각되다

0139(3) overweight
[óuvərwèit]
97.한국외대/02.경기대

over(과도하게)+weight(무게)가 나가는

a. 괴체중의(=obese)
n. 과체중, 비만(=obesity)
v. 짐을 너무 많이 싣다
- the increasing number of overweight children 비만 아동 수의 증가

[표] **weight** 무게, 체중; 적재하다

0139(4) overwork
[òuvərwɔ́ːrk]

over(과도하게)+work(일하다) → 오바해서 일히디

v. 과로하다
n. 과로, 초과근무
- get sick through overwork 과로로 병이 나다
- Do not overwork yourself. 과로하지 말아라.

0139(5) overcrowded
[òuvərkráudid]

over(과도하게)+crowd(군중)+ed → 과도하게 군중들이 몰려 있는

a. 혼잡한
- be overcrowded with ~으로 혼잡하다
- an overcrowded theater 초만원의 극장
- an overcrowded city 인구가 과밀한 도시
- be overcrowded with visitors 방문객들로 혼잡하다

[표] **crowded** 붐비는 **crowd** 군중. 인파, 다수

0139(6) overjoyed
[òuvərdʒɔ́id]
05.경희대

over(과도하게)+joy(기쁨)+ed → 과하게 기쁜

a. 매우 기쁜(=elated)
- I was overjoyed to hear that he recovered.
  그가 회복되었다는 말을 들으니 말할 수 없이 기뻤다.

P014

[접두어] super(=over)
접두어 super는 "over"의 의미를 그대로 갖는다.
[변형] super는 간혹 sur/supre/sopr 등으로 변형된다.

0141 superior
[səpíəriər]
⊃ T0053

super(~을 넘어)+ior(비교) → ~보다 뛰어난

a. 뛰어난, ~보다 우수한[to]
- be superior to others 남들보다 뛰어나다
- have superior weapons and ships
  우세한 무기와 함선을 소유하다

0142 superb
[suːpə́ːrb]
12.경북교행9급

super(~을 넘어)+b(형접) → 보통을 뛰어넘은

a. 최고의, 특히 뛰어난
- The Eskimos are superb hunters.
  에스키모들은 뛰어난 사냥꾼들이다.

0143 supreme
[səpríːm]
05.가톨릭대

supre(~을 넘어)+me(형접)

a. 최고의, 최상의(=paramount)
- a supreme work of art 최고의 예술작품
- the Supreme Court 대법원

ⓝ supremacy 최고; 주권, 지배권(=dominance)

0144 supernatural
[sùːpərnǽtʃərəl]

super(~을 넘어)+natural(자연의) → 자연의 법칙을 초월한

a. 초자연의, 불가사의한
- the supernatural beings 초자연적인 존재
- have supernatural powers 초자연적인 능력을 가지다

0145 insuperable
[insúːpərəbl]
10.고려대/01-2.숙명여대

in(not)+super(~을 넘어)+able(할 수 있는) → 넘어설 수 없는

a. (어려움 등이) 극복할 수 없는(=insurmountable)
- face insuperable difficulties 극복할 수 없는 어려움에 직면하다

[표] **superable** 극복할 수 있는

P015 [접두어] ultra(=beyond)

접두어 ultra는 "beyond(~의 저쪽에, ~을 넘어)" 의 의미를 갖는다.

O151 ultrasonic
[ʌ̀ltrəsɑ́nik]

ultra(beyond)+sonic(소리의) → 소리를 넘어선

a. 초음파의
- Ultrasonic waves can detect cracks in metal that the human eye cannot see.
  초음파는 인간의 눈으로는 볼 수 없는 금속의 균열을 탐지할 수 있다.

O152 ultraviolet
[ʌ̀ltrəváiəlit]

ultra(beyond)+violet(보라색)

a. 자외선의
- We cannot see ultraviolet light in our atmosphere.
  대기에서는 자외선을 볼 수 없다.

P016 [접두어] hyper(=over, above) ↔ hypo(=under, below)

접두어 hyper는 "over, above" 의 의미를 갖는다. 〈반의 접두어〉는 hypo(=under, below)이다

O161 hypersensitive
[hàipərsénsətiv]

hyper(over)+sensitive(민감한) → 지나치게 민감한

a. 지나치게 민감한, 과민증의
- hypersensitive to light/sound 빛/소리에 지나치게 민감한

O162 hypertension
[hàipərténʃən]

hyper(over)+tension(긴장, 압력) → 혈압이 지나치게 높은 것

n. 고혈압
- take medicine to lower hypertension
  고혈압을 낮추기 위해 약을 복용하다
- suffer from hypertension 고혈압으로 고통을 겪다

O163 hypotension
[hàipəténʃən]

hypo(below)+tension(긴장) → 혈압이 기준이하인 것

n. 저혈압
- The treatment for hypotension depends on its cause.
  저혈압에 대한 치료법은 원인에 따라 다르다

I 007

up

전치사 및 부사 up은 방향·이동·위치·수준 등이 **위쪽을 향하거나 위쪽에 있음**을 나타낸다.
또한 해가 수평선에서 올라오듯이 보이지 않던 것이 다가오는 경우에도 사용된다.
1. ~위로 ~위에(↔ down); 완전히(강조)
2. ~에 마주친 직면한 달려 있는

---

1. ~위로 ~위에(↔down); 완전히(강조)

00701
ups and downs
12.지방직7급/12.성신여대/99.경기대

05.삼육대

위로 그리고 아래로
(길 등의) 오르내림, 기복; 영고성쇠
- Life has many **ups and downs**.
  인생에는 많은 영고성쇠가 있다.
  🔁 **up-and-down** 오르내리는, 기복이 있는
  - **go[move] up and down** 오르내리다; 변동하다(=fluctuate)

00702
fold up
94.행정고시

완전히(up) 몸이 접혀지다(fold)
1. 쓰러지다, 주저앉다; 망하다(=collapse); 발행을 중지하다
2. (물건 등을) 접다
- He **folded up** when the prosecutor discredited his story.
  검사가 그의 이야기를 불신하자 그는 털썩 주저앉았다.
  🔁 **fold-up** (침대나 의자가) 접을 수 있는 것; (공연이나 발행의) 중지

00703
box * up [sth] /
box * in [sb]/[sth]
98.입법고시

완전히(up) 박스 안에 넣다(box)
(좁은 장소 등에 두어) 거동을 불편하게 하다, 가두다(=confine)
- Someone had parked right behind them, **boxing** them **in**.
  누군가 그들의 (차) 바로 뒤에 주차를 해버려서 그들을 가두어버렸다.
  cf. feel boxed in 갑갑함을 느끼다. 상황 등의 제약으로 답답함을 느끼다

00704
bone up (on [sth]**)**
96.외무고시/행시.토플/Teps

뼈(bone)를 샅샅이(up) 발라내다
열심히 공부하다(=study hard),
벼락공부하다(=study quickly, cram for [sth])
- You must **bone up on** the traffic rules if you want to pass the test.
  시험에 통과하고 싶으면 교통규칙에 대해서 열심히 공부해야 한다.

00705
brush up (on [sth]**)**
14.국가직9급/11.동덕여대/00.행자부9급
96.행정고시.토플,Teps

철저히(up) 빗질하다(brush)
1. (공부를) 다시 하다, 복습하다(=review)
2. (기술을) 연마하다(=improve) 3. 몸단장하다
- As you learn new vocabulary, it's good to **brush up on** it regularly.
  새로운 어휘를 공부할 때는, 정기적으로 복습해 주는 것이 좋다.

🔁 **brush * aside[away]** [sb]/[sth]
(의견이나 말 등을) 무시하다(=disregard, ignore) ⟨15.고려대/07.동덕여대⟩
*빗질을 해서(brush) 옆으로(aside) 치워 버리다

00706
tie * up [sth]
00.경찰/Teps

완전히(up) 묶다, 묶이다(tie)
1. 묶다; (수동) (투자금 등이) 묶이다
2. 중단시키다, 방해하다(=hinder)
3. 바쁘다(=be busy, have one's hands full)
4. 교통정체로 막히다
- All my money **is tied up** in long-term investments.
  내 돈 전부가 장기 투자금으로 묶여 있는 상태이다.

🔁 **tie the knot** 결혼하다(=marry)
*나비넥타이 매듭(knot)을 매다

00707
tune * up [sth]
06.명지대/03-2.단국대

완전하게(up) 조율하다(tune)
(악기를) 조율하다; 연주를 시작하다; 연습하다
- **tune up** ahead of the performance
  연주 전에 악기를 조율하다

🔁 **tone (in) with** [sth] ⟨05-2.명지대⟩
혼합하다;조화하다(=harmonize with [sth])
= **blend with** [sth] ⟨96.단국대⟩
혼합하다, 어울리다, 조화되다
(=harmonize with [sth])

00708
jack * up [sth]
04.홍익대

잭으로 들어 올리다(up)
1. ~을 잭으로 들어 올리다(=elevate); 격려하다, 사기를 높이다
2. (값 등을) 올리다(=raise)
- You need to **jack up** the car before you try to remove the wheel.
  바퀴를 빼내려고 하기 전에 차부터 들어 올려라.

00709
sign up (for [sth]**)**
12.성신여대/07.세종대.토익,Teps

완전히(up) 사인하다(sign)
~에 응모하다, 참가하다, ~에 참가등록하다, 가입하다(=enlist)
- So few people **signed up** for the class that it was canceled.
  너무 적은 사람들이 그 수업에 등록한 탓에 수업이 취소되었다.

00710
wind ★ up (sth)
17.지방직9급(하)14.소방직9급/11.성균관대
96.경기대/94.연세대학원.군법무관.토플/Teps

시계 태엽을 완전히(up) 감다(wind)
1. (~을) 끝내다(=finish up, end up, bring (sth) to an end, stop),
   결말을 짓다(=end, conclude) ; 폐업하다
2. (장소·상황에) 처하게 되다
3. (고의로) ~를 화나게 하다(=annoy), 놀리다(=kid)
• The President is about to **wind up** his visit to Somalia.
  대통령은 그의 소말리아 방문을 마무리 지을 예정이다.

00711
wrap ★ up (sth)
11.국가직7급/01.서울여대/00.한성대/Teps

완전히 포장까지 마치다(wrap)
1. ~을 끝내다(=finish), 〈구어〉 (계약을) 매듭짓다, (숙제를) 다 쓰다
2. ~에 열중하다(=involved in sth) ; ~에 관계가 있다
3. (물건을) 싸다, 포장하다 ; (외투 등을) 걸쳐입다 ; ~의 속에 싸이다
4. (기사 등을) 요약하다
• I want to **wrap up** this deal as quickly as possible.
  나는 이 거래를 가능하면 빨리 마무리 짓고 싶다.
🔤 **wrap-up** 간추린 뉴스; 요약; 결말; 최종적인, 결론의

00712
rack ★ up (sth)
07.국민대

선반(rack) 위에(up) 쌓아두다
(많은 이윤을) 축적하다(=accumulate, amass), 달성하다(=achieve) ;
(스포츠 팀이) 승수를 쌓다
• The company **racked up** profits of 12.5 billion won last year.
  그 회사는 작년에 125억원의 순익을 달성했다

🔤 **stack[pile] up (sth)**
쌓이다; 쌓아 올리다
cf. stack up against (sb)/(sth)
~에 비교하다(=compare with (sb)/(sth)),
필적하다

00713
one-up (on (sb))
17.숭실대

일등으로 나서다(up)
한 수 앞서다(=outperform)
• She is always trying to **one-up on** her friends.
  그녀는 항상 그녀의 친구들을 앞지르려고 노력한다. *one up 상대보다 한 수 위인

---

2. ~에 마주친, (논의·화제에) 올라있는, 직면한, 달려 있는

00714
(up) in the air
11.경북교행/01.기술고시/01-2.광운대/Teps

공중에(in the air) 붕 떠있는(up) 상태인
계획이 미정으로, 막연하여(=uncertain, undecided)
• Let's leave this question up **in the air** until next week.
  이 문제는 다음 주까지 미결상태로 놔 둡시다

00715
be up to (sb)/(sth)
10.경북교행/04-2.계명대/00.101단
00.사법시험/93서울시9급.토플/Teps

~에게(to) 달려 있다(up)
1. ~에게 달려 있다(=depend on (sb)/(sth), rest with (sb)),
   ~에 합당하다(=be equal to (sth))
2. ~을 할 수 있다, ~할 능력이 있다(=be able to R)
3. ~에 종사하다~을 하다, ~을 계획하다
• It **is up to** us to give them all the help we can.
  가능한 모든 도움을 그들에게 주는나는 우리에게 달려 있다.

🔤 **rest with (sb)**
(책임·선택·결정 등이) ~에 달려 있다
(=be the responsibility of (sb))
🔤 **(right) up one's street[alley]**
제 취미[능력]에 맞는, 전문에 속하는

00716
up to date
15.한양대

오늘(date)에 맞추어(up)
최신식으로(의), 현대적으로; (시대 등에) 뒤지지 않고
• I spend a lot of time keeping my company's database **up to date**.
  나는 회사의 데이타베이스를 최신으로 유지하는데 많은 시간을 쓴다.
🔤 **up-to-date** 최신(식)의, 최첨단의(=cutting edge)

00717
up-to-the-minute
00.변리사/토플

분침(minute)에 맞추어져 있는(up)
극히 최근의, 가장 참신한 (=latest, up-to-date, red-hot, contemporary)
• This page automatically refreshes every two minutes to give you the
  most **up to the minute** closings.
  이 페이지는 여러분에게 가장 최근의 종장시세를 제공하기 위해 2분마다 자동적으로 갱
  신됩니다.

🔤 **state-of-the-art** 〈06.한양대〉
최첨단의, 최신식의(=most modern)

00718
up front
07.세무직9급

앞으로(front) 나와 있는(up)
1. 미리, 선불로 2. 솔직한 3. 맨 앞줄의
• Clients pay **up front**, before the work is started.
  고객들은 일을 시작하기 전에 선불로 결제한다.

00719
crop up
10.국가직9급

작물(crop)이 쑥 위로 나오는(up)
불쑥 나타나다, 생기다(=happen)
• The problem **cropped up** a few days ago.
  그 문제는 며칠 전에 불거져 나왔다.

00720
own up (to (sth))
12.성균관대/05.국민대

(잘못을) 인정하고(own) 꺼내 놓다(up)
(잘못을) 인정하다, 자백하다(=admit, confess)
• He did not **own up to** his mistake.
  그는 자신의 실수를 인정하지 않았다.

I 008
over

over는 under에 대응되는 개념으로 "온통 위를 뒤덮는 느낌"을 나타낸다.

1. 위쪽에, 위를 덮어
2. 여기지기에 도처에; 구석구석까지
3. 되풀이해서 반복해서
4. 저편에 남에게 다른 쪽으로 옮겨서; 뒤집어서 거꾸로
5. (범위나 수량을) 넘어; 능가하여, 극복하여

1. 여기저기에 도처에; 구석구석까지

00801
all over (sth)
94.입법고시/Teps

모든 곳을(all) 덮는(over)
1. (의) 도처에; 모든 점에서(=in every respect)
2. 완전히 끝나(=finished)
• She is my mother **all over**.
그녀는 모든 면에서 내 어머니 같은 사람이다.

00802
over lunch[dinner]
사법시험

점심 식사(lunch)와 같이
점심[저녁]을 들며
• He insisted on doing business **over lunch**.
그는 점심을 들면서 거래를 하자고 우겼다.

00803
mull ★ over (sth)
11.지방직7급/08.경희대/97.공인회계사

샅샅이(over) 생각하다(mull)
숙고하다(=consider), 머리를 짜내다
• I need a few days to **mull** things **over**.
며칠 생각할 시간을 주세요.

∃ pore ★ over (sth)
심사숙고하다(=contemplate, ponder over sth): 열심히 독서[연구]하다
★샅샅이(over) 응시하다(pore)
= think ★ over (sth) 심사숙고하다
= muse about (sth) ~을 깊이 생각하다

00804
fret over[about] (sth)
04.숭실대

무엇을 두고(over) 안달하다(fret)
~에 대해 우려하다, 걱정하다(=worry about (sth))
• She's always **fretting about** the children.
그녀는 항상 아이 걱정이다.

2. 되풀이해서, 반복해서

00805
over and over (again)
입사

되풀이하고(over) 또 되풀이하고(over)
반복하여, 거듭(=repeatedly)
• They played the same record **over and over**.
그들은 같은 레코드판을 계속 틀어댔다.

00806
do (sth) **over** (again)
99.경원대

되풀이해서(over) 하다(do)
(앞에 것이 잘못되어 ~을) 다시 하다, 되풀이하다(=repeat); 새로 칠하다
• I must **do** it **over** again.
그것을 다시 하지 않으면 안 된다.

3. (범위나 수량·정해진 기일을) 넘어; 능가하여, 극복하여

00807
win over (sb)
입사

능가하여(over) 얻다(win)
~를 설득하다; 자기편으로 끌어들이다
• At first he refused to help us but we finally **won** him **over**.
처음에는 그가 우리를 돕는 것을 거절했지만 마침내 그를 우리 편으로 끌어들였다.

00808
over the moon
11.중앙대

달을 넘어(over) 날아오를 만큼
아주 행복하여(=overjoyed)
• When I got a letter from her, I was **over the moon**.
나는 그녀에게서 편지를 받고 굉장히 기뻤다.

00809
over the hill
12.지방직7급

정상인 언덕(hill)을 넘어(over)
한물간[퇴물이 된], 전성기가 지난
• The actress thinks she's **over the hill**.
그 여배우는 자신이 한물갔다고 생각한다.

I 009

beyond

beyond는 "(정도나 범위·수량을) 넘어서, ~이상으로"의 의미이다.

00901
beyond the pale
98.한성대

pale(말뚝, 울타리, 경계, 한계)를 넘은(beyond)
일반적으로 용인될 수 없는(=socially unacceptable)
• Your behavior is **beyond the pale**.
네 행동은 도를 지나쳤어.

관 **look pale** 안색이 나쁘다, 창백하다
* pale (창백한, 핏기없는)

00902
be beyond sb
10.국회속기직

그 사람이 할 수 있는 범위를 넘어섰다
~가 할[이해할/상상할] 수 없을 정도이다.
• Some things may **be beyond** our ability to solve and control.
어떤 일들은 우리가 해결하고 통제할 수 있는 능력을 넘어섰을 수 있다.

■ beyond 보충표현

□ **beyond question** 틀림없이, 물론 * 의심(question)을 넘어 선
□ **beyond measure** 대단히, 매우 * 측정할 수 있는 도구(measure)를 넘은(beyond)
□ **beyond description** 말로 형용할 수 없는(=indescribable)

I 010

above

on은 "표면에 접하여 위에"인데 반해 above는 "~보다 위에" 뜻으로 표면에서 떨어져 위에의 뉘앙스이다.
above와 대응되는 below는 "~보다 아래에"를 뜻하며, 위치나 방향, 수량 등이 아래쪽임을 의미한다.

01001
above all
입사/Teps

모든 것보다 위에(above)
무엇보다도, 특히(=first of all, among other things)
• **Above all**, you should be punctual.
첫째로, 시간을 지켜라.

01002
above one's head
토플

자신의 머리(이해력)을 넘어선(above)
너무 어려워서 이해할 수 없는(=above the head of sb)
• Her words are really **above my head**.
그녀의 말을 전혀 이해하지 못하겠어.

P017

[접두어] de(=down, from, away)
접두어 de는 "down" 과 "from, away" 의 의미를 가지며, 상당히 많은 단어에 사용된다.
❶ [down] 아래로, 아래에, 낮은 쪽으로   ❷ [부정적인 강조] 완전히, 철저하게
❸ [from, off] ~에서 떨어진, 벗어난, 분리된   ❹ [away] 사라져, 없어져
❺ [not, reverse] 부정, 반대로

O171 **degrade**
[digréid]
⊃ R0407

de(down)+grade(등급) → 등급을 내리다
v. 비하하다; 질을 낮추다
• degrade women 여성을 비하하다
• degrade hearing ability 청력을 저하시키다
🔁 **upgrade** 개량하다; 업그레이드
   cf. grade 등급, 정도, 성적

O172 **derail**
[diːréil]

de(from)+rail(레일) → 레일을 벗어나다
v. 탈선하다[시키다]
• An express train bound for Busan derailed Tuesday morning.
   화요일 아침에 부산행 급행열차가 탈선했다.

P018

[접두어] cata(=down, away, 강조)
접두어 cata는 "아래로, 아래의(down), 멀리(away), 강조"의 뜻으로 쓰인다.

O181 **cataract**
[kǽtərækt]

cata(down)+ract(break) → 아래로 부서져 내리는 물
n. 큰 폭포; 백내장

O182 **cataclysm**
[kǽtəklizm]
06.경찰간부/04-2.경희대

cata(away)+clysm(wash) → 홍수가 휩쓸고 감
n. 대재앙(=disaster), 대변동, 격변

O183 **catalyst**
[kǽtəlist]
15.지방교행

cata(down)+lyst(loose) → 활성화 에너지를 낮추어 주는 것
n. 촉매, 기폭제(=trigger)

추가 어휘
☐ **cata**pult 투석기
☐ **cath**arsis 카타르시스, 정화; 배변
☐ **cata**logue 목록 •log(=speech)

P019

[접두어] under(=under)
접두어 under는 "below, beneath(아래의, 미만인, 정도가 낮은)"의 의미를 갖는다.

O191 **underground**
[ʌ́ndərgràund]

under+ground(땅) → 땅 밑에
a. 지하의, 땅 밑의
n. 지하 조직
• an underground parking lot 지하주차장
• the Underground Railroad
   (미국 남북 전쟁 전 노예 탈출을 도운) 지하철도조직

O192 **underwear**
[ʌ́ndərwɛ̀ər]

under+wear(입다) → 옷 밑에 입는 것
n. 속옷, 내의
• put on winter underwear 겨울 내의를 입다

O193 **underline**
[ʌ́ndərlàin]

under+line(줄) → 아래에 줄을 긋다
v. 밑줄을 긋다, 강조하다
• underline various reasons for success
   성공의 여러 가지 이유를 강조하다

O194 **underscore**
[ʌ́ndərskɔ̀ːr]
10.가톨릭대/07.성신여대
00.서울여대

under+score(선을 긋다) → (강조하기 위해) 밑줄을 긋다
v. 밑줄을 긋다(=underline), 강조하다(=emphasize)
• underscore important items 중요 항목에 밑줄을 긋다
• underscore the importance of open trade
   자유 무역의 중요성을 강조하다
🔁 **score** 점수, 득점, 악보; 선을 긋다 ⊃ T1455

O195 **undergo**
[ʌ̀ndərgóu]
13.동국대/96.세종대

under+go(가다) → 수술대 아래로 가다
v. (수술을) 받다, (고난을) 겪다
• undergo seasonal change 계절상의 변화를 겪다
• undergo a surgical operation 외과 수술을 받다

추가 어휘
☐ **under**ling 부하, 하급직원
☐ **under**dog 패자(↔ top dog 승자)
☐ **under**graduate 대학 재학생
☐ **under**current (표면에 드러나지 않는) 저의
☐ **under**hand 비밀의; 밑으로 던지는
☐ **under**rate 과소평가하다
   ↔ **over**rate 과대평가하다

0196 undertake
[ʌndərtéik]

10.경희대/09.지방직9급
04-2.가톨릭대

under+take(take) → (일을) 내려 받다

vt. 1. (힘든 일·책임을) **떠맡다**(=take on);
(맡아서) **착수하다**(=tackle)

2. 약속하다, 보증하다
• The reform is being undertaken in an attempt to revitalize the country.
그 나라의 활력을 되찾기 위한 시도의 일환으로 개혁이 착수되고 있다.

ⓝ undertaker 장의사; 인수인
undertaking 사업, 기업(체); 장의업

🔁 overtake 추월하다, (뒤떨어진 일 등을) 만회하다; (불행 등이) 덮치다
intake (물·공기 등을) 받아들이는 곳; 채용 인원; 수입

0197 undersell
[ʌndərsél]

under+sell(팔다) → 남보다 가격을 낮추어 팔다

v. ~보다 싸게 팔다
• undersell department stores 백화점보다 싸게 팔다

0198 underdeveloped
[ʌndərdivéləpt]

11.동국대/08.경남9급

under+develop(개발하다)+ed → 개발이 덜 된

a. (나라가) **저개발된, 발육이 부진한**
• underdeveloped countries 저개발국, 후진국

🔁 develop ① 발달시키다 ② 개발하다 ③ (병이) 발전하다, 전개되다
④ (사진이) 현상되다

- development 발달, 발전, 개발

P020

[접두어] sub(=under)
접두어 sub는 "under"의 의미와 "secondary(부차적인), in place of(대신에)"의 의미를 가진다.
❶ [under] ~의 밑에, ~의 아래에 ❷ [secondary] 하위, 부 ❸ ~을 대신하여, 정밀하게

[변형] sub의"B"는 뒤에 다음 자음(c, t, g, m, p, r, s)이 오면 뒤에 오는 자음과 똑같이 변형된다.
＊sub 접두어가 붙는 단어는 수없이 많다. 여기서는 어근을 몰라도 알 수 있는 단어만 설명한다.

0201 subway
[sʌ́bwèi]

sub(under)+way(길) → 땅 아래로 다니는 길

n. 지하철, 지하도
• take[ride] the subway 지하철을 타다

0202 submarine
[sʌ́bməríːn]

sub(under)+marine(바다의) → 바다 밑의

n. 잠수함 a. 해저의
• A submarine is an underwater ship. 잠수함은 수중용 배이다.

전치사로 학습하는 기.출.숙.어

011

down

down은 up의 대응어로서 힘이나 신분 등이 아래로 내려가는 것(주로 부정적인 의미)을 의미한다.
"~아래로, 바닥에, 드러누워, 가치나 신분이 하락하여, 풀이 죽어, 건강이 나빠져, 그리고 완전히(부정적 강조)"의 의미도 가진다.

01101
down and out
96.효성가대/입사

(돈이) 바닥나고(down) 떨어진(out)
무일푼인, 가난한(=destitute, impoverished)
• Merry's been **down and out** ever since she lost her job.
메리는 직장을 잃고 난 이후로 완전히 무일푼이었다.

01102
down to the ground
17.가천대

땅바닥을 향해 아래로
아주, 완전히(=completely)
• The job suits me **down to the ground**.
그 일자리는 내게 아주 안성맞춤입니다.
🔒 suit sb **down to the ground** ~에게 아주 안성맞춤이다

01103
down in the mouth[dumps]
토플/Teps

입 아래로 내려앉은
낙담하여, 풀이 죽어(=in low spirits, depressed)
• Did you yell at Merry? She's so **down in the mouth**.
메리에게 소리를 질렀니? 걔 완전히 풀이 죽었더라.

01104
pin * down sb/sth (to sth)
94.군법무관

핀으로 바닥에(down) 고정하다(pin)
~을 핀으로 꽂다; (약속이나 결정 등을) 확실히 하게 하다; 규명하다
• I couldn't **pin** her **down** to a date.
난 그녀에게 데이트 약속을 받을 수가 없었다.

🔒 **pin** sth **on** sb
〈구어〉 ~에게 ~의 책임을 지우다
put in the pin
〈구어〉 나쁜 버릇 등을 그만두다, 고치다

01105
hunker down
05.고려대

바닥으로(down) 쭈그리다(hunker)
몸을 구부리다; 잠복하다; 단단히 벼르다; 단호한 태도를 취하다
• The children **hunkered down** to protect themselves from the sandstorm.
그 아이들은 모래폭풍으로부터 스스로를 보호하기 위해 몸을 웅크렸다.

012

under

under는 "~의 바로 아래에"를 뜻하며, over에 대응되는 개념이다.
아래라는 것은 물리적인 위치 외에 수량·나이 등이 미만인 경우나 병·시련 등의 영향을 받는 것도 포함된다.

01201
under the weather
16.중앙대/15.한성대/13.가천대/07.삼육대
00~2.한성대/96.동덕여대/94.효성대
94.경주대/92.용인대/Teps

날씨(weather)가 안 좋으면 팔다리가 쑤시는
아픈(=ill, sick), 기분이 좋지 않은(=feeling unwell)
• He is always **under the weather**.
그는 항상 몸이 좋지 않다.

01202
under one's breath /
below one's breath
06.중앙대/Teps

숨 쉬는 소리보다 낮게
작은 목소리로, 소곤소곤(=quietly)
• Walsh muttered something **under his breath**.
왈시는 작은 목소리로 중얼거렸다.

01203
under the table
입사/토플/Teps

테이블 밑으로 몰래 현금봉투를 건네는 장면을 연상
남몰래, 비밀리에(=secretly), 뇌물로써; 몹시 취해서
• Payments were made **under the table** to local officials.
지역 공무원들에게 비밀리에 뇌물이 주어졌다.
🔒 **under-the-table** 비밀리의

01204
under way
07.영남대/행정고시/토플/Teps

way(진행, 진척) 중에 있는
진행 중인(=going on, progressing)
• The work is well **under way**.
일이 척척 진행 중이다. *be well underway 잘 되어가다

01205
under no circumstances
87.행정고시

어떤 상황 아래에서도 안 되는
결코 ~이 아닌(=never, anything but, far from ~ing)
• **Under no circumstances** can sale merchandise be returned or exchanged.
어떤 경우에도 세일 상품은 반품이나 교환이 안 된다.

01206

under lock and key
98.서울대학원

자물쇠(lock)와 키(key)로 채워 놓은

자물쇠를 채워
• keep valuables **under lock and key**.
  귀중품을 자물쇠를 채워 보관하다

01207

under-the-radar
08.고려대

레이다(radar) 밑으로 날아서(under) 잘 안보이는

눈에 잘 안 띄는(=inconspicuous, unnoticed)
• Sometimes, it is better to fly **under the radar** than staying out infront.
  어떤 때는 앞에 나서는 것보다 익명으로 남는 것이 낫다.
  *fly under the radar 남들이 모르도록 하다, 익명으로 남다

01208

under a cloud
11.중앙대

구름(cloud) 밑에(under) 가려진

의혹을 받고 있는(=suspected)
• Even his parents are **under a cloud**.
  그의 부모님조차 의심스럽다.

Ⅰ013
below, beneath

below는 above와 대응되는 말로 "~보다 아래에"를 뜻하며, 위치나 방향, 수량 등이 아래쪽임을 의미한다.
또한 beneath는 on과 대응되는 말로 "바로 아래에 접하여"란 뜻이며, 가치 등이 보다 낮음을 의미한다.

01301

hit below the belt
토플/Teps

권투에서 벨트 아래(낭심 부분)를 때리다

반칙행위를 하다(=attack unfairly),
비겁한 짓을 하다 (=act in dishonorable way)
• That's hitting **below the belt**.
  그건 아주 비겁한 짓이야. *below the belt 불공정하게, 부정하게(=unfairly), 비겁하게

P021

[접두어] **ad(=to, near)**
접두어 ad는 "to(~을 향해 가는)" 의 의미이다. 그래서 접두어 ad가 붙은 동사는 <u>전치사 to</u>와 같이 쓰이는 경우가 많다.
❶ [to] ~을 향하여, ~에게, ~에 첨가하여 ❷ [to, near] ~가까이, ~에 이르도록 ❸ 강조

[변형] 접두어 ad는 변형이 몹시 심하다. 주로 d가 탈락하거나(a-), 뒤에 오는 자음과 같이 변하게 되는 것이 특징이다.
k발음이 나는 c, q 앞에서 **ac**로, s 발음이 나는 자음 c, s 앞에서는 **as**로, 뒤에 오는 자음에 영향을 받아 **af, ag, an, ap, ar, at** 등으로 바뀐다.
a다음에 자음 두 개가 반복되는 경우(acc-, aff-, app-, all-, att-, ass-)는 대부분 접두어 ad의 변형이다.

[참고] 앞 **⊃ P007**에서 설명한 접두어 ab는 "출발점 또는 **분리**(from)"이고 접두어 ad는 "**목적, 도착점, 첨가**" 의 의미로서 완전히 다른 의미의 접두어이므로 세심히 구분을 할 필요가 있다.

0211 accompany
[əkʌ́mpəni]

ac(~에)+company(친구) → 친구가 되다

v. ~와 동행하다(=go with)
• be accompanied by ~을 수반하다
• accompany risk 위험을 동반하다
• Kids under five are admitted free when accompanied by an adult.
5세 미만의 어린이는 어른과 동행시 무료입니다.

関 **company** 동료, 친구, 일행; 회사

0212 approach
[əpróutʃ]

ap(ad(to)+proach(near) → ~를 향해 가까이 가다

v. 1. 다가가다, 다가오다(=come up to)
　　2. (양에) 근접하다, 육박하다
　　3. 착수하다
n. 접근법, 처리방법; 접촉; 진입로
ⓐ approachable 가까이 하기 쉬운
• a new approach 새로운 접근법

반 **inapproachable** 당해낼 수 없는; 무적의

0213 adjust
[ədʒʌ́st]
⊃ R2557

ad(~에 가깝게)+just(올바른) → 올바르게 하다

v. 맞추다, 조절하다, 적응하다[to](=adapt, conform)
• adjust the volume 볼륨을 조절하다
• adjust to changing circumstances 변화하는 환경에 적응하다
ⓝ adjustment 조절, 적응, 순응

関 **just** ⓐ 올바른, 정당한, 적절한 ad. 바로, 꼭; 조금, 단지, 방금
반 **maladjusted** 적응을 못하는

0214 abase
[əbéis]

a(~을 향해)+base(밑) → 밑바닥으로 가게 하다

v. (품위·명예를) 떨어뜨리다
• The student was not willing to abase himself before his teacher.
그 학생은 선생님 앞에서 자신을 낮추려 하지 않았다.

関 **base** 토대, 기초, 맨아래; 기지

0215 accumulate
[əkjúːmjulèit]
13.단국대/01.경기대

ac(ad(to)+cumul(heap)+ate → 덩이로 만들다

v. 축적하다, 모으다(=hoard, amass); **모이다, 늘다**
• accumulate sufficient money 충분한 돈을 축적하다
• accumulate a wide range of information 폭넓은 정보를 축적하다
ⓝ accumulation 축적
ⓐ accumulative 누적적인, 축적성의

16.한양대

関 **cumulate** 쌓아 올리다, 쌓이다
　　- cumulative 누적된, 점증하는

0216 amass
[əmǽs]
17.아주대/13.단국대
06.경기대/98.가톨릭대

a(ad(to)+mass → 덩어리로 만들다

v. 모으다, 축적하다(=garner, accumulate); **모이다**
• amass a lot of money 상당한 돈을 모으다
関 **mass** n. 큰 덩어리; 모임, 밀집; 집단; 다량, 다수
　　　　　 a. 대중의; 대규모의; 집단의
　　massive 육중한, 건장한; 대규모의, 대량의

0217 arrears
[əríərz]
00.홍익대

ar(ad(to)+rear → 뒤에 있게 하다

n. 지체; 체불금
• in the rear 후방에, 뒤쪽에
• His rent is two months in arrears. 그의 월세가 두 달 밀렸다.
関 **rear**[ri(r)ə] n. 뒤, 배후; 뒷부분, 후미
　　　　　 a. 후방의(=hind)
　　　　　 vt. 기르다, 부양하다; 재배하다

P022

[접두어] dia(=between, across)
접두어 dia는 "~사이에(=between), 가로질러(=across, through)"의 의미이다.
[변형] 모음 앞에서는 a가 탈락해서 di-로 쓰인다.

O221 dialogue
[dáialɔ̀(ː)g]

dia(between)+log(speech) → 두 사람 사이의 말
n. 대화
- an unending dialogue between the present and the past
  현재와 과거의 끝없는 대화

O222 diagram
[dáiagræ̀m]

dia(across)+gram(write) → 글을 이해하기 쉽게(across) 쓴 것
n. 도형, 도표, 도해
- draw a diagram 도표를 만들다

O223 diameter
[daiǽmətər]

dia(across)+meter(measure) → 가로질러 잰 것
n. 직경, 지름
- This circle is five inches in diameter. 이 원은 직경이 5인치이다.

P023

[접두어] trans(=across, through, over, beyond)
접두어 trans는 "가로질러, 저쪽에까지(=across)"의 의미이다.
❶ [across] 가로질러, 교차하여, 저쪽에까지   ❷ [beyond] 저쪽에, ~ 이상으로
❸ [over] ~을 넘어, 저쪽에   ❹ [through] ~을 관통하여
❺ [change] 변하다, 바뀌다
[변형] 자음 q, s 앞에서 s가 탈락해서 tran-으로, 모음 i 앞에서 tra-로 변형된다. 또한 예외적으로 tres-, treas-로 쓰이기도 한다.

O231 transplant
[trænsplǽnt]

trans(across)+plant(식물) → 식물을 저쪽에 옮겨 심다
v. 옮겨 심다, (장기 등을) 이식하다
n. 이식
- a heart transplant 심장 이식
- transplant an organ 장기를 이식하다
🔲 **plant** 식물(을 심다); 공장, 생산 설비

O232 translate
[trænsléit]

trans(across)+late(나르다) → 어떤 말을 다른 말로 옮기다
v. 번역하다(=interpret), **해석하다**
- translate an entire book to Korean
  책 한 권 전체를 한국어로 번역하다
ⓝ translation 번역, 해석 translator 번역자, 통역자

P024

[접두어] per(=through, 강조)
접두어 per는 "~을 통과하여, 여기저기, 줄곧" 등의 의미가 있는 "through"와, 강조(intensive)의 역할을 한다.
또한 "falsely(거짓으로)"라는 의미도 있다.
[변형] 접두어 per는 pel,pol(l앞에서), par(d,s,모음 앞에서), pil(g앞에서), por(t앞에서)로 변하기도 한다.

O241 perfect
[pə́ːrfikt]

per(through)+fect(make) → 완전하게 만들다
a. (결함·흠 등이 없는) 완벽한, 완전한; 꼭 알맞은
🔲 **imperfect** 불완전한

O242 perfume
[pə́ːrfjuːm]
⊃ R18O2

per(through)+fume(향기) → 향기가 곳곳에 퍼지는 것
n. 향수, 향기
🔲 **fume** 향기; 연기, 증기; 화가 나서 씩씩대다

O243 persuade
[pərswéid]

per(=through)+suade → 완전히 설득하다
vt. ~하도록 설득하다
ⓐ persuasive 설득력 있는
ⓝ persuasion 설득, 권유; 종파, 교파; 신념, 신앙
🔲 **dissuade** (설득하여) 단념시키다 ⊃ NO791

O244 peruse
[pərúːz]
07.중앙대

per(through)+use(use) → 철저히 이용하다
vt.(문서나 책을) 정독하다; 잘 살펴보다(=scrutinize)
- peruse a report 보고서를 정독하다
- sign after careful perusal 주의 깊게 정독한 다음 서명하다
ⓝ perusal 통독, 숙독, 정독

I 014

from

전치사 from은 출발점으로서 "~로부터"를 의미한다.
장소나 시간의 출발점이나 출처, 기원, 유래, 근거, 기준점 등 다양하게 사용된다.

01401
from hand to mouth
90.행자부7급/Teps

손으로 버는 족족 입으로 넣는
하루 벌어 하루 먹는, 겨우 생계를 유지하는
- They looked forward to a time when they would no longer have to live **from hand to mouth**.
  그들은 더 이상 하루벌어 하루 먹는 삶을 살지 않아도 될 날을 고대했다.

01402
from top[head] to toe / from head to foot
입사/Teps

머리에서부터(from) 발가락까지(to)
온통, 완전히(=completely)
- They were covered in mud **from top to toe**.
  그들은 온통 진흙범벅을 하고 있었다.

01403
from scratch
11.지방직7급/06.서울시7급/06.고려대
02.경희대/Teps

출발선(scratch) 부터
날 것으로부터(=using fresh foods); 처음부터, 원점에서
- We have to start again **from scratch**.
  우리는 원점에서 새로 시작해야 한다.

01404
from the outset
입사

출발(outset)에서부터(from)
시작부터, 처음부터
- **From the outset** he had put his trust in me, the son of his old friend.
  처음부터 그는 오랜 친구의 아들인 나에게 신뢰를 주었다.

01405
far from ~ing
15.가천대/09.총신대/99.국민대/Teps

~으로부터(from) 많이 떨어져(far) 있는
~이기는커녕, 전혀 반대로(=not at all)
- **Far from being** satisfied, he was angry.
  그는 만족하기는 커녕 오히려 화를 냈다.

T far be it from me (to R)
〈구어〉~할 생각은 추호도 없다, 외람되다
S not at all 조금도 ~않는
= not ~ in the least 조금도 ~않는

01406
apart[aside] from sb/sth
토플/토익/입사/Teps

~으로부터(from) 떼어 놓고(apart)
~을 제외하고, ~은 별문제로 하고(=besides, except for sb/sth)
- **Aside from** her salary, she receives money from investments.
  그녀는 월급을 제외하고서도, 투자금에서 돈을 받는다.

01407
result from sth
12.덕성여대/10.경찰1차
06.선관위9급/Teps

~으로부터(from) 결과가 나오다(result)
~으로부터 기인하다, 결과로서 생기다
- Disease often **results from** poverty.
  질병은 종종 빈곤에서 생긴다.
S result in sth ~으로 끝나다(=end in sth)

■ 유래하다; 기원하다, 기인하다
= stem from sth
  ~에서 기인하다, 유래하다
  (=originate from, come from sth)
= come from sth
  ~에서 오다, ~출신이다
= be derived from sth
  ~에 기원을 두다, ~에서 유래하다
= arise from sth
  ~에서 기인하다(=originate from sth)
= originate from sth ~에서 기인하다
= have one's roots in sth
  ~에서 생기다, 기인하다
  (=arise from sth), 기반을 두다
S be rooted in sth ~에 근거를 두다,
  ~에서 유래하다(=be based on sth)
= be based on sth ~에 근거를 두다

01408
immune from sth
02.고려대/01.세종대

~으로부터(from) 면역이 되다(immune)
~로부터 면역이 된, ~로부터 면제된(=exempt from sth)
- I am **immune from** the malady, as I have had it once.
  한번 걸린 적이 있어서, 나는 그 병에 면역이 되어 있다.

01409
be absent from sth
07.경원대/04-2.계명대

~으로부터(from) 나와있다(absent)
결석하다, 결근하다
- I **was absent from** school for three days on account of illness.
  나는 병으로 3일간 결석했다.

01410
separate (A) from B
02-2.경기대/Teps

B으로부터(from) A를 분리하다(separate)
A를 B로부터 분리하다, A를 B와 구별하다; 분리되다
- Do you know what **separates** us **from** beasts?
  우리가 금수와 다른 게 뭔지 아세요?

01411
refrain from ~ing
99.행자부9급/Teps

어떤 것을 하는 것으로부터(from) 자제하다(refrain)
~하는 것을 삼가다(=abstain from ~ing)
- I **refrained from** telling him what I thought.
  나는 내 생각을 그에게 말하는 것을 삼가했다.

01412
suffer from sth
99.행자부9급/Teps

어떤 질병으로(from) 괴로워하다(suffer)
(병 등을) 앓다; (좋지 않은 상황이나 경험 등으로부터) 고통받다
- He was eventually diagnosed as **suffering from** terminal cancer.
  그는 결국 말기암을 앓고 있는 것으로 진단받았다.

to

전치사 to는 **어떤 지점을 향해 가는 것을** 의미한다.
그 목표에는 장소, 시간, 사물, 사람이 될 수 있다.
1. (방향) ~로 가는, 향하는; (사람)에게, ~에게는
2. (도착점, 기한, 결과) ~까지
3. ~에 대하여, ~대, ~당

1. (방향) ~로 가는, 향하는; (사람)에게, ~에게는

01501
to the letter
98.경찰/96.경기도9급/Teps

문자로 향하는
문자 그대로; 엄밀히, 정확하게(=exactly, faithfully, to the fullest degree)
• This regulation should be obeyed **to the letter**.
　이 규칙은 엄밀하게 준수되어야 한다.

01502
to the point[purpose]
15.가천대/02.101단/02.경희대/97.경찰
94.군법무관/90.서울대학원/Teps

핵심(the point)을 향해서 가는(to)
적절한(=pertinent, proper, relevant); 적절히
• His answer is short and **to the point**.
　그의 답변은 짧고 적절했다.

01503
It's all Greek to me.
02.국민대/Teps

내게는 모두 그리스어(greek)이다.
〈회화〉 도무지 알아들을 수 없는 소리다. 내겐 금시초문이다.
• I can't figure out this diagram for how to assemble my bicycle. **It's all Greek to me.**
　나는 자전거를 조립하는 방법에 관해 적은 이 도표를 이해할 수가 없다. 도무지 무슨 말인지 모르겠다.

01504
next to sb/sth
07.강남대/05.단국대/91.행자부9급/Teps

~에게(to) 바로 옆에 있는(next)
1. 거의(=almost, nearly, pretty well), ~에 가까운,
2. ~의 옆에
3. ~에 이어, ~의 다음에는
• This car's worth **next to** nothing. It's full of rust.
　이 차는 고철이나 마찬가지이다. 녹 투성이다.

01505
owe A to B
02.행자부9급/00.경찰

B에 A를 빚지고 있다(owe)
A를 B 덕분으로 여기다
• I **owe** my success **to** my father.
　나의 성공은 아버지 덕분이다.

01506
according to sb/sth
15.경찰3차/14.경찰1차
06.삼육대/토익/Teps

어떤 것에(to) 따르면(according)
(당국이나 어떤 사람의 말)에 의하면, ~에 따라서
• **According to** the police, his attackers beat him with a blunt instrument.
　경찰에 의하면, 그를 공격한 사람은 둔기로 그를 때렸다고 한다.

2. (도착점 · 기한 · 결과) ~까지

01507
to a fault
토플

결점(fault)이라고 할 만큼까지
지나치게, 극단적으로(=too much, excessively)
• She is generous **to a fault**.
　그녀는 지나치게 관대하다.

01508
to the effect that ~
외무고시/토플

the effect(취지, 의미)
~라는 뜻(취지)으로(=with the purport that ~)
• I received a letter **to the effect that** he is getting along well.
　나는 그로부터 잘 있다는 취지의 편지를 받았다.

01509
to the quick
92.외무고시

quick(속살)까지
절실히, 뼈에 사무치게(=deeply)
• Their callous treatment cut her **to the quick**.
　그들의 냉담한 대우는 그녀에게 깊은 상처를 주었다.

🔟 cut sb to the quick ⊃ IO9307
　~에게 깊은 상처를 주다
🔟 to the core
　철저하게, 속속들이(=completely)

01510
to one's heart's content
토플/입사/Teps

마음의 만족(heart's content)이 있을 때까지
흡족하게, 실컷(=heartily)
• The children played in the snow **to their heart's content**.
　아이들은 실컷 눈 속에서 뛰어 놀았다.

01511
to one's taste
87.법원직

사람의 취향(taste)에 맞춘
성미(기질, 취향)에 맞는
• The film wasn't **to my taste**.
　그 영화는 내 취향이 아니었다.

01512
subscribe to[for] sth
07.동덕여대/04.입법고시/토익/Teps

구독할 것에 대해(to) 약속하다(subscribe)
(신문 · 잡지를) 예약 구독하다(=take in sth)
• We have **subscribed for** several magazines.
  우리는 잡지 몇 권의 구독을 예약했다.

01513
amount to sth
06.경희대/96.경찰간부,서울대학원/Teps

합계(amount)가 무엇에 이르다(to)
총계가 ~이 되다(=aggregate, add up to, come up to sth)
• Consumer spending on sports-related items **amounted to** $9 billion.
  소비자의 스포츠관련 아이템 지출은 90억 달러에 달했다.

01514
lead to sth
16.가천대

~에로(to) 이끌다(lead)
~로 이어지다, ~을 야기[초래]하다
• Lack of sleep can **lead to** health problems.
  수면부족은 건강의 문제를 초래할 수 있다.

3. ~에 대하여, ~대, ~당

01515
ten to one
입사

열 개당(to) 하나 빼고는 모두
십중 팔구는, 거의(=certainly, nine out of ten)
• **Ten to one**, he will fail.
  그는 십중팔구 실패할 것이다.

4. 기타

01516
too ~ to R
강남대

too(지나친)
너무나 ~해서 ~할 수 없는
• My coffee is **too** hot **to** drink.
  내 커피는 너무 뜨거워서 마실 수가 없다.

🔁 **cannot R too**
~ 아무리 ~해도 지나치지 않다

Ⅰ 016

at

at은 **구체적으로 장소나 시점, 대상을 콕 찍어 표시**하는 전치사이다.
앞에서 학습한 in보다 구체적이고 좁은 시간적, 공간적 범위를 나타낸다.
1. (구체적인 한 지점이나 장소를 나타내어) ~에
2. (특정한 순간이나 시간을 나타내어) ~에
3. (특정한 대상을 가리켜서) ~에게, ~을 겨냥해
4. (어떠한 상태에 처해 있음을 의미) ~에 처한, ~상태인
5. (순위나 빈도를 나타내어) ~에, ~로

1. (구체적인 한 지점이나 장소를 나타내어) ~에

01601
call at sw
94.경찰

어디에(at) 들르다(call)
(장소를) 방문하다(=visit)
• I will **call at** your house tomorrow.
  내일 댁으로 찾아뵙겠습니다.
🔁 **call on** sb (사람을) 방문하다

2. (특정한 순간이나 시간을 나타내어) ~에

01602
at the eleventh hour
93.기술고시/공인회계사

12시(끝)에 이르기 전인 11시에
마지막 순간에(=at the very last moment)
• I caught the train **at the eleventh hour**.
  난 아슬아슬하게 기차를 탔다.

01603
at the same time
06.경희대/04.명지대/01.숭실대
99.경원대/ 99.경찰/88.행자부9급/Teps

같은 시간에
동시에(=simultaneously)
• It is just a coincidence that the two events have happened **at the same time**.
  까마귀 날자 배 떨어진다.

🔁 **coincide with** sth
~와 동시에 일어나다
(=occur at the same time)

01604
at every turn
토플

모든 골목(turn)마다 반드시
아주 자주, 늘(=always, constantly), 예외없이(=without exception)
• Life holds new adventures **at every turn**.
  인생은 늘 새로운 모험으로 차 있다.

01605
at a low ebb
98.전남대

물이 낮은(low) 썰물(ebb) 상태인
쇠퇴기인(=in a bad or inactive state)
• The party is **at a low ebb**.
  그 정당은 쇠퇴기에 있다.

3. (특정한 대상을 가리켜서) ~에게, ~을 겨냥해

01606
laugh at sb/sth
16.홍익대/토플/Teps

특정사람을 보고(at) 소리내어 웃다(laugh)
~을 비웃다
• He **laughed at** me.
그는 나를 비웃었다.

4. (어떠한 상태에 처해 있음을 의미) ~에 처한, ~상태인

01607
at a loss
00-2.한성대/96.행자부7급/
91.서울시9급/입사/Teps

(할 말을) 잃어버린(loss) 상태인(at)
어찌할 바를 몰라, 당황하여(=perplexed, at one's wit's end)
• I was **at a loss** for an answer to the question.
그 질문에 어찌 대답해야 좋을지 몰랐다

01608
at stake
09.지방직9급/03.변리사
96.지방고시/사법시험/토익/Teps

화형장 말뚝(stake)에 매달려 있는
위태로워(=at risk, in a risky position), **내기에 걸려서**
• Thousands of lives are **at stake** if a war is not avoided.
전쟁을 막지 못하면 수천명의 생명이 위태로워진다.

01609
at odds
12.경희대/10.경기대/07.대구대
00.99.행자부7급/96.경기대/87.행시/Teps

odds(다툼,불화) 상태에 있는
1. [at odds with sb] **~와 의견이 일치하지 않는**
   (=in disagreement with sb), **불화하는**
2. [at odds over sth] **(의견, 제안 등에) 반대하는**
• He's always **at odds** with me. We never see eye to eye.
그는 항상 나와 의견이 일치하지 않는다. 우리는 한번도 의견이 일치한 적이 없다.

01610
at cross purposes
00-2.한성대

목적이 서로 교차된 상태인
(서로의) 의도[목적]가 어긋나서, 반대되어
• be **at cross-purposes**.
(무의식 중에) 서로 오해하다; 서로 어긋난 말을 하다.

団 cross-purposes 동문서답식 놀이

01611
at sixes and sevens
16.중앙대/토플

여섯 개인가 일곱 개인가 헷갈리는 상태인
혼란하여(=in great confusion, in a mess)
• The president is **at sixes and sevens** over foreign affairs.
대통령은 외교문제로 어찌할 바를 모르고 있다.

5. (순위나 빈도를 나타내어) ~에, ~로

01612
at the speed of sth
01.경찰

어떤 빠르기의 속도로
~의 속도로
• run **at the speed of** 200 kilometers an hour
시속 200km의 속도로 달리다

団 at a snail's pace
아주 느리게(=very slowly)
*달팽이의 걸음걸이로

01613
at length
11.경북교행/04-2.계명대/01-2.대구대

(긴 연설이) 끝나자 "드디어 끝났다"라고 말하는 것을 연상
1. **마침내**(=at last) 2. **오랫동안, 자세히, 상세히**
• He succumbed to the inveterate disease **at length**.
결국 그는 지병으로 쓰러졌다.

団 at some length 상당히 길게,
자세하게(=for a long time)

01614
at intervals
입사

interval(간격)을 두고
때때로, 이따금, 간격을 두고
• The streetcars leave **at** five-minute **intervals**.
전차는 5분 간격으로 출발한다.

6. (조건) ~로, ~에 있어서

01615
at the expense[cost] of
sb/sth
12.국가직9급/08.성균관대
97.법원직.고려대학원.토플

expense/cost(비용)으로
~을 희생하여, ~의 대가를 치르고
• She finished her study **at the expense of** her health.
그녀는 건강을 희생하여 연구를 끝냈다.

S at all costs/at any cost/at any
price 어떠한 희생을 감수해서라도,
어떻게 해서든(=whatever it may cost)

01616
at random
08.덕성여대/03.경찰/92.행시/토플/Teps

random(무작위로) 하는
닥치는대로, 마구잡이로, 무작위로 (=aimlessly, without a plan)
• We received several answers, and we picked one **at random**.
우리는 여러 답변을 받았고, 무작위로 하나를 골랐다.

01617
at the mercy of
07.숙명여대/92.서울시9급
98.영남대/사법시험/토플/Teps

(상대방의) mercy(자비)로 결정되는
~에 좌우되는(=under[at] the control of sb/sth)
• The defendant was **at the mercy of** the jury members.
그 피고는 배심원들의 손 안에 있었다.

01618
at the risk[hazard, peril]
of
토플/토익

위험(risk)을 걸고
~의 위험을 무릅쓰고, ~을 걸고
• **at the risk of** one's life
목숨을 걸고
참 **at risk** 위험이 있는, 위험에 처한(=precarious)

01619
at any rate
토익/Teps

어떤 비율(rate)로도
어찌 되었건, 아무튼, 하여간(=in any case, in any event, anyhow,
anyway); 적어도
• Well, **at any rate**, the next meeting will be on Wednesday.
글쎄, 어찌 되었건 다음 모임은 수요일에 있을 것입니다.

7. (자유의지, 임의) ~로

01620
at one's disposal
02-2.경기대/사법시험

자기의 처분(disposal)이 가능한
마음대로 할 수 있는
• My car, such as it is, is **at your disposal**.
변변치 못하지만, 제 차를 쓰십시오. *such as it is[they are] 변변치 못하지만

01621
at will
토플

의지(will)대로
뜻대로, 임의로(=at one's pleasure)
• You are welcome to eat anything in the refrigerator **at will**.
냉장고에 있는 것은 마음대로 드셔도 됩니다.

I 017
across

across는 "맞은편을 향해 가로질러 이동하는"이 핵심의미이다.
이러한 가로지른다는 중심개념에서 "전체에 걸쳐", "노처에"의 의미와, 시선이 가로질러 상대에게 간다는 것
을 암시하는 "~를 마주보는"의 의미로 쓰인다.

01701
across-the-board /
across the board
09.고려대/01-2.대구대/97.변리사
90.경북대학원/입시/Teps

칠판 전체(board)를 가로질러(across)
a. 전면적인(=overall), 전체에 미치는(=collective)
ad. 포괄적으로; 전반적으로
• The company increased the salaries by 10% **across the board**.
그 회사는 임금을 일괄적으로 10% 인상하였다.

참 **all-out** 〈05-2.한성대〉
전면적인(=overall), 전체적인, 철저한,
총력을 다한
= **overall** 전체적인, 전부의, 포괄적인

I 018
cf. cross

N. 십자가
V. 교차시키다[하다]; 가로지르다, 횡단하다, 가로줄을 긋다; 거스르다
A. 시무룩한, 기분이 언짢은, 성난(=indignant)

01801
cross one's mind
05.명지대/04.행자부7급/02.경찰
99-2.세종대/Teps

사람의 마음(mind)에 생각이 교차하다(cross)
(문득) 생각이 떠오르다(=occur to [sb], come into one's thought)
• It didn't even **cross my mind**.
그건 생각지도 못했다.

01802
dot the i's and cross
the t's (on [sth]**)**
서울시7급

점을 찍고(dot) 줄을 긋다(cross)
(일 등을) 꼼꼼히 살피다
• A : I'm nervous. I just hope I don't make any mistakes.
긴장되네. 실수만 안 했으면 좋겠어.
• B : Just remember to **dot your i's and cross your t's**.
신중하게 하렴.

참 **t's to be crossed and i's to be**
dotted 해야 할 일이 많이 남은

01803
zebra crossing
02.세무사

얼룩말(zebra)처럼 그려놓은 횡단보도
〈영〉 (길 위에 흰색 사선을 칠한) 횡단보도
(=crosswalk, pedestrian crossing)
• Pedestrians always have right of way on a **zebra crossing**.
보행자는 횡단보도 상의 보행권이 있다.

through

전치사 through는 통과, 관통을 나타내는 전치사이다.
공간적 장소·시간이나 물리적인 관통(~을 통하여, ~을 지나서) 뿐만 아니라 사건이나 고난을 통과한다(~을 돌파하여)는 의미에서 경험의 의미(~을 겪어), be through 형태로 '~을 끝마치다'의 의미로도 쓰인다.

01901

누구와의 관계를(with) 완전히 끝마치다(through)

be through (with sb/sth**)**
08.국가직7급/Teps

1. (~와 관계를) 끝내다, 헤어지다 2. (일 등을) 마치다
• **I'm through** with her.
　나는 그녀와 헤어졌다.

■ through 보충 표현

☐ **through and through** sth 모조리, 속속들이, 철저히(=thoroughly); 모든 점에서, 철두철미하게

☐ **through good and evil report** 평판[소문]이 좋든 나쁘든

☐ **scrape through** sth (시험 등에) 간신히 통과하다 *좁은 곳에서 긁히면서 뚫고 나가다

☐ **break through** sth 강행 돌파하다; 장애 등을 극복하다 *~을 뚫고 나가다

☐ **go through** sth (고난·경험 등을) 거치다; 관통하다 *~을 뚫고 가다

☐ **go through with** sth ~을 해내다(=complete), 완수하다 *~을 뚫고 가다

☐ **get through with** sth ~을 끝내다(=finish, complete, put through sth) *난관을 통과해서 가지다(get)

☐ **put through** sb/sth (전화를) 연결시키다; 성취하다; 통과시키다; 시험에 합격시키다; (시련 등을) 겪게 하다 *~을 뚫고(through) 이동하다(put)

☐ **pull** sb **through** (병·곤란 따위를) 극복하다(=get over sth), 난국을 타개하다 *고난을 뚫고 잡아당기다(pull)

☐ **weather through** sth 폭풍우[위험, 곤란]를 뚫고 나아가다

☐ **fall through** 수포로 돌아가다(=come to nothing), 실패하다 *구멍 속으로 떨어지다

☐ **run through** sth ~을 대충 훑어보다, 통독하다; 리허설하다 ; 낭비하다

☐ **leaf through** sth 페이지를 넘기면서 쭉 훑어보다

☐ **skim through** sth 급하게 훑어보다

☐ **see through** sb/sth 꿰뚫어 보다, 간파하다 **cf. see-through, see-thru** 비치는 옷, 시스루

P025

[접두어] **para**(=beside)
접두어 para는 "beside(~의 곁에, 나란히, ~을 벗어나)" 의 의미이다.
[변형] para는 모음 앞에서는 a가 탈락해서 par로 된다.

0251 parasite
[pǽrəsàit]
15.숭실대

para(beside)+sit(앉다)+e → 옆에 앉아 밥을 축내는 것
n. 기생충, 식객
• eradicate parasites 기생충을 박멸하다

0252 paraphrase
[pǽrəfrèiz]

para(beside)+phrase(구) → 비슷하게 말하다
n. (알기 쉽게) 다른 말로 바꾸어 쓰기, 의역
v. 다른 말로 바꾸어 쓰다
• paraphrase an article 기사를 알기 쉽게 바꾸어 말하다

0253 paradigm
[pǽrədàim]
09.가톨릭대/05.국민대

para(beside)+digm(show) → 나란히 보여주다
n. 모범, 전형적인 예
• a paradigm of the conditioned-response experiment
조건반사 실험의 전형적인 예

0254 paragon
[pǽrəgàn]
13.중앙대

para(beside)+gon(whetstone) → 옆에서 자극해 주는 사람
n. 모범, 본보기, 귀감
• be a paragon of virtue 미덕의 귀감이 되다

0255 parody
[pǽrədi]

par(beside)+ody(song) → 빗대어서 노래하다
n. 풍자적인 모방, 패러디
• online political parody 온라인상의 정치 패러디

추가 어휘
☐ **para**noia 편집증
☐ **para**phernalia (특정한 활동에 필요한) 용품

P026

[접두어] **peri**(=around)
접두어 peri는 "around(주변에, 빙 돌아서)" 의 의미이다.
❶ 주변에, 여기저기에 ❷ 빙 돌아서

0261 paragliding
[pǽrəglàidin]

para(around)+glide(활공하다) → 주변을 활공하다
n. 패러글라이딩

추가 어휘
☐ **peri**patetic 순회하는, 배회하는(=itinerant)
☐ **peri**phrastic 에둘러 말하는, 완곡한

P027

[접두어] **circum/circ**(=around)
접두어 circum은 "around(주변에, 빙 돌아서)" 의 의미이다.
[변형] 간혹 circ/circul로 변형되어 쓰인다.

0271 circle
[sə́ːrkl]

circ(around)+le → 빙 두르는 것
n. 원, 원주; 집단   **v.** 선회하다
• a vicious circle 악순환 • circle the sun 태양을 일주하다
ⓐ circular 원형의, 둥근, 순회하는
🔁 encircle 둥글게 둘러싸다; 일주하다

0272 circlet
[sə́ːrklit]

circ(around)+let → 빙 두르는 것
n. (머리 장식에 쓰는) 장식고리, 반지
• golden laurel circlet 황금 월계관

0273 circuit
[sə́ːrkit]

circu(여기저기를)+it(go) → 여기저기를 둘러서 가다
n. 순회, 우회, 회선
• the lecture circuit 순회강연 • electric circuit 전기 회로

0274 circulate
[sə́ːrkjulèit]
02-2.세종대/98.가톨릭대

circul(빙 돌게)+ate → 빙 돌게 만들다
v. 돌다, 순환하다[시키다], 유포하다[시키다], 퍼지다
• a rumor circulates about ~에 대한 소문이 나다
• circulate blood 혈액을 순환시키다
ⓝ circulation (혈액의) 순환, 유포, (잡지의) 발행부수
16.한성대
🔁 uncirculated (통화가) 유통되지 않는

P028

[접두어] ambi/amphi(=around, both)
접두어 ambi는 "around, both, two" 의 의미이다.

O281 ambitious
[æmbíʃəs]

ambi(around)+it(=go)+ious → 넓은 세상 여기저기를 가보라

a. 야망에 찬, 패기만만한
- an ambitious young teacher 야망 있는 젊은 교사
- Boys, be ambitious! 젊은이들이여, 야망을 가져라!

ⓝ ambition 야망, 야심

O282 amphibian
[æmfíbiən]

amphi(both)+bi(two)+an → 물과 육지 둘 다 사는 동물

n. 양서류(개구리, 두꺼비, 도롱뇽 등)
- All amphibians can live both on land and in water.
  양서류는 땅이나 물 속 모두에서 살 수 있다.

🔁 reptile 파충류(뱀, 도마뱀, 악어, 거북 등)
mammal 포유류

P029

[접두어] by(=by)
by를 넣어 합성어를 만드는 경우가 많이 있다. by는 "옆에, 더불어, 둘러서, 약" 의 의미가 있다.

O291 bystander
[báistændər]

by(옆에)+stander(서 있는 사람)

n. 구경꾼, 방관자
- An innocent bystander gets hurt in a fight.
  고래 싸움에 새우등 터진다.
- an innocent bystander 죄없는 구경꾼

O292 by-product
[báiprɑ̀dʌkt]

by(더불어)+product → 더불어 나온 생산품

n. 부산물
- produce dangerous by-products 위험한 부산물을 만들어 내다

O293 bypass
[báipæs]

by(둘러서)+pass(통과하다)

n. 우회로
v. 우회하다(=detour), 회피하다
- A new road bypasses the town.
  새로 생긴 도로는 그 마을을 우회한다.
- bypass the law 법망을 피하다

P030

[접두어] epi(=beside, among, after, outside)
접두어 epi는 "~의 옆에(beside), ~의 사이에(among), 뒤에(after)" 의 의미를 갖는다.

O301 epilogue
[épəlɔ̀ːg]

epi(after)+log(speech) → 뒤에 하는 말

n. 맺음말, 결어
- read the epilogue 맺음말을 읽다

🔁 prologue 머리말, 서문 ⊃ RO912

O302 episode
[épəsòud]

epi(among)+sod(go) → 중간에 들어가는 것

n. 1. (이야기 중간에 넣는) 삽화
2. 사건, 에피소드; (연속극의) 1편

추가 어휘
- ☐ **epi**stle 편지, 서한
- ☐ **epo**nym 이름의 시조 •onym(=name)
- ☐ **epi**taph 비명, 비문
- ☐ **epi**lepsy 간질
  - **epi**leptic 간질의, 간질환자

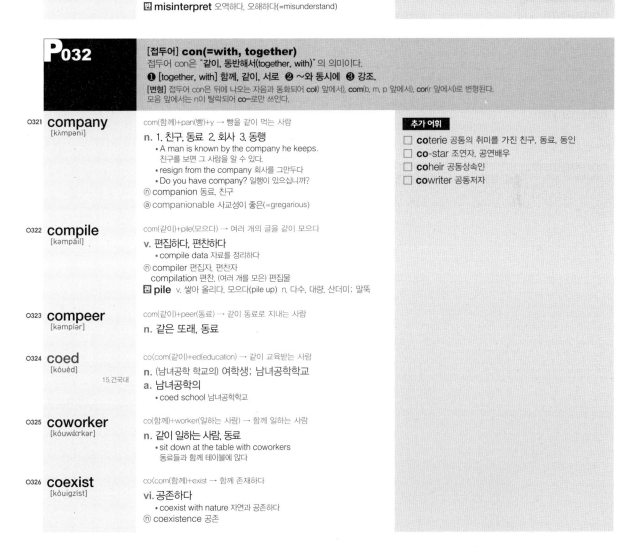

P031

[접두어] inter(=between)
접두어 inter는 "~사이에(=between), 상호간"의 의미이다.
[변형] 접두어 inter는 자음 'l(엘)' 앞에서 intel-로 변형된다.

O311 **international**
[ìntərnǽʃənl]

inter(between)+national(국가의) → 국가들 사이의

a. 국제적인, 국가 간의
- a campaigner for human rights and international cooperation
  인권과 국제협력을 위한 운동가
- in international relations 국제관계에서

Ⓡ **national** 국가의, 국가적인, 국민의, 국립의
  nationalism 국수주의, 민족주의
  nationalize 국유화하다, 귀화시키다

O312 **interaction**
[ìntərǽkʃən]

inter(between)+action(작용) → 서로 작용하는 것

n. 상호작용, 상호영향
- interaction with the environment 환경과의 상호작용

Ⓥ **interact** 상호작용을 하다, 서로 영향을 주다
ⓐ **interactive** 상호작용하는, 쌍방향의

O313 **interpret**
[ìntə́ːrprit]
16.홍익대

inter(between)+pret(중개인) → 가운데서 중개해 주다

v. 통역하다; (~의 의미로) 해석하다
- interpret for tourists 관광객들에게 통역을 해주다
- be interpreted in various ways 여러 가지로 해석되다

ⓝ **interpretation** 통역; 해석, 설명; 연주
  interpreter 통역(자)

Ⓡ **misinterpret** 오역하다, 오해하다(=misunderstand)

P032

[접두어] con(=with, together)
접두어 con은 "같이, 동반해서(together, with)"의 의미이다.
❶ [together, with] 함께, 같이, 서로 ❷ ~와 동시에 ❸ 강조.
[변형] 접두어 con은 뒤에 나오는 자음과 동화되어 col(l 앞에서), com(b, m, p 앞에서), cor(r 앞에서)로 변형된다.
모음 앞에서는 n이 탈락되어 co-로만 쓰인다.

O321 **company**
[kʌ́mpəni]

com(함께)+pan(빵)+y → 빵을 같이 먹는 사람

n. 1. 친구, 동료 2. 회사 3. 동행
- A man is known by the company he keeps.
  친구를 보면 그 사람을 알 수 있다.
- resign from the company 회사를 그만두다
- Do you have company? 일행이 있으십니까?

ⓝ **companion** 동료, 친구
ⓐ **companionable** 사교성이 좋은(=gregarious)

추가 어휘
- ☐ **co**terie 공통의 취미를 가진 친구, 동료, 동인
- ☐ **co**-star 조연자, 공연배우
- ☐ **co**heir 공동상속인
- ☐ **co**writer 공동저자

O322 **compile**
[kəmpáil]

com(같이)+pile(모으다) → 여러 개의 글을 같이 모으다

v. 편집하다, 편찬하다
- compile data 자료를 정리하다

ⓝ **compiler** 편집자, 편찬자
  compilation 편찬, (여러 개를 모은) 편집물

Ⓡ **pile** v. 쌓아 올리다, 모으다(pile up) n. 다수, 대량, 산더미; 말뚝

O323 **compeer**
[kəmpíər]

com(같이)+peer(동료) → 같이 동료로 지내는 사람

n. 같은 또래, 동료

O324 **coed**
[kóuéd]
15.건국대

co〈com(같이)+ed(education) → 같이 교육받는 사람

n. (남녀공학 학교의) 여학생; 남녀공학학교
a. 남녀공학의
- coed school 남녀공학학교

O325 **coworker**
[kóuwə́ːrkər]

co(함께)+worker(일하는 사람) → 함께 일하는 사람

n. 같이 일하는 사람, 동료
- sit down at the table with coworkers
  동료들과 함께 테이블에 앉다

O326 **coexist**
[kòuigzíst]

co〈com(함께)+exist → 함께 존재하다

vi. 공존하다
- coexist with nature 자연과 공존하다

ⓝ **coexistence** 공존

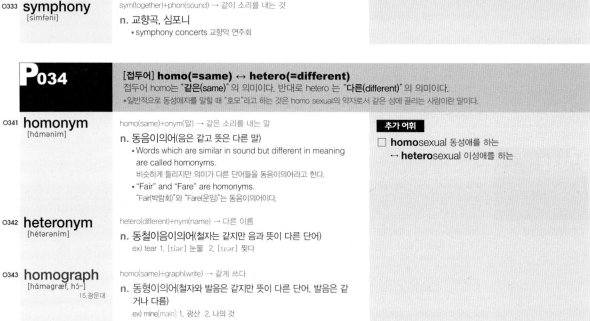

P033

[접두어] **syn(=together, alike, at the same time)**
접두어 syn은 "**같이, 동시에**"의 의미이다.
[변형] 접두어 syn은 자음 b, m, p앞에서 **sym-**으로 변형된다.

O331 **synonym**
[sínənim]
13.법원직
96.세무사

syn(alike)+onym(말) → 같은 말
n. 동의어
• Concentration, industry, and hard work are all synonyms.
집중(전념), 근면 및 열심히 일함(근면)은 모두 동의어들이다.
ⓐ synonymous 같은 뜻을 갖는(=equivalent), 동의어의
🔼 **antonym** 반의어

O332 **syndrome**
[síndroum]

syn(alike)+drome(run) → 같이 달리는 것
n. 증후군, 일련의 같은 증상
• Down syndrome 다운 증후군
• sick building syndrome 새집증후군

O333 **symphony**
[símfəni]

sym(together)+phon(sound) → 같이 소리를 내는 것
n. 교향곡, 심포니
• symphony concerts 교향악 연주회

P034

[접두어] **homo(=same) ↔ hetero(=different)**
접두어 homo는 "**같은(same)**"의 의미이다. 반대로 hetero 는 "**다른(different)**"의 의미이다.
＊일반적으로 동성애자를 말할 때 "호모"라고 하는 것은 homo sexual의 약자로서 같은 성에 끌리는 사람이란 말이다.

O341 **homonym**
[hámənim]

homo(same)+onym(말) → 같은 소리를 내는 말
n. 동음이의어(음은 같고 뜻은 다른 말)
• Words which are similar in sound but different in meaning
are called homonyms.
비슷하게 들리지만 의미가 다른 단어들을 동음이의어라고 한다.
• "Fair" and "Fare" are homonyms.
"Fair(박람회)"와 "Fare(운임)"는 동음이의어이다.

추가 어휘

☐ **homo**sexual 동성애를 하는
→ **hetero**sexual 이성애를 하는

O342 **heteronym**
[hétərənim]

hetero(different)+nym(name) → 다른 이름
n. 동철이음이의어(철자는 같지만 음과 뜻이 다른 단어)
ex) tear 1. [tiər] 눈물 2. [tεər] 찢다

O343 **homograph**
[háməgræf, hɔ́-]
15.광운대

homo(same)+graph(write) → 같게 쓰다
**n. 동형이의어(철자와 발음은 같지만 뜻이 다른 단어, 발음은 같
거나 다름)**
ex) mine[main] 1. 광산 2. 나의 것

전치사로 학습하는 **기.출.숙.어**

Ⅱ020 **by**

by는 바로 옆에 있다는 것을 의미한다.
바로 옆에 있거나 둔다는 점에서 수단 · 경로 · 단위를 가리키고 수동태에서 동작의 주체를 나타낸다.
1. (가까운 장소) ~의 바로 옆에; (경로) ~을 통해서
2. (수단) ~에 의하여, ~으로; (척도 · 표준) ~에 의거하여, ~에 따라
3. (정도 · 비율) ~만큼, ~정도까지, ~하게, ~씩

1. (가까운 장소) ~의 바로 옆에; (경로) ~을 통해서

02001
by and by
토플/입사/Teps

(시간적으로) 바로 옆(by)과 옆에(by)
곧(=soon), 머지않아(=before long),
잠시 후(=after a while, after a short time)
• The clouds will disappear **by and by**.
  머지않아 구름이 걷힐 것이다.
圈 by-and-by 미래, 장래(=future)

02002
by way of sth
입사/토플

~의 길을 통해서(by)
~을 경유해서(=via); ~을 위해서(목적)
• travel **by way of** Italy
  이탈리아를 경유해서 여행하다

圈 **by the way** *길 옆에서
1. 그런데, 말이 난 김에 2. 도중에

02003
abide by sth
15.서울시7급/03~9.여자경찰

~의 옆에서(by) 떠나지 않다(abide)
(약속 따위를) 지키다, 고수하다(=stick to sth); (결정 등에) 따르다
• He does not **abide by** his promise.
  그는 약속을 이행하지 않는다.

圏 **stick to** sth 〈97.지방고시〉
~에 들러붙다 : (주장 등을) 고수하다
(=stick by sth); (일 등을) 끝까지 해내다
*~에 풀칠하다 (stick)
= stick to one's guns 주장을 고수
하다(=hold fast to one's own opinion,
stand firm) *자신의 총을 고수하다

2. (수단) ~에 의하여, ~으로; (척도 · 표준) ~에 의거하여, ~에 따라

02004
by the book
16.한성대/07.고려대/02~2.단국대/Teps

책(book)에 적혀 있는대로(by), 교과서적으로
규칙대로(=by rule); 일정한 형식대로, 정식으로
• She's playing it **by the book**.
  그녀는 규칙에 따라 행동하고 있다.

圈 **by the numbers** 구령에 맞추어;
보조를 맞추어; 규칙적으로, 기계적으로
圈 **one for the books**
굉장한 일, 특이한 사건

02005
by nature
기술고시/Teps

nature(천성, 성질, 본성)에 따라(by)
선천적으로, 천성적으로, 본래(=innately, naturally)
• Man is peccable **by nature**.
  인간은 본래 죄를 범하기 쉽다.

02006
by means of sth
02~2.경기대/토익/Teps

means(방법, 수단; 재산)에 의하여(by)
~에 의하여
• Thoughts are expressed **by means of** words.
  사상은 언어에 의해 표현된다.

圏 **by dint of** sth ~에 의해서
(=by means of sth)

02007
by no (manner of) means
14.가천대/13.경희대/01.건국대
00.법원직/99.홍익대/98.건국대/Teps

means(방법, 수단; 재산)
결코 ~가 아닌(=never, anything but, not at all, far from sth)
• What he said is **by no means** true.
  그가 말한 것은 결코 진실이 아니다.
cf. by any (manner of) means 〈부정문〉 아무리 해도

圈 by all means/by all manner of
means 꼭, 무슨 수단을 쓰더라도
= by hook or by crook
  어떻게 해서라도

02008
by heart
국회사무처/Teps

heart(가슴, 마음)으로(by)
외워서, 암기하여
• I've got it **by heart**.
  나는 그것을 이미 암기했다.
圈 know sth by heart/learn sth by heart 암기하다

3. (정도 · 비율) ~만큼, ~정도까지, ~하게, ~씩

02009
by the skin of one's teeth
02.경찰/85.외시/토플/Teps

이빨의 피부만큼이나
가까스로, 간신히(=with the narrowest margin of safety)
• I caught the train **by the skin of my teeth**.
  나는 가까스로 기차를 탔다.

圏 **by a narrow margin**
근소한 차로, 간신히
= by a nose 적은 차이로, 간신히
 *경마에서 말의 코 하나 차이로 이기다
= by a hair/by a hairbreadth
 가까스로, 아슬아슬하게
 *머리카락 넓이 하나 차이로
= by a close[narrow, near] shave
 간신히, 아슬아슬하게

02010
by and large
00.사법시험/98.경찰/90.법원직/토플/Teps

크게(large)
전반적으로, 대체로(=in general, generally, on the whole)
• **By and large**, the plan was successful.
  대체적으로 그 계획은 성공적이었다.

O2011

by leaps and bounds

11.국가직7급/11.동국대/08.경원대
00.사법시험/98.경찰/90.법원직
13.숭실대

뛰고(leaps) 튀는(bounds) 만큼(by)
급속하게(=very rapidly, at a great speed)
• Korea industry has grown **by leaps and bounds**.
한국의 산업은 급속히 성장했다.
웹 leaps and bounds 상당히(=by far)

O2012

by far

13.숭실대

훨씬(far) 무엇하게
훨씬, 단연코(=leaps and bounds)
• The economy is the number one issue **by far**.
경제가 단연 최우선 사안이다.

O2013

by degrees

85.법원직/Teps

온도계의 도(degrees)수 만큼
점차로, 차차(=gradually, little by little)
• The economy seems to be improving **by degrees**.
경제가 점차 호전되고 있는 것 같다.

O2014

by halves

토플/입사/Teps

반쪽(halves)까지만(by)
불완전하게(=imperfectly, incompletely)
• I don't like to do things **by halves**.
나는 어중간한 것을 싫어한다.

Ⅰ021

around

around는 "주변을 빙 도는"이 핵심 의미이다.
(후술하는 about과 의미적으로 거의 유사하고 영국에서는 about을 주로 쓴다.)

O2101

(just) around[round] the corner

10.경북교행

코너(corner)를 돌면 바로인
목전에 와 있는, 아주 가까운
• Summer is **just around the corner**.
여름이 코 앞이네요.

O2102

boss ⓢ **around[about]**

01.변리사/Teps

사람을 이것 저것(around) 부려먹다(boss)
이것 저것 시키다, 이래라저래라 하다
• I was **bossed around** all day, and now I want to do it my way.
하루 종일 이것 저것 시키는 대로만 했고, 이제 내 방식대로 하고 싶다.

O2103

fool around[about]

98.인하대학원

여기저기를(around) 어슬렁거리다(fool)
빈둥거리며 세월을 보내다; 바람피우다(=play around, run around)
• He **fooled around** all through school.
그는 학교 다니면서 내내 놀았다.

O2104

tool around[along]

00-2.고려대

여기저기를(around) tool(차로 가다)
(재미로) 차로 돌아다니다,
여기저기를 드라이브하다(=take a ride in or on a vehicle)
• He spent the afternoon **tooling around** town.
그는 읍내 여기저기를 드라이브하면서 오후를 보냈다.

冠 joyride 폭주 드라이브: 분방한 행동

O2105

walk[run, go] around in circles

15.가상직9급/07.광운대/Teps

동그라미(circle) 안을 빙빙 돌다
다람쥐 쳇바퀴 돌 듯하다; 같은 일을 몇 번이나 계속 생각하다
• We can't **go round in circles** all day - someone will have to make a decision.
우리는 하루 종일 다람쥐 쳇바퀴 돌 듯 할 수 없다. 누군가 결단을 내려야 한다.

Ⅰ022

cf.round

전치사와 부사 모두 〈미〉에서는 대부분의 경우 round보다 around를 많이 쓰고
〈영〉에서는 round와 around를 구별하기도 하나 최근에는 구분없이 쓰는 경향이 강하다.

1. Prep. ~을 빙돌아, ~의 주위에, ~의 둘레에; Ad. 둘레에, 근방에, 우회하여

O2201

round[around] the clock

10.경북교행/07.세종대/02.입법고시
99-2.한성대/96.대진대

시계와 같이 빙빙(round) 도는
24시간 내내(=day and night, twenty-four hours a day)
• The emergency telephone lines operate **around the clock**.
비상 전화선은 24시간 가동된다. **cf. round-the-clock** 24시간 무휴(無休)의

冠 like clockwork 규칙적으로(=very regularly), 정확히, 순조롭게
昌 twenty-four season 언제나, 항상 (=around the clock)

02202

round about
토플

빙 돌아(round) 여기저기에(about)
1. 둘레에, 주변에, 사방팔방에 2. 대략
• He lives **round about** here.
  그는 이 근방에 살고 있다.

in a roundabout way 간접적으로,
완곡하게, 둘러서

02203

in round numbers[figure]
토플

두루뭉술한(round) 숫자로
어림으로, 대략(=roughly, approximately)
• Please tell me **in round numbers**.
  대충 얼마인지 말해 주시겠어요?

02204

the other way round
16.광운대

다른 방향으로(the other way) 도는(round)
반대로, 거꾸로
• The truth is that it's **the other way round**.
  실상은 그 반대이다. *be the other way round 반대이다

---

2. V. 둥글게 하다 → 완성하다; 돌다, 일주하다

02205

round out sth
법원 행시

바깥쪽을(out) 둥글게 마무리하다(round)
~을 완성하다, 마무리하다(=complete, finish)
• African percussion and Native American flute **round out** the show.
  아프리카의 타악기와 미국 본토의 플루트가 쇼를 마무리했다.

02206

round off sth
09.동국대/사법시험/Teps

완전히(off) 둥글게(round) 만들다
모난 것을 둥글게 하다; (솜씨 있게) 마무리하다(=terminate);
사사오입하다
• It was the perfect way to **round off** the season.
  그것은 시즌을 마무리하기에 최상의 길이었다.

02207

round up sb/sth
16.한국외대/95.경기7급/95.서울시9급
95.경북대학원/91.고려대학원/토플

완전히 원으로 만들다
1. (사람이나 가축을) 끌어 모으다(=gather, assemble)
2. (범죄자 일당을) 검거하다, 체포하다(=arrest, apprehend)
3. 반올림하다(↔ round *down sth)
• His dog Nell started to **round up** the sheep.
  그의 개인 넬은 양떼를 몰기 시작했다.
  roundup/round-up 범인일당의 검거; 뉴스 등의 총괄; 가축을 끌어모으기

I023

about

about은 자기를 포함한 주변을 의미한다. (의미적으로 around 와 거의 비슷하고 영국에서 주로 사용됨)
여기에서 "~에 대하여, 약"이란 의미로 확대된다. 또한 to부정사와 함께 "지금 막 ~하려 하는"의 의미도 가진다.

02301

be about to R
00.경찰/88.법원직/Teps

~하는 것에(to) 근접해(about) 있다 → 지금 막 하려고 한다
막 ~ 하려 하는 순간이다(=be on the point of sth)
• We**'re about to** eat dinner.
  우리는 막 저녁을 먹으려는 참이다.

02302

be crazy[mad] about
sb/sth
Teps

~에(about) 미쳐있다(mad) → 지금 막 하려고 한다
~에 미치다, ~에 홀딱 빠지다
• She **is crazy about** music.
  그녀는 음악에 홀딱 빠져 있다.

I024

beside

beside는 "~의 곁에, ~과 나란히, ~과 떨어져서"의 의미를 갖는 전치사이다.

02401

beside the point[mark]
세종대/91.연세대학원

the point(핵심, 논점)을 벗어난(beside)
핵심 · 논점을 벗어난(=wide of the mark, not pertinent, irrelevant)
• We all like him, but that's **beside the point**.
  우린 모두 그를 좋아하지만, 그것은 핵심을 벗어난 것이다
  wide of the mark 빗나간

I025

between

between은 시간, 장소, 주체가 둘이 있는 경우 '둘 사이에'를 뜻한다. 셋 이상 사이에서는 among을 쓴다.
(3자 이상의 경우에도 그 사이에서의 양자 상호간의 관계를 나타낼 때에는 between을 씀)

02501
between one's teeth
95.입법고시

사람의 치아 사이로만 겨우 들리게
목소리를 죽이고, 나지막한 목소리로(=in a low voice)
• John stepped up to me and spoke **between the teeth**.
존이 내게 다가와 목소리를 죽여 말했다.

02502
few and far between
04.입법고시/99.경원대/Teps

거의 없거나(few) 멀리 떨어져(far) 있는 사이에
아주 드문, 극히 적은(=rare)
• Such instances are **few and far between**.
이런 예는 아주 드물다.

📖 get[take] the bit between one's teeth 사태 등에 감연히 대처하다

I026

with

전치사 with는 하나와 다른 것이 합해져서 함께하는 것을 의미한다.
사람이 함께 하는 경우는 "~와 함께, ~와 같이, ~을 데리고", 도구인 경우 "~을 사용하여"의 의미로 쓰인다.
또한 부대 상황[with+목적어+형용사/분사/전치사구]을 이끌어 "~하여, ~한 채로" 뜻으로 사용되며 "with+추상명사" 형태로 부사로 쓰이기도 한다.

02601
with all [sth]
98.경찰/96.서울시7급

모든 것을(all) 가지고도(with)
~에도 불구하고(=despite, in spite of, for all, notwithstanding [sth])
• **With all** his wealth, he is not happy.
많은 재산에도 불구하고, 그는 행복하지 않다.

02602
with a vengeance
06.성균관대

마치 복수(vengeance)하는 듯이 세게
강하게, 격렬하게; 대단히(=in the fullest sense), 철저히;
글자 그대로, 틀림없이
• It rained **with a vengeance**.
비가 억수로 왔다.

02603
with a view to ~ing
홍익대학원/군법무관

~할 관점(view)을 가지고(with)
~할 목적으로(=with an eye to ~ing)
• He has bought land **with a view to** building a house.
그는 집을 짓기 위해 땅을 샀다.

02604
with open arms
경북대학원

(껴안으려는 듯이) 두 팔(arms)을 활짝 벌리고서
두 팔을 벌려, 진심으로(=cordially, heartily)
• My new in-laws accepted me **with open arms**.
나의 새 인척들은 나를 진심으로 받아주었다. *in-laws 인척
📖 give a warm welcome with open arms 진심으로 따뜻하게 환영하다

02605
comply with [sth]
01.가톨릭대/94.기술고시/91.연세대학원/Teps

~와 함께(with)
(명령·요구·규칙 등에) 따르다, 응하다
(=conform to, act in harmony with [sth])
• The commander said that the army would **comply with** the ceasefire.
사령관은 군이 정전명령에 따를 것이라고 말했다.

02606
correspond with [sb]/[sth]
99.법원직

~와 함께(with) 연락하다
1. ~에 상응[해당]하다(=be equivalent to [sth]), ~에 부합하다, 일치하다
2. ~와 교신[왕래]하다
• He wishes to **correspond with** her.
그는 그녀와의 편지 왕래를 바란다.

02607
go steady with [sb]
99.법원직

~와 함께(with) 굳게 가다
(정해진 이성과) 교제하다
• Jane **goes steady with** him.
제인은 그와 계속 데이트하고 있다.

02608
share A with B
99.법원직/Teps

~와 함께(with) 나누다(share)
A를 B와 공유하다 *B와 함께(with) A를 나누다
• I **share a** bedroom **with** my brother.
나는 침실을 동생과 같이 쓴다.

02609
cope with sth
08.경원대/07.국가직9급/06.경희대
01.서울산업대/97.서울시9급
96.단국대토플/토익/Teps

~에(with) 맞서다(cope)
1. (문제 · 어려움 등을) 극복하다(=get over sth, overcome),
  대처하다, 잘 다루다(=treat, manage, deal with sth)
2. ~에 대항하다, 맞서다
• The industry had to **cope with** war and recession at the same time.
  산업은 전쟁과 불황에 동시에 대처하지 않으면 안 되었다.

---

without without은 with 와 뜻이 반대되는 말로서 그 의미는 "~없이, ~을 가지지 않고, ~하지 않은 채"이다.

02701
without limit(s)
97.단국대

제한(limit)이 없이(without)
한없이, 무한정으로; 제한이 없는(=boundless)
• In the past, energy sources were thought to be **without limits**.
  과거에는 에너지 자원이 무한한 것으로 여겨졌다.

02702
without regard to[for] sth
11.국가직9급/98.행자부9급
94.시법시험/토플/Teps

무엇에 대한 고려(regard) 없이(without)
~에 관계없이(=regardless of, irrespective of sth), ~을 고려하지 않고
• He spends money **without regard to** the budget.
  그는 예산을 무시하고 돈을 쓴다.

02703
without fail
93.산업대/경원대

실패(fail)하지 않고
틀림없이, 반드시, 확실히, 꼭(=for certain)
• I will be there **without fail**.
  나는 틀림없이 거기 갈 것이다.

02704
without a shadow of a doubt
97.고려대학원

하나의 의심(doubt)의 그림자(shadow)도 없이(without)
티끌만큼의 의심도 없이, 확실히(=most certainly)
• This is **without a shadow of a doubt** the best film I have seen all year.
  내가 여태 보았던 영화 중 확실히 이것이 최고의 영화이다.

02705
without (a) letup
95.성균관대/입사/토플

정지, 감속(=letup) 없이
중단없이, 멈추지 않고(=without a pause)
• It has been raining steadily all day **without letup**.
  쉬지 않고 하루 종일 비가 오고 있다.

N let up ⊃ I11104
1. (비나 눈이) 잠잠해지다
2. 그만두다, 느슨해지다

---

together 부사 together는 "같이, 함께; 힘을 합쳐; 종합해서"의 의미이다.

02801
huddle together
97.단국대

같이 한곳에 쌓아 올리다(huddle)
(몸을 따뜻하게 하거나 위험으로부터 보호를 위해) 한곳에 옹기종기 모이다
• We **huddled together** for warmth.
  우리는 따뜻해지기 위해 옹기종기 모였다.

N huddle around a fire
불 주변에 둘러앉다

---

along along은 선 위를 따라가거나 앞선 것을 그대로 따라간다는 의미이다.
사람을 따라간다는 것은 함께 간다는 의미로 "~와 함께"의 의미이며 과정 · 일정을 따르거나(~을 따라서),
인생을 살아간다는 의미로도 쓰인다.

02901
inch along
02.덕성여대

~을 따라서(along) 1인치씩(inch)
(늘어선 줄 등이) 조금씩 움직이다(=move barely, to move bit by bit)
• There was a long line at the theater, just **inching along**.
  극장에 길게 늘어선 줄이 단지 조금씩 움직이고 있었다.

N The line is moving fast.
줄이 빠르게 움직이고 있다.
N every inch (01.경찰)
완전한, 철두철미한 (=complete);
완전히(=thoroughly)

접두어·접미어로 학습하는 **필.수.어.휘**
전치사 before/forward ↔ back/again 접두어

P035

[접두어] pre(=before)
접두어 pre는 "before(미리, 먼저)"의 의미로서 "~보다 시간적으로 앞선다(보다 과거 시점)"는 의미와
위치적으로 "~의 앞에"의 의미이다.
❶ (시간적) 미리, 좀 더 일찍, 이전에 ❷ (장소적) ~의 앞쪽에
*뒤에 설명하는 접두어 pro는 현재 시점의 이후를 의미하는 "앞으로"라는 점을 유의
*pre 접두어가 붙는 단어는 수없이 많다. 여기서는 어근을 몰라도 알 수 있는 단어만 설명한다.

0351 **preview**
[príːvjùː]

pre(before)+view(봄) → 미리 보는 것
n. 미리 보기, 사전 검토; 시사회
• a preview ticket 시사회 초대권
📖 **review** 복습, 평론

0352 **preface**
[préfis]

pre(before)+face(얼굴) → 책에서 먼저 얼굴을 들이미는 것
n. 머리말, 서문(=foreword)
• The preface provides information about the book before
 beginning it. 머리말은 책을 읽기 전에 책에 대한 정보를 제공한다.

0353 **prehistoric**
[prìːhistɔ́ːrik]

pre(before)+history(역사)+tic → 역사로 기술되기 이전의
a. 선사(先史)시대의
• in prehistoric times 선사시대에

0354 **preposition**
[prèpəzíʃən]

pre(before)+position(자리) → 명사 앞에 자리 잡은 것
n. 전치사
• object of a preposition 전치사의 목적어

P036

[접두어] fore(=before)
접두어 fore는 "before(미리, 먼저)"의 의미로서 접두어 pre와 거의 유사하다.

0361 **before**
[bifɔ́ːr]

be(있는)+fore(~앞에)
conj. prep. ad. ~앞에, 전에, ~보다 먼저
• before the start of the World Cup 월드컵이 시작되기 전에
• before me 내 (눈) 앞에
• before the meeting starts 회의를 시작하기 전에

0362 **forefather**
[fɔ́ːrfɑ̀ːðər]

fore(before)+father(아버지) → 아버지 앞에 사신 분들
n. 선조, 조상
• give thanks to forefathers 조상들에게 감사를 드리다

0363 **forego**
[fɔːrgóu]

fore(before)+go(가다) → 앞서서 가다
v. ~에 선행하다, 앞서가다
• foregone conclusion 필연적인 결론, 뻔한 결과
ⓝ **foregoer** 선조, 조상

0364 **forth**
[fɔ́ːrθ]

for(before)+th(명접)
ad. 앞으로(=forward)
• back and forth 앞뒤로, 왔다갔다

0365 **forthcoming**
[fɔ́ːrθkə̀miŋ]
10.경기대

forth(앞으로)+coming → 앞으로 다가오는
a. 곧 있을, 다가오는(=imminent, impending)
• the forthcoming election 다가오는 선거

0366 **forecast**
[fɔ́ːrkæst]
08.경희대/05.경희대
02.경기대

fore(before)+cast(throw) → 미리 던져보다
v. (날씨·미래를) 예보[예측]하다; ~의 전조가 되다
n. 예측, 예보
• forecast a humiliating defeat 굴욕적 패배를 예측하다

0367 **foretell**
[fɔːrtél]

fore(before)+tell(말하다) → 미리 (미래를) 말하다
v. 예언하다, 예고하다(=predict)
• foretell the future of the world 세계의 미래를 예언하다

0368 **forewarn**
[fɔːrwɔ́ːrn]

fore(before)+warn(경고하다) → 미리 경고하다
v. 미리 경고하다, 미리 주의하다
• be forewarned of the dangers 위험에 대한 주의를 받다

0369 foretoken
[fɔ́ːrtòukən]
00.사법시험

fore(before)+token(증거) → 미리 보여주는 증거

n. 전조, 징후(=omen, portent)
- a foretoken of the disaster 재난의 전조

0369(1) forehead
[fɔ́ːrhed]

fore(before)+head(머리) → 머리의 앞쪽 부분

n. 이마(=brow)
- She has a high forehead. 그녀는 이마가 넓다.

0369(2) foremost
[fɔ́ːrmòust]

fore(before)+most(가장 중요한) → 가장 먼저의

a. 맨 먼저의, 가장 중요한(=leading)
- the foremost expert on financial investments
  금융투자에 있어서 최고의 전문가
- first and foremost 다른 무엇보다, 가장 중요한 것은

0369(3) forefront
[fɔ́ːrfrʌnt]

fore(before)+front(앞) → 앞의 앞

n. 맨 앞, 선두
- be at the forefront of the campaign 운동의 선두[최전선]에 있다

P037

[접두어] ante(=before)
접두어 ante는 접두어 pre와 거의 의미적으로 유사하다.
[변형] ant-/anc-/an- 등의 변형이 있음 *뒤에 설명하는 접두어 anti(=against **⊃ PO51**와 혼동하지 않도록 할 것

0371 anteroom
[ǽntirù(ː)m]

ante(before)+room(방) → 앞에 있는 방

n. 대기실, 곁방
- wait in the anteroom 대기실에서 기다리다
- **圖 antechamber** 대기실, 곁방

0372 antedate
[ǽntidèit]

ante(before)+date(날짜) → 일어난 날짜가 앞서다

v. 시간적으로 먼저 일어나다, 앞당기다
- antedate departure 출발을 앞당기다
- Music may antedate agriculture.
  음악은 농경보다 앞서 발생했을 것이다.

0373 ancient
[éinʃənt]

anci(before)+ent(형접) → 앞선 시대의

a. 고대의, 옛날의(=archaic)
- the ancient history of Korea 한국의 고대사

P038

[접두어] pro(=forward, forth, before)
접두어 pro는 접두어 pre와 달리 "forward(현재 시점보다 미래로 향한다)" 의 의미이다.
❶ [forward] (다가올 미래를 향해) 앞으로   ❷ [forth] (장소적으로) 앞으로, 바깥으로
❸ [before] 미리, 앞서   ❹ 찬성하여(in favor)
[변형] pur-(자음 c, p, s, v 앞에서)/por-(t 앞에서)/pr-(모음 앞에서) 등으로 변형된다.
*접두어 pro가 붙는 단어는 수없이 많다. 여기서는 어근을 몰라도 알 수 있는 단어만 설명한다.

0381 proffer
[prάfər]

pro(forward)+offer(제안) → 앞으로 제안을 내어 놓다

v. 제의하다, 제공하다(=offer)
- proffer an opinion 의견을 제안하다

0382 propose
[prəpóuz]
⊃ RO136

pro(before)+pose(포즈를 취하다) → 여자 앞에서 구애의 포즈를 취하다

v. 제안하다; 청혼하다
- ⓝ proposition 제안, 제의; 계획, 안, 논제
  proposal 제안서
- propose an idea 아이디어를 제안하다
- propose a toast 축배를 제의하다

0383 pros and cons
[prɑs ənd kάns]

pro(찬성)+con(반대) → 찬성과 반대

n. 찬반양론
- pros and cons of the new education system
  새로운 교육제도에 대한 찬반양론
- cf. pros 찬성투표; 찬성자; 찬성론
  cons 반대투표; 반대자; 반대론

P039

[접두어] re(=back, again)
접두어 re는 "back, again" 의 의미를 갖는다.
❶ [back] (시간적으로) 뒤로 (과거로 돌아감은 부정적)　　❷ [back] (장소적으로) 뒤에, 뒤쪽에, 후미진 곳에
❸ [back] 다시 돌려주어, 보답하여　　❹ [again] 다시
❺ [강조] 완전히, 아주
[변형] 모음 앞에서 "red", "r" 로 변형되는 경우가 있다.
*re 접두어가 붙는 단어는 수없이 많다. 여기서는 어근을 몰라도 알 수 있는 단어만 설명한다.

O391 remove
[rimúːv]

re(back)+move(옮기다) → 뒤로 옮기다
v. 제거하다(=eradicate, eliminate, evacuate), 옮기다
 • remove poisons 독물을 제거하다
 • remove to new appartments 신축 아파트로 이사하다
ⓝ removal 이동, 이전, 제거

O392 retire
[ritáiər]

re(back)+tire(지치다) → 지쳐서 뒤로 물러나다
v. 퇴직하다, 은퇴하다, (고물로) 폐기하다
 • retire from politics 정계에서 은퇴하다
ⓝ retirement 은퇴, 퇴역

O393 renew
[rinjúː]
15-2.경찰

re(again)+new(새로운) → 다시 새것으로 만들다
v. 새롭게 하다, 갱신하다, 재건하다
 • renew a driver's license 운전면허증을 갱신하다
ⓝ renewal 갱신, 일신, 재개

O394 recycle
[rìːsáikl]
00.서울산업대/98-2.건국대

re(again)+cycle(순환) → 다시 순환시키다
v. 재생하다, 재활용하다
 • recycle paper and cans 종이와 캔을 재활용하다
ⓝ recycling 재활용품, 재생

O395 recreation
[rèkriéiʃən]

re(again)+create(만들다)+tion → 만들기 위한 휴식
n. 휴양, 기분전환, 오락, 레크리에이션
 • a summer recreation site 여름 휴양지
 • facilities for recreation 오락시설
ⓥ recreate 휴양하다, 기분전환하다

O396 regain
[rigéin]

re(again)+gain(얻다) → (잃은 것을) 다시 얻다
v. (잃은 것을) 되찾다, 회복하다
 • regain consciousness 의식을 회복하다

O397 recover
[rikávər]
17.가천대/98.고려대학원
97.홍익대

re(again)+cover(떠맡다) → 다시 내 차지가 되다
v. (건강을) 회복하다(=recuperate, get over)**; 되찾다**
 • recover from illness 병에서 회복되다
 • I hope that you recover your health soon.
　빨리 쾌차하시길 바랍니다.
ⓝ recovery 회복, 회수

O398 remind
[rimáind]

re(again)+mind(마음) → 다시 마음에 새기다
v. 생각나게 하다, 상기시키다
 • remind A of B A에게 B를 상기시키다
 • You always remind me of my mother.
　너를 볼 때마다 항상 어머니가 생각난다.

O399 react
[riækt]

re(against)+act(행동하다) → ~에 대항하여 행동하다
v. 반작용하다, 반발하다, 반응하다
 • react to changes 변화에 반응하다
ⓝ reaction 반작용, 반응, 역행

P040

[접두어] retro(=backward, back)
접두어 retro는 시간적으로 "뒤로 되돌아가는, 소급하는(backward)" 의 의미로 쓰인다.

O401 retro
[rétro]

a. 복고풍의
 • retro style 복고풍

O402 retroactive
[rétrouæktiv]

retro(backward)+act(do)+ive → 뒤로 가는
a. (법률 등이) 소급하는
 • have a retroactive effect 소급효를 갖다

P041

[접두어] ana(=back, again)
접두어 ana는 "뒤로(back, again)"의 의미와 "위로(up)", "강조"의 의미를 가지고 있다.

O411 **analyze**
[ǽnəlàiz]
　　⊃ R1102

ana(강조)+lyz(loose)+e → 완전히 풀어버리다
v. 분석하다
• analyze data 데이터를 분석하다
ⓝ analysis 분석 연구
ⓐ analytic 분석적인

추가 어휘
☐ **ana**gram 철자 순서를 바꾼 말 •gram(=write)
☐ **ana**leptic 체력 회복의; 보약

O412 **anatomy**
[ənǽtəmi]

ana(강조)+tom(cut)+y → 시체를 완전히 자르다
n. 해부, 해부학
• anatomy of a frog 개구리의 해부
ⓐ anatomic 해부의, 해부학의
ⓝ anatomist 해부학자

P042

[접두어] post(=after, behind)
접두어 post는 시간이나 장소적으로 "~의 뒤에, ~후에(after)"의 의미이다. 주로 시간적으로 뒤에 있음의 의미로 많이 쓰인다.

O421 **postwar**
[pou'stwɔ'r]

post(~의 뒤에)+war(전쟁) → 전쟁이 있은 후에
a. 전후의
• postwar birth rate 전후의 출생률

추가 어휘
☐ **post**ern 뒷문
☐ **post**prandial 식후의

O422 **postscript**
[póustskript]

post(~의 뒤에)+script(쓰다) → 편지 뒤에 쓰는 것
n. (편지의) 추신(P.S), (책의) 후기
• add a postscript 추신을 덧붙이다

O423 **posterity**
[pastérəti, pɔ-]
05-2.광운대/01.행. 외시

post(after)+erity → 후에 있는 사람들
n. 〈집합적〉 자손; 후세(=descendant)
🔁 posterior 뒤의, 뒤쪽에 있는

O424 **post meridiem**
[poust məridiəm]

a. n. 오후(의) (약. p.m)
🔁 ante meridiem 오전(의) (약. a.m)

P043

[접두어] with(=back, against)
접두어 with는 "뒤로(back), ~에 대항해(against)"의 의미를 지니는 접두어이다.

O431 **withhold**
[wiðhóuld, wiθ-]

with(back)+hold(잡다) → 뒤로 붙잡고 있다
v. 보류하다, 억제하다(=hold back)
• withhold judgment 결정을 보류하다

O432 **withstand**
[wiðstǽnd, wiθ-]
15.항공대

with(against)+stand(서다) → ~에 대항해 맞서다
v. 저항하다, 버티다, 견디다(=endure)
• withstand heavy losses 막대한 손실을 견디다

P044

[접두어] hind(=behind)
접두어 hind는 "~의 뒤에(behind)"의 의미를 갖는다.

O441 **hind**
[haind]
00-2.홍익대

a. 뒤쪽의, 후방의(=rear)
• front legs and hind legs 앞다리와 뒷다리
🔁 hindward 뒤쪽에; 뒤쪽의
　 hindmost 제일 뒤쪽의, 맨 뒤의

O442 **hindsight**
[haindsait]
　　⊃ RO776

hind(behind)+sight(see) → 뒤늦게 안 것
n. 뒤늦게 깨달음; (총의) 가늠자
• There is no use of hindsight. 뒤늦게 깨달아봐야 소용이 없다.

I030

before

before는 시간적으로 "~보다 앞에", 위치적으로는 "~의 앞에, 면전에서"를 의미하는 전치사이다.
접속사로는 "~하기 전에", 부사로는 "예전에"의 의미를 갖는다.

03001
beforehand

00-2.여자경찰

시계의 침(hand)보다 먼저(before)
이전에, 미리(=in advance)
• We should have made reservations **beforehand**.
  우리는 미리 예약을 했어야 했다.
🔒 **take care beforehand** 미리 조심하다(=take precaution)

■ before 보충표현

☐ **before long** 오래지 않아, 얼마 후
☐ **long before** 훨씬 이전에
☐ **shortly before** 직전에
☐ **before now** 지금까지

I031

after

after는 시간·위치적으로 "~의 뒤에" 있는 것이다.
"뒤이어, ~다음에, ~의 뒤를 쫓아"의 의미처럼 behind보다는 동적인 개념으로서 앞선 것을 쫓는 뉘앙스가
강하게 나타난다.

03101
After you, sir.

01.101단

당신 뒤를 따르겠습니다.
(상대방에게) 먼저하세요, 먼저 들어가세요, 먼저 나가세요.
• Young man : **After you sir**. 먼저 내리세요.
  Old man : Thank you, young man. 고마워요, 젊은이.

■ after 보충표현

☐ **after all** 결국 *모든 것의 다음에는(after) (결국)
☐ **after school** 방과 후에
☐ **after hours** 근무시간 후에, 폐점 후에
☐ **one after another** 차례차례
☐ **time after time** 몇 번이고(=time and again)
☐ **A day after the fair.** 박람회 다음 날. (버스 지나간 후 손들기)
☐ **ask after** [sb] ~에게 안부 따위를 묻다, 문안하다
☐ **run after** [sb]/[sth] ~의 뒤를 쫓다, 추적하다(=chase)
☐ **keep after** [sb] (범인을) 계속해서 뒤쫓다; (여자의 꽁무니를) 따라다니다
☐ **follow after** [sb]/[sth] ~의 뒤를 따르다, 추구하다
☐ **seek after** [sth] ~을 탐구하다, 추구하다
☐ **go after** [sb]/[sth] 뒤를 쫓다, 추적하다; 구하다, 얻으려고 노력하다
☐ **look after** ~을 돌보다; ~에 주의하다 *뒤를(after) 따라가면서 보다(look)
☐ **take after** ~을 닮다(=resemble) *생김새를 뒤따라(after) 취하다(take)

I 032

behind

behind는 위치적으로는 "~의 뒤에, 후방에, 배후에"를 의미하고, 시간적으로는 "뒤늦은, ~보다 뒤떨어진, 과거에"의 의미이다.

03201
behind the times
99.어자경찰/명지대/입시/Teps

the times(시대)의 뒤에 있는(behind)
시대에 뒤떨어진, 구식의(=antiquated, obsolete); 노후한
- He is **behind the times**.
  그는 시대에 뒤떨어진 사람이다.

🔲 **behind time** *times(시간)
시간에 늦은(=late), 지각하여; 지불이 연체되어

03202
behind (the) bars
06.대구교행/Teps

감옥의 창살(bar) 뒤에 있는
감옥에 있는, 투옥된(=in prison)
- Fisher was **behind bars** last night, charged with attempted murder.
  Fisher는 어젯밤에 투옥되었고, 살인미수로 기소되었다.

03203
not dry behind the ears/ (still) wet behind the ears
14.지방직9급,서울시9급

이제 막 뱃속에서 나와 귀 뒷부분이 마르지 않은
풋내기의, 경험 없는, 세상 모르는(=not experienced)
- He's **wet behind the ears**. He still needs to learn more.
  그는 아직 풋내기야. 아직 좀 더 배워야 돼.

I 033

of

전치사 of는 소속이나 기원 · 출처가 핵심 의미이다.
이에서 [원인 · 동기] "~때문에", [재료] "~으로 만든", [소유] "~의" 등의 뜻이 나오게 된다.
또한 〈of+추상명사〉로 쓰여 형용사구를 이루기도 한다.

1. ~에서, ~으로부터; ~때문에; ~으로 만든; ~에 속하는, ~의

03301
of itself
97.법원직

그것 자체로부터(itself) 발생한(of)
저절로
- A decayed tooth has come out **of itself**.
  충치 하나가 저절로 빠졌다. *come out (박힌 것이) 빠지다

03302
be ashamed of sb/sth
행정고시/Teps

~때문에(of) 수치스러워하다
(~을) 부끄러워하다
- He **was ashamed of** his bad work.
  그는 그의 나쁜 성적을 부끄러워했다.

🔲 **Shame on you!**
= For shame! 창피한 줄 알아라!
What a shame! 그것 참 안됐군요.

03303
accuse A of B
03.광운대/02,101단/Teps

of 이하의 죄로 기소하다
A를 B의 혐의로 기소하다
- One airline **was accused of** cutting corners on safety.
  한 항공사는 안전에 대해 소홀히 한 것을 이유로 기소되었다.
  *cut corners 안이한 방법을 취하다

03304
inform A of B
87.법원직/Teps

of 이하를 알리다
A에게 B를 알리다, 통보하다
- Please **inform** me **of** your intentions in this matter.
  이 문제에서 당신의 속셈이 뭔지 알려 주세요.

03305
approve of sth
06.계명대/02~2.단국대/Teps

of 이하를 승인하다
찬성하다, 승인하다
- I **approve of** his opinion in principle.
  나는 원칙적으로는 그의 의견에 찬성한다.

03306
conceive of sth
02.동아대

of 이하를 생각해내다
생각하다(=think of sth); 상상하다
- He was immensely ambitious but unable to **conceive of** winning power for himself.
  그는 몹시 야망이 많았지만 스스로 권력을 얻는 것은 생각할 수도 없었다.
  *win 노력해서 얻다

03307
dispose of sth
06.성균관대/05.단국대
95.한국외대/토플/Teps

of 이하를 처리하다
1. 처분하다(=sell); 일을 처리하다(=deal with sth)
2. 제거하다(=get rid of sb/sth); 폐기하다
- He **disposed of** his house.
  그는 집을 처분했다.

O3308

steer clear of [sb]/[sth]

15.서울여대/10.경기대

~으로부터(of) 접촉이 없게(clear) 조종하다(steer)

~을 피하다(=stay away from), 멀리하다(=avoid)

• He is such a bully that I always try to **steer clear of** him.
그는 그런 불량배였기 때문에 나는 그를 멀리했다.

15.서울여대

圐 **stay away from** ~에서 떨어져 있다, 가까이 하지 않다(=steer clear of)

O3309

be robbed of [sth]

00.경찰/Teps

of 이하를 강탈당하다

~을 강탈당하다

• They **were robbed of** money and valuables at gunpoint.
그들은 권총으로 협박을 당해 돈과 귀중품을 빼앗겼다.

＊at gunpoint 총으로 위협당하여

웞 **rob A of B** A에게서 B를 강탈하다

O3310

kind of

07.울산9급/00.경찰/토익/Teps

of 이하의

1. 어느 정도, 얼마간, 약간; 상당히, 꽤 ＊kind (다수, 다량)
2. ~하는 것을 보니 친절하다 ＊kind (친절한)
3. ~와 같은, 일종의, 이른바 ＊kind (종류, 범주)
4. 어떤(종류의)~ ＊kind (종류, 범주)

• Well, I'm **kind of** busy right now. Do it yourself. 지금 좀 바빠서요, 직접 하세요.
• Pansori is a **kind of** folk play. 판소리는 민속극의 일종이다.

圐 **one of a kind** 〈05.홍익대〉
독특한 사람, 독특한 것
(=unique); 단 하나뿐인 것

O3311

be wary of [sb]/[sth]

11,07.명지대/00.세무사/입사

of 이하를 조심하다

~에 조심하다, 신중하다(=be cautious of [sb]/[sth])

• I'm a bit **wary of** giving people my address when I don't know them
very well.
나는 잘 모르는 사람들에게 내 주소를 주는 것을 좀 경계하는 편이다.

圐 **be wary about** [sth] ~에 신중하다

圐 **be cautious of[about]** [sb]/[sth]
~에 신중하다, 조심하다

O3312

typical of [sth]

06.울산시9급/06.계명대/Teps

of 이하에 전형적인

전형적인, 상징적인, 표상인, 예시하는

• This reluctance to move towards a democratic state is **typical of**
totalitarian regimes.
민주주의 국가로 마지못해 가는 것은 전체주의 체제의 전형적인 것이다.

---

2. of + 추상명사(불가산명사이므로 관사가 붙지 않음) = 형용사

O3313

of moment

02.산관위

중요한 것(moment)에 속하는(of)

중요한(=important, momentous, significant)

• This matter is **of moment** to you, but not to me.
이 문제는 당신에게 중요하지만, 내겐 그렇지 않다.

ⅠO34 as

as는 전치사, 접속사, 관계대명사, 부사 등 다양한 기능을 한다.
특히 접속사의 기능으로 비교(~처럼)를 나타낼 때 많은 관용어를 이룬다.
1. (접속사) ~처럼, ~와 같이   2. 〈전치사〉 ~로서

---

1. (접속사) ~처럼, ~와 같이

O34O1

as good as one's word

98.경찰/Teps

그 사람의 말(word) 만큼이나 좋은(good)

약속을 잘 지키는

• He's **as good as** his word.
그는 약속을 잘 지키는 사람이다.

圐 **keep one's word[promise]**
약속을 지키다
→ **break one's word** 약속을 어기다

O34O2

as fit as a fiddle

01~2.한성대

바이올린(fiddle)처럼 경쾌한

매우 건강한, 원기왕성한(=in excellent physical condition)

• Although she's nearly eighty years old, my grandmother is
as fit as a fiddle.
80에 가까운 연세에도 불구하고, 우리 할머니는 아주 정정하시다.

圐 **in (good) shape** 〈08.전남대〉
상태가 좋은, 건강한(=in good health)
→ **out of shape**
상태가 나쁜, 건강이 안 좋은
(=in bad health)

O34O3

**as like as two peas
(in a pod)**

03.고려대

하나의 콩깍지(pod) 안에 있는 두 개의 완두콩(pea)처럼 똑같은

흡사한, 꼭 닮은

• The twins are **as like as two peas (in a pod).**
그 쌍둥이는 똑같이 닮았다.

O34O4

as sick as a dog

06.건국대

개같이 아픈

속이 몹시 매스꺼운; 기분이 매우 언짢은

• Merry was **as sick as a dog** and couldn't go to the party.
메리는 기분이 언짢아서 그 파티에는 갈 수 없었다.

03405

as deaf as a post

02-2.명지대

기둥(post)처럼 귀 먹은(deaf)
귀가 전혀 안들리는
- You'll have to shout; she's **as deaf as a post**.
  너는 소리 질러야 할거야. 그녀는 귀가 잘 안들리니까.
  관 **as blind as a bat** 눈먼, 시력이 나쁜 *박쥐(bat)처럼 눈이 먼(blind)

03406

as mad as a hatter

14.명지대

모자 장수(hatter)처럼 화가 난
몹시 화가 난, 미친
- She was **as mad as a hatter** when her son lied to her.
  그녀의 아들이 거짓말을 했을 때 그녀는 몹시 화가 났나.

■ AS ~ AS 관용표현(앞의 as는 생략 가능)

- ☐ **as cool as a cucumber** 침착한, 태연자약한
- ☐ **as tough as nails** 완강한, 냉혹한
- ☐ **as hard as nails** 매우 차가운, 무자비한
- ☐ **as hard as marble** 냉혹한
- ☐ **as cold as a fish** 매우 냉정한
- ☐ **as cold as a frog** 아주 찬, 몹시 찬
- ☐ **as hot as hell** 지독하게 더운, 몹시 뜨거운
- ☐ **as bright as a button** 매우 똑똑한, 민첩한
- ☐ **as straight as an arrow** 똑바른; 고지식한
- ☐ **as clean as a whistle** 매우 깨끗한, 결백한
- ☐ **as bold as brass** 매우 대담한 *brass (놋쇠)
- ☐ **as clear as crystal / as clear as day[daylight, noonday]** 매우 투명한, 명명백백한
- ☐ **as clear as mud** 이해할 수 없는, 모호한
- ☐ **as sure as nails** 확실히, 틀림없이
- ☐ **as easy as pie / as easy as falling off a log** 아주 쉬운
- ☐ **as right as rain** 매우 순조로운[건강한]
- ☐ **as fickle as fortune** 몹시 변덕스러운
- ☐ **as good as gold** 귀중한, 매우 가치가 있는
- ☐ **as thick as thieves** 매우 사이가 좋은
- ☐ **as red as a beet** 볼이 홍당무처럼 빨간 *beet(사탕무)
- ☐ **as lean as a rake** 피골이 상접한 *rake(갈퀴,부지깽이)
- ☐ **as dead as a doornail** 죽은, 작동하지 않는
- ☐ **as busy as a bee** 매우 바쁜
- ☐ **as free as a bird** 아주 자유로운, 근심이 없는
- ☐ **as happy as a lark** 아주 행복한 *lark(종달새) **cf. It's a bit a lark.** 매우 즐겁다
- ☐ **as high as a kite** 마약에 중독된; 너무나 행복한 *kite(솔개: 연) **cf. fly a kite** 여론의 반응을 살피다
- ☐ **as slippery as an eel** 미꾸라지처럼 잘 빠져나가는
- ☐ **as old as hills** 무척 오래된

---

2. 〈전치사〉 ~로서

03407

as a rule

00.경찰/99.특수기동대
93.86.행자부9급/Teps

규칙(rule)으로서
일반적으로, 대개
(=usually, generally, in general, on the whole, by and large)
- **As a rule**, Americans are outgoing.
  미국 사람은 대개 사교적이다. *outgoing 사교적인, 외향성의

03408

as a result of ⟨sth⟩

94.행정고시/Teps

~의(of) 결과(result)로서(as)
~의 결과로, ~때문에(=because of ⟨sth⟩)
- Young footballers are injuring themselves **as a result of** playing too much.
  젊은 축구 선수들이 과다한 출전으로 부상을 입고 있다.

03409

as a last resort

01.덕성여대

resort(의지, 최후의 수단으로서 호소)로써
최후의 수단으로써
• Call the police only **as a last resort**.
도저히 방도가 없을 때 경찰을 부르세요.

03410

as a matter of fact

01.건국대/02.고려대/토플/Teps

사실(fact)에 관한 문제(matter)로써
사실상, 사실은(=really, in fact)
• **As a matter of fact**, I'm glad you decided to join us.
사실, 네가 우리하고 같이 하기로 해서 기뻐.

03411

as far as it goes

01.건국대

그것이 가는 만큼까지는
그 일에 관한 한, 어떤 범위 내에서는, 어느 정도는
• **As far as it goes**, this conference is very informative.
어떤 범위에서 보면, 이 학회는 매우 유용하다.

03412

regard A as B

07.서경대/입사

A를 B로 간주하다
A를 B로 간주하다(=look upon A as B)
• Some people **regard** grammar **as** an immutable set of rules that must
be obeyed.
어떤 사람들은 문법을 반드시 지켜져야 할 불변의 규칙으로 여긴다.

P045

[접두어] in(=not)
완전한 단어 앞에 in이 붙으면 뜻을 "**부정이나 반대(=not)**"로 만든다.
[변형] in은 뒤에 나오는 스펠링에 따라 **im**(b, m, p 앞에서), **il**(l앞에서), **ir**(r앞에서), **ig**(g앞에서)로 변하기도 한다.
*접두어 in은 "안에"를 뜻하는 접두어(➡ **P001**)로도 쓰이고 그 용례가 더 많다.
접두어 in이 부정의 의미인 경우에는 뒤에 완전한 형용사가 오는 경우가 대부분이다.

O451 inexpensive
[ìnikspénsiv]

in(not)+expensive(비싼)
a. 비싸지 않은, 값싼
- inexpensive furniture 저렴한 가구

🔄 **expensive** 비싼

O452 indirect
[ìndərékt]

in(not)+direct(직접의)
a. 간접의, 부차적인
- an indirect effect 간접 효과
- in an indirect way 우회적으로, 완곡하게

🔄 **direct** 똑바른, 직접의, 곧장

O453 impossible
[impásəbl]

im(not)+possible(가능한)
a. 불가능한
- an impossible task 불가능한 작업

🔄 **possible** 가능한, 실행할 수 있는

O454 imperfect
[impə́:rfikt]

im(not)+perfect(완벽한)
a. 불완전한
- an imperfect creature 불완전한 존재

🔄 **perfect** 완전한, 완벽한, 정확한

O455 immoral
[imɔ́:rəl]
14.법원직

im(not)+moral(도덕적인)
a. 부도덕한, 비도덕적인
- an immoral action 비도덕적인 행위

🔄 **moral** 도덕적인, 교훈의; 도덕

O456 immaterial
[ìmətíəriəl]
12.이화여대

im(not)+material(물질적인)
a. 실체 없는, 무형의; 중요하지 않은
- seem absolutely immaterial 전혀 중요해 보이지 않다

🔄 **material** 물질적인, 구체적인, 중요한; 재료

O457 improper
[imprápər]

im(not)+proper(적절한)
a. 부적절한, 타당하지 않은, 버릇없는
- Choose the most improper word. 가장 부적절한 단어를 고르시오.

🔄 **proper** 적당한, 예의 바른

O458 impolite
[ìmpəláit]

im(not)+polite(공손한)
a. 무례한, 버릇없는
- speak in an impolite manner 무례하게 말하다

🔄 **polite** 공손한, 예의바른

O459 irregular
[irégjulər]

ir(not)+regular(규칙적인)
a. 비규칙적인, 비정규의
- irregular workers 비정규직 근로자

🔄 **regular** 정기적인, 규칙적인, 표준의, 정규의

P046

[접두어] dis(=not)
접두어 dis는 "**부정(not)**"의 의미와 앞에서 이미 배웠던 "**~과 떨어져(apart)**"의 두 가지 의미로 사용된다.
❶ 부정이나 반대(=not, reverse) ❷ 부정적 의미의 강조 ❸ ~과 따로 떨어져(apart, away ➡ P011)

O461 dislike
[disláik]

dis(not)+like(좋아하다)
v. 싫어하다(=loathe)
- dislike a rainy day 비오는 날을 싫어하다

0462 disagree
[dìsəgríː]

dis(not)+agree(동의하다)

v. 동의하지 않다, 의견이 다르다
- disagree with an opinion 의견에 반대하다

🔁 **agree** 동의하다, 의견이 일치하다

0463 disease
[dizíːz]

dis(not)+ease(편함) → 편안한 상태가 아님

n. 질병
- an infectious disease 전염병

🔁 **ease** 편함, 안락; 쉬움

0464 discomfort
[diskʌ́mfərt]

dis(not)+comfort(편안한)

n. 불쾌, 귀찮은 일
- experience discomfort 불편을 겪다

🔁 **comfort** 위안하다, 위로하다; 위로가 되는 것
cf. comfortable 기분 좋은, 편안한

0465 discontinue
[dìskəntínjuː]
16.아주대

dis(not)+continue(계속하다)

v. 중지하다
- discontinue production 생산을 중단하다

🔁 **continue** 계속하다, 계속되다, 존속하다

0467 discover
[diskʌ́vər]

커버(cover)를 벗기다(dis) → 발견하다

v. 1. (어떤 것의 존재를) 발견하다(=unearth)
   2. (정보를) 찾다, 알아채다
- discover a way to extend human life
  인간의 수명을 연장하는 방법을 발견하다

🔁 **uncover** 폭로하다; 벗다, 탈모하다; 열어 놓다

0468 disloyal
[dislɔ́iəl]
07.세종대

dis(not)+loyal(충성스러운) → 충성스럽지 않은

a. 불충한, 불성실한(=traitorous), 신의 없는
- a disloyal servant 불성실한 하인

11.국민대
ⓝ disloyalty 불충, 배신행위(=treachery)

🔁 **loyal** 충성스러운, 충실한
   loyalty 충성, 충실

P047

[접두어] un(=not)
❶ 형용사, 부사 앞에 un이 붙으면 뜻을 "부정이나 반대(=not)"로 만든다.
❷ 명사 앞에서는 "~이 없는(lack of)"의 뜻으로 명사를 동사로 만들어 주며, 행위의 반대의 행위를 뜻한다.

0471 unequal
[ʌníːkwəl]

un(not)+equal(평등한, 공정한) → 공정하지 않은

a. 불공정한, 균형을 잃은
- sign an unequal treaty 불평등조약을 맺다

🔁 **equal** 같은, 동등한, 평등한

0472 uncommon
[ʌnkámən]

un(not)+common(공통의, 흔한) → 흔하지 않은

a. 흔하지 않은, 비범한, 희귀한
- an uncommon quality 비범한 소질

🔁 **common** 보통의, 평범한, 공통의; 공공의

0473 unexpected
[ʌnikspéktid]
06.고려대

un(not)+expect(기대하다, 예기하다)+ed → 예견하지 못한

a. 예기치 않은, 뜻밖의, 갑작스러운(=abrupt)
- an unexpected result 예기치 못한 결과

🔁 **expected** 예기된
   expect 기대하다(=anticipate), 예상하다, 임신 중이다
   expectation/expectancy 기대; 예상

0474 uninterested
[ʌníntəristid]
06.경희대

un(not)+interested(관심이 있는) → 관심이 없는

a. 관심이 없는(=indifferent)
- be uninterested in politics 정치에 무관심하다

🔁 **be interested in** ~에 관심이 있다
   cf. interesting 흥미 있는, 관심을 끄는

어근 un(=not)

추가 어휘

- ☐ **un**earthly 비현실적인, 초자연적인
  → earthly 세속적인; 이승의; 도대체
- ☐ **un**even 울퉁불퉁한, 공평하지 않은
  → even 평평한, 균등한
- ☐ **un**told 언급되지 않은; 막대한
- ☐ **un**toward 불미스러운, 불행한(=unfortunate)

어근 un (반대의 행위)

추가 어휘

- ☐ **un**tie (매듭을) 풀다; 해방하다, 자유롭게 하다
- ☐ **un**seat 낙선시키다; 공직에서 추방하다
  - **un**seated 좌석이 없는, 낙마한
- ☐ **un**furl (돛 · 우산 등을) 펴다, 펼쳐지다

0475 **unnatural**
[ʌnnǽtʃərəl]

un(not)+natural(자연의) → 자연스럽지 못한

a. 부자연스러운, 초자연적인
- an unnatural smile 어색한 미소

🔄 **natural** 자연의, 자연 그대로의, 타고난

0476 **undress**
[ʌndrés]

un(반대행위를 하다)+dress(옷) → 옷을 벗다

v. 옷을 벗다[벗기다], 붕대를 풀다
- undress the baby 아기 옷을 벗기다

🔄 **dress** n. 옷, 정장 v. 붕대를 하다(=bandage), 요리하다

0477 **unveil**
[ʌnvéil]

10.이화여대

16.한국외대

un(행위를 되돌리다)+veil(베일) → 베일을 벗기다

v. 베일을 벗기다, (비밀을) 밝히다; 발표하다
- unveil a new car 새로운 차를 선보이다
- unveil a secret 비밀을 밝히다

🔄 **veil** n. 베일, 면사포; 감추다

0478 **unfold**
[ʌnfóuld]

92.서경대

un(되돌리다)+fold(접다) → 접다의 반대

vt.1. (접혀 있는 것을) 펼치다
　　2. (생각 등을) 표명하다; (속마음을) 털어놓다(=reveal)
- unfold the truth 진실을 털어놓다

🔄 **fold** 접다, 감싸다

0479 **undo**
[ʌndúː]

un(행위를 되돌리다)+do(하다) → 원상태로 되돌리다

v. 원상태로 되돌리다; (매듭 등을) 풀다, 끄르다
- undo the damage 피해를 원상복구하다
- undo a button 단추를 풀다

0479(1) **unruly**
[ʌnrúːli]

⊃ R2532

un(not)+rule(다스리다)+y → 다스리기 힘든

a. 제멋대로 하는(=unlawful), 다루기 힘든(=adamant)
- unruly crowds 난폭한 군중
- unruly hair 제멋대로인 머리털

0479(2) **untimely**
[ʌntáimli]

un(not)+time(시간)+y → 시간에 맞지 않은

a. 때 이른, 시기상조의(=inopportune)
- come to an untimely end 요절하다

🔄 **timely** 시기적절한, 적시의(=opportune)

0479(3) **unsung**
[ʌnsʌ́ŋ]

13.국회8급

un(not)+sung(song) → 찬양의 노래로 불려지지 않은

a. 칭송받지 못한; 무명의
- an unsung hero 칭송받지 못한 영웅

P048 [접두어] an(=not, without)

❶ 단어 앞에 an이 붙으면 뜻을 "부정이나 반대(=not)"로 만든다.
❷ 또한 "without(~없이, ~을 갖지 않고)" 뜻으로도 만든다.
[변형] an은 뒤에 나오는 스펠링이 자음일 때에는 n없이 a-로만 쓰인다.

0481 **asexual**
[eisékʃuəl]

a(without)+sex(성별)+ual → 성별이 없는

a. 성별이 없는, 무성의
- asexual reproduction 무성 생식

🔄 **sexual** 성의, 성적인, 유성의

0482 **amoral**
[eimɔ́(ː)rəl, æ-]

12.성균관대

12.가톨릭대

14.법원직/13.지방직7급

a(without)+moral(도덕의) → 도덕이 없는

a. 도덕과 관계없는(=nonmoral); 도덕관념이 없는
- an amoral society 도덕관념이 없는 사회

🔄 **moral**[mɔ́ːrəl] 도덕의, 윤리의; (pl) 윤리; 품행
　- **morality**[mɔrǽləti] 도덕, 도의; 덕성, 품행
　→ **immoral** 부도덕한(=wicked), 품행이 나쁜
　- **moralistic** 도덕주의자처럼 구는, 엄격한
🔄 **morale**[mɔrǽl] 사기, 의욕
　- **demoralize** 사기를 떨어뜨리다

0483 **atypical**
[eitípikəl]

a(not)+typical(전형적인) → 전형적이지 않은

a. 이례적인, 변칙적인
- an atypical example 이례적인 사례

🔄 **typical** 전형적인

P049

[접두어] non(=not)
단어 앞에 non이 붙으면 "반대(not)" 또는 "~이 없이(without)"의 의미가 된다.

O491 **nonfiction**
[nànfíkʃən]

non(not)+fiction(허구, 소설) → 허구가 아닌 것
n. 논픽션(전기, 수필 등)
• prefer nonfiction to fiction 픽션보다 논픽션을 선호하다
뻰 fiction 소설, 허구, 꾸민 이야기

O492 **nonsense**
[nánsens]

non(without)+sense(분별, 의미) → 의미가 없는 말
n. 무의미한 말, 난센스
• talk nonsense 허튼 소리하다
뻰 sense 감각, 의식, 판단력; (문맥의) 의미

O493 **nonresistance**
[nànrizístəns]

non(without)+resistance(저항) → 저항하지 않는 것
n. 무저항
• adhere to nonresistance when confronted by violence
폭력에 직면했을 때 무저항을 고수하다
뻰 resistance 저항, 반대

O494 **nonviolence**
[nànváiələns]

non(without)+violence(폭력, 폭행) → 폭력을 쓰지 않는 것
n. 비폭력(데모)
• a movement of nonviolent resistance 비폭력 저항 운동
뻰 violence 폭력, 폭행, 난폭함

P050

[접두어] contra/counter(=against)
접두어 contra는 "against(~에 대항해), opposite(~의 반대의)"의 의미이다.
❶ ~에 반대하여, 반하여, 거슬러 ❷ ~에 대비하여, 대조하여

O501 **counterattack**
[káuntərətæk]

counter(대항해서)+attack → 되받아 공격하다
n. v. 반격(하다), 역습(하다)
• look for a chance to counterattack 반격할 기회를 노리다
뻰 attack 공격(하다), 습격(하다)

추가 어휘
☐ **counter**move 반대운동
☐ **counter**work 반대행동, 방해; 대항하다

O502 **counteract**
[kàuntərækt]
➲ RO652

counter(against)+act(act) → 반대로 행동하다
v. (악영향에) 대응하다, (약이) 중화하다
• counteract the poison 독을 중화시키다
ⓝ counteraction 중화 작용; 반작용

P051

[접두어] anti(=against)
접두어 anti는 "against(~에 대항해)"의 의미이다.
[변형] 접두어 anti는 뒤에 모음이 오는 경우 i가 탈락해서 ant-로 쓰인다.
*앞에 설명한 접두어 ante(=before: ➲ PO37)와 혼동하지 않도록 할 것

O511 **antibody**
[æntibàdi]

anti(against)+body(체) → 항체
n. 항체, 항독소
• make antibodies against the germs 병균에 대한 항체를 생성하다
뻰 antigen 항원

O512 **antifreeze**
[æntifríːz]

anti(against)+freeze(얼다) → 얼지 않게 하는 것
n. 부동액
• Can you tell me how to check antifreeze levels?
부동액 확인하는 방법 좀 알려주시겠어요?
뻰 freeze v. 얼다, 결빙하다; 냉동하다, 동결하다 n. 결빙, 동결, 고정

O513 **antirust**
[æntirʌst]

anti(against)+rust(녹슬다) → 녹슬지 않게 하는 것
n. 녹 방지제
• apply antirust paint on the surface 표면에 방청(녹방지) 페인트를 바르다
뻰 rust 녹; 녹슬다, 부식하다

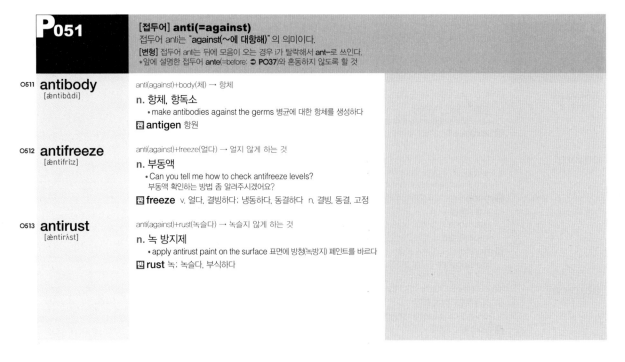

0514 **antonym**
[ǽntənim]
13.성균관대

ant(against)+onym(말) → 반대되는 말

n. 반의어
• Hypertension is the antonym of hypotension.
고혈압은 저혈압의 반의어이다.

펜 synonym 동의어

0515 **Antarctic**
[æntάːrktik]
13.숙명여대

ant(against)+arctic(북극의) → 북극의 반대인

a. 남극의
• explore the Antarctic Continent 남극 대륙을 탐험하다

펜 Arctic 북극의

P052

[접두어] ob(=over, against)
접두어 ob는 "against(~에 대항해), away(멀리, 떨어져), down(밑으로), 강조" 등의 다양한 의미를 지닌다.
[변형] 접두어 ob는 뒤에 나오는 자음과 동화되어 변형된다. c앞에서는 **oc**, f앞에서는 **of**, p앞에서는 **op**, s앞에서는 **os**로 바뀌고, m 앞에서는 b가 탈락한다.

0521 **obstruct**
[əbstrʌ́kt]
⊃ R1154

ob(=against)+struct(=build) → ~에 대항해 (바리케이드를) 세우다

v. 막다(=block, clog), 방해하다(=hinder, put the kibosh on)
• obstruct the traffic 교통을 방해하다

ⓝ obstruction 방해물, 방해, 차단
ⓐ obstructive 방해가 되는; 방해물

0522 **obtain**
[əbtéin]
09.서강대/06.영남대
03.광운대/01.서울산업대
98.동국대
10.경원대

ob(toward)+tain(hold) → ~를 향해 잡다

v. 얻다, 획득하다(=secure, procure, acquire, come by)
• obtain important information 중요한 정보를 얻다
• obtain a graduate degree 대학원,학위를 얻다

ⓐ obtainable 입수 가능한(=available)
ⓝ obtainability 입수가능성

P053

[접두어] mis(=bad, wrong)
접두어 mis는 "bad, wrong"의 의미이다.

0531 **mischance**
[mistʃǽns]
17.한양대

mis(bad)+chance(기회) → 나쁜 기회

n. 불운, 불행
• by pure mischance 순전히 운이 나빠서

펜 chance 기회, 가능성, 승산; 운, 우연

0532 **misleading**
[mislíːdiŋ]
17.상명대/15.항공대
11.가톨릭대,이화여대

mis(bad)+leading → 나쁘게 이끄는

a. 오도하는(=deceptive, fallacious), 오해의 소지가 있는
• misleading information/advertisements 사람을 호도하는 정보/광고

ⓥ mislead (잘못된 정보 등으로) 오도하다

0533 **misuse**
[misjúːs]
07.건국대

mis(bad)+use → 나쁘게 사용하다

v. 남용하다, 악용하다(=abuse); 학대하다
n. 남용, 오용, 악용
• misuse of medicine 약의 남용

펜 misusage 오용, 악용; 학대

추가 어휘
- ☐ **mis**deed 나쁜 짓, 비행(=wrongdoing)
- ☐ **mis**begotten 사생아의; 멸시할 만한
- ☐ **mis**fit (옷 등이) 잘 맞지 않다
- ☐ **mis**chief 장난, 장난꾸러기; 손해, 해악
  - **mis**chievous 짓궂은, 개구쟁이의
- ☐ **mis**fire 불발, 실패; 총이 불발되다
- ☐ **mis**conception 잘못된 생각, 오해
- ☐ **mis**belief 사교(邪敎); 그릇된 의견
- ☐ **mis**step 발을 잘못 디딤; 실수, 과실
- ☐ **mis**lay 잘못 두다, 둔 곳을 잊다

[접두어] mal(=bad)
접두어 mal은 "bad"의 의미이다. 따라서 mal로 시작하는 단어는 대부분 부정적인 뉘앙스이다.

O541 malfunction
[mælfʌ́ŋkʃən]
05.고려대

mal(bad)+function(기능) → 기능 불량

n. 고장, 기능 불량
• be delayed by an hour due to malfunction
기계결함으로 한 시간 지연되다
🔼 **function** 기능, 작용; 역할; 작용하다

O542 malnutrition
[mælnjuːtríʃən]

mal(bad)+nutrition(영양) → 나쁜 영양상태

n. 영양부족, 영양실조
• suffer from serious malnutrition 심각한 영양실조로 고통받다
• malnutrition caused by an extreme diet
무리한 다이어트로 인한 영양실조
ⓐ **malnourished** 영양실조의
🔼 **nutrition** 영양물, 영양

O543 maltreat
[mæltríːt]

mal(bad)+treat(대우하다) → 나쁘게 대우하다

v. 학대하다, 혹사하다
• Many children have been maltreated by their parents.
많은 아이들이 부모로부터 학대를 받아왔다.
🔼 **treat** 대우하다, 처리하다, 치료하다

O544 malady
[mǽlədi]
07.강남대/04-2.세종대
98-2.중앙대

mal(bad)+ad(have)+y → 나쁜 것 → 질병 → 사회의 병폐

n. 1. (만성적인) 병, 질병 (=affliction, a chronic disease)
2. (사회적) 병폐, 폐해
• Thousands of people died from an unknown malady.
수천 명의 사람이 알 수 없는 질병으로 죽었다
🔁 **melody**[mélədi] 멜로디, 선율

추가 어휘
☐ **mal**aise[mæléiz] 불쾌감; 불안감, 안절부절
☐ **mal**apropos[mæléæprəpóu] 시기가 적절치 않은
☐ **mal**apropism 말의 우스꽝스러운 오용
☐ **mal**apportioned (의석의) 할당이 불공평한
☐ **mal**arky 어처구니없는 말, 허풍

[접두어] bene(=good)
접두어 bene는 "good"의 의미이다. 따라서 bene로 시작하는 단어는 좋은 의미의 단어로 보면 된다.
[변형] 접두어 bene는 beni, bon, boun 등으로도 변형되어 사용된다.

O551 benefit
[bénəfit]
⊃ D0044

bene(good)+fit(make) → 이롭게 만든 것

n. 이익, 이득, 급부
• the benefit of computer use 컴퓨터 사용의 이점
• receive special benefits 특별 혜택을 받다
ⓐ **beneficial** 유익한, 이로운
ⓝ **beneficiary** 수익자

O552 bonanza
[bənǽnzə]
09.단국대/05.경기대

bon(bene(good)+anza → 매우 좋은 것 → 수지맞는 일

n. 노다지, 수지맞는 일
• strike a bonanza 노다지를 캐다
• For a while, the IT industry was thought of as a big bonanza.
한동안 IT 산업은 황금알을 낳는 거위로 여겨졌다.

O553 bountiful
[báuntifəl]
96.계명대

boun(bene(good)+ti+ful → 좋은 마음으로 가득한

a. 자비로운, 관대한
• a bountiful giver 인심 좋은 사람
ⓐ **bounteous** 후한, 풍부한
ⓝ **bounty** 박애, 너그러움; 하사품, 기증품, 장려금

P056

[접두어] eu(=good, well) ↔ dys(=bad, ill)
접두어 eu는 "good, well(좋은)"의 의미를. 접두어 dys는 "bad, ill(나쁜)"의 의미를 나타내는 접두어이다.

0561 **euthenics**
[ju:θéniks]
07.삼육대

eu(good)+then+ics → 좋게 만들기 위한 학문

a. (인종개량을 돕는) 환경 우생학
• The researcher in the field of euthenics was interested in race improvement.
환경우생학 분야에서 종사하는 그 연구자는 인종 개량에 관심이 있었다.
웹 **eugenics** 우생학, 인종개량학

0562 **utopia**
[ju:tóupiə]
09.가톨릭대
07.고려대

u(eu(good)+topia → 좋은 곳

n. 이상향, 유토피아
웹 **dystopia**[distóupiə] 반 유토피아 •dys(bad, ill)
- **dystopic** 암울한(=depressing)
• The anticipated utopia had turned into a dystopia.
기대하던 유토피아는 디스토피아로 바뀌었다.

추가 어휘
- □ **eu**phuism 미사여구
  - **eu**phuistic 미사여구를 좋아하는
- □ **eu**trophy 영양 양호; (호수의) 부영양화
  - ↔ **dys**trophy 영양실조
- □ **eu**peptic 소화를 돕는
  - ↔ **dys**peptic 소화 불량의
  - **dys**pepsia 소화불량
- □ **dys**function 기능 장애, 역기능

P057

[접두어] miso(=hate)
접두어 miso는 "hate(싫어하다)"라는 의미를 지닌다.

0571 **misogynist**
[misɑ́dʒənist]
07.삼육대

miso(hate)+gyn(woman)+ist → 여성을 미워하는 사람

n. 여성을 혐오하는 사람
ⓝ misogyny 여성 혐오 (↔ philogyny 여성을 좋아함)
웹 **misogamy** 결혼을 싫어함 •gam(=marriage)

I035

for

전치사 for는 어떤 것을 마음에 두는 것을 의미한다.
마음에 둔다는 것은 목적이나 의향이 되며 그 대상에는 장소, 사람, 행동, 시간 등이 될 수 있다.

1. (목적·의향·준비) ~하기 위해, ~위해서, ~을 향하여
2. (찬성·지지·이익)을 지지하여, ~을 위하여(↔against)
3. (대상·용도) ~에 적합한, ~용으로, ~대상의, ~앞으로(수취인)
4. (시간·거리) ~하는 동안, (얼마의 거리)를
5. (이유·원인) ~때문에, ~으로 인하여
6. (비율·대비) ~치고는, ~으로서는 •He is young for his age. 그는 나이치고는 젊다.

1. (목적·의향·준비) ~하기 위해, ~위해서, ~을 향하여

035O1
for the sake[purpose] of
[sth]
토플/Teps

목적(sake)을 위해서(for)
~을 위하여, ~할 목적으로(=with the intention of sth)
• **For the sake of** my mental health, I took a long vacation in Thailand
정신건강을 위해, 난 태국에서 긴 휴가를 보냈다.

▣ for one's sake
~의 이름 때문에, 체면을 봐서라도
*나를 위해서(for)

035O2
for the life[soul] of [sb]
01-2.계명대/87.법원직

누구의 목숨(life)을 걸고서도
〈1인칭 주어의 부정문에서〉 절대로, 도저히(=for the world, for anything)
• I can't **for the life of** me remember where I left my purse.
지갑을 어디에 두고 왔는지 도무지 생각이 안 나요.

▣ for the world 〈부정문에서〉 무슨 일이 있더라도, 도저히(=for anything)
= for anything
〈부정문에서〉 무슨 일이 있어도, 도저히

035O3
bound for [sw]
07.한양대/Teps

~으로 향해(for) 가는
(배·열차·비행기 등이) ~행(行)의; ~로 가는 도중에
• an express train **bound for** Busan 부산행 급행열차

035O4
brace oneself for [sth]
09.동국대/94.변리사

~을 대비해서(for) 단단히 발로 버티다(brace)
(나쁜 일이나 어려운 일 등에 대비해서) 준비하다, 대비하다(=be ready for [sth])
• I've already **braced myself for** it.
나는 그것에 대해 이미 각오를 했다.

035O5
vie for [sth]
10.동국대/06.국민대/99.세종대/90.행정고시

~을 위해(for) 경쟁하다(vie)
~을 놓고 경쟁하다(=compete for [sth])
• The children tend to **vie for** their mother's attention.
그 아이들은 엄마의 관심을 얻기 위해 경쟁하는 경향이 있다.
Ⅶ vie with [sb]/[sth] ~와 경쟁하다(=compete with [sb]/[sth])

2. (찬성·지지·이익)을 지지하여, ~을 위하여(↔against)

035O6
for or against [sth]
07.인천시9급

지지하느냐(for) 아니면 반대하느냐(against)
찬성 또는 반대하는
• Are you **for or against** my opinion?
나의 의견에 찬성인가 반대인가?
cf. pros and cons 찬반 양론 *pros(찬)+ cons(반)

▣ vote[ballot] against [sb]/[sth]
~에 반대표를 던지다
↔ **vote[ballot] for** [sb]/[sth]
~에 찬성투표를 던지다
vote ★ down [sth]
투표로 부결시키다(=reject)
vote on [sth] ~에 대해서 표결하다

3. (대상·용도) ~에 적합한, ~용으로, ~대상의, ~앞으로(수취인)

035O7
good for [sb]/[sth]
13.동덕여대

~에(for) 좋은(good)
~에 알맞은; ~에 유익한; ~동안은 유효한(=remain valid)
• Exercise is **good for** your health.
운동은 건강에 좋다.
᠁ good for nothing 〈구어〉 도움이 안 되는, 아무 짝에도 쓸모없는

035O8
for good measure
07.국가직7급/Teps

good(충분한, 만족할 수 있는) measure(분량)으로
분량을 넉넉하게, 덤으로(=as an extra); 한 술 더 떠서
• In addition to dessert, they served chocolates **for good measure**.
그들은 디저트 뿐만 아니라 초콜릿을 넉넉하게 내 놓았다.

035O9
once and for all
01-2.계명대/96.세종대
90.연세대학원/토플/Teps

이번 한 번(once)이 전부(for all)이다.
딱 잘라서, 단호히; 이번만으로, 최종적으로(=for the last time)
• We are going to take the bull by the horns and settle this matter **once and for all**.
우리들은 정면으로 대응하여 이 문제에 최종적인 결말을 지을 작정이다.

▣ just for once 이번만은; 이따금
once in a while 이따금

O3510
for all [sth] **/ for all that~**
입사/토플/토익

그것이 전부(all)임에도
~에도 불구하고(=with all, notwithstanding, despite, in spite of [sth])
• **For all** its faults, the film instantly became a classic.
흠이 있음에도 불구하고, 그 영화는 즉시 최고가 되었다.

O3511
for all I know
입사/토플/토익

내가 아는 전부(all)로는(for)
(잘은 모르지만) 내가 아는 바로는(=to the best of my knowledge)
• Peter may be a good man **for all I know**.
잘 모르지만 아마 피터는 좋은 사람인 것 같다.

O3512
for[to] all intents and purposes
07.세무직9급

모든 의도(intents)나 목적(purposes)으로도(for)
어느 점으로 보아도, 사실상(=almost completely)
• **For all intents and purposes**, Lee's surrender ended the civil War.
어느모로 보나, Lee(미국 남북 전쟁 때의 남군 지휘관)의 항복으로 남북 전쟁은 끝났다

O3513
so much for [sth]
98.행자부7급

~용으로는(for) 충분한
~에 대해서는 이만
• **So much for** that topic.
그 이야기는 이쯤 해두자.

O3514
vouch for [sb]/[sth]
02-2.경기대/96-2.광운대/Teps

~를 (for) 보증하다(vouch)
~를(을) 보증하다
• I cannot **vouch for** that man.
난 저 사람은 보증할 수 없다.

O3515
yearn for [sb]/[sth]
86.법원직

누구를 그리워하다(yearn)
동경하다, 사모하다; 갈망하다(=long for [sb]/[sth])
• She **yearned for** her hometown.(=She felt homesick.)
그녀는 고향 생각이 간절했다

롱 long for [sb]/[sth] 열망하다, 갈망하다
= eager for [sb]/[sth]
= anxious for [sb]/[sth]
= crave for [sb]/[sth]
= pine for [sb]/[sth]

---

4. (시간 · 거리) ~하는 동안, (얼마의 거리)를

O3516
for the time being
13.경희대/07.국가직7급/Teps

일정 시간이 존재하는 동안(for)
당분간(=for a while, for the present)
• I haven't any note paper, but this envelope will do **for the time being**.
편지지는 가진 게 전혀 없지만, 봉투는 이거면 당분간 충분해.

O3517
for good / for good and all
11.지방직9급/01-2.계명대/96.세종대
90.연세대학원/토플/Teps

기간이 상당하고(good) 전부인(all)
영원히(=forever, permanently)
• After World War II, he decided to leave China **for good**.
2차 대전 후, 그는 영원히 중국을 떠나기로 했다.

---

5. (이유 · 원인) ~때문에 ~으로 인하여

O3518
for nothing
10.경북교행/02.여자경찰
88.법원직/입시/토플/Teps

아무것도 아닌 것(nothing) 때문에(for)
1. 이유 없이(=without reason)
2. 공짜로(=without payment, free of charge, gratis)
3. 헛되이(=in vain, futilely)
• He had been arrested **for nothing**.
그는 아무 이유없이 체포되었다.

롱 for next to nothing (02.여경)
거의 공짜로(=very little money),
공짜에 가깝게(=for chicken feed)
집 next to [sb]/[sth]
거의(=almost); ~의 옆에, ~에 이어
관 for one thing ★하나를 꼽자면(for)
첫째로는, 무엇보다도
(=above all, first of all)
- for onething ~, for another ~
첫째로는 ~이고, 그 다음으로는 ~이다.

O3519
for the asking
입시

요청(asking)으로 인해
부탁하기만 하면, 원한다면(무료로); 요청에 의해
• You may have it **for the asking**.
원한다면 드리겠습니다.

against

전치사 against는 반대 · 대립 · 적대 관계로서 "～에 반대하여, ～에 반하여 ～에 거역하여; ～에 대비하여" 뜻을 갖는다.

03601
be dead set against [sth]
03.명지대/01~2.대구대/Teps

죽어도 안된다고(against) 못 박다
～에 절대 반대하다(=be opposed to [sth])
• I **am dead set against** that match.
　나는 그 혼담에는 절대 반대이다.

03602
against the grain
04~2.고려대

grain(사람의 성질.기질)에 거슬러서(against)
성미에 맞지 않게; 뜻에 맞지 않게
• It goes **against the grain** with me.
　그것은 내 성미에 거슬린다.

03603
take against [sb]/[sth]
03~2.경기대/Teps

～에 거스르는(against) 태도를 취하다(take)
반항하다, 반감을 갖다(=dislike)
• I'm sure he **took against** me from the start.
　나는 그가 처음부터 나를 싫어했다고 확신한다.

03604
race against the clock
07.성신여대

시계와 서로 경쟁하다
시간을 다투다, 촌각을 다투다
• In time trials, cyclists **race against the clock**.
　시간으로 통과하는 예선에서는, 사이클선수들이 촌각을 다툰다.
　against the clock/against time 정해진 시간 안에 끝내려고, 서둘러

P058

[접두어] **1(one) : uni-, mono-, sol-, sing-**
"하나(one, single)" 를 뜻하는 접두어이다.

O581 **unify**
[júːnəfài]
16.한양대

uni(one)+fy(만들다) → 한 개로 만들다
v. 하나로 하다, 통합하다
- unify quantum physics with Einstein's relativity
  양자물리학을 아인슈타인의 상대성 이론과 통합하다
ⓝ unification 통일, 통합, 단일화

O582 **union**
[júːnjən]
10.아주대

uni(one)+on → 한 덩어리로 된 것
n. 결합, 연합(=coalition), 동맹, 노동조합
- organizations like the trade unions 노동조합과 같은 조직들
- form a more perfect union 보다 완벽한 조합을 만들다
団 **reunion** 재결합, 동창회
団 **disunion** 분리, 분열; 불화

O583 **united**
[ju(ː)náitid]

unit+ed → 하나로 합친 것
a. 결합한, 합병한, 제휴한
- the United States of America 미합중국(미국)
- a united team 단결된 팀
ⓝ unity 단일성, 통일, 조화
団 **disunite** (단체를) 분열시키다, 사이를 멀어지게 하다

O584 **unique**
[juːníːk]
05-.홍익대/01-2.고려대
92-.홍익대

uni(one)+que → 하나밖에 없는
a. 유일한(=single), 독특한(=one-of-a-kind); 훌륭한
- unique genius for recreating social history
  사회 역사를 재창조하는 독특한 재능
- a unique idea 독창적인 아이디어
ⓐⓓ uniquely 특별히, 유독(=peculiarly)

O585 **monopoly**
[mənápəli]
02-2.경기대

mono(one)+poly(many) → 한 사람이 다 가지는 것
n. 독점, 전매(권)
- have a monopoly on tobacco 담배를 독점하다
ⓥ monopolize 독점권을 얻다
ⓐ monopolistic 독점적인, 전매의

O586 **sole**
[sóul]
95.변리사

sol(one)+e → 하나의
a. 단 하나의, 단독의(=exclusive); 독신의
- a sole purpose 유일한 목적
- a sole eyewitness 유일한 목격자
ⓝ solo 독창(독주); 단독의; 단독으로
ⓐⓓ solely 혼자서, 단독으로; 오로지

O587 **single**
[síŋgl]
05.영남대

sing(one)+le → 하나의
a. 단 하나의, 혼자의(=exclusive); 독신의
- a single item 단일 품목
団 **single out** 골라내다, 선발하다(=choose)

O588 **singular**
[síŋgjulər]
92.연세대학원

sing(one)+ular → 하나밖에 없는
**a. 비범한, 유례없는(=extraordinary), 남다른,
특이한(=particular,unique), 단수의(↔ plural: 복수의)**
- 'Child' is singular and 'children' is plural.
  'child'는 단수이고 'children'은 복수이다.
- singular behavior 기이한 행동
- a woman of singular beauty 뛰어난 미인

P059

[접두어] 2(two) : bi-, du-, di-
"둘(two)"을 뜻하는 접두어이다.

0591 bimonthly
[baimʌ́nθli]

bi(two)+monthly(달의) → 두 달의

a. ad. 두 달에 한 번의[으로], 격월의
- be published bimonthly 2개월마다 발행되다

🔁 **monthly** 매달의; 월간지

0592 bilingual
[bailíŋwəl]

bi(two)+lingual(언어의) → 두 개의 언어의

a. 2개 국어를 하는
- be bilingual in English and German
  영어와 독일어 두 개 언어를 하다
- bilingual instructions 2개 국어로 쓰인 사용설명서

🔁 **monolingual** 1개 국어를 하는
lingual 혀의, 말의, 언어의

0593 duo
[djú:ou]

du(two)+o → 두 개의

n. 이중주, 이중창, 2인조
- a singing duo 2인조 가수

🔁 **duet** 이중창, 이중주

0594 dual
[djú:əl]

du(two)+al → 두 개의

a. 둘의, 이중의, 양자의
- dual nationality 이중 국적
- dual personality 이중 인격

ⓐ dualistic 이원적인, 이원론의
ⓝ dualism 이중성, 이원론

0595 double
[dʌ́bl]

doub(two)+le → 두 개의

a. 두 배의, 2중의 n. 두 배 v. 두 배로 하다
- double the number of recalls 리콜 건수를 두 배로 늘리다

0596 doubt
[daut]
01.고려대,경찰,가톨릭대

06.경원대

doub⟨du(two)+t⟩ → 속마음이 따로 있는지 의심스러운

n. 의심(=skepticism), 의혹
v. 의심하다, 수상히 여기다
- Doubt is the key of knowledge. ⟨속담⟩ 의문은 지식의 열쇠다.

ⓐ doubtful 의심스러운, 불확실한, 수상쩍은(=dubious)
undoubted 의심할 여지없는, 확실한
undoubtedly 의심할 여지없이; 확실히

🔁 **indubitable** 의심의 여지가 없는, 확실한
redoubtable 가공할, 무서운(=formidable), 강력한

🔁 **redoubt** (임시의 작은) 보루, 요새(=fortress)

0597 twin
[twin]

twi(two)+n → 두 명

n. 쌍둥이(중의 한 명)
- fraternal twins 이란성 쌍생아
- identical twins 일란성 쌍생아
- give birth to twins 쌍둥이를 낳다

추가 어휘
- ☐ **bi**cameral[baikǽmərəl] 양원의
- ☐ **bi**gamy[bígəmi] 중혼, 이중결혼
  - **bi**gamist 중혼자
- ☐ **bi**nocular[bainákjulər, bə-] 쌍안경, 망원경
- ☐ **bi**ped[báiped] 두발 동물
- ☐ **bi**plane[báiplèin] (비행기 날개가 두 쌍인) 복엽기
- ☐ **bi**sect[baisékt] 양분하다
- ☐ **di**oxide 이산화물
- ☐ **di**oxin 다이옥신
- ☐ **du**el (양자 간의) 싸움; 결투

P060

[접두어] 3(three) : tri-
"셋(three)"을 뜻하는 접두어이다.

0601 triangle
[tráiæ̀ŋgl]

tri(three)+angle(각) → 세 개의 각을 가지는 것

n. 삼각형, 트라이앵글
- A right triangle has an angle of 90 degrees.
  직각삼각형은 90도인 각을 하나 가지고 있다.
- eternal triangle 남녀의 삼각관계

🔁 **angle** 각도, 모서리; 관점, 시점

0602 triple
[tripl]

tri(three)+ple(겹치다) → 세 개로 겹친

a. 3중의, 3배의 v. 3배로 하다
- a triple alliance 삼국 동맹
- triple jump 3단 뛰기
- triple output 생산량을 세 배로 늘이다

0603 **trinity**
[trínəti]

tri(three)+nity → 세 가지

n. 삼위일체(성부·성자·성령을 일체로 봄)
• The Holy Trinity means the union of the Father, the Son, and the Holy Spirit. 삼위일체는 성부와 성자와 성령의 합일을 의미한다.

P061 [접두어] 4,5,6,7,8,9 접두어

0611 **4(four) : quadru, tetra**

quadruped 4발을 가진 동물(보통의 포유류)

5(five) : penta, quin

pentagon 5각형. 미국 국방성(5각형 건물) quintessence 제 5원소; 정수

6(six) : hexa, sexa

hexagon 6각형 hexapod 6각류. 곤충

7(seven) : hepta, septa

September 9월

8(eight) : octa

October 10월 octopus 문어 •문어다리가 8개임에 착안

9(nine) : nona

nonagon 9각형 November 11월

•달력이 처음 만들어질 때에는 1년이 10월이었으며 그래서 7을 뜻하는 September가 7월(현재 9월), 8을 뜻하는 October가 8월(현재 10월), 9를 뜻하는 November가 9월(현재 11월), 10을 뜻하는 December가 10월(현재 12월)이었다가 이후 로마력에서 맨 앞 2월이 추가되면서 현재의 12개월이 된 것임

P062 [접두어] 10(ten) : deca-, deci-

0621 **decade**
[dékeid]
01.전남대/97-2.상명대

deca(ten)+(a)de → 10개로 이루어진 것

n. 10년간(=10 years), 10개 한 벌, 10권
• over the last decade 지난 10년 동안
ⓐ decadal 10년간의

0622 **decennial**
[disénial]

deca(ten)+enn(year)+ial → 10년에 걸친

a. 10년간의, 10년마다의 n. 10주년 기념일
• decennial pattern 십 년 주기
ⓝ decennium 10년간

0623 **decimal**
[désəməl]

deci(ten)+mal → 10개로 세는 것

n. a. 십진법(의), 소수(의)
• a decimal system 십진법 • a decimal point 소수점

추가 어휘
☐ **Dec**ember 12월
☐ **deca**pod 다리가 10개 있는; 십각류 •pod(=foot)
☐ **Deca**meron (the ~) 열흘 이야기 (Boccaccio 작)
☐ **Deca**log (the ~) 모세의 십계명

P063 [접두어] 100(hundred) : cent-, hecto-

0631 **century**
[séntʃəri]

cent(100)+ury → 100년

n. 100년, 1세기
• made in the 10th century 10세기에 만들어진
• An eighteenth-century traveler 18세기의 한 여행자

0632 **centennial**
[senténiəl]
06,02-2.숙명여대

cent(100)+enn(year)+ial → 100년에 하는 것

n. 100주년 기념일(=100th anniversary)
a. 100년째의(=one hundredth)
• the centennial of Einstein's birth 아인슈타인의 탄생 100주년
🔁 **centenarian** 100살의 사람

0633 **centimeter**
[séntəmìːtər]

cent(100)+meter → 1미터를 100으로 나눈 것

n. 센티미터
• She is 165 centimeters tall. 그녀는 키가 165 센티미터이다.

0634 **centipede**
[séntəpìːd]

cent(100)+i+ped(foot) → 다리가 100개

n. 지네
• Centipedes rarely bite people. 지네는 좀처럼 사람을 물지 않는다.

추가 어휘
☐ **hect**are 헥타르(땅 면적의 단위. 1000아르, 1만평방미터)
☐ **hecto**pascal 헥토파스칼 (100 pascal) •pascal 압력의 단위

P064 [접두어] 1000(thousand) : milli-, kilo-

0641 millimeter
[míləmì:tər]

milli(1000)+meter → 1미터를 1000으로 나눈 것

n. 밀리미터
- A millimeter is a tenth of a centimeter.
  1밀리미터는 1센티미터의 10분의 1이다.

0642 millennium
[miléniəm]
04-2.동덕여대

milli(1000)+enn(year)+ium → 천 년간의

n. 1000년간, 천년기 (=period of 1000 years)
- at the turn of the millennium 새 천년의 전환기에
- millennium bug 밀레니엄 버그 (Y2K)

0643 kilometer
[kilámətər]

kilo(1000)+meter → 1000미터

n. 킬로미터 (1,000미터)
- 1.5 square kilometers 1.5평방킬로미터
- walk 2 kilometers a day 매일 2킬로미터를 걷다

P065 [접두어] many : multi-, poly-

0651 multilingual
[mʌltilíŋgwəl]

multi(many)+lingual(언어의) → 여러 언어를 쓰는

a. 여러 언어를 사용하는
- a new multilingual copier 새로 나온 다국어 복사기
- employ multilingual staffs
  여러 국가의 언어를 구사하는 직원을 채용하다

0652 multitude
[mʌltətjù:d]

multi(many)+tude → 많은 사람이 모인 상태

n. 다수, 군중
- a multitude of students 수많은 학생들

0653 multiple
[mʌltəpl]
➲ R1297

multi(many)+ple(fold) → 많은 것이 겹쳐진

a. 복합적인, 다중의, 다양한 (=various)
- multiple personalities 다중인격
- multiple social roles 다양한 사회적 역할

0654 polygon
[páligàn]

poly(many)+gon(각) → 많은 각을 가진 것

n. 다각형
- A square, a triangle, and a hexagon are all polygons.
  사각형, 삼각형, 그리고 육각형은 모두 다각형이다.

추가 어휘
- [ ] **poly**andry[páliæ̀ndri] 일처다부제 ·andr(=man)
- [ ] **poly**gamy 일부다처제 ·gam(=marry)
  - **poly**gamist 일부다처론자
- [ ] **poly**glot 수 개 국어에 능통한 사람
- [ ] **poly**theism 다신교, 다신론 ·the(=god)

P066 [접두어] all : pan-, omni-

0661 panorama
[pæ̀nəræmə]

pan(all)+orama → 전체를 둘러보는 경치

n. 파노라마, 전경
- a wide panorama of the Grand Canyon 그랜드 캐년의 넓은 전경

0662 pandemonium
[pæ̀ndəmóuniəm]
03.입법고시/02-2.경기대

pan(all)+demon(유령)+ium → 귀신이 득실거리는 곳

n. 지옥; 대혼란, 아수라장
- The station is pandemonium at rush hour.
  역은 러시아워에 대혼잡을 이룬다.

0663 omnipresent
[àmniprézənt]
11.국민대

omni(all)+present(있는) → 모든 곳에 다 존재하는

a. 어디에나 있는 (=ubiquitous)
- the omnipresent cellular phone 도처에 널려 있는 휴대폰

图 present a. 있는, 존재하는; 현재(의)
　　　　　　 n. 선물
　　　　　　 v. 선물하다, 제출하다, 출석하다, 나타내다

0664 omnibus
[ámnibʌs]

omni(all)+bus → 모든 사람이 탈 수 있는 차

n. 승합차; (작품) 옴니버스
a. 총괄적인
- an omnibus film (여러 다른 이야기를 한 편에 담은) 옴니버스 영화

추가 어휘
- [ ] **pan**theon (the P~) 판테온 (신들을 모신 신전)
- [ ] **pan**tomime 팬터마임, 무언극; 몸짓, 손짓
- [ ] **pan**dect 총람, 요람; 총법전
- [ ] **Pan**dora 판도라(그리스 신화 속의 인류 최초의 여자)
  cf. **Pan**dora' box 여러 재앙의 근원

P067

[접두어] 1/2(half) : semi-, demi-, hemi-

0671 semiconscious
[sèmikánʃəs]

semi(half)+conscious(의식이 있는) → 의식이 반만 있는
a. 반쯤 의식이 있는
• a semiconscious condition 정신이 혼미한 상태

0672 semifinal
[sèmifáinl]

semi(half)+final(결승) → 결승의 절반인 경기
n. 준결승
• advance to the semifinals 준결승에 진출하다

0673 demigod
[démigàd]

demi(half)+god(신) → 반만 신인 사람
n. 반신반인
• A demigod is partly god and partly human.
  반신반인은 부분적으로 신이기도 하고 인간이기도 하다

0674 hemisphere
[hémisflər]

hemi(half)+sphere(구형) → 동그란 구의 절반
n. 반구 * 적도를 기준으로 지구를 반 가른 것
• the northern hemisphere 북반구
• the southern hemisphere 남반구
🔲 **sphere** 구체, 구형; 범위, 분야

P068

[접두어] auto(=self)
접두어 auto는 "self(스스로)"라는 의미를 지닌다.

0681 automatic
[ɔ́ːtəmǽtik]

auto(self)+mat(=animated)+ic → 스스로 움직이는
a. (기계가) 자동의
• automatic transmission 자동 변속기
🔲 **automobile** 자동차

0682 autopilot
[ɔ́ːtoupàilət]
12.이화여대

auto(self)+pilot(조종사) → 직접 조종사가 됨
n. 자동조종장치(automatic pilot)
• turn on the autopilot 자동조종장치를 켜다

0683 autopsy
[ɔ́ːtapsi]

auto(self)+ops(=eye)+y → 직접 시체를 눈으로 확인하는 것
n. 검시, 부검, 시체해부
• the autopsy report 부검 보고서

P069

[접두어] be(=make)
접두어 be는 "make(만들다, ~이 되게 하다)"라는 의미를 지닌 접두어로 다른 단어에 붙어 동사로 만든다.

0691 befall
[bifɔ́ːl]

be(make)+fall → 떨어지게 만들다
v. (안 좋은 일이) 닥치다
• Incidents can befall anyone. 사고는 누구에게나 일어날 수 있다.

추가 어휘
🔲 **be**head 참수형에 처하다
🔲 **be**troth 약혼시키다
  – troth 약혼하다, 약속하다; 충실

0692 behold
[bihóuld]

be(make)+hold → (시선으로) 꼭 잡게 하다
v. 바라보다, 주시하다
• a sight to behold 볼만한 광경
• be beholden to ~에게 신세를 지고 있다
ⓐ beholden 신세를 진, 은혜를 입은

0693 belie
[bilái]
16.한양대/13.중앙대
10.국민대

be(make)+lie(거짓말) → 거짓말을 만들다
**v. 1. (~와는) 모순되다; (~와) 딴판이다,
  (~이) 거짓임을 드러내다
  2. (약속·기대 등을) 저버리다**
• His acts belie his words. 그는 언행이 일치하지 않는다.

0694 belittle
[bilítl]
05.중앙대/03.경기대

be(make)+little → 다른 것을 작게 만들다
v. 하찮게 만들다, 과소평가하다(=disparage, decry)
• belittled her efforts 그녀의 노력을 과소평가하다

0695 beseech
[bisíːʧ]
06.감평사

be(make)+seech(seek) → 구하게 만들다
v. 간청하다, 애원하다(=implore, plead)
• I beseech your favor. 간절히 부탁드립니다.

0696 bereave
[biríːv]
05.경기대

be(make)+reave(빼앗다) → 빼앗기게 하다

v. (가족을) 빼앗아가다, 사별하다; (희망을) 빼앗다
- be bereaved of someone (사고로) ~를 잃은
ⓐ bereaved (가족과) 사별한, 유족이 된; 유족
- bereaved family 유가족
  bereft (가족이나 희망을) 잃은
ⓝ bereavement 사별

0697 bewilder
[biwíldər]
04-2.세종대

be(make)+wilder(길을 잃다) → 길을 잃게 만들다

v. 당황하게 만들다(=confound, confuse)
- be bewildered 당황하다, 어리둥절하다
ⓐ bewildering 당황하게 하는, 당혹스런 bewildered 당황한
🔗 **wilder**[wíldər] 길을 잃다, 당황하다

0698 befuddle
[bifʌ́dl]
09.단국대/07.이화여대

be(make)+fuddle(혼란케 하다) → 혼란스럽게 만들다

v. 당황하게 만들다(=fluster, confuse)
- This question befuddled even the teacher.
  그 문제는 선생님마저 어리둥절하게 했다.
ⓐ befuddled 정신을 못 차리는, 혼란스러운
🔗 **fuddle**[fʌ́dl] 술 취하게 하다, (술로 정신을) 혼란케 하다; 만취
 - in a fuddle 〈구어〉 머리가 혼란스러워

0699 bewitch
[biwítʃ]

be(make)+witch(마녀) → 마녀로 만들다

v. 마법을 걸다, 황홀하게 하다
- be bewitched by the woman 그 여자에게 흘리다
ⓐ bewitching 넋을 빼놓는, 황홀한
🔗 **witch** 마녀

P070

[접두어] en(=make)
접두어 en은 "make(만들다, ~이 되게 하다)"라는 의미를 지닌 접두어로 다른 단어에 붙어 동사로 만든다.
또한 in(안에)라는 의미로도 쓰인다. 한편 en이 어근 뒤에 붙으면 동사를 만드는 접미어이다. (⊃SO73)
[변형] 자음 b,m,p 앞에서 em으로 변한다.

0701 enable
[inéibl]

en(make)+able(가능한) → 가능하게 하다

v. (~을) 할 수 있게 하다, 가능하게 하다
- enable them to enter the country 그들이 그 나라에 입국할 수 있게 하다
🔗 **able** 할 수 있는, 가능한

0702 enlarge
[inlάːrdʒ]
⊃ T1346

en(make)+large → 크게 만들다

v. 확대하다, 확장하다(=augment)
- enlarge the store 가게를 확장하다
ⓝ enlargement 확대, 확장

0703 entitle
[intáitl]
⊃ RO936

en(make)+title(직함) → 직함을 만들어주다

v. 자격[권리]을 주다
- be entitled to ~할 자격이 있다(=be eligible for)
- be entitled to a pension 연금을 받을 자격이 있다
🔗 **title** 제목, 직함, 타이틀

0704 entreat
[intríːt]

09.서울산업대

en(make)+treat(대접하다) → 처리해 주게 하다

v. 간청하다, 애원하다(=solicit)
- I entreat your pardon. 용서해 주실 것을 간청합니다.
ⓝ entreaty 간청, 애원
🔗 **treat** 다루다, 처리하다; 치료하다; 대접하다; 한턱
 - treatment 치료(=cure), 치료제; 취급; 대접

0705 embroil
[imbrɔ́il]

em〈en(make)+broil(싸움) → 싸움을 하게 만들다

vt. (분쟁 · 전쟁 등에) 휘말리게 하다(=entangle)
- be embroiled in a quarrel 싸움에 휘말리다
🔗 **broil** 1. 싸움(하다), 말다툼(하다) 2. (고기를) 굽다, 구워지다

속담으로 학습하는 기.출.표.현

1. 시작과 꾸준함이 중요하다. 단, 서두르지 마라.

Rome was not built in a day.

07.법원직　로마는 하루아침에 이루어지지 않았다.

The first step is always the hardest.

시작이 어렵기 마련이다.

Well began is half done.

시작이 반이다.

The first blow is half the battle.

첫 번 일격이 전쟁의 반이다. (잘 자랄 나무는 떡잎부터 알아본다.)

Great oaks from little acorns grow.

거대한 참나무도 작은 도토리로부터 자란다.

Little drops of water make the mighty ocean.

티끌 모아 태산.

A penny saved is a penny earned.

한 푼의 절약은 한 푼의 이득. (티끌모아 태산)

A good beginning makes a good ending.

시작이 좋으면 끝도 좋다.

Where there is no beginning, there is no ending.

시작이 없으면 끝도 없다.

Better late than never.

늦더라도 안 하는 것보다 낫다.

A rolling stone gathers no moss.

1. 구르는 돌은 이끼가 끼지 않는다
2. 직업을 자주 바꾸면 돈이 안 모인다.

Don't change horses in the middle of a stream.

계획을 중간에 변경하지 마라.

The early bird catches the worm.

일찍 일어나는 새가 벌레를 잡는다.

Little strokes fell great oaks.

열 번 찍어 안 넘어가는 나무는 없다.

A small leak will sink a great ship.

적은 물이 새어 큰 배를 가라앉힌다.

A watched pot never boils.

보고 있는 주전자는 결코 끓지 않는다.
(서두른다고 일이 되는 것은 아니다.)

S Slow and steady wins the race.
천천히 그리고 꾸준한 것이 경주에서 이긴다.
= **Success doesn't come overnight.**
성공은 하룻밤에 이루어지지 않는다.

S Little by little one goes far.
조금씩 조금씩 가면 먼길을 간다.
(천 리 길도 한 걸음부터)
= **A journey of a thousand miles begins with a single step.**
천 리 길도 한 걸음부터.
= **From small beginnings came great things.**
작은 것부터 큰 것이 이루어진다.

S Haste makes waste.
서두르다 일을 망친다.
= **The longest way round is the shortest way to home.**
급할 수록 돌아가라.
Cf. The sooner, the better.
이르면 이를수록 좋다.

He who begins many things, finishes but few.

많은 일을 시작한 사람은 끝내는 일이 거의 없다.

Don't have too many irons in the fire.

(용광로) 불 속에 너무 많은 쇠를 넣지 마라.
(한꺼번에 너무 많은 일을 하려 하지 마라.)

2. 기회와 때를 놓치지 마라.

Strike while the iron is hot.

05.명지대/93.법원직 쇠는 달구어졌을 때 두드려라. (기회가 왔을 때 잡아라.)

동 Make hay while the sun shines.
해가 날 때 건초를 만들어라.
(기회를 놓치지 마라.)
= There's a right time for everything.
모든 일에는 때가 있는 법이다.

A stitch in time saves nine.

13.경찰2차07.소방간부/06.선관위9급
04.행자부9급/02-2.숙명여대 호미로 막을 것을 가래로 막지 마라.

Time and tide wait for no man.

시간과 조류는 사람을 기다리지 않는다.

관 Time heals all wounds.
세월이 약이다.
Every minute seems like a thousand.
일 분이 천 분 같다. (일각이 여삼추)
Every minute counts.
분초를 다투는 일이다.

Opportunity seldom knocks twice.

09.한국외대 기회는 두 번 오지 않는다. (기회를 놓치지 마라.)

It's water under the bridge.

02-2.명지대 이미 지나간 일이다. 후회해도 소용없다.

동 There is no use crying over spilt milk.
= What's done is done.
= Let bygones be bygones.
과거는 과거일 뿐이다.
= Let the past be forgotten.
= What's done cannot be undone.

Fix the hedge gate after you've been robbed.

도둑맞고 사립문 고친다.

동 Mend the barn after the horse is stolen. 소 잃고 외양간 고친다.
= Lock the stable after the horse is stolen. 말을 잃고 마구간의 문을 잠근다.

The fish that got away looks bigger.

12.중앙대 놓친 물고기가 더 커 보인다.

동 After death, to call the doctor.
죽고 난 후 의사 부르기.
= A day after the fair.
박람회 다음 날. (버스 지나간 후 손들기)
= Prevention is better than cure.
예방이 치료보다 낫다. (유비무환)
= To be prepared is to have no anxiety.
미리 준비하면 걱정이 없다.
= Repentance comes too late.
후회는 너무 늦게 온다.

Prevention is better than cure.

17.경찰1차 예방이 치료보다 낫다. (유비무환)

3. 원인과 결과, 인과관계, 일의 순서

Nothing ventured, nothing gained.

07.한국외대/06.한양대/01.중앙대 호랑이를 잡으려면, 호랑이굴에 들어가야 한다.

동 No pains, No gains.
노력이 없으면 얻는 것도 없다. *pains 수고
= No cross, no crown.
*십자가(고난),면류관(영광)
십자가가 없으면 면류관도 없다.
= Nothing sought, nothing found.
= No mill, no meal.
방앗간을 돌리지 않으면 식사도 없다.

You cannot make an omelet without breaking eggs.

03-2.경기대 달걀을 깨지 않고 오믈렛을 만들 수는 없다.
→ 희생없이 목적을 달성할 수 없다.

동 First catch your hare, then cook him.
먼저 토끼를 잡고, 요리를 해라.

Don't count your chickens before they hatch.

13.지방직9급/96.행자부9급   부화도 하기 전에 병아리 수부터 세지 마라. (김칫국부터 마시지 마라.)

There is no smoke without fire.

07.국민대/03.행정고시   아니 땐 굴뚝에 연기 나랴. (모든 일에는 이유가 있다.)
= Where there's smoke, there's fire. 연기가 있는 곳에 불이 있기 마련.

S From nothing, nothing can come.
아니 땐 굴뚝에서 연기 나랴.
= Nothing comes from nothing.
원인 없는 결과는 없다
= Every why has a wherefore.
모든 것에는 이유가 있다.
(핑계 없는 무덤은 없다.)

Scratch my back and I'll scratch yours.

내 등을 긁어주면 나도 긁어 줄 것이다.
(오는 정이 있어야 가는 정이 있다.)

S Do to others as you would be done by.
대접받기를 원하면 먼저 남을 대접해라.

As a man sows, so he shall reap. / You reap what you sow.

16.한국산업기술대/06.법원직   뿌린 대로 거둔다.

He got what he bargained for.

12.중앙대   자업자득

Learn to say before you sing.

노래하기 전에 말하기부터 배워라.

S Learn to walk before you run.
뛰기 전에 걷는 것을 배워라.

What goes around comes around.

내게서 나간 것은 돌고 돌아 자기에게 돌아온다.

After the feast comes the reckoning.

잔치 뒤에는 계산서가 따른다.

An eye for an eye and a tooth for a tooth!

눈에는 눈, 이에는 이!

Let sleeping dogs lie.

잠자는 개는 그대로 두어라. (긁어 부스럼 만들지 마라)

S Wake not a sleeping lion.
잠자는 사자를 깨우지 말라.
= Leave well (enough) alone.

4. 매사에 신중해라.

Look before you leap.

돌다리도 두드려 보고 건너라.

Second thoughts are best.

다시 생각하면 좋은 생각이 떠오른다.

A danger foreseen is half avoided.

미리 예견한 위험은 반쯤은 피한 것이나 다름없다.

S Prevention is better than cure.
치료보다는 예방이 낫다.

Forewarned is forearmed.

14.건국대   경계가 곧 경비이다.[유비무환]

Don't whistle until you are out of the wood.

마지막까지 방심하지 마라.

Go to vintage without baskets.

바구니는 두고 포도밭에 가라. (의심 받을 짓을 애초에 하지 마라.)

One swallow does not make a summer.

94.행자부9급   제비 한 마리가 왔다고 해서 여름이 온 것이 아니다. (성급한 판단은 금물)

5. 지나친 것은 좋지 못하다 [욕심]

Don't bite off more than you can chew.

06.한양대   씹을 수 없을 만큼 물지는 마라. (송충이는 솔잎을 먹어야 한다.)

Your eyes are bigger than your stomach.

당신의 눈이 위장보다 더 크다. (다 먹지도 못할 양을 가지고 왔을 때 쓰는 표현)

You can't eat your cake and have it too.

얻는 것이 있으면 잃는 것도 있는 법

Cut your coat according to your cloth.

옷에 맞추어서 코트를 잘라라. (자기 분수에 맞게 살아라.)

Covetousness is always filling a bottomless vessel.

탐욕은 항상 밑빠진 그릇 채우기이다. (욕심은 끝이 없다.)

Don't kill the goose that lays the golden eggs.

황금알을 낳는 거위를 죽이지 마라.
(눈 앞의 이익에 어두워 미래의 이익을 망치지 마라.)

When the well is full, it will run over.

우물도 차면 넘친다; 그릇도 차면 넘친다.

⑤ Too much water drowned the miller.
너무 많은 물은 방앗간을 잠기게 한다.
(과유불급) ;
= All sunshine makes the desert.
전부 햇살만 비치면 사막이 된다.
= Fall (to the ground) between two stools. 과욕을 부리면 일을 그르친다.

Easy come, easy go.

쉽게 얻은 것은 쉽게 나간다.

Curiosity killed the cat.

지나친 호기심은 화를 부른다.

The grass is always greener on the other side of the fence.

06.한양대   울타리 저편의 잔디가 항상 더 푸르다. (남의 떡이 더 커보인다.)

If the sky falls, we shall catch larks.

하늘이 무너지면 종달새를 잡을 것이다. (지레 걱정하지 마라.)

Don't make a mountain out of a molehill.

사소한 문제를 거창하게 말하지 마라. (침소봉대하지 마라.)

⑤ Don't make a big deal about it.
너무 호들갑 떨지 마라.
(수선 떨지 마라. 과장하지 마라.)
= Don't make a federal case out of it.
사소한 일을 연방 대법원의 판례로 만들지 마라.

Killing a fly with a long spear.

모기 보고 칼 빼기.

⑤ To take a sledgehammer to crack a walnut.
호두를 깨기 위해 해머 휘두르기.
= Burn not your house to frighten away the mice.
쥐를 놀래켜 쫓으려고 집을 태우지 마라.
(빈대 잡으려고 초가삼간 태운다.)

build a castle in the air

공중에다 성을 건설하다. 사상누각을 짓다. 헛된 꿈을 꾸다.

6. 겉보다 실속이 중요하다

Don't judge a book by its cover.
09.명지대/06.한양대   겉표지로 책을 판단하지 마라.

A sly rogue is often in good dress.
07.국민대   교활한 악당은 종종 좋은 옷을 입는다.

유 Never judge by appearances.
외양을 보고 사람을 판단하지 마라.
= It's not the beard that makes the philosopher.
구레나룻이 철학자를 만드는 것은 아니다.
= All that glitters is not gold.
반짝인다고 모두 금은 아니다.
= Beauty is just skin deep.
아름다움은 단지 가죽 한 꺼풀에 지나지 않는다.
= Hog in armour is still but a hog.
갑옷을 입어도 돼지는 여전히 돼지에 불과하다.
반 (Fine) Clothes make the man.
옷이 날개다.
= Fine feathers make fine birds.
훌륭한 깃털이 훌륭한 새를 만든다.

Empty vessels make the most sound.
빈 깡통이 요란하다.

유 The worst wheel of the cart always creaks most.
빈 수레가 요란하다.
= The more noble, the more humble.
= The nobler, the humbler.
고상할수록 더 겸허하다.
(벼는 익을수록 고개를 숙인다.)

The beacon does not shine on its own base.
등잔 밑이 어둡다.

유 The husband is always the last to know. 남편이 항상 제일 늦게 안다.
cf. He can't see the forest for the trees.
나무를 보고 숲은 보지 못한다.

If it were a snake, it would bite you.
12.중앙대   (바로 곁에 있는 물건을 찾지 못하고 헤맬 때) 업은 아기 삼년 찾는다.

The cobbler's children go barefoot.
97.지방행시   구두 수선공의 아이들이 맨발로 다닌다.

유 The shoemaker's wife goes barefoot.
대장장이 집에 식칼이 논다.

To teach a fish how to swim.
15.지방교행   물고기에게 헤엄치는 법을 가르친다. (번데기 앞에서 주름잡는다.)

Jack of all trades, and master of none.
무엇이든지 다 할 수 있는 사람은 뛰어난 재주가 없다.

7. 말과 행동에 관련된 속담들

Actions speak louder than words.
행동이 말보다 효과가 있다.

Easier said than done.
말보다 행동이 어렵다.

Practice what you preach.
언행을 일치시켜라.

A tree is known by its fruit.
나무는 그 열매를 보면 안다. (사람은 말보다 행동으로 판단되어진다.)

Speech is silver, but silence is gold.
웅변은 은이요, 침묵은 금이다.

Silence is the most perfect expression of scorn.

침묵은 경멸의 가장 완벽한 표현이다.

Walls have ears.

06.경기교행/06.서울소방   벽에도 귀가 있다.
Cf. talk to the wall. **벽에다 말하기. (소귀에 경 읽기)**

Pitchers have ears.
= Birds hear what is said by day, and rats hear what is said by night.
밤 말은 쥐가 듣고 낮 말은 새가 듣는다.
= People will talk. 발 없는 말이 천리 간다.

You could sell him the Brooklyn Bridge.

팥으로 메주를 쑨다해도 믿는다.

You've cried wolf too many times.
콩으로 메주를 쑨다해도 믿지 않는다.

Good words cost nothing.

고운 말에 밑천 들지 않는다.

A soft answer turns away wrath.

12.중앙대   부드러운 대답은 분노도 쫓아버린다. (웃는 낮에 침 뱉으랴.)

Speak of the devil (and he will appear).

14.지방직7급/13.국가직9급/12.중앙대   호랑이도 제 말하면 온다.

동사/형용사/명사를 만드는 접미어

S071

[동사접미어] -ize
명사나 형용사 다음에 동사형 접미어 –ize가 붙으면 **"～화하다, ～으로 만들다"**란 의미의 동사를 만들어 준다.

O711 **symbolize**
[símbəlàiz]

symbol(상징)+ize → 상징화하다
v. 상징하다, 상징화하다
• symbolize peace 평화를 상징하다
ⓝ symbol 상징, 기호

O712 **realize, -ise**
[ríːəlàiz]

real(진짜의)+ize → 진짜같이 만들다
v. 깨닫다, 알아차리다; 실현하다, 현실이 되다
• realize reality 현실을 직시하다
ⓝ realization 자각; 실현
ⓐ realizable 실현 가능한
🔲 **real** 진짜의, 현실의 **reality** 현실, 실재

O713 **civilize**
[sívəlàiz]

civil(문명의)+ize → 문명인같이 만들다
v. 개화[교화]하다, 세련되게 하다
• a civilized society 문명화된 사회
ⓐ civilized 문명화된, 세련된
ⓝ civilization 문명, 교화; 세련
🔲 **civil**[sívəl] 시민의; 문명의
14.고려대   **civility**[sivíləti] 정중, 예의
02-2.숭실대 🔲 **uncivilized** 미개한, 야만의(=unenlightened)

O714 **organize**
[ɔ́ːrgənàiz]

organ(조직, 기관)+ize → 조직처럼 체계적으로 만들다
v. 1. (어떤 일을) 준비[조직]하다
2. (노조 · 정당 · 범죄 단체를) 조직하다; 가입하다
3. (일정한 순서 · 구조로) 정리하다, 체계화[편성]하다
4. 〈구어〉 마음을 가라앉히다[oneself](=compose oneself)
• organize a meeting 회의를 준비하다
• organize large amounts of data 많은 양의 데이터를 정리하다
• well-organized project 잘 짜인 계획
ⓝ organization 조직, 조직화; 구성, 편성; 유기 조직
11.한국외대

07.서경대/00-2.고려대 🔲 **organ** (생물의) 기관(=apparatus) 장기; (정치적) 기관
- **organic** 유기체의, 생물의; 기관의; 유기적인
- **organism**[ɔ́ːrgənìzm] 유기체, 생물; 인간, 미생물
cf. orgasm 오르가즘; 성적 흥분의 최고조
🔲 **disorganize** 조직[질서]을 파괴[문란케]하다
- **disorganization** (조직의) 해체, 분열

O715 **apologize**
[əpálədʒàiz]

apology(사과)+ize → 사과를 하다
vi. 사과하다[to, for]; 변명하다
• apologize for the carelessness 부주의에 대해 사과하다
ⓝ apology 사과, 변명

O716 **categorize**
[kǽtəgəràiz]

category(분류, 범주)+ize → 분류를 하다
vt. 분류하다, 범주에 넣다, 특징짓다(=classify)
05-2.단국대
• categorize databases 데이터베이스를 분류하다
ⓝ category 범주, 부문, 카테고리
ⓐ categorical 무조건적인, 절대적인
16.한양대 ⓐⓓ categorically 절대적으로(=absolutely), 무조건

S072

[동사접미어] -fy
명사나 형용사 다음에 동사형 접미어 –fy가 붙으면 **"～화하다, ～으로 만들다"**란 의미의 동사가 된다.

O721 **justify**
[dʒʌ́stəfài]

just(정당한)+i+fy → 정당화하다
11.성균관대
v. 정당화하다(=validate)
• The end doesn't always justify the means.
목적이 항상 수단을 정당화하지는 않는다.
ⓐ just 올바른, 정당한, 공평한(=impartial); 바로, 오직
ⓐⓓ justly 바르게, 정확하게; 당연히
🔲 **unjust** 불공평한, 부당한

O722 **purify**
[pjúərəfài]

pure(순수한)+i+fy → 순수하게 하다

v. 깨끗이 하다, 정화하다
- purify water 물을 정화하다
ⓐ pure 순수한, 깨끗한; 순전한(=sheer)

S073
[동사접미어] **-en**
명사나 형용사 다음에 동사형 접미어 –en이 붙으면 "～화하다, ～으로 만들다"란 의미의 동사가 된다.

O731 **sicken**
[síkən]

sick(병든)+en → 병들게 하다

v. 병나다, 메스꺼워지다; 싫증나(게 하)다
- I am sickening of their endless arguing.
  나는 그들의 끝없는 싸움에 싫증이 난다.
- The smell of smoke sickens me.
  담배 연기 냄새는 나를 구역질 나게 만든다.
ⓐ sick 병의, 병든, 메스꺼운

O732 **lessen**
[lésn]
16.교행9급/16.서울여대
14.명지대/07.가톨릭대
06.동국대

less(보다 적은)+en → 적게 하다

vt. 작게 하다, 줄이다(=abate, alleviate)
vi. 줄다, 약해지다(=let up)
- lessen the risk of ～의 위험을 줄이다
ⓐ less 보다 적은

O733 **weaken**
[wíːkən]
15.국민대

weak(약한)+en → 약하게 하다

v. 약해지다, 약화시키다
- gradually weaken confidence 신뢰를 서서히 약화시키다
ⓐ weak 연약한, 불충분한, 자신 없는

O734 **broaden**
[brɔ́ːdn]

broad(넓은)+en → 넓게 하다

v. 넓히다, 넓어지다
- Travel broadens the mind. 여행은 마음을 넓혀 준다.
ⓐ broad 넓은, 널따란
ⓝ breadth 폭, 너비(=width),넓이

O735 **widen**
[wáidn]

wide(넓은)+en → 넓게 하다

v. 넓히다, 넓어지다
- widen the pupils of patient's eyes to examine them
  검진을 위해 환자의 동공을 넓히다
ⓐ wide 넓은, 널따란
ⓝ width 폭, 너비

O736 **thicken**
[θíkən]

thick(두꺼운)+en → 두껍게 하다

v. 두껍게 하다, 걸쭉하게 하다; 짙어지다
- thicken soup 수프를 걸쭉하게 하다
- thickening fog 짙어져 가는 안개
ⓐ thick 진한, 두꺼운, 친밀한

O737 **tighten**
[táitn]
17.국민대

tight(단단한)+en → 단단하게 하다

vt. 팽팽하게 하다, 조이다
vi. 팽팽해지다, 조여지다
- tighten a belt 벨트를 조이다
ⓐ tight 단단한, 팽팽한, (옷이) 꽉 조이는

O738 **hasten**
[héisn]
13.고려대

hasty(급한, 성급한)+en → 급하게 하다

v. 재촉하다, 서두르다
- hasten to apologize 서둘러 사과하다
- hasten the development 발전을 촉진하다
ⓐ hasty 급한, 성급한

O739 **worsen**
[wə́ːrsn]
16.서강대

worse(더 나쁜)+en → 더 나쁘게 만들다

v. 악화되다; 악화시키다(=aggravate)
- begin to worsen 악화되기 시작하다
ⓐ worse 더 나쁜, 엉망인

0739(1) dampen
[dǽmpən]

damp(축축한)+en → 축축하게 하다

v. 축축하게 하다, (기세를) 약화시키다(=attenuate)
- dampen bread with water 빵을 물에 적시다
- dampen his spirits 그의 기를 꺾다

ⓝ damp 습기; 축축한

16.서강대
01-2.고려대

0739(2) embolden
[imbóuldən]

em(make)+bold(용감한)+en → 용감하게 하다

v. 대담하게 하다, 용기를 돋우어 주다(=encourage)
- be emboldened by international support
  국제적인 지지에 용기를 얻다

ⓐ bold 용감한, 대담한, 뻔뻔스러운(=audacious); (선이) 굵은

04.홍익대
16.홍익대/05-2.단국대

S074 [동사접미어] -ate
ate 접미어가 붙은 단어는 동사 외에 형용사나 명사로 쓰이는 경우도 많다.

0741 liberate
[líbərèit]
⊃ RO281

liberal(자유주의의)+ate → 자유롭게 하다

v. 자유롭게 하다, 해방하다
- liberate war prisoners 포로를 석방시키다

ⓐ liberal 자유주의의

0742 escalate
[éskəlèit]

escalator(에스컬레이터) → 점차 올라가다

vi. (단계적으로) 확대되다; (물가 등이) 차츰 오르다
- escalate the war 전쟁이 확대되다

ⓝ escalation (임금·물가·전쟁 등의) 단계적 확대
escalator 에스컬레이터, 자동계단; 단계적 증감; 안락한 출세 코스

07.서강대

囲 deescalate 단계적으로 축소하다

S075 [동사접미어] -ish
-ish 접미어가 붙은 단어는 대부분 형용사로 더 많이 쓰인다.

0751 publish
[pʌ́bliʃ]

public(대중의, 공공연한)+ish → 대중적이게 하다

v. 발표하다, 출판하다
- publish an article 기사를 발표하다

ⓐ public 대중의; 공공연한
ⓥ publicize 공표하다, 광고하다
ⓝ publicity 광고, 선전, 널리 알려짐 publication 발행, 출판(물)

S076 [형용사접미어] -able, -ible
가능성, 능력(~할 수 있는)을 의미하는 접미어

0761 changeable
[tʃéindʒəbl]
09.경희대/06.보험계리사

change(바꾸다, 변하다)+able → 변하기 쉬운

a. 변하기 쉬운, 변덕스러운(=mutable)
- changeable as weather 날씨처럼 변덕스러운, 줏대없는

ⓥ change 바꾸다, 교환하다; 변하다

01.단국대/94.사법시험

囲 unchangeable 바꿀 수 없는, 변하지 않는(=immutable)
unchanging 변치 않는, 불변의(=immutable)

0762 horrible
[hɔ́ːrəbl]

horror(공포)+ible → 공포를 일으키는

a. 무서운, 끔찍한, 소름끼치는; 지독한
- a horrible sight 끔찍한 광경
- a horrible accident 참사

ⓝ horror 공포, 전율; 공포영화

0763 disable
[diséibl]
03.입법고시/02-2.경기대

dis(not)+able(할 수 있는) → 할 수 없는

vt. 1. 불구로 만들다(=incapacitate, cripple)
　　2. 무능[무력]하게 하다, 실격시키다
- facilities for disabled people 장애인들을 위한 시설

ⓐ disabled 불구가 된, 신체장애의; 무능력해진; (the) 장애자
ⓝ disability 무능, 무력; 정신적[육체적] 장애; 핸디캡
disablement 무능력, 무자격; 지체 부자유, 불구
ⓐ disablist 장애재[를 차별하는]에 편견을 가진

94.서울대학원
16.숭실대

S077

[형용사접미어] -ful ↔ less
풍부함(~으로 가득한)이나 결여(~이 없는)를 의미하는 접미어

0771 hopeful
[hóupfəl]

hope(희망)+ful(~으로 가득한)

a. 희망찬, 유망한, 장래성 있는
- a hopeful view 희망적인 전망

ⓝ hope 희망, 소망, 기대

🔡 **hopeless** 희망을 잃은, 절망적인

0772 careful
[kéərfəl]

care(주의)+ful(~으로 가득한)

a. 주의 깊은, 신중한(=cautious, meticulous, scrupulous, prudent)
- be careful not to upset the other side
  상대방의 기분을 상하게 하지 않도록 주의하다
- Be careful! That car almost hit you.
  조심해! 저 차에 치일 뻔 했잖아.

ⓝ care 걱정, 주의, 돌봄; 바라다, 걱정하다

ⓐⓓ carefully 주의하여, 조심스럽게

🔡 **careless** 부주의한(=hit-or-miss), 조심성 없는, 무관심한

0773 jobless
[dʒáblis, dʒɔ́b-]
13.경기대

job(일자리)+less(없는) → 일자리가 없는

a. 직장이 없는, 실직 상태인
n. [the] 실업자들
- a jobless rate 실업률

0774 seamless
[síːmlis]
06.국민대

seam(솔기, 봉합선)+less(없는) → 봉합선이 없는

a. 이음새가 없는(=jointless); 고른, 한결같은(=even)
- present seamless customer service
  한결같은 고객서비스를 제공하다

🔡 **seam** 솔기, 봉합선

🔢 **come apart at the seams** 솔기가 터지다; (계획·회사가) 결단나다

S078

[형용사접미어] -al, -cal, -ic, -ar
성질, 성향(~의, ~적인) * 주로 명사 뒤에 붙어 형용사로 만든다.

0781 electrical
[iléktrikəl]
13.숭실대

electric(전기)+al → 전기의

a. 전기의, 전기에 관한
- electrical force 전력 - an electrical power failure 정전

ⓝ electric 전기(장치); 전기의, 전기장치의
electricity 전기, 전력

0782 basic
[béisik]
15.한국외대

base(기초)+ic → 기초적인

a. 기초적인, 근본적인(=rudimentary)
n. 기초
- provide basic information 기본 정보를 제공하다
- necessary for the basics of life 삶의 기본에 필수적인

ⓝ base 기초, 토대, (군사) 기지

0783 titular
[títʃulər]
⊃ RO937

title(이름)+lar → 이름뿐인

a. 명의뿐인, 유명무실한(=nominal); 제목의
- the titular head of the company 회사의 명목상 사장

ⓝ title 표제, 제목; 자막; 직함, 명칭

S079

[형용사접미어] -ant, -ent
성질(~성질의, 성질을 가진), 성향 * ant는 "행위자"를 뜻하는 명사접미어로도 쓰인다.

0791 assistant
[əsístənt]

assist(돕다)+ant → 도움을 주는

a. 도움이 되는, 보조의
n. 조교, 조수
- a shop assistant 상점 점원
- an assistant manager 부지배인, 차장, 대리

ⓥ assist 돕다, 조력하다, 거들다

ⓝ assistance 보조, 조력, 원조

0792 different
[dífərənt]

differ(다르다)+ent → 다른

a. 다른, 별개의
- three different scientists 세 명의 다른 과학자들
- different from others 남들과 다른

ⓥ differ 다르다, 의견을 달리하다
ⓝ difference 다름, 차이; 다툼

 080

[형용사접미어] -ish, -ive
성질(~같은, 성질을 가진, ~한), 성향

0801 foolish
[fúːliʃ]

fool(바보)+ish → 바보 같은

a. 바보 같은, 어리석은
- I think it's foolish to try to predict our future.
  나는 우리의 미래를 예측하려고 애쓰는 것은 어리석다고 생각한다.
- do a very foolish thing 매우 어리석은 짓을 저지르다

ⓝ fool 바보

0802 childish
[tʃáildiʃ]

child(어린아이)+ish → 어린아이 같은

a. 어린이 같은, 유치한
🔁 child 어린이, 자식

0803 amateurish
[æməʧúəriʃ]
⊃ R2431

amateur(아마추어)+ish → 아마추어 같은

a. 비전문적인, 서투른
🔁 amateur 비전문가, 아마추어
- amateurism 아마추어 자격

0804 effective
[iféktiv]

effect(효과)+ive → 효과적인

a. 효과적인, 유효한
- effective treatment 효과적인 치료
- an effective way to control teens 십대들을 통제하는 효과적인 방법

ⓝ effect 결과, 효과

S081

[형용사접미어] -ate, -ite
성질(~의, ~적인), 성향 ※ ate는 동사인 경우 [-eit]로 발음되고 형용사인 경우 [-it/ -ət]로 발음된다.

0811 fortunate
[fɔ́ːrtʃənət]

fortune(행운)+ate → 행운의

a. 운이 좋은, 다행한
- We are fortunate to find an effective way to solve the problem.
  그 문제를 해결할 효과적인 방법을 찾게 되어 다행이다.

ⓝ fortune 행운, 재산, 부
🔁 unfortunate 불운의, 불행한 결과를 가져오는

0812 granite
[grǽnit]

gran(grain)+ite → 알갱이 같은

n. 화강암
- Granite is usually gray and is used for buildings and monuments.
  화강암은 보통 회색이고 건물과 기념비에 많이 쓰인다.

S082

[형용사접미어] -ly
성질(~같은, ~다운), 성향 ※ 주로 형용사 다음에 붙어 부사를 만드는 접미어이지만 예외적으로 명사에 붙어 형용사로 쓰는 단어가 있으니 유의해야 한다.

0821 lovely
[lʌ́vli]

love(사랑)+ly(스러운)

a. 사랑스러운; 즐거운; 멋진
- a lovely garden 아름다운 정원
- a lovely bunch of flowers 사랑스러운 꽃 한 다발

0822 kindly
[káindli]

kind(친절한)+ly(한)

a. 상냥한, 친절한
ad. 친절하게, 다정하게
- a kindly person 친절한 사람
- Would you kindly open the door? 문 좀 열어주시겠어요?

ⓐ kind 친절한, 상냥한, 온화한; 종류

O823 friendly
[fréndli]
10.서울여대/06.경기교행
01,101단/97.건국대/95.기술
고시

friend(친구)+ly(같은) → 친구 같은
a. 1. 친절한(=hospitable, cordial), 우호적인(=amicable);
상냥한(=affable, genial)
2. ~에 친화적인; 선의의
• in a friendly way 호의적으로
🔁 **unfriendly** 비우호적인, 불친절한; 불리한

O824 deadly
[dédli]
17.단국대

dead(죽음)+ly(같은)
a. 치명적인(=lethal), 심한, 매우 좋은[나쁜]
ad. 지독하게, 치명적으로
• Infectious disease was widely spread by deadly bacteria.
치명적인 박테리아에 의해 전염병이 널리 퍼졌다.
• a deadly weapon 흉기
• deadly serious 매우 진지한
cf. deathly 죽음의, 죽음 같은
ⓐ dead 1. 효력이 없어진; (문·통로 따위가) 막힌
2. 〈구어〉 녹초가 된; 무기력한
3. 평평한, 단조로운; 조용한, 침침한
4. ad. 완전히, 매우; 정확하게; 곧장

O825 cowardly
[káuərdli]
16.한국외대/97.건국대

coward(겁쟁이)+ly(같은)
a. 겁이 많은, 비겁한(=pusillanimous, craven)
• a cowardly act 비겁한 행동
ⓝ coward 겁쟁이

O826 cleanly
[klínli]

clean(깨끗한)+ly(부사접미어)
ad. 깔끔하게, 솜씨 있게, 깨끗이
• Wash your hands cleanly. 손을 깨끗이 씻어라.
ⓝ clean 청소; 청결한, 순결한

S083

[형용사접미어] **-ous**
상태(~한, ~스러운)

O831 dangerous
[déindʒərəs]

danger(위험)+ous → 위험한
a. 위험한
• be violent and dangerous 폭력적이고 위험하다
🔁 **danger** 위험. 위협

O832 famous
[féiməs]
11.명지대

fame(명성)+ous → 명성이 있는
a. 유명한
• be famous for ~으로 유명한
🔁 **fame** 명성, 평판
🔁 **infamous** 악명 높은 ➲ NO530

S084

[형용사접미어] **-ine**
~같은, ~과 관련된(like, related to) * -ine는 형용사나 명사 접미어로 쓰인다.

O841 nicotine
[nɪkətiːn]

nicot(담배를 처음 프랑스에 소개한 사람)+ine → 담배
n. 니코틴

O842 routine
[ruːtíːn]

route(길)+ine → 항상 정해진 길로 다니는
a. 일상적인, 판에 박힌
n. 반복이고 일상적인 일과; (공연의 미리 정해진) 동작
• as a daily routine 일상적인 일과로서
🔁 **route** 길, 방법 ➲ TO807

O843 canine
[kéinain]

can+ine → 개와 같은
a. 개의, 개와 같은, 송곳니의
n. 개

추가 어휘
☐ **asinine** 나귀 같은→ 우둔한, 고집스러운
☐ **bovine** 소 같은 → 둔한
☐ **swine**[swain] 돼지 → 비열한 놈
☐ **porcine** 돼지의 → 불결한, 탐욕스러운
☐ **lupine**[lúːpin] 이리 같은 → 사나운
☐ **vulpine** 여우의 → 교활한, 간사한
☐ **serpentine** 뱀의 → 약삭빠른, 꾸불꾸불한
☐ **feline** 고양이의 → 교활한, 음흉한
☐ **cervine** 사슴의
☐ **aquiline** 독수리 같은 → 매부리(코)의, 굽은
☐ **equine** 말의
☐ **ursine** 곰의, 곰 같은(bearlike)
☐ **leonine** 사자의 → 용맹스러운
☐ **piscine** 물고기의, 어류에 관한

[명사접미어] -ment, -(t, s)ion, -ity, -ness, -acy, -ance, -ence, -ure
성질, 상태, 정도를 나타내는 접미어

O851 **disagreement**
[dìsəgríːmənt]
15.한양대

disagree(일치하지 않다)+ment(명접) → 일치하지 않음

n. 불일치; 의견충돌, 다툼
- disagreement between theory and practice
  이론과 실제의 불일치
- have a disagreement with 의견 충돌을 벌이다
ⓥ disagree 의견이 다르다; 다투다
🔁 **agreement** 일치; 합의, 협정; 승낙
  agree 동의하다

O852 **explanation**
[èksplənéiʃən]

explain(설명하다)+ation(명접) → 설명하는 것

n. 해명, 설명; 설명서
- give an adequate explanation 적절한 해명을 하다
ⓥ explain 설명하다, 해명하다

O853 **stupidity**
[stju:pídəti]
17.숙명여대/04~2.영남대

15.한국외대

stupid(어리석은)+ity → 어리석은 상태

n. 어리석음(=imbecility), 어리석은 짓(=folly)
- There is no limit to human stupidity.
  인간의 어리석음에는 한계가 없다.
ⓐ stupid 어리석은, 바보같은

O854 **weakness**
[wíːknis]

weak(약한)+ness → 약한 상태

n. 결함, 약점
- Everybody has his strengths and weaknesses.
  사람은 누구나 상난섬이 있다.
ⓐ weak 연약한, 불충분한, 자신 없는

O855 **stubbornness**
[stʌ́bərnis]
01.국민대

00.사법시험/96.세종대.기술고시

stubborn(고집 센)+ness → 고집 센 성질

n. 고집스러움, 완고함(=obstinacy)
- detect a certain stubbornness in his attitude
  그의 태도에서 어떤 고집스런 면을 발견하다
ⓐ stubborn 고집 센, 완고한(=tenacious, obstinate)

O856 **piracy**
[páiərəsi]
04.법원행시/04.경찰

pirate(저작권을 침해하다)+acy(명접) → 저작권을 침해한 것

n. 저작권 침해, 표절, 도용; 해적질
- eradicate software piracy 소프트웨어 불법복제를 근절하다
ⓥ pirate 표절하다, 저작권을 침해하다
  n. 해적; 해적선; 표절자, 저작권 침해자
🔁 **pilot**[páilət] 조종사, 키잡이; 시험적인

O857 **existence**
[igzístəns]

exist(존재하다)+ence → 존재하는 상태

n. 존재, 현존, 실재, 생존
- the very existence of nuclear weapons
  핵무기라는 바로 그 존재
- a struggle for existence 생존 경쟁
ⓥ exist 존재하다, 생존하다

O858 **failure**
[féiljər]
⊃ T1357

fail(실패하다)+ure(명접) → 실패한 상태

n. 실패(=collapse), 실패작; 불이행; 고장; (신체기능의) 부전
- end in failure 실패로 끝나다
- power failure 정전
ⓥ fail 실패하다; 시험에 떨어지다; 고장나다; 부족하다

S086

[명사접미어] -dom
지위, 신분, 영역, 상태 접미어

O861 **kingdom**
[kíŋdəm]

king(왕)+dom → 왕의 영역
n. 왕국, 왕토
- In the kingdom of the blind, the one-eyed is king.
  장님 나라에서는 애꾸눈이 왕이다.

O862 **wisdom**
[wízdəm]

wise(현명한)+dom → 현명한 상태
n. 지혜, 현명함
- Experience is the mother of wisdom. 지혜는 경험의 산물이다.
ⓐ wise 슬기로운, 현명한

O863 **boredom**
[bɔ́ːrdəm]

bore(지루한)+dom → 지루한 상태
n. 지루함, 권태
- an escape from the boredom of everyday life
  지루한 일상생활로부터의 도피
ⓐ bored 지루한

S087

[명사접미어] -hood
어떤 대상의 특징 접미어

O871 **childhood**
[tʃáildhùd]

child(아이)+hood → 아이인 상태
n. 유년기, 유년시절
- a childhood friend 죽마고우
- from childhood 어릴 때부터

O872 **manhood**
[mǽnhùd]

man(남자, 인간)+hood → 남자다운 상태
n. 성년, 장년; 남자다움
- reach manhood 성년이 되다

O873 **neighborhood**
[néibərhùd]
03.가톨릭대

neighbor(이웃)+hood → 이웃인 상태
n. 근처(=vicinity); 이웃(사람), 이웃사람들
- in this neighborhood 이 근처에
- Good fence makes good neighborhood.
  좋은 울타리가 좋은 이웃을 만든다.
ⓝ neighbor 이웃; 이웃하다
ⓐ neighboring 이웃하는, 인접한(=adjacent)

S088

[명사접미어] -(e)ry
신분, 상태, 분류 접미어

O881 **slavery**
[sléivəri]

slave(노예)+(e)ry → 노예의 상태
n. 노예제도, 노예의 신분, 예속 상태
- the solution for slavery 노예제도에 대한 해결책
ⓝ slave 노예

O882 **chivalry**
[ʃívəlri]

chiv(칼)+(e)ry → 칼과 관련된 사람
n. 기사도 정신; 기사 제도
- talk regularly about the code of chivalry
  기사도를 자주 들먹이다

O883 **jewelry**
[dʒúːəlri]

jewel(보석)+(e)ry → 보석의 종류
n. 보석류, 장신구
- wear jewelry 장신구를 착용하다
ⓝ jewel 보석

O884 **chemistry**
[kéməstri]

chemist(화학자)+(e)ry → 과학자가 연구하는 학문
n. 화학
- a chemistry laboratory 화학실험실
ⓐ chemical 화학의, 화학제품
ⓝ chemist 화학자, 약사

추가 어휘
- [ ] artill**ery** 포병, 대포
- [ ] arch**ery** 궁술, 양궁술
- [ ] nurs**ery** 육아실, 아이 방, 보육학교
- [ ] brew**ery** 양조장
- [ ] smelt**ery** 제련소
- [ ] cutl**ery** 칼붙이 ⊃ R1061

S089

[명사접미어] -ship
어떤 상태나 관계 표시 접미어

0891 friendship
[fréndʃip]

friend(친구)+ship → 친구 관계
n. 우정
- close friendship 긴밀한 우정
- friendship among nations 국가간 우호 관계

0892 hardship
[háːrdʃip]

hard(어려운)+ship → 어려운 상태
n. 곤란, 고충(=plight)
- be confronted with many hardships 많은 난관에 직면하다

S090

[명사접미어] -ism
학설이나 신앙, 주의를 표시하는 접미어

0901 patriotism
[péitriətizm]
⊃ R1655

patriot(애국자)+ism → 애국자들의 마음
n. 애국심
- Patriotism is love for your country and loyalty towards it.
  애국심은 조국에 대한 사랑이자 충성이다.
- ⓝ patriot 애국자
- ⓐ patriotic 애국심이 강한, 애국적인

0902 lookism
[lúkizm]
13.건국대

look(외모)+ism → 외모주의
n. 외모지상주의(외모에 따른 차별)

0903 elitism
[ilíːtizm, eilíːt-]
13.이화여대

elite(엘리트)+ism → 엘리트 주의
n. 엘리트주의, 엘리트 의식

0904 racism
[réisizm]
17.가천대

race(인종)+ism → 인종 (차별) 주의
n. 인종 차별(주의), 민족 우월 의식
- ⓝ race 인종, 종족, 민족; 경주, 레이스
- ⓐ racial 인종의, 민족의
- 🔁 biracial 두 인종의, 혼혈의

0905 ageism
[éidʒizm]

age+ism → 나이 (차별) 주의
n. 연령층에 따른 차별(특히 고령자층)
- Discrimination against the elderly is known as ageism.
  노년층에 대한 차별은 연령에 대한 차별로 잘 알려져 있다.

추가 어휘
- ☐ baptism 세례, 침례
- ☐ hedonism 쾌락주의 •hedon(=pleasure)
- ☐ heroism 용맹, 영웅적 자질
- ☐ jingoism 맹목적 애국주의; 강경외교론
- ☐ chauvinism 광신적 애국주의, 극단적 배타주의
- ☐ nihilism 허무주의
- ☐ anarchism 무정부주의

S091

[명사접미어] -ics
학문 이름을 표시하는 접미어

0911 ethics
[éθiks]
⊃ T1091

n. 윤리학
- environmental ethics 환경윤리학
- ⓝ ethic 윤리
- ⓐ ethical 도덕상의, 윤리적인

0912 economics
[èkənámiks]

n. 경제학
- major in economics 경제학을 전공하다
- ⓐ economical 경제적인, 절약하는

0913 physics
[fíziks]

n. 물리학
- a new theory of physics 새로운 물리학 이론
- ⓐ physical 육체의, 자연의, 물리학의

0914 politics
[pálətiks]

n. 정치학, 정치
- discussions about politics 정치학에 대한 논의
- retire from politics 정계에서 은퇴하다
- ⓐ political 정치학의, 정치상의

S092
[명사접미어] -ology
학문 이름을 표시하는 접미어

0921 geology
[dʒiálədʒi]
n. 지질학
- the geology of the Asian continent 아시아대륙에 관한 지질학

0922 biology
[baiálədʒi]
n. 생물학, 생태학
- stem cell biology 줄기세포 생물학
ⓐ biological 생물학의

0923 sociology
[sòusiálədʒi]
n. 사회학
- a professor of sociology 사회학 교수
ⓔ physiology[fìziálədʒi] 생리학

S093
[명사접미어] -age
행위, 양, 장소를 표시하는 접미어

0931 storage
[stɔ́ːridʒ]
13.숙명여대
store(저장하다)+age → 저장하는 곳
n. 창고, 저장
- a large storage capacity 방대한 저장 용량
ⓝ store 가게, 상점, 저장, 창고 v. 공급하다, 비축하다
ⓘ set[lay] store by ~을 중요시하다 ⊃ IO4506
08.대구대
store up 비축해두다(=hoard), 저장하다

0932 marriage
[mǽridʒ]
marry(결혼하다)+age → 결혼하는 행위
n. 결혼, 결혼식
- an arranged marriage 중매 결혼
- a marriage proposal 청혼
ⓥ marry (~와) 결혼하다

S094
[명사접미어] -osis
병명이나 상태를 표시하는 접미어

0941 neurosis
[njuəróusis]
neur(신경)+osis → 신경이 곤두선 상태
n. 노이로제, 신경증
- suffer from neurosis 신경증을 앓다

S095
[명사접미어] -or, -er, -ee, -ist 등
"행위자" 접미어

0951 actor
[ǽktər]
act(행동하다)+or → 행동, 연기하는 사람
n. 배우, 연기자
- Who is your favorite movie actor? 가장 좋아하는 영화배우는 누구니?

0952 employer
[implɔ́iər]
employ(고용하다)+er → 고용하는 사람
n. 고용주, 고용자
- new relations between trade unions and employers
  새로운 노사 관계

0953 employee
[implɔ́iiː]
employ(고용하다)+ee → 고용된 사람
n. 직원, 고용인
- irregular employees 비정규직 근로자
ⓥ employ 고용하다, (시간을) 소비하다

0954 novelist
[návəlist]
novel(소설)+ist → 소설을 쓰는 사람
n. 소설가
- one of the greatest novelists in the United States
  미국에서 가장 위대한 소설가들 중 한 사람
ⓝ novel 소설

S096

[명사접미어] -ling
생물 명사 뒤에 붙어 작은 새끼를 뜻하는 지소접미사(=small)

0961 **nestling**
[néstliŋ]

nest(둥지)+ling(=small) → 둥지에 있는 작은 새끼

n. (둥지를 뜨기 전의) 새끼 새; 젖먹이

반 nest 둥지, 보금자리

추가 어휘

- ☐ duck**ling** 오리 새끼
- ☐ gos**ling** 거위 새끼
- ☐ goat**ling** 염소 새끼
- ☐ cat**ling** 새끼 고양이
- ☐ sap**ling** 묘목, 어린 나무; 풋내기, 젊은이
  cf. sap (나무의) 수액
- ☐ strip**ling**[stríplɪŋ] 젊은이, 풋내기, 애송이
- ☐ hatch**ling** 알에서 갓 부화한 새끼 새
  cf. hatch (알의) 부화; 부화시키다

S097

[명사접미어] -um
장소를 나타내는 접미사

0971 **arboretum**
[àːrbəríːtəm]
02-2.고려대

10.중앙대

arbor(나무)+ret+um(장소) → 나무를 키우는 장소

n. 식물원, 수목원

관 arbo(u)r 수목, 식물
  • Arbor day 식목일

arboreal/arborous 나무의, 수목의

arboreous 수목이 많은 **arboriculture** 수목 재배(법)

추가 어휘

- ☐ aquar**ium** 수족관 •aqu(=water)
- ☐ oceanar**ium** 해양관
- ☐ muse**um** 박물관
- ☐ colise**um** 체육관, 대경기장
- ☐ gymnas**ium** 체육관
- ☐ asyl**um** 보호소, 수용소, 은신처

8. 관습의 중요함과 습관(버릇)의 무서움

When in Rome, do as the Romans do.

06.대구교행/02.법원직/99.행자부9급

로마에서는 로마법을 따르라.
• Do in Rome as the Romans do. 로마에 가면 로마 사람들의 풍습을 따르거라.

🄰 All roads lead to Rome.
모든 길은 로마로 통한다.
(모로 가도 서울만 가면 된다.)
= The end justifies the means.
결과는 수단을 정당화한다.

Keep the common road, and you are safe.

사람들이 가는 길을 따라가면 안전할 것이다.

If you can't stand the heat, you must go out of the kitchen.

절이 싫으면 중이 떠나야 한다.

Manners are stronger than laws.

관습은 법률보다 강하다.

You can't teach an old dog new tricks.

16.건국대 오래된 습관은 고치기 어렵다.
= Old habits die hard. 오래된 버릇은 쉽게 사라지지 않는다.

🄱 He that will steal a pin will
steal an ox. 바늘 도둑이 소도둑 된다.
= What's learned in the cradle is
carried to the grave.
세 살 버릇 여든까지 간다.
= A leopard can't change his spots.
제 버릇 개 못 준다.
= Once a beggar, always a beggar.
거지도 맛들이면 그만두기 어렵다.

Habit is (a) second nature.

습관은 제2의 천성

You can't put new wine in old bottles.

새 술은 새 부대에.

Once bitten twice shy.

한 번 물리면 두 번 조심한다. (자라 보고 놀란 가슴 솥뚜껑 보고 놀란다.)

🄲 A burnt child dreads the fire.
불에 덴 경험이 있는 아이는 불을 두려워한다.
= A scalded cat[dog] fears cold
water.
끓는 물에 덴 고양이는 찬 물도 무서워한다.

9. 가르침, 교육

Spare the rod and spoil the child.

매를 아끼면 아이를 버린다 → 귀한 자식 매로 키워라.

Too many books make us ignorant.

너무 많은 책은 우리를 무지하게 만든다.

Asking costs nothing.

질문은 돈이 안 든다. (모르면 물어서라도 배워라.)

There is no royal road to learning.

학문에는 왕도가 없다.

All work and no play makes Jack a dull boy.

06.한양대 일만 하고 놀지 않으면 우둔한 사람이 된다.

See one and know ten.

하나를 보면, 열을 안다.

Honesty is the best policy.

정직은 최상의 정책이다.

A good medicine tastes bitter.

좋은 약은 입에 쓰기 마련이다.

A little learning is a dangerous thing.

선무당이 사람 잡는다.

A bad workman always blames his tools.

서툰 목수가 연장 나무란다. (선무당이 장고 탓한다.)

The proof of the pudding is in the eating.

01.명지대 푸딩이 맛있는지는 먹어 봐야 안다. (백문이 불여일견)

> **유** Hearing times is not like seeing once. 백문이 불여일견
> = One picture is worth a thousand words.

Practice makes perfect.

06.한양대 훈련이 완벽을 만든다.

The sparrow near a school sings the primer.

학교 근처에 사는 참새는 라틴어 입문서를 노래한다. (서당 개 3년이면 풍월을 읊는다.)

The fish always stinks from the head downwards.

윗물이 맑아야 아랫물이 맑다.

Where there's will, there's a way.

뜻이 있는 곳에 길이 있다.

A sound mind in a sound body.

14.지방직9급 건강한 신체에 건강한 정신이 깃든다.

---

10. 무리와 협동에 관한 속담

Too many cooks spoil the broth.

07.강원9급/06.서울시교행/97.행자부9급 사공이 많으면 배가 산으로 올라간다.

Two heads are better than one.

머리 하나보다는 두 개가 낫다.

> **유** Many hands make light work. 백지장도 맞들면 낫다.

It takes two to tango.

탱고를 추려면 두 사람이 필요하다. (손뼉도 맞아야 소리가 난다.)

> **유** One hand finds it hard to applaud. 손뼉도 맞아야 소리가 난다.

You cannot make bricks without straw.

짚 없이는 벽돌을 만들 수 없다.

In unity, there is strength.

뭉치면 살고 흩어지면 죽는다.

> **유** United we stand, divided we fall.
> = There is safety in number. 뭉쳐야 산다.

The more, the merrier.

15.한성대 모이는 사람이 많을수록 즐거움도 크다. (다다익선)

Two is company, three is a crowd.

두 명은 친구이지만, 셋이 되면 편이 갈린다.

Two of a trade seldom agree.

같은 장사끼리는 화합이 안된다.

Dog does not eat dog.

개는 개를 먹지 않는다. (같은 패끼리는 죽이지 않는다.)

유 dog eat dog
골육상쟁, 먹느냐 먹히느냐의 인정사정없는
경쟁(개가 개를 먹는 상황)

One rotten apple spoils the barrel.

한 개의 썩은 사과가 한 통의 사과를 망친다.
(미꾸라지 한 마리가 온 웅덩이를 흐린다.)

A big fish must swim in deep waters.

큰 물고기는 큰물에서 놀아야 한다.

반 A big fish in a little pond.
우물 안 개구리

In the land of the blind, the one-eyed man is king.

눈 먼 사람들의 나라에서는 눈 하나 가진 사람이 왕이다.

When the cat's away, the mice will play.

사자 없는 곳에 토끼가 왕이다.

A cornered stone meets the mason's chisel.

모난 돌이 정 맞는다.

11. 친구, 사교의 법칙, 처세술

Absence makes the heart grow fonder.

02.사법시험 떨어져 있으면 더욱 그리운 법이다.

A man is known by the company he keeps.

사귀는 친구를 보면 그 사람을 알 수 있다.

유 He that lives with cripples learns to limp.
절름발이와 사는 사람은 절뚝거림을 배운다.

Birds of a feather flock together.

유유상종

유 Let beggars match with beggars.
거지는 거지와 어울리게 하라.

Like knows like.

초록은 동색(同色) (같은 처지에 있는 사람이 서로 이해한다.)

A friend in need is a friend indeed.

13.경찰2차 곤궁할 때의 친구가 정말 친구다.

Prosperity makes friends, adversity tries them.

부유함은 친구를 만들고, 역경은 친구를 시험한다.

Friends and wines improve with age.

친구와 포도주는 오래될수록 좋아진다.

Friend to all is a friend to none.

모든 사람의 친구는 누구의 친구도 아니다.

Friendship that flames goes out in a flash.

쉽게 타오르는 우정은 쉽게 꺼진다.

Out of sight, out of mind.

멀어지면 잊히는 법이다.

Every Jack has his Gill.

짚신도 짝이 있다.

Beauty is in the eye of the beholder.

제 눈에 안경이다.

He that can make a fire well can end a quarrel.

불을 잘 피우는 사람은 싸움도 잘 말린다.

Near neighbor is better than a distant cousin.

멀리 있는 사촌보다 가까이 있는 이웃이 더 낫다.
= A good neighbor is better than a brother far off.
좋은 이웃은 떨어져 있는 형제보다 낫다.

Love me, love my dog.

마누라가 예쁘면 처갓집 말뚝 보고도 절한다.

Familiarity breeds contempt.

15.건국대 친해지면 무례해지기 쉽다.

---

12. 금전과 경제적 지혜

A bird in the hand is worth two in the bush.

13.경찰2차/86.법원직 손안의 한 마리 새가 덤불 속의 두 마리보다 낫다.

🔁 Better be a bird in the wood than one in the cage.
새장 속에 있는 것보다 숲 속에 있는 새가 되는게 더 낫다.

Kill two birds with one stone.

93.행자부7급 일거양득, 꿩 먹고 알 먹고.

Money makes the mare to go.

돈이면 귀신도 부릴 수 있다.

🔁 Every man has his price.
돈에 움직이지 않는 사람은 없다.
= A golden key opens every door.
황금키는 모든 문을 다 연다
(돈이면 안 되는 것이 없다.)
= Money talks.
돈이 말한다. (돈이면 다 된다.)

Penny-wise and Pound-foolish.

푼돈을 아끼려다 큰돈을 잃는다.

Don't put all your eggs in one basket.

모든 달걀을 한 바구니에 담지 마라. (투자 위험을 분산해라.)

Gift long waited for is sold, not given.

감질나도록 기다리게 한 뒤에 주는 것은 선물이 아니라, 파는 것이다.

One man's meat is another man's poison.

갑의 약이 을의 독이 된다.

A loaf of bread is better than the song of many birds.

금강산도 식후경.

🔁 Pudding rather than praise.
칭찬보다 푸딩이 낫다.

Hunger is the best sauce.

시장함이 가장 좋은 양념[반찬]이다.

Beggars must not be choosers.

거지는 가리지 않는다.

Necessity is the mother of invention.

필요는 발명의 어머니

A drowning man will catch at a straw.

물에 빠진 사람은 지푸라기라도 잡으려 한다.

Two dogs strive for a bone, and a third run away with it.

재주는 곰이 넘고 돈은 되놈이 받는다.

Giving a peck and getting a bushel.

되로 주고 말로 받는다.

日 **One beats the bush, another catches the birds.**
한 사람이 수풀을 두드리고, 다른 사람이 새를 잡는다.
= **One man sows and another man reaps.**
씨 뿌린 놈 따로, 거둬들이는 놈 따로.

---

13. 인간의 좋지 못한 습성, 본능, 어리석음

People who live in glass houses shouldn't throw stones.

06.건국대/한양대 자신의 흉을 모르고 남의 흉을 보아서는 안 된다.

日 **The pot calls the kettle black.**
똥 묻은 개가 겨 묻은 개를 나무란다.

Pride goes before destruction, and a haughty spirit before a fall.

07.서울시9급 교만한 자는 오래가지 못하며, 오만한 마음을 지닌 자는 이내 몰락한다.

Every miller draws water to his own mill.

모든 방앗간 주인은 자기 방앗간에 물을 댄다. (아전인수)

If the cap[shoe] fits, wear it.

96.행정부9급 모자가 맞으면 쓰라. (그 말이 옳다고 생각되거든 그대로 따라라.)

Everyone has a skeleton in the closet.

97.지방고시 모든 사람은 말 못 할 비밀이 있다.

Go home and kick the dog.

종로에서 뺨 맞고 한강에서 눈 흘긴다.

Cut off your nose to spite your face.

누워서 침 뱉기.

Don't bite the hand that feed you.

먹여주는 손을 물지 마라. (배은망덕하지 마라.)

Stabbed in the back.

15.국가직7급 믿는 도끼에 발등 찍힌다.

---

14. 인생의 법칙 [설상가상, 길흉화복, 새옹지마]

It never rains but it pours.

비가 내렸다 하면 억수로 퍼 붓는다.
= When it rains, It pours.

日 **Misfortunes never come single.**
불행은 겹쳐서 온다.
= **One misfortune rides upon another's back.** 하나의 불행은 다른 것의 등에 업혀 온다.
= **Adding insult to injury.**
상처에다 모욕까지 (설상가상)

Lightning never strikes twice in the same place.

15.사회복지9급 번개는 절대 같은 장소에 두 번 떨어지지 않는다

Every cloud has a silver lining.

10.경북교행9급/97.고려대학원 모든 구름은 하얀 선을 가지고 있다. (쥐구멍에도 볕 들 날이 있다.)
= Behind the clouds is the sun still shining.
구름 뒤편에도 여전히 태양은 빛나고 있다.

S Look on the bright side.
사물의 밝은 면을 보아라.
(긍정적으로 생각해라.)
= Every dog has his day.
쥐구멍에도 볕 들 날 있다.
= It is a long lane that has no turning.
구부러지지 않는 길은 없다.
= After a storm comes a calm.
태풍 뒤에 고요하다.

S Life is full of ups and downs.
인생사 새옹지마

Sunny spots get darkened and dark spots get sunny.

양지가 음지 되고 음지가 양지된다. (인생사 새옹지마)

After the storm comes the calm.

비 온 뒤에 땅이 굳어진다.

Leap[fall] out of the pan into the fire.

작은 난(難)을 피하려다 큰 난을 만나다. (늑대를 피하려다 호랑이를 만나다)
= Out of the frying pan into the fire. 냄비에서 나와 불 속으로 들어간다.

Many go for wool and come home shorn.

양털을 얻으러 갔다가 다 깎이고 돌아온다. (혹 떼러 갔다가 혹 붙이고 온다.)

the icing[frosting] on the cake

12.중앙대 금상첨화 *icing 케이크 위에 얹혀있는 맛있는 크림

Between a rock and a hard place.

진퇴양난

Come empty, return empty.

공수래 공수거

15. 기타 속담표현

A little pot is soon hot.

작은 냄비는 금방 뜨거워진다. (소인은 화를 잘 낸다.)

A miss is as good as a mile.

약간의 빗나감은 1마일을 벗어난 것과 같다. (실수는 실수이다.)

Don't bark up the wrong tree.

12.명지대 고양이가 올라간 나무가 아닌 다른 나무 밑에서 짖지 마라.
(헛물켜지 마라.)

Blood is thicker than water.

피는 물보다 진하다. (팔은 안으로 굽는다.)

R Like father, like son. 부전자전

Better bend than break.

부러지는 것보다 구부러지는 것이 낫다.

Even Homer sometimes nods.

원숭이도 나무에서 떨어질 때가 있다.

(There is) No rule without exception.

예외없는 규칙은 없다.

Even a worm will turn.

지렁이도 밟으면 꿈틀한다

Faith will move a mountain.

신념은 산을 움직인다. (지성이면 감천이다.)

Give the disease and offer the remedy.

병 주고 약 주다.

He laughs best who laughs last.

마지막에 웃는 자가 진정으로 웃는 자이다.

If the wind will not serve, take to the oars.

바람이 도와주지 않으면 노를 집어들어라. (이가 없으면 잇몸으로)

Ignorance is bliss.

모르는 게 약이다. (식자우환)

No news is good news.

무소식이 희소식

It's a piece of cake.

누워서 떡 먹기.

Robbing Peter to pay Paul.

피터에게서 뺏어서 폴에게 갚는다.
(한 문제의 해결을 위해 새로운 문제를 일으키다.)

Search for a needle in a haystack.

잔디밭에서 바늘 찾다. (가망없는 짓을 하다)

The pen is mightier than the sword.

12.명지대 펜은 칼보다 강하다.

The squeaking machine gets the oil.

삐걱거리는 기계에 오일을 친다. (우는 아이에게 젖 준다.)
*squeak 삐걱거리다

You can lead a horse to water, but you can't make him drink.

01.명지대 평안감사도 자기 싫으면 그만.

None so blind as those who won't see.

보지 않으려는 자보다 더 눈먼 사람은 없다.

One man's medicine is another man's poison.

14.건국대 갑에게는 약이고 을에게는 독이다.

ROOT

VERB & NOUN

어근으로
학습하는 기출어휘
(+기본동사 · 기본명사로 학습하는 기출숙어)

R001

[어근] capt/cip/cept/ceiv(=take, seize)

0011 seize
[síːz]
15.한국외대/09.성균관대
07.서울여대

붙잡다 → 이해하다 → 압류하다
v. 1. 붙잡다, 꽉 쥐다, 움켜잡다(=grip, clasp, grasp)
2. 이해하다(=take); 체포하다(=apprehend, arrest)
3. 빼앗다, 강탈하다, 덮치다(=usurp)
4. 압류하다(=capture, distrain)
• seize the throne 왕위를 빼앗다, 찬탈하다
• seize pirated goods 불법 복제품을 압류하다
ⓝ seizure 체포, 압류, 몰수(=capture); 발작

15.성균관대
🔳 seize upon ~을 붙잡다, 포착하다(=embrace)

0012 capture
[kǽptʃər]
07.서울여대

capt(=take)+ure → 꽉 움켜쥐는 것
n. 포획, 압류(=seizure); 상금; 컴퓨터 데이터의 저장
v. 붙잡다, 생포하다; (관심을) 사로잡다, (상을) 획득하다
• screen capture 화면 캡처

11.이화여대
🔳 recapture 탈환하다(=retake); 다시 체포하다; 생각해내다

0013 captivate
[kǽptəvèit]
08.성균관대/02-2.숭실대

captive(포로)+ate → 포로를 만들다
vt. 넋을 빼앗다, 매혹하다(=charm, enthrall, beguile)
• be captivated by the story 이야기에 매료되다

17.서강대
ⓐ captivating 매혹적인(=intoxicating), 매력적인
🔳 captive[kǽptiv] 포로; 포로의; 사랑에 빠진 사람
captor 생포자, 체포자

0014 captious
[kǽpʃəs]
11.중앙대/09.중앙대

capt(=take)+i+ous → 붙잡기(딴지 걸기) 좋아하는
a. 흠잡기 좋아하는(=quibbling)
• be captious about everything 만사에 흠잡기 좋아하는
🔳 quibbling[kwíbliŋ] 트집 잡는; 발뺌하는, 어물쩍 넘기는
- quibble 트집 잡기; 억지스러운 변명, 궤변

0015 receptive
[riséptiv]
08.덕성여대

re(강조)+cept(=take)+ive → 잘 받아들이는
a. 잘 받아들이는(=amenable), 감수성이 풍부한
• receptive to new ideas 새로운 생각을 잘 받아들이는
ⓥ receive 받다, 접수하다, 경험하다; (전파를) 수신하다
ⓐ received 표준이 되고 있는
ⓝ receipt[risíːt] 영수증, 수령
reception 리셉션, 피로연; 입회, 가입; 수령

08.계명대
• a warm reception 따뜻한 환영

08.건국대
receptionist (호텔 등의) 접수원

0016 recipient
[risípiənt]
06.강남대

re(강조)+cip(=take)+i+ent → 받아들이는 (것, 사람)
n. 수취인, 수령인(=receiver); 용기, 그릇
a. 잘 받아들이는(=receptive), 감수성이 있는(=sensitive)
• recipient of subsidy 보조금 수령자
• worthy recipient 합당한 수취인
🔳 receptacle[riséptəkl] 그릇, 용기(=container)

0017 recipe
[résəpi]
07.강원9급/99-2.동국대

re(=again)+cip(=take)+e → 다시 물려받은 요리 비법
n. (요리의) 조리법(=gastronomy), 레시피; 처방전; 비법
• chicken soup recipe 닭고기 스프의 요리법
• recipe for success 성공의 비법

0018 incipient
[insípiənt]
11.덕성여대/07.강원9급
99-2.동국대

in(=in)+cip(=take)+i+ent → 안으로 받아들이는
a. 시작의, 초기의, 발단의(=initial)
• incipient stage 초기 단계

---

tip 흔히 컴퓨터 화면을 캡처(capture)한다고 하죠. capture는 순간적으로 화면을 잡아서 저장한다는 의미랍니다. capt가 들어가는 단어는 "무언가 잡는다"란 의미가 들어간 것으로 이해하세요.

추가 어휘

- ☐ **capt**ion[kǽpʃən] 자막, 설명문; 기사의 제목
- ☐ in**cept**[insépt] 섭취하다; 개시하다 •in(=in)
  - in**cept**ion[insépʃən] 시작, 개시, 발단
- ☐ inter**cept**[intərsépt] 가로채다, 요격하다
  •inter=(between)
  - inter**cept**ion 가로챔, 요격, 도청
- ☐ parti**cip**ate 참여하다, 참가하다
  •part+i+cip+ate: 한 부분으로서 자리하다
  - parti**cip**ation 참가, 관여, 분배
- ☐ parti**cip**le 분사

표제어 복습

- ☐ **cap**ability 능력, 재능; 수용력 ▣ D0236
  - **cap**able 유능한, 재능이 있는
  - ↔ in**cap**able 할 수 없는, 무능한
- ☐ **cap**acity 능력, 수용인원 ▣ N0236
  - ↔ in**cap**acity 무능; 부적격
  - in**cap**acious 무능한; 한정된
- ☐ in**cap**acitate 무능력하게 하다 ▣ D0236
  - ↔ **cap**acitate ~의 자격을 주다
- ☐ anti**cip**ate 기대하다, 선수 치다 ▣ N0350
- ☐ ac**cept** 받아들이다, 감수하다 ▣ N0349
- ☐ con**ceive** 상상[생각]하다, 창안하다 ▣ N0753
  - con**cept** 개념, 구상, 발상
  - con**cep**tion 개념; 착상; 임신
  - contra**cep**tion 피임(법)
- ☐ con**ceit** 자부심, 자만심 ▣ N0992
  - con**ceit**ed 자만심이 강한
- ☐ de**cep**tive 속이는; 믿을 수 없는 ▣ N0215
  - de**ceit** 책략, 간계; 기만
  - de**cep**tion 속임, 기만, 사기
  - de**ceive** 속이다, 기만하다
- ☐ sus**cept**ible (영향을) 받기 쉬운 ▣ N0005
  - sus**cept**ibility (병에) 걸리기 쉬움; 예민
- ☐ imper**cept**ible 지각할 수 없는; 경미한 ▣ N0344
  - ↔ per**cept**ible 지각할 수 있는; 상당한
  - per**ceive** 지각하다, 알아채다
  - per**cept**ive 지각하는
- ☐ oc**cup**ation 직업, 점유, 점령 ▣ N0766
  - oc**cup**y 점유하다; 종사하다
  - unoc**cup**ied 살지 않는, 공석인
  - preoc**cup**y (아무를) 열중하게 하다
- ☐ eman**cip**ate (노예 등을) 해방하다 ▣ N0317
  - eman**cip**ation (노예 등의) 해방

혼동어근 cip/cap(=head) ▣ R183

0019 discipline
[dísəplin]
07-2.가톨릭대/93.고려대학원

dis(=apart)+cip(=seize)+line → (대열에서) 따로 끄집어낸

n. 1. 학문의 부문(=an academic branch)
2. 훈련, 단련, 수양(=exercise, drill)
3. 규율; 징벌, 징계

vt. 훈련[훈육]하다; 징계하다
• Biochemistry is a new kind of science involving at least two different disciplines, which is called "interdisciplinary."
생화학은 연계 학문적(학제적)이라고 불리는 적어도 둘 이상의 학문의 분야를 포함한 새로운 종류의 학문이다.

98.서울시립대
ⓐ disciplinary 훈육의; 훈계의; 규율상의; 징계의(=strict)
disciplined 훈련[단련]된; 규율 바른
disciplinable 가르칠 수 있는, 훈련시킬 수 있는
interdisciplinary (학문이) 둘 이상 분야에 걸치는
ⓝ disciple 제자, 문하생, 문인; 신봉자
disciplinant 단련하는 사람, 수행자
disciplinarian 규율에 엄한 사람, 엄격한 교사

0019(1) exceptional
[iksépʃənl]
15.경찰3차/11.서울여대

ex(=out)+cept(=take)+tion+al → 바깥으로 빼낸

a. 1. 예외적인, 이례적인
2. 특출한, 매우 뛰어난
• show an exceptional ability 특출한 능력을 보이다

06.세무사
ⓐⓓ exceptionally 예외적으로(=extremely)
ⓥ except 제외하다, 예외로 하다; **prep.** 제외하고
ⓐ excepting ～을 제외하고
ⓝ exception 제외, 예외, 이의

0019(2) principle
[prínsəpl]
10.성균관대

prin(=first)+cip(=take)+le → 가장 먼저 가져야 할 생각

n. 1. (개인의 도덕적) 원칙, 신조(=tenet)
2. (법·이론 등의) 원리; (자연) 법칙
• the principle of equality before the law
만인이 법 앞에 평등하다는 원칙

🔁 **principal**[prínsəpəl] 총장, 교장; 주요한, 주된 ➔ R1831

0019(3) precept
[príːsept]
95.서울대학원

pre(=before)+cept(=take) → 미리 마음으로 받아들인 것

n. 교훈, 훈시(=instruction, teaching),
격언(=maxim, adage, aphorism)
• Practice is better than precept. 실행은 교훈보다 낫다.

ⓝ preceptor 교사(=instructor, tutor, mentor)

0019(4) recuperate
[rikjúːpərèit]
17.가천대
00-2.고려대,동국대

re(=again)+cup(=take)+er+ate → 다시 (건강을) 가지다

v. (병·피로에서) 회복하다[from](=recover); (손실을) 만회하다
• recuperate from a heart attack 심장마비에서 회복하다

ⓐ recuperative 회복시키는; 회복력이 있는
ⓝ recuperation 회복

13.세종대
🔁 **recoup** v. (쓰거나 잃은 돈을) 되찾다, 회수하다
n. 회복, 변상

R002 [어근] pris/pri/prehens/prehend/pren(=take, seize)

0021 apprise
[əpráiz]
08.대구가톨릭대
90.서울대학원

ap(ad(=to)+pris(=take) → 소식을 누구에게로(to) 가지고 가다(take)

vt. 1. (사람에게) 알리다, 통고하다(=inform)
• apprise A of B A에게 B를 알리다
• be apprised of ～을 통지받다
2. [= appraise] 값을 매기다, 견적하다

🔁 **appraise** 평가하다, 값을 매기다
- **appraisal** 평가

0022 comprise
[kəmpráiz]
14.서울여대/13.국민대

com(=together)+pris(=take)+e → 다같이 취하다

vt. 1. ～으로 구성되다[of]
2. 구성하다, 차지하다; 포함하다(=encompass)
• comprise 10% of the population 인구의 10%를 차지하다
• be comprised of ten members 10명의 멤버로 구성되다

ⓝ comprisal 포함; 개략

🔲 **tip** prison(감옥)은 죄지은 사람을 잡아 가두는 곳이란 것은 누구나 다 알고 있죠? 어근 pris는 "잡다"라는 의미임을 이 단어로 떠올리세요.

추가 어휘

☐ **pris**on[prizn] 교도소, 감옥(=jail)
- **pris**oner 죄수, 포로
☐ im**pris**on[imprízn] 투옥하다 •im(in(=in)
- im**pris**onment 구속, 감금, 징역
☐ sur**pris**e 놀람, 놀라운 일; 놀라게 하다
•sur(=above)+pris: 위에서 덮치다
- sur**pris**ing 놀랄 만한, 의외의
☐ re**prie**ve[ripríːv] 집행유예, 일시적 중지;
형집행을 유예하다 •re(=again)+pri(=take)
☐ **prehens**ile (코끼리 코처럼) 물건을 잡기에 적합한

0023 propriety
[prəpráiəti]
06.대구가톨릭대/97.경기대

pro(=before)+pri(=take)+ty → 사람이라면 미리 가져야 하는 것 → 예절

n. 예의범절, 예절; (행동의 도덕적) 적절성(=decency)
- with propriety 예절 바르게; 적당하게
- question the propriety of the measures
  조치의 타당성에 의문을 제기하다

> **뭐 proprietor**[prəpráiətər] 소유자, 소유주, 주인
> **proprietary** 소유권의; 독점의; 소유자
> ↔ **non-proprietary** 비독점의
> **expropriate** (재산 토지 등을) 몰수하다(=dispossess), 수용징발하다
> *expropriate A from B B에게서 A를 몰수하다

0024 appropriate
[əpróuprièit]
17.서울여대/15.광운대
10.홍익대

ap⟨ad(=to)+pro(=before)+pri(=take)+ate → 먼저 가지려 하다

a. 1. 적절한, ~에 어울리는[to](=suitable, relevant, applicable)
　　2. ~에 고유한[to]
vt. 횡령하다(=embezzle), 충당하다

05.가톨릭대/99.명지대

뭐 misappropriate 남용하다, 착복하다; 횡령하다
뭐 inappropriate 부적당한(=irrelevant, inadequate), 어울리지 않는

0025 enterprising
[éntərpràiziŋ]
98.공인회계사

enter(between)+pris(take)+ing → 먼저 잡으려고 애쓰는

a. 진취적인; 기업열이 강한(=vigorous, ambitious)
- enterprising businessmen 진취적인 사업가
ⓝ enterpriser 기업가, 사업가
enterprise 기획; 모험적인 사업; 기업(체)

0026 entrepreneur
[à:ntrəprənə́:r]
04.단국대/97.동국대

enter(=between)+pren(=take)+eur(행위자) → 먼저 잡으려고 애쓰는 사람

n. 1. 기업가, 사업가(=enterpriser)
　　2. 청부업자; 중개인; 흥행주
- many successful entrepreneurs 많은 성공한 기업가들

0027 apprentice
[əpréntis]
11.중앙대

ap⟨ad(=to)+pren(=take)+ice → 일자리를 잡으려는 사람

n. 초심자, 실습생, 수습생(=novice, neophyte, beginner, tyro)
- become an apprentice chef 요리사 수습생이 되다
- on-the-job training as an apprentice 실습생으로서 구직 훈련

0028 reprise
[ripráiz]
13.경희대

re(=again)+pris(=take)+e → (했던 것을) 다시 취하다

vt. 반복되다, 되풀이하다(=repeat)
n. 1. (특히 음악에서) 반복 부분
　　2. (pl.) 토지에 드는 연간 경비
- reprise her role 그녀의 역할을 다시 맡다
- a reprise of the chorus 합창의 반복 부분
뭐 reprisal[ripráizəl] 보복, 앙갚음

표제어 복습

☐ com**prehens**ive 포괄적인, 광범위한 ▣ N0261
　- com**prehend** 이해하다; 포함하다
　- com**prehens**ible 이해할 수 있는
　↔ incom**prehens**ible 이해할 수 없는
☐ ap**prehend** 이해하다; 체포하다; 염려하다 ▣ N0140
　- ap**prehens**ion 염려; 체포; 이해
　- ap**prehens**ive 염려하는; 이해가 빠른
　↔ misap**prehens**ion 오해
☐ re**prehens**ible 비난받을 만한 ▣ N0863
　- re**prehend** 꾸짖다, 비난하다
　- re**prehens**ion 질책, 견책
☐ im**pregn**able 난공불락의 ▣ N0456
　↔ **pregn**able 공격받기 쉬운

R 003

[어근] em/empt/mpt/om(=take)

0031 exempt
[igzémpt]
95.서울대학원

ex(=out)+empt(=take) → 잡혀 있는 것(의무)에서 벗어나게 하다

vt. 면제하다[받다][from](=excuse)
a. 면제되는[from](=not liable, immune)
- goods exempt from taxes 면세품
- be exempt from paying taxes 세금이 면제되다

05.가톨릭대

ⓝ exemption (의무의) 면제(=immunity); 공제액; 면세품
ⓐ exemptive 면제[공제]의; 면세의(=duty[tax]-free)

0032 preemptive
[priémptiv]
08.건국대

pre(=before)+empt(=take)+ive → 먼저 가지려 하는

a. 선매의, 선매권이 있는; 선제의
- preemptive right 선매권(先買權)
- preemptive strike 선제공격
ⓥ preempt 선취하다, 선매권에 의하여 획득하다

---

tip 아파트를 먼저 샀다가 돈을 더 붙여 파는 경우에 프리미엄(premium)을 붙여 판다고 합니다. 먼저 취한(take) 사람이 받는 이익인 셈이죠.

추가 어휘

☐ per**empt**ory[pərémptəri] (명령 등이) 절대적인, 단호한; 독단적인 ·per(=intensive)+empt+ory; 완전히 잡고 있는
☐ ran**som**[rǽnsəm] (포로의) 몸값, 배상금
☐ pre**mium**[prí:miəm] 프리미엄, 할증금; (증권의) 액면 초과액; 보험료
·pre(=before)+mium; 미리 가지고 있는 대가

표제어 복습

☐ im**prompt**u 즉흥적인, 임시변통의 ▣ N0218
☐ pro**mpt** 즉각적인, 신속한 ▣ N0898
　- pro**mpt**ly 빠르게, 신속히; 즉석에서
　- pro**mpt**ing 충동, 자극, 격려
　- pro**mpt**itude 신속, 기민; 시간 엄수
☐ ex**empl**ary 경고가 되는, 모범적인 ▣ N0966

0033 redeem
[ridíːm]
03-2.고려대

re(=again)+de(=down)+em(=take) → 담보로 잡은 것을 다시 내려놓다

vt. 1. (화폐를) 환전하다; (쿠폰·상품권을) 상품으로 바꾸다 (=exchange)

2. (저당물을) 되찾다, 도로 찾다

3. (채무·채권을) 변제[상환]하다; (의무·약속을) 이행하다

4. (결함 등을) 보완[벌충/상쇄]하다(=make up for)
- redeem a weak plot 약한 줄거리를 보완하다
- redeem the mortgage 저당물을 되찾다

ⓝ redemption 되삼, 상환, 회수; 이행

ⓐ redeemable 상환할 수 있는, 되찾을 수 있는
  ↔ irredeemable 바꿀 수 없는, 환전이 불가능한

12.국민대 redeeming (결점 따위를) 보완하는, 벌충이 되는

🔑 deem 생각하다(=consider), ~라 간주하다, 판단하다(=judge) ⊃ T1055

- **exempl**ar 본보기, 모범; 전형, 원형
- **exempl**ify 예시하다, 좋은 예가 되다
- **exempl**ification 예증, 예시; 좋은 예

R004 **[어근] sum/sumpt(=take, use, waste)**

0041 sumptuous
[sʌmptʃuəs]
99.단국대

sumpt(=use)+ous → 비싼 것에 돈을 마구 쓰는

a. 사치스러운, 화려한(=luxurious), 값지게 보이는
- a sumptuous meal 호화로운 식사
- sumptuous surroundings 호화로운 환경
- sumptuous moods 사치 풍조

🔑 sumptuary [sʌmptʃuèri] 사치를 금지하는, 비용 절감의
- sumptuary laws 사치 금지법

tip consumer(컨슈머, 소비자)는 상품을 사서 먹고 소비하는 사람입니다. take의 의미에 "먹다"라는 의미가 있는데 그런 차원으로 이해하시기 바랍니다.

추가 어휘
☐ sub**sume** [səbsúːm] 포섭하다, 포괄하다
  • sub(=under)+sume: 밑으로 취하다
☐ **sumpt**er [sʌmptər] 〈古〉 짐 나르는 짐승
☐ **sumpt**ion [sʌmpʃən] 가정, 대전제

표제어 복습
☐ as**sume** 추정하다, 가정하다, 장악하다 ☑ N0269
  - as**sume**d 추정되는; 가장한
  - unas**sum**ing 건방지지 않은, 겸손한
☐ con**sume** 소비하다, 다 써버리다; 먹다 ☑ N0276
  - con**sump**tion 소비, 소비량; 폐결핵
  - con**sum**er 소비자, 수요자
  - con**sump**tive 폐병을 앓는, 결핵성의
  - con**sum**able 소비할 수 있는; (pl.)소모품
☐ pre**sumpt**uous 주제넘은, 건방진 ☑ N0623
☐ pre**sume** (증거 없이) 가정[추정]하다 ☑ N0494
  - pre**sum**ably 생각건대, 아마
☐ re**sume** 다시 시작하다, 재개하다 ☑ N0409
  - re**sumpt**ion 되찾음, 회수; 재개, 속행

R005 **[어근] rap/rapt/rep/rept/rav(=take, snatch)**

0051 rapacious
[rəpéiʃəs]
13.경희대

rap(=snatch)+ac+ious → (남의 것을) 잡아채는

a. 탐욕스러운(=greedy), 강탈하는
- Rapacious pirates looted the ship. 탐욕스러운 해적들이 배를 약탈했다.

ⓐ rapacity 강탈, 탐욕

ⓝ rapine [ræpin] 강탈, 약탈

0052 enraptured
[inræptʃərd]
04-2.고려대

en(=make)+rapt(=take)+ure → 마음을 완전히 사로잡다

a. (너무 좋아) 황홀한(=enchanted), 도취된, 넋이 나간
- enraptured by the music 음악에 도취된
- be totally enraptured by her 그녀에게 완전히 넋이 나가다

ⓥ enrapture 넋이 나가게 하다, 황홀하게 하다

🔑 **rapt**ure 큰 기쁨, 황홀, 환희; 〈고어〉 납치
  - **rapt**urous 기뻐 날뛰는; 열광적인
  rapt 완전히 몰입한, 넋이 빠진
  ravish 미칠 듯이 기쁘게 하다; 빼앗다, 강탈하다
  - **rav**ishing 매혹적인, 황홀하게 하는

tip rape(강간, 성폭행)은 폭력을 사용하여 상대를 성적으로 취하는 것을 말합니다. 어근 rap는 "폭력적으로 무언가를 가진다(take)"라는 의미로 이해하세요.

추가 어휘
☐ **rape** [réip] 강간, 성폭행; 강간하다, 파괴하다
  - **rap**ist 강간범, 성폭행범
☐ **rap**id (속도가) 빠른, (비탈이) 가파른; 급류
☐ **rav**en [réivən] 큰 까마귀(불길한 징조); 강탈하다
  - **rav**enous 게걸스럽게 먹는, 탐욕스러운
  - **rav**ening 동물이 먹이를 찾아 날뛰는
☐ **rav**ine [rəvíːn] 좁은 골짜기

표제어 복습
☐ sur**rept**itious 남몰래 하는, 은밀한 ☑ N0516
☐ **rav**age 유린하다, 약탈하다; 파괴 ☑ N0889

037

take

take의 기본의미는 '**잡다, 취하다**'이다.
get이나 have보다는 적극적으로 자신에게 가져오는 것이다.

1. (물건을) 취하다 → 물건을 받다, 보수를 얻다
2. (음식물을) 취하다 → 음식물·약을 먹다, 섭취하다
3. (자리를) 잡다 → 예약하다, 취임하다
4. (피해자를) 잡다 → 병에 걸리다, 재해가 덮치다
5. (시간을) 갖다 → 서두르지 않다
6. (자세를) 취하다 → 몸을 두다, 입장[견해]을 취하다
7. (충고·비난을) 받아들이다 → 감수하다, 참고 견디다
8. (뜻·의미를) 받아들이다 → 이해하다, 해석하다
9. (사람을) 잡고 있다 → 체포하다; 돌보다
10. (타인의 시선을) 잡다 → 마음을 사로잡다, 매료하다
11. (어느 것 중에 하나를) 잡다 → 고르다, 선택하다, 사다
12. (길을) 취하다 → 가다, 데리고 가다, 휴대하다

---

1. (물건을) 취하다 → 물건을 받다, 보수를 얻다

03701
take ＊ back sth
06.서울여대/Teps

되돌려(back) 받다(take)
1. (물건을) 돌려 받다; 반품하다 2. ~을 취소하다, 철회하다
• I have to **take** this video **back** today.
나는 이 비디오를 오늘 중으로 반납해야 한다

03702
be taken aback (by sb/sth**)**
84.서울대학원

뒤에서(뒷덜미를) 잡힘을 당하다(taken)
기겁하다, 아연실색하다(=be struck dumb)
• She **was** completely **taken aback** by his anger.
그가 화를 내자 그녀는 완전히 당황하였다

03703
take the lion's share
12.경기대/04.공인회계사
03.여자경찰/홍익대/Teps

사자의 몫을 가지다(take)
가장 큰 몫을 가지다(=take the largest portion)
• The elder boy always **takes the lion's share** of the food.
나이가 많은 남자아이가 언제나 먹을 것의 큰 몫을 가진다.

圖 the lion's share of sth ~의 가장 큰 몫

> ■ **share** 몫, 할당; 주식(미: stock), 지분; 분배[할당]하다;
> ~와 함께 나누다, 같이 쓰다(with); (고통 등을) 분담하다(in)
> - **shareholder** 〈영〉 주주 **cf.** 〈미〉 **stockholder**
> - **get a fair share** 당연한 몫을 받다 *정당한(fair) 몫(share)을 받다(get)
> - **(go) share and share alike** 같은 몫으로 (나누다)
> - **have a[one's] share in** sth ~에 관여하다
>   *~에(in) 몫(share)을 가지다(have)
> - **share A with B** B와 A를 공유하다, 같이 쓰다
> - **share in sb's distress** ~와 고난을 같이하다
>   *고통(distress)을 같이 분담하다

圖 a large portion of sth
~의 상당부분, 대부분

03704
take no stock in sb/sth
99.세무사/행시/토플

~에 신용(stock)을 두지(take) 않다
믿지 않다(=do not believe), 경시하다
→ take[put] stock in sb/sth (회사의) 주식을 사다; ~을 중히 여기다, 신용하다
• I **take no stock in** what he said.
난 그가 한 말을 믿지 않는다.

> ■ **stock** 재고품, 사들인 것; 비축; 주식(영: share); 나무줄기,
> 뿌리줄기; 혈통; 신용, 평판 (~의) 원료, 근원; 사들이다
> - **take stock** 재고 조사를 하다, 현황을 점검하다 *재고품이 얼마인지를 알다(take)
> - **take stock of** sb/sth (어떤 일을 결정하기 전에) ~을 심각하게 고려하다
>   *어떤 것의 근원, 혈통, 족보(stock)를 입수해 보다(take)
> - **be out of stock** 품절되었다, 매진되었다 *재고품(stock)이 떨어져
>   ↪ **be in stock** 재고가 있다
> - **stock market** 주식 시장, 증권 거래소; 주가
> - **ordinary[common] stock** 보통주
> - **be stocked with** sth (상점에서 물건을) 들여놓다; 비축하다, 저장하다

03705
take advantage of sb/sth
16.홍익대/09.동국대/07.인천시9급
03.행자부9급/01.고려대
91.행정고시/외무고시/토익/토플/입사/Teps

~을 기회(advantage)로 삼다(take)
1. [좋은 의미] (기회나 자원 등을) 이용하다(=exploit, utilize, employ,
   put sth to use, make use of, capitalize on, avail oneself of sth)
2. [나쁜 의미] (남의 호의·약점 등을) 이용하다(=exploit, impose on sb/sth)
• We must **take advantage of** the boom in world electronics industry.
우리는 세계 전자 산업의 호경기를 이용해야 한다.

圖 avail oneself of sth 〈96.경찰〉
(기회 등을) 이용하다
(=utilize, make use of, take advantage
of sb/sth)
= **make use of** sb/sth
(기회 등을) 이용하다
= **capitalize on** sth

2. (음식물을) 취하다 → (음식물·약을) 먹다, 섭취하다

03706
take a sip
01.명지대/Teps

한 모금(a sip)을 취하다(take)
조금씩 맛보다
(=drink, taking only a little at a time into the front of the mouth)
• Harry **took a sip** of bourbon.
해리는 버번 위스키를 한 모금 마셨다.

03707
take a pill
12.기상직9급

알약(pill)을 먹다(take)
약을 먹다[복용하다]
• **I took a pill**, but it didn't really work.
약을 먹었지만 효과가 없었다.

3. (사람이 자리를) 잡다 → 예약하다, 취임하다, 떠맡다; (병이 자리를) 잡다 → 병에 걸리다, 재해가 덮치다

03708
take over (sth)
17.국가직9급/11.서울시9급/01.경찰
01.성균관대/98.한양대/입사/Teps

넘겨(over) 받다(take)
1. ~을 인계받다, 떠맡다, 인수하다; 점거하다
2. (~보다) 우세하게 되다; (더 나은 것이 다른 것의 자리를) 대체하다
• Will you **take over** the new store for us?
우리를 위해 새로운 가게를 인수해 주시겠습니까? *takeover 인계; 경영권 취득; 탈취

03709
take on sb/sth
17.국가직9급/17.광운대.아주대
13.국가직9급/10.동덕여대/09.지방직9급
05.영남대/입사/토플/Teps

옷(역할, 모양)을 취하다(take)
1. (일·역할을) 떠맡다(=undertake), 맡아서 경영하다
2. ~를 고용하다(=employ, engage, hire)
3. (형태·성질·태도 따위 등을) 취하다, 드러내다; ~인 체하다(=assume)
4. ~을 상대로 다투다, 싸우다(=fight)
• If you cannot find time for a certain job, do not **take it on**.
네가 어떤 일을 위해 시간을 낼 수 없다면 그 일을 떠맡지 마라.

03710
take the place of sb/sth
08.덕성여대/01-2.한성대/97-2.단국대

대신에(of) 자리(the place)를 차지하다(take)
~를 대신하다, 대체하다(=replace)
• No one could **take the place of** my mother.
아무도 나의 어머니를 대신할 수 없다.

03711
take place
12.지방직9급/09.광운대/01.사법시험
94.연세대학원/토플/Teps

(행사 등이) 어떠한 장소(place)를 차지하다(take)
1. (사건 등이) 발생하다, 일어나다(=occur, happen)
2. (행사 등이) 개최되다, 열리다(=be held)
• Major changes are **taking place** in society.
사회에서 많은 변화들이 일어나고 있다.

4. 시간을 갖다 → 서두르지 않다

03712
take one's time
01.전남대/01.행자부9급
98.경찰/토플/입사3회/Teps

시간(여유)을 가지다(take)
천천히 하다, 서두르지 않다(=don't hurry)
• **Take your time.** You're always in a hurry.
천천히 해. 넌 항상 매사에 너무 급해.

03713
take it easy
87.법원직/Teps

그것 → 마음을 편안하게(easy) 가지다(take)
대범하게 생각하다, 서두르지 않다, 마음을 편히 가지다
• The best cure for a cold is to **take it easy**.
감기엔 편히 쉬는 게 최고야.

冠 take it easy on sb/sth
(사람을) 상냥하게 다루다;
(사물을) 아껴 쓰다

5. (자세를) 취하다 → 몸을 두다, 입장[견해]을 취하다

03714
take the lead
00.세무사

lead(경쟁에서 이김, 앞섬)를 잡다(take)
선두에 서다, 솔선하다; 주도권을 잡다
• England **took the lead** after 31 minutes with a goal by Peter Nail.
영국팀은 31분이 지난 후에 피터 네일의 골로 주도권을 잡았다.

> ■ lead 이끌다, (결과가) 이르게 하다: 선두, 우위
> - **lead off** (with sth)/**lead ★ off** sth (with sth) 〈00.동아대〉
> (모임이나 토론 등을)~로 시작하다, 개시하다(=start with sb/sth)
> - **get the lead out** 서두르다(=hurry up sb/sth), 행동을 개시하다
> - **lead to** sth ~에 이르게 하다, 초래하다 ⊃ IO1514

03715
take ★ to heart sth
96.기술고시

마음속(heart)에(to) 무엇을 받아들이다(take)
~을 마음에 새기다, 진지하게 생각하다(=consider seriously)
• No matter how often I warn that guy, he shows no sign of having **taken it to heart**.
아무리 자주 그 사람에게 경고해도 그는 진지하게 생각하지 않았다.

冠 take heart 용기를 가지다; 용감하다
*heart(용기)

03716
take a dim view of sth
11.명지대/99.경기대/토플/Teps

흐릿한(dim) view(시각, 전망)을 가지다(take)
~을 비관적으로 보다(=have little confidence)
• He **takes a dim view of** politics.
　그는 정치에 대해 비관적이다.

03717
take the bull by the horns
14.건국대/09.지방직9급,대구대/06.건국대/Teps

황소의 뿔(horn)을 잡다(take)
용감하게 난국에 맞서다, 적극적으로 대처하다
• We are going to **take the bull by the horns** and settle this matter once and for all.
　우리들은 정면으로 맞서서 이 문제를 최종적으로 결말 지을 작정이다.

03718
take steps / take measures
90.KATUSA/Teps

조치(measure)를 취하다(take)
조치를 취하다, 절차를 밟다(=begin to act)
• We should **take steps** to conserve the environment.
　우리는 환경을 보존할 조치를 취해야 한다.

Ⅻ take no steps
아무런 수단도 강구하지 않다

03719
take sides
16.한양대

누구의 쪽(sides)에 몸을 두다(take)
(논쟁이나 싸움에서) 편을 들다
• I don't want to defend anyone or **take sides**.
　나는 누구를 옹호하거나 편들고 싶지 않다.
cf. take somebody's side ~를 편들다

03720
take precaution (against sth**)**
03-2.광운대/01-2.한성대/99.경찰
95.행자부7급

무엇에 대해(against) 예방책(precaution)을 취하다(take)
~에 대한 안전책을 강구하다, 미리 조심하다
(=take care of sth beforehand, take measures to avoid possible dangers)
• Residents in a city must **take precaution** not to pollute the air.
　도시의 거주자들은 공기오염이 되지 않게 미리 조심하여야 한다.

圄 take heed 신중을 기하다, 주의하다
*heed(주의, 조심)

6. (충고·비난·불쾌한 것을) 받아들이다 → 감수하다, 참고 견디다

03721
take[call, bring] sb **to task (for** sth**)**
09.동국대/96.입법고시/95.기술고시

사람을 힘든 일(task)에 데려오다(take)
~를 꾸짖다, 책망하다(=scold)
• He's been **taken to task** for his habitual lack of punctuality.
　그는 습관적인 지각으로 한소리 들었다.

03722
take (much) pains
입사/Teps

많은 노력(pains)을 취하다(take)
(매우) 수고하다, 애쓰다
• I had **taken** great **pains** with my appearance.
　난 내 외모에 매우 정성을 들여왔다.

03723
take it out of sb
94.입법고시/Teps

사람에게서(of) 그 무엇(it)을 빼내다(take)
1. ~를 지치게 하다(=exhaust, wear sb out)
2. ~을 못살게 굴다(=annoy, pick on sb/sth)
• This job has **taken it out of** me.
　이 일은 나를 정말 지치게 한다.

꿱 take it out on sb
~에게 앙갚음을 하다(=get even with sb, revenge, retaliate, repay)

03724
take offence (at sth**)**
96.연세대학원

기분을 상하게 하는 것; 모욕감(offence)을 가지다(take)
(~에) 기분 상하다, 성내다(=be annoyed)
• She never **takes offence at** anything.
　그녀는 어떤 것에도 결코 화내지 않는다.

03725
take exception
입사

exception(제외, 예외; 반대, 이의)을 가지다(take)
1. 이의를 제기하다(=take objection, raise an objection)
2. 성내다, 화를 내다(=take offense, be offended by sth)
• They **took exception** to several points in the contract.
　그들은 계약서에서 몇 가지 항목에 이의를 제기하였다.

03726
take issue with sb
13.중앙대/91.행정고시/토플

issue(논쟁, 토론)을 가지다(take)
논쟁하다(=argue, debate); (~의 의견 등에) 이의를 제기하다
• I **take issue with** people who say it is unpatriotic to criticize our government.
　나는 우리의 정부를 비판하는 것은 애국심이 없는 것이라고 말하는 사람과는 의견이 다르다.

7. (뜻·의미를) 받아들이다 → 이해하다, 해석하다

03727
take A for B
98.경찰간부/93.공인회계사/토플/토익

A를 B로 받아들이다(take)
1. A를 B로 잘못 알다(=mistake A for B)　2. B에 대해 A를 받다
• In the dark, I **took** him **for** George.
　어둠 속에서, 나는 그를 조지로 착각했다.

O3728
take ★ down [sth]
03~2.단국대/99.사법시험/Teps

바닥으로(down) 받아들이다(take)
1. 받아 적다, 써 놓다(=record)
2. 집을 헐다, 분해하다(=tear ★ down [sth], break ★ down [sth])
• **take down** a speech in shorthand 연설을 속기로 받아 적다
　🔲 **takedown** 기계 등의 분해; 테이크다운(레슬링에서 서 있는 상대를 쓰러뜨리는 기술)

동 put ★ down [sth] 적어 넣다(=write)
= **jot ★ down** [sth] 적어두다
= **write ★ down** [sth] 써두다, 기록하다

O3729
take ★ into account
[consideration] [sth]
09.광운대/06.경기소방직/99.세무사
95.한국외대/사법시험/Teps

계산(account) 안에 넣다(take)
셈에 넣다, 계산에 넣다, 고려하다(=consider)
• You must **take** her illness **into account**.
넌 그녀의 병을 고려해야 한다.
　🔲 **do not take ★ into account/take no account of** [sth]
　고려하지 않다 (=discount), ~을 무시하다

동 allow for [sth] (87.법원직)
(사정 따위)를 참작[고려]하다(=consider)
= **make allowances for** [sb]/[sth]
~을 참작하다
= **reckon with** [sb]/[sth] (05.중앙대)
~을 고려에 넣다
= **factor in[into]** [sth] ~을 계산에
넣다, ~을 하나의 요인으로 포함하다
↔ **leave** [sth] **out of account**
~을 고려에 넣지 않다
(=take no consideration of [sth])

O3730
take in [sb]/[sth]
16.사회복지9급/14.산업기술대/06.국가직9급
06.동덕여대/05.강남대/98.서울시9급
85.외무고시/82.사법시험/토플/Teps

무엇 안으로 받아들이다(take)
1. ~을 이해하다(=comprehend, understand) ＊의미를 안으로(in) 받아들이다
2. ~에 귀를 기울이다, (충고 등을) 받아들이다
　＊남의 말을 내 귀 안으로(in) 받아들이다
3. ~를 속이다(=deceive, delude, cheat) ＊거짓말을 받아들이게(in) 만들다
　cf. take-in 사기, 속임수
4. 숙박시키다 ＊집 안에(in) 받아들이다(take)
5. (세탁 · 바느질 등을) 삯을 받고 맡다; 수입으로 얻다
　＊세탁물을 받아들이다 / 돈을 받아들이다
6. (옷 등을) 줄이다 ＊옷이 내 몸을 받아들이게 만들다(take)
7. 포괄하다 ＊다른 지역을 어떤 영역 안으로(in) 받아들이다(take)
8. 마시다, 흡수하다, 섭취하다
　＊음식물 등을 내 몸 안으로(in) 받아들이다(take)
9. 구경하다, 방문하다 ＊영화를 눈 안으로(in) 받아들이다(take)
10. 체포하다(=arrest, round ★ up [sb]/[sth]), 잡다
　＊유치장 안으로(in) 잡아 들이다
11. (신문 · 잡지를) 구독하다 ＊집 안에서(in) (신문을) 받다(take)
• Halfway through the chapter I stopped. I could not **take in** a single word.
그 장의 절반쯤 읽다가 그만두었다. 난 한 단어도 이해할 수 없었다.

O3731
take it for granted
17.산업기술대/16.서울시7급/88.행정고시
83.고려대학원/토익/Teps

그것을 당연한 것으로 받아들이다(take)
~을 당연한 것으로 여기다
• She seems to **take it for granted** that she will pass the exam.
그녀는 당연히 자신이 시험에 붙을 것이라 생각하는 것 같다.

🔲 **This granted, what next?**
이것은 그렇다 치고, 다음은 어떤가?
🔲 **take** [sth] **lying down** (부당한 것을)
불평없이 받아들이다, 감수하다

O3732
take [sth] **with a**
pinch[grain] of salt
10.중앙대/07.고려대/99.경기대
00.군무원/토플/Teps

한 알의 소금 알갱이(grain)로 받아들이다(take)
~을 에누리해서 듣다, 액면 그대로 믿지 않다
• If I were you, I'd **take** everything he says **with a pinch of a salt**.
내가 너라면, 그가 하는 모든 말을 에누리하여 받아들일 것이다.
　🔲 **with a pinch[grain] of salt** 에누리하여

🔲 **take** [sth] **at face value**
~을 곧이곧대로 받아들이다
＊face value 액면가

---

8. (사람을) 잡고 있다 → 체포하다; 돌보다

O3733
take care of [sb]/[sth]
12.지방직9급/02.경찰/02~2.고려대/Teps

~에 대해 주의, 돌봄(care)를 하고 있다(take)
~을 돌보다
• We are to **take** constant **care of** our health.
우리는 지속적으로 건강을 돌보아야 한다.

동 care for [sb]/[sth]
~을 좋아하다; 돌보다

O3734
take after [sb]
17.국가직9급/16.홍익대/15.경찰2차/09.명지대
92.경성대/토플/입사/Teps

뒤를 따라(after) 가다(take)
~을 닮다(=resemble)
• I **take after** mother more than father.
나는 아버지보다 어머니를 더 닮았다.

---

9. (타인의 시선을) 잡다, 빼앗다 → 마음을 사로잡다, 매료하다

O3735
be taken with [sb]/[sth]
94.경찰/Teps

~에게(with) 사로잡혀(taken) 있다
〈미구어〉 ~에게 매혹되다, 마음이 사로잡히다
• He **is** quite **taken with** her.
그는 그녀에게 홀딱 반했다.

O3736
take[catch, strike] the
fancy of [sb] /
take [sb] **'s fancy**
92.행정고시/92.인제대/83.법원사무관

어떤 사람이 바라는 것(fancy)을 가지다(take)
~의 마음을 사로잡다, 마음에 들다(=attract or please),
눈에 들다(=appeal to [sb])
• She makes most of her own clothes, copying any fashion which
takes her **fancy**.
그녀는 마음에 드는 패션을 모방하여 대부분의 옷을 자기가 직접 만들어 입는다.

동 take a fancy to [sb]/[sth]
~이 마음에 들다, ~을 좋아하다(=have a
liking for [sb]/[sth]) ＊사람이 주어

O3737

take to sb/sth

98.경찰/86.행자부7급/Teps

~에(to) 끌리다(take)

1. ~에 정들다(=begin to like sb/sth), ~이 마음에 들다(=like)
2. ~의 뒤를 보살피다; ~에 가다; ~에 전념하다

• They didn't **take to** him at that time.
  그들은 그 당시에 그를 좋아하지 않았다.

---

10. (길을) 취하다 → 가다, 데리고 가다, 휴대하다

O3738

take sth **in (one's) stride**

03.경기대/02.성균관대/98.입법고시/Teps

큰 걸음을(stride) 취하다(take)

~에 냉철하게 대처하다(=deal calmly with sth);
(어려운 일을) 무난히 해결하다, (장애물을) 쉽게 뛰어넘다

• It was a very rude remark, but Naomi **took it in stride**.
  매우 무례한 말에도 불구하고, 나오미는 그냥 넘겨버렸다.

O3739

take ★ out sth

15.광운대/01.공인회계사/97.고려대학원
93.상명대/Teps

밖으로(out) 데리고 가다(take)

1. 꺼내다, (돈을) 인출하다(=withdraw); (책을) 대출하다
2. (얼룩 등을) 지우다(=delete, remove), 발췌하다
3. (밖으로) 데리고 나가다
4. 〈속어〉 죽이다(=kill); (건물 등을) 파괴하다(=destroy)

• Sam went to the bank to **take out** some money.
  Sam은 약간의 돈을 인출하기 위해서 은행으로 갔다.

14.상명대

N take-out / takeaway 〈영〉 (식당에서 먹지 않고) 가지고 가는 음식을 파는 가게)
N take out a loan 대출을 받다

O3740

take ★ up sth

13.지방직7급/99.경찰간부/94.변리사
81.외무고시/Teps

논의 등의 주제로(up) 꺼내놓다(take)

1. (직장이나 일 등을) 시작[착수]하다 (=begin, commence); 계속하다
2. (시간이나 공간을) 차지하다

• They will be **taking up** tennis lesson next month.
  그들은 다음 달에 테니스 레슨을 시작할 것이다.

N take up for ~의 편을 들다
N take up sb's time ~의 시간을 빼앗다

O3741

take off (sth)

17.국가직9급/09.명지대/07.강원소방직
96.경원대/토플/Teps

땅과 떨어져(off) 가다(take)

1. 이륙하다(=depart); 떠나가다, 출발하다
2. (옷 등을) 벗다(=undress, remove)
3. 〈구어〉 흉내 내다, 흉내 내어 놀리다

• She **took off** her coat at the entrance.
  그녀는 입구에서 코트를 벗었다.

N takeoff 출발점, 이륙; 흉내, 모방; 패러디

N take off from work
   휴가로 일을 쉬다
N take off one's hat to
   ~에게 경의를 표하다
   *모자를 벗고 존경심을 표시하다

O3742

take to one's heels

96.경기9급/93.수원대/토플

자기의 발뒤꿈치(heel)를 따라(to) 가다(take)

도망가다(=run away, flee, take flight)

• As soon as the beggar saw me, he **took to** his **heels**.
  그 거지는 나를 보자마자, 줄행랑을 쳤다.

R006   [어근] **don/dow/dos/dot/dit(=give)**

0061 donate
[dóuneit]
94.행정고시

don(=give)+ate → 주다
vt. (자선 기관에) 기부[기증]하다(=contribute); 증여하다
• donate scholarship to the school 학교에 장학금을 기부하다
ⓝ **donation** 기증, 기부; 기증품, 기부금
donator 기부자, 기증자
ⓐ **donative** 기증의, 기부의; 기증품, 기부금
ⓔ **donor**[dóunər] 기증자, 증여자; (장기 등의) 제공자
• organ donor 장기 기증자

0062 pardon
[pá:rdn]
00.여자경찰/92.법원직

par(=thoroughly)+don(=give) → 완전히 (용서를) 주다
vt. 용서하다, 사면하다
n. 용서, 관용, 사면
〈감탄사로〉 1. 뭐라고요? 2. 죄송합니다.
• I beg your pardon? 다시 한 번 말씀해 주실래요.
  = Pardon me? = Pardon?
• I beg your pardon, but I don't think so.
  죄송합니다만, 저는 그렇게 생각하지 않습니다.

0063 endow
[indáu]
15.상명대/04-2.영남대
14.서울여대/06.공인노무사

en(=in)+dow(=give) → 사람 안에 주다 → 재능을 부여하다
vt.1. (기금을) 기부하다
    2. (수동형으로) (~에게 재능을) 부여하다[with]
• be endowed with talent 재능을 타고나다
ⓝ **endowment** (기금의) 기부, 기증; 자질, 재능

0064 dowry
[dáuəri]
16.홍익대

dow(=give)+ry → (결혼 시에 상대방에게) 주는 것
a. 신부의 혼인 지참금(=dot)
• prepare a dowry 지참금을 준비하다
ⓔ **dower**[dáuər] 미망인의 상속 몫(을 받다)
dowager[dáuədʒər] (귀족) 미망인(=widow); 노부인

0065 anecdote
[ǽnikdòut]
06.공인노무사
86.사시/80.행시

an(=not)+ec〈ex(=out)+dot(=give)+e → 외부에는 말해주지 않은 것
n. 일화, 기담(=story, narrative)
• several anecdotes about his youth 그의 젊은 시절의 몇 가지 일화
ⓝ **anecdotage** 일화집
ⓐ **anecdotal** 일화의, 이야깃거리가 되는

0066 dote
[dóut]
00-2.경기대

dot(=give)+e → (사랑을) 주다
v. 망령들다; 맹목적으로 사랑하다
• dote on one's nephew 조카를 끔찍이 아끼다
ⓝ **dotage** 망령, 노망(=senility); 맹목적인 사랑
ⓐ **doting** 맹목적으로 사랑하는; 노망한(=senile)

0067 dose
[dóus]
03-2.광운대/01.조선대

dos(=give)+e → (약효를) 주는 것
n. 1. (약의) 1회 복용량, 한 첩
    2. 약이 되는 것; (충고 따위의) 한마디
v. (약을) 조제하다; 복용시키다; 약을 먹다
• lethal[fatal] dose 치사량
• maximum dose (약의) 최대 허용량
ⓝ **dosage**[dóusidʒ] 투약, 조제; (a ~) (1회분의) 투약량
dosimeter 약량계
17.서강대
ⓔ **overdose** 과다 복용
ⓔ **doze**[dóuz] 꾸벅꾸벅 졸다(=sleep lightly) ➾ R1764

0068 traditional
[trədíʃənl]
98.덕성여대

tra〈trans(=over)+dit(=give)+ion+al → 조상이 넘겨 준 전통의
a. 전통의, 전통적인(=customary); 재래의
• traditional cuisine 전통 음식 traditional costume 전통 의상
ⓐⓓ **traditionally** 전통적으로(=customarily)
ⓝ **tradition** 전통, 관례, 전설

---

tip 혈액이나 장기를 기증하는 사람을 donor(기증자)라고 합니다.
어근 don은 주다(give)의 의미를 가집니다.

추가 어휘

☐ **edit**ion (간행된 서적의) 판; 발행 부수
 - **edit**or 편집자, 편찬자; (신문의) 주필
 - **edit**orial 사설, 논설
☐ **per**dition[pərdíʃən] 파멸, 영원한 죽음; 지옥
 •per(=wrongly)+dit(=give)

표제어 복습

☐ anti**dote** 해독제, 대책 ☒ N0280
☐ ren**der** 주다; 표현하다; 연주하다 ☒ N0839
 - ren**dit**ion 번역, 연출; 연주; 공연
 - ren**der**ing 표현, 연출, 연주; 인도, 교부
☐ con**don**e 용서하다, 묵인하다 ☒ N0673

0069 surrender
[səréndər]
10.계명대/07.경기대

sur(sub(=under)+render(=give) → 무릎 꿇고 넘겨주다
v. 1. 넘겨주다, 양도하다, 양보하다[to](=relinquish)
2. 항복하다(=yield, succumb); (잠 등에) 빠지다[~oneself]
• surrender all claims to the property
재산에 대한 모든 권리를 포기하다
• surrender to intimidation 협박에 굴복하다
• surrender oneself to sleep 잠에 빠지다

R007　[어근] tribute(=give, pay) & ward(=give, protect, direction) & mun(=gift, duty, function)

0071 tribute
[tríbjuːt]
94.행정고시

tribut(=give)+e → 칭찬을 주는 것
n. 찬사, (존경을 나타내는) 말, 선물
• pay (a) tribute to ~에게 경의를 표하다, 찬사를 보내다
(=pay respect to, pay homage to)
ⓐ tributary 공물을 바치는; 속국; (pl.) 지류
17.이화여대
🔁 tribulation 시련, 고난

어근 tribute(=give, pay)

표제어 복습

☐ contribute 기부하다, 기여하다 ⬛ N0207
　- contribution 기부, 출자; 기증품
☐ distribute 분배하다, 배포하다 ⬛ N0439
　- distribution 분배, 배급, 배포
☐ attribute (원인을) ~에 돌리다; 속성 ⬛ N0141
　- attribution 귀속, 특성, 속성

0072 retribution
[rètrəbjúːʃən]
01.경기대/00-2.인천대
96-2.인천대

re(=back)+tribut(=give)+ion → (당한 만큼) 다시 되돌려 주는 것
n. (강력한) 응징(=vengeance); (내세의) 천벌, 응보
• as divine retribution for his atrocities
그가 저지른 만행에 대한 천벌로서
ⓐ retributive 보복의, 인과응보의

어근 ward(=give, protect, direction)

추가 어휘

☐ award (부상이 딸린) 상; 수여하다 • ward(=give)
　- Academy Award 아카데미상
　- an award ceremony 시상식
☐ toward ~쪽으로, ~을 향하여, ~에 가까이
　• ward(=direction)
☐ afterward 후에, 나중에

0073 ward
[wɔːrd]
15.경기대/07.항공대
05.중앙대/04-2.단국대

ward(=protect) → 환자를 보호하는 곳
n. (병원의 환자를 위한) 병동, 병실; (교도소의) 감방
vt. (위험·타격 등을) 피하다, 물리치다[off]
• ward off 1. (위험·타격을) 피하다(=avert, keep away from),
2. 막다(=prevent), 물리치다(=fend off), 쫓아버리다(=repel)
• isolation ward 격리병동

0074 forward
[fɔ́ːrwərd]
95.변리사

for(fore(=before)+ward(=direction) → 앞쪽 방향으로
v. (편지나 메일을) 전송하다, 발송하다
ad. 앞으로, 앞쪽으로
a. 앞쪽의, 전진하는, 진척된
• look forward to ~을 기대하다, 고대하다(=anticipate)
• I'll forward any mail to your new address.
우편물이 오면 네 새 주소로 보내줄게.

어근 mun(=gift, duty, function)

추가 어휘

☐ municipal 자치 도시의; 시의, 시영의
　• mun(=function)+cip(=take)+al
　- municipality 지방자치제; 시 당국
　- municipalize 자치화하다, 시영화하다

표제어 복습

☐ immune 면역성의, 면제된 ⬛ N0142
　- immunity 면역(성); (세금 등의) 면제
　- immunize 면역이 되게 하다
　- immunization 면역조치, 예방주사; 면제
　- immunology 면역학

0075 outward
[áutwərd]
17.가천대
13.경기대

out(=out)+ward(=direction) → 바깥 방향으로
a. 표면상의, 겉보기의; 밖으로 향하는
• outward appearance of the building 건물의 외관
ⓐⓓ outwardly 표면상, 외관상(=ostensibly)
🔁 inward 안으로, 내부의; 내적인

0076 munificent
[mjuːnífəsnt]
13.경희대

mun(=gift)+i+fic(=make)+ent → 나눔을 만들어내는
a. 대단히 후한, 손이 큰
• a munificent benefactor 관대한 후원자
ⓝ munificence 아낌없이 줌, 후함
ⓐⓓ munificently 아낌없이, 후하게

R008　[어근] pend/pens/pond(=pay, weigh) vs. burs(=purse)

0081 expensive
[ikspénsiv]
93.행자부9급

ex(강조)+pens(=pay)+ive → 돈을 많이 지불해야 하는
a. 값비싼, 돈이 드는 ↔ inexpensive 값싼
• expensive goods 고가의 제품
ⓥ expend 쓰다, 소비하다
ⓝ expenditure 경비, 지출(=expense)
　expense 지출, 경비, 비용
ⓐ expendable 소비되는, (군인이) 소모용의; (pl.) 소모품

tip 우리가 비싸다고 할 때 expensive라는 단어를 쓰는데 비싸다는 것은 곧 돈을 많이 지불해야(pay) 하는 것을 의미하죠. 어근 pens는 "돈을 지불하다" 의미로 알아 두세요.

추가 어휘

☐ purse 〈영〉 지갑 (미. wallet); 금전, 자금
☐ bursar[bə́ːrsər] (대학의) 회계원, 출납원
　- bursary[bə́ːrsəri] (대학의) 회계과; 장학금
☐ disburse[disbə́ːrs] 지불하다, 분배하다
　- disbursement 지불, 지출; 지불금, 지급금

0082 pension
[pénʃən]

02.경희대

pens(=pay)+ion → (매년) 돈을 지불하는 것

n. 1. 연금(=annuity, retire benefit)

   2. 하숙식 호텔, 펜션

- live on one's pension 연금으로 생활하다

🔁 **stipend**[stáipend] 봉급, 장학금, 연금

0083 reimburse
[rìːimbə́ːrs]

11.상명대/04~2.경기대
02.세무사

re(=again)+im(in(=in)+burse(=purse) → 돈을 다시 지갑에 넣어주다

vt. 1. 상환하다(=refund, redeem, repay), 환급하다

   2. 변상[배상]하다(=compensate)

- reimburse for any loss or damage
  어떤 손실이나 손상에 대해서도 배상하다
- reimburse for travel expenses 출장경비를 환급해주다

ⓝ **reimbursement** 변제, 상환; 배상

표제어 복습

□ com**pens**ate 보상하다, 배상하다 ➡ N0484
- com**pens**ation 배상, 보충
- com**pens**ative 보상의, 보충적인

□ recom**pens**e (공적에 대해) 보답하다 ➡ D0484

□ dis**pens**e 분배하다, 나누어 주다 ➡ N0836
- dis**pens**ary 양호실; 약국
- dis**pens**er 약제사, 조제자, 자판기

□ indis**pens**able 없어서는 안 되는, 긴요한 ➡ N0254
↪ dis**pens**able 없어도 되는, 나누어 줄 수 있는

□ **pens**ive 깊은 생각[수심]에 잠긴 ➡ N0646
- **pens**ively 생각에 잠겨
- **pens**ee 생각, 명상; (pl.) 감상록

□ **pond**er 숙고하다, 곰곰이 생각하다 ➡ N0874
- **pond**erable 무게를 달 수 있는; 일고의 가치가 있는
- **pond**erous 지루하고 답답한; 육중한

혼동어근 pend/pens(=hang) ➡ R025

I 038

get

get의 기본의미는 "**얻다, 받다**"이다.

take는 본인이 적극적으로 취하는 것인 반면, get은 본인의 의지와는 무관하게 주어지는 것이다.

다음에 배울 have는 주어진 상태에 중점이 있지만, get은 주어지는 과정에 중점이 있다.

1. (사물을) 얻다, 받다 → 얻다, 구하다, 가져오다, 획득하다
2. (사물을) 가지고 있다 → have의 의미
3. (사람·사물이) 상태를 받다 → ~ 상태로 되다[get +형용사]
4. (뜻·의미를) 얻다 → 이해하다, 알다
5. (병을) 얻다 → 병에 걸리다, 타격을 당하다
6. 가다, ~하기 시작하다
7. (어떤 장소·지위에) 이르다, 도착하다, 가다
8. [get +목적어+to R] 〈목적어와 목적보어의 관계가 능동〉 ~하게 하다
9. [get +목적어+과거분사] 〈목적어와 목적보어의 관계가 수동〉 ~되게 하다
10. [get +과거분사] ~되어지다

---

1. (물건을) 취하다 → 물건을 받다, 보수를 얻다

03801
get the ax(e)
02.행정고시

도끼(ax)로 목을 잘리다(get)
해고당하다(=get dismissed, get the pink slip)
• I tried to work harder, but I **got the ax**.
　나는 더 열심히 일하려고 했지만, 해고당했다.

🔲 해고당하다, 쫓겨나다
= **get a pink slip**
　*빨간 해고용지(pink slip)를 받다
　cf. pink slip 〈구어〉 해고 통지서
= **get the sack**
　*개인 사물을 챙길 자루(sack)를 받다
　cf. the sack 〈구어〉 해고, 파면; 퇴짜
= **get the boot**
　*구둣발(boot)로 차이다
　cf. the boot 〈구어〉 해고(=dismissal)
= **get the gate**
　*나갈 문(gate)쪽으로 가다
　cf. the gate 〈구어〉 해고, 쫓아냄
= **get the air** *바람(air) 맞다
　퇴짜 맞다, 친구나 애인에게 버림받다
= **get the brush off**
　딱 잘라 거절당하다; 해고당하다
　*비질(brush)로 싹 쓸어버림을 당하다

03802
get the hang of [sth]
16.한성대/05-2.고려대/Teps

요령(hang)을 가지다(get)
~에 익숙하다(=get used to ~ing); ~의 방법을 배우다,
요령을 알다
• As soon as I **get the hang of** this computer, I'll be able to work faster.
　이 컴퓨터에 익숙해지자마자, 나는 더 빨리 일할 수 있을 것이다.

03803
get the better of /
get the best of [sb]/[sth]
17.산업기술대/10.경기대
01-2.단국대/92.연세대학원/Teps

더 좋은 자리를 가지다(get)
(경쟁에서) 이기다(=prevail over [sb]), ~를 누르다
• I couldn't for the life of me **get the better of** her.
　나는 아무리 해도 그녀를 이길 수 없었다. *for the life of [sb] 절대로, 도저히

03804
get[have] an[the] edge
on [sb]
02.성균관대

유리함(edge)을 가지다(get)
~에 이기다, 조금 우세하다(=have a slight advantage over [sb])
• Mary was always trying to **get the edge on** John.
　Mary는 항상 John보다 잘 하려고 애쓰고 있었다.

🔲 **get an[the] advantage of[over]** [sb]
~을 앞질러 가다, ~보다 우월한 지위를 차지하다
= **get[have] the upper hand**
of[over] [sb]
~보다 우세하다(=prevail); ~을 이기다

---

2. (사물을) 가지고 있다 → have의 의미(이 경우에는 have와 혼용해서 많이 씀)

03805
get[have] cold feet
18.지방직9급/07.동국대/95.고려대/토플

(무서워서) 발이 얼어붙다(cold feet)
겁을 먹다(=be frightened, become timid); 낙담하다(=get discouraged)
• I usually **get cold feet** when I have to speak in public.
　나는 대중앞에서 연설 할 때면 항상 떨린다.

03806
get[have] ants in one's
pants
입사/Teps

팬티 안에 개미가 있어 안절부절못하다
불안해서 안절부절못하다(=become impatient)
• He **has ants in his pants**. (=He **has** his **heart** in his **boots**[mouth].)
　그는 안절부절못하고 있다

---

3. (사람·사물이) 상태를 받다 → ~상태로 되다 [get + 형용사/과거분사]

03807
get even (with [sb] **)**
10.명지대/07.충북9급/05.광운대
00-2.광운대/93.기술고시/토플

공평한 상태가(even) 되다
보복하다(=retaliate, take revenge on, get back at, pay ★ back [sb])
• He's trying to **get even with** you for something bad you once did to him.
　네가 한때 그에게 했던 나쁜 일때문에 그는 네게 복수하려고 하고 있다.

03808
get married / get hitched
04.강남대

결혼한 상태(married)가 되다(get)
결혼하다
• He will **get married** before long.
　그는 조만간 결혼하겠지.

🔲 **tie the knot** 인연을 맺다, 결혼하다
(=marry)

03809
get old
01-2.한성대

나이가 든 상태(old)가 되다(get)
나이를 먹다
• Our grandmother, **getting** very **old**, has entered her second childhood.
우리 할머니는 나이가 드시더니, 다시 어린애가 되셨다.

03810
get rid of
05.단국대/98.숙명여대/96.상지대
84.총무처9급

몰아낸 상태(rid)가 되다(get)
제거하다, 치우다(=dispose of, do away with)
• It is not easy to **get rid of** an old habit.
오래된 습관을 없애기란 쉽지 않다.

---

4. (뜻 · 의미를) 얻다 → 이해하다, 알다

03811
get ✻ across sth
90.경북대 대학원/토플/Teps

가로질러(across) 상대방에게 가다(get)
설명하다, 이해시키다(=make oneself understood, make oneself clear)
• I was just trying to **get** my point **across**.
난 내 의사를 전달하려 했을 뿐이었어요.

동 make oneself understood
자기의 말[생각]을 남에게 이해시키다
= make oneself clear (상대방에게)
자기의 말을 이해시키다

03812
get a point / get the point / get one's point
97.행자부9급/Teps

요점(point)을 이해하다(get)
논지를 파악하다, 요점을 이해하다
• I do not **get the point** of your remarks.
네 말의 요점을 모르겠다.

03813
get the picture
03-2.경기대/01-2.경기대/Teps

the picture(상황, 정세)를 이해하다
상황을 이해하다(=understand the situation)
• Do you **get the picture**?
이 상황을 이해하시겠어요?

판 picture to oneself
상상하다(=imagine)

03814
get[have] a grip on sth
06.건국대/00.동아대/토플/Teps

이해(grip)를 얻다(get)
1. **이해하다, 파악하다**(=understand, make ✻ out sth)
2. **감정을 자제하다; 통제하다**
• **get** a good **grip on** a problem
문제를 잘 이해하다
판 get a free hand 자유재량을 부여받다, 완전히 마음대로 하다

동 get[have] a grasp of sth
이해하다, 파악하다
판 beyond one's grasp (95.동국대)
이해할 수 없는 곳에; 손이 미치지 않는 곳에
판 come[get] to grips (with sth)
맞붙잡고 싸우다; 정면으로 대처하다

03815
get a fix on sb/sth
01.동국대

지도상의(on) 위치(fix)를 알다(get)
정확한 위치를 알아내다, 확실히 이해하다(=understand)
• I can't quite **get a fix on** what you're trying to say.
네가 무엇을 말하려는 건지 도무지 이해할 수가 없다.

03816
get wind of sth
99.사법시험/Teps

바람(wind)으로 알다(get)
풍문으로 듣다(=hear about sb/sth), **알아채다**
• He **got wind of** what was going on.
그는 어떤 일이 일어나고 있는가를 김새로 알아차렸다.

---

5. (병을) 얻다 → 병에 걸리다, 타격을 당하다

03817
get sore
94.변리사

아픈 부분(sore)을 건드려서(get) 화가 나다
화를 내다(=get angry)
• I **got sore** about that remark of his.
난 그의 저 말에 약이 올랐다.

판 a sore spot 아픈 데, 급소, 약점

---

6. 가다, ~하기 시작하다

03818
get a head start (on sb/sth)
93.행정고시

머리 하나 먼저 출발하다(get)
먼저 출발하다(=start earlier), **기선을 제압하다**
• In order to be a great musician, you should **get a head start**.
위대한 음악가가 되기 위해서는 남들보다 먼저 시작해야 한다.
판 head start (경주 등에서) 남들보다 앞선 출발; 유리한 지위

판 get[have] one's start
첫발을 내딛다(=get one's foot in the door)
판 get ahead 출세하다(=succeed), 돈을 왕창 벌다; 나아가다, 진보하다

03819
get along
99.세무사/입사/Teps

(세월을) 따라(along) 가다(get)
살아가다(=get on)
• A : How are you **getting along** these days? 요즈음 어떻게 지내십니까?
• B : The same as usual. 여전합니다.

03820
get along with sb
14.산업기술대/99.경찰/88.행자부9급
04.명지대/99.경원대/Teps

~와 같이(along) 가다(get)
~와 잘 지내다(=hang out with sb)
• She is hard to **get along with** because she is extremely temperamental.
그녀는 심한 변덕쟁이라서 사귀기 힘들다.

동 get on with
~와 의좋게 지내다; ~을 계속하다
판 get along without sth ~없이 살다
(=manage without sth)

O3821

get by (on/in/with) sth

16.서강대

무엇으로(by) 가다(get)

(~으로) 그럭저럭 해 나가다, 근근히 살아 나가다
- She has to **get by on** her small salary.
  그녀는 적은 월급으로 근근히 살아가야 한다.

O3822

get in touch with sb/sth

93.행자부9급/93.연세대학원/Teps

~와 (with) 접촉·연락(touch)을 가지다(get)

~와 연락하다, 접촉하다(=communicate with sb/sth)
- **Get in touch with** me as soon as you arrive. 도착하자마자 연락해.
- get out of touch with sb/sth ~와 접촉을 끊다 (=not in contact with sb/sth)

§ get hold of sb ~와 연락하다

O3823

get back

99-2.안양대/Teps

본래 위치로 돌아오다(back)

돌아오다(=return)
- I'm going on vacation tomorrow. See you when I **get back**.
  나는 내일 떠납니다. 돌아와서 다시 만납시다.

§ get back at sb 앙갚음하다, 복수하다
(=get even)

O3824

get over sth

17.국가직9급(하)/07.홍익대/행정고시
토플/입사/토익/Teps

~을 넘어서, 극복하고(over) 가다(get)

1. (병에서) 회복하다(=recover from sth)
2. (어려움 등을) 극복하다(=overcome) ; (충격에서) 헤쳐 나오다
- It's taken me ages to **get over** the flu.
  내가 감기에서 회복하는 데는 오랜 시간이 걸렸다.

O3825

Get it off your chest.

12.지방직7급

네 가슴(chest)에서 다 털어버려(off).

감추지 말고 솔직하게 털어놔 봐.
- Whatever is bothering you, **get it off your chest**.
  무언가 고민이 있으면 털어놓으세요.

§ Get off my back!
내 등에서 좀 떨어져! (그만 좀 괴롭혀)

O3826

get off the ground

08.중앙대/01-2.대구대/98.강남대
94.명지대/Teps

땅(ground)에서 발을 떼어(off) 가다(get)

1. 이륙하다(=take off)
2. 활동[행동]을 시작하다(=start) ; 일을 진행시키다(=make progress)
- Let's **get off the ground**. (=Let's **get started**.)
  자, 시작하자.

O3827

get * off sth

07.영남대/Teps

~에서 떨어져(off) 가다(get)

1. (차·말·비행기 등)에서 내리다(=alight, dismount from sth)
   (↔ get on sth)
2. 출발하다 ; (장소에서) 떠나다, 퇴근하다(=begin a journey, leave)
3. (옷 등을) 벗다(=take off)
4. (편지 등을) 우편으로 보내다
5. (특정 주제에 대한 이야기를) 그만하다
6. 벌을 받지 않고 넘어가다, 작은 처벌만 받다[with]
- What subway station should I **get off** at? 어느 지하철 역에서 내려야 하나요?
- He is likely to **get off with** a small fine. 얼마 안 되는 벌금만 내고 넘어갔다.

§ get sb **off** ~를 무죄 방면케 하다
get off with sb ~와 사귀다[눈이 맞다]

O3828

get on

경찰승진/Teps

무엇 위로 가다(get)

1. 올라타다, 승차·승선하다, 탑승하다 *~위에(on) 올라타다
2. ~을 입다(=put * on sth), 쓰다 *~을 입다(on)
3. 앞으로 나아가다, 진척하다, 헤쳐 나가다 ; 일이 잘 되다,성공하다
4. 사이좋게 지내다 ; ~을 계속하다
5. 〈미속어〉 시작하다 ; 흥분하다
- Where did you **get on**? 어디에서 타셨어요?
- You'll have to work hard if you want to **get on**. 출세를 원한다면 열심히 일해야 한다.

§ get on one's high horse 뽐내다 ;
거만하게 굴다(=become overbearing)
- **get on one's horse**
  서두르다 ; 곧 시작하다
- **get on one's bike**
  빨리 (나가서) 할 일을 찾다
- **get on one's legs** (연설하기 위해)
  일어서다 ; (병이 회복되어) 거동할 수
  있게 되다 ; 번성하다

O3829

get down to sth

08..지방직7급/입사/Teps

붕 뜬 분위기를 가라앉혀(down) 시작하다(get)

(일 등에) 진지하게 대처하다, 차분히 착수하다
- Let's **get down to** business. There has been enough playing around.
  자, 일을 시작하자. 그만큼 놀았으면 충분하겠지?

§ get down to brass tacks
핵심으로 들어가다 ; 사업 얘기를 시작하다
- **get down to business[work]**
  일에 착수하다, 심각한 얘기로 들어가다
- **get down to the nitty-gritty**
  핵심을 찌르다, 사실을 직시하다

§ get down on sb/sth
~에게 반감을 품다, ~이 싫어지다

O3830

get * down sb/sth

15.산업기술대

땅바닥에(down) 가게 하다(get)

1. 내리다, 내려오다(=dismount, descend), 내려놓다
2. 적어두다(=jot down, write down)
3. 우울하게 만들다(=depress)
- His manner always **gets** me **down**.
  그의 태도는 항상 나를 우울하게 만든다.

O3831

get through (with) sth

14.동덕여대/98.홍익대/94.서울산업대
90.서울대학원/토익/입사/Teps

~을 통과해서(through) 가다(get)

~을 끝내다(=finish, complete, put * through sth)
- I don't think I can **get through** all this work by quitting time.
  퇴근시간까지 이 일을 모두 끝낼 수 있을 것 같지 않다.

§ get through (to) sb/sth
~에 도착하다 ; ~와 연락하다 ; 이해시키다

O3832
get around
07.동아대/03.경기대/광운대

(검문소를) 빙 둘러서 가다(get)
1. (법이나 규칙 등에서) 빠져 나갈 구멍을 찾다 (=avoid, circumvent)
2. 걸어다니다, 여기저기를 여행하다(=get about)
3. ~할 시간[여유]이 나다(to sth)
• I've had a crafty idea for **getting around** the regulations.
  나에게 그 규제를 빠져나가기 위한 좋은 계책이 있었다.

冒 get about
(여기저기를) 돌아다니다 ; (소문이) 퍼지다 ;
열심히 일하다
*여기저기를(about) 가다(get)

O3833
get away with [sth]
08.전남대/07.한국외대
86.고려대학원/입사/Teps

~과 함께(with) 사라져서(away)가다(get)
1. 처벌 받지 않고 지나가다
2. ~을 가지고 달아나다
3. 〈구어〉 (사회적 지위가 있어 타인이 할 수 없는 것을) 할 수 있다
4. ~을 먹어 치우다
• I don't think you will **get away with** it this time.
  이번에는 벌 받지 않고 넘기지 못할 것 같다.

冒 get away 도망치다(=escape, flee); 보내버리다

冒 get away from it all
(일 등을 잊고) 푹 쉬다(=rest up)
冒 get one's just deserts
당연히 받아야 할 대접이나 벌을 받다
= get one's comeuppance
  인과 응보를 받다
*comeuppance 당연한 벌, 응보

O3834
get a slap on the wrist
13.숭실대

손목에 한대 찰싹(slap) 맞다(get)
가벼운 처벌만 받다, 가벼운 꾸지람을 듣다
• They would **get a slap on the wrist** or a very small fine.
  그들은 가벼운 처벌을 받거나 아니면 매우 적은 벌금을 물게 될 것이다.
*a slap on the wrist 솜방망이 처벌, 가벼운 경고

冒 get off easy / get off lightly
아주 가벼운 처벌만 받고 지나가다
*쉽게 벗어나(off) 가다

O3835
get ([sb]) off the hook
08.지방직9급/Teps

갈고리(hook)에서 벗어나(off) 가다(get)
(책임이나 의무에서) 자유롭게 하다, 해방되다
• He **gets off the hook**, but not without punishment.
  그는 풀려났지만, 처벌받지 않는 것은 아니다.

O3836
get out of hand /
get out of control
98.동국대/82.국회7급/입법고시/Teps

손아귀(hand)를 벗어나(out of) 가다(get)
통제를 벗어나다, 감당할 수 없게 되다(=become uncontrollable),
수습이 어려워지다
• The angry crowd **got out of control**.
  성난 군중은 통제불능이 되었다.

O3837
get in [sb]'s hair
01-2.숙명여대

사람의 머리카락 속에(in) 들어가 있다(get)
〈구어〉 ~을 괴롭히다, 안달나게 하다(=bother)
• I wish you'd stop **getting in my hair**.
  넌 날 그만 괴롭혔으면 좋겠어.

冒 get under [sb]'s skin (07.충북9급)
~를 화나게 하다, 괴롭히다(=annoy)
*사람의 피부 아래에 들어가다
= rub [sb] the wrong way
  ~를 화나게 하다(=irritate, annoy),
  기분 나쁘게 하다 (95.행시/98.강남대)
  *동물의 털이 난 결이 아닌 반대방향으로 자꾸 문지르다

O3838
get on [sb]'s nerves
01-2.명지대/01.동덕여대/토플/Teps

사람의 신경계(nerve)에 들어가다(get)
신경을 건드리다, 짜증나게 하다(=irritate)
• Be careful not to **get on his nerves**.
  그의 신경을 건드리지 않도록 조심해라.

O3839
get[put, set] one's / [sb]'s
back up
04.성균관대

사람의 등 위로 올라타다
화를 내다(=became enraged), 짜증내다 ; ~을 화나게 하다
• She **gets** her **back up** whenever someone mentions her family's influence.
  그녀는 누군가 그녀의 가족의 영향력을 들먹일 때마다 화를 낸다.

冒 get hot under the collar
매우 화를 내다, 열 받다
*열 받으면 목이 뜨끈뜨끈 해짐
hothead 쉽게 화내는 사람

---

7. (어떤 장소 · 지위에) 이르다, 도착하다

O3840
get somewhere
93.서울대학원

어떤 장소(목적지, 목표)에 도착하다(get)
성공하다(=succeed, make good, come off) ;
일이 되어가다(=make progress)
• After months of tests, the doctors think they're finally **getting somewhere**.
  몇 달 동안의 수차례의 실험 후에, 그 박사는 드디어 진전이 있다고 생각한다.

冒 get ahead 출세하다(=succeed), 돈을 왕창 벌다; 나아가다, 진보하다
= get far 먼 곳으로 가다; 사태가 발전하다; 성공하다, 출세하다
= get on in life/ get on in the world
  출세하다, 성공하다

O3841
get to [sw]
98.경찰/97.서울시9급/96.세종대
92.홍익대/88.법원직/Teps

~쪽에(to) 다다르다(get)
~에 도착하다(=reach, arrive at sth)
• It will take thirty minutes to **get to** the station, allowing for traffic delays.
  교통체증을 고려하건대 역 도착까지는 30분 정도 걸릴 것입니다.

O3842
get to first base
97.덕성여대/94.경성대

1루(first base)에 도착하다(get to)
〈주로 부정문, 의문문〉 다소 진전하다(=have any success whatsoever)
• I wish I could **get to first base** with this business deal.
  이 사업거래가 다소 진전되었으면 좋겠다.

O3843
get at `sb`/`sth`
입사/토플/Teps

~에(at) 이르다, 도착하다(get)
1. 의미를 파악하다, 이해하다(=grasp) ; ~를 알다
2. 넌지시 나타내다, 암시하다(=imply)
3. ~에 도착하다(=get to, arrive at sw) ; 닿다(=reach)
4. ~에 착수하다(=start to work on `sth`)
5. 〈구어〉 (뇌물 등의) 부정한 수단을 쓰다
   (=bribe, influence by improper or illegal means)
• I can't **get at** his meaning.
  난 그의 진의를 알 수가 없다.

O3844
get together
07.영남대/Teps

같이(together) 한 군데에 이르다(get)
1. 만나다(=meet), (두 사람이) 데이트하다
2. 모으다, 합치다(=accumulate, gather), 사물을 잘 정리하다
3. 의견이 일치하다
4. 자신을 억제하다, 침착하게 굴다, 안정시키다
• Why don't we **get together** for dinner?
  우리 만나서 저녁이나 할까요?

갱 gang up on `sb`/`sth` 〈93.동덕여대〉
단결하여 대항하다
(=get together against `sb`/`sth`)

O3845
get[be, stand] in the way (of `sth`)
06.동국대/00.한성대
92.서울대학원/외무고시/Teps

가는 길에 있다(get)
~의 앞길을 가로막다 ;
~의 방해가 되다(=be[stand] in `sb`'s way, prevent)
• She had a job which never **got in the way of** her leisure interests.
  그녀는 자신의 레저 취미들에 절대 방해가 되지 않는 직업을 가졌다.

O3846
get into the swing of things / `sth`
09.동국대

어떤 것의 흔들림(swing) 안으로 들어가다(get)
~에 익숙해지다(=get familiar with `sb`/`sth`) ; 생활의 리듬을 타다
• I've only been at college a week, so I haven't **got into the swing of things** yet.
  나는 대학에 온 지 1주일밖에 안되어서, 아직 대학생활에 익숙치 못하다.

I 039
give

give 의 기본의미는 **"가지게 하다 → 주다"**이다.
주는 것의 목적물은 유형물에 그치지 않고 무형물에도 다양하게 쓰인다.
1. (사물을) 주다 → 증여하다, 건네다 ; (주의·노력을 자신에게) 주다 → 주의하다, 노력을 기울이다
2. (조언·인사말·명령을) 주다 → 명령하다, 안부인사하다
3. (생각·이유·증거 등을) 제시, 제출하다
4. (기분·감정·분위기 등을) 갖게 하다 → 대하다
5. (자연 또는 물리적 작용의 결과를) 갖게 하다 → 생기게 하다, 낳다

---

1. (사물을) 주다 → 증여하다, 건네다 ; (주의·노력을 자신에게) 주다 → 주의하다, 노력을 기울이다

O39O1
give off `sth`
07.대구대/02.감정평가사
86.사법시험/토플/입사/Teps

~에서 떨어져 나와서(off) ~을 주다
(증기를) 내뿜다, (냄새를) 풍기다, (열기를) 발하다(=emit)
• Water, when boiled, always **gives off** steam.
  물은 끓었을 때 항상 김이 난다.

O39O2
give ✱ out `sth`
03.행정고시/99.조선대
82.국회사무관/토플/입사/Teps

완전히(out) 다 줘버리다
1. 배포하다, 나눠주다(=distribute, hand ✱ out `sth`)
2. 다 쓰다(=be used up)
• The teacher **gave** the papers **out**.
  선생님이 시험지를 나누어 주었다.

O39O3
give ✱ up (`sth`) (to `sb`)
12.서울시9급/08.강남대/00.홍익대
99.단국대/93.서울대학원/92.행자부7급
86.사법시험/고려대학원/Teps

완전히(up) (남에게) 줘버리다(give)
1. (신앙·술·담배 등의 습관을) 버리다(=abandon, relinquish)
2. (계획·희망 등을) 포기하다
3. (재산·지위 등을) 양도하다(=relinquish, yield), (범인을) 인도하다
4. ~에 헌신하다, 전념하다(=devote oneself entirely to `sth`)
• She **gave up** trying to persuade me to quit smoking.
  그녀는 내가 담배를 끊도록 설득하려는 노력을 포기했다.

씨 cede (`sth`) to `sb`
~에 양도하다, 할양하다

03904

give over (to sb **)**

05.삼육대/토플

~에게(to) 넘겨(over) 줘버리다 (give)
1. 내어주다, 양도하다[to]
2. (수입·이익 등을) 가져오다
3. (습관 등을) 버리다 ; (희망 등을) 포기하다 ; (~하는 것을) 중지하다
4. ~에 헌신하다, 바치다(=dedicate, devote, commit)
• She **gave over** all her property to her daughter.
  그녀는 전 재산을 딸에게 넘겨 주었다.

03905

give in (to sb **/** sth **)**

07.대구대/96.세무직9급/91.법원직/91.행정고시
83.경북대 대학원/토익/입사/Teps

~에게(to) 안방을(in) 내주다
1. 굴복하다(=surrender), 양보하다(=yield to sb / sth)
2. 제출하다
• No, I won't **give in**, but I'll meet you halfway.
  아니, 나는 항복할 생각은 없고, 당신과 타협을 하자고요. *meet ~halfway 타협하다

国 yield to sb **/** sth (00~2.강남대)
양보하다, 굴복하다
(=give in to sb / sth)

03906

give way to sb **/** sth

11.지방직9급/토플/Teps

무엇에(to something) 길(way)을 내어 주다(give)
1. 항복(굴복)하다, ~에 양보하다(=yield, surrender)
2. 물러가다(=retreat, withdraw) ; ~에 의해 대체되다
• After television, many movie houses closed down, **giving way to** smaller theaters.
  텔레비전이 나온 이후로 많은 극장이 문을 닫았으며 소형 극장으로 대체되었다.

国 give ground
*땅(ground)을 내주다(give)
물러가다, 퇴각하다(=retreat) ; 양보하다
= **give place to** sb / sth
~에게 자리[지위]를 양보[교대]하다
国 give ★ away sb / sth
*멀리(away) 줘 버리다
1. 거저 주다 ; 수여하다 ; 분배하다
2. 밀고하다 ; 배반하다 ; 누설하다, 폭로하다
give way (다리 등이) 무너지다(=collapse)

03907

give sb **a lift[ride]**

10.영남대/09.한성대/01.동덕여대/Teps

lift (차에 태워 줌)을 제공하다(give)
~을 차로 태워주다
• I wonder if you could **give** me **a lift**.
  저 좀 태워줄 수 있어요.

03908

give (sb **) a hand**

13.국가직7급/12.국가직9급/09.서울시9급
08.건국대/07.세무직9급/04~2.계명대
02.행자부9급/01.전남대/99.한국외대
97.경찰/토익/Teps

~에게 일손(hand)을 주다
1. 〈미·구어〉 돕다(=help, aid, assist)
2. 박수갈채하다
• Don't stand there like a bump on a log. **Give me a hand**!
  거기서 멍청하게 서 있지 말고 나 좀 도와 주세요!

国 get a hand (for sth **)**
박수갈채를 받다

03909

give a standing ovation

10.경기대/04.건국대/Teps

큰 박수(ovation)를 주다(give)
기립박수를 쳐주다
• The orchestra and their conductor were **given a standing ovation** at the end of the concert.
  콘서트가 끝난 후 오케스트라와 지휘자는 기립박수를 받았다.

国 get a standing ovation
기립박수를 받다

03910

give and take

예상

주고(give) 받다(take)
서로 양보하다 ; 공평한 거래를 하다 ; 의견을 교환하다
  cf. **give-and-take** 공평한 조건에서의 교환. 타협
• Both societies will **give and take** in such a peaceful atmosphere.
  두 사회는 이러한 평화로운 분위기 속에서 서로 협조해 나갈 것입니다.

国 give or take sth ~의 증감을 포함하여
(=plus or minus a specified amount),
약(=more or less)

---

2. (조언·인사말·명령을) 주다 → 명령하다, 안부인사하다

03911

give sb **a ring**

12.지방직9급/99.단국대/97~2.단국대
92.경북산업대/입사/Teps

벨(ring)이 울리게끔 전화를 주다(give)
전화를 걸다(=give sb a buzz, call up sb)
• Will you tell him to **give** me **a ring**?
  나한테 전화하라고 그에게 전해 주시겠어요?

I'll **give** you a ring later. 나중에 전화할게.
= I'll **ring** you up later.
= I'll **give** you a call later.
= I'll **call** you up later.
= I'll **give** you a buzz later.

---

3. (생각·이유·증거 등을) 제시, 제출하다

03912

give evidence

01.명지대

증거(evidence)를 주다(give)
증언하다(=testify)
• The forensic scientists who carried out the original tests will be called to **give evidence**.
  최초의 감정을 했던 법의학자들이 증언하기 위해 소환될 것이다. *carry out sth 실행하다

03913

give sb **to understand that ~**

00.단국대/94.기술고시

that 이하의 내용에 대해 이해할 수 있도록
~에게 (…이라는 사실을) 알리다(=inform), ~라고 말하다(=assure)
• He **gave** us **to understand that** he will consent.
  그는 우리에게 그가 동의할 것이라고 알렸다.

O3914
give (sb) a piece of one's mind
입사/Teps

마음에 있는 생각 한 조각을 주다
생각한 바를 거리낌없이 말하다; 비난하다, 꾸짖다(=blame)
• I've had enough from John. I'm going to **give** him **a piece of my mind**.
  이제 존에게는 진저리가 난다. 그에게 한마디 말할 참이다.
  *a piece of one's mind 솔직한 의견; 비난

 give (sb) a rough idea 대강 알려주다
  *다듬지 않은 거친 생각(rough idea)
  = give (sb) a ballpark figure
    대충 알려주다
    cf. ballpark figure 어림셈
  in round numbers 대략, 어림셈으로
  → **give a full detail of** (sth)
    ~을 상세히 설명하다

O3915
Give it to me straight.
입사

straight(똑바르게 → 정직하게)
솔직히 말해라.(=Tell me the truth.)
• Why don't you **give it to me straight**?
  솔직히 말해보시죠?

O3916
give vent to (sth)
15.산업기술대/11.명지대/99.전남대
91.연세대학원

vent(감정의 표출)
(감정을) 표현하다(=express), (감정을) 쏟아내다, (화를) 내다
• She rushed out of the room to **give vent to** her feelings.
  그녀는 자신의 감정을 표출하기 위해 방 밖으로 뛰쳐 나갔다.

 give voice to (sth)
  (감정을) 말로 나타내다, 토로하다
 vent one's spleen on (sb)
  ~에게 화풀이하다(=give vent to one's anger)

---

4. (기분 · 감정 · 분위기 등을) 갖게 하다 → 대하다

O3917
give the cold shoulder (to (sb)**)**
09.한양대/07.세무직9급/06.제주도9급
03-2.숭실대/Teps

차가운 어깨를 주다(give)
~에게 쌀쌀하게 대하다
• She **gave the cold shoulder to** me.
  그녀는 나를 냉정하게 대했다.
 get the cold shoulder 무시당하다, 퇴짜 맞다

O3918
give the devil his due
03.고려대

악마에게도 응당 주어야 할 것(due)을 주다
공평하게 대하다, 싫은 사람이라도 인정할 것은 인정하다
• I don't like John very much, but I have to **give the devil his due**.
  At least he's honest.
  나는 존을 그다지 좋아하지는 않지만 그를 인정할 부분은 인정한다. 적어도 그는 정직하다.

O3919
give (sb)/(sth) **a wide berth/ give a wide berth to** (sb)/(sth)
01.중앙대/99.경기대

(배끼리 부딪치지 않도록) 넓은 정박거리(wide berth)를 두다
~을 피하다, 일정거리를 두다, 멀리하다
(=keep an adequate distance from (sb)/(sth))
• Since his riding accident, he has **given a wide berth** to skittish horses.
  낙마사고 이후로, 그는 잘 놀라는 말은 멀리하고 있다.

O3920
give (sb) a treat
행정고시/Teps

한턱내기(treat)를 주다
한턱을 내다
• If you **give** someone **a treat**, you buy or arrange something special for them which they will enjoy.
  당신이 누군가에게 한턱 낸다고 한다면, 당신은 그들이 즐길 수 있는 특별한 것을 사주거나 마련하는 것이다.

---

5. (자연 또는 물리적 작용의 결과를) 갖게 하다 → 생기게 하다, 낳다

O3921
give birth to (sb)/(sth)
토플/Teps

~으로 가는(to) 기원(birth)을 제공하다
1. (아이를) 낳다(=bear) 2. (일이) ~을 일으키다, ~의 원인이 되다
• She is expected to **give birth to** a child next month.
  그녀는 다음 달에 아이를 낳을 예정이다.

O3922
give rise to (sth)
91.연세대학원

~으로 가는(to) 기원(rise)을 제공하다
일으키다, 초래하다(=cause), 발생시키다
• At last his idleness **gave rise to** a complete failure.
  그의 태만은 결국 완전한 실패를 가져왔다.

I040
pay cost

❶ **pay** 는 "어떤 가치가 있는 것을 주다"의 의미이다.
주는 것에는 임금, 보수, 부채 상환 등의 금전뿐만 아니라 "사람에 대한 경의, 주의, 주목, 구애"를 포함한다.
또한 어떤 것에 대한 대가로 "비용(고통)을 치르다"는 의미도 있다.
  1. (보수 · 임금 · 비용 · 부채 상환 등을) 지불하다, 지출하다
  2. (일이나 물건이) 이익을 주다, 수지 맞다
  3. (경의 · 주의 · 주목 · 구애 등을) 표시하다
  4. (어떤 것의 대가로) 비용, 고통을 치르다
❷ **cost** 는 "무엇을 얻기 위해 얼마의 비용을 치르다"의 의미이다.
  N. 비용; 원가, 경비; (상품 서비스에 대한) 대가, 값; 희생, 고통

1. (보수 · 임금 · 비용 · 부채 상환 등을) 지불하다, 지출하다

04001
pay * back [sb]/[sth]
04.경찰/Teps

받은 대로 다시(back) 되돌려주다(pay)
상환하다(=return)；앙갚음하다(=get even with [sb])
• I will **pay back** the money within three days. 3일 내에 돈을 갚아줄게.

🔵 **pay out** [sth] 지불하다；앙갚음하다

04002
pay off
05.동국대/01.상명대/97.행자부9급/토플/Teps

완전히(off) 지불하다(pay)
1. 성과를 거두다, 이익을 가져오다(=be worthwhile)
2. (빚을) 전부 갚다, 마지막 할부금을 지불하다
• The company is increasing its earnings rapidly with diversification efforts beginning to **pay off**.
그 회사는 경영 다각화 노력이 성과를 거두기 시작하여 수익이 급속히 증가하고 있다.
🔵 **payoff** (급료) 지불, 뇌물; 결말; 앙갚음

15.국민대

04003
pay well
01.전남대

넉넉하게(well) 이익을 가져다 주다(pay)
벌이가 좋다, 수지가 맞다(=be profitable)
• That business doesn't **pay** very **well**. 이 사업은 벌이가 별로 좋지 않다.

🔵 **well-paying** 좋은 보수를 지불하는, 보수가 좋은(=profitable)

04004
pay one's (own) way
입사

자기의 비용을 지불하다
1. 빚지지 않고 생활하다 2. 자기의 경비를 지불하다
• She **paid her way** through college by working in the library.
그녀는 대학을 다니는 동안에 도서관에서 일하면서 학비를 충당했다.

3. (경의 · 주의 · 주목 · 구애 등을) 표시하다

04005
pay attention to [sb]/[sth]
04-2.계명대/03.여자경찰/97-2.단국대/Teps

~에게 (to) 주목(attention)를 주다(pay)
~에 주의를 기울이다(=care)
• **Pay attention to** what I'm saying.
제가 하는 말에 귀를 기울여 주세요.

04006
pay tribute[homage/ respect] to [sb]/[sth]
14.명지대/13.단국대/97-2.건국대/Teps

찬사(경의, 존경)을 주다(pay)
~에 경의를 표하다(=honor)
• A postage stamp has been issued to **pay tribute to** Helen Keller and her teacher, Anne Sullivan.
헬렌 켈러와 그녀의 스승인 앤 설리반에 경의를 표하기 위해 우표가 발행되었다.

04007
pay (one's) court to [sb]
공인회계사

~에게(to) 구애(court)를 주다(pay)
여자에게 비위를 맞추다, 구애하다(=woo)
• He **paid court to** Jesica like mad, but she remained shilly-shally.
그는 제시카에게 열렬히 구애했었지만, 그녀는 여전히 망설였다.

4. (어떤 것의 대가로) 비용, 고통을 치르다

04008
pay the price (of/for [sb]/[sth])
입사

~에 대한 대가(price)를 지불하다(pay)
비용을 치르다; ~의 대가로 고통 등을 겪다
• William is now **paying the price for** his early mistakes.
윌리엄은 지금 이전의 실수에 대한 대가를 치루고 있는 것이다.

04009
pay through the nose
입사/Teps

대가로 코를 지불하다
엄청난 돈을 쓰다, 바가지를 쓰다(=pay far too much)
• Many people end up **paying through the nose** for their car insurance policies. 많은 사람들은 그들의 차량보험을 위해 엄청난 돈을 쓰게 된다.

04010
pay[cost] an arm and a leg
10.서울시9급

대가로 손과 발을 희생하다(pay)
엄청난 돈이 들다, 엄청난 돈을 지불하다
• The sports car **cost** him **an arm and a leg**.
그는 스포츠카를 사기 위해 엄청난 돈을 들였다.

5. cost : 비용을 치르다

04011
cost ([sb]) a fortune
02.행자부7급

재산(fortune)이 들다(cost)
비싼 값을 톡톡히 치르다(=cost a pretty penny)
• It will **cost** you **a fortune**. (=It will **cost** you **a pretty penny**.)
비용이 많이 들 것이다.

🔵 **It will cost you a fortune.**
= It will cost you a pretty penny.
= It will cost you a bundle.
= It will cost you a mint.
= It will cost you an arm and a leg.
비용이 많이 들 것이다.

R009 [어근] *tain/tin/ten(=hold)*

0091 maintain
[meintéin]
17.한국외대/12.국민대
07.가톨릭대

main+tain(=hold) → 주요한 것(main)을 유지하다

vt. 1. 지속하다(=perpetuate), 유지하다(=retain);
간수하다, 보존하다
2. (권리·주장 따위를) 옹호하다, 주장하다
3. 부양하다, 보육하다
• maintain amicable relations 우호 관계를 유지하다
• maintain machinery 기계를 정비하다
• maintain one's family 가족을 부양하다
ⓝ **maintenance** 지속, 유지, 보존; 주장, 지지; 부양

0092 unattainable
[ʌnətéinəbl]
10.국민대

un(=not)+at(ad(=to)+tain(=hold)+able → 잡기 힘든

a. (목표 등이) 얻기 어려운, 도달하기 힘든
(=unreachable, unachievable)
• That goal seemed unattainable at the time.
그 목표는 그 당시에는 도달하기 힘들어 보였다.
ⓥ **attain** 이르다, 달성하다, 성취하다
ⓝ **attainment** 도달, 달성; (pl.) 학식, 재능
🔳 **attainable** 이룰 수 있는, 도달할 수 있는(=reachable, feasible)
obtainable[əbtéinəbl] 입수 가능한
- **obtain** 얻다, 획득하다

0093 tenant
[ténənt]
96.중앙대

ten(=hold)+ant → (남의) 집을 가지고 있는 사람

n. 세든 사람, 세입자, 임차인(=occupant)
• dispute between the landlord and the tenant
집주인과 세입자 간의 분쟁
ⓝ **tenancy** (토지, 집 따위의) 차용, 차용기간
tenement[ténəmənt] (가난한 지역의) 공동주택
🔳 **landlord** 집주인, 건물 소유주

0094 tenor
[ténər]
00.세종대

ten(=hold)+or → 앞으로 갈 바를 견지하는 것

n. 방침, 진로; 요지, 취지(=nature); 〈음악〉 테너
• the tenor of his remarks 그의 말의 취지

0095 tenure
[ténjər]
08.세종대

ten(=hold)+ure → 직위를 유지할 수 있는 권리

n. 재임 기간; 종신 재직권; (부동산) 보유(권)
• acquire tenure 종신재직권을 얻다

0096 countenance
[káuntənəns]
09.국가직9급

coun(com(=together)+ten(=hold)+ance → 얼굴 전체가 유지하고 있는 표정

vt. 지지하다; 묵인하다(=tolerate)
n. 얼굴(표정), 용모
• countenance his proposal 그의 제안에 동의하다
• keep one's countenance 침착함을 유지하다

0097 entertaining
[èntərtéiniŋ]
17.서강대
01.경기대

enter(=among)+tain(=hold)+ing → 다 같이 붙들고 있는

a. 재미있는, 즐거움을 주는
• so funny and entertaining 너무 웃기고 재미있는
ⓝ **entertainment** 오락(=distraction), 연예, 환대
entertainer 연예인

0098 pertinacious
[pə̀:rtənéiʃəs]
09.전의경특채

per(=through)+tin(=hold)+acious → 의견을 단호히 유지하는

a. (의견 등을) 굽히지 않는; 끈질긴
• with his pertinacious perseverance 굽히지 않는 끈기로
ⓝ **pertinacity** 불요불굴; 집요함

---

tip 무엇인가를 담는 그릇이나 용기를 컨테이너(container)라고 합니다.
컨테이너는 안에 담긴 물건을 보호하고 유지하는 용인 것이죠.
어근 tain은 "유지하다, 지키다"의 의미입니다.

추가 어휘

☐ **contain** 함유하다; 억누르다
- **container** 그릇, 용기, 컨테이너
☐ **content** 내용(물), 목차; (pl.) 콘텐츠; 만족감
↔ **malcontent** 불평을 품은; 불평분자
☐ **continence** 자제, 절제; 금욕
- **continent** 1. 자제심 있는 2. 대륙
☐ **incontinence** 자제할 수 없음; 요실금
- **incontinent** 자제할 수 없는; 요실금의
☐ **continental** 대륙의, 대륙성의
☐ **retinue**[rétənjù:] (고관의) 수행원
☐ **lieutenant**[lu:ténənt] 부관; (first~) 중위
• lieu(대신에)+ten(=hold)+ant: 대신 자리를 지키는 장교

표제어 복습

☐ **sustain** 지탱하다, 유지하다, 부양하다 ☐ N0043
- **sustainable** 지탱[유지]할 수 있는
☐ **retain** 보유하다, 유지하다, 간직하다 ☐ N0480
- **retentive** 보유력이 좋은; 기억력이 좋은
☐ **tenacious** 고집이 센; 집요한 ☐ N0046
☐ **tenable** (공격 등을) 방어할 수 있는 ☐ N0458
☐ **tenet** 주의, 신조, 신념 ☐ N0946
☐ **pertinent** 적절한; 관련된; ~에 속하는 ☐ N0093
↔ **impertinent** 적절하지 못한; 주제넘은
- **pertain** 속하다; 적합하다, 어울리다
☐ **continually** 계속적으로, 끊임없이, 줄곧 ☐ N0315
- **continuous** 연속의, 계속적인; 끊임없는
☐ **detain** (사람을) 기다리게 하다, 감금하다 ☐ N0562
- **detention** 구금, 구류, 유치
☐ **abstain** 삼가다, 절제하다 ☐ N0689
☐ **procrastinate** 늑장 부리다, 연기하다 ☐ N0747

[어근] her/hes(=stick)

0101 stick
[stik]

막대 → 찌르다 → 고정시키다(풀) → 고수하다

n. 막대기, 방망이, 지팡이 → 채찍질, 벌
- carrot and stick 당근과 채찍, 회유와 협박

vt. 1. 찌르다, 꽂다
　　2. 고정시키다, (풀로) 붙이다; 풀

vi. 1. 달라붙다, 고집하다, 집착하다[to, with]
　　2. 뽀족 튀어나오다[out]

ⓝ sticker 스티커; (자동차) 주차위반 딱지

ⓐ sticky 끈적거리는, 들러붙는

03~9.여자경찰 /97.지방고시
07.동국대/96.명덕여대
09.서강대

> **stick to** ~에 들러붙다; (주장 등을) 고수하다(=abide by)
> **stick to one's guns** 주장을 고수하다
> **stick with** 끝까지 충실하다; (결심을) 지키다
> **Stick with it!** 포기하지 마라(=Don't give up!)
> **have a sticky finger** 손버릇이 나쁘다, 잘 훔친다
> **stick[stand] out like a sore thumb** 눈에 잘 띄다
> **stick out for** (임금 인상 등을) 끝까지 요구하다

0102 adhere
[ædhíər]

96.고려대학원

ad(=to)+here(=stick) → ~에게 들러붙어 떨어지지 않다

vi. (물건에) 부착하다; (신념을) 고수[고집]하다[to]
- adhere to principle 원칙을 고수하다
- adhere to the surface 표면에 부착하다

07.세무사

ⓐ adherent 들러붙는, 신봉하는; (정당 등의) 지지자(=follower)
　adhesive 점착성의, 들러붙는; 접착제

14.이화여대

ⓝ adhesion 점착(성), 부착
　adherence 고수, 집착

tip 갈까 말까 망설인다(hesitate)라고 할 때에는 그 자리에 들러붙어 쉽게 떠나지 못한다는 의미가 됩니다. 어근 hes/her은 "무엇에 붙어있다"라는 의미의 어근입니다..

추가 어휘

☐ **hesitant**[hézətənt] 머뭇거리는, 망설이는
　- **hes**itate 주저하다, 망설이다
　- **hes**itation 주저, 망설임

표제어 복습

☐ co**her**ent 일관성 있는, 응집성의 ▣ N0338
　↔ inco**her**ent 일관성이 없는
☐ co**hes**ive 결합력 있는, 단결된 ▣ D0338
　- co**hes**ion 부착, 응집
☐ in**her**ent 본질적인, 내재된; 타고난 ▣ N0374

[어근] serv(=serve, keep)

0111 serve
[sə́:rv]

13.동국대/02.한국외대
행자부7급

serve → 봉사하다

v. 1. 섬기다, 봉사하다
　　2. 복무하다, 시중을 들다(=wait on, attend on)
　　3. 도움이 되다(=minister to)

ⓝ service 1. 봉사, 서비스; 공공사업; (관청의) 부국; 복무, 공급
　　　　　2. 쓸모 있음, 도움, 정기 점검
ⓐ serviceable 쓸모 있는, 튼튼한
ⓐ disservice 냉대, 구박, 몹쓸 짓 *서비스(도움)을 안 줌
- do sb a disservice ~에게 몹쓸 짓을 하다

94.서울대학원

95.서울대학원
07.인천9급/03.여자경찰/96.법원직

12.국민대

> **serve** sb**'s turn** 도움이 되다, 목적에 적합하다
> (=suit one's purpose)
> **serve the purpose** 목적에 알맞다, 쓸모 있다
> **It serves you right./Serve you right.**
> 〈회화〉 그것 참 쌤통이다.
> **wait on** 시중을 들다(=serve)

0112 servitude
[sə́:rvətjù:d]

02.경희대

serv(=serve)+i+tude → 서빙하는 사람 → 노예

n. 노예임, 노예 상태, 예속
- fall into servitude 노예 상태로 되다(=become enslaved)

ⓝ servility 노예 상태; 노예 근성; 비굴
　servant 하인, 종, 머슴; 부하; 공무원
ⓐ servile 노예의; 비천한, 비열한
ⓐ subservient 굽실거리는, 비굴한; 도움이 되는

0113 deserve
[dizə́:rv]

04.경찰

de(=down)+serve → 아래로 내려받다

v. ~ 받을 만하다; ~ 할 가치가 있다
- You deserve it. 자업자득이다. 또는 (상이나 승진이) 받을 만하다.

ⓐ deserved (상이나 보상이) 당연한, 정당한
　deserving 마땅히 ~을 받을 만한 [of]
ⓝ desert 상[벌]을 받을 만한 가치, 공과

tip 음식점에 서빙(serving) 알바를 한다고 할 때 서빙이란 옆을 지키면서 시중을 드는 것을 의미합니다. 이처럼 serve는 "어떤 상태를 유지한다"라는 의미입니다.

표제어 복습

☐ con**serv**ative 보수적인, 보수주의자 ▣ N0191
　- con**serv**e 보존하다, 유지하다, 보호하다
　- con**serv**ation (자연·자원의) 보호
　- con**serv**atory 온실; 음악[예술]학교
☐ re**serv**ation 예약; 거리낌, 유보조항 ▣ N0106
　- re**serv**e 남겨두다; 확보하다; 예약하다; 유보하다
　- re**serv**ed 감정을 드러내지 않는

0114 preserve
[prizə́:rv]
13.이화여대/98.행자부9급

pre(=before)+serve(=keep) → 미래를 위해 유지하다

vt. 1. (특색·자질·체면 등을) 지키다(=keep)
2. (좋은 상태를) 유지·보존하다(=conserve)
3. (위험에서) 보호하다(=save, rescue)
n. 전유물; 설탕절임; 수렵 금지 구역; 영역(=domain)
ⓐ **preservative** 보존하는, 보존력이 있는; 방부제, 보호물
11.고려대
17.성균관대
ⓝ **preservation** 보존, 보존 상태
preservationist 환경 보호 운동가, 유적 보존 운동가

0115 reservoir
[rézərvwɑ̀:r]
15.경기대

re(=back)+serv(=keep)+oir → (나중에 쓰기 위해) 뒤에 보관해 두는 것

n. 저수지; 비축; 저장소, 용기; 감염원
• Reservoir Dogs (영화 "저수지의 개")

0116 observe
[əbzə́:rv]
12.법원직/11.경희대
08.공인노무사/03.세종대

ob(강조)+serve(=keep) → (규칙을) 지키다

vt. 1. 알다, 보다, 관찰하다(=see, notice, perceive)
2. (규칙 등을) 준수하다, 지키다(=comply with, obey)
3. 진술하다, ~이라고 말하다(=opine, remark)
vi. 참관인으로 출석하다
ⓐ **observant** 관찰력이 예리한, (법률 등을) 준수하는
15.산업기술대/09.광운대
02.변리사
ⓝ **observation** 관찰, 정탐, 감시; 주목, 관찰력
observance (규칙 등의) 준수, 습관, 관례
observatory 전망대, 천문대, 관측소
observer[əbzə́:rvər] (투표권이 없는) 배석자, 입회인, 관찰자

R012   [어근] fas/fast(=fast)

0121 fast
[fǽst]

빠른 → 연달아

a. 1. 빠른, 급속한; 민첩한
2. 고정된, 견고한, 단단히 붙은
ad. 빠르게; 단단히; 끊임없이, 연달아
• Event followed fast upon one another 계속해서 사건이 일어났다.
ⓥ **fasten** 단단히 고정시키다; 주의를 쏟다; 꽉 매달리다

06-2.가톨릭대/92.사법시험
06.대전시7급/서울대학원
행정고시
93.기술고시

> **ⓘ hold fast (to)** 단단히 붙들다, 집착·고수하다(=cling to, stick to)
> **hard and fast rule** (융통성 없는) 엄격한 규칙
> **fast and furious** 맹렬한 기세로, 최고조로; (의논 따위가) 불붙는
> **play fast and loose** 태도가 확고하지 못해 믿을 수 없다
> **stand fast** 딱 버티고 서다; 고수하다

0122 steadfastly
[stédfæ̀stli]
07.동아대/06.덕성여대

stead(=stand)+fast → 단단히 버티고 선

ad. 한결같이, 확고히(=determinedly, tenaciously)
• steadfastly refuse to answer 단호히 답변을 거부하다
ⓐ **steadfast** 확고부동한, 불변의, 확립된
ⓘ steadily 착실하게, 끊임없이(=continuously)

I 041

keep

keep의 기본의미는 "**그대로 가지고 있다, 유지하다**"이다.
1. (사물을) 가지고 있다 → 지니다, 유지하다, 보관하다
2. (관계 · 연락 등을) 유지하다 → 사귀다, 교제하다
3. (위치 · 거리 · 방향 · 동작 · 상태 등을) 유지하다 → ~에 두다, 계속하게 하다
4. (약속 · 법 · 비밀 등을) 유지하다 → 약속을 지키다, 규칙을 지키다, 비밀을 지키다
5. (시선 · 기억 등을) 유지하다 → 감시하다; 명심하다
6. (감정을) 그대로 유지하다 → 참다
7. (~과 거리를) 유지하다 → 피하다, 금지하다

---

1. (사물을) 가지고 있다 → 지니다, 유지하다, 보관하다

04101
keep the change.
07.경찰

잔돈(change)은 가지고 계세요
잔돈은 가지세요.
• A : That's $18. 그건 18$입니다.
• B : Here's $20. **Keep the change.** 여기 20$요. 잔돈은 그냥 두세요.

⏺ Give me the change, please.
거스름돈을 주세요.

---

2. (관계 · 연락 등을) 유지하다 → 사귀다, 교제하다

04102
keep one's company
04.강남대/03.101단/95.공인회계사
93.중앙대/국회사무관

누구의 일행으로 있다
~와 동행하다(=accompany), ~와 함께 있어주다
• Mary asked Nancy to **keep her company**.
메리는 낸시에게 동행할 것을 부탁했다.

☑ keep company with sb
(적적하지 않도록) 누구와 같이 있다,
데이트하다
keep good[bad] company
좋은 [나쁜] 친구와 사귀다

04103
keep sb posted
02.여자경찰/토플/입사

내게 계속 편지(post)로 연락을 유지해라(keep)
(일어나고 있는 일에 대해 계속) 소식을 알려주다(=let sb know the news)
• Please **keep** me **posted**. (=Please **keep** me **informed**.)
내게 계속 소식을 전해 주게.

---

3. (위치 · 거리 · 방향 · 동작 · 상태 등을) 유지하다 → ~ 에 두다, 계속 하게 하다

04104
keep * up sth
94.행자부7급/82.행시/토플/입사/Teps

위로(up) 떠받치다(keep)
계속 지탱하다, (좋은 상태를) 유지하다(=continue, maintain, keep on sth)
• If he **keeps up** his pace, he'll win hands down.
그는 자기 페이스를 유지한다면 낙승할 것이다. *hands down 쉽게

04105
keep up with sb/sth
11.기상직9급/07.강남대/01.세무직9급/99~2.한성대
93.전북7급/89.행자부9급.시법시험.Teps
15.아주대

~를 (with) 뒤쫓아(up) 유지하다
따라잡다; (시대의 흐름이나 정보 등에) 뒤지지 않다(=keep abreast of sth)
• Mr. and Mrs. Brown bought a new car simply to **keep up with the Joneses.**
브라운 부부는 단순히 이웃집에 지지 않으려고 새 차를 샀다.
⬛ keep up with the Jones 남에게 뒤지지 않으려고 애쓰다

☑ keep in touch with sth
시류 등에 뒤떨어지지 않다, 최신 정보 등
을 얻다
☑ keep in touch (with sb)
연락을 계속하다; 〈구어〉 또 연락 주세요

04106
keep abreast (of /with sth)
01.덕성여대

~와 나란히(abreast) 유지하다
(~와) 보조를 맞추다, (정보 등에) 뒤떨어지지 않다(=keep up with,
keep pace with sb/sth)
• I try to **keep abreast of** the financial markets.
나는 금융시장의 정보에 뒤떨어지지 않으려고 노력한다.

⏺ keep sb abreast
~가 뒤지지 않고 잘 따라갈 수 있게 해주다

04107
keep pace with sb/sth
서울대학원/숙명여대/Teps

~와 보조(pace)를 유지하다
~와 보조를 맞추다, ~에 따라가다(=keep abreast with sb/sth)
• The supply of materials cannot **keep pace with** demand.
원료의 공급이 수요를 따라가지 못한다.

04108
keep good time
01.여자경찰/Teps

(시계가) 완전한(good) 시간(time)을 유지하다
(시계가) 시간이 잘 맞다
• My watch **keeps good time**.
내 시계는 정확하다.

⏺ My watch gains five minutes a day.
내 시계는 하루에 5분 빠르다.
My watch loses five minutes a day.
내 시계는 하루에 5분 늦다.

---

4. (약속 · 법 · 비밀 등을) 유지하다 → (약속 · 규칙 · 비밀을) 지키다

04109
**keep one's word /
keep one's promise**
98.경찰/Teps

약속(promise)을 지키다(keep)
약속을 지키다(=be as good as one's word)
• He has never failed to **keep his word**.
그는 약속을 어긴 일이 없다.

🔁 deliver on one's promises
약속을 이행하다
↦ break one's word 약속을 어기다
☑ as good as one's word
약속을 잘 지키는
⏺ You have my word! 약속할게!
*I promise you 보다 더 강한 표현

O4110
keep to sth

인하대

~에서 위치를 유지하다(keep), ~을 지키다(keep)
(계획·규정·약속 등을) 지키다(=adhere to, abide by sth);
길이나 코스에서 이탈하지 않다
• **Keep to** the speed limits.
  제한 속도를 지켜라.

O4111
keep to oneself

14.사회복지9급/토플

(남과 섞이지 않고) 자기 자신을 유지하다
1. 남과 어울리지 않다; 다른 사람과 그다지 접촉하지 않다
2. 남에게 알리지 않다, 비밀에 부쳐두다
• The new student **keeps to herself**.
  새로 온 학생은 남과 어울리지 않고 있다.

O4112
keep sb/sth **in the dark**

서울대학원/Teps

어떤 것을 어둠 속에(in the dark) 두다(keep)
(~을) 비밀로 하다(=keep sth secret), 알리지 않고 그냥 두다
• He **keeps me in the dark** about how the matter stands.
  그는 내게 사정이 어떻게 돌아가는지 알려주지 않는다.

📖 **a shot in the dark** 억측, 막연한 추측

---

5. (시선·기억 등을) 유지하다 → 감시하다; 명심하다

O4113
keep an eye on sb/sth

95.변리사/Teps

눈(eye)을 항상 ~위에(on) 두다(keep)
~을 감시하다, ~에 유의하다; 돌보다(=take care of sb/sth)
• **Keep an eye on** the store while I am away.
  내가 없는 사이에 가게를 잘 봐라.

📖 **keep one's eye on the ball**
공에서 눈을 떼지 않다; 방심하지 않다
(=be watchful and ready)
＊눈을 항상 공 위에(on) 두다
keep an eye out (for sb/sth**)**
지켜보다; 나타나는 것을 주의하여 보다
＊바깥에 눈을 두다 (08.한국외대)
keep one's eyes open[skinned]
눈을 크게 뜨고 살펴보다, 계속해서 경계하다
＊눈을 크게 뜨고 있다.
lift up one's eyes 집중해보다
＊눈을 치켜뜨다(lift up)

O4114
keep close tabs on sb/sth

06-3.경찰/04-2.경기대/입사/Teps

어떤 것에 가깝게 식별표(tab)를 두다
~에서 눈을 떼지 않다(=watch closely); ~에 주의하다
• Young activists were **kept close tabs on** by FBI agents.
  젊은 행동주의자는 FBI요원의 밀착 감시를 받았다.

O4115
keep[have, bear] ＊ **in mind (** sb/sth**)**

토익/Teps

어떤 것에 마음에(in mind) 담아 두다
~을 마음에 간직하다, 기억하고 있다, 잊지 않다, 명심하다
• China should **keep in mind** the universal lesson of history that justice will prevail in the long run.
  중국은 결국 정의가 승리한다는 공통된 역사적 교훈을 명심해야한다.

---

6. (감정을) 그대로 유지하다 → 참다

O4116
keep one's temper

04.한국항공대/Teps

temper(기분, 심정, 침착함)를 유지하다
화를 참다, 침착함을 유지하다
• He was very annoyed but he **kept his temper**.
  그는 매우 약이 올랐으나 화를 참았다.
📖 **lose one's temper** 화를 내다 ⊃ I11902

O4117
keep one's shirt on

06.서울시9급/Teps

셔츠(shirt)를 벗지 않고 그대로 있다(keep)
(성내지 않고) 침착성을 유지하다
• **Keep your shirt on**! I'll be with you in a second.
  곧 갈테니 조금만 참아.

📖 **lose one's shirt** 알거지가 되다
＊마지막 내의(shirt)까지 다 잃다

> 📖 **shirt 관련 표현**
> **put one's shirt on sth** (경마 등에) 있는 돈 전부를 걸다
> ＊3번 말에 내 셔츠까지 다 건다(put)
> **a stuffed shirt** 얌전 빼는 사람; 유력자, 명사; 부자
> ＊속을 꽉 채워 넣어(stuffed) 셔츠가 구겨지지 않게 한 사람
> **put on a hair shirt** 힘든 길[삶]을 택하다
> ＊a hair shirt 성직자의 처벌용 옷으로 머리카락이 찔리는 옷

06.서울시9급

O4118
keep down sb/sth

93.행자부7급/Teps

찍어 눌러(down) 그대로 있게 하다(keep)
(감정을) 억누르다; 반란을 진압하다(=suppress)
• He tried to **keep down** his anger.
  그는 화를 참으려 노력했다.

📖 **bottle up** ⟨10.중앙대⟩
(감정을) 억누르다(=suppress)

O4119
keep a straight face

06.경기도7급/06.경기대/토플/Teps

무표정한 얼굴(straight face)을 유지하다(keep)
웃음을 참다, 진지한 표정을 유지하다
(=refrain from smiling, remain serious)
• I can never play jokes on people because I can't **keep a straight face**.
  나는 사람들에게 농담을 던지지 못한다. 왜냐하면 내가 웃음을 참지 못하기 때문이다.

O4120
keep one's chin up

91.서울대학원/Teps

아래턱(chin)을 위로(up) 유지하다(keep)
(난국에 맞서서) 의연한 자세를 유지하다, 용기를 잃지 않다
• **Keep your chin up**. (=Cheer up!) 힘내라.

O4121

keep one's feet on the ground

17.지방직9급

들떠 있지 않고 차분히 땅바닥에 발을 두고 유지하다(keep)
들떠 있지 않다, 현실적[실제적]이다
(=remain sensible and realistic about life)
• He always **keeps his feet on the ground**.
  그는 항상 현실적이다.

7. (~과 거리를) 유지하다 → 금지하다, 피하다

O4122

keep [sb] **at arm's length**

92.외무고시

팔 길이(arm's length)만큼 거리를 두다
가까이 못 오게 하다, 멀리하다
• Mary **kept him at arm's length**.
  메리는 그를 멀리했다.

O4123

keep[hold] [sb]/[sth] **at bay**

15.국민대

만(bay)에 두고 상륙하지 못하게 하다
접근을 막다, 저지하다; (문제의) 발생을 막다
• Regular exercise helps **keep** colds **at bay**.
  규칙적인 운동은 감기 예방에 도움이 된다.

O4124

keep * away (from [sb]/[sth]**)**

13.중앙대/07.항공대/00.행자부7급
92.행자부7급/토플/입사/Teps

무엇으로부터(from) 멀리(away) 유지하다(keep)
1. 피하다, 멀리하다, 거리를 두다(=avoid, shun, eschew)
2. 가까이 오지 못하게 하다, 물리치다(=ward off [sb]/[sth])
• **Keep away from** such company.
  그런 친구는 멀리해라.

O4125

keep ([sb]/[sth] **) from ~ing**

10.국회속기직/99-2.한성대/98.경찰

~하는 것(ing)으로부터(from) 막다(keep)
1. ~하지 못하게 막다, ~하는 것을 막다   2. 삼가다, 억제하다
• Modesty **keeps him from speaking**.
  그는 겸손해서 잠자코 있는 거다.

O4126

keep * back [sth]

입사/Teps

뒤쪽에(back) 따로 두다(keep)
1. (비밀 · 정보 · 감정 등을) 감추다, 말하지 않다(=refuse to reveal)
2. (재해 등을) 막다, 방지하다(=hold [sb]/[sth] in check);
   억제하다, 보류하다(=withhold)
• The prisoner was **keeping back** vital information.
  그 죄수는 핵심적인 정보를 숨기고 있었다.

keep ([sb]/[sth] **) off** [sw]
~에 접근시키지 않다, ~에 출입을 금지하다(=keep [sb]/[sth] out from [sw])
* 떨어져(off) 있게 하다
keep ([sb]/[sth] **) out**
들어오는 것을 막다, 안에 들이지 않다
keep[stay] out of [sth]
가담하지 않다, ~에 휘말리지 않다

keep one's distance (from [sb]/[sth]**)** ~으로부터 일정한 거리를 유지하다 * 거리(distance)를 유지하다

keep[hold] [sb]/[sth] **in check**
통제하에 두다, 억제하다

I 042

hold

hold의 기본의미는 "꽉 잡아서(grasp) 유지하다(keep), 붙잡다"이다.
1. 손에 쥐다, 잡다, 붙들다, 신념을 품다.
2. (어떤 상태를) 유지하다, 지속하다 → 견디다 → 효력을 가지다
3. (물건이 무게를) 지탱하다, 수용하다
4. (감정을) 억누르다, (행동을) 참다, 삼가다
5. (회의 등을) 개최하다, 열다

1. 손에 쥐다, 잡다, 붙들다, 신념을 품다

O4201

hold fast (to [sth]**)**

06-2.가톨릭대/92.사법시험

~에(to) 단단하게(fast : 고정된, 단단히 붙은) 붙어있다(hold)
단단히 붙들다, 집착 · 고수하다(=cherish, cling to, stick to, adhere to [sth])
• **hold fast[strongly] to** one's opinion
  자기 주장을 견지하다

cling to [sb]/[sth] 달라붙다, 매달리다;
옷이 몸에 감기다; 집착하다 (92.경기대)
= **stick to** [sb]/[sth]
  ~에 달라붙다; ~에 집착하다
= **stick to one's guns**
  자기 의견을 고집하다
= **adhere to** [sth]
  들러붙다; 고집하다, 집착하다

2. (어떤 상태를) 유지하다, 지속하다 → 견디다 → 효력을 가지다

O4202

hold good

03,99,97,경찰/01.행자부9급

건강한 상태, 유효상태(good)를 유지하다(hold)
유효하다(=remain valid)
• The rule still **holds good**.
  그 규칙은 아직도 유효하다.

04203
hold * up `sb`/`sth`
07.동국대/03-2.경기대/98.경원대
85.서울대학원/토플/Teps

손을 들고(up) 가만히 있어!(hold)
1. 강도짓을 하다(=mug, extort, stop forcibly and rob)
2. (길을) 막다; 진행을 늦추다(=delay)
3. 지탱하다, 견디다, 오랫동안 지속되다
- That's the one who **hold me up** at gunpoint.
  저 사람이 내게 총을 들이대고 강도짓을 한 사람이다.
- 🔲 **hold-up** 강탈, 노상 강도; 방해; 정체

04204
hold out
12.단국대/98.한국외대/토플/입시/Teps

추운 바깥에서(out) 견디다(hold)
견디다, 버티다, 참다(=resist); 지속하다
- The bank cannot **hold out** any longer.
  그 은행은 더 이상 견딜 수 없게 되었다.
- 🔲 **holdout** (완고한) 저항; 협조를 거부하는 사람; 계약을 보류하는 운동선수

🔳 **hold out for** `sth`
~을 강경히 요구하다

04205
hold on
11.동덕여대/97.경찰/97-2.단국대
88.법원직/토플/입시6회/Teps

on 인 상태로(끊기지 않고) 유지하다(hold)
1. 계속하다, 지속하다, 매달리다
2. (전화를 끊지 않고) 기다리다(=wait, hold the line)
- A : Hello, this is Mr. Kim speaking. May I speak to Miss. Lee?
  B: **Hold on**, please. I'll see if she is in.
  A: 전 미스터 킴인데요. 미스 리와 통화할 수 있을까요?
  B: 잠시만요. 그녀가 있는지 봐드릴게요

🔳 **hold the line**
*정해진 선(노선) 등을 유지하다
1. 전화를 끊지 않고 기다리다(=hold on)
2. 물러서지 않다, 고수하다; 현상을 유지하다; 물가를 안정시키다
= **hang on** (전화를 끊지않고) 기다리다
  (=hold on); 버티다, 참다; 매달리다
↦ **hang up** 전화를 끊다;
  (기차 등이 눈 등으로) 꼼짝 못 하게 되다

04206
hold `sth` over
96.인천시9급

정해진 시간 이후로(over) 유지하다(hold)
연기하다, 보류하다(=postpone, defer, delay, put * off `sth`)
- The regular Wednesday meeting will be **held over** until next week.
  수요 정례회의는 다음주까지 연기될 것이다.
- 🔲 **holdover** 잔존물; 유임자, 재수생; 이월

🔳 **be on hold** 보류 중이다
🔳 **hold sway over** `sb`/`sth` ~을 지배하다

04207
hold off
입사

~에서 떨어져, 작동하지 않는 상태로(off) 유지하다(hold)
1. 연기하다, 지체시키다(=postpone, defer); 연기[지연]되다
2. (비 따위가) 내리지 않다
3. 피하다, 가까이 못 오게 하다(=keep `sb` at a distance); (공격 등을) 막다
- **Hold off** making your decision until Monday.
  월요일까지 당신의 결정을 미루어 주세요.

04208
hold * down `sb`/`sth`
입사

밑으로(down) 내리 누르고 있다(hold)
1. (자유 등을) 억누르다, (물가 등을) 억제하다
2. (직업·일 따위를) 계속 유지하다
- The people were **held down** for centuries by their conquerors.
  그 국민들은 수 세기 동안 그들의 정복자들에게 억압받았다.

---

3. (물건이 무게를) 지탱하다, 수용하다

04209
hold water
12.동국대/11.기상직9급/98.입법고시

물을(water) 담을 수 있다, 물이 새지 않는다, 빈틈이 없다
합리적이다, 이치에 맞다(=be logical, add up, make sense)
- Your argument doesn't **hold water**.
  네 주장은 조리에 맞지 않는다.

---

4. (감정을) 억누르다, (행동을) 참다, 삼가다

04210
hold * back `sb`/`sth`
16.가천대,숭실대/10.지방직9급/02.경기대
02.손해사정사/97.행자부7급/97.가톨릭대
97.성균관대/94.군법무관/입시/Teps

밖으로 내보내지 않고 뒤쪽에(back) 잡아두다(hold)
1. (감정 등을) 억제[자제]하다(=abstain, suppress, restrain, control, inhibit)
2. (비밀·정보·감정 등을) 감추다, 말하지 않다
3. (발전을) 방해하다
- He struggled to **hold** his tears **back**.
  그는 눈물을 잔뜩 참았다.
- 🔲 **holdback** 방해(=hindrance); 정지, 지연; 억제, 저지; 보류하고 있는 것, 보관물

04211
hold[bite] one's tongue
14.한양대/13.광운대
10.중앙대/덕성여대/토플/입시/Teps

사람의 혀(tongue)를 놀리지 않고 참고 있다(hold)
잠자코 있다(=keep silent), 하고 싶은 말을 참다
- **Hold your tongue**! You can't talk to me that way.
  입 다물어! 넌 내게 그런식으로 말하면 안 돼.
  cf. seal one's lips *입술을 봉하다

🔳 **Hold your tongue!** *입 다물어!
= **Shut up!** or **Shut your mouth!**
*입을 닫다
= **Button up!** or **Button your lip!**
*입술에 버튼을 채우다

have

소유의 의미를 지니는 have 동사의 기본의미는 **"주어가 가지고 있다"**는 개념이다.
가지는 대상에 따라 "물건(소유하다, 지니다), 친구 · 가족(~이 있다), 성격 · 특징(~한 성격이다),
감정 · 생각 · 원한(감정을 품다), 행위(~을 행하다), 경험(~을 경험하다)" 등 다양하게 쓰인다.

1. (물건 등을) 소유하다, 가지고 있다, 지니다, 손에 넣다
2. (친구 · 가족 등 인간관계) ~이 있다
3. (성격 · 특징 등을) 가지고 있다
4. ~을 위치 · 상태로 두다
5. (경험 · 괴롭거나 즐거운 시간 등을) 겪다, ~을 보내다
6. (감정 · 생각 · 원한 등을) 품다
7. (행위 등을) 행하다, (음식 등을) 먹다, 마시다
8. (질병 등을) 앓다, ~에 걸리다
9. (손님 등을) 맞다, 대접하다, (모임 등을) 열다
10. (경기 · 토론에서) ~을 지게 하다, 패배시키다
11. (사람 · 사물을) ~하게 하다, 시키다 〈사역〉

1. (어떤 것을) 소유하다, 가지고 있다, 지니다, 손에 넣다

04301
have an alibi for [sth]
01.여자경찰

어떤 시간 동안(for)의 알리바이(alibi)를 가지고 있다
알리바이가 있다
• Do you **have an alibi for** that night?
당신은 그날 저녁에 알리바이[현장 부재증명]이 있습니까?

04302
have the say (in [sth]) / have a voice in [sth]
입사

어떤 것에(in) 할 말(the say)/내고 싶은 목소리(a voice)를 가지고 있다(have)
~에 발언권[결정권]이 있다(=have the power of acting or deciding)
• Those college students are campaigning to **have a voice in** the administration of their college.
그 학교 학생들은 그들의 학교 행정에 참여할 권한을 위해 운동을 벌이고 있는중이다.

04303
have one's cake and eat it too
07.전남9급/06.건국대

케이크를 먹고도 싶고 또한 그냥 가지고 있고 싶기도 하다
함께 가질 수 없는 두 가지를 모두 원하다
• Don't buy a car if you want to walk and stay healthy. You can't **have your cake and eat it too**.
걷는 것으로 건강을 유지하려면, 차는 사지 마세요. 양쪽 다 원하는 것은 모순입니다.

▣ **have it both ways**
양다리를 걸치다, 양립할 수 없는 두 가지를 다 가지다(=gain advantage from opposing opinions or actions)

2. (친구 · 가족 등 인간관계) ~이 있다

04304
have nothing to do with [sb]/[sth]
토플/토익/입시/Teps

무엇(누구)와 함께할 것이 아무것도 없다
~와 관계가 없다(=be not related to [sb]/[sth])
• I **have nothing to do with** this accident.
나는 이 사고와는 아무런 관계가 없다.

▣ **have much to do with** [sb]/[sth]
~과 밀접한 관계가 있다(=be greatly concerned with)
have something to do with [sb]/[sth] ~과 (모종의) 관계가 있다.

3. (성격 · 특징 · 능력 등을) 가지고 있다

04305
have [sth] at one's finger's ends
98.행자부9급

어떤 것이 어떤 사람의 손가락 끝에 있다
~에 정통하다(=know very well)
• He **has** the country's customs **at his finger's ends**.
그는 그 나라의 풍습에 대해 훤히 알고 있다.

04306
have a way with [sb]/[sth]
88.서울대학원

어떤 것을 하는 것에 대한 방법(way)을 가지고 있다
~을 잘 다루다, ~에 요령이 있다
• She **has a way with** babies.
그녀는 아기 다루는 데 능숙하다.

▣ **know[learn] the ropes**
요령을 잘 알다
= **know knack**
= **be experienced in** [sth]
= **be familiar with** [sb]/[sth]

04307
have[get] a big mouth
95.법원직/87.행정고시/토플/Teps

큰 입(big mouth)으로 말도 많다
말이 많다, 입이 가볍다, 수다스럽다; 허풍을 떨다(=talk big)
• She **has a big mouth**.
그녀는 입이 가볍다.

▣ **Don't tell anybody.**
아무에게도 말하지마.
= **Don't tell a soul.**
귀신한테도 말해선 안 돼.
= **Not a soul must be told.**
귀신에게도 말해져선 안 돼.
= **This is strictly between you and me.**
철저히 너와 나 둘사이의 이야기야.
= **Don't breathe a word of it (to anyone).** 말 한마디도 내뱉지마.
= **Don't let this get around.**
이 말이 여기 저기에 떠돌아다니게 하지마.

04308
have a good command of (language)
88.행자부7급/입사

좋은 언어 구사능력(command)을 가지고 있다
언어구사력이 좋다; (언어를) 자유자재로 구사하다
• He's studied in the US and **has a good command of** English.
그는 미국에서 공부했고 영어를 자유자재로 구사한다.

▣ **My lips are sealed.**
절대 말하지 않을게, 비밀 지킬게.
= **I can keep a secret.**

04309
have a soft spot for [sb]/[sth]
02.법원행정고시

누구에 대해 부드러운 부분(spot)을 가지고 있다
~을 좋아하다(=be fond of [sb]/[sth]); **~을 귀여워하다**
• Everyman **has a soft spot for** young women.
모든 남자들은 젊은 여자에게 약하다.

4. (물건 · 신체의 부분을) ~에(위치에) 두다, ~인 채로(상태) 두다

O4310
have one's hands full
04.홍익대/96.경기도9급/Teps

손에 물건을 가득 채우고 있다
몹시 바쁘다(=be extremely busy)
• I can't go downtown today; I **have my hands full** with preparations for tonight's party.
나는 오늘 시내에 갈 수 없어. 오늘 저녁 파티준비로 몹시 바쁘니까.

O4311
have[get] the upper hand (over sb**) / have the edge (on** sb/sth**)**
한국외대/토플/입사/Teps

손으로 막대잡기 게임에서 제일 위에 손을 두다
(~보다) 우세하다(=prevail); (~을) 이기다
• The enemy made a fierce attack but failed to **get the upper hand**.
적은 가차없는 공격을 퍼부었지만 결국 우위를 점하는 것은 실패했다.
🔟 the upper hand/the edge 장점, 우위(=advantage, merit, virtue)

O4312
have sth **on**
Teps

착용하고 있는 상태(on)로 있다(have)
1. (옷 · 모자 · 구두 등을) 걸치고 있다, 입고 있다
2. (약속 · 할 일 등이) 있다, (회합 등을) 예정하고 있다
3. (라디오 · TV 등을) 켜 놓은 채로 두다
4. 〈영 · 구어〉 ~를 속이다, 놀리다
• She **has gloves on**.
그녀는 장갑을 끼고 있다.

5. (경험 · 괴롭거나 즐거운 시간 등을) 경험하다, 시간을 보내다

O4313
have a (~) time
07.한성대/03.경찰

(즐겁거나 힘든) 시간을 보내다(have)
시간을 보내다; 곤란을 겪다
• Now I've **had the time** of my life. No, I never felt like this before.
지금 난 내 생애 최고의 시간을 보내고 있어요. 한번도 이렇게 느껴본 적이 없어요.

🔟 **Do you have the time?**
지금 몇시에요?
Do you have time?
시간 좀 있나요?

O4314
have trouble[difficulty] (in) ~ing / have trouble with sth
05-2.서울여대

불편(trouble), 어려움(difficulty)을 가지다
~하는 데 어려움을 겪다, ~으로 애를 먹다
• I **have trouble in** walk**ing** with my skirt clinging to my legs.
치맛자락이 발에 감겨 걷기가 힘들다.

O4315
have had it [sth**]**
예상

고마해라, 마이 묵었다 아이가. (영화 "친구"의 장동건 대사)
〈구어〉 진저리가 나다, 지긋지긋하다; 고물이 다 되다
• I **have had** his story.
그의 이야기는 이제 질렸다.

🔟 **have had enough of** sth
~에 질리다

6. (감정 · 생각 · 원한 등을) 품다

O4316
have * in mind [sth**]**
03-2.경기대/90.행정고시/Teps

마음 속에 담아두다
1. 계획하고 있다, 작정하다
2. 마음에 간직하다, 명심하다(=bear[keep] in mind sb/sth)
• What do you **have in mind** for tonight?
오늘 저녁에 특별히 계획이 있나요?

O4317
have an ax(e) to grind
행정고시/군법무관/토플/Teps

마음속에 갈아야 할 도끼(ax)를 가지다.
딴 속셈이 있다(=have hidden intention); 원한이 있다
• I **have** no political **ax to grind**.
난 아무런 정치적인 속셈이 없다.

🔟 **have a gripe against** sb
~에게 원한이 있다
= **hold a grudge against** sb
~에게 원한을 품다

O4318
have it in for sb
98.경찰/입사/Teps

~에게(for) 꽁꽁이(it)을 담아두다(have)
〈구어〉 ~에게 원한을 품다, 싫어하다; 트집을 잡다
• She has **had it in for** him for a long time.
그녀는 오랫동안 그에게 앙심을 품어 왔다.

O4319
have it that ~
입사

that 이하라고 생각을 품다(have)
1. ~라고 주장하다   2. (소문이나 전설 등에 따르면) ~라고 하다
• She will **have it that** the conditions are unfair.
그녀는 조건이 불공평하다고 주장할 것이다.

O4320
have no idea
96.행자부9급/Teps

아무런 생각(idea)이 없다
~을 알지 못하다
• I **have no idea** about what to do tomorrow.
난 내일 뭘 해야 할지 모르겠어.

O4321
have a reluctance to R
02-2.경기대

무엇을 하는 데(to) 꺼리낌(reluctance)을 가지다(have)
~하기를 꺼려하다
• He **had a** strong **reluctance to** regard the gardener as a thief.
그는 정원사를 도둑으로 여기는것을 몹시 꺼렸다.

O4322
have one's heart in one's mouth
98.세무사/토플

입에 (두근거리는) 심장을 가지다(have)
안절부절못하다, 몹시 걱정하다(=feel anxious)
• When her ex-husband came to see her unexpectedly, she **had her heart in her mouth**.
전 남편이 느닷없이 찾아왔을 때, 그녀는 가슴이 덜컹했다.

O4323
have a bee in one's bonnet
97.동덕여대

모자(bonnet) 속에 벌이 들어있다(have)
뭔가를 골똘히 생각하다(=have a fixed idea about sth);
머리가 좀 이상해지다
• I **had a bee in my bonnet** about swimming.
나는 수영에 대한 것이 머리에서 떠나지를 않았다.

🔻 **put a bee in one's bonnet**
생각을 불어넣다, 생각이 들게 하다

---

7. (행위 등을) 행하다, (음식 등을) 먹다, 마시다

O4324
have it out (with sb)
09.동덕여대/90.행정고시/Teps

그것을 바깥으로(out) 꺼내어 두다
거리낌 없이 토론하다, 토론으로 결말을 내다, 해결하다
(=settle a difficulty by talking freely and openly)
• We've been in disagreement about this for a long time, and I think we should **have it out**, once and for all.
우리는 오랫동안 이것에 대해서 다툼이 있어왔고, 그래서 단호하게 결말을 내야 한다고 생각한다.

O4325
have[make] a scene
06.울산시9급/02.경찰간부/96.입법고시/Teps

떠들썩한 영화의 한 장면(scene)을 만들다
(공공장소에서) 싸우다(=quarrel violently); 야단법석을 떨다
• We **had a scene** during the meeting.
우리는 회의 중에 심하게 다퉜다.

🔻 **make the scene**
(특수한 장소에) 나타나다, (참석하여) 존재를 나타내다; 성공하다; 인기를 모으다
🔻 **have a falling out** 다투다
cf. fall out (with sb) 다투다; (치아·머리카락 등이) 빠지다; 해산하다

O4326
have another guess coming
입사

또 다른 추측(guess)을 해보라
생각을 달리 하는 것이 좋다, 잘못 생각하고 있다.
• If you think you can fool me, you **have another guess coming**.
나를 놀려먹을 수 있다고 생각하고 있다면, 다시 생각하는게 좋을 거야.

O4327
have a go at sb /sth
04.성균관대

한번 가보자(a go)
~을 해보다; 상연하다; 공격하다
• I've never finished before, but I'd like to **have a go at** it.
나는 한번도 끝맺음을 해 본 적이 없지만, 한번 해보고 싶다.

---

8. (질병 등을) 앓다, ~에 걸리다

O4328
have[get] a + 병명
06.서울시소방/01.동덕여대

병을 가지다
(어떤) 병에 걸리다
• I **have a headache**, a sore throat, a slight fever.
두통이 있구요, 목이 따끔거리고 약간의 열이 있어요.

🔻 **I've got a touch of flu.**
나는 감기 기운이 있다.

O4329
have an itch for sth /
have an itch to R
07~10.경찰/Teps

무엇에 대해(for) 가려움(itch)을 가지다
~하고 싶어 몸이 근질근질 하다; ~하고 싶어 못 견디다
• He **has an itch to** go into the real estate business so he can make a lot of money.
그는 돈을 많이 벌기 위해 부동산업에 뛰어들고 싶어 안달이다.

---

9. (손님 등을) 맞다, 대접하다, (모임 등을) 열다

O4330
have sb in / have sb over
09.경찰2차/01.건국대

사람을 안으로(in) 들이다 / 사람을 (자기 집에) 넘어오게(over) 하다
(사람을 집에) 초대하다(=invite), 맞아들이다
• This is a great cake for **having** guests **over** for dinner.
이 케이크는 저녁 식사에 손님을 초대할 때 쓰기에 아주 좋다.

---

10. (사람·사물을) ~하게 하다, 시키다 〈사역동사〉

O4331
have one's hair done
99.법원직

머리 손질(hair done)을 해달라고 시키다
머리를 하다
• I've been **having my hair done** here for ten years.
나는 여기서 10년 동안 머리를 잘라왔다.

R013 [어근] post/pos/pon/pound(=put, place)

0131 posture
[pάstʃər]
99.명지대

post(=put, place)+ure → 자리(자세)를 잡는 것

n. (몸의) 자세; 몸가짐; 마음가짐
v. 1. 자세를 취하(게 하)다; ~인 체하다
　　2. (부대 등을) 배치하다
ⓝ post n. 1. 우편 2. 기둥 3. 지위
　　v. 1. 우송하다 2. 벽에 붙이다 (인터넷에) 게시하다 3. 파견시키다

11.국민대
98.광운대

96.서울대학원

> **동** pose n. 자세, 포즈; 마음가짐; 겉치레, 허식;
> 　　v. (요구 등을) 주장하다, (문제를) 제출하다(=present)
> 　　**poise**[pɔiz] 균형 잡히(게 하)다; 자세를 취하다; 균형, 평형; 미결상태
> 　　**position** 위치, 장소; 입장, 태도(=place); 근무처, 직장

0132 depose
[dipóuz]
12아주대/07.삼명대

de(=down)+pose(=put, place) → 아래로 내려오게 하다

vt. 1. (높은 지위에서) 물러나게 하다, 면직·해임하다(=oust)
　　2. 입증하다, 선서증언하다
　• be deposed in a military coup 쿠데타로 인해 물러나다
ⓝ deposition 면직, 폐위, 선서증언; 퇴적, 퇴적물(=sediment)
　deponent 선서증인

14.중앙대

05.가톨릭대/98.고려대학원

> **동** deposit 예금하다; 쌓이다; 예금, 적립금; 침전물(=sediment)
> 　　depository 저장소, 창고

0133 expose
[ikspóuz]
14.경기대

ex(=out)+pose(=put, place) → 바깥에 (잘 보이게) 두다

v. 1. (햇빛·위험 등에) 노출시키다, 드러내다
　　2. (팔 물건을) 내놓다, 진열하다(=exhibit)
　　3. (비밀 등을) 폭로하다(=disclose, lay bare)
　• be exposed to light 햇빛에 노출되다
ⓝ exposure 노출; 탄로, 폭로; 진열
　exposition 전람회, 박람회, 엑스포(=exhibition); 상세한 설명
ⓥ exposit 해설하다, 설명하다
ⓐ expository 설명적인, 해설적인
ⓝ expositor 해설자

13.국민대/03.서강대
12.중앙대

12.서강대

0134 purpose
[pə́:rpəs]
97.홍익대

pur(pro(=forth))+pose(=put, place) → 앞으로 자리 잡은 것

n. 목적(=aim); 의도(=intent), 용도; 취지, 논점; 요점
　• appropriate to a particular purpose 특별한 용도에 적합한
ⓐⓓ purposely[pə́:rpəsli] 고의로, 일부러

숙 on purpose 고의로, 일부러
　serve the purpose 목적에 알맞다, 쓸모 있다

0135 apposite
[ǽpəzit]
12.중앙대

ap(ad(=near)+posit(=put)) → 정답에 가깝게 둔

a. 적절한, 적당한[to]
　• apposite remarks 적절한 언급
ⓐⓓ appositely 적절하게
동 apposition (문법) 동격, 병치
　- appositive 동격의; 동격어구

0136 proposition
[prὰpəzíʃən]
01.101단/경찰

pro(=forth)+pos(=put, place)+ition → 앞으로 내놓은 것

n. 1. (사업상의) 제안, 제의; 계획, 안
　　2. 명제, 주제(=thesis)
　• a hypothetical proposition 가정적 명제
ⓥ propose 제안하다(=come up with); 청혼하다
ⓝ proposal 제안서

96.경원대

숙 come up with 제안하다, 계획 등을 생각해내다; 따라 잡다
동 preposition 전치사 *pre(=before)
동 overture 제의, 제안(=suggestion); 예비교섭; 도입부, 서곡(=prelude)

0137 proponent
[prəpóunənt]
16.가천대/07.경희대
08.중앙대

pro(=before)+pon(=put,place)+ent(명접) → 먼저 제안을 꺼내는 사람

n. 제안자, 발의자; 지지자(=advocate, supporter, exponent)
　• proponents of capital punishment 사형제도 지지자
ⓥ propound 제출하다, 제의하다(=propose)
반 opponent 적, 상대자, 반대자(=adversary)

---

tip 블로그에 글을 쓰는 것을 포스팅(posting)이라고 부릅니다. 글을 인터넷이라는 공간에 두는(put) 것입니다. post라는 어근은 "어떤 장소에 위치시키다"라는 어근입니다.

추가 어휘

☐ compost 혼합물; 혼합비료, 퇴비; 퇴비로 만들다
☐ imposture 사기, 협잡 *im(=on)
　- impostor 사기꾼; 사칭하는 사람 〈17.서울여대〉
☐ outpost 전초지; 전초부대; 주둔 기지; 식민지
☐ positive 긍정적인, 적극적인; 확실한, 명확한
　- positively 확실히, 절대적으로; 긍정적으로
☐ repose 휴식, 수면, 휴양; (마음의) 평온
　- reposeful 평온한, 침착한
☐ transpose 위치를 바꾸어 놓다 *trans(=change)
☐ juxtapose 병렬하다, 병치하다
☐ interpose 사이에 넣다, 이의를 제기하다, 개입하다 *inter(=between)
☐ superimpose 겹쳐놓다, 첨가하다

표제어 복습

☐ postpone 연기하다, 뒤로 미루다 ➡ N0493
☐ compose (마음을) 가라앉히다, 구성하다 ➡ N0148
　↳ decompose 분해하다, 부패하다
　↳ discompose 불안하게 하다
　- composite 합성의, 복합적인
　- composure 침착, 냉정, 평정
　- composition 구성, 조립, 혼성; 혼합물
☐ compound 복합의, 합성의; 혼합물 ➡ N0428
☐ component 구성 요소, 성분 ➡ D0428
☐ dispose 배치하다, 처리하다, 처분하다 ➡ N0010
　↳ indisposed 마음이 내키지 않는
　- disposition 성질, 기질; 경향; 배열
　- disposal 처분, 처리; 처분권
☐ exponent 주창자, 지지자 ➡ N0650
　- expound 상세히 설명하다
☐ impose 부과하다, 강요하다; 이용하다 ➡ N0500
　- imposing 인상적인, 남의 눈을 끄는
☐ opposite 맞은편의, 정반대의 ➡ N0074
　- oppose 반대하다, 대항하다
　- opposed 반대된, 대항하는
　- opposition 반대; 대립

O138 supposition
[sʌ̀pəzíʃən]
13.홍익대

sup(sub(=under)+pos(=put, place)+ition → 마음 아래에만 둔 것

n. 상상, 추측, 가정(=assumption)
- be based entirely on supposition 전적으로 가정에 근거하다
ⓥ suppose 가정하다, 추측하다(=surmise), 상상하다
ⓐⓓ supposedly 상상컨대, 추측하건대(=presumably)
🔳 suppository 좌약 *아래로 넣는 것
🔳 presuppose 미리 가정하다, ~을 전제로 하다

O139 postulate
[pɑ́stʃulèit]
97.숙명여대
15.국회8급
17.한성대

post(=put, place)+ul+ate → 내놓도록 요구하다

vt. (이론의 근거로 삼기 위해 무엇이 사실이라고) 상정하다(=presume)
n. 가정, 가설; 기본 원리; (논리) 공리
- be based on the unproven postulate 검증되지 않은 가설에 근거하다
ⓝ postulation 가정, 선결조건(=premise)
🔳 positivism 실증철학, 실증론
🔳 posit[pázit, pɔ́z-] (논의의 근거로서 사실로) 상정하다, 가정하다

O139(1) expostulation
[ikspɑ̀stʃuléiʃən]
98.경기대

ex(=out)+post(=put, place)+ul+ate → (충고의 말을) 밖으로 꺼냄

n. 충고, 타이르기; (pl.) 충고의 말(=exhortation)
- aggressive and expansive expostulation 적극적이고 솔직한 충고
ⓥ expostulate 충고하다, 타이르다

O139(2) impound
[impáund]
13.12.경희대

im(in(=in)+pound(=put, place) → (압수물 창고) 안에 두다

v. 압수[몰수]하다(=confiscate); (유기 동물을) 가둬두다
- be impounded by the police 경찰에 의해 압수되다

R014   [어근] thes/thet/them(=put, place)

O141 thesis
[θíːsis]
01-3.경찰/93.연세대학원

thes(=put, place)+is(존재) → 있다고 치고 놓아둔 것

n. 1. 논제; 명제(=proposition)
2. 학위 논문, 졸업 논문(=dissertation)
- doctoral thesis 박사 논문 master's thesis 석사 논문
- challenge a thesis 명제의 정당성을 의심하다

O142 hypothesis
[haipάθəsis]
17.단국대/93.연세대학원
서울대학원

hypo(=under)+thes(=place)+is → 있다고 치고 내려놓아 본 것

n. 가설(=theory), 가정(=assumption); 억측
- The facts bear out this hypothesis. 그 사실들은 이 가설을 뒷받침해 준다.
ⓐ hypothetic(al) 가설의, 가정의
ⓥ hypothesize 가설을 세우다, 가정하다
🔳 theoretical[θìːərétikəl] 이론(상)의; 가정적인; 공론적인
   - theory 학설, 이론
🔳 hypothecate[haipάθikèit] 담보로 잡다(=mortgage)

O143 antithesis
[æntíθəsis]
11.경희대/08.성균관대
96.고려대학원

anti(=against)+thes(=place) → 대조되도록 둔 것

n. 대조(=contrast); 정반대; 대구
- Joy is the antithesis of sorrow. 기쁨은 슬픔의 반대이다.
ⓐ antithetic(al) 대조되는; 정반대의
ⓐⓓ antithetically 대조적으로

추가 어휘
- [ ] photosyn**thes**is 광합성 *photo(=light)
- [ ] paren**thes**is[pərénθəsis] (보통 pl.) 괄호; 삽입구
   *in parenthesis 덧붙여 말하자면
- [ ] dia**thes**is[daiǽθəsis] (병에 걸리기 쉬운) 특이 체질
- [ ] epi**thet**[épəθèt] 형용어구; 별명, 칭호; 욕설
   - epi**thet**ic 형용하는 *epi(=upon)
- [ ] apo**thec**ary[əpάθəkèri] 약국, 약종상
- [ ] **theme**[θíːm] 주제, 테마
- [ ] ana**thema**[ənǽθəmə] 저주, (교회의) 파문

표제어 복습
- [ ] syn**thes**is 종합, 통합, 합성; 인조 ▣ N0558
   - syn**thet**ic 합성의, 인조의; 진짜가 아닌
   - syn**thes**ize 종합하다; 합성하다

R015   [어근] sert(=put, place) & cert(=sure, fix) & sure/sur(=certain)

O151 assert
[əsə́ːrt]
17.상명대/04.고려대

as(ad(=to)+sert(=put) → (자기의 주장을) 강하게 두다 → 단언하다

vt. 1. (사실을 강하게) 주장하다(=affirm, allege)
2. (권리나 권위를) 주장하다(=claim)
- assert that his statement is true 그의 말이 사실이라고 주장하다
ⓝ assertion (사실) 주장(=claim); (권리의) 행사
ⓐ assertive 단언하는, 단정적인(=assured)

O152 exert
[igzə́ːrt]
12.국회8급/94.서울대학원

ex(=out, 강조)+ert(sert(=put, place) → 강하게 두다 → 영향을 가하다

vt. 1. 열심히 노력하다, 분투하다[oneself]
2. (위력·압력·영향을) 가하다[upon]
- exert oneself to the utmost 온 힘을 다해 노력하다
- exert influence on ~에 영향력을 미치다
ⓝ exertion (힘의) 발휘, 애씀; 힘든 작업
ⓐ exertive 노력하는; 힘을 발휘하는; 영향을 미치는

tip 구멍 안에 무언가를 삽입하는 것을 insert라고 하듯,
sert는 "무언가를 두다"라는 의미의 어근입니다.

어근 sert(=put, place)

추가 어휘
- [ ] in**sert** 끼워 넣다, 삽입하다 *in(=in)
   - in**sert**ion 삽입, 끼워 넣기; 삽입물, 삽입 광고

표제어 복습
- [ ] de**sert** 사막; 버리다; 사라지다 ▣ N0386
   - de**sert**ed 황폐한, 버려진; 직무 태만의
   - dis**sert**ation 학술논문

O153 ascertain
[ǽsərtéin]
15.한양대/14.중앙대
13.국회8급

as(ad(=near)+cert(=sure)+ain → 확실에 가깝게 하다

v. (사실여부를) 확인하다, 조사하다, 규명하다
2. (위력 · 압력 · 영향을) 가하다[upon]
• try to ascertain the details of contract
계약서의 세부사항을 확인하려 하다

> **certain** 확실한, 틀림없는
>   ↪ **uncertain** 불확실한, 분명하지 않은(=ambiguous)
> 04.숭실대   **certainty** 확실한 것
>   ↪ **uncertainty** 불확실, 자신이 없음(=ambivalence)
> 16.성균관대   **certainly** 분명히, 틀림없이

O154 certitude
[sə́:rtətjù:d]
15.숙명여대

cert(=sure)+i+tude → 확실한 것

n. 확신, 확실성
• with certitude 확신을 가지고

> **certificate** 증명서, 인가증
> - **certification** 증명, 증명서 교부
> - **certify** (특히 서면으로) 증명하다, 면허증을 교부하다

O155 assure
[əʃúər]
15.숙명여대

as(ad(=to)+sure(=sure) → 확실하게 하다

v. 1. 보증하다, 보장하다, 책임지다
2. 안심시키다, 확신시키다(=convince)
• Her success as an actress is now assured.
이제 그녀는 배우로서의 성공을 보장받았다.
ⓝ **assurance** 보증, 보장, 확신
ⓐ **assured** 보증된, 확실한, 자신 있는(=guaranteed, secured)

> ☐ con**cert** 협조, 협력; 일치; 콘서트 ☐ N0706
> - con**cert**ed 협정된, 합의된, 일치된
> - discon**cert** 당황하게 하다

어근 sur/sure(=certain)

추가 어휘

☐ **sure** 확신하는, 틀림없는
☐ en**sure** 확실하게 하다, 보증하다
☐ in**sure** 보험에 들다; 보증하다
☐ in**sur**ance 보험(료), 보험금액, 보험계약
☐ reas**sure** 안심시키다, 재보증하다

R016 [어근] loc(=put, place) & lay(=lay) & place(=place) & stall(=place)

O161 locate
[lóukeit]
17.성명대

loc(=put, place)+ate → 어떤 장소에 두다

vt. 1. (상점 등을) ~에 차리다, 장소를 정하다
2. (~의 위치를) 알아내다, 발견하다(=find out)
ⓝ **location** 위치 선정; 위치, 소재; 야외 촬영지
locale[loukǽl] 현장, 장소(=spot); 무대, 장면
locus[lóukəs] (무언가 일어난) 정확한 위치; 활동의 중심
17.한국외대   > **dislocation** 탈구; 혼란; 위치를 바꿈

O162 local
[lóukəl]
15.가천대/10.세종대

loc(=put, place)+al → 하나의 장소에만 둔 → 국부적인

a. 지방의, 지방 특유의(=endemic); 편협한; 국부적인(=regional)
• This is not just a local idea; it's catholic.
이것은 편협한 생각이 아니라, 보편적인 것이다.
• local[regional] anesthesia 국부 마취
ⓐⓓ **locally** 장소상으로, 국부적으로, 지역적으로

O163 allocate
[ǽləkèit]
17.광운대/08.공인노무사
06.성균관대/02.고려대

al(ad(=to)+loc(=put, place)+ate → 누구에게로 두다

vt. (특정 목적을 위해 공식적으로) 할당[배정]하다[to/for]
(=apportion, earmark, distribute)
• A portion of the funds will be allocated to research and development.
기금의 일부는 연구 개발 부문에 할당될 것이다.
ⓝ **allocation** 배당(액), 배급, 할당(량)

O164 delay
[diléi]
08.중앙대/06.건국대
04.가톨릭대/97.세무사

de(=down)+lay(=lay) → (할 일을) 아래에 내려놓다

v. 미루다, 늦추다(=defer, tarry)
n. 지연
• delay important work 중요한 일을 지연시키다
• without delay 지체 없이, 시급히

O165 allay
[əléi]
14.서울시7급/02.경기대

al(ad(강조)+lay(=lay) → 가라앉히다

vt. (특히 감정을) 가라앉히다[누그러뜨리다](=alleviate)
• allay people's fears 사람들의 공포를 가라앉히다

> **ally**[əlái] 제휴시키다, 연합하다; 동맹국
> **alley**[ǽli] 오솔길, 샛길
> **alloy**[ǽlɔi, əlɔ́i] 합금; 합금하다

---

tip 드라마를 해외에서 촬영했다고 할 때 해외 로케이션(location)이라고
합니다. loc는 "무언가 일어난 장소"를 주로 의미합니다.

어근 loc(=put, place)

추가 어휘

☐ col**loc**ation[kàləkéiʃən] 연어, 연어 관계
• col(com(=together)+loc(=put)

☐ in**stall** (장비 · 가구 · 프로그램을) 설치하다
- in**stall**ation (장비 · 가구 · 프로그램의) 설치; 시설, 장치
- in**stall**ment 분할 불입, 할부금

어근 place(=place)

표제어 복습

☐ ir**place**able 대체할 수 없는 ☐ N0715
- re**place** 대신하다
- re**place**ment 교환; 대체물; 보충병
↪ re**place**able 대체할 수 있는

0166 place
[pleis]

92.연세대학원

place(=place) → (어디에) 두다, (무엇을) 둔 곳

vt. 1. (조심스럽게) 두다, 설치하다; (특정 상황에) 처하게 하다
2. (지시·명령·주문 등을) 하다
n. 1. 장소, (특정한) 곳; (물건이 있는) 장소
2. (특정한 신체의) 부분; (읽던 책의) 위치
3. (개인의) 집, 사는 곳; (극장·줄의) 자리
4. 입장, 처지(=position); 신분, 관직
🔁 **displace** 대신[대체]하다; 옮겨놓다; 쫓아내다

> 🔳 **take place** 발생하다, 일어나다; (행사가) 개최되다 ⊃ IO3711
> **take the place of** ~를 대신하다, 대체하다 ⊃ IO3710
> **in place of** ~대신에
> **out of place** 제자리에 있지 않은; 불편한 ⊃ IOO3O3
> **place an order** ~을 주문하다 ⊃ R2521
> **Can you save my place for me, please?**
> 제 자리 좀 봐주실 수 있을까요? ⊃ I17OO7

0167 misplace
[mispléis]

92.연세대학원

mis(=wrong)+place(=place) → 잘못 두다

vt. 잘못 두다, 둔 곳을 잊다
• Please don't misplace it. 잃어버리지 않게 잘 두세요.

0168 forestall
[fɔ́ːrstɔ́ːl]

02.한국외대

fore(=before)+stall(=place) → 앞에 두다

vt. 1. ~을 미리 막다, 미연에 방지하다(=prevent)
• forestall outbreaks of disease 질병의 발병을 예방하다
2. 기선을 잡다; ~을 앞지르다
3. 매점(買占)하다; (매점·매석으로) 시장 거래를 방해하다
ⓝ **forestaller** 기선을 제압하는 사람 **forestallment** 기선 제압, 앞지름

0169 stall
[stɔːl]

10.한성대

stall(=place) → (말이나 물건을) 두는 곳

v. 1. 멈추다(=halt), 시동을 꺼트리다
2. 시간을 벌다, 지연시키다; 교착상태에 빠지다
n. 1. 마구간(=stable); (시장의) 가판대
2. 구실, 핑계; 시간 벌기

R 017

[어근] set(=set)

0171 beset
[bisét]

97.세무사

be(=make)+set(=set) → 물건을 앉히다 → 박아넣다 → 포위하다

vt. 1. ~을 괴롭히다(=harass)
2. ~을 에워싸다, 포위하다(=besiege)
3. 습격하다(=attack, raid)
4. ~을 장식하다, 박아 넣다
• be beset by plenty of bad publicity 수많은 나쁜 평판에 시달리다
🔁 **beleaguer**[biliːgər] 포위하다(=beset), 둘러싸다; 괴롭히다

0172 besiege
[bisíːdʒ]

11.아주대/01.서강대
92.고려대학원

be(=make)+siege(포위공격) → 포위공격을 하다 → 괴롭히다

vt. 1. ~을 포위하다, ~을 둘러싸다(=blockade, surround, beset)
2. (군중이) 쇄도하다; 공격하다
3. 괴롭히다; (의견 등을) 강요하다
4. (공포·불안 따위가) ~을 엄습하다(=come over)
• The fortress was besieged by the enemy. 그 성은 적에게 둘러싸였다.
ⓝ **besieger** 포위자, 포위군 **besiegement** 포위, 공격지
🔳 **siege**[siːdʒ] 포위 공격 **cf. state of siege** 계엄

0173 upset
[ʌpsét]

98.가톨릭대

up(=up)+set(=set) → (바닥이) 위로 가게 두다

a. 속상한, 마음이 상한
vt. 1. 속상하게 만들다; 배탈이 나게 하다
2. (계획이) 틀어지게 만들다
3. 넘어뜨리다; 뒤엎다
n. 혼란 상황; 속상함; 배탈
• Don't be so upset. 그렇게 속상해 하지 마.

ⓣⓘⓟ set이라는 단어는 "무엇을 특정한 곳에 두다"라는 의미입니다. 자세한 의미는 숙어편과 연계해서 학습하세요.

추가 어휘

☐ **outset** 착수, 시초, 발단
  - **setout** 최초, 개시, 출발
☐ **inset** 삽입하다; 삽입광고
  - **set-in** 끼워넣는, 개시
☐ **setting** 고정시킴; (자연의) 환경, 배경

표제어 복습

☐ **settle** 정착시키다, 해결하다 ☐ N0149
☐ **onset** 착수, 개시; 습격; 발병 ☐ N0679
☐ **offset** 상쇄하다; 장점이 단점을 벌충하다 ☐ N0585
☐ **setback** (일 진행의) 걸림돌, 차질; 좌절 ☐ N0735

I₀₄₄

put

put은 "뭔가를 어떤 곳에 이동시켜 있게 하다"가 기본 의미이다.
따라서 물건이면 "어디에 두다", 옷의 경우 "입다", 글의 경우에도 "기록하다"의 의미로 다양하게 쓰이게 된다.
1. (사물을) 이동해서 어디에 두다, 넣다
2. (사람의 신체를 어디에) 두다 → 상황에 처하게 하다
3. (옷 등을) 몸에 두다 → 입다, 착용하다(on)
4. (의견·제안 등을) 입 밖으로 꺼내다 → 말하다; (글·생각 등을) 옮기다 → 표현하다, 설명하다, 번역하다

---

1. (사물을) 이동해서 어디에 두다, 넣다

04401
put ＊ away sth
98.고려대학원/Teps

(나중에 쓰려고) 멀리(away) 치워두다(put)
1. 저축해 두다(=set ＊ aside sth)
2. (물건을 보관장소에) 치우다
3. 〈구어〉 (음식물을) 먹어치우다
• You should **put away** a few dollars each week.
넌 매주 약간의 돈을 저축해야 해.

입 **put** sb **away**
(교도소·정신병원 등에) ～를 집어넣다

04402
put ＊ aside sth
13.가천대/07.한국외대/Teps

(나중에 쓰려고) 옆에(aside) 치우다(put)
1. 한쪽으로 치우다, 제쳐 놓다 2. 저축하다; (후일을 위해) 따로 남기다
• **Put aside** what can be done later and take care of the urgent things first.
나중에 해도 될 일은 제쳐 놓고 급한 일을 먼저 돌보거라.
＊take care of sth (일을) 처리하다

동 저축하다
= put by, put away
= set aside, lay aside
= lay by, lay up, lay away

04403
put ＊ by sth
07.명지대/93.고려대학원/입사

(나중에 쓰려고) 옆에(by) 치워두다(put)
간수하다, 저축해 두다(=save); 피하다
• He **put by** a hundred dollars a month for his summer holidays.
그는 여름휴가 때 쓰려고 한 달에 100달러를 저축해 두었다.

동 **put by for a rainy day**
어려운 날을 대비해서 저축하다
= save up for a rainy day

04404
put sth **on the back burner**
91.서울대학원

(나중에 요리하려고) 뒤쪽 버너에 두다
(할 일 등을) 뒷전으로 미루다(=leave sth behind), 연기하다
• I just have to **put that on the back burner** right now and concentrate on my final exam.
나는 그것을 지금 당장은 보류해 놓고 기말시험에 집중해야 한다.
＊concentrate on sth 집중하다

동 **put** sth **on ice** 보류하다, 연기하다
＊지금 요리할 것이 아니므로 재료를 얼음 위에 올려 놓다

04405
put sth **to the back of one's mind**
15.광운대

사람의 마음속 뒤편(back)에 옮겨두다(put)
(불쾌한 것을) 당장은 생각하지 않기로 하다
• I tried to **put it to the back of my mind**.
나는 당장은 그것에 대해 생각하지 않으려 했다.

04406
put sth **behind**
입사/Teps

어떤 일을 뒤에(behind) 두다(put)
1. (지난 일 따위를) 잊게 하다 2. (수확 등을) 뒤로 미루다
• Let's **put** it **behind** us, okay?
그건 잊어버리자, 알았지?

04407
put[place, set] sb **on a pedestal**
02.국민대

사람을 (동상) 받침대(pedestal) 위에 두다
존경하다(=admire), ～를 연장자로 모시다
• Harry **puts** Samantha **on a pedestal**. He thinks she is perfect.
Harry는 Samantha를 받들어 모신다. 그는 그녀가 완벽하다고 생각해.

04408
put through sb/sth
07.동덕여대/02.행자부9급/00.사법시험
97.서울시9급/96.법원직/97.단국대

～을 통과해서(through) 가다(put)
1. (전화를) 연결시키다(=connect)
2. (일 등을) 성취하다, 완수하다(=complete)
3. (시험에) 합격시키다; (법안을) 통과시키다
4. (시련·불쾌한 경험 등을) 겪게 하다
• I'll **put** you **through** to the manager.
지배인을 연결해 드릴게요.

동 **get through**
1. [get through sth]～을 끝내다
(=finish, complete, put ＊ through sth)
2. [get through to sb/sth]
～에 도착하다; ～와 연락하다; 전화가 연결되다

04409
put ✶ across [sth]
99.세종대/93.사법시험/입사/Teps

상대편에(across) 말을 보내다(put)
1. (생각·의견을) 이해시키다, 전달하다(=explain, convey)
2. (노래·연주를) 훌륭히 해내다(=accomplish)
3. ~을 속이다
- To **put** his point **across**, my dad locked me out when I was late.
  아버지는 내가 늦었을 때 그의 요점을 분명히 이해시키기 위해서 문을 잠궈 나를 못 들어오게 하였다.

[동] **put ✶ over** [sth]
1. (영화 등을) 성공시키다, 해내다
  (=succeed in [sth], accomplish)
  *~을 완전히(over) 해두다
2. (생각 따위를) 남에게 이해시키다, 설명하다(=put ✶ across [sth])
  *말을 저 편으로(over) 보내다
[숙] **put** [sth] [it, one] **over on** [sb]
~를 속이다

04410
put up with [sb]/[sth]
17.국가직9급/11.기상직9급/09.광운대
07.세무직/05.건국대/03.경희대/02.행자부9급
99.한양대/88.서울대학원/86.행자부9급
85.법원직/외무고시/입사4회/Teps

~와 함께(with) 다가와 몸을 두다(put)
(싫은 것을) 불평 없이 받아들이다;
참다, 견디다(=bear, endure, tolerate)
- I cannot **put up with** his insolence any longer.
  나는 그의 무례함을 더 이상 참을 수 없다.

04411
put ✶ up [sb]/[sth]
12.서울시9급/02.행자부9급/99.세종대
93.사법시험/입사/Teps

~을 위로, 위에(up) 두다(put)
1. (건축물 등을) 짓다, 세우다 2. 숙박시키다, 재워주다
3. 분투·저항하다 4. (벽 등에 액자나 포스트 등을) 걸다, 붙이다
5. (돈을) 내놓다, 제공하다
- They're **putting up** several new office blocks in the centre of town.
  그들은 도시 중앙에 몇 개의 사무용 건물들을 짓고 있는 중이다.

[숙] **put up at** [sw] 〈96.고려대학원〉
~에 숙박하다(=stay at [sw])
put up a tent 〈97.동국대〉
텐트를 치다(=set a tent)

04412
put ✶ together [sth]
02.행자부9급/Teps

같이 한쪽에 모아(together) 두다(put)
1. (부분·요소 등을) 모으다, 조립하다(=assemble)
2. (정보·사실 등을) 종합하다
- I need some help to **put** this things **together**.
  이것들을 조립하려면 약간의 도움이 필요해요.

[숙] **put two and two together**
(알고 있는 여러 정보 등을 모아서) 짜 맞추어 결론을 내리다

04413
put ✶ off [sth]
12.한양대/10.국회속기직.경기대
07.인천시9급/07.부산시7급/03~2.명지대
01~2.경기대/91.서울시9급
82.경북대학교/토플/입사3회/Teps

따로 떼어(off) 두다(put)
1. 미루다(=postpone, delay, procrastinate) *지금 할 일에서 떼어(off) 두다(put)
2. (옷 등을) 벗다(=take ✶ off [sth]); ~을 제거하다 *~을 때어(off) 내다(put)
- We had to **put off** our departure.
  우리는 출발을 연기하였다.

[동] **put on** [sth] (옷을) 입다 ⊃ IO4421

04414
put ✶ out [sth]
01.동덕여대/00.여자경찰/96.행자부9급
93.서울시7급/Teps

바깥으로, 세상으로 (out) 내보내다(put)
1. (불을) 끄다(=extinguish), (전기불을) 끄다(=turn ✶ out [sth])
2. 출판하다(=publish); 산출하다, 생산하다 *물건을 세상 밖으로(out) 내보내다
3. 내쫓다 *집 밖으로(out) 내보내다
4. (사람을) 번거롭게 하다 *물건을 가지러 바깥으로(out) 내보내다(put)
- Many people helped to **put out** the fire.
  많은 사람들이 불을 끄는 것을 도와주었다.

[숙] **put out of one's mind**
(일부러) 잊어버리다(=dismiss)

04415
put an end to [sb]/[sth]
07.성신여대/입사/Teps

어떤 사람(것)을 끝에 보내다(put)
1. ~을 끝내다; 그만두게 하다(=cause to cease) 2. 자살하다
- Let's **put an end to** this meaningless argument.
  이런 무의미한 논쟁은 그만두자.

---

2. (사람의 신체를 어디에) 두다 → 상황에 처하게 하다

04416
put oneself in [sb]**'s shoes[place]**
12.경북교행/07.국민대/04.건국대
01.중앙대/Teps

다른 사람의 신발을 신어 보게 하다
누구의 입장이 되어 생각하다, 입장을 바꾸어 보다
- **Put yourself in her shoes.** Would you do the same?
  그녀 입장에서 생각해봐. 너라면 똑같이 하겠니?

[숙] **in** [sb]**'s shoes** 〈91.행정고시〉
~의 입장이라면 (=in a position or situation similar to that of another)
[숙] **fill** [sb]**'s shoes/step into** [sb]**'s shoes** 〈99.행정고시〉 다른 사람을 대신하다

04417
**put one's foot in it /
put one's foot in one's
mouth**
15.경기대/01~2.한성대/01.경기대

남의 영역에 발을 담그다
1. 본의 아니게 실언하다, 남에게 상처를 주는 말을 하다
2. (부주의로 말미암아) 실수하다(=make a blunder, do the wrong thing)
- I **put my foot in it** by telling John's secret.
  나는 본의 아니게 실수로 그만 존의 비밀을 누설하고 말았다.

[동] **botch ✶ up** [sth] 실수하여 망쳐버리다
(=ruin [sth] by mistake)

04418
**put one's heart and soul
into** [sth]
99~2.동덕여대/토플

어떤 것에 마음과 영혼을 담다
~에 심혈을 기울이다
- If you **put your heart and soul** into your work, you'll succeed.
  네 일에 심혈을 기울인다면, 넌 성공할 것이다.

[숙] **with (all) one's heart and soul** 진심으로; 의심없이; 온 정성을 다하여

[동] 사람의 신체를 ~에 두다 → 노력하다
= **put one's back into** [sth]
  혼신의 노력을 다하다, 전념하다
  *등(back): 물건을 지는 등을 ~안에 두다(put)
= **put one's shoulder to the wheel**
  열심히 노력하다; 바쁘게 움직이다
  *어깨를 수레바퀴(wheel)에 대고(put) 밀다
= **put one's hands to the plow**
  일을 진지하게 시작하다
  *손을 쟁기(plow)에 두다

O4419
put one's life on the line
09.고려대/95.행정고시/Teps

03.변리사

사람의 생명을 전선(line)에 두다(put)
목숨을 걸고 하다(=risk one's life)
• Will she be willing to **put her life on the line** to prove it?
  그녀가 기꺼이 목숨 걸고 그것을 증명하려고 할까요?
🔑 **on the line** (직장·경력·평판 등이) 위기에 처해 있는

🔲 **put (sth) on the line**
털어놓고 이야기하다

O4420
put[stick/poke/thrust] one's nose into (sth)
16.국가직9급/99.학사경장

~안으로(into) 킁킁대는 코를 집어 넣다(put)
~에 간섭하다(=interfere in, meddle in, intervene in (sth))
• A third party should not **put his nose into** these matters.
  제 삼자는 이 일에 참견하지 마라.

🔲 **put[stick] one's oar[nose] in (sth)**
간섭하다
  *노, 휘젓는 막대(oar)를 안에 가져다 대다
↔ **keep one's nose out of (sth)**
간섭[참견]하지 않다
  *킁킁대는 코를 ~에서 빼내오다
🔲 **put[have, get, hold, keep] one's nose to the grindstone**
쉴 새 없이 일하다

---

3. (옷 등을) 몸에 두다 → 입다, 착용하다(on)

O4421
put ∗ on (sb)/(sth)
16.지방직9급/92.법원직
83.사법시험/입사/Teps

03.국민대

사람의 몸 표면에(on) 옷을 두다(put) – 착용의 on
1. 입다, 신다, 화장을 하다 (↔ take ∗ off (sth))
2. 공연하다
3. ~인 체하다(=pretend)
4. 〈구어〉 놀리다
• **Put it on.** 그걸 입어봐..
• You're **putting me on**! 지금 날 놀리는구나!
🔑 **put-on** ~인 체하는, 겉치레의, 가짜의(=phoney)

🔲 **put on a garb of (sb)**
~의 옷을 걸치다(=assume), 외관을 하다
  *garb (복장 → 외관, 외형)
🔲 **put ∗ off (sth)** 옷을 벗다, 미루다
  = **take ∗ off (sth)** 옷을 벗다, 이륙하다
🔲 **put it on** 아픈 체하다, 허풍떨다;
  엄청난 값을 부르다
  put upon (sb) ~를 이용하다, 속이다
  - **put upon by (sb)** ~에 의해 이용당하다

O4422
put on weight
07.성신여대/01.경찰/입사/Teps

무게(weight)를 입다, 늘리다(put)
살이 찌다, 몸무게가 늘다(=gain weight)
• You look bigger. Have you **put on weight**?
  너 살쪄 보인다. 몸무게 늘었니?

🔲 **gain weight** 몸무게가 불다
↔ **lose weight** 살이 빠지다

O4423
put on an act
01.덕성여대

~하는 체하는 행동(act)을 하다(put)
~인 체하다, 시늉을 하다, 가장하다(=pretend, make believe (that)~)
• You're not sick. You're only **putting on an act** to get out of work.
  넌 아픈 게 아냐. 퇴근하려고 연기하는 것 뿐이야.

🔲 **put on airs** 잘난 체하다, 으스대다
  *airs (잘난체 하는 태도)를 입다(put on)
  put on the dog
  부자인 체하다, 으스대다, 허세를 부리다
  give oneself airs 젠체하다, 점잔 빼다
  (=act in a conceited manner)

---

4. (의견·제안 등을) 입 밖으로 꺼내다 → 말하다; (글·생각 등을) 옮기다 → 표현하다, 설명하다, 번역하다

O4424
put a question to (sb)
토플

~에게 질문을 말하다(put)
~에게 질문하다(=ask (sb) a question)
• I **put the question to** you.
  당신에게 질문할게요

🔲 **beg the question**
논점을 미리 옳은 것으로 해 놓고 논의하다, 논점을 교묘히 회피하다

O4425
put ∗ down (sth)
12.지방직9급/11.광운대
94.대전7급/입사/Teps

아래에(down) 두다(put)
1. (전화번호, 주소 등을) 적어 놓다(=write ∗ down (sth)); (기부자 등으로) 이름을 올리다 *생각을 종이에 옮기다(put) 2. (폭동 등을) 진압하다
(=suppress); 억제시키다, 진정시키다 3. (물건 등을 아래로) 내려놓다
4. (사람을) 경시하다(=belittle); 비굴한 마음을 갖게 하다 5. ~의 원인을 ~탓으로 돌리다(=attribute to, ascribe to (sth))
• I **put down** her telephone number.
  나는 그녀의 전화 번호를 적었다.
🔑 **put down in black and white** 인쇄의 형태로 적다

🔲 **jot ∗ down (sth)** 적어두다
🔲 **put ∗ into words (sth)**
  말로 나타내다, 말로 감정을 표현하다
  - **put ∗ into print (sth)**
    인쇄하다, 활자화하다
  - **put ∗ on paper (sth)**
    서류로 작성하다

O4426
put[keep] A in mind of B
98.경원대

B의 마음에 A를 담아두다
A에게 B를 생각나게 하다, 상기시키다(=remind A of B)
• You **put me in mind of** my mother.
  너를 보면 어머니가 생각난다.

🔲 **remind A of B**
a에게 b를 생각나게 하다

O4427
put[set] one's foot down
11.상명대

발을 땅에 꽝하고 딛다
반대하다, 단호한 태도를 취하다
• I am **putting my foot down**, OK?
  절대 안 돼, 알겠니?

O4428
put in for (sth)
13.동덕여대

무엇을 해달라고 안으로 적어넣다
(정식으로) 요청[신청]하다, 청구하다
• She **put in for** a transfer two months ago.
  그녀는 두 달 전에 전근을 신청했다.

set

I 045

동사 set의 의미는 "**특정한 곳에 put하다**"이다.
기본적으로는 put의 의미를 담고 있으나 set은 계획적인 배치에 가깝다.

1. (물건을) 놓다, 앉히다(put); 고정하다 → 보석을 박아넣다; 정돈하다
2. (사람을) 배치하다, 앉히다(seat); ~상태로 되게 하다
3. (기계 등을) 조정하다, (일정 등을) 맞추다
4. (출발 선상에 두다) → 출발하다, 착수하다, 시작하다
5. 해가 지다 *sunrise 일출/ sunset 일몰

1. (물건을) 놓다, 앉히다(put); 고정하다 → 보석을 박아넣다; 정돈하다

O45O1
set * aside sth
01.대구가톨릭대/Teps

(나중에 쓰기 위해) 옆에(aside) 제쳐놓다(set)
1. (특별한 목적을 위해) 따로 제쳐 두다
   (=earmark, separate and reserve for a special purpose); 저축하다
2. ~을 무시[거절]하다; ~을 파기하다(=annul)
• The clerk **set aside** the silver brooch for me.
   점원은 나를 위해 그 브로치를 따로 보관해 두었다.
   🔲 set-aside (특별한 목적을 위해) 유보해 둔 것; (정부의 식량·자원의) 비축

O45O2
set * apart sb/sth
97.고려대학원/Teps

따로 떨어지게(apart) 놓다 → 따로 떨어져 있어서 눈에 잘 띈다
1. 따로 떼어두다(=set * aside sb/sth) 2. 눈에 띄게 하다(=distinguish)
• Her bright red hair **sets** her **apart** from her sisters.
   그녀의 밝은 빨간 머리는 자매들 사이에서 그녀를 눈에 띄게 한다.

🔲 set oneself apart
혼자 따로 떨어져 있다, 고립되다
(=be isolated, be insulated, be cut off)

O45O3
set * down sb/sth
12.성신여대

바닥에 내려놓다
1. (규정을) 적어두다, (규칙으로) 정하다(=stipulate) 2. 내려놓다
• The rules of the club are **set down** in the members' handbook.
   그 클럽의 규정들은 회원안내서에 적혀 있다.

O45O4
set the seal on sth
00.사법시험

seal(봉인)으로 고정하다(set) → 편지를 다 쓰고 마지막에 봉인하는 것을 연상
~을 마무리하다, 마감시키다
• The ambassador's visit **set the seal on** the trade agreement between the two countries.
   특사가 방문해서 두 나라 사이의 무역협정을 마무리지었다.

🔲 seal 인장, 도장; 봉인; 봉인[밀폐]하다.
   *My lips are sealed. 비밀 지킬게.

2. (사람을) 배치하다, 앉히다(seat); ~상태로 되게 하다

O45O5
set * back sb/sth
00~2.가톨릭대/93.기술고시/Teps

뒤로(back) 주저앉히다(set)
1. 좌절시키다, 퇴보시키다, 늦추다(=hinder, delay the progress)
2. 〈구어〉 ~에게 비용이 얼마가 들다
• My absence from school owing to illness has **set** me **back** in my studies.
   병으로 인한 결석 때문에 내 학업이 많이 뒤처졌다.
   🔲 setback 방해, 좌절(=frustration); 후퇴, 역행 ⊃ NO735

🔳 cook sb's goose
(기회·계획·희망을) 좌절시키다, 망치다

O45O6
set[lay] store by sth
14.중앙대/06.경찰/96.외무고시

(중요하기 때문에) 가게(store)에 배치해 놓다(set)
~을 중요시하다(=consider important, make much of sb/sth, value highly)
• Patrick has never **set** much **store by** material things.
   패트릭은 결코 물질적인 것들을 중요하게 생각하지 않는다.
   🔲 set no store by sth ~을 경시하다, 업신여기다

O45O7
set sth at naught
96.세무사/토플/입사

제로, 영(naught)인 상태로 놔두다
무시하다(=ignore), 경멸하다(=disdain)
• He entered a milieu that **set** his ideals **at naught**.
   그는 자신의 이상이 무시당하는 환경 속으로 들어갔다. *milieu 환경

O45O8
set * free sb
80.행자부7급

자유로운(free) 상태로 되게 하다(set)
석방하다(=release, liberate)
• The suspect was **set free**.
   용의자는 석방되었다.

O45O9
set up for sth
99.경찰승진

~을 바로 할 수 있는 상태로(up) 되게 하다(set)
~을 준비하다(=prepare for sth)
• They'll **set up for** the surgery tomorrow regardless of the patient's condition.
   내일이면 환자의 상태와 관계없이 그들은 수술을 준비할 것이다.

O45O10
set one's hair in curls
입사

set(머리가 세트되다, 모양이 잡히다)
곱슬머리를 하다(만들다)
• A: Did you see her? 그녀를 보셨나요?
• B: She **set her hair in curls**. 그녀는 곱슬머리를 하고 있어요.

O4511

It's all set.
04.행자부9급/Teps

(회의 전에) 모든 것(의자, 책상)을 제자리에 배치했습니다.

모두 준비되어 있습니다.
- A: Did you invite everyone? 모두 초대했니?
- B: Yes. It's all set. 네. 모두 준비되었어요.

🔁 **My mind is set.** 내 마음은 정해졌어.

🔁 **get set[ready]**
준비하다, 준비를 갖추다

---

3. (기계 등을) 조정하다, (일정 등을) 맞추다

O4512

set * up [sth]
97.고려대학원/92.청주대/
91.포항공대대학원/입사/토익/Teps

완전히(up) 짜맞추다(set)
1. (건물 등을) 세우다(=construct, erect), 설립[창설]하다(=establish)
2. 짜맞추다, 조립하다, 새로이 만들다; 계획을 세우다(=arrange)
3. 속임수로 (사람을 함정에) 빠뜨리다
- Our first task is to **set up** a committee.
  우리의 첫 번째 업무는 위원회를 만드는 것이다

---

3. 출발하다, 착수하다, 시작하다; (불을) 붙이다

O4513

set about [sb]/[sth]
00.행자부7급/행정고시/경찰간부/Teps

(시작하기 위해) ~쪽 방향으로(about) 몸을 고정하다
1. 착수하다, 시작하다(=begin, start, launch) 2. 공격하다(=attack)
- Mr. John **set about** solving the noise problem.
  존씨는 소음 문제를 해결하는 작업에 착수했다.

O4514

set out
01~2.한성대/97.고려대학원/96.입법고시
96.행자부9급/토익/Teps

바깥(out)을 향해 가다(set)
1. 출발하다, 여행길에 오르다(=start one's journey)
2. ~에 착수하다[on]
3. 자세하게 설명하다 *밖으로 드러나 보이게(out) 두다(set)
- It makes little difference whether I **set out** today or tomorrow.
  오늘 출발하나 내일 출발하나 별 차이가 없다.

🔁 **set in** (계절 등이) 시작되다,
(좋지 않은 일이) 시작되다

O4515

set * off ([sth])
12.성신여대/06.동덕여대/98.경희대
97~2.한양대/93.외무고시/토플/Teps

~에서 떨어져 나와(off) 가다(set)
1. (여행 등을) 시작하다, 출발하다(=start, depart)
2. 유발하다, 시작하게 하다, 폭발시키다(=trigger, spark)
- They **set off** soon after daybreak.
  그들은 새벽녘 직후에 출발했다.

🔁 **set** [sb]/[sth] **on** [sb]
(개 등을 시켜) 공격하게 하다
*~을 하도록 불을 붙이다(set)
set * onto [sb] (경찰에 나쁜 짓 등을
일러바쳐서) 추적시키다

O4516

set * forth ([sth])
97.사법시험/Teps

앞쪽으로(forth) 두다/가다
1. 보이다(=present), 진열하다, 공개하다, 설명하다
2. (여행을) 시작하다, 출발하다(=start)
- The committee **set forth** their findings in a report published today.
  위원회는 오늘 발간된 보고서에서 그들의 연구결과들을 공개했다.

O4517

set fire to [sth] /
set ([sth]) **on fire**
97.사법시험

어떤 것에다(to) 불을 붙이다(set)
1. ~에 불을 지르다, 불을 붙이다(=cause [sth] to burn, ignite, inflame)
2. 흥분시키다(=arouse)
- Large areas of the forest were destroyed when pyromaniacs **set fire to** it last summer.
  지난 여름 방화광들이 불을 지르는 바람에 숲의 많은 지역이 파괴되었다.
  *pyromaniac 방화광

🔁 **put out a fire** 불을 끄다
🔁 **set the world on fire**
눈부신 성공을 거두다, 크게 출세하다
(=have a big effect, be very successful)

046

lay

lay는 "목적에 적합하도록 올바른 장소에 put 하다"이다.
1. (물건을 어디에) 놓다, 눕히다; (설비 등을) 깔다, 설치하다
2. 넘어뜨리다, 쓰러뜨리다
3. (생각·문제 등을) 제시하다, 제출하다; 내기를 걸다
4. (알 등을) 낳다, 까다
*lay - laid - laid(타동사) cf. lie - lay - lain(자동사)

---

1. (물건을 어디에) 놓다, 눕히다; (설비 등을) 깔다, 설치하다

O4601

lay * by [sth]
93.서울대학원

옆으로(by) 치워 두다(lay)
저축하다, 비축하다
(=lay aside, put by, put aside, set aside, save)
- He **laid by** a considerable amount of money.
  그는 상당한 양의 돈을 저축했다.

🔁 **lay * aside** [sth]
저축하다, 따로 제쳐두다
= **put * by** [sth]
= **put * aside** [sth]
= **set * aside** [sth]

04602

lay ✲ in [sth]

95.행자부7급

안에(in) 들여놓다(lay)
~을 사들이다, 사재기하다 ; 저장하다(=store ✲ away [sth] for future use)
• He likes to **lay in** a few special drinks for the festive season.
　그는 축제기간에 쓰기 위해 많은 특별한 술들을 사들이길 좋아한다.

lay in for [sth]
~을 신청하다, 손에 넣으려고 꾀하다
lie in [sth] ~에 있다(=consist in [sth])
lie in bed 자리에 눕다
lie in wait for [sb]
~을 잠복하여 기다리다
lie[hide, wait] in ambush
매복[잠복]하다

04603

lay ✲ out [sth]

사법시험/토플

물건을 바깥에(out) 놓다(lay)
1. ~을 펼치다(=spread), 전시하다
2. (건물 · 도시 · 정원 등을) 설계 · 계획 · 배열하다(=arrange or plan, design)
3. 상세하게 설명하다(=explain [sth] very carefully)
4. ~에 (돈을) 대량으로 쓰다, 투자하다 5. (불시에) 때려 눕히다
• **lay out** goods in the show window
　진열장에 상품을 늘어놓다 ✱layout 배치, 설계(법) : 레이아웃 ; (큰 건조물의) 짜임새

04604

lay ✲ off [sb]

10.인천대/07.충북9급/03-2.가톨릭대
03.서울여대/01.서울산업대/01-2.영남대
02.97.96.경찰/00.한성대/98.법원직
94.사법시험/토플/Teps

사람을 일에서 떨어지게(off) 두다(lay)
(일시) 해고하다(=fire, dismiss temporarily, discharge, give the sack to [sb])
• The factory is going to **lay off** 13 researchers.
　그 공장은 13명의 연구원을 해고할 것이다.
🔲 layoff (일시적) 해고(=redundancy) ; 강제 휴업

04605

lay ✲ bare [sth]

91.서울대학원/Teps

벌거벗은 채(bare)로 두다(lay)
밝히다, 드러내다(=expose, reveal)
• **lay** a secret **bare** 비밀을 폭로하다

04606

lay[set] eyes on [sth]

07.경원대/Teps

눈, 시선(eyes)을 ~위에 고정하다(lay, set)
~을 처음으로 보다(=see), 발견하다
• The McCrackens loved the house from the moment they **set eyes on** it.
　McCracken 부부는 그 집을 본 순간부터 좋아하게 되었다.

lay a finger on [sb]
(해칠 목적으로) 손대다, 건드리다
- **lay[put] one's finger on** [sth]
(원인을) 정확하게 지적하다
lay[put] the blame on [sb]
~에게 책임을 지우다

---

2. 넘어뜨리다, 쓰러뜨리다

04607

lay ✲ up [sb]/[sth]

03.경기대/Teps

사람을 완전히(up) 눕히다(lay)
1. (병으로) 몸져눕게 하다 ; 골치 아픈 일을 떠맡다
2. (장래를 위해) 쓰지 않고 모으다
• The flu **laid** John **up** for a week.
　(=John **was laid up with** the flu for a week.)
　감기로 존은 일주일간 앓아 누웠다.

lay up against a rainy day
궁할 때를 대비해서 쓰지 않고 모으다

---

3. (생각 · 문제 등을) 제시하다, 제출하다 ; 내기를 걸다

04608

lay ✲ down [sth]

입사

바닥에(down) 내려놓다 (lay)
1. ~을 땅에 내려 놓다 ; 무기 따위를 버리다, 항복하다
2. (목숨을) 내던지다 ; (직위 · 직장 등을) 그만두다
3. (규칙 · 원칙 등을) 규정하다(=prescribe), 정하다 ; 단언하다(=assert)
• The terrorists were urged to **lay down** their arms.
　테러리스트들은 무기를 내려 놓도록 강요당했다.

01-2.영남대

🔲 **lay down the law** 꾸짖다, 야단치다 (=call ✲ down, dress ✲ down [sb]) ;
　규칙 준수를 요구하다

lie down 잠깐 눕다, 쉬다
lay down one's arm 항복하다

---

4. (알 등을) 낳다, 까다

04609

lay an egg

12.지방직7급/Teps

알을 까다(lay) → 골키퍼가 알을 까다(실패하다)
(새 등이) 알을 까다 → 나쁜 연기를 보여주다, (흥행에) 실패하다
• The first episode of the series **laid an egg**.
　그 시리즈의 첫 회는 흥행에 실패했다.

> 🔲 egg 관련 표현
> - **have all one's eggs in one basket** 한 사업에 모든 것을 걸다
> - **crush in the egg** 미연에[초기에] 방지하다 ✱알을 짓밟아 버리다
>   = **nip** [sth] **in the bud** 미연에 방지하다 ✱봉오리 때 따버리다
> - **a bad egg** 나쁜 놈 ; 서툰 계획 ↔ **a good egg** 훌륭한 사람[물건]

cook [sb]'**s goose**
(기회 · 계획 · 희망을) 좌절시키다, 망치다

R018 [어근] stand/stat/stit(=stand)

O181 **outstanding**
[àutstǽndiŋ]
11.성균관대

out+standing → 바깥에 혼자 서 있는

a. 1. 돌출한; 눈에 띄는, 걸출한(=remarkable, prominent)
2. 미해결의, 미지불의
- outstanding talent 뛰어난 재능
- outstanding household debt 가계 부채

표 **stand out** 돌출하다; 눈에 띄다(=be outstanding) ⊃ IO4710

O182 **statute**
[stǽtʃuːt]
04.고려대

stat(=stand)+ute → 확고하게 자리 잡은 규칙

n. 법령, 법규; 제정법; 정관, 규칙(=law)
- statute of limitation 공소시효
- Penalties are laid down in the statute. 형벌은 법령에 의해 정해진다.

ⓐ **statutory** 법령의, 법률이 요구하는

O183 **stature**
[stǽtʃər]
98~10.경찰

stat(=stand)+ure → 서 있는 키 → 신장, 높이

n. 1. 키, 신장; 사물의 높이(=height)
2. (사람이 가지는) 지위나 명성, 위상
- man of small stature 키가 작은 남자

통 **statue**[stǽtʃuː] 상, 조상
statuary[stǽtʃuèri] 조각, 조상

O184 **state**
[stéit]
17.성명대

13.국민대

08.이화여대

11.국민대

17.국민대/08.세종대

08.중앙대

10.경북교행

state(=stand) → 자리잡은 상태

n. 1. 상태, 형편, 사정, (정신적인) 상태
2. 위엄, 위풍당당함
ⓐd **stately** 위풍당당한, 위엄 있는(=dignified)
3. (종종 S~) 국가, 나라, 정부; (미국) 주(州)
vt. (분명히) 말하다, (공식으로) 진술하다
ⓝ **statement** 말함, 성명(=declaration), 진술서; 계산서, 보고서
statesman 정치가

표 **restate** (뜻을 분명하게 전달하기 위해) 바꿔 말하다
understate 삼가면서 말하다, 줄여서 말하다
↔ **overstate** 과장하여 말하다, 허풍 떨다(=exaggerate)
reinstate (질서 등을) 회복하다; 복직시키다; 건강을 회복시키다
- **reinstatement** 복권, 복직, 회복
state-of-the-art 최첨단의

O185 **station**
[stéiʃən]
12.서울여대/00.경기대

15.서울여대/09.지방직 9급

stat(=stand)+ion → 자리잡고 있는 것

n. 1. 소재; 역, 서, 관측소
2. 지위, 신분(=social position)
ⓐ **stationary** 고정된, 정체의(=sedentary, stagnant); (군대가) 주둔한, 상비의
- stationary troops 주둔군, 상비군

통 **stationery** 〈집합적〉 문방구

O186 **apostate**
[əpásteit]
90.고려대학원

apo(=away)+state(=stand) → 멀리 떠나가 버린 사람

n. (특히 종교적으로) 배신자; 변절자, 탈당자

통 **apostle** (학문이나 정책 등의) 주창자, 창도자(=proponent); 사도

O187 **institute**
[ínstətjùːt]
06.아주대

00.경기대

in(강조)+stit(=stand)+ute → 기관을 세우다

vt. (규칙 등을) 제정하다; (정부를) 설립하다
n. 협회, 회관, 연구소; 이공계 대학
ⓝ **institution** 제도(=system), 관례; 설립; 학회, 단체; 공공시설
ⓐ **institutional** 제도상의, 관례적인; 학회의
통 **establish** (학교 등을) 설립하다; 제정하다, 확립하다
- **established** 확립된, 확실한, 확증된

---

tip station은 역이나 경찰서 등 어느 한 곳에 자리잡고 있는 건물입니다. 어근 stat는 "어떤 장소에 있다"라는 의미로 머물러 정체되어 있다는 의미로도 많이 쓴답니다.

추가 어휘

☐ **standing** 서 있는, 고정된, 상비의; 신분, 기립
☐ **stand**point 입장, 견지, 관점
☐ pro**stit**ute[prástətjùːt] 윤락녀, 매춘부
☐ re**stit**ute[réstətjùːt] 원상으로 되돌리다, 반환하다
- re**stit**ution 반환, 상환; 손해배상; 원상회복

표제어 복습

☐ sub**stit**ute 대신하다, 대체하다; 대용품 ☑ N0545
- sub**stit**uent 치환되는
- sub**stit**ution 대신, 대용
☐ de**stit**ute 빈곤한, 궁핍한, 결핍한 ☑ N0378
- de**stit**ution 결핍 (상태); 빈곤, 궁핍
☐ with**stand** 저항하다, 버티다; 견디어 내다 ☑ P0432

0188 constitute
[kάnstətjùːt, kɔ́n]
10.동국대/94.기술고시
92.서울대학원

con(=together)+stit(=stand)+ute → 함께 자리를 잡다 → 구성하다

vt. 1. ~으로 구성하다; 구성요소가 되다
(=make up, compose, consist)
2. ~이 되는 것으로 여겨지다, ~이 되다
3. 제정하다, 설립하다(=found, establish, set up)
• The House of Commons and the House of Lords constitute the British Parliament. 영국의 의회는 하원과 상원으로 구성되어 있다.
ⓝ **constitution** 헌법; 구성, 조직; 성질; 체질
constituent 선거구 주민; 구성요소, 성분; 구성하는
constituency 유권자, 선거구민

0189 superstition
[sùːpərstíʃən]
10.가톨릭대/98.군산대
95.기술고시

super(=over)+stit(=stand)+ion → 인간의 이해력을 넘어서 존재하는 것 → 미신

n. (과학적으로 설명할 수 없는) 미신; 미신적 행위
• It is a common superstition that someone who breaks a mirror will receive seven years of bad luck.
거울을 깨는 사람은 7년간 재수가 없다는 것은 널리 퍼진 미신이다.
ⓐ **superstitious** 미신적인, 미신에 사로잡힌

R019 [어근] st/sta(=stand)

0191 stasis
[stéisis]
90.고려대학원
06.고려대

sta(=stand)+sis → 그 자리에 서 있는 것

n. 정지, 정체(=motionless); (세력 등의) 균형 상태
ⓐ **static** 정적인, 정지 상태의
🔁 **homeostasis** 항상성
＊신체가 외부의 변화에 반응하여 상태를 유지하려는 속성

0192 standstill
[stǽndstil]
02.광운대
08.경희대

stand(=stand)+still(=stop) → 가만히 서서 움직이지 않다

n. 정지, 답보상태(=deadlock)
• come to a standstill 정지하다
🔁 **standoff** 고립; 막다름, 교착상태

0193 stalemate
[stéilmèit]
15.가톨릭대/07.성명대
03-2.고려대/97.한국외대
08.경희대

sta(=stand)+le+mate → 서서 오도가도 못하는 것

n. 막다름, 교착상태(=standoff, deadlock)
vt. 꼼짝 못하게 하다
🔁 **standoff** 고립; 냉담; 막다름, 교착상태

0194 stale
[stéil]
97.세무사

sta(=stand, 오래 가다)+le → (음식이 오래되어) 싱싱하지 못한

a. 1. (음식 등이) 싱싱하지 못한; 김빠진
2. (생각·표현 등이) 신선미가 없는, 진부한
3. (공기가) 퀴퀴한, 곰팡내 나는; 케케묵은
v. 김빠지(게 하다), 상하(게 하다)

0195 stake
[stéik]
16.경기대/05.성균관대

12.중앙대/09.지방직9급
03.변리사

sta(=stand)+ke → 말을 세워 놓는 곳

n. 1. 말뚝, 버팀대, 화형 기둥
2. 내기, 내기에 건 돈; (경마의) 상금
3. 이해관계

🔲 **have a stake in** ~에 이해관계가 있다
at stake 위태로워(=at risk, in a risky position), 내기에 걸려서
stake out 감시하다, 잠복근무하다
pull up one's stake 이사가다, 직장을 옮기다

0196 staple
[stéipl]
03-2.고려대

sta(=stand)+ple → 기본(뼈대)을 세우는 것

n. 1. 요소; 원료, 재료, 주성분; 요강(=important part)
2. (pl.) 주요 산물; 중요 상품; 기본 식료품
a. 기본적인, 주요한, 중요한; 대량생산의
vt. 1. 분류하다; 선별하다
2. 스테이플러로 고정시키다

0197 stem
[stém]
17.숙명여대/07-3.경찰
98-2.경원대/97.세무사

st(=stand)+em → 흐르지 못하게 세우다

vi. 생기다, ~에서 유래하다[from](=originate in, come from)
n. 1. 줄기, 대, 꽃가지, 어간(=stalk, stock)
2. 종족, 계통, 혈통, 가계
vt. 막다, 저지하다(=stop), (출혈을) 멈추게 하다(=stanch)
🔁 **stalk** 줄기, 대; 몰래 접근하다 **cf. stalker** 스토커

---

tip 스타크래프트 게임 중 "스태시스 필드(stasis field)"라는 공격을 사용하게 되면 그 지역에 있는 유닛들이 공격을 하지 못하게 됩니다. 이처럼 sta라는 어근의 의미인 stand는 "움직이지 않다"의 의미도 있답니다.

추가 어휘
☐ **stack**[stǽk] 더미(=pile); 도서관의 서가
☐ **stock**[stάk] 저장, 재고품; 주식; 줄기; 혈통; 원료
☐ **staff**[stǽf] 막대기, 지팡이; 직원, 사원, 스태프
☐ **staid** 침착한, 차분한; 고루한, 재미없는
☐ **stead** 대신, 대리; 장소, 소재
☐ **steady** 꾸준한, 한결같은; 안정된
  - steadily 착실하게, 꾸준하게
  ↔ unsteady (동작이) 불안정한, 휘청거리는
☐ **steadfast** 변함없는, 확고한

표제어 복습
☐ **contrast** 대조, 대비, 대조되는 것 ◘ N0295
☐ **unstable** 불안정한; 변하기 쉬운 ◘ N0244
  - stable 안정된, 고정된; 마구간
  - stabilize 안정[고정]시키다; 안정되다
  - stabilized 안정된
  - stabilization (물가·정치 등의) 안정

0198 stanch
[stɔːntʃ, sta-]
06.경찰간부

sta(=stand)+nch → (피가) 멈추게 하다
v. 지혈하다; 출혈이 멎다
• stanch blood 출혈을 멈추다
🔄 **staunch** [stɔːntʃ] 확고한, 독실한; 지혈하다
　• a staunch supporter 확고한 지지자

0199 obstacle
[ábstəkl, ɔ́b-]
05-2.고려대/04.고려대
97.변리사

ob(=against)+sta(=stand)+cle → 가는 길에 맞서 서 있는 것
n. 장애(물), 방해(물); 지장이 되는 것(=impediment)
• Illiteracy is an obstacle to success.
　문맹은 성공의 장애물이다.

R020　[어근] sist/stant/stanc/stin(=stand)

0201 insist
[insíst]
08.영남대

in(=on)+sist(=stand) → 위를 누르고 서다
v. 강요하다, 조르다; 주장하다, 고집하다[on]
ⓐ insistent 졸라대는, 강요하는; 우기는
🔲 Well, If you insist. 정 그러시다면. (신세 좀 지겠습니다.)

0202 consist
[kənsíst]
03.가톨릭대

con(=together)+sist(=stand) → 다 같이 자리하다
vi. 1. (부분·요소로) 이루어져 있다[of](=be made up)
　2. ~에 존재하다[in]
　3. ~와 양립하다[with]
• consist of multiple elements 여러 요소로 구성되다

0203 inconsistent
[ìnkənsístənt]
04-2.동아대
14.고려대
07.서경대

in(=not)+con(=together)+sist(=stand)+ent → 함께 위치해 있을 수 없는
a. 1. 일치하지 않는, 조화되지 않는; 모순된(=contradicted)
　2. 지조가 없는, 변덕스러운
ⓝ inconsistency 모순, 불일치
🔄 consistent 일관된, 모순이 없는(=compatible); 지조 있는
　- consistency 일관성; (액체 등의) 농도

0204 instantaneous
[ìnstəntéiniəs]
01-2.세종대
08.고려대
12.중앙대

in(=on)+stant(=stand)+aneous → 일이 시간적으로 딱 붙어서 존재하는
a. 1. 순간의, 즉시의, 즉시 일어나는(=immediate)
　2. 동시에 일어나는, 동시적인
ⓝ instant 찰나, 순간; 인스턴트 식품; 즉시의
　cf. the instant[moment] ~하자마자
ⓐⓓ instantly 곧, 즉석에서(=on the spot); ~ 하자마자
　instantaneously 즉각, 순간적으로
🔲 instance 보기, 실례, 사례; 경우
　cf. for instance 예를 들면

0205 circumstance
[sə́ːrkəmstæns]
11.서울여대/09.성균관대
87.행정고시

circum(=around)+stanc(=stand)+e → 주변에 자리잡은 것
n. 1. (주위의) 환경, (일·사건의) 상황, 정황(=fact)
　2. (개인의, 특히 재정적인) 형편[사정]
ⓐ circumstantial (묘사가) 상세한; 정황에 근거한
🔲 under no circumstances 결코~이 아닌
　(=never, anything but, far from)

💡 누군가를 돕는다고 할 때 우리는 어시스트(assist)한다고 합니다. assist는 옆에 가까이 서 있다는 말인데 조수는 옆에 서서 도와 주는 사람인 것이죠.

추가 어휘
☐ as**sist** 돕다, 거들다　・ad(as(=near)
　- as**sist**ant 조수, 보조자; 조교
☐ de**sist** [dizíst] 그만두다, 중지하다, 단념하다
　・de(=down)+sist(=stand): 바닥에 내려놓다
☐ de**stine** [déstin] (보통 수동) 운명짓다
　- de**stin**ation 목적지, 행선지
　- de**stin**y 운명, 숙명
☐ ex**tant** [ékstənt] (문서 등이) 현존하는 ・ex(강조)
☐ ex**istence** [igzístəns] 존재; 실재, 현존; 생존
　- co**exist**ence (국가 간의) 공존 (정책)

표제어 복습
☐ re**sist**ant 저항하는, 잘 견디는 🔲 N0748
　- re**sist**ance 저항, 반대; 레지스탕스
　↔ non**resist**ance 무저항
　- re**sist** ~에 저항하다, 반대하다; 참다
☐ per**sist**ent 끊임없이 지속[반복]되는 🔲 N0082
　- per**sist** 고집하다, 주장하다; 지속하다
☐ ob**stin**ate 완고한, 고집 센 🔲 N0287
　- ob**stin**acy 고집, 집요; (병의) 난치
☐ sub**stant**ial 상당한, 많은, 중요한 🔲 N0017
　- sub**stan**ce 물질, 내용; 요지; 실체
　- sub**stant**ially 상당히, 사실상
　- sub**stant**iality 실재성, 실질성
　- sub**stant**ive 실재하는; 본질적인; 중요한
　- sub**stant**iate 실체화하다; 실증하다
　↔ in**substant**ial 실체가 없는, 비현실적인
☐ con**stant** 끊임없이 계속하는, 불변의 🔲 N0411
　- con**stant**ly 끊임없이, 항상, 빈번히
　- con**stanc**y 불변성, 항구성
　↔ incon**stant** 변하기 쉬운, 일정하지 않은
☐ sub**sist**ence 생존, 존재; 생계 🔲 N0971
　- sub**sist** 생존하다, 먹고 살다

R021　[어근] sed/sad/sid/sess(=sit) & cumb/cumber/cub(=lie)

0211 saddle
[sædl]
13.지방직7급

sad(=sit)+dle → 앉는 곳
n. (말·자전거 등의) 안장
v. 말에 안장을 얹다; 책임을 지우다, 부담을 과하다
• jump out of the saddle 말안장에서 내리다

💡 회의를 할 때 가장 앞 자리에 앉아 있다고 해서 president(대통령)입니다. 어근 sed는 "자리에 앉다(sit)"의 의미입니다.

어근 sed/sad/sid/sess(=sit)

추가 어휘
☐ **sed**an [sidǽn] 세단형 자동차

O212 sedulous
[sédʒuləs]
15.서강대/12.상명대
08.경찰

sed(=sit)+ul+ous → 책상에 꾸준히 앉아있는

a. 끈기 있는, 근면한(=assiduous, untiring)
- a sedulous student 근면한 학생

ⓐⓓ **sedulously** 근면하게, 끈기 있게

O213 preside
[prizáid]
90.서울대학원

pre(=before)+side(=sit) → (사람들) 앞에 자리하는

v. 의장이 되다, 사회하다; 통솔하다
- preside over a meeting 회의를 주재하다

ⓐ **presiding** 주재하는, 통솔하는, 수석의
ⓝ **president** 대통령, 사장, 회장
ⓐ **presidential** 대통령의, 대통령제의

O214 sediment
[sédəmənt]
05.가톨릭대

sed(=sit)+i+ment → (가라) 앉은 것

n. 침전물, 찌끼, 앙금(=deposit)
- sediment in the bottom of the tank 탱크 바닥에 있는 침전물

🔄 **deposit**[dipázit] 맡기다, 예금; 퇴적물

O215 residual
[rizídʒuəl]
17.서울여대/99.경기대

re(=back)+sid(=sit)+ual → 뒤에 남아 있는

a. 남은, 잔여의(=remaining, lingering)
n. 잔여, 잔류물; 후유증
- residual agricultural chemicals 농약 잔류물

ⓝ **residue** 나머지, 잉여, 찌꺼기; 잔여재산
ⓐ **residuary** 남은, 잔여재산의

O216 residence
[rézədəns]
07.경남9급

re(강조)+sid(=sit)+ence → 완전히 정착해 있는 곳

n. 주소(=domicile), 거주, 주재; 주택, 주거; 재학
- legal residence 법적 주소지 • temporary residence 임시 숙소

ⓥ **reside**[rizáid] 거주하다, 존재하다
ⓝ **resident** 거주민(=inhabitant); 외국주재 관리; 거주하는
ⓐ **residential** 주거의, 거주의
🔄 **domicile**[dáməsàil] (공식적이고 법적인) 주소

O217 dissident
[dísidnt]
12.경희대

dis(=not)+sid(=sit)+ent → (회의장) 자리를 박차고 나가는

a. 의견을 달리하는(=opposing)
n. 반체제 인사
- a political dissident 반체제 인사

O218 cumbersome
[kʌ́mbərsəm]
06.한성대/05.경희대
02-2.고려대

cumber(=lie)+some(=tending to) → 길 한가운데 눕기 좋아하는

a. 1. (크고 무거워) 다루기 힘든(=difficult to carry, unwieldy)
2. (절차나 규제가) 번거롭고 비효율적인(=bothering)
- cumbersome and onerous restrictions 번거롭고 부담이 되는 제약들

O219 encumber
[inkʌ́mbər]
06.세무사/02.삼육대

en(=in)+cumber(=lie) → 방 안에 드러누워 걸리적거리다

vt. 걸리적거리게 하다, 지장을 주다
- Government regulation can encumber economic growth rates.
정부의 규제가 경제성장률에 걸림돌이 될 수 있다.

ⓝ **encumbrance** 방해물, 폐가 되는 것

□ ob**sess**[əbsés] (망상, 고정관념에) 사로잡히다
- ob**session** 강박관념, 귀신이 붙음
□ pos**sess**[pəzés] 소유하다; ~의 마음을 사로잡다
- pos**session** 소유, (pl) 소유물, 재산
↔ dispos**session** 강탈, 탈취
□ **session**[séʃən] 개회, 개정; 회기; 학기

표제어 복습

□ **sed**ative 진정제; 진정시키는 ➡ 🔲 N0931
- **sed**ation 진정 (작용); 진정 상태
- **sed**ate 진정시키다, 침착하게 하다; 침착한
□ **sed**entary 잘 앉는; 정착해 있는 🔲 N0150
□ in**sid**ious 잠행성의, 교활한 🔲 N0826
□ as**sid**uous 부지런한, 끈기있는 🔲 N0305
□ sub**sid**iary 자회사; 보조의 🔲 N0548
- sub**sid**ize 보조[장려]금을 지급하다
- sub**sid**y (국가의) 보조금, 장려금
□ sub**sid**e 가라앉다, 잠잠해지다 🔲 N0883
□ as**sess** 평가하다, 감정하다 🔲 N0576
- as**sess**ment 사정, 평가; 부과
- as**sess**or 평가인, 사정인
□ super**sed**e (낡은 것을) 대체하다 🔲 N0714
- super**sess**ion 대체, 교체, 경질

어근 cumb/cumber/cub(=lie)

추가 어휘

□ **cub**icle (칸막이로 막은) 작은 방
□ in**cub**ate 배양하다, 인공으로 부화시키다
- in**cub**ation 알을 품음
- in**cub**ator 인큐베이터, 미숙아 보육기; 부화기
□ in**cub**us 악몽, 가위눌림, 마음의 부담
□ con**cub**ine 첩, 내연의 처

표제어 복습

□ suc**cumb** 유혹에 넘어가다; 굴복하다 🔲 N0690
□ in**cumb**ent 의무가 있는; 현직자 🔲 N0746
- re**cumb**ent 사람이 드러누운; 활발치 못한

R 022 **[어근] man/mn(=stay, flow)**

O221 remnant
[rémnənt]
07.이화여대

re(=back)+mn(=stay)+ant → 뒤에 남겨진 것

n. 나머지, 잔여, 자투리(=leftover); 유물, 자취(=vestige)
- remnants of the military dictatorship 군사 독재정권의 잔재

ⓝ **remainder/remains** 나머지, 잔여, (pl.) 유적
ⓥ **remain** 남다, 머무르다; 여전히 ~이다

O222 manor
[mǽnər]
10.한성대

man(=stay)+or → 영주가 머무르는 곳

n. 영주의 저택(=manor house); 영지, 장원
- the manorial system (중세의) 장원제도

ⓐ **manorial** (중세) 영지의, 장원의
🔄 **mansion** (개인의) 대저택; 〈영〉 아파트, 맨션
🔄 **manner**[mǽnər] 방법, (pl.) 풍습, 예절; 태도

tip remain이 "무엇인가 남아있다, 여전히 그대로이다"의 의미를 가지듯이 어근 man은 stay의 의미를 갖습니다.

표제어 복습

□ per**man**ent 영속하는, (반)영구적인 🔲 N0081
- per**man**ently 영원히
혼동어근 man/manu(=hand) 🔲 R186

O223 immanent
[ímənənt]

im(in(=in)+man(=stay)+ent → 마음 속에 머무르는

a. (성질이) 내재하는, 내재적인(=inherent)
- immanent in human nature 인간의 본성에 내재하는

📘 **imminent**[ímənənt] 임박한, 촉박한 ⊃ NO251

O224 emanate
[émənêit]
17.중앙대/96.서울대학원

e(ex(=out)+man(=flow)+ate → 밖으로 흘러나오다

v. 발산[방산]하다; (생각·제안이) ~에서 나오다[from]
- emanate from experience 경험에서 나온

ⓝ **emanation** 발산; (사회 환경·문화 등의) 소산

R023   [어근] last(=last) & dur(=last)

O231 lasting
[lǽstiŋ]

last+ing → 오랫동안 계속되는

a. 영구적인; 오래 견디는, 내구력 있는
- ensure lasting peace 영구적 평화를 보장하다

ⓥ **last**[lǽst] 1. 계속하다, 지속하다(=persist); 견디다; 내구력
2. 최후의, 마지막의, 궁극적인; 최근의

📘 **outlast** ~보다 오래 살다(=outlive)

O232 endure
[indjúər]
07.서경대

en(=make)+dur(=last)+e → 계속 견디다

v. 참다(=forbear, tolerate, withstand), 견디다, 지탱하다, 지속하다(=last)

ⓝ **endurance** 인내, 인내력(=tolerance); 지구력

ⓐ **endurable** 참을 수 있는, 견딜 수 있는
08.경희대   **enduring** 오래가는, 지속되는(=persistent)

O233 durable
[djúərəbl]
07.덕성여대

dur(=last)+able → 견딜 수 있는

a. 오래 견디는, 튼튼한(=sturdy)
n. (pl.) 내구재, 소비재
- durable goods 내구성 소비재

ⓝ **durability** 내구성, 내구력
   duration 지속, 계속, 지속 기간

어근 last(=last)

추가 어휘
- ☐ **last**-ditch 최후까지 버티는, 사력을 다하는
- ☐ **last**-gasp 막판에 행해지는
- ☐ **last** out 끝까지 견디다[가다]

표제어 복습
- ☐ e**last**ic 탄력 있는, 신축성이 있는; 융통성이 있는 ▣ N0918
  - e**last**icity 탄력; 신축성

어근 dur(=last)

표제어 복습
- ☐ ob**dur**ate 완고한, 고집 센 ▣ N0775
  - ob**dur**acy 고집, 완고함

I 047

stand

stand 의 기본 의미는 **"어떤 위치에 서 있다"**이다.
그래서 일어서서 있거나, 어떤 사람편을 들거나, 버티고 서서 저항하는 등의 의미를 지닌다.
1. (어떤 위치에) 서다, 서 있다, 위치하다; 기립하다
2. (어떠한 태도를) 취하다, ~의 편을 들다
3. (어떤 상태·입장에) 있다; (높이·값·정도가) ~이다
4. 멈추어 서다, 움직이지 않다, 정체되어 있다
5. 오래가다, 지속하다, 지탱하다, 참다; 고집하다, 대항하다

1. (어떤 위치에) 서다, 서 있다, 위치하다; 기립하다

04701
stand sb **up**
98.사법시험/94.서울여대/92.한성대/Teps

누구를 서서(stand) 기다리게 하다, 세워 두다
(이성과의 데이트에서) 상대방을 바람맞히다
• We were to have had dinner together yesterday evening, but he **stood me up**.
우리는 어제 저녁에 저녁식사를 하기로 되어 있었는데, 그가 나를 바람맞혔다.

団 **stand up with** sb
(결혼식에) 들러리를 서다

04702
stand on one's own (two) feet
02.변리사/96.외무고시/Teps

자신의 두 발로 일어서다(stand)
(경제적으로) 자립하다, 독립적으로 살아가다; 자급자족하다
• I'll be glad when I have a good job and can **stand on my own two feet**.
좋은 직장을 얻어 자립했으면 좋겠다.
団 **on one's feet** 경제적으로 독립하여; 일어서서; 건강이 회복되어

国 **stand alone** 홀로 서다, 자립하다
国 **keep one's feet on the ground**
들떠 있지 않다, 현실적[실제적]이다

2. (어떠한 태도·입장을) 취하다, ~의 편을 들다

04703
stand by (sb/sth**)**
03.공인노무사/86.서울대학원/토익/Teps

바로 옆에(by) 서다(stand)
1. (사정이 안 좋을때에도 계속) 지지하다, 편들다(=support)
2. 방관하다(=look on)
3. 대기하다, 준비하다(=be ready)
4. (약속 등을) 지키다, (생각 등을) 고수하다(=abide by, adhere to sth)
5. 옆에 서 있다, 근처에 있다
• I will **stand by** you whatever happens.
무슨 일이 일어나든지 나는 너를 지지하겠다.
団 **standby** 〈구령〉 대기, 준비; 교대 요원, 비상용 물자, 대역

団 **stand by** sb**'s side** ~를 편들다

04704
stand for sth
12.가천대/10.경북교행9급/01-2.계명대
99.홍익대/98.동국대
96.세종대/카투사/입사/Teps

~의 이익을 위해 나서다
1. 상징하다(=symbolize), 의미하다(=mean), 나타내다(=represent)
2. 대리[대표]하다; 지지하다(=support)
3. (국회의원 등에) 입후보하다(=run for sth)
• In this secret code each number **stands for** a letter of the alphabet.
이 비밀 암호에서 각 숫자는 알파벳을 의미한다.

04705
stand up for sb/sth
15.지방직7급/06.전북9급/05.한양대
02.성균관대/94.행정고시
92.한국외대/토플/Teps

~에 찬성하여(for) 다가가(up) 서다(stand)
~을 옹호하다(=defend), 지지하다(=support)
• She **stood up for** him when the others bullied him.
다른 애들이 그를 괴롭히고 있을때 그녀가 그의 편을 들어 주었다.

国 **stand behind** sb/sth
뒤에 서다; (행동 등을) 지지하다

04706
stand in a white sheet
02.중앙대

새하얀 백지(sheet) 위에서 죄를 반성하다
유감으로 여기다, 죄를 뉘우치다(=repent)
• They say the hanged murderer **stood in a white sheet** just before his execution.
교수대에 올려진 살인자는 형 집행 바로 전에 죄를 뉘우쳤다고 한다.

3. (어떤 상태·입장에) 있다; (높이·값·정도가) ~이다

04707
stand a chance (of ~ing)
00.지방직9급/97~1단국대/97.법원직

가능성(a chance)이 있다(stand)
~할 가망이 있다(=be likely to R), 가능성이 있다
• Tom didn't **stand a chance of** getting into Havard, but he turned in an application anyway.
탐은 하버드에 들어갈 가능성이 없었지만, 어쨌든 원서를 제출했다. *turn in 제출하다

国 **Chances are (that) ~**
~할 가능성이 높다
↩ **Chances are slim ~**
~할 가능성이 적다

04708
stand in (for sb**)**
03-2.경기대

~를 위하여(for) 그가 있어야 할 곳 안에(in) 있다(stand)
대역을 하다, 대신하다(=fill in for sb, substitute sb temporarily);
(내기 등에) 가담하다
• The leading actor was ill and another actor **stood in for** him.
주연 배우가 몸이 좋지않아서 다른 배우가 그를 대신했다.

国 **stand-in**
대체물, 대체인(=a substitute)
stand in sb**'s shoes** ~을 대신하다

04709

stand sb **in good stead**
97.사법시험

stead(고어: 도움, 쓸모)가 되다(stand)
~에게 큰 도움이 되다(=be much helpful to sb)
• The experience you have gained here will **stand** you **in good stead** in later life.
여기서 얻었던 경험은 나중의 인생에 큰 도움이 될 것이다.

04710

stand out
16.중앙대/93.한국외대/경기대/입사4회/Teps

(무리로부터) 떨어져 나와(out) 서 있다(stand)
돌출하다; 눈에 띄다, 두드러지다(=be outstanding, be prominent)
• Tom is so intelligent that he **stands out** in his class.
탐은 너무 똑똑해서 학급에서 두드러진다.

04711

stand to reason
입사/Teps

이치(reason)에 이르도록(to) 있다(stand)
이치에 맞다(=be logical, add up, make sense)
• That doesn't **stand to reason** at all.
그것은 전혀 이치에 맞지 않는다.

🔟 **It stands to reason that~**
~는 이치에 맞다, 당연하다

---

4. 오래가다, 지속하다, 지탱하다, 참다; 고집하다, 대항하다

04712

stand up to sb/sth
09.서울시9급/97.지방행시/외무고시/Teps

(좋지 않은 것을) 향해(to) 일어서다(stand up)
(불공정한 대우 등에) 당당히 맞서다, 용감하게 대항하다
• No one can **stand up to** his scathing tongue.
그의 독설에는 당해 낼 사람이 없다.

🔟 **stand[hold] one's ground**
자기의 입장을 고수하다(=hold fast);
(위협 등에) 당당하게 맞서다

04713

can't stand sb/sth
06.국가직7급

무엇을 참을(stand) 수 없다
(싫은 것을) 참을 수 없다, 질색이다(=can't bear sb/sth)
• **I can't stand** this pain.
나는 이 고통을 참을 수 없어.

048

sit

동사 sit는 "(장소나 자리, 지위에) 앉다"가 기본의미이다.
자리에 앉는다는 의미에서 "(회의 등에) 참석하다, 멤버가 되다"라는 의미로도 쓰인다.

04801

sit in (on) sth
94.입법고시

안으로 들어가서(in) 의자 위에(on) 앉다(sit)
~에 참관[방청]하다(=participate in sth), 구경하다
• Would you mind if I **sit in on** your 10 o'clock class?
당신의 10시 수업에 참관해도 괜찮겠습니까?

🔟 **sit-in** 연좌농성
🔟 **sit in as + 자격** : ~로서 참가하다
🔟 **sit[fill, stand] in for** sb 대리하다,
대역을 하다(=substitute for sb/sth)

04802

sit on sth
94.행정고시/Teps

~의 소속으로(on) 자리를 차지하다(sit)
1. ~의 일원이다(=be a member of sth)
2. ~의 결정을 늦추다, 미루다
• He was asked to **sit on** numerous committees.
그는 수많은 위원회들에서 위원이 되어 줄것을 요청받았다.

04803

sit[be, stand] on the fence
17.지방직9급/05.고려대/04-2.명지대
토플/Teps
17.지방직9급

철조망(경기장 외곽)에 앉다[서다]
중립을 지키다(=remain neutral), 형세를 관망하다
• He always **sits on the fence**.
그는 항상 중립을 지킨다.
🔟 **on the fence** 애매한 태도를 취하여(=undecided)

04804

sit[stay] on the sidelines
15.중앙대

경기는 하지 않고 테니스장의 사이드라인(sideline)에 앉아있다
방관하다, (관여하지 않고) 구경만 하다
• They are **sitting on the sidelines** instead of actively participating in the debate.
그들은 토론에 적극적으로 참여하기보다는 구경만 하고 있는 중이다.
🔟 **on[from] the sidelines** 구경만 하는, 방관자로서

🔟 **sit ★ out** sth 연극 등을 끝까지 보다;
참가하지 않다; 관여하지 않다

04805

be sitting pretty
13.중앙대

남들은 힘들게 일할 때 혼자 이쁘게 앉아 있다
유리한 상황에 있다, 여유있게[유복하게] 살다
• His people are living in the gutter but he **is sitting pretty**.
그의 국민들이 시궁창에 살고 있지만, 그는 유복한 생활을 하고 있다.

04806

sit up
입사

꼿꼿이(up) 앉아 있다(sit)
1. 밤늦게까지 자지 않고 있다(=stay out of bed)
2. 깜짝 놀라서 갑자기 주목하다
• The doctor **sat up** all night with the sick man.
의사는 병든 사람과 함께 밤을 새웠다.

🔟 **sit up with** sb
(아픈 사람을) 밤새워 돌보다

I 049

stay

stay는 "**어떠한 상태가 지속되다**"가 기본의미로서 "머무르다, 체류하다, 숙박하다"의 의미로 확장된다.

04901
stay out

98.강남대 /Teps

밖(out)에 머무르다(stay)

밖에 있다, 외박하다; 동맹파업을 하다
- My mother always keeps saying not to **stay out** till late.
  어머니께서는 늘 늦게까지 돌아다니지 말라고 말씀하신다.

04902
stay at sw

입사

어디에(at) 머무르다(stay)

～에 머무르다, 숙박하다(=put up at sw)
- Which hotel are you **staying at**?
  어느 호텔에 묵을 거예요?

[파] stay in 집에 있다, 외출하지 않다
[반] stay out of sth ～에 간섭하지 않다

R024 [어근] lic/lict/lips/linqu(=leave)

O241 eclipse
[iklíps]
17.홍익대/11.중앙대
05.성균관대

ec⟨ex(=out)⟩+lips(=leave)+e → 빛이 완전히 사라진 것
n. 1. (천문) 식(蝕)(a lunar eclipse 월식)
　　2. (세력, 명예 등이) 빛을 잃음, 실추
　　• The emergence of a solar eclipse is rare. 일식은 드물게 일어난다.
　　• total eclipse of the moon 개기월식
vt. (빛을) 가리다, (명성을) 무색하게 하다(=overshadow, surpass)
　　• be eclipsed by his rival 경쟁자에 명성이 가려지다
ⓐ **ecliptic** 일식[월식]의

tip 일식을 의미하는 eclipse는 달이 태양의 빛을 가리는 자연현상인데, 이처럼 lips는 "사라지고 없다"는 의미입니다.

표제어 복습
☐ re**linqu**ish 그만두다, 버리다; 양도하다 ➡ N0143
☐ de**linqu**ent 비행의, 직무태만의 ➡ N0325
　- de**linqu**ency (직무) 태만; (세금) 체납; 비행
☐ dere**lict** 버려진, 유기된, 직무태만의 ➡ N0888
　- re**lict**[rélikt] 생존자; 과부, 미망인
　- re**lic**[rélik] (주로 pl.) 유해, 유물, 유적

O242 elliptical
[ilíptikəl]
10.경희대

el⟨ex(=out)⟩+lipt(=leave)+i+cal → 지워서 없애버린
a. 1. 생략법의, 간결한
　　2. 타원형의
　　• more terse and elliptical than the originals 원작보다 간결하고 생략된
ⓝ **ellipsis**[ilípsis] 생략, 생략부호
　ellipse[ilíps] 타원, 타원궤도

R025 [어근] pend/pens/pench/pen(=hang) & min/men(=project, hang)

O251 suspend
[səspénd]
16.가천대

sus⟨sub(=under)⟩+pend(=hang) → 매달려 있는 상태인
v. 1. 매달다, 걸다; 일시 중지하다; 보류하다
　　2. (공식적으로) 일시 중지하다, 유예하다
　　3. (공식적으로) 연기[유보]하다
　　4. (수동태로) 정직시키다[sb] from [sth]
　　• suspend payment 지불을 중단하다
　　• suspend judgment 판단을 미루다
　　• be suspended from school for a week 일주일간 정학 당하다
ⓝ **suspension** 매달리기; 미결정, 중지, 보류
　suspender 바지 멜빵, 양말 대님
�ュ **suspense** 걱정, 불안; (영화 등의) 지속적 긴장감

tip 목걸이나 귀걸이를 펜던트(pendent)라고 합니다. 두 가지 모두 몸에 대롱대롱 매다는 것이므로 pend는 "매달다, 매달리다"라는 의미의 어근입니다.

어근 pend/pens/pench/pen(=hang)

추가 어휘
☐ **pend**ant 펜던트(목걸이, 귀걸이 등)
☐ **pend**ent 매달린, 늘어진, 미결정의
☐ **pend**ing 미정의, 미결의; ～하는 중
☐ **pend**ulous[péndʒuləs] 매달린; 흔들리는; 주저하는
☐ **pend**ulum[péndʒuləm] 흔들리는 추, 진자
☐ **pen**is 남자의 성기

O252 perpendicular
[pə̀ːrpəndíkjulər]
08.경희대

per(=throughly)+pend(=hang)+i+cular → 완전히 (수직으로) 매달린
a. 수직의(=vertical), 직립한(=upright)
n. 수(직)선; 수직면; 절벽
　　• be perpendicular to the ground 지면과 수직을 이루다
🔲 **vertical** 수직의, 세로의; 정점의, 꼭대기의
🔲 **horizontal** 수평의, 가로의; 지평선상의

표제어 복습
☐ pro**pens**ity (특정한 행동을 하는) 성향 ➡ N0551
☐ de**pend** 의존하다; ～에 좌우되다 ➡ N0002
　- de**pend**able 의지할 수 있는
　- de**pend**ent ～에 좌우되는[on]
　↔ inde**pend**ent 독립한, 자주적인
　- de**pend**ence 의지, 의존, 신뢰; 종속
　- de**pend**ant 부양가족
☐ interde**pend**ent 서로 의존하는 ➡ D0002
☐ im**pend**ing (불길한 일이) 절박한 ➡ N0365

O253 appendix
[əpéndiks]
07.이화여대

ap⟨ad(=to)⟩+pend(=hang)+ix → 무엇에 덧붙인 것
n. 1. (책 끝의) 부록(=supplement); 부속물
　　2. 맹장 cf. appendicitis 맹장염
　　• attached as an appendix 부록으로 실려 있는
　　• The appendix is a vestigial organ. 맹장은 퇴화된 기관이다.
ⓥ **append** 덧붙이다, 첨부하다, 매달다
ⓝ **appendage** 부가물, 부속물

O254 compendium
[kəmpéndiəm]
16.명지대/12.서울여대

com(=together)+pend(=hang)+ium → 함께 매달아 놓은 것
n. 개요, 요약, 적요(=summary)
ⓐ **compendious** 간결한

어근 min/men(=project, hang)

표제어 복습
☐ **men**ace 협박, 위협, 공갈 ➡ N0419
　- **men**acing 위협적인
☐ im**min**ent (위험 등이) 임박한, 촉박한 ➡ N0251
　- im**min**ence 절박, 촉박, 급박
☐ e**min**ent 저명한; 훌륭한; (신분이) 높은 ➡ N0537
☐ pro**min**ent 저명한; 탁월한; 돌출된 ➡ N0538
　혼동어근 **men/mean**(=lead) ➡ R136
　혼동어근 **min**(=small) ➡ R235

O255 penchant
[péntʃənt]
07.공인노무사,중앙대
06.국가직9급

pench(=hang)+ant → 좋아서 계속 매달리게 되는 것
n. 애호, 선호, 성향[for](=liking, fondness)
　　* have a penchant for ～을 매우 좋아하다
　　= be fond of, have a soft spot for, take a fancy to

[어근] band/bond(=band) & hor(=bound) & nex/nect(=bind) & cinct(=bind)

O261 bound
[báund]
07.한양대

bind〈bound → 묶인

a. 1. 〈bind(묶다)〉의 과거, 과거분사형
2. ~에 묶인, 의무가 있는

99.서울대학원/행시

> ▣ **be bound to R** ~하지 않을 수 없다, 꼭 ~하게 되어 있다
> **I'll be bound.** 〈구어〉 내가 책임지겠다. 틀림없다.
> cf. **bind oneself** 보증하다, 속박되다
> **bound and determined** 확고한 계획이 있는
> **in a bind** 속박되어, 곤경에 처하여
> **be bound up with** ~와 밀접한 관계가 있다(=have much to do with)

08.경원대/94.경찰간부/90.행자부9급

v. 공이 되튀다
▣ **by leaps and bounds** 급속하게(=very rapidly)
17.중앙대 ⓥ **bounce** (공 등이) 튀다. 펄쩍 뛰다; (수표를) 부도 처리하다
* **bounce back** (병에서) 다시 회복하다(=convalesce)

04.경기대 **n.** 경계, (pl.) 범위, 한계
▣ **out of bounds** 출입 금지 지역의(=off limits)
ⓝ **boundary** 경계, 경계표; 한계
03.동아대 ⓐ **boundless** 무한한(=without limits)

a. ~행의
14.중앙대 ▣ **bound for** (배·열차·비행기 등이) ~행(行)의; ~로 가는 도중에
▣ **hide bound** 야위어 가죽만 남은; 편협한, 고루한
hard-bound 두꺼운 표지를 씌운
snowbound 눈에 갇힌

O262 bondage
[bándidʒ]
99-4.경찰

bond(묶거나 있는 것)+age(상태) → 본드로 붙여져 있는 상태

n. 1. 속박, 굴레, 감금(=pressure, yoke); 굴종
2. 노예의 신분
* the bondage of social conventions 사회적 관습의 속박
▣ **bond** 접착제; (pl.) 속박; 유대; 계약; 보석금
* bond warehouse 보세창고 bond holder 채권 소유자
* bond man 노예(=bond slave, bond servant)

O263 bandage
[bǽndidʒ]
16.한국외대/11.경기대

band(=band)+age → 밴드로 감싸다

n. v. 붕대, 안대; 붕대를 감다(=dress)
* bandage the man's leg 그 남자의 다리에 붕대를 감다
▣ **band** 묶는 것, 띠; 무리, 악단; 주파수대

O264 disband
[disbǽnd]
99.한국외대

dis(=away)+band(띠, 끈) → 연결해 주던 끈을 없애다

v. (조직·군대를) 해산시키다; 해산하다
* disband an organization 조직을 해체하다
ⓝ **disbandment** 해산, 제대
▣ **bandwagon** 악대차; 인기 정당[집단]
07.고려대 **get[jump] on the bandwagon** 유리한 편에 서다, 시류에 편승하다

O265 horizontal
[hɔ́:rəzántl]
14.산업기술대/90.연세대학원

hor(=bound)+i+zon+tal → 바다와 육지의 경계

a. 수평면[선]의; 가로의
n. 수평선, 수평면
* horizontal position 수평 자세 * horizontal line 수평선
97-8.경찰 ⓝ **horizon** 지평[수평]선, 지평; 범위, 한계
cf. **longitude** (경도) ↔ **latitude**(위도)
▣ **vertical**[və́:rtikəl] 수직의, 세로의; 정점의
▣ **angular**[ǽŋgjulər] 모난, 각진, 각도의; 외고집의
- **angle** 각도, 모서리; 관점, 국면

O266 annex
[ənéks]
98-5.경찰

an〈ad(=near)+nex(=bind) → (하나로) 묶다

vt. 1. (약소국·영토 등을) 합병하다(=conquer)
2. 부가하다, 첨부하다(=append)
3. 횡령하다(=embezzle, appropriate)
n. [ǽniks] 1. 부가물, 부속물(=adjunct, accessory)
2. 별관, 부속건물(=wing)
* Chosun Dynasty was annexed by Japan in 1910.
조선 왕조는 1910년에 일본에 의해 병합되었다.
ⓝ **annexation** 부가, 첨가; 합병

---

tip 접착제인 본드(bond)나 반창고인 밴드(band)는 무언가를 단단히 접착하는 것입니다.

어근 band/bond(=band)

추가 어휘

☐ hard-**bound** 두꺼운 표지를 씌운
☐ snow**bound** 눈에 갇힌
☐ **bind**ing 구속력이 있는, 제본
☐ **bind**er 묶는 것, 바인더

표제어 복습

☐ a**band**on 그만두다, 버리다 ▣ N0042
- a**band**oned 버림받은

어근 nex/nect(=bind)

추가 어휘

☐ con**nect** 연결하다, 결합하다, 접속하다
- con**nect**ion 연결, 관계; 접속; 단골손님, 종파
↔ dis**connect** 분리시키다,연락[전원]을 끊다
- inter**connect**ed 서로 연결된
☐ **nex**us[néksəs] 관련, 관계, 유대; 핵심, 중심

어근 cinct(=bind)

표제어 복습

☐ suc**cinct** 간결한, 몸에 착 붙는 ▣ N0525

O267 **precinct**
[príːsiŋkt]

pre(=before)+cinct(=bind) → 미리 하나의 지역으로 묶어 놓은 것

n. 1. (행정상의) 구역, 관할구역; 학군; 선거구; 교구
　　2. (보통 pl.) 구내; 경계(선)
　　3. (pl.) 주위, 근교
　　　• electoral precinct 선거구　• the school precincts 학교 구내
🔲 **cincture**[síŋktʃər] 띠, 허리띠; 주변 지역

O268 **rally**
[ræli]

경찰승진

re(=again)+ally → 다시 동맹하다

n. 1. (대규모) 집회, 시위; 집결, 대회
　　2. (테니스의) 랠리; 장거리 자동차 경주
v. 1. (정치적으로) 규합하다, 다시 불러 모으다
　　2. (건강을) 회복하다; (경기·가치가) 회복되다
　　　• hold a massive rally 대규모 집회를 열다
　　　• rally a great deal of support 상당한 지지를 결집시키다
17.가천대　🔲 **ally**[əlái] 동맹하다, 연합하다; 동맹국, 연합국
　　　- **alliance**[əláiəns] 연합, 제휴, 결연

R027　[어근] string/stress/strain/strict(=bind, tie) & lig/li/leag(=bind, tie) & rig(=bind, stiff)

O271 **string**
[striŋ]

09.한양대

string(=bind, tie) → 줄처럼 길게 늘어진 것

n. 1. 줄, 실
　　2. (활의) 시위, (악기의) 줄, 현악기
　　3. 일련, 일렬, 연속
　　4. (pl.) 부대조건
　　5. 〈속어〉 속임수
ⓐ stringy 실의, 끈의, 섬유질의

🔲 **with no strings attached** 부대조건 없음
　touch sb**'s heart-strings** 심금을 울리다
　pull (some) strings 연줄을 이용하다; 배후에서 조종하다
　*인형극에서 무대 뒤에서 줄을 잡아당기다

O272 **distress**
[distrés]
11.세종대,서울여대

dis(강조)+stress → 압박을 주는 것

n. (정신적) 고통, 고충; 고통의 원인(=misery)
v. 괴롭히다, 고민하게 하다
　　• suffer emotional distress 정신적 고통을 겪다
🔲 **stress** 압박, 긴장, 강세, 강조; 강조하다

O273 **constrict**
[kənstríkt]
85.연세대학원

con(강조)+strict(=bind, tie) → 강하게 옭아매다

v. 압축하다, 죄다; 수축시키다(=contract); 수축하다
　　• constricted pupils 수축된 동공
　　• constrict blood vessels 혈관을 수축시키다
ⓝ constriction 압축, 수축, 긴축; 속박감

O274 **constraint**
[kənstréint]
12.가톨릭대

con(강조)+strain(=bind, tie)+t → 강하게 묶는 것

n. 제약(이 되는 것), 제한, 통제
　• constraints of time/money/space 시간적/금전적/공간적 제약들
ⓥ constrain 억지로 시키다, 강요하다
ⓐ constrained 강요된, 거북한
11.경기대　　↔ unconstrained 구속받지 않는, 강제가 아닌

O275 **rigorous**
[rígərəs]
10.가톨릭대/08.서울시9급

13.홍익대

17.한성대/07.동아대

14.광운대

rigor(=bind, stiff)+ous → 강하게 묶는

a. 엄격한(=strict, harsh); 정밀한; 혹독한
　• meet the rigorous standards 엄격한 기준들을 맞추다
ⓝ rigor 엄격함, 가혹함; 고됨, 곤궁
ⓐ rigid 단단한, 딱딱한; 엄격한(=stern); 정확한(=precise)
ⓝ rigidity 단단함, 강도(剛度); 엄격, 엄밀
　 rigidness 굳음, 완고함

---

tip 줄(string)은 사람을 꼼짝 못 하게 묶을 때 쓸 수 있듯이
strain은 "무엇인가를 제약하다"의 의미로 주로 쓰입니다.

어근 string/stress/strain/strict(=bind, tie)

추가 어휘
☐ **strangle**[stræŋgl] 목졸라 죽이다; 억제하다
☐ a**string**ent 수렴성의, 엄한; 수렴제, 아스트린젠트
☐ di**strict** 지역, 지방; 구역, 선거구
☐ **strait**[stréit] 해협; (pl.) 고난, 곤경
　- **strait**en 괴롭히다, 고생시키다
☐ di**strain**[distréin] (동산을) 압류하다
　- di**strain**t (동산) 압류　- di**strain**er 압류인

표제어 복습
☐ **string**ent 엄격한, 엄중한 ▣ N0329
☐ re**strict**ed 한정된, 제한된; 전용의 ▣ N0136
　↔ un**strict**ed 제한이 없는, 자유로운
　- re**strict** 제한[한정]하다
☐ **strain** 잡아당기다; 긴장시키다 ▣ N0749
☐ re**strain** 억제하다, 구속하다; 제지하다 ▣ N0032
　- re**strain**t 자제, 억제; 금지; 구속
　- re**strain**ed 삼가는, 자제된; 차분한
　↔ un**restrain**ed 억제되지 않은; 삼가지 않는
☐ **strict** 엄격한, 엄한 ▣ N0330

어근 lig/li/leag(=bind, tie)

표제어 복습
☐ **li**ability 빚, 부담, 의무; 골칫거리 ▣ N0089
　- **li**able 책임 있는; ~할 의무가 있는
☐ re**li**able 의지[신뢰]할 수 있는 ▣ N0303
　- re**li**ant 신뢰하는, 의지하는; 독립심이 있는
　- re**li**ability 믿음직함, 신뢰도, 확실성
　- re**ly** on 의지하다, 의존하다
☐ un**reli**able 믿을 수 없는, 신뢰할 수 없는 ▣ D0303
☐ ob**lig**atory 의무적인, 필수의 ▣ N0139
　- ob**lig**e 강요하다; 의무를 지우다
　- ob**lig**ation 의무, 구속; (의무가 따르는) 약정
　- ob**lig**ee 채권자　- ob**lig**or 채무자
　- ob**lig**ing 잘 돌봐 주는, 친절한; 정중한

O281 liberate
[líbərèit]
15.국민대/09.중앙대
00.건국대

liber(=free)+ate → 자유롭게 만들다

vt. 자유롭게 하다, 해방하다(=set free, emancipate)
- liberate [sb] from bondage 속박에서 해방시키다

ⓐ **liberated** 자유로운, 해방된
liberal 자유주의의; 관대한, 후한
ⓝ **libertine**[líbərtìːn] 방탕한 사람; 자유 사상가
ⓥ **liberalize** 제약을 풀다, 자유화하다
17.상명대
ⓝ **liberalization** 자유화
🔁 **librate**[láibreit] 흔들리다, 떨다 - **libration** 균형, 진동

O282 deliver
[dilívər]
08.동국대

de(강조)+liver(=free) → (물건, 말, 사람, 아기를) 자유롭게 놓아주다

vt. 1. 배달하다; 넘겨주다, 인도하다
　　2. 연설하다, 강연하다, 의견을 말하다
　　3. 구해내다; 해방시키다; 출산하다
vi. 1. 분만하다, 낳다
　　2. (기대에) 보답하다, 약속을 이행하다
- promise to deliver within 24 hours 24시간 내에 배송을 약속하다
- deliver a lecture on ~에 대해 강연하다
- be delivered by Caesarean section 제왕절개로 출산되다
00.세종대/91.서울대학원
ⓝ **delivery** 배달; 연설, 강연(=presentation); 출산; 구조; 해방
deliverance 구출, 구조; 석방; 배심원의 평결

O283 frenzied
[frénzid]
98.가톨릭대

frenz(franc(=free)+ied → 광분하여 제멋대로인

a. 열광적인; 광분한
- frenzied crowd 광분한 군중
- be gripped by a frenzy of nationalism 광란적인 민족주의에 사로잡히다
16.국민대
ⓝ **frenzy** 격분, 격앙(=agitation); 광란; 발작
🔁 **frantic** 광란의, 극도로 흥분한
frenetic 열광적인, 미친 듯이 흥분한; 광란자

O284 franchise
[fræntʃaiz]

tranch(=free)+ise → 자유롭게 할 수 있는 권리

n. 1. 투표권, 참정권(=suffrage)
　　2. (정부가 개인·단체·회사에 주는) 독점 사업권
　　3. 체인점 영업권, 프랜차이즈
- extend the franchise to women 여성에게 참정권을 주다
🔁 **affranchise** 해방하다, 자유롭게 하다
disfranchise 시민권을 빼앗다
enfranchise 참정권을 주다

O285 libel
[láibəl]
12.가톨릭대

lib(libr(=book) +el → 책에 의한 명예훼손

n. (문서에 의한) 명예 훼손; 비방(죄), 모욕(=slander)
v. (문서로) 명예를 훼손하다
ⓐ **libellous** 비방하는, 중상적인
ⓝ **libelist** 중상자, 비방자

> 🔁 **rival**[ráivəl] 경쟁자; ~와 경쟁하다
> **label**[léibəl] 라벨, 꼬리표; 라벨을 붙이다
> **revel**[révəl] 주연을 베풀다, 한껏 즐기다; 술잔치, 연회 ➡ **T1128**
> - **revelry** 술잔치(=merry-making)
> **rebel**[rebál] 반역자; 모반하다, 반란을 일으키다
> **level**[lévəl] 수평, 높이, 정도, 레벨

---

tip deliver는 다의어로서 모두 무언가를 놓아주거나 자유롭게 한다는 의미가 있습니다. 물건을 자유롭게 한다는 것은 남에게 넘겨주는 것이고 (배달), 생각을 자유롭게 한다는 것은 입 밖으로 말로 내뱉는 것이며(연설), 다른 사람을 자유롭게 한다는 것은 해방시키는 것이고, 아기를 자유롭게 놓아준다는 것은 곧 분만하는 것입니다.

어근 liber/liver(=free, balance)

표제어 복습
☐ de**liber**ate 고의의; 신중한 ➡ N0644
　- de**liber**ation 숙고, 곰곰이 생각함
　- de**liber**ative 깊이 생각하는, 심의하는
　- de**liber**atively 신중히, 고의로
☐ equi**libri**um 평형, 안정; 균형 ➡ R2311

어근 libr/lib(=book)

추가 어휘
☐ **libr**ary 도서관, 장서
　- **libr**arian 도서관의 사서

O291 lag
[læg]
12.국가직9급/05.경희대

lag(=loose) → 느슨하게 있다 → 처지다

vi. 1. 처지다, 뒤떨어지다[behind](=fall behind)
- lag behind ~에 뒤떨어지다
　　2. 투옥하다, 체포하다(=arrest, imprison)
n. 1. 뒤처짐, 지연　2. 죄수, 전과자　3. 피복재
- Domestic firms lag far behind foreign ones in terms of technology.
  국내 기업의 기술력이 외국 기업에 비해 크게 뒤처져 있다.
- jet lag 시차로 인한 피로
ⓝ **laggard** 느린 사람; (경제의) 정체 분야; 느림보의, 꾸물거리는

추가 어휘
☐ cata**lysis** 촉매 작용
　- cata**lyze** 화학반응을 촉진시키다
☐ hydro**lysis** 가수 분해 · hydro(=water)
　- hydro**lyze** 가수분해하다

0292 lax
[læks]
08.중앙대/07.계명대

lax(=loose) → (정신이) 느슨하게 풀린
a. 느슨한, 이완된; 조심성 없는, 단정치 못한
뭔 **relax** 긴장을 풀다, 느슨하게 하다; 나른해지다
 - **relaxation** (긴장·근육·정신 등의) 이완; 휴양; 레크리에이션

0293 drag
[dræg]
08.지방직9급/08.홍익대

d+rag(=loose) → 질질 끌다
vt. (무거운 것을) 끌다; 질질 오래 끌다
n. 견인; 방해물, 걸림돌; (마우스의) 드래그
 • drag on 지루하게 계속하다, 질질 오래 끌다
뭔 **draggle**[drǽgl] (옷자락을) 질질 끌다

0294 analysis
[ənǽləsis]
⊃ T1102

ana(=throughout)+lysis(=loose) → 철저히 풀어 놓음
n. 분석 연구, 분석; 조사
ⓥ **analyze** 분석하다, 분해하다
ⓝ **analyst** 분석가
ⓐ **analytic** 분석적인
뭔 **psychoanalysis** 정신분석

표제어 복습
□ re**lease** 풀어주다; 면제하다; 공개하다; 배출하다; 석방, 개봉, 발표 ▣ N0767
 - **lease** 임대차, 리스(하다)
□ para**lyze** 마비시키다; 무력하게 만들다 ▣ N0602
 - para**lysis** 무기력, 마비

R030 [어근] solv/solu(=loosen)

0301 dissolve
[dizálv]
13.가천대

dis(=away)+solve(=loosen) → 녹여 없애다
v. 1. 녹이다, 용해시키다; 녹다, 녹듯이 사라지다
 2. (의회 등을) 해산해[시키]다
 3. (결혼 관계 등이) 종료되다
 • dissolve salt in water 소금을 물에 녹이다
 • the power to dissolve parliament 의회를 해산할 수 있는 권한
ⓝ **dissolution** 용해; 총선 전의 국회 해산
ⓐ **dissolvent** 용해력이 있는; 용매제
 dissoluble 분해할 수 있는, 용해성의
뭔 **dissolute** 방탕한, 타락한, 사악한; 부도덕한

0302 insoluble
[insáljubl]
13.숭실대/98.한국외대
93.연세대학원

in(=not)+solu(=loosen)+able → 문제를 해결(solve)할 수 없는
a. 불용해성의; 해결[설명]할 수 없는
n. 불용성 물질; 해결 불가능한 문제
 • be faced with an insoluble problem 해결할 수 없는 문제에 직면하다
ⓝ **insolubility** 불용해성, 해결할 수 없음
뭔 **soluble** 녹는, 녹기 쉬운; 해결할 수 있는
00.세무사
 solution 해결, 해석, 설명; 해결법, 해답; 용해

0303 absolve
[æbzálv]
12.단국대

ab(=away)+solve(=loosen) → 느슨하게 풀어 주다
vt. 무죄로 하다(=forgive, exonerate, acquit), (의무에서) 면제하다
 • absolve him of all responsibility for the accident
  그 사고에 대해 그는 어떤 책임도 없다고 하다
 • be absolved of all blame 모든 비난에서 벗어나다
ⓝ **absolution** 면제, 사면

tip 솔루션(solution)은 어떤 문제에 대한 해결책을 의미하는 말로 많이 씁니다. solve는 "무언가를 해결하거나 느슨하게 하다"라는 의미의 어근입니다.

표제어 복습
□ in**solv**ent 지불 불능한; 파산자 ▣ N0666
 - in**solv**ency 지불 불능, 파산
□ re**solv**e 결심하다, (문제를) 풀다 ▣ N0667
□ **solve** (문제를) 풀다, 해결하다; 용해하다 ▣ D0667
□ re**solu**tion 결심; 결단력; 해결; 해상도 ▣ N0264
 - re**solu**te 굳게 결심한; 단호한, 불굴의
 - re**solu**tely 확고하게, 굳은 결의로
 ↔ irre**solu**te 결단력이 없는, 우유부단한
□ ab**solu**te 절대적인, 확고한; 절대 권력의 ▣ N0794
 - ab**solu**tism 전제주의, 독재주의, 전제정치
 - ab**solu**tely 절대적으로, 완전히

R031 [어근] firm(=hard, strong) & solid(=firm) ↔ len/lent(=soft)

0311 hard
[háːrd]
08.성균관대

a. 1. 굳은, 단단한, 견고한(=firm, solid)
 2. 건장한, 튼튼한(=robust, sturdy)
 3. (사실·증거 등이) 엄연한, 확실한
 4. (날씨가) 거친, 험악한(=severe, harsh)
 5. (기질·성격 등이) 격렬한, 엄한; 냉혹한(=stern, strict)
 6. (일이) 하기 힘든, 어려운, 힘겨운(=strenuous)
 7. (일 등에) 열심인, 열중한
ad. 굳게, 단단히; 열심히; 몹시
ⓐ **hardly** 거의 ~않다[하지 않다], 조금도 ~아니다
ⓐ **hardened** 단단해진, 강해진; (태도 등이) 굳어진, 비정한, 냉담한
14.광운대
뭔 **hardship** 돈이 없어 겪는 고생이나 어려움; 압제, 박해
06.대전7급/98.서울대학원
뭔 **hard and fast** (규칙 등이) 엄격한, 확고한
08.경희대
 have a hard time 어려운 시기를 겪다, 곤욕을 치르다, 혼이 나다
 - **give** [sb] **a hard time** ~을 혼내다, 꾸짖다

tip 군인(soldier)은 강하고 단단한 느낌이 들어야 합니다. 어근 sol**id**는 "단단한, 확고한"의 의미입니다.

어근 firm(=strong)

표제어 복습
□ con**firm** 확인하다, 확증하다; 추인하다 ▣ N0160
 - con**firm**ed (계약이) 확정된; 확립된; 만성의
 - con**firm**ation 확증, 확인, 증거

0312 firm
[fə́ːrm]

firm(=strong) → 단단히 굳은, 단호한

a. 1. (자리가) 단단한, 견고한; (물건이) 딱딱한
   2. (신념·결정이) 확고한, 확실한
n. (2인 이상의 합자로 경영되는) 회사
   • make a firm decision 단호한 결정을 하다
   • have a firm grip on the software market 소프트웨어 시장을 주름잡다
   @ firmly 굳게, 견고하게, 단단하게; 확고하게(=resolutely)
   ⓝ firmness 확고힘(=resolution)
   🔄 infirm 약한, 허약한; 우유부단한; 견고하지 못한
   - infirmity 질병; 허약; 결점 infirmary 진료소, 병원, 양호실
   🔼 firmament (보통 the~) 하늘, 창공(=welkin)

0313 affirm
[əfə́ːrm]
97.가톨릭대

af(ad(=to)+firm(=strong) → 확고하게 말하다

v. 1. 단언하다, 확언하다
   2. 찬동하다, 지지하다
   • affirm that her statement is true 그녀의 말이 사실이라고 단언하다
07.광운대
   ⓝ affirmation 확언, 단언; 지지, 추인; 긍정
   @ affirmative 긍정의, 단정적인; 적극적인; 긍정적 명제
   affirmatory 단정적인, 긍정의
02.경희대
   🔼 reaffirm 재차 단언[시인, 확인]하다

0314 consolidate
[kənsɑ́lədèit]
07.국회사무처8급

con(=together)+solid(=firm)+i+ate(=make) → 함께 단단하게 만들다

v. 1. (권력·지위 등을) 강화하다, 공고히 하다(=tighten up)
   2. (회사를) 통합하다, 합병 정리하다(=merge)
   • consolidate its position as a leading computer manufacturer
   컴퓨터 제조업체로서의 선두적인 지위를 공고히 하다
   • consolidate two companies into one 두 회사를 하나로 합병하다
   ⓝ consolidation 합동, 합병(=merger); 강화; (병리) 간경화
   @ consolidatory 통합하는, 합병하는; 굳게 하는
   consolidated 합병 정리된, 통합된; 강화된

0321 join
[dʒɔ́in]

연결하다 → 가입하다 → 만나다

v. 1. 연결하다, 결합하다, 고정시키다(=fasten)
   2. 참가하다, 가입하다
   3. (기다리고 있는 사람과) 만나다, 합류하다
   4. (강이나 길이) 합쳐지다(=meet)
   5. ~와 인접하다, 이웃하다(=adjoin)
   6. 입대하다
   • join the army 군에 입대하다
   ⓝ joint 이음매, 관절; 마디; 공동의, 연합의; 접합하다
   🔄 disjoint 관절을 삐게 하다, 탈구시키다
   disjunction 분리, 분열; 괴리

0322 adjoining
[ədʒɔ́iniŋ]
10.동국대,법원직

ad(=near)+join+ing → 가까이 인접하고 있는

a. 서로 접한, 옆의(=contiguous); 부근의
   • the house adjoining to the school 학교에 인접한 집
   ⓥ adjoin ~에 인접하다; 서로 접하다

0323 conjunction
[kəndʒʌ́ŋkʃən]
05.성균관대

con(=together)+junct(=join)+ion → 같이 연결하는 것

n. 결합, 연결; 접속, 연락; 합동; 접속사
   🔼 in conjunction with ~와 함께(=together with); ~에 관련하여
   • used in conjunction with other chemical treatment
   다른 화학약품과 같이 사용되는
   ⓥ conjoin 결합하다, 연합하다(=combine)
   @ conjoint 합동의, 연합한

0324 juncture
[dʒʌ́ŋktʃər]
16.성명대

junct(=join)+ure → 사건이 급변하는 바로 두 시점의 연결

n. 1. (활동·일련의 사건에서 중요한) 시점[단계](=moment)
   2. 접합, 관절
   • a crucial juncture 중대한 시점
   • at this juncture[conjuncture] 이 중차대한 시기에
   🔄 conjuncture 국면, 사태; (위급한) 때, 위기(=crisis)

어근 solid/sold(=firm)

추가 어휘

☐ **sold**ier 군인, 병사
   - **sold**ier of fortune 직업군인, 용병
   - **sold**ierly 군인다운, 용감한
   - **sold**iery (~한) 군인, 군대
☐ **sold**er[sɑ́dər] 납땜하다; 납땜
   - un**sold**er (납땜한 것을) 떼다; 분리시키다

표제어 복습

☐ **solid**ify 굳히다; 굳어지다; 확고히 하다 ➡ N0708
   - **solid** 고체의; 단단한, 견고한; 고체
   - **solid**ity 고체성; 실질적임; 튼튼함
   - **solid**arity 결속, 단결; 연대, 연대 책임

어근 len/lent(=soft)

표제어 복습

☐ **len**ient 너그러운, 관대한 ➡ N0092
   - **len**iently 너그럽게
   - **len**iency 관대, 관용
   - **len**itive 진정시키는; 진정제
☐ re**lent**less 냉혹한, 집요한 ➡ N0611
   - re**lent**lessly 가차없이, 무자비하게
   - un**relent**ing 엄한, 무자비한

어근 join/junct/junt/jug(=join)

추가 어휘

☐ **junct**ion[dʒʌ́ŋkʃən] 합류점; 환승역; 결합, 접합; 합동
☐ ad**junct**ion[ədʒʌ́ŋkʃən] 부가, 첨가 •ad(=to)
   - ad**junct**[ǽdʒʌŋkt] 부속물; 조수, 수식어구
☐ sub**join**[səbdʒɔ́in] 추가하다 •sub(=under)
   - sub**junct**ion[səbdʒʌ́ŋkʃən] 첨가, 증보
☐ in**junct**ion[indʒʌ́ŋkʃən] 명령, 훈령, 지령
☐ en**join**[indʒɔ́in] (의무를) 부과하다, 명령하다; 금하다
☐ **junt**o[dʒʌ́ntou] (정치적) 비밀결사, 파당
☐ **junt**a[húntə] (쿠데타 후의) 임시정부; 군사 정권
☐ **joint**ure[dʒɔ́intʃər] 남편의 사후에 받을 과부 급여

어근 priv(=one's own, separate)

추가 어휘

☐ **priv**acy 사생활, 은둔, 비밀
☐ **priv**ate 사적인, 사립의; 비밀의, 민간인의; 병사, 졸병
☐ **priv**y 은밀히 관여하는, 일개인의, 사유의

표제어 복습

☐ de**priv**ation 박탈, 몰수; 상실 ➡ N0324
   - **priv**ation 상실, 결핍
☐ **priv**ilege 특권, 면책특권 ➡ R2542

tip join은 하나가 다른 하나를 만나서 서로 합쳐지는 것을 의미합니다.

○325 **conjugal**
[kándʒugəl]
03-2.단국대

con(=together)+jug(join(=join)+al → (남녀가) 같이 합친

a. 부부(간)의, 혼인(상)의(=spousal)
- make a conjugal visit to the prison 교도소에 부부면회를 가다
- conjugal infidelity 부부간의 부정행위, 간통

ⓥ conjugate 결합하다, 결혼하다; (동사를) 활용시키다
ⓝ conjugality 혼인 (상태), 부부 관계
conjugation 활용, 어형 변화

98-2.성균관대
> 🔒 **spousal**[spáuzəl] 결혼의, 혼례의
> - **spouse** 배우자, 남편, 아내(=wife)
> **matrimonial**[mæ̀trəmóuniəl] 결혼의, 부부간의 *matri(=mother)
> 13.세종대 **nuptial**[nʌ́pʃəl] 결혼(식)의, 혼인의 *눕(nup)는
> **connubial**[kənjúːbiəl] 결혼(생활)의; 부부의 *함께(con) 눕

○326 **subjugate**
[sʌ́bdʒugèit]
11.한국외대/98-2.세종대

sub(=under)+jug(=join)+ate → 아래 사람으로 합치다

vt. 복종[종속]시키다, 정복하다(=subdue, dominate)
- subjugate the rebellion 반란군을 정복하다

ⓝ subjugation 정복, 진압, 종속

R033

[어근] greg(=flock) & soci(=join, unite)

○331 **aggregate**
[ǽgrigèit]
06.단국대/서울대학원

ag(ad(=to)+greg(=flock)+ate → 같이 모이다

vt. 모으다, 총계가 ~이 되다(=amount to)
vi. 집합하다, 모이다
a. 총계의(=total)
- aggregate production 총 생산량

ⓝ aggregation 집합, 집적, 집단

○332 **egregious**
[igríːdʒəs]
06.고려대

e(ex(=out)+greg(=flock)+ious → 무리에서 혼자 빠져 나온

a. 지독한(=terrible), 어처구니없는(=extremely bad)
- an egregious mistake 어처구니없는 실수

○333 **sociable**
[sóuʃəbl]
08.강남대

soci(=join, unite)+able → 서로 어울릴 수 있는

a. 사교적인, 교제하기를 좋아하는(=gregarious)
- a highly sociable man 매우 사교적인 남자
- serious social problems 심각한 사회적 문제

🔒 social 친목회; 사회의; 사교적인; 군거성의
→ asocial 비사교적인; 반사회적인, 자기중심적인
→ antisocial 반사회적인

○334 **associate**
[əsóuʃièit]
11.숙명여대/93.동국대

as(ad(=to)+soci(=join, unite)+ate → ~쪽으로 연결시키다

v. 1. 제휴하다, (좋지 않은 사람들과) 어울리다[with]
(=connect, affiliate, align)
2. 연상하다, 결부[연관]짓다[with]
a. 준(準)- [부-/조-]; 제휴한
n. (사업·직장) 동료; 준회원
- associate with bad boys 나쁜 아이들과 어울리다
- associate summer with holidays 여름을 휴가와 결부지어 생각하다
- an associate member 준회원
- promote from assistant professor to associate professor
조교수에서 부교수로 승진하다

07.대구9급
ⓝ association 협회, 조합, 사단; 연합; 교제; 연상
🔄 dissociate 분리하다; ~와 관계를 끊다
- dissociation 분리; (인격의) 분열

---

tip 사회(society)라는 것은 여러 사람이 무리를 이루어 살아가는 것을 의미합니다. 어근 soci는 "결합하다"의 의미를 가집니다.

어근 greg(=flock)

표제어 복습

☐ **greg**arious 사교적인, 떼 지어 사는 ➡ N0053
- **greg**ariously 군거[군생]하여; 집단적으로
- **greg**ariousness 군거성, 사교성

☐ con**greg**ate 모이다, 집합하다; 많이 모으다 ➡ N0701
- con**greg**ative 모이는 경향이 있는, 집합적인
- con**greg**ation 모임, 집합; (종교적) 집회

☐ se**greg**ate 격리하다[시키다], 차별대우를 하다 ➡ N0283
- se**greg**ation 분리, 격리; 인종 차별
- se**greg**ated 분리[격리]된; 구분된
- se**greg**ative 인종 차별적인, 차별 대우의

어근 soci(=join,unite)

추가 어휘

☐ **soci**ety[səsáiəti] 공동체, 사회; 사교; 협회
☐ **soci**ology[sòusiáləʤi] 사회학

O341 touchy
[tʌ́tʃi]
02,95.중앙대

touch+y → 건드리면 화를 내는

a. 1. (사람이) 화를 잘 내는, ~에 과민한[about]
2. (주제가) 민감한, 주의해서 다뤄야 하는
- touchy subjects such as politics and religion
  정치나 종교 같은 민감한 주제들

13.기상직9급/06.충남9급 図 **touching** 감동시키는, 감동적인(=moving); ; 접촉한(=adjacent)
touched 감동한, (구어) 머리가 돈
99.동아대 → **untouched** 손대지 않은, 원래 그대로의(=intact)
touchable 만질 수 있는; 감동시킬 수 있는
→ **untouchable** 만질 수 없는, 비난할 수 없는; 금제의

O342 tactile
[tǽktil]
01-2.고려대

tact(=touch)+ile → 만질 수 있는

a. 1. 촉각의; 촉각을 가지고 있는
2. 촉각으로 알 수 있는
- optical and tactile sensations 시각과 촉각
ⓝ **tactility** 만져서 알 수 있음
ⓐ **tactual** 촉각의, 촉각에 의한, 접촉에 의한
図 **tentacle** 촉수, 촉각 *tent(=stretch)+acle
  - **tentacular** 촉수모양의

O343 tactful
[tǽktfəl]
94.한국외대

tact(재치)+ful → 재치 있는

a. (다른 사람의 감정을 해치지 않도록) 요령 있는, 눈치 있는
- find a tactful way of telling her the truth
  그녀에게 요령 있게 진실을 말할 방법을 찾다
ⓝ **tact** 재치, 기지; 약삭빠름, 요령
ⓐⓓ **tactfully** 재치 있게, 약삭빠르게; 솜씨 좋게
08.한국외대 図 **tactless** 재치 없는(=thoughtless), 요령 없는, 무뚝뚝한

O344 tactics
[tǽktiks]

tact(재치)+ics → 재치를 필요로 하는 학문

n. 전술, 용병학(=maneuver, stratagem)
a. 책략이 능란한(=diplomatic)
- Strategy wins wars, tactics wins battles.
  전략은 전쟁의 승리를 가져오고, 전술은 전투의 승리를 가져온다.
ⓐ **tactical** 전술의, 용병의, 책략이 능란한
图 **maneuver**[mənúːvər] 책략, 술책, 전술; 군사 작전; 기동연습
strategy[strǽtədʒi] 전략, 목적 달성을 위한 계획
stratagem[strǽtədʒəm] 계략, 술책

O345 tangential
[tændʒénʃəl]
09.중앙대/08.세무직9급

tang(=touch)+ent+ial → (살짝 선을) 접촉하고 있는

a. 1. 거의 관계가 없는, (이야기 등이) 옆길로 새는(=indirect)
2. 접선의, 접하는
- tangential subject to the problem under discussion
  토론 중인 문제와 별 관계가 없는 주제
ⓐ **tangent**[tǽndʒənt] 접하는, (수학의) 접선의; (수학) 탄젠트

O346 entangle
[intǽngl]
16.한국외대/03.단국대

en(=make)+tang(=touch)+le → (덫을) 건드리게 하다

vt.뒤얽히게 만들다; (그물에) 걸리게 하다(=enmesh)
- be entangled with the scheme 계략에 말려들다
ⓥ **tangle** 엉키게 하다, (곤란 등에) 빠뜨리다
ⓐ **tangled** 얽힌, 분규의
86.행정고시 → **disentangle** (얽힌 것을) 풀다(=unravel); 풀어 주다

O347 contiguous
[kəntígjuəs]
99.경기대
10.동국대

con(=together)+tig(=touch)+ous → 서로 접촉하고 있는

a. 이웃의, 근처의, 접촉하는(=adjoining)
- The countries are contiguous. 그 국가들은 인접해 있다.
ⓝ **contiguity** 접근, 접촉; 인접(=proximity); 연속

O348 contaminate
[kəntǽmənèit]
07.광주9급/95.행정고시
86.사법시험

con(=together)+tamin(=touch)+ate → 여러 사람이 같이 만지다

vt.1. 더럽히다, 오염시키다(=pollute)
2. (생각이나 태도에) 악영향을 주다
- We are polluting our air, contaminating our water supply.
  우리는 대기를 오염시키고, 수원을 오염시키고 있다.
ⓝ **contamination** (방사능에 의한) 오염, 나쁜 영향
contaminant/contaminator 오염균, 오염 물질
ⓐ **contaminative** 오염시키는; 타락시키는

---

tip 누군가에게 컨택(contact) 한다는 말은 연락을 취하거나 접촉을 해
 댄다는 말입니다. Tact는 서로 닿아 있다는 touch의 의미의 어근입니다.

어근 tact/tig/tag/ting/tang/tegr(=touch)

추가 어휘
☐ con**tact** 접촉; 교제, 연락; 연락을 취하다

표제어 복습
☐ con**ting**ent ~에 달려있는; 우연의 ➡ N0744
  - con**ting**ency (사건의) 우연성, 우발; 부수사건
☐ in**tact** 손대지 않은, 완전한 ➡ N0501
☐ con**tag**ious (접촉) 전염성의; 옮기 쉬운 ➡ N0394
  - con**tag**ion (접촉에 의한 질병의) 전염
☐ in**tegr**al 없어서는 안 될, 완전한 ➡ N0099
  - in**tegr**ity 성실, 청렴; 강직
☐ dis**in tegr**ation 분해, 붕괴; 분열 ➡ N0100
  - dis**in tegr**ate 분해하다, 붕괴시키다
  → in**tegr**ate 통합하다; 완전하게 하다
  - in**tegr**ation 통합, 집성; 융합
☐ **tang**ible 만져 알 수 있는; 명백한 ➡ N0007
  → in**tang**ible 손으로 만질 수 없는; 무형의

어근 palp(=touch)

표제어 복습
☐ **palp**able 손에 만져질 듯한; 뚜렷한, 명백한 ➡ N0511
  - **palp**ability 감지할 수 있음; 명백함
  - **palp**ate 만져보다, 촉진하다
  → im**palp**able 손으로 만지거나 느낄 수 없는; 미묘한
☐ **palp**ation 촉진
☐ **palp**us 촉수
☐ **palp**itate 심장이 고동치다
  - **palp**itation 심장 고동, 심계항진

O349 **attachment**
[ətǽtʃmənt]
13.한국외대

ad(=near)+tach(=touch)+ment → 가까이 붙어 있는 것

n. 애정, 애착(=affection); 부착, 첨부 파일
• an attachment to her parents 그녀의 부모에 대한 애착
ⓥ **attach** 붙이다, 첨부하다; 들러붙다

O349(1) **detach**
[ditǽtʃ]
99-2.홍익대/82.사법시험

de(=off 또는 reverse)+tach(=attach) → 떨어져(attach의 반대) 나가게 하다

vt.1. 떼어내다, 분리시키다[from](=unfasten, separate)
2. (군대·군함을) 파견하다
• detach a check from the checkbook 수표책에서 수표 한 장을 떼어내다
ⓐ **detached** 분리된, 고립된; 파견된; 초연한(=aloof), 사심이 없는
ⓐⓓ **detachedly** 사심 없이, 공평하게, 초연히
ⓝ **detachment** 분리, 이탈, 파견; 파견대; 초연, 냉담

R035 [어근] centr(=center)

O351 **egocentric**
[ì:gouséntrik]
07.성신여대

ego(I)+centr(=center)+ic → 나를 중심으로 생각하는

a. 자기 중심의, 이기적인
n. 자기(중심)주의자
• an egocentric philosophy 자기 중심적 철학
ⓝ **egocentrism** 자기 중심, 자기 중심적 사고

> 國 **altruistic** 자신보다 남을 위하는, 이타적인 ⊃ N0069
> - **altruist** 애타주의자 **altruism** 이타주의, 애타주의
> 國 [어근] **ego**(자아)
> **egoist** 이기주의자
> **egoistic** 이기주의의; 자기 본위의
> **superego** 초자아(超自我: 옳고 그름을 판단하게 해주는 자아 영역)
> **alter ego** 분신(分身), 둘도 없는 친구

O352 **ethnocentrism**
[èθnouséntrizm]
10.경희대

ethno(=nation, people)+centr(=center)+ism → 자기 민족 중심으로 생각하는

n. 자기 민족 중심주의
• Ethnocentrism is the tendency to look at the world primarily from
the perspective of one's own culture. 자기 민족 중심주의는 우선적
으로 자신의 문화적 관점에서 세계를 바라보는 경향을 말한다.
ⓐ **ethnocentric** 자기 민족 중심의

> 國 [어근] **ethno**(=nation, people)
> **ethnic** 인종의, 민족 특유의; 소수 민족의
> • ethnic cleansing 소수민족 학살, 인종 청소
> **ethnicity** 민족성
> **ethnology** 민족학, 인종학
> **ethnography** 기술(記述) 민족학
> **ethnocide** 특정 민족 집단의 문화 파괴

추가 어휘
☐ **center** 중심, 중앙, 가운데
☐ **centrifugal** 원심력의, 원심력을 이용한
☐ **centripetal** 구심력의, 중심을 향하는
☐ **epicenter** 진앙지, 폭탄낙하점
→ **centrum** 진원지

표제어 복습
☐ **concentrate** 집중하다, 모으다, 집결시키다 ☐ N0216
- **concentration** 집중, 전념; 집결; 농축
- **concentrative** 집중적인, 골몰하는
- **concentrated** 집중된; 응축된; 밀집된
☐ **centralization** 집중; 중앙 집권(화) ☐ D0216
- **centralism** 중앙 집권제
- **centralize** 집중시키다[in]; 중앙집권화하다
↔ **decentralization** 분산; 지방 분권
- **decentralism** 분권주의
- **decentralize** 분권화하다, 분산시키다
☐ **eccentric** 별난, 기이한; 괴짜 ☐ N0399
- **eccentricity** 이상함, 별남, 엉뚱함; 기행

R036 [어근] gross(=large, thick) & pact(=fasten, agree)

O361 **gross**
[gróus]

gross(=large, thick) → 많은

a. 1. 총체의, 전체의, 총(總)~
2. (범죄 등이) 중대한; 아주 무례한
3. 커다란, 굵은; 비대한
n. (the ~) 총계, 총체
vt.(세금 공제 전 얼마의) 총이익을 올리다
ⓐⓓ **grossly** 크게, 심히

05.동국대

> GNP : gross national product 국민총생산
> GDP : gross domestic product 국내총생산
> **gross margin** 매상 총이익 **gross income** 총소득, 총수입
> **the gross amount** 총액 **gross negligence** 중과실
> **in gross** 대체로; 대량으로; 도매로

어근 gross(=large, thick)

추가 어휘
☐ **grocer** 식료품 상인
☐ **grocery** 식료품점, 슈퍼마켓

표제어 복습
☐ **engross** ~에 열중하게 하다, 몰두시키다 ☐ N0938
- **engrossing** 마음을 사로잡는, 전념[몰두]케 하는
- **engrossment** 전념, 몰두; 독점, 매점

O362 **compact**
[kəmpǽkt]
10.경희대

com(=together)+pact(=fasten) → 단단하게 조인

a. 1. 조밀한, 촘촘한, 밀집한, 빽빽한
2. (차 따위가) 소형의; (문체가) 간결한

vt. 1. 계약을 맺다
2. 꽉 채우다; 탄탄하게 하다

[kámpækt]

n. 1. 계약, 맹약(=pact)
2. 콤팩트(휴대용 분갑); 소형차
• grow in a compact mass 빽빽한 덩어리로 자라다
• infract a compact 계약을 위반하다
• a compact narration 간결한 이야기
图 pact 계약, 약속; 조약, 협정; 계약하다

어근 pact(=fasten, agree)

표제어 복습

☐ im**pact** 영향(력); 충돌; 충돌하다 ◪ N0420
- im**pact**ion 꽉 들어차게 함, 밀착시킴
- im**pact**ive 충격에 의한; 충격적인, 강렬한
- im**pact**ed 꽉 채워진; 인구가 조밀한; 충돌된

기본동사로 학습하는 기.출.숙.어

I 050

leave

leave는 "어떤 무엇(사람 · 장소 · 물건 · 일)으로부터 떠나다"이다.
떠나는 주체가 아닌 남아 있는 입장에서 보면 "버리고 가다, 남기다"의 의미가 된다.
또한 "남에게 일을 맡기거나 위임하다"의 뜻도 가진다.

1. 떠나다, 출발하다, 일을 그만두다
2. 남기다, 내버려 두다, 방치하다
3. 맡기다, 위임하다, 위탁하다
N. 허가; 휴가의 허가; 휴가; 작별

---

1. 떠나다, 출발하다, 일을 그만두다

05001
leave off
입사

(일, 옷)과 떨어져(off) 떠나다
1. ~을 그만두다, 그만하다(=stop ~ing)
2. (비 따위가) 그치다
3. (옷 따위를) 벗다(=take ★ off [sth]), 버리다
4. (서류나 리스트 등에서 이름을) 빠뜨리다(=omit, leave ★ out [sb]/[sth])
• It's time to **leave off** work.
  일을 끝마칠 시간이다.

05002
leave for the day
토플

하루의 일(day)에서 떠나다
퇴근하다(=leave the office)
• When you **leave for the day**, you must check out again.
  퇴근할 때도 다시 체크아웃을 해야 합니다.

🔟 **leave the office** 퇴근하다
🔟 **leave (from) office** 사임하다
  - **in office** 재임[재직] 중인
  - **take office** 취임하다

---

2. 남기다, 내버려 두다, 방치하다

05003
leave ★ out [sb]/[sth]
17.이화여대/13.기천대/01.서울산업대
96.한양대/토플/토익/입시/Teps

바깥에(out) 남겨두다(leave)
빠뜨리다, 빼먹다, 생략하다(=omit) ; 배제하다(=exclude)
• She **left out** an important detail in her account.
  그녀는 보고서에서 중요한 항목을 빼먹었다.

🔟 **leave** [sth] **out of account**
  ~을 고려에 넣지 않다
  (=take no consideration of [sth])

05004
leave [sb] **in the lurch**
00-2.한성대/토플

in the lurch(곤경에 처한)
곤경에 빠진 사람을 돕지 않고 내버려두다(=desert, leave somebody alone and without help in a place or time of difficulty)
• The strike **leaves** hundreds of customers **in the lurch**.
  그 파업은 수백 명의 곤경에 처한 고객들을 방치했다.

🔟 **leave** [sb] **cold**
  ~에게 아무 흥미[인상]도 주지 않다
🔟 **leave out in the cold**
  따돌리다, 냉대하다

05005
leave a word with [sb]
01.경찰/96.단국대

~에게(with) 할 말(a word)을 남기다(leave)
~에게 알려주다, 전갈을 남기다
• Please **leave a word with** my secretary, if you know news.
  소식을 알게 되면 제 비서에게 알려 주세요.

🔟 **leave a message** 메시지를 남기다
🔟 **leave A to B** A를 B에 맡기다

05006
leave nothing to be desired
97.영남대/93.행정고시/96.법원직

바라는 바를 남겨두지 않다
더할 나위 없이 좋다, 완벽하다(=be perfect)
• It **leaves nothing to be desired**.
  그것은 나무랄 데 없이 완벽하다.

05007
leave no stone(s) unturned
토플

뒤집지 않은(unturned) 돌을 남겨두지 않다 → 모든 돌을 다 뒤집어 보다
백방으로 노력하다, 온갖 수단을 강구하다
(=use every means possible)
• I **left no stone unturned**, but I just couldn't find my car keys!
  백방으로 다 찾아 보았지만 내 차 열쇠를 찾을 수 없었다.

05008
Leave me alone.
입시/토플/Teps

제발 나 혼자 있게 냅둬!
1. 혼자 있게 해 줘. 2. 귀찮게 하지 마라.(=Don't bother me!)
3. 상관하지 마라.(=Don't butt in.)
• A: You look really worried. Tell me what's bothering you.
  A: 걱정이 많아 보이네. 무슨 일인지 말해봐.
• B: It's kind of a personal problem. Please **Leave me alone**.
  B: 그냥 개인적인 문제예요. 혼자 있게 내버려 두세요.

05009
leave behind [sb]/[sth]
예상

뒤에(behind) 두고 오다
1. (물건을 딴 장소에) 놓아 둔 채 잊고 오다
2. (발전이나 진행이) 뒤처지다
• Dear me! I've **left** my hat **behind**.
  이런 모자를 놓고 왔네. *Dear me! 이런! 어머나!

🔟 **stay behind** 뒤에 남다, 잔류하다

3. 맡기다, 위임하다, 위탁하다

05010
Leave it to me.
01.행정고시

그것을 내게 위임해 보세요. 끝장나게 처리할게요
내게 맡겨요.(=I'll take care of it.)
• **Leave it to me**. I'll make sure it gets posted.
제게 맡겨 주세요. 제가 확실히 그 편지를 부칠게요.

ᄀ leave A to B A를 B에 맡기다

4. N. 허가; 휴가의 허가; 휴가; 작별

05011
take one's leave of ⓢᵇ
입사

어떤 사람의 작별인사를 갖다
～에게 작별을 고하다(=say goodbye to, bid farewell to, part from ⓢᵇ)
• I **took my leave of** the others and went out.
나는 작별을 고하고 밖으로 나갔다.

동 part from ⓢᵇ ～와 헤어지다

Ⅰ051
hang

hang은 "한쪽 끝에 단단히 고정시키다"의 의미로, 달리 말하면 "매달다, 매달리다"의 의미이다.
매다는 대상에 따라 "장식하다, 교수형에 처하다, 인내하다, 의존하다, 망설이다"의미로 발전한다.

05101
hang around[about] ⓢᵂ
07.인천시9급/02.덕성여대
96.행정고시/토플/Teps

주변을 떠나지 않고 매달려 있다(hang)
1. (～에서) 기다리다(=remain)
2. 어슬렁거리다(=loiter) ; ～에서 시간을 보내다
3. ～와 어울려 다니다
• **Hang around** here.(=Stick around.)
어디 가지 말고 여기에 있어.

동 goof around
게으름 부리다. 빈둥거리다
= goof off (on the job)
(일을) 농땡이치다

05102
hang out
14.한성대/10.영남대/07.광운대/Teps

바깥에서(out) 매달려 있다(hang)
1. 특별한 목적 없이 여기저기를 서성거리며 시간을 보내다
2. ～와 어울려 시간을 보내다
3. (간판 · 기를) 걸다, (세탁물 등을) 밖에 널다
• Instead of sitting home alone, we can **hang out** here and stay as long as we like.
집에 혼자 있느니 여기에 오면 시간을 보낼 수도 있고 원하는 만큼 오래 있을 수도 있어요.

05103
hang in the balance
12.중앙대/00-2.광운대

어디로 기울지 모르는 저울(balance)에 매달려 있다
미해결 · 불확정 · 위태로운 상태에 있다
(=be in jeopardy, be in a precarious state or condition)
• The wounded man's life **hung in the balance**.
부상당한 사람의 생명은 풍전등화와 같았다.
ᄀ in the balance 어느 쪽으로도 결정되지 않고
  cf. in balance 균형이 잡혀, 조화하여

동 hang by a hair/hang by a thread
풍전등화격이다. 위태롭거나 불확실한 입장에 처하다

05104
hang on
97.세종대/서울대학원/토플/Teps

전화기에 붙어서 계속(on) 매달려 있다(hang)
1. (전화를 끊지않고) 기다리다(=hold on, wait) ↔ hang up
2. 버티다, 참다, 매달리다(=hold ⓢᵗʰ tightly) ; (병이) 오래가다
3. ～에 달려있다(=depend on ⓢᵇ/ⓢᵗʰ)
• **Hang on** a sec. I'll come with you.
끊지말고 잠시만 기다리세요. 바로 올게요.[금방 말하겠다는 의미]

ᄀ Hang in there. 참고 견뎌라.

05105
hang up / hang * up ⓢᵗʰ
01-2.한성대/00.세무직9급/Teps

수화기를 전화기 위에(up) 걸어버리다(hang)
1. 전화를 끊다(↔hang on)
2. (폭설 · 사고 등이 교통 등을) 꼼짝 못하게 하다
3. (일이나 활동 등을) 오랫동안 그만두다, 은퇴하다
4. (옷걸이 등에) 걸다, 매달다
• Let me speak to her before you **hang up**.
전화 끊기 전에 나도 그녀에게 말 좀 하게 해 줘.
ᄀ hang-up 심리적인 거리낌, 고민거리, 콤플렉스
ᄀ hung-up 신경 쇠약의, 정서가 불안정한

ᄀ hang ⓢᵇ **in effigy**
독재자 등의 모형을 만들어 교수형에 처하다

05106
hang over
97.세종대/서울대학원/토플/Teps

(걱정 등이 머리 위를) 뒤덮어서(over) 매달려 있다(hang)
1. (절망이나 근심이) 머리를 떠나지 않다, ～을 괴롭히다
2. 미결인 채로 있다(=remain to be unsettled, be postponed)
3. 숙취 상태에 있다 • 어제 먹은 술이 오늘까지(over) 매달려 있다
• The threat of redundancy was still **hanging over** us.
해고의 위험이 여전히 우리를 괴롭혔다.
ᄀ hangover (술을 많이 마신 후에 다음 날까지 머리가 아픈) 숙취

join/tie

❶ join은 "서로 연결하다, 연결되다"의 의미이다.
회사와 연결되면 "입사하다", 이성과 연결되면 "결혼하다"이다. 다른 사람들이 있는 곳이나 단체에 연결된다는 것은 "참가하다"이다.
❷ 한편 tie는 "끈 같은 것으로 고정시키다"라는 기본의미에서 "구속하다, 제한하다"의 비유적 의미가 나온다.
명사로는 "(경기에서) 동점"이라는 의미로도 자주 쓰인다.

05201
tie up
00.경찰/96.광운대

완전히(up) 묶어두다(tie)
1. 묶다; (투자금 등이) 묶이다
2. 중단시키다, 방해하다(=hinder)
3. [be tied up] 바쁘다(=be busy, have one's hands full)
4. [be tied up in traffic] 교통정체로 막히다
• I'll be **tied up** for the rest of the day.
  오늘 남은 하루 내내 바쁠거예요.

■ join 관련 표현
join in (sth) (~에) 참여하다, 참가하다, 가입하다
join up 입대하다
join up with sb/sth ~와 합류하다, 합병하다(=combine with sb/sth)

■ tie 관련 표현
tie the knot 인연을 맺다; 결혼하다(=get married)
tie sb **(up) in knots** 곤경에 빠진 ~를 곤경에 빠뜨리다
tie sb **down (to** sb/sth**)** (~를 ~에) 옭아매다
- **be tied down to** sb/sth ~에 얽매이다
be tied to R ~하는 것에 얽매이다; (어쩔 수 없이) ~해야만 하다
tie sb**'s hands** ~의 자유나 행동을 속박하다
end in a tie 동점으로 끝나다

---

touch

touch는 무엇에 무엇을 "접촉시키다"는 의미이다.
"손을 대다"라는 것은 "간섭하다"라는 의미로, 땅이 서로 접촉하고 있다는 것은 "인접해 있다"를 의미한다.
1. 손을 대다, 만지다; 간섭하다; 인접하다
2. 감동시키다; 간단히 언급하다
N. 만짐, 손을 댐; 촉감; 필치; 접촉, 교섭; 약간, 기미, (병의) 가벼운 증상

05301
touch on[upon] sth
03-2.경기대/93.서울시9급

표면을(on) 살짝 건드리다(touch)
간단히 언급하다, 암시하다
• The film **touches on** these issues, but only superficially.
  영화는 이런 주제들에 대해 언급하긴 하지만, 피상적일 뿐이다.

05302
touch * off sth
08.덕성여대/05.고려대

수류탄의 안전핀이 떨어지도록(off) 건드리다(touch)
(폭발물에) 점화하다; ~을 유발하다(=trigger, set off sth, cause);
(사람을) 화나게 하다
• The fire at the oil refinery **touched off** an explosion that destroyed
  many tanks.
  정유소의 화재는 폭발을 유발시켰고 그것은 많은 (기름)탱크들을 파괴했다.

05303
the Midas touch
97.서울대학원

만지는 모든 것이 황금으로 변하는 그리스 신화에 나오는 임금 〈미다스〉의 손길
돈버는 재주(=the ability to make money), 경제적인 능력(=the ability
to be successful)
• a talented young businessman with **the Midas touch**
  돈 버는 재주가 있는 유능한 젊은 사업가

05304
a touch of sth
10.지방직9급/07.강원7급

a touch (병의 가벼운 증상)
일말의, 약간의; (병의) 가벼운 증상, 기운, 기미
• I've got **a touch of** flu.
  나는 감기 기운이 있다. *a touch of flu 감기 기운

05305
lose touch with sb/sth
_{92.한국외대}

접촉, 관계(touch)을 잃어 버리다

~와 (친분관계 등을) 관계를 잃다(=lose one's friendship with others) ;
~와 연락이 끊기다
- I **lost touch with** the people who I worked with at my summer job.
  여름에 나와 같이 일했던 사람들과 연락이 끊겼다.

05306
out of touch (with sb/sth)
_{17.지방직9급/08.덕성여대}

연락(touch)이 닿지 않는(out of) 상태에

~와 접촉[연락]하지 않고(=not in communication with sb/sth),
~와 멀어져서
- I've been **out of touch with** most of my old friends for many years.
  나는 몇 년 동안 예전 친구들과 연락이 없었다.

05307
lose one's touch
_{92.한국외대}

손의 감각(touch)을 잃다

솜씨 · 기량이 떨어지다
- This meal is awful. I think I'm **losing my touch**.
  음식 맛이 형편없네. 내 요리 솜씨가 줄어드는 것 같아.

---

keep (in) touch with sb/sth
~와 접촉[연락]을 지속하다,
(시류 등에) 뒤떨어지지 않다
- **Keep in touch.** 〈구어〉 (또) 연락해요.
- **get in touch with** sb/sth
  ~와 연락[접촉]하다

R037

[어근] vent/ven(=come)

O371 **adventurous**
[ædvéntʃərəs]
07.고려대
90.서울대학원
00.사법시험

ad(=to)+vent(=come)+ur+ous → (새로운 것이) 다가오는 것을 즐기는

a. 모험을 즐기는, 모험적인
• an adventurous explorer 모험적인 탐험가
• a man of adventurous spirit 진취적인 사고를 가진 사람
ⓝ adventure 우연한 사건, 모험(심)
🔄 venture 모험, 모험적 사업; 투기; 모험하다
🔄 misadventure 불행, 재난(=mischance, mishap)
  adventitious 우연한, 우발적인(=accidental)

O372 **eventually**
[ivéntʃuəli]
97.행정고시
12.국회8급

e(ex=out)+vent(=come)+ual+ly → 결국 결과가 나오는

ad. 결국, 드디어, 마침내(=finally, in the last analysis)
• Eventually the event was forgotten.
  결국 그 사건은 사람들의 기억에서 사라져 갔다.
ⓝ event (중요한) 사건, 일, 행사
ⓐ eventual 결과로서 일어나는, 종국의, 최종의
  eventful 사건이 많은, (사건 등이) 중대한
ⓥ eventuate 결국 ~으로 끝나다[in] (=end in)

┌───┐
│ 🔳 in the event 결과적으로, 결국, 마침내(=finally)   │
│   = in the last[final] analysis   │
│   in the event of that 만일 ~의 경우에는(=in case) │
│   in any event/at all events 좌우간, 여하튼   │
└───┘

O373 **contravene**
[kàntrəvíːn]
15.12.고려대

contra(=against)+ven(=come)+e → (법과) 반대로 나오다[행동하다]

vt.1. (법·규칙을) 위반[위배]하다(=disobey, go against)
  2. (의견 등에) 반대하다(=oppose, disprove)
• contravene safety regulations 안전 규칙을 위반하다
ⓝ contravention 위반, 위배; 반대

O374 **convene**
[kənvíːn]
00-2.동국대

con(=together)+ven(=come)+e → 다 같이 오게 하다[오다]

vt.(회의를) 소집하다, (법정에) 소환하다(=summon)
vi.(회의를 위해) 모이다(=come together)
• convene a conference[meeting] 회의를 소집하다
ⓝ convention (정치적·종교적) 집회, 대표자회의
  〈미〉 전당대회, 사회적 관습, (국가간) 협정, 협약
🔄 conventional 관습적인, 전통적인 ➔ N0192

O375 **convenience**
[kənvíːnjəns]
05.경희대/94.홍익대

con(=together)+ven(=come)+i+ence → 다 같이 있는 것

n. 1. 편이, 편리, 편의성
  2. (pl.) 편리한 설비(=amenities, facilities)
• a public convenience 공중 편의시설, 공중 화장실
• at one's earliest convenience 가능한 한 빨리
ⓐ convenient 편리한, 알맞은[to]
🔄 inconvenient 불편한, 마땅치 않은[to, for]

O376 **revenue**
[révənjùː]
17.숭실대/10.지방직9급
98.경기대/94.서울대학원

re(=again)+ven(=come)+ue → (팔린 만큼) 다시 돌아오는 것

n. 1. 세입; 수익, 수입(=income)
  2. (pl.) 총수입, 재원 ↔ gross[total] expenditure 총지출
  3. (보통 the ~) 국세청, 세무서
• Internal Revenue Service 미국 국세청
• tax revenue 세수
• a new revenue source 새로운 수입원
ⓝ revenuer 밀수 감시관
🔄 venue[vénjuː] 재판지, 범행지; 사건의 현장; 회합 장소
  avenue[ǽvənjùː] (도시의) 큰 대로; 수단, 방법
  parvenu[páːrvənjùː] 벼락출세자, 벼락부자(=upstart)

O377 **provenance**
[prɑ́vənəns]
09.고려대
97-2.동덕여대

pro(=before)+ven(=come)+ance → 무엇으로부터 온 것

n. (주로 예술품의) 내력, 유래; (정보의) 출처(=origin)
• the provenance of the word 그 단어의 유래
• information of dubious provenance 불분명한 출처의 정보

🔳 **tip** 발명(invent)이란 단어는 결국 없었던 것을 세상에 나오게 하는 (come) 것을 의미합니다. 어근 ven/vent는 "내게로 오다, (없었던 것이) 나오다"와 come의 의미를 가집니다.

어근 **vent/ven(=come)**

추가 어휘

☐ in**vent** 발명하다, 창조하다; (이야기를) 날조하다
  - in**vent**ion 발명, 발명품; 날조한 것
  - in**vent**ive 창의력이 풍부한; 발명의 재간이 있는
  - in**vent**ory 명세서, 기구 등의 목록, 재고 명세
☐ sou**venir**[sùːvəníər] 기념품
  • sou(=in place of)+ven(=come)
☐ super**vene**[sùːpərvíːn] 부수하여 일어나다, 병발하다
  - super**vent**ion 병발
☐ co**venant**[kʌ́vənənt] 계약; 계약하다, 서약하다

표제어 복습

☐ ad**vent** 출현, 도래; 예수의 재림 ➔ N0961
☐ inter**vene** 중재하다, 간섭하다 ➔ N0857
  - inter**vent**ion 조정, 중재; 간섭, 개입
  - inter**ven**or 중재자, 조정자
☐ pre**vent** 예방하다, 방해하다 ➔ N0188
  - pre**vent**ive 예방적인, 방해하는; 피임약
  - pre**vent**ion 방지, 방해, 예방
☐ circum**vent** (교묘하게) 회피하다 ➔ N0417
  - circum**vent**ion (계략으로) 속임; 우회
☐ con**vent**ional 관습적인, 전통적인 ➔ N0912
  - con**vent**ionally 관례[인습]적으로; 진부하게
  ↔ uncon**vent**ional 틀에 박히지 않은, 자유로운

  혼동어근 vent(=belly: 배)

☐ **vent**er 배, 복부
  - **vent**ral 배의, 복부의
☐ **vent**ricular (심장의) 심실의
☐ **vent**riloquy 복화술
☐ **vent**ricose 불룩한, 배가 불룩한

  혼동어근 ven(=sale) ➔ R228

O378 vent
[vént]
07.동국대/05.한양대

11.명지대/09.성균관대
99.전남대/92.연세대학원

vent(=come) → (공기가) 들어오게 하는 것

a. 1. (공기 등을 뺏다 넣었다 하는) 통풍구, 바람구멍, 탈출구
   2. 감정의 발로
v. 구멍을 만들다; (감정을) 터뜨리다, 표출하다
- **give vent to** (화를) 터뜨리다; (감정을) 나타내다(=express)
- **ventilate**[véntəlèit] 환기하다, 공기를 유통시키다
  - **ventilation** 통풍, 환기
  - **ventilator** 환기 장치, 통풍기

R038   [어근] cess/ced/ceed/ceas(=go)

O381 antecedent
[æntəsíːdnt]
08.건국대/96.세종대

ante(=before)+ced(=go)+ent → 먼저 간 (사람)

a. 앞서는, 선행의[to](=prior to)
n. 선례; 조상; (사람의) 경력, 이력; (관계사의) 선행사
- find out about their antecedents 자신의 조상을 알다
- antecedent conditions 선행 조건
- **predecessor** 전임자, 선배; 선조

O382 intercede
[ìntərsíːd]
05.경희대

inter(=between)+cede(=go) → 둘 사이에 오다

vi. 1. (~에게) 선처를 호소하다[with]
   2. 중재하다, 조정하다(=mediate, intervene)
- intercede with the authorities on behalf of the detainees
  구속된 사람들을 위해 당국에 선처를 호소하다
- intercede in the case 그 사건에 중재에 나서다
- ⓝ **intercession** 중재, 조정, 알선
- ⓐ **intercessory** 중재의, 알선의

O383 succeed
[səksíːd]

08.계명대
13.고려대

07.서강대/97.성결대

suc⟨sub(=secondary)+ceed(=go) → 대신 가다

vi. 1. (하려던 일에) 성공하다[in ~ing]
   2. (부나 명예 등을 얻어) 성공[출세]하다[in/as]
   3. (작위·재산 등을) 물려받다[승계하다][to]
vt. (자리·지위 등의) 뒤를 잇다
- succeed in the end 기어이 성공하다
- succeed as a movie star 영화배우로 성공하다
- succeed to the throne 왕위를 물려받다
- ⓝ **success** 성공, 출세; 달성; 합격
  succession 연속, 계속; 계승, 상속
  successor 계승자, 후계자
- ⓐ **successive** 잇따른, 연속적인; (순서가) 다음의
  successful 성공한, 합격한; 대성공의
  ↔ **unsuccessful** 성공하지 못한, 잘 안된(=futile)
  succeeding 계속해서 일어나는, 다음의

O384 secede
[sisíːd]
10.성신여대/00.전남대

se(=apart)+cede(=go) → ~에서 떨어져 나가버리다

vi. (당이나 교회 등에서) 탈퇴하다[from](=withdraw)
- secede from the union 조합을 탈퇴하다
- ⓝ **secession** 탈퇴, 탈회, 탈당

추가 어휘

- ☐ **deceased**[disíːst] 죽은, 고(故)
  - **decease** 사망; 사망하다
- ☐ **necessary** 필요한; 필수품 *ne(=not)
  - **necessarily** 반드시, 필연적인 결과로서
  - **necessity**[nəsésəti] 필요; 필수품; 궁핍
  - **necessitate** 필요로 하다, 필연적으로 동반하다
  - **necessitous** 가난한, 궁핍한
- ☐ **abscess**[æbses] 농양, 종기
- ☐ **accessory**[æksésəri] 공범; 부속품, 액세서리
- ☐ **cesspit/cesspool** 쓰레기 구덩이, 분뇨 구덩이
- ☐ **epicedium**[èpəsíːdiəm] 장송가, 애가(=dirge)
- ☐ **accede**[æksíːd] 동의하다, 취임하다

표제어 복습

- ☐ **accessible** 접근하기 쉬운, 이용할 수 있는 ▣ N0260
  ↔ **inaccessible** 도달하기 어려운, 얻기 어려운
  - **access** 접근, 출입; 통로; 발작
- ☐ **unprecedented** 전례가 없는, 미증유의 ▣ N0035
  ↔ **precedented** 전례가 있는
  - **precedent** 선례, 전례, 판례; 선행하는
  - **precede** 앞서다; 먼저 일어나다; 우선하다
  - **precedently** 전에, 이전에; 미리
  - **preceding** 이전의, 선행의
- ☐ **concede** (마지못해) 인정하다, 양보하다 ▣ N0346
  - **concession** 양보; 이권, 조차지; 구내매점
- ☐ **cede** 양도하다, 인도하다, 양보하다 ▣ D0346
  - **cession** 양도, 할양, 양여
- ☐ **exceed** 능가하다; 초과하다 ▣ N0151
  - **excess** 과잉, 과다; 초과량; 여분의
  - **excessive** 과도한, 지나친, 엄청난
- ☐ **recede** 물러나다; 감퇴하다; 감소하다 ▣ N0405
  - **recess** 휴가, 휴정; 후미진 곳; 마음속
  - **recession** 퇴거, 후퇴; 후미진 곳; 불경기
  - **recessive** 후퇴하는, 퇴행의; (생물) 열성의
- ☐ **proceed** 속행하다; 절차를 밟다; 수익금 ▣ N0259
  - **process** 공정, 처리, 조작; (사건 등의) 진행
  - **procession** 행렬, 행진; 진행, 전진
  - **procedure** 진행, 경과; 절차, 수속
  - **proceeding** 진행, 행위; 처리; 소송절차
- ☐ **incessantly** 끊임없이, 쉴 새 없이 ▣ N0985
  - **incessant** 끊임없는, 그칠 새 없는

0391 itinerary
[aitínərèri]
05.동국대/01.한성대

it(=go)+iner+ary → 여행을 가려는데 필요한 것

n. 여행 스케줄(=travel plan), 여정; 여행기; 여행안내서
• make out the itinerary 여행 일정표를 짜다

0392 itinerant
[aitínərənt]
09.중앙대/06.경남9급

it(=go)+iher+ant → 여행을 하는

a. (특히 일자리를 찾아) 떠돌아다니는[순회하는](=wandering)
n. 순방자; 행상인
• an itinerant troupe 순회공연단 • an itinerant vendor 행상인
ⓝ itinerancy 순방, 순회
ⓥ itinerate 순방[순회]하다, 순회 설교하다

0393 circuitous
[sərkjúːətəs]
17.단국대/13.이화여대
11.경희대
10.영남대

circu(circum=around)+it(=go)+ous → 말이 빙 둘러 가는

a. 빙 둘러서 가는(=devious);
에둘러서 말하는(=roundabout↔forthright)
• circuitous arguments 에둘러 말하는 주장
ⓐⓓ circuitously 에둘러서(=in a roundabout way)
ⓝ circuit[sə́ːrkit] 순회; 우회(로); 주위, 범위; (자동차 경주용의) 서킷
🔳 roundabout 에움길의; (말이) 우회적인; 완곡한 어법
• in a roundabout way 에둘러서(=circuitously)

0394 obituary
[oubítʃuèri]
16.상명대/11.홍익대
06.국민대

ob(=down)+it(=go)+u+ary → 땅 속으로 내려갔다는 소식

n. (신문의) 사망 기사, 부고
a. 사망의, 죽은 사람의(=dead)
• submit the obituary to newspapers 신문에 사망기사를 보내다
ⓝ obit[óubit] 〈구어〉 (신문의) 사망 기사[광고]; 사망일

0395 orbit
[ɔ́ːrbit]
10.계명대
04~2.고려대

orb(=track)+it(=go) → 트랙(궤도)을 따라가다

n. 1. 생활의 궤도, 활동 범위; 세력권[범위](=influence)
2. (천문) 궤도(=path, track)
vt. (지구 등의) 주위를 궤도를 그리며 돌다(=circle)
• go into orbit (일의) 궤도에 오르다
• go out of orbit 궤도 밖으로 나가다
ⓐ orbital 궤도의
ⓝ orbiter 인공위성(=satellite), 우주선
🔳 orb[ɔ́ːrb] 구(球), 구체; 천체; 눈, 안구

0396 fare
[fɛər]
12.강남대/05.가톨릭대

fare(가다) → 가기 위해 필요한 것

n. 1. 운임, 요금, 통행료
• the full adult fare 성인 요금
• at a reduced fare 할인 요금으로
2. 유료승객 ↔ deadhead 무임승차자
3. 극장의 상영물, 텔레비전의 프로그램
• support more experimental fare 보다 실험적인 프로그램을 지지하다
4. (끼니로 제공되는) 식사[음식](=diet)
vi. 가다, 여행하다; 살아가다, 지내다; 일이 되어가다
• fare ill 잘못되다, 실패하다 ↔ fare well 잘 되다, 성공하다

0397 thoroughfare
[θə́ːroufɛər]
00.경기대

thorough(through +fare(가다) → 통과하여 가는 것

n. 1. 도로, 가도; 한길, 주요 도로(=street)
2. 통행, 왕래
• No thoroughfare. 통행금지(게시문)
🔳 thorough[θə́ːrou] 철저한, 완전한
- thoroughly 철저히, 완전히, 완벽히

---

tip 나가기 위한 출입문(exit)에서 보듯 it 어근의 기본의미는 "가 버리다"입니다. 죽는 것도 물론 가는 것이구요. 기본동사 go의 자세한 의미는 꼭 I55에서 확인하세요.

어근 it/i(=go)

추가 어휘
☐ exit (공공건물이나 고속도로의) 출구; 퇴장
☐ sedition[sidíʃən] 선동; 〈법〉 난동 교사(죄)
- seditionist 선동자
☐ perdition 파멸, 지옥에 떨어짐
☐ coitus/coition 성교, 교미 •co(=together)

표제어 복습
☐ initiative 새로운 구상; 주도권, 진취성 ◘ N0052
- initiate 시작하다, 창시하다; 발의하다
- initiation 가입, 입회식; 창시, 창업
- initiator 창시자, 선창자
- initial 시초의; 머리글자
- initially 처음에, 시초에
☐ transient 잠깐 머무르는; 덧없는 ◘ N0080
☐ transitory 일시적인, 잠시 동안의 ◘ D0080
- transition 변천, 변화, 이행; 과도기; 추이
- transit 운송, 운반; 통과, 통행, 통로
- transitive 전이[변화]하는; 이행중인, 과도적인
☐ perishable (음식이) 상하기 쉬운 ◘ N0431
- perish 멸망하다, 소멸하다; 죽다
- imperishable 불멸의, 부패하지 않는
☐ reiterate 되풀이하다, 반복하다 ◘ N0065
- reiterant 되풀이하는, 반복하는
- reiterative 되풀이[반복]의; (문법) 중첩어
☐ ambience 분위기, 주위, 환경 ◘ N0913
- ambient 주위의, 주변을 둘러싼
☐ exorbitant 과도한, 터무니없는 ◘ N0533
- exorbitantly 엄청나게, 터무니없이

어근 bit/bat/bet(=go)

추가 어휘
☐ acrobat 곡예사 •acro(=high)
- acrobatics (단수취급) 곡예
- acrobatic 곡예의
☐ aerobatics 곡예비행 •aero(=air)
☐ diabetes[dàiəbíːtis] 당뇨병
- diabetic 당뇨병의; 당뇨병 환자 •dia(=through)

표제어 복습
☐ arbitrary 임의적인; 독단적인 ◘ N0075
- arbitrator/arbiter 중재인, 조정자
- arbitrate 중재하다, 조정하다
- arbitration 중재, 조정
  혼동어근 bat(=strike) ◘ R116

어근 fare(=go)

추가 어휘
☐ farewell 작별 (인사); 안녕
☐ welfare 행복, 복지
☐ warfare 전투, 전쟁

0401 gradual
[grǽdʒuəl]
05.중앙대/04-2.경기대
02.행자부9급

grad(=step, go)+u+al(형접) → 한 걸음씩 나아가는

a. 점차적인, 점진적인, 단계적인(=progressive)
• gradual changes in the climate 기후의 점진적인 변화
ⓝ **gradualism** 점진주의(=moderatism)
gradualist 점진주의자(=moderatist)
ⓐⓓ **gradually** 차차, 차츰, 점차로(=little by little)
▣ **radical** 과격한, 급진적인; 근본적인, 철저한 •radic(=root)
- **radically** 철저히; 근본적으로; 급진적으로
- **radicalism** 급진[과격]주의
- **radicalist** 급진주의자

0402 progressive
[prəgrésiv]
13,08.가톨릭대
16.산업기술대

pro(=forward)+gress(=go)+ive → 앞을 향해 나아가는

a. 진보적인, 혁신적인; 점진적인; (병이) 진행하는
• the shift to progressive ideology 진보적 이데올로기로의 전환
• progressive taxation 누진 과세
• progressive paralysis 진행성 마비
ⓥ **progress** v. 전진하다[시키다], 진보하다; 발달하다
n. 전진, 진행, 진척; 진보; 경과
ⓝ **progression** 진보, 전진; 발달

0403 aggressive
[əgrésiv]
15.지방직9급,경찰2차

ag〈ad(=to)+gress(=go)+ive → 누구를 향해서 가는

a. 공격적인(=quarrelsome); 적극적인, 저돌적인(=pushy)
• a highly aggressive behavior 매우 공격적인 태도
ⓝ **aggression** 침략, 공격, 호전성
aggressor 침략자, 침략국
ⓥ **aggress** 공격하다, 공세를 취하다

0404 regression
[rigréʃən]

re(=back)+gress(=go)+ion → 뒤로 돌아가는 것

n. 복귀; 퇴보, 퇴화; 역행, 회귀
ⓐ **regressive** 후퇴하는, 퇴보하는, 회귀하는
ⓥ **regress** 되돌아가다, 복귀하다; 퇴보[퇴화]하다; 역행하다
n. 되돌아감, 후퇴, 역행; 퇴보; 귀환; 상환청구권

0405 retrogress
[rètrəgrés]

retro(=backward)+gress(=go) → 과거로 돌아가다

vi. 후퇴하다, 퇴보하다
ⓐ **retrogressive** 후퇴하는, 퇴화하는
ⓝ **retrogression** 후퇴; 퇴화, 쇠퇴, 역행
▣ **retrocede** (영토 등을) 반환하다; 후퇴하다, 물러가다
retrograde 퇴보하다, 타락하다; 후퇴하는, 퇴보하는

0406 transgress
[trænsgrés]
00.전남대
17.이화여대

trans(=across)+gress(=go) → (남의 울타리를) 넘어 가다

v. 1. (도덕적·법적 한계를) 넘어서다[벗어나다]
2. (법 등을) 어기다, 위반하다, 죄를 범하다
• transgress against the rules of order 법률을 위반하다
ⓝ **transgression** 위반, 죄, 범죄
transgressor 위반자, 죄인

0407 degrade
[digréid]
94.기술고시
17.이화여대
15.가천대

de(=down)+grade(=go) → 아래로 가게 하다

v. 1. 평판을 떨어뜨리다, 비하하다
2. (질적으로) 저하시키다, 타락시키다[하다]
3. 좌천시키다, 강등하다[되다]
4. (화학적으로) 분해되다[하다]
• a movie that degrades women 여성을 비하하는 영화
ⓝ **degradation** 좌천, 강등; 타락, 퇴폐
ⓐ **degraded** 품질·품위가 떨어진; 지위가 강등된
degrading 비하하는, 모멸적인(=demeaning)
▣ **upgrade** 질을 높이다; 개량하다; 승격시키다
▣ **downgrade** 품질을 떨어뜨리다; 강등[격하]시키다

0408 ingredient
[ingríːdiənt]
16.가톨릭대/11.경북교행
01.성균관대/97-2.총신대

in(=in)+gred(=go)+i+ent → 냄비 안으로 들어가는 것

n. (특히 요리의) 재료, 원료; (중요한) 구성 요소(=components)
• use only fresh ingredients 오직 신선한 재료만 사용하다
• the chief ingredient of this medicine 이 약의 주성분
▣ **gradient**[gréidiənt] 경사도, 기울기; 언덕, 비탈

---

tip 진보하다(progress)라는 말은 앞으로 나아간다는 의미로서
gress 어근은 "특정 방향으로 가다"의 의미로 주로 쓰입니다.

어근 grad/gred/gress(=step, go)

추가 어휘
☐ e**gress**[íːgres] 출구, 나가는 길 •e(ex(=out)
↳ in**gress** 입구, 입장
☐ con**gress** (미국의) 국회, 연방 의회
- con**gress**man 하원 의원
☐ **grad**uate 졸업하다; (대학) 졸업생
- **grad**uation 학위취득, 졸업, 졸업식
- post**grad**uate 대학 졸업 후의, 대학원의
- under**grad**uate 대학 재학생, 대학생
☐ **grad**uated 등급으로 배열한, 누진적인

표제어 복습
☐ di**gress**ive 주제를 벗어나기 쉬운, 지엽적인 ▣ N0799
- di**gress**ion 본론[주제]을 벗어남; 탈선
- di**gress** 벗어나다, 빗나가다

어근 vad/vas/wad(=go)

추가 어휘
☐ **wad**e (강 따위를) 걸어서 건너다
☐ **wad**dle (오리처럼) 어기적어기적 걷다

표제어 복습
☐ e**vad**e (교묘하게) 피하다, 모면하다 ▣ N0491
- e**vas**ion (책임·의무로부터의) 도피, 회피
- e**vas**ive 회피적인, 둘러대는
☐ per**vas**ive 널리 퍼진, 만연한 ▣ N0228
- per**vad**e 널리 퍼지다; (구석구석) 스며들다
- per**vas**ion 충만, 보급; 침투
☐ in**vad**e 침략하다, 침입하다; 침해하다 ▣ N0890
- in**vas**ion 침입, 침략; (병 등의) 내습; 침해
- in**vas**ive 침략적인; 침해의
- in**vad**er 침략자

[어근] **pass**(=step, stride)

O411 **trespass**
[tréspəs]
07.영남대/05.경기대

tres(trans(=beyond)+pass → 넘어서 들어가다

vi. 1. (사유지에) 무단 침입하다[on, upon]
   (=infringe on, intrude upon, invade)
2. (권리를) 침해하다[on]
3. (남의 사생활·시간·호의에 대해) 폐를 끼치다

n. (남의 사유지에 대한) 무단 침입
• trespass on private land 사유지를 무단 침입하다
• No trespassing. 〈게시문〉 무단 출입 금지

ⓝ trespasser 불법 침입자

O412 **compass**
[kʌ́mpəs]
98.성신여대

com(=together)+pass(=step) → 함께 가서 (둘러싸다)

vt. 돌아서 가다; 둘러싸다, 포위하다; 달성하다
• compassed by the sea 바다로 둘러싸인
• compass his purpose 그의 목적을 달성하다

n. 나침반, (제도용) 컴퍼스; (도달 가능한) 범위

O413 **encompass**
[inkʌ́mpəs]
17.이화여대/14.서울여대
11.세종대/03.숭실대

em(en(=make)+com(=together)+pass → 한꺼번에 싸잡아 통과하다

vt. 1. 포함하다(=comprise), 망라하다(=include)
2. 둘러[에워]싸다, 포위하다
• encompass all sorts of art 모든 종류의 예술을 망라하다

ⓝ encompassment 포함, 포위

tip pass 어근의 의미는 "어떤 것을 통과해서 지나가다"입니다.

추가 어휘
☐ **pass**age 통과, 통행; 통로, 복도
☐ **pass**enger 승객, 탑승객
☐ **pass**able 통행할 수 있는; 그런대로 괜찮은
☐ **pass**port 여권; 수단
☐ **pass**ing 지나가는; 일시적인; 합격
☐ **pass**e 시대에 뒤떨어진, 케케묵은; 과거의
☐ **pas**time 기분전환, 오락, 소일거리

표제어 복습
☐ im**pass**e 교착상태, 막다른 골목 ◘ N0773
☐ sur**pass** ~보다 낫다, ~을 능가하다 ◘ N0050
 - sur**pass**ing 빼어난, 뛰어난; 비상한
 - unsur**pass**ed 능가할 것이 없는, 비길 데 없는

기본동사로 학습하는 기.출.숙.어

054

come

come의 기본의미는 "~을 향해 움직이다"이다.
go는 한 점에서 멀어지는 움직임인데 반해, come은 남이 나(말하는 사람)에게 다가오거나 (오다), 내(말하는 사람)가 상대에게 다가가는(가다) 움직임을 표현한다. 이러한 움직임의 개념은 자연현상, 일, 사고, 사물 등에 폭넓게 사용된다.

1. (말하는 사람 쪽으로) 오다, (상대방 쪽으로) 가다
2. (일·생각·병 등이) 나에게 오다 → 일어나다, 닥치다
3. (자연 현상이) 다가오다 → (해가) 나오다, 계절이 돌아오다
4. (어떤 상태로) 되다, 변하다, (결과에) 이르다
5. (~에서부터) 나오다 → 출생[출신]이다
6. (~이 원인이 되어) 일이 생기다, 일어나다

---

1. (말하는 사람 쪽으로) 오다, (상대방 쪽으로) 가다

05401
come across sb/sth
11.사회복지9급/입사

서로 교차하여(across) 오다(come)
1. 마주치다(=encounter); 우연히 만나다
2. 우연히 발견하다(=find by chance)
3. 이해되다(=be understood), (어떤) 인상을 주다
• When I was walking along the busy street, I **came across** an old friend of mine.
  복잡한 거리를 따라 걷고 있을 때, 우연히 내 오랜 친구를 마주쳤다.

图 우연히 만나다, 우연히 마주치다
= **run across** sb/sth 우연히 만나다
  *서로 가로질러(across) 달리다(run)가 맞닥뜨리다
= **run into** sb/sth (사람을) 우연히 만나다; (폭풍우 따위를) 만나다; 충돌하다
  *서로 안으로(into) 뛰어들다(run)
= **fall on[upon]** sb/sth
  ~와 마주치다; ~의 의무가 되다; 습격하다; 재난이 들이닥치다
  *나에게로(on) 떨어지다
= **meet up with** sb
  (특정장소에서) 만나다; ~을 따라잡다
  *~와(with) 다가와서(up) 만나다(meet)
= **meet** sb **by chance**
  (우연히) 만나다
  cf. by chance (우연히, 뜻밖에)
= **stumble upon**
  우연히 만나다, 우연히 발견하다
  *stumble 발부리가 걸려 넘어지다
= **bump into** sth
  ~와 부딪치다, 충돌하다; 마주치다
  *범퍼를 서로 꽝 부딪치다oo

05402
come upon sb/sth
02~2.서울여대/92.행정고시/Teps

(무엇이 우연히) 내게로(upon) 오다(on)
1. 우연히 마주치다(=come across, run across sb/sth)
2. 우연히 발견하다(=find unexpectedly)
3. (감정이나 느낌이) 갑자기 밀려오다
• We **came upon** two bears in the forest.
  우리는 숲에서 우연히 곰 두 마리를 마주쳤다.

05403
come around[round]
09.명지대/입사/Teps

돌아(around/round) 오다(come)
1. (집이나 장소를) 들르다(=visit, come over)
2. (의견이나 생각을) 바꾸다[바꾸어 동의하다](=change one's opinion)
3. (정기적인 행사가) 평소처럼 돌아오다(=happen regularly)
4. (의식 등이) 돌아오다
• Why don't you **come round** for lunch?
  점심을 드시러 들르시겠어요?

05404
come by
01.서울산업대/97.경찰/99.경원대/95.강남대
94.행자부9급/88.법원직/풀/입사/Teps

물건이 내 옆에(by) 오다(come)
1. (구하기 힘든 것을) 얻다, 구하다(=obtain, get)
2. (가는 길에) 잠깐 들르다
   (=make a short visit to a place on your way to sw else)
3. ~을 타다 *~을 이용하여(수단의 by) 가다
• How did you **come by** this book?
  이 책을 어떻게 구했니?

05405
come in on sth
13.가톨릭대

안으로 들어오다, 들어가다(come)
1. (사업·계획 따위에) 참여하다 *사람이 사업에 들어가다(come)
2. (밀물이) 밀려오다, (상품이) 들어오다 *물건이 안으로 들어오다(come)
• I think you better **come in on** the project.
  그 프로젝트에 네가 참여하는 게 좋을 것 같은데.

图 Come on in. 자 들어와요.

05406
come into sth
00.경기대/서울대학원/토플/Teps

내 안으로(into) 들어오다(come)
1. (재산을) 물려받다(=inherit) *(유산이) 나에게로 오다(come)
2. ~에 들어가다(=enter); ~에 가입하다 *~ 안으로 들어가다(come)
3. 시야에 들어오다, 보이게 되다 *시야 안으로(into) 사물이 들어오다(come)
• He **came into** a large fortune at the age of 21.
  그는 21살에 많은 재산을 물려받았다.

05407
come off (sth)
06.성균관대/91.연세대학원/91.외무고시/Teps

떨어져(off) 나오다(come)
1. (단추·부품 등이) 떨어지다[떼어내다]; (페인트가) 벗겨지다
2. (일 등이 예정대로) 일어나다, 행하여지다(=happen)
3. 잘되다, 성공하다(=succeed); 실현하다, 해내다
4. (약이나 술을) 끊다
• A button **came off** my coat yesterday.
  어제 내 코트에서 단추 하나가 떨어져 나갔다.

图 Come off it! 사실을 말해라!
  - come-off 결론; 발뺌, 변명
图 come off second best
  둘째가 되다; 지다 〈99.서울대학원〉

05408
come up
Teps

내 쪽으로 다가와(up) 오다(come)
1. (해가) 뜨다(=rise ↔ go down)
2. (일이나 사건 등이) 발생하다, (행사가) 다가오다
3. 언급되다, 화제가 되다; 유행하다
- I really want to, but something urgent **came up**.
  나도 그러고 싶은데, 급한 일이 생겼어.

go down (해가) 지다(=set)

05409
come up to sb/sth
04.공인회계사/98.경찰/96.법원직/Teps

누구(to) 쪽을 향해(up) ~다가오다(come)
1. ~에게 말을 걸려고 다가오다(=approach), ~에 도달하다
2. ~에 부응하다(=equal to sb/sth), 필적하다
- Students just **came up to** me and asked my name and asked if I was coming next year.
  학생들은 내게 다가와서 이름을 묻고 내가 내년에 오는지 물어보았다.

live up to sth
~에 맞는 생활을 하다;
부끄럽지 않은 생활을 하다
stack up against sb/sth
~에 비교하다(=compare with sb/sth),
필적하다, ~보다 못하지 않다

05410
come up with sth
17.명지대/07.경원대/05.강남대
96.동덕여대/96.경원대
95.행시/93.사법시험
91.93.90.연세대학원/토익/Teps

무엇에 대하여(with) 내놓다(come up)
1. (기발한 계획을) 생각해내다, 제안하다(=present, suggest, propose)
2. ~에 따라잡다(=overtake, catch up with sb/sth)
3. (필요한 물건 등을) 공급하다(=supply); 산출하다, 내놓다(=produce)
- She always **comes up with** original ideas.
  그녀는 항상 독창적인 아이디어를 내놓는다.

05411
come up against sb/sth
00.단국대/Teps

충돌되는(against) 의견이 나오다(come up)
(곤란 · 반대에) 직면하다(=face, confront); (남과) 의견이 충돌하다
- I've **come up against** a problem.
  난 문제에 부딪쳐 있다.

05412
come through (sth)
공인회계사/Teps

어려움을 뚫고(through) 가다(come)
1. (시련 · 어려움 · 고난 등을) 이겨내다, 해내다(=get through (with) sth);
2. (위기에서) 살아남다(=survive)
3. (정보 · 뉴스 · 공식문서 등이) 도착하다, 통지되다, 수신이 되다
- He's **coming through** just as I expected.
  내가 기대한 대로 그는 잘 해내고 있다.

05413
come under sth
12.경기대

밑, 아래(under)로 들어 오다(come)
1. (공격 · 비난)을 받다
2. ~의 지배 · 통제 · 영향 아래에 있다
3. ~의 범주에 들다
- The soldiers **came under** fire while on a routine patrol.
  그 군인들은 일상적인 순찰 중에 사격을 받았다.
  *come[be] under fire 공격을 받다, 비난을 받다

---

2. (일 · 생각 · 병 등이) 나에게 오다 → 일어나다, 닥치다

05414
come[go] down with sth
14.광운대/13.홍익대/09.07.동덕여대
07.동아대/05.한양대/03.사법시험/01.97.경찰
97세종대/92.행시/토플/입사6회/Teps

드러눕게(down) 하는 것[병]이 닥치다(come)
질병에 걸리다, 앓아 눕다(=contract, catch an infectious illness)
- She is **coming down with** a cold.
  그녀는 감기에 걸렸다.

come down *아래로(down) 내려오다
1. (가격이) 떨어지다, 낮추어지다(=gets lower) 2. 바닥에 쓰러지다, 넘어지다
3. (관습 · 유산 등이) 내려오다, 대대로 전해지다 4. 마약 기운이 떨어지다
- **come down to earth** (몽상에서) 현실 세계로 돌아오다, 현실적으로 되다
- **come down to** sth ~으로 요약[귀착]되다
- **come down on** sb 심하게 꾸짖다(=scold)
- **come down in the world** 사회적 · 재정적으로 입지를 잃다, 가난해지다
→ **come up in the world** 출세하다

05415
come in for sth
입사

~으로(for) 안으로(in) 들이다(come)
(비난 · 비평 등을) 받다; (재산 등을) 받다(=receive, get, come into sth)
- This plan will no doubt **come in for** a great deal of criticism.
  이 계획은 확실히 엄청난 비판을 받을 것이다. *no doubt 의심할 바 없이, 확실히

05416
come into one's thought
04.행자부7급/98.경찰

생각 안으로 들어오다
생각이 떠오르다(=cross one's mind)
- I knew that restaurant was popular, but it didn't **come into my thought** to make reservations.
  나는 그 레스토랑이 인기가 있다는 것은 알고 있었지만, 예약하는 것은 미처 생각 못 했다.

chill one's spine
등골을 오싹하게 하다

05417
come over
06.삼육대/98.서울대학원/91.법원직/Teps

~위로(over) 덮치다(come)
1. ~에게 일어나다(=happen)
2. (어떤 상태 · 기분 · 느낌 등을) 일시적으로 경험하다, 엄습하다
3. (자기의 집에) 건너오다, 들르다, 방문하다 *담장 너머로(over) 오다(come)
4. 전향하다; 마음을 바꾸다 *저쪽 편에서(over) 이리로 넘어오다
- As I entered the corridor which led to my room that eerie feeling **came over** me.
  내 방을 따라 난 복도를 들어갔을 때 무언가 섬뜩한 느낌이 나를 엄습했다.
- I **came over** sleepy[dizzy, chilly].
  난 졸음이 왔다[현기증이 났다, 오한이 났다].

O5418
come about
98.강남대/외무고시/입사/Teps

사건이 내 주변에(about) 다가오다(come)
1. (계획하지 않은 일이) 발생하다(=take place, happen)
2. (배나 바람 등이) 방향을 바꾸다(=change direction)
• How did this situation **come about**?
　어째 그런 상황이 발생한 거니?

O5419
have it coming
예상

드디어 올 것이 왔군!
벌을 받아 마땅하다
• The criminal **had it coming**.
　그 범죄자는 벌을 받아 마땅했다.

🔑 **get what's coming to** sb
(좋든 나쁘든) 당연히 받아야 할 것을 받다

O5420
come at sb/sth
Teps

~에게로(at) 다가가다(come)
1. ~에게 달려들다, 공격하다(=move towards sb in a threatening way)
2. (특정한 방법으로 문제를) 다루거나 고려하다, 접근하다(=approach)
• We need to **come at** the problem from a different angle.
　우리는 다른 각도에서 문제를 바라 볼 필요가 있다.

O5421
come home to sb
입사

~에게 (to) 깊숙이(home : deeply) 다가오다
가슴에 사무치다, 큰 감동을 주다(=deeply impress)
• His tale **comes home to** us.
　그의 이야기는 우리에게 감동을 준다.

🔑 **drive** sth **home**
납득시키다; (못 등을) 단단히 박다

---

3. (자연 현상이) 다가오다 → (해가) 나오다, 계절이 돌아오다

O5422
come out
01.덕성여대/Teps

바깥에(out) 나오다(come)
1. 나타나다, 출현하다; 발간[출판]되다
2. (결과가) 나오다, 발표되다; (본성 · 비밀 등이) 드러나다, 밝혀지다
• The motive of the crime will **come out** at the trial.
　그 범죄의 동기는 재판에서 밝혀지게 될 것이다.

---

4. (어떤 상태로) 되다, 변하다; (결과에) 이르다

O5423
come to sth
95.경찰간부/91.행자부9급/토플/토익/Teps

결과가 ~까지(to) 이르다(come)
1. 결국 ~가 되다(=bring to sth), 결국 ~하게 되다
2. 합계가 ~에 이르다(=amount to sth)
• The bill for the repairs **came to** $650.
　수리비용이 650달러에 달했다.

🔑 **come to an end[a close]** 끝나다
　= **boil down to** sth
　　결국 ~이 되다(=amount to sth)
　= **end up ~ing**
　　결국~이 되다, ~으로 끝나다
　- **come to a dead stop**
　　완전히 멈추다(=stop completely)
　　*dead(완전히) 멈춤(stop)
　- **come to nothing** 수포로 돌아가다
　- **come close to ~ing** 자칫 ~할 뻔하다
　- **come to a halt** 중단하다

O5424
come to (one's senses / oneself / life)
98.경기대/입사/Teps

사람의 감각(senses)으로 이르다(come)
제정신으로 돌아오다, 의식을 회복하다(=regain consciousness)
• The fainting victim **came to**.(여기서 to는 제정신으로 란 뜻의 부사)
　기절한 희생자의 의식이 돌아왔다. *fainting 기절한, 졸도의

O5425
come to[reach] a conclusion
10.가톨릭대/사법시험/Teps

결론(conclusion)에 이르다(come)
결론에 도달하다
• I soon **came to the conclusion** that she was lying.
　나는 곧 그녀가 거짓말하고 있다는 결론을 내렸다.

🔑 **jump to a conclusion** ⊃ IO6003
너무 빨리 속단하다
*뛰어 넘어서(jump) 결론에 도달하다

O5426
come to terms (with sth)
10.경기대,국민대/05.단국대/02.감정평가사
97~2.인하대/92.서울시7급/Teps

~과 타협(terms)에 이르다(come to)
1. (사태 등을) 감수하다, 받아들이다(=accept)
2. 타협하다, 상담이 매듭지어지다(=come to an agreement)
• The management refused to **come to terms**.
　경영자 측은 타협을 거부했다.

🔑 **come to[reach] a settlement**
해결이 나다, 화해하다

O5427
come to the fore
03~2.경기대

앞부분(fore)으로 나오다(come)
표면화되다, 드러나다; 세상의 이목을 끌다
• He **came to the fore** in a rather lean time for Brithish politics.
　그는 영국정치가 다소 어렵던 시기에 세상의 이목을 끌며 등장했다.

🔵 **come to light**
(사실 등이) 드러나다, (비밀 따위가) 알려지다

O5428
come[get] to grips with sb/sth
행정고시/Teps

어떤 것을 꽉 붙잡게(grip) 되다(come to)
맞붙잡고 싸우다; 문제해결에 힘쓰다, 수습하다(=deal seriously with)
• They had failed to **come to grips with** it.
　그들은 그것을 수습하지 못했다.

🔵 **come to blows**
주먹다짐을 하게 되다, 격투하다
🔵 **get[have] a grip on oneself/** sth
자제하다, 통제하다; 파악하다

O5429
come to grief
07.국민대

큰 슬픔(grief)에 빠지게 되다
(계획·사업 따위가) 실패[파멸]하다, 불행에 빠지다
• His career as a lawyer **came to grief** after he became involved with gamblers.
변호사로서의 그의 명성은 그가 노름꾼들과 어울리기 시작하면서 파멸의 길을 걸었다.

O5430
come[go] into effect
94.변리사/토익/Teps

효력 안으로 들어가다
효력을 나타내다, 실시되다
• When does this new law **go into effect**?
이 새 법률은 언제 발효됩니까?

O5431
come[get] to the point
86.외무고시/Teps

핵심(point)에 들어가다(come to)
핵심에 이르다, 정곡을 찌르다
• He talked and talked but never **came to the point**.
그는 말하고 또 말했지만 정곡을 찌르지는 못했다.
*to the point 적절한(=pertinent, proper, relevant); 적절히

🔎 beside the point[mark]
핵심·논점을 벗어난
get a[the] point/ get one's point
논점을 이해하다

O5432
come into one's own
04-2.가톨릭대

자신의 본래의 모습으로 들어가다(come to)
자기역량을 충분히 발휘하다(=show one's ability), 명예를 얻다
• In his latest exhibition he has **come into his own** as a leading sculptor.
그는 최근의 전시회에서 일류 조각가로서의 면모를 유감없이 발휘했다.

O5433
come natural to ⓢⓑ
94.입법고시

~에게 자연스럽게(natural) 다가오다(come)
〈미 구어〉 ~에게는 조금도 힘들지 않다; 아주 쉽다
• That job does not seem to **come natural to** me.
그 일은 내게 수월해 보이지 않는다.

O5434
When it comes to ⓢⓣⓗ
08.지방직7급/92.동덕여대/Teps

말(it)이 그쪽 분야에 이르면(come)
~로 말하면, 화제가 ~에 이르면
• He's a bit of an expert **when it comes to** computers.
컴퓨터에 관해서라면 그는 약간은 전문가이다.

O5435
come into being
95.외무고시/Teps

존재(being)로 되다(come)
생기다, 태어나다
• Democracy **came into being**.
민주주의가 탄생했다.

---

5. (~에서부터) 나오다 → 출생[출신]이다

O5436
come from ⓢⓦ
11.지방직7급/토익/토플/Teps

~으로부터(from) 왔다(come)
~으로부터 오다, ~ 출신이다.
• Where do you **come from**?
(=Where are you from?) 고향이 어디에요?.

Ⅰ055

go

go 의 기본의미는 "~에서 멀어져 가다(move away from), 가다"이다.
go는 여기에서 저기로 간다는 의미로 "가고 없다"는 의미가 강하고, 이는 "죽다, 효력을 잃다, 시간이 경과하다" 등의 다양한 개념으로 사용된다. 목적지가 없게 되면 계속 가는 것이고 이런 의미에서 "기계 등이 작동하다, 일이 잘 진척되다"는 의미로도 쓰이게 된다.
1. (사람이 어디로) 가다 → 출발하다, ~하러 가다(go+ing), ~에 다니다
2. (가서) ~에 이르다, 닿다, 달하다; (바람직하지 못한 상태로) 되다(go+형용사)
3. (사람·사물이) 가버리다 → 죽다, 효력을 잃다, 못쓰게 되다
4. (시간·돈이) 가버리다 → 시간이 가다, 돈이 충당되다
5. (기계가) 잘 가다 → 작동하다, (일이) 진척되다, 잘되다

---

1. (사람이 어디로) 가다 → 출발하다, ~하러 가다(go+ing), ~에 다니다

O55O1
go round[around]
토플/Teps

여기저기를(round) 돌아다니다(go)
1. 여기저기 걸어다니다; 어울려 다니다
2. (음식 등이) 모두에게 돌아가다(=be enough for all)
3. (전염병 등이 ~에) 돌다; (이야기·소문 등이 ~에) 돌다
• I used to **go around** with a bad crowd.
나는 나쁜 무리들과 어울려 다니곤 했다.

🔎 go about
*여기저기 주변을(about) 가다(go)
1. 돌아다니다; (병후에 회복하여) 나다니다; (배 등이) 방향을 틀다
2. 끊임없이 ~하다; (일에) 착수하다

O5502
go by
04-2/04.덕성여대/Teps

옆을 스쳐서(by) 가다(go)
1. (시간이) 흐르다(=go on), 지나가다, 간과되다
2. (~교통수단)으로 가다 *교통수단을 이용해서(by) 가다(go)
3. ~에 따라 행동하다(=follow) *명령을 옆에 끼고(by) 가다(go)
- Never let the chance go by. 기회를 절대 놓치지 마라.
- go by subway 지하철로 가다

O5503
go back on [sb]/[sth]
06.서울시 소방/97.행정고시/Teps

앞서 했던 말을 뒤로 되돌려(back) 가다(go)
1. (약속 등을) 어기다(=break), (결정 등을) 취소하다
2. 속이다(=cheat), 배반하다(=betray)
- He's not the sort of man who would go back on his word.
  그는 약속을 안 지킬 사람이 아니다.

O5504
go into [sth]
14.지방직9급/입사

직업 전선 안으로(into) 들어가다
1. (장소에) 들어가다 2. (어떤 직업에) 뛰어들다, 종사하다
3. 어떤 상태로 되다 4. 조사하다, 연구하다(=investigate)
- She plans to go into journalism when she leaves college.
  그녀는 대학을 졸업하면 언론계에 들어갈 계획이다.

■ **go into effect**
법률이 실시되다, 발효되다
go into action
행동[작전,전투]을 개시하다
go into orbit 궤도에 오르다; (일 따위가) 잘 풀리다; 몹시 흥분하다 *orbit(궤도)

O5505
go in for [sth]
04.홍익대/00.단국대/94.기술고시
98.고려대학원/Teps

~을 위해(for) 안으로(in) 들어가다
1. 참가하다(=take part in [sth]); 열중하다, 즐기다; 종사하다
2. 시험을 치르다
- Thanks, but I don't go in for cards very much. Besides, I have my hands full right now.
  고맙지만 난 그다지 카드놀이를 즐기지 않아요. 게다가 지금은 몹시 바쁘거든요.

■ **take part in** [sth] 참가하다
= **participate in** [sth]

O5506
go up
99-2.홍익대/93.사법시험

위로 올라(up) 가다(go)
(물건 값 등이) 오르다(=be raised)
- Supposing oil prices go up, what could we do?
  기름 값이 오른다면 우리는 어찌 할 것인가?

■ **go down**
1. (물가 등이) 내리다, 줄다
2. (해 등이) 지다 ↔ (come up)

O5507
go down
09.경기대

아래로 내려(down) 가다(go)
1. (물가 등이) 내리다, 줄다 2. (해 등이) 지다(↔ come up)
- As supply increases and demand decreases, price goes down.
  공급이 증가하고 수요가 줄 때에는 가격은 내려간다.

■ **bottom out** (주가 등이) 바닥을 치다

O5508
go through the roof
14.가상직9급/01-2.영남대

지붕(roof)을 뚫고(through) 나가다(go)
1. (가격·판매가) 최고에 달하다(=be a great success), 폭등하다
2. 화가 치밀어 오르다, 길길이 뛰다(=hit the roof, hit the ceiling)
- The commercial went on the air, and the product went through the roof.
  광고 방송이 나가자 그 제품의 판매는 최고에 달했다.

■ **shoot up**
1. (가격이) 급등하다, 폭등하다
(= rise or increase very quickly, soar)
2. (불길 등이) 치솟다
3. (총을) 마구 쏘다; (마약을) 주사하다

O5509
go home
98.공인회계사/Teps

깊숙이(home) 가다
1. 정곡을 찌르다(=hit the target), 가슴 깊이 호소하다(=make [sb] clearly understand [sth]) 2. 집에 돌아가다, 귀향하다
- The soldiers clamored to go home.
  병사들은 귀환하자고 아우성쳤다.

■ **hit the target** 정곡을 찌르다
*타깃을 정확히 때리다

O5510
go (together) with [sb]/[sth]
99-2.한성대/97.세무사/입사/Teps

옆에(with) 같이(together) 가다(go)
1. ~와 어울리다(=match), 조화되다 2. ~와 동행하다, 같이 가다; 〈속어〉~와 성관계를 가지다 3. ~에게 동의하다
- Jacket go with this shirt?
  이 자켓이 이 셔츠와 잘 어울리나요?

■ **go along with** [sb]/[sth]
동행하다; 찬성하다, 동의하다

O5511
go without [sth]
96.법원직/입사/Teps

~없이(without) 가다
~ 없이 지내다(=do without sth); ~이 없다, ~을 갖지 않다
- You think you can go without sleep, but you can't.
  너는 잠을 자지 않고 지낼 수 있다고 생각하지만, 그럴 수 없다.

■ **It goes without saying (that)**
~은 말할 나위도 없는 일이다.

O5512
go out with [sb]
03.경찰/99.한국외대/Teps

~와(with) 밖으로(out) 놀러 나가다
(이성과) 사귀다, 놀러 다니다
- You'll have to mend your ways if you go out with Mary.
  메리하고 사귈 거라면 너의 행동거지를 고치는 게 좋을 거야.

■ **go out**
1. 밖으로 나가다, 외출하다
2. 은퇴하다; 의식이 없어지다; 죽다; 불이 꺼지다
3. 유행이 지나다
■ **go steady with** [sb]
(정해진 이성 한 명과) 교제하다
↔ **play the field** 여러 이성과 교제하다
ask [sb] **out** ~에게 데이트 신청하다

2. (가서) ~에 이르다, 닿다, 달하다; (바람직하지 못한 상태로) 되다(go+형용사)

O5513
go from rags to riches
10.명지대/97-2.단국대

누더기(rag)에서 부자(rich)가 되다
벼락부자가 되다(=get rich very quickly)
• The band **went from rags to riches**.
그 밴드는 갑자기 벼락부자가 되었다.

圄 **upstart** 벼락부자, 갑자기 출세한 사람

O5514
go astray
06.국가직7급/입사

바른 길을 벗어나서(astray) 가다 → 길을 잃다
길을 잃다; 바른 길에서 벗어나다, 타락하다
• Sometimes even the most well-thought-out plans **go astray**.
심지어 가장 주도면밀한 계획들도 때로는 길을 잃을 수 있다.
＊well-thought-out 면밀한, 심사숙고한

翻 **stray** 길을 잃고 방황하다;
벗어나다.일탈하다(=deviate)
圄 **go wrong** ＊나쁘게 되다(go)
길을 잃다; 타락하다; 상태가 나빠지다;
실패하다

O5515
go for ⓢⓑ/ⓢⓣⓗ
95.한국외대/92.대구시7급
사법시험/토플/Teps

무엇을 위해(for) 가다(go)
1. **~하러 가다; ~을 좋아하다**(=like, favor)
2. **~에 적용할 수 있다**(=be applicable to ⓢⓑ/ⓢⓣⓗ)
3. **~을 목표로 삼다, 시도하다**(=make an attempt at, try for sth)
• Let's **go for** a walk. 산책하러 가자.
• He is **going for** the championship. 그는 우승을 목표로 하고 있다.

O5516
go to great lengths /
go to any length
13.서강대/10.가톨릭대/04.아주대

엄청난 거리까지 가다(go)
(필요한 것은) 무슨 짓이든지 하다(=endeavor)
• They will **go to great lengths** to take control of the country.
그들은 나라를 장악하려고 무슨 일이든 하려 들 것이다.

---

3. (사람·사물이) 가버리다 → 죽다, 효력을 잃다, 못쓰게 되다

O5517
go off
11.09.국가직7급/07.한성대/00-2.한성대
00-2.광운대/94.행정고시/Teps

떨어져(off) 가다(go)
1. **(일 등이) 진행되다**(=start to act) ＊~에서 떠나(off) 출발하다
2. **떠나가다** ＊~에서 떠나(off) 가다(go)
3. **폭발하다** ＊(파편들이) 떨어져(off) 나가다(go)
4. **(자명·경보기 등이) 울리다**(=ring) ＊(소리가 경보기에서) 떨어져나와(off) 가다(go)
5. **작동을 멈추다, 불이 나가다**(=go out) ＊off 상태로 맛이 가다
6. **(음식이) 상하다, 나빠지다**(=become worse) ＊맛이 갔다
• The party **went off** well. 파티는 순조롭게 진행되었다.
• Luckily the bomb didn't **go off**. 다행히 폭탄이 폭발하지 않았다.

圄 **go bad** (음식이) 상하다, 나빠지다
go sour 시어지다; 일이 못 쓰게 되다

O5518
go[jump] off the deep end
01.중앙대/입사

수심이 깊은 쪽(deep end)으로 가다, 뛰어들다
자제력을 잃다(=lose one's self-restraint);
(자제력을 잃고) 무모하게 행동하다(=act rashly)
• She **went off the deep end** when she lost her job.
그녀는 일자리를 잃고는 자제력을 잃어버렸다.

O5519
go[come] down with ⓢⓣⓗ
00.경기대/91.서울대학원/Teps

(병과) 함께(with) 쓰러지다(go down)
병에 걸리다(=contract)
• Half the team had **gone down with** flu.
팀원 절반이 감기에 걸렸다.

O552O
go under
13.서울시9급/93.외무고시

밑바닥으로(under) 가버리다 → 침몰하다, 실패하다, 도산하다
1. **(사업이) 실패하다**(=fail in business), **파산하다**(=become bankrupt)
2. **(배가) 침몰하다**(=sink)
3. **굴복하다**(=yield, give in, succumb)
• He failed in speculation and **went under**.
그는 투기에 실패하여 파산했다.

翻 **go under the knife** 수술을 받다

O5521
go out of business
02.전남대/84.행시/토플/Teps

사업에서 벗어나(out of) 가버리다(go)
폐업하다; 파산하다(=go bankrupt)
• The store **went out of business** because of the region's economic slowdown.
그 상점은 그 지역의 경기 불황 때문에 문을 닫았다.

圄 **go into bankruptcy** 파산하다
= **go bankrupt** 파산하다
= **go broke** 빈털터리가 되다, 파산하다
cf. go for broke 모든 것을 다 걸다.
혼신의 힘을 다하다(=go all out)

O5522
go out of one's way
96.단국대

자기가 가던 길(방식)을 벗어나 가다
비상한 노력을 하다(=make a special effort), **일부러 ~하다**
• Please don't **go out of your way** on my account.
저 때문에 그렇게 신경쓰시지 않아도 돼요. ＊on ⓢⓑ's account ~을 위하여

圄 **go all out (for ⓢⓣⓗ)**
(~을 얻기 위해) 전력을 다하다
= **go after** ⓢⓑ/ⓢⓣⓗ
뒤를 쫓다, 추적하다; 구하다, 얻으려고
노력하다
(=strive for sth, try to get or obtain)

O5523

go out of fashion

01~2.영남대/Teps

유행에서 벗어나서(out of) 가다(go)
유행이 지나다
- Simple styles that do not quickly **go out of fashion** are most popular.
  빨리 유행이 지나지 않는 심플한 스타일의 옷이 가장 인기있다.

§ out of fashion/out of vogue
유행이 지난, 한물간
↔ in fashion/in vogue 유행하고 있는
回 all the rage 〈97.인천9급〉
매우 유행되는(=very fashionable)

---

4. (시간 · 돈이) 가버리다 → 시간이 가다, 돈이 충당되다

O5524

go Dutch

07.강남대/토익/입사/Teps

네덜란드식(Dutch) 식으로 하자!
(비용을) 각자 부담하다(=pay expense individually)
- Why don't we **go Dutch**? 각자 내는 게 어때?
  § Let's go fifty-fifty. 50 대 50 으로 하자.

§ split the bill (비용을) 각자 부담하다
*계산서(bill)를 둘로 쪼개다

O5525

go over [sth]

01.여자경찰/01.서울산업대/00~2.고신대
99.국민대/토플/입사4회/Teps

구석 구석(over)에 가보다(go)
1. 검토하다(=examine carefully), 복습하다(=review); 시찰하다(=inspect)
2. (비용 등이) 초과하다 *예산을 넘어서(over) 돈이 들어가다(go)
- We'd like to **go over** the materials you gave us.
  우리에게 주신 자료를 검토해 보고 싶습니다.
  回 going-over 철저한 조사[심문, 검사]; 심한 질책

回 go over with a fine-tooth comb
이 잡듯이 샅샅이 뒤지다
*촘촘한(line) 빗(comb)

O5526

go over the top

13.숭실대

한도를 넘어(over) 가다(go)
1. 할당액[목표]을 초과하다(=overspend)
2. 단호한 조치를 취하다, 돌격하다
- We didn't **go over the top**. 우리는 목표를 달성할 수 없었다.

回 over the top 과장된, 지나친
- be over the top 지나친 행동을 하다

---

5. (기계가) 잘 가고 있다 → 작동하다, (일이) 진척되다, 잘되다

O5527

go on

07.영남대/입사/Teps

계속(on) 가다(go)
1. 나아가다, 계속되다(=continue), 존속하다; 계속하다
2. (어떤 일이) 일어나다(=happen, take place)
3. 처신하다, 행동하다(=behave)
- I just want to **go on** with my life and forget the whole experience.
  난 단지 모든 경험을 잊어버리고 내 인생을 계속 나가고 싶을 뿐이다.

回 goings-on (비난받을 만한) 행위;
이상한 행동; 사건, 사태

O5528

go through [sth]

16.국민대/15~2.경찰/13.기상직9급
00.경찰/토익/입사/Teps

통과해서(through) 가다(go)
1. (무엇을 찾기 위해) 살펴보다, 조사하다(=search)
2. 관통하다, 통과하다(=penetrate); 전 과정을 마치다
3. (고난 · 경험 등을) 거치다, 경험하다
- We **went through** a lot of hardships during the Korean War.
  우린 한국전쟁 동안 많은 고난을 겪었다.

§ go through channels
적절한 순서를 밟아 일을 처리하다

O5529

go through with [sth]

98.변리사/입사/Teps

(어려움)을 통고(through) 가다(go)
~을 해내다(=complete), 완수하다
- No matter how difficult the work may be, he will **go through with** it.
  그 일이 아무리 어렵더라도 그는 해내고야 말 것이다.

O5530

go through the motions

02.서강대

몸짓(motions)을 해 보이다
마지못해 시늉만 해 보이다(=play without effort)
- She didn't really grieve at his death; she just **went through the motions**.
  그녀는 그의 죽음에 실제로는 슬퍼하지 않았다. 단지 슬픈 척 했을 뿐이다.

I 056

pass

pass는 "통과하다, 지나가다(=go by)"이다.
내 위치를 기준으로 할 때 내 옆을 지나쳐서 저 멀리 갔다는 뉘앙스이다. 내게 있는 물건이 나를 지나쳐 저리로 갔다면 "건네주다"가 된다. 다른 사람이 내 옆을 지나 간다면 "추월하다"의 뜻이 되고, 법안의 경우 "통과하다", 시험의 경우 "합격하다"로 더 이상 그것에 대해 신경쓰지 않아도 된다는 것이다. 지나가서 더 이상 보이지 않는다는 것은 "사라지다, 소멸하다, 죽다"의 개념으로 연결된다.

O5601

pass away

12.국가직9급/06~2.해양경찰
93.세종대/토플/Teps

멀리(away)(저승길로) 가버리다(pass)
죽다(=die)
- The poet **passed away** last month.
  그 시인은 지난달에 타계했다.

05602

pass out
14.사회복지9급/06.삼육대/토플/Teps

완전히(out) (정신이) 나가버리다(pass)
1. 나가다; 의식을 잃다
2. 나누어주다(=distribute)
• My father **passed out** when I told him I was gay.
  내가 게이라고 말하자 아빠는 기절하셨다.

05603

pass out of existence
98.안양대/90.경기7급/토플

존재(existence) 상태에서 나가버리다
소멸하다, 사라지다(=disappear, vanish, fade)
• The custom **passed out of existence** many years ago.
  그 관습은 수 년 전에 사라졌다.

圓 put sb/sth out of existence
전멸시키다, 죽이다

05604

pass for sb/sth
01.행자부9급/Teps

~에 적합하게(for) 가다(pass)
(사람이) ~로 통하다, ~으로 여겨지다
(=be accepted or considered as sb/sth)
• Children's toy guns now look so realistic that they can often **pass for** the real thing.
  아이들의 장난감 총들은 너무 진짜 같아서 종종 진짜로 여겨질 수도 있다.

05605

pass A off as B
96.교원대학원

~인 것처럼(as) 해서 빠져(off) 나가다(pass)
A를 B인 것처럼 속이다
• He **passed** himself **off as** a doctor.
  그는 의사인 것처럼 행세하였다.

05606

pass ⋆ over sb/sth
17.지방직9급(하)/07.경기대/06.경원대/Teps

~ 위를 스치고(over) 가버리다(pass)
1. ~을 무시하다(=disregard); 간과하다(=overlook)
2. (승진 등에서) 제외되다
• I cannot **pass** it **over** in silence.
  이것을 묵과할 수는 없다.

05607

pass the buck to sb
97.동국대

책임(buck)을 ~에게(to) 건네주다(pass)
~에게 책임을 전가하다
• Don't **pass the buck to** me.
  내게 책임을 전가하지 마라.

05608

pass ⋆ up sth
95.경기대/Teps

완전히(up) 통과시켜 버리다(pass)
1. 거절하다(=reject, decline, turn ⋆ down sb/sth), 무시하다
2. (기회 등을) 놓치다
• **pass up** a good opportunity
  좋은 기회를 놓치다

05609

come to pass
06.경원대

일이 일어나게(pass) 되다(come to)
일어나다, 발생하다(=occur, happen)
• Strange things **came to pass**.
  이상한 일들이 일어났다.

圓 bring sth to pass
~을 실현[성취]시키다; 일어나게 하다
(=bring ⋆ about sth)

057

step

step은 **한 걸음 한 걸음 발걸음을 내딛는 움직임이 기본 개념이다.**
이에서 걸음 → 보조 → 단계의 개념으로 확대된다.
V. 걷다, 걸음을 내디디다, 나아가다; (~을) 밟다
N. 걸음, 걸음걸이, 보조; 발소리; 수단, 조치; 단계

05701

step out (of sth)
04.국민대/03.기술고시

바깥으로(out) 발걸음을 내딛다
1. 장소를 잠깐 떠나다(=leave a place for a short time), 놀러 나가다
2. 〈구어〉 사직[은퇴]하다(=step down, step aside); (배우자를) 배신하다
• She's just **stepped out** for a few minutes.
  그녀는 몇 분 전에 잠시 나갔는데요.

圓 step in
(명령형) 들어오시오; 간섭하다; 참가하다
圓 step aside 옆으로 비키다, 사직하다
(=resign from a post)
*옆으로(aside) 비켜서(step) 자리를 내주다

05702

out of step (with sb/sth)
06.경북9급

보조(step)를 벗어난(out of)
보조를 맞추지 않고, 조화되지 않는
• He's **out of step with** the rest of us.
  그는 우리 나머지 사람들과는 조화되지 않는다.

圓 step out of line
(정당 등의) 방침에 위배되는 행동을 하다;
예상 밖의 행동을 취하다
↔ in step with sb/sth
~와 보조를 맞추어; 일치[조화]하여

05703

step on sb/sth
03-2.명지대/Teps

위를(on) 밟다(step)
~을 밟다; 억누르다; 〈구어〉 해치다; 꾸짖다
• If you **step on** an egg, it will break.
  만약 달걀을 밟는다면, 깨져 버릴 것이다.

圓 step on sb's toes
*발을 밟히면 화를 내는 것은 당연
(다른 사람의 일을 차지하려고 함으로써)
다른 사람을 불쾌하게 하다

05704
step on the gas / step on it
98.단국대/Teps

휘발유(gas)가 더 많이 들어가도록 (액셀) 위를 밟다
속력을 내다(=speed up, accelerate), **서두르다**(=hurry)
• If you don't **step on it**, we'll miss the plane.
  속력을 내지 않으면, 우린 비행기를 놓치고 말거야.

⑤ gather pace 빨리 가다, 속도를 올리다
⑰ speeding 고속 진행, 속도 위반
  - **speeding ticket** 속도 위반 딱지
  - **speed limit** 제한 속도
  - **speed camera** 속도 감시 카메라

05705
step * up [sth]
94.사법시험

발걸음을 빨리하다, 단계를 올리다(up)
올라가다, 증대시키다; 촉진시키다
• If you want to pass this exam, you'll have to **step up** efforts to upgrade your English.
  이 시험에 합격하려면, 당신은 영어실력을 높이려는 노력을 강화해야 할 것이다.
  ⑪ step-up 증가, 지위 향상; 단계적으로 증대하는, 강화하는

05706
step down (from [sth])
16.광운대/입사

발을 아래로 내딛다, 단계를 내리다(down)
은퇴[사임]하다(=retire, resign)**; (전압 따위를) 내리다; 차 따위에서 내리다**
• Although he was past retirement age, he refused to **step down** and let his son take over the business.
  은퇴나이가 지났음에도 불구하고, 그는 사직을 거절했고 그의 아들이 사업을 인수하게 했다.
  ⑪ step-down 감소; 단계적으로 감소하는, 체감하는

R042   [어근] cur/cour/curse/course(=run)

O421 forerunner
[fɔ́ːrrʌ̀nər]
00.세무사/98.인천대

fore(=before)+runner → 나보다 먼저 달려간(산) 사람

n. 1. 선구자, 전신(前身)(=ancestor)
   2. 전조, 예보
• forerunner of the modern major leagues 근대 메이저리그의 전신
ⓥ **forerun** ~의 앞을 달리다, ~에 앞서다; 예고하다

O422 precursor
[prikə́ːrsər]
16.광운대/13.이화여대
11.국회8급

pre(=before)+curs(=run)+or → 이전에 달려가 본 사람

n. 선구자, 선배; 효시, 전조
• the precursor of modern art 근대예술의 선구자
ⓐ **precursory** 선구의, 전조의

O423 courier
[kə́ːriər]
04.경기대

cour(=run)+i+er(행위자) → (소식이나 물건을 들고) 달리는 사람

n. 1. 급사, (외교) 특사, 밀사(=messenger)
   2. 급송 택배; 급한 소식을 전하는 수단
   3. 안내원, 가이드
• a quick urgent courier service 빠른 급송 서비스

> 웹 **envoy**[énvɔi] 외교 사절, 외교관; 사자(使者) ⊃ R2123
>   **emissary**[éməsèri] 사절; 특사, 밀사, 간첩 ⊃ RO520
>   **ambassador**[æmbǽsədər] 대사; 사절, 대표; 사자(使者)
>   **diplomat**[dípləmæt] 외교관; 외교가; 흥정을 잘하는 사람
>   - **diplomatic** 외교상의; 교섭[흥정]에 능한
> 웹 **carrier**[kǽriər] 운반인, 우편집배원; 항공모함

O424 curse
[kə́ːrs]
06.광운대/01.국민대

curse(=run) → 말을 다다러 내뱉는 것

n. 1. 욕, 욕설, 악담; 저주(=malediction)
   2. 폐해(=bane); 골칫거리
v. 욕설하다, 악담을 퍼붓다(=call sb names), 저주를 내리다
• curse all the time 항상 욕을 하다
ⓝ **cursing** 저주, 악담, 파문; 신에 대한 모독
ⓐ **cursed** 저주 받은, 천벌 받은; 저주할, 가증스러운
ⓐⓓ **cursedly** 천벌을 받아, 가증하게도, 터무니없이

O425 scourge
[skə́ːrdʒ]
92.서울대학원

스타크래프트 게임에서 드랍쉽에게 스커쥐는 재앙

n. 재앙, 골칫거리; 천벌; 채찍, 매
v. 채찍질하다, 혼내다
• the scourge of war 전쟁의 참화
• scourge the prisoner 죄수를 매질하다

O426 scour
[skauər]
14.서울시7급

s+cour(=run) → 이곳저곳 마구 돌아다니다

v. 1. 바쁘게 찾아다니다; 철저히 조사하다(=ransack)
   2. 문질러 닦다, 윤내다
웹 **scout**[skaut] 정찰병, 정찰기; 정찰하다

O427 cursory
[kə́ːrsəri]
17.서강대/12.가톨릭대
06.한성대

curs(=run)+ory → 일을 달리듯이 하는

a. 마구잡이의, 날림의, 서두르는(=casual);
   피상적인(=perfunctory)
• a cursory survey of the project 그 계획에 대해 날림으로 한 조사
• a cursory glance 홀끗 봄, 대충 봄
07.전북9급 웹 **scurry**[skə́ːri] 허둥지둥 달리다, 잰 걸음으로 서두르다(=run)
웹 **cursive**[kə́ːrsiv] 흘림 글씨의; 필기체의
   discursive[diskə́ːrsiv] 산만한, 두서없는
   excursive 본론에서 벗어난, 산만한

O428 incursion
[inkə́ːrʒən]
12.한성대

in(=into)+curs(=run)+ion → 안으로 뛰어드는 것

n. 침입, 습격(=invasion, raid); 유입
• make incursions into the house 그 집에 침입하다
ⓐ **incursive** 침입하는, 유입하는
웹 **incur** (빚을) 지다, (손실을) 입다, 비난을 초래하다

---

tip course(경로)는 어디로 가기 위한 길입니다.
어근 curs는 "속도감 있게 달리다(run)"의 의미를 갖습니다.

추가 어휘

- [ ] **course** 진행, 방침; 경로, 코스; 경과; 달리다
- [ ] con**course** 집합, 합류; 큰길, 가로수길
- [ ] inter**course** 교제, 교류, 친교; 성교
- [ ] ex**cur**sion[ikskə́ːrʒən] 소풍, 짧은 여행; 탈선
- [ ] **cur**few[kə́ːrfjuː] 통행 금지령, 소등령
- [ ] **cur**l 감다, 비틀다, 머리를 말다; 파마의 바른 표현
- [ ] **cur**ry[kə́ːri] 카레; 빗질하다, 사람을 때리다
- [ ] **cur**sor[kə́ːrsər] 컴퓨터의 커서, 활동판
- [ ] **cur**sorial 〈동물〉뛰어다니기에 알맞은
- [ ] dis**course** 강의, 논설, 설교; 강연하다
- [ ] suc**cor**[sʌ́kər] (위급한 때의) 구조, 원조
- [ ] **cur**t[kə́ːrt] 짧은, 간결한; 무뚝뚝한

표제어 복습

- [ ] oc**cur** 일어나다, 출현하다, 생각나다 ☒ N0252
  - oc**cur**rence 발생, 사건, 출현
- [ ] con**cur**rently 동시에; 일제히 ☒ N0312
  - con**cur** 동의하다, 협력하다; 동시에 일어나다
  - con**cur**rent 동시에 일어나는, 수반하는
- [ ] re**cur**ring 되풀이해서 일어나는, 회귀하는 ☒ N0506
  - re**cur**rent 재발하는, 정기적으로 일어나는
  - re**cur**rently 되풀이하여
  - re**cur**rence 재발, 순환, 회상, 추억
  - re**cur** 재발하다; 반복되다
  - re**cur**sive 되풀이되는, 반복적인, 순환적인
  - re**cur**sion 재귀, 반복; 순환
- [ ] re**course** 의지, 의지가 되는 것 ☒ N0940

0429 **coarse**
[kɔ́ːrs]
02.세무사

coars(=run) → 뛰면서 만든
a. 1. 조잡한, (표면이) 거친(=rough)
   2. (사람이) 세련되지 않은, 야비한
   • coarse food 형편없는 음식
   • coarse manner 세련되지 못한 태도
🔞 **currish**[kə́ːriʃ] 상스러운, 야비한 *cur(=run)

0429(1) **current**
[kə́ːrənt]
석사장교

cur(=run)+rent → 지금 흐르고(돌고) 있는
a. 통용되고 있는, 현행의, 현재 유행하고 있는(=prevailing)
n. 1. 흐름, 경향, 추세
   2. 전류, 조류
98-2.세종대 @ **currently** 현재, 지금(=now, presently)
ⓝ **currency** 통화, 화폐; 유통, 통용
02.경원대 🔞 **cross-current** 본류와 교차하는 물줄기, 역류;
   상반되는 경향(count-current)

R043   [어근] cel/vel(=swift)

0431 **excel**
[iksél]
11.경희대

ex(=out)+cel(=swift) → 보다 빠르다
v. 능가하다, ~보다 낫다(=surpass); 뛰어나다, 탁월하다
   • excel in French 프랑스어에 뛰어나다
@ **excellent** 우수한, 아주 훌륭한, 뛰어난
ⓝ **Excellency** 각하(존칭)
   • Your Exellency 각하!

0432 **celerity**
[səlérəti]
05.성균관대

cel(=swift)+er+ity → 빠른 것
n. 신속, 민첩
   • with celerity 신속하게

0433 **velocity**
[vəlάsəti]
96.숭실대

vel(=swift)+oc+ity → 빠른 정도
n. 속도; 빠르기, 속력(=speed)
   • reach target velocity 목표속도에 다다르다

추가 어휘
☐ **vel**oce 〈음악용어〉 보다 빠르게
☐ **vel**ocimeter (특히 발사물의) 속도계
☐ **vel**odrome (자전거, 오토바이) 경주장

표제어 복습
☐ de**cel**erate 속도를 줄이다, 감속하다 ❏ N0771
   - de**cel**erator 감속기
   - de**cel**eration 감속, (물리) 감속도
   ↔ ac**cel**erate 가속하다; 촉진하다
   - ac**cel**erator 가속장치, 가속페달

R044   [어근] flee(=flow) & fug(=flee)

0441 **flee**
[fliː]
96.상명대

flee(=flow) → 물 흐르듯 사라지다
v. 도망하다(=run away) 피하다; 사라지다
   • try to flee abroad 해외로 달아나려 하다

0442 **fleeting**
[flíːtiŋ]
17.이화여대/ 09.서강대
06.대구가톨릭대

fleet(=flow)+ing → 물 흐르듯 사라지는
a. 잠깐 동안의; (시간 등이) 어느덧 지나가는,
   덧없는(=temporary, transient, transitory)
   • Time flies fleetingly before we know it. 세월이 덧없이 지나간다.
ⓝ **fleet** n. 함대, 선단, 무리 a. 빠른, 신속한

0443 **fugitive**
[fjúːdʒətiv]
06.국민대
03-2.경기대/경찰간부

fug(=flee)+i+tive → 달아나는 → 도망하는, 망명의
n. 도망자, 탈주자, 망명자(=person in flight)
a. 도망하는; 덧없는, 일시적인(=temporary)
   • harbor the fugitive 도망자를 숨겨주다
🔞 **AWOL**[absent without leave] 군대의 무단이탈, 탈영

0444 **refugee**
[rèfjudʒíː]
16.서울시7급

re(=back)+fug(=flee)+ee(행위자) → 뒤로 도망가는 사람
n. 피난민, 난민; 도망자
   • live in a refugee camp 난민수용소에 살다
ⓝ **refuge**[réfjuːdʒ] 피난, 도피; 피난처(=asylum); 핑계

0445 **subterfuge**
[sʌ́btərfjùːdʒ]
07.대구7급/06.중앙대

subter(=beneath)+fug(=flee)+e → 아래 속에 숨는
n. 구실, 핑계(=pretext), 속임수
   • use a subterfuge 속임수를 쓰다

0446 **fugacious**
[fjuːgéiʃəs]
08.중앙대

fug(=flee)+ac+ious → 금방 사라지는
a. 금방 사라지는, 덧없는; 휘발성의
   • a fugacious youth 덧없는 젊음

R045 [어근] ambl/ambul(=walk)

O451 amble
[æmbl]

amble(=walk) → 걷다

vi. 느릿느릿 걷다(=stroll)
- amble around the town 읍내를 어슬렁거리며 걷다

ⓐ **ambling** 느릿느릿 걷는; 느긋한(=leisurely)

ambulatory 보행의, (환자가) 걸을 수 있는

O452 rambling
[ræmbliŋ]
17.상명대

re+amble(=walk)+ing → 이리저리 걸어 다니는

a. 1. 횡설수설하는, 장황하고 두서없는(=long and boring)
2. 사방으로 퍼져나가는
- rambling, long statements 두서없고 장황한 진술

ⓥ **ramble** (이리저리) 거닐다, 두서없이 이야기하다

추가 어휘
- ☐ **ambul**ance 구급차
- ☐ **ambul**ation 보행, 이동
- ☐ noct**ambul**ist 몽유병자 ·noct(=night)
- ☐ br**ambl**e 들장미
- ☐ sh**ambl**e 비틀비틀 걷다
- ☐ g**ambol** 깡충깡충 뛰어 다니다
  cf. gamble 도박을 하다
- ☐ pre**ambl**e (책의) 서문, 전문

R046 [어근] sal/sul/sult(=leap) & sal/sul(=salt) & sal(=health, greeting)

O461 leap
[líːp]
07.국민대

뛰다 → 도약하다

vi. 1. 껑충 뛰다, 뛰어 오르다, 도약하다(=jump)
- leap at ~에 얼른 덤벼들다
2. (가슴이) 뛰다, 약동하다

vt. (장애물을) 뛰어넘다

n. 뜀, 도약, 급격한 증가

Ⓘ **by leaps and bounds** 급속히, 급속하게(=rapidly)

a giant leap 대약진, 비약적 변화

O462 salient
[séiliənt]
12.서울여대/09.이화여대
06.숭실대

sal(=leap)+ient → 껑충껑충 튀어 오르는

a. 가장 중요한; 가장 두드러진, 현저한(=noticeable, prominent)
- salient features 두드러진 특징들

O463 salacious
[səléiʃəs]
13.상명대

sal(=leap)+ac+ious→ 야한 사진을 보니 가슴이 마구 뛰는

a. (말·글·그림 등이) 음란한, 외설스러운, 추잡한
- a salacious book 외설스러운 책

O464 assailant
[əséilənt]
10.경찰2차

as⟨ad(=to)+sail(=leap)+ant → 사람을 향해 덤비는 사람

n. 공격자, 습격자, 폭행자
- defend myself from the assailant 공격자로부터 나를 방어하다

ⓥ **assail** 맹렬히 공격하다, 습격하다(=attack)

ⓝ **assault** 돌격, 공격; 폭행; 강습하다; 폭행하다

Ⓑ **unassailable** 공격할 수 없는, 논쟁의 여지가 없는

Ⓔ **onslaught** 맹공격, 맹습(=a strong or violent attack)

O465 sally
[sǽli]
15.한국외대

sal(=leap)+ly→ (적을 향해 갑자기) 달려드는 것

n. 1. 기습 공격(=charge), 역습
2. 재치 있는 농담; ⟨구어⟩ 소풍
- a successful sally 성공적인 기습공격

O466 insult
[insʌ́lt]
03.고려대

in(=on)+sult(=leap) → 상대방에게 (말로) 달려들다

vt. 모욕하다(=taunt, affront)

n. 모욕(적인 말·행동)
- tolerate an insult 모욕을 참다
- to add insult to injury 설상가상으로

O467 result
[rizʌ́lt]
12.덕성여대/06.선관위9급

re(=back)+sult(=leap) → 뒤로 튀다

vi. 1. ~에서 유래하다, 기인하다[from]
*result from (사건 등이) ~에서 비롯되다, ~의 결과로 생기다
2. ~으로 끝나다[in]
*result in 어떠한 결과로 귀착되다, 끝나다

n. 결과, 결말; (pl.) 성적
*as a result of ⟨sth⟩ ~의 결과로, ~때문에(=because of)

ⓐ **resultant** 결과로서 생기는; (힘 등이) 합성적인

resulting 결과로 초래된

---

tip 물을 거슬러 위로 튀어 오르는 연어(salmon)처럼 sal 어근은 "튀어 오르다"의 의미를 가집니다.

어근 sal/sul/sult(=leap)

추가 어휘
- ☐ **sal**mon[sǽmən] 연어, 연어고기
- ☐ con**sult** (전문가에게) 의견을 묻다, 상담하다
  - con**sult**ant 컨설턴트, 고문, 자문해주는 사람
  - con**sult**ation 상담, 자문; 협의회
- ☐ ex**ult**[igzʌ́lt] 매우 기뻐하다
  - ex**ult**ant 몹시 기뻐하는, 의기양양한
  - ex**ult**ation 크게 기뻐함, 기고만장함

표제어 복습
- ☐ re**sil**ience 회복력, 탄력, 탄성 ☐ N0410
  - re**sil**ient 회복력 있는, 탄력 있는
- ☐ de**sul**tory 두서없는, 종잡을 수 없는 ☐ N0800
  - de**sul**torily 산만하게, 두서없이

어근 sal/sul(=salt)

추가 어휘
- ☐ **sal**ary 봉급, 급료 ·옛날에는 급여를 소금으로 지급
- ☐ **sal**ty 소금기 있는

O468 **exile**
[égzail]
07-2.가톨릭대

ex(=away)+(s)il(=leap) → 국외로 튀어 버리다

n. 국외추방, 유배; 망명(자)
vt. 추방하다(=banish)
• be sent into exile 추방당하다

O469 **salinity**
[səlínəti]]
14.건국대

sal(=salt)+ine+ty → 소금의 정도

n. 염분, 염도
• measure the salinity of the water 물의 염도를 측정하다
ⓝ **saline**[séilain] 소금기가 있는; 염분, 염전

O469(1) **salutary**
[sǽljutèri]
10.명지대/00.행자부9급
98.경기대/97.고려대학원

sal(=health)+ut+ary → 건강에 도움이 되는

a. (당장 싫지만) 건강에 좋은, 유익한
(=beneficial, useful, healthful)
• a salutary lesson 유익한 교훈
圄 **salute** (거수·예포·총으로) ~에게 경례하다; 경례 *sal(=greeting)
 - **salutation** 인사(하기); 인사말; 경례

O469(2) **salubrious**
[səlú:briəs]
10.이화여대

sal(=health)+ubri+ous → 건강에 도움이 되는

a. (기후 등이) 건강에 좋은
• The climate was mild, genial and salubrious.
기후는 부드럽고 온화했고, 살기 좋았다.
凹 **insalubrious** 건강에 좋지 못한, 불결한

R 047　[어근] rest(=stop, halt)

O471 **halt**
[hɔ́:lt]
06.덕성여대

멈추다 → 휴식하다

n. 정지, 휴식, 멈춤; 정류장
v. 멈추다, 정지해[시키]다; 쉬게 하다

12.명지대

圄 **bring to a halt** 정지시키다, 멈추게 하다
bring a halt to ~ing ~하는 것을 중단하다(=discontinue)
call a halt to 정지하라고 명령하다

08.경기대

grind to a halt (차가) 끼익 소리내며 서다; (활동 등이) (천천히) 멈추다

O472 **rest**
[rést]
12.서울여대/09.이화여대
06.숭실대

rest(=stop) → 일을 멈춤

n. 1. (어떤 것의) 나머지
　　2. 휴식, 수면
v. 쉬다, 자다; (어떤 것이) 받(쳐)지다
ⓐ **restful** 편안한, 평화로운　**resting** 휴식[휴면]하고 있는
凹 **unrest** (사회·정치적인) 불안
 - **unrestful** 불안한, 불안케 하는　**unresting** 동요하고 있는

12.국민대

圄 **put** ⓢⓣⓗ **to rest** (소문이 사실이 아님을 보여주어) 잠재우다
rest on 의지하다

O473 **restive**
[réstiv]
11.이화여대/06.경기대
05.서울여대

rest(=stop)+ive → 소가 끌어도 멈추어 있는 → 반항적인

a. 1. (특히 지루함이나 불만으로) 가만히 못 있는
(=edgy, restless, agitated)
　　2. 다루기 힘든, 반항적인(=unruly)
• become increasingly restive 점점 침착하게 있지 못하다
圄 **restless** 침착하지 못한, 불안한, 잠 못 이루는

O474 **arrest**
[ərést]
14.한국외대/00.경기대

ar〈ad=to)+rest(=stop) → 가던 사람을 멈추게 하다

vt. 1. 체포하다, 검거하다(=apprehend, round up)
　　2. (주의·이목·흥미 등을) 끌다(=attract)
　　3. (진행·성장 등을) 저지하다(=stunt)
n. 체포, 구속; 저지
• issue an arrest warrant 체포 영장을 발부하다
• arrest the attention 이목을 끌다
ⓝ **arrestant** (활동·진행 등의) 저지[억지]물
arrestation (발달·진전의) 억지, 정지
arrestee 피체포자　**arrester** 체포자
ⓐ **arrestable** (영장 없이) 체포할 수 있는
arrestive 눈에 띄는

12.이화여대

arresting 시선을 사로잡는, 매력적인
圄 **round up** (사람이나 가축을) 끌어 모으다; 검거하다, 체포하다

I058

run

run의 기본 개념은 go와 거의 같지만, go보다 주체성이 있으며 **"달리다"** 처럼 속도감 있는 움직임을 뜻한다.
1. (사람 등이) 달리다[달리게 하다], 달아나다; 운행하다
2. (다루는 범위가) ~에 미치다, 걸치다; (소문 등이) 퍼지다
3. (기계 등이) 돌아가다, 움직이다, 작동하다; (영화 등이) 계속 상영되다
4. (회사 등을) 경영하다; (선거 등에) 입후보하다
5. (위험 등을) 무릅쓰다, 목숨을 걸다
6. (액체가) 흐르다, 눈물, 콧물, 피가 흐르다; 열이 나다
N. 달리기, 운행, 장기 공연, 출마, 득점

1. (사람 등이) 달리다[달리게 하다], 달아나다; 운행하다

O58O1
run away
00.경찰/95.협성대/입사/Teps

달려서(run) 멀리 사라지다(away)
달아나다, 도주하다(=escape, flee)
• He was watching for a good chance to **run away**.
그는 도망칠 기회를 노리고 있었다.

🔧 **runaway** 도망자, 탈주자; 도망, 탈주

run away with sb/sth
1. [=run off with sb/sth] (남녀가 눈이 맞아) 함께 달아나다(=elope with sb)
2. [=run off with sth] ~을 훔쳐서 도망치다(=steal, abscond with sth)
3. 압승하다, 압도하다(=overwhelm, get the better of sb/sth), 쉽게 이기다
4. 지레짐작하다

O58O2
run across sb/sth
00.세무직9급/98.고려대학원
97.인하대/86.법원직/Teps

서로 교차하여(across) 달리다
우연히 만나다, 발견하다(=encounter, come across, come upon, run into, bump into, meet (sb) by chance)
• We **ran across** some old friends in the village.
우리는 마을에서 몇 명의 오랜 친구들을 우연히 만났다.

O58O3
run into sb/sth
05-2.명지대/03.기술고시/00.법원직
98.홍익대/입사/Teps

(서로) 안으로 뛰어들다 → 부딪치다 → 만나다
1. 〈구어〉 ~와 우연히 만나다(=meet unexpectedly), 충돌하다
2. 곤란을 만나다, 어려움에 봉착하다(=run up against sb/sth)
• He **ran into** Mary in the corridor a few minutes later.
그는 몇 분 후에 복도에서 우연히 메리를 마주쳤다.

run into a brick wall
〈구어〉 난관에 부딪치다

O58O4
run aground
00.법원직

aground(땅바닥으로 간 → 좌초되어)
배가 좌초하다; (계획이) 좌절되다
• The ship **ran aground** during the storm.
그 배는 태풍이 치는 동안에 좌초되었다.

O58O5
run on
03.기술고시/입사/토플

계속(on) 달리다(run)
계속 달리다; 계속 장황하게 이야기하다(=talk volubly)
• He is always **running on** about his tax problems.
그는 항상 자신의 세금문제에 대해서 장황하게 늘어놓는다.

O58O6
run over
18.경찰1차/사법시험/입사/토플/Teps

위로 or 구석구석 달리다
1. (차가 사람 등을) 치다(=hit) *차가 (사람) 위로(over) 달리다(run)
2. 대충 훑어보다; 복습하다(=review), 반복하다(=repeat)
*구석 구석에(over) 달리다(run)
3. 초과하다(=exceed, go beyond) *제한을 넘어서(over) 달리다
• Look out, or you will be **run over**.
조심하세요, 그렇지 않으면 차에 치일 것입니다.

hit and run (사람을 치고) 뺑소니치다
cf. hit-and-run 뺑소니

O58O7
run down
토플/입사/Teps

깎아(down) 내리다(run)
1. (몸이) 쇠약해지다; (전지 등의 약이) 닳다; (시계가) 작동을 멈추다
2. 헐뜯다, 비방하다(=disparage)
3. 대충 읽어보다, 속독하다
4. 찾아내다; ~의 근원을 찾아내다; (사람을 추적하여) 잡다
5. (사람 등을) 치다(=run over)
6. (도시에서) 시골로 내려가다
7. ~로 서둘러 가다, 달려가다
• My watch has **run down**. 내 시계가 맞지 갔다.
• You are always **running** me **down**. 너는 항상 나를 깎아내린다.

🔧 **run-down** (사람이) 지친(=tired, fatigued, weary, exhausted), 병든;
낡아빠진, 황폐한(=squalid)
rundown 개요(보고); 각 항목별 검사; 감원

run ★ up sth (옷 등을) 급히 만들다, (가치·가격 등을) 올리다; (깃발을) 올리다
run up a bill/debt
청구서[빚]이 쌓이다

2. (다루는 범위가) ~에 미치다, 걸치다; (소문 등이) 퍼지다

05808
run to [sb]/[sth]
07.숭실대/03.기술고시

~에까지(to) 미치다(run)
1. (수량 · 크기 등이) ~에 달하다, 이르다 *~에(to) 이르다(run)
2. (구매할) 자력이 있다(=afford) *(능력이) ~에(to) 미치다(run)
3. 도움을 요청하다 *(알려주기 위해) ~에게(to) 달려가다(run)
• The bill **ran to** $100. 청구서가 100달러에 달했다.
• If you can't **run to** champagne, buy sparkling wine.
  삼페인 살 여력이 안 되면 스파클링 와인을 사라.

05809
run through [sth]
07.숭실대/Teps

여기저기(through) 미치다(run)
1. ~을 대충 훑어보다, 통독하다(=go through [sth])
   *~을 통과해서(through) 미치다(run)
2. (연극 · 장면 등을) 연습하다, 리허설하다
   *전체를 통과해서(through) 해보다(run)
3. (~을) 낭비하다; ~을 다 써버리다
• We **ran through** the witness' testimony before presenting it in court.
  법정에 나가기 전에 우리는 목격자의 증언을 대충 훑어 보았다.

05810
run out of [sth]
01.인천시9급/99.행정고시/99.법원직
92.인제대/토익/입사3회/Teps

떨어진 상태(out of)에 미치다(run)
(식량 · 연료 등을) 다 써버리다, 바닥내다
(=become used up, be exhausted)
• We have **run out of** provisions.
  식량이 떨어졌다.

団 run out of gas 기름이 떨어지다
run out of food 음식이 떨어지다

05811
run short (of [sth])
16.광운대/토익/입사/Teps

부족한(short) 상태에 미치다(run)
(…이) 부족하다; (…이) 떨어지다
• We are **running short of** fuel.
  우리는 연료가 다 떨어져 간다.

S run low (자금 따위가) 고갈되다,
(식량, 연료 등이) 떨어져 가다

3. (기계 등이) 돌아가다, 움직이다, 작동하다; (영화 등이) 계속 상영되다

05812
run-of-the-mill
17.한성대/16.국민대/06.광운대/95.입법고시
93.기술고시/99.세종대/Teps

시골에 방앗간(mill)이 돌아가는(run) 풍경처럼 흔한
보통의, 평범한, 흔한(=ordinary, common, commonplace, mediocre)
• This is no **run-of-the-mill** car. It is worth its weight in gold!
  이 차는 그냥 평범한 차가 아니다. 매우 값나가는 차이다.

4. (회사 등을) 경영하다; (선거 등에) 입후보하다

05813
run for
02~2.단국대/Teps

~선거에(for) 출마하다(run)
~에 출마하다, 입후보하다
• They say he will **run for** President.
  그가 대통령에 출마한다는 소문이 있다.

5. (위험 등을) 무릅쓰다, 목숨을 걸다

05814
run[take] a risk (of ~ing)
성신여대/토익

risk를 걸다(run)
~의 위험을 무릅쓰다
• Richard is **running a risk of** losing a lot of money if he invests in that
  company.
  Richard는 저 회사에 투자한다면 많은 돈을 잃을 위험을 감수해야 하다.

S run for one's life
목숨을 걸고 도망치다

6. (액체가) 흐르다, 눈물, 콧물, 피가 흐르다; 열이 나다

05815
run a temperature /
run a fever /
have a temperature
01.동덕여대/Teps

열(temperature, fever)이 나다(run)
(몸이 아파서) 열이 나다, 열이 있다, 정상보다 체온이 높다
• He began to **run an** extremely high **temperature**.
  그는 매우 고열이 나기 시작했다.

N. 달리기, 운행, 장기 공연, 출마, 득점

05816
have a long run
16.광운대

오랫동안(long) 장기공연(run)을 갖다(have)
〈영화 · 연극이〉 장기 흥행되다(=run for a long time)
• The play **had a long run** of 30 months.
  그 연극은 30개월이나 장기 흥행했다.
団 have a short run 단기 흥행하다

I 059

walk

walk의 기본 의미는 **"사람이 걷다"**이지만 **"처신하다"**의 의미도 있다.
N. 보행, 산책; 처세, 세상살이; 활동 영역

05901
walk out on sb/sth
90.서울시7급/입시/Teps

누구를 벗어나서(out) 걸어나가다(walk)
버리다(=desert), **떠나다**(=leave)
• We had words and she **walked out on** me.
우리는 말다툼을 했고 그녀는 내 앞에서 나가 버렸다. *have words 다투다

🔁 **walk out** 퇴장하다, 파업하다

05902
walk on eggshells
15.사회복지9급

깨지기 쉬운 달걀 껍질(eggshell) 위를 조심조심 걷다
(다른 사람의 눈치를 보며) 조심조심하다
(=be very careful not to upset somebody)
• He **walks on eggshells** around his wife.
그는 아내의 눈치를 살살 보고 있다.

🔁 **walk on air** 들뜨다
be walking on a cloud 구름 위에 붕 떠 있는 기분이다.

05903
every walk of life /
all walks of life
93.행정고시/89.행자부9급
02.건국대

모든 삶의 세상살이(walk)
각 계층의 사람들, 각계 각층
• The people who came to the art exhibit represented **all walks of life**.
그 미술전시회에 온 사람들은 온갖 계층의 사람들을 대표하는 것 같았다.
🔁 **walk of life** 직업(=occupation), 사회적 계급

I 060

jump

jump는 **"공중으로 뛰어오르다(spring), 도약하다(leap)"**이다.
이는 빠른 움직임을 내포하는 것이어서 비유적 의미로 **"약동하다, 활기에 넘치다, 서두르다, 비약하다"**의 의미
로 발전한다.

06001
jump the track[rails]
83.행정고시/토플

궤도(track)를 뛰어 내리다(jump), 이탈하다
(차량이) 탈선하다(=derail, get out of control); **(계획 등이) 갑자기 변경되다**
• The entire project **jumped the track**, and we finally had to give up.
계획 전체가 갑자기 변경되어서 우리는 결국 포기할 수밖에 없었다.

06002
jump[get, hop, climb] on
the bandwagon
15.한국외대/07.고려대/토플/Teps

인기있는 악대차(bandwagon)에 뛰어오르다(jump, hop, climb)
시류에 편승하다, 우세한 쪽에 서다(=join a popular cause or movement, follow the majority)
• Mike **jumped on the bandwagon** since he was not sufficiently informed about the meeting beforehand.
마이크는 사전에 회의에 대해 충분하게 알지 못했기 때문에 대세에 따랐다.

🔁 **be on the wagon** 술을 끊다
↔ **fall off the wagon** 다시 술을 마시기 시작하다

06003
jump to a conclusion
08.국가직9급/11.경북교행
02.경찰/사법시험/Teps

뛰어 넘어서(jump) 결론에 도달하다
너무 빨리 속단하다
• We must not **jump to a conclusion**.
성급하게 단정해서는 안 된다.

🔁 **come to a conclusion**
결론에 도달하다

fly

fly는 "(새나 곤충, 비행기 등이) 날다, 나는 듯이 빠르게 움직이다"의 의미의 동사이다.

06101
fly the coop
10.동국대

새장(coop)을 탈출해서 날아가다(fly)
탈옥하다, 도망치다(=escape), 떠나다(=leave)
• The police had a warrant for his arrest, so he **flew the coop**.
  경찰이 그의 체포영장을 발부받아서 그는 도망갔다.

06102
on the fly
07.고려대

날고 있는 중에
1. (날듯이) 바삐, 빠르게, 서둘러
2. (컴퓨터 프로그램 등이) 자동으로, 작동 중에
• I usually eat my breakfast **on the fly**.
  나는 대개 아침을 허겁지겁 먹는다.

> ■ fly 관련 표현
> **fly off the handle** (느닷없이) 화를 내다
> = **fly into a rage** 벌컥 화를 내다
> **fly under the radar** 남들이 모르도록 하다
> **fly a kite** 여론의 반응을 살피다
> **fly in the face of** ⓢⓑ/ⓢⓣⓗ (공공연히) 반대하다 ⊃ I13602

stop

stop은 "어떤 동작을 더 이상 하지 않다"가 기본개념이다
1. 움직임을 멈추다 → 걸음을 멈추다, 일을 중단하다
2. 멈추게 하다, 방해하다, 저지하다(hinder), 구멍을 막다
3. 비 · 눈 등이 멈추다
4. 잠깐 들르다, 숙박하다

06201
stop ⓢⓑ/ⓢⓣⓗ **(from) ~ing**
Teps

~하는 것을 막다(stop)
~하지 못하게 하다
• I want to **stop** them **from** watch**ing** television.
  나는 그들이 TV를 그만 봤으면 한다.

06202
stop to think
04-2/04.덕성여대/Teps

차분히 생각하기 위해 걸음을 멈추다(stop)
곰곰이 생각하다
• He never **stops to think**.
  그는 차분히 생각하는 일이 없다.

06203
stop by (ⓢⓦ) /
stop by (at ⓢⓦ**)**
99.단국대/Teps

어떤 장소에 멈추다(stop)
~에 잠시 들르다, 방문하다(=stop off, stop in, drop in, drop by)
• I'll **stop by** at your office tomorrow.
  내일 당신의 사무실에 잠시 들르겠습니다.

⬛ **stop to R** ~하기 위해 멈추다

⬛ **stop off[in] (at** ⓢⓣⓗ**)**
~에 잠시 들르다(=drop in, drop by)

R048

[어근] fer/fert(=carry, bear) & car(=carry, roll, wheel)

O481 confer
[kənfə́ːr]
16.국민대/85.행자부7급
85.행정고시

con(=together)+fer(=carry) → 함께 의견을 전달하다 [나누다]

vi. 협의[의논]하다[with](=consult with)
vt. 1. (상·학위·명예·자격을) 수여[부여]하다[on](=give, accord)
   2. (명령형) 참조하라(약어.cf)
   • confer with my lawyer 내 변호사와 협의하다
   • confer an award on him 그에게 상을 수여하다
   ⓝ conferment (학위 등의) 수여, 서훈 conference 협의, 상의
   ⓐ conferential 회의의 conferrable 수여할 수 있는, 수여해야 할

O482 refer
[rifə́ːr]
18.서울시9급/05.한국외대
11.명지대

re(=again)+fer(=carry) → 다시 전달하다

vt. 알아보도록 하다, 조회하다
vi. 언급하다, 암시하다; 참조하다[to]
   • refer to A as B A를 B로 부르다, 일컫다
   ⓝ reference 문의, 조회; 참조; 참고문헌
      referee[rèfəríː] 운동경기의 심판; 중재인, 조정인

O483 referendum
[rèfəréndəm]
15.서강대/97.사법시험

re(=again)+fer(=carry)+en+dum → 국민에게 다시 물어보는 것

n. 국민투표(=plebiscite)
   • suggest a referendum on the issue 그 사안에 대해 국민투표를 제안하다
   🗊 plebiscite[plébəsàit, -sit] 국민투표
      • be approved in a plebiscite 국민투표에서 가결되다

O484 interfere
[intərfíər]
16.국가직9급/15.가천대
00.경기대

inter(=between)+fer(=carry)+e → 사람 사이에 오다

vi. 1. 간섭하다, 참견하다[in](=meddle)
   2. 방해하다[with](=tamper, disturb, prevent)
   • be unwilling to interfere in family problems
     가정사에 개입하려 하지 않다
   • interfere with sb's work ~의 업무에 방해가 되다
   ⓐ interfering 간섭[방해]하는; 남의 일에 참견하는
   ⓝ interference 간섭, 방해, 참견; 전파 방해
   🔢 stick one's nose in 참견하다 ⊃ IO4420

O485 suffer
[sʌ́fər]
16.홍익대/98.사법시험

suf(sub=under)+fer(=carry) → (고통을) 받고 있다

vi. (불행을) 당하다; (고통·손해를) 입다; (병을) 앓다[from]
vt. 견디다, 참다; 겪다, 경험하다
   • suffer from colds 감기를 앓다
   • suffer from disastrous floods 재앙적인 홍수를 입다
   ⓝ suffering 심신의 고통; 고난; (pl.) 재해, 수난, 손해
      sufferer 고통받는 사람, 수난자, 이재민
      sufferance 묵인; (특히 불법을) 용인, 관용
   ⓐ insufferable 참을 수 없는, 비위에 거슬리는

O486 transfer
[trænsfə́ːr]
07.울산9급/91.행자부7급
07.고려대

trans(=change)+fer(=carry) → 옮겨서 나르다 → 갈아타다

v. 1. (장소·학교·직장을) 옮기[게 하]다(=move, change)
   2. (교통수단을) 갈아타다(=switch, swap)
   3. (재산을) 양도하다; (돈을) 이체하다[to](=remit)
n. 이동, 전근, 이적, 갈아타기
   • be transferred to her son 그녀의 아들에게 양도되다
   ⓐ transferable 이동할 수 있는; 양도할 수 있는 ↔ untransferable
   ⓝ transference 옮김; 이전, 이동; 운반; 양도; 전이

O487 circumference
[sərkʌ́mfərəns]
05.경기대/97.고려대학원

circum(=around)+fer(=carry)+ence → 둘레는 도는 것

n. 원주, 원둘레; 주위, 주변; 영역, 범위(= girth, perimeter)
   • the circumference of a circle 원주(圓周)
   • the circumference of the property 재산의 범위

O488 carousel
[kǽrəsél, -rùːzél]
15.서울시9급

car(=carry)+ousel → (여행가방을) 나르는 것

n. 1. (공항의) 수하물 컨베이어 벨트
   2. 회전목마(=merry-go-round)
   • The luggage rotates in the carousel until it is picked up.
     짐은 찾아가기 전까지 수하물 컨베이어 벨트 안에서 돈다.
   🗊 carousal[kəráuzəl] 술잔치, 흥청거림
   - carouse 술을 마시며 흥청거리다

---

tip 자동차와 함께 타는 배를 ferry라고 합니다.
어근 fer는 "여기서 저기로 나르다, 전달하다"의 의미랍니다.

어근 fer/fert(=carry, bear)

추가 어휘

☐ ferry[féri] 나룻배, 카페리:
   (사람·자동차를) 카페리로 나르다
☐ offer 제공하다, 제출하다, 제의하다 •of(ob=to)
   - offertory (교회에서의) 헌금
☐ proffer 제공하다, 제의하다
☐ auriferous 금을 산출하는 •auri(=gold)
☐ conifer[kóunəfər] 침엽수 •coni(=cone)
☐ opprobrium[əpróubriəm] 치욕, 불명예
   - opprobrious 모욕적인, 경멸감을 표현하는

표제어 복습

☐ defer 연기하다, 미루다; 경의를 표하다 🔲 N0159
   - deferred 연기된, 거치된; 징병이 유예된
   - deferment 연기, 거치; 징병의 일시적 유예
☐ deferential 경의를 표하는, 공손한 🔲 D0159
   - deference 존경, 경의; 복종
☐ differentiate 구별하다, 구분짓다, 차별하다 🔲 N0284
   - differential 차이[구별]의, 차이를 나타내는
   - difference 다름, 상위; 차이점; 불화, 분쟁
☐ indifferent 무관심한, 냉담한, 사심이 없는 🔲 N0070
   - indifference 무관심, 냉담; 무차별
   ↔ different 딴, 다른; 별개의; 색다른
☐ infer 추론하다, 추측하다 🔲 N0205
   - inference 추론, 추정, 결론; 함축된 의미
☐ prefer 보다 좋아하다; 승진시키다 🔲 N0552
   - preferential 우선의; 선택적인, 차별적인
   - preference 편애[for], 더 좋아함; 선취권
   - preferment 승진, 승급
☐ fertile 기름진, 비옥한; 다산의 🔲 N0123
   ↔ infertile 메마른; 불모의; 불임의
   - fertilizer 비료, (특히) 화학 비료
   - fertility 비옥, 다산, 풍부; 번식력; 출생률
☐ proliferate 급증[확산]하다 🔲 N0168
   - proliferation 급증, 확산, 증식
☐ vociferous (주장을 소리높여) 외치는, 떠들썩한 🔲 R1012
   - vociferate 고래고래 소리치다

어근 car(=carry, roll, wheel)

추가 어휘

☐ car 승용차, 자동차
☐ cargo (선박·비행기의) 화물
☐ carriage 객차, 마차; 운반, 수송
☐ carrier 항공사, 수송[운송]회사
☐ cart 손수레, 카트
☐ cartel 카르텔, 기업 연합
☐ carpet 카펫, 양탄자

0491 port
[pɔ́:rt]
06.덕성여대
12.명지대
08.경기대

port(=carry) → 나르는 것[곳]
n. 1. 항구, 무역항; 피난처
ⓝ airport 공항/heliport 헬리콥터 발착장
ⓥ export 수출하다; 수출업
  ↔ import 수입하다, 뜻을 의미하다
2. 입구, 출입구; 〈컴〉 포트
ⓝ portal 정문, 현관; 시작 porch (밖으로 지붕을 낸) 현관, 베란다
3. 풍채, 태도
ⓐ portly 살찐, 건강한, 풍채가 당당한
ⓥ portray (초상을) 그리다, 묘사하다
ⓝ portrait 초상화, 생생한 묘사
4. 여행 가방
ⓝ porter 운반인, 짐꾼, 문지기 passport 여권, 허가증
  portfolio 손가방; 투자목록; 대표 작품 선집

0492 portable
[pɔ́:rtəbl]
16.한양대/89.서울시9급

port(=carry)+able → 지니고 다닐 수 있는
a. 들고 다닐 수 있는, 휴대용의, 간편한
n. 휴대용 기구, 포터블(라디오, TV 등)
  • design a portable device 휴대용 장치를 디자인하다
ⓝ portability 휴대할 수 있음, 간편, 운반 가능
🔁 potable 마실 수 있는, 마시기에 적합한; 음료, 술 ⊃ R1574

0493 transportation
[trænspərtéiʃən]
99-2.명지대
15.산업기술대/96.서울대학원

trans(=change)+port(=carry)+ation → 옮겨 나르는 것
n. 수송, 운송, 운송 기관
  • use public transportation 대중교통을 이용하다
ⓥ transport 수송하다, 운송하다(=carry, ferry); 수송, 운송; 수송기
ⓝ transporter 수송[운송]자; 운송회사
ⓐ transportable 수송할 수 있는
🔁 ferry 카페리, 나룻배; 수송하다, 나르다(=transport)

0494 comport
[kəmpɔ́:rt]
08.중앙대

com(=together)+port(=carry)+ation → 같이 나르다
vt. 처신하다, 거동하다[~ oneself](=behave)
vi. 어울리다, 적합하다[with]
n. 태도, 처신
  • comport oneself with dignity 품위있게 처신하다
ⓝ comportment 처신, 태도, 행동
🔁 comfort 위로하다; 위안, 위로 ⊃ R2598

0495 rapport
[ræpɔ́:r]
11.홍익대

re(=mutually)+ap(ad(=near)+port(=carry) → 서로 가까이 나르다
n. (~와) 친밀한 관계[with~/between A and B]
  • establish a good rapport 좋은 관계를 확립하다
  • have a great rapport with everyone 모든 사람과 매우 좋은 관계를 가지다

0496 deport
[dipɔ́:rt]
96.동국대

de(=away)+port(=carry) → 멀리 보내 버리다
vt. 1. (외국인을) 추방하다(=send out of the country)
2. 처신하다, 행동하다[~ oneself]
  • deport the criminals from their country 범죄자들을 국외로 추방하다
ⓝ deportation 추방
  deportment 행동, 처신
🔁 disport 놀다, 즐기다 cf. disport → sport

0497 purported
[pərpɔ́:rtid]
04-2.서강대
06.세무사
01.숙명여대

pur〈pro(=forward)+port(=carry)+ed → 사람들 앞으로 전해진
a. ~이라고 알려진, 소문이 난(=alleged)
  • if purported truths turn out to be falsehoods
    만약 주장된 사실들이 거짓으로 판명된다면
ⓥ purport ~이라고 칭하다, 주장하다(=profess to); 의미하다
  n. 의미(=meaning), 목적; 취지, 요지
ⓐⓓ purportedly 알려진 바에 의하면(=allegedly)

---

tip 공항이나 호텔에서 짐을 나르는 사람을 porter라고 하듯이
어근 port에는 "무엇을 나르다(carry)"뜻이 있습니다.

추가 어휘
☐ re**port** 보고하다, 보도하다, 취재하다
  n. 보고(서), 보도; (학교의) 성적표; 평판
  - re**port**edly 소문에 의하면
☐ im**port**ant 중요한, 중대한 • im(in(=into))
  ↔ unim**port**ant 중요하지 않은, 하찮은
☐ im**port**une 졸라대다, 치근덕거리다; 강요하다
  - im**port**unate 치근덕거리는, 귀찮게 조르는 (17.서강대)

0498 opportune
[ɑ̀pərtjúːn]
96.세종대/94.한국외대

op(ob=toward)+port(=carry)+une → 나아가기에 좋은

a. 시기가 좋은, 때가 알맞은; 적절한
• at a more opportune moment 보다 적절한 순간에
ⓝ **opportunity** 기회, 호기
opportunism 기회주의, 편의주의

15.한양대
opportunist 기회주의자
🔁 **inopportune** 시기를 놓친, 시기가 나쁜; 부적당한

0499 support
[səpɔ́ːrt]
17.경기대/08.명지대
05-2.세종대/03.노무사
94.행정고시

sup(sub=under)+port(=carry) → 아래에서 처신하다

vt. 1. 지탱하다, 받치다, 버티다(=prop up)
2. 지지하다, 후원하다; (이론을) 뒷받침하다(=buttress, bolster)
3. 부양하다
ⓝ **supporter** 지지자, 후원자(=exponent, proponent), 부양자

R050 [어근] ger/gest/gist(=carry, bear)

0501 suggest
[səgdʒést]
08.성균관대/90.연세대학원

sug(sub=under)+gest(=carry)→ 아래에서 나르다

v. 1. 제안[제의]하다(=come up with); 추천하다
2. 넌지시 말하다, 암시하다(=imply, insinuate)

11.단국대
ⓝ **suggestion** 제시, 제안(=overture); 암시, 연상
autosuggestion 자가 암시, 자기암시

17.단국대
ⓐ **suggestive** 암시하는, 연상시키는; 외설적인(=obscene)
suggestible 영향을 받기 쉬운; 암시할 수 있는

tip 손짓이나 몸짓으로 의사표시를 하는 것을 제스처(gesture)라고 하는데, 이처럼 어근 gest는 "어떤 것을 나르다(carry)"의 의미가 있습니다.

추가 어휘
☐ **register** 기록부, 등기부; 기록하다, 등록하다
 - **registry** 등기소; 등록부, 등기
☐ **congeries**[kɑnʒíəriːz] 모인 덩이, 퇴적

0502 exaggerate
[igzǽdʒərèit]
16.경찰1차/00.사법시험

ex(강조)+ag(=drive)+ger(=carry)+ate → 완전히 (자기의 주장을) 몰고 나가다

vt. 1. 지나치게 강조하다; 과장하다(=play up, magnify)
2. (병 등을) 악화시키다
• be prone to exaggerate 과장하는 경향이 있다
ⓝ **exaggeration** 과장, 과대시; 과장된 표현
ⓐ **exaggerative** 과장적인, 침소봉대의

0503 gesticulate
[dʒestíkjulèit]
10.단국대

gest(=carry, bear)+i+culate → 몸짓으로 생각을 전달하다

v. 몸짓(손짓)으로 가리키다, 나타내다(=gesture)
• gesticulate to stress the importance of the point
 그 부분의 중요성을 강조하기 위해 손짓을 하다
ⓝ **gesture** 손짓, 고갯짓, 의사표시

0504 congest
[kəndʒést]
00-2.가톨릭대

con(=together)+gest(=carry, bear) → 함께(한꺼번에) 나르다

vi. (~으로) 붐비다, 혼잡하다[with]
vt. 붐비게 하다, 정체시키다
• traffic congestion 교통 정체

05.홍익대
ⓝ **congestion** 밀집, (교통의) 혼잡; 충혈
ⓐ **congested** 붐비는 **congestive** 충혈성의

08.한양대
🔁 **decongestant** (특히 코의) 충혈 완화제; 소염제

0505 gestation
[dʒestéiʃən]
04.아주대

gest(=carry, bear)+ation → 아이를 가짐(bear)

n. 1. 임신, 잉태(=pregnancy)
2. (a ~) 임신 기간; 숙성 기간
3. (생각·계획 등의) 형성
• a gestation period 임신 기간
ⓥ **gestate** 잉태[임신]하다; 생각 따위가 형성되다

0506 ingest
[indʒést]
14.사회복지9급
95.연세대학원

in(=in)+gest(=carry, bear) → 음식을 안으로 나르다

vt. 1. (음식·약 등을) 삼키다, 섭취하다(=swallow, take in)
2. (정보를) 수집하다
• ingest a lot of fish 생선을 많이 먹다
ⓝ **ingestion** 섭취
🔁 **digest** 소화하다; (의미를) 이해하다; 요약하다; 요약
 - **digestion** 소화, 흡수 ↔ **indigestion** 소화불량
🔁 **dyspeptic** 소화불량의(suffering from indigestion)

[어근] lat(=carry, wide, hide)

O511 relate
[riléit]
08.대구가톨릭대

re(=again)+lat(=carry)+e → 다시 말하다
vt. 1. 이야기하다, 설명하다
2. 관계시키다, 관련시키다
vi. 관련이 있다; 부합하다
• be related to ~와 관계가 있다; ~와 친척 간이다
ⓝ **relation** 관계, 관련, 연관; 친척관계
13.건국대 ⓐ **relative** 친척, 일가; 관계대명사; 상대적인; 관계되어 있는[to]
relativistic 상대적인, 상대주의적인
ⓐⓓ **relatively** 상대적으로, 비교적으로
16.한양대 ⓝ **relationship** 관계, 가족관계, 친척관계, 특수관계
91.고려대학원 🔁 **correlate** 상호 관계를 나타내다; 서로 관련시키다[with]
- **correlation** 상호 관련, 상관 (관계)
- **correlative** 상호 관계가 있는
interrelate 상관관계를 맺게 하다
- **interrelated** 서로 관계가 있는
12.중앙대,이화여대 🔁 **unrelated** 관계가 없는; 혈연이 아닌

O512 elated
[iléitid]
05.경희대

e⟨ex=out⟩+lat(=carry)+ed → 의기양양한
a. 마냥 행복해하는, 신이 난(=overjoyed)
• be elated at the result 결과에 신이 나다
ⓥ **elate** 고무하다, 기운을 돋우다
🔁 **overjoyed** 매우 기뻐하는

O513 dilatory
[dílətɔ̀:ri]
05.경기대/02-2.세종대

di⟨dis=away⟩+lat(=carry)+ory → 하는 것과 멀어져 있는
a. 느린, 더딘; 시간을 끄는(=slow, belated, tardy)
• be dilatory in paying their bills 지불을 미루는
ⓝ **dilatoriness** 지연, 늑장, 꾸물거림, 완만
ⓐⓓ **dilatorily** 느리게, 늑장부려

O514 latent
[léitnt]
13.국회사서9급/12.국민대
00.사법시험/96.동덕여대

lat(=hide)+ent → (병이) 숨어 있는
a. 1. 숨은, 잠재한; (병 등이) 잠복해 있는(=hidden, potential)
2. (식물) 휴면의
• the latent period 잠복기 • a latent ability 잠재능력
ⓝ **latency** 잠재, 잠복, 잠복기

O515 latitude
[lǽtətjù:d]

lat(=wide)+i+tude(명접) → 가로의 길이
n. 1. 위도(↔ longitude 경도)
2. (선택·행동 방식의) 자유
• The latitude of a place is its distance from the equator.
장소의 위도는 적도로부터의 거리이다.

tip 번역(translation)은 한 언어를 다른 언어로 전달하는 것입니다. 어근 lat는 "말을 전달하다"의미로도 쓰입니다.

추가 어휘
☐ **translate** 번역하다, 해석하다
- **translation** 번역, 해석 •trans(=change)
☐ **superlative** 최고의, 최상의; 최상급의 말(찬사)
☐ **collate**[kəléit] 대조하다, 맞추어 보다
- **collation** 대조; 조사 •col(com=together)
☐ **oblation** 봉헌, 신에게 바침 •ob(=toward)
☐ **latitudinarian** 관대한, 자유주의의 •lat(=wide)

표제어 복습
☐ **dilate** 넓히다, 넓어지다, 팽창시키다 ◘ N0919
- **dilatation** 팽창, 확장
- **dilated** 팽창한, 넓어진

[어근] mis/miss/mit(=send)

O521 omit
[oumít]
13.가천대

ob(=away)+mit(=send) → 빼서 내보내다
vt. 1. 생략하다, 빼다(=leave out)
2. 빠뜨리다, 등한히 하다
ⓝ **omission** 생략, 누락
ⓐ **omissive** 게을리 하는, 태만한
01.서울산업대/96.한양대 🔁 **leave out** 빠뜨리다, 생략하다(=omit); 배제하다

O522 surmise
[sərmáiz]
14.한성대/13.홍익대
97.서울대학원

sur(=over)+mis(=send)+e → 대충 생각을 보내다
n. 짐작, 추측(=conjecture)
v. 짐작[추측]하다(=guess, deduce, infer, conjecture)
• It's mere surmise that ~ ~은 순전히 추측일 뿐이다

O523 permit
[pərmít]
15.상명대/13.한양대/08.중앙대

per(=thoroughly)+mit(=send) → 완전히 보내주다
vt. 허락하다; 묵인하다, 용납하다
n. 허가증
ⓐⓓ **permittedly** 인정하는 바와 같이
ⓝ **permission** 허가, 허락, 승인; (pl.) 허가증
ⓐ **permissive** 허용하는; 묵인하는; 관대한, 관용적인

tip 선교사(missionary)는 종교를 포교하는 임무를 주어 멀리 보낸 사람을 말합니다. 어근 miss는 "보내다(send)"의 의미를 가집니다.

추가 어휘
☐ **missile**[mísəl] 미사일, 유도탄
☐ **messenger** 전령; (전보 등의) 배달부
☐ **missive**[mísiv] 편지, 서한, (특히) 공문서
☐ **emissary**[éməsèri] 밀사, 특사 (02-2.경기대)
☐ **intermission**[ìntərmíʃən] 중지, 막간, 쉬는 시간
☐ **remittent**[rimítənt] (병으로 열이) 오르내리는
☐ **noncommittal**[nànkəmítl] (태도 등이) 애매한

표제어 복습
☐ **demise** 죽음, 사망; 종말; 유증 ◘ N0699
- **demisable** 양도할 수 있는
- **demission** 사직, 퇴위; 면직
- **demit** 사퇴하다, 사직하다

0524 premise
[prémis]
15.국회8급/97.경희대

pre(=before)+mis(=send)+e → 미리 보낸 말(전제)

n. 1. 전제(=assumption, postulation)
   2. (pl.) 집, 건물; 구내
v. 서두로 말하다; 전제하다
- be based upon a premise that is inaccurate
  잘못된 전제에 기초하다

0525 admittedly
[ædmítidli, əd-]
08.성균관대/97.가톨릭대
95.변리사

ad(=to)+mit(=send)+ed+ly → admit(인정하다) 하는 바와 같이

ad. 널리 인정되고 있는 바와 같이;
   명백히(=permittedly, without doubt)
- Admittedly, no one is quite sure where he came from.
  의심할 여지없이, 아무도 그가 어디 출신인지 확신하지 못한다.

ⓥ admit 입장을 허락하다; 인정하다
ⓝ admittance (구체적인 사안에서의) 입장허가
  admission 입장(허가); 입학(허가), 입국; 입장료, 입회금; 승인

0526 transmit
[trænsmít]
12.성신여대

trans(=across)+mit(=send) → 가로질러 보내다

v. 전송[송신]하다, 보내다; 전염시키다, 유전시키다
ⓝ transmission 전송, 송신, 전파; 변속기

0527 remit
[rimít]
11.세종대/87.사법시험

re(=again, back, 강조)+mit(=send) → 돈을 보내다, 사건을 되돌려 보내다

vt. 1. (돈을) 보내다, 송금하다(=send money)
   2. (빚·형벌을) 줄여주다, 경감하다(=absolve)
   3. (주의·노력 등을) 늦추다, 완화하다(=slacken, loosen)
   4. (사건을) 원심법원으로 돌려보내다
- remit money to his family 가족에게 송금하다
- remit a fine 벌금을 면제하다

ⓝ remittance 송금, 송금액

09.지방직9급2차
  remission/remittal 사면, 면제; 경감, 완화
ⓐ remissive 사면[면제]하는, 관대한; 경감하는
  remissible 용서할 수 있는; 면제[완화]할 수 있는
🔁 limit[limit] 제한, 한계
🔄 send back 되돌려 보내다

0528 remiss
[rimís]
11.인천대/05.경희대

re(=back)+miss(=send) → 할 일을 뒤로 보내는

a. 태만한(=delinquent); 부주의한(=negligent); 무기력한
- She's terribly remiss in her duty.
  그녀는 지독하게 자신의 의무에 태만하다.

🔄 unremitting 끈기 있는, 꾸준히 노력하는

0529 missionary
[míʃənèri]
17.상명대

miss(=send)+ion(명접)+ary(명접) → (선교를 위해) 보낸 사람

n. (외국에 파견되는) 선교사, 전도사
- as a devoted missionary 헌신적인 선교사로서
ⓝ mission 임무, 직무, 사명; 특수임무

0529(1) promising
[prámisiŋ]
17.한양대/12.성신여대

pro(=before)+mis(=send)+ing → 미래로 보내는

a. 전도유망한, 촉망되는; 조짐이 좋은
- a promising job 유망한 직종
🔄 promise 약속하다; ~일 것 같다
  promissory 약속의, (지불을) 약속하는
- a promissory note 약속어음

0529(2) concomitant
[kankámətənt]
13.12.이화여대

con(=together)+com+mit(=send)+ant → 같이 함께 보내진

a. (다른 일에) 부수적으로 따르는[with]; 동시에 일어나는
n. 부대상황
- concomitant with many problems 많은 문제들이 수반되는
ⓝ concomitance 수반, 병존

0529(3) manumission
[mænjumíʃən]
90.고려대학원

manu(=hand)+miss(=send)+ion → 일손(노예)을 집에 보내주다

n. (노예 등의) 해방(=emancipation)
- the manumission of the black slave 흑인노예의 해방
ⓥ manumit (노예 등을) 해방하다(=emancipate)

☐ dismiss 해고하다, 지우다, 기각하다 ▣ N0132
  - dismissal/dismission 해산, 면직, 해고; 기각
  - dismissive 부인하는, 거부하는; 경멸적인
☐ emit 내뿜다, 방출하다 ▣ N0111
  - emission 방사, 발산, 방출
☐ submit 제출하다, 복종시키다 ▣ N0768
  - submission 복종, 항복, 굴복; 순종
  - submissive 복종하는, 순종하는, 고분고분한
☐ compromise 타협, 양보; 타협시키다 ▣ N0086
  - compromising 명예를 손상시키는
  ↔ uncompromising 타협하지 않는, 완강한
☐ commitment 임무, 약속, 헌신 ▣ N0206
  - commit (죄를) 범하다; 공약하다
  - committee 위원회
  - commission 위임, 수수료; 위원회; 위임하다
☐ intermittent 간헐적인, 때때로의 ▣ N0414
  - intermittently 간헐적으로, 단속적으로

O531 **legacy**
[légəsi]
07.국회사무처8급/04.여자경찰

leg(=send)+acy → 후손에게 보낸 것

n. (특히 동산의) 유산, 유증(=bequest)
- hand down a legacy 유산을 물려주다
- come into a legacy 유산을 상속받다

ⓝ legatee 유산 수령인 legator 유언자, 유산을 남긴 사람

O532 **colleague**
[káli:g]

col〈com(=together)+leag〈leg(=gather)+ue → 함께 모인 사람

n. (관직·직업상의) 동료(=associate, coworker)
- my company colleague 내 회사동료

🔁 league[li:g] 연맹, 동맹, 리그
college 대학, 단과대학; 무리
- **collegiate** 대학생다운, 대학생용의

O533 **collective**
[kəléktiv]
16.한양대/07.동국대

col〈com(=together)+lect(=gather)+ive → 함께 모은

a. 1. 집합성의, 집단적인, 공동의
2. 총체적인(=overall, across-the-board)
- collective noun 집합명사

06.홍익대
ⓥ collect 모으다(=raise, gather); 징수하다; 수취인 지불의(로)
- collect call 수취인 부담 전화

13.중앙대
ⓐ collected 침착한; 모은, 수집한
collectedness 침착함(=aplomb)

ⓝ collection 수집, 수집물; 징수 collector 수집가, 수금원, 징수관
collectivism 집산(集産)주의; 집단행동

O534 **recollection**
[rèkəlékʃən]

re(=again)+col〈com(=together)+lect(=gather)+ion → 과거의 기억을 모아 봄

n. 회상, 기억(력)(=memory); 회고(록)
- have no recollection of having said that 그렇게 말한 기억이 없다

93.서울여대
ⓥ recollect 생각해내다(=remember), 회상하다

ⓐ recollected 추억의; 묵상에 잠긴; 차분한

O535 **dialect**
[dáiəlèkt]

dia(=through)+lect(=talk) → (한 지방에서만) 통용되어 쓰는 말

n. 방언, 지방 사투리; (어떤 사회·계급·직업의) 통용어
- written in the local dialect 지방의 방언으로 적혀 있다

ⓐ dialectal 방언의; 방언 특유의

ⓝ dialectic 변증법; 변증(법)적인; 방언의; 방언 특유의
- dialectical materialism 변증법적 유물론

O536 **predilection**
[prì:dəlékʃən]
03.서강대/95.고려대

pre(=before)+di(=two)+lect(=choose)+ion → 두 개 중에 먼저 고르는 것

n. 편애, 선호[for](=liking for, preference)
- have a predilection for sweets 단것을 특히 좋아하다

O537 **intelligible**
[intélədʒəbl]
10.계명대/02-2.숭실대

intel〈inter(=between)+lig(=choose)+ible → 여러 개 중에 쉽게 골라낼 수 있는

a. (쉽게) 이해할 수 있는, 알기 쉬운
- an intelligible explanation 알기 쉬운 설명

99.법원직
ⓝ intelligence 지능, 이해력, 사고력; 정보, 보도, 통신; 첩보 기관

17.한양대
intelligibility 이해할 수 있음, 알기 쉬움
intelligentsia (보통 the ~) 지식 계급

16.항공대
🔁 unintelligible 이해할 수 없는, 알기 힘든

O538 **intellectual**
[intəléktʃuəl]
17.국가작9급(하)/12.성균관대
96.지방고시/95.서울대학원

intel〈inter(=between)+lect(=choose)+ual → 좋고 나쁨 사이에서 선택할 수 있는

a. 지적인(=competent); (사람이) 교육을 많이 받은
n. 지식인
- be full of intellectual curiosity 지적 호기심으로 가득찬
- a very intelligent animal 매우 영리한 동물

ⓝ intellect 지적 능력, 지성; 이해력; (pl) 지식인

🔁 intelligent 총명한, 똑똑한; (동물 등이) 지능이 있는
- 유의: intellectual은 사람에게만, intelligent는 사람, 동물에게 두루 사용된다.

O539 **diligent**
[dílədʒənt]
05.항공대9급/09.서강대

di(=apart)+lig(=choose)+ent → (밭에서 돌을) 따로 골라내는

a. 부지런한(=assiduous)
- He is diligent in whatever he does. 그는 무엇을 하든 부지런하다.

ⓝ diligence 근면, 부지런함

---

tip 어근 leg/lect는 다양한 의미를 가지는 어근입니다. 각 의미별 어휘들을 묶어서 학습하세요.

어근 lect/leg/lig(=send)

추가 어휘
- ☐ sacrilege 신성 모독 ·sacr(=holy)
- ☐ legation[ligéiʃən] 공사관
- ☐ legate[légət] 교황 특사; 공식 사절(=envoy)

표제어 복습
- ☐ allege (증거없이) 우겨대다 🔼 N0336
  - alleged 추정된, (흔히) ~이라고 말하는
  - allegedly 전해지는 바에 의하면, 이른바
  - allegation 주장, 증거 없는 진술
- ☐ delegate 위임하다, 파견하다; 대리인 🔼 N0713
  - delegation 〈집합적〉 대표단; 대위원단
  - delegacy 대표 임명, 사절단
- ☐ relegate 좌천시키다; 이관하다 🔼 N0984
  - relegation 좌천, 추방; 위탁

어근 lect/leg/lig(=gather)

추가 어휘
- ☐ analects[ǽnəlèkts] 어록, 문학선집 ·ana(=again)
- ☐ legion (pl.) 군대, 군단, 대군; 다수

표제어 복습
- ☐ negligible 무시해도 좋은; 하찮은, 사소한 🔼 N0024
  - neglect 게을리 하다, 소홀히 하다; 간과하다
  - neglectful 소홀히 하는, 부주의한; 태만한
  - negligent 태만한, 부주의한
  - negligence 태만, 부주의; 무관심

어근 lect/leg/lig(=read)

추가 어휘
- ☐ legend[lédʒənd] 전설, 전설문학
  - legendary 전설상의, 전로로만 알려진
- ☐ elegy[élədʒi] (죽은 사람을 위한) 애가
  - elegiac 애조를 띤, 애수의
- ☐ lecture 강의; 훈계; 강의하다; 꾸짖다
  - lecturer (특히 대학의) 강사
- ☐ lectern 강의대, 성서낭독대

표제어 복습
- ☐ illegible 읽기 어려운, 판독하기 어려운 🔼 N0483
  - ↩ legible (필체·인쇄가) 읽기 쉬운

어근 lect/leg/lig(=choose)

추가 어휘
- ☐ elect 선거하다, 선출하다; 선택하다
  - election 선거, 선출
  - electoral 선거의; 선거권 있는
  - electorate (집합적) 선거민, (전체) 유권자
  - elector 선거인, 유권자

표제어 복습
- ☐ eligible 적격의, 적임의[for] 🔼 N0152
  - ↩ ineligible 자격이 없는; 부적격의
  - eligibility 피선거[임명] 자격; 적임
- ☐ eclectic 절충적인, 취사선택하는 🔼 N0860
  - selective 선택하는, 선택의
  - selection 선발, 선택; 발췌
  - elective 선택의, 필수가 아닌

[어근] opt(=choose) & optim(=best)

O541 **opt**
[ápt]
10.국민대

opt(=choose) → 선택하다

vi. 선택하다, 고르다[for]
- opt for a basic model 기본 사양을 선택하다

ⓝ **option** 선택(=choice), 선택권, 선택과목, 옵션
ⓐ **optional** 선택 가능한(=elective), 임의의

16.홍익대

🅑 **opt out (of)** ~에서 벗어나다, 손을 떼다

tip 선택을 할 수 있는 옵션(option)에서 보듯
opt는 "고르다(choose)"의 의미를 가지는 어근입니다.

혼동어근 op/opt(=eye) ▸ R080

O542 **adopt**
[ədápt]
17.이화여대/13.한국외대
09.경희대

ad(=to)+opt(=choose) → ~을 선택하다

vt.1. (사상·의견 등을) 채택하다(=choose)
　　2. 양자로 삼다, 입양하다, (외국어 등을) 차용하다
- adopt foreign customs and fashions indiscriminately
　외국의 관습과 유행을 무차별적으로 차용하다
- adopted words 차용어

ⓝ **adoption** (의견의) 채택, 차용; 양자 결연
ⓐ **adopted** 채택된, 차용된, 양자가 된

O543 **optimistic**
[ɑ́ptəmístik]
17.숭실대/13.이화여대

10.서울시9급/08.가톨릭대

16.가천대

optim(=best)+istic → 최고의 결과를 기대하는

a. 낙천주의의, 낙관적인(=sanguine)
- be optimistic about the outcome 결과에 대해 낙관적이다

ⓝ **optimist** 낙천주의자, 낙관론자
　　optimism 낙관론, 낙천주의
ⓥ **optimize** 최대한 좋게 만들다[활용하다], 낙관하다
ⓝ **optimum** 최적조건
🅤 **pessimistic** 비관적인
　　- **pessimism** 비관주의, 비관론

I 063

carry

carry는 "가진 상태로(have) 움직이다(move) → 나르다"이다.
단순히 물건을 소지하거나 나르는 것에 그치지 않고 "소식을 전하다", "일을 진행하다", "새끼를 배고 있다" 등
도 나르고 있는 것의 일종이라 할 수 있다.
1. 소지하다, 휴대하다; 나르다, 운반하다; 소식 등을 전하다 16.경찰 1차
2. 일을 추진하다, 진행시키다

1. 소지하다, 휴대하다; 나르다, 운반하다; 소식 등을 전하다

06301
**be carried away /
get carried away**
13.성균관대/02.서강대/96.행시
95.기술고시/Teps

정신이 끌려서 멀리 가버리다(carried away)
넋을 잃다, 무아지경이 되다, 몹시 흥분하다
(=be charmed, get fascinated, get enchanted, become too excited)
• You **got carried away**.
　너 몹시 흥분했구나.

③ carry away sb/sth 가져가 버리다;
유리하다; 휩쓸어가다; 흥분시키다
＊가지고 멀리 가버리다(away)

06302
carry the day
07.경북9급

승리(day)의 날을 가지다(carry)
승리를 거두다(=win), (지지 등을 이끌어 내는데) 성공하다
• The Republicans **carried the day** in the dispute over the new jet fighter.
　공화당은 신형 전투기에 관한 논쟁에서 승리했다.

2. 일을 추진하다, 진행시키다

06303
carry on
15.상명대/97.경찰간부/토플/Teps

일을 계속(on) 진행시키다(carry)
1. 계속 진행하다, 속행하다(=continue, run on)
2. 경영하다, 처리하다(=transact, manage); 처신하다, 행동하다
3. (아이가) 무례하게 굴다; 징징거리다
• He **carries on** a business as a grocer.
　그는 식료품점을 경영한다.

③ carry-on
1. 기내 휴대 수하물
2. 〈영〉시시덕거림; 헛소동

06304
carry ＊ out sth
15.국회9급/04.서강대
96.청주대/토플/토익/입사/Teps

완전히(out) 처리했다(carry)
성취하다, 완성하다(=complete, accomplish); 실행하다(=execute, conduct)
• It is premature to **carry out** the plan.
　그 계획을 실행하기에는 아직 시기가 빠르다.

06305
carry (sth**) to excess /
carry** sth **too far**
02.성균관대

지나칠 때까지 진행시키다(carry)
(～의) 도를 넘다, 지나치게 ～하다
• I don't mind a joke, but this is **carrying it too far**.
　나는 농담을 싫어하지는 않지만, 이건 도가 지나치다.

I 064

bear

bear는 "**어떤 것을 몸에 지닌 채로 있다**"가 기본 의미이다.
1. ～을 (몸에) 지니다, 원한 등을 품다, 나르다(carry); 출산하다, 열매를 맺다
2. 지탱하다, 유지하다, 입증하다; 책임·부담을 지다, 고통을 견디다, 참다(stand)
3. (어떤 방향으로) 향하다, 나아가다
cf. bearing 태도, 관계; 영향; 방향, 상대적 위치 12.동국대

06401
**bear[keep, have] ＊ in
mind** sth **/ that~**
11.기상직9급/96.세종대90.행정고시/토플/Teps

어떤 것을 마음 속에 간직하다(bear)
～을 기억하다, 명심하다(=remember)
• I'll **bear** it **in mind**.
　명심할게요.

06402
can't bear sth
08.서강대/89.행자부9급/86.행자부9급

bear(참다)
～을 참을 수 없다(=can't stand sth ↔ put up with sth, tolerate)
• Please don't leave me. I **couldn't bear it**.
　제발 날 떠나지마, 나는 견딜 수 없을꺼야.

06403
bear on sth
12.서강대/99-2.한성대

～에(on) 향하다(bear)
관계가 있다(=relate to, have connection with sth)
• The fact does not **bear on** the matter in hand.
　그 사실은 당면 문제와 관계가 없다.

06404
bear ＊ out sb/sth
07.강원도9급

완전히(out) 입증하다(bear)
(사람의 말·주장 등을) 뒷받침하다, 확증하다, 증거가 되다
• Recent studies have **borne out** claims that certain perfumes can bring
about profound psychological changes.
　최근의 연구들은 어떤 향수들이 심오한 심리적 변화들을 일으킨다는 주장을 뒷받침해주었다.

06405

bear down on [sb]/[sth]
13.중앙대/입사/Teps

아래로(down) 내리누르다(bear)
~에게 위협적으로 돌진하다(=move quickly towards [sb]/[sth]),
급습하다; 압박을 가하다
• My boss really **bears down on** me when he's in bad mood.
　내 사장은 기분이 좋지 않을 때에는 나에게 압박을 가한다.

06406

born out of wedlock
08.국가직9급/Teps

결혼 생활(wedlock) 밖에서(out of) 태어난(born)
사생아로 태어난(=illegitimate)
• He was **born out of wedlock**.(=He is of illegitimate birth.)
　그는 사생아로 태어났다. *out of wedlock 서출(庶出)의, 사생아의

Ⅰ065

bring

bring은 **"주어가 목적어와 함께 도달점에 이르다"**이다.
흔히 "(목적어를) 데려오다, 가져오다"외에도 "어떠한 결과를 초래하다, 야기하다" 로 많이 쓰인다.
cf. bring 가져오다, 데려오다/fetch 가서 가져오다/take 어떤 장소로 가져가다

06501

bring ★ about [sth]
96.청주대/토플/입사/Teps

~쪽으로(about) 초래하다(bring)
초래하다, 야기하다(=produce, cause, make [sth] happen)
• What changes has the new policy **brought about**?
　새로운 정책이 어떤 변화를 가져왔나요?

▶ **bring ★ on** [sth]
　(전쟁 · 질병 따위를) 초래하다, 야기하다
▣ **bring** [sb]/[sth] **forth**
　~을 낳다, (열매를) 맺다

06502

bring ★ out [sth]
01-2.세종대/98.강남대/토플/입사/Teps

바깥으로(out) 데리고 오다(bring)
1. (성질을) 드러나게 하다(=reveal); (의미를) 분명히 하다
2. (신제품 따위를) 내놓다, 발표하다(=introduce), 출판하다
3. (물건 등을) 꺼내오다; ~을 입 밖에 내다, 말하다(=utter)
• Anger **brings out** the worst in a personality.
　화를 내면 성격의 가장 나쁜 일면이 드러나게 된다.

06503

bring [sth] **to light**
04.국회사무직/00.변리사/00.단국대/토플/Teps

어떤 것을 밝은 쪽(light)으로 데리고 나오다(bring)
~을 세상에 알리다, 폭로하다, 깨닫게 하다(=make [sth] known)
• That documentary **brought to light** the problems of refugees.
　그 기록영화는 난민문제를 세상에 알렸다.

06504

bring ★ to an end [sth]
94.경찰/01.여자경찰/90.연세대학원/Teps

끝(end)으로 데려오다(bring)
~을 끝내다, 마치다
• It **brought to an end** a war that had lasted on and off for over thirty years.
　그것으로 30년간 산발적으로 지속되던 전쟁이 종결되었다.

06505

bring ★ up [sb]/[sth]
16.산업기술대/14.사회복지직9급/07.강남대
93.서울시9급/토플/입사4회/Teps

자라게(up) 하다/ 문제를 논의의 대상으로(up) 꺼내다(bring)
1. 양육하다(=raise, nurse, rear)
2. (문제 따위를) 제기하다(=broach, present, raise)
• The way we choose to **bring up** children is vitally important.
　우리가 자녀를 양육하기 위해 선택하는 방법은 대단히 중요하다.

▣ **be well brought up** 바르게 자랐다
　↔ **be badly brought up**
　버릇없이 자랐다(=be spoiled)

06506

bring forward [sth]
토플/입사/Teps

앞쪽으로(forward) 가져오다(bring)
(안 · 문제 따위를) 제출하다, 제시하다(=present, submit)
• **bring forward** evidence 증거를 제출하다

06507

bring ★ in [sth]
Teps

어떤 것을 안으로(in) 가져오다(bring)
1. (새로운 법 · 제도 등을) 도입하다; (법률안 등을) 제출하다
2. (수입 · 이익 등을) 가져오다
3. (남을) 소개하다, (대화 속에) 끼워 넣다
4. (배심원이) 유 · 무죄 평결을 내리다
• The new exam was **brought in** in a mad rush.
　새로운 시험 제도는 졸속으로 도입되었다.

06508

bring home the bacon
08.서울교행

베이컨(식량)을 집으로 가지고 오다
1. (가정의) 생활비를 벌다, 생계를 책임지다
2. (경주 등에서) 입상하다(=win the race), 성공하다
• I work day and night to **bring home the bacon**.
　나는 생활비를 벌기 위해 밤낮으로 일한다.

▣ **breadwinner**
　집안에서 밥벌이를 하는 사람

06509

bring [sth] **home to** [sb]
11.성균관대

(의미를) 완전히(home) 가져오다
~에게 ~을 충분히 납득시키다, 확신시키다
• The result **brought** my lack of ability **home to** me.
　그 결과는 내 능력이 부족함을 확실히 자각시켜 주었다.

R055

[어근] verg/vers/vert(=turn) & rot(=turn, wheel)

O551 verge
[və́:rdʒ]
09.국민대/08.서경대
13.국가직9급/08-3.경찰
95.효성대

verg(=turn)+e → (경계가) 바뀌는 부분
n. 가장자리, 경계; 아슬아슬한 순간
• be on the verge of a civil war 내전의 직전에 있는
🔳 on the verge of ~의 직전에
= on the brink of
= on the edge of
= on the point of

O552 perverse
[pərvə́:rs]
06.광운대

per(=falsely)+vers(=turn) → 나쁜 방향으로 돌아 앉는
a. (사고방식·태도가) 비뚤어진[삐딱한](=contrary)
• behave perversely once in a while 이따금씩 삐딱하게 행동하다
ⓥ pervert 나쁜 길로 이끌다; 악용하다, 곡해하다
ⓝ perversion 왜곡; (성적) 도착, 변태적 행동
  perversity 삐딱함, 이상한 행동; 외고집
ⓐ perversive 나쁜 길로 이끄는; 곡해하는; 도착적인
🔁 contrary 반대, 정반대; 반대되는; [구어] 심술궂은 ⊃ NO654

O553 extrovert
[ékstrəvə̀:rt]
07.중앙대/04-2.광운대
03.경기대

extro(=outside)+vert(=turn) → 밖으로 향하는
n. 외향적인 사람, 사교적인 사람
a. 외향적인
vt.(흥미·관심 등을) 밖으로 향하게 하다
ⓝ extroversion 외향성
ⓐ extroversive 외향성의

경찰간부
14.한국외대

🔳 introvert[intrəvə́:rt] 내향적인 사람; 내성적인
  - introverted/introversive 내향(적)인; 내성적인(=shy)

O554 traverse
[trǽvə:rs]
12.숭실대

tra(trans=through)+vers(=turn)+e → ~을 통하여 방향을 틀다
v. 1. 가로지르다, 가로질러 건너다(=cross)
  2. 자세히 검토하다
  3. 반대하다, 부인하다; 방해하다
n. 횡단, 건널목; 부인, 항변
• traverse the bridge daily 매일 다리를 건너다
ⓐ traversable 횡단할 수 있는, 통과할 수 있는
ⓝ traverser 횡단자; 부인자

O555 vice versa
[vàisə-və́:rsə]
17.홍익대/98-5.경찰

vice(=change)+versa(=turn) → 위치를 바꾸어도 같은
ad. 거꾸로, 반대로, 반대도 똑같이
• She hates me and vice versa. 그녀는 나를 미워하고 반대로 나도 그렇다.
🔁 versus ~대(對), ~에 대한(略 v., vs.)

O556 vertiginous
[və:rtídʒənəs]
11.경희대

vert(=turn)+i+gin+ous → 눈이 빙빙 도는
a. 빙빙 도는, 현기증 나는(=giddy)
• with vertiginous speed 눈이 어지러울 속도로
ⓝ vertigo[və́:rtigòu] 현기증

O557 inverse
[invə́:rs]
13.이화여대

in(=on)+vers(=turn)+e → 바꾸는
a. (양·위치가) 반대의, 역(逆)의
• be in inverse proportion to each other 서로 반비례하다
ⓥ invert 거꾸로 하다, 뒤집다, 도치시키다
ⓝ inversion 역, 전도, 도치

O558 diversion
[divə́:rʒən, -ʃən]
04.중앙대

di(=two, apart)+vers(=turn)+ion → 두 개로(따로) 방향을 트는
n. 주의를 딴 데로 돌리기, 전환;
  오락(=distraction; entertainment)
• a pleasant diversion 상쾌한 기분전환

09.단국대
94.변리사

ⓥ divert 전환하다, 딴 데로 돌리다(=turn aside); 즐겁게 해주다
ⓝ diversionary 주의를 딴 데로 돌리는, 양동의
• diversionary tactics 주의를 딴 데로 돌리게 하는[양동] 작전

---

tip 지붕을 열었다 닫았다 할 수 있는 자동차를 컨버터블(convertible)이라고 합니다. 어근 vert는 "방향을 틀거나 전환하다(turn)"의 의미입니다.

어근 verg/vers/vert(=turn)

추가 어휘
☐ advertising (집합적) 광고; 광고의
  - advertisement 광고
☐ vertex[və́:rteks] 정점, 절정
☐ vertical[və́:rtikəl] 수직의, 세로의
☐ version 번역; (책의) ~판; 각색, 번안
☐ verse 시, 운문 ↔ prose 산문
☐ tergiversate 의견을 완전히 바꾸다; 변절하다
  • tergi(=back)

표제어 복습
☐ convert 전환[변환, 개종]하다 🔲 N0497
  - convertible 바꿀 수 있는, 개조할 수 있는
  - conversion 전환, 전향, 개조; 변환
☐ converse 거꾸로의; 반대, 역; 대화를 나누다 🔲 D0497
  - conversely 바꿔 말하면, 뒤집어 말하면
  - conversible 거꾸로 할 수 있는; 바꿔 말하면
  - conversation 회화, 대화, 좌담
☐ adverse 불리한, 거스르는, 반대하는 🔲 N0449
  - adversary 적수, 상대편
☐ adversity 불운, 불행, 역경; 재난 🔲 N0802
☐ converge (한 점에) 모이다, 집중하다 🔲 N0359
  - convergent 점차 집중하는, 한 점에 모이는
  - convergence 집중성, 수렴
☐ diverge 분기하다, (의견 등이) 갈라지다 🔲 D0359
  - divergent 분기하는; (의견 등이) 나뉘는
  - divergence 분기, 일탈; 의견 등의 차이
  - divergently (의견이) 갈라져서, 다르게
☐ controversial 논의의 여지가 있는, 논쟁의 🔲 N0185
  - controvertible 논쟁의 여지가 있는, 논쟁할 만한
  ↔ incontrovertible 논쟁의 여지가 없이 명백한
  - uncontroversial 논쟁을 좋아하지 않는
  - controversy 논쟁, 논의; 말다툼, 언쟁
  - controvert 논의하다, 논쟁하다
☐ diversity 다양성, 여러 가지 🔲 N0059
  - diverse 다른; 여러 가지의, 다양한
  - diversify 다양화하다, 다각화하다
  - diversified 변화가 많은, 여러 가지의
☐ avert 피하다, 막다; 돌리다, 비키다 🔲 N0186
  - aversion 싫음, 혐오, 싫은 것[사람]
  - averse 싫어하는
  - advert 언급하다; 주의를 돌리다[to]
☐ inadvertently 무심코; 우연히 🔲 N0025
  - inadvertent 고의가 아닌, 우연의; 부주의한
  - advertent 주의 깊은
☐ reverse 역, 반대; 거꾸로의; 번복하다 🔲 N0183
  - reversible 역으로 할 수 있는; (옷이) 양면용의
  - irreversible 뒤집을 수 없는, 철회할 수 없는
  - irreversibility 불가역성, 취소 불가능
☐ subversive 전복시키는, 파괴적인 🔲 N0182
  - subvert 전복시키다, 파괴하다
  - subversion 전복, 파괴
☐ versatile 다재다능한; 다용도의 🔲 N0029
  - versatility 융통성, 다재다능
☐ versed ~에 숙달한, 정통한 🔲 D0029
☐ conversant ~에 정통한, 친한 🔲 D0029

O559 obverse
[άbvəːrs | ɔ́b-]
11.경희대/01-2.숙명여대

ob(=against)+vers(=turn)+e → 반대로 바꾼 것

n. (~의) 반대(되는 것), 상대물; (동전의) 앞면
• obverse and reverse of a coin 동전의 앞면과 뒷면
🔁 reverse 반대; (동전의) 뒷면 ➡ NO183

O559(1) universal
[jùːnəvə́ːrsəl]
08.영남대/ 03-2.경기대
92.연세대학원

uni(=one)+vers(=turn)+al → 하나로 통하는 → 보편적인

a. 보편적인, 전반적인(=general, catholic); 우주의
• universal truths 보편적 진리
ⓝ universe 우주, 은하계; 전 세계; 영역, 분야

어근 rot(=turn, wheel)

추가 어휘

☐ **rot**ate 회전하다[시키다] 교대하다
  - **rot**ation 회전, 순환, 교대
☐ **rot**ary 회전하는, 회전식의
☐ **rot**und 둥근 모양의; 뚱뚱한
  혼동어근 ros/rot(=gnaw) ➡ R113

R056   [어근] mut/meta(=change)

O561 commuter
[kəmjúːtər]
97.사법시험

com(=with)+mut(=change)+er(행위자) → 같이 갈아타는 사람들

n. 정기권 통근자, 교외 통근자
a. 통근(자)의
• congested with commuters 통근자들로 복잡한
ⓥ commute 바꾸다, 대리하다; 통근하다
ⓐ commutable 전환할 수 있는, 통근 가능한
  commutative 대체의, 교환의, 상호적인

O562 metamorphosis
[mètəmɔ́ːrfəsis]
11.국민대/97.사법시험
97-2.고려대

meta(=change)+morph(=form)+osis → 형태·모양을 바꾼 상태

n. 변형, 변질(=change); (생물) 변태
• the metamorphosis of a caterpillar into a butterfly
  애벌레가 나비가 되는 변태
• undergo metamorphosis 변형되다
ⓥ metamorphose 변태하다(시키다), 변형시키다
ⓐ metamorphic 변화하는, 변형[변태]의
🔁 mutation 돌연변이 mutant 돌연변이, 변종
  variation 변종

tip 정상적인 종에서 바뀐 것을 돌연변이(mutation) 라고 합니다.
어근 mut는 "바뀌다(change)"라는 의미를 가집니다.

추가 어휘

☐ per**mut**e 변경하다, 순서를 바꾸다 •per(강조)
☐ trans**mut**e (모양·성질 등을) 변화시키다
☐ **meta**bolism 신진대사 •bol(=throw)
☐ **meta**phor 은유
☐ **meta**physical 형이상학의, 추상적인
☐ **met**hodology 방법론

표제어 복습

☐ **mut**ual 상호의; 서로 관계있는, 상관의 ▣ N0430
  - **mut**uality 상호 관계, 상관
☐ **mut**able 변하기 쉬운, 변덕스러운 ▣ D0193
  - **mut**ation 돌연변이; 변화, 변경; 흥망성쇠
  → im**mut**able 불변의, 변하지 않는 ▣ N0193

R057   [어근] var(=change) & vic(=change)

O571 invariant
[invέəriənt]
04-2.고려대/97.사법시험

in(=not)+var(=change)+iant → 변화하지 않는

a. 불변의, 변화하지 않는(=uniform)
n. 불변량

14.숙명여대

🔁 variant 상이한, 다른; 여러 가지의, 변화가 많은
  - variance 변화, 변동, 변천; 상위, 불일치; 불화
🔁 valiant[væljənt] 용맹스런(=brave), 씩씩한 ➡ R2275

O572 variable
[vέəriəbl]
15.국회8급

var(=change)+i+able → 바꿀 수 있는

a. 변동이 심한, 가변적인
n. 변수
• variable weather 변화가 심한 날씨
ⓝ variability 변하기 쉬움, 변이성

12.강남대

🔁 invariable 불변의; 일정한

O573 veer
[víər]
00.변리사/04-2.가톨릭대

veer(=turn) → 배가 방향을 돌리다

v. 1. (배가) 방향을 바꾸다[off](=move, shift)
   2. (신념 등이) 바뀌다
n. 방향 전환
• veer towards the east 동쪽으로 방향을 바꾸다
ⓐⓓ veeringly 잘 변하여
🔳 veer off the road 옆길로 벗어나다

O574 vicarious
[vaikέəriəs]
13.세종대

vic(=change)+ari+ous → (다른 일을) 바꿔서 하는

a. 대리의, 대행의; (경험이) 간접적인
• a vicarious pleasure 대리 만족
🔁 vicar (영국 국교회의) 교구 목사
  - vicarial 목사의 직을 맡은; 대리의

tip 방송에서 춤과 노래 코미디 등 다양한 것을 다루는 프로그램을
버라이어티(variety)라고 합니다.

어근 var(=change)

표제어 복습

☐ **var**iety 다양성, 여러 가지 ▣ N0055
  - **var**y 변경하다; 다양하게 하다; 다르다
  - **var**iation 변화, 변동; 변종, 이형
  - **var**ious 가지각색의, 다방면의; 다양한
  - **var**ied 여러 가지의, 잡다한; 다채로운
  - **var**iegated 잡색의; 얼룩덜룩한

어근 vic(=change)

추가 어휘

☐ **vic**e[váis] ~ 대신에, ~의 대리로서
☐ **vic**e-president 부통령, 부통령
☐ **vic**e-chancellor 부총장; 부장관, 차관; 부대법관
  혼동어근 vic(=neighbor) ▣ R233

O575 vicissitude
[vísísətjùːd]
05.경희대

vic(=change)+issi+tude → 변하는 것

n. 변화, 변천; 교체, 바뀜; 영고성쇠
- the vicissitudes of life 인생의 우여곡절
ⓐ vicissitudinous 변화무쌍한

R058　[어근] mot/mob/mov/mom(=move) & migr(=move)

O581 moving
[múːviŋ]
06.충남9급

move+ing → 마음을 움직이는

a. 움직이는; 감동시키는(=touching)
- write several moving articles 감동적인 기사 몇 편을 쓰다
🔄 emotional 감정의, 정서적인; 감동시키는
　- emotion 감동, 감정
🔄 movable 움직일 수 있는 (물건), 동산
　→ immovable 움직일 수 없는, 고정된; 부동산

O582 motivate
[móutəvèit]
12.가톨릭대

motive(동기)+ate → 동기가 되다

vt. ~의 동기가 되다; 유발하다
- motivate the staff to be more productive
　직원들에게 동기 부여를 해서 생산성을 향상시키다
ⓝ motivation 자극, 동기부여(=incentive), 학습 의욕 유발
🔄 motive 동기; 움직이게 하는
　motif[mouti:f] (미술, 음악의) 주제
　motto[mátou] 좌우명, 모토; 격언, 금언

O583 mob
[máb]

mob(=move) → 한꺼번에 움직이는 사람들

n. (집합적) 폭도; 군중, 집단
v. 떼를 짓다; 떼 지어 습격하다
- an angry mob 성난 군중　• mob psychology 군중심리
　cf. flashmob 플래시몹

O584 moment
[móumənt]
16.상명대

mom(=move)+ent → 움직이는 순간

n. 1. 순간, 잠깐; (특정한) 때, 기회
2. 지금 현재(the moment)
3. 중요(of moment)
ⓐ momentary 순간의, 찰나의; 덧없는(=transitory, transient)
17.서울시9급/02,계명대
06-2.서강대
ⓐⓓ momentarily 잠시, 잠깐; 시시각각으로

98.경찰/93.효성대
02. 선관위

🔲 **on the spur of the moment** 즉석에서, 앞뒤 생각 없이
of moment 중요한(=important, momentous, significant)
every moment 시시각각
in a moment 순식간에, 곧
at any moment 언제 어느 때나, 언제든지
at the last[critical] moment 위급한 순간에, 막판에
for the moment 우선, 당장에는
on the moment 즉석에서, 당장
to the moment 어김없이, 정각에

O585 remote
[rimóut]
00-10.경찰/97-2.중앙대
93.행정고시

re(=back)+mot(=move) → 외딴(back) 곳으로 옮긴 → 멀리 떨어진

a. 1. (거리가) 멀리 떨어진; 원격의(=distant)
2. 외딴(=secluded, sequestered)
3. 관계가 먼; (기회 등이) 희박한
n. 스튜디오 밖에서의 방송 프로그램
- remote chance 희박한 가능성
- remote control 원격조종, 리모컨

---

tip 스스로 움직인다고 해서 자동차를 automobile이라고 합니다. 우리가 흔히 오너 드라이버라고 하는 자가용 운전자는 motorist가 정확한 단어입니다. 어근 mot는 "움직이다. 이동하다(=move)의 의미입니다.

어근 mot/mob/mov/mom(=move)

추가 어휘
🔲 **mover**[múːvər] 발의자, 제안자
🔲 **remove** 옮기다, 이동하다; 치우다; 벗다
　- **removal** 이동, 제거
🔲 **motorist** 자가용 운전자
🔲 **automobile** 자동차　•auto(=self)
　- **momentum** (움직이는 물체의) 탄성, 탄력

표제어 복습
🔲 **mobile** 이동성의, 움직일 수 있는 🔳 N0199
　→ **immobile** 움직일 수 없는, 고정된
　- **mobility** 이동성, 기동력; 유동성, 변덕
　- **immobilize** 움직이지 않게 하다
🔲 **mobilize** (전시에) 동원하다, 동원되다 🔳 D0199
　→ **demobilize** 제대시키다, 부대를 해산하다
🔲 **commotion** (잠시 시끌벅적한) 소동, 동요 🔳 N0885
　- **locomotion** 운동(력), 이동; 운전; 교통기관; 여행
　- **locomotive** 기관차; 운동의, 이동의
　- **motion** 운동, 움직임, 동작, 신호
🔲 **promote** 증진[촉진]하다; 장려하다 🔳 N0256
　- **promotion** 승진; 촉진, 장려; 판매
　→ **demotion** 좌천, 강등
🔲 **momentous** 중대한, 중요한 🔳 N0903

어근 migr(=move)

표제어 복습
🔲 **migrate** 이주하다; 새들이 정기적으로 이동하다 🔳 N0564
　- **migratory** 이주하는, 방랑하는
　- **migration** 이주, 이동
　- **migrant** 이주자
🔲 **emigrate** (타국으로) 이주하다　•e(=out) 🔳 D0564
　- **emigration** (타국으로) 이주
　- **emigrant** (다른 나라로 가는) 이주자, 이민
🔲 **immigrate** (타국에서) 이주해오다　•in(=in) 🔳 D0564
　- **immigration** (입국해오는) 이주; 출입국 관리소
　- **immigrant** (외국에서 들어오는) 이주자, 이민

R059　[어근] roll(=roll) & volv/volu/volt(=roll) & ball/bull(=roll, bubble, boil)

O591 enroll/enrol
[inróul]
12.성신여대

en(=make)+roll(=roll) → 명부에 넣다

v. 1. (이름을) 명부에 올리다(=enlist), 입학[입대]시키다
2. 등록하다, 입대하다
- enroll in a course 강좌에 등록하다
- enroll in the army 육군에 입대하다

어근 roll(=roll)

추가 어휘
🔲 **rollback** (이전 수준으로) 인하; 역행, 후퇴
🔲 **logroll** (의안을) 협력하여 통과시키다

O592 voluble
[váljubl]
12.중앙대/07.경기9급

volu(=roll)+ble → 혀를 잘 굴리는
a. 유창한, 달변의; 수다스러운
• a voluble spokesperson 입심 좋은 대변인

O593 voluminous
[vəlúːmənəs]
12.경희대

volu(=roll)+min+ous → 펜을 잘 굴리는
a. 1. (체적·용적이) 큰, (옷이) 아주 큰(=bulky)
  2. (책의 내용이) 풍부한(=copious); 저서가 많은
ⓝ **volume** 책, 서적; 큰 덩어리; 양, 부피, 음량
ⓐ **voluminal** 용적의[체적의]

O594 involve
[inválv]
11.서강대/02.중앙대
93.한국외대

in(=in)+volv(=roll)+e → 안으로 말려들게 하다
vt. 1. 포함하다; 수반하다(=entail); 관련[연루]시키다, 종사시키다
  •be involved in ~에 열중하다; (사건 등에 깊이 관련되다(=be implicated in)
  2. 열중[몰두]시키다[~ oneself]
  •involve oneself in ~에 몰두하다
  3. 복잡하게 하다
  • be involved in the scandal 스캔들에 연루되다
  • involve long hours and hard work 오랜 시간과 고된 일을 수반하다
01.홍익대 ⓐ **uninvolved** 복잡하지 않은, 단순한, 관련되지 않은, 무관심한(=apathetic)
98.고려대학원 ⓝ **involvement** 말려들게 함, 연루(=complicity); 곤란한 일

O595 revolve
[riválv]
02.건국대/98.가톨릭대

re(강조)+volv(=roll)+e → 돌다
v. (축을 중심으로) 돌다[회전하다]; 회전시키다(=rotate)
  • The earth revolves on its axis. 지구는 지축을 중심으로 자전한다.
ⓝ **revolver** 연발권총, 리볼버
ⓐ **revolving** 회전하는
17.홍익대 圓 **rev**[rev] (엔진의) 회전속도를 올리다; (엔진의) 회전속도
  圖 **revolution** 혁명, 대변혁
  - **revolutionary** 혁명의, 혁명적인
  - **revolutionize** 대변혁을 일으키다

O596 revolt
[rivált]
06.선관위9급

re(=against)+volt(=roll) → ~에 대항해서 나아가다
n. 반란, 봉기, 저항; 반감, 혐오
vi. 반란을 일으키다; 혐오감을 주다
  • quell the revolt 반란을 진압하다
ⓐ **revolting** 역겨운, 혐오스러운

O597 convoluted
[kánvəlùːtid]
17.지방직9급(하)/15.한양대

con(=together)+volut(=roll)+ed → 한꺼번에 말아놓은
a. 대단히 난해한, 복잡한(=complicated); 나선형의
  • a convoluted plot 난해한 줄거리
ⓥ **convolute** 둘둘 말다, 서로 뒤엉키다; 소용돌이 꼴의
ⓝ **convolution** 회선, 얽힘, 소용돌이
  圓 **volute** 소용돌이 모양의
  圖 **involute** 복잡한, 나선형으로 된

O598 bulletin
[búlətin]
14.성명대/07.세종대

bull(=roll)+e+tin → 옛날 관보는 두루마리로 되어 있었던 것에서 유래
n. 게시, 고시, 관보; 뉴스 속보
  • hear the bulletin that ~이라는 속보를 듣다
  • bulletin board 게시판
03.경기대 圖 **bullion** 순금[은]덩이(=gold and silver bars)
13.세종대 **bullet**[búlit] 총알, 탄환
  - **bite the bullet** 어려움을 감내하다, 고통을 참다 ⊃ I10201

O599 ebullient
[ibáljənt]
98.변리사/96.덕성여대

e(ex(=out)+bull(=bubble, boil)+i+ent → 끓어 밖으로 넘치는
a. 끓어 넘치는; (원기·열정 등이) 넘쳐흐르는(=exuberant)
  • her ebullient voice 그녀의 열정적인 목소리
ⓝ **ebullience** 끓어넘침, 용솟음
  ebullition 비등; 격발, 용솟음, 분출

어근 volv/volu/volt(=roll)

추가 어휘
☐ **devolve** (권리·일 따위를) 양도하다, 넘겨주다
  - **devolved** 양도된, 이양된 •de(=down)
  - **devolution** 양도, 상속인에의 이전; 권한 이양

어근 ball/bull(=roll, bubble, boil)

추가 어휘
☐ **ball** 공, 둥근 것; 무도회, 댄스 파티; 구르다
  - **ball**park 야구장
  - **ball**room 무도장
☐ **ball**ad 민요, 발라드
☐ **ball**ast 밸러스트(배가 평형을 유지하도록 깔아놓은 것)
☐ **ball**oon 풍선, 기구; 부풀다; 급상승하다
☐ **ball**ot 투표용지, 비밀투표 •둥근 것으로 제비를 뽑음
☐ **ball**yhoo[bǽlihùː] 떠들썩하고 저속한 선전

Ⅰ066

turn

turn은 "**변화를 수반하는 움직임(돌리다, 바꾸다, 변하다)**"을 나타내는 동사이다.
1. 돌리다, 회전시키다; (스위치를 돌려 전원을) 켜다(on)/끄다(off)
2. 방향을 바꾸다, (시선 · 얼굴을) 돌리다, 뒤집다
3. (사람 · 사물이) ~가 되다, ~으로 전환하다; 변하다
N. 회전, 전환, 차례; 교대시간

1. 돌리다, 회전시키다; (스위치를 돌려 전원을) 켜다(on)/끄다(off)

06601
turn on (sb/sth)
11.동국대/01.101단/Teps

스위치를 작동하게(on) 돌리다(turn)
1. (가스 · 수도 등을) 틀다; (전등 · 라디오 등을) 켜다(↔ turn ★ off sth)
2. (사람을) 흥분시키다(=cause sb to feel excited and very interested);
성적으로 자극하다
3. 공격하다(=attack); 사람을 갑자기 비난하다(=criticize sb suddenly)
• He **turned on** the water. 그는 물을 틀었다.
• The dog **turned on** him. 개가 그를 공격했다

06602
turn off (sb/sth)
14.항공대/13.서울시7급/01-2.한성대
01.인천시9급/Teps

스위치를 작동하지 않게(off) 돌리다(turn)
1. (가스 · 수도 등을) 잠그다; (전등 · 라디오 등을) 끄다(↔ turn ★ on)
2. 해고하다(=dismiss, lay off) ★입장에서 떨어져 나와(off) 발길을 돌리게 하다(turn)
3. (사람을) 불쾌하게 하다, 흥미를 잃게 하다
　　★정떨어져(off) 발길을 돌리게 하다
• **turn on** [switch on] the radio 라디오를 켜다
• **turn off** [switch off] the radio 라디오를 끄다

🔑 turnoff (간선도로로 통하는) 지선 도로;
(활동 등의) 중지; 분기점; 완성품

2. 방향을 바꾸다, (시선 · 얼굴을) 돌리다, 뒤집다

06603
turn ★ aside (sb/sth)
06.동아대/98.경찰간부/96.경기대/토플

옆으로(aside) 방향을 바꾸다(turn)
옆으로 비키다(=deflect); (질문 · 공격 등을) 슬쩍 피하다(=avert);
외면하다
• He skillfully **turned aside** the embarrassing questions.
그는 짓궂은 질문을 잘 받아넘겼다.

📘 steer clear of sb/sth
~에 가까이 가지 않다, ~을 비키다,
~을 피하다(=avoid)
*~가 없는(clear of) 쪽으로 방향을 틀다

06604
turn ★ away sb
03-2.단국대

고개를 멀리(away) 돌려버리다(turn)
쫓아버리다, 해고하다; 외면하다, 지원하지 않다
• **turn away** a beggar from one's door 거지를 쫓아내다

📘 turn ★ away one's eyes[gaze]
시선을 돌리다, 외면하다
= turn ★ away one's face 외면하다

06605
turn around / turn round
03-2.단국대

고개 · 방향을 주변으로(around) 돌리다(turn)
1. 돌아보다; 회전하다; (방향을) ~쪽으로 돌리다; 변절하다
2. 회복 · 호전되다; 회복시키다
• The economy will **turn around** sooner or later.
조만간 경기가 회복될 것이다.
🔑 turnaround (진로 · 태도 · 방침 등의) 180도 전환, 전향, 선회; 흑자전환

🔑 turnabout 방향 전환, 선회;
(사상 등의) 전향; 급진론자
- turncoat 변절자, 배반자
🔑 turn against ~에게 등을 돌리다,
변절하다(=betray)

06606
turn a deaf ear to sth
03-2.숭실대/토플/Teps

~의 말에(to) 귀머거리로 변하다(turn)
~에 조금도 귀기울이지 않다, 듣고도 못 들은 척하다
• He **turns a deaf ear to** my repeated warnings.
그는 내가 몇 번을 경고해도 못 들은 척한다.

06607
turn a blind eye to sth
16.한성대/10.서울시9급/97.고려대

~에게 안보이는 것처럼 하다(turn)
~을 못 본 체하다(=overlook), 눈감아 주다(=ignore)
• Please **turn a blind eye to** his fault just this time.
이번 한 번만 그의 잘못을 눈감아 주십시오.

06608
turn[thumb] one's nose up at sb/sth
17.중앙대/13.국가직7급/03-2.단국대

사람의 코를 위로 뒤집는 모양을 하다(turn)
~를 조롱하다, 비웃다(=ridicule)
• John **turned his nose up at** Ann, and that hurt her feelings.
존은 앤을 비웃었고 그것이 그녀의 감정을 상하게 했다.

06609
turn over a new leaf
고려대/공사/Teps

책의 새로운 페이지(leaf)로 뒤집다(turn)
마음을 고쳐먹다, 생활을 일신하다(=begin a new life)
• He swore to **turn over a new leaf**.
그는 새사람이 되기로 맹세했다.

06610
turn [sb]'s head

02.전남대

사람의 머리(head)를 딴 데로 향하게 하다(turn)
사람이 성공하여 우쭐대게 하다
- Her successes had **turned** her **head**. She was now quite arrogant.
  그녀는 성공에 도취되어 우쭐대더니 꽤나 거만해졌다. *arrogant 거만한

國 go to one's head 거만해지다
國 have a swollen head
자만심이 가득하다, 잘난 체하다
*머리가 한껏 부풀어(swollen) 있다

06611
turn the tables (on [sb])

16.중앙대/98~2.광운대

테이블을 뒤집어 엎다(turn)
전세를 뒤집다, 형세를 역전시키다; 역습하다
- The prisoner **turned the tables on** his captor by suddenly leaping up and grabbing his gun.
  그 포로는 갑자기 뛰어 올라서 체포자의 총을 낚아채 상황을 역전시켰다.

國 turn the tide
전세를 뒤집다, 여론을 반전시키다
*흐름(tide)을 뒤집다(turn)

06612
turn over ([sb]/[sth])

토플/입사/Teps

뒤집어(over) 넘겨버리다(turn), 남에게 넘겨주다
1. 뒤집어 엎다(=turn ★ upside down [sth]); 전복되다(=flip); 몸을 뒤척이다
2. 양도하다, 넘겨주다(=transfer, give); (범인 등을) 경찰에 인도하다
3. 곰곰이 생각하다, 숙고하다(=consider, meditate, ponder)
- The lawyer **turned over** the release papers.
  변호사는 양도계약 문서를 넘겨 주었다.

國 turnover 총 매상고; 자금 등의 회전율; 이직률; 전복, 전도, 재편성 ➔ T1383

06613
turn in ([sth])

13.동덕여대/01.영남대/00~2.단국대
99.동국대/토익/입사/Teps

안으로 방향을 틀다(turn)
1. 제출하다(=submit, hand in [sth]); (물건을) 반환하다
2. 〈구어〉 (일 · 계획 · 음주 등을) 그만두다; 잠자리에 들다
3. (사람을) 관공서 등에 신고하다
- The time is up. **Turn in** your answer sheets.
  시간이 다 되었습니다. 답안지를 제출하세요.

06614
turn up ([sth])

05.홍신대/03~2.단국대/00.외대
86.행자부9급/85.사시/입사6회/Teps

내 쪽으로(up) 방향을 틀다(turn)
1. (사람이) 모습을 나타내다(=appear, show up), 도착하다(=arrive, reach)
2. 〈구어〉 (분실물이) 우연히 발견되다; 수색해서 찾아내다
3. 일이 뜻밖에 생기다, 일어나다(=happen)
4. (소리 · 불 등을) 높이다(↔ turn ★ down [sth])
- Some old friends **turned up** unexpectedly.
  오랜 친구 몇 명이 뜻하지 않게 모습을 보였다.

06615
turn down ([sth])

13.서울시7급/07.대구대/06.강원소방
03.94.행자부9급/02.고려대학원/96.경찰
89.서울시9급/87.행시
86.법원직/경원대/경기대/토플/입사8회/Teps

아래로(down) 방향을 틀다(turn)
1. 거절하다(=reject, refuse)
2. (소리 · 불 등을) 줄이다(↔ turn ★ up [sth]) *아래로(down) 가게 하다
3. 경기가 쇠퇴하다 *경기가 바닥으로(down) 방향을 바꾸다(turn)
- Thank you, but I'll have to **turn down** your offer.
  감사하지만 당신의 제안을 거절해야 할 것 같군요.

國 turndown (옷 등의) 접어 젖힌 부분
(↔ turnup); 거절, 배척

06616
turn thumbs down on[to] [sth]

92.변리사/Teps

엄지손가락을 아래로(down) 가게 해서 거부의사를 나타내다
거부 의사를 나타내다(=not approve); 불만을 표시하다
- The board **turned thumbs down on** his application for parole.
  위원회는 가석방을 위한 그의 신청을 거절했다. *parole 가석방

國 turn thumbs up 찬성하다
*엄지손가락을 위로 향하게 하다(영화
"글래디에이터" 검투장면 연상)

06617
turn to [sb]/[sth]

98.사법시험/서울대학원

~쪽으로(to) 방향을 틀다(turn)
1. ~에 의지하다(=depend on, rely on, count on [sb]/[sth]),
   (도움 · 충고를) 구하다
2. ~쪽으로 향하다
3. ~으로 변하다, 바뀌다 *~으로(to) 바뀌다
4. (새로운 것이나 일에) 착수하다, 손을 대다, 새로운 주제를 토론하다
- Whenever I have problems, I always **turn to** God.
  나는 문제가 생길때마다 신에게 의지한다.

---

3. (사람 · 사물이) ~가 되다, ~으로 전환하다; 변하다

06618
turn out ([sb]/[sth])

07.경기대/07.대구대/01.여자경찰
95.교원대학원/사법시험/Teps

96.외무고시

out 상태로 변하다(turn)
1. 결국 ~임이 드러나다(=prove); 결국 ~이 되다
2. (밖으로) 내쫓다; 해고하다 *밖으로 방향을 돌리게 하다(turn)
3. (가스 · 불을) 끄다(=switch ★ off [sth]) (↔ turn ★ on [sth])
4. 생산하다, 제조하다(=manufacture, produce); (사람을) 배출하다
5. (모임 · 행사 따위에) 참석하다(=take part in sth), 모이다(=assemble)
6. 〈구어〉 (잠자리에서) 일어나다 (↔ turn in) *이불 밖으로(out) 나오다(turn)
- He **turned out** to be right. (=It turned out that he was right.)
  그가 옳았음이 밝혀졌다.
- **turn out** a large quantity of goods 상품을 대량으로 생산하다.

國 turn-out 참석자 수(=attendance), 투표자 수; 출고액, 생산액

國 turn out (all right) 만족스럽게 끝나다,
일이 잘 되다(=be successful)
= pan out (all right) 일이 잘 되다
= work out (all right) 일이 잘 되다

06619
turn sb/sth **into** sth
05~2.명지대/고려대학원/입사/Teps

~으로(into) 변하다(turn)
1. ~으로 변하다(=become), 전환하다; ~을 ~로 전환시키다
2. (어떤 장소로) 들어가다 *안쪽으로(into) 방향을 틀다
• His cold **turned into** pneumonia.
  그의 감기가 악화되어 폐렴이 되었다.

4. N. 회전, 전환; 모퉁이; 차례; 교대시간

06620
take turns
04.국민대/95.행자부9급
91.서울시7급/토익/Teps

turns(교대)를 취하다
교대로 하다(=alternate, rotate)
• John and I usually **take turns** to cook.
  존과 나는 교대로 식사준비를 한다.

06621
in turn(s) / by turns
14.한양대/13.산업기술대
06.감정평가사/Teps

turns(차례, 순서)에 따라
번갈아, 차례로(=one after another, alternately); 순서대로
• The President visited each department **in turn** for his annual
  inspection tour.
  대통령은 연례 시찰차 각 부를 차례로 방문했다.

🔒 **out of turn** 순서가 뒤바뀌어, 두서없이;
적절한 시기가 아닌

I 067
change

change는 "어떤 것을 다른 상태로 만들다"이다.
스스로의 모습을 바꾸는 것(변하다), 물건을 다른 것과 바꾸다(교환하다), "옷을 갈아입다" 등의 의미로 쓰인다.
명사로는 "전환, 교체; 거스름돈, 잔돈"의 의미를 가진다.

06701
change over (to sth **)**
83.행정고시/토플

다른 쪽으로(over) 변화시키다
(제도 등을) 바꾸다, 전환하다(=switch over, go over, move over (to sb/sth))
• We hope to **change over** to the new software by next month.
  우리는 다음 달까지 새로운 소프트웨어로 전환되기를 희망한다.

06702
shortchange
14.고려대

거스름돈(change)이 모자라다(short)
(고객에게 고의로) 거스름돈을 덜 주다, 부당한 대우를 하다
• The shopkeeper tried to **shortchange** me.
  그 가게주인은 내게 거스름돈을 덜 주려 했다. *short change 부족한 거스름돈

🔒 **Keep the change.** 잔돈은 가지세요.
→ Give me the change, please.
거스름돈을 주세요.

I 068
move

move는 "위치나 자리를 옮기다, 움직이다"의 뜻이다.
따라서 "이사가다, 마음이[을] 움직이[게 하다] → 감동하다, 감동시키다"의 뜻으로도 쓰인다.
생각을 옮긴다는 의미에서 "제의하다"라는 의미도 있다.
N. 움직임; 운동; 이사; 조처, 수단

06801
**move heaven and earth
to R**
94.입법고시

하늘과 땅(heaven and earth)을 옮기다(move)
(~하기 위해) 전력을 다하다(=do everything possible)
• I **moved heaven and earth to** find my car keys, but I never found them.
  나는 차 열쇠뭉치를 찾으려고 온갖 수단을 다해 보았지만, 결국 찾을수 없었다.

🔒 **move mountains**
모든 노력을 기울이다;
매우 어려운 일을 해내다

06802
move on
07.숭실대

계속(on) 움직이다(move)
1. 다음 주제로 넘어가다
2. 다른 일을 하기 위해 직장 등을 옮기다
3. (시대의 흐름에 맞추어) 발전하다, 향상하다(=progress, improve)
• I enjoyed my job, but it was time to **move on**.
  나는 내 일을 좋아했지만, 다른 일로 바꿀 시간이었다.

🔒 **on the move**
여기서 저기로 옮겨 다니는;
진행되고 있는(=progressing);
활동적인(=active)

06803
move sb/sth **up /
move up in the world**
12.상명대

윗자리로(up) 이동하다(move)
1. 승진[출세]하다, 승진시키다(=advance, promote)
2. 상승하다
• The harder you work, the more you **move up in the world**.
  열심히 노력한 만큼 더 높이 승진할 수 있다.

06804
move out
14.사회복지9급

밖으로 이동하다(move)
(살던 집에서) 이사를 나가다
• We have to **move out** of this house by the end of this month.
  우리는 이달 말까지 이 집에서 이사 나가야 한다.
🔒 **move in** 이사를 들어오다

I 069
roll

roll은 "**회전을 통해서 앞으로 나아가다**"가 기본개념이다. 우리말의 "**구르다, 굴리다**"에 해당된다.

1. 구르다, 굴리다; 차를 타고 나가다
2. (일을) 착수하다, 시작하다
3. 동그랗게 말다
N. 두루마리, 명부, 출석부

06901
roll out [sth]
입사

(새) 차를 굴리고 밖으로 나오다

1. (신제품을) 출시하다, 대량생산하다   2. (침대에서) 굴러서 나오다
• The company expects to **roll out** a new model in September.
  그 회사는 9월에 신제품을 출시할 예정이다.

06902
roll with a[the] punch
08.지방직7급

펀치를 동그랗게 말다(roll)

(상대의 공격을) 피하다; (역경 등에) 유연하게 대처하다
• I was not hurt since I **rolled with the punch**.
  나는 피했기 때문에 상처를 입지 않았다.

roll out the red carpet
정중히 맞이하다 *레드카펫을 펴다

roll in 잠자리에 들다;
우르르 몰려 들어가다;
(예상보다 늦게) 도착하다

R060   [어근] fect/fec/fic/fict/fac/fact(=make, do)

0601 proficient
[prəfíʃənt]
04.강남대

pro(=forward)+fic(=make)+ient → 앞으로 잘 만들어내는
a. 익숙한, 숙달한, 능숙한(=adept)
n. 대가, 달인
- be proficient in foreign languages 외국어에 능통하다
ⓝ proficiency 숙달, 능숙, 실력

0602 magnificence
[mægnífəsns]

magni(=great)+fic(=make)+ence → 크게 만든 것
n. 웅장, 호화; 장엄한 분위기, 기품
- the splendor and magnificence of the scenery
  풍경의 화려함과 장엄함
ⓐ magnificent 장대한, 화려한, 훌륭한; 고상한
🔁 munificent 대단히 후한, 손이 큰 *mun(=give) ➲ R0076

0603 fictitious
[fiktíʃəs]
96-2.숭실대/94.서울대학원

fict(=make)+it+i+ous → 만들어낸
a. 1. 거짓의, 허구의, 허위의(=false)
     2. 창작적인, 소설적인; 가공의(=artificial), 상상의
- the fictitious characters 가상 인물
ⓝ fiction 소설; 꾸며낸 이야기, 허구
ⓐ fictional 꾸며낸, 허구의, 소설의, 소설적인
ⓥ fictionalize 소설화하다; 각색[윤색]하다
🔁 factitious 인위[인공]적인; 부자연스러운
🔁 figment 꾸며낸(지어낸) 일; 허구(=fiction) *fig(=make)

0604 faculty
[fǽkəlti]
12.경희대

fac(=make)+ul+ty → 만들어내는 능력
n. 1. 능력, 재능(=capacity)
     2. (대학의) 학부; 교수진
- have an excellent faculty 우수한 교수진을 갖추다

0605 infectious
[infékʃəs]
-15.경기대/05.한국항공대

in(=on)+fect(=make)+i+ous → 접촉해서(on) 병을 만드는
a. 전염성의, 전염병의; 옮기 쉬운(=contagious)
- suffer from infectious diseases 전염병을 앓다
ⓥ infect ~에 감염(전염)시키다, 감화시키다
14.항공대
ⓐ infected (세균에) 감염된
ⓝ infection 감염, 감화

0606 benefactor
[bénəfæktər]
02.동국대/02-2.숭실대

bene(=good)+fact(=do, make)+or(행위자) → 좋은 일을 하는 사람
n. (학교·병원·자선 기관의) 후원자(=patron), 선행자
- an anonymous benefactor 익명의 후원자
- funds donated by benefactor 후원자가 기부한 기금
ⓝ benefaction 선행, 자선행위
18.국가직9급
🔁 malefactor[mǽləfæktər] 범인(=culprit), 죄인, 악인 *mal(=bad)

0607 malfeasance
[mælfíːzns]
13.상명대/10.동국대

male(=bad)+feas(=do)+ance → 나쁘게 행동하는 것
n. (공무원 등의) 부정행위, 불법행위
- He was acquitted of malfeasance in office.
  그는 재직 중 부정행위에 대해 무죄판결을 받았다.
ⓐ malfeasant[mælfíːzənt] 불법의; 나쁜 짓을 하는; 불법행위자

0608 maleficent
[məléfəsənt]

male(=bad)+fic(=do)+ent → 나쁘게 행동하는
a. 해로운, 나쁜 짓을 하는
ⓝ maleficence 유해(성), 해악
🔁 beneficence 선행, 자선행위 ➲ D0044
   - beneficent 자선심이 많은

---

tip 어떤 것이 완벽하게 만들어진 것을 보고 우리는 perfect 하다고 합니다. 어근 fect는 "무엇을 만들다, 만들어내다, ~하다(make)"의 의미를 가집니다.

추가 어휘

☐ manu**fact**ure 제작하다, 만들어내다 *manu(=hand)
☐ con**fect**ion[kənfékʃən] 과자; 합성; 기성복
   - con**fect**ionery 과자류; 제과점
☐ re**fect**ion (음식에 의한) 원기 회복; 간단한 간식
☐ re**fect**ory[riféktəri] (수도원 등의) 식당; 휴게실
☐ ed**ific**e[édəfis] 대저택; 지적인 구성물, 체계
☐ **fact**ion[fǽkʃən] 파벌, 당파, 내분
   - **fact**ious[fǽkʃəs] 당파적인
☐ **fact**ual 사실상의, 실제의
☐ **fact**otum[fæktóutəm] 잡역부; 대형 장식 문자
☐ **fac**simile[fæksíməli] 팩스, 모사전송 *simil(=same)
     혼동어근 **fac**(=face) ➲ R184

표제어 복습

☐ af**fect** 영향을 미치다, 가장하다, 애호하다 ➲ N0018
   - af**fect**ion 애정, 애착; 질병, 질환; 영향
   - af**fect**ation 꾸미기, 가장
   - af**fect**ing 감동시키는, 감격적인
   - unaf**fect**ed 자연스러운; 영향을 받지 않은
   - disaf**fect** (실망하여) 배반케 하다
☐ ef**fect** 결과, 효과, 영향, 효능 ➲ N0056
   - ef**fect**ive 효과적인, 유능한, 유효한
☐ ef**fic**ient 능률적인, 효율적인; 유능한 ➲ N0579
   ↪ inef**fic**ient 비능률적인, 비효율적인; 무능한
☐ inef**fic**acious (약 등이) 효력이 없는 ➲ D0579
☐ de**fic**iency 부족, 결핍; 부족분; 결손, 적자 ➲ N0121
   - de**fic**it 결손, 부족(액); 적자; 결함; 약점
   - de**fic**ient 부족한, 불충분한; 결함 있는
   ↪ suf**fic**ient 충분한, 족한
☐ de**fect** 결점, 약점; 부족액; 탈퇴하다 ➲ N0726
   - de**fect**ive 결점이 있는; 심신장애자, 불량품
   - de**fect**ion 이탈, 탈당
☐ per**fect** 완전한, 완벽한; 정확한; 완료의 ➲ D0726
   ↪ imper**fect** 불완전한; 결함이 있는
☐ super**fic**ial 피상적인; 깊이가 없는 ➲ N0072
☐ **fac**ilitate (일을) 용이하게 하다; 촉진하다 ➲ N0390
   - **fac**ility 재주, 재능; 유창함; 편의 시설
   - **fac**ilitation 용이하게 함, 편리화; 촉진
   - **fac**ile 손쉬운, 쉽사리 얻을 수 있는
☐ of**fic**ious 참견하기 좋아하는 ➲ N0624
   - of**fic**ial 공무원, 관리; 공식의
☐ bene**fic**ial 유익한, 유리한, 유용한 ➲ N0044
   - bene**fic**ent 자선심이 많은; 이익이 되는
   - bene**fit** 이익, 이득; 선행; 연금; 이득을 보다
   - bene**fic**iary 수익자; 연금 수령인
☐ arti**fic**ial 인조의, 부자연스런, 가짜의 ➲ N0908
   - arti**fic**iality 인위적임, 부자연스러움; 꾸밈, 가짜
   - arti**fic**ially 인위적으로, 부자연스럽게
☐ arti**fact** 인공물, 가공물 ➲ D0908
☐ rami**fic**ation 가지; 분기, 세분화; 영향 ➲ N0710
   - rami**fy** 가지를 내다; 분기하다

0609 sufficient
[səfíʃənt]
13.한성대/01.국민대
14.가천대/03.변리사

sul(sub=precisely)+fic(=make)+i+ent → 정확하게 만든

a. 충분한, 족한(=ample ↔ deficient)
- a sufficient quantity 충분한 양
@d **sufficiently** 충분히
ⓝ **sufficiency** 충분, 족함, 충족; 넉넉함
ⓥ **suffice** 만족시키다, ~을 충족시키다(=satisfy); 충분하다

11.동국대 ⊞ **insufficient** 불충분한, 부족한; 부적당한
00.행정고시 **insufficiency** 불충분, 부족; 결점
⊞ **self-sufficient** 자급자족할 수 있는

0609(1) factor
[fǽktər]
08.국가직9급/05.동국대

fact(=make)+or(행위자) → 만들어내는 것

n. 1. (어떤 현상의) 원인, 요인, 요소; 인자
2. 대리상, 도매상; 금융업자
- a main factor of divorce 이혼의 주요 요인

⊞ **factor in[into]** ~을 하나의 요인으로 포함하다(=consider)
⊞ **fact** 사실, 실제, 현실; (pl.) 진술한 사실
　 de facto 사실상의(=in fact), 사실상 존재하는
⊞ **factory** 공장, 제작소 - **factorial** 요인적인; 공장의

R061　[어근] feas/feit/feat/fit(=make, do) & fig(=make, form)

0611 fit
[fit]
05.경희대/05~2.단국대
94.한신대/01~2.한성대

fit(=make, fit)

a. 1. 적당한, (옷 등이) 꼭 맞는
2. 좋은 건강 상태인
⊞ **unfit** 부적당한, 어울리지 않는, 건강하지 않은
⊞ **as fit as a fiddle** 매우 건강한, 원기 왕성한
　 feel fit 몸 상태가 매우 좋다
vi. 맞다, 적합하다, 어울리다
vt. 맞게 하다, 적합하도록 하다
13.서울시7급 ⓐ **fitting** 적당한, 적절한; 부속품; 옷 입어보기
- fitting room 탈의실
ⓝ **fitness** 건강함, 체력
16,15.성균관대/07.한양대 ⊞ **survival of the fittest** 적자생존
n. 적합; 발작, 경련
01.상명대 ⊞ **throw a fit** 경련을 일으키다; 불같이 화내다
ⓐ **fitful** 발작적인, 변하기 쉬운

0612 forfeit
[fɔ́ːrfit]
01~2.고려대/85.기술고시

for(=away, off)+feit(=make) → 빼앗아 없게 만듦

n. 1. (권리·명예 등의) 상실, 박탈, 몰수
2. 벌금, 과료; 추징금
vt. (권리를) 상실하다, 몰수[박탈]당하다
ⓝ **forfeiture** 1. (재산의) 몰수, 벌금, 과료 2. (권리·명성의) 박탈, 상실
ⓐ **forfeitable** 상실할, 몰수당할

0613 feat
[fíːt]
08.고려대

feat(=do) → 어려운 일을 해냄

n. 업적, 공훈(=exploit); 재주, 묘기
- accomplish a feat 위업을 달성하다
⊟ **fiat**[fíːət] (권위 있는) 명령(=order), 훈령
- a royal fiat 국왕의 명령 · by fiat 엄명에 따라

0614 feature
[fíːtʃər]
12.국민대/이화여대
07.감정평가사

feat(=make)+ure → 만들어진 것

n. 1. (두드러진) 특징, 특색(=characteristic)
2. 얼굴 생김새; (pl.) 용모
3. (신문·잡지 등의) 연재 기사, 특별 기사; 특별프로
v. 1. 특징으로 삼다, 대서특필하다; 상상하다
2. 주연을 맡다, 주연을 맡게 하다
- a distinctive[noteworthy] feature 두드러진 특징
- comely features 반반한 용모
- a featured actor 주연 배우

tip 몸을 만드는 곳을 fitness center(체력 단련실)라고 합니다.
어근 fit는 "무엇을 만들어 내다"의 의미를 갖습니다.

어근 feas/feit/feat/fit(=make, do)

표제어 복습
☐ counter**feit** 위조의, 가짜의; 위조 물건 ⬛ N0318
☐ **feas**ible 실행할 수 있는, 있음직한 ⬛ N0054
- **feas**ibility 실행할 수 있음, 가능성
↔ in**feas**ible / un**feas**ible 실행 불가능한
☐ discom**fit** 좌절시키다; 당황케 하다 ⬛ N0881
- discom**fit**ure (계획 등의) 실패; 좌절; 당황
☐ pro**fit**able 이익이 되는, 벌이가 되는 ⬛ N0433
- pro**fit** 이익, 이윤
- pro**fit**eer 폭리자, 부당이득자
↔ unpro**fit**able 이익이 없는

어근 fig(=make, form)

추가 어휘
☐ ef**fig**y (나무·돌로 만든) 상, 인형
- hang in ef**fig**y 유명인의 형상을 교수형에 처하다
☐ **fig**urine (장식용) 작은 조각상
☐ **fig**ment 지어낸 이야기, 허구
☐ trans**fig**ure 변형시키다

0615 figure
[fíɡjər]
14.한국외대/08.전남대

fig(=make)+ure → 숫자를 만들어낸 것

n. 1. 아라비아 숫자, 숫자 계산(=mathmetical numbers)
　　2. 합계, 액수, 총액
　　3. 꼴, 형태; 사람의 모습, 인물상, 도형
v. 숫자로 나타내다, 계산하다
　• sales figure 매출액　• a tragic figure 비극적 인물
ⓐ figurative 비유적인, 비유가 많은

> 🔳 figure out 이해하다; 총계가 ~이 되다
> 🔳 in round figures[numbers] 어림으로, 대략적으로
> 　　ballpark figure 어림셈
> 　　cut a fine figure 이채를 띠다, 두각을 나타내다 ➲ IO93O2
> 　　That figures. 그렇구나.

0616 surfeit
[sə́ːr fit]
11.중앙대/03-2.세종대
98-2.세종대

sur(super=over)+feit(=make) → 너무 많이 먹게 하다

n. 과다; 폭식, 폭음(=excess)
v. 과음[과식]하다; 물리다; 너무 많이 먹이다(=overeat)
　• a surfeit of rich food 기름진 음식의 과다섭취

0617 defeat
[difíːt]
17.산업기술대
12.성신여대/ 08.계명대

de(=away)+feat(=make) → 공적을 만들지 못하게 보내버리다

vt. 1. 패배시키다(=conquer, vanquish, get the better of)
　　2. (남의 계획을) 좌절시키다(=frustrate)
n. 패배, 좌절; 타도, 타파
　• The insurgent were defeated by the government forces.
　폭도는 정부군에 의해 진압되었다.

R062

[어근] art(=skill, craft) & apt/ept(=fit)

0621 craft
[kræft]
06.한양대
06.덕성여대

재주와 전술을 요하는 스타 크래프트 게임

n. 1. 기교, 기술, 재주　2. 수공업, 공예
　　3. 교활, 잔꾀, 술책　4. (pl.) 비행선; 우주선
vt. 정교하게[공들여] 만들다
　• crafted products 공예품, 세공품
ⓐ crafty 간교한, 간사한(=cunning)
🔳 craftsman (숙련된) 장인, 기능공, 숙련공(=skilled worker)

0622 artisan
[áːrtəzən]
93.부산외대
13.고려대

art(=skill)+is+an → 기술을 가지고 있는 사람

n. 기술공, 숙련공(=skilled worker)
　• a highly skilled artisan 고도로 숙련된 기술자
ⓐ artisanal 장인의
ⓝ artificer 기술자, 숙련공

0623 artifice
[áːrtəfis]
08.가톨릭대

art(=skill)+i+fic(=make)+e → 재주를 부려 만든 계략

n. 책략, 계략(=stratagem, wile); 교활, 속임수
　• escape by artifice 속임수를 써서 탈출하다
ⓐ artful 간사한, 기교를 부린, 교활한
　artless 꾸밈없는, 단순한, 천진한

0624 inertia
[inə́ːrʃə]
14.항공대/99.사법시험
17.숙명여대

in(=not)+ert⟨art(=skill)+ia

n. 1. 활발치 못함, 굼뜸, 둔함(=not active)
　　2. 〈물리〉 관성, 타성
　　3. 〈의학〉 무력(증)
ⓐ inert 자력으로 행동[운동]할 수 없는(=indolent); 둔한;
　불활성의; 둔한 사람; 불활성 물질

0625 apt
[æpt]
95.성심대

apt(=fit) → 딱 맞는 → 적절한

a. 1. 적절한; 적당한(=appropriate)
　　• make an apt remark 적절한 말을 하다
　　2. ~하기 쉬운
　　• be apt to R ~하기 쉽다
　　• be apt to go bad 상하기 쉽다, 잘 상하다
ⓝ aptitude 경향, 소질, 적성
🔳 inapt 부적당한; 서투른 - inaptitude 적합하지 않음, 부적당

> 💡tip 능숙한 솜씨를 가진 예술가를 우리는 아티스트(artist)라고 부릅니다.
> 어근 art는 "기술이나 재주"를 의미합니다.

어근 art(=skill, craft)

추가 어휘
☐ artist 예술가, 화가, 명인
☐ arty 사이비 예술의

표제어 복습
☐ articulate 똑똑히 발음하다; (말이) 또렷한 ▣ N0635
☐ artificial 인조의, 부자연스런, 가짜의 ▣ N0908
　- artifact 인공물, 가공물

어근 apt/ept(=fit)

추가 어휘
☐ contraption 기묘한 장치, 새로운 고안물
☐ periapt 부적　•peri (=around)
☐ attitude 자세, 태도, 사고방식
☐ attitudinize 젠체하다, 점잔 빼다

표제어 복습
☐ adapt 적응시키다; 각색하다 ▣ N0232
　- adaptation 적응, 순응; 개작물
　- adapter 개작자, 번안자
　- adaptor 어댑터
☐ adept 숙련된, 숙달된, 노련한[at] ▣ N0233

0626 inept
[inépt]
17.이화여대/96.동덕여대
93.성균관대/93.서울대학원

in(=not)+ept(=fit) → 꼭 맞지 않는 → 서투른

a. 솜씨 없는, 서투른(=clumsy) ; 무능한(=incompetent)
• Most automobile accidents are caused by inept drivers.
  대부분의 자동차 사고는 서투른 운전자 때문에 일어난다.
ⓝ ineptitude 부적당, 어리석음
🔁 **ept**[ept] 유능한, 솜씨 있는, 효율적인

0627 deft
[deft]
00-2.홍익대/94.연세대학원

92.경기대

deft(=skill) → 손재주 있는

a. 손재주 있는, 솜씨 좋은, 능숙한(=skillful)
• be deft at ~ing ~하는 데 능숙하다
⒜ⓓ **deftly** 능숙하게, 손쉽게(=skillfully)

R 063 [어근] mod(=fit, manner, modern, kind)

0631 modify
[mádəfài, mɔ́-]
03-2.고려대/01.서울여대
97.고려대학원

11.덕성여대

mod(=fit)+i+fy(=make) → 맞게 만들다, 맞추다

vt.1. (일부) 변경하다, 수정하다; 개조하다(=change)
   2. (조건·요구 등을) 완화하다, 조절하다
• modify the terms of lease 임대 조건을 변경하다
ⓝ **modification** 조절, 완화; (부분적) 변경
⒜ **modifiable** 변경[수식, 한정, 경감]할 수 있는
🔁 **modulate** 조정하다, 조절하다(=adapt), 변조하다
   - **modulation** 조정, 조절, 가감; 변조

0632 moderate
[mádərət]
07.서경대

17.서강대/10.서울여대

mod(=fit)+er+ate(=make) → 알맞게 만든

a. 1. (정도 등이) 보통의, 중간의(=medium)
   2. (정치적으로) 중도의; 절제하는
   3. (기후 등이) 온화한
   4. (값이) 알맞은, 적당한
n. (정치적으로) 중도패[온건파]인 사람
v. [mɑ́:dəreit] 절제하다, 완화해[되]다
• a moderate climate 온화한 기후 • moderate exercise 적당한 운동
⒜ⓓ **moderately** 알맞게, 적당히, 삼가서
ⓝ **moderation** 적당, 알맞음; 중용, 절제; 온건, 온화
• in moderation 알맞게, 적당히
🔁 **immoderate** 무절제한, 지나친(=excessive) •in(=not)

0633 modest
[mádist, mɔ́-]
16.한국외대/15.가천대
03-2.고려대/01.서울대
06.중앙대/96.고려대학원
09.법원직

mod(=manner)+est → 예의를 갖춘

a. 1. 겸손한(=humble, unassuming), 정숙한(=decorous)
   2. (크기·가격·중요성 등이) 보통의
• display a modest attitude 겸손한 태도를 보이다
• a relatively modest fee 비교적 비싸지 않은 수수료
ⓝ **modesty** 겸손, 정숙, 수수함

0634 outmoded
[àutmóudid]
14.산업기술대/01.인천대
90.행자부7급

out(=out)+mod(=modern)+ed → 현대적인 것을 벗어난

a. 유행에 뒤떨어진, 구식의(=obsolete)
• a outmoded concept 낡은 생각
🔁 **demode** 구식의, 유행에 뒤진 •de(=away)
🔁 **modish** 유행의, 유행을 좇는; 현대풍의
   mode[móud] 유행; 양식, 방식

0635 modernize
[mádərnàiz]
95.행자부7급

modern+ize(=make) → 현대적으로 만들다

vt.현대화하다(=streamline)
• modernize the agricultural sector 농업 부문을 현대화하다
⒜ **modern** 근대의, 현대의; 현대식의
   ultramodern 초현대적인, 최첨단의

0636 commodity
[kəmádəti]
11.경희대/06.숙명여대
01.홍익대

com(=together)+mod(=fit)+ity → 다 같이 쓰기에 알맞은 것

n. 상품; (pl.) 일용품, 필수품, 유용한 것
• the surging commodity prices 급등하는 일용품 가격
• agricultural commodity 농산물
🔁 **commode** (이동식) 세면대, 화장실, 서랍장
   commodious (집·방이) 넓고 편리한
   ↔ **incommodious** 비좁고 옹색한; 불쾌한
   incommode 불편을 느끼게 하다, 폐를 끼치다

---

tip 옷을 알맞게 입어 보이는 사람을 모델(model)이라고 합니다.
어근 mod는 "알맞은, 적당한"의 의미를 가집니다.

추가 어휘

□ **mod**ule 기준 치수, 기본 단위, 모듈
□ **mod**icum 소량, 조금(=morsel)
□ **mod**el 모델, 원형; 모범, 귀감
□ **mod**us vivendi 생활 방식; 잠정 협정
□ **mod**us operandi (작업) 방식(절차)

표제어 복습

□ accom**mod**ate 숙박시키다; 적응시키다 ▣ N0565
   - accom**mod**ation 숙박설비; 편의; 적응
   - accom**mod**ating 잘 돌봐주는, 친절한

0641 formal
[fɔ́ːrməl]
06.서강대

form(=form)+al → 형식을 중요시하는

a. 1. 형식적인, 격식을 차린; 의례적인(=ceremonial)
　　2. 공식적인, 문어적인
　• make a formal speech 의례적인 연설을 하다
　• formal words 문어적인 말, 격식을 차린 말
ⓝ **formality** 형식에 구애됨; 딱딱함; (pl.) 정식 절차
ⓥ **formalize** 정식화하다; 정식으로 승인하다

14.이화여대/06.아주대
08.단국대
🔄 **informal** 형식을 따지지 않는, 비공식의(=unofficial); 구어체의
　- **informality** 비공식, 약식; 약식행위

0642 reform
[rifɔ́ːrm]
11.서울시9급

re(=again)+from(=form) → 다시 모양을 만들다

n. 개혁, 개선, 교정
vt. 개혁[개선]하다; 개심시키다
　• a tax reform 세제 개혁
ⓝ **reformation** 개혁, 개선; 개심
ⓐ **reformatory** 개혁의; 교정의; 소년원

0643 transform
[trænsfɔ́ːrm]
10.계명대

trans(=change)+form(=form) → 트랜스포머가 모습을 바꾸다

v. 변형시키다, (성질·모양을) 바꾸다(=change), 전환하다[into]
　• transform the world into a better place 세상을 더 낫게 변화시키다
　• an event that would transform my life 내 삶을 완전히 바꿔 놓을 사건
ⓝ **transformer** 변압기, 변화시키는 것

16.상명대
16.법원직
transformation 변형, 변질, 변태, 변환
ⓐ **transformative** 변화시키는, 변형의

0644 uniformly
[júːnəfɔ̀ːrmli]
13.이화여대/09.고려대

uni(=one)+form(=form)+ly → 하나의 모습으로 일관되게

ad. 한결같이, 균일하게, 전체적으로(=across the board)
　• apply uniformly across all the departments
　　모든 부서에 획일적으로 적용하다

08.건국대
17.가천대/10.홍익대
ⓐ **uniform** 한결같은, 획일적인, 균등한; 제복, 유니폼
ⓝ **uniformity** 한결같음, 획일, 균일(=consensus)

0645 performance
[pərfɔ́ːrməns]
06.계명대

per(=throughly)+form(=form)+ance → 완전한 모습을 보여줌

n. 1. 연기, 연주, 공연
　　2. 실행, 집행, 작업; 행동(=act); 성능
　• postpone a performance 공연을 연기하다
　• the key measures of good performance 성능이 좋은 핵심 대책
ⓥ **perform** 실행하다, 이행하다; 연주하다, 공연하다(=play)
　• perform surgery 외과 수술을 하다

14.상명대/11.동국대

0646 typify
[típəfài]
02.건국대

type(=form, model)+i+fy(=make) → 형태를 만들다

vt. 표본[전형]이 되다; 특징을 나타내다; 예시하다; 상징하다
　• an acute disease typified by sudden death 돌연사가 특징인 급성질환
ⓝ **type** 형, 양식; 타입, 전형, 상징

17.국가직9급(하)
ⓐ **typical** 전형적인, 대표적인; 상징적인; 예시하는

14.이화여대
🔄 **atypical** 불규칙한, 틀에 박히지 않은, 비정상적인(↔normative) •a(=not)

0647 prototype
[próutətàip]
08.삼육대

proto(최초의)+type(형태) → 최초의 형태

n. 원형(原型), 전형, 견본, 시제품
　• release a prototype 시제품을 선보이다
　• the prototype for the new car 신차의 시제품
🔄 **archetype** 생물의 원형(原型); 전형 •arch(=first)
　antetype 원형 •ante(=before)

0648 stereotyped
[stériətàipt]
17.경기대

stereo(=solid)+type+ed → 판에 찍은 듯한

a. 판에 박은, 진부한(=banal); 연판으로 인쇄한
　• a stereotyped phrase 상투적인 말
ⓝ **stereotype** 상투적인 문구, 고정관념; 정형화하다

0648 plasticity
[plæstísəti]
18.서울시9급

plast(=form)+ic+ity → 모양을 쉽게 형성하는 것

n. 유연성(=suppleness), 가소성
　• Brain plasticity is limited spatially and temporally.
　　뇌의 유연성은 공간적으로나 시간적으로 제한적이다.
ⓝ **plastic** 플라스틱; 신용카드; 모양을 만드는
　• plastic bag 비닐봉지　• plastic surgery 성형 수술

---

tip 차가 로봇으로 형태(form)를 바꾸는 영화 트랜스포머(transformer) 처럼 어근 form은 "형태, 모양"을 의미합니다.

어근 form(=form)

추가 어휘
☐ **form** 꼴, 모습; 형, 종류; 형식; 형성하다
☐ **deform** 망치다, 볼품없게 하다, 불구로 만들다
　- **deform**ed 볼품없는; 불구의, 기형의
　- **deform**ity 기형, 신체장애자; 결함
　- **deform**ation 모양을 망침, 변형; 개악; 기형

표제어 복습
☐ **conform**ity (사회관습이나 법률에) 따르는 것 ☑ N0347
　- **conform** 따르(게 하)다, 순응하다
　- **conform**ist 순응자
　- **conform**ation 형태, 조직, 구조; 배치; 순응
　- **conform**able 유사한; 적합한, 조화된; 순응하는
　- non**conform**ist 순종하지 않는 사람
☐ **inform** 알리다, 통지하다 ☑ P0017
　- **inform**ation 정보, 지식

어근 morph(=form)

추가 어휘
☐ **morph**[mɔ́ːrf] 형태
☐ **morph**eme[mɔ́ːrfìːm] 형태소
☐ **morph**ology 형태학; [언어] 형태론

표제어 복습
☐ a**morph**ous 확실한 형태가 없는, 무정형의 ☑ N0593
☐ meta**morph**osis 변형, 변태 ☑ R0562

어근 type(=form, model)

추가 어휘
☐ steno**type** 속기문자
☐ pheno**type** (유전) 표현형(육안으로 볼 수 있는 생물의 형질)
　•phan/phen(=show)
☐ **typo**graphic 인쇄상의, 인쇄술의
☐ **typo** 인쇄공; 오타

어근 plas(=form)

추가 어휘
☐ **plas**ter 석고 반죽; 회반죽을 바르다
☐ **plas**ma 플라스마, 전리기체; 혈장
☐ proto**plas**m 원형질 •proto(=first)

I 070

make

make의 기본의미는 **"무(無)의 상태를 어떤 결과나 유(有)의 상태가 되게 하다"**이다.
단순히 "만들다"의 의미를 넘어 "행위 등을 하다, 돈을 벌다, 이해하다, 사람이 ∼이 되다" 등 다양한 의미로 쓰인다.

1. (사물을) 만들다 → 약속을 하다, 문제를 일으키다
2. (사람이) 행위 · 동작을 하다 [make + a + 명사]
3. ∼하게 하다 [make + 형용사]
4. (사람이) 돈을 벌다, 명성을 얻다, ∼를 해내다
5. 모르는 상태에서 알게 되다 → 이해하다
6. (사람이) (어떤 방향으로) 나아가다, 향하다
7. (침대 · 식사 등을) 준비하다, 정돈하다
8. (사람이 장래에) ∼이 되다(become 보다 적극적인 의지)

---

1. (사물 · 사건을) 만들다 → 약속을 하다, 문제를 일으키다

07001
make up sth
16.경찰1차/14.경찰2차/13.서울시7급
10.경찰1차/10.동국대/09.대구대
07.제주7급/07.강남대/06.경기대
03.가톨릭대02.감정평가사/01.덕성여대,Teps

완전하게(up) 만들다(make)
1. (여러 가지 것으로) 구성하다(=constitute, form, compose)
   *be made up of sb/sth ∼으로 구성되다(=consist of sb/sth)
2. 날조하다, (말 등을) 지어내다, 꾸며내다(=invent, fabricate)
3. (약을) 조제하다, (음식을) 섞어서 만들다
4. 화장하다; 분장하다, 분장시키다
5. 화해하다[with](=become reconcile, settle)
6. (시험이나 일 등에 빠진 것을) 보충하다
7. 작성하다(=draw ★ up sth)
8. [make up one's mind] 마음을 정하다, 결정하다(=decide)
9. (이부자리 등을) 정돈하다 ··· make one's bed 이불을 개다
• The country **makes up** one-twelfth of the continental mass of Asia.
  그 나라는 아시아 대륙의 12분의 1을 차지하고 있다.
13.중앙대
🔃 **makeup** 화장, 분장, 메이크업; 화장품; 겉치레; 짜임새, 구성; 재시험

🅢 **consist of** sb/sth ∼으로 구성되다
🅢 **kiss and make up**
(과거를 잊고) 화해하다
= **make peace (with** sb**)**
화해하다; ∼와 중재하다
cf. peacemaker 중재자, 조정자
= **bury the hatchet**
화해하다, 싸움을 그만두다

07002
make up for sth
15.산업기술대/06.선관위/00.법원직
00.경찰/97.행자부7급/96.지방고시1
95.행자부9급/86.사법시험/토익/입사,Teps

(손실에) 대해(for) 완전하게(up) 만들다(make)
1. 보상하다(=compensate for sth)
2. ∼을 메우다, 보충하다
• We cannot **make up for** the time we have lost forever.
  잃어버린 시간은 영원히 보상할 수 없다.

🅑 **make up to** sb
1. 아첨하다, 환심을 사려하다(=flatter, fawn), 아양을 떨다 2. (잘못에 대해) 만회할 수 있는 무엇을 하다
🅢 **compensate** (sb) **for** sth
보상하다, 벌충하다

07003
make ★ over sb/sth
11.국가직9급/입사/토플

전체적으로(over) (다시) 만들다(make)
1. ∼을 고쳐 만들다, 개조하다(=remodel)
2. (재산을) 양도하다 *넘겨서(over) 다른 사람 것이 되게 하다(make)
• I want to have this old coat **made over**.
  나는 이 낡은 코트를 고쳐서 입고 싶었다.
🔃 **makeover** 수리, 수선; (외모 등의) 변신

07004
make any difference
04.강남대/01.강남대/00.행자부
99.경찰/토플/입사1회,Teps

어떤 차이점을 만들다(make)
중요하다(=be significant) 〈주로 부정어와 함께 쓰여 "중요하지 않다"로 쓰임〉
• It doesn't **make any difference** to me.
  전 아무래도 좋습니다. (크게 중요하지 않은 일입니다.)
99-2.세종대
🔃 **make no difference** 차이가 없다, 중요하지 않다

🅢 **count for nothing** (95.사법시험)
전혀 중요하지 않다

07005
make a point of ~ing
11.사회복지9급/86.행자부9급,Teps

∼하는 것을 중요한 요점(point)으로 하다(make)
1. 반드시 ∼하다
2. ∼을 중시하다, 강조하다(=value highly, set store by sth)
• I always **make a point of being** early.
  나는 항상 일찍 일어난다.

🅑 **make a point** 요점을 말하다

07006
make much of sb/sth
96.서울대학원/입사,Teps

∼을 중요한 것으로 만들다(make)
1. ∼을 중시하다, 중요하게 다루다(=set store by, place value on sth)
2. ∼을 잘 이해하다
• Her campaign **made much of** economic issues at the party convention.
  전당대회에서 그녀의 선거유세는 경제적인 이슈들을 중요하게 다루었다.

07007
make light[little] of sb/sth
17.국가직9급(하)/12.성균관대

어떤 것을 가벼운(light) 것으로 만들다(make)
∼을 경시하다, 얕보다, 깔보다
• She never **makes light of** small things.
  그녀는 사소한 일이라도 가볍게 여기지 않는다.

🅢 **make nothing of** sth
∼을 아무렇지 않게 여기다

07008
make the most of sth / oneself
04.서울여대/00.명지대

∼을 최고로 하다(make)
∼을 최대한 활용하다(=capitalize on sth); 가장 중시하다
• Jane knows how to **make the most of** her talents.
  제인은 자신의 재능을 최대한으로 살릴 줄을 안다.

🅑 **make capital (out) of** sb/sth
∼을 이용하다
cf. be made the capital of sw
∼의 수도가 되다

07009
make the best of
sth / oneself
02.서강대,Teps

~을 최대로 하다(make)
~을 최대한 이용하다; (힘든 상황에서도) 나름대로 최선을 다하다
• Every man should have a fair opportunity to **make the best of himself**.
누구나 자기의 역량을 충분히 발휘할 기회가 공평하게 주어져야 한다.

🔲 take advantage of sb/sth
(기회나 남을) 이용하다
= avail oneself of sth ~를 이용하다
= impose (sth) on[upon] sb
  1. ~을 이용하다(=take advantage
  of sb/sth) 2. (세금 등을) 부과하다
= cash in on sth 이용하다
  (=exploit, capitalize on, play on)
= capitalize on sth ~을 이용하다

07010
make use of sb/sth
00.행자부9급/85.공인회계사,Teps

~을 이용하다(make)
(기회 등을) 이용하다
• Mankind should **make** peaceful **use of** atomic energy.
인류는 원자력을 평화적으로 이용해야 한다.

07011
make fun of sb/sth
14.한양대/입시,Teps

장난의 대상(fun)으로 만들다(make)
~을 놀려대다(=ridicule, laugh at sb/sth)
• Don't **make fun of** me.
날 놀리지 마.

🔲 make cracks about sb/sth
~을 웃음거리로 만들다
= poke fun at sb/sth
= make an ass[fool] of sb

07012
make sb's blood boil
숭실대

~의 피를 끓게(boil) 만들다(make)
~를 화나게 하다, 격분케 하다(=infuriate, enrage)
• Whenever Jim criticizes his father, it **makes** my **blood boil**.
짐이 그의 아버지를 흠잡을 때마다, 그것은 나를 격분케 한다.

🔳 have a low boiling point
쉽게 화를 낸다
*끓는 점(화내는 것이) 낮다.

07013
make waves
토플,Teps

파도(waves)가 치게 만들다(make)
풍파를 일으키다, 소동을 일으키다
• We've finally settled our differences, so please don't **make waves**.
마침내 다툼을 가라앉혔으니 제발 풍파를 일으키지 말아 주세요.

🔲 rock the boat
(쓸데없는) 풍파를 일으키다
*보트를 (좌우로) 흔들다(rock)
🔲 make[cause/cut] a splash
선풍을 일으키다, 큰 인기를 끌다

07014
make a blunder
00~2,명지대/93.기술고시

실수(blunder)를 하다(make)
실수하다(=make a mistake)
• I think he **made a** tactical **blunder** by announcing it so far ahead of time.
저는 그가 너무 이른 시간에 그것을 발표하는 전략적인 실수를 저질렀다고 생각합니다.

🔲 make a mess (of sth)
~을 망쳐놓다, 엉망으로 만들다

07015
make a fuss of[over]
sb/sth
83.사법시험,Teps

fuss(야단법석)을 만들다(make)
~을 야단스럽게 치켜 세우다, 좋아서 호들갑을 떨다
• Everyone **made a fuss over** the new baby.
모든 사람들은 새로 태어난 아기에 대해 호들갑을 떤다.

---

2. (사람이) 행위·동작을 하다[make+a+명사], 몸짓을 하다

07016
make[pull] a face
14.국가직9급/94.입법고시,Teps

찌푸린 얼굴(a face)을 만들다(make)
1. 얼굴을 찌푸리다(=frown, show an expression of disgust, grimace)
2. (그만두라는 신호로) 눈짓을 보내다
• They shouted and **made faces** at him to their heart's content.
그들은 그에게 실컷 소리치고 얼굴을 찌푸렸다.

🔲 pull[have, make, wear] a long
face 우울한 얼굴을 하다
(=wear a gloomy expression)
= make a mouth
입을 삐죽거리다; 얼굴을 찌푸리다

07017
make a bet
94.입법고시

내기(a bet)를 하다(make)
내기하다
• Will you **make a bet** on it them?
그럼 내기할까요?

🔳 make a decision 결정하다
 - make a speech 연설하다
 - make an appointment (with)
   약속 장소나 일시를 정하다

07018
make allowances for
sb/sth
02.행자부7급/01.중앙대/입시2회

무엇을 위해 허용(allowances)을 하다(make)
~을 참작하다, 고려하다
(=consider, take ✻ into consideration, take ✻ into account sth)
• You must **make allowances for** his youth.
당신은 그가 어리다는 점을 고려해야 한다.

🔲 take ✻ into account sth 셈에 넣다
계산에 넣다, 고려하다(=consider)
🔳 do not take ✻ into account sth
고려하지 않다(=discount)
= leave sth out of account
~을 고려에 넣지 않다
(=take no consideration of sth)

---

3. ~하게 하다 [make+형용사]

07019
make sure (that) ~
03.101단/토익,Teps

확실(sure)하게 하다(make)
~을 확실히 하다(=see it that ~)
• I will **make sure** he gets the message.
그에게 틀림없이 전하겠습니다.

---

4. (사람이) 돈을 벌다, 생계를 잇다, 명성을 얻다, ~를 해내다

07020
make do (with sth) /
make shift with sth
18.지방직9급/09.국가직7급/05.서울여대

무엇으로(with) 교대하게(shift) 하다(make)
~으로 대신하다, 그럭저럭 때우다, 임시변통하다; 꾸려나가다
(=manage with sth)
• Until our furniture arrives we're **making do with** a couple of card table.
우리는 가구가 도착하기 전까지 두 세개의 카드놀이용 테이블로 대충 때우고 있다.

🔲 make-do 변통의(물건), 대용의(물건)
(=makeshift) 임시의
= makeshift 미봉책; 임시변통의

07021
make one's living / earn a living
97.법원직/94.대전시7급/외무고시,Teps

생계(living)를 잇다(make)
생활비를 벌다, 생계를 꾸리다
• How do you **make your living**?
  직업이 무엇입니까?

07022
make (both) ends meet
17.경찰1차15.사회복지9급/11.명지대
06.선관위9급/04.여자경찰/98.경찰/성균관대
입사,Teps

수입과 지출의 끝을 맞추다(make)
빚지지 않고 살다(=live within one's earnings), 수지타산을 맞추다
• I made great efforts to **make both ends meet**.
  나는 수지타산을 맞추기 위해 엄청난 노력을 했다.

07023
make[amass] a fortune
동의대

재산(fortune)을 벌다[축적하다]
큰 재산을 모으다(=earn a lot of money), 축적하다
• He's **made a fortune** selling computers on the Internet.
  그는 인터넷을 통해 컴퓨터를 팔아서 큰 돈을 벌었다.

🔁 **make a bundle[file]**
많은 돈을 벌다, 떼돈을 벌다
*돈을 다발(bundle)로 벌다(make)
make a fast buck 손쉽게 돈을 벌다
*빠르게 달려(buck)를 벌다

07024
make it
12.국민대/06.동덕여대/01~2.인천대
97.법원직/입사,Teps

그것을 해내다(make)
1. 해내다, 성공하다   2. (제 시간에 장소에) 닿다, 도착하다
• If we all pitch in, I'm sure we will **make it**!
  우리 모두가 힘을 합하면, 분명히 해낼 수 있을 거야!
  *pitch in 힘을 합하다, 협동하다
🔁 **make it back** 되돌아오다

🔁 **make it big**
(일 따위에서) 크게 성공하다; 출세하다
make a hit 호평을 받다, 대성공을 거두다
🔁 **make-or-break/sink-or-swim**
성공이나 실패냐를 결정하는, 운명을 좌우하는
🔁 **have[got] it made** 모든 것을 가지다

07025
make short work of [sth]
97.변리사/토플,Teps

어떤 것을 단기간에(short) 해내다(make)
재빨리 해치우다(=finish rapidly), 일을 척척 해내다
• I **made short work of** cleaning my room.
  나는 내 방 청소를 재빨리 끝냈다.

🔁 **to make a long story short**
간단하게 말하자면

07026
make something of oneself[one's life]
04.성균관대

자신만의 무언가를 만들다(make)
출세하다, 성공하다(=get on in the world)
• My father lived long enough to see that I'd **made something of myself**.
  아버지는 내가 출세하는 모습을 보실 수 있을 정도로 오래 사셨다.

🔁 **make something of [sth]**
~을 싸움의 구실로 삼다.
~을 부정적으로 받아들이다
🔁 **make oneself felt / make one's presence felt**
남에게 자기의 존재[영향력]를 인식시키다

07027
make good
행시/토플,Teps

만족스러운 것(good)으로 만들다(make)
성공하다(=succeed, come off); 실행하다, 성취하다
• He will **make good** in that job.
  그는 그 일에 성공할 것이다.

🔁 **make good as** ~로서 성공하다
🔁 **make good on [sth]**
빌린 돈 등을 갚다; 약속을 지키다

07028
make one's way
토플

자신의 길을 가다(make)
1. 나아가다(=progress, advance)
2. 출세하다, 성공하다(=come up in the world)
• A number of firms are unable to **make their way** in the new capitalist system.
  많은 회사는 새로운 자본주의 체계에서 제대로 해낼 수가 없었다.

🔁 **make one's mark**
성공하다, 유명해지다
= **make the grade (for [sth])**
성공[합격]하다; 노력해서 (~을) 얻다

5. 모르는 상태에서 알게 되다 → 이해하다

07029
make out [sth]
13.서울시7급/13.단국대/12경찰3차/02.전남대
01.건국대/98.경원대/98.성신여대
99.경찰/93.행정고시/91.서울시9급
90.법원직/88.행자부9급/입사4회,Teps

~을 밖으로(out) 드러나게 하다(make)
1. 이해하다(=understand, comprehend); 파악하다
2. ~ 인 체하다(=pretend)
3. (수표, 주문서 등을) 작성하다, 시험답안을 쓰다 *빈칸을 채워 만들다
4. 〈속어〉 여자와 애무하다; 성관계를 가지다 *시험에는 안 나옴
• Could you **make out** what he was saying? 그의 말을 이해하시겠어요?

🔁 **make out a check (to)**
수표를 발행하다

07030
make (out) a case for [sth]
입사

어떤 것을 위해(for) 판례(case)를 만들다(make)
~을 옹호하듯 말하다, 반드시 해야만 하는 이유를 들다
• The article was written in order to **make out case for** desegregation of this area.
  그 기사는 이 지역에서의 인종차별폐지를 옹호하기 위해 쓰였다.
🔁 **make a case against** [sth] 반대론을 펴다

07031
make head(s) or tail(s) of [sb]/[sth]
06.경북9급/01.사법시험,Teps

문장의 머리와 꼬리를 만들다(make)
〈주로 부정문에서〉 이해하다(=understand)
• Can you **make heads or tails of** the homework assignment?
  넌 숙제 내준 것 제대로 이해할 수 있니?

O7O32

make oneself understood / make one's ideas understood

98.행자부9급/입사

나 스스로를 이해하게 만들다(make)
남에게 자기의 생각을 이해시키다(=get ★ across [sth])
- I couldn't **make myself understood** in English.
  나는 영어로 내 생각을 말하지 못했다. (영어로 의사소통이 불가능하다.)

图 **get** [sth] **across** 설명하다, 이해시키다
翻 **make the point (that)**
　～라고 주장하다; 강조하다

O7O33

make a clean breast of

93.용인대

숨기지 않고 탁 터놓아 깨끗한 가슴을 만들다(make)
모조리 자백하다, 고백하다
- You'd better **make a clean breast of** it. 모조리 털어놓는 게 좋을 거야.

O7O34

make sense (of [sth]**)**

11.기상직9급,성균관대/04.여자경찰/96.입법고시
92.행자부9급/90.KATUSA,Teps

의미(sense)를 이해하다
이치에 닿다(=hold water), 뜻이 통하다(=add up);
이해할 수 있다(=understand)
- His answer does not **make sense**. 그의 대답은 이치에 닿지 않는다.

O7O35

make believe (that~)

02.성균관대/96.안전시9급/96.서울산업대
90.법원직/토플,Teps

믿게(believe) 만들다(make)
～인 체하다(=pretend, feign, put ★ on [sth])
- I tried to **make believe that** I didn't love her any more.
  나는 더 이상 그녀를 사랑하지 않는 체 하려 애썼다.

---

6. (사람이) (어떤 방향으로) 나아가다, 향하다; (어떤 장소에) 도착하다

O7O36

make the rounds

03-2.경기대

동네 한 바퀴(rounds)를 돌다(make)
순시하다, 일정한 코스를 돌다; 소문이 퍼지다
- The minister **made the rounds** of his parish.
  목사는 자기 교구를 순회했다. *parish 교구

O7O37

make for [sth]

99.경찰/97.경기대
87.법원직/행정고시/토플,Teps

목적지(for)로 향하다(make)
1. ～로 향하다(=go in the direction of [sth])
2. ～에 이바지하다(=be conducive to)
- He **made for** the light he saw in the distance.
  그는 먼 곳에서 보이는 불빛을 향하여 나아갔다.

O7O38

make good time

83.행정고시,Teps

만족할 시간(good time)안에 도착하다
빨리 하다, 빨리 가다
- My taxi driver **made good time** and I arrived at the airport just in time.
  내가 탄 택시 기사가 빨리 가 주어서 공항에 제 시간에 도착했다.

O7O39

make off (with [sth]**)**

01.경찰/94.기술고시/입사2회

～에서 떠나(off) 가다(make)
급히 떠나다, 도망치다(=depart suddenly), ～을 가지고 달아나다
- They broke free and **made off** in a stolen car.
  그들은 탈옥해서 훔친 차로 도망가버렸다.

O7O40

make progress

07.세종대

진보(progress)해 나가다
진행하다, 전진하다, 진보하다, 향상하다
- I'm **making progress** with my English. 내 영어실력이 향상되고 있다.

图 **make headway** 진척을 보이다
翻 **make a pass at** [sb]
　～를 (성적으로) 유혹하다, 수작을 걸다
　= **make advances to** [sb]
　(여자)에게 접근하다, 구애하다

---

7. (침대 · 식사 등을) 정돈하다, 준비하다; (음식을) 먹다

O7O41

Make that two.

01~2.광운대

그것을 (내 것을 포함해) 두 개 만들어 주세요.
〈회화〉(음식 주문시) 저도 같은 것으로 주세요
- A: Would anyone care for coffee or tea? 누구 커피나 차 마실 분 계세요?
  B: I'll have a cup of coffee, please. 전 커피 한 잔 부탁해요.
  C: Make that two. 저도 같은 것으로 주세요.

O7O42

make room for [sb]

96.서울산업대

～을 위해(for) 공간, 자리(room)를 준비하다(make)
～을 위하여 자리를 마련하다(=arrange space for [sb])
- **make room for** the younger generation 후진에게 자리를 내 주다

O7O43

make oneself at home

03.행자부9급/01.전남대

집에 있는 것처럼 편하게 하다(make)
마음을 편하게 먹다
- Please come in and **make yourself at home**. 어서 들어오셔서 편히 쉬세요.

翻 **Help yourself.** 마음껏 드세요.

---

8. (사람이 장래에) ～이 되다. (become 보다 적극적인 의지)

O7O44

make an excellent lawyer

99-2.한성대/95.행자부9급

변호사가 되다(make)
우수한 변호사가 되다
- She will **make an excellent lawyer**. 그녀는 우수한 변호사가 될 것이다.

R 065

[어근] ag/ig/act/urg(=drive, do) & pract/pragm(=do, business)

O651 enact
[inǽkt]
16.한국외대/09.세종대

en(=make)+act(=law, do) → 법을 만들다

vt. 1. (법을) 제정하다, 규정하다
  2. 공연하다, 연기하다
  • to enact and enforce laws 법률을 제정하고 시행하다
  ⓝ enactment (법의) 제정; 법령, 법규
  🔁 act (종종 대문자로) 법령, 조례

O652 counteract
[kàuntərǽkt]
96.공인회계사

counter(=against)+act(=do) → 반대로 행동[작용]하다

vt. 1. (악영향에) 대응하다, 대항하다
  2. (계획 등을) 훼방하다, 좌절시키다
  3. (약이 효력을) 중화하다
  • counteract or alleviate the problem 문제에 대응하거나 완화시키다
  • counteract high blood pressure 고혈압을 낮추다
  ⓝ counteraction (약의) 중화 작용; 방해, 저지
  ⓐ counteractive 반작용의; 중화성의

O653 interact
[intərǽkt]
11.서울시9급

inter(=between)+act(=do) → 서로 작용하다

vt. 상호작용하다; (작업 중에) 소통하다
  • interact on each other 서로 소통하다
  ⓝ interaction 상호 작용

O654 transaction
[trænsǽkʃən]
96.서울대학원/86.행정고시

trans(=change)+act(=do)+ion → 행위(문서)를 주고받는 것

n. 거래, 매매; (업무의) 취급, 처리; 사무, 업무
  • a commercial transaction 상거래
  ⓥ transact (업무를) 처리하다, 집행하다, 거래하다
  ⓝ transactor 취급자

O655 proactive
[prouǽktiv]
15.성균관대

pro(=before)+act(=do)+ive → 미리 행동하는

a. 사전 행동의, 선조치하는; 주도적인
  • take proactive measures 사전적인 조치를 취하다
  🔁 reactive 반응을 보이는, 반응하는
  - react 반응하다, 반응을 보이다 cf. re-act 재연하다
  - reaction 반응, 반작용; (진보에 대한) 반동
  - reactionary 반동의; 반대주의자

O656 agenda
[ədʒéndə]
02.동국대/98-2.중앙대

ag(=do)+en+da(복수형 어미) → 하여야 할 것들

n. 1. 안건, 의제, 의사일정
  2. 비망록(備忘錄)
  • move to the next agenda item 다음 안건으로 넘어가다
  ⓝ agendum 의사일정, 예정표

O657 agency
[éidʒənsi]
07.국민대

ag(=do)+en+cy → (일을) 대신 해주는 사람들

n. 1. 대리점, 대행사; 특정 서비스를 제공하는 정부 기관
  2. 작용, 힘(=power)
  • an advertising agency 광고 대행사
  • the Central Intelligence Agency 미 중앙정보국(CIA)
  ⓝ agent 대리인, 대행자

O658 cogency
[kóudʒənsi]
09.고려대
17.국민대.한국외대

co(=together)+g(=do)+ency → 같이 하자고 여론을 몰아가는 것

n. 설득력(=persuasiveness); 타당성
  • the cogency of the arguments 그 주장들의 타당성
  ⓐ cogent 설득력이 있는(=convincing), 납득이 가는

O659 navigate
[nǽvəgèit]
08.계명대/05.동국대

nav(=ship)+ig(=drive)+ate → 배를 몰아가다

vi. (바다·강 등을) 항해하다; (인터넷으로) 웹사이트를 돌아다니다
vt. 1. (지도 등을 보며) 길을 찾다; 조종하다
  2. (힘들거나 복잡한 상황을) 다루다
  • software program that allows users to navigate on the net
    이용자가 인터넷상에서 여기저기를 돌아다닐 수 있는 소프트웨어 프로그램
  ⓝ navigation 항해, 항공, 항법 navigator 항해자, 항공사; 길 안내자
  🔁 aviator 비행사, 비행가 aviatrix 여류 비행사

tip 동작이나 싸움이 많은 영화를 액션(action) 영화라고 합니다.
어근 act는 "행위를 하다"의 의미입니다.

어근 ag/ig/act/urg(=drive, do)

추가 어휘

☐ **act** 행위, 행동; 법령, 조례; (연극의) 막
  행동하다, 작용하다, ~역을 맡다
  - **act**ion 행동, 행위, 동작; 조처, 전투, 교전
  - **act**ivity 활동, 활약; (pl.) 여러 활동
  - **act**ivist 행동주의자, 행동대원
  - **act**uate ~에 작용하다; 움직이게 하다
☐ **act**ing 대리의, 임시의; 연출용의; 연기
☐ **act**ual 실제의, 사실상의; 현실의
  - **act**ually 실제로, 참으로; 의외로
☐ **act**uary 보험계리사
☐ ex**act** 정확한, 엄밀한; 강제하다, 강요하다
  - ex**act**ing 가혹한, 힘든, 엄함
  - ex**act**ly 정확하게, 틀림없이
☐ over**act** 지나치게 하다, 과장하여 연기하다
  ↳ under**act** 소극적으로 연기하다
☐ radio**act**ive 방사능의 • radio(=ray)
  - radio**act**ivity 방사능
☐ retro**act**ive 소급하는 • retro(=backward)
☐ re**act**or 원자로, 화학반응기
☐ intrans**ig**ent 비타협적인 • in(=not)+trans(=change)
☐ red**act** (원고 등을) 수정하다, 작성하다

표제어 복습

☐ **ag**ile (생각이나 동작이) 민첩한, 기민한 ➡ N0369
  - **ag**ility 민첩(성), 기민
☐ **ag**itate 교란시키다, 선동하다 ➡ N0370
  - **ag**itation 동요, 불안; 선동
  - **ag**itator 선동자
☐ en**ig**ma 수수께끼, 불가사의한 것이나 사람 ➡ N0109
  - en**ig**matic 수수께끼 같은, 불가사의한
☐ in**act**ive 활동하지 않는, 휴지의, 불경기의 ➡ N0145
  - in**act**ivity 무활동, 비활성
  ↳ **act**ive 활동적인, 활발한; 적극적인
  - **act**ivate 활성화시키다, 작동시키다
☐ amb**ig**uous 모호한; 두 가지 뜻으로 쓰이는 ➡ N0004
  - amb**ig**uity 애매모호함, 다의성
  ↳ unamb**ig**uous 모호하지 않은, 명확한
☐ **urg**ent 긴급한 처리를 요하는, 촉박한 ➡ N0116
  - **urg**ency 긴급, 절박; (pl.) 긴급한 일
  - **urg**e 몰아대다, 재촉하다; 강요하다; 충동
  - un**urg**ed 강제당하지 않은 → 자발적인
☐ ex**ig**ent 긴박한, 절박한 ➡ D0116
  - ex**ig**ency 급박, 위급, 긴박; 긴급사태
☐ bell**ig**erent 호전적인, 싸우기 좋아하는 ➡ N0463

0659(1) stratagem
[strǽtədʒəm]

strat(=army)+ag(=do)+gem → 군대가 취하는 행동

n. (상대를 속이기 위한) 계략, 술책(=clever trick); 전략
- cunning sales stratagems 교묘한 판매 전략

ⓝ **strategy** 전략, 계략

16.한양대 ⓐ **strategic** 전략의, 전략상의

93.기술고시 ⓐⓓ **strategically** 전략적으로

🔁 **statistic** 통계치 **statistics** 통계, 통계학

0659(2) prodigal
[prɑ́digəl]
16.서울시9급/02.국민대
92.한국외대

prod(=forth)+ig(=drive)+al → 막 나가는

a. (돈·시간·물자를) 낭비하는(=lavish, extravagant, profuse)
- prodigal with money 돈을 낭비하는

ⓝ **prodigality** 낭비, 방탕; 대범함

🔁 **prodigious** 거대한, 비범한 ⊃ NO383

0659(3) practical
[prǽktikəl]
14.경찰2차/13.동국대
12.서울시9급,국가직7급
07.대구대/98.성균관대

pract(=do)+i+cal → 실행할 수 있는

a. 1. 현실[실제]적인(=down-to-earth)
　　2. 실용적인(=functional)
- practical problems 현실적인 문제들
- for practical use 실용적인 용도로
- in practical terms 현실적으로 말하면

11.국민대/ 98.총신대 ⓐⓓ **practically** 실제적으로(=in practice); 사실상(=virtually); 거의(=almost)

98.입법고시 ⓝ **practicality** 실용성, 실용주의; 실제적인 일

04.명지대 ⓐ **practicable** 실용적인, 실행 가능한

ⓝ **practicability** 실행 가능성, 실용성

🔁 **impractical** (생각 등이) 실행할 수 없는, 비현실적인(=armchair)
　- **impracticality** 실행 불가능, 현실성이 없는 일
　impracticable 실행 불가능한

0659(4) pragmatic
[prægmǽtik]
12.덕성여대/00~2.동국대

pragm(=do)+at+ic → 실행하는

a. (사고방식이나 문제 해결방식이) 실용적인, 실용주의의
- a pragmatic approach 실용적인 접근법

ⓝ **pragmatism** 실용주의, 실리주의

02~2.세종대 **pragmatist** 실용주의자; 실무가

0659(5) practitioner
[præktíʃənər]
11.경희대

pract(=do)+it+tion+er → 실제로 실행하는 사람

n. (특히 변호사, 의사 등의) 개업자(=professional)
- a medical practitioner 개업의사

ⓝ **practice** 실행, 실천; 습관; 연습, 실습; 연습하다
　*put in[into] ~ practice 실천하다

ⓐ **practiced** 숙련된, 많은 훈련을 쌓은

🔁 **malpractice** 부정치료, 의료과실; 배임행위

R066

[어근] pel/pell/peal/puls/vuls(=drive) & pet(=rush)

0661 appeal
[əpíːl]
07.영남대

ap⟨ad(=to)+peal(=drive) → ~쪽으로 몰아가다

vi. 1. 간청하다, 호소하다[to]
　　2. 항소[상고]하다, 항의하다[to]
　　3. 마음을 끌다[to]
n. 애원, 간청; 항소; 항의; 매력
- make an appeal to reason 이성에 호소하다
- a court of appeal 항소 법원
- ooze with sex appeal 성적 매력이 흘러넘치다

ⓐ **appealing** 마음에 호소하는; 마음을 끄는, 매력적인(=attractive)
　appellant 항소의, 상고의; 항소인, 상고인

0662 dispel
[dispél]
11.이화여대,상명대
03.고려대

dis(=away)+pel(=drive) → 멀리 흩어 없애다

vt. 1. (안개 등을) 헤쳐 없애다
　　2. (근심이나 불안을) 쫓아버리다
- dispel all fears of a depression 불경기에 대한 두려움을 없애다

tip 선박을 앞으로 나아가게 하는 프로펠러(propeller)에서 보듯, 어근 pel은 "무엇을 몰아가다(drive)"의 의미를 가집니다.

어근 pel/pell/peal/puls/vuls(=drive)

표제어 복습

☐ **compel**ling 설득력 있는, 강제적인 ▣ N0337
　- **compel** ~시키다, 강요하다
☐ **compuls**ory 강제된, 의무적인 ▣ N0138
　- **compuls**ive 강제적인
　- **compuls**ively 강제적으로, 억지로
　- **compuls**ion 강박, 강요, 충동
☐ **impuls**ive (순간적인) 감정에 이끌린, 충동적인 ▣ N0467
　- **impuls**ively 충동적으로
　- **impuls**e 추진력, (물리적인) 충격; 충동
　- **impuls**ion 충동; 고무, 격려, 자극, 원동력
☐ **repel** 물리치다, 멀리하다, 거절하다 ▣ N0131
　- **repel**lent 혐오감을 주는; 격퇴하는; 방충제
　- **revuls**ion 극도의 혐오감, 반감
　- **repuls**ion 혐오, 반감; 반박, 거절

O663 expel
[ikspél]
11.국회8급

ex(=out)+pel(=drive) → 밖으로 내몰다
vt. 쫓아내다, 퇴학시키다, 제명하다, 추방하다
• be expelled from the school 학교에서 퇴학당하다
ⓝ expulsion 추방, 축출(=eviction), 제명

O664 impel
[impél]
05-2.명지대

im(in(강조)+pel(=drive) → 강하게 내몰다
vt. 1. (감정 등이 ~하도록) 몰아대다(=motivate)
2. 억지로 시키다(=compel)
3. 밀고 나아가다, 추진하다(=propel)
ⓐ impellent 추진하는, 밀어붙이는; 추진력
ⓝ impeller 추진하는 사람[것]; 날개바퀴
🔄 propel[prəpél] 추진하다, 나아가게 하다; 몰아대다
  - propellant 추진체; 추진하는, 추진용의
  - propeller 추진기, 프로펠러

O665 convulsion
[kənvʌ́lʃən]
12.명지대

con(=together)+vuls(=drive)+ion → 다 같이 몰아가는 것
n. 경련(=spasm); (국가나 조직의) 격변
• fall into convulsion 경련이 일어나다
ⓐ convulsive 경련성의, 발작적인
ⓝ convulse 경련을 일으키(게 하)다; 동요시키다

O666 impetus
[impətəs]
17.이화여대/00.경기대
98.국민대/98.공인회계사

im(in(강조)+pet(=rush)+us → 강하게 움직이게 하는 것
n. 1. 움직이게 하는 힘, 추진력(=force)
2. (일을 추진하게 하는) 자극제(=incentive)
• provide an impetus to ~에 원동력을 제공하다

O667 petulant
[pétʃulənt]
15.홍익대/13.단국대
07.중앙대/01.이화여대

pet(=rush)+ul+ant → 무턱대고 돌진하는
a. 심술을 부리는; 까다로운(=crotchety, irascible)
• act like a petulant kid 심통 사나운 아이처럼 행동하다
ⓐⓓ petulantly 안달하여, 심술궂게
ⓝ petulance 성마름, 심술 사나움

- re**puls**ive 불쾌한; 물리치는
☐ re**peal** 폐지[폐기]하다; 폐지, 폐기 🔄 N0943

어근 **pet(=rush)**

표제어 복습
☐ im**pet**uous 성급한, 열렬한; 격렬한 🔄 N0363
- im**pet**uosity 격렬, 맹렬; 열렬; 성급함
혼동어근 pet(=seek) ➩ R104

R067   [어근] **turb/turm(=agitate) & tum(=swell)**

O671 turbid
[tə́:rbid]
10.중앙대/93.변리사

turb(=agitate)+id → 흙탕물을 휘저은
a. 1. (액체가) 흐린, 탁한
2. (연기·구름 등이) 자욱한, 짙은
3. (생각 등이) 혼란된, 뒤죽박죽의
ⓝ turbidity 혼탁, 흐린 상태; 혼란
97.고려대학원
🔄 turgid[tə́:rdʒid] 부어오른, 부푼; (문체 등이) 과장된
  - turgidity 부어오름, 종창; 허풍, 과장
  - turgescent 부어 오르는, 부푸는; 과장된

O672 turbulent
[tə́:rbjulənt]
04.고려대

turb(=agitate)+ul+ent → 분위기를 휘저어 놓은
a. 1. (바람 등이) 사나운, 난기류의(=wild, violent)
2. 격동의, 격변의; 소란스러운
• meet with a turbulent storm 사나운 폭풍을 만나다
10.동덕여대
ⓝ turbulence 사나움; 동요, 격동; 혼란; 난기류

O673 disturb
[distə́:rb]
17.홍익대

dis(강조)+turb(=agitate) → 마구 휘젓다
v. 방해하다(=derange, plague), 폐를 끼치다; 교란하다
• Sorry to disturb you. 방해해서 죄송합니다.
• Do not disturb. 입실사절 •호텔 등의 방문에 거는 팻말의 문구
04.경희대
ⓝ disturbance 소란, 소동(=turmoil); 방해; 걱정
12.인천대
ⓐ disturbing 불안감을 주는, 교란시키는
disturbed 매우 불안해하는, 정신 이상의

O674 perturb
[pərtə́:rb]
06.경기대

per(=thorough)+turb(=agitate) → 철저하게 휘젓다
vt. 교란하다, 동요[불안]하게 하다(=bother)
• be perturbed by the news 그 소식에 동요하다
ⓐ perturbative 혼란하게 하는, 동요시키는
ⓝ perturbation 마음의 동요, 당황, 불안
06.영남대
🔄 unperturbed 교란되지 않은, 평온[침착]한

---

tip 호텔 방문 앞에 걸어 놓는 "Do not disturb."(입실사절) 문구에서 볼 수 있듯이, 어근 turb는 "조용한 상태를 휘저어서 시끄럽게 만든다"는 의미입니다.

추가 어휘
☐ **turb**ine 터빈
☐ **turbo**jet 분사 추진식 엔진

표제어 복습
☐ **turm**oil 소란, 소동, 혼란 🔄 N0290
- **tum**ult 소란, 소동, 법석; 소요, 폭동; 동요
- **tum**ultuous 소란스러운; 사나운; 동요한
혼동어근 tum(=swell)
☐ **tum**my (유아어, 구어) 배(=belly)
☐ **tum**or 종양, 종기
☐ **tum**ulus 봉분, 고분, 무덤
☐ **tum**id 부어오른, 비대한; 과장된
- **tum**idity 부어오름; 과장
☐ **tum**escent 부어오는, 부푼; 과장된
☐ con**tum**elious 오만한, 무례한
- con**tum**ely 오만, 무례; 모욕적 언동

0675 imperturbable
[ìmpərtə́rbəbl]
08.고려대/04.성균관대

im〈in(=not)+per(=thoroughly)+turb(=agitate)+able → 완전히 동요시킬 수 없는

a. 쉽게 동요하지 않는(=unflappable); 차분한(=calm)
• with imperturbable calm 대단히 침착하게
ⓝ imperturbation 침착, 냉정
imperturbability 침착, 냉정, 태연함

0676 contumacious
[kàntjuméiʃəs, kɔ̀n-]
12.중앙대

con(강조)+tum(=swell)+aci+ous → 반항심이 부풀어 오른

a. 반항적인(=mutinous), 완강한
• be wilful and contumacious 고집 세고 반항적인
ⓝ contumacy 명령 불복종

R068   [어근] labor(=work) & op/oper(=work) & erg(=work) & funct(=perform)

0681 labo(u)r
[léibər]
12.경희대/07.영남대

labor(=work) → 일하다 → 힘쓰다 → 분만하다

n. 1. (육체적) 노동, 근로; 노동자 계급
2. 수고, 애씀(=pain)
3. 분만(=delivery), 진통
• be in labor 분만 중이다
vi. 노동하다; 일하다; 산고를 치르다
vt. 괴롭히다, 장황하게 설명하다
• labor disputes 노사분규 • labor union 노조
• labor force 노동력 • labor costs 인건비
☑ **belabor**[biléibər] 장황하게 논하다; 말로 공격하다; 〈고어〉 애쓰다

0682 laborious
[ləbɔ́:riəs]
16.한국외대/98.경찰
경찰간부

labor(=work)+i+ous → 일을 많이 해야 하는

a. (많은 시간과 노력을 요하는) 힘든(=arduous, strenuous, onerous)
• be faced with the laborious tasks 힘든 일에 직면하다
☑ **laboratory**[læbərətɔ̀:ri] 실험실, 연구소

0683 operate
[ápərèit]

oper(=work)+ate → 일하다, 작용하다

v. 1. 작동하다; 작용하다, 영향을 주다; 약효를 나타내다
2. 운영하다, 수술하다; 작전하다
• operate the machine 기계를 조작하다
• operate a business 기업을 운영하다
ⓝ operation 가동, 작용; 기계의 조작; 법률의 시행
군대의 작전, 기동연습 (약:OPS)
16.경찰2차
• come into operation 작동에 들어가다
ⓐ operative 작용하는, 운전하는; 효력 있는; 직공

0684 cooperate
[kouápərèit]
94.서울대학원

co(=together)+operate(=operate) → 같이 일하다

vi. 협력하다, 협동하다[with](=collaborate, work together)
• cooperate with international organizations 국제기구와 협력하다
97.세무사
ⓝ cooperation 협동, 협력(=collaboration); 협동조합
07.감정평가사
ⓐ cooperative 협력적인, 협조적인; 협동의(=collaborative)
☒ **in cooperation with** ~와 협력[협동]하여

0685 synergy
[sínərdʒi]
98-2.명지대

syn(=together)+erg(=work)+y → 같이 일하는 것

n. 협력 작용, 협동; 상승 작용
• a synergy effect 시너지 효과

0686 function
[fʌ́ŋkʃən]
10.계명대

funct(=perform)+ion → 행하는 것

n. 기능, 직능; 행사, 연회; 함수
vi. 기능을 하다, 작용하다
• the function of the kidney 신장의 기능
• attend an official function 공식 행사에 참여하다
ⓝ functionary 〈경멸적〉 공무원, 직원; 기능의, 직무상의
☒ **malfunction** 부조화, 기능 부전 *mal(=bad)

0687 defunct
[difʌ́ŋkt]
00.공인회계사

de(=off)+funct(=perform) → 작동을 멈춘

a. 1. 현존하지 않는(=extinct); 효력을 잃은, 폐지된
2. 죽은, 고인이 된
n. [the ~] 죽은 사람, 고인
• The company is now defunct. 그 회사는 이제 존재하지 않는다.
ⓐ defunctive 고인의; 장례식의

---

tip "육체적인 노동"이란 단어는 labor입니다. 육체적 노동은 상당히 힘이 들기 때문에 "수고"란 의미로, 출산 과정은 많은 힘을 써야 한다는 의미에서 "분만"이란 의미로 확장된답니다.

어근 labor(=work)

표제어 복습

☐ elaborate 정성 들인, 복잡한, 상세히 말하다 ☑ N0818
- elaborative 공[정성]들인, 정교한, 고심한
- elaboration 공들여 만듦; 애쓴 작품, 역작
☐ collaborate 공동으로 일하다, 합작하다 ☑ N0200
- collaborative 협동적인
- collaboration 협동, 합작, 공동 연구
- collaborator 공동 제작자, 합작자, 공저자
- collaborationist 적국에의 협력자

어근 op/oper/opus(=work: 일하다, 작품)

추가 어휘

☐ opera[ápərə] 오페라, 가극
☐ opuscule[oupʌ́skju:l] 소품, 소곡
☐ opus[óupəs] (음악의) 작품 번호(약: Op); 저작(=work)

어근 op(=wealth)

표제어 복습

☐ opulent 부유한, 풍부한; 사치스러운 ☑ N0437
☐ copious 풍부한, 막대한 ☑ N0438

어근 funct(=perform)

추가 어휘

☐ fungible[fʌ́ndʒəbl] 대체 가능의; 대체물

표제어 복습

☐ perfunctory 형식적인, 기계적인 ☑ N0361

어근 erg(=work)

추가 어휘

☐ energy 에너지, 정력
- energetic 정력적인
☐ allergy 알레르기
- allergic 알레르기가 있는
☐ ergonomics 인간공학

R069 [어근] test(=witness, test)

0691 test
[test]
12.한국외대

test(=witness, test) → 시험해보다
n. (지식·능력 등을 알아보기 위한) 시험, 검사, 실험, 시험대
v. 시험[실험]하다, 검사하다
ⓝ testing 실험, 시험; 평가; (문제나 상황이) 아주 힘든
ⓐ testable 검증 가능한
  ↔ untestable 증명할 수 없는
ⓐ tested 시험을 거친, 시험[검사]필의
  ↔ untested 검증되지 않은

0692 protest
[prətést]
03-7.경찰

pro(=forth)+test(=witness) → (반대하는) 증거를 내세우다
v. 1. 항의하다, 이의를 제기하다[against]
    2. 단언하다; 주장하다(=assert)
n. 이의의 제기, 항의
  • protest against government policy 정부 정책에 대한 항의
  • protest one's innocence 자신의 무죄를 주장하다
ⓝ protestation 항의, 이의; 단언
  protester 항의하는 사람
🄫 pretest 예비시험
  protestant 프로테스탄트, 신교도

0693 contest
[kántest]
13.가톨릭대/95.연세대학원

con(=together)+test → 같이 실력을 테스트하다
n. 경연, 경쟁(=match); 다툼, 싸움
v. 겨루다, 경쟁하다; 논쟁하다, 이의를 제기하다
  • winner of the contest 그 대회의 우승자
ⓝ contestant 경쟁자(=competitor, rival)
  contestation 논쟁, 쟁점, 주장
ⓐ contestable 다툴 수 있는

tip 시험(test)는 실력을 증명하기 위한 것입니다.
어근 test는 "입증하다"의 의미입니다.

추가 어휘
☐ **test**ate 유언장을 남기고 죽은 (사람)
  → in**test**ate 유언장을 남기지 않은

표제어 복습
☐ **test**ify 증명[입증]하다; 증거가 되다 🄳 N0722
  - **test**ification 입증; 증언; 증거
  - **test**imony (법정에서의) 증언
  - **test**ament 유언(장); 성서
  - **test**imonial 증명서; 추천장; 감사장
☐ at**test** 증명[입증]하다, 증언하다 🄳 N0927
  - at**test**ed 증명[입증]된
  - at**test**er 입회 증인
☐ de**test** 혐오하다, 몹시 싫어하다 🄳 N0617
  - de**test**able 몹시 미운, 증오하는
  - de**test**ation 증오, 혐오; 몹시 싫은 것[사람]

R070 [어근] prov/prob(=test, try, examine) & tempt(=try) & proof(~을 막는)

0701 approve
[əprúːv]
06.경희대/02.중앙대
99.경찰
01.세종대/00.행정고시

ap(ad(=near)+prove(=test) → 증명에 가깝다
v. 승인하다; 찬성하다[of](=ratify, validate, endorse)
  • approve the plan 그 계획을 승인하다
  • approve of the proposal to raise taxes 세금 인상안을 승인하다
ⓝ approval 승인, 찬성(=sanction)

0702 disapprove
[dìsəprúːv]
14.경기대/12.기상직9급

dis(=not)+approve(승인하다) → 승인하지 않다
v. 못마땅해 하다; 반대하다[of]; 비난하다
  • disapprove of the idea 그 생각에 반대하다
ⓝ disapproval 반감; 불찬성
🄫 disprove 틀렸음을 입증하다, 반박하다 ⊃ N0334
  - disproof/disproval 반증, 반박

0703 reprove
[riprúːv]
09.동국대/입법고시

re(강조)+prove(=try) → 강하게 시련을 주다(try)
v. 꾸짖다, 나무라다(=rebuke, take sb to task)
  • reprove him for not paying attention
    주의를 기울이지 않는다고 그를 나무라다
ⓥ reprobate 책망하다, 비난하다; 사악한, 타락한
ⓝ reproof 비난, 질책, 꾸지람
🄴 take sb to task ~을 꾸짖다, 책망하다(=reprove) ⊃ I03721

0704 probation
[proubéiʃən]

prob(=test)+ation → (잘하는지) 시험해 보는 것
n. 1. (직장에서의) 수습(기간)(=trial)
    2. (범죄자에게 주어지는) 보호관찰
  • under a year's probation 1년간의 보호관찰을 받고 있는
  • be sentenced to a year's probation 1년간의 보호관찰에 처해지다
ⓝ probationer 수습생, 시보
ⓐ probationary 가채용의, 수습 중인, 집행유예 중인
ⓥ probate 유언의 검인; 검인하다
🄴 approbation[æprəbéiʃən] 허가, 인가
  → disapprobation 반대(=disapproval), 비난

tip 어떤 것을 증명하기(prove) 위해서는 시험해 보고(test) 시도해 보고
(try) 검사해 보아야(examine) 합니다.

어근 prov/prob(=test, try, examine)

추가 어휘
☐ im**prove** 개선하다, 개선되다
  - im**prove**ment 개량, 개선, 향상

표제어 복습
☐ **prob**e 캐묻다, 조사하다, 탐사하다 🄳 N0741
  - **prov**e 입증하다, 시험하다; ~임이 판명되다
  - **prov**en 증명된, 입증된
  - **proof** 증명, 증거; 증거 서류; 시험, 테스트

어근 tempt(=try)

표제어 복습
☐ con**tempt** 경멸, 멸시, 모욕 🄳 N0214
  - con**temn** 경멸하다, 모욕하다
  - con**tempt**ible 경멸받을 만한, 비열한
  - con**tempt**uous 사람을 얕잡아보는, 경멸적인
  - con**tempt**uously 경멸조로

0705 probity
[próubəti]
12.단국대/94.한국외대

prob(=try)+ity → 신의 뜻에 따라 살려고 노력함

n. 성격의 강직, 성실(=honesty), 고결(=integrity)
- his probity in public life 공적인 삶에서의 그의 강직성

圓 improbity 정직하지 않음

0706 improbable
[imprábəbl]
13.건국대/04.서울여대
96.입법고시

im(in(=not)+probable(있음직한) → 있음직 하지 않은

a. 일어날 것 같지 않은, 사실 같지 않은
- It seems improbable that ~ ~은 거의 있을 법하지 않다

ad improbably 있음 직하지 않게

96.공인회계사
06.동아대/95.연세대학원

圓 probable (현실에) 있음 직한, 그럴듯한(=plausible)
- probably 아마, 대개는, 십중팔구(=presumably)

0707 tempt
[témpt]
99-7.경찰
16.한국외대

tempt(=try) → 한번 시도해 보라고 하다

vt. (나쁜 일을) 부추기다, 유혹하다, 마음을 끌다
- tempted by bad companions 나쁜 친구의 꼬임에 빠진

ⓐ tempting 마음이 당기는, 매력적인

ⓝ temptation 유혹
temptress 유혹하는 여자, 요부

圓 attempt 시도하다; 시도, 모험
- attempted (범죄를) 기도한, 미수의

0708 foolproof
[fu:lpru:f]
09.동국대/05.04동덕여대

fool(바보)+proof(막다) → 바보라도 막을 수 있는

a. 1. (기계 등이) 누구나 다룰 수 있는
2. 절대 실패할 수 없는, 확실한(=fully reliable)
- There is no foolproof method of losing weight without effort.
노력 없이 살을 빼는 확실한 방법이란 없다.

합성어 -proof (=방(防)~, ~을 막는)

추가 어휘

☐ waterproof 방수의; 방수복
☐ fireproof 불연성의, 방화(防火)의
☐ bulletproof 방탄의; 〈구어〉 실수가 없는
☐ ballproof 방탄의 •a ballproof jacket 방탄조끼
☐ coldproof 방한의, 내한의
☐ childproof (장소나 물건 등이) 어린이에게 안전한

R071   [어근] per(=try)

0711 experimental
[ikspèrəméntl]
14.항공대

ex(=out)+per(=test)+i+mental → 실험으로 만들어낸

a. 실험의, 실험용의
- in an experimental stage 실험적인 단계에 있는

ⓝ experiment (과학적인) 실험; 시험(적인 방법)

0712 inexperienced
[ìnikspiəriənsd]
10.숙명여대

in(=not)+ex(강조)+per(=test)+i+enced → 실제 해보지 않은

a. 경험 없는, 미숙한(=naive, fledgling)
- both experienced and inexperienced users
경험자나 경험 없는 이용자 모두

圓 experienced 숙련된, 노련한(=adept)

0713 expert
[ékspə:rt]
07.경기대

ex(강조)+per(=test)+t → 아주 많이 해 본 사람

n. 전문가(=specialist), 숙련가
a. 숙련된, 노련한
- an expert in psychology 심리 전문가

圓 expertise [èkspərtí:z] 전문적 지식[기술]

圓 inexpert 미숙한, 비전문가의; 비전문가

0714 imperil
[impérəl]
98-2.한양대
11.경기대

im(in(=in)+per(=test)+il → 시험에 들게 하다

vt. 위태롭게 하다, 위험하게 하다(=endanger)
- imperil the future of ~의 장래를 위태롭게 하다

ⓝ peril 위험(=danger), 위난, 모험
- in peril 위험한, 위기에 처한

17.경기대/07.공인노무사

ⓐ perilous 위험한(=dangerous, hazardous); 위험에 처한

圓 parlous (상황이) 아주 불확실한; 위태로운

R072   [어근] lud/lus(=play, laugh) & rid/ris(=laugh)

0721 interlude
[íntərlù:d]
14.항공대

inter(=between)+lude(=play) → 사이에 연주하는 것

n. 1. (시간과 시간 또는 두 사건의) 사이(=interval)
2. (연극·영화 등의 중간) 막간, 간주곡(=intermezzo)
- a short musical interlude 짧은 뮤지컬 간주곡

圓 prelude 서곡, 전주곡(=overture) •pre(=before)
postlude 후주곡 •post(=after)

---

tip 사람의 행동이 웃기거나 말이 터무니없는 경우 ridiculous라고 합니다. 어근 rid는 "웃다"의 의미입니다.

표제어 복습

☐ allude 암시하다, (암시적으로) 언급하다 ◘ N0655
- allusion 암시, 언급; 넌지시 하는 말

0722 collusion
[kəlúːʒən]
07.경희대
17.가천대

col(com(=together)+lus(=play)+ion → 같이 짜고 치는 것

n. 공모(=secret agreement), 결탁, 유착
- collusion with drug dealers 마약상과의 공모

ⓥ **collude** 공모하다(=connive); 담합하다, 결탁하다

0723 delusive
[dilúːsiv]
02-2.명지대
08.고려대

de(=away)+lus(=laugh)+ive → 웃겨서 정상적인 생각에서 떨어져 나오게 하는

a. 기만적인, 현혹적인, 망상적인
- delusive promises 기만적인 약속

ⓥ **delude** 속이다, 착각하게 하다, 현혹하다
ⓝ **delusion** 현혹, 기만; 망상, 착각
ⓐ **delusory/deluding** 기만적인

0724 illusion
[ilúːʒən]
01.원광대/99.법원직
94.서울대학원

il(in(=in)+lus(=play)+ion → (머리) 안에서 놀리는 것 → 환영

n. 1. (사람·상황에 대한) 오해[착각](=erroneous belief)
2. 환영, 환상, 환각(=pipe dream)
- distinguish between illusion and reality 착각과 현실을 구분하다
- Everyone is free to have their own illusions. 착각은 자유다.

ⓐ **illusory** 환영의, 홀리는, 속이는
🔟 **disillusion** 환상에서 깨어나게 하다; 미몽을 깨우치기

0725 ridicule
[rídikjùːl]
17.이화여대/08.숙명여대
03.계명대

rid(=laugh)+i+cule → (남에 대해) 웃어버리다

vt. 조롱하다, 놀리다
n. 조롱, 조소
- become an object of ridicule 조롱의 대상이 되다

ⓐ **ridiculous** 웃기는, 우스꽝스러운; 어리석은(=absurd, silly)

0726 ludicrous
[lúːdəkrəs]
17.이화여대/14.숙명여대
13.서강대/11.서울여대
92.경기대

lud(=laugh)+i+crous → 웃게 만드는

a. 우스운, 어리석은, 터무니없는(=absurd, ridiculous, laughable)
- a ludicrous idea 우스꽝스러운 생각

ⓐⓓ **ludicrously** 우습게, 익살맞게
🔠 **risible**[rízəbl] 잘 웃는; 우스운; (pl.) 유머 감각
- **risibility** 잘 웃는 버릇; 큰 웃음

- **allus**ive 암시적인, 빗대어 말하는
☐ **elud**e 교묘히 피하다, 생각나지 않다 🔲 N0187
  - **elus**ive/**elus**ory (교묘히) 피하는; 알기 어려운
  - **elus**ion 도피, 회피
☐ **deride** 비웃다, 놀리다, 바보 취급하다 🔲 N0589
  - de**ris**ion 비웃음, 조소, 조롱
  - de**ris**ive 조롱하는, 비웃을 만한
  - de**ris**ible 웃음거리가 되는
  - de**ris**ory 아주 시시한, 근소한

Ⅰ 071 do

do는 **"어떤 것(일 · 행동 등)을 하다"**의 개념이다.
1. 하다, 처신하다, 종사하다, 생활에 필요한 일(요리 · 청소 · 머리)을 하다
2. (은혜 등을) 베풀다, 부탁을 들어주다
3. (이익 · 손해 등을) 주다, 입히다, 〈구어〉 속이다; 쓸모가 있다, 도움이 되다, 충분하다

1. 하다, 처신하다, 종사하다, 생활에 필요한 일(요리 · 청소 · 머리)을 하다

07101
do[play] one's best
13.중앙대/07.동덕여대/90.행자부7급,Teps

자신이 할 수 있는 최선(best)을 하다(do)
최선을 다하다, 온 힘을 기울이다(=do one's utmost)
• We **do our best** to make our customers happy.
  우린 고객을 만족시키기 위해 최선을 다하고 있습니다.

🔲 **do one's duty** 의무를 다하다
  ↳ shirk one's duty 농땡이 부리다
  - do one's part[bit]
    자기가 맡은 본분을 다하다
  - do or die 죽을 각오로 하다
    (=make a supreme effort)

07102
do * up [sth]
08.강남대/03.공인회계사/98.경찰간부
96.행자부9급/85.외시

완전하게(up) 하다(do)
1. 수리하다, 고치다(=repair, mend, fix * up [sth])
2. 단단히 묶거나 고정하다(=fasten)
3. (물품을) 포장하다(=pack, wrap)
4. 화장하다, 차려입다; 장식하다, 단장하다(=decorate)
5. 지치게 하다, 녹초로 만들다
• The house needs **doing up**. 그 집은 수리를 필요로 한다.
• The children were all **done up** in matching outfits.
  그 아이들은 모두 어울리는 의상으로 한껏 치장했다.

🔲 **fix * up** [sth]
  수리[수선]하다; 약속을 정하다

07103
do a great[good] job
14.동덕여대/01~2.인천대

큰일(job)을 해내다(do)
(일 등을) 아주 잘해내다
• As a result, she **did a great job** on stage.
  그 결과 그녀는 무대에서 굉장히 잘해냈다.

🔲 **Good job!** 〈구어〉 잘했어, 애썼어!

07104
do a degree 〈영〉/
take[get] a degree 〈미〉
12.서울여대/07.동덕여대

학위(degree)를 하다
학위를 취득하다
• Students with an interest in science may decide to **do a degree** in Information Technology.
  과학에 관심 있는 학생들은 정보기술 전공 학위를 취득하기로 결정할 것이다.

🔲 a bachelor's degree 학사 학위
  a master's degree 석사 학위
  a doctor's degree 박사 학위

07105
do without [sth]
03.여자경찰/01.경원대/00.건국대
98.중앙대/토익,Teps

~ 없이(without) 생활하다(do)
~ 없이 지내다(=dispense with [sth], go without [sth]),
~이 없어도 좋다, 필요없다
• Man can not **do without** water. 인간은 물 없이는 살아갈 수가 없다.

🔲 **dispense with** [sth] ~없이 지내다,
  때우다; ~을 생략하다; 불필요하게 만들다
  = go without [sth] ~없이 지내다

07106
do with [sth]
예상.Teps

~과 함께(with) 하다(do)
1. (어떻게) 때를 보내다
2. ~을 다루다, 처리하다(=deal with [sb]/[sth]), 처치하다, 처분하다
3. ~을 바라다, 필요로 하다 ★~과 같이(with) 했으면(do) 좋겠다(could)
4. 〈부정어와 함께〉 참을 수 없다 ★~과는 같이(with) 할 수(do) 없다(부정어)
5. ~과 관련이[관계가] 있다
• You can **do with** it as you please. 당신 마음대로 처분하셔도 좋습니다.
• I can't **do with** his rude manner. 그의 무례한 태도는 참을 수 없다.

07107
do away with [sb]/[sth]
10.경북교행9급/07.경원대/01.행자부9급
98.숙명여대/97.경찰/95.변리사/93.행시
93.서울시9급/94.92고려대학원/93.연세대학원
91,90.KATUSA/82,국회사무관/입사5회,Teps

~과 함께 하는 것을(with) 멀리(away) 하다(do)
1. (규칙 · 규제 · 제도 · 부서 등을) 없애다, 폐지하다(=abolish)
2. (물건 등을) 없애다, 버리다(=throw * away [sth], discard)
3. (사람 등을) 죽이다, 제거하다(=kill, eliminate, get rid of [sb]/[sth])
• That department was **done away with** last year. 그 부서는 작년에 폐지되었다.

2. (은혜 등을) 베풀다, 부탁을 들어주다

07108
do a favor for [sb] /
do [sb] **a favor**
04~2.계명대/93.서울시7급,Teps

호의(favor)를 베풀다(do)
~의 청을 들어주다, ~에게 은혜를 베풀다
• Please **do a favor** for me.
  저의 부탁 하나만 들어주십시오.

3. (이익을) 주다, (손해를) 입히다; 쓸모가 있다, 도움이 되다

07109
do (sb) good
97.행자부9급/92.행자부9급.Teps

사람에게 좋게(good) 하다(do)
(~에게) 효력이 있다; 도움이 되다; 착한 일을 하다
- Computers **do** us **good**, but they can do us harm, too.
  컴퓨터는 우리에게 이롭기도 하지만 우리에게 해로울 수도 있다.
- 鬪 do (sb) harm/ do (sb) damage 해를 끼치다, 손해를 입히다

07110
do (sb)/(sth) justice / do justice to (sb)/(sth)
97.행자부9급

(실물 그대로를 보여주는) 공정함(justice)을 주다
수완을 충분히 발휘하다; (사진이) 실물을 그대로 나타내다
- This picture does not **do** you **justice**.
  이 사진은 실물보다 못하다.

07111
do (sb) in
83.사법시험

안으로(in) 받다(do)
1. 녹초가 되게 하다 *사람 안으로(in) 피로감이 들게 하다(do)
2. 속이다(=cheat, swindle) *내 안으로(in) 속임을 받다(do)
3. (사람을) 죽이다(=kill, murder) *do oneself in (자살하다)
- The work really **did** me **in**. 그 일은 정말 나를 녹초로 만들었다.

冨 be all in *힘을 다(all) 쏟아 부었다(in)
완전히 지치다, 기진맥진하다

07112
do a snow job on (sb) / give (sb) a snow job
01-2.고려대/02.법원직.Teps

속임수(snow job)를 쓰다(do)
감언이설로 속이다
- He is trying to **do a snow job**.
  그는 속이려 하고 있다.
- 鬪 snow job (감언이설에 의한) 속임, 교묘한 거짓말, 과장된 거짓말

鬪 do a job on (sb)/(sth)
~을 때려 부수다(=destroy completely),
못쓰게 만들다; ~을 (감언이설 따위로) 속이다

07113
do for (sb)/(sth)
토플/입사

~을 위해(for) 도움이 되다(do)
1. 아쉬운 대로 쓸 만하다, 충분하다 *~을 위해(for) 쓸만하다(do)
2. (주부의) 대역을 하다, 가사를 돌보다 *~을 위해(for) 도움이 되어 주다(do)
3. 망치다, 파멸시키다(=ruin, destroy); ~을 죽이다 *~에게(for) 손해를 주다(do)
- These shoes won't **do for** mountaineering.
  이 구두는 등산에 적합하지 않다.

07114
do[turn] the trick
07.한국외대.Teps

trick(속임수; 요령, 비결)이 통하다(do)
목적을 달성하다, 뜻을 이루다, 일이 잘 되다
- Here, add some more salt to the stew. That should **do the trick**.
  여기 스튜에 소금을 조금 더 넣어라. 그럼 다 되는 거야.

07115
That will do.
04.경찰

그것이면 쓸만할 거다(do)
그것이면 돼, 그만해 둬.
- This room **will do** me quite well.
  이 방이면 충분합니다.

鬪 That does it! 이제 그만하면 됐어!
더는 못 참겠어!

072
drive

drive는 **"무엇을 몰아가다"**가 기본개념이다.
주로 **"차를 몰다"**로 쓰기도 하지만 그 외에도 **"~을 억지로 하게 하다(compel), 못 등을 박다"**의 뜻으로도 쓰인다. 명사로는 **"모금운동(campaign)"**의 뜻도 있다.

07201
drive (sth) home
03.한국외대/84.행정고시/토플

깊숙이(home: 부사로서 deeply의 의미) 때려 박다(drive)
납득시키다(=make (sth) unmistakably clear); (못 등을) 단단히 박다
- He speaks very well. He usually **drives his** arguments **home**.
  그는 말을 참 잘한다. 그는 대개 자신의 주장을 납득시키다.

07202
drive (sb) up the wall
15.사회복지9급/02.공인회계사

사람을 벽 쪽으로(up) 몰아가다(drive)
~를 화나게 하다(=enrage, annoy)
- That noise is **driving me up the wall**.
  저 소음은 나를 짜증나게 만든다.

冨 drive (sb) crazy ~를 미치게 하다
= drive (sb) mad
= drive (sb) nuts

07203
drive down (sth)
07.숭실대

아래쪽으로(down) 몰아가다(drive)
(가격·이율·비용 등을) 내리다, 억제하다
- We have to **drive down** costs.
  우리는 비용들을 줄여야 한다.

07204
driving force
16.산업기술대

몰아가는(driving) 힘(force)
추진력, 원동력
- Research and innovation are major **driving forces** behind progress.
  연구와 혁신이 진보의 주된 원동력이다.

I 073

push

push는 "힘을 가해서 움직이다"의 의미로서 주로 "밀다, 강요하다, 독촉하다"의 의미로 많이 쓰인다.

07301
push[force, elbow] one's way (through)
13.동국대

자신의 길을 향해 밀어붙이다(push)
1. 밀치고 나아가다 2. [push one's way (in the world)] 출세하다
• He rudely **pushed** his **way** to the stage.
그는 무대를 향해 불쑥 밀치고 나아갔다.

07302
push the envelope
09.경기대

기량의 한계(envelope)를 밀치다(push)
(어떤 분야에서) 인간 위업의 한계를 넓히다, 한계에 도전하다
• The engineer determined to **push the envelope** on phone technology.
그 엔지니어는 전화 기술의 한계에 도전하기로 마음먹었다.

웹 push 관련 표현
- push ★ aside sth ~에 대해 생각하지 않으려 하다   - push sb to R (열심히) ~하도록 독촉[강요]하다
- push[press, drive] sb to the wall ~를 궁지로 몰다   - push sb around ~를 함부로 대하다, 괴롭히다
- push (sb)'s buttons (~를) 화나게 하다 *You're pushing my buttons. (너는 나를 화나게 한다.)
- push one's luck/ push it 운을 과신하다
- push-button warfare 단추만 누르면 핵무기 따위로 즉각 전쟁이 시작되는 현대전

I 074

work

work는 "어떠한 목적이나 결과를 위해 ~ 하다 → 일하다" 의미의 동사이다.
일반적으로 "노동하다(labor), 일하다" 외에 "기계가 작동하다, 약이 듣다, 영향을 미치다" 뜻으로도 자주 쓰인다. 또한 일을 한 결과로 "사물을 만들어내다, 노력한 결과를 얻다"의 의미도 있다.

07401
work out
06.동국대/03.행자부9급/94.연세대학원
91.KATUSA.Teps

결과를 완전히(out) 내다 → 문제를 해결하다
1. (애써서) 성취하다, (문제를) 해결하다(=resolve, solve, settle)
2. 잘 되어가다 3. 연습하다, 훈련하다, 운동하다
• Things just didn't **work out** as planned.
일이 계획한 대로 잘 안 풀렸어요.
웹 workout 운동, 연습; 기업의 가치 회생 작업

图 walkout 동맹파업
图 work out for the best
결국은 잘 되다

07402
work on sb/sth
91.포항공대학원.Teps

~에(on) 작동하다(work)
1. ~에 종사하다, 일을 계속하다 *~에 들러 붙어서(on) 일하다(work)
2. (약이) ~에 효험이 있다 *~에 작용하다(work)
3. 애써 설득하다; (사람의 마음을) 움직이다
• He has spent the last two years **working on** a book about childcare.
그는 육아에 관한 책을 쓰느라 지난 2년을 소비하였다.

07403
worked up
17.가천대

열을 내며 일하는
몹시 화가 난, 흥분한
• Don't get **worked up** over nothing. 아무것도 아닌 것에 흥분하지 마라.
웹 work sth up 북돋우다, ~을 불러 일으키다

图 get worked up (over sth)
~에 대해 흥분하다, 소동을 부리다

I 075

play

play는 "즐거움을 위해(오락적으로) ~하다(do)"이다.
단순히 "놀다, 장난하다"의 의미를 넘어서 악기를 연주하거나, 스포츠 등의 경기를 하거나, 연극 배역을 하는 것도 모두 play를 쓴다.

07501
play (sth / it) by ear
14.지방직7급/06.동국대/03.행자부9급
94.연세대학원/91.KATUSA.Teps

귀로 듣고 연주하다(play)
1. (사전에 준비없이) 즉흥적으로 처리하다(=improvise, extemporize)
2. 악보없이 (들은 기억에 의해) 연주하다
(=play without dependence on written music)
• I'm not sure how long I'll stay at the party. I'll just **play it by ear**.
파티에 얼마나 오래 머무를지는 모르겠어. 상황을 봐가면서 할 거야.

图 off the cuff 준비 없이, 즉석의

07502
play second fiddle (to sb/sth**)**
토플

제2바이올린을 연주하다(play)
보조 역할을 하다, 남의 밑에서 일하다(=take a less important position)
• He hated to **play second fiddle to** anyone.
그는 어느 누구 밑에서 일하는 것을 싫어한다.

07503
play (it) cool
입사

냉정하게(cool) 행하다(play)
침착하게 행동하다, 여유있는 태도를 취하다; 관심이 없는 척 행동하다
• When they start to tease you, just **play it cool**.
그들이 너를 괴롭히기 시작해도 태연하게 행동해라.

07504
play fast and loose
93.기술고시

기타줄을 단단하게 조였다 느슨하게 풀었다 하다(play)
태도가 확고하지 못해 믿을 수 없다, 무책임하게 행동하다
(=act in an irresponsible manner)
• I'm tired of your **playing fast and loose** with me.
나에 대한 너의 어정쩡한 태도에 신물이 난다.

07505
play a key role in / play an important part in [sth]
00.경찰,Teps

중요한 역할(key role)을 연기하다(play)
중요한 역할을 하다
• The construction industry has **played a key role in** the success of the local economy.
건축업계가 그 지역의 경제적 성공에 중추적인 역할을 했다.

07506
play on [sth]
01.행정고시

동물 운동회에서 쥐가 소 등에 달라붙어서(on) 1등을 먹다
이용[악용]하다(=exploit, take advantage of [sb]/[sth], impose on [sb]/[sth]);
부추기다, 조종하다
• He **played on** your weakness for the satisfaction of his own desires.
그는 너의 약점을 이용하여 자기의 욕망을 만족시켰다.

07507
play a trick on [sb] / play [sb] a trick
01.사법시험

속임수(trick)로 장난하다(play)
~에게 장난을 치다, 속이다
• Children were **playing tricks on** their teacher.
아이들이 선생님을 놀리고 있었다.

🔑 **Trick or treat!**
사탕 안 주면 장난칠 거야!
＊Halloween 날 어린이들이 이웃집 앞에서 외치는 소리

07508
play ＊ up [sb]/[sth]
07.상명대/00.사법시험/96.경희대학원

부풀려서(up) 연기하다(play)
1. 과장하다, 크게 부풀리다(=exaggerate) (↔ play ＊ down [sth]); 광고하다
2. 장난치다; 괴롭히다
• His Japanese ancestry has been **played up** by some of his opponents.
그가 일본인 출신이라는 것은 일부 반대자들에 의해 지나치게 부풀려져 왔다.

🔑 **play up to** [sb] ~에게 아부하다, 알랑거리다(=flatter); ~을 지지하다 (=support)

07509
play ＊ down [sth]
14.한양대/13.숭실대/07.상명대/96.경희대학원

밑으로(down) 낮추어서 하다(play)
~을 경시하다(=belittle);
~을 중요하지 않은 것처럼 축소하여 다루다(↔ play ＊ up [sth])
• The whitehouse is trying to **play down** the latest scandal.
백악관은 최근의 스캔들을 축소하려 하고 있다.

🔑 **downplay** 경시하다

07510
play[work, create] havoc with / wreak[wreck] havoc on / make havoc of [sth]
06.이화여대/05.경희대/97.인천대/고려대학원

파괴(havoc)를 하다(play)
~을 파괴하다(=ruin, destroy, raze); ~을 엉망으로 만들다
• Strikes have **wreaked havoc on** businesses here.
파업들은 이 지역의 경제를 엉망으로 만들었다.

07511
play one's trump card
02.덕성여대

카드놀이에서 가장 높은 패(trump)를 쓰다
으뜸패를 내놓다; 비장의 카드를 꺼내다, 최후 수단을 쓰다
• Nancy was about to **play her trump card** - none of the money could be released without her signature.
낸시는 그녀의 서명없이는 어떠한 돈도 나가지 못하도록 하는 비장의 카드를 쓸 참이었다.

🔑 **a trump card** 으뜸패, 비장의 수단

🔑 **play a good hand** 멋진 수를 쓰다

Ⅰ076
try

try는 "**노력하다(to make an effort), 시도하다**"이다.
"평가를 위해서 실제로 한번 해 보다(시험하다)"는 의미와 "재판하다 16.서울시9급"의 의미도 있으며,
명사형은 trial(재판, 시련)이다.

07601
try for [sth]
99.경원대

~을 위해 노력하다(try)
~하려 노력하다(=make an effort to R); ~을 얻으려고 하다; ~을 지원하다
• My partner and I have been **trying for** a baby for two years.
나와 내 배우자는 2년 동안 아기를 가지려고 노력해 왔다.

🔑 **try out (for** [sth]**)**
시험해 보다; (선발 심사에) 나가보다

07602
give it a try
07.세무직 2차/06.서울시7급

시도(try)를 해 보다
시도해 보다, 입어 보다
• Really? Well, if it's that good, I'll have to **give it a try**.
정말? 거기가 그렇게 괜찮다면, 나도 한번 가봐야지.

🔑 **Go for it!** 한번 시도해 봐!
try ＊ on [sth] ＊착용(on)을 해보다
시험해보다; (사기 전에) 입어[신어] 보다

R073

[어근] spect(=look, see)

0731 spectacular
[spektǽkjular]
01.사법시험

spect(=look, see)+acular → 볼거리가 대단한
a. 1. (풍경이나 볼거리가) 장관을 이루는
　　2. 화려한, 극적인(=splendid)
n. 화려한 쇼[공연]
　• a spectacular view of the river 강의 수려한 장관
　• the most spectacular goal of the match 그 경기의 가장 극적인 골
　ⓝ spectacle (인상적인) 광경, 장관; (pl.) 안경; 선입관
　　spectator 구경꾼

0732 aspect
[ǽspekt]
98.입법고시/95.서울대학원

a⟨ad(=to)+spect(=look, see) → 어떤 것을 보는 시각
n. 측면, 관점, 국면; 양상(=facet); (건물이 향한) 방향
　• the problem from every aspect 그 문제의 모든 측면
　• a southern aspect 남향

0733 perspective
[pərspéktiv]
05.국민대

per(=thoroughly)+spect(=look, see)+ive → 철저하게 보는 것
n. 1. 관점, 시각(=viewpoint, outlook); (상황에 대한) 균형감
　　2. 원근법; 조망, 전망
　• a wide historical perspective 폭넓은 역사적 시각
　• a balanced perspective to these complex issues
　　이러한 복잡한 문제에 대한 균형적인 시각

0734 prospect
[práspekt]
00-2.경찰

pro(=forward)+spect(=look, see) → 앞을 내다보는 것
n. 1. 전망, 조망, 경치(=outlook)
　　2. (어떤 일이 있을) 가망[가능성]; (pl.) 성공할 전망
v. 조사하다, 답사하다; 발굴하다
　• the company's long-term prospects 회사의 장기적 전망
　• prospective employees 예비 직원들
　ⓐ prospective 장래의; 가망이 있는, 유망한; (사람) 예비 ~
　ⓝ prospector 시굴자; 답사자
　　prospectus (사업의) 요강; 창립 취지서
　🔁 conspectus (문제·사건따위의) 개관, 개요

0735 inspect
[inspékt]
13단국대/12.성균관대
03-3.경찰

in(=in)+spect(=look, see) → 안을 샅샅이 들여다 보다
vt. 1. (제대로 되어 있는지 여부를) 점검[검사]하다(=scrutinize)
　　2. (학교·공장 등을 방문하여) 사찰[순시]하다
　• be inspected for safety 안전검사를 받다
13.성균관대　ⓝ inspection (면밀한) 점검(=overhaul), 검열; (공식적인) 시찰, (군대의) 사열
　　inspector 검열관, 감사관; 〈영〉 장학관
　ⓐ inspective 주의 깊은; 시찰[검열, 점검]하는

0736 introspective
[intrəspéktiv]
96.외무고시

intro(=inward)+spect(=look, see)+ive → 자기 마음(내면)을 들여다 보는
a. 내성(內省)적인, 자기 성찰적인
　ⓥ introspect 자기 반성하다
　ⓝ introspection 자기 반성(=self-examination)
　🔁 extrospection 외계 관찰
　🔁 extrovert 외향적인 사람, 사교적인
　　→ introvert 내향적인 사람, 내성적인

0737 expect
[ikspékt]

ex(=out)+spect(=look, see) → (택배가 올 것을 예상해서) 밖을 내다보다
vt. 1. 기대하다, 예상하다(=look forward to ~ing)
　　2. (수동태로) 예정되어 있다
　　3. ~하기를 바라다
　ⓐ expected 기대되는, 예정된
　　expecting 임신한(=pregnant)
　• I'm expecting. 나는 임신 중이다
　　expectant 기다리는, 기대하는; 출산을 앞둔
　ⓝ expectation 기대, 예상, 가망성
　　expectancy 기대, 예상 • average life expectancy 평균 수명
83.서울대학원　🔁 unexpected 예기치 않은(=abrupt)
04.변리사　　unexpectedly 예기치 않게(=out of the blue)

---

tip 사물을 잘 보기 위한 안경(spectacles)에서 보듯,
spect는 "보다(look, see)"의 의미를 갖는 어근입니다.

표제어 복습

☐ circum**spect** 신중한, 용의주도한, 치밀한 ➡ N0928
　- circum**spect**ion 신중, 용의주도
☐ re**spect** 존경, 경의, 고려, 안부 인사 ➡ N0041
　- re**spect**ful 경의를 표하는, 공손한
　- re**spect**able 존경할 만한; 품행이 방정한
　- re**spect**ive 각각의, 각자의
　- re**spect**ing ~에 관하여[대하여]
　- ir**respect**ive of ~에 상관없이
☐ retro**spect** 회고하다, 추억에 잠기다 ➡ N0427
　- retro**spect**ive 회고의; (법) 소급하는; 회고전

O738 spectrum
[spéktrəm]
04.고려대

spect(=look, see)+rum → 볼 수 있는 것

n. 스펙트럼, 분광; (일반적인) 범위(=range, broad range)
- a wide spectrum of people 각양각색의 사람들

ⓝ **spectroscope** 분광기

🔁 **specter** 유령, 망령, 귀신(=ghost)
- **spectral** 유령의, 스펙트럼의

O739 suspect
[səspékt]
12.경희대/07.광운대

sus(sub=under)+spect(=look, see) → 자리 밑을 들쳐보다

vt.1. 의심하다, 혐의를 가지다
2. [suspect+목+to be] ~이 아닌가 생각하다
3. 짐작하다; 깨닫다

n. 용의자, 수상쩍은 사람

a. 의심스러운, 혐의를 받은, 수상한
- be suspected to be the criminal 범인으로 의심을 받다
- detain him as a suspect 그를 용의자로 구속하다

11.중앙대

ⓐ **suspected** 의심[혐의]을 받는(=under a cloud)
unsuspected 생각지도 않은, 뜻밖의

R074
[어근] spic/spec/spi/spy(=look, see)

O741 suspicious
[səspíʃəs]
12.한국외대/01.고려대

sus(sub=under)+spic(=look, see)+i+ous → 숨긴 게 없는지 아래를 보는

a. 의심하는, 의심 많은; 수상한(=dubious)
- detect suspicious activities 수상한 행동을 탐지하다

ⓝ **suspicion** 혐의, 의심

🔁 **unsuspicious** 의심하지 않는, 수상하지 않은

O742 specimen
[spésəmən]
10.세종대/05.삼육대

spec(=look, see)+i+men → 눈으로 볼 수 있는 것

n. 견본(=sample), 표본, 시료
- Specimens of bone are used for DNA typing.
뼈의 표본들은 DNA 유형 분류를 위해 사용된다.

97.서울대학원

🔁 **species**[spíːʃiːz] (생물분류상의) 종; 종류

O743 specialize
[spéʃəlàiz]
17.08.상명대/01.국민대

spec(=look, see)+ial+ize → (특정한 것을) 깊이 있게 보다

vi.전문으로 하다, 전공하다[in]

vt.분화시키다, 상세히 설명하다

🔁 What are you specializing in? 전공이 무엇입니까?
= What are you majoring in?
= What's your major?

15.고려대

ⓐ **specialized** 전문적인, 전문화된

00-2.서울여대

ⓐ **special** 특별한, 특수한; 독특한; 전공의

ⓝ **specialist** 전문가, (학문·연구의) 전공자, 전문의
specialty 전문, 전공, 장기; 특성; 특산품

🔁 **especial** 특별한, 각별한 - **especially** 특히

O744 speculate
[spékjulèit]
14.한성대/01.공인회계사

spec(=look, see)+ul+ate → (탐정이) 어떤 물건을 보면서 추측하다

vi.1. 추측[억측]하다, 깊이 생각하다[on, about]
2. 투기하다, 투기 매매하다[in, on]
- speculate on what will happen next 다음에 무슨 일이 일어날지 추측하다
- speculate on the stock market 주식시장에 투기하다

ⓝ **speculation** 사색, 심사숙고; 추측(=assumption); 투기
spec 투기(speculation의 약어) • on spec 투기로
speculator 사색가, 이론가; 투기꾼

ⓐ **speculative** 명상적인; 추리적인; 투기의

O745 respite
[réspit]
14.중앙대/13.이화여대
02.경기대

re(=again)+spite(=see) → 다시 두고 보겠다.

vt.1. (고통을) 일시적으로 덜어주다
2. 연기하다, (형 집행을) 유예하다

n. 휴식, 연기, 휴지(=lull), 집행유예
- get a respite 한숨 돌리다

🔁 **despite** ~에도 불구하고(=in spite of)
spite[spáit] 앙심, 원한(=grudge)

05.국민대

- **spiteful** 짓궂은, 악의에 찬, 앙심을 품은(=venomous)

---

tip 스파이(spy)는 적국에 침입하여 몰래 훔쳐보고 정보를 취득하는 임무를 띤 사람이듯, 어근 spy는 "보다"의 의미를 가집니다.

추가 어휘

☐ **spy** 첩보원; 몰래 감시하다, 정탐하다
☐ **espy**[ispái] (먼 곳의 보기 힘든 것을) 발견하다
☐ **espionage**[éspiənàːʒ] 정탐, 스파이 활동

표제어 복습

☐ **despicable** 경멸할 만한, 비열한 ◘ N0441
- **despise** 경멸하다, 멸시하다
☐ **specific** 명확한, 구체적인; 특정한 ◘ N0147
- **specify** 일일이 열거하다, 상술하다
- **specification** 상술, 열거; 명세서
☐ **specious** 허울만 그럴듯한, 그럴싸한 ◘ N0955
☐ **auspicious** 길조의, 상서로운 ◘ N0258
- **auspice** 전조, 길조
↔ **inauspicious** 흉조의, 불길한
☐ **conspicuous** 두드러진, 현저한, 저명한 ◘ N0153
↔ **inconspicuous** 눈에 띄지 않는
☐ **perspicuous** 명쾌한, 명료한 ◘ N0789
- **perspicuity** (언어·문체의) 명확함, 명료함
☐ **transpicuous** 투명한; (언어 등이) 명료한 ◘ D0789
☐ **perspicacious** 통찰력이 있는 ◘ D0789
- **perspicacity** 통찰력; 총명, 명민

0751 vista
[vístə]
05.동국대

vis(=look, see)+ta → (경치가) 보이는 것

n. (멀리 내려다보이는) 경치(=panorama); 전망, 앞날
- vista of the beautiful valley 아름다운 계곡의 전경
- open up new vistas for students 학생들에게 새로운 앞날을 열어주다

📖 visage[vízidʒ] 얼굴, 용모; 외관

0752 invisible
[invízəbl]
03.고려대

in(=not)+vis(=look, see)+ible → 보이지 않는

a. 보이지 않는, 볼 수 없는, 무형의
- invisible to the naked eye 육안으로 보이지 않는

🔤 invisibly 보이지 않게
🔁 visible 눈에 보이는, 명백한
🔁 visual 시각의, 광학상의
    - visualize 마음속에 그려 보다; 시각화하다

0753 advise
[ædváiz]

ad(=to)+vis(=look, see)+e → ~에게 (고민을) 보여주다

vt. 충고하다, 조언하다; 권하다; 통지하다
vi. (남과) 의논하다, 상담하다[with]
- You are very considerate to advise me.
  제게 충고해 주셔서 감사합니다.

ⓐ advisory 권고의, 조언을 주는, 고문의
    advisable 권할 만한, 현명한
ⓝ adviser/advisor 충고자; 고문; 지도 교수
04.명지대
📖 advice[ædváis] 충고, 조언, 권고(=exhortation)

0754 devise
[diváiz]
06.국회사무처

de(=down)+vis(=look, see)+e → 아래로 내려놓아 보다

v. 1. (방법을) 창안[고안]하다(=contrive), 발명하다
    2. (부동산을) 유증(遺贈)하다[to]
n. (부동산) 유증; 유증 재산
- devise simple but effective solutions
  간단하지만 효과적인 해결책을 고안하다

📖 device[diváis] 장치, 고안품, 설비

0755 envisage
[invízidʒ]
13.가천대/07.숙명여대

en(=make)+vis(=look, see)+age → 마음속에서 그려 보다

vt. (미래의 일을) 상상[예상]하다(=picture)
- don't envisage working with him again
  그와 같이 다시 일하는 것은 상상조차 하지 않다

ⓥ envision 마음속에 그리다(=visualize), 상상하다
📖 envious[énviəs] 질투가 심한, 샘내는
🔁 picture 마음에 그리다, 상상하다, 묘사하다
    depict (자세하고 생생하게) 그리다, 묘사하다(=delineate)

0756 provision
[prəvíʒən]
12.07.이화여대

pro(=before)+vis(=look, see)+ion → 앞으로 보아야 할 것

n. 1. (법률 관련 문서의) 조항[규정](=stipulation), 단서 조항
    2. (장래에 대한) 대비, 준비; (pl.) 식량; 공급, 제공
- under the provision ~의 규정에 의거하여
- run out of provisions 식량이 떨어지다
13.경희대
ⓥ provide 공급하다, 제공하다[with], 준비하다[for]; 규정하다
    - provider 공급자
📖 proviso 단서 조건, 단서 조항
- with the proviso that ~라는 단서를 달고, ~의 조건하에
🔁 purvey (식료품을) 조달하다; 공급하다, 납품하다
    - purveyance (식료품의) 조달, 식료품

0757 supervision
[sùːpərvíʒən]
93.사법시험

super(=over)+vis(=look, see)+ion → 일하는 것을 위에서 내려다 보는 것

n. 감독, 관리, 지휘; 감시, 통제
- under the supervision of the government 정부의 감독하에
13.산업기술대/99.경기대
ⓥ supervise 감독(관리, 지휘, 통제)하다(=oversee, watch over)
ⓝ supervisor 관리자, 감독자; 지휘자(=impresario)

---

tip television은 멀리에서도 방송을 볼 수 있도록 해주는 기계입니다. 어근 vis는 "보다, 보이다"의 의미를 가지는 어근입니다.

어근 vis(=look, see)

추가 어휘
- ☐ **vis**ion 보이는 것, 시력, 시야; 상상력; 환상
- ☐ **vis**ual 시각의, 보는, 광학상의
    - **vis**ualize 상상하다, 생생하게 보이게 하다
- ☐ **vis**ible 눈에 보이는, 명백한
    → in**vis**ible 눈에 보이지 않는 · in(=not)
- ☐ **vis**ionary 환영의, 공상적인
- ☐ pre**vis**ion 예지, 예감, 선견
- ☐ **vis**it 방문하다, 시찰하다; 방문, 구경
    - **vis**itor 방문자, 손님, 관광객
    - **vis**itant 방문자, 순례자; 철새
    - **vis**itation 방문, (성직자의) 순시

표제어 복습
- ☐ re**vis**ion 개정, 개정판; 교정, 수정 ◘ N0733
    - re**vis**e (의견을) 바꾸다; 교정[개정]하다
    - re**vis**er 교정자, 수정자; 성경 개역자
    - re**vis**ory/re**vis**ionary 교정의, 개정의
    - re**vis**ionism 수정사회주의
- ☐ impro**vis**e (시·음악·연설 등을) 즉석에서 하다 ◘ N0146
    - impro**vis**ation 즉흥시, 즉흥연주, 즉흥성
- ☐ pro**vis**ional 일시적인, 임시의, 잠정적인 ◘ N0972
    - pro**vis**ionally 일시적으로, 임시로

어근 view/voy/vi(=look, see)

추가 어휘
- ☐ inter**view** 면담, 면접, 회견
- ☐ **view**point 견해, 관점(=standpoint)
- ☐ **voy**eur[vwɑːjə́ːr] 훔쳐보기를 좋아하는 사람
- ☐ clair**voy**ant[klɛərvɔ́iənt] 천리안, 천리안의
    - clair**voy**ance 천리안, 투시력, 통찰력
- ☐ en**vy**[énvi] 시기, 질투, 부러운 것; 부러워하다
    - en**vi**able 부러운, 탐나는
    - en**vi**ous 질투가 심한, 샘내는
- ☐ re**veil**le 기상 나팔[북]; 조례

어근 vig/veil(=watch, awake)

표제어 복습
- ☐ **vig**ilant 경계하고 있는, 방심하지 않는 ◘ N0368
    - **vig**ilance 경계, 조심; 불침번
    - **vig**il 불침번; 경계, 감시, 망보기

O758 review
[rivjú:]
00.행자부9급/96.행정고시

re(=again)+view(=look, see) → 다시 보다

v. 다시 조사하다; 복습하다; 시찰하다; 비평하다
n. 1. (책·연극·영화 등에 대한) 비평[논평]
  2. (어떤 주제·일련의 사건에 대한) 보고서
  3. (정책, 신청의) 재검토
  4. 〈미〉 복습, 시험공부(cf. 영 revision)
  • review the planned project 사업 계획을 재검토하다
  聞 preview[prí:vjù:] 미리보기, 사전 조사, (영화) 시사(회)
  聞 purview[pə́:rvju:] 한계, 시야; (활동·직권 등의) 범위, 영역
  聞 brush up (on) 공부를 다시 하다, 복습하다(=review); ⊃ IOO7O5

O759 survey
[sə́rvéi]
92.서울대학원

sur(=over)+vey(=watch) → 전반적으로 주의깊게 보는 것

n. (설문) 조사; 측량, 점검; (전체적인) 조망
vt. 조망하다, 점검하다, 설문 조사하다
  • conduct a survey 조사하다, 측량하다
  • a sample survey 표본조사
  ⓝ surveyor 감시인, 감독자; 수입품 검사관; 측량 기사

O759(1) surveillance
[sərvéiləns]
05.중앙대/99.명지대

sur(=over)+veil(watch)+lance → 위에서 행동을 주의깊게 지켜보는 것

n. (경찰 등의 기관에 의한) 감시(=close observation)
  • the suspect under constant surveillance
    지속적으로 감시하에 있는 용의자
  ⓥ surveil 감시하다
  ⓝ surveillant 감시하는; 감시[감독]자

R 076　[어근] vid/ud(=look, see) & vid(=separate)

O761 evident
[évədənt]
10.상명대

97.고려대학원

e(ex=out)+vid(=see)+ent → 밖에서도 뻔히 보이는

a. 분명한, 명백한(=plain, obvious, manifest, apparent)
  • It is evident to any one. 그것은 누구에게나 분명한 일이다.
  ⓐ self-evident 자명한, 명백한
  ⓝ evidence 증거, 물증

O762 providential
[prɑ̀vədénʃəl]
07.상명대

pro(=forward))+vid(=see)+ent+ial → 신(神)만이 미래를 내다보는

a. 신의 뜻에 의한; 운 좋은(=opportune)
  • a providential opportunity 천우신조, 매우 좋은 기회
  ⓝ providence 섭리, 신의 뜻; 신

O763 provident
[prɑ́vi3ən]
12.단국대

pro(=before)+vid(=look, see) +ent → 앞을 내다보는

a. 선견지명이 있는, 신중한; 검소한
  • a provident fund 준비금
  聞 improvident 선견지명이 없는; 낭비적인

O764 invidious
[invídiəs]
12.중앙대/05.경희대

in(=not)+vid(=look, see)+i+ous → 차마 눈뜨고 볼 수 없는

a. 비위에 거슬리는(=arousing dislike), 불쾌한(=malign)
  • invidious remarks 불쾌한 말
  • an invidious comparison 기분 나쁜 비교
  聞 invisible[invízəbl] 눈에 보이지 않는 •in(=not)+vis(see)

O765 indivisible
[indəvízəbl]
13.세종대

in(=not)+di(=two)+vis(=separate)+ible → 두 개로 나눌 수 없는

a. 나눌 수 없는, 불가분의
  • be indivisible relation 불가분의 관계이다
  聞 divisible 나눌 수 있는, 가분의
  聞 divide 나누다, 분할하다; 분배하다; 분리하다
  - **division** 분할, 분배, 구획, 나눗셈
  - **divisor**[diváizər] 나누는 수, 제수
  subdivide 세분하다, 잘게 나누다
  - **subdivision** 세분

O766 dividend
[dívədènd]
06.국민대

di(=two)+vid(=look, see)+end → 둘로 나누어 본 것

n. 이익배당금; 분배금
  • demand for higher dividend payments 고배당을 요구하다

---

tip "안봐도 비디오(video)다"라는 말이 있죠.
어근 vid는 "보다, 보이다"의 의미입니다.

표제어 복습

☐ **prud**ent 조심성 있는, 신중한 **☐** N0224
  - **prud**ence 사리분별, 신중
  - **prud**ential 신중한, 세심한 것
  - **prud**ently 신중하게, 현명하게
  ↔ impru**d**ent 경솔한, 분별없는

0767 individual
[ìndəvídʒuəl]
16.교행9급/15.한양대

in(=not)+di(=two)+vid(=separate)+ual → 두 개로 나눌 수 없는

a. 개개인의, 개성적인; 각각의; 독특한
n. 개인, 사람
- a highly individual style 대단히 개성적인 스타일
ⓝ **individualism** 개인주의, 이기주의
individualist 개인주의자, 이기주의자
individuality 개성, 특성
17.한양대 ⓐ **individualistic** 개인[이기]주의적인
ⓥ **individualize** 개성을 부여하다, 개성을 발휘하다

R077   [어근] sight(=watch) & tuit(=watch) & war(=watch)

0771 sight
[sàit]

sight(=watch) → 보는 것

n. 1. 시력
2. (눈에 보이는) 광경
3. 명소, 관광지
🔟 **sightseeing** 관광

0772 nearsighted
[níərsàitid]
08.단국대,성균관대

near(가까이)+sight(=watch)+ed → 가까이만 보이는

a. 근시의; 근시안적인(=myopic)
- be nearsighted 근시이다
05-2.고려대 🔟 **shortsighted** 근시안의
16.광운대 - **shortsightedness** 근시안적임
🔟 **farsighted** 원시안의; 선견지명이 있는

0773 insight
[ínsàit]
07.동덕여대/92.한성대
90.서울대학원

in(안)+sight(=watch) → 안을 들여다보는 시각 → 통찰력

n. 통찰(력), 식견; 이해, 간파(=understanding)
- have the insight to predict what will happen.
무슨 일이 일어날지 예견하는 통찰력이 있다
ⓐ **insightful** 통찰력이 있는, 식견이 있는

0774 oversight
[óuvərsàit]
17.한국외대

over(=over)+sight(=watch) → 덮은 상태에서 대충 봄

n. 간과(=overlook, inattention), 실수(=lapse); 태만, 부주의
- by an oversight 실수로, 부주의로
16.가천대/03-2.경기대 🔟 **overlook** 간과하다(=pass over), 대충 보다; 검열하다

0775 foresight
[fɔ́:rsàit]
15.한양대/12.성균관대
06.고려대

fore(=before)+sight(=watch) → 앞을 미리 내다 봄

n. 선견지명, 통찰력
- show a lack of foresight 선견지명이 없음을 드러내다

0776 hindsight
[háindsàit]
13.중앙대/06.세종대

hind(=back, behind)+sight(=watch) → 뒤늦게 봄

n. 뒤늦은 깨달음; (총의) 가늠자
- His hindsight is better than his foresight.
그는 선견지명은 없고 뒷궁리 뿐이다.

0777 intuitive
[intjú:ətiv]
09.중앙대/05-2.국민대
14.소방직9급,한양대/10.경희대

in(=in)+tuit(=watch)+ive → 안(본질)을 들여다보는

a. 직감에 의한, 직관력 있는
- be highly intuitive 직감이 뛰어나다
ⓝ **intuition** 직관(=epiphany), 직감, 육감
ⓥ **intuit** 직관으로 알다

0778 watchword
[wɑ́tʃwə̀:rd]
08.경남 9급/04-2.한양대

watch+word → 보초 설 때 쓰는 말

n. (군대) 암호; 표어, 슬로건(=slogan)

🔟 **catchword** 표어, 유행어(catchphrase, slogan); 선전 문구
password 암호, 군호
byword 속담(=proverb); 전형, 본보기(=paragon); 상투적인 말
buzzword (신문이나 광고에서 유행하는) 전문 용어
headword 표제어

어근 **war(=watch)**

표제어 복습

☐ **war**y 조심성 있는, 방심하지 않는 🔟 N0221
- **war**ily 방심하지 않고
↔ un**war**y 조심성 없는, 방심한
- be a**war**e of ~을 알아채다, ~을 알다
- a**war**eness (중요성에 대한) 의식, 관심

R078 [어근] cret/creet/cree(=observe, separate) & cern(=observe)

0781 decree
[dikríː]
13.국민대

de(=down)+cree(=observe) → 아래 사람들에게 지키라고 하는 것

n. 법령; (법원의) 판결
v. (법령으로서) 포고하다; 판결하다
• issue a decree 법령을 발표하다

0782 excretion
[ikskríːʃən]
99.홍익대

e(ex=out)+cret(=separate)+ion → 밖으로 분리해 내는 것

n. 1. 배설, 배출, 분비 (작용)(=elimination)
  2. 배설[배출, 분비]물
• excretion of metabolic wastes 신진대사 노폐물의 배출
ⓥ excrete (노폐물을) 배설하다; 분비하다
ⓐ excretory 배설의; 배설 기관
ⓝ excrement 배설물; (종종 ~s) 대변
🔲 incretion[inkríːʃən] 내분비물 (작용)
🔲 execration 증오, 저주(의 주문), 몹시 싫은 것 *ex(=out)+(s)ecr(=holy)

0783 secretion
[sikríːʃən]
13.경희대

se(=apart)+cret(=separate)+ion → 떨어져 나온 것

n. 분비(작용)(=discharge), 분비물; 은닉, 숨김
• the secretion of insulin from the pancreas 췌장에서의 인슐린 분비

0784 discrete
[diskríːt]
95.청주대,협성대,행정고시

dis(=apart)+cret(=separate)+e → 따로 분리되어 있는

a. (다른 것들과 구분되는) 별개의, 분리된(=separate)
• be divided into discrete categories 별개의 카테고리로 나누어지다

어근 cret(=observe)

표제어 복습
🔲 discretion 분별력, 판단력, 자유재량 ▪ N0095
  - discretionary 임의의, 자유재량의
  - discreet 신중한; 조심스러운
  ↔ indiscreet 분별없는; 경솔한

어근 cern(=observe)

표제어 복습
🔲 discernible 인식[식별]할 수 있는 ▪ N0273
  - discern 식별하다, 분별하다; 인식하다
  - discernment 식별, 인식; 통찰력, 안목
  - discerning 식별력이 있는, 안목이 있는
  - indiscernible 식별할 수 없는
🔲 concern 관련되다; 걱정하다; 관심사, 우려 ▪ N0158
  - concerned 관계하는; 걱정하는
  - concernedly 걱정하여
  - concernment 중요성, 걱정; 관심사
  - concerning ~에 관하여
  - unconcerned 무관심한; 관련이 없는
  혼동어근 cre/cret/cru(=increase) ▪ R170

R079 [어근] scope(=see)

0791 scope
[skóup]
94.연세대학원

scope(=see, watch) → 무언가를 보는 시야

n. (지력·연구·활동 등의) 범위, 영역; (정신적) 시야
• covering a wide scope from the political world to the business one
  정계에서 재계에 이르기까지 넓은 영역에 걸쳐 있다

0792 telescope
[téləskòup]
08.세종대/93.행자부9급

tele(=distant)+scope(=see, watch) → 멀리 있는 것을 보는 기구

n. 망원경
• can only be seen through a telescope 망원경을 통해서만 보이다
🔲 binocular 쌍안경; 쌍안 망원[현미]경 *bi(=two)
🔲 periscope 잠망경 *peri(=around)
  endoscope 내시경 *endo(=within)
  horoscope 별점, 천궁도, 12궁도 *horo(=hour)
  cf. horology 시계학, 시계 제조술

0793 microscope
[máikrəskòup]
88.행자부9급

micro(=very small)+scope(=see) → 매우 작은 것을 보는 기구

n. 현미경
• the blood samples under the microscope 현미경으로 본 혈액 샘플
ⓐ microscopic 미시적인; 극히 작은, 초소형의
  ↔ macroscopic 거시적인; 육안으로 보이는

tip 멀리 있는 사물을 보기 위해 망원경(telescope)을 사용합니다.
어근 scope는 "보다, 보이다"의 의미를 가집니다.

추가 어휘
🔲 seismoscope 지진계 *seismo(=earthquake)
🔲 spectroscope 분광기 *spect(=see)
🔲 stethoscope 청진기 *stetho(=chest)
🔲 thermoscope 온도 측정기 *therm(=heat)
🔲 kaleidoscope 만화경, 끊임없이 변화하는 것
  참고어근 tele(=distant, far)
🔲 telegram 전보, 전신 *gram(=write)
🔲 telegraph 전신, 전보; 전보를 치다 *graph(=write)
🔲 telepathy 정신감응, 텔레파시 *path(=feel)
🔲 teleport 텔레포트(통신 위성을 통해서 송수신하는 지상 센터)
🔲 telebanking 텔레뱅킹

R080 [어근] op/opt/ocul(=eye)

0801 myopic
[maiápik]
08.단국대,성균관대

my(=close)+op(=eye)+ic → 가까이만 보이는

a. 근시안의, 근시안적인(=nearsighted, shortsighted)
• the myopic attitude to environmental issues
  환경문제에 대한 근시안적 태도
ⓝ myopia 근시안 ↔ hyperopia 원시
🔲 nearsighted 근시의, 근시안적인 ⊃ R0772
  shortsighted 근시의, 근시안적인, 선견지명이 없는 ⊃ R0772

추가 어휘
🔲 optic 눈의, 시력의
🔲 optical 시각의; 광학상의
🔲 optician 안경상
🔲 optometrist 검안사, 시력 측정 의사
🔲 optometry 검안, 시력측정
🔲 ophthalmology 안과학
🔲 ophthalmia 안염
🔲 nyctalopia 야맹증 *nyct(=night)
🔲 autopsy 검시, 해부
🔲 biopsy 생체 검사

O8O2 ocular
[ɑ́kjulər]
12.덕성여대/92.서울대학원

ocul(=eye)+ar → 눈의

a. 눈[안구]의; 시각상의; 접안렌즈
- Optometrists take ocular measurements to make eyeglasses.
  검안사들은 안경을 만들기 위해 시력을 측정한다.

ⓝ oculist/ophthalmologist 안과 의사

🔁 **binocular** 쌍안경 **monocle** 외알 안경

☐ syn**op**sis 개요, 요약
　혼동어근 opt(=choose) ▣ R054

R081　[어근] aud/ed(=hear) & auri(=ear)

O811 auditory
[ɔ́:dətɔ̀ːri]
13.법원직/12.경희대
03.세종대

aud(=hear)+i+tory → 귀의

a. 귀의, 청각의(=auricular, acoustic, hearing)
- the auditory organ 청각 기관

ⓐ auditive 청각의, 귀의

🔁 **audible** 들리는, 청취할 수 있는
　↔ **inaudible** 알아들을 수 없는

🔁 **acoustic** 음향의, 청각의(=auditory)

O812 audience
[ɔ́:diəns]
16.한양대/08.동국대

aud(=hear)+i+ence → 듣는 사람

n. 1. 청중, 관람객, 시청자
　2. 공식 회견, 알현, 접견
- The audience gave applause to the graceful play.
  관객들은 그 우아한 연극에 박수갈채를 보냈다.

🔁 **aud**it 회계감사, 결산(서); 청강하다, 감사하다
　- **aud**ition 청력, 청각; 오디션
　- **aud**itor 방청인; 회계감사관
　- **aud**itorium 강당, 큰 강의실

추가 어휘

☐ **auri**cular 귀의, 청각의; 귀 모양의
☐ **auri**cle 외이(外耳), 귓바퀴
☐ **auri**st 귀 전문의

표제어 복습

☐ ob**ed**ient 순종하는, ~의 말을 잘 듣는 ▣ N0279
　↔ disob**ed**ient 순종하지 않는, 반항적인
　- ob**ey** 복종하다, 말을 잘 듣다; (법에) 따르다

R082　[어근] phon(e)(=sound, voice) & son(=sound) & cant/cent(=sing, song) & ton/tune(=sound) & ody(=song)

O821 euphony
[júːfəni]
10.국회8급

eu(=good)+phon(e)(=sound, voice)+y → 듣기 좋은 소리

n. 듣기 좋은 음조

ⓐ euphonious 듣기 좋은, 음조가 좋은, 조화된

🔁 **cacophony**[kəkáfəni] 불협화음, 소음 •caco(=bad)
　- cacophonous 불협화음의

O822 consonant
[kánsənənt]
94.변리사

11.서강대

11.이화여대

con(=together)+son(=sound)+ant → 같이 일치해서 소리를 내는

a. 1. 일치하는, 조화하는, 모순되지 않는
　2. (음이) 조화하는, 협화음의

n. (음성의) 자음 (↔ vowel 모음)
- consonant with the findings of research 연구 결과와 일치하는

🔁 **unison**[júːnəsn] 화음, 화합, 조화(=harmony), 일치

🔁 **dissonant**[dísənənt] 부조화의, 불협화음의

🔁 **resonant**[rézənənt] (소리 등이) 울려 퍼지는(=resounding)
　- **reson**ate 공명하다, 울려 퍼지다

O823 recant
[rikǽnt]
04.고려대/97.한국외대

re(=again)+cant(=sing) → 다시 노래를 부르다

v. (자신의 주장을 공식적으로) 취소[철회]하다(=withdraw)
- recant his confession 그의 자백을 철회하다
- publicly recant his views 그의 견해를 공식적으로 철회하다

ⓝ recantation (주장의) 철회

O824 accentuate
[ækséntʃuèit]
98.국민대

ac(ad(=to)+cent(=sing)+u+ate → 노래를 부르게 하다

vt. 강조하다(=emphasize), 두드러지게 하다
- accentuate the positive 긍정적인 면을 강조하다

ⓝ accent 악센트, 강세; 강조

어근 phon(e)(=sound, voice)

추가 어휘

☐ **phon**ology 음성학, 음운론
☐ **phon**etics 음성학 **pho**nics 음향학
☐ audi**phone** 보청기 •aud(=hear)
☐ mega**phone** 확성기 •mega(=great)
☐ sym**phon**ic 협화음의, 유사음의 •sym(=same)

어근 son(=sound)

추가 어휘

☐ **son**ant 소리의, 소리를 내는
☐ **son**ar 수중 음파탐지기
☐ **son**ic 음의, 음파의, 음속의 **son**ics 음파학
☐ **son**orous 울려 퍼지는, 풍부한, 당당한
☐ super**son**ic 초음속의, 초음파의
☐ ultra**son**ic 초음파의

어근 cant/cent(=sing, song)

추가 어휘

☐ **chans**on[ʃǽnsən] 가요, 노래, 상송
☐ **chant**[tʃǽnt] 노래, 찬송가
☐ en**chant** 매혹하다, 기쁘게 하다
☐ in**cant**ation 주문, 마력, 마술
☐ des**cant** 노래[연주]하다; 상세하게 설명하다; 가곡; 상설

어근 ody/edy(=song)

추가 어휘

☐ mel**ody** 멜로디, 선율
☐ trag**edy** 비극(적인 사건)

O825 tone
[toun]
05-2.명지대

tone(=sound) → 소리

n. 1. 음, 음조, 음질
　　2. 어조, 말투
　　3. 색조, 명암
vt. 조율하다

> 图 tone in with 혼합하다, 조화하다
> 　 tone down 어조 등을 낮추다, 부드러워지다
> 　 tone up 어조 등을 높이다, 강화하다
> 图 intonation 억양, 어조; (음악) 발성법

O826 tune
[tjuːn]
06.명지대

tune(tone(=sound) → 소리

n. 곡조, 선율, 가락, 장단; 조화
vt. 악기를 조율하다, 조화시키다[up]; 엔진을 튜닝하다

11.국민대

> 图 tune in 수신기의 파장을 맞추다; ~에 따르다, ~에 귀 기울이다
> 　 tune out ~에 무관심하게 되다, 무시하다
> 　 keep in tune with ~와 가락을 맞추다
> 　 in tune with 장단이 맞아서, 조화되어, 동의하여, 협력하여
> 　 out of tune 음조가 맞지 않는; 동의하지 않는, 비협조적인

O827 monotony
[mənátəni]
11.세종대/07.숙명여대

mono(=one)+tone(=sound) +y → 하나의 소리로 된 것

n. 단조로움, 지루함
　• the monotony of everyday life 일상생활의 단조로움
17.경기대/10.명지대
ⓐ monotonous 단조로운; 변화 없는(=unvarying), 지루한(=tedious)
ⓝ monotone[mánətòun] 단조로움; 단조로운

☐ com**edy** 코미디, 희극
☐ par**ody** 패러디, 풍자
☐ rhaps**ody** 랩소디, 광시곡; 열광적 문장
☐ thren**ody** 비가, 애가
☐ mon**ody** 독창가, 애가

어근 gal(=song)

추가 어휘

☐ **gal**a[géilə,gáː-] 특별한 행사나 잔치, 특별 공연
☐ **gal**e[geil] 강풍; 폭소
☐ nightin**gal**e 나이팅게일(수컷의 노랫소리가 아름다운 작은 새)

R083　　[어근] odor/ol(=smell) & palat/gust(=taste)

O831 olfactory
[alfǽktəri]
11.광운대

ol(=smell)+fact(=do)+ory → 냄새를 맡는

a. 후각의
n. (보통 pl.) 후각기, 후각 신경, 코
　• the olfactory cells in the nose 코의 후각 세포
图 osmatic[azmǽtik] 후각의[에 관한]; 후각이 예민한
참 nasal[néizəl] 코의, 콧소리의; 비음

O832 palatable
[pǽlətəbl]
17.지방직9급/13.경희대

palat(=taste)+able → 맛을 느낄 수 있는

a. 맛있는, 구미에 맞는
　• make foods more palatable 음식들을 보다 맛있게 만들다
ⓝ palate 미각; 구개
图 palatal/palatine 구개의, 구개음의

어근 odor(=smell)

표제어 복습

☐ **odor**ous 향기로운, 냄새가 있는 ◘ N0777
　- **odo(u)r** 냄새, 악취, 낌새
　- **odor**iferous 향기로운, 도덕적으로 구린
　- mal**odor**ous 고약한 냄새가 나는
　- in**odor**ous/**odor**less 향기가 없는

어근 gust(=taste)

추가 어휘

☐ **gust**o 기호, 취미; (하는 일에 대한) 열정
　- **gust**atory 맛의, 미각의
　- **gust**ation 맛보기, 미각

R084　　[어근] phas/phen/phan/fan(=show, appear)

O841 phase
[féiz]
세종대

phas(=show) → 보이는 상(象)

n. (변화·발달 과정 중의 한) 단계[시기](=stage)
vt. 단계적으로 실행하다
　• a critical[decisive] phase 결정적 단계
　• enter upon a new phase 새로운 국면에 접어들다
13.동국대
图 phase in 단계적으로 도입하다
　 phase out 단계적으로 폐지하다

O842 phenomenal
[finámənl]
11.서울여대/07.중앙대
97-2.광운대

phen(=show)+omen+al → 나타나는 것 → 자연현상의 → 경이적인

a. 1. 경이적인(=extraordinary, exceptional);
　　 비범한(=great, remarkable)
　　2. 자연현상의
　• a pianist of absolutely phenomenal talent
　　단연 뛰어난 재능을 가진 피아니스트
　• achieve phenomenal economic development
　　경이적인 경제성장을 이루다
ⓝ phenomenon 현상, 사건　phenom[finám] 천재, 굉장한 사람

추가 어휘

☐ dia**phan**ous (옷이) 비치는, 투명한 ·dia(=through)
☐ **fan**tasy (터무니없는) 공상, 환상; 공상 소설
　- **fan**tastic 이상한, 기괴한; 굉장한, 훌륭한
☐ **phen**otype[fíːnətàip] 표현형

표제어 복습

☐ em**phas**ize 강조하다; 역설하다 ◘ N0876
　- em**phas**is 강조(하기), 역설, 중요시; 역점
　- em**phat**ic (말 따위에) 강세가 있는, 어조가 강한
　- em**phat**ically 강조하여; 단호하게, 힘주어

O843 phantasmagoric
[fæntæzmagɔ́:rik]
11.경희대

phantasm(=illusion)+agor(=assemble)+ic → 유령이 모인 듯한

a. 환영 같은, 주마등같이 변하는
- very colourful and phantasmagoric
  매우 다채롭고 주마등처럼 변하는

☒ **phan**tom[fǽntəm] 유령, 허깨비, 환상
  phantasm[fǽntæzm] 유령, 환영
  phantasmic/**phan**tasmal 환영의

O844 epiphany
[ipífəni]
15.고려대/10.경희대

epi(=on)+phan(=show)+y → 나타남

n. 직관, 통찰(=intuition), 깨달음, 계시; 예수 공현
- have an epiphany 깨달음을 얻다

O845 fancy
[fǽnsi]
92.행정고시/92.인제대
83.법원사무관

fan(=show)+cy → (생각을) 보여주는 것

n. 좋아함, 욕망; 공상, 상상력
a. 장식적인, 화려한, 값비싼
v. 원하다; 반하다, 끌리다; 상상하다
ⓐ fanciful 공상적인, 상상력이 풍부한
ⓝ fancier 애호가, 공상가; (품종 개량을 하는) 사육자
☒ take[catch, strike] the fancy of ⑤ / take ⑤'s fancy
  ~의 마음을 사로잡다, 마음에 들다(=attract or please) ⊃ IO3736
  take a fancy to ~이 마음에 들다, ~을 좋아하다

R085 [어근] vict/vinc(=conquer, show) & monstr(=show)

O851 conviction
[kənvíkʃən]
90.서울대학원

con(=together, thoroughly)+vict(=conquer, show)+ion → 철저하게 보여주는 것

n. 1. 유죄 판결[평결]
  2. 죄의 자각, 양심의 가책, 회오
  3. 신념; 확신(=belief)
- act out of religious conviction 종교적 신념에 따라 행동하다

18.경찰1차/13.경희대
ⓥ convict 유죄를 선고하다(=condemn); 죄인, 기결수
ⓐ convictive 설득력 있는; 잘못을 자각하게 하는

O852 convince
[kənvíns]
07.강남대/04-2.서강대

con(=thoroughly)+vinc(=conquer) → 말로 완전히 상대방을 이기다

vt. 확신시키다, 납득시키다; 설득하다(=persuade)
- convince him to buy a safer car
  그가 보다 안전한 차를 사도록 설득하다
ⓐ convinced 확신을 가진, 신념 있는
  convincible 설득할 수 있는; 이치에 따르는
17.국민대 convincing 설득력 있는(=cogent), 수긍이 가게 하는
14.경기대 ⓐ convincingly 설득력 있게

O853 invincible
[invínsəbl]
04-2.숭실대

in(=not)+vinc(=conquer)+ible → 정복할 수 없는

a. 1. 천하무적의, 아무도 꺾을 수 없는(=unconquerable)
  2. 극복할 수 없는(=insuperable, insurmountable)
- have an invincible faith 아무도 꺾을 수 없는 신념이 있다
☒ vincible 정복할 수 있는; 극복[억제]할만한

O854 vanquish
[vǽŋkwiʃ]
14.국가직9급/13.동덕여대
95.산업대

vanqu(=conquer)+ish → 정복하다

vt. 1. (전쟁·경쟁에서 상대를) 완파하다, 정복하다(=conquer)
  2. (감정을) 극복하다
- vanquish an opponent 상대를 완파하다

O855 evict
[ivíkt]
06.보험계리사

e(ex=out)+vict(=conquer) → 정복하여 밖으로 쫓아내다

vt. 세든 사람을 쫓아내다, 퇴거시키다
- be evicted by a new owner 새로운 소유주에게 쫓겨나다
- The tenants were forcibly evicted from the apartments.
  세입자는 아파트에서 강제적으로 쫓겨났다.
11.국회8급
ⓝ eviction 축출, 퇴거시킴

O856 victim
[víktim]
14-3.경찰

vict(=conquer)+im → 정복당한 사람

n. 피해자, 희생자; 제물
- victims of a flood 홍수의 희생자
ⓥ victimize 희생시키다, 부당하게 괴롭히다

---

tip victory(승리, 정복)란 단어에서 vict는 "정복하다(conquer)"의 의미입니다.

추가 어휘
☐ **vict**ory 승리, 정복
  - **vict**orious 승리를 거둔, 의기양양한
☐ **vict**ual[vítl] (pl.) 음식, 양식; 식량을 공급하다

표제어 복습
☐ **e**vince (감정을) 분명히 밝히다 ☒ N0788
  - **e**vincive 명시적인; 증명하는
☐ **vin**dicate 무죄임을 입증하다 ☒ N0864
  - **vin**dication (비난 등에 대한) 변명, 해명
  - **vin**dicative 변호하는; 변명[변호]적인

O857 **demonstrate**
[démənstrèit]
14.단국대/05.동국대
02~11.경찰

de(=강조)+monstr(=show)+ate → 강하게 보여주다

vi. 시위 운동을 하다[against]
vt. 1. 논증[증명]하다; 증거[실증]가 되다(=be a testament to)
2. (무엇의 작동 과정이나 사용법을) 보여주다
3. (감정 등을 행동으로) 보여주다, 내색하다(=evince)
• demonstrate against a racial prejudice 인종차별에 반대하는 시위를 하다
• be demonstrated to be false 틀린 것으로 입증되었다

ⓝ **demonstration** 논증, 증거; 시위, 데모(=demo)
demonstrationist 시위 참가자
demonstrator 논증자; 시위 참가자

ⓐ **demonstrative** 예증적인, 입증하는

ㅌ **remonstrate** 항의하다, 충고하다 •re(again)+monstr(show)+ate
demon[díːmən] 악마, 마귀, 귀신(=devil)
demos 민중, 대중; (고대 그리스의) 시민

R086 [어근] **cel/cul/ceal(=hide) & cond(=hide) & crypt/klept(=hidden, secret)**

O861 **occult**
[əkʌ́lt]
98.경기대

oc〈ob(강조)+cult〈ceal(=hidden, secret) → 숨겨져 있어 알지 못하는

a. 초자연적인, 불가사의한, 신비한(=mystical)
n. 비술, 주술
• believe in occult things as ghosts and telepathy
귀신이나 텔레파시와 같은 불가사의한 것들을 믿다

ㅌ **cult** 광신적[사이비] 종교 집단; (생활 방식·사상 등에 대한) 추종[숭배]; (종교적) 의식

ㅌ **mystical**[místikəl] 신비적인, 불가사의한
- **mystic** 비법의, 신비한
01.고려대 - **mysterious** 신비한, 수수께끼 같은(=cryptic)

O862 **recondite**
[rékəndàit]
14.기상직9급
12.서강대

re(=back)+cond(=hide)+ite → 뒤로 숨겨진

a. 숨겨진, 난해한, 심오한(=sophisticated)
• a recondite subject 난해한 주제
ⓝ **reconditeness** 난해함, 심오함(=abstruseness)

O863 **abscond**
[æbskánd]
04-2.단국대/97.고려대학원

abs〈ab(=away)+cond(=hide) → 숨어 달아나다

vi. 1. 종적을 감추다[from](=run off, depart suddenly)
2. (특히 남의 돈을 가지고) 도주하다[with]
• abscond with the company funds 회사 돈을 가지고 도주하다

O864 **ensconce**
[inskáns,[-skóns]]
17.중앙대

en(=in)+sconc(=hide, shelter)+e → 안으로 숨기다

vt. 1. 편안하게 자리를 잡다; 안치하다
2. 안으로 숨기다
• ensconce oneself in a armchair 안락의자에 자리를 잡다

어근 cel/cul/ceal(=hide)

추가 어휘
☐ **cell** 세포; 작은 방, 교도소의 독방
☐ **cellar** 지하실(=basement)

표제어 복습
☐ conceal 숨기다, 비밀로 하다 ☐ N0321
- concealment 은닉, 숨김

어근 crypt/klept(=hidden, secret)

추가 어휘
☐ **crypt** 지하실, (특히 성당의) 지하실
☐ **crypto** (정당 등의) 비밀 동조자, 비밀당원
☐ **cryptogram** 암호(=code) •gram(=mark)
☐ **cryptography** 암호 해독법(=cryptology)
☐ **cryptonym** 익명
☐ **kleptomania/cleptomania** 도벽증, 절도광

표제어 복습
☐ **cryptic** 비밀의, 숨기기에 알맞은 ☐ N0517
- **cryptical** 숨겨진
- **procryptic** 보호색의

I 077

look

look은 "~에 시선을 두다 → 보다, 보이다"가 기본개념이다.
다분히 의도적으로 주의를 기울여 본다는 의미가 강하다. 안(in)을 들여다보는 것은 "조사하다"가 되고, 위로
(up) 올려다보는 것은 "존경하다", 내려다(down) 보는 것은 "경멸하다"가 된다.
1. 보다, 바라보다, 시선을 돌리다; 주목하다; (건물이) ~으로 향하다
2. 살피다, 조사하다, 확인하다
3. (얼굴이) ~으로 보이다, ~처럼 보이다(appear); (감정을) 눈짓이나 표정으로 나타내다

---

1. 보다, 바라보다, 시선을 돌리다, 주목하다; (건물이) ~으로 향하다

07701
look around (sth)
00,101단/00,단국대

주변을 둘러(around) 보다(look)
1. (~를) 둘러보다 2. ~을 찾아 돌아다니다
• My sister and I **looked around** Seoul Museum of Art yesterday.
  나는 언니와 어제 서울시립미술관을 둘러보았다.

07702
look out on[upon] (sth)
98.경찰,Teps

바깥을 접촉해서(on) 보다(look)
〈미 구어〉 ~을 향하다, ~을 마주 보다(=face)
• The room **looks out** on the garden. 그 방은 정원을 마주 보고 있다.

07703
look down on sb/sth / **look down one's nose at** sb/sth
02,삼육대/97,공인회계사/92,서경대
91,포항공대학원,Teps

어떤 사람이나 물건을 내려 보다(look down)
낮추어 보다, 깔보다, 경멸하다(=despise, disdain)
• The man **looks down on** people who work with their hands.
  그 남자는 막노동자들을 무시한다.

□ **look** sb **up and down**
남을 위아래로 자세히 훑어보다

07704
look up to sb
94,용인대/92,86,사법시험/89,서울시9급
86,법원직,토플,Teps

~를(to) 위로 올려다(up) 보다(look)
존경하다(=respect, admire, esteem, venerate, revere)
• They **looked up to** him as their spiritual teacher.
  그들은 그를 정신적 스승으로 떠받들었다.

---

2. 살피다, 조사하다, 확인하다

07705
look in on sb/sth
00,단국대/98,성신여대,고려대학원,Teps

~오는 도중에(on) 잠깐 안을(in) 들여다보다(look)
~을 방문하다, 잠깐 들르다
• I'm going to **look in on** Mom in the hospital.
  나는 병원에 계시는 엄마한테 들를 거야.

07706
look into sth
13,지방직9급/07,국민대
02~2,광운대,토플,토익,입사,Teps

안으로 깊숙이(into) 들여다보다(look)
1. 조사하다(=inquire into sth, investigate, examine)
2. ~의 속을 들여다보다
• The police **looked into** the disturbance. 경찰은 그 소동을 조사했다.

目 **probe into** sth ~을 조사하다
(=look into sth, examine)
*탐침으로 들여다보다
= **delve into** sth (서적·기록 등을)
탐구하다, 깊이 파고들다(=examine)
*깊이 파보다
= **check up on** sb/sth
조사하다, 진위를 확인하다
*철저히 체크하다
= **sift through** sth
엄밀히 조사하다(=examine)
*철저히 체로 치다
目 **comb through** sth (14,숭실대)
구석구석 철저히 찾다, 이 잡듯이 뒤지다
*촘촘한 빗질을 하다

07707
look ★ over sb/sth
98,고려대학원/97,세종대/92,행자부7급
83,행정고시,토익,입사,Teps

이리저리(over) 살펴보다(look)
조사하다(=examine, look into sth);
~을 훑어보다(=examine sth quickly)
• The architect **looked over** the blueprints. 건축가는 청사진을 점검했다.
目 overlook 보고도 못 본 체하다, 눈감아 주다; 빠뜨리고 못 보다

07708
look up sth
성신여대/토플/입사,Teps

완전히(up) 찾아보다(look)
1. (사전 등으로) 찾다(=search for sb/sth)
2. (사정·경기 따위가) 좋아지다(=pick up), 향상되다(=improve)
  *위 쪽으로(up) 향하다(look)
• **Look up** the word in the dictionary. 그 단어를 사전에서 찾아보아라.

目 **look for high and low**
샅샅이 찾다, 구석구석 살펴보다
*high and low 도처에(=everywhere)
目 **look for trouble**
화를 자초하다, 사서 고생하다

07709
look for sb/sth
07,삼육대/88,서울시9급/83,법원사무관,Teps

~을 하기 위해서(for) 알아보다(look)
1. ~을 찾다(=search for sb/sth)
2. (해결책이나 방법을) 구하다(=seek), (~인지 여부를) 알아보다
• He went around the forest to **look for** something to eat.
  그는 먹을 것을 찾기 위해서 숲 여기저기를 돌아다녔다.

07710
look after sb/sth
06,강원도소방직/97,경찰/93,행자부9급
85,법원직/82,사법시험,Teps

뒤를(after) 따라가면서 보다(look)
~을 보살피다[돌보다](=take care of sb/sth)
• I need someone to **look after** my son.
  누군가 내 아들을 돌봐줄 사람이 필요하다.

目 fend for oneself
혼자 힘으로 꾸려가다

O7711

look out (for [sb]/[sth])

00-2.한성대/98.경찰/98.가톨릭대
95.경기대.공인회계사,입사,Teps

~에 대해(대상의 for) 밖을 잘 보다

1. 경계하다, 주의하다(=watch over [sb]/[sth])
2. (사람에게) 관심을 가져주다, ~을 걱정하다
• When you cross a street, **look out** for cars. 길을 횡단할 때는 차에 주의하시오.

3. (얼굴이) ~으로 보이다, ~처럼 보이다(appear); 표정으로 나타내다

O7712

look pale

99.법원직/86.행자부9급

창백하게(pale) 보인다(look)

안색이 나쁘다
• Are you all right? You **look pale**. 괜찮아? 창백해 보이는데.

O7713

look like [sb]/[sth]

Teps

~같이(like) 보이다(look)

1. ~할 것 같다 2. ~인 것처럼 보이다 3. ~를 닮다
• It **looks like** rain. 비가 올 것 같다.
• What did she **look like**? 그녀는 어떻게 생겼었어?

O7714

look forward to ~ing

01,00.경찰/01~2,강남대
86.행자부9급,토익,Teps

앞으로 ~일 것처럼 보이다

~을 기대하다(=expect); 고대하다
• I'm **looking forward to** seeing you again. 다시 뵙길 기대합니다.

O7715

look to [sb]/[sth]

91.서울시9급

~쪽으로(to) 바라보다(look)

1. 의지하다, 의존하다(=rely on, count on [sb]/[sth]); 기대를 가지고 바라보다
2. 주의하다, 유의하다(=pay attention to [sb]/[sth]); 보살피다
• We **look to** the future and greater advances in science and technology.
  우리는 미래와 과학과 기술에서의 보다 큰 진보를 기대한다.

O7716

look on[upon] A as B

94.법원직,행정고시2회

~을 ~같이(as) 보다(look)

~을 ~이라고 간주하다(=regard A as B, see A as B, think of A as B)
• I **look on** you **as** my friend. 나는 너를 내 친구로 생각한다.

頤 He looks well. 그는 건강해 보인다.
- You look tired. You should go to bed. 피곤해 보인다. 넌 자러 가야해.
- She looks her age.
  그녀는 나이에 맞게 보인다.

圈 look like a million dollars
  매우 행복해 보인다 *백만장자처럼 보인다
- like a million dollars[bucks]
  기분이 최고인; (여자가) 멋진 아주 매력적인
- look like the cat that swallowed the canary
  매우 흐뭇해 하다; 기고만장해 보이다
- look (like) oneself
  여느 때처럼 건강한 모습이다

I 078

see

see는 일반적으로 "눈으로 보다, 보이다"로 번역하지만 look처럼 의도적이기 보다는 "관광하다, 신문 등을 보다"에서 처럼 눈에 들어오는 것을 그냥 본다는 의미가 강하다. 또한 마음의 눈으로 본다는 의미에서 "알다, 이해하다"의 의미로도 많이 쓰인다.

1. 보다, 보이다; 관광하다, 신문 등을 보다
2. 살펴보다, 확인하다, 조사하다
3. 만나다, 면회하다; 배웅해 주다
4. 알다, 이해하다
5. 일을 잘 처리하다, 일 따위를 맡다

1. 보다, 보이다; 관광하다, 신문 등을 보다

O78O1

see A as B

04.상명대

B가 A로 보이다

A를 B로 간주하다
• Farmers usually **see** rats and other rodents **as** enemies.
  농부들은 대개 쥐와 다른 설치류들을 적으로 간주한다.

O78O2

see eye to eye (on [sth])

12.중앙대/01.행자부9급/95.행정고시
93.중앙대,Teps

눈과 눈이 마주치다, 눈빛이 통하다

견해가 완전히 일치하다(=agree, concur)
• He's always at odds with me. We never **see eye to eye**.
  그는 항상 나와 의견이 맞지 않는다. 우리는 전혀 뜻이 맞지 않는다.
  *at odds with [sb] 의견이 맞지 않는

圄 agree on [sth]
  ~에 동의하다, 의견을 같이하다

O78O3

Let me see.

02.행자부7급

내가 보게(see) 해 줘

어디 보자.
• **Let me see**, where did I put that letter?
  어디보자, 내가 그 편지를 어디에 두었더라?

2. 살펴보다, 확인하다, 조사하다; 주의하다

O78O4

see how the land lies

고려대

땅이 어떻게 놓여졌는지를 보다

(미리) 형세를 살피다, 정세를 가늠하다
• You should **see how the land lies** before making a formal proposal.
  공식적인 제안을 하기 전에 미리 형세를 살펴 보아야 한다.

3. 만나다, 방문하다, 면회하다; 배웅해 주다

O78O5
see sb about sth
98.경찰,Teps

무엇에 대해서(about) 사람을 만나다(see)
어떤 문제를 논의하기 위해 누구를 만나다(=see sb to discuss sth)
• I have to **see** my teacher **about** my grades.
내 성적에 대해 논의하기 위해 선생님을 만나야 한다.

□ **see a man about a dog**
잠시 볼일을 보러 자리를 떠나다(=to leave for some unmentioned purpose) 〈화장실 갈 때 쓰는 표현〉
□ **see about** sth
(결정하기 전에) 잘 생각[검토]하다, 조사하다, 확인하다(=check into sth)
*무엇에 대해(about) 확인하다(see)

O78O6
see sb off
입사,Teps

(게이트를 사이에 두고) 사람과 떨어져서
배웅하다, 환송하다(=go with sb to their point of departure)
• I went to the airport to **see** my mother **off**.
나는 엄마를 배웅해 주기 위해 공항에 갔다.

□ **see** sb **home**
(누구를) 집에 바래다 주다

O78O7
Nice to see you.
Nice to meet you.
91.서울시9급

당신을 보니 좋네요.
〈회화〉 만나서 반가워요.
• **Nice to see you** again. How goes it?
또 만나서 반가워, 어떻게 지내니?

□ **See you soon.** 곧 만나요.
= See you later.
= See you in a while.
= See you in a bit.
= I'll see you!
= I'll be seeing you!

O78O8
Come to see me if you should ever come this way.
10.계명대/86.행자부9급

〈회화〉 이곳으로 오시는 경우에는 들러 주십시오.
• cf. Please **feel free to see me** after class if you have any question.
질문이 있으면 수업 후에 부담없이 찾아오세요.
*feel free to R 마음껏 ~하세요

4. 일을 잘 처리하다, 일 따위를 맡다

O78O9
see (to it) that~
03.101단/01.세무직9급/98.숙명여대.Teps

that이하를 잘 처리하다(see)
~을 확실히 하다, 꼭~하도록 보내다(=make sure that ~)
• **See to it that** you will be in time.
늦지 않도록 유의해라.

Ⅰ 079

watch

watch는 일정기간 동안 계속 주의를 기울여서 움직이는 것이나 일어나는 일들을 보는 것을 의미한다.
이에 해당되는 예로는 "감시하다, 관찰하다, 돌보다" 등이다.

O79O1
watch over sb/sth

구석구석, 내내(over) 지켜보다(watch)
감독하다, 감시하다(=supervise, oversee), 돌보다
• The older children **watched over** the younger ones.
보다 나이가 많은 애가 어린애들을 돌보았다.

O79O2
watch out for sb/sth
14.가천대/12.지방직9급

무엇에 대해(for) 철저히(out) 살펴보다(watch)
(나쁜 일이 생기지 않도록) 주의하다; ~을 경계하다
• You should always **watch out for** cars.
넌 항상 차를 조심해야 한다.

□ **Watch out!** 조심해라.

■ look, see, watch의 비교

☐ **See is general word that means " to use your eyes to notice things"**
• I saw her go out. (나는 그녀가 외출하는 것을 보았다.)
☐ **Use look when** sb **deliberately turns their eyes toward** sb/sth **and pays attention to them or it.**
• He looked at me and smiled. (그는 나를 보고는 미소지었다.)
☐ **Use watch for** sth **that you pay attention to for a period of time.**
• Do you want to watch TV tonight? (오늘 저녁에 TV 보실 건가요?)

■ stare, glimpse, glance, peep

☐ **stare** : to look at ⓢ/ⓢₜₕ **for a long time without moving your eyes** (오랫동안 뚫어지게 쳐다보다)
- **stare at** ⓢ/ⓢₜₕ ~을 응시하다, 노려보다, 빤히 쳐다보다 • Why are you staring at me? (왜 저를 빤히 쳐다보시는거죠?)
- **stare** ⓢ **out of countenance** 사람을 노려보아 무안하게 하다

☐ **glimpse** : to see ⓢ/ⓢₜₕ **by chance for a very short time** (매우 짧은 시간 동안 우연히 눈에 들어오다)
- **catch a glimpse of** ⓢ/ⓢₜₕ ~을 얼핏 보다, 흘끗 보다(=catch sight of ⓢ/ⓢₜₕ) • ~을 얼핏 봄(glimpse)을 캐치하다
- I glimpsed someone behind the curtain. (나는 커튼 뒤에 있는 누군가를 얼핏 보았다.)

☐ **glance** : to look quickly and deliberately (빠르게 보지만 의도적으로 보다)
- The man glanced nervously at his watch. (남자는 신경질적으로 힐끔힐끔 시계를 보았다.)

☐ **peep** : to look at ⓢₜₕ **quickly and secretly, especially through a hole or opening** (구멍 등을 통해 몰래 훔쳐 보다)
- **peeping Tom** 엿보기 좋아하는 사람 - **peep show** 〈속어〉 스트립쇼

Ⅰ 080
hear/ listen

hear는 **"귀에 들려와서 그냥 듣다"**이고, listen은 **"일부러 주의해서 듣다"**이다.

08001
hear through the grapevine
17.중앙대

포도덩굴 사이로 들리는 소식을 듣다
소문으로 소식을 듣다
• I **heard it through the grapevine.** 그것을 소문으로 들었어.

▣ **hear of** ⓢ/ⓢₜₕ
~의 존재를 알다, ~에 대해 듣다
▣ **Listen up!** 잘 들어. 주목!

Ⅰ 081
show/ appear

show는 **"모습을 보여주다"**이다. 사람이 모습을 보여주는 것은 **"나타나다"**이고, 물건을 보여주는 것은 **"전시 · 진열 · 공연하다"**이다. appear는 **"시야에 들어오다"**가 기본 의미로 **"나타나다, 출현하다"**의 의미를 갖는다.

08101
show up
14.숙명여대,토익,토플,입시2회,Teps

(해가) 수면 위 → 보이는 곳(up)로 나타나다(show)
(모임 등에) 나타나다(=appear), 참석하다
• He didn't **show up** after all. 그는 결국 나타나지 않았다.

08102
show * off ⓢ/ⓢₜₕ
08.동국대,토익,토플,입사,Teps

다른 사람과 떨어져(off) 보여주다(show)
자랑하다, 과시하다(=display)
• She wants to **show off** her body. 그녀는 몸매를 과시하고 싶어한다.

08103
show one's (true) colors
93.명지대

색깔을 분명히 보여주다(show)
태도를 분명히 하다; 본색을 드러내다
• Whose side are you on, John? Come on. **Show** your **colors.**
  존, 너는 어느 편이냐? 자, 입장을 분명히 해.

08104
show ⓢ **the way**
87.행자부9급

가는 길을 보여주다(show)
길을 가르쳐 주다
• Please **show** me **the way** to the City Hall. 시청으로 가는 길을 가르쳐주세요.

■ appear 관련 표현

☐ **appear in the newspaper** 신문에 나다
☐ **appear in a film/play** 영화/연극에 출연하다
☐ **appear to be** ~같이 보이다

☐ **appear in court** 법정에 출두하다
☐ **appear as** ⓢ (연극이나 영화에서 ~역으로) 연기하다

어근으로 학습하는 기.출.어.휘

기본동사 say/talk/speak/word 어근

R087 [어근] dict/dic(=say)

0871 dictum
[díktəm]
11.세종대

dict(=say)+um → (현명한) 말
n. 격언, 경구; (전문가의) 의견
• A dictum is a saying that describes an aspect of life in an interesting or wise way.
격언은 흥미롭고 현명하게 인생사의 관점을 묘사하는 말이다.
• follow one's lawyer's dictum 변호사의 의견을 따르다
🔁 diction 말씨, 어법, 필체
- dictionary 사전

0872 indict
[indáit]
12.경희대/99.세종대 변리사

in(=into)+dict(=say) → (죄상을) 말하다
vt. 기소하다, 고발하다(=charge, accuse)
• be indicted for neglect of duty 직무 유기로 기소되다
ⓝ indictment 고발장, 기소장
🔁 indite[indáit] (시·글 등을) 짓다, 쓰다(=write, compose)

0873 indicate
[índikèit]
17.상명대/09.이화여대 94.한국외대

in(=on)+dic(=say)+ate → ~에 대해 말해주다
vt. 1. (사실·가능성을) 나타내다, 보여주다(=denote)
2. 가리키다, 표시하다; (간접적으로) 내비치다
• indicate a boom in the economy 경제가 호황임을 보여주다
• indicate a problem 문제점을 지적하다
ⓝ indication 표시, 암시, 징후
16.국민대 indicator (현황·변화 등을 나타내는) 지표
ⓐ indicative ~을 보여주는, 나타내는

0874 interdict
[ìntərdíkt]
11.이화여대

inter(=between)+dict(=say) → 사람들 사이에 하지 말라고 널리 말하다
vt. (행동·사용을) 금지하다(=forbid), (수송을) 방해하다(=intercept)
n. (당국의 공식적인) 금지, (법원의) 금지 명령
• interdict the use of nuclear weapons 핵무기 사용을 금지하다
ⓝ interdiction 금지, 금제; 금치산 선고, 통상 금지

0875 abdicate
[ǽbdəkèit]
11.가톨릭대/10.경희대

ab(=away)+dic(=say)+ate → 왕좌에서 사라질 것을 말하다
v. 1. (왕위에서) 퇴위하다
2. 책무를 다하지 못하다; 책무를 거부하다(=renounce)
• abdicate the throne 왕좌에서 물러나다
• abdicate responsibility for the child 아이에 대한 책무를 포기하다
ⓝ abdication 퇴위, 포기

0876 dictatorial
[dìktətɔ́:riəl]

dict(=say)+ate+or+ial → 자신의 말이 곧 법인
a. 독재자의, 독재적인, 전횡적인
• the downfall of the dictatorial regime 독재 정권의 몰락
ⓝ dictator 독재자, 절대 권력자
dictatorship 독재, 독재 정권

0877 predicate
[prédəkèit]
01.사법시험

pre(=before)+dic(=say)+ate → 미리 말하다
vt. 1. (어떤 근거에) 입각하다[on/upon](=be based on)
2. 단정[단언]하다; 암시하다
n. 술어, 술부
• predicate on my experience 나의 경험에 근거하다
ⓐ predicative 단정적인; 서술적인
predicatory 설교하는
ⓝ predication 단정, 단언; 술어
🔁 predicament 곤경, 궁지; 범주 ➡ NO379

0878 valedictory
[vælədíktəri]
12.중앙대

vale(=worth)+dict(=say)+ory → 가치 있는 말을 하는
a. 고별의
n. (졸업생 대표의) 고별사
• a valedictory speech 고별사
ⓝ valediction 고별(사), 작별
valedictorian 졸업생 대표

---

tip 앞으로 일어날 일을 미리 말하는 것을 예언(prediction)이라고 합니다. 어근 dict는 "말하다(say)"의 의미를 가집니다.

추가 어휘

☐ **dict**ate ~을 받아쓰게 하다
　- **dict**ation 받아쓰기, 구술, 받아쓴 글
☐ e**dict**[í-dikt] 칙령, 명령, 포고(=decree)
☐ syn**dic**ate 신디케이트, 기업 연합 ·syn(=together)
　- syn**dic**al 직업 조합의
☐ juris**dict**ion 재판권, 사법권 ·juris(=law)

표제어 복습

☐ bene**dic**tion 축복; (식전·식후의) 감사기도 ☑ N0848
　↔ male**dic**tion 저주, 악담; 비방, 욕
　- vale**dic**tion 고별(사)
☐ contra**dict** 부정하다; 반박하다; 모순되다 ☑ N0652
　- contra**dic**tion 반박; 부인, 부정
　- contra**dic**tory 모순된, 양립하지 않는
☐ ad**dict** 중독되다, 탐닉하다 ☑ N0528
　- ad**dict**ed to ~에 빠져있는
　- ad**dict**ive 중독의
　- ad**dict**ion 중독
☐ dedi**c**ate 봉헌하다, (일생을) 바치다, 전념하다 ☑ N0937
　- dedi**c**ation 봉헌, 헌정; 헌신; 개관식
☐ predi**c**ament 곤경, 궁지; 범주 ☑ N0379
☐ unpre**dict**able 예측할 수 없는 ☑ N0085
　↔ pre**dict**able 예측할 수 있는
　- pre**dict**ability 예측 가능성
　- pre**dict** 예언하다, 예보하다
　- pre**dict**ion 예보, 예언
☐ ver**dict** (배심원단의) 평결, 판정 ☑ N0724
☐ vin**dic**ate 무죄임을 입증하다 ☑ N0864
　- vin**dic**ation 변명, 해명; 정당성
　- vin**dic**ative 변호하는; 변명[변호]적인

[어근] nounc/nunci(=say, report)

0881 announce
[ənáuns]
16.명지대

an〈ad(=to)+nounc(=say)+e → (대중을) 향해 말하다

vt.1. (공식적으로) 알리다, 발표하다, 공표하다(=promulgate)
2. (공공장소에서) 방송으로 알리다; (큰 소리로) 단언하다
• announce a serious statement 중대 성명을 발표하다
• formally announce their engagement
그들의 약혼을 공식적으로 발표하다
ⓝ announcement 알림, 공고, 예고; 발표, 성명, 공표
announcer 방송의 아나운서
ⓥ annunciate 알리다, 포고하다

0882 renounce
[rináuns]
15.서강대/10.동덕여대

re(=again)+nounc(=say)+e → (앞에서 한 말과 다르게) 다시 말을 하다

v.1. (권리·신조·습관 등을) 포기하다(=give up, abjure); 부인하다
2. ~와 관계를 끊다, 의절하다(=break with)
• renounce one's claim to the property 자기 재산에 대한 권리를 포기하다
• renounce smoking and drinking 흡연과 음주를 끊다
ⓝ renunciation 포기, 부인(=rejection)
🅱 break with ~와 절교하다

tip 발음(pronunciation)은 말을 입 밖으로 내는 것을 의미합니다.
nunci는 "말하다(say)"의 의미를 가지는 어근입니다.

추가 어휘
☐ pronounce 발음하다; 선언하다, 공표하다
- pronounced 명백(분명)한, 현저한
- pronouncement 선언, 공포
- pronunciation 발음

표제어 복습
☐ enunciate 또렷이 발음하다; 밝히다 ☑ N0786
- enunciation 발음, 명확한 진술
☐ denounce 맹렬히 비난하다, 고발하다 ☑ N0787
- denunciate 공공연히 비난하다, 규탄하다
- denunciation 탄핵, 비난; 고발; (조약의) 폐기 통고
- denunciatory 비난의, 탄핵적인; 위협적인

[어근] fa/fab/fam/fav/fess(=say, talk) & phras/pha/phe/phem(=say)

0891 fable
[féibl]
97.세종대/90.연세대학원

fab(=say)le → 말로 (전해져 온) 것

n.1. 우화 cf. Aesop's Fables 이솝우화
2. (집합적) 전설, 신화(=mythology)
3. 꾸며낸 이야기, 지어낸 이야기
• A story intended to teach a moral truth is a fable.
도덕적 진리를 가르치려는 의도가 담긴 이야기는 우화이다.
ⓐ fabulous 거짓말 같은, 터무니없는; 전설적인
fabular 우화적인, 우화의
ⓝ fabulosity 전설적 성질, 가공성, 비현실성
fabulist 우화 작가; 거짓말쟁이

0892 confess
[kənfés]
05.국민대/93.용인대

con(=together)+fess(=say) → 같이 말하다

v. (잘못을) 고백하다, 자백하다(=own up to), 인정하다
• confess and expiate one's guilt 죄를 인정하고 속죄하다
• induce the criminal to confess 범인에게 자백을 유도하다
ⓐ confessed (정말이라고) 인정받은, 자인한
ⓝ confession 자백, 고백, 고해
confessional 고해실; 신앙 고백의
🅱 own up to ~을 모조리 자백하다 ⊃ I00720
make a clean breast of ~을 몽땅 털어놓다, 고백하다 ⊃ I07033

0893 infant
[ínfənt]
14.산업기술대
15.서강대

in(=not)+fa(=say)+nt → 말을 잘하지 못하는 아이

n. (7세 미만의) 유아, 젖먹이; (영) 유치원생
• a premature infant 미숙아
ⓐ infantile[ínfəntàil] 유아의, 어린이의; 초기의
ⓝ infancy 유년기, 초기
🅱 infantry[ínfəntri] (집합적) 보병(대)

0894 nefarious
[nifέəriəs]
13.중앙대/07.고려대

ne(=not)+fa(=say)+rious → 입에 담을 수 없는

a. 비도덕적인, 사악한(=wicked, iniquitous); 범죄의
• with nefarious intentions 불순한 의도로
• be engaged in nefarious activities 범죄행위에 관여하다

0895 defame
[diféim]
07.고려대

de(=down)+fame(=say) → 낮추어서 말하다

vt. 비방하다, 모욕하다, 명예를 훼손하다
• defame people with groundless rumors
근거 없는 소문으로 사람을 모욕하다
ⓝ defamation 중상, 비방
ⓐ defamatory 중상하는, 비방하는

tip 신부에게 자기의 잘못을 고백하고 용서를 구하는 것을 고해 (confession)라고 합니다. 어근 fess는 "말하다(say)"의 의미입니다.

어근 fa/fab/fam/fav/fess(=say, talk)

추가 어휘
☐ profess 공언하다, 고백하다; ~을 직업으로 삼다
- professor 교수, 공언자 •pro(=before)
☐ professional 직업적인, 전문의; 전문가; 직업선수
☐ confabulate (허물없이) 담소하다, 잡담하다
☐ ineffable 말로 표현할 수 없는 •in(=not)
☐ prefatory[préfətɔ̀:ri] 서문의, 머리말의
- preface 서문, 머리말

표제어 복습
☐ favorable (상황이나 조건이) 유리한, 호의적인 ☑ N0448
→ unfavorable 호의적이지 않은, 불리한
- favored 특혜를 받는, 선호하는
☐ affable 사귀기 쉬운, 붙임성 있는, 상냥한 ☑ N0155
- affability 상냥함, 온화한 태도
- affably 우아하게, 상냥하게
☐ infamous 악명 높은, 악랄한, (질이) 나쁜 ☑ N0530
- infamy 치욕, 불명예
- fame 명성, 명망; 평판
↔ famous 유명한, 훌륭한
☐ fatality 사망자 수; (질병의) 치사율 ☑ N0605
- fatal 치명적인; 결정적인; 숙명적인, 불가피한
- fatalism 운명론, 숙명론; 체념
- fate 운명, 숙명; 죽음
↔ nonfatal 치명적이지 않은
⬛ 혼동어근 fac(=face) ☑ R184
⬛ 혼동어근 fac(=make) ☑ R060

어근 phras/pha/phe/phem(=say)

추가 어휘
☐ paraphrase[pǽrəfrèiz] 바꾸어 쓰다[말하다]
•para(=beside)
☐ phrase[fréiz] 구, 숙어, 관용구; 어법, 말씨
- phrasal verb 구동사
☐ phrasing 어법, 말씨, 표현법
☐ phraseology 말씨, 어법, 전문 용어
☐ aphasia[əféiʒə] 실어증 •a(=not)

0896 favor
[féivər]
14.고려대/90.법원직9급

fav(=say)+or → (좋게) 말해주다

n. 호의, 친절; 인기; 편애; 특권
vt. 호의를 보이다, 찬성하다

12.서강대

IE in favor of ~에 찬성하여, ~에 편들어, ~에 유리하도록
　Will you do me a favor? 부탁 하나 드려도 될까요?
　　= Can you do me a favor?
　　= Will you do a favor for me?
　　= May I ask a favor of you?
　　= May I ask you a favor?
　　→Sure. What can I do for you? 물론이죠. 무엇을 도와드릴까요?

0897 favorite
[féivərit]

fav(=say)+or+ite → (좋아서) 입에 달고 사는

a. 마음에 드는, 특히 좋아하는
ⓝ favoritism 편애, 편파, 정실 인사
IE What's your favorite food? 무슨 음식을 좋아하니?
　→ My favorite dish is fried chicken.
　　프라이드 치킨을 좋아해.
　→ I don't really have a favorite. Actually, I'm not
　　particular about my food.
　　딱히 좋아하는 것은 없어. 사실은 음식을 가리지 않아.

□ blas**pheme**[blæsfíːm] 모독하다 ·blas(=fault)
　- blas**phem**y 신성 모독, 모욕적인 언동
　- blas**phem**ous 불경스러운, 모독적인
□ eu**phem**ism 완곡어법 ·eu(=good)
□ eu**phu**ism[júːfjuizm] 미사여구
　- eu**phu**istic 미사여구를 좋아하는
□ pro**phe**cy[práfəsi] 예언; 예언 능력 ·pro(=before)
　- pro**phe**sy[práfəsài] 예언하다, 예보하다
　- pro**phe**t[práfit] 예언자

R090 [어근] or(=say, mouth) & narr(=talk) & parl(=talk)

0901 orator
[ɔ́ːrətər]
13.인천대

or(=say)+ator → 말하는 사람

n. 연설자, 웅변가; 강연자
　• an eloquent orator 달변의 연설자
ⓥ orate 연설하다, 연설조로 말하다
ⓝ oration (공식적) 연설, 웅변; 화법
　oratory 웅변술; 예배당
IE oral 입의, 구강의; 구두의
　• oral test 구두시험 oral sex 오럴섹스

0902 oracular
[ɔːrǽkjulər]
11.서울여대

ora(=say)+cular → 신을 대신해 말하는

a. 1. 신탁의, 예언자적인; 수수께끼 같은
　　2. 과장하는; 점잔 빼는, 짐짓 젠체하는
　• an oracular speech 젠체하는 연설
ⓝ oracle 신탁, 하느님의 말씀

0903 inexorable
[inéksərəbl]
13.성신여대/98.서울대학원

in(=not)+ex(=out)+or(=say)+able → 신의 말씀을 벗어날 수 없는

a. 1. (과정이) 멈출 수 없는, 거침없는(=unrelenting)
　　2. 냉혹[무정]한, 용서 없는
　• inexorable rise in crime 끊이지 않는 범죄의 증가
　• inexorable dictator 무자비한 독재자

10.동국대/아주대

ⓐⓓ inexorably 무정하게, 가차 없이(=undeniably)

0904 adore
[ədɔ́ːr]
16.항공대/07.영남대

ad(=add)+or(say)+e → (칭찬의) 말을 보태다

v. 1. 숭배하다(=revere, esteem), 흠모하다, 사모하다
　　2. 〈구어〉 아주 좋아하다
　• adore chocolate cake 초콜릿 케이크를 아주 좋아하다
ⓝ adoration (신에 대한) 숭배; 사모
ⓐ adorable 숭배할 만한; (여자가) 홀딱 반할 만한

0905 narrative
[nǽrətiv]
80.행시

narr(=talk)+a+tive → 말로 하는 것 같은

n. 묘사, 이야기(=anecdote); 서술
a. 이야기체의, 설명적인
　• give a narrative of his journey 그의 여행담을 들려주다

04.세종대

ⓥ narrate 이야기를 하다, (다큐의) 해설을 하다
ⓝ narration (영화·연극 등의) 내레이션

---

tip 구두로 시험을 보는 것을 oral test라고 합니다.
어근 or은 "말하다(say)"의 의미입니다.

어근 or(=say, mouth)

추가 어휘

□ ex**or**cise[éksɔːrsáiz] (기도로 악마를) 물리치다
　- ex**or**cism[éksɔːrsìzm] 귀신 쫓아내기, 퇴마
　- ex**or**cist 퇴마사
□ per**or**ation[pèrəréiʃən] (연설의) 맺음말
　·per(=completely)
　- per**or**ate 연설을 끝맺다; 장황하게 연설하다

어근 parl(=talk)

□ **parl**or[páːrlər] 응접실, 거실; 휴게실
□ **parl**iament[páːrləmənt] 의회, 입법부
□ **parl**ance[páːrləns] 말투, 어법, 관용구; 회담
□ **parl**ey[páːrli] 토론, 논의, 협상; 협상하다

[어근] log/logue(=speech) & -ology(=science) & loqu/locu/locut(=say, speak)

O911 apology
[əpɑ́ləʤi, əpɔ́-]
16.가천대/14.한양대
17.단국대/12.서강대
11.경북교행

apo(=away)+logy(=speech) → 빠져나가기 위한 말

n. 사과, 변명(=excuse)
• accept an apology 사과를 받아들이다
ⓥ apologize 사과하다, 변명하다
ⓐ apologetic 사죄의, 사과의

O912 prologue
[próulɔːg]
98.효성대

pro(=before)+logue(=speech) → 본문에 들어가기 전에 하는 말

n. 머리말, 서언, 연극의 개막사
回 epilogue[épəlɔ́ːg] 결어, 맺음말
回 서문: preface, preamble, prologue
cf. foreword 저자가 아닌 사람이 쓴 머리말
맺음말: epilog(ue), postscript

O913 eulogy
[júːləʤi]
14.이화여대
11.국가직7급

eu(=good)+log(=speech)+y → 좋게 말해주는 것

n. 찬양하는 글, 찬사; (고인에 대한) 추도 연설
• chant the eulogies of her 그녀를 찬양하다
ⓥ eulogize 찬양하다, 칭송하다
ⓐ eulogistic 찬미의, 찬양하는

O914 colloquial
[kəlóukwiəl]
98.명지대
99-2.동덕여대

col(con(=together)+loqu(=speak)+ial → 다 같이 말하는 것인

a. 1. 구어(체)의, 일상 회화의
   2. 격식을 차리지 않은
• a colloquial expression 구어 표현
ⓝ colloquy 대화, 대담
colloquialism 구어, 구어체, 대화체
回 small talk 잡담, 한담
palaver[pəlǽvər] 수다, 잡담(=chatter); 장시간의 교섭

O915 interlocutor
[ìntərlɑ́kjutər]
11.국민대

inter(=between)+locut(=speak)+er → 상호 말하는 사람

n. 대화자(=conversationalist), 대화 상대, 교섭 상대
• act as interpreter and interlocutor 통역자와 대화자의 역할을 하다
ⓝ interlocution 대화, 문답(=dialogue)
回 conversationalist 좌담가
- conversation 대화, 좌담

O916 soliloquy
[səlíləkwi]
00-2.동국대

soli(=alone)+loqu(=say) → 혼자 말하는 것

n. 혼잣말, (연극에서의) 독백(=monologue)
• What an actor says in a soliloquy is heard by no one except the audience.
독백으로 배우가 하는 말은 청중 외에 그 누구도 들리지 않는 것이다.
回 monologue 독백, 모놀로그 *mono(=one)
回 somniloquy 잠꼬대 *somn(=sleep)

O917 eloquence
[éləkwəns]
13.서울시9급/09.서강대

e(ex(=out)+loqu(=speak)+ence → 말을 잘 내뱉는 것

n. 웅변, 열변, 말재주, 유창한 화술
• be deeply moved by his eloquence 그의 웅변에 깊이 감동하다
ⓐ eloquent 웅변의, 말 잘하는; (연설이) 감동적인
回 elocution 연설[낭독, 발성]법; 웅변술(=art of speech)
allocution 훈시
locution 말투, 말씨, 어구; 관용어법

O918 circumlocution
[sə̀ːrkəmloukjúːʃən]
15.홍익대

circum(=around)+locut(=say)+ion → 돌려서 하는 말

n. 완곡한 표현, 에둘러서 말하기
• He is long-winded and prone to circumlocution in his public speeches.
그는 공적인 연설에서 길고 장황하게 그리고 돌려서 말하는 경향이 있다.
ⓐ circumlocutory 빙 둘러 말하는, 완곡한

---

tip 두 사람이 서로 주고 받는 대화를 dialogue라고 합니다.
어근 log는 "말(speech)"을 뜻하는 어근입니다.

어근 log/logue(=speech)

추가 어휘
☐ dialogue 대화, 회화, 토론 •dia(=between)
- dialogism 대화식 토론법
☐ catalog(ue) 목록, 일람표 •cata(=completely)
☐ logic 논리, 논리학; 타당성
- logical 논리적인, 이치에 맞는
☐ logomachy 언쟁, 말다툼

표제어 복습
☐ analogous 유사한, 닮은, 비슷한 🔲 N0202
- analogy 유추, 유추에 의한 설명; 유사
- analog(ue) 유사한 물건; 〈전자〉 아날로그
☐ homologous 일치하는, 동족의 🔲 D0202
- homology 일치관계, 동족관계

어근 -ology(=science)

표제어 복습
☐ anthropology 인류학, 문화인류학 🔲 N0995
- anthropologist 인류학자
☐ anthology 명시 선집, (개인의) 작품집 🔲 D0995
☐ ecology 생태학; 인간 생태학 🔲 N0566
- ecological 생태학적인
- ecologically 생태학적으로, 환경보호적으로

어근 loqu/locu/locut(=speak)

추가 어휘
☐ obloquy 치욕, 불명예; 비방, 악평 •ob(=against)
☐ ventriloquism 복화술 •ventri(=belly)
☐ prolocutor 의장, 사회자
☐ grandiloquent 과장된, 호언장담하는 •grand(=great)
☐ multiloquent 말주변이 좋은, 말이 많은
☐ philologist 언어학자, 문헌학자 •phil(=like)

표제어 복습
☐ loquacious 수다스러운, 말이 많은 🔲 N0351
- loquacity 수다, 다변

[어근] verb(=word) & lingu(a)(=language, tongue) & lex(=word)

0921 wordy
[wə́:rdi]
14.숙명여대

word(=word)+y → 말이 많은

a. 장황한, 말이 많은(=verbose)
• Her style is too wordy. 그녀의 문체는 너무 장황하다.

圖 verbose 말이 많은, 장황한(=wordy) ➡ N0630

0922 verbal
[və́:rbəl]
18.서울시9급/03~2.명지대

verb(=word)+al → 말의, 구두의

a. 말의, 말로 하는, 구두의(=oral, speaking)
• verbal skill 화술 • verbal test 언어 적성 검사

@ **verbally** 구두로, 구술로
ⓥ **verbalize** (생각을) 언어[말]로 나타내다; 동사화하다
圖 **bubble**[bʌ́bl] 거품, 기포; 망상
　bobble[bʌ́bl] 실수, 실책

0923 verbatim
[və:rbéitəm]
00.동국대/97.건국대

verb(=word)+atim → 말을 그대로 옮긴

ad. 말 그대로, 글자 그대로(=word for word)
• report the speech verbatim 연설을 글자 그대로 보도하다

0924 proverb
[prʌ́və:rb]
01~2.명지대

pro(=before)+verb(=word) → 예전 사람들이 한 말

n. 속담, 격언(=saying, maxim, axiom)
• The proverb says that ~ 속담에서 이르기를~
@ **proverbial** 속담투의; 널리 알려진, 정평이 난

0925 reverberate
[rivə́:rbəreit]
14.경희대

re(=again)+verb(=word)+er+ate → 반복해서 말이 들리다

v. (소리가) 울리다; 반향을 불러일으키다
• reverberate through markets 시장에 반향을 불러일으키다
ⓝ **reverberation** 반향, 반사, 울려 퍼지는 소리

0926 linguist
[liŋgwist]
02~2.숭실대/07.성균관대

lingu(=language)+ist(사람) → 언어를 연구하는 사람

n. (언)어학자(=philologist); 외국어에 능통한 사람
@ **linguistic** 말의, 언어의; 언어학(상)의
ⓝ **linguistics** [단수취급] 언어학, 어학　**linguister** 통역

0927 monolingual
[mànəliŋgwəl]
08.서강대

mono(=one)+lingu(=language)+al → 하나의 언어만 사용하는

a. 1개 언어만 사용하는

圖 bilingual[bailiŋgwəl] 2개 국어를 사용하는 • bi(=two)
　trilingual[trailiŋgwəl] 3개 국어를 사용하는 • tri(=three)
　quadrilingual 4개 국어를 사용하는 • quadri(=four)
　multilingual 여러 나라의 말을 하는; 여러 언어의 사용자(=polyglot)
　polyglot 여러 나라 말을 하는

---

tip verb는 움직임을 나타내는 말, 즉 동사입니다.
어근 verb는 "말, 단어(word)"를 의미하는 어근입니다.

어근 verb(=word)

추가 어휘
□ ad**verb** 부사 • 동사에 붙는 말

표제어 복습
□ **verb**ose 말이 많은, 장황한 ⏎ N0630
　- **verb**osity 장황
　- **verb**iage 쓸데없이 말이 많음
□ **verb** 동사

어근 lingu(a)(=language, tongue)

추가 어휘
□ **lingua**[liŋgwə] 혀; 언어(=language)
　- **lingu**al 혀의; 언어의, 말의
　- **lingu**late 혀의, 혀모양의
□ **ling**o 알아들을 수 없는 말; 외국어; 전문 용어

어근 lex(=word)

추가 어휘
□ **lex**icon 사전, 어휘
　- **lex**icographer 사전 편찬자

[어근] onym/nomin/nomen(=name, word) & title(=name)

0931 acronym
[ǽkrənìm]
98.행자부9급

acro(=high)+(o)nym(=word) → 혼자 글자가 높이 솟은 단어

n. 두문자, 약성어(머리글자로 된 말)
• UN : United Nations의 약어

圖 antonym 반의어 • anti(=against) ➡ P0514
　synonym 동의어 • syn(=same) ➡ P0331
　homonym 동음이의어 • homo(=same)
　heteronym 동철이음이의어 • hetero(=other)
　onomatopoeia 의성어
　metonym 환유어 • meta(=change)
圖 abbreviation 약어, 생략형, 약자; 단축(형)

0932 nominate
[nʌ́mənèit]
11.성신여대/05.삼육대

nomin(=name)+ate → 후보에 이름을 올리다

vt. 1. (수상이나 직책의 후보로) 지명하다(=name)
　2. (특정 일을 하도록) 임명하다
• nominate him as a candidate 그를 후보로 지명하다
ⓝ **nominator** 지명권자, 임명권자
　nominee 지명된 사람, 수상 후보자
　nomination 지명, 추천(권), 임명(권)
@ **nominative** 지명의, 임명의; (증권이) 기명식의; 주격의
圐 innominate 이름이 아직 알려지지 않은, 무명의

---

tip 영화를 홍보할 때 아카데미상의 몇 개 부문에 노미네이트(nominate)되었다고 자랑합니다. 어근 nomin은 "이름, 이름을 부르다(name)"의 의미입니다.

어근 onym/nomin/nomen(=name, word)

추가 어휘
□ allo**nym** 작가의 가명; 가명으로 발표된 저작
□ cog**nomen** 성(=surname); 별명

표제어 복습
□ an**onym**ous 작자 불명의, 익명의 ⏎ N0033
　↪ aut**onym** 본명, 실명(으로 낸 저작)
　- an**onym** 익명, 무명씨
　- an**onym**ity 익명, 무명, 정체불명
　- an**onym**ously 익명으로
□ crypt**onym** 익명(=anonym) ⏎ R0860
□ pseud**onym** (작가의) 필명이나 아호 ⏎ N0720
　↪ aut**onym** 본명, 실명(으로 낸 저작)
□ **nomin**al 명목[명의]상의; 아주 작은 ⏎ N0357

0933 denomination
[dinὰmənéiʃən]
08.경기도9급

de(=down)+nomin(=name)+ation → 이름을 붙여 주는 것

n. 1. 명명, 명칭
2. 화폐 단위, (화폐, 증권의) 액면 금액
• What denominations (do you want)? 얼마짜리로 드릴까요?
3. 계파, (종교의) 교파

10.국회8급
ⓐ denominational 종파의, 교파의, 명목상의
🔼 **redenomination** 화폐 단위 변경(1,000원을 10원으로 하기)

0934 nomenclature
[nóumənklèitʃər]
09.이화여대

nomen(=name)+clature → 분류해서 이름을 붙이는 것

n. 학명, 명칭, 명명법
(a system of naming things, especially in a branch of science)
• the nomenclature of woody plants 목본의 학명
• botanical nomenclature 식물학상의 명명법

🔼 **neologism**[niάlədʒizm] 신조어(=new word)
coinage[kɔ́inidʒ] 신조어; 화폐 주조(권)
appellation[æ̀pəlèiʃən] 명칭, 호칭, 통칭, 명명
(= epithet, a name or title that a person, place, or thing is given)

0935 misnomer
[misnóumər]
05.동국대/03-2.세종대
98.고려대학원

mis(=wrong)+nom(=name)+er → 이름을 잘못 붙임

n. 잘못된 명칭, 오칭; 인명 · 지명의 오기(誤記)
• The title is a slight misnomer. 그 제목은 약간 잘못된 명칭이다.

0936 entitle
[intáitl]
07.가톨릭대/00-2.고려대
94.대신대

en(=make)+title(=name) → 직함을 만들다

vt. 자격을 주다; (~라고) 칭하다
*be entitled to [sth] ~할 자격이 있다(=be eligible to)
• He is entitled to a pension. 그는 연금을 받을 자격이 있다.

12.경희대
ⓝ entitlement (공식적인) 자격, 권리; 수급권

0937 titular
[títʃulər]
10.이화여대/07.가톨릭대
02-10.경찰

titul(=name)+ar → 이름만 있는

a. 명목상의, 이름뿐인(=nominal); 제목의
• the titular head of the company 회사의 명목상의 대표

ⓝ title 제목, 표제; 칭호, 직함; 선수권, 타이틀
🔼 **nominal** 명목상의(=titular); 하찮은 ➋ **NO357**

☐ astro**nom**er 천문학자 🔼 N0591
- astro**nom**y 천문학
- astro**nom**ical 천문학(상)의
혼동어근 **norm**(=standard) 🔼 R225

082

say

say는 "Say yes.(찬성하다)" 처럼 주로 **의견이 담긴 말**을 나타낸다.
또한 누군가가 했던 말을 인용할 때에도 주로 쓰인다. say는 3형식 타동사로서 4형식으로 쓸 수 없다.

08201
say a mouthful
94.입법고시

입안 가득하게 말을 하다
중요한 말을 하다, 적절한 말을 하다
• You **said a mouthful!** You're right. 적절한 말이야. 네가 옳아.

08202
You can say that again.
09.한국외대/06.충북9급
01.동덕여대/00-2.광운대

〈회화〉 네 말이 맞아!! (=I'm with you. You said it.)
• A: I think Ben is a real workaholic. 벤은 진짜 일 중독자 같아.
• B: **You can say that again.** 정답이야.

08203
You said it.
03.행자부7급/00.법원직/98.사법시험

〈회화〉 내 말이 그 말이야! (=I quite agree with you. You're quite right.)
• A : Let's go home. 집에 가자.
• B : **You said it!** I'm tired. 내 말이 그 말이야! 난 지쳤어.

08204
It goes without saying that ~
90.행자부7급/88.행자부9급

~은 말할 나위도 없다.
• **It goes without saying that** a friend in need is a friend indeed.
어려울 때 친구가 진정한 친구임을 말할 나위도 없다.

S It is needless to say that~
= It needs scarcely[hardly]
to be said that~
= It is a matter of course that~

08205
What do you say to ~ing?
95.행자부9급/91.행자부9급/89.행자부9급

〈구어〉 ~은 어떨까요?, ~하면 어떨까요?
• **What do you say to going** for a walk? 산책하러 가실래요?

E How do you say~ ?
~을 어떻게 부릅니까?,
~을 어떻게 발음합니까?

08206
There is no saying ~ /
No one can say ~
01.경찰

(~은) 알 수 없다
• **There is no saying** what may happen. 무슨 일이 일어날지는 아무도 모른다.

T that is to say
바꿔 말하면(=in other words), 즉
- that is not to say that~
그것이 ~라는 것은 아니다

08207
It is said that ~ /
They say (that) ~
90.89.행자부9급

(소문으로는) ~이라고들 한다.
• **They say that** he was a famous writer.
(=He is said to have been a famous writer.)
그는 유명한 작가였다라고들 한다.

■ say 관련 회화표현

- **say uncle** 졌다고 말하다, 항복하다(=surrender, give in) *삼촌(uncle)이라고 말하다
- **say yes** 승낙하다, 찬동하다(=consent) ↔ **say no** 동의하지 않다
- **Who can say?** (미래의 일은) 아무도 예측할 수 없다.
- **Say when.** (남에게 술 등을 따를 때 하는 말) 적당할 때 그만이라고 하세요.
- **Say cheese!** (사진 등을 찍을 때 웃으라고 하는 말) 김치~!
- **Say what?** 〈미·구어〉 (잘 듣지 못했거나 믿기 어려울 때) 뭐라고?, 다시 말해 봐

083

talk

기본적으로는 speak와 같지만 speak 보다 **편한 대화(잡담)나 토론**을 할 때 주로 사용한다.
N. 이야기, 좌담; 소문, 이야깃거리

08301
talk shop
06.한양대/04.성균관대/97.인천시7급

shop(가게) 이야기를 하다
사업[일·전문분야] 이야기를 하다
(=talk about things in one's work or trade)
• After dinner we all sat around the table and **talked shop**.
저녁식사를 마치고 우리는 모두 테이블 주위에 둘러 앉아서 사업얘기를 했다.

T talk turkey 까놓고 솔직하고 진지하게
얘기하다(=talk frankly, discuss
something seriously)
*자! 대접받은 칠면조 요리가 맛있었는지
솔직하게 얘기해보자.

08302
Now you're talking.
07.경원대

이제야 제대로 말하는구나.
〈회화〉 그렇다면 얘기가 통하는군.
• A: I can't put up with my boss! He's so arrogant!
  내 상사는 더 이상 못참겠어! 너무 거만해!
  B: **Now you're talking!**
  이제야 바른 말을 하는 군.

① be like talking to a brick[stone] **wall** 소 귀에 경 읽기다, 말이 안 통한다

08303
talk[speak] down to ⓢ
02.덕성여대,Teps

누구를 낮게(down) 말하다(talk)
무시하는 투로 말하다(=speak in an impolite manner)
• Children hate teachers who **speak down to** them.
  아이들은 자기들을 무시하는 투로 말하는 선생님들을 싫어한다.

08304
talk through one's hat
고려대,Teps

모자를 통해 말하다(talk)
〈영·구어〉 헛소리하다(=talk nonsense), 허풍을 떨다(=bluff)
• He **talks through his hat**. You have to take everything he says with a grain of salt.
  그는 허풍을 떨고 있어. 그가 하는 말은 모두 에누리해서 받아들여.
  *with a grain of salt 에누리하여

① talk big 잘난 체하며 떠들다(=brag), 허풍을 떨다

08305
talk out of both sides of one's mouth
04.세무사

입의 한쪽으로는 이렇게 말하고 또 다른 한쪽으로는 다르게 말을 하다
한 입으로 두 말하다, 말과 행동이 틀리다
(=say one thing but do another)
• She **talks out of both sides of her mouth** that she refuses to eat meat and yet to carry an alligator skin bag.
  그녀가 육식을 거부하면서 악어 가죽 백을 들고 다니는 것은 모순이다.

08306
sweet talk
01-2.한성대

달콤한(sweet) 말을 하다(talk)
감언(=flattery)
• You're a **sweet talker**. 넌 아첨쟁이다. *sweet-talk 아첨하다
① sweet talker 아첨쟁이(=flatterer)

① smooth talker 말솜씨가 능란한 사람
① double-talk
〈구어〉 앞뒤가 안 맞는 이야기, 남을 어리 벙벙하게 하는 허튼 소리

08307
talk about ⓢ/ⓢₜₕ
00.행자부9급

~에 대해(about) 이야기하다
~에 대해 이야기하다
• Mary is always **talking about** her domestic problems.
  메리는 항상 그녀의 가정사를 얘기한다.

■ talk 관련 표현

□ **talk ∗ out** ⓢₜₕ (문제를 해결하기 위해) 철저하게 토론하다
□ **talk** ⓢ **out of** ⓢₜₕ 설득해서 ~하지 않도록 하다(=persuade someone not to do something)
□ **talk** ⓢ **into ~ing** ~를 설득해서 ~하게 하다(=persuade)
□ **talk back** 말대꾸하다
□ **talk ∗ over** ⓢₜₕ 상담하다; 설득하다
□ **talk a blue streak/talk nineteen to the dozen** 매우 빠르고 계속적으로 지껄이다(=talk very much and very rapidly)
□ **talk** ⓢ**'s ear off** (귀가 먹도록) 말을 많이 하다
□ **talk until one is blue in the face** (사람의 얼굴이 새파랗게 질릴 때까지) 장황하게 말하다
□ **talk in circles** 혼란스럽게 빙 둘러서 말하다(=talk in a confusing or roundabout manner)
□ **talk in riddles** 수수께끼 같은 말을 하다(=talk in a strange and confusing way)

■ talk 회화표현

- **What are you talking about?** 〈구어〉 도대체 무슨 소리를 하는거야?
- **I'm talking to you!** 〈구어〉 (얘기 중에 상대방이 딴 짓을 할 때) 네게 얘기 중이잖아!
- **You can talk.** 〈구어〉 자네라면 그렇게 말할 수 있지.
- **You can't talk.** 〈구어〉 자네는 할 말 없어. (넌 그런 말을 할 자격이 없어.)

tell

tell은 주로 누구로부터 **전해들은 말을 얘기할 때** 사용한다.
따라서 "알리다, 가르쳐 주다", "(거짓말·비밀을) 말하다"의 의미와 can 등과 함께 쓰여 "알다, 분간하다, 식별하다"의 의미로도 쓰인다.

08401
Tell me about it.
06.경찰

그것에 대해 내게 말해 봐.
〈회화〉(맞장구 칠 때 하는 말) 내 말이 그 말이야! 누가 아니래.
(=You said it.)
- A: Our boss must be difficult to work for.
  우리 사장님은 같이 일하기 정말 힘든 사람이야.
  B: **Tell me about it!** 맞는 말이야!

08402
You're telling me!
10.지방직9급

네가 내게 말하고 있잖아(tell).
내 말이 바로 그 말이에요! , 그렇고 말고요.
- A: It's very hot today. 오늘 정말 덥다.
  B: **You're telling me.** 그러게 말이야.

🔲 **I'm telling you!**
1. (앞의 말을 강조) 정말이야!
2. (뒷말 강조) 잘 들어보시오.

08403
**You never can tell. /
There is no telling. /
There's no way to tell.**
87.법원직

너는 절대 알 수 없다.
(장차 무슨 일이 일어날지) 아무도 모른다, 무어라고 할 수 없다
- **You can never tell** what will happen in the future.
  사람은 장차 어떤 일이 일어날지 전혀 알 수 없다.

🔲 **You can't always tell from appearance.**
겉보기만으로 반드시 알 수 있는 것은 아니다.

08404
tell A from B
04.행자부7급/99.행자부9급/92.법원직,Teps

~으로부터(from) ~을 구분하다(tell)
A와 B를 구별하다
- It takes an expert to **tell** an imitation **from** the original.
  진품인지 모조품인지 분간하기 위해서는 전문가가 필요하다.

🔲 **tell from** ~로부터 알다
🔲 **tell sb/sth apart** 구별하다
(=distinguish)
*따로 떨어뜨려 구분하다

08405
tell on sb/sth
01.행자부9급/토플,Teps

무엇에 대해(on) 영향을 미치다(tell)
1. (나쁜) 영향을 미치다(=have a bad effect on sb/sth)
2. 일러 바치다, 비밀을 누설하다(=let on, reveal, disclose)
- Smoking began to **tell on** his health. 흡연이 그의 건강에 영향을 미치기 시작했다.

08406
tell a lie
13.동국대

거짓말(lie)을 말하다(tell)
거짓말하다
- You should no **tell a lie**. 거짓말을 하면 안된다.

■ tell 관련 회화표현

- **I couldn't tell you ~** 〈구어〉 (진짜 몰라서) 잘 모르겠는데, ~
- **I can't tell you ~** 〈구어〉 (비밀이어서 말하기 곤란하거나 복잡한 심정을 말로 표현하기가 힘들 때) 말할 수 없어!
- **Somebody tells me (that)** 누가 말하기를..., 누군가 그러는데
- **Don't tell me ~** (핑계를 대려는 상대방의 말문을 막을 때) 너 또 ~이라고 하려고 그러지, 설마 ~란 말은 아니겠지

---

speak

speak는 "말하다"이다. "연설하다, 강연하다"처럼 talk 보다 **격식을 갖추어 말을 하는 경우**에도 쓰인다.
또한 "Can you speak English?" 처럼 **언어능력**을 말할 때는 talk는 쓰지 않으며 speak를 쓴다.

08501
speak ill of sb
93.전북7급/입사,Teps

누구를 나쁘게(ill) 말하다(speak)
~를 나쁘게 말하다, 흉보다(=say sth bad about sb)
- Don't **speak ill of** others at the unofficial occasion.
  비공식적인 자리에서 남의 흉을 보지 말아라.
🔲 **speak well of/speak highly of sb** ~을 좋게 말하다

08502
speak one's mind
입사,Teps

자신의 마음을 말하다(speak)
솔직하게 이야기하다(=speak frankly, give one's frank opinion)
- I've heard that he's very open and fair if you **speak your mind**.
  네가 솔직하게 얘기한다면 그가 매우 개방적이고 공정하게 대해 준다는 말을 들었다.

08503

speak out

입사

입 밖으로 꺼내어(out) 말하다(speak)

거리낌 없이 말하다(=declare one's opinion), 자유롭게 말하다

• He was not afraid to **speak out** when it was something he believed in strongly.

그는 자신이 강하게 믿는 것에 대해서는 드러내 놓고 말하는 것을 두려워하지 않는다.

🔳 **speak-out** (체험 · 의견을) 자유롭게 말하는 모임

08504

speak up (for [sb]/[sth])

14.광운대

더 크게(up) 말하다(speak)

더 크게 말하다; (지지 · 옹호 · 의견을) 거리낌 없이 밝히다

• **Speak up**, boy, I can't hear you. 크게 말해 봐, 얘야. 잘 안들려.

08505

Actions speak louder than words.

07.인천시기술직9급

행동(action)이 말(words)보다 더 크게 말하다(speak)

〈속담〉 말보다 행동이 더 중요하다

• A : I decided to split up with Ryan. 라이언과 헤어지려고 결심했어.

  B : You are at it again! **Actions speak louder than words**. 또 시작이군! 말은 쉽지.

R094 [어근] script/scribe(=write)

O941 scribe
[skráib]
14.이화여대/98.동국대
16.한성대

scribe(=write) → 쓰다
n. 대서인, 사본 필사가, 서기(=writer)
• work as a scribe 서기로 일하다
⊞ script 손으로 쓴 글, 필적; 대본, 극본
scribble 휘갈겨 쓰다, 아무렇게나 쓰다 **scribbler** 악필가

O942 manuscript
[mǽnjuskript]

manu(=hand)+script(=write) → 손으로 쓴 것
n. (손으로 쓴) 원고(=draft)
• a complete revision of the manuscript 원고의 전체적인 수정

O943 inscribe
[inskráib]
93.서울여대

in(=on)+scribe(=write) → (종이나 비석) 표면에 쓰다
vt. 1. (비석·종이 등에) 새기다(=engrave), 기입하다(=write)
2. 헌정하다
• His tombstone was inscribed with his name.
  그의 묘비에는 그의 이름이 새겨져 있다.
ⓝ inscription 기념비, 비명

O944 describe
[diskráib]
07.울산시9급
15.중앙대/11.인천대
16.상명대/11.경북교행
13.경희대

de(=down)+scribe(=write) → 밑에 깔고 베껴 쓰다
vt. (특징 등을) 묘사하다, 말로 설명하다
• describe the thief 도둑의 인상착의를 설명하다
ⓝ description 기술, 기재; 서술적 묘사; 기재 사항
ⓐ descriptive 설명적인, 묘사하는
⊞ nondescript 흥미 없는, 뚜렷한 특징이 없는

O945 transcript
[trǽnskript]
01-2.명지대/경찰간부

tran(trans=change)+script(=write) → 말을 글로 바꾸어 쓴 것
n. 1. (구술된 내용을) 글로 옮긴 기록, 녹취록(=written copy)
2. (학교의) 성적 증명서
• a transcript of court testimony 법정 증언 녹취록
• a transcript of high school grades 고등학교 성적증명서
ⓥ transcribe 베끼다, 복사하다, 등사하다; 번역[녹음, 녹화]하다
ⓝ transcription 복사, 필사; 전사; 개작, 편곡; 녹음, 녹화

O946 conscript
[kánskript]
02-3.경찰
12.중앙대

con(=together)+script(=write) → 징집자 명단을 한꺼번에 적다
vt. (군대에) 징집하다, 징병하다; 징발하다(=draft)
n. 징집병, 신병
• be conscripted into the army 육군에 징집되다
ⓥ conscribe (한계 등을) 특정하다, 징병하다
ⓝ conscription 징병(제도), 모병, 강제 징집, 징발

O947 ascribe
[əskráib]
12.명지대/05.경희대
05-2.항공대

ad(=to)+scribe(=write) → 원인을 제공한 사람을 적어내다
vt. (원인·결과 등을) ~에 돌리다[to](=attribute, impute)
• ascribe the automobile accident to fast driving
  자동차 사고의 원인을 과속 운전에 돌리다
ⓐ ascribable ~에 돌릴 수 있는
ⓝ ascription 귀속, 탓으로 함

O948 proscribe
[prouskráib]
17.지방직7급/12.중앙대
02.경기대/97.건국대

pro(=forward)+scribe(=write) → 앞으로 금지하라고 쓰다
vt. (습관·관습 등을) 금지하다(=ban), 배척하다; 추방하다
• be proscribed by federal law 연방법으로 금지되다
ⓝ proscription (관습 등의) 금지; 추방

---

tip 대사를 글로 적어 놓은 것을 대본(script)이라고 합니다.
어근 script는 "글로 쓰다(write)"의 의미입니다.

추가 어휘
☐ **postscript** (편지의) 추신(P.S.) • post(=after)
☐ **superscription** 위에 쓴 글자, 제목
☐ **scripture** 성서(the Bible); 경전
☐ **rescript** 공식발표, 공고; 칙령; 답서

표제어 복습
☐ **prescription** 처방(전), 처방약; 규정 ➡ N0265
  - **prescribe** 처방하다; 명령하다; 규정하다
  - **prescribed** 규정된, 미리 정해진
  - **prescriptive** 명령하는, 지시하는
  - **prescript** 규정, 규칙; 법령
☐ **subscribe** 구독하다, 가입하다 ➡ N0980
  - **subscription** 기부, 구독, 예약
☐ **circumscribe** 한계를 정하다; 제한하다 ➡ N0990
  - **circumscription** 제한, 한정

[어근] graph/gram(=write) & chart(=document) & pict(=paint)

O951 **graphic**
[grǽfik]
08.가톨릭대

graph(=write)+ic → 그림이나 그래프처럼 생생한
a. 1. 그림의, 도표의
   2. (눈앞에서 보는 것 같이) 생생한(=vivid)
   • graphic description 생생한 묘사
ⓝ **graph** 도표, 그래프; 그래프로 나타내다
⒜ **graphically** 그림을 보는 것 같이, 생생하게(=vividly)

O952 **autobiography**
[ɔ́ːtoubaiɑ́grəfi]
99-2.명지대

auto(=self)+bio(=life)+graphy(=write) → 자신의 일생을 스스로 적은 글
n. 자서전, 자전
   • An autobiography is the story of an entire life, but a memoir is just one story from that life. You can only ever write one autobiography, but you can write countless memoir.
   자서전은 일생 전체에 대한 이야기이지만, 회고록은 인생에 있어 단지 하나의 이야기이다. 당신은 일생에 오직 하나의 자서전을 쓸 수 있지만, 회고록은 수 없이 쓸 수 있다.
ⓝ **biography** 전기, 일대기; 전기문학
🔲 **memoir**[mémwɑːr] (pl.) (필자 자신의) 회고록 ⇒ R1462

O953 **autograph**
[ɔ́ːtəgræf]
13.광운대/08.명지대

auto(=self)+graph(=write) → 스스로 쓴 글자
n. (유명인의) 친필 사인
   • crowd around the singer to get his autograph
   가수의 사인을 받으려고 몰려들다
🔲 **signature** (계약서·신청서 등 공식 문서에 하는) 서명

O954 **geography**
[dʒiːɑ́grəfi]
17.가천대/13.경기대

geo(=earth)+graph(=write)+y → 지구에 대해 쓴 것
n. 지리학, (지역의) 지리, 지형; (구어) 화장실의 위치
   • know the local geography 그 지역의 지리를 알다
ⓝ **geographic(al)** 지리학상의

O955 **uncharted**
[ʌntʃɑ́ːrtid]
03-2.고려대

un(=not)+chart(지도)+ed → 지도에 없는
a. 지도에도 없는, 미지의(=unknown)
   • move into uncharted territory 미지의 세계로 들어가다
ⓝ **chart** 해도, 도표, 그래프; (환자용) 병력, 차트; 인기 가요의 순위
     vt. 해도에 기입하다, 계획하다

> 🔲 **cartograph** (특히 삽화가 있는) 지도
> **cartography** 지도 제작
> **cartographer** 지도 제작자
> 🔲 **charter** n. 특허장, 면허장; 특권; 전세 계약; 헌장, 선언서
>   vt. 특허장을 주다, 특권을 주다; 전세내다
>   - **chartered** 특허를 받은, 공인된; 전세 낸↔ **unchartered** 불법의
>   - **charterage** 임대차 계약, 용선 계약

O956 **picture**
[píktʃər]
07.숙명여대

pict(=paint)+ure(명접) → 그림으로 그린 것
v. ~를 상상하다, 마음속에 그리다(=envisage)
n. 그림, 사진; 영상, 영화(관); 상황, 묘사
   • picture the house I grew up in 내가 자랐던 집을 마음속에 그리다
ⓐ **pictorial** 그림의, 화보 같은
   picturesque (장소 등이) 그림 같은; 생생한
🔲 **depict** (자세하고 생생하게) 그리다, 묘사하다(=delineate)
   picturedom 영화계 **pictography** 상형문자 기술법

tip 멀리 있는 사람에게 글을 써서 보낼 때 이용하는 것이 전보(telegraph)입니다. 어근 graph는 "무엇을 쓰다(write)"의 의미입니다.

어근 graph/gram(=write)

추가 어휘
☐ **telegraph** 전신, 전보 •tele(=distant)
☐ **photograph** 사진(을 찍다) •photo(=light)
  - **photography** 사진술, 촬영술
☐ **polygraph** 거짓말 탐지기 •poly(=many)
☐ **phonograph** 축음기 •phon(=sound)
☐ **paragraph** 절, 단락; 짧은 기사
☐ **cacography** 악필, 서투른 글씨 •caco(=bad)
  → **calligraphy** 달필, 명필; 서예, 서법
☐ **chirography** 필적, 서체 •chiro(=hand)
☐ **monograph** 전공논문 •mono(=one)
☐ **radiograph** 방사선 사진 •radio(=ray)
☐ **stenographer** 속기사 〈영〉 shorthand typist
☐ **holograph** 자필의 (문서); 홀로그램
  - **hologram** 홀로그램
☐ **bibliography** 문헌학, 참고 문헌; 출판 목록
☐ **lithography** 석판술, 석판 인쇄 •lith(=stone)
☐ **graphite**[grǽfait] 석묵, 흑연
☐ **diagram** 도형, 도표, 그림으로 나타내다
☐ **program** 프로그램, 계획, 예정표 •pro(=forward)
☐ **cryptogram** 암호문 •crypto(=hidden)
  - **cryptography** 암호 해독법(=cryptology)
☐ **epigram** 경구, 풍자시 •epi(=on)
  - **epigraph** 비석, 비문; 표어
☐ **grammar** 문법, 문법책
  - **grammatical** 문법의, 문법에 맞는
☐ **cartograph** 지도, 특히 삽화가 있는 지도
☐ **cartogram** 지도에 의한 비교 통계도

R096 [어근] liter(=letter)

0961 literal
[lítərəl]
08.건국대,경희대

12.국민대

liter(=letter)+al → 문자 그대로의

a. (의미가) 문자 그대로의, (번역이) 직역의
- in the literal sense of the word 문자 그대로의 의미인
- literal translation 직역

(ad) **literally** 글자 그대로; 정말로, 실제로

> **literary**[lítərèri] 문학의, 문학적인; 문어적인
> **literature** 문학, 문헌; 연구 보고서; 논문; 인쇄물
> **literati**[lìtərάːtiː] 지식 계급, 문학자들

0962 preliterate
[priːlítərət]
07.건국대

pre(=before)+liter(=letter)+ate → 문자를 만들기 전의

a. 문자 사용 이전의

n. 문자를 모르는 사람
- in preliterate times 문자가 없었던 시대에

tip 글자로 만든 문학(literature)에서 보듯, 어근 liter은 문자(letter)의 의미입니다.

추가 어휘
- [ ] **alliter**ation 두운(글자의 첫머리를 반복하는 것)
- [ ] **transliter**ate 다른 나라 말을 음역하다
- [ ] **litany** 연도, 응답 기도; 지루한 이야기

표제어 복습
- [ ] ob**liter**ate (흔적·기억을) 없애다[지우다] **▣** N0636
  - ob**liter**ation 삭제, 말살
- [ ] il**liter**ate 글자를 모르는, 문맹자 **▣** N0426
  - il**liter**acy 문맹; 무식; 무학
- [ ] **liter**acy 읽고 쓰는 능력; 교양 있음 **▣** D0426
  - **liter**ate 글을 쓰고 읽을 수 있는; 교양 있는

R097 [어근] mark/marc(=mark, sign)

0971 mark
[maːrk]
12.성신여대/10.동덕여대

mark(=mark, sign) → 표시를 해 둠

vt.1. (표·기호 등으로) 표시하다, (위치를) 표시하다, 채점하다
2. 자국·흔적을 내다
3. 주목하다; 선발하다(=single out)
4. (선수가 상대방 선수를) 밀착방어하다
n. 표시, 부호, 상표; 자국, 반점; 점수; 표적; 주목, 유명
(a) **marked** 뚜렷한, 현저한 ↔ **unmarked** 표시가 없는
(ad) **markedly** 눈에 띄게, 두드러지게
(n) **marking** (도로·차량 등에 그려진) 표시; 성적 채점
marker (무엇의 위치를 나타내는) 표시; 마커펜

0972 earmark
[íərmaːrk]
07.고려대/06.성균관대
01.대구가톨릭대

ear+mark(=mark, sign) → 소의 귀에 표시를 달다

vt.1. 귀표를 하다
2. (자금을 특정 용도에) 지정[배당]하다
  (=set aside, allocate, designate)
n. (소의) 귀표, (소유주의) 표시; 특징
- earmark funds for research into alternative sources of energy 대체에너지원을 연구하기 위한 자금을 따로 배정하다

0973 hallmark
[hɔ́ːlmaːrk]
06.전북9급/04.한국외대

hall+mark(=mark, sign) → Goldsmiths' Hall의 순금 보증 표시

n. (전형적인) 특징, 특질; 품질보증표시
- A diploma is the hallmark of capacity.
  졸업 증명서는 능력을 증명하는 보증서이다

0974 remark
[rimάːrk]

re(=again)+mark(=mark, sign) → 다시 표시하다

n. 의견, 말; 주의, 인지
v. 말하다, 언급하다; 주의하다, 알아차리다
- a critical remark 비판적인 말 • a hackneyed remark 진부한 발언
- a complimentary remark 칭찬하는 말 • a rude remark 무례한 말
- invidious remarks 불쾌한 말 • a disparaging remark 모욕적인 말

0975 remarkable
[rimάːrkəbl]
07.중앙대

re(=again)+mark(=mark, sign)+able → 다시 표시할 만한

a. 주목할 만한(=phenomenal), 뛰어난(=outstanding)
- have a remarkable ability 뛰어난 능력을 지니다

추가 어휘
- [ ] birth**mark** (타고난) 점, 모반
- [ ] bench**mark** (판단의) 기준(점)
  - bench**mark**ing 벤치마킹
  (우량 기업의 장점을 도입해 기준으로 삼는 경영 기법)
- [ ] book**mark** 책갈피; (컴퓨터) 즐겨찾기
- [ ] **mark**sman 명사수
- [ ] de**marc**ate 경계를 표시하다[정하다]
  - de**marc**ation 경계, 경계획정

표제어 복습
- [ ] land**mark** 대표적 건물; 획기적 사건 **▣** N0770

R098 [어근] sign(=mark, sign)

0981 signal
[sígnəl]
17.한양대

sign(=mark, sign)+al → 신호(sign)를 보내다

v. 신호를 보내다; (어떤 일을) 암시하다
n. (동작, 소리로 하는) 신호; (어떤 일을 예고하는) 신호; 전파
- signal the driver to stop 운전자에게 정지하라고 신호를 보내다

tip 스타나 연예인의 싸인(sign)을 받는다고 하는데 이 경우엔 앞에서 배웠던 autograph가 맞는 말입니다. 흔히 계약서에 사인(sign)할 때 하는 서명은 signature입니다. 어근 sign은 "표시하다(mark), 서명하다(sign)"의 의미를 가집니다.

0982 signature
[sígnətʃər]
14.13.광운대/08.서울시7급

sign(=mark, sign)+a+ture → 동의한다는 표시를 하는 것
n. (계약서·신청서 등 공식 문서에 하는) 서명; 특징, 특색
- forge his signature 그의 사인을 위조하다
- append a seal or signature to a document 서류에 도장을 찍거나 서명을 하다

🔁 **sign** 기호, 표시, 간판; 조짐; 손짓, 신호 v. 서명하다, 신호하다
signet[sígnit] 도장(=seal, stamp)
- **signify** 알리다, 표시하다, 나타내다, 의미하다
🔷 **john hancock** 자필 서명(=signature)

0983 designate
[dézigneit]
07.고려대/01.중앙대

de(=down or 강조)+sign(=sign)+ate → 임명장 아래에 사인하다
vt.1. (특정 자리에) 지명하다, 임명하다(=appoint)
　　2. (특정 용도나 구역을) 지정하다(=earmark)
　　3. 명시하다, 가리키다, 지적하다(=point)
　　4. 명명하다, ~라고 부르다(=name)
a. (명사 뒤에서) 지명을 받은, 지정된
- designate her as his successor 그의 후계자로 그녀를 지명하다

ⓝ **designation** 지정, 지시; 임명, 지명
ⓐ **designated** 지정된; 관선의
16.한국외대 🔷 **design** 디자인, 설계도; 의도(=intention) •by design 고의로
🔁 **ordain** 목사로 임명하다 **incardinate** 사제, 추기경에 임명하다
institute 성직, 관직에 임명하다 **commission** 장교로 임명하다
delegate/deputize 대표자, 대리인으로 임명하다

0984 resign
[rizáin]
10.성균관대/00.해양경찰

re(=again)+sign(=sign) → 사직서에 다시 사인하다
v. 1. 사임하다, 사직하다[from, as]
　　2. 포기하다, 양도하다, 위탁하다
　　3. (운명 등을) 체념하여 받아들이다[~oneself to]
- be under intense pressure to resign 극심한 사임 압박을 받고 있다
- decide to resign oneself to his advice
　체념하고 그의 충고를 따르기로 결심하다

ⓐ **resigned** 체념한, 감수하는; 사임한
ⓝ **resignation** 사직, 사임; 체념, 감수

0985 assign
[əsáin]

as(ad(=to)+sign(=sign) → 사인을 첨부하다
vt.1. (일·책임 등을) 맡기다[할당하다][to](=delegate)
　　2. 선임하다, 파견하다[to]
　　3. 양도하다[to]
- assign work to each man 각자에게 일을 할당하다
- be assigned to the sales department 영업부로 배치되다

ⓝ **assignment** 할당(된 일); 연구 과제, 숙제; 임명된 직
assignee 양수인;수탁자 **assigner/assignor** 양도인; 위탁자
ⓐ **assignable** 할당할 수 있는; 양도할 수 있는

0986 consign
[kənsáin]
05.고려대

con(=together)+sign(=sign) → (주고 받으면서) 같이 사인하다
vt.1. (무엇을 처리하기 위해) ~에 두다, ~에게 맡기다[to]
　　2. (상품을) 부치다, 인도하다, 위탁하다(=commit)
- consign the body to the flames 시체를 화장하다
- consign the shipment to us 선적물을 우리에게 인도하다

06.중앙대 ⓝ **consignment** 위탁, 위탁판매; 탁송
consignee 수탁자 **consigner** 위탁자, 하주
🔷 **cosign** 연대 보증인으로 서명하다 - **cosigner** 연대 보증인

R099 [어근] cil/call(=call)

0991 recall
[rikɔ́ːl]
92.서울시9급

re(=again)+call(=call) → (과거의 기억, 명령, 제품을) 다시 불러오다
vt.1. 상기하다, 생각해내다(=recollect); 연상시키다
　　2. (명령이나 앞서 한 말을) 취소하다
　　3. (대사를) 소환[파면]하다
　　4. (결함 있는 제품을) 회수하다
n. 회상, 기억력; 소환; 취소; (결함 제품) 회수
- recall events from months before 몇 달 전 일을 생각해내다
- urgently recall its products 자사의 제품을 긴급 회수하다

98.인하대 🔷 **ring a bell** 들어본 적이 있는 것 같다, 낯이 익다

추가 어휘
☐ **ensign**[ensən] (해군의) 기, 표장; 해군 소위
☐ **insignia**[insígniə] 훈장, 휘장; 표장
☐ **undersign** ~ 아래에 기명[서명]하다
☐ **countersign** 암호(말), 군대의 암호; 응답 신호; 부서

표제어 복습
☐ **insignificant** 중요하지 않은, 하찮은 ☐ N0040
- **insignificance** 하찮음, 사소함
- **significant** 중요한, 의미 있는, 상당한
- **significantly** 현저하게
- **significance** 중요(성); 의미 있음; 취지

tip 자동차에 중대한 결함이 발견되어 자동차 회사가 리콜(recall)을 실시하는 경우가 있는데 리콜이란 이미 판매한 제품을 다시 불러들이는 것입니다. 어근 call은 "부르다, 요청하다(call)"의 의미입니다.

표제어 복습
☐ **reconcile** 조화시키다; 화해시키다, 중재하다 ☐ N0291
- **reconciliation** 화해; 조정, 조화
- **reconciliatory** 화해의; 조정의
- **reconcilable** 조정할 수 있는; 조화시킬 수 있는
↔ **irreconcilable** 조화하지 않는, 양립할 수 없는

0992 conciliatory
[kənsíliətɔ̀ːri]
16,15,홍익대/95,한신대

con(=together)+cil(call(=call)+ia+tory → 싸우지 말라고 함께 부르는

a. 달래는, 회유적인(=diplomatic)
• a conciliatory gesture 화해의 의사표시

ⓥ conciliate 달래다; 조정하다(=reconcile)
ⓐ conciliable 달랠 수 있는, 화해할 수 있는
ⓝ conciliation 달램, 조정, 화해

학사경장
conciliator 조정자(=mediator)

R100   [어근] cit(=call, arouse)

1001 cite
[sáit]
97.중앙대

cit(=call, arouse)+e → (예를 들기 위해) 불러들이다

vt. 1. 인용하다, 예로 들다(=quote)
2. 소환하다, 출두를 명하다
• cite statistics 통계를 인용하다

ⓝ citation[saitéiʃən] 인용
ⓐ citable 인용할 수 있는, 소환할 수 있는
🔁 site[sait] 대지, 부지, 유적, 장소, 웹사이트
🔁 excerpt[éksəːrpt] 발췌; 인용구; 발췌하다(=abstract), 인용하다(=quote)
• excerpt from newspaper 신문에서 발췌하다
quote[kwóut] 인용하다, 예를 들다[from]

tip 무언가 매우 흥분을 일으키는 것을 exciting하다고 합니다.
어근 cit는 "무언가를 부르다, 일깨우다"의 의미입니다.

표제어 복습
☐ solicit 간청[요청]하다; 구걸하다 ☑ N0672
- solicitation 간청, 졸라대기, 유혹
- solicitor 간청자; 선거 운동원; 사무변호사

1002 recite
[risáit]

re(=again)+cite(=call) → 반복해서 부르다

v. (시를) 낭송하다, 낭독하다; 열거하다
• recite a poem 시를 암송[낭송]하다

ⓝ recital 암송, 낭송; 독주회, 독창회
recitation 암송, 낭송; (질문을 하면서 진행하는) 수업

1003 incitement
[insáitmənt]
00-2.홍익대

98,건국대

in(=in)+cite(=call)+ment → 안으로 불러오는 것

n. (폭력적·불법적인 일의) 선동[조장], 자극(=provocation)
• incitement to racial hatred 인종적 증오의 조장

ⓥ incite 자극하다(=stimulate, kindle), 선동하다
🔁 excite 흥분시키다, 자극하다; 활발하게 하다
- exciting 흥분시키는 - excited 흥분한, 자극받은; 활발한

1004 resuscitate
[risʌ́sətèit]
05-2,경기대/05,경찰
00.경기대

re(=back)+sus(sub(=under)+cit(call)+ate → 뒤로 눕혀 생명을 부르다 → 인공호흡하다

v. 1. (인공호흡 등으로) 소생시키다[하다]
2. 부활시키다, 부흥하다
• try to resuscitate him 그를 소생시키려고 노력하다

ⓝ resuscitation 소생, 부활
• cardiopulmonary resuscitation 심폐소생술
ⓝ resuscitator 인공호흡기

R101   [어근] voc/vok/vow/vouc/voic(=call)

1011 vocal
[vóukəl]
09,한국외대

voc(=call)+al → 부르는

a. 1. 목소리의, 성악의
2. (특히 비판의) 목소리를 내는, 소리 높여 항의하는
• a highly vocal opposition group 매우 강경한 반대파

ⓝ vocalist 성악가, 가수
ⓥ vocalize 말하다, 노래하다
🔁 vocative 부르는, 호격의
voice 목소리, 발언권; (의견 등을) (강력히) 말로 나타내다
*with one voice 한 목소리로(=unanimously)

tip 그룹사운드에서 노래를 부르는 사람을 보컬리스트(vocalist)라고 합니다. 어근 voc는 "큰 소리로 부르다, 요구하다(call)"의 의미를 가집니다.

추가 어휘
☐ vowel 모음, 모음자 (a, e, i, o, u의 다섯 자)
☐ invoice[invɔis] 청구서, 송장; 대금을 청구하다
☐ unvoiced 무성(음)의, 무음의; 입 밖에 내지 않은
☐ vox 소리, 음성; 말
☐ vocabulary (한 개인이 구사하는) 어휘, 단어집

1012 vociferous
[vousífərəs]

voc(=call)+fer(=carry)+ous → 큰 소리를 나르는

a. (주장을) 소리 높여 외치는; 떠들썩한(=clamorous)
• a vociferous opponent 시끄러운 반대자

ⓥ vociferate 고래고래 소리치다

표제어 복습
☐ equivocal 두 가지 뜻으로 해석되는 ☑ N0073
- equivocate 모호한 말을 쓰다, 얼버무리다
- equivocally 애매모호하게
- equivocation 모호한 말, 얼버무림
↔ unequivocal 모호하지 않은; 명백한, 명확한
☐ advocate 옹호[지지]하다; 변호하다 ☑ N0983
- advocacy 변호, 옹호, 지지

1013 avocation
[ǽvəkéiʃən]
10.계명대

a(=away)+vocation(천직) → 신의 부름(천직)을 벗어난 일

n. 취미, 여가 활동(=hobby)
- What is your avocation? 네 취미가 무엇이니?

🔁 **vocation**[voukéiʃən] 천직, 생업, 직업, (직업에 대한) 사명감
- **vocational** 직업의, 직업상의
- a vocational disease 직업병

🔁 **vacation**[veikéiʃən] 정기 휴가 *vac(=empty)

1014 evoke
[ivóuk]
96.강남대/95.서울대학원

e(ex=out)+vok(voc=call)+e → 밖으로 불러내다

vt. 1. (기억 따위를) 떠올려 주다, (감정을) 환기시키다(=elicit)
2. (웃음 따위를) 일으키다
3. (영혼을) 불러내다
- evoke memories of one's youth 젊은 시절의 추억을 떠올리다
- evoke public sympathy 대중적인 공감을 불러일으키다

ⓐ **evocative** (~을) 환기시키는[of]

🔁 **convoke** 불러모으다, (회의를) 소집하다
- **convocation** (회의의) 소집; 대학 평의회

1015 invoke
[invóuk]
08.강남대

in(=in)+vok(=call)+e → 마음 안에서만 외치다

vt. 1. (느낌·상상을) 불러일으키다, (기억을) 일깨우다(=elicit)
2. (근거로 삼거나 호소를 위해 인물·이론·예 등을) 들먹이다
3. (법·규칙 등을) 들먹이다[적용하다]
- invoke the total recall of complex events
  복잡한 사건에 대한 완전한 기억을 이끌어내다
- invoke the sword of justice 사법권을 발동하다

ⓝ **invocation** 호소, 기원; 주문

1016 provoke
[prəvóuk]
17.항공대/16.중앙대
98-2.건국대

pro(=forward)+vok(=call)+e → 앞으로 불러내다

vt. 1. (어떤 반응을) 유발시키다(=instigate, cause, elicit)
2. 화나게[짜증나게] 하다(=make angry), 도발하다(=stimulate)
- provoke furious protests 맹렬한 항의를 불러일으키다
- be provoked by his behavior 그의 행동에 화가 나다

ⓝ **provocation** 성나게 함; 화남, 분노, 도발, 자극(=incitement)

00-2.홍익대

ⓐ **provocative** 성나게 하는, 자극성의; 화나게 하는 것; 흥분제
provoking 성가신, 짜증나게 하는, 자극하는

1017 disavow
[dìsəváu]
04-2.고려대

dis(=not)+a(ad(=to)+vow(=call) → 아니라고 외치다

vt. (무엇에 대한 연루나 책임을) 부인하다(=deny)
- disavow any involvement in the scandal
  그 추문에 어떤 연루도 부인하다

12.한양대

ⓝ **disavowal** 부인, 부정, 거부

🔁 **avow**[əváu] 공언하다; (솔직히) 인정하다, 고백하다
- **avowal** 공언, 시인; 고백
- **avowed** 스스로 인정한, 공언한, 공공연한

🔁 **vow**[váu] 맹세, 서약; 맹세하다, 단언하다

1018 vouch
[váutʃ]
96-2.광운대

vouch(=call) → 크게 옳다고 외치다

vi. 1. (~의 신뢰성을) 보증[보장]하다[for](=guarantee)
2. 보증인이 되다; 단언하다[for]

vt. 보증하다, 단언하다
- I cannot vouch for that man. 그 사람은 보증할 수 없다.

🔁 **voucher**[váutʃər] 영수증, 전표; 상품권, 할인권
avouch 단언하다, 자인하다, 시인하다, 보증하다

☐ **revok**e 취소[철회]하다; 폐지하다 ◨ N0738
- **revoc**able 폐지할 수 있는
↔ **irrevoc**able 취소할 수 없는

R102

[어근] claim/clam(=cry, shout)

1021 clamor
[klǽmər]
09.한국외대

clam(=shout)+or → 시끄럽게 소리치는 것
n. 소란, (항의의) 아우성소리(=loud noise)
v. 시끄럽게 요구하다, 떠들어대다
- the clamor against heavy taxes 무거운 세금에 반대하는 아우성
- clamor for higher wages 떠들썩하게 임금인상을 요구하다
ⓐ clamorous 시끄러운, 소란한(=vociferous)

1022 reclaim
[rikléim]
04.중앙대/98-2.동국대

re(=again)+claim(=cry) → 다시 쓸 수 있다고 외치다
vt. 1. 개간하다; (땅을) 메우다, 간척하다
2. (범죄자를) 교정(矯正)하다, 갱생시키다
3. (폐품을) 재생하다, 재활용하다
4. (동물 등을) 길들이다
5. (분실하거나 빼앗긴 물건 등을) 되찾다
n. 교정, 교화; 개간, 개척, 매립; 재생 이용
- fertile land reclaimed from floodplains 범람원을 개간한 비옥한 땅
- go to the police station to reclaim one's wallet
지갑을 되찾으러 경찰서에 가다
ⓝ reclamation 교정; 개간, 간척, 길들임

tip 권리를 주장(claim)하기 위해서는 목소리를 높여야 합니다.
어근 claim은 "소리 높여 외치다(shout)"의 의미입니다.

추가 어휘
□ exclaim 큰 소리로 외치다, 부르짖다
 - exclamation 절규, 외침; 감탄(사)
 - exclamatory 감탄조의, 감탄의

표제어 복습
□ acclaim 갈채하다, 환호하다; 갈채 ➡ N0445
 - acclamation 환호성, 박수갈채
□ disclaimer 면책을 표시하는 경고 문구 ➡ N0785
 - disclaim 부인하다; (권리를) 포기하다
 - disclamation 부인, 거부(행위); 권리의 포기
□ declaim 맹렬히 비난하다 ➡ D0785
□ claim 주장하다; 요구하다; 청구 ➡ N0784
 - claimant 요구자, 신청인; 원고
□ proclaim 선언하다, 정식 포고하다 ➡ N0783
 - proclamation 선언, 선포

R103

[어근] quir/quisit/quest/quer(=ask, seek) & rog(=ask)

1031 ask
[æsk]

묻다 → 도와줄지 묻다
v. 1. 묻다, 질문하다(=inquire)
2. 부탁하다, 요청하다(=request)
3. 요구하다, 청구하다[for]
4. (사물이) ~을 필요로 하다[of](=require, call for)

1032 question
[kwéstʃən]
94.서울대학원

quest(=ask)+ion → 묻는 것
n. 1. 물음, 질문
囲 question and answer 〈무관사〉 질의응답
 put a question to ~에게 질문하다
2. 논점, 의제, 현안; 문제
囲 in question 본~, 당해; 검토 중인(=under consideration)
3. 의문, 의심
囲 out of question 의심의 여지가 없이, 확실한(=undoubtedly)
 = beyond question 틀림없이, 물론
ⓐ questionable 의심스러운, 미심쩍은(=dubious)
 ↔ unquestionable 의심할 나위없는
 unquestioning 무조건적인, 의심하지 않는
4. 가능성, 기회
囲 out of the question 불가능한(=impossible) ⊃ IO03O8
vt. 질문하다, 묻다(=ask); 문제 삼다

07.국회8급

囲 quest[kwèst] 탐색, 탐구, 추구; 탐색[탐구]하다
 request[rikwèst] 요구(사항), (정중한) 요청
 bequest[bikwèst] 유증(=legacy), 유물, 전해져 내려오는 것
 inquest[inkwest] 검시, 사인(死因) 조사, 심리

1033 requirement
[rikwáiərmənt]
03.숭실대/03.한양대

re(강조)+quir(=ask)+e+ment → 강하게 요구하는 것
n. 필요(한 것); 필요조건(=prerequisite)
- meet a requirement 요구사항[필요조건]를 만족시키다
ⓥ require 요구하다, 필요로 하다; (~하는데 돈이) 들다
ⓐ required (학과가) 필수의(=mandatory)

1034 perquisite
[pə́ːrkwəzit]
13.중앙대

per(강조)+quisit(=ask)+e → 강하게 요구하는 것
n. (급여 이외의) 특전(=perks); (사회적 지위에 따른) 특권
- Perquisites are benefits given to employees.
특전은 종업원에게 주어지는 혜택이다.
囲 perk 1. (급여 이외의) 특전(=perquisite)
13.중앙대   2. 으스대다; 증가하다[up]; 기운 차리(게 하)다[up]

tip 질문(question)에서 보듯,
어근 quest는 "묻다, 요구하다"의 의미를 가집니다.

어근 quir/quisit/quest/quer(=ask, seek)

추가 어휘
□ disquisition 논설, 논문(=treatise); 연설
□ querulous[kwérjuləs] 불평 많은, 성 잘 내는
□ questionnaire 질문서, 앙케트
□ conquistador (특히) 신대륙 정복자

표제어 복습
□ inquisitive 탐구적인, 알고 싶어하는 ➡ N0071
 - inquire 묻다; 질문[문의]하다; 조사하다
 - inquisition 심리, 조사, 최조; 심문
 - query 질문; 물음표; 질문하다, 캐묻다
 - inquiry 연구, 탐구; 조사, 최조; 질문, 조회
 - inquisitor 조사자, 심문자
□ acquire 취득하다, 습득하다, 배우다 ➡ N0476
 - acquirement 취득, 획득
 - acquisition 취득, 획득; 구입도서
 - acquired 획득한, 기득의, 후천적인
 - acquisitive 얻으려고 하는, 탐내는, 욕심 많은
□ prerequisite 미리 필요한, 전제가 되는 ➡ N0671
 - requisition (권력에 의한) 요구, 명령서
 - requisite 필요한, 필수의; 필수품

어근 rog(=ask)

추가 어휘
□ rogue 악당, 사기꾼; 사기 치다
 - roguish 건달의, 악한의; 장난치는

표제어 복습
□ arrogant 거만한, 오만한, 전체하는; 건방진 ➡ N0531
 - arrogance 거만, 오만
 - arrogantly 거만하게
□ arrogate 타인의 권리를 침해하다, 횡령하다 ➡ D0531
 - arrogation 사칭, 월권

1035 conquer
[káŋkər]
13.동덕여대/08.계명대

con(=together)+quer(=ask) → 한 나라로 통합할 것을 요구하다

v. 1. 정복하다(=dominate, vanquish)
2. (곤란·장애 등을) 극복하다
3. 이기다(=defeat); 승리하다
4. (명성 등을) 획득하다

ⓝ conquest 정복; 전리품
conqueror 정복자, 승리자

06.광운대/98.동국대

🔁 unconquerable 극복[정복]하기 어려운(=impregnable, invincible)
🔁 carry the day 승리를 거두다

1036 sequester
[sikwéstər]

se(=away)+quest(=ask)+er → 떨어질 것을 요구하다

vt. 1. 격리하다, 고립시키다(=seclude, isolate)
2. 압류하다, 몰수하다

vi. (미망인이) 재산 요구를 포기하다
• a sequestered village in the hills 언덕의 외딴 마을

95.서울대학원

ⓐ sequestered 고립된, 외딴(=remote); 은퇴한
🔁 sequestrate[sikwéstreit] 가압류하다; 몰수하다

1037 exquisite
[ikskwízit]
03.입법고시/98~2.경기대

ex(=out)+quisit(=seek)+e → 바깥나라에서 구해 온

a. 1. 아주 아름다운(=very beautiful), 우아한, 훌륭한
2. 절묘한, 정교한, 섬세한
• exquisite natural beauty 절묘한 자연의 아름다움

1038 interrogate
[intérəgèit]

inter(=between)+rog(=ask)+ate → 둘 사이에서 묻는

v. 심문하다, 추궁하다(=question, examine)
• interrogate a witness 증인을 심문하다

ⓐ interrogative 질문의, 미심쩍은; 의문사
interrogatory 심문의
ⓝ interrogation 질문, 심문
interrogator 질문자, 심문자

1039 surrogate
[sɔ́:rəgèit | sʌ́r-]
17.지방직9급

sur(sub(=in place of)+rog(=ask)+ate → 대신할 것을 요구한

n. 대리인, 대행자(=proxy)
a. 대리의, 대용의
• a surrogate mother 대리모

□ abrogate 폐지[폐기]하다 ✚ N0942
 - abrogation 폐지
□ derogatory (명예를) 손상하는 ✚ N0810
 - derogate (명예를) 손상시키다
 - derogation (명예) 훼손
□ prerogative (관직에 따른) 특권 ✚ N0941
 혼동어근 log(=speech) ⊃ R091

R104 [어근] pet(it)/pit/peat(=seek)

1041 appetite
[ǽpətàit]
경찰간부

ap(ad(=to)+pet(=seek)+ite → ~을 추구하는 것

n. 식욕; 욕구[for]
• the public's appetite for celebrity gossip
연예인의 뜬소문에 대한 대중들의 욕구

13.경희대

ⓐ appetizing 식욕을 돋우는, 맛있어 보이는
ⓝ appetizer (식사를 하기 전에 먹는) 식욕을 돋우는 것

1042 petition
[pitíʃən]
04.세종대

petit(=ask)+ion → 요구하는 사항을 적은 것

n. 청원(=formal request), 신청서, 소장
v. 청원하다[for]
• file a petition 청원서를 제출하다
ⓝ petitioner 청원자; (이혼 소송의) 원고

1043 compete
[kəmpíːt]
14.홍익대/09.명지대
05~2.광운대

com(=together)+pet(=seek)+e → 서로 우승하기를 바라다

vi. 1. (~와) 경쟁하다[with/against](=vie with)
2. (시합에) 참가하다[in]
3. 필적하다, 비견하다[with]
• compete with others in order to succeed
성공하기 위해서 다른 사람들과 경쟁하다

06.삼육대/05.한양대

ⓐ competitive 경쟁의, 경쟁적인, 경쟁력이 있는

05.국민대

ⓝ competitor 경쟁자, 경쟁자(=contender)

10.영남대

competition 경쟁, 시합

---

tip 식욕이 땡기도록 식사를 하기 전에 먼저 먹는 것이 에피타이저
(appetizer)입니다. 어근 pet는 "무엇을 추구하다(seek)"입니다.

표제어 복습

□ competent 능력[자격]이 있는, 유능한 ✚ N0208
 - competence 유능, 능력
 - competency 능력, 적성
 - incompetent 무능한, 쓸모없는
□ perpetual 영속하는, 끊임없는 ✚ N0196
 - perpetuate 영속화시키다, 항구화하다
 - perpetuity 영속, 불멸; 영원한 것; 종신연금
 혼동어근 pet(=rush) ⊃ R066

1044 repeat
[ripíːt]
05.동덕여대/04.서강대
03.세종대

re(=again)+peat(=ask) → 다시 요구하다

v. 되풀이하다, 반복하다(=reiterate, iterate)
 • repeat the mistake in the past 과거의 잘못을 되풀이하다
ⓝ **repetition** 되풀이, 반복

10.성균관대
ⓐ **repeating** 반복하는, 되풀이하는(=recurring)
13.한국외대
ⓐ **repetitious** 장황한, 자꾸 반복되는(=redundant)
13.서강대
 repetitive 반복되는(=tautological)

1045 propitious
[prəpíʃəs]
12,11.경희대/98.국민대

pro(=forward)+pit(=seek)+i+ous → 미래가 보장된

a. 1. (일을 하기에) 좋은[유리한][to](=favorable)
 2. 상서로운, 길조의(=auspicious ↔ ominous)
 • a propitious time to start a new business
  새로운 사업을 시작하기에 좋은 때
 propitiate[prəpíʃièit] 달래다, 위로하다(=appease)
 - propitiatory 비위 맞추는, 화해하는; 보상의

R105 [어근] spond/spons(=promise, answer)

1051 correspond
[kɔ̀ːrəspánd]
90.법원직

cor<com(=together)+re(=again)+spond(=answer) → 답장을 서로 주고 받다

vi. 1. 서신왕래를 하다[with]
 2. ~에 상당하다; 대등하다[to]
 3. 일치하다, 부합하다, 조화를 이루다[with]
 • correspond with her 그녀와 소식을 주고 받다
 • The American FBI corresponds to the British MI5.
  미국의 FBI는 영국의 MI5에 상당한 것이다.
ⓝ **correspondent** 특파원, 통신기자
05.경희대
ⓐ **corresponding** 상응하는, 일치하는, 유사한
ⓐⓓ **correspondingly** 대응하여, 상당하게; 일치하여

1052 spouse
[spáus, spáuz]

spous(=promise)+e → (평생을) 약속한 사람

n. 배우자(=wife)
 • people who cheat on their spouses
  배우자를 속이고 바람을 피운 사람들
03-2.단국대
ⓐ **spousal** 결혼의(=conjugal)
 espouse (학설을) 지지하다, 신봉하다
 - espousal 지지, 신봉

1053 despondent
[dispándənt]
08.영남대/07.세종대
96.기술고시

de(=away)+spond(=answer)+ent → (신의) 응답으로부터 멀어진

a. 낙담한, 실의에 빠진[over/about](=depressed)
 • be despondent over the death of their child
  자식의 죽음에 낙담하다
ⓥ **despond** 낙심하다, 낙담하다
ⓝ **despondency** 낙심, 실망, 의기소침

---

tip 스폰서(sponsor)는 후원을 약속한 사람을 말합니다.
어근 spons는 "약속하다(promise)"의 의미입니다.

추가 어휘
☐ **spons**or 후원자, 보증인; 광고주
 - **spons**orship (후원자의) 경제적 지원

표제어 복습
☐ re**spons**ible 책임져야 할, 원인이 되는 ◘ N0304
 - re**spons**ibility 책임, 책무; 신뢰도
 - re**spons**ive 대답하는; 민감한
 - re**spond** 응답하다, 대답하다
 ↔ irre**spons**ible 무책임한, 신뢰할 수 없는

I 086

write

write는 "글자를 쓰다, 편지를 쓰다[보내다]"을 의미하는 기본 단어이다.

O8601

write ★ off sb/sth

98.경찰간부/행시/토플,Teps

외상 장부에 적은 것을 없애다(off)

1. (빚 등을) 장부에서 지우다, 감가상각하다
2. 술술 막힘없이 써내리다
3. 〈write off A as B〉 A를 B로 치부하다

• Last year the bank **wrote off** $15 million in bad loans.
  작년에 그 은행은 부실대출 15백만달러를 상각했다.

연 write off (to sb/sth**)**
(기업 등에) 편지로 요청하다

O8602

write ★ down sth

98.한국외대

바닥에(down) 적어두다(write)

1. (기억을 위해) 적어두다(=jot ★ down sth) 2. 감가상각하다

• Just **write down** your number here. 여기에 전화번호를 적어 두세요.

연 jot ★ down sth 적어두다
= put ★ down sth
= take ★ down sth

I 087

read

read는 "글이나 기호를 읽다"를 의미하는 기본 동사이다.

O8701

read between the lines

15.기상직9급

행간을 읽다

글[말] 속의 숨은 뜻을 알아내다(=read hidden meanings)

• If you want to understand poetry, you have to learn to **read between the lines**.
  네가 시를 이해하고 싶으면, 행간을 읽어내는 법을 배워야 한다.

■ line 선, 끈, 윤곽, 행, 진로, 노선, 열, 줄, 전선
  (*길게 그어져 있는 것은 모두 line 이다.)
□ **drop** sb **a line** ∼에게 편지쓰다
□ **put one's life on the line** 목숨을 걸다(=risk one's life)

I 088

word

word는 "단어, 낱말"을 의미하는 명사로서 "이야기, 말" 그리고 "약속"이란 의미도 갖는다.

O8801

have words (with sb**)**

01-2.한성대/97.법원직/97-2.단국대
95.외무고시,토플,Teps

(누구와) 말들(words)을 주고 받다

∼와 말다툼하다(=quarrel, fall out with sb)

• He never **had words with** anybody.
  그는 어느 누구와도 말다툼한 일이 없다.

연 have the last[final] word
논쟁에서 이기다
연 have a word with sb
간단히 얘기하다, 한두 마디 나누다
(=talk briefly)
연 You have my word!
내 말 믿어! 약속해!
(*I promise you. 보다 강한 표현)

O8802

in other words

16.한양대

다른 단어(word)로는

달리 말하면, 다시 말해서

• **In other words**, I have no time today at all.
  다시 말하면, 나는 오늘 전혀 시간이 없어.

■ word 보충표현

□ **mince (one's) words** 삼가서 말하다, 완곡하게 말하다
□ **weigh one's words** 말을 신중하게 하다
□ **by word of mouth** 구두로(=verbally), 입소문으로
□ **as good as one's word** 약속을 잘 지키는
□ **eat[swallow] one's word** (어쩔 수 없이) 앞서 한 말을 취소하다(=withdraw one's statement)

Ⅰ089 name

name은 "**사람이나 사물의 이름**"을 의미하는 기본 단어이다.
"평판, 명성"을 의미하기도 하지만, 복수형으로 names는 "오명, 욕설"을 의미하기도 한다.
동사로는 "이름을 붙이다, 지명[임명]하다"라는 의미와 "가격을 제시하다"라는 의미로도 쓰인다.

08901
call sb **names**
07.국가직9급/06.광운대/03.입법고시
02.경찰/00-2.단국대/92.행자부7급

어떤 사람을 욕설(names)로 부르다
비난하다, 욕하다(=abuse, curse)
• It's rude to **call** a person **names**.
남을 욕하는 것은 무례한 일이다.

웹 **namecalling** 욕설; 중상; 비난

08902
the name of the game
02.행자부7급

그 게임의 이름(name)
본질, 가장 중요한 것
• **The name of the game** should be confidence-mending, not orthodox austerity.
가장 중요한 점은 신용 개선이어야지, 정통적인 긴축이 되어서는 아니된다.

웹 **ball game** 〈미·구어〉 상황, 사태
(=a situation or state of affairs); 경쟁

■ name 관련 표현

□ **make a name (for oneself)** 유명해지다
□ **drop names/name-drop** 이름을 마치 친구인 양 팔고 다니다 *이름을 흘리고 다니다(drop)
□ **in name only** 명목상, 이름뿐인, 표면상(=titular, nominal)
□ **I know him by name only.** 그의 이름만 알 뿐 잘 모른다.(=I know his name, but don't know what he looks like.)
□ **one's namesake** 동성동명의 사람(= sb with the same family and personal name)
□ **give** sb **a bad name** ~을 악평하다, ~의 평판을 나쁘게 하다 *나쁜 이름(악평)을 주다
□ **One's name is mud.** ~의 평판[신용]이 땅에 떨어지다.
□ **name and shame** 〈영〉 (성범죄자 등에 대해) 이름을 공개하여 창피를 주다
□ **Give it a name.** 〈구어〉 (한턱 낼 때) 원하는 것을 말해.
□ **You name it.** (가게에서 손님에게) 찾는 게 무엇인지 말씀하세요.
□ **name a price** (물건 흥정 시에 손님이) 값을 부르다

Ⅰ090 call

call은 "**어떠한 신호를 보내다 → 부르다**"이다.
1. 큰 소리로 부르다; 출석을 부르다; 이름을 ~라고 부르다
2. 전화하다; (사람·경찰·의사 등을) 부르다
3. 회의를 소집하다; 요청하다, 요구하다
4. (장소·사람을) 방문하다
N. 전화, 신호, 호각, 호출; 요청

1. 큰 소리로 부르다; 출석을 부르다; 이름을 ~라고 부르다

09001
call it a day
11.지방직7급/07.국가직9급/04.국민대
03.행자부9급/03.경찰/94.대전시7급.Teps

이것을 하루라고 부르자
하루일을 마치다(=stop working); 단념하다
• A : Shall we continue or stop here? 계속할까 아니면 이쯤에서 끝낼까?
  B : Let's **call it a day**. (=Let's stop now.) 오늘은 그만하자.

09002
call a spade a spade
99.경기대/99.소방간부/93.기술고시

카드게임에서 스페이드를 스페이드라고 부르다
사실대로 말하다, 꾸미지 않고 똑바로 말하다
(=be outspoken, speak plainly)
• He is no yes-man. He is a man who can **call a spade a spade**.
그는 예스맨이 아니다. 그는 소신있게 말할 줄 아는 사람이다.

09003
call sb **down**
96.인천시9급

아래로(나쁘게) 부르다
꾸짖다(=scold, chide, reproach, reprehend)
• He was **called down** by his father for being late for school.
그는 학교에 지각했다고 아버지에게 꾸지람을 들었다.
웹 **calling down** 질책, 징계

---

⑤ call it a night
(그날 밤의 일을) 끝내다(=call it quits);
활동을 중지하다
= **call it quits** 무승부로 하다;
그만두다, 중단하다, 끝내다
(=stop, finish)
⑤ call a halt (to sth**)**
끝내다, 중지를 명하다
- **call it square**
피장파장이라고 보다, 결말을 짓다

⑤ call sb **on the carpet**
꾸짖다, 불러 호통을 치다
*야단을 치기 위해 카페트가 깔린 사장
실로 부르다
웹 **call to account** 해명을 요구하다;
꾸짖다 *account(설명, 답변, 변명)

2. 전화하다; (사람·경찰·의사 등을) 부르다

09004
call * up sb
91.건국대학원.입시.토익.Teps

일어나라고(up) 전화하다(call)
1. 〈미〉 ~에게 전화를 걸다; ~을 전화로 깨우다
2. 〈영〉 군대를 소집하다 〈미〉 draft *(전쟁터) 쪽으로(up) 부르다(call)
• When I was in Pittsburgh, I **called** him **up**.
  나는 피츠버그에 있을 때 그에게 전화했다.
동 ring * up sb/sth 〈영〉 *일어나라고(up) 전화하다(ring)

유 call sb collect
(~에게) 수신자 부담 전화를 하다
(=the receiver pays for the call)
 *a collect call 수신자 부담 전화
- **call in sick** 전화로 병가를 내다
- **call back** 사람의 전화에 응답하다;
  나중에 다시 전화하다
동 call out 큰 소리로 외치다;
군대를 소집하다; 파업을 지령하다
 *바깥으로 나올 것을 명하다
 *call-out 출장 명령; 직장 복귀명령

3. 회의를 소집하다; 요청하다, 요구하다

09005
call for sb/sth
11.지방직7급/01-2.광운대
97.행자부7급/96.경원대.Teps

무언가를 요청하다(call)
1. ~을 요청하다, 요구하다(=request) *~을(for: 대상) 요구하다(call)
2. ~을 필요로 하다(=require, demand, need) *~을 위해(for: 목적) 요구되다
• They angrily **called for** Robinson's resignation.
  그들은 화가 나서 로빈슨의 사임을 요구하였다.

09006
call * off sb/sth
13.동국대/07.인천9급/01-2.한성대
99-2.홍익대/98.고려대학원/96.상명대
94.서울대학원/92.외무고시.기술고시.Teps

끝낼(off) 것을 요청하다(call)
1. (약속·모임·계획 등을) 취소하다(=cancel) *off를 선언하다
2. 주의를 딴 곳으로 돌리다(=distract) *~에서 떨어지도록(off) 외치다(call)
• Tomorrow's match has been **called off** because of the icy weather.
  내일 경기는 추운 날씨로 인해 취소되었다.

4. (장소·사람을) 방문하다

09007
call on sb
94.경찰.토익.입시.Teps

(사람)에 대해(on) 방문하다, 요구하다(call)
(사람을) 방문하다(=visit); 요구하다, 부탁하다; 지명하다
• He was not at home every time I **called on** him.
  내가 방문했을 때는 그는 늘 집에 없었다.

유 call at sw (장소를) 방문하다(=visit)

N. 전화, 신호, 호각, 호출; 요청

09008
wait for a call
12.지방직9급

전화(call)를 기다리다
전화를 기다리다
• Go back to your hotel and **wait for a call**.
  호텔로 돌아 가셔서 전화를 기다려 주세요.

유 make a call 전화를 하다
- **take the call** 전화를 받다
- **Give me a call** 전화 주세요.

09009
a close call[shave/escape]/
a narrow squeak[escape]
00.공인회계사.행시.Teps

가까운 거리에서 온 신호(call)
위기일발, 아슬아슬한 순간
• The old lady had **a close call**. A big truck almost hit her.
  그 할머니는 큰일 날뻔했어. 큰 트럭에 치일 뻔했거든.

Ⅰ091
ask
ask는 크게 **"어떤 것을 묻다"**라는 의미와 **"어떤 것을 부탁[요구]하다"**라는 두 가지 의미가 핵심이다.

09101
ask sb out
15.기상직9급

밖에 나가자고(out) 요청하다(ask)
(누구에게) 데이트를 신청하다
• Why don't you just **ask** her **out**? 그녀에게 그냥 데이트를 신청하지 그래?

■ ask 관련 표현

□ **ask for** sb/sth (누구를 만나기 위해) ~를 찾다, (어디를 가기 위해) ~에 대해 묻다
□ **ask about[after]** ~에 대해 묻다, 안부를 묻다
□ **ask for trouble** 화를 자초하다
□ **ask[cry] for the moon** 달을 따다 달라고 하다, 힘들거나 불가능한 일을 요구하다
□ **a big ask** 만만찮은 일

answer

answer는 "~에 응해서 행동하다"가 기본 의미이다.
비유적으로 "요구를 충족시키다, 목적을 달성하다"의 의미도 갖는다.

■ answer 관련 표현

□ **answer for** ⓢᵗʰ ~의 책임을 지다
□ **answer the[one's] purpose** 목적에 부합하다
□ **answer to** ⓢᵇ ~에게 해명하다, ~에 회답하다
□ **answer back** (ⓢᵇ)/ **answer back (at[to]** ⓢᵇ) (윗사람에게) 말대꾸하다

R 106 　[어근] cut(=cut) & tail(=cut) & tom/tome(=cut)

1061 cutlery
[kʌ́tləri]
96.기술고시

cut(=cut)+lery → 자르는 칼

n. 1. (집합적) 식탁용 날붙이(나이프 · 포크 따위)(=knives)
　　2. 칼 제조업
ⓝ **cutler** 칼장수
　cutlet 얇게 저민 고기
　cutty 짧게 자른, 치수가 짧은; 성미 급한
　cuttage 삽목, 꺾꽂이(법)

1062 detail
[díːteil]
99.행정고시

de(=down)+tail(=cut) → 아래로(지방으로) 잘라 보내다(파견하다)

n. 1. 세부, 지엽적인 일, (pl.) 상세한 설명
　　2. 특별임무, 특파부대
vt. 1. 상술하다, 열거하다
　　2. 파견하다, 특파하다
　• elaborate with further details 세부내용을 상세히 말하다
　• They were detailed to search the chapel.
　　그들은 예배당을 수색하도록 파견되었다.
99.행정고시　ⓘ **ins and outs** 세부곡절, 자초지종(=details)

1063 retail
[ríːteil]
07.중앙대

re(=again)+tail(=cut) → 소매상이 다시 마진을 잘라먹다

vt. 소매로 팔다
n. 소매, 소매상
ⓝ **retailer** 소매상인
ⓣ **wholesale** 도매; 도매의; 도매로 팔다
　- **wholesaler** 도매상인

1064 tailor-made
[téilərmeid]
12,16.홍익대

tailor(재단사)+made → 재단사가 만든

a. (특정한 사람이나 목적을 위한) 맞춤의(=custom-built)
ⓝ **tailor** 재단사, 재봉사; (용도에) 맞추다(=adjust)
ⓣ **tail** 꼬리; 미행자; 미행하다
16.서강대　ⓣ **ready-made** 이미 만들어져 나온; 기성복

1065 dichotomy
[daikátəmi]
04.고려대

di(=two)+cho(=into)+tom(=cut)+y → 두 개로 자른 것

n. 이분법, 양단법; 이분, 양분
　• a dichotomy between good and evil 선과 악의 이분법
ⓐ **dichotomous** 양분된, 양분법의

---

tip 도마뱀은 꼬리(tail)를 자르고 도망가는데 그래서 어근 tail은 "자르다(cut)"의 의미입니다. 또한 사람의 시체를 칼로 잘라보는 것을 해부(anatomy)라고 합니다. 어근 tom은 "자르다(cut)"의 의미입니다.

어근 **tail**(=cut)

표제어 복습

☐ cur**tail** (일정을) 단축하다, (비용을) 삭감하다 ☑ N0117
　- cur**tail**ment 단축, 삭감
　- **curt** 짧은, 간결한; 무뚝뚝한
☐ en**tail** (필연적인 결과로서) 수반하다 ☑ N0949
　- en**tail**ment 세습 재산

어근 **tom/tome**(=cut)

추가 어휘

☐ ana**tom**y 해부학 •ana(=completely)
☐ a**tom**ic 원자의, 원자력의; 극히 작은 •a(=not)
☐ en**tom**ology 곤충학 •en(=into)
☐ appendec**tom**y 맹장수술 •pend(=hang)
☐ hystero**tom**y 제왕 절개; 자궁절제 •hystero(=womb)
☐ vasec**tom**y 정관절제수술 •vas(=vessel)

표제어 복습

☐ epi**tom**e 전형(적인 예); 요약 ☑ N0422
　- epi**tom**ize ~의 전형이다; 요약하다

R 107 　[어근] sect(=cut) & sever(=cut, serious)

1071 dissect
[disékt]
08.이화여대/98.한국외대

dis(=apart)+sect(=cut) → 제각각 잘라내다

vt. 1. (인체 · 동물을) 해부하다, 나누다
　　2. (상세히) 분석하다(=analyze), 세밀하게 조사하다(=scrutinize)
　• dissect the contract 계약서를 상세히 분석하다
ⓝ **dissection** 절개, 해부, 해체; 정밀한 분석
ⓣ **vivisect** 생체 해부를 하다 •viv(=life)
　- **vivisection** 생체 해부

1072 C(a)esarean section
[sizéəriən sékʃən]
08.경남9급

cesar(시저)+section (절단, 절개) → 시저가 제왕절개로 태어났다는 데서 유래

n. 제왕 절개 수술(=cesarean operation)
　• be born by Caesarean section 제왕절개로 태어나다

ⓣ **section** 절단, 잘라낸 부분; 단면, 구분, 구역, 구획, 지구
　- **sectional** 지역적인, 부분의, 조립식의
　- **sectionalism** 파벌주의, 지방주의
　sector (산업의) 부문, 작전지구
　sect (신앙이나 의견을 달리하는) 종파, 분파

---

tip 어떤 한 부분을 인위적으로 잘라 놓은 구역을 섹션(section)이라고 하는데 어근 sect는 "자르다(cut)"의 의미를 갖기 때문입니다.

어근 **sect**(=cut)

추가 어휘

☐ **sect**arian 분파의; 편협한; 분리파
☐ bi**sect** 양분하다, 이등분하다 •bi(=two)
☐ in**sect** 곤충 •in(=into)
　- in**sect**icide 살충제 •cide(=kill)
☐ inter**sect** 가로지르다, 교차하다
　- inter**sect**ion 교차, 횡단; 교차점 12.숭실대
☐ cross-**sect**ion 횡단면, (사회의) 단면

1073 **sever**
[sévər]
16.아주대/08.대구가톨릭대
03.경희대

sever(=cut) → 자르다, 분리하다

vt. 1. 자르다, 절단하다; 분할하다(=divide)
2. 관계를 끊다(=dissolve); 이간시키다

vi. 갈라지다, 끊어지다
- reattach severed limbs 절단된 팔다리를 다시 붙이다
- sever his personal ties 그의 개인적인 유대관계를 끊다

ⓝ severance 절단, 단절; 분리, 격리
ⓐ severable 분리할 수 있는, 가분의
동 **dissever** 분리하다, 분할하다(=separate) *dis(=apart)
혼 **asseverate** 맹세코 단언하다(=assert)

1074 **severe**
[səvíər]
13.경희대

sever(=cut, serious)+e → 살을 자르는 듯한

a. 1. 엄한, 엄격한; 가혹한, 호된(=harsh)
2. 간소한, 소박한
3. (태풍 등이) 심한, 맹렬한
- disagree with the severity of the death penalty 사형제도의 가혹함에 반대하다

08.홍익대 ⓐⓓ severely 엄격하게, 가혹하게, 심하게(=drastically)
08.계명대 ⓝ severity 엄격, 혹독; 가혹한 처사(=cruelty)

1075 **persevere**
[pə̀:rsəvíər]

per(=through)+sever(=serious)+e → 혹독한 곤경을 통과하다

vi. 참다, 견디다; 끈기 있게 노력하다
(=to continue steadily in adversity)
- persevere in solving problems 문제를 해결하는데 끈기있게 노력하다

ⓝ perseverance 인내, 인내력, 참을성, 끈기
ⓐ perseverant 인내심이 강한, 불요불굴의
ⓥ perseverate 집요하게 계속[반복]하다

R108 [어근] cis/cise/chis(=cut) & trench(=cut) & cind(=cut)

1081 **precise**
[prisáis]
01-2.영남대/98.가톨릭대

pre(강조)+cise(=cut) → 정확하게 잘라낸

a. 1. 정확한, 정밀한; 명확한(=exact, accurate)
2. (수량 따위가) 딱 들어맞는
3. 까다로운, 꼼꼼한
- To be more precise 더 정확히 말하자면

04.홍익대/96-2.세종대 ⓝ precision 정확, 정밀; 꼼꼼함(=accuracy, exactness)
ⓐⓓ precisely 정밀하게, 정확하게; (동의의 대답) 바로 그렇다; (말머리에) 도대체
ⓐ precisive 어떤 것에만 한정하는; 정확한, 엄밀한
반 **imprecise** 부정확한, 불명확한

1082 **precis**
[preisí:]
15.기상직9급 /14.중앙대

pre(강조)+cis(=cut) → 여기 저기를 잘라 놓은 것

n. 요약, 개략(=compendium, abridgment)
- make a precis of a report 보고서를 요약하다

1083 **indecisive**
[ìndisáisiv]

in(=not)+de(강조)+cis(=cut)+ive → 요구를 딱 잘라 거절하지 못하는

a. 우유부단한(=irresolute); 뚜렷한 결과를 내지 못하는
- an indecisive battle 결판이 나지 않는 전쟁
- a weak and indecisive leader 나약하고 우유부단한 지도자

11.세종대 ⓝ indecision 우유부단, 주저(=vacillation)
반 **decisive** 결정적인, 중대한(=conclusive); 과단성 있는
- **decisively** 결정적으로, 단호히
- **decision** 결정, 결심
- **decide** 결정하다, 결심하다

1084 **excise**
[éksaiz]

ex(강조)+cise(=cut) → (이익에서) 세금을 잘라내다

n. (종종 the ~) 소비세
vt. 1. (소비세를) 부과하다
2. [iksáiz] 잘라내다; (문장 등을) 삭제하다[from]
- eliminate the special excise tax 특별소비세를 폐지하다
- be excised from the book 책의 일부가 삭제되다

ⓝ excision 절제, 삭제, 제명
혼 **exercise**[éksərsàiz] 운동, 연습, 연습문제
exorcise 귀신을 쫓아내다 **exorcism** 퇴마

tip 어떤 결정(decision)을 하고 난 다음에는 다른 이의제기를 과감히 잘라버려야 할 때가 있습니다. 어근 cis는 "자르다(cut)"의 의미입니다.

어근 cis/cise/chis(=cut)

추가 어휘

- ☐ circum**cis**ion 포경수술, 할례 *circum(=around)
  - circum**cis**e 포경수술을 하다
- ☐ **cas**tration 거세
  - **cas**trate 거세하다; 골자를 빼버리다
- ☐ **chis**el 끌, 조각칼; 끌로 파다
- ☐ **sc**issors[sízərz] 가위
- ☐ **Caes**ar[sí:zər] 시저, 카이사르(로마 황제)
  - Caesarean Section 제왕절개수술

표제어 복습

- ☐ con**cis**e 간단명료한, 축약된 ◘ N0353
  - con**cis**ely 간단하게
  - con**cis**eness 간명함

1085 incisive
[insáisiv]
11.국민대/02.경기대

in(=in)+cis(=cut)+ive → 안으로 파고드는

a. 예리한, 날카로운; (말·문장 등이) 통렬한(=trenchant)
- incisive political analysis 날카로운 정치적 분석
- make incisive comments about the book
  그 책에 대해 통렬한 비판을 하다

ⓥ incise 절개하다, 째다; 새기다(=carve into)

ⓝ incision 절개(술), 짼 자국

1086 trenchant
[tréntʃənt]
10.이화여대/02.경기대
95.행자부7급

trench(=cut)+ant → 분명하게 자르는

a. 1. (윤곽 등이) 뚜렷한, 분명한(=distinct)
2. (비판 등이) 통렬한, 신랄한
3. (관찰력이) 날카로운, 예리한(=incisive)
- a trenchant observation 예리한 관찰력

ⓝ trenchancy (말 등이) 날카로움; 격렬함; 명확함

1087 entrenched
[intréntʃt]
12.서울여대

en(=make)+trench(=cut)+ed → 깊게 도랑을 파놓은

a. 깊이 자리 잡은(=ingrained), 확립된
- deeply entrenched gender inequalities 깊이 자리 잡은 성적 불평등

ⓥ entrench 단단히 자리 잡게 하다, 확립하다; 참호를 두르다

ⓝ entrenchment 확고함, 정착; 참호

▣ trench 참호, 깊은 도랑; 참호를 파다
retrench (경비를) 줄이다; 긴축하다

1088 rescind
[risínd]
08.05.경기대

res(=back)+cind/cis(=cut) → 뒤로 잘라내 버리다

vt. (법률·조약 등을) 무효로 하다, 폐지하다(=repeal, annul)
- rescind the order 명령을 폐지하다
- rescind its trade agreement 무역협정을 폐지하다

ⓝ rescission 폐지, 취소, 무효로 함

R109　[어근] part(=part) & tax(=divide)

1091 participate
[pɑːrtísəpèit]

part(=part)+i+cip(=take)+ate → 한 부분으로 자리를 잡다

vi. 참여하다, 관여하다[in]
- participate in the Olympics 올림픽에 참가하다

ⓝ participation 관여, 참가

ⓐ participant 참여하는, 관여하는; 참가자
- participatory democracy 참여 민주주의

94.기술고시
▣ take part in 참여하다(=go in for)

1092 partake
[pɑːrtéik]
15.숙명여대

part(=part)+take(=take) → 자기에게 주어진 부분을 먹다(take)

v. 1. (자기 몫을) 먹다, 마시다
2. 참가하다[in]
- partake in the meeting 회의에 참가하다

1093 compartment
[kəmpɑːrtmənt]
00-2.세종대

com(=together)+part(=part)+ment → 같이 부분을 이루는 것

n. 칸막이(=section, partition); (객차 내) 개인용 침실
- a smoking compartment 흡연실
- a first-class compartment 1등실

ⓥ compart 구획하다, 칸막이하다

16.국민대
▤ partition 분할, 구획; 칸막이방; 구획선, 분할선

▣ apartment 〈미〉 아파트; 〈영〉 임대아파트, 셋방
flat 〈영〉 아파트, 공동주택
condominium 분양 아파트

1094 nonpartisan
[nɑ̀npɑ́ːrtizən]
05.강남대

non(=not)+part(=part)+isan → 어디에도 속하지 않는

a. 초당파의; 객관적인, 공평한(=just)
n. 초당패[무소속]의 사람
- form a nonpartisan cabinet 초당파적인 거국 내각을 구성하다

11.중앙대
▣ partisan 일당, 패거리; 유격대; 당파심이 강한
- partisanship 당파의식

---

tip 전체가 아닌 일부를 의미하는 part는 "나누다"의 의미도 있습니다.

어근 part(=part)

추가 어휘
- ☐ parting 헤어짐, 이별; 가르마;분기점; 이별의
- ☐ apartheid (남아공의) 인종 차별 정책 · a(=away)
- ☐ repartee[rèpɑːrtíː] 재치 있는 응답

표제어 복습
- ☐ impartial 편견이 없는; 공평한 ☐ N0036
  - impartiality 공평무사, 공명 정대
  - ↔ partial 불공평한, 편파적인
  - partiality 편파, 편견, 불공평, 편애
- ☐ counterpart 상대물, 상대역 ☐ N0550
- ☐ impart 지식을 전하다, 가르치다 ☐ N0840

어근 tax(=divide)

추가 어휘
- ☐ tax 세금; 세금을 부과하다
  - taxation 조세, 세수; 과세
- ☐ taxidermy 박제술
- ☐ syntax 구문론
  - syntactic(al) 구문론의, 통사론의

1095 particle
[pɑ́:rtikl]
01.경기대

part(=part)+i+cle → 아주 작은 부분

n. 극히 작은 조각, 미립자; 극소량(=mite)
- have not a particle of sense 센스라고는 조금도 없다
- the size of the particles 입자의 크기

1096 particular
[pərtíkjulər]
90.연세대학원

particle(=part)+ular → 적은 부분에 관해 신경 쓰는

a. 1. 특정한(=specific); 특별한(=peculiar)
2. 까다로운[about]
n. (pl.) (문서에 기록하는) 자세한 사항, 세목
- be particular about one's clothes 자신의 옷에 까다롭다
- ⓐ **particularly** 특별히, 특히

1097 depart
[dipɑ́:rt]
13.경희대

16.항공대

de(from)+part(=part) → (출발지)로부터 떨어져 나오다

v. 1. (여행을) 떠나다, 출발하다
2. (규칙 · 습관 따위에서) 벗어나다(=deviate)
- depart from the daily routine 일상으로부터 일탈하다
- ⓝ **departure** 떠남(=exodus), 출발
- 🔁 **department** 부문, 부(部); 국(局), 과(課); 분야

1098 taxonomy
[tæksɑ́nəmi]

tax(=divide)+onomy(=name) → 나누어 이름을 붙임

n. 분류학, 분류(=classification); 분류 체계
- a taxonomy of literary genres 문학 장르의 분류
- ⓝ **taxonomist** 분류학자

R110 [어근] portion(=part) & lot/low(=lot)

1101 apportion
[əpɔ́:rʃən]
08.공인노무사

ap〈ad(=to)+portion(=part) → ~에게 떼 주다 → 할당하다

vt.(여러 사람에게) 배분하다, 할당하다[to](=allocate)
- apportion the land among members of the family
  가족의 구성원에게 땅을 배분하다
- ⓝ **apportionment** 배분, 할당, 분담; (인구수에 따른) 의석의 할당
- 🔁 **malapportioned** (의석 등의) 할당이 불공평한
- 🔁 **portion** 부분(=part, segment) 몫, 분배 재산; (음식의) 1인분
  v. 분할하다, 분배하다
  - This is your portion. 이것은 네 몫이다.
  - portion out land 토지를 배분하다

1102 proportion
[prəpɔ́:rʃən]
04-2.세종대

pro(=before)+portion(=part) → ~를 위한 미리 떼어 놓은 부분

n. 1. (~에 대한) 비율; 할당
2. 균형, 조화
 * in proportion to ~에 비례하여(=in comparison with)
vt.균형 잡히게 하다; 조화시키다; 할당하다
- ⓐ proportionate 비례하는, 균형이 잡힌[to](=commensurate with)
  proportionately 비례하여, 비교하여(=relatively)
- 🔁 **disproportionate** 어울리지 않는, 조화되지 않는, 불균형한[to]
  - **disproportion** 불균형

1103 allot
[əlɑ́t, əlɔ́t]
04-2.세종대

al〈ad(=to)+lot(=lot) → ~에게 몫을 주다

vt.(시간 · 돈 · 업무 등을) 할당[배당]하다
- be allotted 10 minutes for presentation 발표에 10분이 배당되다
- ⓝ **allotment** 할당, 분배, 배당; 몫

어근 lot/low(=lot)

추가 어휘
- ☐ **lot** 제비(뽑기), 추첨; 할당, 몫; 지구, 부지; 많은, 다량
- ☐ **lottery** 복권, 추첨; 도박
- ☐ **lotto** 복권, 로또

표제어 복습
- ☐ **allowance** 허락, 허가, 승인; 용돈, 수당 ◘ N0669
  - **allow** 허락하다, 허가하다; 지급하다
  - **allowedly** 당연히

1111 breach
[briːtʃ]
06.감평사/03-2.광운대
93.기술고시

breach〈break → 약속을 깨다

vt. (법률·약속·협정 등을) 위반하다(=break, rupture)

n. 1. (법률·약속 등의) 위반, 불이행(=infraction)

2. 갈라진 틈

3. 절교, 불화
- breach one's pledge 맹세를 깨다
- a breach of contract 계약 위반

🔄 **bleach** [bliːtʃ] 표백하다; 표백제

1112 infraction
[infrǽkʃən]
09.고려대/03-2.광운대

in(=in)+fract(=break)+ion → 안으로 깨고 들어가는 것

n. 1. (법률·규칙 등의) 위반, 반칙(=violation)

2. (권리 등의) 침해, 침범
- a habitual infraction of a social convention 사회적 전통의 습관적 위반

ⓥ **infract** (법률·서약 등을) 어기다, 위반하다

1113 fracas
[fréikəs]
07.고려대

frac(=break)+as → 깨고 부수는 것

n. 소동, 싸움(=quarrel), 난리(=brawl)
- break up the fracas 싸움을 해산시키다

🔄 **affray** [əfréi] 싸움, 소란; (공공장소에서의) 난투

fray [fréi] 싸움, 소동, 경기; 닳게 하다, 비비다, 소모시키다

1114 fragment
[frǽgmənt]
07.서울여대

frag(=break)+ment → 산산이 깨부수다

v. 산산이 부수다; 부서지다

n. 부서진 조각, 파편
- fragment into small pieces 산산조각이 나다

05.경기대 ⓐ **fragmentary** 단편적인; 토막토막의(=incomplete)

14.한양대 ⓝ **fragmentation** 분열, 파쇄

1115 fraction
[frǽkʃən]
05-2.서울여대

fract(=break)+ion → 작게 부서진 것

n. 1. 작은 부분, 소량, 조금

2. 파편; 분수; 분파
- a fraction of a second 아주 잠깐

ⓥ **fractionate** (혼합물을) 분류하다

98-2.세종대 🔄 **friction** [frikʃən] 마찰; 알력, 불화, (의견) 충돌 ←fric(=rub)

1116 fracture
[frǽktʃər]
13.한양대/98-10.경찰

fract(=break)+ure

v. 1. (뼈를) 부러뜨리다(부러지다); (발목을) 삐다

2. 부수다(부서지다), 파쇄하다(=crack)

n. 1. 부서짐, 깨짐, 부러짐, 파쇄; 분열

2. (뼈의) 골절, 좌상

3. 갈라진 곳[틈]
- a fracture of the leg 다리 골절

ⓐ **fractural** 파쇄성의, 골절의

00-2.경원대 🔄 **sprain one's ankle** 발목을 삐다

disjoint 관절을 삐게 하다, 탈구시키다

1117 suffrage
[sʌ́fridʒ]
06.숙명여대

sub〈suf=under)+frage(=break) → 밑으로 세분해서 나누어 준 것

n. 투표권, 선거권(=voting right); 참정권(=franchise)
- cry for female suffrage 여성의 참정권을 요구하다

ⓝ **suffragette** [sʌ́frədʒét] 여성 참정권론자

suffragist [sʌ́frədʒist] 참정권 확장론자

🔄 **franchise** 특권, 참정권, 독점영업권 ➔ **RO284**

1118 refractory
[rifrǽktəri]
07.중앙대

re(=again)+fract(=break)+ory → 다시 규칙을 어기는

a. 다루기 힘이 드는, 순종하지 않는(=obstinate); 난치의
- a violent or refractory prisoner 폭력적이고 다루기 힘든 죄수

🔄 **refract** (광선을) 굴절시키다

- **refraction** 굴절(작용); (눈의) 굴절력 (측정)

- **refractive** 굴절하는 **refractor** 굴절렌즈

1119 fractious
[frǽkʃəs]
15.한국외대/08.세종대

fract(=break)+i+ous → 성질이 나면 잘 깨부수는

a. 화를 잘 내는, 괴팍한(=irritable); 말썽을 부리는
- a fractious young man 화를 잘 내는 젊은이

---

tip 어근 fract는 그 발음이 마치 깨지는 소리처럼 날카롭게 들립니다.

표제어 복습

☐ **fragile** 부서지기[깨지기] 쉬운, 연약한 ☑ N0197
- **fragility** 부서지기 쉬움, 허약; 허무함
☐ **frail** 깨지기 쉬운; 연약한, 허약한 ☑ T1503
- **frailty** 무름, 약함, 의지박약; 덧없음
☐ **frangible** 깨지기[부서지기] 쉬운, 약한 ☑ T1503
☐ **refrain** 그만두다, 삼가다, 자제하다 ☑ N0418
- **refrainment** 자제, 억제
☐ **infringe** 위반하다; 침해하다 ☑ N0769
- **infringement** 위반, 침해

1121 rupture
[rʌ́ptʃər]
93.기술고시

rupt(=break)+ure → 깨지는 것
n. 1. 파열, 균열; 결렬, 단절(=breach)
　　2. 탈장(=hernia)
v. 1. (혈관 등을) 파열하다(시키다)
　　2. (관계 등을) 단절[결렬]하다(=break off with)
　　• a rupture between friends 친구 간의 불화
　　• rupture of negotiations 교섭의 결렬
⬛ rapture 큰 기쁨, 황홀, 환희; 황홀하게 하다 **⊃ R0052**

1122 erupt
[irʌ́pt]

e(ex(=out)+rupt(=break) → 바깥으로 깨고 나오다
v. 1. (화산 등이) 분출하다, 폭발하다(=explode)
　　2. (감정이) 복받치다, (분노를) 표출하다
　　3. (이가) 나다; (피부에) 발진이 돋다(=break out)
　　• The volcano erupted after years of dormancy.
　　　수년간 휴화산으로 있은 후에 그 화산은 폭발했다.
ⓝ eruption 폭발, 분출, 발생
12.경희대　　**ⓐ eruptive** 폭발성의(=volatile), 분화성의

tip 파산(bankruptcy)이란 은행의 잔고가 박살이 나서 돈이 없다는 말입니다. 어근 rupt는 "깨다, 부서지다(break)"의 의미입니다.

표제어 복습
☐ **abrupt**ly 갑자기, 불시에; 급격하게 **⊡ N0524**
　- **abrupt** 갑작스러운, 무뚝뚝한
　- **abrupt**ion 분리, 분열; 중단, 종결
☐ **bankrupt** 파산자; 지불 능력이 없는 **⊡ N0842**
　- **bankrupt**cy 파산, 도산
☐ **corrupt** 타락한, 부패한; 타락시키다 **⊡ N0686**
　- **corrupt**ion 타락, 매수; 부패; 개악
　- **corrupt**ible 타락[부패]하기 쉬운, 뇌물이 통하는
　↔ in**corrupt**ible 매수되지 않는, 청렴 결백한
☐ dis**rupt** 정상적인 진행에 지장을 주다 **⊡ N0340**
　- dis**rupt**ion 분열; 붕괴, 중단, 두절; 혼란
　- dis**rupt**ure 중단; 분열, 파열
　- dis**rupt**ive 분열[붕괴]시키는
☐ inter**rupt** 중단시키다, 방해하다 **⊡ N0498**
　- inter**rupt**ed 중단된, 방해받은
　- inter**rupt**ion 훼방, 방해; 중단; 방해물

1131 rot
[rát]
93.기술고시

rot(=gnaw) → 부식시켜 약하게 하다
vi. (동물이) 썩다, 부패하다(=decay, addle); 쇠약해지다
vt. 썩게 하다, 부패시키다
n. 부패, 타락; 〈영속어〉 헛소리
　　• Eggs are apt to rot. 달걀은 썩기 쉽다.
ⓐ rotten 썩은(=spoiled); 타락한; 열등한
⬛ gnaw[nɔ́ː] 갉아 먹다, 부식시키다, 침식하다

1132 corrosive
[kəróusiv]
03.세종대

cor(com(강조)+ros(=gnaw)+ive → 갉아 먹는
a. 1. (화학작용으로 쇠가) 부식하는; 부식성의(=caustic)
　　2. (비판·풍자 따위가) 통렬한, 날카로운
　　• highly corrosive substances 부식성이 매우 강한 물질
94.사법시험　　**ⓝ corrosion** 부식
ⓥ corrode 부식하다, 좀먹다

1133 antiseptic
[æntəséptik]
93.서울대학원

anti(=against)+sept(=cause to rot)+ic → 썩게 하는 것을 방지하는 것
n. 방부제(=germ-killing substance)
a. 멸균의, 방부(防腐)성의
　　• the antiseptic effect of alcohol 알코올의 방부제 효과
⬛ septic 부패성의; 패혈증(의)
　　aseptic 무균의; (외과의) 방부 처리의; 방부제

1134 putrid
[pjúːtrid]
02.선관위9급

putr(=rotten)+id → 썩은 냄새가 나는
a. 1. (짐승이나 식물이) 썩거나 고약한 냄새가 나는
　　2. 〈구어〉 매우 불쾌한
　　• eat putrid food 상한 음식을 먹다
91.서울대학원　　**ⓥ putrefy** (시체 등이) 썩어 악취가 나다

어근 ros/rot(=gnaw)

추가 어휘
☐ **rod**ent 설치류 동물 (쥐, 토끼, 다람쥐 등)
　- **rod**enticide 쥐약

표제어 복습
☐ e**rod**e 조금씩 침식하다; 좀먹다 **⊡ N0112**
　- e**ros**ion 침식
　- e**ros**ive 침식적인, 통렬한
　혼동어근 rot(=turn, wheel) **⊡ R055**

1141 grind
[gráind]
08.한국외대

갈다 → 연마하다 → 지루한 일

n. 〈구어〉 고되고 단조로운 일, 지루하고 하기 싫은 공부
v. 1. 갈다, 으깨다, (맷돌을) 돌리다; 연마하다
2. 〈종종 수동형으로〉 아주 지치게 하다
• Learning vocabulary is a bit of a grind.
어휘를 익히는 것은 다소 지루한 일이다.

🔟 have an ax(e) to grind 딴 속셈이 있다, 원한이 있다 ⊃ IO4317
keep [have, put, hold] one's nose to the grindstone
죽으라고 일만 하다

1142 demolish
[dimálif]
03.단국대/01.한성대
96.세종대

de(=away)+mol(=grind)+ish → 갈아 없애 버리다

vt. 1. (건물 따위를) 파괴하다, 헐다(=destroy, tear down)
2. (계획·제도 따위를) 폐지[폐기]하다
• demolish a building 건물을 철거하다
ⓝ demolition 파괴, 해체, 폭파; (pl.) 황폐, 폐허

1143 immolation
[iməléifən]
13.경희대

im(=in)+mol(=grind)+lat+ion → 씹어 먹는 (괴물의 아가리로) 들어감

n. 제물로 바침; 희생
• attempt suicide by self-immolation 자기희생을 위해 자살을 시도하다
ⓝ self-immolation 자기희생
ⓥ immolate 제물로 바치다, 희생하다

1144 raze
[réiz]
06.세종대

raz(=rub)+e → 지워 없애다

vt. 1. (도시·집 등을) 남김없이 파괴하다, 무너뜨리다
2. 〈고어〉 (기억 등을) 지우다, 없애다
• be razed to the ground 완전히 파괴되다

🔲 **razor**[réizər] 면도칼로 베다; 면도칼
eraser[iréisər] 고무지우개
erase[iréis] (글자 등을) 지우다; 문질러 없애다; 삭제하다
rash[ræf] 발진, 뾰루지; 무모한, 경솔한; 성급한

1145 erase
[iréis, iréiz]
14.국가직9급,서울시9급
98.인천대

e〈ex(=out)+ras(=rub)+e → 문질러 없애다

v. (글자 등을) 지우다, 삭제하다(=efface)
• try to erase the memory 기억에서 지우려 하다
ⓝ eraser 지우개

🔲 **rub** 비비다, 문지르다, 문질러 닦다
• rub out ~을 지우다, 없애다; 죽이다

1146 abrasive
[əbréisiv]
07.단국대

ab(=away)+ras(=rub)+ive → 문질러서 없애는

n. 연마제
a. 문질러 닳게 하는; 귀에 거슬리는
• Abrasives are sharp, hard materials used to wear away the surface of softer, less resistant materials.
연마제는 보다 부드럽고 저항력이 더 적은 물질의 표면을 닳게 하기 위해 사용되는 날카롭고 단단한 물질이다.
ⓝ abrasion 연마; 소모, 침식; 찰과상
ⓥ abrade 문질러 벗겨지게 하다; 닳다
17.서강대 ⓐ abrading 마모시키는

06.세종대 🔲 **rub** 비비다, 문지르다, 문질러 닦다
04.경기대 🔲 **lubricant**[lú:brikənt] 미끄럽게 하는; 윤활유
- **lubricate** 기름을 치다(=oil); (일을) 매끄럽게 하다
- **lubricious/lubricous** 매끄러운(=slippery), 포착하기 어려운
- **lubrication** 윤활, 주유
- **lube**[lú:b] 〈미·구어〉 윤활유; 윤활유를 치다

1147 trite
[trait]
12.경희대

trit(=rub)+e → 닳고 닳은

a. 진부한, 독창적이지 못한(=hackneyed)
• It sounds trite, but it's true. 진부하게 들리지만, 사실이다.

1148 contrite
[kəntráit]
11.서울여대/95.성균관대

con(강조)+trit(=rub)+e → 잘못을 싹싹 빌고 있는

a. 죄를 깊이 뉘우치고 있는, 회개하는(=repentant)
• a proper and contrite apology 적절하고 뉘우치는 사과
ⓝ contrition 뉘우침, 회개(=penitence)

추가 어휘
☐ **mol**ar[móulər] 어금니; 갈아 부수는
☐ **mol**est (특히 아동을) 성추행하다
☐ **mol**ecule 분자 •cule(=small)
☐ **mol**lusk 연체동물
☐ e**mol**ument 수당, 이익, 보수, 봉급

추가 어휘
☐ **ras**cal[ræskəl] 악당, 장난꾸러기
- **ras**cally 악당의, 야비한; 비열하게
☐ **ras**p[ræsp] 이가 굵은 줄; 줄질하다; 거친 목소리로 말하다
- **ras**ping 귀에 거슬리는, 삐걱거리는

추가 어휘
☐ at**trit**ion[ətrifən] 마찰, 소모, 마멸; 저항력의 약화

표제어 복습
☐ de**trit**mental 손해를 입히는, 해로운 ➡ N0048
- de**trit**ment 손실, 손해; 유해물, 손해의 원인

R115

1151 constructive
[kənstrʌ́ktiv]
08.전남대/03.세종대

con(=together)+struct(=build)+ive → 여러 개를 함께 세운

a. (토론, 비판, 정책이) 건설적인; 구조적인, 구성적인
- a constructive policy 건설적인 정책

ⓥ construct 건설하다(=erect), 조립하다, 구성하다
ⓐ constructional 건설상의; 구조상의
ⓝ construction 건설, 건설 공사, 건축; 구조
- under construction 건설 중인, 공사 중인

01.건국대 🔁 reconstruct 재건하다, 개조하다, 부흥하다

1152 indestructible
[ìndistrʌ́ktəbl]
99.사법시험

in(=not)+de(=down)+struct(=build)+ible → 건물을 바닥에 주저 앉힐 수 없는

a. 파괴할 수 없는, 불멸의
- have indestructible mental strength 강인한 정신력을 가지다

ⓥ destruct 자동 파괴하다, 자폭시키다
14.한양대/13.경희대 ⓐ destructive 파괴적인(=subversive, devastating), 부정적인
12.인천대 ⓝ destruction 파괴, 멸망; 대량 살인

1153 destroy
[distrɔ́i]
16.경기대/15.국민대
94.서울대학원

de(반대)+str(=build)+oy → '세우다'의 반대

vt.1. 파괴하다(=raze), 말살하다, 없애다(=erode)
2. (수동형으로) 사람이나 동물을 죽여 없애다
(=exterminate, eradicate)
3. (계획을) 망치다
- destroy the environment 환경을 파괴하다
- All flora and fauna was destroyed. 모든 동식물군이 파괴되었다.

🔁 wipe out 기억에서 지우다, 전멸시키다(=destroy) ⊃ TO695

1154 obstruct
[əbstrʌ́kt]
14.중앙대/03.경기대
98-2.한양대

ob(=against)+struct(=build) → ~에 대항해 (바리케이드를) 세우다

v. 막다, 차단하다(=block, clog), 방해하다(=hinder)
- obstruct the traffic 교통을 방해하다

ⓝ obstruction 방해물, 방해, 차단
ⓐ obstructive 방해가 되는; 방해물
14.중앙대 🔁 put the kibosh on ~을 막다(=obstruct), 망치다

1155 instrument
[ínstrəmənt]
01-2.계명대

in(=in)+stru(=build)+ment → 하나 안에 구성되는 것

n. 1. 기구, 악기, 기계(=device)
2. 수단, 방법; 앞잡이
- demonstrate how to use the instrument 기구의 사용법을 설명하다

17.한양대/07.국가직7급 ⓐ instrumental 수단이 되는, 도움이 되는[in]; 악기의

1156 construe
[kənstrúː]
16.홍익대/12.한양대
06.아주대

con(=together)+strue(=build) → 같이 뜻을 구성하다

v. 1. ~을 (~으로) 이해[해석]하다[as](=interpret)
2. 추론하다(=infer)
- construe as an apology 사과로 받아들이다

🔁 misconstrue 잘못 해석하다; 오해하다

---

tip 건물(structure)은 쌓아올리는(build) 것입니다.
어근 struct는 "쌓아올리다, 만들어내다(build)"의 의미입니다.

추가 어휘

☐ **struct**ure 구조, 구성, 건축물
- **struct**ural 구조상의, 구조적인
- sub**struc**tion 기초(공사), 토대
☐ in**dust**ry 공업, 산업; 근면
☐ in**struct** 가르치다, 지시하다
- in**struct**ion 교육, 가르침; 훈련; 사용설명서
- in**struct**or 교사, 전임강사

I 093 | cut

cut는 "**자르다, 베다, 절단하다**"가 기본개념이다.
잘라낸다고 해서 "줄이다, 단축하다"의 의미가 나오며, 부탁을 단호하게 잘라 거절한다는 뉘앙스에서
"모른 체 하다" 뜻도 나온다.
1. 베다, 자르다, 절단하다; (조각 등을) 깎아 다듬다
2. (비용 등을) 줄이다, 삭감하다, 단축하다; 길을 내다, 가로지르다
3. 중단하다; (관계를) 끊다, 모른 체하다, 무시하다; 상처를 주다

1. 베다, 자르다, 절단하다; (조각 등을) 깎아 다듬다

09301
cut no ice
09.동국대/03.광운대.토플.입사

얼음조차 자르지 못하다
아무런 효과가 없다, 아무 영향도 주지 못하다(=have no effect)
• His suggestion **cuts no ice**. It doesn't help at all!
그의 제안은 쓸모가 없다. 전혀 도움이 안된다.
🔳 **cut ice** 효과가 있다(=have effect)

09302
cut a fine figure
02.경찰/95.외무고시.토플

선명한 외관(fine figure)으로 잘라내다
(모습 등이) 이채를 띠다; (능력 등이) 두각을 나타내다
• The actor **cuts a fine figure** since he bought too many new clothes.
그 배우는 너무 많은 옷을 구매하였기 때문에 유명해졌다.

09303
clean-cut
96.외무고시

머리를 깨끗하게(clean) 자른(cut)
(외모 등이) 단정한; (의미가) 명확한(=sharp, definite)
• There is not always a **clean-cut** distinction between right and wrong.
옳고 그름에 있어 명확한 구분이 언제나 존재하는 것은 아니다.

09304
cut-and-dried
토플

이미 잘라서(cut) 마른(dried)
1. 미리 준비된, 미리 결정된(=already settled and unlikely to be changed)
2. 신선함이 없는, 진부한(=banal, cliché, stereotyped)
• The decision was **cut and dried** and nobody asked for our opinion.
그 결정은 이미 나 있었던 것이고 아무도 우리의 의견을 묻지 않았다.

09305
cutting-edge
15.한양대/07.여자기동대
04.동국대.Teps

끝을 뾰족하게(edge) 잘라낸(cutting) → 갓(뾰족할 첨) 端(끝 단)
(기술이나 제품 등이) 최첨단의(=most advanced)
• This **cutting-edge** cellular phone is so small that you can carry it in your shirt pocket.
이 최첨단 휴대폰은 아주 작아서 셔츠 주머니에 휴대할 수도 있습니다.
🔳 **cutting edge** (기술이나 제품의) 최첨단
🔳 **be on the cutting edge** 지도적 입장에 있다; 앞장서다

09306
be cut out for [sth] /
be cut out to be [sth]
13.국가직7급/02.감정평가사.군법무관.입사.Teps

무언가에 쓰기 위해 (딱 맞게) 잘려져 나오다
(직업을 위해 필요한) 자질을 갖추다,
일이 체질에 맞다(=naturally well-suited for [sth])
• He **is cut out to be** a doctor. 그는 의사의 자질을 갖추었다.

09307
cut [sb] **to the quick**
92.서울대학원/92.외무고시

손톱 밑의 생살·아픈 곳(quick)까지 자르다(cut)
감정을 심하게 다치게 하다(=hurt one's feelings deeply),
~에게 깊은 상처를 주다
• His words **cut** me **to the quick**. 그의 말이 내 감정을 심하게 건드렸다.
🔳 **to the quick** 절실히, 뼈에 사무치게(=deeply) *quick(속살)까지(to)

09308
cut the Gordian knots
92.사법시험

풀기 어렵다는 고르디우스왕의 매듭을 단칼로 잘라 풀다
어려운 문제를 해결하다
• He is a marvelous man. He **cut the Gordian knot** in difficulty situation.
그는 정말 놀라운 사람이야. 어려운 상황에서도 단번에 문제를 해결했어.

2. (비용 등을) 줄이다, 삭감하다, 단축하다; 길을 내다, 가로지르다

09309
cut * down ([sth] **) /**
cut down (on [sth] **)**
97.서울시9급/95.공인회계사
토플/입사.Teps

줄여서 낮추다(down)
줄이다(=reduce, lower, lessen, cut * back ([sth]))
• The doctor told me to **cut down** my consumption of carbohydrates.
의사는 나에게 탄수화물 섭취를 줄이라고 했다.

우 cut the mustard 기대에 부응하다
↳ **can't cut the mustard** 13.중앙대
기대에 부응하지 못하다

T top-of-the-line 최고급품의, 최신식의

T cut one's eyeteeth on [sth]
세상 물정을 알게 되다. 철이 들다;
(학문·기술 등을) 처음으로 배우다
*송곳니(eyeteeth)가 나다(cut)
- **cut teeth** (아이의) 이가 나다

T cut [sb]/[sth] **to the bone**
(바람 등이) 뼛속까지 스미다;
(비용 등을) 최대한으로 줄이다
*뼛속까지(to the bone) 살을 에다(cut)
- **to the bone** 철저히(=thoroughly)
*뼛속까지(to the bone)

우 trim * down ([sth] **)** 삭감하다, 줄이다

O9310

cut ★ back (sth) / cut back (on sth)

92.법원직,Teps

되물이해서(back) 잘라내다(cut)

(비용 등을) 줄이다, 절감하다(=reduce, curtail)

• My concern is if we **cut back on** inventory, and sales are higher than forecast, we'll really have a problem.

내가 우려하는 건 우리가 재고를 줄였는데 판매량이 예상보다 많으면 진짜 문제라는거죠.

🔳 cutback (인원·생산 등의) 축소, 삭감

O9311

cut corners

토플,Teps

모퉁이(corners)를 가로지르다(cut)

지름길로 가다(=take a shorter way);

(돈·시간·노력을) 절약하려고 일을 불완전하게 하다(=economize)

• One airline was accused of **cutting corners** on safety.

한 항공사는 안전에 대해 소홀히 한 것을 이유로 기소되었다.

🔳 shortcut 지름길; 손쉬운 방법; (방법이) 손쉬운

＊길을 짧게 자른 것 → 지름길

🔳 cut ★ short sth (계획했던 것보다) 일찍 중단하다, 빨리 끝내다

cut sb short 남의 말을 가로막다

O9312

cut across sth

06.공인회계사

가로질러(across) 거리를 줄이다(cut)

1. ~에 영향을 미치다(=affect) ＊가로질러서 자르다

2. ~을 질러가다 ＊가로질러서(across) 거리를 줄이다(cut)

3. ~을 넘다, 초월하다

• The problem **cuts across** all socioeconomic lines and affects all age groups.

그 문제는 모든 사회경제 노선에 영향을 미쳤고 모든 연령층에게도 영향을 미쳤다.

---

3. 중단하다; (관계를) 끊다, 모른 체하다, 무시하다; 상처를 주다

O9313

cut out (sth)

02.경찰,Teps

완전히(out) 잘라내다(cut) → 관계를 끊고(cut) 밖으로(out) 나오다

1. 제거하다, 베어내다(=remove, weed ★ out, get rid of sb /sth, eliminate)
(기사 등에서) 잘라내다, 삭제하다(=omit)

2. 〈구어〉 그만둬, 닥쳐(=cut the crap)

3. (자리 등에서) 떠나다

• Her editors wanted her to **cut out** the poetry from her novel.

편집자들은 그녀의 소설에서 시를 삭제하기를 원했다.

🔳 cut out the deadwood 생산성이 떨어지는 사람을 직장에서 해고하다

O9314

cut ★ off sb/sth

07.대구교행9급/01.동덕여대
93.기술고시/법원사무관,Teps

잘라서 분리시키다(off)

1. (공급 등을) 중단하다, 끊다; 고립시키다(=isolate), 떼어 놓다

2. (통화를) 중단하다, 가로막다(=stop speaking), 끊다(=disconnect)

• Television service between the two cities was **cut off** briefly during the storm.

양 도시간의 텔레비전 서비스가 폭풍우 동안에 잠시 중단되었다.

🔳 cutoff 절단, 차단, 분리; 결산일; 지름길; (골프) 컷오프

O9315

cut sb dead

10.경북교행9급/08.세무직9급
95.고려대/토플

어떤 사람을 죽은 사람처럼 모른 체하다(cut)

보고도 보지 못한 체하다

(=refuse to recognize sb you know in order to be rude)

• He **cut** me **dead** in the street. 그는 길에서 나를 못 본 체 했다.

Ⅰ 094

tear

tear[tɛəːr]는 "**찢다, 잡아 째다(rip)**"가 기본 의미이다.

찢어지는 것은 유형물(찢다)일 수도 있고 사람의 마음(사이가 벌어지다; 마음을 갈기갈기 찢다)일 수도 있다.

또한 "**눈물, 눈물을 흘리다**"의 tear[tiəːr]는 기원이 전혀 다른 단어이다.

O9401

tear ★ down sth

15.성균관대/03.공인회계사

무너지도록(down) 찢어 발기다

1. (건물 등을) 헐다(=demolish), (기계 따위를) 해체하다(=dismantle)

2. 비난하다

• This building is on its last legs. It should be **torn down**.

이 건물은 붕괴 직전이다. 헐어버려야 한다.

🔳 tear ★ apart sb/sth (집 등을) 허물다; 분열시키다, 교란시키다; 혹평하다; (남의) 마음을 갈기갈기 찢어놓다

🔳 tear ★ up sth 갈기갈기 찢다; 계약이나 협정 등을 파기하다(=rip ★ up sth)

---

break

break는 "사물의 완전함을 깨뜨리다, 시간의 연속성을 끊다"가 기본 개념이다.

1. (사물의) 완전함을 깨뜨리다 → 부수다, 고장내다; 기록을 깨다; 약속·규칙을 어기다; 파산하다;
   평화로움을 깨다; 뉴스가 전해지다; 갑자기 시작하다
2. (시간의) 연속성을 끊다 → 나쁜 버릇을 끊다, 중단해[되]다, 휴식하다, 관계를 끊다, 방해하다, 갑자기 시작하다

N. 분열, 파괴, 중단, 단절; 짧은 휴식; 실언; 기회, 행운

1. (사물의) 완전함을 깨뜨리다 → 부수다, 고장내다; 기록을 깨다; 약속·규칙을 어기다; 파산하다; 평화로움을 깨다; 뉴스가 전해지다; 갑자기 시작하다

09501
break down
15.경찰2차/00.한성대/98.공인회계사
93.연세대학원/90.행정고시
90.서울대학원,입사4회,Teps

바닥으로(down) 무너지다
1. 고장나다(=be out of order) *차가 고장이 나서 주저 앉다(down)
2. (협상 등이) 깨지다, 결렬되다, 실패하다 *협상을 완전히(down) 깨뜨리다
3. 분류하다(=subdivide, classify) *깨뜨려서(break) 여러 개로 나누다
4. (사람이) 울며 주저앉다(=cannot control one's feelings)
5. 파괴하다 *부수어 주저 앉히다(down)
6. 건강이 쇠약해지다
• Her car **broke down** so she had to walk. 차가 고장나서 그녀는 걸어야 했다.
• They tried to **break down** the feudal social system.
  그들은 봉건적인 사회 제도를 타파하려고 했다.
11.덕성여대/04.단국대/99.명지대
📷 **breakdown** 명세, 내역(=details); 분류; 고장; 몰락(=collapse)

09502
break ground (for sth**)**
85.서울대학원

땅을 갈아부수다(break)
공사를 시작하다(=start in), 착공하다; 새 사업을 시작하다
• They were **breaking** new **ground** in consumer electronics.
  그들은 가전 분야로 새롭게 진출하고 있었다.

📷 **pave the way for** sb/sth
~의 길을 열다, ~을 가능케하다
(=prepare)
*길에 포장을 깔다(pave)

09503
break through (sth**)**
토플,Teps

~을 깨부수며(break) 통과하다(through)
강행 돌파하다; 장애 등을 극복하다
• The supreme commander ordered the unit to **break through**
  to the frontier.
  최고 사령관은 그 부대가 국경지역까지 강행돌파할 것을 명령했다.
📷 **breakthrough** (과학 분야 등에서) 획기적인 발견, 약진;타개책 ➲ NO253

09504
break out
08.강남대,토플,Teps

~을 깨부수며(break) 나오다(out)
1. (전쟁·화재·질병 등이) 발생하다(=begin)
  *평화로움을 깨고(break) 바깥으로 나오다
2. 여드름, 뾰루지 등이 나다 *(곪았던 염증이) 밖으로 깨고 나오다(out)
3. 탈출하다, 도망치다 *감옥에서(out of) 부수고 나오다(break)
• The World War Ⅱ **broke out** in 1939.
  제 2차 세계대전은 1939년에 일어났다.
13.숙명여대
📷 **outbreak** (전쟁·질병 등의) 발발; 돌연한 발생[출현]; 급증; 폭동, 소요

📷 **break out in a cold sweat**
식은 땀을 흘리다
📷 **break prison** 탈옥하다
*prison break 탈옥

09505
break the news to sb
01.홍익대/95.한신대,Teps

누구에게 뉴스가 전해지다(break)
~에게 중요한 소식(대개 나쁜 소식)을 전하다
• The doctor had to **break the news to** Merry about her husband's cancer.
  의사는 메리에게 남편이 암이라는 소식을 전해야 했다.

📷 **breaking news**
(CBS 등 외국 방송의) 긴급속보

09506
break the ice
03.고려대/01.입법고시/98.경찰간부
92.외무고시,입사,Teps

냉랭함(ice)을 깨뜨리다(break)
1. (가벼운 대화 등으로) 어색한 분위기를 깨뜨리다;
  (낯선 사람과) 말을 시작하다(=start to speak)
2. 어려운 일의 돌파구를 찾다(=make a start by overcoming initial difficulties)
• Mike tried to **break the ice** by making a good joke.
  마이크는 재미있는 농담을 하여 어색한 분위기를 깨려 했다.
📷 **icebreaker** 어색한 분위기를 바꾸는 데 사용되는 것(춤이나 게임 등)

2. (시간의) 연속성을 끊다 → 나쁜 버릇을 끊다, 중단해[되]다, 휴식하다, 관계를 끊다, 방해하다

09507
break off
92.법원직/85.성균관대학원
85.토플,행정고시,입사2회,Teps

깨고 들어가서(break) 완전히 끊다(off)
1. (갑자기 말을) 중단하다, 멈추다(=stop abruptly, halt, come to an end)
2. 부러지다, 깨지다; 부러뜨리다
3. (협상이) 결렬되다
4. (약혼 관계 등을) 끝내다
• I **broke off** the conversation and answered the phone.
  나는 대화를 멈추고 전화를 받았다.

09508
break into [sth]
15.상명대,입사,Teps

깨고(break) 안으로 들어가다(into)
1. 갑자기 ～하다(=burst into [sth])
2. 새 일자리를 얻다; 새로운 분야로 사업을 진출하다
3. ～에 침입하다, 밀고 들어가다 *～안으로 깨고 들어가다
• I always **break into** tears at a funeral.
  나는 장례식에서는 언제나 눈물이 터져 나온다.

뎁 break (out) into tears/
break out in tears
갑자기 울기 시작하다
- **break into smile**
  갑자기 웃음을 터트리다
- **break into applause**
  갑자기 박수를 보내다
- **break into run**
  갑자기 뛰기 시작하다

09509
break * in [sb]/[sth]
13.산업기술대/04.서울시9급
96.입법고시/93.행정고시,Teps

안으로(in) 깨부수고 들어가다
1. (동물 등을) 길들이다(=tame); (새 신발 · 옷을) 써서 길들이다
2. 침입하다(=invade)
3. [break in on [sth]] 끼어들다, 말참견하다(=cut[butt] in on [sb]/[sth]),
   interfere (with [sb]/[sth]); 방해하다(=interrupt)
• Man **broke in** some cattle to labor.
  인간은 몇몇 가축을 일하도록 길들였다.
뎁 break-in 난입, 주거침입; (길들이기 위한) 시운전

09510
break up ([sth])
12.경북교행/10.동덕여대
10.행정고시,토플,입사,Teps

완전히(up) 끊다(break)
1. (결혼 · 약혼 등을) 끝내다(=to put an end to [sth]), 부부가 이혼하다
2. (학교가) 방학에 들어가다 *완전히(up) 휴식을 취하다(break)
3. 분리하다; 해산시키다, 해체하다(=disband, dismiss) *완전히 끊다(break)
4. (사람을) 웃게 하다, 배꼽이 빠지도록 웃게 하다 *사람을 완전히(up) 쪼개다
• He lost his job and his marriage **broke up**.
  그는 직장을 잃었고 결혼생활도 끝장이 났다.
• The meeting **broke up** at four o'clock. 회의는 4시에 해산되었다.
• When are you to **break up** for vacation? 언제부터 휴가가 시작됩니까?
뎁 breakup (부부간의) 이별, 불화; 해산, 붕괴; 배꼽잡고 웃는 일

용 break (up) with [sb] 관계를 끊다
(=discontinue an association); 헤어지다
뎁 Break it up!
(싸우는 두 사람에게) 그만뒈!

N. 분열, 파괴, 중단, 단절; 짧은 휴식; 실언; 기회, 행운

09511
take a break
15.사회복지9급/00.한성대,Teps

break(휴식시간)을 가지다(take)
잠시 휴식을 가지다, 쉬다
• Let's **take a break** under this tree. It's too hot.
  이 나무 아래서 잠시 쉽시다. 너무 더워요.

뎁 coffee break
차를 마시며 갖는 휴식시간
- **lunch break** 점심 휴게시간
- **without a break** 쉬지 않고, 계속해서
- **at break (time)**
  (학교에서 수업과 수업사이의) 쉬는 시간에

09512
get the big break
06.광운대

break(기회)
(성공할 수 있는) 큰 기회를 얻다
• He **got his** first **big break** in 1992.
  그는 1992년에 성공할 수 있는 큰 기회를 얻었다.

09513
Break a leg!
11.지방직7급

다리가 부러진 배우가 그 후 스타가 되었다는 데서 유래
행운을 빈다!
• **Break a leg!** I know you can do it.
  행운을 빌어! 네가 할 수 있다는 것을 알아.

뎁 lucky break 행운
↔ **tough break** 불운
= **bad break**
  실언, 실책; 불운(=bad luck)

09514
Give me a break!
13.중앙대

내게 기회(break)를 줘!
1. (한 번 더) 기회를 줘! 2. 그만 좀 해!
• I'll do better! **Give me a break!**
  더 잘할게요. 기회를 주세요.

A. 파산한, 무일푼인

09515
be dead broke /
be flat broke /
be stone broke /
be stony broke
01.고려대/00.한성대

완전히(dead) 무일푼이다(broke)
완전히 파산이다, 무일푼이다
• I'm dead broke. (=I'm flat broke.)
  나는 완전히 빈털터리다.

뎁 go broke 무일푼이 되다, 파산하다
- **break the bank** 은행을 파산시키다
- **bankrupt** 파산하다
  *bank + rupt(break)
뎁 break even
손실과 이득이 없이 되다, 비기다

crack

1. 금가게 하다, 부수다, 깨다
2. 농담 등을 하다(crack a joke)
3. 어려운 문제를 풀다, 암호를 풀다

09601
crack down on [sb]/[sth]
11,지방직7급/99,사법시험,Teps

범죄집단을 강하게(down) 깨부수다(crack)
단속하다(=enforce law); **엄벌에 처하다**(=take strong and severe action to deal with [sth] bad)

• The city government has decided to **crack down on** people who spit on the streets.
시 당국은 거리에 침 뱉는 사람들을 단속하기로 결정했다.

🔂 **crackdown** 일제 단속; 법률 등의 엄격한 시행

09602
a hard[tough] nut to crack
98,서울시립대,Teps

깨기(crack) 힘들게 단단한(hard) 호두(nut)
어려운 문제[사람], 다루기 어려운 것[사람]
(=a difficult question or person to deal with)

• This is **a hard nut to crack**. 이 문제는 까다롭다.

🔂 **The nut is very hard to crack.**
호두는 잘 깨지지 않는다.
🔁 **hot potato**
뜨거운 감자 → 곤란한 문제, 어려운 문제

09603
crack[break] a joke / tell a joke
토플,Teps

농담을 하며 쪼개다(crack)
농담하다(=tell a humorous story)

• He **cracked jokes** and talked about beer and girls.
그는 농담을 지껄여댔고 술과 여자들 얘기를 했다.

■ build 보충표현

build는 "여러 개를 모아서 만들다"는 의미로 "짓다, 조립하다"의 의미이고 그 과정에 중점이 있다.
몸을 만드는 사람을 보디빌더라고 한다.

☐ **build** [sth] **around** [sth] ~을 기초로 해서 (사상 · 신조 등을) 세우다
☐ **build in** [sth] (가구 등을) 붙박이로 만들다 **cf. built-in** 붙박이의, 내장된
☐ **build castle in the air** 사상누각을 쌓다, 헛된 꿈을 꾸다
☐ **a slight build** 마른 체격 ↔ **a heavy build** 단단한 체격
☐ **build up** [sb]/[sth] (부나 명성을) 쌓아 올리다; (군비 등을) 증강하다, (건강, 신뢰를) 증진시키다
☐ **build** [sth] **to order** 주문을 받아 ~을 만들다, 주문제작하다

R116 [어근] strike(=strike) & bat(=strike) & flict(=strike) & cuss(=strike)

1161 striking
[stráikiŋ]
01.행자부9급
05.동덕여대

strike+ing → strike(치다 → 주의를 끌다 → 인상을 주다)

a. 이목[주의]을 끄는, 두드러진; 인상적인
- a striking contrast 확연한 대조

ad strikingly 현저하게

숙 striking distance 공격 유효 거리, 사정거리
- within striking distance 아주 가까운 곳에

1162 stroke
[stróuk]
04.고려대

엉덩이를 살살 때리다 → 어루만지다, 달래다

vt. 어루만지다(=caress); 달래다, 어르다
n. 타격, 일격; 울림, 고동; 발작; 스트로크
- stroke his sister's hair 그의 여동생의 머리카락을 어루만지다

> **동** caress[kərés] 애무하다, 껴안다
> grope[gróup] (특히 여자의 몸을) 더듬다; 더듬어서 찾다(=fumble)
> pet (사람이나 동물을) 어루만지다; 애무[페팅]하다
> fondle[fándl] 애지중지하다; 애무하다

1163 combat
[kámbæt]
08.전남대
15.홍익대/13.한성대
13.산업기술대
05.성균관대

com(=together)+bat(=strike) → 서로 때리다, 싸우다

n. 전투, (범죄와의) 전쟁[against]
- combat/fight/war against ~와의 전쟁
- the combat against organized crime 조직범죄와의 전쟁

v. 전투하다, 싸우다[with]

ⓐ combative 호전적인(=pugnacious, belligerent)
ⓝ combatant 전투원, 전투부대; 교전국; 투사, 격투자

유 battle 전쟁, (특정 지역에서의 조직적이며 장기간에 걸친) 전투; 싸우다
숙 fight a losing battle 승산 없는 싸움을 하다

1164 debatable
[dibéitəbl]
11.국가직9급/09.서강대
13.경찰2차

de(=down)+bat(=strike)+able → 때려 눕힐 만한

a. 논쟁의 여지가 있는(=arguable, controversial)
- It is a debatable question whether ~.
  ~인지 아닌지 논란의 여지가 있는 문제이다.

ⓥ debate 논쟁하다, 토론하다; 숙고하다

1165 repercussion
[rìːpərkʌʃən]
14.국회8급/01~2.세종대

re(=again)+per(강조)+cuss(=strike)+ion → 다시 강하게 치는 것

n. (pl.) (간접적) 영향, 강한 반향이나 파장(=strong impact); 반동
- unexpected repercussions 예기치 않은 반발
- have significant repercussions for the regional economy
  지역경제에 상당한 영향을 미치다

유 percussion 충격, 충돌; 타악기

어근 bat(=strike, beat)

추가 어휘

- ☐ bat (야구의) 배트; 배트로 치다
- ☐ baton[bətán] (릴레이의) 바통, 경찰봉
- ☐ battalion[bətǽljən] (군대 편성단위) 대대
- ☐ batter[bǽtər] 난타하다, 때려 부수다
- ☐ battery 배터리; 포병대; 폭행, 구타

표제어 복습

- ☐ abate 잦아들다; 줄다; 감소시키다 ◘ N0588
  - abatement 감소, 경감
  - bate 줄이다

어근 flict(=strike)

표제어 복습

- ☐ conflict 싸움, 분쟁; 충돌; 대립하다 ◘ N0332
  - conflicting 서로 싸우는, 상충되는
- ☐ afflict 고통; 고통의 원인; 질병 ◘ N0801
  - afflict (심신을) 괴롭히다
  - inflict 고통을 주다, 괴롭히다
  - infliction 고통을 가하기; 형벌, 고통, 시련

어근 cuss(=strike)

추가 어휘

- ☐ discuss 토론하다, 논의하다 ·dis(=apart)
  - discussion 토론, 토의, 검토
- ☐ concussion 뇌진탕, 충격
  - concuss 뇌진탕을 일으키게 하다

R117 [어근] plaus/plaud/plod/plos(=strike) & fend/fens/fenc(=strike) & lid(=strike)

1171 explode
[iksplóud]
14.항공대

ex(=out)+plode(=strike) → 밖으로 터져 나오다

v. 폭발시키다[하다](=erupt), (감정이) 폭발하다
- apt to explode 폭발하기 쉬운
- explode with anger 분노가 폭발하다

ⓐ explosive[iksplóusiv] 폭발하기 쉬운; 폭약, 폭발물
ⓝ explosion[iksplóuʒən] 폭발, 파열; (분노·웃음 등의) 격발

숙 unexploded 폭발하지 않은

1172 offend
[əfénd]
82.사법시험
13.인천대
96.연세대학원

ob(of(=against)+fend(=strike) → 타인의 감정에 거슬리게 치다

v. 1. ~의 감정을 상하게 하다, 불쾌하게 하다(=displease)
2. (법을) 위반하다
- be offended by his blunt speech 그의 퉁명스러운 말에 기분이 상하다

ⓝ offender 범죄자(=culprit), 위반자; 무례한 사람
offense/offence 위반; 범죄; 무례; 공격(↔ defense)
*take offence (at) 기분 상하다, 성내다(=be annoyed)

ⓐ offensive 불쾌한, 거슬리는; 무례한; 공격적인
→ inoffensive 해를 안 끼치는; 악의가 없는

어근 plaus/plaud/plod/plos(=strike)

추가 어휘

- ☐ implosion 안쪽으로의 파열; (급격한) 내부 붕괴
- ☐ apoplexy 졸도, 졸중, 출혈(hemorrhage)

표제어 복습

- ☐ applaud 박수갈채 하다, 칭찬하다 ◘ N0423
  - applause 박수갈채; 칭찬
  - applausive 칭찬의
- ☐ plaudit 갈채, 박수, 칭찬 ◘ D0423
- ☐ plausible 그럴듯한, 그럴싸한 ◘ N0262
  - plausibility 그럴듯함; 그럴듯한 말
  ↔ implausible 믿기 어려운, 그럴듯하지 않은

어근 fend/fens/fenc(=hit, strike)

추가 어휘

- ☐ fence 울타리(를 치다); 장애물
- ☐ fencing 검술, 펜싱

1173 collide
[kəláid]
99.고려대

col(con=together)+lid(=strike)+e → 서로 함께 치다

vi. 1. 부딪치다, 충돌하다[with]
2. (의견 등이) 일치하지 않다, 상충하다[with]
98-2.숭실대
• collide with the truck 트럭과 충돌하다
ⓝ collision 충돌(=crash), 격돌; 상충, 대립

표제어 복습
☐ defend 방어하다; 변호하다, 옹호하다 ◪ N0725
- defendant 〈주로 민사소송에서의〉 피고(의)
- defense 방어, 변호, 수비; (the~) 피고측
- defensive 방어적인, 수비의; 수세의
- indefensible 방어하기 어려운
☐ fend 피하다[off]; 부양하다[for] ◪ N0838
- fender (자동차 등의) 흙받이, 완충 장치

R118 [어근] pug/pugn(=fight) & arm(=weapon) & bell(=war) & milit(=solder) & mars(=war)

1181 impugn
[impjúːn]
13.서강대/12.서울여대
09.고려대

im(in=on)+pugn(=fight) → ~에게 공격을 퍼붓다

vt. 1. (남의 행동·의견·성실성 등에) 의문을 제기하다(=challenge)
2. 비난 공격하다, 논박하다(=oppose)
• impugn the sincerity of his belief 그의 신념에 대한 정직성을 의심하다
ⓢ oppugn[əpjúːn] 비난하다, 반박하다, 이의를 주장하다 •op(=against)

1182 repugnance
[ripʌ́gnəns]
05-2.가톨릭대

re(=against)+pugn(=fight)+ance → 반감을 가지고 싸우게 만드는 것

n. 혐오, 싫증, 증오, 반감(=aversion)
• repugnance toward the snake 뱀에 대한 혐오감
ⓐ repugnant 비위에 맞지 않는, 아주 싫은; 반감을 품은

1183 armistice
[áːrməstis]
07.인천9급

arm(=weapon)+i+stice(=stand, stop) → 무기를 세워 두는 것, 내려놓는 것

n. 휴전(협정), 정전(=truce, ceasefire)
• violate an armistice 휴전 협정을 위반하다
ⓢ truce 휴전(협정), 정전; 중단; 휴전하다
11.세종대
ⓡ armory 무기고, 병기고(=arsenal)
arms 무기, 병기
armor 갑옷, 방호구

1184 bellicose
[bélikòus]
04-2.단국대

bell(=war)+i+cose → 전쟁하기 좋아하는

a. 호전적인, 싸우기 좋아하는(=warlike, belligerent)
• despite the bellicose rhetoric 호전적인 언사에도 불구하고
ⓝ bellicosity 호전성

1185 militant
[mílətənt]

milit(=soldier)+ant → 군인 같은

a. 공격적인, 호전적인(=belligerent); 교전상태의
n. 투사, 호전적인 사람
• a militant reformer 공격적인 개혁가
ⓡ military 군대의, 군사의, 무력의
militarism 군국주의
militia[milíʃə] 민병대, 의용군

어근 pug/pugn(=fight)

추가 어휘
☐ pugilist[pjúːdʒəlist] 권투 선수(=boxer)
- pugilism 권투

표제어 복습
☐ pugnacious 싸우기 좋아하는 ◪ N0859
- pugnacity 호전적임

어근 arm(=weapon)

추가 어휘
☐ army 군대, 육군
☐ armada 함대, (the A~) 스페인의 무적함대
☐ armament 군비, 군사력; 병력, 무기
- rearmament 재무장, 재군비
☐ disarm 무장을 해제하다, 군비를 축소하다
- disarmament 무장해제, 군비축소 •dis(=away)
☐ alarm 경보, 비상경보, 놀람; 경보를 울리다
- alarming 놀라운, 불안하게 하는
☐ disarming 흥분을 가라앉히는, 안심시키는

어근 bell(=war)

표제어 복습
☐ belligerent 호전적인, 교전중인; 교전국 ◪ N0463
☐ rebellious 반항하는, 반란하는, 난치의 ◪ N0288
- rebel 반역자, 반항자; 반란을 일으키다
- rebellion 반란, 폭동; 반항, 저항

어근 milit(=soldier) & mars(=war)

추가 어휘
☐ demilitarized 비무장의
- Demilitarized Zone 비무장지대(DMZ)
☐ martial 싸움의, 전쟁의
- martial law 계엄령
☐ marshal 1. (영국 육·공군) 원수
2. (미국) 보안관
3. (사람을) 모으다

1191 prick
[prik]

prick → 찌르다

v. 1. (따끔하게) 찌르다, (찔러) 구멍을 내다
　　2. 찔러서 표를 하다, 골라내다
　　3. (개 등이) 귀를 쫑긋 세우다
n. 바늘, 찌름; 양심의 가책; 따가움
　　• feel a prick of conscience 양심의 가책을 느끼다

1192 instinctive
[instíŋktiv]
09.중앙대

in(=in)+stinct(=prick)+ive → 마음속(본능)을 찌르는

a. 본능적인, 직관적인(=visceral)
　　• instinctive behaviour 본능적 행동
　　• know instinctively that something was wrong
　　　무언가 잘못되었다는 것을 직감으로 알다
ⓝ instinct 본능, (pl.) 직관, 직감
Ⓢ visceral[vísərəl] 본능적인(=instinctive)
　　- eviscerate[ivísərèit] 내장을 꺼내다; 골자를 빼버리다

1193 prestigious
[prestídʒəs]
09.국민대/05-2.서울여대
02-3.경찰
16.건국대

pre(=before)+stig(=prick)+i+ous → 너무 좋아서 우선적으로 고르는

a. 명망 있는, 일류의(=eminent, outstanding, reputable)
　　• receive a prestigious award 권위 있는 상을 받다
　　• competition to enter the prestigious universities
　　　명문대에 들어가기 위한 경쟁
ⓝ prestige 위신, 명성; 세력; 명문의, 일류의

1194 instigate
[ínstəgèit]
17.항공대/13.인천대
11.중앙대
16.항공대

in(강조)+stig(=prick)+ate(=make) → 옆구리를 찔러서 하게 만들다

vt. 부추기다, 선동하다; 유발하다(=cause)
　　• instigate a rebellion 반란을 선동하다
ⓝ instigation 선동, 자극(=incitement)
　　instigator 선동자, 교사자

1195 stir
[stəːr]
04-2.동덕여대/00.국민대
96.외무고시

stir(=prick) → 찔러서 하게 하다

vt. 1. 자극[선동]하다[up](=agitate, enkindle, galvanize)
　　　2. (액체 등을) 휘젓다, 뒤섞다
n. 혼란, 소동; 자극
　　• stir up anger against the government
　　　정부에 대한 분노를 불러일으키다

tip 발침(sting)에 쏘이면 살을 콕 찔리는 느낌이 나면서 매우 아픕니다.
어근 sting은 "찌르다, 골라내다(prick)"의 의미를 가집니다.

표제어 복습
☐ **stig**ma 치욕, 오점; 낙인; 증상 ⮾ N0444
　　- **stig**matic 오욕의, 치욕의, 오명의
　　- **stig**matize ~에 오명을 씌우다
☐ **stim**ulate 자극하다, 흥분시키다 ⮾ N0693
　　- **stim**ulus 자극, 격려; 흥분제; 침
　　- **stim**ulant 흥분제, 자극성 음료; 자극물
☐ ex**tinct** 멸종된, 소멸된, 활동을 멈춘 ⮾ N0144
　　- ex**tinct**ion (종족의) 멸종, 소멸; 폐지; 소화
　　- ex**tinct**ive 소멸적인, 소멸성의
☐ ex**tingu**ish (불을) 끄다, 소멸시키다 ⮾ D0144
　　- ex**tingu**isher 소화기
　　- ex**tingu**ishment 소화, 소등; 절멸
☐ **sting**y 인색한; 날카로운 ⮾ N0435
　　- **stin**t 돈을 절약하다
　　- **sting** 침, 독침; 찌르다, 쏘다
☐ dis**tingu**ish 구별하다, 차별하다, 분별하다 ⮾ N0096
　　- dis**tingu**ished 유명한, 저명한
　　- dis**tinct** 뚜렷한, 명백한, 분명한
　　- dis**tinct**ive 차이를 나타내는; 특유의
　　- dis**tinct**ion 구별, 차별; 식별; 특징
　　↪ indis**tingu**ishable 구별할 수 없는

1201 point
[pɔ́int]

콕 찍는 점 → 핵심, 요점 → 가리키다 → 강조하다

n. 1. 뾰족한 끝, 바늘 끝; 점
ⓐ pointed 예리한, 예민한
　　↪ pointless 뾰족한 끝이 없는; 무의미한, 목표가 없는
ⓝ pointer 바늘, 포인터
Ⓘ have a low boiling point 화를 잘 내다
　　2. 점수, 득점
　　3. 요점, 핵심; 목적; (중요한) 국면

91.연세대학원
02.101단corp/02-1.경희대/97.경찰
97.행자부9급
86.외무고시
00.경찰/85.서울대학원
86.행자부9급

Ⓘ beside the point[mark] 요점을 벗어난
　　to the point[purpose] 적절한(=pertinent)
　　get the point/get one's point 이야기의 요점을 이해하다
　　get[come] to the point 핵심에 이르다, 정곡을 찌르다
　　on the point of ~ing ~하려는 찰나에(=be about to R)
　　make a point of ~ing 반드시 ~하다; ~을 강조[중시]하다

v. 1. (길을) 가리키다; 지시하다, 지적하다
Ⓘ point out ~을 지적하다
　　point a finger at ~을 공공연하게 비난하다
　　2. 강조하다, 역설하다
Ⓘ point up (이야기 등을) 강조하다

1202 point-blank
[pɔ́intblæ̀ŋk]
06.한성대

point+blank(백지) → 답변으로 백지를 내는

ad. 딱 잘라, 드러내놓고(=directly)
　　• refuse point-blank to R ~하기를 딱 잘라 거절하다

tip 포인트(point)는 콕 찍어서 만드는 점이고, 콕 찍는다는 말에서 핵심이란 뜻이 나오며, 어디를 가리키기 위해서는 구체적으로 한 곳을 콕 찍어야 합니다.

어근 point/poign/pung/punc/punct/pon(=prick)

추가 어휘
☐ **punch** 펀치, 구멍 뚫는 기구; 주먹으로 치기
☐ **poni**ard[pánjərd] 비수, 단검(=dagger)
☐ **pounce**[páuns] 구멍을 뚫다; 갑자기 달려들다[on]
☐ ex**punge**[ikspʌ́ndʒ] 기록·흔적·기억 등을 지우다

표제어 복습
☐ **punct**uality 시간 엄수, 지체하지 않음 ⮾ N0421
　　- **punct**ual 시간을 잘 지키는, ~에 늦지 않는

어근 trud/trus(=thrust)

표제어 복습
☐ abs**trus**e 난해한, 심오한 ⮾ N0271
　　- abs**trus**eness 난해함, 심오함
☐ ob**trus**ive 튀어나온, 눈에 띄는; 주제넘은 ⮾ N0815
　　- ob**trud**e 쑥 내밀다; 참견하고 나서다
　　- ob**trus**ion 강요, 참견
　　↪ unob**trus**ive 주제넘지 않은; 겸손한, 삼가는

1203 appoint
[əpɔ́int]
14.지방직9급/경찰2차
01.중앙대

ap⟨ad(=to)+point(=prick) → 어떤 사람을 콕 찍어 고르다
vt. 지명[임명]하다(=designate); 약속을 정하다
• be appointed to be the minister 장관으로 임명되다
• make an appointment 약속을 정하다
ⓐ appointed 지정된, 약속된, 정해진
ⓝ appointment 약속, 지정, 임명

1204 disappoint
[dìsəpɔ́int]
97.경찰

dis(=not)+appoint → 지명하지 않아서 좌절하게 만들다
vt. 1. 실망[낙심]시키다, 기대에 어긋나다
　2. (계획을) 좌절시키다
• be disappointed not to be chosen 뽑히지 못해서 실망하다
ⓐ disappointed 실망한, 기대가 어긋난
　disappointing 실망시키는, 기대에 어긋나는
16.한양대
ⓝ disappointment 실망, 기대에 어긋남

1205 poignancy
[pɔ́injənsi]
08.덕성여대

poign(=prick)+ancy → 바늘로 콕콕 찌르는 것 같음
n. (고통이나 슬픔 등이) 애절함, 애수(=intensity)
• a moment of extraordinary poignancy 매우 애절한 순간
17.홍익대/11.이화여대
ⓐ poignant 예리한 아픔을 주는(=sharp), 깊이 감동시키는; 신랄한
🔁 pungent (맛이) 얼얼한, 톡 쏘는; 자극적인; 신랄한

1206 punctuate
[pʌ́ŋktʃuèit]
14.경희대/01.사법시험
00.세무사

punct(=prick)+u+ate → 점(마침표)을 콕 찍다
vt. 1. 구두점을 찍다, 중단하다
　2. ⟨수동형으로⟩ (연설이) 끊기다(=interrupt)
　3. 강조하다(=emphasize)
• His speech was punctuated by bursts of applause.
　간간이 터져나오는 박수로 그의 연설이 끊겼다.
ⓝ punctuation 구두점, 구두법, 중단
🔁 punctate[pʌ́ŋkteit] 작은 반점이 있는, 오목한 데가 있는
　- punctum (생물) 반점(=spot), 점

1207 puncture
[pʌ́ŋktʃər]
11.중앙대

punct(=prick)+ure → 타이어를 찌르다
vt. 1. 타이어를 펑크 내다; 구멍을 내다
　2. 뾰족한 것으로 찌르다(=prick, jab, stab)
　3. (자존심을) 상하게 하다; 망쳐놓다
n. 타이어의 펑크
• The tire was punctured. 타이어가 펑크 났다.
cf. I had a flat tire. 타이어가 바람이 빠졌다.

1208 acupuncture
[ǽkjupʌ̀ŋktʃər]
08.가톨릭대

acu(=sharp)+punct(=prick)+ure → 날카로운 것으로 콕 찌르는 것
n. (한방의) 침, 침술
• turn to acupuncture for pain relief
　진통을 가라앉히기 위해 침에 의지하다

1209 punctilious
[pʌŋktíliəs]
05.가톨릭대

punct(=prick)+ili+ous → (문자 메시지에도) 마침표를 꼭 찍는
a. 꼼꼼한(=meticulous); 격식에 치우친, 딱딱한
• very punctilious about hygiene 위생에 매우 꼼꼼한
ⓝ punctilio 미세한 점; (격식 등에) 지나치게 꼼꼼함

1209(1) compunction
[kəmpʌ́ŋkʃən]
16.단국대/09.이화여대

com(강조)+punct(=prick)+ion → 좌책감이 가슴을 콕콕 찌름
n. 죄책감(=qualm), 거리낌, 주저함(=reluctance)
• without compunction 아무 거리낌 없이
• have no compunction about overeating 주저하지 않고 많이 먹다

☐ intrude 침입하다; 참견하다; 강요하다 ☑ N0856
　- intrusion 강요; 침입; 방해
　- intruder 침입자; 강도
　- intrusive 주제넘게 참견하는; 침입의
☐ protruding 돌출한, 툭 튀어나온 ☑ N0536
　- protrude 밀어내다, 내밀다; 튀어나오다
　- protrusive 돌출한; 주제넘게 나서는
　- protrusion 돌출. 융기

R121　[어근] mors/mord(=bite)

1211 morsel
[mɔ́ːrsəl]
09.중앙대

mors(=bite)+el → 한 입에 물은 만큼
n. 한 입, 한 조각, 소량(=tidbit); 조금(=fragment)
• a morsel of the food 소량의 음식
🔁 tidbit (맛있는 것의) 한 입; 토막뉴스

추가 어휘
☐ mordacious 물고 늘어지는; 신랄한
☐ mordacity 무는 버릇; 독설

1212 remorse
[rimɔ́ːrs]
10.국가직7급

re(=again)+mors(=bite)+e → 후회스러워 입술을 지끈 깨무는 것

n. 후회(=regret, penitence), 양심의 가책, 자책; 연민, 자비
• show no sign of remorse 뉘우치는 빛이 전혀 없다

ⓐ **remorseful** 후회하는, 양심의 가책을 느끼는
→ **remorseless** 뉘우치지 않는, 무자비한

15.숙명여대 **remorselessly** 뉘우침 없이, 무자비하게(=relentlessly)

1213 mordant
[mɔ́ːrdənt]
13.명지대

mord(=bite)+ant → 상대방을 물어 떼는

a. 신랄한, 통렬한(=sarcastic); (산이) 부식성의
n. 착색제, 매염제, 금속 부식제
• a mordant satire 신랄한 풍자

R 122 [어근] press(=press)

1221 pressing
[présiŋ]
98-2.동국대/97.덕성여대

press+ing → 일을 처리해야 한다는 압박감이 내리누르는

a. (문제·용무 따위가) 긴급한 처리를 요하는, 절박한(=urgent)
• on very pressing business 매우 긴급한 용무로

13.광운대 ⓥ **press** 내리누르다, 강요하다, 압박하다 n.언론
pressurize 압력을 가하여 ~하게 하다(=coerce)

10.영남대 ⓝ **pressure** 누르기, 압력; 중압(감)
• under pressure 억지로 시켜, 할 수 없이

1222 impressionable
[impréʃənəbl]
17.건국대/06.가톨릭대

im(in=on)+press(=press)+ion+able → 느낌을 잘 받는

a. 감수성이 예민한, 민감한
• at an impressionable age 감수성이 예민한 나이에

ⓐ **impressive** 강한 인상을 주는, 인상적인, 감동적인
impressional 인상적인; 민감한
impressed 인상을 받은, 좋은 인상을 받은
17.중앙대 **impressionistic** 인상에 근거한; 인상주의자(=impressionist)
13.한성대/06.서강대 ⓝ **impression** 인상, 감명, 생각, 신념; (눌러서 된) 자국
ⓥ **impress** 깊은 인상을 주다, 감명시키다

1223 oppress
[əprés]
08.광운대

ob(op=against)+press(=press) → ~에 대항해 억누르다

vt. 1. (욕망·타인을) 억압하다, 압제하다, 탄압하다
2. 〈수동형으로〉 중압감을 주다
3. (졸음 등이) 덮치다
• oppress the poor and weak 가난한 사람들과 약자를 억압하다
• the oppressed 억압받는 사람들

15.국민대,한국외대 ⓐ **oppressive** 포학한, 압제적인; 가혹한; 답답한(=cramped)
ⓝ **oppression** 압제, 탄압, 압박감
oppressor 압제자, 박해자

1224 repress
[riprés]
13.가천대

re(=back)+press(=press) → 억눌러 뒤로 보내다

vt. 1. (욕망·감정을) 억제하다, 억누르다
2. (사람을) 억압하다, (폭동을) 진압하다
• repress one's anger 화를 참다
• be repressed under the dictatorship 독재정권하에서 억압하다

ⓐ **repressed** 억압된, 억제된
12.한양대 **repressive** 억압적인
ⓝ **repression** 진압, 억제
irrepressible 억제할 수 없는, 참기 어려운

1225 depressed
[diprést]
07.고려대/96.기술고시

de(=down)+press(=press)+ed → 아래로 내리 눌린

a. 1. (기분이) 우울한, 의기 소침한(=despondent)
2. (시장이나 장소가) 활기가 없는, 침체된
• feel sad or depressed 슬픔이나 우울함을 느끼다
• an economically depressed area 경제적으로 침체된 지역

17.경기대 ⓝ **depression** 의기소침, 우울; 불경기, 불황
ⓐ **depressive** 내리누르는, 우울한; 우울증 환자
16.한양대 ⓝ **anti-depressant** 우울증 치료제
07.고려대 **dystopia** 반 유토피아(utopia의 반대말)(an imaginary place or state in which everything is extremely bad or unpleasant)
09.가톨릭대 → **Utopia** 유토피아(an imaginary place or state in which everything is perfect)

---

tip press는 "위에서 세게 내리누르다"라는 기본 의미에서 출발하여 "압박하다, 억압하다, 강요하다"의 의미로 확장됩니다.

추가 어휘

☐ **express** (말·표정으로) 표현하다; 급행열차, 속달
  - **expressly** 특별히, 명백히
  - **expression** (말·표정에 의한) 표현; 말, 말씨
☐ **compress** 압축하다, 요약하다; 습포, 압박붕대
  - **compressor** (공기나 가스의) 압축기
  - **compressed** 압축된, 간결한
  - **compression** 압축, 간결

표제어 복습

☐ **suppress** 억압하다, 억누르다, 막다 ☐ N0137
  - **suppressive** 억압하는, 억누르는; 은폐하는
  - **suppression** 억압, 진압; 은폐; 발매금지
  → **insuppressible** 억누를 수 없는, 억제할 수 없는

기본동사로 학습하는 기.출.숙.어

097

hit

hit는 "**치다, 때리다**"의 의미이다(후술하는 strike와 의미적으로 유사).
"**한 번에 힘을 모아서 친다**"는 의미에서 반복해서 치는 beat와 조금 다르다.
1. 치다, 때리다; 덮치다; 부딪히다; (과녁에) 명중하다; 죽이다
2. 시작하다; 움직이다, 작동하다
3. 생각이 갑자기 떠오르다, 인상을 주다
4. (장소에) 도착하다; (물가 등이) ~에 이르다
N. 강타, 타격; 대인기, 히트

---

1. 때리다; 덮치다; 부딪히다; (과녁에) 명중하다; 죽이다

09701
hit back (at sb/sth)
16.한양대

되받아(back) 치다(hit)
(공격·비판에) 되받아치다, 반격하다
• He has **hit back** at rumors of his birth.
  그는 그의 출생에 대한 루머에 되받아쳤다.

09702
hit the nail on the head
99.고려대/98.한국외대/95.기술고시
92.사법시험,Teps

못(nail)의 머리를 제대로 때리다(hit)
바로 알아맞히다(=arrive at the correct answer),
핵심을 찌르다(=say exactly the right thing)
• I believe he has **hit the nail on the head**. 그가 핵심을 찔러 말했네.

■ go home
정곡을 찌르다(=hit the target), 적중하다
= hit home/ strike home
아픈 데를 찌르다, 정곡을 찌르다
= hit the bull's eye
명중시키다: 정곡을 찌르다
= hit the mark
적중하다, 목적을 달성하다
= hit the target 적중하다, 명중하다
圈 wide of the mark 적절치 못한
(=irrelevant), 요점에서 벗어난
- too wide of the mark
터무니없는(=too irrelevant)

09703
hit-or-miss / hit-and-miss
15.한국외대

맞히던지(hit) or 빗나가든지(miss)
부주의한(=careless), 되는 대로의
• We felt that the desserts were rather **hit-or-miss**.
  우리는 디저트가 되는대로 만든 것이라고 생각했다. *hit or miss 되든 안 되든

09704
hit and run
01.101단/94.경찰

치고(hit) 달아나다(run)
(사람을 치고) 뺑소니치다; [야구] 히트앤드런을 하다
• My sister was involved in a **hit-and-run** accident last Sunday afternoon.
  내 여동생은 지난 일요일 오후에 뺑소니 사고에 휘말렸다.
圈 hit-and-run 뺑소니

09705
hit the bottle
06.경북9급,Teps

술병(bottle)을 짠짠 부딪치다(hit)
(매우 힘든 상황을 잊어버리기 위해) 과음하다
• He lost his job and **hit the bottle**.
  그는 직업을 잃고 나서 과음을 했다.

■ hit the booze
술을 마시다, 술에 취하다(=hit the bottle)
圈 drink like a fish[horse]
술을 과하게 마시다
圈 Bottoms up!/ Let's toast!/
Cheers! 건배
= (Here's) mud in your eye!
= Here's looking at you!
= Down the hatch!

09706
hit it off (with sb)
10.국민대/06.삼육대/99.고려대,Teps

~와 서먹서먹함을 털어버리다(off)
~와 빨리 친해지다, 성격이 잘 맞다; ~와 타협하다
• We **hit it off** immediately with the new neighbors.
  우리는 새 이웃들과 금방 친해졌다.

---

2. 시작하다; 움직이다, 작동하다

09707
hit the road
Teps

길바닥을 때리다(hit)
출발하다, 여행을 떠나다
• Let's **hit the road**. 여행을 떠나자, 출발!

---

3. 생각이 갑자기 떠오르다, 인상을 주다

09708
hit on[upon] sth
15.국가직9급/97.인천시9급.입사,Teps

좋은 생각이 머리에 떠오르다(hit)
(묘안 등을) 생각해 내다; 생각이 떠오르다(=come upon sth)
• I **hit upon** an excellent plan. 난 기막힌 계획을 생각해 냈다.

---

4. (장소에) 도착하다; (물가 등이) ~에 이르다

09709
hit the ceiling[roof]
07.인천시9급/06.강원도9급/
03.숭실대/02.경찰.토플.입사,Teps

화가 천장(ceiling)까지 오르다
1. 몹시 화나다(=become angry)
2. (주가 등이) 최고에 달하다
• Nicole **hit the ceiling** when her flight got canceled.
  니콜은 그녀의 비행이 취소되자 화가 치밀어 올랐다.
圈 hit (the) bottom (가격이) 바닥을 치다
  hit[reach] rock bottom (가격이) 바닥을 치다

■ go through the roof 몹시 화나다
= fly off the handle
= lose one's temper
圈 glass ceiling (여성·소수파의) 승진의
최상한선, 승진을 막는 보이지 않는 장벽
*겉으로는 승진의 길이 열려 있는 것 같
지만 보이지 않는 유리천장처럼 여성의
승진을 가로막는 한계선을 뜻하는 용어
■ reach the ceiling 한계점에 도달하다

N. 강타, 타격; 대인기, 히트

09710
take a hit

13.성균관대

타격(hit)을 받다(take)
타격을 입다
• The travel industry **took a hit** last year. 작년에 여행업이 타격을 입었다.

I 098

strike는 "**치다, 때리다(hit), 세게 부딪치다**" 의미의 동사이다.
1. 치다, 때리다, 공격하다(attack); 충돌하다
2. 갑자기 시작하다
3. 충격을 주다 → 마음에 떠오르다, 생각나다; 인상을 주다
N. 공격; 동맹파업, 노동쟁의; (금광의) 발견, 대성공

09801
strike sb **dumb /**
be struck dumb with sth

07.세무사

때려서(strike) 말을 못 하게 만들다(dumb)
(분노·놀람·공포 등으로) 말문이 막히게 하다 / 말문이 막히다
• She **was struck dumb by** what her boyfriend had done.
그녀는 남자친구가 한 짓에 기가 막혔다.

09802
strike up sth

02.국민대.토플

본격적으로(up) 드럼을 치다(strike)
1. (대화·연주를) 시작하다(=begin, start)
2. 우정을 쌓다; 협정을 맺다
• The orchestra **struck up** a waltz. 오케스트라는 왈츠를 연주하기 시작했다.

09803
go on strike

09.가톨릭대/02-2.광운대

스트라이크(파업)를 계속 진행하다(go on)
파업 중이다
• **go on strike** for higher wages. 임금 인상을 요구하여 파업에 돌입하다

国 **call a strike** 파업을 선언하다
　- **call off a strike** 파업을 중지하다
　- **break a strike**
　　(정부가 나서서) 파업을 깨다
　- **a general strike** 총파업

I 099

beat

beat는 "**반복해서 치다, 두들기다(strike)**"의 의미이다.
여러 번 두들겨서 상대방을 "**이기다**"의 의미와, 많이 맞게 되면 지치게 되므로 "**지친**"이란 형용사적 의미도 가
진다. N. 박자, 심장의 박동; 순찰 구역

09901
beat about

03-2.경기대

주변을 두들겨 보다
이리저리 찾다(=seek anxiously)
• After **beating about** for several hours, he turned up the missing papers.
몇 시간 동안을 여기저기를 뒤진 후에, 그는 잃어버린 서류를 찾아 냈다.
*turn up sth (분실물 등을) 발견하다

09902
beat around the bush

10.영남대/09.국가직9급/09.경원대/04.경찰
04.성균관대/91.사법시험.Teps

할 말을 못 하고 수풀 주변을 툭툭 치다
빙빙 둘러 말하다. 요점을 피하다
(=refuse to come to the point, talk around the point)
• Don't **beat around the bush**! Tell me what exactly you want.
말을 빙빙 돌리지 마라! 네가 원하는게 무언지 나에게 정확히 말해.

国 **beat the bushes** 샅샅이 조사하다
　*수풀에 숨었는지 두드려 보다
団 **come to the point**
　핵심을 찌르다, 요점으로 들어가다

09903
deadbeat nation

00.단국대

빚 때문에 녹초가 된 나라
채무 불이행 국가
• If we do not take any measures, we would soon become
a **deadbeat nation**.
아무런 조치도 하지 않는다면, 우리는 머지않아 채무 불이행 국가가 될 것이다.

国 **dead beat** 녹초가 된; 참패한

09904
beat-up

05-2.고려대.Teps

흠씬(up) 두들겨 맞은(beat)
(물건 등이) 오래 써서 낡은, 닳은(=worn, rundown); 지쳐 빠진
• a **beat-up** old Ford 낡아빠진 포드 승용차

国 **beat ＊ up** sb / **beat up on** sb
　~을 마구 두들겨 패다. 때리다
　*~를 완전히(up) 패다

09905
(It) Beats me!

15.한성대

문제가 나를 이겼다!
전혀 모르겠다.
• A : When is Sally's wedding day? 샐리 결혼식이 언제니?
　B : It **beats me**. 모르겠는데.

knock 100

knock는 흔히 "노크하다"처럼 "~을 두드리다, 치다"의 의미이다.

■ knock 보충표현

- □ **knock ★ up** sb/sth (급히) 만들다(=prepare quickly); 녹초가 되게 하다; 〈속어〉 임신시키다
- □ **knock around[about]** sth 어슬렁거리다(=hang around (sth))
- □ **knock ★ about** sb 마구 때리다, 난타하다; 성적으로 관계하다
- □ **knock ★ down** sb/sth ~을 때려눕히다; 자동차가 사람을 치어 넘어뜨리다 *바닥에(down) 때려눕히다
- □ **knock ★ out** sb/sth (권투에서) 넉아웃시키다, 실신시키다 *정신이 나가도록(out) 실컷 두들겨 패다(knock)
- □ **knockout** 〈구어〉 매혹적인 여성; 히트한 상품 *남자들을 다 쓰러지게 만드는 여자

kick 101

kick은 "발로 걷어차다"의 의미이다.
걷어차 버린다는 의미에서 "마약이나 악습을 끊다", "구혼자를 차버리다, 거절하다, 해고하다" 등의 의미로 발전한다. 명사로는 "자극, 흥분, 스릴, 즐거운 경험" 등의 의미로도 쓰인다. 또 "the kick"은 해고라는 뜻이다.

10101
kick[go/move] into high gear
99.서울대학원,Teps

고속기어(high gear)를 밟다
최고 속도로 움직이다
• The campaigns have **kicked into high gear** just days after the election.
그 캠페인은 선거가 끝난 후 며칠 후에 바로 본격화되었다.
🔟 **high gear** 최고 속도, 최고조 *in high gear 최고 속도로

10102
kick the bucket
06.강원도소방직,토플

교수형을 당하는 죄수의 발밑에 있는 양동이(bucket)를 걷어차서 목을 메달다
〈속어〉 **죽다**(=die)
• Stop nagging me. If I **kick the bucket** right now, I bet you'll miss me.
그만 좀 징징거려. 내가 콱 죽어버리면, 넌 아마 날 그리워할 걸.

🔟 **Bucket list** 죽기 전에 꼭 해야 할 일이나 달성하고 싶은 목표 리스트
🔟 **give the bucket** 해고하다

10103
kick ★ out sb
12.명지대

발로 걷어차(kick) 밖으로 내쫓다(out)
쫓아내다, 해고하다
• My landlords want to **kick** me **out** and move into my apartment.
집주인은 나를 내쫓고 내가 살던 아파트로 이사 오기를 원한다.
🔟 **kickout** 해고, 추방
🔟 **give the kick** 해고하다 ↔ **get the kick** 해고당하다

🔟 **give the bucket[gate/sack/boot]** 해고하다
= **kiss ★ off** sb 해고하다
= **lay ★ off** sb (일시) 해고하다
= **boot ★ out** sb 쫓아내다, 해고하다

10104
get a kick out of sth
07.전남9급,Teps

어떤 것으로부터(out of) 흥분(kick)을 얻다(get)
~으로 큰 기쁨[활력, 흥분]을 얻다
• I can't **get a kick out of** this kind of party.
이런 식의 파티는 나에게 별다른 즐거움을 주지 못한다.

---

bite 102

bite는 "이로 무엇을 물다, 물어 뜯다"이다.
개나 모기 등의 곤충이 무는 것은 물론, 사람이 손톱을 물어 뜯는 모습에서 "(걱정 등이) 괴롭히다"라는 뜻도 나온다.
cf. crunch 으드득 깨물다 / gnaw 앞니로 갉다 / chew 어금니로 씹다

10201
bite the bullet
00.행,외,지시,토플

마취가 없던 시절 부상병이 총알(bullet)을 물고(bite) 수술을 받은 데서 유래
어려움을 감내하다, 고통을 참다(=bravely accept sth unpleasant)
• A lot of companies had to **bite the bullet** and lay off a lot of their employees.
많은 회사들이 어려움을 감내해야 하고 많은 수의 종업원을 해고해야 했다.
*lay off sb 해고하다

10202
bite the dust
12.국민대

(땅바닥에 쓰러져) 먼지(dust)를 물다(bite)
죽다, 패배하다, 실패하다; 굴욕을 맛보다
• They must cut expenses or the company will **bite the dust**.
그들은 비용을 줄여야 한다. 그렇지 않으면 회사가 망할 것이다.

10203
grab a bite (to eat)
14.지방직7급

한 입(a bite) 먹을 분량을 잡다(grab)
간단히 먹다
• I'm starved. Let's **grab a bite to eat**. 배고파. 뭐 좀 먹으러 가자.

R 123 [어근] ject/jac/jet(=throw)

1231 abject
[æbdʒekt]

ab(=away)+ject(=throw) → 멀리 내동댕이쳐진
a. 1. 극도로 비참한, 절망적인
2. 비열한, 비굴한(=humble, mean)
• live in abject poverty 비참한 빈곤 속에 살다
• an abject apology 비굴한 변명
ⓝ abjection 비참한 상태, 비열

1232 dejected
[didʒéktid]
03.경기대

de(=down)+ject(=throw)+ed → 바닥으로 내동댕이쳐진
a. 낙심[낙담]한, 풀 죽은(=glum)
• very dejected at his repeated failures 거듭된 실패로 매우 낙담한
ⓥ deject 낙심[낙담]시키다, ~의 기를 꺾다
ⓐd dejectedly 맥없이, 낙심하여
ⓝ dejection 낙담, 실의, 우울; 배설물

1233 interject
[ìntərdʒékt]
05.강남대

inter(=between)+ject(=throw) → 말 가운데 한마디를 던져넣다
vt.(말 따위를) 불쑥 끼워 넣다, 사이에 끼우다(=insert)
• interject a comment into a conversation 대화 중에 불쑥 말을 끼어들다
ⓝ interjection 감탄의 말, 감탄사
🔁 inject 주사하다, 주입하다; 활기를 불어넣다
- injection 주사; 주사액; 관장약; 연료의 분사

1234 object
[ábdʒikt]

17.이화여대
13.기상직9급,한국외대
90.연세대학원
85.법원직

ob(=to)+ject(=throw) → (목표를) 향해 던지는 것
n. 물건, 물체; 대상; 목적(=purpose), 목표(=aim)
v. [əbdʒékt] 반대하다, 이의를 제기하다[to]
• Money's no object; I want the best.
돈은 얼마든지 들어도 괜찮아요, 나는 최고로 좋은 것을 원합니다.
• object to the proposal 그 제안에 반대하다
ⓐ objective 객관적인, 편견이 없는(=disinterested)
ⓝ 목표, 목적(물); 목표지점; 목적어
ⓝ objection 반대, 이의 신청
ⓐ objectionable 반대할 만한, 싫은
ⓐd objectively 객관적으로

1235 project
[prádʒekt]
98.명지대

07.경남9급/04.서강대

pro(=forward)+ject(=throw) → 앞으로(미래로) 던지다
vt.1. 발사하다, 내던지다
ⓐ projectile 추진하는; 발사하는; 돌출된
2. 투영하다, (빛을) 투사하다(=cast)
ⓐ projective 투사력이 있는; 투영법의
3. 계획하다; 결과를 예상하다(=forecast)
ⓝ projection 돌출, 돌기; 투사, 투영; 예상; 계획, 고안
ⓝ projector 투사기; 영사기; 계획자, 설계자
vi. 돌출하다, 내밀다(=protrude)
ⓐ projecting 돌출한, 툭 튀어나온
• a projecting teeth 뻐드렁니
n. [prádʒekt] 계획, 설계; (대규모의) 사업; 연구과제

1236 jettison
[dʒétəsn]
16.서울시7급

jet(=throw)+i+son → (배 밖으로 물건을) 던져버리다
vt.1. (배나 항공기에서 무게를 줄이기 위해) 버리다
2. (필요 없는 것을) 폐기하다; (생각 등을) 버리다
• jettison the plan 계획을 포기하다
🔁 jetsam (특히 배에서 버려져 해안으로 떠밀려 오는) 해양 폐기물
flotsam (해변에 밀려온) 표류물, 쓰레기
• flotsam and jetsam 해상·해변의 부유 쓰레기

---

tip 거절하다의 의미인 reject는 상대방이 한 제안이나 신청을 "뒤로(re) 던져 버리다(ject)"에서 나온 단어입니다. 어근 ject는"던지다, 발사하다(throw)"의 의미입니다.

추가 어휘
☐ trajectory (혜성 등의) 궤도
☐ jetty 방파제, 선창
☐ jetliner 제트 여객기
☐ turbojet 터빈식 분사 추진기, 터보제트 엔진
☐ ejaculate[idʒækjuléit] 갑자기 소리 지르다; 사정하다
- ejaculation 외침, 절규; 사정

표제어 복습
☐ reject 거절하다, 각하하다, 퇴짜놓다 🔁 N0790
- rejection 거절, 폐기, 부결
☐ conjecture 추측하다, 어림짐작하다; 추측 🔁 N0582
- conjectural 추측적인; 억측하기 좋아하는
- conjecturable 추측할 수 있는
☐ adjacent 인접한, 이웃의[to] 🔁 N0914
- adjacency 근접, 인접
☐ subject a. 영향을 받기 쉬운; 지배를 받는
n. 주제, 학과, 백성
vt. 복종시키다, 지배하다 🔁 N0335
- subjective 주관적인, 개인적인; 주격의
☐ adjective 형용사의, 부수적인 🔁 D0335
☐ objective 목적격, 목적어 🔁 D0335

[어근] bol/bl(=throw) & sip(=throw) & lanc/launc(=throw)

1241 metabolism
[mətǽbəlizm]
98.건국대

meta(=change)+bol(=throw)+ism → 모양을 바꾸어 쏟아내는 것

ⓝ 신진대사(the chemical processes in living things that change food, etc. into energy and materials for growth)

ⓥ **metabolize** 신진대사시키다

ⓐ **metabolic** 신진대사의

> 참 신진대사(물질대사): 동화작용+이화작용
> **anabolism** 동화작용 **catabolism** 이화작용

1242 emblem
[émbləm]
15.경찰2차/96.덕성여대

em(en(=make)+bl(=throw)+em → 빛을 쏘아 상징을 만듦

ⓝ 상징, 표상(=symbol), 기장, 휘장
• Baby laurel leaves are still an emblem of victory.
어린 월계수 잎은 여전히 승리의 상징물이다.

图 **symbol** 상징, 기호 •syn(=together)

1243 hyperbole
[haipə́:rbəli]
16.서울시7급

hyper(=over)+bol(=throw)+e → 지나치게 오버해서 (말을) 던짐

ⓝ 과장(법) (=exaggeration)
• given to hyperbole 과장하는 버릇이 있는
cf. given to 버릇이 있는, 경향이 있는

ⓐ **hyperbolic** 과장법의; 과대한, 과장적인

ⓥ **hyperbolize** 과장법을 쓰다; 과장하다

图 **hyperbola**[haipə́:rbələ] 쌍곡선

1244 parable
[pǽrəbl]
06.한양대

para(=beside)+bl(=throw)+e → 빗대어 던지는 말

ⓝ (주로 성서에 기록된 도덕적 교훈을 가르치려는) 비유담
• Christ often spoke in parables, allegory, and metaphors.
예수 그리스도는 비유담이나 우화, 그리고 은유를 사용하여 이야기했다.

1245 launch
[lɔ́:ntʃ]
10.경북교행/09.대구대
06.서울여대

launc(=throw)+h → 로켓을 쏘다

ⓥ 1. (사업 등을) 시작하다, 착수하다
2. (상품을) 출시하다
3. (새로운 영역에) 진출하다[into]
4. 배를 진수시키다, (우주선을) 발사하다
• launch a new party 신당을 출범하다
• launch a wide-ranging investigation 광범위한 조사에 착수하다
• a launching ceremony 진수식

어근 bol/bl(=throw)

표제어 복습
☐ **abolish** 폐지하다 ▣ N0407
- **abol**ition 폐지,박멸
- **abol**itionism 노예제도 폐지론

어근 sip(=throw)

표제어 복습
☐ **dissipate** 흩뜨리다, 흩어져 사라지다 ▣ N0945
- **dissip**ation 흩어져 사라짐; 낭비
- **dissip**ated 방탕한, 무절제한
- **dissip**ative 흩어지는; 낭비적인

어근 lanc/launc(=throw)

추가 어휘
☐ **lance**[læns] 창; 창으로 찌르다
☐ **lancet** 외과 수술용 칼

[어근] cas/cad/cid(=fall) & laps(=fall, slip)

1251 slip
[slip]
14.성균관대

slip → 미끄러지다 → 실수

ⓥ 1. 미끄러지다; (손에서) 빠져나가다
2. (낮은 수준으로) 떨어지다; (안 좋은 상황에) 처하게 되다[into]
3. 슬며시 가다[오다]; 슬며시 끼워 넣다
• slip into a coma 혼수상태에 빠지다

ⓝ 미끄러짐; 실수; (작은 종이) 조각; (여성용 속옷) 슬립
13.성균관대

ⓐ **slippery** 미끄러운; 약삭빠른; (주제가) 다루기 힘든

1252 case
[kéis]
03.광운대/99.국민대

cas(=fall: 일어나다)+e → 일어난 사건

ⓝ 1. 경우, 사례

> 图 **in case** ~에 대비하여, 만일을 생각하여
> **in case of** ~의 경우에는(=in the event of)
> **in any case** 여하간에, 여하튼(=regardless)
> **as is often the case (with)** ~에 흔히 있는 일이지만
> **case by case** 한 건씩 (신중히), 개별적으로

2. 실정, 사정

图 **That alters the case.** 그렇다면 이야기는 달라진다.

3. 판례, 소송, 사건

图 **drop a case** 소송을 취하하다 •case(소송) 을 그만두다(drop)
make (out) a case for ~을 옹호하듯 말하다, 옹호론을 펴다
↦ **make a case against** 반대론을 펴다
Don't make a federal case out of it. 과장하지 마라.

4. 환자, 병의 상황

어근 cas/cad/cid(=fall)

추가 어휘
☐ **cascade** 폭포; 폭포처럼 떨어지다
☐ **casual** 우연한, 뜻밖의; 부주의한; 약식의
☐ **caddish** 비신사적인, 야비한, 비열한
☐ **cadence** 운율, (목소리의) 억양; 가락, 리듬
☐ **parachute** 낙하산
☐ **Occident** (the ~) 서양 cf. the Orient 동양
☐ **recidivist** 상습범
- **recid**ivism 상습성 (13.중앙대)

표제어 복습
☐ **accidental** 우연의, 뜻밖의; 부수적인 ▣ N0314
- **accid**ent 사고, 재난; 우연한 사건; 부대적 사정
- **accid**entally 우연히, 뜻하지 않게
☐ **coincide** 동시에 일어나다[with] ▣ N0313
- **coincid**ent 동시에 일어나는
- **coincid**ental (우연적인) 동시 발생의
- **coincid**ence (우연의) 일치, 동시발생

1253 occasion
[əkéiʒən]
12.강남대/10.동덕여대

oc⟨ob(=to)+cas(=fall: 일어나다)+ion → 일어나는 것

n. 1. (어떤 일이 일어나는) 경우, 때
- **on[upon] occasion** 수시로; 때때로
  - **on several occasions** 몇 차례나
  - **on the occasion of** ~을 맞이하여, ~에 즈음하여
  2. 특별한 일, 행사, 의식
- **in honor of the occasion** 그 행사를 축하하는 뜻에서
  3. 직접적인 원인, 이유, 근거; 필요
- **have no occasion for** ~의 근거[이유]가 없다
  4. 기회, 호기
ⓐ **occasional** 가끔의, 때때로의, 우연의; 예비의
07.숭실대/00.경기대 ⓐⓓ **occasionally** 가끔, 때때로(=sporadically)

1254 decay
[dikéi]
15.상명대/00~2.고려대

de(=down)+cay(=fall) → 떨어져 내리다

v. 1. 부패하(시키)다; (이가) 썩다(=rot)
  2. 쇠퇴하다, 타락하다
n. 부식, 충치; 쇠퇴
- prevent teeth from decaying 충치를 예방하다
ⓐ **decayed** 썩은, 부패한
  decadent 퇴폐적인; (문예사조의) 퇴폐기의
ⓝ **decadence** 타락, 퇴폐, 데카당스

1255 deciduous
[disídʒuəs]
13.경찰1차

de(=down)+cid(=fall)+u+ous → (낙엽을) 아래로 떨어뜨리는

a. 낙엽성의; 탈락성의
- Deciduous trees lose their leaves in the fall.
  낙엽수는 가을에 잎을 떨어뜨린다.
- **evergreen** 상록수; 상록의

1256 casual
[kǽʒuəl]
14.단국대

cas(=fall)+u+al → 우연히 뚝 떨어진

a. 1. 우연한, 우발적인
  2. 격식이 없는, 평상복의
  3. 임시의
  4. 무관심한, 태평한; 대충의
- casual clothes 평상복, 캐주얼 복장
- a casual remark 무심코 한 말
- a casual meeting 우연한 만남

1257 casualty
[kǽʒuəlti]
16.서울여대/07.영남대

cas(=fall)+ual+ty → 쓰러진 사람

n. (pl.) (사고로 인한) 사상자(=fatalities); 피해자; 재해
- the casualties from snowfall and cold weather
  폭설과 한파로 인한 사상자 수
- cause heavy casualties 많은 사상자를 내다

1258 cadaverous
[kədǽvərəs]
98.입법고시/97.숙명여대

cad(=fall)+aver+ous→ 죽은(=fall) 사람 같은

a. 송장 같은, 창백한(=corpse-like, ghastly, pallid)
- a thin man with a cadaverous face 창백한 얼굴을 한 마른 남자
ⓝ **cadaver**[kədǽvər] 송장, (해부용) 시체

1259 relapse
[rilǽps]
05.광운대/98.고려대학원

re(=again)+laps(=fall)+e→ 다시 병으로 쓰러지다

vi. (원래의 나쁜 상태로) 되돌아가다; (병이) 재발하다[into]
n. 타락, 퇴보; (병의) 재발
- in order to avoid suffering a relapse 병이 재발하는 것을 막기 위해

1259(1) elapse
[ilǽps]
97.덕성여대

e⟨ex(=out)+laps(=slip)+e → 시간이 미끌어지듯 사라지다

vi.(시간이) 흐르다, 지나가다(=go by)
n. (시간의) 경과; 짧은 시간
- A month had elapsed since our last meeting.
  우리가 마지막으로 만난 후 한 달이 지났다.

☐ **incidental** 부수적인, 우연히 일어나는 ▣ N0973
  - **incidence** (사건의) 발생률; (세금의) 부담
  - **incident** 사건, 우발적 사건

어근 **laps(=fall, slip)**

표제어 복습

☐ **lapse** 시간의 경과, 실수, 일탈, 하락 ▣ N0880
☐ **collapse** 무너짐, 붕괴; 폭락; 계획의 실패 ▣ N0728

1261 infuse
[infjúːz]
16.서울여대/07.숙명여대

in(=in)+fuse(=pour) → 안으로 쏟아 붓다

vt.1. (액체를) 붓다; (사상·감정을) 주입하다[into/with](=inculcate)
2. (속속들이) 스미다[영향을 미치다]
• infuse the patient with new life and vigor
환자에게 새로운 삶과 활력을 불어넣다
09.경희대
ⓝ infusion 주입, 불어넣음

1262 transfuse
[trænsfjúːz]
08.영남대/06.단국대

trans(=change)+fuse(=pour) → 여기서 빼내 저기로 옮겨 붓다

vt.1. 수혈하다; (액체를) 옮겨 붓다
2. (사상을) 불어넣다[into/with]
• transfuse blood into a patient 환자에게 혈액을 수혈하다
ⓝ transfusion 수혈; 주입
囶 transplant (장기 등의) 이식; 이식하다

1263 diffuse
[difjúːz]
02.공인회계사

dif(dis=away)+fuse(=pour) → 쏟아 부어 흩어버리다

vt.1. 퍼뜨리다, 보급시키다(=spread)
2. (빛·열·냄새 등을) 발산하다, 방산하다
vi. 퍼지다, 흩어지다; 확산하다
a. [diːfjúːs] 1. 널리 퍼진, 흩어진
2. (문체 등이) 산만한
• diffuse his new theory of physics 그의 새 물리학 이론을 퍼뜨리다
ⓝ diffusion 방산(放散), 발산, 보급, 유포
ⓐ diffusive 잘 퍼지는, 보급되기 쉬운, 보급력 있는
囶 defuse 위기를 해제하다, 진정시키다 ⊃ NO765

1264 refuse
[réfjuːs]
96.동덕여대/92.서울여대

re(=back)+fuse(=pour) → 뒤에다 쏟아버리다

n. 폐물, 쓰레기(=rubbish)
v. [rifjúːz] 거절하다(=decline, reject, turn down)
• dump refuse 쓰레기를 버리다
• refuse point-blank 딱잘라 거절하다
ⓐ refusable 거절할 수 있는

1265 refund
[rifʌ́nd]
17.국가직9급/12.사복직9급
04.경기대

re(=again)+fund(기금) → 다시 돈을 돌려주다

v. (돈을) 갚다, 상환하다(=reimburse)
n. [riːfʌnd] 상환, 환불
• insist on a refund 환불을 고집하다
• I'd like to get a refund. 환불받고 싶은데요.
囶 get a refund 환불받다, 변제받다
ⓐ refundable 반환할 수 있는, 환불할 수 있는
↔ nonrefundable 환불이 불가능한
囶 fund 기금, 자금; 공채; 자금을 제공하다
- fund-raising 모금 활동, 자금 조달
- fund-raiser 기금 조달자, 기금 모금행사

1266 founder
[fáundər]
99-2.동국대/98.서울대학원

found(=pour)+er → 쇳물을 쏟아 붓는 사람

n. 주조자, 주물공(=caster)
v. 1. (계획이) 실패하다(=fail); 침몰하다
2. (토지·건물 등이) 허물어지다; 무너뜨리다
• The talks have foundered. 그 회담은 실패했다.
ⓥ found (금속을) 녹이다, 녹여 붓다; 주조하다
ⓝ foundry 주조업, 주물 공장
囶 founder 창설자, 설립자 ⊃ DO395
- found 기초를 세우다, 설립하다
• the founder of the university 대학의 설립자

1267 confound
[kanfáund, kən-]

con(=together)+found(=pour) → 다른 것들을 함께 쏟아 붓다

vt.1. 당황하게 하다(=confuse, bewilder)
2. 틀렸음을 입증하다; (~와) 혼동하다[with]
• Poor writing often confounds the reader.
형편없는 작문은 읽는 사람을 당황하게 만든다.
ⓐ confounded 당황한; 빌어먹을; **ad.** 지독하게

---

tip 후미진 뒤쪽에 있는 쓰레기장에 던져 버리는 것이 쓰레기(refuse)입니다. 어근 fus는 "쏟아 붓다(pour)"의 의미입니다.

어근 fus/fut/fund/found(=pour)

추가 어휘

☐ effuse 발산시키다[하다], 유출시키다
 - effusive 심정을 토로하는, (감정이) 복받치는
☐ suffuse (액체·습기·색·빛·눈물 등이) ~을 뒤덮다

표제어 복습

☐ profuse 많은, 아낌없는 ◘ N0656
 - profusion 다량, 풍성, 남발
 - profusely 많이, 과다하게
☐ refute 논박하다, 반박하다 ◘ N0333
 - refutation 논박, 반박; 반증
 - refutable 반박할 수 있는
 ↔ irrefutable 반박할 수 없는
☐ futile 효과 없는; 무익한 ◘ N0022
 - futility 헛됨, 무익, 무용; 공허; 무익한 행동
 - futilitarian 비관주의의 (사람)
☐ defuse 위기를 해제하다, 진정시키다 ◘ N0765
 - fuse 퓨즈, 도화선; 융합시키다
 - fusion 용해, 합동; 퓨전
☐ confused 혼란스러워 하는, 당황한 ◘ N0294
 - confuse 혼동하다, 당황케 하다
 - confusion 혼란, 혼동
 - confusing 혼란시키는

어근 found/fund(=bottom)

표제어 복습

☐ foundation 근거; 토대; 기초; 설립; 정관 ◘ N0395
 - found 기초를 세우다; 설립하다; 창시하다
 - founded 근거가 ~ 한(=grounded)
 - fundamental 기초의; 근본적인; 주요한; (pl.) 원리
 - founder 창설[설립]자, 재단 설립자

1268 confute
[kənfjúːt]
12.중앙대

con(=together)+fut(=pour)+e → (반론들을) 한꺼번에 쏟아붓다
vt.(주장이) 틀렸음을 입증하다, 논박하다
 • confute the testimony 증언이 틀렸음을 입증하다
ⓝ confutation 논박, 반박
🔵 **refute** 논박하다, 반박하다 ⊃ **NO333**

R127 [어근] merg/mers(=dip, plunge) & still(=drop)

1271 immerse
[imə́ːrs]
07.경희대/96.서울대학원

im(=in)+merse(=plunge) → 안으로 뛰어들다
vt.1. 물에 담그다, 적시다; 침례를 베풀다
　　 2. ~에 몰두하다, 푹 빠지다[in/oneself in]
 • immerse himself in his work 일에 몰두하다
ⓐ immersible 내수성의
ⓝ immersion 담금; 열중, 몰입, 집중 훈련

1272 submerge
[səbmə́ːrdʒ]
99.한성대

sub(=under)+merge(=plunge) → 물 아래로 던져넣다
vt.물속에 가라앉히다, ~에 몰두하다[in/oneself in]
vi. 잠기다, 침몰하다
 • be submerged by the heavy rain 폭우로 물에 잠기다
ⓐ submersible/submergible 잠수할 수 있는; 잠수함[정]
　 submerged 수몰[침수]된; 물속에 자라는; 극빈의, 빈궁한
ⓝ submergence 잠수, 침수, 침몰

1273 instill
[instíl]
01-2.경기대/96,93.입법고시

in(=in)+still(=drop) → 안으로 한 방울씩 떨어뜨리다
vt.1. (사상·감정을 서서히) 불어넣다[심어주다][into]
　　　 (=impart effectively)
　　 2. 한 방울씩 떨어뜨리다
 • instill confidence into their students 학생들에게 자신감을 심어주다
ⓝ instillation (사상 따위를) 주입시킴; 점안

1274 distill
[distíl]
03.경찰

99.공인회계사

dis(=apart)+still(=drop) → 한 방울씩 떨어뜨려 분리해내다
v. 1. 증류하여 불순물을 제거하다; 증류되다
　　 2. (요점을 책에서) 뽑아내다(=extract)
 • distill freshwater from seawater 바닷물에서 민물을 증류해내다
ⓝ distillation 증류(법)(=extraction); 증류물; 정수
　 distillery 증류소; (위스키 등의) 증류주 제조소
ⓐ distillatory 증류의, 증류용의
　 distilled 증류하여 얻은

어근 merg/mers(=dip, plunge)

표제어 복습

☐ **plunge** 떨어지다, 뛰어들다, 던져넣다; 급락 ☑ **N0884**
☐ **emerge** 나타나다, 출현하다, 드러나다 ☑ **N0281**
　 - **emerge**nce 출현, 발생; 탈출
　 - **emerge**nt 갑자기 나타나는
☐ **merge** 병합[합병,통합]하다 ☑ **N0282**
　 - **merge**r (회사의) 합병, 합동; (권리의) 혼동
　 - **merge**e 합병의 상대방

R128 [어근] clin/clim/cliv(=bend, lean) & croch/croach/crook(=bend) & flex/flect(=bend)

1281 clinch
[klíntʃ]
11.경희대

clin(=bend)+ch → 못의 끝을 구부려 완결짓다
v. 1. 박은 못의 끝을 구부리다; (권투에서 상대선수를) 껴안다
　　 2. (토론 등의) 결론을 짓다, 매듭짓다(=conclude)
 • clinch an argument 논쟁을 마무리짓다
ⓝ clincher (토론을 종식시킬) 결정적인 말, 결정타; 볼트를 죄는 기구

1282 client
[kláiənt]
07.국민대/06.계명대

clien(=bend)+t → 한 가게 쪽으로만 취향이 굽은 사람
n. 1. 소송의뢰인
　　 2. 고객, 단골손님(=customer)
 • have a large number of clients 많은 의뢰인을 보유하다
 • attract new customers and defend one's existing clients
　 새로운 고객을 끌어들이고 기존 고객을 유지하다
ⓝ clientele[klàiəntél] (총칭) 고객, 단골손님(=customer); 부하들

1283 proclivity
[prouklívəti]
13.이화여대/12.가톨릭대
11.서강대

pro(=forward)+cliv(=bend)+ity → 먼저 잡으려고 몸을 앞으로 구부림
n. (좋지 못한) 성향(=propensity, tendency), 기질[for/to/toward]
 • proclivity to wasting money 돈을 낭비하는 경향

---

tip 단골손님(client)이란 여러 가게 중에서 한 가게로만 향하는 사람입니다. 어근 clin은 "구부리다, ~쪽으로 향하다(bend)"의 의미입니다.

어근 clin/clim/cliv(=bend, lean)

추가 어휘

☐ **clin**ic 진료소, 상담소, 전문 병원; 임상 강의
☐ **reclin**e 기대다, 기대게 하다; 의지하다
　 - **reclin**ing chair 안락의자
☐ **decliv**ity[diklívəti] 내리막, 하향 경사
　 - **decliv**itous 내리막 경사의
　 ↔ ac**cliv**ity[əklívəti] 오르막, 경사
☐ **climb**[klaim] 오르다, 등반하다, 상승하다
　 - **climb**er[kláimər] 등반자
　 cf. clamber 기어 올라가다; 등반
☐ **climat**e 기후, 풍토, 풍조
　 - **climat**ic(al) 기후상의, 풍토적인
　 - **climat**ology 기후학, 풍토학
☐ ac**clim**ate (새 환경에) 순응하다, 순응시키다
　 - ac**clim**atize to ~에 익숙해지다

1284 climax
[kláimæks]
04.광운대

clim(=lean)+max → 최고로 경사진 곳

n. 클라이맥스, 최고조, 절정(=culmination); 점층법
- reach its climax 최고조에 이르다
ⓐ climactic 절정의, 피크의
🔳 climacteric 갱년기의, 폐경기의
🔁 anticlimax 점강법, 용두사미

1285 crooked
[krúkid]
16.한국외대.서강대
02.건국대

crook(갈고리)+ed → 마음이 갈고리처럼 굽은

a. 1. 〈구어〉 마음이 비뚤어진, 부정직한(=dishonest)
    2. (모양이) 굽은, 뒤틀린
    3. 기형인, 불구의
- a crooked businessman 부정직한 사업가
ⓝ crook¹ 굽은 것, 갈고리, 굴곡; 사기꾼; 구부리다; 사취하다, 속이다
ⓐ crook² (몸이) 아픈; 기분이 나쁜, 불쾌한; 고장난
ⓝ crookback 꼽추(=hunchback)

1286 hook
[húk]
96.공인회계사
08.지방직 9급

낚시 바늘 → 유인하는 미끼

n. 갈고리, 낚시바늘; 유인하는 것; 소매치기
🔳 hook up 연결하다, 접속하다(=connect), 사귀다
get off the hook 해방되다, 풀어주다
v. 열중하다; 날치기하다
ⓐ hooky 갈고리 모양의; 꾀부려 쉬다, 날치기하다; 매혹적[매력적]인

1287 deflect
[diflékt]
10.서울여대/06.동아대
97-2.건국대

de(=away)+flect(=bend) → 굽혀서 비껴나가게 하다

v. 1. (무엇에 맞은 뒤) 방향을 바꾸다,
      굴절되다(=deviate, turn aside, swerve)
    2. (관심·비판·타격 등을) 피하다[모면하다]
- deflect the blame for the accident 사고에 대한 비난을 피하다
ⓝ deflection 비뚤어짐; 편향; 편차
ⓐ deflectable 벗어나기 쉬운(=digressive)

1288 reflect
[riflékt]
14.고려대

re(=back)+flect(=bend) → 빛을 구부려 다시 돌려보내다

v. 1. (거울 등에) 모습을 비추다; (빛 등을) 반사하다
    2. (감정·태도 등을) 반영하다
    3. 심사숙고하다(=meditate); 반성하다
- need time to reflect 생각할 시간이 필요하다
11.국가직7급
ⓐ reflective 반사하는, 투영된; 반성하는
ⓝ reflection 반사, 반영, 투영; 반성, 숙고

1289 reflex
[rí:fleks]
12.상명대

re(=again)+flex(=bend) → 부딪혀서 다시 굽어져 나가는 것

n. 반사 작용, 반사 행동, 반사신경; 그림자
a. 반사 작용(의), 반사(적인); 역행하는
vt. 반사시키다, 반전시키다
- test sb's reflexes 반사 신경을 검사하다
ⓐ reflexible 반사될 수 있는, 반사성의
ⓝ reflexivity 재귀, 반사

표제어 복습

☐ decline 거절하다, 기울다, 하락하다 ⬛ N0120
  - declining 기우는, 쇠퇴하는
  - declination 기움, 경사; 거절; 쇠퇴, 하락
☐ inclination 기울기, 경사; ~하는 경향[to] ⬛ N0936
  - disinclination 싫음, 내키지 않음

어근 croch/croach/crook(=bend)

추가 어휘

☐ crotch[krátʃ] (나무의) 아귀, (바지의) 가랑이
☐ crouch[kráutʃ] 몸을 웅크리다, 쭈그리다
☐ crochet[krouʃéi] 코바늘 뜨개질

표제어 복습

☐ encroach 침해하다, 침입하다 ⬛ N0499
  - encroachment 침략, 침해; 침략지
  - encroacher 침입[침해]자

어근 flex/flect(=bend, curve)

추가 어휘

☐ flection 굴곡, 굴절, 굽은 부분; 어미 변화
☐ inflection 억양, 굴절; 굴곡
  - inflect 어미를 변화시키다; 굴곡시키다
☐ genuflect (경의의 표시로) 무릎을 꿇다

표제어 복습

☐ flexible 구부리기 쉬운; 융통성 있는 ⬛ N0594
  - flexibility 유연성, 융통성
  - flex 관절을 구부리다, 굽다
  → inflexible 구부러지지 않는; 융통성 없는 ⬛ D0594
☐ flextime 탄력적 근무시간제 ⬛ D0594

R 129 [어근] plic/pli/ple/plex/plo(=fold, bend)

1291 pliant
[pláiənt]
14.동덕여대.중앙대00.건국대

pli(=bend)+ant → 자기 의견을 잘 굽히는

a. 1. 순종적인, 말을 잘 듣는(=tractable, biddable)
    2. (사람 몸이) 나긋나긋한, 얌전한
- a pliant press 순종적인 언론
06.중앙대
🔁 pliable[pláiəbl] 유연한; 고분고분한

1292 supplicate
[sʌ́pləkèit]
08.중앙대

sup(sub(=under)+plic(=bend)+ate → 허리를 아래로 구부려 부탁하다

v. 간청하다, 간절히 원하다, 애원[탄원]하다
- supplicate for permission 허락을 간청하다
ⓝ supplication 간청, 애원, 탄원
ⓐ suppliant 간청하는, 애원하는; 탄원자

tip 한꺼번에 다양한 영화를 상영하는 복합상영관을 멀티플렉스(multiplex)라고 합니다. 극장이 여러 개 겹쳐져 있다는 뜻입니다. 어근 plex는 "겹치다, 포개다(fold)"의 의미입니다.

추가 어휘

☐ pleat 주름; 주름을 잡다
☐ pliers 집게, 펜치
☐ simple 간단한, 단순한, 간결한 ·sim(=one)
  - simplicity 간단, 단순
  - simplify 간단하게 하다, 단순화하다
  - simplification 단순화, 평이화
☐ display 전시[진열]하다, (감정을) 나타내다,
      (능력을) 발휘하다
      n. 전시, 진열; 화면 표시 장치

1293 perplex
[pərpléks]
07.한국외대/96.광운대

per(=thoroughly)+plex(=fold) → 완전히 겹쳐진

vt. 당황케 하다, 어리둥절케 하다(=confuse)
• be perplexed at the result 그 결과에 어찌할 바를 모르다
ⓐ perplexed 당황한, 어리둥절한(=confused); 복잡한
ⓝ perplexity 당혹, 혼란, 난처한 상태
🔳 at a loss 당황하여(=perplexed, at one's wit's end) ⊃ IO1607

1294 apply
[əplái]
17.상명대

ap〈ad(=near)+pli(=bend, fold)+y → 무엇에 맞게 구부리다

vt. 1. 신청하다, 지원하다[for/to]
　　2. 적용하다; 적용되다, 해당되다
　　3. (크림·약 등을) 바르다, 칠하다, 붙이다
　　4. 전념하다, 몰두하다[oneself]
• apply for the job 그 일에 지원하다
• apply a lotion 로션을 바르다
• apply oneself to the task 일에 몰두하다
ⓝ application 적용, 응용; 지원, 신청
13.기상직9급
applicant 지원자, 응모자
15.광운대
ⓐ applicable 적용할 수 있는, 적절한(=appropriate)
applicatory 사용에 적합한
applied 응용된, 실용을 위한

1295 appliance
[əpláiəns]
96-2.고려대

ap〈ad(=to,near)+pli(=fold)+ance → 여러 장치가 겹쳐진 제품

n. 1. (가정용) 기기, 장치, 전기제품
　　2. 응용, 적용
• sell a wide range of domestic appliances 다양한 가전제품을 팔다

1296 duplicity
[dju:plísəti]
05.중앙대

du(=double)+plic(=fold)+ity → 마음이 두 개로 겹쳐 있는 것

n. 사기, 기만(=deceit); 이중성, 표리부동
• disappoint at his duplicity 그의 이중성에 실망하다
🔳 duplicate 복제하다; 중복되다; 복제품 ⊃ NO976

1297 multiple
[mʌltəpl]
16.사회복지9급.한양대

multi(=many)+ple(=fold) → 여러 개를 겹쳐놓은

a. 많은, 다수의; 복합적인
n. (수학) 배수
• suffer multiple injuries 복합 부상을 입다
10.경희대
ⓥ multiply 증가시키다, 증식시키다(=proliferate); 곱하다
ⓝ multiplication 증가, 곱셈(↔ division 나눗셈)
multiplicity 다수, 다양성

┌───┐
│ 🔳 triple 3중의, 3배수의 **triplex** 세곱의 │
│ 　　**triplicate** 3통 작성하다; 3통 한 벌 　*tri(=three) │
│ 　　**quadruple** 4중의, 4배의 │
│ 　　**quadruplicate** 사본을 4통 만들다; 4곱의 　*quad(=four) │
└───┘

1298 diplomacy
[diplóuməsi]
09.지방직9급

di(=two)+plo(=fold)+macy → 두 안을 겹쳐서 절충하는 기술

n. 1. 외교(정책); 외교술; 외교부서
　　2. 협상이나 절충의 재주
• pursue quiet diplomacy 비공식 외교를 추구하다
ⓝ diplomat 외교관
ⓐ diplomatic 외교의 수완이 있는
🔳 diploma 졸업증서, 학위수여증 　*di(=two): 두 개로 접혀져 있는 졸업장

1299 employ
[implói]
17.서강대.아주대
07.경북9급

em〈en(=make)+ploy(=fold) → 자신의 직원으로 끌어안다(fold)

vt. 1. 고용하다(=take on, hire)
　　2. (수동형) ~에 종사하다[oneself]
　　3. (시간·정력 등을) 소비하다(=make use of), 쓰다
　　4. (기술·방법을) 이용하다(=make use of)
• How do you employ your spare time?
　당신은 여가 시간을 어떻게 보내십니까?
ⓝ employee 고용인　employer 고용주
employment 고용; 사용, 이용
🔳 unemployment 실업, 실직상태

☐ comply (요구·명령에) 따르다, 응하다 🔲 N0090
　- compliance 유순, 고분고분함; 응낙, 승낙
　- compliant/compliable 유순한, 고분고분한
☐ complex 복합의, 복잡한; 복합빌딩 🔲 N0559
　- complexity 복잡, 착잡, 복잡한 것
☐ complexion 피부색, 안색; 외관, 겉모양 🔲 D0559
　- complexioned 얼굴빛이 ~ 한
☐ multiplex 복합의, 다양한 🔲 D0559
☐ complicated 복잡한, 이해하기 어려운 🔲 N0342
　- complication 복잡; 분규; (pl.) 귀찮은 문제
　- complicate 복잡하게 하다; 뒤얽히게 만들다
☐ duplicate 복제하다; 중복되다; 복제품 🔲 N0976
　- duplication 이중, 중복; 복사
☐ replicate 복사하다; 자기복제를 하다 🔲 N0660
　- replication 복사, 복제
　- replica 복사, 복사본
☐ accomplice 공범, 방조범 🔲 N0309
　- complicity (범죄 등의) 공범; 공모, 연루
　- complicit 공모한, 연루된
☐ implicate 관련시키다, 연루시키다 🔲 N0797
　- implication 연루; 관련; 함축, 암시
☐ imply 암시하다, 뜻을 내포하다 🔲 N0755
　- implicit 암시적인; 내재하는; 맹목적인
☐ explicit 명백한, 분명한; 노골적인 🔲 N0513
　- explicate 해명하다, 자세히 설명하다
　- explicable 설명할 수 있는, 납득이 가는
　↔ inexplicable 설명이 안되는, 불가사의한
☐ exploit 이용하다, 개척하다, 착취하다 🔲 N0257
　- exploitation 개척, 개발; 착취
혼동어근 pli/ply/ple(=fill,full) 🔲 R154

1299(1) **deploy**
[dipl5i]
09.이화여대

de(=down)+ploy(=fold) → 겹친 것을 펼치다

v. 1. (전투대열로) 전개하다, (주장을) 펼치다
2. (전략적으로 부대나 신무기를) 배치하다(=station)
3. 효과적으로 이용하다
• deploy U.S. Army units to many potential trouble spots
수많은 잠재적 분쟁지역에 미군을 배치하다
ⓥ **redeploy** 재배치하다, 이동시키다

R130 [어근] tort/tor(=twist) & warp(=bend)

1301 **twist**
[twist]

twist(=twist) → 꼬이게 하다

vt. 1. 구부리다, 비틀다, 꼬다, 얽히게 하다
2. (얼굴을) 찡그리다
3. (사실을) 왜곡하다
vi. 뒤틀리다, 꼬이다, 일그러지다; 꾸불꾸불하다
ⓐ **twisted** 뒤틀린, 일그러진; (성격이) 비뚤어진

tip 영화 트위스터(twister)는 바람이 뒤틀리며 지나간 자리를 초토화시키는 회오리 바람인 토네이도(tornado)를 다룹니다. 어근 tor은 "뒤틀다, 비틀다(twist)"의 의미를 갖습니다.

어근 tort/tor(=twist)

추가 어휘
☐ **tor**nado 토네이도, 회오리 바람
☐ **tor**pedo[tɔːrpíːdou] 어뢰, 수뢰
☐ **tor**rent 급류; 억수; (질문의) 연발; (감정의) 분출
  - **tor**rential 급류의, (비가) 억수로 쏟아지는
☐ **tor**sion[tɔ́ːrʃən] 비틀기, 비틀림

표제어 복습
☐ ex**tort** 강제로 탈취하다, 강요하다 ▣ N0979
  - ex**tort**ion 강요, 강탈, 갈취; 착취
  - ex**tort**ionate 강요하는, (가격이) 터무니없이 비싼

1302 **warp**
[wɔːrp]
04.행정고시

warp(=bend) → 구부리다

v. 1. 휘게 하다; 휘다
2. (기사를) 왜곡하다
3. (성격이) 비뚤어지다
4. (배를) 밧줄로 끌어당기다
n. 휨, 뒤틀림
ⓐ **warped** (생각이) 비뚤어진, 왜곡된(=distorted)
• The shark is the victim of a warped attitude of wildlife protection.
상어는 야생동물 보호에 대한 왜곡된 의식의 희생양이다.

1303 **tortuous**
[tɔ́ːrtʃuəs]
10.이화여대

tort(=twist)+u+ous → 뒤틀린

a. 1. 길고 복잡한(=complicated), 우여곡절이 많은
2. (길이) 구불구불한
• a tortuous and cumbersome system 복잡하고 거추장스러운 시스템
• ten month of tortuous negotiations 10개월에 걸친 우여곡절의 협상
▣ **torture**[tɔ́ːrtʃər] 고문; (고문에 의한) 고통; 고민거리; 고문하다
  - **torturous**[tɔ́ːrtʃərəs] 고문의, 고통스러운; 일그러진

1304 **torment**
[tɔ́ːrment]
15.경기대/09.광주시9급

tor(=twist)+ment → (몸을 비틀어) 고통을 주다

vt. 심한 고통을 주다, 괴롭히다
n. (정신적) 고통, 고뇌(=agony); 고민거리(=distress)
• be tormented by poverty 가난으로 고통받다

1305 **retort**
[ritɔ́ːrt]

re(=again)+tort(=twist) → (남의 말을) 비틀어 치다

v. (비난·공격 따위에) 되받아치다, 말대꾸하다(=reply); 반격하다
n. 말대꾸, 반박
• retort with a sharp remark 양칼지게 쏘아붙이다

R131 [어근] tend/tent/tens(=stretch)

1311 **distend**
[disténd]
05.경기대

dis(강조)+tend(=stretch) → 멀리 뻗치다

vt. 넓히다, 팽창시키다, 과장하다(=enlarge, dilate)
vi. (동공 등이) 넓어지다, (배가) 부풀다(=swell)
• starving children with huge distended bellies
굶주림으로 복부가 팽팽하게 부풀어 오른 아이들
ⓐ **distended** 넓어진, 팽창한, 부푼
  distensible 팽창시킬 수 있는, 팽창성의
12.경희대 ⓝ **distension** 팽창, 확대(=dilation)

tip 접혀 있다가 펼치면 집이 되는 텐트(tent)처럼 어근 tens는 "뻗다, 쭉 펴다(stretch)"의 의미입니다.

추가 어휘
☐ **tend**on 힘줄, 건
☐ **tens**ile 잡아 늘일 수 있는
☐ **tent** 텐트, 천막
☐ superin**tend** 감독하다, 관리하다
  - superin**tend**ence 감독, 관리

표제어 복습
☐ **tend**ency 동향, 추세; 기질, 성향 ▣ N0647
  - **tend**entious 특정의 경향[목적]을 가진
  - **tend** ~하는 경향이 있다[to]; 돌보다
  - **tend**er 부드러운, 허약한; 간호인; 제출하다

1312 **tension**
[ténʃən]

tens(=stretch)+ion → 분위기가 팽팽한 것

n. (심리적) 긴장(=strain), 긴장감, 긴장 상태, 갈등; 팽팽함
• The contact between individuals and nations increases
understanding and decreases tension.
개인과 나라들의 접촉은 이해를 증가시키고 긴장을 감소시킨다.
ⓐ **tense** 긴장한, 긴장된; 팽팽한; 시제

1313 intense
[inténs]
06.서강대

in(강조)+tense(=stretch) → 강하게 뻗치는
a. 격렬한, 심한; 열정적인
• feel an intense pain 격심한 통증을 느끼다
@ intensive 강렬한, 철저한; 집중적인, 강조하는
ⓥ intensify 세게 하다; 강렬하게 하다; 증대하다(=enhance)
ⓝ intensity 강렬, 격렬; 집중, 전념
　intension 강화, 보강; 긴장
13.경희대　intensification 강화, 증대
97-2.총신대 ⓐⓓ intensely 격렬하게, 심하게(=extremely)

1314 attend
[əténd]
00.영남대

at(ad(=to)+tend(=stretch) → 무엇을 향해 뻗치다
v. 1. 참석하다, 출석하다, (~에) 다니다
　2. 주의하다, 귀를 기울이다[to]
　3. 시중들다, 돌보다[on](=look after)
　4. 수반하다[on]
• attend the meeting 회의에 참석하다
• attend church every Sunday 매주 일요일에 교회에 다니다
• attend on the dying soldier 죽어가는 군인들을 돌보다
97.단국대 ⓝ attention 주의, 유의; 친절, 배려; 응급치료; (구령) 차렷
• pay attention to 주의를 기울이다(=pay heed to)
　attendant 시중드는 사람; (pl.) 수행원; 시중드는
98.동덕여대 ⓐ attentive 주의 깊은, 세심한; 경청하는
　ⓤ unattended 수행원이 없는; 방치된

1315 content
[kántent]
13.국민대

con(강조)+tent(=stretch) → 함께 뻗치는 것
n. (pl.) 내용물, (서적 등의) 내용; 만족감
a. [kəntént] 만족하는(=complacent)
v. 만족시키다; 만족하다
ⓤ be content with ~에 만족하다
　to one's heart's content 흡족하게, 실컷(=heartily)
• Enjoy to your heart's content. 마음껏 드세요.

1316 contentment
[kənténtmənt]
14.경희대/98.건국대

con(=together)+tent(=stretch)+ment → 안도감으로 팔다리를 쭉 뻗음
n. 만족, 흡족함, 안도감(=complacency)
• Contentment is better than riches. 만족은 부자보다 낫다.
17.항공대/06.전남9급 ⓤ discontent 불평, 불만, 불만의 원인; 불만을 품은(=dissatisfied)

☐ contentious 논쟁하기 좋아하는 **ᴅ** N0105
　- contend 다투다, 논쟁하다; 주장하다
　- contender 싸우는 사람, 경쟁자
　- contention 언쟁, 논쟁; 싸움, 다툼, 투쟁
☐ extend 뻗다, 연장하다; 제공하다 **ᴅ** N0692
　- extent 넓이, 길이, 면적, 양; 범위, 한계
☐ extensive 광대한, 넓은, 광범위한, 엄청난 **ᴅ** N0385
　- extensively 널리, 광범위하게
　- extensible 신장[연장, 확장]할 수 있는
　- extension 연장, 확장, 연기; 내선번호
　- extensity 신장[확장]성; 넓이
☐ intent 의도, 목적, 계획; 취지; 집중된 **ᴅ** N0225
　- intend ~할 작정이다, 의도하다; 의미하다
　- intention 의지, 목적; 속셈; 개념
　- intentional 의도적인, 고의적인, 계획적인
　- intentionally 고의로, 일부러
　↔ unintentionally 무심코
　- intently 열심히, 오로지; 골똘히
☐ pretend 가장하다, ~인 체하다 **ᴅ** N0268
　- pretending 사칭하는; 거짓의
　↔ unpretending ~인 체하지 않는; 겸손한
　- pretender ~인 체하는 사람; 사칭자, 위선자
　- pretense/pretence 겉치레, 가식, 위장; 과시
　- pretension 요구, 주장; 자칭, 자만; 핑계
☐ pretentious 허세 부리는, 가식적인 **ᴅ** N0323
☐ tentative 시험삼아 하는, 임시의 **ᴅ** N0739
☐ portent (불길한) 조짐, 전조 **ᴅ** N0982
　- portentous 전조의; 불길한, 흉조의
　- portend 전조가 되다, 예고하다
☐ ostentatious 허식적인, 과시하는 **ᴅ** N0126
　- ostentation 겉치레, 허식, 과시
　- ostensible 표면상의, 겉으로 만의, 겉치레의
　- ostensive 명시하는, 지시적인; 겉으로 만의
　- ostensibly 겉으로는, 표면상은, 그럴싸하게
　↔ unostentatious 허세부리지 않는 **ᴅ** D0126
☐ hypertension 고혈압 **ᴅ** P0162
　↔ hypotension 저혈압 **ᴅ** P0163

ᴿ132 [어근] **temper/tamper(=stretch, moderate)**

1321 temper
[témpər]
16.중앙대/15.한양대
93.사법시험

temper(=stretch) → 뻗치는 성질
n. 1. 성질, 기질; 기분(=disposition)
　2. 차분, 침착
　3. 풍조, 추세
vt. 누그러뜨리다, 완화시키다
• in a bad temper 기분이 언짢아

ⓤ lose one's temper 화를 내다(=become angry) **⊃ I11902**
　↔ keep one's temper 화를 참다 **⊃ I04116**
ⓨ ~tempered ~한 성격의
　even-tempered 성격이 차분한
　bad-tempered 심술 궂은, 성격이 까다로운
　ill-tempered 화를 잘내는, 성미가 까다로운
　quick-tempered 성급한, 성격이 급한
　evil-tempered 몹시 언짢은

1322 temperamental
[tèmpərəméntl]
05.송실대/97.지방고시

temper(=stretch)+a+ment(=mind)+al → 열이 잘 뻗치는
a. 1. 기질상의; 개성이 강한
　2. 흥분하기 쉬운, 신경질적인; 변덕스러운
　3. (기계 등이) 종종 작동하지 않는
• temperamental and genetic differences 기질과 유전적 차이점
• the temperamental tennis player 신경질적인 테니스 선수
ⓝ temperament 기질, 성질; 격렬한 성미

표제어 복습
☐ tamper 간섭하다, 함부로 변경하다 **ᴅ** N0496
　혼동어근 tempo(=time) **ᴅ** R201

1323 temperate
[témpərət]
12.국민대,이화여대
97-2.총신대

17.서울여대/12.지방직9급

12.이화여대

temper(=moderate, stretch)+ate → 날씨가 온화한

a. 1. (기후가) 온화한(=mild, moderate)
2. 절제하는, 삼가는(=moderate)
• in temperate regions 기후가 온난한 지역에서

ⓝ temperance 절제(=restraint); 절주(=sobriety)

🔁 **temperature** 온도, 기온; 체온; 열, 고열
tempestuous 폭풍이 치는; (감정이) 격정적인
- **tempest** (거센) 폭풍; 격동

🔄 **intemperate** 무절제한, 자제심이 없는 *in(=not)

I 103
throw

throw는 **"(손과 팔을 사용하여) 내던지다"**의 의미이다.
던지는 대상은 사물뿐만 아니라 시선 · 의심 · 새끼 등 다양하다.
1. (사물을) 던지다 → 던지다, 투척하다, (총알을) 발사하다, 빛을 쏘다, 새끼를 낳다
2. (시선을) 던지다; (말을) 던지다; (의심을) 두다
3. (몸을) 던지다 → (옷을) 급하게 입다(옷에 몸을 던져넣다); (댄스파티 등의) 모임을 열다

10301
throw ☆ away[aside] sth
87.행자부7급,입시,Teps

멀리(away) 던져버리다(throw)
버리다, 팽개치다(=discard, throw out, do away with sth)
• In the United States, about 10 million computers are **thrown away** every year.
　미국에서는, 매년 약 천만 대의 컴퓨터가 버려진다.

10302
throw out the baby with the bathwater
06.건국대

욕조와 함께 아기를 던져 버리다(throw)
중요한[좋은] 것을 쓸데없는[나쁜] 것과 함께 버리다
• Don't **throw the baby out with the bathwater**.
　불필요한 것을 치운다고 좋은 것을 함께 버리지 마라.

图 throw ☆ out/cast ☆ out sb/sth
버리다; (직장이나 조직에서) 내쫓다

10303
throw in the towel[sponge]
01~2.경기대,입사

권투에서 항복의 표시로 수건을 던지다(throw)
패배를 인정하다(=admit defeat), 항복하다(=surrender)
• He **threw in the towel**. 그는 패배를 인정하였다.

10304
throw up one's hands (in defeat)
입사

양손을 위로 던지다(throw)
두 손 들다, 굴복하다, 단념하다(=surrender)
• He **threw up his hands** and decided to let the students go home early.
　그는 굴복했고 학생들을 집에 일찍 귀가시키기로 결정했다.

図 throw ☆ up sth
1. ~을 토하다 2. ~을 두드러지게 하다
3. ~을 서둘러 짓다 4. 직장을 때려치우다

10305
throw the book at sb
11.동국대

누구를 향해 책을 집어던지다(throw)
~를 엄하게 처벌하다, 호되게 나무라다
• The judge **threw the book at** him. 판사는 그를 엄벌에 처했다.

10306
throw[have] a fit[tantrum]
02.단국대/01.성명대,Teps

짜증(fit, tantrum)을 던지다(throw)
신경질적으로 반응하다,
매우 화가 나다(=become upset, be very angry)
• The boy's mother **threw a fit** when she heard about his problems at school.
　그 아이의 엄마는 그의 학교에서의 말썽을 전해 듣고는 노발대발했다.

I 104
cast

cast는 throw와 마찬가지로 **"어떤 것을 던지다"**인데 던지는 대상이 유형물도 있지만, 주로 시선, 미소, 빛, 의심, 배역 등의 무형물에 많이 쓴다.
1. (시선 · 미소 등을) 던지다[보내다], (그림자를) 드리우다
2. (의심을) 불러일으키다
3. (표)를 던지다; 배역을 맡기다, 캐스팅을 하다

10401
cast one's vote[ballot] (for sb/sth**)**
15.광운대

자신의 표(vote)를 던지다
(~에게) 투표하다
• I'll **cast my vote for** the candidate.
　나는 그 후보에게 투표할 것이다.

젭 casting vote 캐스팅 보트
(찬반수가 같을 때 행하는 의장의 결정투표)

10402
cast[throw] doubt on sth
15.광운대

의심(doubt)을 던지다
~을 의심하다
• They **cast** some **doubt on** his theory. 그들은 그의 이론에 의구심을 가졌다.

10403
cast[throw] a chill over[on]
16.성균관대

한기(chill)를 쫙 끼었다
오싹하게 만들다(=frighten); ~에 찬물을 끼었다, ~의 판을 깨다
• The scream **cast a chill over** us all.
　그 비명소리가 우리 모두를 오싹하게 만들었다.

젭 cast a shadow[pall] over
~에 어두운 그림자를 드리우다
젭 chill sb **to the bone**
심장이 멎을정도로 놀라게 하다

I 105

fall

fall은 **"높은 곳에서 아래로 떨어지다"**가 기본개념이다.
떨어지는 것은 가치·질·가격 등도 포함되고, 건물의 경우 "붕괴하다", 사람의 경우 "죽다"의 의미로 확장된다.
1. (아래로) 떨어지다, (눈·비가) 내리다, (가치·질·가격 등이) 하락하다, (온도가) 내려가다(drop) ↔ rise
2. (사람이) 쓰러지다, 죽다; (건물이) 무너지다, 붕괴되다; (도시가) 함락되다, (정부가) 전복되다
3. (졸음 등이) 덮치다, (재난 등이) 닥치다; 〈보어와 함께〉 어떤 상태로 되다(become)

---

1. (아래로) 떨어지다, (눈·비가) 내리다, (가치·질·가격 등이) 하락하다, (온도가) 내려가다(drop) ↔ rise

10501
fall off
00.행자부9급

~에서 떨어져나와 (off) 떨어지다(fall)
1. (분리되어) 떨어지다
2. (양·정도·사이즈가) 줄다, 감퇴되다(=decrease, drop off)
• A button had **fallen off** her jacket.
그녀의 재킷에서 단추가 떨어져 나갔다.
國 **falloff** 감소; 저하, 감퇴

■ fall away 떨어져 나가다; 배반하다; 줄다, 사라지다(=diminish, decline); 경사지다

10502
fall in with [sb]/[sth]
입시2회.Teps

한 공간 안에(in) 같이(with) 떨어지다(fall)
1. (특히 우연히 만나) 친한 사이가 되다
2. (의견이나 계획에) 동조하다(=agree with [sth])
• On the cruise we **fell in with** an interesting couple from Boston.
유람 중에 우리는 보스톤에서 온 한 재밌는 커플을 만나 친해졌다.

10503
fall out
10.동국대/02.세종대/00.경찰/95.사법시험
97.덕성여대/94.행자부7급/94.경성대
98.경희대/92.고려대학원

(있던 곳에서) 떨어져 나와 떨어지다(fall)
1. [with [sb]] ~와 다투다, 싸우다(=quarrel with [sb], brawl, bicker)
2. [over [sth]] (~을 이유로) 다투다
3. (치아·머리카락 따위가) 빠지다
4. 대열에서 이탈하다; 중퇴하다, 탈락하다
• She **fell out with** her husband.
그녀는 남편과 다투었다.
國 **fallout** (방사능) 낙진; 부산물, 좋지못한 결과(=aftermath); 낙오자

---

2. (사람이) 쓰러지다, 죽다; (건물이) 무너지다, 붕괴되다; (도시가) 함락되다, (정부가) 전복되다

10504
fall through
입사.토플.Teps

완전히(through) 바닥으로 떨어지다(fall)
수포로 돌아가다(=come to nothing), 실패하다
• The plan **fell through** because it went over the budget.
그 계획은 예산이 초과되어서 수포로 돌아갔다.

■ fall down on the job
제대로 일을 안한다, 실패하다
(=fail to do [sth] properly)
= fall flat (on one's face)
꼴 사납게 넘어지다;
(계획 따위가) 완전히 실패하다
*flat 납작하게, 완전히
國 **fall down** 쓰러지다, 병으로 눕다

---

3. (졸음 등이) 덮치다, (재난 등이) 닥치다; 〈보어와 함께〉 어떤 상태로 되다(become)

10505
fall back on [sb]/[sth]
10.동덕여대/08.강남대/05.중앙대/02.경찰
87,86.행자부9급/92.동덕여대.외무고시.입사5회

~에게(on) 기대서(back) 쓰러지다(fall)
의지하다, 의존하다(=rely on, depend on, count on [sb]/[sth])
• They had no savings to **fall back on**.
그들은 의지할 만한 저축해 놓은 돈이 없다.

10506
fall on[upon] [sb]/[sth]
95.외무고시,Teps

무엇에게로(on) 떨어지다(fall)
1. ~의 의무가 되다(=be obligation of [sb]/[sth])
*에게로(on) (할 일이) 떨어지다(fall)
2. 습격하다, 공격하다(=attack) *~위로 덮치다(fall)
3. (불행 등이) 닥치다 *불행이 사람 위로(on) 덮치다(fall)
4. 우연히 마주치다, (생각이) 갑자기 떠오르다(=come upon [sb]/[sth])
*생각이 머리 위로 떨어지다(fall)
5. (일에) 달려들다, ~을 시작하다(=fall to [sth])
*~에(on) 떨어지듯이 달려들다(fall)
• It has **fallen on** me to support the family.
나에게 가족을 부양할 의무가 주어졌다.
• I **fell upon** the idea while looking through a magazine.
잡지를 읽고 있는 중에 아이디어가 떠올랐다.

■ count on [sb]/[sth] 의지하다, 믿다
(=depend on [sb]/[sth])
= rely on [sb]/[sth] ~에 의지하다,
신뢰하다, 기대하다(=count on [sb]/[sth])
= depend on [sb]/[sth]
~에 의존하다, ~에 달려 있다
= bank on [sb]/[sth]
의지하다(=rely on sb/sth), 믿다

10507
fall into [sth]
07.한양대/01.경찰/93.행자부9급

안으로(into) 빠지다 cf. into(변화)
1. ~에 빠지다, ~ 상태로 되다
2. ~으로 나뉘다, 분류되다
3. (이야기 등을) 시작하다
• The child **fell into** a profound sleep.
  그 아이는 깊은 잠에 빠졌다.

10508
fall (a) prey to [sb]/[sth]
94.입법고시

~의(to) 먹이(prey)로 던져지다, 전락하다(fall)
~의 희생양이 되다(=become the victim of [sb]/[sth]),
(흉계 따위에) 넘어가다
• Investors must now consider that even a highly rated issuer might
  fall prey to a hostile takeover.
  이제 투자가들은 신용도가 높은 사채발행 기업조차도 적대적인 매수에 희생될 수 있다
  는 사실을 고려하지 않으면 안된다.
  cf. bird of prey 맹금(독수리 따위)

10509
fall to [sth]
입사.토플

~에게(to) 함락되다(fall)
1. (일·의논·싸움 따위)를 시작하다(=start) ; 먹기 시작하다(=fall on [sth])
2. 정복당하다, 함락되다
• The city **fell to** the advancing Russian armies.
  도시는 전진하는 러시아군에 의해 함락되었다.

10510
fall to pieces / fall to bits
86.서울대학원

여러 조각(pieces, bits)으로 되다(fall to)
산산이 부서지다 ; (계획이) 좌절되다,
(조직 등이) 엉망이 되다(=fall apart)
• Without you the company would **fall to pieces**.
  네가 없으면 회사가 절단 날지 몰라.

10511
fall[drop] short of [sth]
07.한양대/04.세무사.입사.Teps

멀리 던지기에서 원하는 곳보다 짧게(short) 떨어지다
(기대 등에) 미치지 못하다, 부족하다, 모자라다
• This report **falls short of** my expectation.
  이 보고서는 내 기대에 미치지 못한다.
  國 **be shy of** [sth] ~이 부족하다, (기대 등에) 미치지 못하다

國 **fall into servitude** 〈01.경찰〉
노예상태로 되다(=become enslaved)
- **fall into a trap**
  함정에 빠지다, 계략에 말려들다
- **fall in[to] place** 제자리에 들어가다
  (=fit together, become organized) ;
  (이야기나 주장이) 앞뒤가 맞다
  *있어야 할 장소(place)에 떨어지다
- **fall into line/ fall in line**
  줄지어 서다 ; 제자리를 찾아 정리되다 ;
  규정·조약에 따르다
- **fall in love (with [sb])**
  사랑하게 되다, 사랑에 빠지다
國 **fall into the hands of** [sb]
  ~의 수중에 들어가다, ~의 손에 맡겨지다

國 **fall to work** 일에 착수하다

國 **fall apart/fall apart at the seams**
1. 부서지다, 조각나다, 고장나다
  (=become to not work properly)
  *따로 따로(apart) 떨어지다
2. (조직 등이) 와해되다 ; 부부가 헤어지다
  *사람들이 따로따로(apart) 떨어지다
3. (심리적으로) 동요하다, 감정을 주체하지
  못하다 *마음이 따로따로 떨어지다
國 **fall to the ground** (계획 등이)
  실패로 돌아가다 *땅바닥으로 떨어지다
  **fall (to the ground) between
  two stools** 두 가지 일을 한꺼번에
  하려다가 둘 다 그르치다 *stool 걸상, 변소

106
drop

drop은 "갑자기 떨어지다(fall), 떨어뜨리다"가 기본개념이다. fall 보다는 순간적이고 돌발적이다.
1. 물건을 떨어뜨리다 ; 방울져 떨어지다, (땀·눈물을) 흘리다 ; 엎지르다 ; 쓰러지다
2. (수·양 등을) 줄이다, 낮추다 ; 줄다
3. (승객을) 차에서 내려주다 ; 우연히 들르다
N. 물방울 ; 소량 ; 급강하, 공중낙하 ; (주식 가격 등의) 하락

10601
drop the ball
13.중앙대

럭비선수가 공을 떨어뜨리다(drop)
실수하다(=make a mistake)
• They've **dropped the ball** as far as I'm concerned.
  내가 아는 한, 그들은 실수로 일을 그르쳤다.

10602
drop off ([sb]/[sth])
99.동국대.Teps

분리되어(off) 떨어지다(drop)
1. (차로 가는 길에) 태워주다 ; 하차하다[하차시키다] *차에서 똑 떨어뜨리다
2. (단추 등이) 떨어지다 *분리되어 똑 떨어지다
3. (어느새) 잠들다 ; 쇠약해지다 ; (갑자기) 죽다 *푹 쓰러지다(drop)
4. 차츰 없어지다[줄다] ; 사라져 가다
• Could you **drop off** the books at the library?
  (차로 가는 길에) 도서관에 이 책 갖다 줄래?

10603
drop out
00-2.한성대.Teps

바깥으로(out) 떨어져 나가다
떠나다 ; 사라지다 ; 낙오하다, 중퇴하다
• She then **dropped out** after one year and moved to Los Angeles.
  1년 후 그녀는 학교를 중퇴하고 로스엔젤레스로 이사했다.

10604
drop in (on [sb]/at [sth]) /
drop by ([sth])
92.변리사/90.KATUSA.입사7회.Teps

(차를 타고 가다가) 어디에(in,by) 떨어뜨리다(drop)
잠깐 들르다, 방문하다(=visit)
• On my way home I **dropped in** to see him.
  집으로 돌아오는 중에 그를 잠깐 들여다 보았다.

國 **drop dead**
  갑자기 죽다, 급사하다(=die suddenly)
  *물방울이 똑 하고 떨어지듯이 쓰러지다
國 **Drop dead!** 〈속어〉 썩 꺼져버려!
國 **They waited for the wind to drop.**
  그들은 바람이 잦아지기를 기다렸다.

國 **drop-out** 낙오자

國 **drop-in** 예약이 필요없는

10605

drop sb **a line**
01.행자부9급/01.인천시9급
92.용인대,입사,Teps

편지 한 줄을 떨어뜨리다(drop)
(~에게) 편지쓰다, 몇 자 적어 보내다(=write a short letter)
• Please **drop** me **a line** as soon as you get there.
  거기 도착하자마자 편지해.

10606

at the drop of a hat
15.국가직9급

결투나 경주를 할 때 심판이 모자를 땅에 떨어뜨려서 시작을 알렸던 데서 유래
즉각, 주저하지 않고(=immediately)
• If you need help, just call on me. I can come **at the drop of a hat**.
  도움이 필요하시면 제게 전화주세요. 바로 달려올게요.

10607

a drop in the bucket[ocean]
01-2.한성대

물 양동이(bucket) 안에 떨어뜨린 물 한방울(a drop)
아주 적은 양, 새 발의 피
• That's just **a drop in the bucket** compared to what's needed.
  필요로 하는 것에 비하면 그것은 새 발의 피에 불과하다.

I 107

shed

shed는 "(무엇을) 아래로 떨어뜨리다"가 기본의미이다.
"피·눈물을 흘리다; 빛을 발산하다" 등의 의미로 확장된다.

10701

shed[throw] light on sth
10.경원대/06.한양대/99.세무사/92.한성대

무엇 위로(on) 빛을 비추다(shed)
설명하다, 밝히다(=elucidate, explain, clarify)
• We should make every effort to **shed light on** the scandal.
  우리는 그 스캔들을 규명하기 위해 최선을 다해야 한다.

■ shed 보충표현

☐ **shed blood** 피를 흘리다; (특히 전쟁이나 싸움에서) 죽이다, 살해하다(=kill)

☐ **shed tears** 눈물을 흘리다, 울다(=cry)

☐ **shed crocodile tears** 거짓 눈물을 흘리다(=pretend grief) •악어가 먹이를 먹을 때 눈에서 눈물 같은 분비액을 흘리는 데서 유래

R133 [어근] tract/treat(=draw)

1331 withdraw
[wiðdrɔ́ː]
16.서울시7급/96.행자부7급
96.공인회계사/93.상명대

with(=back)+draw → 뒤로 다시 잡아 빼다

vt. 1. (손을) 빼다, 움츠리다; 철수시키다(=evacuate)
2. (예금을) 인출하다, (물건을) 꺼내다(=take out)
3. (진술·약속 등을) 철회하다, 취소하다(=revoke, recant)
vi. 물러나다, 철수하다, 은퇴하다[from](=retreat)
• withdraw money from a bank 은행에서 돈을 인출하다
• withdraw from a presidential race 대통령 경선에서 물러나다
ⓝ withdrawal 물러감, 철수; 취소, 철회
🔁 pull back (군대가) 후퇴하다, (시장에서) 철수하다, (말을) 철회하다
eat[swallow] one's words (어쩔 수 없이) 앞서 한 말을 취소하다

1332 drawback
[drɔ́ːbæk]
15.숙명여대/14.한양대
08.공인노무사

draw+back → 뒤로 다시 거둬 들이는 것

n. 결점, 약점(=flaw); 고장; 철수, 철회; 환불
• despite the obvious drawbacks 명백한 결점에도 불구하고
🔁 draw back 물러서다, 되돌리다, 환불받다

1333 retreat
[ritríːt]
16.서울시7급,광운대
93.행정고시

re(=back)+treat(=draw) → 뒤로 다시 잡아 빼다

vi. 1. 후퇴하다, 퇴각하다(=withdraw, recede, pull back)
2. 은퇴하다; 손을 떼다
n. 퇴각, 후퇴; 은퇴, 은둔
• never retreat on the battlefield 전장에서 결코 퇴각하지 않다

> 🔁 retirement (자발적인) 사직, 사임; 은퇴, 퇴직, 퇴역
> resignation 사직, 사임
> discharge (군대나 의무에서) 제대, 면제; 해고
> departure 직(職)이나 조직 등에서 그만두거나 이탈함
> abdication (왕위 등에서) 퇴위

1334 retract
[ritrǽkt]
08.홍익대/96.상명대
96.행자부7급

re(=back)+tract(=draw) → 뒤로 다시 잡아 빼다

v. 1. (약속·명령 등을) 취소하다, 철회하다
(=withdraw, cancel, revoke, call off)
2. 오므리다, 움츠리다; 물러서다
• retract a statement 진술을 철회하다
ⓝ retractation 취소, 철회
ⓐ retractable 취소[철회]할 수 있는; 신축자재의
retractile 신축자재의, 신축 가능한
retractive 움츠리는; 수축성의

1335 abstract
[ǽbstrǽkt]
12.동덕여대/05-2.항공대
98-10.경찰

abs⟨ab(=away)+tract(=draw) → ~로부터 멀리 떨어지게 끌어내다

n. 1. 발췌, 요약, 적요(=summary)
2. 추상, 이상, 관념적 사고
a. 추상적인(=intangible), 이론적인, 관념적인(=theoretical)
v. 추출하다, 분리하다, (개념을) 추상하다
• the abstract for the article 기사의 요약본
• abstract ideas about justice 정의에 대한 추상적인 관념
ⓝ abstraction 추상관념, 추상명사
ⓐ abstractive 추상적인; 발췌한
abstracted 마음을 빼앗긴; 멍한
07-2.경찰
🔁 subtract 빼다, 공제하다(=deduct); 뺄셈을 하다
- subtraction 뺌, 공제; 뺄셈

1336 protracted
[proutrǽktid]
00-2.세종대/92.고려대

pro(=forward)+tract(=draw)+ed → 앞으로 질질 끌고 가는

a. 시간을 질질 끄는, (병이) 오래가는(=lengthened)
• a protracted illness 지병
• a protracted war 장기전
ⓥ protract (시간을) 오래 끌다, 연장하다(=lengthen)
ⓝ protraction 연장, 연기; 돌출부
🔁 traction 끌기, 견인, 견인력
- tractor 트랙터, 견인차
tract 넓이, 면적, 지역, 구역; 소책자, 팸플릿

tip 다른 물건이나 차를 끄는 트랙터(tractor)에서 볼 수 있듯이,
어근 tract는 "끌다, 뽑다(draw)"의 의미를 가집니다.

추가 어휘

☐ **treat** 다루다, 처리하다; 치료하다; 대접하다; 한턱
- **treat**ment 치료(=cure), 치료제; 취급; 대접
☐ **treat**y 조약, 협정
☐ en**treat** 간청하다, 애원하다
☐ mal**treat** 학대하다, 혹사하다

표제어 복습

☐ at**tract** 매료하다, 끌어들이다 **◪** N0326
- at**tract**ive 마음을 끄는, 매력적인
- at**tract**ion 매력, 흡인력
- unat**tract**ive 매력적이지 않은
☐ con**tract** 수축하다, 계약하다, 병에 걸리다 **◪** N0482
- con**tract**ed 수축한, 단축한; 찡그린, 찌푸린
- con**tract**ile/con**tract**ive 수축성의
- con**tract**ion 수축하기, 축소하기; 수축
- con**tract**or 계약자, 도급자
☐ dis**tract**ion 기분 전환, 집중을 방해하는 것 **◪** N0358
- dis**tract** (주의를) 딴 데로 돌리다, 혼란시키다
- dis**tract**ive 주의를 산만하게 하는
- dis**tract**ed 얼빠진, 정신이 혼란한
- dis**traught** 미친, 정신이 혼란한
- dis**trait** (불안·근심으로) 멍한, 넋나간
☐ in**tract**able 고집스러운, (병이) 고치기 어려운 **◪** N0462
→ **tract**able 다루기 쉬운, 순종하는, 유순한
☐ ex**tract** 뽑다; 발췌[인용]하다; 억지로 얻어내다 **◪** N0978
- ex**tract**ive 발췌적인, 추출물
- ex**tract**or 추출기, 분리기
- ex**tract**ion 적출, 추출; 발췌

1337 detractor
[ditræktər]
13.서울여대

de(=down)+tract(=draw)+or → 아래로 끌어내리는 사람

n. (사람이나 의견을) 깎아내리는 사람; 험담꾼
- Scientism has few detractors in the country.
  그 나라에선 과학만능주의를 깎아내리는 사람이 별로 없다.
ⓥ detract 1. (가치나 평판을) 떨어뜨리다
        2. 주의를 딴 데로 돌리다
ⓝ detraction 비난, 험담
ⓐ detractive 험담하는, 비난하는

R134 [어근] trait/treach/trace/track(=draw) & draft(=draw)

1341 trait
[tréit]
03-2.단국대

trait(tract(=draw) → 이목을 끄는 것

n. 1. 특성, 특색, 특징(=tendency)
     2. 얼굴 생김새, 이목구비, 인상
- an inherited trait 유전적 특성

1342 portrait
[pɔ́:rtrit]
07.세종대

por(=forth)+trait(=draw) → 특징을 끌어내어 그려 놓은 것

n. 초상화; 생생한 묘사; 〈구어〉 구경거리
- draw a portrait of a model 모델의 초상화를 그리다
ⓥ portray (인물·초상을) 그리다; 묘사하다
ⓝ portrayal 그리기, 묘사

1343 traitorous
[tréitərəs]
99.사법시험

trait(tract(=draw)+or+ous → 조국에 칼을 빼어드는

a. 반역의, 반역죄의, 배반적인; 불충한
- a traitorous behaviour 배신 행위
ⓝ traitor 배반자, 배신자; 반역자
ⓢ treason[tríːzn] (국가에 대한) 반역(죄)
  - treasonable/treasonous 반역의, 배신의
ⓟ patriot[péitriət] 애국자

1344 treachery
[trétʃəri]
11.경희대/05-2. 단국대

treach(tract(=draw)+ery → 조국에 칼을 빼어드는 행위

n. 배반[배신] 행위, 반역(=disloyalty, perfidy)
- Trust makes way for treachery. 믿는 도끼에 발등 찍힌다
ⓐ treacherous 배반하는, 반역하는

1345 trace
[tréis]
06.경희대/03.중앙대

trace(=draw) → 발자국에 이끌려 따라가다

v. 1. 추적하다, 발자취를 찾다(=follow)
     2. (유래·원인·출처를) 거슬러 올라가다, 밝혀내다
ⓔ trace back 더듬어 올라가다
     3. (선·지도 등을) 긋다, 그리다(=draw)
n. 1. 자취, 자국; 흔적(=vestige), 영향
     2. (군사 시설 등의) 배치도, 스케치
- disappear without a trace 흔적도 없이 사라지다
ⓐ traceless (범죄 등이) 흔적이 없는
   untraceable 추적할 수 없는; 찾아낼 수 없는
ⓟ retrace 왔던 길을 되돌아가다 → 회고하다

1346 track
[træk]
03-2.고려대

track(=draw) → 발자국에 이끌려 따라가다

n. 1. 지나간 자취, 발자국
     2. 철도, 선로, 궤도
     3. 밟아 다져진 길; 경주로
v. 추적하다(=follow), 흔적을 찾아내다[down]
- track down a criminal 범인을 추적하여 잡다
ⓝ tracking 교육 능력별 학급 편성 제도(track system)

12.상명대
83.행정고시
15.기상직9급

> ⓔ on the fast track 고속 승진하는, 출세가도를 달리는
> jump the track[rails] (기차가) 탈선하다; 산만해지다
> be not on the track 주제를 벗어나다
> lose track of 상황을 도중에 모르게 되다; ~을 잊어버리다 ⊃ I11907
> - It's easy to lose track of time in here. (여기에서는 시간 가는 걸 잊기 쉽다)
> ↔ keep track of 추적하다; ~의 소식을 알고 있다
> - The vehicle is hard to keep track of. (그 차량은 추적하기 힘들다.)

1347 draft
[dræft]
17.한국외대/14.경찰2차
02-3.경찰

draft(=draw) → 그린 것
n. 1. 밑그림, 초안, 초고(=manuscript)
   2. 징병(=conscription); 환어음
vt. 1. 초안을 작성하다
   2. 징병하다(=conscript)
   • be drafted by the U.S army 미 육군에 징집되다
🔘 **drift** 표류하다, 떠내려가다(=float); 표류, 흐름; 경향, 동향 ⊃ POO61
🔘 **updraft** 상승기류
   → **downdraft** 하강기류

R135

[어근] **duct/duc(=lead)**

1351 ductile
[dʌktəl/-tail]

duct(=lead)+ile → 잘 이끌 수 있는
a. 다루기 쉬운, 고분고분한(=pliable, pliant); (금속이) 연성인
   • a ductile metal 연성 금속
🔘 **inductile** 유연성이 없는 •in(=not)

1352 aqueduct
[ǽkwədʌkt]
11.경기대

aque(=water)+duct(=lead) → 물을 이끌어 가는 길
n. 수로(=water canal), 수도관
🔘 **conduit**[kándwit] 수관, 도랑; 연결통로
   duct[dʌkt] 송수관, 도관, 닥트
🔘 **canal**[kənǽl] 운하, 인공수로 ⊃ T1581

1353 conduct
[kəndʌkt]
08.성균관대/00-2.고신대
98.홍익대

con(=together)+duct(=lead) → 같이 이끌다
vt. 1. 실시하다(=perform); 처신하다, 행동하다
   2. (군대·악단 따위를) 지휘하다
   3. 전도하다; 안내하다(=usher)
n. [kándʌkt] 1. 행위(=behavior), 품행, 거동
   2. 지휘, 지도, 안내
   • conduct a census 인구 조사를 하다
   • frivolous conduct 경박한 행동
ⓐ **conductive** 전도(성)의, 전도력 있는
ⓝ **conduction** 유도, 전도
   conductor 전도체; 지휘자
🔘 **misconduct** 비행, 간통, 위법 행위 •mis(=bad)

1354 conducive
[kəndjúːsiv]
17.가톨릭대/14.이화여대
12.경희대/11.세종대

con(=together)+duc(=lead)+ive → 서로 이끄는
a. 도움이 되는, 이바지하는[to]
   • conducive to good health 건강에 도움이 되는
ⓥ **conduce** 도움이 되다, 공헌하다

1355 introduce
[ìntrədjúːs]
16.한국외대

intro(=inward)+duc(=lead)+e → 안으로 이끌다
vt. 1. 소개하다; 도입하다(=bring in)
   2. (학술 등을) 발표하다; (안건으로) 제출하다(=bring about)
   3. (방으로) 안내하다
   • introduce various measures 다양한 대책을 도입하다
   • introduce a new bill 새 법안을 제출하다
ⓝ **introduction** 소개; 서론; 입문서; 도입, 창설
ⓐ **introductory** 소개의; 서론의, 예비의

1356 adduce
[ədjúːs]
01.국민대

ad(=to)+duc(=lead)+e → ~을 향하여 이끌다, 끌어내다
v. 1. (증거로서) 제출하다
   2. 인용하다, 예를 들다
   • adduce several facts to support the theory
     이론을 뒷받침하기 위해 몇가지 사실을 예를 들다
ⓝ **adduction** (증거 등의) 제시
🔘 **educe**[idjúːs] (잠재된 능력을) 끌어내다

추가 어휘

☐ **educ**ation 교육, 학교 교육
   - **educ**ator 교육자
   - **educe** (잠재된 능력을) 끌어내다
☐ **tradu**ce 비방하다, 헐뜯다 •tra(=across)
☐ **endue** (수동형) (재능을) ~에게 부여하다[with]
☐ **ovi**duct 나팔관 •ov(=egg)
☐ **via**duct 구름다리, 고가교, 육교 •via(=way)
☐ **Duce**[dúːʃei] 지도자, 수령
   cf. **duke** 공작 **duchess** 공작 부인

표제어 복습

☐ in**duce** 권유하다; 일으키다, 유발하다 🔲 N0406
   - in**duce**ment 유도, 유인; 자극, 동기
   - in**duc**tive 귀납적인; 유도의, 감응의
   - in**duct** (안으로) 들이다, 안내하다; 취임시키다
   - in**duct**ion 취임; 귀납법
☐ de**duct** 빼다, 공제하다; (가치가) 떨어지다 🔲 N0355
   - de**duce** 연역하다, 추론하다
   - de**duct**ion 공제, 삭감; 공제액; 추론; 연역법
   - de**duct**ible 공제할 수 있는, 세금공제가 되는
   - de**duc**ible 추론할 수 있는
   - de**duct**ive 추론적인; 연역적인
☐ re**duce** 줄(이)다, 삭감하다, 감소하다 🔲 N0118
   - re**duct**ion 축소, 감소, 삭감
   - re**duce**d 줄인, 축소한, 삭감한

1357 productive
[prədʌ́ktiv]
12.홍익대/07.세종대
05.성균관대

pro(=forward)+duct(=lead)+ive → 앞으로 이끌어내는

a. 생산적인, 다산의, 비옥한(=fertile, fruitful, prolific)
• have a productive conversation 생산적인 대화를 나누다
ⓥ produce 일으키다, 초래하다(=breed); 제조하다, 상연하다

10.경희대
ⓝ production 생산, 제조; 제품; 연출; 제작소
product 산출물, 생산품, 생산량; 작품; 결과, 성과
producer 생산자, 제작자; 프로듀서

13.가천대
productivity 생산성

1358 reproduction
[rìːprədʌ́kʃən]
14.서강대/04~2.영남대

re(=again)+product+ion → 다시 만들어내는 것

n. 1. 생식, 번식
2. 재생; 재현
3. 복사, 복제(품)
• sexual reproduction 유성생식 ↔ asexual reproduction 무성생식
• Reproduction prohibited without advance written permission.
서면에 의한 사전 승인이 없는 무단 복제 및 전재는 금지되어 있습니다.
ⓥ reproduce (그림·글 등을) 복사[복제]하다; 번식하다; 재생하다

1359 abduct
[æbdʌ́kt]
96~2.건국대

ab(=away)+duct(=lead) → 멀리 이끌고 가버리다

vt.(폭력을 행사하여) 유괴하다, 납치하다(=kidnap, carry off)
• abduct a young girl 어린 소녀를 납치하다
ⓝ abduction 유괴(=kidnapping)
🔘 **kidnap** (몸값 요구를 목적으로 여자나 아이를) 유괴하다(=abduct) ⊃ T1294

1359(1) seduce
[sidjúːs]

se(=away)+duc(=lead)+e → 옆길로 새도록 이끌다

vt.1. (부정적) 나쁜 짓을 부추기다, (나쁜 길로) 유혹하다
2. (긍정적) 매혹하다(=allure)
• be seduced by the temptation of easy money
쉽게 돈을 벌 수 있다는 유혹에 빠지다

10.고려대/05~2.고려대
ⓐ seductive 유혹하는, 매혹적인

12.경희대
ⓝ seductiveness 매혹적임(=voluptuousness)

05.성균관대
seduction 유혹, 교사; 부녀 납치; 매혹

R 136   [어근] due(=lead) & men/mean/menc(=lead)

1361 overdue
[òuvərdjúː]
07.동덕여대/02~3.여자경찰
96.부산외대

over+due → 약속된(정해진) 날짜를 넘은

a. 지불기한이 넘은; 늦은, 연착한
• long overdue 한참이나 뒤늦은
• overdue interest 연체이자

1362 unduly
[əndúːli]
17.이화여대

un(=not)+due+ly → 정당하지 않게

ad. 지나치게, 과도하게(=excessively); 부당하게
• be unduly worried about the outcome
결과에 대해 지나치게 걱정하다
ⓐ undue 과도한; 부당한

1363 subdue
[səbdjúː]
16.항공대
07.성균관대.충북9급

sub(=under)+due(=lead) → 자기 밑으로 끌어들이다

vt.1. 정복하다(=conquer), 진압하다(=crush)
2. (감정을) 억누르다
3. 가라앉히다, 완화시키다
• subdue the rebels 반란군을 진압하다

17.광운대
ⓐ subdued (무력으로) 정복된; 억제된; (성격이) 차분한
subduable 정복할 수 있는
ⓝ subdual 정복, 억제; 통증의 완화
🔘 **subduction** 제거, 삭감

1364 commencement
[kəménsmənt]
02.삼육대

com(=together)+mence(=lead)+ment → 같이 하자고 이끄는 것

n. 1. 시작, 개시(=beginning)
2. (대학교의) 졸업식, 학위 수여식
• make the commencement of a new life 새로운 인생을 시작하다

93.전북산업대
ⓥ commence 시작되다; 시작하다(=begin)

13.한국외대
recommence 다시 시작하다(=resume); 재개되다

어근 due(=lead)

표제어 복습
☐ **due** 만기가 된, 정당한; 도착할 예정인 **N0963**

어근 men/mean/menc(=lead)

추가 어휘
☐ **ecumen**ical 전반의, 보편적인
☐ **pro**men**ade** 산보, 산책; 행진; 산보하다

표제어 복습
☐ **a**men**able** 순종하는, 잘 받아들이는[to] **N0607**
☐ **mis**de**mean**or 경범죄, 비행 **N0526**

1365 demean
[dimíːn]
12.이화여대

de(=down, 강조)+mean(=lead) → 아래로 이끌다
vt. 1. 품위를 떨어뜨리다[oneself], 비하하다
2. 행동하다, 처신하다
• demean people of color 유색인종을 비하하다

17.15.가천대
ⓐ demeaning 비하하는(=degrading), 모욕적인
ⓝ demeanor 태도, 품행, 행실
🔁 misdemeanor 경범죄, 비행 ⊃ **NO526**

R137
[어근] sequ/sequt/secut(=follow) & sue/su(=follow)

1371 persecute
[pə́ːrsikjùːt]
13.단국대/93.변리사

per(=thorough)+secut(=follow)+e → 현행법에 철저히 따르게 하다
vt. (사상이나 신앙을 이유로) 박해하다, 괴롭히다
• They were persecuted for their religious beliefs.
그들은 그들의 종교적 신념 때문에 박해받았다.

ⓝ persecution (종교적) 박해, 학대
🔁 prosecute[prɑ́sikjùt] 기소하다
- prosecution 기소, 고발; 검찰 당국; 수행, 실행
- prosecutor 검사, 검찰관, 기소자

1372 obsequious
[əbsíːkwiəs]
16.중앙대/94.변리사

ob(=after)+sequ(=follw)+i+ous → ~뒤를 쫄쫄 따라다니는
a. 아첨하는, 알랑거리는(=flattering)
• be obsequious to one's superiors 상사에게 굽신거리다

🔁 obsequial 장례식의 obsequy 장례식

1373 execution
[èksikjúːʃən]

ex(강조)+secut(=follow)+ion → (법에) 따라 집행하다
n. 1. (직무·재판·유언 등의) 실행, 집행(=carrying out)
2. 사형 집행, 강제 집행; (계약 등의) 이행
3. (배우의) 연기, 연주
• the execution of public policy 공공정책의 시행
• be subject to arrest, torture and execution
체포와 고문, 그리고 사형당하다

16.경찰1차/96.고려대
ⓥ execute[éksikjùːt] 실행하다(=implement), 사형에 처하다
ⓥ executive[igzékjutiv] 행정부, 집행부; (기업의) 임원; 실행 가능한
14.항공대
ⓐ executable[éksəkjùːtəbl] 실행할 수 있는(=feasible)

1374 ensue
[insúː]
04-2.서울여대/03.경기대

en(강조)+sue(=follow) → 결과가 따르다
vi. 뒤이어 일어나다; ~의 결과로서 일어나다
• A brief but embarrassing silence ensued.
짧고 난처한 침묵이 뒤따랐다.

18.경찰1차/13.경희대/00.고려대
ⓐ ensuing 다음의, 뒤이은(=subsequent), 결과로서 따르는(=resulting)

1375 pursue
[pərsúː]

pur〈per(=through)+sue(=follow) → 뒤를 철저히 따라가다
vt. 뒤쫓다, 추격하다; 추구하다
• pursue the happiness 행복을 추구하다

ⓝ pursuit 추적; 추격; 추구; 속행, 실행; 종사
행정고시
ⓐ pursuant (~에) 따르는(=in accordance with), 응하는; (~에) 따라서

1376 suit
[súːt]

suit(=follow) → 잘못을 한 다음에 따라오는 것 → 고소
n. 1. 고소, 청원 2. (의복의) 한 벌
v. 1. 적합하게 하다, 적응시키다(=accommodate)
2. ~에 잘 맞다, 어울리다, ~을 만족시키다

09.가톨릭대/96.세무사
🔁 follow suit 선례에 따르다
09.한양대/99.동국대
Suit yourself. 마음대로 하세요, 좋을 대로 하세요.
ⓥ sue[súː] 고소하다, ~을 상대로 소송을 제기하다
ⓝ suite[swíːt] 수행원, (호텔의) 붙은 방

1377 suitable
[súːtəbl]
10.홍익대/09.광운대
00-11.경찰

suit(=follow)+able → 따를 수 있는
a. 적합한, 적절한, 알맞은[for]
(=pertinent, appropriate, adequate, becoming)
• suitable for children 아이에게 적합한

🔁 unsuitable 적합하지[알맞지] 않은

---

tip 수행원(suite)은 높은 사람을 항상 따라 다니는 사람입니다.
어근 suit는 "따르다, 따라다니다"의 의미입니다.

어근 **sequ/sequt/secut(=follow)**

표제어 복습

☐ con**secut**ive 연속적인, 계속되는 **◪ N0948**
- con**secut**ively 연속적으로, 연달아
- con**secut**ion (사건의) 연속; 논리의 일관
☐ con**sequ**ential 결과로서 일어나는, 중대한 **◪ N0488**
- con**sequ**ent 결과로서 일어나는, 당연한
↔ incon**sequ**ent 앞뒤가 안맞는, 비논리적인
- con**sequ**ently 결과적으로
- con**sequ**ence 결과, 귀결; 결말; 중요성
- incon**sequ**ential 이치에 맞지 않은; 하찮은
☐ sub**sequ**ent 그 다음의, 뒤이어 일어나는 **◪ N0489**
- sub**sequ**ently 그 후에, 다음에, 이어서
☐ **sequ**ent 다음에 오는; 결과로서 생기는 **◪ D0489**
- **sequ**ential 잇달아 일어나는, 연속하는, 순차적인
- **sequ**el 속편, 후편; (사물의) 추이
☐ **sequ**ence (일련의) 연속적인 사건들, (사건의) 순서,
차례; (영화의 연속된) 장면

1381 close
[klóuz]

clos(=shut)+e → 닫다, 폐쇄하다

vt. 닫다(닫히다), 봉하다; 끝내다, 폐쇄하다, 휴업하다
n. 끝, 종결; 폐쇄
a. [klóus] 닫힌; 좁은, 갇힌; 가까운, 친한; 빽빽한; 철저한
ad. 접하여, 밀착하여, 빈틈없이
ⓝ closing 폐쇄; 종결, 마감; 결산 **closeness** 접근; 친밀; 밀폐
🄻 **close call** 위기일발, 구사일생

1382 disclose
[disklóuz]
13.기상직9급,경희대
07.세종대

dis(=not)+clos(=shut)+e → (사실 공개를) 막지 않다

vt. (비밀을) 밝히다, 폭로하다(=divulge), 공개하다
• disclose the truth 진실을 폭로하다
ⓝ **disclosure** 폭로; 밝혀진 내용

1383 enclosure
[inklóuʒər]
11.홍익대

en(=in)+clos(=shut)+ure → 안으로 차단해 둔 공간

n. 1. 울타리로 둘러쌈, 둘러싼 땅, 구내
2. 편지에 동봉된 것
• within the enclosure of ~의 구내에
ⓥ **enclose** (울타리로) 에워싸다; 동봉하다

1384 conclusive
[kənklúːsiv]
08.이화여대
13.이화여대
15.숙명여대

con(강조)+clus(=shut)+ive → 논란을 종결지을 만한

a. 결정적인(=decisive), 설득력있는; 최종적인
• conclusive evidence 결정적인 증거 • conclusive answer 최종적인 회답
ⓐⓓ **conclusively** 결정적으로(=irrefutably); 최종적으로 (=finally)
ⓥ **conclude** 끝내다, 완료하다; 결론을 내리다
ⓝ **conclusion** 결말, 결론, 종결, 귀결
🄻 **come to[arrive at/reach/draw] a conclusion**
결론에 이르다, 결론에 도달하다 ➲ **IO5425**
jump to a conclusion •뛰어넘어서(jump) 결론에 도달하다
너무 빨리 속단하다 ➲ **IO6003**

1385 recluse
[réklus]
02.중앙대

re(=back)+cluse(=shut) → 후미진 뒤로 가서 소통을 닫아버린

n. 은둔자, 속세를 버린 사람(=hermit)
a. 속세를 떠난, 은퇴한; 외로운
• become a recluse since the scandal broke
스캔들이 터진 이후로 은둔자가 되다
ⓝ **reclusion** 은둔, 출가; 사회적 고독

1386 secluded
[siklúːdid]
12.서강대
16.한양대

se(=apart)+clud(=shut)+ed → 세상과 떨어져 차단된

a. 외딴(=remote), 격리된
• live in a secluded place 외진 곳에 살다
ⓥ **seclude** 격리시키다, 차단하다[from]; 은둔하다[oneself]
ⓝ **seclusion** 격리, 은퇴, 은둔

1387 preclude
[priklúːd]
12.명지대

pre(=before)+clud(=shut)+e → 사전에 차단하다

vt. 1. 막다, 방해하다[from](=prevent from)
2. 미리 배제하다, 불가능하게 하다
• preclude them from coming 그들이 오지 못하게 하다
ⓐ **preclusive** 제외하는, 예방적인
ⓝ **preclusion** 제외, 배제; 방해, 방지

1388 occlude
[əklúːd, ɔk-]
12.이화여대

oc‹ob(=against)+clud(=shut)+e → 무엇에 대항해서 막다

vt. 막다, (통로를) 폐쇄하다, 차단하다
• occlude an artery 동맥을 막다
ⓝ **occlusion** (혈관 등의) 폐색, 폐쇄
ⓐ **occlusive** 차단하는; 폐쇄하는

1389 claustrophobic
[klɔ̀ːstrəfóubik]
15.한양대

claustro(=close)+phobic(=공포증) → 폐쇄된 곳을 무서워하는 것

a. 밀실 공포증을 앓는[느끼게 하는]
• a claustrophobic little room 폐소 공포증을 느끼게 만드는 작은 방
ⓝ **claustrophobia** 밀실 공포증
claustrophobe 밀실 공포증 환자
🄻 **agoraphobic** 광장 공포증 (환자)의
- **agoraphobia** 광장 공포증

ⓣⓘⓟ 독점기사(exclusive)는 꽉 닫아서 다른 언론이 접근하지 못하게 하여 혼자 기사를 내 보내는 것을 의미하듯, 어근 clus는 "꽉 닫아서 다른 사람이 접근하지 못하게 하다"라는 의미입니다.

추가 어휘
☐ **clos**et[klázit] 벽장; 사실, 서재; 사적인
☐ **claus**e[klɔ́ːz] 절, (계약·법률 따위의) 조항
☐ **foreclos**ure 저당권 실행
- **foreclos**e 저당권을 찾을 권리를 상실케 하다; 배제하다

표제어 복습
☐ **exclus**ive 유일의, 독점적인; 독점 기사 ➡ **N0031**
- ex**clus**ively 배타적으로, 오로지
- ex**clus**ion 제외, 배제, 추방; 입국 거부
- ex**clud**e 제외[배제]하다; 추방하다
↔ in**clus**ive ~을 포함하여, ~을 넣어
- in**clud**e 포함하다, 넣다
- in**clus**ion 포함, 함유

1391 protect
[prətékt]
02.계명대/99.가톨릭대
94.입법고시

pro(=before)+tect(=cover) → 미리 (막아) 보호하다

vt. 보호하다, 지키다(=shield), (국내 산업을) 보호하다
- A tax on imports is needed to protect the domestic industry.
  수입관세는 자국 산업을 보호하기 위해 필요하다.
ⓐ **protective** 보호하는, (위험에서) 지키는; 보호 무역의
ⓝ **protection** 보호, 옹호, 비호; 후원; 피임약
  protectionism 보호무역주의, 국내산업 보호제도
  protector 보호자; 보호장치
02.계명대
🔁 **shield**[ʃíːld] 방패; 보호물; 보호하다, 은폐하다

tip 격투기에서 상대의 공격을 막기 위해 취하는 자세를 가드(guard)라고 합니다.

어근 tect(=cover)

추가 어휘
☐ pro**tect**orate 보호국, 보호령
☐ pro**tege**[próutəʒèi] 피보호자, 피후견인, 부하

어근 gard/guard(=protect, guard)

표제어 복습
☐ disre**gard** 무시하다, 소홀히 하다; 무시 ◘ N0300
  - disre**gard**ful 무시하는, 경시하는
  - re**gard** 간주하다, 여기다; 존중하다
  - re**gard**ing ~에 관하여
  - re**gard**less of ~에 관계없이

1392 detect
[ditékt]
07.가톨릭대/94.행정고시

de(=away)+tect(=cover) → 덮고(가리고) 있던 것을 치워버리다

vt. 발견하다, 인지하다, 탐지하다(=perceive, discover)
vi. (탐정이) 수색하다
- detect new counterfeit currency
  새 위조화폐를 탐지하다
- be excellent for detecting movement
  움직임을 감지하는 데 뛰어나다
ⓝ **detection** 간파, 탐지, 발각
  detector 탐지기, 검파기
  - lie-detector 거짓말탐지기
  detective 탐정

1393 safeguard
[séifgàːrd]
12,09.국민대

safe(안전하게)+guard(=protect) → 안전하게 보호하다

vt. (분실·손상·위험 등으로부터) 보호하다[against](=protect)
n. 보호[방위] 수단, 예방책; 긴급 수입 제한 조치; 호위병
- a safeguard against disease 병에 대한 예방책
- strengthen safeguards to protect the economy
  경제를 보호하기 위한 보호장치를 강화하다
🔁 **guard**[gáːrd] 지키다, 수호[호위]하다; 망보다; 경비
  - **guarded** 조심성 있는, 신중한
  - **guardian** 보호자, 수호자; 보관인; 후견인
  vanguard[vǽngàːrd] 선봉, 선두; 지도적 지위; 선구자들

1394 tutelage
[tjúːtəlidʒ]
10.중앙대/09.고려대

tut(=protect)+elage → (아동을) 보호하는 것

n. 후견, 보호, 감독; 지도
🔁 under [sb]'s tutelage ~의 지도하에
  = under [sb]'s guidance ~의 안내로
  = under [sb]'s aegis ~의 보호[후원]아래
ⓝ **tutelary** 수호자, 수호신; 후견의
🔁 **tutor** 가정교사, 조교, 개인 지도하다
  tutorial 가정교사의, 개인 지도
🔁 **aegis**[íːdʒis] 후원, 보호, 지도; (Zeus가 딸 Athena 신에게 주었다는) 방패

1395 custody
[kʌ́stədi]
13.한양대/98.중앙대

custod(=guard)+y → (아이를) 보호하는 것

n. 1. (이혼 후 자녀에 대한) 양육권, 양육
  2. 감금, 구류, 구치
- have custody of the children
  아이의 양육권을 갖다
- in custody while awaiting trial
  재판을 기다리는 동안에 구금 중인
ⓐ **custodial** 보관의, 관리인[보관자]의; 보호 감독의
- custodial sentence 구류 판결
ⓝ **custodian** 관리인, 수위; 보관인; 후견인

1401 care
[kέər]
02.101단/02~2.고려대

care는 무언가 관심을 가지고 걱정을 해 주는 것
n. 걱정; 주의; 돌봄; 보관
匞 take care of 1. ~을 돌보다, 소중히 하다
　　　　　　　　 2. ~에 주의하다, 일을 처리하다
@ careful 조심성 있는, 신중한; 꼼꼼한 **⊃ SO772**
15.한국외대
　　↔ careless 부주의한(=hit-or-miss), 조심성 없는; 무관심한
　　cf. carefree 근심걱정이 없는, 무사태평한
vi. 걱정하다; 좋아하다, 바라다; 돌보다
匞 care for ~을 좋아하다, 원하다; 보살피다(=fend for)
　　I don't care for it. (그러고 싶지 않아.)
　　care to R~? ~할래?
vt. (부정문에서) 신경 쓰다
10.가톨릭대
匞 care about ~에 관심을 가지다
　　for anything I care 나는 상관없지만
　　I don't care! 상관없어.

1402 curious
[kjúəriəs]
14.한국외대,홍익대
05.건국대/99~4.특수기동대
96.동덕여대

cur(=care)+i+ous → 관심이 많은
a. 1. 호기심이 강한, 캐기 좋아하는(=inquisitive)
　　 2. 〈구어〉 이상한, 묘한(=peculiar)
　　• be curious to know why the accident happened
　　　왜 사고가 일어났는지 알고 싶어 하다
ⓝ curiosity 호기심; 진기함; 골동품
　　curio 골동품, 진품
　　curator (박물관·미술관의) 관장, 관리자

1403 accuracy
[ǽkjurəsi]
05~2.서울여대

ac〈ad(=to)+cur(=care)+acy → (정확성에) 주의를 기울인 것
n. 정확(성), 정밀도
匞 with accuracy 정확히(=accurately)
　　• predict the weather with accuracy 날씨를 정확히 예측하다
@ accurate 정확한, 정밀한, 빈틈없는(=precise)
囧 inaccuracy 부정확　inaccurate 부정확한

1404 procure
[proukjúər]
12.서복직9급/98.동국대

pro(=forward)+cur(=care)+e → 미래를 위해 보관하다
vt. 1. (특히 어렵게) 구하다[입수하다](=obtain), (필수품을) 조달하다
　　 2. 매춘부를 알선하다
　　• procure food, fuel and other daily necessities
　　　음식, 연료, 그 밖의 일용품을 조달하다
　　• procure prostitutes 매춘부들을 알선하다
16.서강대
ⓝ procuration 획득, 조달; 대리, 대행; 알선
　　procurement 획득; (필수품의) 조달; 정부 조달
　　procurator 대리인; 소송 대리인
　　procurer 획득자; 뚜쟁이

1405 incurable
[inkjúərəbl]
03.숭실대

in(=not)+cur(치료)+able → 치료할 수 없는
a. 불치의; 교정 불능의(=incorrigible)
n. 불치의 환자; 구제 불능자
　　• find cures for incurable diseases 불치병의 치료법을 찾다
囧 curable 치료할 수 있는, 고칠 수 있는
囮 cure 치료하다; (병이) 낫다; 치료, 구제책
10.서울여대
　　- cure-all 만병통치약(=panacea)
　　- cureless 치료법이 없는, 불치의

1406 caress
[kərés]
04.고려대

car(=beloved)+ess → 사랑스럽게 만지다
vt. 애무하다, 어루만지다(=stroke); 귀여워하다
　　• caress her hair 그녀의 머리카락을 어루만지다
囧 careless [kέərlis] 부주의한, 조심성 없는
　　cureless [kjúərlis] 치료법이 없는, 불치의

1407 cherish
[tʃériʃ]
05.국민대

cher(=beloved)+ish → 사랑받게 하다
vt. 1. 소중히 하다, 아끼다
　　 2. (신앙·신조 등을) 품다(=harbor)
　　 3. (추억을) 고이 간직하다
　　• cherish the traditions 전통을 소중히 하다

어근 care/cur(=take care)

추가 어휘
☐ curator 큐레이터(박물관 전시 책임자)
☐ manicure 매니큐어 · man(=hand)
☐ pedicure 페디큐어, 발 관리 · ped(=foot)
☐ sinecure (일이 한가한) 한직 · sine(=without)

표제어 복습
☐ secure 안전한, 안정된, 튼튼한; 확보하다 **☑ N0477**
　- security 안전, 보안, 방위; 담보물
　↔ insecure 불안한, 불안정한, 위태로운
　- insecurely 불안전하게, 불안정하게
　　혼동어근 cur(=run) **☑ R040**

어근 cult(=care, grow)

추가 어휘
☐ cult 의식(=ceremony), 숭배(=worship)
☐ culture 문화, 사고방식; 재배; 배양하다
☐ agriculture 농업 · agri(=soil)
　cf. agronomy 농경학(=husbandry)
☐ apiculture 양봉(=beeculture)
　cf. apiarist 양봉가
☐ arboriculture 임학 · arbor(=tree)
☐ floriculture 화훼 · flori(=flower)
☐ horticulture 원예 · horti(=garden)
☐ sericulture 양잠 · seri(=silk)

표제어 복습
☐ cultivate 경작하다; 양성하다; 장려하다 **☑ N0849**
　- cultivated 경작[재배, 양식]된; 교화[세련]된
　- cultivable 경작할 수 있는; 재배할 수 있는
　- cultivation 경작, 재배, 양식, 배양; 양성, 교화; 수양
　- cultivator 경작자, 재배자; 수양자
　- cultivar [식물] 재배종, 품종

1408 **charity**
[tʃǽrəti]
16.한양대
92.강남대

char(=beloved)+ity → (불쌍한 사람을) 사랑하는 것

n. 자선단체, 구호단체; 자선; 관용
- make a donation to charity 자선단체에 기부를 하다
ⓐ charitable 관대한(=generous); 자선의(=philanthropic)
🔄 uncharitable 무자비한; 엄한

R141   [어근] right/rig/rect(=straight, right) & dress/direct(=straight)

1411 **outright**
[áutràit]
17.서울여대/96.공인회계사
95.한신대/외무고시

out(=out)+right(=straight) → 밖으로 까놓고 털어놓는

a. 1. 솔직한, 노골적인(=direct)
    2. 완전한, 철저한(=complete, absolute)
ad. 노골적으로, 단번에, 즉시; 완전히(=utterly), 철저히
- outright opposition to the plan 그 계획에 대한 노골적인 반대
- give an outright rejection 딱 잘라 거절하다
- tell an outright lie 새빨간 거짓말을 하다
- outright war 전면전
🔄 straight from the shoulder 단도직입적인, 솔직한

1412 **upright**
[Ápràit]
17.한국외대/08.경희대
95.강남대

up(=up)+right(=straight) → 위로 똑바로 선

a. 1. 똑바로 선, 수직의(=vertical, perpendicular, erect)
    2. 정직한, 공정한
ad. 똑바로, 꼿꼿이
n. 직립재
- The dolmen consists of four upright stones.
  그 고인돌은 네 개의 수직으로 서 있는 돌로 이루어져 있다.

95.외무고시
🔄 downright[dáunràit] 성격이 곧은, 솔직한; 철저한

1413 **direct**
[dirékt, dai-]
02.사법시험/95.한신대

di(=apart)+rect(=straight) → 떨어져 나와 정확하게

a. 1. 직접적인(=firsthand); 직행의; 직계의
    2. 정면의; 정확한
    3. 단도직입적인(=outright)
v. 1. 지시하다, 지휘[감독]하다, (영화를) 감독[연출]하다
    2. (시선·말·방향을) ~로 향하[게 하]다; (편지를) ~로 보내다
- a direct effect 직접적인 영향 • a direct election 직접 선거
- a direct train to ~로 가는 직행열차
- a direct question[answer] 단도직입적인 질문[답변]
- direct the project 프로젝트를 지휘하다

12.이화여대
ⓐ directive 지시하는; 지령, 지도, 작전명령
  directional 지향성의, 방향의
ⓝ direction 지도, 지휘; 방침; 지시서, 사용법 설명

13.세종대
  directionality 방향성
  directory 전화번호부, 인명부
  director 연출자, 영화 감독; (회사의) 중역, 이사

06.한성대
ⓐⓓ directly 곧장, 바로, 직접적으로(=point-blank)
🔄 indirect 간접적인, 에둘러 하는

09.중앙대/04.경기대
  → indirectly 간접적으로, 에둘러서(=obliquely, tangentially)

1414 **erect**
[irékt]

e(ex(강조)+rect(=straight) → (머리털, 남근, 건물을) 똑바로 세우다

vt. (건물·기념비를) 세우다, 건설하다; (귀를) 세우다
a. 똑바로 선, 직립한; 발기한
- erect a monument 기념비를 세우다
ⓝ erection 직립; 건설; 발기

1415 **rectitude**
[réktətjù:d]
10.서강대/한양대

rect(=straight)++tude → 한 치의 흐트러짐도 없이 똑바름

n. 정직(=honesty), 청렴(=uprightness), 정확
- be renowned for his rectitude and integrity 청렴과 정직으로 유명하다
🔄 righteous (도덕적으로) 바른, 정의의, 공정한
  rightful 올바른, 정의에 입각한; 적법[합법]의

1416 **rectify**
[réktəfài]
06.중앙대

rect(=straight)++fy(=make) → 틀린 것을 똑바르게 만들다

vt. (잘못된 것을) 바로잡다, 교정하다(=correct)
- rectify a mistake 오류를 정정하다
ⓝ rectification 개정, 교정

---

tip right는 똑바른 상태를 의미하는데, 똑바르다는 것은 옳은 것이고 정확한 것입니다.

어근 **right/rig/rect(=straight, right)**

추가 어휘
☐ rectilinear 직선의
☐ rector 교구 목사; (대학교의) 총장, 학장

표제어 복습
☐ forthright 단도직입적인, 솔직한; 솔직히
  - right 옳은, 정확한; 오른쪽의; 똑바른; 권리

  참고어근 ortho(=right)

☐ orthodox 정설의, 정통파의; 정통의 ➡ R1474
☐ orthopaedic 정형 외과의
☐ orthogonal 직각의, 직교의
☐ orthograde 직립보행의 • grad(=go)
☐ orthography 올바른 철자법

1417 incorrigible
[inkɔ́ːridʒəbl]
10.서울여대/02.국민대

in(=not)+cor⟨com(강조)+rig(=right)⟩+ible → 바로잡을 수 없는

a. 교정할 수 없는; 구제불능의
- You are incorrigible! 너 정말 구제불능이구나.

🔁 **corrigible** 교정하기 쉬운; 솔직히 잘못을 인정하는

🔁 **correct** 옳은, 정확한; 적당한; 바로잡다, 고치다
- **correction** 정정, 수정, (교도소에서의) 교정(矯正)
  corrigendum[kɔ́ːrədʒéndəm] 정정해야 할 것, 오자; (pl.) 정오표

1418 redress
[ridrés]
06.고려대/01.사법시험

re(=again)+dress⟨direct(=straight)⟩ → 다시 똑바르게 하다

n. 보상, 배상; 시정, 교정(=compensation)
vt.1. (부정 등을) 바로잡다; (폐해를) 제거하다(=correct)
  2. (손해 등을) 배상[보상]하다; (불균형을) 시정하다
  3. (고통·빈곤 등을) 경감하다
- full and speedy redress for product or service failures
  제품이나 용역의 결함에 대한 완전하고 신속한 보상
- redress a grievance 불만(사항)을 바로잡다

1419 address
[ədrés]
08.건국대/07.고려대
96.대진대

ad(=to)+dress⟨direct(=straight)⟩ → 누구에게로 똑바로 가다[부르다]

vt.1.연설하다, 강연하다
  2. (~에게) 말을 걸다(=accost); (~을 ~이라고) 호칭하다
  3. (항의를) 제기하다; 청원하다
  4. (어려운 문제 등을) 다루다, 처리하다(=deal with)
  5. (사물에) 초점을 맞추다
  6. 주소를 쓰다, (우편물을 ~앞으로) 보내다[to]
n. 주소; 연설, 강연(=speech, delivery); 솜씨
- address a problem 문제를 처리하다
- address oneself to the task 일에 집중하다
- be addressed incorrectly 주소가 부정확하게 적혀있다

🔁 **dress** 장식하다; (상처를) 붕대로 감싸다; (소스를 쳐서) 맛을 내다
- **dressing** 드레싱, 소스; 붕대

기본동사로 학습하는 **기.출.숙.어** 〉 기본동사 pull/draw/pick/let/catch/follow/close/shut/open 표현

I 108

pull

pull은 **"잡아당기다, 잡아끌다"** 가 기본개념이다.
보통 말하는 사람 쪽으로 잡아끄는 것을 말한다. 총 등을 뽑거나 털이나 치아를 뽑는 경우도 마찬가지이다.
비유적으로 **"손님을 끌다; 표정을 짓다; (사기·범죄를) 저지르다; 사명을 완수하다"** 의 의미로도 쓰인다.

10801
pull ★ off [sth]
11.동국대/07.세종대/06.보험계리사.Teps

잡아당겨서(pull) 떨어지게 하다(off)
1. (과일 등 붙어 있는 것을) 따다, 떼어 내다
2. 어려운 일을 해내다(=succeed, perform in spite of difficulties or obstacles)
3. 차를 정차하다
• **pull off** a flower 꽃을 따다
• I **pulled off** the road at a small village pub.
  나는 작은 마을의 맥주집 길에 차를 세웠다.
  ❸ pull-off 〈미〉 간선 도로의 대피소

10802
pull ★ over ([sb]/[sth])
13.기상직9급/02.여자경찰.Teps

차선 저쪽편으로(over) 차를 잡아 끌다
정차하다, 차를 길가에 세우다
• We are going to have to **pull over**. We've got a flat.
  차를 길가에 대야 겠어. 타이어가 펑크났어. ＊get a flat 펑크나다

10803
pull ★ up ([sb]/[sth])
99.서울대학원/86.법원직

차를 완전히(up) 끌어당기다(pull)/ 뿌리를 완전히 뽑다
1. (차가) 멈추다(=stop), 서다(=draw up)
2. 뿌리째 뽑다(=root ★ out [sth]); 근절하다(=eradicate)
• She **pulled up** in front of the shop. 그녀는 가게 앞에 멈췄다.

10804
pull out (of [sth])
예상

뿌리가 바깥으로 드러나게(out) 잡아당기다
1. ~을 뽑다, 빼내다; (기차, 배가 역이나 항구에서) 빠져 나가다
2. (계약이나 대회, 조직 등에서) 빠지다, 손을 떼다; 손을 떼게 하다
3. (경기 침체 등에서) 빠져나오게 하다
• The ship **pulled out** of the harbor. 배가 항구를 빠져 나갔다.

10805
pull ★ down [sth]
입사,토플,Teps

아래로 끌어 내리다
1. (집·건물 등을) 허물다, 헐다(=destroy, demolish, tear ★ down [sth])
2. (지위 등을) 끌어내리다; (가치 등을) 하락시키다
• The old house has since been **pulled down**. 그 낡은 집은 그 후 철거되었다.

10806
pull ([sth] **) through**
입사,토플,Teps

~을 통과해서(through) 잡아당기다(pull)
(병·곤란 따위를) 극복하다(=get over [sth]), 난국을 타개하다
• The patient eventually **pulled through** after having had a close brush with death.
  그 환자는 죽음의 고비를 넘는 병을 앓은 후에 결국 나았다.

10807
pull oneself together
05.동국대/93.상명대.동덕여대.숭실대.Teps

자기를 하나로 모아(together) 단단히 잡아당기다(pull)
정신차리다, 냉정을 찾다(=become calm, get control of one's emotions); 기운차리다
• My friend told me to **pull myself together**.
  내 친구는 내게 기운 내라고 했다.

10808
pull one's weight
98.한양대.토플,Teps

weight(몸무게 → 중요성 → 책임)만큼 수레를 끌다(pull)
자신의 역할을 다하다(=do one's full share of work or part)
• The boss fired the receptionist because she wasn't **pulling her weight**.
  사장은 접수계원이 자신의 역할을 다하지 않는다고 해고했다.

10809
pull[have] a long face
18.지방직9급/14.국가직9급/12.경찰3차
03.성균관대/99.행자부7급/97.동국대.Teps

얼굴(face)을 길게(long) 잡아당기다(pull)
우울한 얼굴을 하다(=make a gloomy expression)
• She **pulled a long face**.
  그녀는 우울한 얼굴을 하였다.
  ❸ long face 시무룩한 얼굴, 우울한 얼굴

10810
pull [sb] **'s leg**
14.지방교행/09.경찰/06.서울교행9급
96.강남대.토플,Teps

사람의 다리를 잡아당기다(pull)
놀리다, 속이다(=kid, have [sb] on, tease)
• Are you **pulling my leg**? (=Are you kidding me?) 지금 날 놀리니?

10811
pull[draw] the wool over [sb] **'s eyes**
98.서울대학원.Teps

다른 사람의 눈 위로 털(wool)을 드리우다(draw)
〈구어〉 남의 눈을 속이다(=deceive [sb], trick [sb] by hiding the facts)
• Don't try and **pull the wool over my eyes**.
  내게 속임수를 쓰려고 하지 마라.

[우측 칼럼]

🔑 **pull together** 협력하여 일하다,
협조하다(=cooperate, collaborate)
= **pitch in** 협력하다.
힘을 합치다(=help each other)

💬 **You've got to be kidding.**
〈회화〉 설마, 농담하지마! , 믿을 수 없어.
(=Your attitude is unbelievable.)
= **No kidding?** (못 믿어서) 정말? 설마?
cf. **No kidding!** (동의하며) 동감이야.
= **You must be joking!**
= **You can't be serious.**

---

draw

draw는 "잡아당기다"라는 의미에서 pull과 비슷하지만 **부드럽게 잡아당긴다**는 뉘앙스이다. "서랍을 열다", "결론을 끌어내다", "남의 이목을 끌다"등의 의미가 그것이다. 또한 "문서를 작성하다, 그림을 그리다, 어음을 발행하다"의 의미와 "승부가 비기다"는 뜻도 있다.

10901
draw near
13.동국대

가까이로(near) 잡아 당기다(draw)
다가오다, 접근하다
• The final test is **drawing near**. 기말고사가 다가오고 있다.

10902
draw * forth [sth]
01.경찰/97.한양대학원

앞으로(forth) 이끌다, 잡아당기다(draw)
~을 앞으로 끄집어 내보이다;
(대답 등을) 이끌어 내다, 유도해 내다(=elicit)
• She **drew forth** her pocketknife and threatened the bandit.
그녀는 주머니칼을 꺼내들며 강도를 위협했다.

draw * out [sb]/[sth]
~을 꾀어서 말하게 하다; 돈을 인출하다

10903
draw on[upon] [sth]
92.연세대학원

자기 몸 위로(upon) (이불을) 끌어 당기다(draw)
~을 이용하다(=make use of [sb]/[sth]); ~에 의지하다
• They could **draw on** the company for expenses of the picnic.
그들은 야유회 경비를 회사의 비용으로 이용할 수 있었다.

draw on (시간, 계절이) 지나가다

10904
draw * up [sth]
03.경기대/99.서울대학원,Teps

계약서를 완전히(up) 그리다 → 작성하다(draw)
1. 문서를 작성하다, (계약서를) 작성하다
2. 바로 앉다, 벌떡 일어서다(=stand straight)
• **draw up** a contract 계약서를 작성하다
• **draw up** a bill 법률안을 기안하다

---

pick

pick는 **뾰족한 것으로 어떤 것을 집다**가 기본개념이다.
비유적인 의미로 "고르다(choose), 과일을 따다, 소매치기하다" 등으로 쓰인다.
"고르다"는 의미에서 "선택", "따다"는 의미에서 "수확량"이란 명사적 의미로도 쓰인다.

11001
pick on [sb]
13.동국대/09.국가직7급,한양대
96.고려대/입사

살갗(on)을 콕 집다(pick)
괴롭히다(=annoy), 흠을 찾아내다(=find fault with [sb]/[sth]),
혹평하다(=criticize severely)
• The boy always **picked on** his sister when they were children.
그 아이는 그들이 어렸을 때 항상 여동생을 들볶았다.

find fault with [sb]/[sth]
흠을 찾아내다, 비난하다(=criticize)
= **pick at** [sb] ~에게 잔소리하다.
복아대다(=nag); (새가 모이 등을) 쪼다
= **pick** [sth] **to pieces/pick holes in** [sth] ~을 심하게 비난하다.
맹점을 들추어내다

11002
pick * out [sb]/[sth]
16.산업기술대/12.성신여대
93.행자부9급,입사,Teps

바깥으로(out) 집어내다(pick)
1. ~을 선택하다(=choose, select); 뽑아내다, 빼내다
2. 식별하다, 분간하다(=detect); 〈수동〉 돋보이다
• I tried to **pick out** a nice necktie for my father.
아빠에게 주려고 근사한 넥타이 하나를 고르려 했다.

pick * over [sth] 신중하게 고르다,
엄선하다; 자세히 검토하다

11003
pick up the tab[bill]
94.기술고시,Teps

계산서(tab, bill)를 집어 들다(pick up)
셈을 치르다, (음식값 등을) 지불하다(=pay for [sth])
• I'll **pick up the tab**. (=It's on me.) 내가 낼게요.

It's on the house.
(가게 주인이) 서비스로 드리는 겁니다.
Let's go Dutch. 각자 냅시다
= **Let's split the bill.**
= **Let me share the bill.**

11004
pick * up ([sb]/[sth])
12.서울시9급/04.경기대,토플,토익,Teps

사람[물건]을 콕 집어(pick) 올리다(up)
1. (자동차를) 태워주다, (차로) 마중 나가다, (도중에서) 태우다
2. (물건이나 사람 등을) 집어들다, 줍다, 들어 올리다(=lift)
3. (집어) 고르다, 선택하다(=select, pick * out [sb]/[sth], choose);
(물건을) 사다; 상을 타다
4. (정보 등을) 우연히 들어서 알다, 들어서 익히다(=learn by chance);
입수하다; (신호 등을) 포착하다
5. (도망자 등을) 붙잡다, 검거하다(=arrest, apprehend)
6. (방 등을) 정돈하다(=tidy * up [sth])
7. (상황이) 개선되다(=improve); (속도를) 올리다; (바람이) 강해지다
8. 병에 걸리다(=get an illness)
• What time should we **pick** you **up**? 몇 시에 데리러 올까요?
• The economy is finally beginning to **pick up** again.
경제 상황이 마침내 다시 좋아지기 시작한다.

tidy[spruce] * up
[sb]/[sth]/oneself) 단정하게 하다.
정돈하다. 말쑥하게 차려입다
pick-me-up
기운을 돋우는 음료나 음식, 강장제
*나를 업(up)되게 해 주는 것
pick up heart[one's courage]
용기를 불러일으키다, 기운을 내다
*용기(heart)

11005
take one's pick.
10.영남대/01-2.인천대

선택한 것(pick)을 취하다(take)
마음에 드는 것을 골라잡다
• Take your pick.
  골라 보세요.

picky 성미가 까다로운(=fussy)
nit-picking
까다로운(=fussy): 사소한 것에 대해 흠잡기
pick and choose 신중히 고르다;
까다롭게 가리다(=choose very carefully
from a number of possibilities)

I 111
let

let은 "~하는 것을 허용하다(allow), ~시키다, ~하게 하다"이다.
세를 주거나 임대하는 것(임대하다)도 사용하는 것을 허용하는 것이며, 감정을 터트리는 것도(탄식하다) 마찬
가지로 감정을 억제하지 않고 터트리도록 내버려 두는 것이다.
1. ~하는 것을 허용하다(allow sb/sth to R), ~시키다, ~하게 하다; 세놓다
2. (액체 · 공기를) 새게 하다 → (감정 · 말 등을) 밖으로 내뱉다

---

1. ~하는 것을 허용하다(allow sb/sth to R), ~시키다, ~하게 하다; 세놓다

11101
Let me ~.
[Let sb/sth R = allow sb/sth to R]
01-2.인천대/97.경찰/95.법원직

내가 ~할 수 있도록 해주세요, ~할게요.
• **Let me** have a look at it. 그것 좀 보여주십시오.
• **Let me** give you a hand. 제가 도와줄게요.

Let me see. 〈회화〉 어디 보자,
Let me know. 〈회화〉 내게 알려 줘.

11102
let go (of sb/sth) /
let sb/sth go
12.기상직9급/04.85.행자부9급,Teps
99.특수기동대/89.서울시9급

가게(go) 내버려 두다(let)
1. 쥐었던 것을 놓다; 해방하다, 놓아주다(=release); 해고하다
2. 나쁜 일에 처벌하지 않고 넘어가다, 더 이상 문제 삼지 않다
• If you say uncle I'll **let go** of you. 항복하면 놓아줄게, *say uncle 항복하다
  let's go ~하러 가자, ~에 가자

let oneself go
*자신을 제멋대로 가게 놔두다
1. 완전히 긴장을 풀고 마음껏 즐기다
  (=relax completely and enjoy yourself)
2. 자기 자신(특히 용모)을 돌보지 않다
  (=not take care of oneself)
= let down one's hair
  긴장을 풀다, 자연스럽게 행동하다
  (=act freely and naturally)
*긴장되어 뻣뻣이 섰던 머리카락을 아래
로 늘어뜨리다

11103
let alone
07.경기대/01.인천시9급/90.연세대학원
88.행자부9급,Teps

~은 혼자 내버려 두고도(빼더라도)
~은 말할 것도 없이, ~은 물론이고(=not to mention)
• I cannot afford the time, **let alone** the money.
  나는 돈은 물론이고, 시간의 여유도 없다.

~은 말할 것도 없고, ~은 물론이고
= still less ~은 말할 것도 없고(부정문)
= much more
  ~은 말할 것도 없고(긍정문)
= not to mention sth
  ~은 말할 것도 없고, ~은 그렇다
  치더라도(=without mentioning)
= to say nothing of sth
  ~은 말할 것도 없고, ~은 물론이고
= not to speak of sth
  ~은 말할 것도 없고
It is needless to say that~
  〈회화〉 ~은 말할 필요도 없이

11104
let up
14.광운대/12.중앙대/07.경북교행/06.동국
대/02-2.단국대/95.한국외대/토플/ Teps

잠시 자리에서 일어나(up) 쉬게 하다(let)
1. (비나 눈이) 멈추다, 잠잠해지다(=stop), 약해지다(=lessen)
2. (일을) 그만두다; (노력 등이) 느슨해지다(=slacken)
• When is this rain supposed to **let up**? 이 비가 언제나 그칠까요?
  letup (노력 · 강도 등의) 정지(=cessation, pause), 완화(=relief); 감소
   - without letup 중단 없이, 쉬지 않고(=without a pause)

11105
let * down sb/sth
13.동국대/07.경남9급/03.영남대
토플/입사

기대를 낮추게(down) 하다(let)
1. (사람을) 실망시키다, 기대를 저버리다(=disappoint)
2. (물건을) 아래로 내리다; (지위 등을) 낮추다
3. (옷 따위를) 풀다, 늘리다(=make sth longer)
• He will never **let** you **down**.
  그는 너를 실망시키지 않을 것이다.
11.이화여대
  letdown 실망, 허탈; 감소

---

2. (액체 · 공기를) 새게 하다 → (감정 · 말 등을) 밖으로 내뱉다

11106
let[blow] off steam
06.경북9급,Teps

스팀(증기; 울분)을 새어나가게 하다
〈구어〉 울분을 토하다, 감정을 속시원하게 쏟아내다
• He was very angry at first but he has **let off steam** and has calmed
  down now.
  그는 처음에 매우 화가 났지만 감정을 다 쏟아내고는 이제 진정되었다.

let * off sb/sth
(액체기체따위를) 새어나가게 하다;
발설하다; 처벌을 면해주다(=get off)
- **let** sb **off the hook**
  (처벌이나 약속을) 면해주다
  (=get off the hook)
- **let** sb **off lightly /easily**
  가볍게 처벌하다
get off with sth **easily**
  가벼운 처벌만 받다

11107
let go with sth
98.경원대

하고 싶은 말을 마음껏 내게 내버려 두다
~을 격렬하게 소리내거나 표현하다(=speak violently),
(고함이나 비명을) 지르다
• The child **let go with** a loud scream when he saw the dog.
  그 아이는 개를 보고는 비명을 크게 질렀다.

11108

let on (that ~) / let [sb] **in on** [sth]
토플,입사4회,Teps

어떤 것을 수면 위로(on) 드러나게 하다
드러내다, 밀고하다, 누설하다(=reveal, disclose, divulge)
• Don't **let on** that I told you. 내가 해 준 말을 누설하면 안 돼.

11109

let ★ out [sth]
14.한양대/84.행정고시
95.경원대.입사,Teps

밖으로(out) 나가게 하다(let)
1. (비밀 따위를) 무심코 입 밖에 내다(=allow a secret to be known)
2. (옷 등을) 늘리다(↔ take ★ in [sth] 옷을 줄이다)
3. ~을 내보내다; 해방하다; 해고하다
   (↔ let [sb]/[sth] in 안으로 들여보내다)
4. (학교·집회·연극 등이) 끝나다(=end, come to a close), 해산하다(=dismiss)
• Don't **let it out**. (=Don't blurt it out.) 비밀이 새나가지 않도록 해라.
• The play **let out** at 11 P.M. 연극은 오후 11시에 끝났다.

11110

let the cat out of the bag
15.건국대/07.법원직/03.숭실대,Teps

고양이를 가방 밖으로 내어놓다
(무심결에) 비밀을 누설하다(=divulge a secret)
• I wonder who **let the cat out of the bag**. 누가 비밀을 누설했을까?

[동] **spill the beans** 〈04.한양대〉
(무심코) 비밀을 누설하다; 뒤집다
= **let slip** [sth] / **let (it) slip that**
(무심코) ~을 입 밖에 내다; 누설하다
 *혀에서 말이 미끄러지면서(slip)
  새어 나오다(let)
[동] **let it all hang out**
숨기지 않다; 솔직하게 (모든 것을) 말하다
 *모든 것을 바깥에 걸어두다

ᴵ112
catch

catch는 "움직이는 것을 잡아서 hold하다"는 의미이다.
그 움직이는 대상에 따라 "사람을 붙잡다, 공을 잡다, 기차를 잡다, 병에 걸리다, 말을 이해하다" 등 다양하게 쓰인다.

11201

catch [sb] **red handed**
04.단국대

빨간 피를 손에 묻히고 있는 상태에서 잡다
현행범으로 붙잡다
• I caught him **red-handed** trying to break into my car.
 나는 그가 내 차에 침입하려고 하는 중에 그를 현행범으로 붙잡았다.

11202

catch up with [sb]
12.국가직9급/07.숭실대/03.여자경찰
92,90.법원직/99.건국대.입사,Teps

~와 함께 갈 수 있게 완전히(up) 따라잡다(catch)
따라잡다(=overtake, keep up with [sb]/[sth])
• I quickened my steps to **catch up with** her.
 나는 그녀를 따라잡기 위해 발걸음을 재촉했다.

11203

catch on
05.국민대/03.공인회계사/03.경찰
02.선관위9급/03.경기대/00~2.영남대
98.국민대.토플.입사,Teps

케이블 채널 "캐치온"은 인기있는 영화만 틀어준다
1. 인기를 얻다, 유행하다(=become popular, in vogue)
2. ~을 이해하다, 깨닫다(=understand), 터득하다
3. ~에 걸리다
4. 적응하다(=adapt)
• That new song is beginning to **catch on** with young people.
 저 신곡은 젊은이들에게 인기를 얻기 시작하고 있다.

11204

catch a glimpse of [sb]/[sth]
04.세종대/99.고려대,Teps

~을 얼핏 봄(glimpse)을 캐치하다
~을 얼핏 보다, 흘끗 보다
• Fans waited for hours at the airport to **catch a glimpse of** their idol.
 그들의 우상을 잠시라도 보기 위해 팬들은 몇 시간 동안 공항에서 기다렸다.

11205

catch [sb]**'s eye**
08.서강대

사람의 시선을 붙잡다(catch)
시선을 사로잡다, 눈길을 끌다
• The advertisement **caught my eye**. 그 광고가 내 시선을 사로잡았다.
[관] **eye-catcher** 타인의 시선을 끄는 것
    eye-catching 눈길을 끄는

11206

a catchy song[tune]
04.중앙대

(사람의 인기나 마음을) 잘 잡는(catchy)
마음을 끌거나 외우기 쉬운 노래[곡조]
• That's **a** very **catchy tune**. 무척 외우기 쉬운 선율이군요.

[동] **catch** [sb] **with** [sb]**'s pants down**
현장에서 붙잡다 *강간범이 바지를 내리
고 있는 채로 붙잡다
= **catch** [sb] **in the act (of ~ing)**
현장에서 붙잡다
[반] **catch** [sb] **off guard**
방심하고 있을 때 붙잡다
- **catch** [sb] **off balance**
당황하게 하다, 허를 찌르다

[동] **catch on fire/catch fire**
(갑자기) 불나다(=burn);
불붙듯이 유행하다, 흥분하다

[동] **catch sight of** [sb]/[sth]
(찾던 것이나 보고 싶었던 것을) 발견하다;
언뜻 눈에 띄다

[관] **catchy** 사람의 마음을 끄는, 매력 있는;
인기를 얻기 쉬운; (곡조 등이) 외기 쉬운

Ⅰ113 follow

follow는 "~의 뒤를 따라가다"가 기본개념이다.
1. 사람을 따르다, 충고 · 선례를 따르다, 일 등이 잇달아 일어나다
2. 이야기를 주의해서 듣다, 사람의 말을 이해하다

11301 follow suit
15.한국외대/12.국민대/09.가톨릭대,Teps

소송(suit)을 따르다
선례를 따르다, 따라하다
• If you agree, he will **follow suit**. 네가 동의한다면, 그도 따를 것이다.

🔲 follow in sb's footsteps
~의 뒤를 따라가다; ~의 선례를 따르다
follow the crowd 대세에 따르다

11302 Are you following me?
16.경찰1차/11.사회복지9급/09.가톨릭대

제가 하는 말을 잘 따라오고 있나요?
제 말 이해하시겠어요?(=Are you with me?)
• And then you divide that figure by 35. **Are you following me**?
자, 그런 다음 그 수를 35로 나누는 거야. 이해돼?

Ⅰ114 close/shut ↔ open

close는 "**어떤 것을 닫다**"의 의미로서 문, 가게, 눈, 입 등 그 대상은 다양하다.
또한 "일 등을 끝내다"의 의미도 중요하다.
한편 shut는 "**꼭 닫다**"로서 close보다 의미가 강해서 폐쇄에 가깝다. 상점을 닫거나, 흐름을 막아 가두는 느낌이다.
open은 close와 반대로 "**닫힌 것을 열다**"의 의미로서 그 대상이 눈, 책, 봉투, 상점 등 다양하다. "(일을) 개시
하다"의 의미도 있다.

11401 close down sth
17.경찰1차

완전히(down) 문을 닫다(close)
(가게나 회사의 문을) 닫다, 폐쇄시키다, (방송 프로그램을) 종영하다
• The shop **closed down** a few years ago.
그 가게는 몇 년 전에 문을 닫았다.

11402 open ★ up sth
12.서울시9급

열어(open) 젖히다(up)
1. (기회 등이) 열리다, (이용이) 가능해지다
2. (문, 잠긴 것을) 열다
• Let me know if any other opportunities **open up**.
만약 다른 어떤 기회라도 생기면 내게 알려줘.

🔲 open up (to sb)
(~에게) 솔직하게 털어놓다
open up about sth
(감정 · 진심 등을) 털어놓다

■ close 보충표현

□ **close[shut] one's eyes to** sth ~을 눈감아 주다, 모르는 체하다 cf. **close one's eyes** 눈을 감다; 죽다
□ **close the books (on** sth) (성공 가능성이나 해결책이 없어) 일을 종결짓다; 결산하다
□ **close out** sth (업무를) 마감하다; (재고를) 헐값 처분하다
□ **close up** sth (가게나 건물을 일정 기간) 폐쇄하다
□ **close[shut] up shop** 일정기간 동안 또는 영원히 일을 그만두다
□ **close in (on** sb) (적이) 포위해 오다; (어둠이나 악천후가) 밀려 오다

■ shut/open 보충표현

□ **shut your mouth! / shut your gob! / shut it!** 입 다물어!
□ **shut up (**sb/sth) 입 다물게 하다; (문 · 뚜껑을) 닫다, 잠그다
□ **shut** sb/sth **up in** sw ~에 가두다, 감금하다
□ **shut down (**sth) (공장 · 기계의) 가동을 중지하다, 폐쇄하다
□ **shut out** sb/sth (사람을) 내쫓다, 배제하다 cf. **shut out** sb (상대팀을) 영패시키다
□ **open fire (on** sb) 사격을 개시하다; (질문의) 포문을 열다
□ **open an account** 은행계좌를 개설하다
□ **open the door[way] to** sb/sth 문호를 개방하다; ~할 기회를 주다
□ **open one's heart (to** sb) (~에게) 속마음을 털어놓다
□ **open one's mind (to** sth) (새로운 생각 등을) 받아들일 준비를 하다, 열린 마음을 가지다
□ **open Pandora's box** 판도라의 상자를 열다, 수습하기 힘든 문제를 들추어내다
□ **open a can of worms** 긁어 부스럼을 만들다

R142   [어근] know(=know) & not(=know)

1421 knowingly
[nóuiŋli]
04.가톨릭대

know+ing+ly → 알고 있으면서 하는

ad. 1. 알고서, 고의로(=intentionally)
   2. 아는 듯이, 아는 체하고; 빈틈없이
- knowingly break the law 고의로 법을 위반하다

ⓐ **knowing** 아는 것이 많은, 빈틈없는; 고의적인; 〈구어〉 멋있는

⟷ **unknowingly** 모르고서, 우연히

1422 acknowledge
[æknálidʒ, əknálidʒ]
12.중앙대/96.서울대학원

ac⟨ad(=to)+know(=know)+ledge → 알고 있다고 하다

vt. 1. (사실임을) 인정하다(=identify), (자격을) 인정하다(=admit)
   2. (편지의 도착을) 통지하다
   3. 감사를 표하다
- acknowledge it as true 사실로 인정하다

ⓝ **acknowledgement** 인정, 접수 통지; 답례품

뀐 **knowledge** 지식, 알고 있음
  - **knowledgeable** 아는 것이 많은

1423 unwittingly
[ʌnwítiŋli]
01.사법시험,변리사

un(=not)+witting(알고 있는)+ly → 모르는 사이에 일어난

ad. 모르는 사이에; 고의가 아니게, 우연히(=inadvertently)
- unwittingly break the law 모르고 법을 어기다

ⓐ **unwitting** 알지 못하는; 부주의한; 고의가 아닌

> ⟷ **wittingly** 알고서 하는, 고의의
> ➡ **unwillingly** 마지못해, 부득이
> 뀐 **wit** 지혜, 재치; (pl.) 제정신, 의식; 〈고어〉 알다
>   **out of one's wits[mind/head]** 제정신을 잃고 ⊃ IO0322
>   - **witty** 재치있는
>   - **outwit** 보다 나은 꾀로 ~을 이기다, 의표를 찌르다

1424 note
[nóut]
17.상명대/09.경희대

not(=know)+e → 알다

vt. 1. 알아차리다(=be aware)
   2. 적어두다[down]
   3. 주의하다, 유념하다, 주목하다
n. 기록, 각서, 원고; 주석; 악보
- Suddenly, I noted that the rain had stopped.
  나는 문득 비가 멎은 것을 깨달았다.

1425 noted
[nóutid]
서울대학원

not(=know)+ed → 잘 알려진

a. 유명한, 저명한(=famous); 주목할 만한
끷 **be noted for** ~로 유명하다(=be famous for)
- be noted for its scenic beauty 경치가 좋기로 유명하다

ⓐ **notable** 주목할 만한, 저명한; 저명인사, 명사
  noteworthy 주목할 만한; 두드러진
        (=remarkable, compelling, prominent)

1426 denote
[dinóut]
09.이화여대/94한국외대

de(=down)+not(=know)+e → 알 수 있도록 밑에 적혀 있다

vt. ~의 표시[상징]이다, ~을 뜻하다, 나타내다(=indicate)
- A very high temperature often denotes a serious illness.
  고열은 종종 심각한 질병에 걸렸음을 나타낸다.

ⓝ **denotation** 명시적 의미(=explicit meaning), 표시; 상징; 명칭

11.단국대.송실대

뀐 **connote**[kənóut] (말이) 딴 뜻을 포함하다; 함축하다
  - **connotation** 언외[言外][내포된]의 의미, 함축(=implication)
  annotate[ǽnətèit] (~에) 주석을 달다, (~을) 주해하다
  - **annotation** 주석, 주해

1427 notify
[nóutəfài]
07.강원 9급

not(=know)+i+fy → 알 수 있게 하다

vt. (정식으로) 통지[통보]하다, (관공서 등에) 신고하다
- notify to the police immediately 지체없이 경찰에 신고하다

ⓝ **notification** 통지, 통고; 통지서, 신고서; 출생[사망]신고

> **tip** 공지(notice)는 모든 사람에게 알리는 것입니다.
> 어근 not은 "알다, 깨닫다(know)"의 의미입니다.

어근 **not(=know)**

추가 어휘
☐ **not**ary[nóutəri] 공증인(notary public)
  - **not**arize 공증인이 인증하다
☐ **not**ion 관념, 개념; 이해력

표제어 복습
☐ **not**orious 악명 높은 ◘ N0130

1428 notice
[nóutis]

not(=know)+i+ce → 알 수 있게 하는 것

n. 알림, 공고, 게시; 경고, 통고, 주의; 주목
v. 주의하다; 알아채다; 비평하다
• without advance notice 사전 통지 없이

16.항공대/13.경희대

ⓐ noticeable 이목을 끄는, 눈에 띄는; 현저한, 주목할
ⓐⓓ noticeably 눈에 띄게(=appreciably)

🔢 take notice of 주목·주의하다, 염두에 두다

01-2.세종대

🔢 unnoticeable 눈에 띄지 않는(=imperceptible, inconspicuous)

R143

[어근] gno/gn(=know)

1431 recognition
[rèkəgníʃən]

07.서강대

re(=again)+co(강조)+gn(=know)+i+tion → 다시금 진가를 알아 보는 것

n. 인지, 인식; 승인; 보수
• be changed beyond recognition 몰라 볼 정도로 변하다

14.이화여대

ⓥ recognize 알아내다, 인지하다; (공식적으로) 인정하다, 승인하다

ⓝ recognizance 서약서, 보증금

12.홍익대/10.성균관대

ⓐ recognizable 인식할 수 있는(=discernible)

🔢 precognition 예지, 사전인지

1432 prognosticate
[pragnástikèit]

02-2.경기대

pro(=forward)+gno(=know)+stic+ate → 미래를 미리 알다

v. 예지하다, 예언[예상, 예측]하다(=forecast)
• difficult to prognosticate 예측하기 힘든

ⓝ prognostication 예지, 예언

10.서울시9급

prognosticator 예지자, 예언자

ⓥ prognose 전망[예지], 예측]하다

08.한양대

ⓝ prognosis (질병의) 예후; 예언, 예상

ⓐ prognostic (병의) 예후의; 예고하는; (병리) 예후, 징후

1433 agnostic
[æɡnástik, -nɔ́s-]

17.숭실대/ 08.경희대
07.국민대/94.동덕여대

a(=not)+gno(=know)+stic → (신이 있는지) 모른다는 사람

n. 불가지론자(신이 존재하는지 아닌지 알 수 없다는 사람)
a. 불가지론(不可知論)의
• Atheists, agnostics, and lapsed Christians set up and enjoy Christmas trees. 무신론자, 불가지론자, 그리고 신앙을 버린 기독교인들도 크리스마스트리를 세우고 즐긴다.

1434 ignore
[ignɔ́ːr]

98-2.상명대

i(in(=not)+gno(=know)+re → 못 알아본 것처럼 하다

v. 모르는 체 하다, 무시하다, 묵살하다
(=pay no attention to, override)
• ignore his advice 그의 충고를 무시하다

ⓐ ignorant 무식한, 무지한; 실례의, 무례한

ⓝ ignorance 무지, 무학; 부지

10.명지대

🔢 fall on deaf ears 주의를 끌지 못하다, 무시당하다

1435 cognitive
[kágnətiv]

09.가톨릭대/07.서경대

co(강조)+gn(=know)+i+tive → 잘 알 수 있는

a. 인식의, 인식력 있는, 지적 작용의
• cognitive component 인지적 요소
• lack of cognitive ability 인식력 부족

ⓝ cognition 인식, 인지, 지식

1436 cognizant
[kágnəzənt]

01-2.인천대

co(강조)+gn(=know)+iz+ant → 잘 알고 있는

a. 인식하고 있는, 알고 있는(=aware)

🔢 be cognizant of ~에 대해 알고 있다(=be aware of)
• cognizant of the importance of the case
그 사건의 중요성에 대해 인식하고 있는

ⓝ cognizance 인지, 지각; 재판권

ⓐ cognizable 인식할 수 있는

🔢 incognizable 알아채지 못하는

1437 incognito
[inkágnitòu]

13.경희대

in(=not)+co(강조)+gn(=know)+ito → 알지 못하게 하여

ad. 가명으로, 익명으로, 신분을 숨기고
• travel incognito 신분을 숨기고 여행하다

---

tip 무식(ignorance)이란 말은 "지식을 알지 못하는 것"을 의미합니다. 어근 gno는 "알다, 인식하다(know)"를 의미합니다.

추가 어휘
☐ cognomen[kaɡnóumən] 성, 별명; 가명

표제어 복습
☐ diagnosis 진찰, 진단, 분석 ◩ N0731
- diagnose 병을 진단하다; 원인을 규명하다
- diagnostic 진단의, 특징적인; (병의) 특징
- diagnostics 〈단수취급〉 진단학, 진단법
- diagnostician 진단 전문 의사, 분석가
☐ ignominious 불명예스러운, 수치스러운 ◩ N0620
- ignominy 불명예, 수치스러운 행위
☐ ignoble 비열한, 천한; 불명예스러운 ◩ D0620

1438 physiognomy
[fìziágnəmi]
07.경북9급

physi(=nature)+o+gn(=know)+omy → 성격을 알아 보는 것
n. 인상(=appearance); 관상학, 관상술
• Physiognomy is based upon the belief that the study of a person's outer appearance, especially the face, reflects their personality 관상학은 사람의 외모, 특히, 얼굴을 보면 그 사람의 성격을 알 수 있다는 믿음에 기초하고 있다.
ⓝ **physiognomist** 관상가

1439 connoisseur
[kànəsə́:r]
05.울산시9급/92.한성대
12.국회8급

con(강조)+no(=know)+isseur → (전문적으로) 잘 아는 사람
n. 감정인, 감식가
• a connoisseur of vintage wines 고급 와인 감식가
圖 **cognoscenti**[kànjəʃénti] (예술·문학 등 특정한 주제에 대한) 전문가

1439(1) reconnaissance
[rikánəsəns]
12.서강대
14.중앙대

re(강조)+con+nai(=know)+ssance → 잘 알기 위해 하는 것
n. (군사적 목적의) 정찰(대); 답사, 사전조사
• a reconnaissance regiment 수색연대
ⓥ **reconnoiter** 정찰하다; 답사하다(=suss out)

R144 [어근] sci(=know) & sag/sav/sap(=wise, know) & soph(=wise)

1441 conscience
[kánʃəns]
95.법원직9급

con(=together)+sci(=know)+ence → 모든 사람이 공통으로 알고 있는 것
n. 1. 양심, 선악의 판단력, 도의심, 분별
2. 양심적임
• the freedom of conscience 양심의 자유
15.중앙대 ⓐ **conscientious** 양심적인, 성실한(=scrupulous)
↔ **unconscionable** 불합리한, 비양심적인

1442 wise
[wáiz]
99.서울대학원

방법 → 슬기로운
a. 슬기로운, 현명한, 신중한
n. 〈고어〉 방법(way)
圖 **in this wise** 이런 방법으로, 이 따위로(=like this)
= **in this manner**

1443 presage
[présidʒ]
90.서울대학원

pre(=before)+sage(=know) → 미리 알다
v. 예언하다; 예감이 들다(=foreshadow)
n. 전조, 조짐; 육감, 예감
• presage the economic trends of tomorrow 미래의 경제동향을 예측하다

1444 savvy
[sǽvi]
10.상명대/01.숙명여대
93.동국대
97.경기대

sav(=know)+vy → 잘 알고 있는 것
n. (실용적인) 지식, 상식, 요령
a. 요령[상식] 있는; 소식에 밝은(=knowledgeable)
v. 〈속어〉 알다, 이해하다
圖 **savant**[sævá:nt] 학자, 석학(=pundit)
sapient[séipiənt] 슬기로운, 지혜로운(=smart)
cf. Homo sapiens 현세인, 인류

💡 철학자(philosopher)는 매우 현명한 사람으로 인식되듯이, 어근 soph는 "현명한(wise)"의 의미입니다.

어근 sci(=know)

추가 어휘
☐ **sci**entific 과학적인, 학술상의
☐ **sci**olistic 설배운 지식의; 수박 겉핥기의
- **sci**olist 사이비 학자

표제어 복습
☐ pre**sci**ent 선견지명이 있는 ◘ N0345
☐ uncon**sci**ous 무의식적인, 무심결의; 의식이 없는 ◘ N0518
↔ con**sci**ous 자각하는, 의식적인
- sub**sci**ous 잠재 의식의; 잠재의식

어근 sag/sav/sap(=wise, know)

표제어 복습
☐ **sag**acious 현명한, 영리한, 슬기로운 ◘ N0754
- **sag**e 슬기로운, 현명한; 현인, 철인
☐ **sav**oir faire 기지, 임기응변의 재치

어근 soph(=wise)

추가 어휘
☐ philo**soph**er 철학자; 현인 ·philo(=love)
☐ pan**soph**y 박학다식 ·pan(=all)
☐ **soph**omore 2학년생

R145 [어근] mon/min(=warn, advice, remind)

1451 warning
[wɔ́:rniŋ]
05-2.한양대

경고 → 경보
n. 경고, 경보, 훈계
a. 경고의, 경계의
• fire warning shots 경고사격을 하다
ⓥ **warn** 경고하다, 조심시키다, 예고하다

1452 premonition
[prì:mə́niʃən]
03.변리사

pre(=before)+mon(=warn)+i+tion → 미리 일어날 일을 경고하는 것
n. 예감, 전조(=hunch, foreboding, forewarning)
• ignore the premonitions of disasters 재앙의 전조를 무시하다
ⓥ **premonish** 미리 경고하다
ⓐ **premonitory** 전조의

💡 기념비(monument)는 무엇인가를 기억하고 기념하기 위해서 세우는 것인데, 어근 mon은 "경고하다, 충고하다, 떠올리다"의 의미입니다.

표제어 복습
☐ acri**mon**ious 통렬한, 신랄한, 험악한 ◘ N0633
- acri**mon**y 매서움, 신랄함, 통렬함
- acri**mon**iously 신랄하게

1453 admonish
[ædmániʃ, ədmánʃ]
11.서울여대/10.국민대
01-2.대구대

ad(=to)+mon(=warn)+ish → 누구를 향해 경고하다

vt. 1. (잘못을 엄하게) 꾸짖다, 훈계하다(=reprimand)
　　2. (강력히) 충고하다; (위험을) 경고하다
　　• admonish the children not to behave badly
　　　못되게 행동하지 말라고 아이들에게 꾸짖다
　ⓝ admonition/admonishment 충고, 경고, 훈계
　　admonitor 충고자, 훈계자
　ⓐ admonitory 훈계의
　圐 monitor (학급) 반장, 모니터; 감시하다

1454 summon
[sʌ́mən]
00-2.경기대

sum(sub(=under)+mon(=warn, advise) → 경고 아래에 두다

vt. 1. (법원에 증인 등을) 소환하다(=subpoena), 호출하다
　　2. 소집하다(=convene)
　　3. (용기나 힘을) 어렵게 내다
　　• be summoned to appear in court 법정에 출두하라는 소환을 받다
　ⓝ summons 소환장; 소환하다
00-2.경기대
　圐 subpoena[səpíːnə] 소환장, 소환영장; 소환하다(=summon)
　圐 sermon[sə́ːrmən] 설교, 훈계

1455 reminder
[rimáindər]
07.단국대

re(=again)+mind+der → 다시 떠올리게 만드는 것

n. 1. (잊고 싶은 것을) 생각나게 하는 것
　　2. 독촉장; 기념품(=souvenir)
　　• a reminder of the dangers of drinking and driving
　　　음주운전의 위험성을 일깨워 주는 것
　　• The landlord sent his tenant a reminder.
　　　집주인은 세입자에게 독촉장을 보냈다.
　ⓥ remind 생각나게 하다, 상기시키다, 일깨우다
　　• remind A of B A에게 B를 떠올리게 하다
　圐 remainder[riméindər] 나머지, 재고품

1456 reminiscent
[rèmənísnt]
95.서울대학원

re(=again)+minisc(=mind)+ent → 다시 과거를 떠올리는

a. 1. (~을) 연상시키는[of]
　　2. 추억에 잠기는, 회고의(=retrospective)
　　• reminiscent of her mother 그녀의 어머니를 연상시키는
　　• in one's reminiscent moods 회고하는 기분으로
10.성신여대/95.동덕여대
　ⓥ reminisce[rèmənís] 추억하다, 추억에 잠기다
　ⓝ reminiscence 추억(=recollection)

1457 monumental
[mɑ̀njuméntl]
97.건국대/91.연세대학원

mon(=remind)+u+ment(=mind)+al → 마음속에 기억하게 되는

a. 1. 기념이 되는, 역사적 의미가 있는
　　2. 엄청난(=outstanding, stupendous)
　　• on a monumental scale 엄청난 스케일로
　ⓝ monument 기념비, 기념물; 금자탑

R 146　[어근] mne/mnes/mem(=remember)

1461 commemorate
[kəmémərèit]
08.세종대/06.고려대

com(=together)+mem(=remember)+or+ate → 같이 모여 기억하다

vt. 기념하다, 기념식을 거행하다; 축하하다(=celebrate)
　　• commemorate the centennial of Einstein's birth
　　　아인슈타인 탄생 100주년을 기념하다
　ⓝ commemoration 기념, 기념식
　圐 memorial[məmɔ́ːriəl] 기념일, 기념비, 기념관, 기념물; 기념의, 추도의
　　memento[məméntou] 기념물, 유품; 경고(하는 것); 추억거리

1462 mnemonic
[nimánik]
95.고려대학원/94.행정고시

mne(=remember)+mon(=remind)+ic → 기억해서 떠올리는

a. 기억을 돕는; 기억(술)의
　ⓝ mnemonics 기억술　mnemon 기억소
　　• use mnemonic tricks 기억술을 이용하다
　圐 memorandum 비망록, 메모; (외교) 각서
13.경희대
　　memoir[mémwɑːr] 실록; (pl.) (필자 자신의) 회고록

추가 어휘
□ **mem**o 메모, 비망록(memorandum의 축약)
□ **mem**orize 암기하다, 기억하다
□ **mem**ory 기억, 기억력, 추억; 기억장치
　　• have a good memory 기억력이 좋다
□ re**mem**ber 생각해 내다, 기억하고 있다
　　- re**mem**brance 기억, 기억력; 추억

1463 amnesty
[ǽmnəsti]
17.한국외대/06.건국대

a(=not)+mnes(=remember)+ty → 너의 죄를 기억에서 지워 주겠다.
n. 사면(=pardon for one's past offences)
• be granted amnesty 사면받다
🔄 Amnesty International 국제 사면 위원회, 국제 엠네스티

1464 amnesia
[æmníːʒə]
16.가천대/15.성균관대
08.세종대

a(=not)+mnes(=remember)+ia → 기억하지 못하는 증세
n. 기억상실(증)(=forgetfulness), 건망증
• suffer from amnesia after the accident 사고 이후에 기억상실증에 걸리다
ⓝ amnesi(a)c 기억상실증[건망증] 환자 ⓐ amnestic 건망증의
🔄 paramnesia 기억 착오

R147 [어근] doc/doct/dog/dox(=teach, opinion)

1471 doctrine
[dáktrin]
11.서강대/02-2.단국대

doctr(=teach, opinion)+ine → 가르침을 주는 것
n. 교리, 주의(=tenet, credo); 학설; 가르침
• basic doctrine 기본 강령[정책]
ⓐ doctrinal 교의상의, 학설상의
ⓝ doctrinaire[dàktrinέər] 순이론가, 공론가; 비현실적인
17.중앙대 ⓥ indoctrinate 가르치다; 주입시키다(=inculcarte)
🔄 dogma[dɔ́ːgmə] 교리, 신조; 정설, 학설; 독단적 견해
- dogmatic 교리상의; 독단적인; 독단가

tip 보통 대학생을 가르치는 교수가 되기 위해 박사(doctor) 학위를 취득합니다. 어근 doc는 "가르치다(teach)"의 의미를 가집니다.

표제어 복습
☐ docile 온순한, 유순한; 다루기 쉬운 ◻ N0610
- docility 다루기 쉬움, 온순함, 순종
☐ paradox 역설, 자가당착의 말 ◻ N0947
- paradoxical 역설의, 자기모순의
- paradoxically 역설적으로

1472 doctor
[dáktər]
13.성균관대/08.고려대

doct(=teach)+or → 가르치는 사람
vt. 1. 치료하다; 의사, 박사
2. (음식에 다른 것을) 섞다
3. (보고서·증거 등을) 변조[조작]하다(=modify, manipulate)
• doctor the evidence 증거를 조작하다
ⓐ doctoral 박사의, 학술적인, 권위 있는
ⓝ doctorate[dáktərət] 박사 학위

1473 document
[dákjumənt]
12.동국대/06.홍익대

docu(=teach, lesson)+ment → 후세를 가르치기 위한 것
vt. 상세히 기록하다(=record), 보도하다; (문서로) 증명하다
n. (공식적인) 문서, 서류, 기록
ⓐ documentary 문서의; 기록적인; 다큐멘터리, 기록영화

1474 orthodox
[ɔ́ːrθədàks]

ortho(=correct)+dox(=opinion) → 정통한 의견을 따르는
a. 정설의, 정통파의; 정통의
n. 정통파
• the orthodox faith 정통파의 신앙
• an orthodox theory 정통파의 학설
13.세종대 ⓝ orthodoxy 정통, 정설; 정통 신앙
🔄 heterodox 이단의, 비정통적인
heresy[hérəsi] 이교, 이단, 이설

R148 [어근] luc/lux/lustr/lumin(=light) & photo(=light) & fusc(=dark)

1481 light
[láit]
90.행자부9급/06.해양경찰

04.국회8급/00.변리사
00.단국대

빛 → 밝힘 → 밝은 → 가벼운, 연한
n. 1. 빛, 광선, 등불; 대낮, 새벽
🔳 shed[throw] (a) light on 설명하다(=explain, clarify) ⊃ I10701
2. 관점, 견해
🔳 in the light of ~에 비추어(=in terms of, in view of)
3. (사실 등을) 밝힘, 노출
🔳 bring to light 세상에 알리다, 폭로하다(=make something known)
come to light (사실 등이) 드러나다, (비밀 따위가) 알려지다
a. 1. 밝은; 연한, 엷은
2. 가벼운, 적은, (알코올이) 약한; 경쾌한
🔳 make light of ~을 얕보다, ~을 경시하다 ⊃ I07007
v. 1. 불을 켜다; 빛나다
2. (말·차 등에서) 내리다; 착륙하다
cf. alight (말·차 등에서) 내리다, (새가) 내려앉다
3. 우연히 발견하다

tip 가장 밝게 빛나는 별인 금성(Lucifer)에서 보듯,
어근 luc는 "빛, 밝음'을 의미합니다.

어근 luc/lux/lustr/lumin(=light)

추가 어휘
☐ Lucifer 샛별, 금성; 사탄
☐ translucent 반투명의; 명백한
☐ lumen 루멘, 광속의 단위
☐ lux 럭스(조명도의 단위)

동의어근 photo(=light)
☐ photograph 사진; 사진을 찍다
- photography 사진술
☐ photosynthesis 광합성
☐ photon[fóutɑn] (물리) 광자(光子)

1482 enlighten
[inláitn]
06.단국대/93.연세대학원

en(=on)+light+en(=make) → 어둠(무식) 위에 불빛을 비추다

vt. 1. 계몽하다, 교화하다(=illuminate, edify)
　　2. 설명하다, 가르치다(=instruct)
　• enlighten the multitude 대중을 교화하다
ⓝ enlightenment 계발, 교화, 계몽
ⓐ enlightening 계몽적인, 깨우치는
　enlightened 계몽된, 개화된, 진보된
　↔ unenlightened 무지한, 미개한

12.경희대

🔄 **benighted** [bináitid] 미개한(=uncivilized, unenlightened),
　　　　　　　　　　　　문화가 뒤떨어진

1483 illustrative
[ilʌ́strətiv]
12.서강대/03.계명대
95.서울대학원

il(in(강조)+lustr(=light)+ative → 알아보게 불빛을 비추는

a. 설명적인, 예증이 되는(=demonstrative)
　• an illustrative example 실증적인 예
ⓥ illustrate 설명하다(=illuminate), 예증하다; 삽화를 넣다
ⓝ illustration 삽화, 도해; 설명, 해설, 예증(=example)

1484 lustrous
[lʌ́strəs]
03.행.외시/03.입법고시

lustr(=light)+ous → 빛이 나는

a. 1. 광택 있는, 윤기가 흐르는
　　2. (업적 등이) 훌륭한, 저명한
ⓝ luster 1. 광택, 윤내는 약; 윤을 내다
　　　　2. 호색한　*lust의 파생어

13.경희대

　↔ lackluster 광택이 없는; 활기 없는

🔄 **lust** 강한 욕망; 성욕, 욕정; 갈망하다
　lustful 호색적인, 탐욕스런
　lusty 건장한, 튼튼한; 호색적인

1485 illustrious
[ilʌ́striəs]
14.경기대/12.이화여대
02.명지대

il(in(강조)+lustr(=light)+ious → 빛이 나는

a. 1. (사람이) 저명한, 유명한(=prominent, eminent, remarkable)
　　2. (행위·업적 등이) 빛나는, 눈부신
　• illustrious academic career 저명한 학자로서의 경력

1486 luxurious
[lʌgʒúəriəs]
14.서울여대/99.단국대

lux(=light)+uri+ous → 옷이 삐까번쩍한

a. 사치스러운, 호화로운(=sumptuous, opulent)
　• a luxurious lifestyle 사치스러운 생활 방식
ⓐⓓ luxuriously 사치스럽게, 호화롭게

15.경기대

ⓐ luxuriant 무성한, 울창한; 풍부한; 화려한
ⓥ luxuriate 사치스럽게 지내다; 무성하다
🔄 **deluxe** (품질이) 호화로운, 사치스런

1487 illuminate
[ilú:mənèit]
03.계명대/96~2.숭실대

il(in(=in)+lumin(=light)+ate → 어두운 곳을 밝게 비추다

vt. 1. 밝게 비추다, 조명하다
　　2. 설명[해명]하다(=clarify, illustrate)
　　3. 계몽[교화]하다(=enlighten)
　• illuminate the truth 진실을 규명하다
ⓝ illumination 조명, 투광; 계몽, 계발; 해명, 설명
　illuminism 계몽주의 ↔ obscurantism 반계몽주의

1488 lucubrate
[lú:kjubrèit]
13.중앙대

luc(=light)+ubr+ate → 불을 켜 놓은

vi. 밤늦게까지 열심히 공부하다[일하다]
ⓝ lucubration 열심히 공부하기
🔄 **elucubrate** 고심해서 만들어내다

1489 obfuscate
[ábfəskèit, ɔ́bfʌs-]
07.중앙대/03.세종대
97.경기대

ob(=over)+fusc(=dark)+ate → 먹구름이 덮어 어둡게 하다

vt. (판단 등을) 흐리게 하다, (일부러) 애매하게 하다
　• try to obfuscate the truth 진실을 흐리려 하다
🔄 **fuscous** 암갈색의, 거무스름한

R149 [어근] pass/path/pat(=feel, suffer) & miser(=pity)

1491 impassive
[impǽsiv]
13.서울여대/11.경희대

im(in=not)+pass(=feel)+ive → 느낌이 없는
n. 무표정한, 감정을 나타내지 않는(=reserved, phlegmatic)
• with an impassive face 무표정한 얼굴로
➡ **passive** 수동적인, 소극적인

1492 compassion
[kəmpǽʃən]
12.경희대/93.기술고시
01-2.명지대
17.서강대

com(=together)+pass(=feel)+ion → (아픔을) 같이 느끼는 것
n. 측은히 여김, 동정, 연민[for]
• compassion for the sufferers 피해자에 대한 연민
ⓐ **compassionate** 인정 많은, 동정적인(↔callous)
➡ **compass** 나침반; (제도용) 컴퍼스; 에워싸다 ➡ R0412
　　v. 둘러싸다; 포위하다; 달성하다

1493 antipathy
[æntípəθi]
98.서울대학원/97.공인회계사

anti(=against)+path(=feel)+y → 반대하는 감정
n. 1. 반감, 혐오[toward](=aversion)
　　2. 지긋지긋하게 싫은 일[것], 질색
• have an antipathy toward the practice of genocide
　대량 학살 행위에 대한 혐오감을 가지다
06.덕성여대
ⓐ **antipathetic** 공연히 싫은
➡ **sympathy** 공감, 동감; 연민 ➡ N0645

1494 empathy
[émpəθi]
17.숭실대/11.서강대,고려대
00.행자부7급

em(=in)+path(=feel)+y → 남의 생각을 안으로 가져 오는 것
n. 감정이입(感情移入), 공감[for]
• empathy for other people's situations
　다른 사람들의 입장에 대한 공감
➡ **telepathy** 정신감응, 텔레파시 •tele(=far)

1495 commiseration
[kəmìzəréiʃən]
09.고려대/04.중앙대

com(=together, 강조)+miser(=pity)+ation → 같이 동정함
n. 1. 가엾게 여김, 연민(=pity)
　　2. (pl.) 동정[애도]의 말
ⓥ **commiserate** 동정하다, 가엾게 여기다
ⓐ **commiserable** 동정할 만한

1496 misery
[mízəri]
14.광운대/00.고려대

miser(=pity)+y → 연민을 느끼게 하는 것
n. (정신적·육체적 심한) 고통(의 원인)(=affliction, distress), 빈곤
• the misery of unemployment 실업의 고통
• live in utter misery 절대적인 빈곤 속에 살다
16.국민대/97.경원대
ⓐ **miserable** 불쌍한, 비참한(=wretched, dismal), 초라한
➡ **miserly**[máizərli] 구두쇠같은, 인색한 ➡ N0661

1497 pity
[píti]
11.서울시9급

pity(=mercy) → 동정
n. 연민, 동정; 유감, 애석한 일
• Oh, what a pity. 참 안됐다.
ⓐ **pitiful/pitiable/piteous** 가엾은(=pathetic), 비참한
➡ **pitiless** 무자비한, 냉정한(=merciless)
➡ **take pity on** [sb] ~를 가엾게 보다

---

tip 환자(patient)는 병으로 인해 고통을 느끼는 사람입니다.
어근 pat는 "느끼다(feel), 고통을 겪다(suffer)"의 의미입니다.

어근 pass/path/pat(=feel, suffer)

추가 어휘
☐ **path**ology[pəθάlədʒi] 병리학
　- **path**ological 병리학의, 병적인
☐ **path**ogenesis 병인, 발병학, 병원론
　- **path**ogenical 병리학의, 병적인
☐ homeo**path**y 동종 요법(同種療法)
☐ socio**path** 반사회적인 인물
☐ psycho**path** 반사회성 정신병자
☐ **path**os[péiθas] 비애감, 측은한 느낌
　　혼동어근 pass(=step, stride) ➡ R041

표제어 복습
☐ a**path**etic 무감각한, 냉담한, 관심이 없는 ➡ N0091
　- a**path**y 냉담, 무관심
　→ **path**etic 측은한; 감상적인; 감동적인
　- **path**etically 애절하게, 감상적으로
☐ sym**path**y 동정, 연민; 조문; (pl.) 공감 ➡ N0645
　- sym**path**etic 동정심 있는
　- sym**path**ize 공감하다; 동정하다, 위문하다
☐ im**pat**ient 성급한, 참을성 없는 ➡ N0555
　- im**pat**ience 성급함, 안달
　- im**pat**iently 초조하게; 성급하게
　- **pat**ient 인내심 있는, 끈기 있는; 환자, 병자
　- in**pat**ient 입원환자
☐ **pass**ionate 열렬한, 열정적인, 정욕적인 ➡ N0209
　- **pass**ionately 열렬히, 격렬하게
　- **pass**ion 열정, 격정, 정욕; 열광; 고통, 수난
　↔ dis**pass**ionate 공평한, 감정에 치우치지 않는
　- **pass**ionless 열정이 없는; 냉정한
　- im**pass**ioned 감동적인
☐ incom**pat**ible 양립할 수 없는, 모순된 ➡ N0087
　- incom**pat**ibility 양립할 수 없음, 불친화성
　↔ com**pat**ible 양립할 수 있는, 호환성의
　- com**pat**ibility 양립가능성, 호환성

R150 [어근] sens/sent(=feel) & (a)esthet(=feel)

1501 sense
[séns]

sense(=feel) → 느끼는 것
n. 1. 감각, 오감; 감각 능력; 인지
　　2. 분별, 판단력, 이해력, 센스
　　3. 의미, 뜻; 요지
➡ **make sense (of)** 말이 되다; 이해할 수 있다 ➡ I07034
　common sense 상식; 일반인 공통의 의견
　in a sense 어떤 뜻으로는, 어떤 면에서는 ➡ I00139
　　4. [pl.] 의식, 제정신
➡ **come to one's senses** 의식을 되찾다 ➡ I05424

tip 어떤 움직임이나 빛을 감지하여 기계가 작동되는 장치인 센서(sensor)
처럼, 어근 sens는 "무엇을 느끼다, 감지하다(feel)"의 의미를 가집니다.

어근 sens/sent(=feel)

추가 어휘
☐ **sens**ory 감각의, 지각의; 감각기관
☐ **sens**or 감지기, 감지장치, 센서
☐ in**sens**ate 감각이 없는, 지각이 없는 •in(=not)
☐ **scent**[sént] 냄새, 향기; 냄새로 알아내다
　- **scent**less 향기 없는, 냄새가 없는
☐ **sens**ation 감각, 느낌; 세상을 떠들썩하게 하는 것
　- **sens**ational 선풍적 인기의; 선정적인; 눈부신
　- **sens**ationalism (저널리즘의) 선정주의

1502 consent
[kənsént]
08.성신여대/03.세종대

con(=together)+sent(=feel) → 똑같이 생각하다

vi. 동의하다, 승낙하다[to](=acquiesce)
n. 동의, 허락, 인가; 합의(=agreement)
ⓐ consenting 동의하는
  consentient 일치한, 찬동의
  consentual 합의의, 합의에 의한
🔁 **assent** 찬성, 승인; 찬성하다

1503 no-nonsense
[nóu-nánsens]
97-2.중앙대

no+nonsense(난센스) → 난센스를 허용하지 않는

a. 장난을 용납하지 않는, 진지한(=serious)
  • no-nonsense attitude 진지한 태도
🔁 **nonsense** 무의미한 말, 허튼소리, 바보같은 짓
  nonsensical 무의미한, 부조리한; 터무니없는(=ridiculous)

1504 sentient
[sénʃənt]
05-2.고려대/93.성균관대

sent(=feel)+i+ent → 감각을 잘 느끼는

a. 감각[지각력]이 있는; 의식하는(=conscious)
n. 감각이 있는 사람
  • sentient life on the Earth 지구상의 감각이 있는 생명체
14.고려대
ⓝ sentience 감각이 있음, 감각성; 감각(력)
🔁 **insentient** 생명이 없는, 감각이 없는
🔁 **sentiment** 감정, 정서; 감상, 소감; 의견, 의향
  sentimental 감정적인, 감상적인; 눈물이 헤픈

1505 sentinel
[séntənl]
09.중앙대

sent(=feel)+i+nel → 적의 침입을 알아채기 위해 있는 사람

n. 보초(병), 파수
v. 보초를 서다[세우다], 망보다
  • stand sentinel at the entrance 입구에서 보초를 서다
ⓝ sentry 보초, 보초병

1506 presentiment
[prizéntəmənt]
14.중앙대.한국외대
01.한국외대

pre(=before)+sent(=feel)+i+ment → 미리 느끼는 것

n. (불길한) 예감, 육감(=foreboding)
  • have a presentiment that a serious matter would happen
    중대한 일이 일어날 것 같은 예감이 들다
ⓐ presentient 예감하는
🔁 **presentation** 증정, 바침; 제출; 발표 ⊃ R1591

1507 an(a)esthesia
[ǽnəsθíːʒə]

an(=without)+esthes(=feel)+ia → 느끼지 못하는 것

n. 마취
  • local[regional] anesthesia 부분마취
    ↔ general anesthesia 전신마취
  • under local anaesthetic 부분마취 상태로
  • come round from the anaesthetic 마취에서 깨어나다
ⓝ an(a)esthetic 마취제, 마취술
  an(a)esthesiologist 마취과 의사
🔁 **esthesia** 감각, 지각
🔁 **euthanasia**[juːθənéiʒə] 안락사 ⊃ N1000

□ con**sens**us 여론, 대다수의 의견; 일치 ▫ N0793
  - con**sens**ual 합의상의, 합의에 의한
□ dis**sent** 반대하다[from]; 반대 ▫ N0651
  - dis**sent**ing 의견을 달리하는, 반대하는
  - dis**sens**ion 의견의 차이; 불일치; 불화
□ **sens**ible 현명한, 분별있는; 지각할 수 있는 ▫ N0222
  - **sens**ibility 감각, 민감; (pl.) 감수성
  ↔ in**sens**ible 인사불성의, 의식을 잃은
  ↔ **sens**eless 무분별한, 어리석은; 의식이 없는
□ **sens**itive 예민한, 섬세한; 민감한 ▫ N0223
  ↔ in**sens**itive 무감각한, 둔감한
  - hyper**sens**itive 지나치게 민감한, 과민한
□ **sens**uous 감각적인, 미적인, 심미적인 ▫ D0223
□ **sens**ual 관능적인, 육욕적인; 호색적인 ▫ D0223
□ re**sent**ment 분개, 분노 ▫ N0396
  - re**sent** 분개하다; 원망하다
  - re**sent**ful 분개한; 원망하는; 성 잘 내는

어근 (a)esthet(=feel)

□ (a)**esthet**ic 미의, 심미적인 ▫ N0967

R151 [어근] put(=think)

1511 repute
[ripjúːt]
고려대학원

re(강조)+put(=think)+e → 어떤 분야에서 딱 생각나는 사람

n. 평판, 세평(=reputation, hearsay); 명성
vt. ~이라고 생각하다, 여기다
  • through good and ill repute 세평에 개의치 않고
ⓐ reputable 평판이 좋은, 이름 높은
  reputed ~이라고 일컬어지는, 추정되는(=purported, putative)
ⓝ reputation 평판, 세평; 명성, 덕망
행정고시
🔁 **disrepute** 악평, 평판이 나쁨, 불명예
15.중앙대
  - disreputable 평판이 좋지 않은, (사람이) 질이 나쁜
🔁 **refute**[rifjúːt] 논박하다, 반박하다 ⊃ NO333

1512 putative
[pjúːtətiv]
12.중앙대/98.고려대학원

put(=think)+ative → ~로 생각되는

a. (~로) 추정되는(=reputed), 추정상의
  • her putative father 그녀의 추정상의 아버지

---

tip 단순히 계산을 해주던 컴퓨터(computer)가 이제는 인간을 대신해 생각까지 하는 능력을 갖게 되었습니다. 어근 put은 "생각하다"의 의미입니다.

추가 어휘

□ comp**ut**e 계산하다, 셈하다
  - comp**ut**er 컴퓨터

□ imp**ut**e ~의 탓으로 하다, 전가하다 ▫ N0495
  - imp**ut**ative (책임 따위가) 전가된
  - imp**ut**able (~의 탓으로) 돌릴 수 있는
  - imp**ut**ation (죄 등의) 전가; 비난; 오명
  혼동어근 fut(=pour) ▫ R126

1513 dispute
[dispjúːt]

13.08.한국외대
00.사법시험/01.경찰

dis(=apart)+put(=think)+e → 제각기 따로 생각하는 것

n. 논쟁(=wrangling), 분쟁, 싸움(=controversy, contention)

v. 1. 반박하다, 이의를 제기하다
  2. (특히 소유권을 두고) 분쟁을 벌이다, 다투다
  • disputed territory 영토 분쟁 지역
  • No one will dispute the fact (that) 누구도 ~의 사실을 반박하지 않다
    = Everyone take it for granted (that) 모든 사람이 ~를 당연시 여기다
ⓐ disputable 논쟁의 여지가 있는
  disputatious 논쟁을 좋아하는
ⓝ disputation 논쟁, 토론 disputant 논쟁자, 논객

01.경찰/00.사법시험 ⊞ indisputable 논쟁의 여지가 없는(=incontrovertible)

1514 deputize
[dépjutàiz]

10.강남대

de(=down)+put(=think)+ize → 아랫사람에게 생각하고 결정하게 하다

v. ~에게 대리를 명하다; (상급자를) 대행하다[for](=delegate)
  • deputize for the director during his absence
    국장이 부재중에 그 직무를 대행하다
  • act as the chairman's deputy 회장의 직무대리 역할을 하다
ⓥ depute 대리로 삼다; (일·직권을) 위임하다(=delegate)
ⓝ deputy[dépjuti] (조직의 장(長) 바로 밑의 직급) 부–[–보], 대행
  deputation 대리, 대표단

115

know/learn

know는 "**어떤 것을 알고 있다**"는 상태를 의미하고, learn은 "**배우거나 익히다**" 또는 그래서 "**알고 있다**"는 의미이다.

11501
know[learn] the ropes
Teps

밧줄(매는 법)을 잘 알다
요령(knack)을 잘 알다(=be experienced, know knack)
• He **knew the ropes** better than anyone else in politics.
그는 누구보다도 더 정치를 잘 안다.

11502
know one's stuff
Teps

자신의 소질(stuff)을 잘 알다
능란하다, 수완이 있다
• You certainly **know your stuff**.
넌 확실히 수완이 좋구나.

11503
Not that I know of.
11.국가직7급/08.지방직7급

내가 알기로는 그게 아니다
내가 알기에는 안 그래.

国 know the ways of the world
세상 돌아가는 이치를 알다
= **know one's oats**
세상 물정에 밝다, 유능하다
国 know one's onions
자기 전문 분야에 능하다, 유능하다
= **know one's business**
자신의 분야에 대해 잘 알고 있다

■ know 보충표현

☐ **know the score** 사정[내막]을 알고 있다(=know what's happening)
☐ **know the world** 세상 물정에 밝다
☐ **know all the angles** 단맛 쓴맛을 다 알다
☐ **know one's distance[place]** 제 분수를 알다
☐ **know one's way around[about]** sb/sth ~의 지리에 밝다, ~에 정통하다

116

find

find는 "**우연히 발견하다**", 또는 "**찾아서 발견하다**" 두 가지 의미로 다 쓰인다. 또한 "**생각하다**"라는 의미도 있다.
1. 우연히 발견하다, (찾고 있던 것을) 찾다, 연구해서 알아내다
2. ~라고 여기다, 생각하다

11601
find out (about sb/sth)
13.서울시7급

무엇에 대해서 완전히 알아내다(find)
(조사하여) 알아내다; (해답을) 얻어내다
• Please let me know what you **find out**.
알아낸 게 있으면 내게 알려주세요.

11602
find fault with sb/sth
87.법원직/입사

누구에게 흠(fault)이 있는지를 찾다(find)
~의 흠을 찾다, ~을 비난하다
• She always **finds fault with** everything.
그녀는 사사건건 트집을 잡는다.

■ find 보충표현

☐ **find one's tongue** (깜짝 놀란 다음에) 겨우 말문이 열리다
    ↔ **lose one's tongue** 말문이 막히다
☐ **find** sb **guilty/not guilty (of** sth**)** (어떤 죄명에 대해) ~에게 유죄/ 무죄 판결을 내리다
☐ **find oneself** 자신의 적성을 발견하다
☐ **find one's feet** 새로운 직장이나 장소에 익숙해지다
☐ **How did you find your dinner?** 저녁 식사 어땠어? 16.기상직9급

feel

feel은 **"접촉을 통해 느끼다"**가 기본개념이다.
신체적인 것(손)을 통한 것(더듬다)일 수도 있고, 감정적인 것(느끼다, ~한 기분이 들다; 육감)일 수도 있다

11701
feel at home
91.서울시9급,Teps

내 집에 있는 것처럼(at home) 느껴지다(feel)
편안하다(=feel comfortable)
• Being with my mother makes me **feel at home**.
엄마와 있으면 마음이 푸근해진다.

國 make [sb] **feel at home**
사람을 편안하게 만들다

11702
feel for [sb]
외무고시,입사,Teps

~을(for) 동정하다(feel)
동정하다(=sympathize with [sb])
• I know you're disappointed and upset, and I **feel for** you.
난 네가 매우 실의에 빠져 있고 혼란에 빠져 있는 것을 알고 있다. 그리고 나는 너를 동정한다.

國 **feel pity for** [sb]
~를 불쌍하게 여기다
= **feel sorry for** [sb]
~을 안됐다고 여기다

11703
feel stiff (in one's shoulders)
01.여자경찰

stiff(뻐근함)을 느끼다(feel)
(어깨가) 뻐근하다(=have a stiff shoulder)
• My hands **feel stiff** from rowing.
배를 저었더니만 손이 뻐근하다.

國 **feel + 형용사** (~함을 느끼다, ~하다)
- **feel blue** 우울하다
  (=be depressed, be low-spirited)
  *blue는 우울함의 색깔이다
- **feel cold** 춥다
  cf. **feel the cold** 추위를 타다
- **feel hungry** 시장기가 느껴지다
- **feel fit** 몸 상태가 매우 좋다
  cf. **as fit as a fiddle** 매우 건강한

11704
feel free to R
입사2회,Teps

~함에 있어서(to) 자유롭게 느끼다(feel)
자유롭게 ~해라, 부담없이 ~해라, ~해도 좋다
• Please **feel free to** see me after class If you have any question.
질문이 있으면 수업 후에 부담없이 찾아오세요.

11705
feel like a (wet) rag
입사

젖은 누더기(rag)처럼 느껴지다
몹시 피곤하다, 매우 지치다(=feel very tired)
• After school I **felt like a wet rag**.
방과 후에 나는 몹시 피곤했다.

11706
feel like ~ing
83.행정고시,Teps

마치 ~인 것처럼 느끼다
~을 하고 싶다; 어쩐지 ~할 것 같다
• I don't **feel like going** out tonight.
오늘 밤엔 외출할 기분이 나질 않는다.

■ feel 보충표현

☐ **feel like a new person** (새 옷을 갈아 입고서) 상쾌하고 새로워진 느낌을 가지다
☐ **feel like a million dollars** 매우 기분이 좋다
  = **feel on top of the world** 기분이 매우 좋다
☐ **feel like nothing on earth** 몹시 불쾌해지다; 당황하다
☐ **feel like a fool** 어이없는 꼴을 당하다, 바보가 된 기분이다
  = **feel put upon** 속았거나 이용당한 기분이 들다

---

think

think는 **"사고나 판단을 위해 머리를 사용하다 → 생각하다"**가 기본개념이다.
여러 이론적인 근거나 사실 등을 종합적으로 판단하여 생각하는 것으로 숙고의 의미이다.

11801
think the world of [sb]/[sth]
07.서울시9급

그 사람을 world(더 없이 소중한 것)으로 생각하다
~를 매우 높이 평가하다, ~를 매우 존경하다, ~을 매우 좋아하다
• The woman **thinks the world of** the little girl who lives next door.
그 여자는 옆집에 사는 어린 소녀를 매우 좋아한다.

國 ~을 중요시하다, 높이 평가하다
= **think highly of** [sb]/[sth]
= **think much of** [sb]/[sth]
= **set store by** [sth]
= **make much of** [sb]/[sth]
= **think a lot of** [sb]/[sth]
~을 매우 좋아하다

11802
Think nothing of it.
99.동국대,Teps

그것을 아무것도 아닌 것으로 생각한다. (괜찮다)
1. 〈사례에 대해〉 아무것도 아닌 것으로 생각하세요. → 별말씀을.
2. 〈사과에 대해〉 신경쓰지 마세요.
   (=Don't bother. /Just ignore it. /Never mind.)
- A: Thank you for driving me home. 태워다 주셔서 고맙습니다.
- B: **Think nothing of it.** 별말씀을요.

11803
think * over sth
입사,Teps

샅샅이, 이모저모를(over) 생각하다
〜을 고려하다, 숙고하다(=consider carefully)
- I carefully **thought over** my plans before talking to my supervisor.
  나는 내 계획을 지휘관에게 말하기 전에 신중하게 숙고했다.

동 〜을 경시하다, 하찮게 여기다
= **think little of** sb/sth
= **think nothing of** sth
= **make light of** sth
= **make nothing of** sth

동 **think about** sb/sth
  〜에 대해 숙고하다
= **think * out** sth
  곰곰이 생각하다, 생각해내다
  cf. **well-thought-out** 심사숙고한
관 **think twice (before doing** sth**)**
  어떤 일을 하기 전에 다시 한번 생각해보다
관 **think better of** sb/sth
  〜을 고쳐 생각하다; (다른 사람을) 다시 보다

R152 [어근] av(=desire)

1521 avaricious
[ǽvəríʃəs]
01-2.경기대

av(=desire)+aricious → 엄마의 욕심 때문에 애 버리셨어!

a. 탐욕스러운, 욕심 많은(=greedy)
• an ambitious and avaricious politician 야망이 많고 탐욕스러운 정치인
ⓝ avarice[ǽvəris] 탐욕, 허욕

혼동어근 av/avi/au(=bird) ☑ R218

1522 avid
[ǽvid]
10.영남대/01-2.아주대
86.행자부7급

av(=desire)+id → 욕심이 많은

a. 1. (흔히 취미에) 열심인[열렬한]
2. 열렬히 원하는, 열망하는[for](=desirous)
• an avid football fan 열렬한 풋볼 팬
• have an avid desire for power 권력욕에 불타오르다
ⓝ avidity[əvídəti] 욕망, 갈망, 탐욕

R153 [어근] set/sat(=enough)

1531 satisfy
[sǽtisfài]
05-2.서울여대/86.행자부9급

sat(=enough)+is+fy(=make) → (요구나 기대에) 충분하게 만들다

vt. 만족시키다; (요구 조건을) 충족시키다(=meet)
• unable to satisfy customers 소비자를 만족시킬 수 없는
• satisfy their needs and expectations 그들의 요구와 기대를 만족시키다

10.계명대 ⓐ satisfactory 만족을 주는, 만족한
16.항공대/14.서울여대 ⓝ satisfaction 만족, 충족(=complacency); 만족을 주는 것
ⓥ satisfice 최소한의 필요조건을 충족시키다
14.이화여대 🔁 dissatisfaction 불만족(↔gratification)
17.항공대 - dissatisfied 불만스러운(=discontent)
05.한양대/01.사법시험 🔁 meet the demand[needs] 요구를 충족시키다
meet the mark[goal/target] 목표에 도달하다 ⊃ I13003

tip 만족(satisfaction)이란 자신이 원하는 것이 충분한 상태인 것입니다.
어근 sat는 "충분한(enough)"의 의미입니다.

어근 set/sat(=enough)

표제어 복습
☐ as**set** (pl.) 자산, 재산; 자질 ☑ N0841
☐ in**sat**iable 만족할 줄 모르는, 탐욕스러운 ☑ N0277
- in**sat**iably 탐욕스럽게
- **sat**iable 만족시킬 수 있는
- **sat**iety 포만감, 물림, 싫증
- **sat**iate 물리게 하다
- **sat**e 물리게 하다, 충분히 만족시키다

1532 saturate
[sǽtʃərèit]
13.중앙대/11.아주대
07.삼육대

sat(=enough)+ur+ate → 충분하게 되다

vt. 1. 물에 흠뻑 적시다, 담그다
2. 포화시키다, 과잉공급시키다
3. 〈수동〉 (편견 등이) 배어들다[with](=imbue)
4. [~ oneself in] ~에 몰두하다
• a shirt saturated with sweat 땀으로 흠뻑 젖은 셔츠
• the saturated local market 포화상태에 이른 국내 시장
• saturated fat 포화지방
• unsaturated fatty acid 불포화 지방산

ⓐ saturated 흠뻑 젖은; 포화상태인
15.경기대 ⓝ saturation 침투, 포화상태(=soaking)

R154 [어근] pli/ply/ple/plet/plent/plen(=fill, full)

1541 complementary
[kàmpləméntəri, kɔ̀m-]
07.서울여대

com(=together)+ple(=fill)+ment+ary → 함께 채우는

a. 보완적인, 서로 보완하는
• Green and magenta are complementary colors located opposite each other on the color wheel.
초록과 자홍색은 색상표에서 맞은편에 위치한 보색이다.

17.경기대 ⓝ complement 보충물, 보완물; v. 보완하다

tip 일을 완성하다(complete)라고 하는 것은 해야 할 일을 모두 채운다는 의미입니다. 어근 plet는 "빈 곳을 가득 채우다(fill)"의 의미입니다.

추가 어휘
☐ ex**plet**ive[ékspliətiv] 군더더기의; 의미 없이 내뱉는 욕설

표제어 복습
☐ im**ple**ment 이행[실행]하다; 도구, 기구, 수단 ☑ N0156
- im**ple**mentation 이행, 실행, 완성, 성취
- im**ple**mental 도구가 되는; 도움이 되는
☐ re**plen**ish 다시 채우다, 보충[보급]하다 ☑ N0845
↳ de**plen**ish 비우다
☐ de**ple**te 고갈[소모]시키다, 다 써버리다 ☑ N0440
- de**ple**tion 고갈, 소모
- de**plet**ory 고갈[소모]시키는

1542 complimentary
[kàmpləméntəri, kɔ̀m-]
98.세무사/95.세종대

com(=thoroughly)+pli(=fill)+ment+ary → (상대방의 기분을) 완전히 채워주는

a. 1. 무료의, 초대의(=free)
2. 칭찬하는, 경의를 표하는(=laudatory)
• a complimentary ticket 무료입장권
• a complimentary remarks 칭찬하는 말들

07.제주9급 ⓝ compliment 칭찬, 인사, 경의 v. 칭찬하다; 증정하다
🔁 uncomplimentary 결례가 되는, 무례한

1543 supplement
[sʌ́pləmənt]
02-2.고려대

sup⟨sub(=secondary)+ple(=fill)+ment → 부가적으로 채우다

vt. 보충하다, 보완하다, 추가하다
n. 보충, 증보, 부록
- supplement one's family incomes 가족의 수입에 보태다
- a vitamin supplement 비타민 보충제
- ⓐ supplementary 보태는, 추가한; 특별의, 임시의
- ⓝ supplemental 추가; 추가한
- 🔠 supple 나긋나긋한, 유연한(=limber); 유순한, 순종적인 ⊃ TO185

1544 plentiful
[pléntifəl]
07.공인노무사/04-2.한국외대
96.총신대

plent(=fill)+i+ful → 가득 차 있는

a. 많은, 풍부한(=abundant, copious)
- the most plentiful substance in the body 몸에 가장 풍부한 요소
- provide plentiful moisture 충분한 수분을 공급하다
- ⓝ plenty 많음, 다량, 풍부함; 많은, 풍부한, 남아도는
  plenitude 충분, 완전, 충실, 충만

1545 plethora
[pléθərə]
13.홍익대

plet(=full)+hora → 가득 차서 넘침

n. 과다, 과잉; 다량
- a plethora of evidence 차고 넘치는 증거

1546 plenary
[plíːnəri]
93-1.성균관대

plen(=fill)+ary → 전원이 자리를 채운

a. 1. 충분한, 완전한(=full)
     2. 전원 출석한, 전권을 가진
- a plenary session 본회의, 총회
- ⓐ plenipotentiary 전권을 가진, 절대적인, 완전한

1547 complete
[kəmplíːt]
09.광운대

com(강조)+plet(=full)+e → 완전히 채우다

vt. 1. 완성하다, 끝내다(=put through, get through with)
      2. (서식을) 작성하다(=fill out)
a. 완벽한, 완전한; 완료된
- complete the work 작업을 끝내다
- complete a form 서식을 다 작성하다
- ⓐⓓ completely 완전히(=from top to toe, utterly)
- 🔠 incomplete 불완전한, 미완성의
  - incompletely 불완전하게

1548 replete
[riplíːt]
15.가톨릭대

re(강조)+plet(=full))+e → 완전히 채운

a. (~으로) 가득한[with]; 포식을 한
- replete with useful information 유용한 정보로 가득한
- 🔠 deplete 고갈시키다, 다 써버리다 ⊃ NO440

1549 accomplished
[əkámpliʃt]
09.명지대/04.입법고시

ac⟨ad(=near)+com(=together)+pli(=fill)+ish+ed → 능력을 완전히 채운

a. 완성된; 뛰어난, 숙달한(=skillful)
- an accomplished musician 뛰어난 음악가
- be accomplished at many things 많은 것에 능한
- ⓥ accomplish 성취하다, 완수하다, 완성하다
- 🔠 accomplice 공범, 방조범 ⊃ NO309

1549(1) accomplishment
[əkámpliʃmənt]
04-2.한국외대/96.광운대

ac⟨ad(=near)+com(=together)+pli(=fill)+ish+ment → 할 일을 가득 채운 것

n. 1. 업적, 성과(=fruition, achievement); 성취, 완수
     2. (pl.) (사교상 필요한) 교양, 소양, 재주
- his first accomplishment 그의 첫 업적
- most significant accomplishment 가장 중요한 성취
- extol the accomplishments 업적을 칭송하다

[어근] vac/vas/van/vain/void(=empty) & vap/vapor(=steam) & inane(=empty)

1551 vacant
[véikənt]
03.고려대 97-2.홍익대

vac(=empty)+ant → 비어 있는

a. 1. (땅·집·방이) 비어있는; 공석의(=empty)
2. (마음 등이) 공허한, 텅 빈; 멍한
- Is this seat vacant? 이 자리 비어 있나요?
=Is this seat empty?

ⓝ **vacancy** 결원, 공석; 빈 방; 멍함
vacation 휴가, 바캉스; 휴정(기간), 방학

07.전남9급
ⓥ **vacate**[véikeit] (집이나 자리를) 비우다(=empty); 사임하다
- You must vacate your office by tonight.
오늘까지 사무실을 비워 주셔야 합니다.

1552 vacuous
[vǽkjuəs]
07.중앙대

vac(=empty)+u+ous →정신이 딴 데 가버린

a. 1. 텅 빈, 공허한
2. 얼빠진(=unintelligent); 목적 없는
- with a vacuous claim 얼빠진 주장으로

ⓝ **vacuity** 공허, 진공; 망연자실; 허무, 무(無)

14.이화여대
🔁 **vacuum**[vǽkjuəm] 진공
- vacuum pump 공기 펌프

1553 void
[vɔid]
13.상명대

void(=empty) → 비어 있는

a. 텅 빈(=hollow), 공허한; ~이 하나도 없는; 무효의
n. 빈 공간; 공허감
vt. 무효로 하다
- become null and void 효력을 잃다
- a story void of meaning 의미 없는 이야기

ⓝ **voidance** 무효, 취소; 배출, 퇴거
ⓐ **voidable** 비울 수 있는; 무효로 할 수 있는

11.고려대
🔁 **devoid** ~이 없는; 결여된

1554 vacillate
[vǽsəlèit]
08.숭실대/98-2.경희대

vac(=empty)+illate → 어떻게 할지 몰라 마음이 텅 비다

vi. (사람·마음이) 동요하다, 망설이다(=go back and forth)
- vacillate between hope and despair
희망과 절망 사이에서 마음이 흔들리다

ⓝ **vacillation** 동요, 망설임, 우유부단(=indecision)

1555 evanescent
[èvənésnt, ìːv-]
10.세종대/09.서강대

e(ex=out)+van(=empty)+esc(=become)+ent → 사라져 없어지는

a. 덧없이 사라지는, 무상한(=fleeting)
- Life is as evanescent as morning dew.
인생은 아침 이슬처럼 덧없이 가 버린다.

ⓥ **evanesce** (점점) 사라져 가다, 소실되다
ⓝ **evanescence** 소실; 덧없음
ⓥ **evanish** 〈문어·시어〉 소실[소멸]하다

1556 vaporization
[vèipərizéiʃən]
11.단국대

vapor(=steam)+ize+ation → 증기가 되어 날아가버림

n. 증발 (작용), 기화
- latent heat of vaporization 기화에 의한 잠재열

ⓥ **vaporize** 증발시키다, 기화하다
ⓝ **vaporizer** 기화기, 분무기; 가습기
🔁 **vapor** 기체, 증기; 증발하다, 기화하다; 허세 부리다
- **vaporific** 증기를 발생시키는; 증기성의(=vaporish)
- **vaporing** 증발하는; 허풍을 떠는, 허세 부리는
- **vaporous** 증기와 같은, 실체가 없는, 헛된; 가벼운

1557 evaporate
[ivǽpərèit]
08.성균관대
04.중앙대/98-2.세종대

e(ex=out)+vapor(=steam)+ate → 증기로 날려 보내다

v. 증발시키다[증발하다]; 차츰 사라지다(=disappear)
- evaporate the water 물을 증발시키다
- At last all her doubts evaporated. 마침내 그녀의 모든 의심이 사라졌다.

ⓐ **evaporative** 증발의, 증발을 일으키는
ⓝ **evaporation** 증발 (작용); 발산
evaporator 증발 농축기, 증발기

어근 vac/vas/van/vain/void(=empty)

표제어 복습

☐ a**void** 피하다, 회피하다; (미리) 예방하다 ▣ N0688
- a**void**ance 기피, 회피, 도피
☐ e**vac**uate (집을) 비우다, 대피하다 ▣ N0387
- e**vac**uation 명도; 소개, 피난; 배설
- e**vac**uee (공습 등의) 피난자, 소개자
- e**vac**uant 배설 촉진제
☐ **van**ish (갑자기) 사라지다, 없어지다 ▣ N0404
- **van**ishing 사라지는 (일)
- **van**ishment 소멸
☐ **vain** 헛된, 무익한; 자만심이 강한 ▣ N0750
- **van**ity 허영심, 자만심; 자랑거리
- **vain**glory 자만심, (강한) 허영심
- **vain**glorious 자만심이 강한
☐ de**vas**tate 황폐시키다; 압도하다 ▣ N0213
- de**vas**tating 황폐시키는, 파괴하는; 압도적인
- de**vas**tation 황폐하게 함, 유린, 파괴; 황폐
- de**vas**tator 파괴[유린, 약탈]자

혼동어근 vad/vas(=go) ▣ R040

1558 vapid
[vǽpid]
14.02.중앙대

vap(=steam)+id → 김이 빠진

a. 1. 김빠진, 맛이 없는
　　2. 재미가 없는(=dull, insipid); 지적이지 못한(=inane)
　• vapid hospital food 맛없는 병원 음식
　• a bunch of vapid schoolgirls 아무 생각이 없는 여학생 무리
　• a vapid conversation 재미없는 대화
　ⓝ vapidity 김빠짐, 무미; (-ties) 따분한 이야기

1559 inane
[inéin]
15.한국외대/14.중앙대
03.사법시험

아무것도 없는(in=not)+안에(ane) → 공허한

a. 1. 어리석은(=puerile), 생각 없는(=silly, vapid)
　　2. 공허한, 텅 빈; 알맹이 없는
n. [the ~] 허공, 무한한 공간
　• ask inane questions 어리석은 질문을 하다
　ⓝ inanition 텅 빔, 공허; 무기력; 영양실조
　🔄 insane 제정신이 아닌, 미친, 광기의; 어리석은; 정신이상자
14.경희대　- insanity 정신이상　- sanity 온전한 정신(상태)(=sobriety)
　　↔ sane 제정신의; 사상 등이 건전한, 분별이 있는

R 156　　[어근] vor/vour(=eat) & ed/es(=eat) & gorg/gurg(=eat)

1561 insectivorous
[ìnsektívərəs]
05-2.광운대

insect(곤충)+i+vor(=eat)+ous → 곤충을 먹는

a. 벌레를 먹는, 식충의
　ⓝ insectivore 식충 동물, 식충 식물

1562 devour
[diváuər]
04-2.동국대
97-2.총신대

de(=down)+vour(=eat, swallow) → 삼켜서 위로 내려 보내다

vt.1. 게걸스레 먹다, 탐식하다
　　2. (책을) 탐독하다, 뚫어지게 보다
　　3. (질병·화재 등이) 집어삼키다, 파괴하다
　• devour the chicken in seconds 치킨을 순식간에 먹어치우다
　• She devoured everything she could find about ecology.
　　그녀는 생태에 관한 찾을 수 있는 모든 책을 탐독했다.

1563 edible
[édəbl]
99.홍익대

ed(=eat)+ible → 먹을 수 있는

a. 먹을 수 있는, 식용에 알맞은(=eatable, comestible)
n. (pl.) 식료품(=comestibles)
　ⓝ edibility 식용으로 알맞음, 먹을 수 있음
　🔄 inedible 먹을 수 없는, 식용으로 부적합한
　🔄 comestible 먹을 수 있는; (pl.) 식료품 *com(강조)+est(es=eat)+ible

1564 gourmet
[gúərmei]
05.건국대

17.중앙대

gour(=eat)+met → (좋은 것을 가려) 먹는 사람

n. 미식가(=epicure), 식도락가
a. (미식가를 위한) 고급요리의
　• I'm not a gourmand but a gourmet. 나는 대식가가 아니라 미식가이다.
　ⓝ gourmand[gúərmánd] 대식가
　　gourmandism 미식주의, 식도락(=gastronomy)
　ⓥ gormandize 많이 먹다, 폭식하다

1565 gorge
[gɔːrdʒ]
01.서강대/00-2.경기대

gorg(=swallow, throat)+e → 음식을 삼키는 목구멍처럼 생긴 협곡

n. 1. 골짜기, 협곡(=canyon)
　　2. 포식, 탐식
vt.게걸스럽게 먹다; 포식하다[on]
　• gorge on insects 곤충들을 게걸스럽게 먹다
　🔄 disgorge (많은 양을) 쏟아내다, 토해내다
　　regorge 역류하다, 토하다
　　regurgitate (삼킨 것을 입 안으로 다시) 토해내다; (별 생각 없이) 되뇌다
　　engorge 게걸스레 먹다; (피를) 충혈시키다
　　gurgle 물이 콸콸 소리를 내다

1566 gorgeous
[gɔ́ːrdʒəs]
08.경원대

gorg(=throat)+e+ous → 마구 삼키고 싶은

a. 호화스러운; 〈구어〉 아주 멋진, 훌륭한, 대단히 미인인
　• a gorgeous woman 아주 멋진 여자

---

tip 영화 "프레데터(predator)"에는 잔인하게 사람을 죽이는 괴물이 나옵니다. 어근 ed는 "먹다, 먹어 치우다(=eat)"의 의미입니다.

어근 vor/vour(=eat)

표제어 복습

☐ carni**vor**ous 육식성의, 육식 동물의 ◘ N0556
　- carni**vor**e 육식 동물
　- herbi**vor**ous 초식성의, 초식 동물의
　- omni**vor**ous 잡식성의
　- vermi**vor**ous 벌레를 먹는, 식충의
　- pisci**vor**ous 물고기를 먹는
　- grani**vor**ous 곡류를 먹는
☐ **vor**acious 게걸스레 먹는, 탐욕적인 ◘ N0780
　- **vor**acity 대식, 폭식; 탐욕

어근 ed/es(=eat)

표제어 복습

☐ pr**ed**ator 육식 동물, 포식 동물, 포식자 ◘ N0850
　- pr**ed**acious 포식성의, 육식성의
　- pr**ed**acity 포식성
☐ depr**ed**ation 약탈; 약탈 행위 ◘ D0850
　- depr**ed**ate 강탈[약탈]하다
☐ ob**es**ity 비만, 비대 ◘ N0278
　- ob**es**e 지나치게 살찐, 뚱뚱한

　　어 근 carn(=flesh) ◘ R185

[어근] bev/bib(=drink) & ebr(=drunk) & pot(=drink) & sip/sav(=taste)

1571 beverage
[bévəridʒ]
03.고려대/93.고려대학원

bev\bib(=drink)+age(집합체) → 마시는 것들의 집합체

n. 마실 것, 음료(=drink)
• a very popular beverage 매우 인기 있는 음료

1572 imbibe
[imbáib]
05-2.중앙대

im(in=in)+bib(=drink)+e → 안으로 마시다

vt.1. (술 등을) 마시다(=drink)
 2. (양분을) 흡수[섭취]하다; (사상을) 흡수하다(=absorb)
• imbibe alcohol again 다시 술을 마시다
ⓝ **imbibition** 빨아들임, 흡수, 흡입; 동화
逕 **bib**[bib] 술을 지나치게 자주 마시다; 턱받이
囷 **hit the bottle** (어려운 일을 잊기 위해) 과음하다 ⊃ IO97O5

1573 inebriated
[iníːbrièitid]
07.경남9급

in(=in)+ebr(=drunk)+ated → 술을 안으로 마신

a. 술에 취한(=intoxicated)
• in an inebriated state 술에 취한 상태인
ⓝ **inebriety** 취함, 술 마시는 버릇(=habitual intoxication)
 inebriation 만취, 술 취한 상태

1574 potable
[póutəbl]
02.한국외대

pot(=drink)+able → 마실 수 있는

a. (물이) 마실 수 있는(=drinkable)
n. (보통 pl.) 음료; 술
• This water is potable. 이 물은 식수로 적합하다.

1575 sip
[sip]
01-2.명지대

sip(=taste) → 맛보다

v. 조금씩[음미하며] 마시다(=drink it slowly)
n. (음료의) 한 모금
* take a sip of ∼을 한 모금 마시다, 홀짝홀짝 마시다
• sip one's wine 와인을 홀짝거리며 마시다
逕 **sup**[sʌp] 홀짝홀짝 마시다; 스푼으로 조금씩 떠먹다; 한 모금
囷 **suck** 1. (액체를) 빨다; 술을 마시다 2.(지식을) 흡수하다 ⊃ TO641

1576 insipid
[insípid]
13.가천대/08.경희대
02.서울여대

in(=not)+sip(=taste)+id → 맛이 없는

a. 1. 맛없는, 김빠진(=tasteless, vapid)
 2. 무미건조한, 재미없는, 활기 없는(=dull)
• insipid hospital food 맛없는 병원 음식
• an insipid conversation 지루한 대화
逕 **sipid/sapid** 맛이 좋은; 흥미 있는

1577 unsavo(u)ry
[ənséivəri]
09.경기대

un(=not)+sav(=taste)+ory → 맛이 없는

a. 맛[냄새가] 고약한; 비도덕적인, 불미스러운
• an unsavoury incident 불미스러운 사건
逕 **savo(u)ry** 맛좋은, 향긋한; 기분 좋은

1578 savo(u)r
[séivər]
11.홍익대

sav(=taste)+or → 맛

n. (특유의) 맛, 풍미(=taste), 향기; 재미
v. 맛이 있다, 음미하다; 맛을 내다
• a savor of onion 양파 맛

어근 pot(=drink)

추가 어휘
☐ **pot**ion (한번 마실 만큼의) 물약
  * a love potion 미약
☐ **pot** 병, 그릇, 항아리, 냄비
 - coffee **pot** 커피포트
☐ **pot**house 선술집; 하등의

[어근] nurt/nutri/nurs(=nourish) & al(=nourish) & troph(=nourish)

1581 nourish
[nə́riʃ]
05.세종대

03-2.광운대

nourish(=nourish) → 영양분을 주다

vt. 기르다, 자양분을 주다; 조장하다
• depend on plants for their nourishment 영양물 섭취를 식물에 의존하다
ⓝ **nourishment** 자양물, 음식; 자양분
逕 **malnourished** 영양 불량[실조]의(=underfed) •mal(=bad)
 - **malnutrition** 영양 불량, 영양실조

tip 간호사(nurse)가 환자가 다시 건강해질 수 있도록 옆에서 돌봐주는 사람입니다. 어근 nurs는 "자양분을 주다"의 의미입니다.

어근 al(=nourish)

추가 어휘
☐ **ali**ment[ǽləmənt] 자양분(을 주다), 음식물; 부양(하다)
 - **ali**mentary 영양의; 영양을 주는
 - **ali**mental 영양의, 영양이 되는; 양분이 많은

1582 nurture
[nə́ːrt[ər]
13.이화여대/02.덕성여대

nurt(=nourish)+ure → (아이를) 먹이다

vt. (아이를) 양육하다(=foster); 영양물을 공급하다;
　　　양성하다(=promote)
n. 양육; 양성; 자양[음식물]

98-2.건국대
　　　• nurture promising musicians 장래성 있는 음악가를 양성하다

ⓐ nutritive 영양을 제공하는(=nourishing); 영양물, 자양식품
ⓝ nutrition 영양, 영양공급; 자양물; 영양학
　　nutriment/nutrient 영양소, 양분
🔳 **rear**[riər] 1. 기르다, 부양하다; 재배하다
　　　　　　　　2. 뒤, 배후; 뒷부분, 후미 • in the rear 후방에, 뒤쪽에

> 🔳 5대 영양소: **protein** 단백질 **carbohydrate** 탄수화물
> 　　　　　　**fat** 지방 **minerals** 무기질 **vitamin** 비타민
> 　　　　　　**cf. calories** 열량 **enzyme** 효소

1583 nurse
[nə́ːrs]
90.서울대학원

nurse(=nourish)+ure → (아이를) 먹이다

vt. 1. 젖먹이다; 기르다, 배양하다; 육성하다
　　　2. 간호하다
　　　3. (희망, 감정 등을) 품다
　　　• nurse an ambition 야망을 품다
ⓝ nursery 탁아소; 육아실

1584 alimony
[ǽləmòuni]
06.서울시7급

ali(=nourish)+mony(=money) → 생활비로 주는 돈

n. (별거나 이혼시 주는) 부양[생활]비, 위자료
　　　• receive substantial alimony 상당히 많은 부양비를 받다
🔳 **palimony**[pǽləmòuni] (동거하다 헤어지는 상대에게 주는) 위자료
　　dowry (신부의) 지참금

1585 atrophy
[ǽtrəfi]
17.서강대
14,05-2.고려대

a(=not)+troph(=nourish)+y → 영양분을 충분히 받지 못한 것

v. 위축시키다; 위축하다
n. 1. (영양부족에서 오는) 위축, 쇠약; 발육불능
　　　2. 도덕심의 감퇴, 퇴폐, 쇠퇴
ⓐ atrophic 위축성의
🔳 **dystrophy** 영양실조 •dys(=bad)
　　hypertrophy (영양과다에 의한) 비대 •hyper(=exceed)
　　eutrophy 영양 양호; (호수의) 부영양화 •eu(=good)

1586 foster
[fɔ́ːstər]
17.단국대/14,13.이화여대
09.이화여대/00.행자부7급

fost(fed=food)+er → 음식, 자양분을 주다

vt. 1. 양육하다(=nurture), 돌보다
　　　2. (성장·발달을) 촉진하다, 육성하다(=encourage)
a. 수양의
　　cf. foster parents 양부모, 수양 부모
　　　• foster interest and passion for debate 토론에 대한 관심과 열정을 조장하다
ⓝ fosterage (수양 자녀의) 양육; 양자로 보냄
　　fosterer 양부모; 유모, 양육하는 사람

표제어 복습

☐ **prolific** (작가가) 다작의; 다산(多産)의 ◪ N0230
　　- **prolificacy** 다산, 다작
　　- **prolificity** 다산성, 다산력
☐ **proliferate** 급증하다, 확산하다, 증식하다 ◪ N0168
　　- **proliferation** 급증, 확산, 증식

Ⅰ 119 lose

lose는 "**더 이상 가지고 있지 않다 → 잃다**"이다.
잃는 것은 돈 등의 유형물일 수도 있고 목숨, 건강, 길, 체면, 인내심, 기회 등 무형물일 수도 있다.
또한 시계가 시간을 잃는다는 것은 "**시계가 늦게 간다**"는 것이다.

11901
lose one's mind[wits]
05.동아대

제정신(mind, wit)을 잃다(lose)
미치다(=become crazy, go crazy, go mad, go insane)
• He **lost his wits** when he saw the ghost.
　그는 유령을 보고 정신이 나갔다.

🔁 **lose one's marbles** 미치다
*marble(차가운 대리석→이성)
= **lose one's sanity**
*sanity(건전한 정신)
= **become[go] insane**

11902
lose one's temper [cool/reason]
00-2.한성대/94,93,91.행자부7급
94,85.행자부9급,Teps

냉정함(temper,cool)을 잃다(lose)
화를 내다(=become angry); 이성을 잃다
• He **lost his temper** and punched his customer.
　그는 화가 나서 고객에게 주먹질을 했다.
💬 **keep one's temper/keep one's cool/keep a cool head/ keep cool** 냉정을 유지하다

🔁 **hit the ceiling** 격노하다 ⊃ I09709
= **fly off the handle**
(느닷없이) 화를 내다(=blow one's fuse)
*도끼자루(handle)를 집어던지다
= **blow one's fuse** 몹시 화내다
*퓨즈(신관)를 터트리다

11903
lose one's head
입사,Teps

닭이 머리가 짤려서 이리저리 뛰어 다니는 모습 연상
1. 당황하다(=become confused); 냉정을 잃다, 흥분하다(=very excited)
2. ~에 푹 빠지다, ~에 몰두하다
• The young woman **lost her head** when she discovered that she had won the swimming competition.
　그 젊은 여자는 수영대회에서 우승한 것을 알고는 흥분해서 어쩔 줄 몰랐다.
💬 **keep one's head** 냉정을 유지하다(=remain calm)

🔁 **lose oneself (in** sth**)**
(~에) 푹 빠지다, (~에서) 길을 잃다

11904
lose one's patience with sb/sth
98.공인중개사

무엇에 대한 인내심(patience)을 잃다(lose)
~을 더는 참을 수 없게 되다
• I've **lost all patience with** you and your execuses.
　나는 당신과 당신이 늘어놓는 변명들을 정말 참을 수가 없어요.

🔁 **have no patience with** sb/sth
~을 참을 수 없다
💬 **the patience of Job**
성서에 나오는 욥과 같은 인내심

11905
lose one's tongue
02.손해사정사

혀를 잃어버리다(lose)
(일시적으로) 말을 못 하다, 말문이 막히다(=be unable to talk)
• **Lost your tongue?** (=**Cat got your tongue?**) 왜 말을 못 하니?
💬 **find one's tongue** (크게 놀란 뒤에) 겨우 말문이 열리다. 평정을 찾다
*(잃어버린) 혀를 찾다

11906
lose sight of sb/sth
입사,Teps

~을(of) 시야(sight)에서 놓치다
1. (중요한 사실 등을) 잊다(=forget an important fact about a situation)
2. ~을 시야에서 놓치다
• We must never **lose sight of** the fact that man must work in harmony with nature.
　사람은 자연과 조화 속에서 일해야 한다는 사실을 우리는 결코 잊어서는 안된다.

🔁 **lose one's eyes** 실명하다, 눈이 멀다

11907
lose track of sb/sth
99-2.세종대/90.행정고시

가던 길(track)을 잃어버리다
상황을 도중에 모르게 되다; ~을 잊어버리다(=forget)
• It's easy to **lose track of** time in here.
　여기에서는 시간 가는 걸 잊기 쉽다
💬 **keep track of** sb/sth 추적하다; ~의 소식을 알고 있다

🔁 **track[hunt] down** sb/sth
추적해서 잡다

11908
lose one's train of thought
04-2.삼육대

죽 늘어선 생각의 기차를 잃어버리다(lose)
(하던 말의) 줄거리를 잊어버리다
• By asking a question, you made the speaker **lose her train of thought**.
　당신이 질문하는 바람에 연설자가 그녀가 하던 말의 줄거리를 잃어버렸다.
💬 **a train of thought** 전개해 나가려는 일련의 생각들

11909
lose (one's) heart
95.행자부9급/93.행자부9급/91.서울대학원,Teps

용기(heart)를 잃어버리다(lose)
용기를 잃다, 낙담하다(=become discouraged)
• Don't **lose heart**. Such work is not easy.
　낙담하지 마라, 원래 그런 일은 쉬운 건 아니니까.

💬 **keep one's chin up**
용기를 잃지 않다,
기운을 내다(=take heart)
🔁 **lose one's heart to** sb
~에게 마음을 뺏기다,
사랑에 빠지다(=fall in love with sb)
*heart (마음, 애정)을 빼앗기다

11910
lose one's shirt
06.서울시9급

술집에서 셔츠(shirt)까지 뺏겨버리다(lose)
알거지가 되다, 완전히 빈털터리가 되다
• He said he'd **lost his shirt** on that race.
　그는 저 경마에서 너무 많은 돈을 잃었다고 말했다.

11911

get lost

07.세종대

잃어버린(lost) 상태가 되다(get)

길을 잃다(=lose[miss] one's way)
- She couldn't pick out any landmarks in the dark and **got lost**.
  그녀는 어둠 속에서 어떤 경계 표지판도 식별할 수 없었고 길을 잃어버렸다.

11912

be lost on[upon] [sb]

08.덕성여대

어떤 사람에 대한 작용을 잃다

〜에 효과가 없다, (농담이나 충고 등이) 전혀 안 통하다(=do not influence)
- My attempt at telling a joke **was lost on** my former girlfriend.
  내가 농담을 해도 이전 여자친구에겐 씨알도 안 먹혔다.

11913

be[get] lost in [sth]

95.청주대

무언가에(in) 정신이 팔려 있다(be lost)

〜에 몰두하다
- I **was lost in** thought when my friend phoned me last night.
  어젯밤에 친구가 전화했을 때 나는 생각에 잠겨 있었다.

lose one's way
길을 잃다(=become lost);
(신념이나 앞으로 해야 할 바를)
모르게 되다

Ⅰ120 add

add는 "**더하다, 보태다**"의 의미이다.
더하게 되면 증가하므로 "**늘어나다**" 뜻으로 쓰이기도 한다.

12001

add fuel to the fire

08.명지대/97.단국대,Teps

불에(to) 기름을(fuel) 더하다(add)

불에 기름을 붓다, 더욱 화를 돋우다, 상황을 더욱 악화시키다
(=aggravate)
- To spank a crying child just **adds fuel to the fire**.
  우는 아이(의 궁둥이)를 때리는 것은 불난 집에 부채질하는 것과 같다.

12002

add up

04.여자경찰/96.입법고시,Teps

여러 개를 완전히(up) 더해보다(add)

1. 합계하다   2. 계산이 맞다;〈구어〉이해가 되다(=make sense)
- **add up** the expenses/ a total 비용을 합계하다/ 총계하다

add to [sth] 〜에 더하다
add insult to injury
혼내주고 모욕까지 하다;
엎친 데 덮치기로 곤욕을 치르게 하다

Ⅰ121 fill

fill은 "**비어 있는 것을 채우다**"의 의미이다.
비어 있는 것은 자동차의 주유탱크(채우다), 빈자리일 수도 있으며(대신하다), 수요나 요구일 수도 있다(충족시키다).
cf. fill하면 full하게 된다. full은 빈 곳을 가득 채운 것이므로 "**가득 찬**" 뜻이고, 빈 곳이 없다는 것은 "**완전한**"이 된다.

12101

fill * out [sth]

09.광운대/입사,토익,Teps

out(완전히) 채우다(fill)

(신청서 등의) 빈 곳을 채우다, 써 넣다, 작성하다
- Would you **fill out** this form, please? 이 서류를 작성해 주시겠어요?

12102

fill * in [sb] **(on** [sth]**)**

07.서울시9급,Teps

모르는 것에 대해(on) 알려 주어서 채워주다(fill)

〜에게 자세히 알려주다
- He **filled** me **in on** it. 그는 내게 그것을 자세히 알려 주었다.

12103

fill in (for [sb]**)**

94.대전시7급/입사,Teps

〜를 위해 대신(for) 들어가서(in) 자리를 채우다(fill)

〜의 대리의 역할을 하다;〜을 대신하다(=substitute, replace)
- I'll **fill in for** you while you're gone. 자네가 없는 동안 내가 대신 일해 주지.

12104

fill it up / fill her up

12.지방직7급/08.서울시세무직9급
08.건국대/03.행자부7급

가득(up) 채우다(fill)

〈주로 주유소에서 기름을〉가득 채우다
- **Fill her up**. Please. (주유소에서) 가득 채워 주세요.
- **Fill it up** unleaded, please. 무연 휘발유로 채워 주세요.

12105

be filled with [sth]

07.경희대/00.변리사

〜으로(with) 가득 차 있다

(장소가) 〜으로 가득하다(=be awash in [sth]); (감정 등이) 충만해 있다;
〜이 따르다(=be fraught with [sth])
- **be filled with** admiration / joy / happiness 존경 / 기쁨 / 행복에 충만해 있다.

fill in [sth] (서류 등의 빈 곳을) 채워 넣다
　*안을(in) 채워 넣다
fill the bill 필요한 것을 충족시키다
　*계산서(bill)를 채우다

fill [sb]**'s shoes** 〜을 대신하다
fill-in 〈영 구어〉 빈자리를 메우는 사람
　*시쳇말로 땜빵, 대타

fill yourself (up) / fill your face
　(더 이상 먹을 수 없을 정도로) 잔뜩 먹다
fill up with [sth] 〜로 가득 채우다

■ 〜으로 가득하다;〜이 따르다
□ **be teeming with** [sb]/[sth]
　〜으로 가득차 있다, 〜으로 우글우글하다
　= **be crowded with** [sb]/[sth]
　= **be swarm with** [sb]/[sth]
　= **be rife with** [sth]
　= **be full of** [sb]/[sth]
　= **be awash in** [sth]
□ **be laden with** [sth] (짐 등을) 가득 실었다;
　위험이 따르다 = **be fraught with** [sth]

122 cover

cover는 **"무엇을 감싸듯이 덮다"**가 기본개념이다.
덮다는 개념에서 "보호하다, 감싸주다"의 의미와, 덮어서 가린다는 의미에서 "감추다, 은닉하다", 그리고 어떠한 부분을 "포함하다, 범위가 미치다" 뜻이 나온다.

12201
under (the) cover of sth
입사.토플

~을 cover(핑계, 엄호)로 해서
~을 핑계 삼아, ~를 빙자하여(=under pretence of ~ing) ; ~의 엄호 아래, (어둠 따위를) 틈타서
• They escaped **under cover of** darkness. 그들은 어둠을 틈타 달아났다.

图 under the guise of sb / sth
~을 가장[빙자]하여(=in pretense of sth)
图 under cover 은밀하게, 비밀리에
(=clandestinely, secretly)

12202
cover * up sth /
cover (up) for sb
96.공인회계사

여러 개를 완전히(up) 더해보다(add)
1. 싸서 감추다, (잘못 등을) 은폐하다
2. [cover oneself up] (몸을) 가리다
• He **covered up** his misdeeds and made up a story for the press.
그는 그의 부정을 은폐했고 언론에는 이야기를 꾸며댔다.
图 cover-up (진실 등의) 숨김, 은폐(=whitewash, concealment)

123 wear

wear는 **"몸에 지니고 있다(입거나 신거나 휴대하다); 닳다"**의 의미이다.
1. 몸에 지니다 → 입다, 신다, 휴대하다, (화장이나 향수를) 바르다, (미소나 표정을) 띠다
2. 닳다, 닳게 하다; 피곤하게 하다, 지치다

12301
wear one's heart on one's sleeve
05.고려대

사람의 마음을 자신의 소매(sleeve)에 보이게 하다
감정을 감추지 않고 드러내다(=show one's emotions),
생각하는 바를 숨김없이 말하다
• I try to be an open and honest person, but I don't **wear my heart on my sleeve.**
난 개방적이고 솔직한 사람이 되고 싶지만, 별로 내 감정을 드러내지 못해.

图 get sth up one's sleeve
어떤 것을 비밀리에 갖다, 딴 속셈을 가지다
图 pour out one's heart 털어놓다
*마음을 바깥으로 쏟아내다(pour)
图 wear의 용법
Mary wears long hair.
메리는 머리가 길다.
She wear a lot of make up.
그녀는 화장이 짙다.
The girl wore a happy smile.
소녀는 행복한 미소를 띠었다.

12302
wear (a bit) thin
00.한성대

닳아서(wear) 얇아지다(thin)
닳아서 얇아지다(=run out); 낡다, 퇴락하다
• His socks **were worn thin** at his heels. 그의 양말은 뒤꿈치가 닳아 얇아졌다.

12303
wear * out sth
09.상명대/05.성균관대/99-2.한성대
97.공인회계사/93.경찰간부,입사/토플,Teps

완전히(out) 닳아 없애다(wear)
1. 낡게 하다, 닳아 없어지게 하다; 해지다 2. 지치게 하다(=exhaust)
• These shoes are **worn out.**
이 신발은 다 닳았다.
图 worn out 써서 낡은(=dilapidated); 기진맥진한

图 wear off 닳아 없어지게 하다;
닳아서 없어지다; 차츰 없어지다, 소멸하다
= wear * down sb/sth
닳아 없어지[게 하]다; 지치다; 굴복시키다;
~에 이기다(=overcome)

12304
wear * away sth
15.상명대
13.한국외대

닳아서(wear) 사라지게(away) 하다
(사용해서) 차츰 닳다, 닳게 만들다(=erode)
• Repeated washings have **worn** the fabric **away**. 자꾸 빨게 되면 천이 해진다.
图 wear and tear (일상적인 사용에 의한) 마모

124 dress

옷이나 의상은 그 사람을 나타내는 권위이기도 하고 사람의 자존심이기도 하다.
1. 옷을 입다[입히다], 정장을 입다, 옷을 제공하다
2. 붕대를 감다, 상처를 치료하다 16.한국외대 ; (음식을) 만들다
cf. shirt(주로 남자용 셔츠), vest(옷 안에 입는 속옷, 조끼), linen(아마포, 리넨)

12401
dress * down sb
96.외무고시

엉덩이를 때리기 위해 바지(dress)를 내리다(down)
꾸짖다(=reproach), 매질하다
• If you neglect what you are to do, you will be **dressed down.**
해야 할 일을 게을리 한다면, 너는 야단맞을 것이다.

12402
dress up
01-2.영남대/토플,Teps

완전히(up) 차려입다(dress)
1. 잘 차려입다(=put on nice clothes)
2. 정장하다(=put on formal clothes)
• You must **dress up** for the party.
파티에 반드시 잘 차려 입고 와야 해.

图 dress code
(직장이나 파티의) 복장 규칙

12403
(be) dressed to kill
95.행자부7급

죽이게(kill) 옷을 입은(dressed)
〈구어〉 홀딱 반할 만한 옷차림을 하고 있다
(=be dressed to attract attention)
• I don't know how she can afford to do it but every night she goes out, **dressed to kill**.
그녀가 어떻게 그럴 만한 여유가 있는지 모르겠지만 매일밤 홀딱 반할 정도의 옷차림을 하고 외출한다.

12404
be vested in sb/sth
00.행자부7급

조끼[자격, 권한의 상징](vest)를 입히다(in)
(권리나 의무로서) 주어지다(=be given to sb/sth)
• The power to grant pardons **is vested in** the president alone.
사면권은 오직 대통령에게만 주어져 있다.
🔺 **vest in** sb/sth 권리를 주다, 부여하다; 재산이 귀속하다

12405
wash one's dirty linen in public
01.고려대

공개적으로 더러운 리넨옷(linen)을 빨다(wash)
집안의 수치스러운 비밀을 외부에 드러내다
• I wish he wouldn't **wash his dirty linen in public**.
그가 집안의 수치를 밖으로 드러내는 짓은 하지 않았으면 좋겠다.
🔺 **wash one's dirty linen at home** 집안의 수치를 외부에 드러내지 않다

Ⅰ 125

feed

feed는 "(사람이나 동물에게 음식이나 먹이를) 먹이다[먹다]"이다.
우리말의 "먹여 살리다"처럼 "부양하다"의 의미를 갖는다.
1. 먹이를 주다, 부양하다, 양육하다; 먹이를 먹다, ~을 먹이로 하다(on); 연료 등을 공급하다
2. 즐겁게 하다, 만족시키다(gratify)

12501
feed on sth
토플

~을 먹고 살다
~을 먹이로 하다(=eat), 주식으로 하다(=live on sth)
• The lion **feeds on** flesh. 사자는 육식을 한다.

12502
be fed up with sb/sth
10.경북교행9급/01,98.사법시험
94.서울여대,Teps

~을 너무 많이(up) 먹어 버렸다(fed)
물리다, 싫증나다(=be bored with, be (sick and) tired of sb/sth)
• I am **fed up with** the children's behavior.
나는 그 아이들의 행동에 질려버렸다.

🔺 **feed one's face/ stuff one's face**
〈속어〉 잔뜩 먹다(=eat greedily, overeat)
= **gorge (oneself) on** sth
실컷 먹다, 가득차게 하다(=fill oneself with sth), 게걸스럽게 먹어치우다

Ⅰ 126

eat

eat는 "씹어서 삼키다, 먹다"이다.
비유적으로 "해충이 갉아먹다, 침식 · 부식하다, 병이 건강을 좀먹다"의 의미로도 쓰인다.

12601
eat[swallow] one's words
16.중앙대/08.고려대/01-2.고려대/입사,Teps

자기가 한 말(word)을 삼켜버리다(eat)
(어쩔 수 없이) 앞서 한 말을 취소하다
(=withdraw one's statement, recant one's words)
• They made him **eat his words**.
그들은 그로 하여금 그의 말을 취소하게 했다.

12602
eat ＊ away at sb/sth
15.가천대

먹어서(eat) 없애다(away)
~을 조금씩 침식시키다, 먹어치우다
• The coastline is being **eaten away** year by year.
해안선이 매년 조금씩 침식되고 있다.

12603
I'll eat my hat.
12.중앙대

내 모자를 먹겠다.
내 손에 장을 지지겠다. (절대 그럴 리 없다.)
• If John really joins the Army, **I'll eat my hat**.
만약 존이 군대를 간다면, 내 손에 장을 지지겠다.

■ eat 보충표현

☐ **eat like a horse** 말처럼 많이 먹다(=eat a very large amount)
　↔ **eat like a bird** (새처럼) 매우 적게 먹다(=eat very little)
☐ **I could eat a horse.** 배가 몹시 고프다. * 말 한 마리도 먹을 수 있겠다
☐ **eat one's cake and have it too** 함께 가질 수 없는 두 가지를 모두 원하다
☐ **eat crow/eat humble pie** 굴욕을 참다; 잘못을 마지못해 시인하다 * 까마귀(crow)를 먹다/ 초라한 파이를 먹다
☐ **eat away at** sb/sth 갉아 먹어 들어가다; 근심이 ~을 파먹어 들어가다 * ~에 조금씩 파먹어 들어가다(eat)
☐ **eat ★ up** (sb/sth) ~을 먹어 없애다; (돈·시간 따위를) 소비하다; ~에 열중[케]하다(=absorb)
　- **be eaten up with** sth (질투, 분노, 호기심 등)에 사로잡히다
☐ **eat out** 외식하다(=dine out)
☐ **What's eating you?** 무슨 걱정이라도 있어? * 어떤 사람이 매우 화나 있거나 불안해 할 경우 묻는 말

127

swallow의 기본 의미는 "**꿀꺽 삼키다**"이다. 전혀 기원이 다른 어휘로 "제비"의 의미도 있다.
1. (꿀꺽 삼킨다는 것은 가려서 먹지 않고 단숨에 들이켠다는 의미이므로) "남의 얘기를 곧이곧대로 믿다, 앞서 한말을 취소하다"
2. (조금씩 아껴서 먹지 않고 한 번에 삼킨다는 의미에서) "낭비하다, 다 써버리다"
3. (어떤 것이 다른 것을 집어삼킨다는 의미에서) (수동태로 어둠 등이 사람의 모습을) "완전히 가리다, 집어삼키다"
4. (감정을 밖으로 표출하지 않고 안으로 삼켜버린다는 의미에서) "모욕 등을 감내하다, 웃음 등을 참다"

12701
swallow one's pride
　　　　　　　입사

자기의 pride를 꿀꺽 삼켜버리다(swallow)
자존심을 억누르다(=try to ignore his own ego)
• Why don't you **swallow your pride**?
　자존심을 좀 누르는 게 어때?

웹 **swallow (down) an insult**
　모욕을 참다

12702
swallow ★ up sb/sth
　　　　　　　예상

완전히(up) 삼켜버리다(swallow)
1. (큰 회사 등이 작은 회사를) 집어 삼켜 버리다
2. (어떤 것이 다른 무엇을) 보이지 않게 하다, 뒤덮어버리다
3. 낭비하다, 다 써버리다
• During the 1980s monster publishing houses started to **swallow up** smaller companies.
　1980년대에 대형 출판사는 작은 회사들을 집어 삼키기 시작했다.

R159

[어근] es(s)e/est/ent(=be)

1591 present
[prézənt]
08.광운대

pre(=before)+es(=be)+ent → (남) 앞에 있게 하는

a. 1. 존재하는, 출석한, 참석한
2. 현재의, 지금의, 오늘날의

n. 1. (the ~) 현재, 오늘날
2. 선물(=gift)

vt. [prizént] 1. 주다, 증정하다, (사의를) 표시하다
2. (영화를) 제공하다, 상연하다
3. (사람이) 출두하다, 출석하다
• Only a few people were present. 몇몇의 사람들만이 출석했다.
ⓝ presence 존재; 출석
presentation 증정, 기증; 제출; 상연; (학회 따위의) 구두 발표
▣ **absent** [ǽbsənt] 부재의, 결근의; 결근하다
- absence 부재, 불참; 결근
- absenteeism 장기 결석[결근]; 부재지주 제도

1592 represent
[rèprizént]

re(=again)+pre(=before)+es(=be)+ent → 반복해서 (남) 앞에 있게 하다

vt. 1. (행사 · 회의 등에서) 남을 대표[대신]하다; 대변[변호]하다
2. (문자 · 기호 · 그림 등으로) 표현[묘사]하다; 상징하다
• represent his country 자신의 국가를 대표하다
• represent as a villain 악당으로 묘사하다
ⓝ representative 대표(자), 대리인, 영업사원; 대표하는
• sales representative 판매 대리인, 외판원
representation 묘사, 표현
14.한성대 ▣ **misrepresent** (정보를) 잘못 전하다(=distort, warp)

1593 essential
[isénʃəl, es-]
13.이화여대/12.성명대
07.세무사,감평사
06.경남9급/98.한국외대

esse(=be)+ent+ial → 존재하는

a. 필수적인, 본질적인(=quintessential, integral, intrinsic)
• It is not essential that ~ ~이하는 필수가 아니다
• essential to health 건강에 필수적인
ⓝ essence 본질, 정수, 실체
10.한국외대/07.숭실대 ▣ **inessential** 필요하지 않은, 비본질적인(=redundant)
unessential 본질적이 아닌, 필수가 아닌

1594 quintessential
[kwìntəsénʃəl]
18.서울시9급
17.국가직9급(하)/05.고려대

quint(=five)+esse(=be)+ent+ial → 제5원소의

a. 본질적인(=essential); 전형적인(=typical)
• the quintessential loan shark 전형적인 고리대금업자
ⓝ quintessence 본질, 정수; 전형
98.한국외대 ⓐⓓ quintessentially 본질적으로(=essentially)

1595 interest
[íntərəst]
08.광운대

inter(=between)+est(=be) → 사이에 있는 것

n. 1. 관심, 흥미, 관심사
2. 이자, 이율
3. 이익, 이해관계; (pl.) 이익단체

vt. 관심[흥미]을 끌다[보이다][in]
ⓐ interesting 재미있는, 관심을 끄는
interested 관심이 있는
• be interested in ~에 관심이 있다
12.서강대/07.세종대 ▣ **disinterested / uninterested** 사심이 없는,
06.경희대/95.서울대학원 객관적인(=detached); 무관심한(=indifferent)
04.경기대 **uninteresting** 재미없는, 시시한(=arid)

R160

[어근] gen/gn(=birth, creation, kind) & fe/fet(=generate, offspring)

1601 gender
[dʒéndər]
08.건국대/03.사법시험

gen(=birth)+der → 타고난 성별

n. 성(性), 성별
• learn one' gender roles 성 역할을 배우다
• the feminine gender 여성 ↔ the masculine gender 남성
▣ **transgender** 트랜스젠더(성 전환자) •trans(=change)

추가 어휘

☐ **entity** 실재, 실존
 → **nonentity** 실재하지 않는 것, 상상의 산물
☐ **esse** [ési] 존재(being), 실재

---

tip 유전자(gene)는 태어날 때 부모로부터 물려받은 세포입니다.
어근 gen은 "태어나다(birth), 창조(creation), 종류, 친절한(kind)"의 의미를 갖는 어근입니다.

1602 engender
[indʒéndər]
03-2.경기대

en(=make)+gen(=birth, creation)+der → 생성되게 만들다

v. (감정·상태 등을) 일으키다, 낳다(=create, beget); 생기다
- engender hate and suspicion 증오와 의심을 낳다

웹 beget (자식을) 낳다; 생기게 하다, 초래하다

1603 gene
[dʒiːn]
14.숙명여대

gen(=birth, creation)+e → 태어날 때부터 가진 것

n. 유전자, 유전인자(=inheritable trait)
- Genes are small sections of DNA within the genome that code for proteins. 유전자는 단백질의 정보를 지정하는 게놈 안에 있는 DNA의 작은 부분들이다.

집 genome[dʒíːnoum] 게놈
genotype[dʒénətàip] 유전자형

1604 genetic(al)
[dʒənétik, -ikəl]
10.단국대/06.경희대
97-2.경희대

gen(=creation)+et+ic → 태어난 것과 관련된

a. 유전자의, 유전학의
- genetic manipulation 유전자 조작
- genetic engineering 유전 공학
- genetic and environmental factors 유전적 요인과 환경적인 요인

97.총신대
n genetics 유전학, 유전적 특징(=heredity)

1605 generic
[dʒənérik]
08.가톨릭대/02.세종대
95.서울대학원

gen(=kind)+er+ic → 종류에 (모두) 속하는

a. 1. (명칭이) 포괄적인, 일반적인(=general), 총칭의
2. 〈생물〉속(屬)의
3. (약 등이) 브랜드없이 일반명칭으로 판매되는
- a generic term 총칭

n genus[dʒíːnəs] 종류; 속(屬)
웹 genius[dʒíːnjəs] 천재; 비범한 재능 **⊃ D0751**

1606 general
[dʒénərəl]
13.세종대/95.서울대학원
92.연세대학원

gen(=kind)+er+al → 종류에 (모두) 속하는

a. 1. 총체[전반]적인(=generic), 보편적인(=universal)
2. 종합의
3. 일반의, 통상적인; 보통의
4. 대강의, 대략적인

n. 장군, 대장
- a general opinion 일반적인 견해, 여론
- a general strike 총파업 • a general hospital 종합병원

n generality 일반성, 보편성; 개략, 개론; 과반수
93.서울시9급
ad generally 일반적으로, 개괄적으로; 보통, 대체로(=in general, as a rule, by and large)
09.고려대
n generalist 다방면의 지식을 가진 사람(↔ specialist 전문가; 전문의)
90.서울대학원
v generalize 특정 사실에서 법칙을 이끌어내다, 귀납하다
n generalization 일반화, 보편화; 일반론

1607 generous
[dʒénərəs]
06.명지대/97.성균관대

gen(=kind)+er+ous → 다른 사람에게 친절히 베푸는

a. 아끼지 않고 잘 베푸는, 너그러운, 관대한
- a generous benefactor 후한 기부자

n generosity 너그러움, 관대, 후함

1608 genial
[dʒíːnjəl]
13.단국대/10.서울여대

gen(=kind)+ial → 친절하게 대하는

a. 상냥한, 친절한, 다정한(=friendly); (기후가) 온화한
- have a genial personality 상냥한 성격이다

집 congenial (건강에) 알맞은; 쾌적한 **⊃ N0372**
00.서울여대
웹 gentle 친절한(=benign), 온화한; (영향이) 가벼운, 순한
- **gentleman** 신사

1609 generate
[dʒénərèit]
17.산업기술대

gen(=creation)+er+ate → 창조해내다

vt. 발생시키다, 만들어내다; 초래하다
- generate a report 보고서를 만들어내다

n generation 산출, 발생; 세대, 한 세대의 사람들
웹 regenerate 갱생시키다; 재생시키다; 쇄신하다

어근 gen/gn(=birth, creation, kind)

추가 어휘
- □ **genesis** 기원, 발생; 창세기
- □ hydro**gen** 수소 *hydro(=water)
- □ nitro**gen** 질소
- □ oxy**gen** 산소
- □ **gen**re[ʒɑ́ːnrə] 종류, 유형, 범주, 장르
- □ primo**gen**iture 장자 상속(권); 장자의 신분 *prime(=first)
- □ **gen**ealogy 가계, 혈통; 가계도, 족보
- □ co**gn**ate 같은 기원의, 동족의, 관계있는
- □ **gen**tly 온화하게, 점잖게, 조용히 *gen(=kind)
  - **gen**teel 품위 있는; 고상한 체하는
  - **gen**tility 고상함; 우아

표제어 복습
- □ pro**gen**y (집합적) 자손; 제자, 후계자 **⊡ N0696**
  - pro**gen**iture 자손을 낳음; (집합적) 자손
  - pro**gen**itive 생식[번식]력이 있는
  - → pro**gen**itor 선구자; 선배; 조상
- □ **gen**ocide 집단 학살 **⊡ R1758**
  - eu**gen**ics 우생학, 인종개량학
- □ homo**gen**eous 같은 종류의 것으로 된 **⊡ N0039**
  - homo**gen**eity 동종, 동질성
  - homo**gen**ize 균질화하다, 동일하다
  - → hetero**gen**eous 이종의, 이질적인
  - hetero**gen**eity 이종, 이류
- □ con**gen**ial 알맞은; 쾌적한; 마음이 맞는 **⊡ N0372**
  - con**gen**iality 일치, 적합성
  - → un**con**genial 이질의, 성질이 다른, 맞지 않는
- □ con**gen**ital 선천적인; 타고난, 천성의 **⊡ N0956**
  - con**gen**itally 선천적으로
- □ in**gen**ious 재치 있는, 영리한; 창의력이 있는 **⊡ N0751**
  - in**gen**uity 영리함
- □ in**gen**uous 솔직담백한, 꾸밈없는; 순진한 **⊡ D0751**
  - → dis**in**genuous 불성실한, 부정직한
  - in**gen**ue (영화에서) 순진한 소녀(의 역할)
- □ indi**gen**ous 지역 고유의; 토착의; 타고난 **⊡ N0061**
- □ **gen**uine 진짜의; 순종의; 성실한, 진심의 **⊡ N0371**
- □ be**nign** 상냥한, 친절한; 온화한 **⊡ N0373**
  - be**nign**ant 상냥한
  - be**nign**ity 친절, 자애; 온화
  - be**nign**ly 상냥하게
- □ ma**lign** 해로운, 악의가 있는; 악성인 **⊡ N0615**
  - ma**lign**ity 악의, 앙심, 원한; (병의) 악성
  - ma**lign**ant 해로운, 악의가 있는, (병이) 악성인
  - ma**lign**ance 앙심, 적의; (병의) 악성

어근 fe/fet(=offspring)

추가 어휘
- □ ef**fet**e 기운이 빠진, 쇠약한
- □ **fe**cund 다산의, 비옥한

1609(1) degenerate
[didʒénərèit]
99.경기대/94.서울대학원

de(=down)+gen(=creation)+er+ate → 질이 떨어지게 만들어지다

v. 퇴화[퇴보]하다[시키다](=deteriorate) 타락하다[into]
a. [didʒénərət] 퇴화[악화]한, 타락한; 변질된
n. [didʒénərət] 타락자, 퇴화한 것
- degenerate into violence 폭력으로 변질되다
- a degenerate popular culture 타락한 대중문화

ⓝ **degeneration** 퇴보, 타락, 퇴폐; 퇴화
ⓐ **degenerative** 타락하기 쉬운; 퇴행성의

1609(2) pregnancy
[prégnənsi]
08.세종대/06.가톨릭대

pre(=before)+gn(=birth)+ancy → 아이를 낳기 전의 상태

n. 임신(=gestation, conception); 풍부; 의미심장
- drinking during pregnancy 임신 중의 음주
- the complications of pregnancy 임신 합병증

ⓐ **pregnant** 임신한, 새끼를 밴; 유망한, 갖게 될 것 같은
ⓥ **impregnate** 스며들게 하다(=permeate); 수태시키다

1609(3) feticide
[fíːtisàid]
12.국회8급

fet(=offspring)+i+cide(=kill) → 자식을 죽이는 것

n. 낙태(=abortion), 태아 살해
- be charged with feticide 낙태로 기소되다

⧠ **fetus**[fíːtəs] (임신 9주 후의) 태아
08.고려대
- **fetal**[fíːtl] 태아의, 태아상태의(=embryonic)

R161 **[어근] nat/nasc/naiv(=be born) & her(it)(=heir, inherit)**

1611 naive
[naːíːv]
17.경찰2차/12.중앙대
07.전남7급

naiv(=be born)+e → 갓 태어난 아기처럼

a. 1. (경험 부족 등으로) 순진한(=inexperienced, unsophisticated)
2. 천진난만한(=ingenuous)
- It's naive of you to believe that. 그걸 믿다니 너도 참 순진하구나.

ⓐ **naivete**[nɑ̀ːiːvtéi] 순진, 순진한 행위[말]

11.성신여대
⧠ **just off the boat** (갓) 이주해서 세상 물정을 모르는

1612 native
[néitiv]
18.국가직9급/17.가천대
96.지방고시

nat(=be born)+ive → 태어난 곳의

a. 1. 출생지의(=original), 원주민의
2. 타고난, 선천적인(=inherited, indigenous)
n. 원주민, 토착민; 모국어 사용자; 원산지의 동(식)물
- a native speaker 모국어 사용자
- native Americans 아메리카 원주민

1613 prenatal
[prìːnéitl]
13.경희대

pre(=before)+nat(=be born)+al → 태어나기 전의

a. 출산[출생] 전의, 태어나기 전의
- good for prenatal education 태교에 좋은

⧠ **postnatal** 출생 후의, 출생 후에 일어난 *post(=after)
⧠ **antenatal** 출산 전의 *ante(=before)
⧠ **natal**[néitl] 출생의 • a natal day 탄생일 **neonatal** 신생아의

1614 preternatural
[prìːtərnǽtʃərəl]
06.세종대
09.중앙대

preter(=exceed) +natural → 자연의 법칙을 초과하는

a. 초자연적인; 불가사의한
- have a preternatural ability 초자연적인 능력을 가지다

⧠ **supernatural** 초자연의, 불가사의한

1615 nationalize
[nǽʃənəlàiz]
07.경기대

national(나라의)+ize → 나라(의 것으)로 만들다

vt. 국유화하다; 한 국가로 만들다; 귀화시키다
- nationalize major oil facilities 주요 석유 시설을 국유화하다

ⓝ **nationality** 국적
- What is your nationality? 국적이 어디십니까?

12.서강대
⧠ **denationalize** 민영화하다(=privatize); 국적을 박탈하다
10.국민대
⧠ **naturalize** 귀화시키다

1616 heritage
[héritidʒ]
07.경기대

herit(=heir)+age → 상속되는 것

n. (국가 · 사회의) 유산
- the cultural heritage 문화 유산

⧠ **heir**[έər] (법정) 상속인, 후계자; 상속하다
- **heiress** 여자 상속인 **heirless** 상속인이 없는
- **heirloom** 법정 상속 동산; 세습 재산; 가보

---

tip 무엇이 자연스럽다(natural)고 하는 것은 인공적으로 꾸미지 않고 태어난 그대로인 것을 의미합니다. 어근 nat는 "태어나다"의 의미입니다.

어근 nat/nasc/naiv(=be born)

추가 어휘
⧠ **nat**ure 자연; 성질, 본질; 생리적 욕구
⧠ **nat**ural 자연(계)의, 가공하지 않은; 당연한
- **nat**urally 당연히, 물론; 실물 그대로
⧠ **nat**uralist 박물학자, 동식물연구가
⧠ **nat**urist 나체주의자
- **nat**urism 나체주의

표제어 복습
⧠ **nasc**ent 발생하려고 하는; 초기의 ▣ N0958
⧠ re**nasc**ent 다시 움트는, 부흥하는 ▣ D0958
- re**nasc**ence 부흥, 재생, 신생
- re**nais**sance 부흥, 부활, 신생; 르네상스
⧠ in**nat**e 타고난, 천부의, 선천적인
- con**nat**e 타고난, 선천적인; 같은 성질의]

어근 her(it)(=heir, inherit)

표제어 복습
⧠ **her**editary 유전성의, 유전하는; 세습의 ▣ N0034
- **her**edity 유전; 유전적 특질; 상속, 세습

[어근] radic(=root) & germ(=bud, germ) & semin(=seed)

1621 radical
[rǽdikəl]
16.가천대/13.고려대
07.숙명여대/05.경희대

rad(=root)+i+cal → 뿌리까지 통째로

a. 1. 근본적인(=fundamental)
2. 과격한, 급진적인(=extreme, subversive)
3. 철저한, 극단적인
n. 과격론자, 급진주의자
- turn from Radical to Conservative 급진파에서 보수파로 전향하다
- radical differences between the two systems
  두 시스템 사이의 근본적인 차이점들
ⓐⓓ radically 근본적으로, 급진적으로
ⓥ radicalize 과격하게[급진적으로] 하다
ⓝ radicalism 급진주의
🔁 moderate 온건주의자 conservative 보수주의자(=right-wing)

1622 germinate
[dʒə́ːrmənèit]
11,10.경희대
96-2.건국대

germ(=bud, germ)+in+ate → 싹이 나오게 하다

v. 1. 싹이 트다, 발아시키다
2. (생각, 감정이) 싹트다; 성장하기 시작하다
- Sprouting is the practice of soaking, draining and then rinsing seeds at regular intervals until they germinate, or sprout.
  싹 틔우기는 씨앗이 싹이 틀 때까지 주기적인 간격으로 물에 적시고 물을 빼서 말리고, 그런 다음에 헹구어 내는 작업이다
ⓝ germ 1. 배, 배종; 싹틈; 기원, 근원 2. 세균, 병원균
ⓐ germinal 새싹의; 초기의, 시초의
germinant 싹[움]트는; 발달하기 시작하는; 시초의

어근 radic(=root)

추가 어휘
- radish (샐러드용의) 무
- radicle (식물의) 작은 뿌리, 어린뿌리

표제어 복습
- eradicate 뿌리째 뽑다, 박멸[근절]하다 ☑ N0047
  - eradication 근절, 박멸; 소거
  ↔ radicate 뿌리내리게 하다, 뿌리내리다
- sporadic 때때로 일어나는, 산발적인 ☑ N0507
  - sporadically 때때로; 단속적으로

어근 germ(=bud, germ)

추가 어휘
- germy 세균투성이의 ↔ germless 무균의
- germproof 내균성의
- germicide 살균제 *cid(=kill)

표제어 복습
- germane 밀접한 관계가 있는, 적절한 ☑ N0957

어근 sem/semin(=seed)

추가 어휘
- semen 정액
- seminar 세미나; (대학의) 연구반; 연구실
- seminary (가톨릭) 신학교; (죄악 등의) 온상
- semester 한 학기

표제어 복습
- disseminate 흩뿌리다; 퍼뜨리다 ☑ N0166
  - dissemination 씨 뿌리기, 유포; 보급
- inseminate 씨앗을 뿌리다; 수태시키다 ☑ D0166
  - insemination 파종, 수태, 수정

[어근] spers(=scatter) & plant(=plant) & ov(=egg)

1631 scatter
[skǽtər]

scat(꺼져)+t+er → 꺼지게 하다

vi. 1. 흩뿌리다, 흩어 버리다, 탕진하다
2. (적군을) 쫓아버리다; 흩어지다
- be scattered all over the place 온통 흩어져 있다

1632 sparse
[spɑːrs]
16.가천대

spars(=scatter)+e → 흩어져서 드문드문한

a. 드문드문한(=scanty); (인구 따위가) 희박한
- a sparsely populated country 인구밀도가 희박한 국가
  ↔ a densely populated country 인구밀도가 조밀한 국가
ⓐⓓ sparsely 드문드문하게

1633 aspersion
[əspə́ːrʃən]
14.경희대

ad(=to)+spers(=scatter)+ion → 사람을 향해 성수[비난]를 뿌리는 것

n. 1. 비방, 비난(=slander)
2. 세례, 성수 살포
- cast aspersion on ~에 대해 비방하다
ⓥ asperse 헐뜯다; (세례물을) 뿌리다

1634 plant
[plænt]

plant(=plant) → 심다

n. 1. 식물, 초목, 나무
2. (제조) 공장, (대규모의) 설비, 생산시설
vt. (식물을) 심다; (물건을) 앉히다: (첩자를) 심다
- a water plant 수생식물
- a nuclear power plant 원자력 발전소

어근 sperse(=scatter)

표제어 복습
- disperse 흩뜨리다; 쫓아버리다; 해산하다 ☑ N0401
- intersperse (사이에) 흩뜨리다, 산재시키다 ☑ D0401

어근 plant(=plant)

추가 어휘
- implant 심다; 이식하다; (사상 등을) 주입하다
  - implantation 이식, 주입; (체내) 이식
- transplant (식물을) 이식하다; (기관·조직을) 이식하다
  n. 이식, 이주; 현지법인, 현지공장
  - transplantation 이식, 이식수술; 이주, 이민
- plantation (열대 지방의 커피·설탕·고무) 농장

표제어 복습
- supplant 대체하다, 대신하다; 찬탈하다 ☑ N0408

어근 ov(=egg)

추가 어휘
- ovum 난자; 알 - oval 달걀 모양의
  cf. Oval Office 백악관
- ovulation 배란 - oviduct 난관, 나팔관
- monovular 일란성의 *mono(=one)
  - biovular 이란성의 *bi(=two)

R164

[어근] mar/marit(=marry) & gamy(=marriage)

1641 marital
[mǽrətl]
15.성균관대/10.경희대

marit(=marry) → [연상] 메리가 탈(면사포)을 쓴
a. 결혼의, 결혼생활의(=matrimonial)
• a marital breakup 결혼생활의 파탄
ⓥ **marry** ~와 결혼하다
ⓝ **marriage** 결혼, 결혼식(=wedding); 부부 관계
☒ **premarital** 결혼 전의, 혼전의 ↔ **postmarital** 혼인 해소 후의
extramarital 혼외의, 불륜의
• extramarital sex[intercourse/affair] 혼외정사, 불륜
☒ **martial**[má:rʃəl] 전쟁의, 호전적인, 군인의
- **martial law** 계엄령
marshal[má:rʃəl] 〈육군〉 원수; 보안관; 정렬시키다

1642 monogamy
[mənágəmi]
15.성균관대

mono(=one)+gamy(=marrage) → 한 사람과 결혼하는 것
n. 일부일처(제)
• serial monogamy 결혼과 이혼을 반복하는 것
☒ **polygamy** 일부다처(제)(=polygyny) •poly(=many)
→ **polyandry** 일처다부(제) •andr(=man)

1643 bigamy
[bígəmi]
03.고려대
08.삼육대

bi(=two)+gamy(=marrage) → 두 번 결혼하는 것
n. 이중결혼, 중혼
• Bigamy is the crime of marrying a person while already legally married to someone else. 중혼은 어떤 사람과 법적으로 이미 혼인 상태에 있는 동안에 어떤 사람과 결혼하는 범죄이다.
☒ **digamy** 재혼 •di(=two)
☒ **seraglio** 후궁; 매춘굴 **mistress** 여자애인, 정부
concubine (일부다처제에서) 첩 •cub(=lie);같이 누워 지는 여자

어근 gamy(=marriage)

추가 어휘
☐ **misogamy** 결혼을 싫어함 •miso(=hate)
☐ **endogamy** 족내혼(같은 부족끼리 결혼하는 풍습)
→ **exogamy** 족외혼

R165

[어근] matri/mater(=mother) ↔ patri/pater(=father) & par(=produce)

1651 matrimony
[mǽtrəmòuni]
06.명지대
07.가톨릭대

matr(=mother)+i+mony → 결혼 후 어머니가 되는 것
n. 결혼 생활, 기혼
• enter into matrimony 결혼하다
ⓐ **matrimonial** 결혼의, 부부의
☒ **patrimony** 세습 재산, (집합적) 전 재산(=property) •patr(=father)

1652 matrix
[méitriks]
05.동국대

matr(=mother)+ix → 어머니의 상징
n. 자궁, 모체; 기반; (수학의) 행렬
• the matrix of Western civilization 서양 문명의 모태
☒ **womb**[wu:m] 자궁; (사물의) 핵심
• from the womb to the tomb 요람에서 무덤까지
uterus[jú:tərəs] 〈해부 용어〉 자궁
ovum[óuvəm] 난자

1653 matriarch
[méitrià:rk]
96.동국대
15.산업기술대

matri(=mother)+arch(=rule) → 어머니가 다스리는 것
n. 여자 가장, 여족장(↔patriarch)
• A matriarch is a woman who rules in a society in which power passes from mother to daughter.
여족장은 모녀간에 권력을 이양하는 사회에서 통치하는 여성이다.
ⓐ **matriarchal** 여가장제의
• matriarchal society 모계 사회
ⓝ **matriarchy** 모권사회

1654 patriarchal
[pèitriá:rkəl]
16.아주대/10.인천대

patri(=father)+arch(=rule)+al → 가족을 지배하는 아버지의
a. 가장의, 가부장적인(↔ matriarchal); 족장의, 원로의
• patriarchal society 가부장 사회; 부계 사회
• the traditional patriarchal system 전통적 가부장적 제도
ⓝ **patriarch** 가장, 족장, 원로(↔matriarch)

1655 patriotism
[péitriətizm]
10.서울시9급
09.국가직9급

patr(=fatherland)+iot+ism → 아버지의 나라라고 생각하는 것
n. 애국심
• an expression of patriotism 애국심의 발로
ⓝ **patriot** 애국자

어근 matri/mater(=mother)

추가 어휘
☐ **matri**lineal 모계의, 어머니 쪽의
☐ **matr**onymic 어머니의 이름을 딴
☐ alma **mater** 모교, 출신교
☐ **matri**culate (대학) 입학을 허가하다

표제어 복습
☐ **mater**nal 어머니의, 어머니다운; 외가 쪽의 ◪ D0572
- **mater**nalism 모성(애)
- **mater**nity 모성; 산과병원; 임산부의

어근 patri/pater(=father)

추가 어휘
☐ **patri**cide 부친 살해 •cide(=kill)
☐ **pat**ronymic 아버지의 이름을 딴
☐ **patri**cian 귀족, 명문가
☐ **padre**[pá:drei] 신부, 목사

표제어 복습
☐ **pater**nity 부권, 아버지임; 생각의 기원 ◪ N0572
- **pater**nal 아버지의, 부계의(=fatherly)
- **pater**nalistic 가장적인, 온정주의적인
- **pater**familias 가장(=head of household)

어근 par(=produce)

추가 어휘
☐ **par**ental 어버이의, 어버이다운
- **par**ents 양친, 어버이
- **par**entage 태생, 혈통, 어버이임

1656 expatriate
[ekspéitrièit | -pǽt-]
13.명지대

ex(=out)+patr(=fatherland)+ate → 아버지의 나라에서 쫓아내다

vt. (국외로) 추방하다; 국적을 버리다[oneself]
n. 국외에 거주하는 사람; 추방된 사람
• expatriates living in South Korea 한국에 거주하는 외국인 거주자
🔁 **repatriate** 본국으로 송환하다

1657 patron
[péitrən]
15.상명대/97-2.총신대

patr(=father)+on → 아빠 같이 든든한 후원자

n. 1. (호텔·상점 등의) 단골손님, 고객(=customer)
2. 후원자, 지지자(=benefactor); 홍보 대사
• satisfy all the needs of our patrons 고객들의 모든 요구를 충족시키다
ⓝ patronage 보호, 후원; (집합적) 단골
14.아주대
ⓥ patronize 보호하다, 후원하다(=sponsor), 장려하다
15.서울시7급
ⓐ patronizing 잘난 체하는(=condescending), 윗사람인 체하는
🔁 **matron** 여사감, 여자관리인; 수간호사; 미망인 *matr(=mother)
🔁 **customer** 고객, 단골, 거래처

□ **par**ricide 부친 살해, 존속살해 *cide(=kill)
□ **par**turition 분만, 해산
□ **ovi**par**ous** 난생의 *ovi(=egg)
□ **vivi**par**ous** 태생의 *viv(=life)

R166   [어근] fratri/frater(=brother) & fil(=son, thread, foul) & uxor(=wife)

1661 fraternal
[frətə́ːrnl]
08.경희대/99.명지대
93.중앙대

frater(=brother)+nal → 형제의

a. 형제의, 형제 같은; 우애의
• fraternal twin 이란성 쌍생아 ↔ identical twin 일란성 쌍생아
• fraternal organization 친목 단체
ⓝ frater[fréitər] 동포, 형제; 남학생 클럽 회원
  fraternity 친목회, (남학생) 사교클럽
ⓥ fraternize 형제처럼 친하게 사귀다[with]

1662 fratricide
[frǽtrəsàid]
05-2.숭실대

fratri(=brother)+cide(=kill) → 형제를 죽이는 것

n. 형제 살해(=killing one' brother)
• the tragedy of fratricidal war 동족상잔의 비극
ⓐ fratricidal 형제를 죽이는

1663 filial
[fíliəl]
17.한양대

fil(=son)+i+al → 자식의

a. 자식의, 자식으로서의
• filial piety 효심, 효도

1664 file
[fail]
05.국민대

fil(=thread)+e → (서류를) 실로 꿰다

v. 1. (항목별로) 철하여 보관하다
2. (고소 등을) 제기하다, 정식으로 제출하다
• file[lay, make, lodge] a complaint against ~을 고소하다
3. 열을 지어 행진하다
4. 줄질하다, 줄로 자르다
n. 1. 서류철, 자료철, 서류, 파일
2. 세로 줄, 종렬
3. 줄(마무리하는 도구)
🔁 **pile**[pail] 쌓아올린 더미; 쌓아 올리다 ⊃ TO526
🔁 **thread**[θred] n. 실, 가닥; 스레드(인터넷의 일련의 토론글)
  v. (여러 개를) 꿰다, 엮다

1665 defile
[difáil]
16,96.고려대

de(강조)+fil(=foul)+e → 더럽게 하다

vt. (신성한 것이나 명예 등을) 더럽히다
• defile the church 교회를 모독하다

1666 filthy
[fílθi]
98-2.숙명여대
10.숙명여대

fil(=foul)+thy → 더러운

a. 불결한, 더러운(=dirty); (성적 표현이) 추잡한; (성격이) 고약한
• a filthy magazine 추잡한 잡지
ⓝ filth 오물, 쓰레기; 쓰레기 같은 것

어근 fil(=son, thread, foul)

추가 어휘
□ **fil**icide 자식 살해 *cide(=kill)
□ **fil**ament (전구의) 필라멘트, 가는 실 *fil(=thread)
□ **fil**ature 실뽑기, 제사 *fil(=thread)
□ **fil**ings 줄밥
□ pro**file** 옆얼굴, 옆모습; 인물소개
□ **fil**let 머리 띠, 필레 살코기

표제어 복습
□ af**fil**iation 소속, 가입; (단체의) 제휴 ▣ N0911
  - af**fil**iate 제휴하다, 양자로 삼다
  - af**fil**iated 가입의, 지부의

어근 uxor(=wife)

추가 어휘
□ **uxor**ious[ʌksɔ́ːriəs] 애처가인
□ **uxor**ial 아내의, 아내다운
□ **uxor**icide 아내 살해 *cide(=kill)

[어근] dom(=home) & hibit(=have, hold) & habit/hab(=live)

1671 domestic
[dəméstik]
13.중앙대/03~2.명지대

dom(=home)+est+ic → 집(국내)에서 만든[기르는]
a. 1. 가정의, 가사의; 가정적인; 집에서 만든
2. 국내의(↔ overseas) 국산의
3. (동물이) 사육되는, 길든
n. 하인, 하녀, 종
• domestic chores 집안의 잡일 • domestic violence 가정폭력
• the gross domestic product 국내 총생산(GDP)
ⓝ **domesticity** 가정적인 성격; (pl.) 가사

어근 dom(=home)

추가 어휘
☐ **dom**ain 영토; (지식 · 활동의) 영역[분야], 세력 범위
☐ **dom**e 둥근 천장(vault); 돔구장
☐ con**dom**inium 분양 아파트
　혼동어근 **dorm**(=sleep) **☑** R176
　혼동어근 **domin**(=rule) **☑** R253

1672 domesticate
[dəméstikèit]
14.한양대/05.국민대

dom(=home)+estic+ate → (야생동물을) 집에서 살게 하다
v. 1. (동물을) 길들이다(=tame, break in), 가축화하다
2. (이주민을) 받아들이다, 자국기업화하다
• impossible to domesticate 가축화가 불가능한
• domesticated animals 가축
ⓐ **domesticated** (동물이) 길들여진, 길든
13.서강대
↔ **undomesticated** 길들지 않은(=feral)
domesticable 길들이기 쉬운; 가정에 정들기 쉬운
ⓝ **domestication** 길들이기, 사육; 교화
图 **livestock** 가축

어근 hibit(=have, hold)

추가 어휘
☐ **habit** 버릇, 습관; 관습; 기질
　- **habit**ual 버릇이 된; 상습적인; 관례의
☐ **habit**ue (술집 · 극장 · 음식점 등의) 단골손님
　- **habit**uate 길들이다[to] 습관이 되다, 익숙해지다
☐ co**habit** (미혼 남녀가) 동거생활하다
　- co**habit**ation 동거, 공동생활

표제어 복습
☐ pro**hibit** 금하다, 불가능하게 하다 **☑** N0481
　- pro**hibit**ion 금지, 금제; 금주령
　- pro**hibit**ive 금지하는; 엄청나게 비싼
☐ in**hibit**ion 금지, 억제, 자제력 **☑** N0389
　- in**hibit** 금하다; (스스로) 억누르다

1673 domicile
[dáməsàil, dóm-]
07.경남9급

dom(=home)+ic+ile → 어느 사람의 집
n. (공식적이고 법적인) 주소, 주거(=residence)
v. 거주하다, 주거를 정하다
• frequent changes of domicile 잦은 주소의 변경

어근 habit/hab(=live)

표제어 복습
☐ **habit**at (동식물의) 서식지; 거주지, 주소 **☑** N0700
☐ in**habit**ant 거주자, 주민; 서식 동물임 **☑** N0388
　- in**habit** ~에 살다, 거주하다
　- un**inhabit**ed 사람이 살지 않는, 주민이 없는
☐ **habit**able 거주할 수 있는 **☑** D0388
　- in**habit**able 살기에 적합한
☐ re**habil**itation 재활, 갱생; 재건 **☑** N0844
　- re**habil**itate 사회 복귀시키다

1674 exhibition
[èksəbíʃən]
07.경남9급

ex(=out)+hibit(=have)+ion → 가지고 있는 것을 밖에 내놓다
n. 전람회, 전시회, 박람회(=exposition); 출품물
• hold an art exhibition 미술전시회를 열다
ⓥ **exhibit**[igzíbit] 전시하다, 진열하다; 진열품, 전시물
ⓝ **exhibit**or[igzíbitər] 출품자, 전시회 참가자
exhibitionist 자기 선전가; 노출증 환자

[어근] cosm(=harmony, universe) & polit(=citizen, state, city)

1681 cosmopolitan
[kàzməpálətn]
08.중앙대

cosmo(=universe)+polit(=city, state)+an → 전 세계가 한 나라인
a. 세계주의의; 전 세계적인
n. 세계주의자
• a cosmopolitan outlook on life 인생에 대한 세계주의적 시야
ⓝ **cosmopolitanism** 세계주의, 사해동포주의
13.이화여대
图 **international** 국제(상)의, 국제적인, 국제간의

tip 만물이 질서와 조화를 이룬 우주(cosmos)에서 알 수 있듯이 어근 cosm은 "우주, 조화"의 의미입니다.

어근 cosm(=harmony, universe)

추가 어휘
☐ **cosm**os[kázməs, kózmɔs] 우주; 질서, 조화
　- **cosm**ic(al) 우주의, 광대한, 무한의; 보편적인
☐ **cosm**ology 우주론
　- **cosm**ologist 우주론자 〈14.항공대〉
☐ **cosm**onaut (러시아의) 우주비행사
　cf. 〈미〉 astronaut 우주비행사

1682 microcosm
[máikrəkàzm]
11.홍익대

micro(=small)+cosm(=universe) → 작은 우주
n. 소우주; 축소판(=miniature)
• a microcosm of American society 미국 사회의 축소판
图 **macrocosm** 대우주; 전체; 확대모형 •macro(=big)

1683 cosmetic
[kazmétik]
98.공인회계사

cosm(=harmony, universe)+e+tic → 얼굴을 조화롭게 하는 것
a. 1. 겉치레의; 표면적인(=superficial)
2. 화장용의, 미용의; 성형의
n. 1. (pl.) 화장품
2. 겉치레, 눈속임(=put-on)
• a purely cosmetic and shallow measure 순전히 표면적이고 피상적인 조치
• have cosmetic[plastic] surgery 성형수술을 받다
ⓝ **cosmetology** 화장술; 화장품학 **cosmetologist** 미용사

어근 polit(=citizen, state, city)

추가 어휘
☐ metro**polit**an 대도시의
☐ megalo**polis** 거대 도시 •megalo(=large)
☐ acro**polis** 아크로폴리스, (고대 그리스의) 성채

1684 politic
[pálətik, pɔ́l-]

polit(=citizen)+ic → 시민 같이 행동하는

a. (행동이) 분별 있는, 현명한
- a politic decision 현명한 결정

🔄 **impolitic** 지각없는

🔗 **political** 정치의, 정치적인, 정략적인
   - **politics** 정치학; 정강
   - **polity** 정치형태, 국가조직

1685 policy
[páləsi, pɔ́-]
08.계명대

polic(=state)+y → 나라의 정책

n. 1. 정책, 방침; 수단, 방법
   2. 보험 증권(insurance policy)
- Honesty is the best policy. 〈속담〉 정직은 최선의 방책이다.
- cancel a policy 보험을 해약하다

🔗 **polish** [páliʃ, pɔ́-] 닦다, 윤내다, 품위 있게 만들다; 광택

Ⅰ128

be

be 동사는 일반동사와 조금 다른 변칙 동사이다.
1. 연결동사로서 뒤에 나오는 보어를 연결하여 주어의 상태·존재를 나타낸다. [be+보어]
2. 조동사의 기능으로서 타동사로 수동형을 만들어 "~되다, ~되어있다" 뜻으로 쓰인다. [be+과거분사+전치사]

---

1. be+형용사+for+명사 상당어구 ☞ for (목적, 의향, 대상)

12801
be responsible for sth
입사/토익,Teps

~에 대해(for) 책임이 있다(responsible)
~에 책임을 지다(=answer for, be liable for sth)
• You **are responsible for** it. 그건 네 책임이다.

图 answer for sth
책임을 지다(=be responsible for sth)
= be liable for sth
~에 대해 책임이 있다
= be to blame ~에게 책임이 있다

12802
be dying for sth
15.숭실대

~을 하고 싶어 죽을 것 같다
~하고 싶어 못 견디다
• **I'm dying for** a cup of tea. 커피 한 잔 먹고 싶어 죽겠다.

12803
be[go] out for sth
입사

~을 위해(for) 철저하게(out) 하다
~을 얻으려고 애쓰다
• **I am out for** big results. 나는 큰 성과를 얻기 위해 애쓰고 있다.

图 stick out for sth ~을 끝까지 요구하다
= hold out for sth
~을 강경히 요구하다
= cry out for sth
아주 필요로 하다, 요구하다

12804
be noted for sth
서울대학원

무엇으로 유명하다
~로 유명하다(=be famous for sth)
• The place **is noted for** its scenic beauty. 그곳은 경치 좋기로 유명하다.

图 be famous for sth
~으로 유명하다 〈긍정적 의미〉
↔ be infamous for sth
~으로 악명높다 〈부정적인 의미〉
= be notorious for sth

---

2. be+형용사+of+명사 상당어구 ☞ of (소속, 원인, 기원)

12805
be unaware of sth /
be unaware that~
99.경찰/88.행자부9급/04.명지대/99.경원대

무엇에 대해서 알지 못하는(unaware) 상태이다
~을 알지 못하다(=be ignorant of sth), 눈치를 채지 못하다
• He **was unaware of** any change.
그는 어떤 변화도 눈치채지 못했다.
図 be aware of sb/sth ~에 대해 알고 있다, 깨닫고 있다

图 be oblivious to[of] sth
~을 잊다, 염두에 두지 않다
(=be unaware of sth)
= be ignorant of sth
~을 모르다, 무지하다
図 be wary of sb/sth
~에 신중[조심]하다
= be cautious of /
be careful of sb/sth

12806
be dismissive of sb/sth
91.사법시험

무엇을 거부하는(dismissive) 상태이다
~을 경멸하다(=be contemptuous of sb/sth), 무시하다; 무관심하다
(=be indifferent to sb/sth)
• The firm **is dismissive of** the competitor's product.
그 회사는 경쟁사의 제품에 대해 무관심하다.

图 be contemptuous of sb/sth
~을 경멸하다

12807
be devoid of sth
입사,Teps

무엇이 없는(devoid) 상태이다
~이 없다, 결여되어 있다(=be destitute of, be empty of sth)
• Their apartment **is devoid of** all comforts.
그들의 아파트는 편의시설이 전혀 없다.

12808
be proud of sb/sth
88.행자부7급,Teps

무엇이 자랑스러운(proud) 상태이다
~을 자랑스럽게 여기다
• The Chinese **are proud of** their long history.
중국인들은 그들의 오랜 역사를 자랑스럽게 여긴다.

图 take (a) pride in/have (a) pride
in sth ~을 자랑하다, ~에 긍지를 가지다

12809
be guilty of sth
입사,Teps

무엇이 유죄이다(guilty)
~에 대해 죄를 짓다, 유죄이다
• He **is guilty of** the crime. 그는 죄를 지었다.
図 be not guilty of sth ~에 대해 무죄이다

図 be innocent of sth
~에 대해 결백하다

12810
be[get] tired of sb/sth
08.한국외대/토익/토플,Teps

무엇이 지겨운(tired) 상태이다
~에 싫증나다(=be fed up with, be bored of sb/sth),
지치다(=be all in, be worn out)
• I **get tired of** doing the same things day in day out.
나는 날이면 날마다 똑같은 일을 하는 것에 물렸다. *day in day out 언제나

图 be all in 완전히 지치다, 기진맥진하다
*힘을 다(all) 쏟아 부었다(in)
= be worn out 지치다

3. be+형용사[과거분사]+to+명사 상당어구 ★ to (방향, 대상의 전치사)

12811
be equal to [sth]
02.101단/99.경찰.Teps

무엇에 대해(to) 동등하다(equal)
~에 합당하다, ~을 다룰 능력을 갖추다(=have the ability to handle [sth])
• I'm not **equal** to the task. 나는 그 일에 합당하지 않다.

▣ be capable of [sth] ~할 능력이 있다
(=be able to R, be equal to [sth])
↔ **unequal to** [sth] 능력을 넘어서다

12812
be related to [sb]/[sth]
입사

무엇에 대해(to) 관계가 있다(related)
~와 관계가 있다(=be pertinent to [sth]) ; ~에 적절하다
• A clan is a group which consists of families that **are related to** each other.
씨족은 서로 친척 관계가 있는 가족들로 구성된 집단이다.

▣ ~와 관계가 있다, 적절하다
= be pertinent to [sth]
↔ be impertinent to [sth]
= be relevant to [sb]/[sth]
↔ be irrelevant to [sb]/[sth]
= be appropriate to [sb]/[sth]
~에 적합하다
↔ be inappropriate to [sb]/[sth]
= be germane to [sth]
↔ be foreign to [sb]/[sth]

12813
be addicted to [sth]
03.행자부9급/01.국민대/99.동덕여대.Teps

무엇에 대해(to) 중독되다(be addicted)
~에 빠지다, 중독되다
• She **is addicted to** chocolate. 그녀는 초콜릿을 달고 산다.

12814
be partial to [sb]/[sth]
입사

무엇에 대해(to) 유달리 좋아하다(partial)
~을 편애하다, ~를 몹시 좋아하다(=have a strong liking for [sb]/[sth])
• Our teacher **is partial to** girl students. 우리 선생님은 여학생을 편애하신다.

▣ have[show] a penchant for [sth]
~을 매우 좋아하다, 선호하다
= have a predilection for [sb]/[sth]
= have a liking for [sb]/[sth]

12815
be sentenced to [sth]
14-3.경찰

~에 대해 형이 선고되다
(형을) 선고받다
• He could **be sentenced to** life in prison if convicted.
유죄로 밝혀지면 그는 종신형을 선고받을 수 있다.

12816
be indifferent to [sb]/[sth]
02.세종대/01.삼육대/95.기술고시/토플.Teps

무엇에 대해(to) 무관심하다(indifferent)
~에 무관심하다(=be not interested in, be apathetic about [sth])
• She **is indifferent to** politics. 그녀는 정치에 관심이 없다.

▣ be apathetic about[to] [sth]
~에 대해 무관심하다
↔ be interested in [sth]
~에 관심이 있다

12817
be vulnerable to [sth]
11.광운대/07.인천시9급/06.가톨릭대 04.숭실대/03.101단.Teps

무엇에 대해(to) 취약하다(vulnerable)
~에 걸리기 쉽다; 취약하다(=be susceptible to [sth])
• People with high blood pressure **are** especially **vulnerable to** diabetes.
고혈압인 사람들은 특별히 당뇨병에 걸리기 쉽다.

▣ ~에 영향을 받기 쉽다, 민감하다
= be susceptible to [sth]
= be subject to [sth]
= be prone to R/[sth]
= be open to [sth]
= be sensitive to [sth]
~에 대해 민감하다

12818
be contrary to [sth]
토플.입사.Teps

무엇에 대해(to) 반대하다(contrary)
~에 반대되다, 반하다, 거역하다(=be opposite to [sb]/[sth])
• It **is contrary to** rules. 이것은 규칙위반이다.

▣ on the contrary
반대로(=conversely)

12819
be analogous to [sth]
07.성균관대/92.연세대학원

무엇에 대해(to) 유사하다(analogous)
~과 유사하다, 비슷하다(=be similar to [sth])
• The heart **is analogous to** a pump. 심장은 펌프와 비슷하다.

▣ be similar to [sth] ~과 유사하다
= be akin to [sth]
= be comparable to [sth]
▣ be on a par with [sb]/[sth]
~과 동등하다
= be equivalent to [sth]
= correspond to [sth]

12820
be conducive to [sth]
토플/04.숭실대/03.101단.Teps

무엇에 대해(to) 도움이 되다(conducive)
~에 도움이 되다, ~에 기여하다(=be contributive to, contribute to [sth])
• Exercise **is conducive to** health. 운동은 건강에 도움이 된다.

12821
be credited to [sb]
토플

누구에게(to) 공이 주어지다(credited)
~덕분(덕택)이다, ~의 공으로 돌려지다(=be ascribed to [sb])
• The revolutionary new drug **is** widely **credited to** Arthur Kessler.
그 획기적인 신약은 일반적으로 Arthur Kessler의 공으로 여겨진다.

4. be+형용사[과거분사]+to R

12822
be eligible to R / be eligible for [sth]
07.가톨릭대/05-2.동아대/04.단국대/02-2.숙명 여대/03.입법고시.동아대.광운대.대신대.Teps

무엇할 자격이 있다(eligible)
1. ~할 자격이 있다(=be entitled to R)
2. ~에 적격이다(=be entitled to [sth])
• He **is eligible to** enter the game. 그는 경기에 참가할 자격이 있다.

▣ be entitled to R/ [sth]
~을 받을 자격이 있다(=be eligible to)

12823
be supposed to R
93.서울대학원.Teps

무엇할 예정으로 되어있다(supposed)
~할 것으로 예상되다; ~하기로 되어있다, (관습상) 요구되다
• **Was I supposed to** come to the meeting?
내가 회의에 참석하기로 되어 있었나요?
🔁 be not supposed to R ~해서는 안 된다.

▣ be bound to R ~하지 않을 수 없다
= be obligated to R
~하지 않을 수 없다

12824
be inclined to R
서울대학원,토익,Teps

무엇하는 경향이 있다(inclined)
~하는 경향이 있다(=be likely to R), ~하기 쉽다, ~하고 싶다
• I'm **inclined to** get tired easily. 나는 금세 피곤해지는 체질이다.
꽨 be disinclined to R ~하고 싶지 않다, 내키지 않다, 꺼리다

图 ~하는 경향이 있다
= tend to R ~하는 경향이 있다
= be likely to R ~하기 쉽다
= be liable to R ~하기 쉽다
= be disposed to R
~하는 경향이 있다
꽨 ~하기를 꺼리다
= be indisposed to R 내키지 않다
= be unwilling to R ~하기를 꺼리다
↔ be willing to R 기꺼이 ~하다
= be reluctant to R ~하기를 꺼리다

12825
be anxious to R
토익/토플,Teps

무엇하기를 간절히 바라다(anxious)
~하기를 갈망하다(=be impatient to R, be eager for, be keen on sth)
• She **is anxious to** get into high society.
그녀는 상류사회로 진출하기를 갈망하고 있다.

---

5. be+형용사[과거분사]+in+명사 상당어구 ☞ in (상황, 상태, 목적)

12826
be engaged in sth
토익,토플,Teps

무엇에 종사 중에 있다(engaged)
~에 종사하다(=be occupied with sth)
• He **is engaged in** literary work. 그는 저술업에 종사하고 있다.

图 be engaged with sth/sth
~으로 바쁘다(=be booked up)

12827
be engrossed in sth
01.중앙대/98.경기대.토플

무엇에 푹 빠져있다(engrossed)
~에 열중하다, ~에 빠지다(=be absorbed in, be lost in sth)
• He **was engrossed in** watching TV. 그는 TV 보는 데 정신이 팔려 있었다.

图 ~에 열중하다, 몰두하다
= be indulged in sth ~에 빠지다
= be absorbed in sth
~에 몰두해 있다
= be lost in sth ~에 몰두해 있다
= be rapt in sth ~에 몰두해 있다
= be involved in sth ~에 열중하다

12828
be instrumental in ~ing
04-2.동아대

무엇 하는 데 도움이 된다(instrumental)
~에 도움이 되다, 유효하다(=be helpful to sb/sth)
• The New Economic Program would **be instrumental in** helping stabilize consumer prices.
새 경제 계획은 소비자 물가를 안정시키는 데 도움이 될 것이다.

---

6. be+형용사[과거분사]+with+명사 상당어구 ☞ with (동반, 수반)

12829
be inconsistent with sth
04.동아대,Teps

무엇과 내용이 모순되다(inconsistent)
~와 일치하지 않는다, 모순된다(=contradict)
• This idea **is inconsistent with** the tradition of our country.
이 사상은 우리 나라의 전통과 양립하지 않는다.

12830
be concerned with sb/sth
97.경원대

무엇에 관련이 되어 있다(concerned)
~에 관계가 있다; ~에 관심을 갖다(=be interested in sth)
• I **am** not **concerned with** such trivial matters.
나는 그런 하찮은 문제에 관심이 없다.

12831
be faced with sth
97-2.안양대

무엇과 얼굴을 맞대다(faced)
~에 직면하다(=be confronted with sth)
• We **are faced with** the choice between war and peace.
우리는 전쟁이냐 평화냐의 기로에 직면해 있다.

---

7. be+과거분사(수동형)+by: 주어가 by 이하에 의해 ~하다

12832
be known by sb/sth
04.강남대

무엇을 통해서 알게 되다(known)
~으로 알 수 있다
• A man **is known by** the company he keeps.
사람은 그가 어울리는 친구를 보면 어떤 사람인가를 안다.

图 be known to sb
~에게 잘 알려져 있다

12833
be survived by sb
94.사법시험

누구에 의해 살아남다(survive)
~보다 먼저 죽다
• He **is survived by** his wife and two daughters. 그의 유족은 처와 두 딸이다.

---

8. be+형용사[과거분사]+기타

12834
be snowed under (with sth)
98.행자부7급

눈 밑에(under) 깔리다
〈미〉 수량으로 압도당하다(=be overwhelmed, be inundated)
• Ed **was snowed under with** fan mail when he was doing his television show.
Ed는 TV 쇼를 진행할 때 엄청난 팬 메일을 받았다.

12835
be immune from sth
01.고려대학원/92.사법시험

~으로부터(from) 면역이 되다
~에 대해 면역성이 있다; 면제되다; ~으로부터 안전하다(=safe)
• I **am immune from** the malady, as I have had it once.
나는 그 병에 한번 걸린 적이 있어서 면역성이 있다.

图 be exempt from sth 면제되다

12836
be particular about sb/sth
서울대학원

~에 대해서(about) 특별하다
~에 대해 까다롭게 굴다(=be fastidious about sb/sth)
• She **is particular about** her dress. 그녀는 옷에 까다롭다.

12837
be hard on [sb]
01.조선대,행시,입사,Teps

~에게(on) 혹독하다(hard)
~에게 모질게 굴다(=bother)
• Don't **be hard on** him. He is after all a good-natured man.
그에게 모질게 굴지 말아라. 그는 역시 마음씨 좋은 사람이야.

▣ **be hard up for** [sth]
(돈 따위에) 쪼들리다, 궁색하다
(=be in great need of money, etc)

12838
be bent on ~ing
04.행자부7급,Teps

무엇하는 쪽으로(on) 구부러져 있다(bent)
1. **~하기를 단단히 결심하고 있다**(=completely determined to R)
2. **~에 열심이다**
• He **is** solely **bent on making** money. 그는 오직 돈벌이에만 열중하고 있다.

12839
be good at [sth]
11.지방직7급/10.동덕여대/95.경찰
93.서울시9급,토플,Teps

무엇을(at) 잘한다(good)
~에 능숙하다, 잘하다
(=be proficient in[at] [sth], do well, be clever or skillful at [sth])
• He **is good at** foreign languages. 그는 외국어를 잘한다.
↔ be poor at [sth] ~에 서투르다(=be not good at)

12840
be played out
토플

경기를 끝내다
기진맥진하다, 녹초가 되다(=be exhausted, be worn out)
• **I'm played out** after looking after the baby.
나는 애를 보고 나서 완전히 진이 빠져 버렸다.
↔ played out 지쳐버린, 녹초가 된

9. be+전치사구 및 기타 (주어가 어떠한 상황·상태에 있다)

12841
be (of) [sb]**'s age**
02.동국대

누구는 그 사람의 나이다.
~와 동갑이다
• Paul **is your age**. 폴은 너와 동갑이다.

12842
be at home in [sth]
98.한국외대/97.덕성여대/94.경성대

~에는 집에 있는 것처럼 잘 안다
~에 정통해있다, ~에 익숙하다(=be familiar with [sb]/[sth])
• He **is** quite **at home in** French literature. 그는 불문학에 정통하다.

▣ ~에 익숙하다, 정통하다
= **be familiar with** [sb]/[sth]
~에 익숙하다
= **be acquainted with** [sb]/[sth]
(사람과) 아는 사이가 되다; ~에 정통하다
= **be versed in** [sth] ~에 정통하다
= **be accustomed to ~ing**
~에 익숙하다
= **be used to ~ing** ~에 익숙하다
= **be wont to R** ~하는 것이 익숙하다

12843
be well-grounded in [sth]
10.성균관대/97.세무사

무엇에 단단히 기초하고 있다
기초가 탄탄하다(=know thoroughly)
• The soldiers **were well-grounded in** the skills needed to survive in the desert.
군인들은 사막에서 살아남기 위해 요구되는 기술에 대해서 잘 알고 있다.

Ⅰ 129

live

live는 "**살다**" 이다.
1. 살다, 살아남다, 살아가다; 생계를 이어가다; 인생을 즐기다; ~한 생활을 하다
2. A. 살아있는, 생생한; 녹화가 아니고 생중계인

12901
live on [sth]
88.서울대학원,Teps

~에서 살다, ~을 먹고 살다, ~에 붙어 살다
(장소)**~에서 살다; ~을 먹고 살다**(=feed on [sth]); **~을 의지하여 살다**
• He **lives on** fish and potatoes. 그는 물고기와 감자를 먹고 산다.

▣ **live off** [sb]/[sth]
~으로 생계를 잇다; ~의 신세를 지다

12902
live up to [sth]
07.경기대/97.행자부7급/94.입법고시,Teps

15.경기대

(수준을) ~까지(to) 끌어올려(up) 살아가다
~에 맞는 생활을 하다; 부끄럽지 않은 행동을 하다,
기대에 부응하다(=fulfill)
• I will do my best to **live up to** your expectation.
기대에 부응하도록 최선을 다하겠습니다.
↔ live in clover 풍족하게 살다

▣ **live within one's means**
분수에 맞게 살다

12903
live it up
00.한성대,Teps

기분이 붕 떠서(up) 살다
〈구어〉 **인생을 즐기다**(=enjoy life); (돈을 펑펑 쓰면서) 방탕하게 지내다
• Tonight let's **live it up**. 오늘 밤은 마음껏 즐기자.

▣ **live high (on the hog)** 호사스럽게 살다
*hog(돼지, 욕심꾸러기)를 먹고(on) 살다
= **live off the fat of the land**
호사스러운 생활을 하다
↔ live low on the hog 검소하게 살다
live from hand to mouth 하루 벌어 하루 먹고 살다, 겨우 생계를 유지하다

R169 [어근] alit/alesc/esce(=become, growing)

1691 coalition
[kòuəlíʃən]
11.성신여대/10.아주대
02.행자부9급

co(=together)+alit(=growing)+ion → 같이 (합쳐) 크게 된 것 → 연합, 제휴
n. (둘 이상의 정당으로 구성된) 연립 정부, 연정; 연합
(=temporary union, alliance)
• It has formed a coalition government with five smaller parties.
그 연립정부는 다섯 개의 작은 정당으로 구성되었다.
ⓥ **coalesce**[kòuəlés] 합동하다, 연합하다

1692 efflorescence
[èflərésns]
06.서울시7급

ef(ex=out)+flor(+flower)+esce(=become)+ence → 꽃이 밖으로 나오는 것
n. 개화[기]; 전성기(=prosperity)
• a Golden Age of cultural efflorescence 문화가 꽃을 피운 전성기
⬛ **florescent** 꽃이 핀, 꽃이 한창인
- **florescence** 개화, 개화기; 전성기, 한창

1693 fluorescent
[fluərésnt]
95.경기대

fluor(형석)+esce(=become)+ent → 빛이 나는 형석처럼 되는
a. 형광성의, 빛나는(=luminous)
n. 형광등
• a fluorescent lamp 형광등
ⓝ **fluorescence** 형광, 형광성
⬛ **fluor/fluorite** 형석(螢石)
fluoroscopy 형광 투시법, 투시 진단

표제어 복습
- ☐ **acquiesce** 묵인하다, 잠자코 받아들이다 ◻ N0195
- ☐ **adolescence** 사춘기 ◻ N0677
  - **adolescent** 사춘기의; 청년, 젊은이
- ☐ **evanescent** (점점) 사라져 가는; 순간의 ◻ R1555
  - **evanesce** (점점) 사라져 가다, 소실되다
  - **evanescence** 소실; 덧없음

R170 [어근] cre/creas/creat/cret/cru(=grow, increase) & aug/auct/aux(=increase)

1701 decrease
[dikríːs]
17.단국대/16.법원직
08.광운대/90.고려대학원

de(=down)+creas(=increase)+e → 숫자가 아래로 늘어나다
v. 줄다, 감소하다; 줄이다, 감소시키다
n. 감소(=decrement), 하락
• decrease the amount of work 업무량을 줄이다
• decrease in demand 수요의 감소
ⓐ **decrescent** 줄어드는; (달이) 이지러지는

1702 crescendo
[kriʃéndou]
13.경희대

cre(=increase)+esce+endo → 점차 늘어나는
n. 소리가 점점 커짐(=intensification); 크레센도
• reach a crescendo 최고조에 달하다

1703 creativity
[kriːeitívəti]
16.한성대

creat(=increase)+ive+ity → 만들어내는 것
n. 창의력, 독창성
• lack of creativity 독창성 부족
ⓥ **create** 창조하다, 창작하다; 야기하다
ⓝ **creation** 창조, 창조물
creature 피조물, 생물
ⓐ **creative** 독창적인, 창조적인

1704 concrete
[kánkriːt, kɔ́n-]
95.사법시험

con(=together)+cret(=increase)+e → 사실에서 시작된(grow)
a. 1. 사실에 의거한, 구체적인(↔ abstract 추상적인)
2. 콘크리트로 된
n. 콘크리트
• without any concrete evidence 어떤 구체적인 증거도 없이
ⓝ **concreteness** 구체성
concretion 응결, 응결물; 구체화, 구체성

1705 excrescence
[ikskrésns]
14.고려대

ex(=out)+creas(=increase)+ence → 밖으로 자라는 것
n. 1. (사마귀 같은) 이상성장물, 혹
2. 무용지물, 추한 건물
• an architectural excrescence 건축적으로 추한 건물

1706 auction
[ɔ́ːkʃən]

auct(=increase)+ion → 가격이 점점 올라가는 것
n. 경매, 공매
v. ~을 경매하다
• an Internet auction site 인터넷 경매 사이트
ⓝ **auctioneer** 경매인

어근 cre/cret/cru(=grow, increase)

추가 어휘
- ☐ **crescent** 초승달; 점점 커가는
- ☐ **accrue** (이익 등이) 생기다, (이자가) 붙다
  - **accretion** 증대, 첨가물; 부가, 첨가
- ☐ **recreate** 개조하다; 휴양시키다, 즐기다
  - **recreation** 휴양, 기분 전환, 레크리에이션
- ☐ **recruit** 신병(신입사원)을 모집하다; 신입사원, 신병

표제어 복습
- ☐ **increment** 증가(량), 증대, 증액; 이익 ◻ N0122
  - **increase** 늘다, 증가하다; 증가(액), 증대
  - **incremental** 증가하는
  - **incrementalism** (사회적·정치적) 점진주의
  - **increscent** 증대하는; 달이 점점 차는
  - ↔ **decrement** 감소; 감액, 감량 ◻ D0122
  - **decrease** 줄다, 감소하다; 감소, 축소
  - **decrescent** 줄어드는; 달이 이지러지는

어근 aug/auct/aux(=increase)

추가 어휘
- ☐ **auxiliary** 보조의, 예비의; 조동사
- ☐ **august** 당당한, 위엄 있는
- ☐ **auxin** 옥신(식물 생장 호르몬)

표제어 복습
- ☐ **augment** 증가시키다; 증가하다 ◻ N0436
  - **augmentation** 증가, 증대, 첨가물
  - **augmentative** 증대하는, 부가적인

1711 orient
[ɔ́ːriənt]
02.한국외대

ori(=rise)+ent → 해가 뜨는 곳

n. 동방, 동쪽; (the O~) 동양(↔ the Occident)
vt. 1. (~을) 지향하게 하다; (특정 목적에) 맞추다[to](=gear to)
　　2. (새 환경에) 적응하다, 익숙해지다[oneself]
　　• orient to a mass market 대중 시장을 겨냥하다
ⓝ **orientation** 방위; 방침 결정, 적응; 예비교육
ⓐ **oriented** 방향 지어진, 경향의, 지향적인
　　oriental 동양의
🔁 **the Occident** 서양, 서방 *cid(=fall): 해가 지는 곳
　　- **occidental** 서양의, 서구의

1712 disoriented
[disɔ́ːriəntid]
11.세종대/97.변리사

dis(=away)+oriented(특정한 방향으로 향하는) → 목적하는 방향을 벗어난

a. 방향 감각을 잃은(=lost), 정신적 혼란에 빠진
　　• be disoriented and unable to focus
　　　방향감각을 상실해서 집중할 수 없는
ⓥ **disorient** 방향(감각)을 상실하게 하다; 혼란시키다
ⓝ **disorientation** 방향 감각 상실; 혼미
13.국민대　🔁 **reorientation** 방향전환; 재교육

1713 originator
[ərídʒənèitər]
15.00~2.인하대

orig(=rise)+in+ator → 원래 시작을 했던 사람

n. 창작자, 창시자, 시조(=progenitor)
　　• the originator of that theory 그 이론의 창시자
ⓝ **origin** 기원, 발단, 태생
17.한양대　**originality** 독창력, 창조력; 진짜임
ⓐ **original** 본래의; 독창적인; 원작의, 원형의; 원형; 원작
97.세무사　ⓥ **originate** 1. 시작하다, 유래하다[in](=stem from, arise from)
　　　　　　2. 창작하다

1714 aboriginal
[æbərídʒənl]
96~2.건국대

ab(=from)+orig(=rise)+in+al → 원래 그 지역에서부터 자랐던

a. 원생의, 토착의(=endemic); 토착민의
　　• encounter various aboriginal people 다양한 원주민을 마주치다
ⓝ **aborigines** 원주민, 토착민(=native); 토착 동식물

1715 surge
[sə́ːrdʒ]
17.경기대/15.고려대
12.기상직9급/07.명지대

surg(=rise)+e → 갑자기 오르다

vi. 1. 급등[급증]하다
　　2. (군중이) 갑자기 밀려들다; (감정이) 치밀어 오르다
n. 1. 급증, 급등(=increase); 서지(전압·전류의 급증)
　　2. 큰 파도, 놀; (군중의) 쇄도
　　• a surge of crowd 군중의 쇄도
　　• a sudden surge of imports 수입의 갑작스런 증가
🔁 **upsurge** (파도처럼) 솟다, 높아지다; 급증, 쇄도; 돌발
🔁 **surgery** (외과) 수술, 진료시간
　　- **surgical** 외과의, 수술의

1716 resurgence
[resə́ːrdʒəns]
07.단국대/06.공인노무사

re(=again)+surg(=rise)+ence → 다시 일어서는 것

n. 재기, 부활(=rebirth)
　　• trigger the resurgence of interests 관심의 부활을 유발하다
ⓥ **resurge** 재기하다, 부활하다
ⓐ **resurgent** 소생하는, 부활하는
98.동국대　🔁 **resurrection** 부흥, 부활; (the R~) 그리스도의 부활
　　- **resurrect** 소생시키다, 부활시키다

어근 ori/ort(=rise)

표제어 복습

☐ ab**ort**ion 낙태, 임신중절; 실패, 불발 ☑ N0529
　- ab**ort** 낙태하다; 실패하다
　- ab**ort**ive 실패한; 유산의; 낙태약, 유산
　- ab**ort**icide 인공 임신중절, 낙태
　- ab**ort**ifacient 낙태약; 낙태용의

어근 surg/sur/sour(=rise)

추가 어휘

☐ in**surg**ent 반란을 일으킨; 반란자 *in(=against)
　- in**surg**ence/-cy 폭동, 반란
☐ in**sur**rection 반란, 폭동 ☑ R0129

■ 반의어근 ■ cas/cad/cid(=fall) ☑ R125

1721 amount
[əmáunt]
06.경희대/98.국민대

a(ad(=to)+mount(=hill) → 쌓인 높이가 ~에 이르다

v. 1. [amount to] 총계가 ~에 이르다(=aggregate)
　　2. 결과적으로 ~이 되다(=boil down to)
n. 총액, 총계, 합계(=total, sum)
　　• amount to $200 합계가 200달러가 되다
　　• amount to nothing 아무것도 아니게 되다
　　• a considerable amount of money 상당액의 돈

어근 mount/mont(=climb, hill)

추가 어휘

☐ **mount**ain (아주 높은) 산, 산맥
　cf. hill 언덕, 나지막한 산
☐ pro**mont**ory 갑, 곶(바다에 튀어나온 언덕)
☐ **Mont** Blanc 몽블랑 산

1722 tantamount
[tǽntəmàunt]
15.경기대

tant(=as much)+amount(양) → 양이 ~만큼 많은

a. ~와 같은, ~와 마찬가지의[to]
• be tantamount to an insult 모욕이나 마찬가지이다

1723 mount
[màunt]

mount(=climb) → 산에 오르다

v. 1. (산·사다리를) 오르다, (말에) 올라타다; (포를) 앉히다
2. (물가 등이) 오르다; 얼굴이 상기되다
n. 산, 언덕 •고유명사와 함께 쓰일 때는 Mount, Mt.
🔃 dismount (탈것에서) 내리다; 떨어뜨리다
🔃 remount 다시 타다; 새 말을 공급하다

1724 surmount
[sərmáunt]
95.서울대학원/행정고시

sur(=over)+mount(=hill) → 언덕 위를 넘어가다

vt. 1. (산을) 오르다, 넘어서다
2. (장애를) 극복하다(=overcome)
• surmount all sorts of obstacles 모든 장애를 극복하다
ⓐ surmountable 극복할 수 있는

00-2.경기대
🔃 insurmountable 극복할 수 없는, 넘을 수 없는

1725 paramount
[pǽrəmàunt]
18.지방직9급/15.경기대

para(=beside)+mount(=above) → 주변보다 더 높이 솟은

a. 최고의; 주요한, 주된; 탁월한(=chief, supreme, greatest)
n. 최고 권위자; 군주
• the captain's paramount concern 선장의 주된 걱정
ⓝ paramountcy 최고권, 주권; 우월, 탁월

1726 transcend
[trænsénd]
07.고려대/세종대

trans(=beyond)+scend(=climb) → 언덕 위를 넘어가다

vt. (경험·이해력의 범위를) 초월하다; 능가하다
• transcend time and space 시공을 초월하다
ⓐ transcendent 탁월한, 뛰어난
transcendental 선험적인; 초자연적인
ⓝ transcendence 초월, 탁월

1727 condescending
[kàndəséndiŋ]
15.서울시7급

con(강조)+de(=down)+scend(=climb)+ing → 밑으로 구부리게 하는

a. 거들먹거리는, 잘난 체하는(=patronizing)
• have a condescending attitude 거들먹거리는 태도를 취하다
🔃 condescend 자신을 낮추어 ~하다, 친절을 베풀다

1728 climax
[kláimæks]
⊃ R1284

clim(=lean, ladder)+max → 최고로 높은 곳으로 올라감

n. 클라이맥스, 최고조, 절정(=culmination); 점층법
• the climax of his career 그의 경력에 있어서 절정
ⓐ climactic 절정의, 피크의 climacteric 갱년기의, 폐경기의
🔃 anticlimax 점강법, 용두사미

어근 scend/scent/scens(=climb)

표제어 복습

☐ descendant 자손, 후예, 후손; 제자 🔲 N0543
- descend 내려가다, 경사지다; 계통을 잇다
- descent 하강, 내리받이; 혈통
- descending 내려가는, 강하하는, 하향의
- descendent 하행성의, 전해 내려오는, 세습의
☐ ascend (산이나 강 따위를) 올라가다, 오르다 🔲 D0543
- ascendency 주도권, 지배권; 우세
- ascendant 우월, 지배; 선조; 상승하는
- ascension 오름, 상승, 값의 상승; 즉위; 승천
- ascent 오름, 상승; 오르막; 경사도

혼동어근 clim(=ladder, lean) 🔲 R128

R173

[어근] lev/leiv(=raise, lift up, light, right) & strato(=layer)

1731 level
[lévəl]
17.단국대

lev(=lift up)+el → 들어 올린 정도 → 높이

n. 1. 정도, 규모; 수준
2. (지면으로부터) 높이(=elevation); (건물의) 층
a. 평평한, (높이·위치·가치 등이) 같은
vt. 평평하게 하다, 비슷하게 만들다
• The mountain is 1,500 meters above the level of the sea.
그 산은 해발 1500m이다.
🔃 on the level 정직하게, 솔직히 ⊃ IOO415
levelheaded 냉정한, 침착한(=calm) ⊃ R1822

1732 elevate
[éləvèit]
97-2.동덕여대

e〈ex(강조)+lev(=lift)+ate → (위로) 들어 올리다

vt. 1. (사물을) 들어 올리다(=jack up), (정도를) 높이다
2. 승진하다; 향상시키다
• elevate blood pressure 혈압을 높이다
• be elevated to the team leader 팀장으로 승진하다
07.계명대
ⓝ elevation 높이, 고도, 해발(=altitude); 높임
elevator 〈미〉엘리베이터, 승강기 cf. 〈영〉 lift
🔃 jack up (차 등을) 잭으로 들어 올리다(=elevate)
- jack-up 증가, (물가 등의) 앙등

어근 lev/leiv(=raise, lift up, light, right)

추가 어휘

☐ levitate 공중부양하다
- levitation 공중부양
☐ levity 경솔, 경박

표제어 복습

☐ alleviate (고통을) 완화시키다, 경감하다 🔲 N0012
- alleviation 경감, 완화
- alleviator 완화제, 완충기
☐ irrelevant 무관계한, 부적절한 🔲 N0038
- irrelevance 무관계, 부적절
↦ relevant (당면 문제에) 관련된; 적절한
- relevance 관련성, 적합성, 타당성

1733 levy
[lévi]
15.한국외대/13.서울시7급

lev(=lift)+y → (세금을) 올리다
vt.세금을 부과[징수]하다(=impose)
n. (세금의) 추가부담금
- levy tax on property 재산에 세금을 부과하다

1734 relieve
[rilíːv]
15.지방직9급/05.경희대

re(강조)+liev⟨liev(=light)+e → (아픔을) 덜어주다
vt.1. (고통 등을) 덜어주다; 완화하다(=alleviate)
　　2. 구제[구원]하다
- relieve the tension 긴장을 풀다

07.법원직
ⓝ relief 1. 경감; 안도, 안심
　　　　　 2. 구원, 구출; 구호(품), 재정지원
　　　　　 3. (의무 등의) 면제
　　　　　 4. 양각, 두드러짐
- a relief fund for the refugees 피난민을 위한 구호기금
- get tax relief 세금을 면제받다
- a relief pitcher 구원투수
- a carving in low relief 얕게 양각으로 새긴 조각

1735 leverage
[lévəridʒ, líːv-]
17.단국대

lev(=lift up)+er+age → 들어 올리는 것
n. 1. 지레 장치
　　 2. 영향력(=influence)
vt.지레를 사용하다; 영향을 주다
- have political leverage 정치적 영향력을 가지다
ⓝ lever 지레, 레버; 수단, 방편

어근 strat(=layer)

추가 어휘
□ **strat**osphere 성층권
□ **strat**ify 층을 이루다
□ **strat**um (지질의) 지층, 층; (사회적) 계층
　- **strat**ify 층을 이루다, 계층화되다
　- **strat**ification 계층화, 계급화

R174

[어근] bas(=low, lowly) & vil(=cheap, base, bad) ↔ alt/haught(=high) & ac/acr(=top, sharp)

1741 base
[béis]
01.사법시험

base(=low) → 가장 낮은 부분
n. 1. 맨 아래 부분; 토대, 기초, 기반
　　 2. 근거지, 기지, 본부; (야구) 베이스
vt.~을 기초로 하다[on](=predicate); ~에 근거지를 두다
a. 야비한, 천한

06.홍익대
* be based on ~에 기초하다, ~에 바탕을 두다
ⓐ basic 기초적인, 기본적인
ⓐⓓ basically 근본적으로
ⓝ basement (건물의) 지하층, 지하실
⊞ basis 근거, 이유; 기초, 기반; 기준
　 baseless 이유 없는, 근거 없는

1742 debase
[dibéis]
99.세종대

de(=down)+base(=low) → 바닥으로 낮추다
vt.(가치를) 떨어뜨리다; (품위를) 손상시키다[oneself]
- debase the quality 질을 떨어뜨리다
⊞ abase 깎아내리다; 저자세가 되다[oneself]

1743 vilify
[víləfài]
10.중앙대/09.고려대
03.성균관대

vil(=cheap, base)+i+fy(=make) → 사람을 싸구려로 만들다
vt.비방하다, 헐뜯다(=slander)
- vilify homosexuals 동성애자들을 비방하다
ⓝ vilification 비방, 욕설

1744 revile
[riváil]
16.홍익대/04.고려대

re(강조)+vil(=cheap, base)+e → 사람을 싸구려로 만들다
vt.욕하다, 매도하다(=slander, criticize)
- be reviled for her actions 그녀의 행동 때문에 욕을 먹다
ⓝ revilement 비방, 욕설

1745 vile
[vail]
15.중앙대

vil(=cheap, base)+e → 지하에서 나는 쾌쾌한 냄새처럼 불쾌한
a. 극도로 불쾌한; 비도덕적인, 비열한
- a vile smell 몹시 불쾌한 냄새

1746 evil
[íːvəl]
02.고려대

e+vil(=bad) → 나쁜 의도에서 나온
a. 사악한(↔good 선한); 악의가 있는(=malign); 불길한
n. 악, 유해물, 폐해
- evil deeds 나쁜 행동들
⊞ devil 악마

어근 bas(=low, lowly)

추가 어휘
□ **bas**in 대야, 웅덩이, 분지
□ **bas**tard 서자, 사생아; 녀석

어근 alt/haught(=high)

추가 어휘
□ **alt**ar 제단
□ **alt**imeter 고도계
□ **alt**itude 고도, 높이
□ **alt**o (성악) 알토

표제어 복습
□ ex**alt** 칭찬하다, 찬양하다; 승진시키다 ▶ N0691
　- ex**alt**ed 고귀한; 기뻐 날뛰는, 의기양양한
　- ex**alt**ation 찬양; 고양; 승진
□ **haught**y 오만한, 건방진 ▶ N0621
　- **haught**iness 오만, 불손
　- **haut**eur 건방짐, 오만

어근 ac/acr(=top, sharp)

추가 어휘
□ **acr**id 자극적인, 쏘는; 신랄한 *acr(=sharp)
□ **ac**id 산(酸); 신, 신맛이 나는; 신랄한
　- the acid test 엄밀한 검사; 혹독한 시련
　- acid rain 산성비
□ **ac**idity 산성, 신맛
□ **ac**idification 산성화
　- **ac**idulous 신랄한; 신맛이 나는

표제어 복습
□ **acr**imonious 통렬한, 신랄한 ▶ N0633
　- **acr**imony 매서움, 신랄함
　- **acr**imoniously 신랄하게

1747 villain
[vílən]
02~11.경찰/94.효성대

vil(=bad)+lain → 나쁜 놈

n. 악당, 악한(=wicked man); 악역
- Films require heroes and villains, the indulgence of vengeance and the triumph of virtue.
  영화는 영웅과 악당, 복수의 탐닉, 그리고 선의 승리를 필요로 한다.
ⓐ villainous 사악한, 악한 같은
🔁 villein[vílən] (중세의 봉건 영주에 속한) 농노

1748 acme
[ǽkmi]
14.지방직7급

ac(=top)+me → 꼭대기에 있음

n. 절정, 극점(=tip-top), 극치, 전성기
- reach the acme of his career 그의 경력 중 최고에 도달하다

1749 acumen
[əkjúːmən, ǽkju-]
12.중앙대

ac(=sharp)+u+men → 판단력이 날카로움

n. 예리함, 통찰력; (일에 대한) 감각, 수완
- display exceptional business acumen 뛰어난 사업 감각을 보여주다

☐ **ac**ute 뾰족한, 예리한; 격렬한; 급성의 ☐ N0446
- **ac**utely 예리하게, 강렬하게
- **ac**uity 예민, 격렬, 신랄
☐ **ac**upuncture (한방의) 침, 침술 ☐ R1208

R175 [어근] mort/morb/mori/morg(=death, dead) & leth(=dead) & necr/nec(=dead) & cide/cid(=kill)

1751 dead
[ded]
08.경희대
14.항공대
00.단국대
01.국민대/97~2.광운대

죽은 → 무효의 → 단조로운

a. 1. 죽은, 효력이 없는, 무효의
> 🔁 dead-head 무임승차자; 무료승차하다. (빈 차로) 회송하다
> **dead horse** 이미 끝난 이야기, 묵은 화제
> **dead duck** 가망 없는 일이나 사람
> **dead-born** 사산(死産)의(=stillborn)
> **deadline** 넘을 수 없는 선; 사선; 원고 마감 시간
> **dead heat** (시합에서의) 접전, 동시우승

2. (문·통로 따위가) 꽉 막힌, 쓸모없는
🔁 dead-end 막다른, 앞이 막힌; 빈민가의
3. 〈구어〉 녹초가 된; 무기력한; 쇠퇴한
🔁 dead[flat] broke 완전히 파산하여
deadbeat 빚을 떼어먹는 사람
4. 곧은, 평평한, 단조로운; 신선미 없는
🔁 dead-alive 활기 없는; 불경기의; 단조로운, 지루한
5. 완전한, 절대적인
🔁 dead ringer (~와) 빼닮은 사람[것]; 가짜, 대역
dead run 전력 질주
6. 조용한; 흐릿한, 침침한
ad. 완전히, 매우; 정확하게, 불시에; 곧장
ⓐ deadly 치명적인; 매우 효과적인; 매우 좋은[나쁜]
　　　　 ad. 죽은 듯이; 지독하게, 무섭게, 몹시
deathly 죽은 듯이, 죽음 같은
ⓥ deaden (감정·기세 따위를) 꺾다, 죽다, 소멸하다

1752 moratorium
[mɔ̀ːrətɔ́ːriəm]

mor(=dead)+a+torium → 일정 기간 동안 죽은 것으로 봄

n. 1. 모라토리엄, 지불 정지[연기, 유예]
2. (위험한 활동의) 일시적 정지
- a full moratorium on debt payments 채무상환에 대한 전적인 지불 유예
- moratorium on nuclear weapons testing
  핵무기 실험에 대한 일시적 중지

1753 moribund
[mɔ́ːrəbʌ̀nd]
08.세종대/05~2.고려대

mori(mort=dead)+bund(=tending toward) → 죽음을 향해가는

a. 다 죽어가는, 소멸해 가는; 침체한(=dying)
- moribund housing market 침체한 주택시장

1754 mortgage
[mɔ́ːrgidʒ]
11.인천대

mort(=death)+gage → 저당을 잡히면 소유권이 죽음

n. 저당, 저당권; 저당권 설정의 (주택) 대출
vt. (토지·재산을) 저당 잡히다
- an increase in mortgage rates 담보부 대출 이자의 인상
ⓝ mortgagee 저당권자(저당을 잡는 사람)
mortgager 저당권 설정자(저당을 잡히는 사람)
🔁 amortize (부채를) 할부 상환하다
foreclosure 저당권의 실행으로 인한 담보물 상실

---

tip 죽은 사람을 안치하는 영안실(mortuary)에서 보듯,
어근 mort는 "죽은(dead), 죽음(death)"의 의미를 가집니다.

[어근] mort/morb/mori/morg(=death, dead)

[추가 어휘]
☐ **mort**ician 〈미〉 장의사 cf. 〈영〉 undertaker
☐ **mort**uary 시체 안치소, 영안실; 죽음의
☐ **morg**ue[mɔːrg] 시체공시소; (신문사의) 자료실
☐ a**mort** 죽은 것 같은, 활기 없는
☐ **mort**iferous 치명적인

[표제어 복습]
☐ im**mort**al 죽지 않는, 불멸의; 신의 ☐ N0247
- im**mort**ality 불사, 불멸; 영원한 생명
↔ **mort**al 필멸의; 인간의; 치명적인; 대단한
- **mort**ality 죽음을 면할 수 없는 운명; 사망률
☐ **mort**ify 굴욕감을 주다, 창피를 주다 ☐ N0443
- **mort**ifying 굴욕적인, 분한
- **mort**ification 굴욕, 치욕
☐ **morb**id 병적인, 소름 끼치는; 병과 관련된 ☐ N0886
- **morb**idity (정신의) 병적 상태[성질], 불건전
- **morb**ific 병원이 되는

[어근] leth(=dead)

[표제어 복습]
☐ **leth**al 매우 위험한, 치사의, 치명적인 ☐ N0248
☐ **leth**argic 무기력한, 활발하지 못한; 혼수의 ☐ N0473
- **leth**argy 혼수상태; 무기력, 무감각; 권태
- **leth**argically 혼수상태로, 나른하게
- **leth**e 망각; (L~) 망각의 강(저승의 강)
  [동의어근] than(=death)
☐ eu**than**asia 안락사(安樂死) ☐ N1000
☐ **than**atophobia 죽음에 대한 공포증

[어근] necr/nec(=dead, death)

[추가 어휘]
☐ **necr**ology 사망자 명부, 사망 기사
☐ **nec**tar 신주(神酒), 넥타; 진한 과즙

[어근] cide/cid(=kill)

[추가 어휘]
☐ parri**cide** 존속살해(죄,범) •par(=parent)
☐ patri**cide** 부친 살해(범) •patri(=father)
☐ matri**cide** 모친 살해(범) •matri(=mother)

1755 postmortem
[pòustmɔ́ːrtəm]
08.경희대

post(=after)+mort(=death)+em → 죽은 이후에 하는 것

n. 부검, 검시; 사후검토

a. 사후의; 죽은 뒤에; 검시용의
- a postmortem examination to determine the cause of death
  사인을 밝히기 위한 부검

🔢 **antemortem** 죽기 전의, 임종의(=deathbed) •ante(=before)

1756 internecine
[ìntərníːsiːn]
06.경찰간부

inter(=between)+nec(=dead)+ine → 서로 죽이는

a. (조직 내에서) 서로 죽이는; 내분의
- cause internecine war 내전을 유발하다

1757 suicide
[súːəsaid]
02-2.고려대

sui(=oneself)+cide(=kill) → 스스로를 죽이다

n. 자살, 자해; 자살자

v. 자살하다[oneself]
- commit suicide 자살하다

🔢 **homicide** 살인, 살인 행위; 살인자
- commit homicide 살인을 저지르다

1758 genocide
[dʒénəsaid]
02-2.고려대

gen(=birth, kind)+o+cide(=kill) → 특정한 종류의 민족을 죽임

n. (특정 민족에 대한 계획적·조직적) 집단 학살
- The Holocaust was the genocide of approximately six million European Jews during World War II by Nazi Germany.
  홀로코스트는 제2차 세계전쟁 동안 독일 나치가 행한 6백만 명에 이르는 유럽 유대인의 집단학살이었다.

- ☐ fili**cide** 자식 살해(범) •fili(=son)
- ☐ infanti**cide** 영아살해(죄,범)
- ☐ sorori**cide** 자매 살해(범) •soror(=sister)
- ☐ uxori**cide** 아내 살해(범) •uxor(=wife)
- ☐ insecti**cide** 살충제(=pesticide)
- ☐ microbi**cide** 살균제(=germicide)
- ☐ herbi**cide** 제초제
- ☐ rodenti**cide** 쥐약
- ☐ eco**cide** 환경파괴, 생태계 파괴
- ☐ regi**cide** 국왕살해 •reg(=rule)

표제어 복습

- ☐ fratri**cide** 형제살해 •fratri(=brother) ▣ R1662

R176 [어근] somn/sopor/slumb(=sleep) & doz(=sleep) & dorm(=sleep)

1761 somnolent
[sámnələnt, sɔ́m-]
10.지방직7급/93.고신대
08.중앙대

somn(=sleep)+ol+ent → 졸음이 오는

a. 졸리게 하는; 졸린(=drowsy, sleepy); 최면성의
- his somnolent speech 그의 졸리게 하는 연설

🔢 **somniferous** 최면의; (약 등이) 졸리게 하는 •fer(=carry)

🔢 **insomnia** 불면증(=sleeplessness) •in(=not)

🔢 **somniloquy** 잠꼬대; 잠꼬대하는 버릇 •loqui(=say)

1762 soporific
[sàpərífik, sɔ̀p-]
14.이화여대/07.한국외대
03.세종대

sopor(=sleep)+i+fic(=make) → 졸음을 만드는

a. 잠이 오게 하는(=sedative)

n. 수면제, 마취제
- Hot milk has long been a standard cure for insomnia because of its soporific quality.
  따뜻한 우유는 졸리게 하는 특성 때문에 오랫동안 불면증에 대한 탁월한 치료책이었다.

ⓐ **soporiferous** 최면의

ⓝ **sopor** 깊은 잠, 최면

1763 slumber
[slʌ́mbər]
05.아주대

slumb(=sleep)+er → 잠을 자는 것

n. 잠, 수면

vi.잠을 자다
- slumber party 파자마 파티(=pajama party)

1764 doze
[douz]
96.계명대

doz(=sleep)+e → 잠을 자는 것

v. 졸다, 깜빡 잠이 들다[off]

n. 낮잠, 졸기
- I closed my eyes for a minute and must have dozed off.
  나는 잠시 눈을 감았는데, 잠깐 졸았던 것 같다.

ⓐ **dozy** 졸음이 오는; 〈영〉 어리석은

🔢 **dose**[dous] (약의) 1회분, 복용량; 약을 조제하다 ⊃ R0067

어근 dorm(=sleep)

추가 어휘

- ☐ **dorm**itive 최면성의
- ☐ **dorm**itory 〈미〉 기숙사(=dorm), 합숙소; 〈영〉 (도시 통근자의) 교외 주택지

표제어 복습

- ☐ **dorm**ant 휴면상태의, 잠재하는 ▣ N0015

혼동어근 **dom**(=home) ▣ R167

R177

[어근] us/ut(=use)

1771 utilize
[júːtəlàiz]
13.한국외대
05.아주대/85.기술고시

ut(=use)+il+ize→ 이용하다
vt.(~을 유용하게) 이용하다, 활용하다
(=make use of, take advantage of, harness, tap)
• utilize the information 정보를 이용하다
ⓝ utility 유용, 효용; 쓸모있는 것, 공익설비
utilitarian 공리적인, 실리적인; (U ~) 공리주의자

1772 usurp
[juːsɚːrp]
09.성균관대

us(=use)+urp(=seize) → 사용하기 위해 잡아채다
vt.1. (왕위·권력 등을) 빼앗다, 찬탈하다(=seize)
2. 횡령하다, 불법 사용하다
• usurp the throne 왕권을 찬탈하다
ⓝ usurpation 강탈, 탈취, 찬탈
ⓐ usurpative 강탈의, 탈취의

추가 어휘
☐ use 쓰다, 사용하다; (부당하게) 이용하다; 사용, 이용
→ useless 소용없는, 쓸모 없는; 헛된
☐ disuse 폐기, 폐지, 더 이상 쓰지 않음
☐ usage 관습, 관례; 어법; 취급법, 용법
☐ usury[júːʒəri] 고리대금(업), 고리
- usurious 고리대금의, 고리를 받는
- usurer 고리대금업자

R178

[어근] flat(=blow, spread)

1781 flat
[flæt]
13.산업기술대
07.동덕여대
99-2.동덕여대

flat(=spread) → 쫙 펼쳐진
a. 1. 평평한, 균일한; 단조로운, 무미건조한
2. 타이어가 펑크가 난
☒ get a flat (tire) 타이어가 펑크나다
3. 시장이 불황의; 파산한
n. 아파트식 주거지; 펑크 난 타이어; (음악) 반음 낮은 음
ad.전적으로, 완전히; 단호하게; 평평하게
☒ flat broke 파산한, 무일푼의

1782 inflation
[infléiʃən]
16.법원직

in(=in)+flat(=blow)+ion → 안으로 불어넣어 부풀게 함
n. 인플레이션; 통화 팽창
• Inflation is getting worse and worse.
인플레이션이 더욱 심해지고 있다.
ⓥ inflate 부풀게 하다, 팽창하다
ⓐ inflated 부푼, 팽창한; 과장된
☒ deflation 디플레이션; 통화수축
- deflate 공기를 빼다, 수축시키다
☒ stagflation 스태그플레이션 •경기 불황 중에도 물가는 계속 오르는 현상
reflation (통화 수축 후의) 통화 재팽창

추가 어휘
☐ flatulent 배에 가스가 찬; 허풍스런
☐ afflatus 영감, 신의 계시
☐ conflation 융합물; 합체
- conflate 융합하다, 합체하다

표제어 복습
☐ flatter 아첨하다; 우쭐해지다[oneself] ▣ N0162

R179

[어근] burst/bust(=burn) & flam/flagr(=burn) & ar/ard/ars(=dry, burn) & ign(=fire)

1791 combustible
[kəmbʌstəbl]
16.서울여대/01-2.인천대

com(=together)+bust(=burn)+ible → 같이 타기 쉬운
a. 타기 쉬운, 가연성의; 흥분하기 쉬운
n. (pl.) 가연성 물질, 인화 물질
• internal combustion engine 내연 기관
ⓝ combustion 연소, 산화; 격동, 소요
combustibility 연소성, 가연성(可燃性)
☒ incombustible/noncombustible 불연성의

1792 inflammable
[infl췅məbl]
04-2.고려대

in(=on)+flamm(=burn)+able → 불붙기 쉬운
a. 타기 쉬운, 가연성의; 흥분하기 쉬운(=temperamental)
n. (pl.) 가연성 물질, 인화 물질
• ignite the inflammable emotions of the crowd
흥분하기 쉬운 군중들에 감정에 불을 붙이다
ⓥ inflame 태우다, 자극하다
ⓐ inflammatory 격앙[흥분]시키는, 선동적인; 염증을 일으키는
ⓝ inflammation 점화; 염증
☒ flame[fleim] 불길, 불꽃; 정열, 격정; 타오르다
cf. frame[freim] 창틀, 뼈대, 구조, 체제

어근 burst/bust(=burn)
추가 어휘
☐ burst (폭탄 등이) 터지다; (감정을) 터뜨리다
• burst into tears 울음을 터뜨리다
• burst into bloom 꽃망울을 터뜨리다
☐ bust 〈burst의 변형〉 파열[폭파]시키다; 파산하다
- bust up 〈미·구어〉 파산하다; 이혼하다
☐ blockbuster 초대형 폭탄; 초대형 영화

어근 flam/flagr(=burn)
추가 어휘
☐ flamingo 홍학, 플라밍고; 불그스름한 오렌지색
☐ flamenco 플라멩코 (스페인 안달루시아 지방의 집시춤)

어근 ar/ard/ars(=dry, burn)
표제어 복습
☐ arid 마른, 불모의; 재미없는 ▣ N0567
- aridity 불모, 무미건조

1793 flamboyant
[flæmbɔ́iənt]
12.서강대/08.성균관대

flam(=burn)+boyant → 활활 타오르는 듯한

a. (색채 등이) 현란한(=colorful), 타는 듯한, 눈부신
• his flamboyant and strange lifestyle 그의 화려하고 이색적인 생활방식
ⓝ flamboyance 화려[현란]함, 야함

1794 conflagration
[kànfləgréiʃən]
11.중앙대

con(강조)+flagr(=burn)+ation → 크게 불타는 것

n. 큰 화재(=great fire)
• be severely damaged in the conflagration
대형 화재로 인해 심각하게 손상되다

1795 flagrant
[fléigrənt]
07.경희대

flagr(=burn)+ant → 불 보듯 뻔히 보이는

a. (나쁜 행동이) 노골적인, 명백한(=blatant); 극악한
• flagrant violations of human rights 인권에 대한 명백한 침해
[테] fragrant[fréigrənt] 향기로운, 방향성의; 유쾌한 ➡ TO105

1796 ignite
[ignáit]
14.서울시7급

ign(=fire)+ite → 불이 나게 하다

v. 불이 붙다; 불을 붙이다, 점화하다
• be ignited by heat, sparks or flames
열, 스파크나 화염으로 발화가 일어나다
• ignite political debate 정치적 논쟁에 불을 붙이다
ⓐ igneous 불의, 불로 인하여 생긴
• igneous rock 화성암
ⓝ ignition 점화, 점화장치; 발화 ignitability 가연성, 인화성

1797 arsonist
[ɑ́:rsnist]
98.고려대학원

ars(=burn)+on+ist → 불을 지르는 사람

n. 방화범
• a serial arsonist 연쇄 방화범
ⓝ arson 방화(죄)
[테] arsenal 무기고, 병기창

1798 ardent
[ɑ́:rdnt]
00-2.경기대

ard(=burn)+ent → 타는 듯한

a. 불타는 듯한; 열렬한(=eager, fervent)
• an ardent feminist 열렬한 여권 신장론자
• his fervent supporters 그의 열렬한 지지자들

어근 ign(=fire)
추가 어휘
☐ ignis fatuus 도깨비불
☐ reignite 다시 불붙이다

참고어근 itis(=inflammation : 염증)
추가 어휘
☐ arthritis 관절염
☐ dermatitis 피부염
☐ appendicitis 충수염, 맹장염
☐ bronchitis 기관지염
☐ gastritis 위염
☐ hepatitis 간염
☐ peritonitis 복막염
☐ tonsillitis 편도선염
☐ rhinitis 비염
☐ pancreatitis 췌장염
☐ urethritis 요도염
☐ periodontitis 치주염

R180 [어근] cens/ciner/cinder(=ash) & fum(=smoke) & therm(=heat) & ferv/fev/feb/ferm(=boil)

1801 incense
[ínsens]
15.국가직9급/07.국회8급
97-2.건국대

in(=on)+cens(=ash)+e → 불을 피워 재로 만들다

vt.몹시 화나게 하다(=infuriate)
n. 향, 향료; 향을 피우다
• be incensed against the discrimination 차별에 격분하다
ⓐ incensed 몹시 화가 난; 격분한
incendiary 방화의, 선동적인(=inflammatory); 방화범(=arsonist)
• incendiary speech 선동적인 연설
16.상명대
[테] incentive 격려, 자극, 동기(=drive); 장려금
[테] incinerate[insínərèit] 태우다, 소각하다(=burn up) 화장하다
• incinerate rubbish 쓰레기를 소각하다
- incinerator (쓰레기 등의) 소각로
cinder[sində] 탄 재; 재로 만들다

1802 perfume
[pə́:rfju:m]
11.광운대

per(=through)+fume(=smoke) → 향불은 연기로 냄새가 만듦

n. 향수; 향기, 향료
vt.향수를 뿌리다
• put on perfume 향수를 뿌리다

1803 hypothermia
[hàipəθə́:rmiə]
10.법원직

hypo(=under)+therm(=heat)+ia → 열, 온도가 낮은

n. 저체온
• die of hypothermia 저체온증으로 사망하다
[테] hyperthermia 이상 고열, 고체온 *hyper(=excessive)

1804 exothermic
[èksouθə́:rmik]
15.숙명여대

ex(=out)+o+therm(=heat)+ic → 열을 바깥으로 내보내는

a. 발열의
• an exothermic reaction 발열 반응
[테] endothermic 흡열성의 *endo(=inside)

어근 fum(=smoke)
추가 어휘
☐ fume n. 연기, 김 v. 연기를 내뿜다; 화가 나서 씩씩대다
☐ fumigate 훈증 소독하다
- fumigant 훈증약 - fumatory 훈증의

어근 therm(=heat)
추가 어휘
☐ thermal 열의, 온도의; 뜨거운
- hypothermal 미지근한 *hypo(=under)
☐ thermometer 온도계, 체온계
☐ thermoscope 온도 측정기
☐ thermostat 온도조절장치
☐ thermos 보온병 〈상표명〉

어근 ferv/fev/feb/ferm(=boil)
추가 어휘
☐ fever 열, 열병; 흥분, 열광
- feverish 열이 있는, 열병의; 열광적인
☐ febrile 열이 나는, 열병의; 열광적인
→ afebrile / feverless 열없는
☐ antifebrile 해열의; 해열제
☐ effervesce 거품이 일다; 활기를 띠다
- effervescent 거품이 나는, 흥분한

- ef**ferv**escence 거품이 남, 감격, 흥분

표제어 복습

☐ **ferv**ent 열렬한, 격한; 뜨거운 ☑ N0814
- **ferv**ency 열렬, 열정
- **ferv**or 열렬, 열정
- **ferv**id 열렬한, 열정적인
- **ferv**ently 열렬하게
☐ **ferm**ent 효소, 효모, 발효; 발효시키다

R181

[어근] radi(=ray) & blaze(=shine) & gl/glim/glit(=shine) & umbr(=shade)

1811 radiant
[réidiənt]
04.서울시9급/98.단국대

rad(=ray)+i+ant → 광선이 비치는

a. 1. (따스하고 밝게) 빛나는(=ablaze)
   2. (행복감 · 건강 등으로) 빛나는[환한]
   3. 방사되는, 복사(열)의
   • radiant beauty 눈부신 미모
ⓥ **radiate**[réidièit] (빛을) 발하다, 방사하다

03.고려대
ⓝ **radiation**[rèidiéiʃən] 방사, 방사선, 발광, 방열

1812 ablaze
[əbléiz]
04.서울시9급

a(상태)+blaze(=shine) → 빛나는

a. 1. 밝은 빛으로 빛나는(=radiant)
   2. 타서, 타올라서
   3. 흥분하여, 열망하여
   • be ablaze with glaring colors 휘황찬란한 색깔로 빛나다
ⓝ **blaze** 불꽃, 화염, 섬광; 타오르다, 빛나다; 발끈하다

12.명지대
   • blaze a trail 새로운 길을 열다, 새 분야를 개척하다
🔲 **outblaze** (감정 따위가) 격해지다; (재능 따위가) 능가하다

1813 glow
[glou]
11.경희대

gl(=shine)+ow → 벌겋게 빛나다

vi. (쇠 등이) 벌겋게 되다, 홍조를 띠다; (은은하게) 빛나다
n. (은은한) 불빛; 홍조; 단풍
   • glow with joy 기쁨으로 홍조를 띠다

07.서울여대
ⓐ **glowing** 작열하는, 시뻘건; 열렬한, 격찬하는(=luminous)
   aglow 불타; 빨개져; 흥분하여
ⓝ **glower** 발광체; 상을 찡그리다, 노려보다

1814 glimmer
[glímər]
11.경희대

glim(=shine)+er → 희미하게 빛나는

n. 1. 희미한 빛, 깜박이는 빛(=faint unsteady lights)
   2. 어렴풋한 이해, 암시; 소량; (~의) 낌새
vi. 깜빡이다, 희미하게 빛나다
   • not a glimmer 전혀, 조금도
   • a glimmer of hope 희망의 빛

1815 glaringly
[glέəriŋli]
16.경기대

gl(=shine)+aring+ly → 환하게 비추어

ad. 분명히; 눈부시게, 화려하게
   • glaringly obvious 확연히 드러나는
ⓐ **glaring** (결점 등이) 눈에 띄는, 두드러진; 너무 밝은; 노려보는
ⓥ **glare** 노려보다; 지나치게 환하다; 섬광, 노려보기

1816 glittering
[glítəriŋ]

glit(=shine)+er+ing → 빛나고 있는

a. 빛나는, 반짝이는; 화려한, 눈부신(=sparkling)
   • All that glitters is not gold. 번쩍인다고 해서 반드시 다 금은 아니다.
ⓥ **glitter** 반짝반짝 빛나다, 반짝이다; 광택

1817 spark
[spɑːrk]
⊃ TO852

spark(=spark) → 불꽃

n. 1. 불꽃, 불똥; 스파크; (재치가) 번뜩임; 기폭제
   2. 멋진 미남자, 멋쟁이
vt. 촉발시키다, 유발하다[off]
   • spark off international concern 국제적인 우려를 촉발시키다
ⓐ **sparkly** 불꽃을 튀기는, 반짝반짝 빛나는; 생기에 찬
🔲 **sparkle** 반짝이다; 생기가 넘치다; 생기, 광채
   - **sparkling** 반짝이는; 탄산이 든; 재기 넘치는

어근 **radi(=ray)**

추가 어휘

☐ **radi**oactive 방사능의, 방사능이 있는
☐ **radi**um 라듐

어근 **gl/glim/glit(=shine)**

추가 어휘

☐ **gl**isten[glisn] 반짝이다, 번쩍거리다; 반짝임, 섬광
☐ **gl**eam[gliːm] 번쩍이다, 어슴푸레 빛나다; 미광
   - **gl**eaming 반짝이는, 빛나는
☐ **gl**oss[glas, glɔs] 광택, 윤; 윤을 내다, 윤이나다
   - **gl**ossy (표면이) 광택이 있는; 겉만 번지르르한
☐ **gl**int[glint] 반짝이다; 반짝임, 광택
☐ **gl**aze[gleiz] 유리창을 끼우다; 미끄럽게하다; 윤이 나다

1818 umbrageous
[ʌmbréidʒəs]
16.중앙대

umbr(=shade)+age+ous → 그늘이 진

a. 그늘진(=shady); 성 잘내는
- under the umbrageous trees 그늘진 나무 아래에서

ⓝ umbrage 〈고어〉 그림자; 나뭇잎; 분개, 불쾌

▣ **umbrella** 우산, 보호; 포괄적인
umbra 그림자 **umbral** 그림자의, 음영의

1819 adumbrate
[ædʌ́mbrèit]
12.중앙대

ad(=to)+umbr(=shade)+ate → 음영이 지게 하다

vt. 개략적으로 알려주다(=outline)
- adumbrate his strategy 그의 전략의 개요를 설명하다

ⓝ **adumbration** 개략적 묘사

Ⅰ130 meet

meet는 **"서로 얼굴을 맞대다, 만나다"**가 기본개념이다.
사람이 만나는 것 뿐만 아니라 길이나 강이 합류하는 경우도 meet이다. 또한 누가 요구하는 것을 맞춘다는 의미에서 나온 **"필요·요구 등을 충족시키다"** 의미도 중요하다.
명사로서 **"회합, 모임, 대회"**의 의미도 있다. ex) an athletic meet (운동회)

13001
meet (sb) halfway
10.국민대/04.성균관대/01~2.광운대,입시,Teps

(조금씩 양보해서) 중간에서(halfway) 만나다(meet)
타협하다(=compromise with sb)
• They should abandon the all-or-nothing game and **meet** each other **halfway**.
그들은 전부를 얻지 못하면 아무것도 얻지 못한다는 식을 포기하고 타협을 이루어야 할 것이다.

圈 **all-or-nothing** 〈07.동국대〉
전부가 아니면 전무(全無)의;
타협의 여지가 없는

13002
There is more than meets the eye.
94.입법고시

눈과 마주치다(meet)
눈에 보이는 것 이상의 것이 있다. 숨겨진 것[깊은 사연]이 있다.
• **Is there more** going on here **than meets the eye**?
겉으로 보이는 것과는 다른 일들이 일어나고 있는 건가요?

13003
meet the mark[goal/target]
04.동양대

목표(mark, goal, target)를 충족시키다(meet)
목표에 도달하다(=achieve the goal), **목표를 달성하다**
• It's impossible to **meet the sales targets**.
판매 목표를 달성하는 것은 불가능하다.

13004
meet the deadline
13.동덕여대/07.한성대,토익,Teps

데드라인(deadline)에 맞추다(meet)
마감기한에 맞추다
• We'll have to hire some temporary help, if we want to **meet the deadline**.
마감일을 맞추려면 임시 직원을 고용해야 한다.

圈 **meet the demand[needs]**
요구를 충족시키다 *meet (충족시키다)
- **meet the requirements for** sth
~에 대한 요구조건을 충족시키다

Ⅰ131 use

use는 **"(~을 도구로) 사용[이용]하다, 소비하다"**이다.
"언어를 사용하다(말을 하다)"라는 의미도 있고 부정적인 의미로 **"이용해 먹다"**의 뜻으로 쓰이기도 한다.

13101
use * up [sth]
05.삼육대/03.경기대/02.동아대
96.연세대학원,토플,Teps

완전히, 다(up) 쓰다(use)
소모하다(=consume); **고갈되다**(=deplete); **지치게 하다; 죽이다**
• He **used up** all the money he had inherited from his father.
그는 아버지로부터 물려 받은 유산을 다 써버렸다.

Ⅰ132 serve

serve는 **"섬기다, 봉사하다"**가 기본 의미이다.
"봉사하다"라는 기본의미에서 **"복무하다, 시중을 들다(attend), 도움이 되다"**라는 의미로 확장되어 쓰인다.

13201
serve one's turn
94.서울대학원

turn(목적)에 도움이 되다
도움이 되다, 목적에 적합하다(=suit one's purpose)
• This will **serve your turn**.
이거면 될 거에요.

등 **serve the purpose**
목적에 알맞다, 쓸모 있다
= **minister to** sb/sth
도움이 되다(=serve), 공헌하다
= **be of (great) service to** sb
~에 (매우) 도움이 되다

13202
It serves you right. / Serve you right.
07.인전시9급/98.법원직,Teps

네게 합당하게 보답하다(serve)
〈회화〉**아이, 고소하다; 그것 참 쌤통이다; 꼴좋다**
• A: My new shoes are really uncomfortable. 새로 산 신발이 정말 불편해.
  B: **It serves you right!** I told you not to buy it! 꼴좋네! 내가 사지 말라고 했잖아!

I 133

blow

blow는 "**공기를 통해 빠르게 움직이다**"이다.
"바람이 불다, 숨을 몰아쉬다, 폭발하다, 허풍을 떨다, 기회를 날려버리다"가 그것이다.
명사로 "강타, 구타"의 의미로도 쓰인다.

13301
blow[toot] ⓢ's own horn [trumpet]

11.명지대/09.경찰/06.경북9급
01.계명대/00.행.외.지시/93.기술고시

(제 자랑을) 나팔(horn)을 불고 다니다(blow)
제 자랑하다(=brag about ⓢ/ⓢ), 허풍을 떨다
• He **blows his own horn** about his success.
  그는 그의 출세에 대해서 자화자찬을 한다.

🔁 자랑하다, 자화자찬하다
= toot one's own horn
= brag about ⓢ/ⓢ 자랑하다(=tout)
= plume oneself on[upon] ⓢ
= pride oneself on ⓢ
= take pride in ⓢ 긍지를 가지다

I 134

기타 기본동사
boil, burn, die, kill, grow, raise/rise, reach, stick

---

boil "열을 가해서 끓이다"는 의미로 비유적으로 "매우 화가 나다"의 의미로 자주 쓰인다.	☐ **boil down to** ⓢ 결국 ～이 되다, 요약되다; 졸이다 ☐ **boil up** (ⓢ) (음식이나 물을) 끓이다; 화가 치미어 오르다, 부글부글 끓어 오르다 ☐ **boil over** (물 등이) 끓어 넘치다; 노발대발하다 ☐ **have a low boiling point** 끓는 점이 낮다, 쉽게 화를 낸다 ☐ **make** ⓢ's **blood boil** ～를 매우 화나게 하다
burn "타다, 태우다"의 의미로 비유적으로 "흥분하다, 성나다"의미로 자주 쓰인다.	☐ **be burning with rage[desire]** 분노/욕망으로 불타다 ☐ **be burning to R** 몹시 ～하고 싶어하다 ☐ **be[get] burned** (～에 의해) 감정을 상하다 ☐ **burn one's fingers / get one's fingers burned** (특히 사업에서 겁없이 덤비다가) 혼쭐이 나다 ☐ **burn** ⓢ **in effigy** (시위 등에서) 독재자 등을 모형으로 만들어 화형에 처하다 ☐ **burn** ⓢ **at the stake** 화형에 처하다 ☐ **burn the candle at both ends** 밤낮으로 혹사하다 ☐ **burn the midnight oil** 밤늦게까지 공부하다[일하다] ☐ **burn out** (ⓢ) / **burn oneself out** 다 타버리다, (연료가) 떨어지다; 정력을 다 소진하다 ☐ **burn up** ⓢ/ⓢ 잿더미로 만들다; ～을 매우 화나게 하다 **cf. be burning up** (병으로) 열이 펄펄 끓다
die "생명을 잃다"라는 의미로 "우스워 죽겠다"라는 우리말처럼 간혹 비유적으로도 쓰인다.	☐ **die laughing** 우스워 죽다, 포복절도하다 ☐ **die hard** 끝까지 저항하다 ☐ **die a natural death** 자연사하다 ☐ **die of** 병명 ～으로 죽다 ☐ **die of boredom** 매우 지루해하다, 지루해 죽다 ☐ **die out[away, off]** 차차 소멸하다, 죽어 없어지다 ☐ **die young** 요절하다
kill "생명을 빼앗다"라는 의미지만, "시간을 죽이다"처럼 생명이 없는 것에도 비유적으로도 쓰인다.	☐ **kill time** 시간을 죽이다, 소일하다 **cf. kill-time** 심심풀이 오락 **time killer** 심심풀이 ☐ **kill two birds with one stone** 일석이조하다 ☐ **kill oneself to R** ～하려고 필사적인 노력을 하다 ☐ **kill to R** 매우 ～하고 싶어하다 ☐ **be dressed to kill** 홀딱 반할 만한 옷차림을 하고 있다 ☐ **kill oneself laughing** 우스워 죽다, 포복절도 하다 ☐ **kill the engine** 엔진을 끄다

grow
"점점 커지다"의 의미로서 "자라다, 점차 ～가 되다"의 의미이다. 타동사로서 "기르다"라는 의미로는 식물이나 수염에만 한정해서 쓴다.
	☐ **grow up** 다 자라다, 성인이 되다
	  - **grown-up** 성인, 어른; 성인용의(=adult)
	  - **Grow up!** 나잇값을 해라!
	☐ **grow out of** ⓢ 너 무 커서 옷 등이 맞지 않게 되다(=outgorw); (～의 결과로) 생겨나다, 비롯되다
	☐ **grow on** ⓢ 점점 좋아하게 되다; 점점 자라다 *사물이 주어

raise/rise

raise는 현재보다 더 올리는 (to put up)것을 의미한다. 양이나 값을 올리거나, 손을 들어 이의를 제기하거나 반란을 일으키는 것. 사람이나 동물의 경우 기르거나 부양하는 것도 올리는 것이 된다. 또한 "기금을 조성하다"라는 의미도 있다. raise는 타동사인데 반해 rise는 자동사로서 "오르다(to get up)"의 의미이다. 물가등이 상승하는 것은 물론, 해나 달이 뜨는 경우에 쓴다.

- ■ **raise an objection to** sb/sth ~에 반대하다, 이의를 제기하다
- ☐ **raise one's voice (to** sb**)** 목소리를 높이다, 이의를 제기하다
- ☐ **raise one's hand** 손을 들어 올리다
- ☐ **raise one's head** 얼굴을 들다(출석했음을 알리다), 나타나다
- ☐ **raise one's eyebrows** (놀라서) 눈썹을 치켜 올리다
- ☐ **raise funds[money] (for charity)** (자선) 기금을 모집하다
- ☐ **raise hell / raise the devil** 소동을 일으키다, 소란을 피우다
- ■ **rise (up) against** sb/sth ~에 대항해 반란을 일으키다
- ☐ **rise to the occasion** 난국이나 위기에 잘 대처하다
- ☐ **rise in life / rise in the world** 출세하다
- ☐ **give rise to** sth ~을 발생시키다, ~의 근원이다
- ☐ **on the rise** (물가 등이) 오름세에 있는
- ☐ **sunrise** 일출 ↔ **sunset** 일몰

reach

"손을 뻗다"는 의미에서 "도달하다. 미치다"와 "연락하다"의 의미까지 확장된다. 권투에서 손을 뻗어 펀치가 닿는 거리를 reach라고 한다.

- ☐ **reach an agreement with** sb ~와 합의에 도달하다
- ☐ **How can I reach you?** 당신과 어떻게 연락하면 되나요?
- ☐ **reach breaking point** 한계에 이르다
- ☐ **reach the boiling point** 비등점에 달하다
- ☐ **beyond reach** 손이나 힘이 미치지 않는 곳에 ↔ **in reach** 손이 닿는 곳에
- ☐ **reach for the stars** 이룰 수 없는 일을 바라다
- ☐ **reach[hit] one's stride** 혼신을 다하다

stick

stick은 원래 "뾰족한 것을 찔러 고정시킨다"는 의미에서 "찌르다, 붙이다, 고정시키다, 튀어나오다" 등의 의미가 나온다.

- ☐ **stick around** (한 장소에서) 떠나지 않고 기다리고 있다(=wait around)
- ☐ **stick to** sth ~에 달라붙다, 집착하다
- ☐ **stick to one's guns** 입장을 고수하다
- ☐ **stick with[by]** sb/sth ~에 충실하다, 유지·고수하다
- ☐ **stick together** 똘똘 뭉치다, 단결하다
- ☐ **stick out** 돌출하다; 불쑥 나오다; 눈에 띠다
- ☐ **stick out like a sore thumb** 매우 눈에 띠다
- ☐ **stick[hold] out for** sth (임금 인상 등을) 끝까지 요구하다
- ☐ **stick one's neck out** 위험을 자초하다
- ☐ **be stuck on** sb ~에게 반하다, 홀딱 빠지다
- ☐ **be stuck for** sth ~이 부족하다

R182 [어근] head 합성어

1821 headstrong
[hédstrɔ̀ːŋ]
04.홍익대

head+strong → 머리(생각)가 단단히 굳은

a. 완고한, 고집 센(=pigheaded)
• a headstrong child 고집 센 아이

1822 levelheaded
[lévəlhédid]
07.고려대

level+headed → 동요되지 않고 차분한 머리를 가진

a. 분별 있는(=sensible), 차분한(=calm)
• a levelheaded and sensitive person 차분하고 섬세한 사람
⮕ headless 우두머리 없는; 어리석은

1823 deadhead
[dédhèd]
09.중앙대

dead+head → 쓸모없는(돈이 안 되는) 머리 숫자

v. 1. 빈 차로 회송하다(=travel empty)
2. 〈영〉 (나무에서) 시든 꽃을 잘라 내다
n. 1. 무료입장자[승객](↔ fare 유료승객); 회송열차
2. 무용지물, 바보
• dead head train 회송 열차
⮕ head count (참석자의) 머릿수; 여론조사

1824 figurehead
[fígjərhèd]
94.서울대학원

figure(인물상)+head → 뱃머리에 조각한 얼굴상(은 배의 상징)

n. 1. (실권은 없는) 명목상의 대표
2. 뱃머리에 조각한 얼굴상; 〈익살〉 얼굴
• merely a figurehead president 단지 명목상의 사장

1825 headway
[hédwei]
16.산업기술대

head+way → 머리 쪽이 향한 방향

n. 진전, 진행, 진척(=progress)
• make headway 진전하다, 나아가다
• fail to make headway 진전을 보이지 못하다

어근 haed 합성어

추가 어휘

☐ **head**first 거꾸로, 곤두박질로; 몹시 서둘러서
☐ **head**long 몹시 서두르는, 성급한; 곤두박이의
☐ swelled **head** 자만, 자부

R183 [어근] cip/cap(=head) & phren(=brain) & cereb(=brain)

1831 principal
[prínsəpəl]
00.행자부9급

prin(=chief)+cip(=head)+al → 제일 으뜸 우두머리

n. 교장, (대학의) 학장, 조직체의 장
a. 주요한
• the first principal of the school 초대 교장
目 principle 원리, 원칙, 신조 •prin(=first) ⮕ R0019(2)
目 captain 장, 우두머리; 육군의 대위, 해군의 대령
18.지방직9급　chief 장, 우두머리; 최고의, 제1의; 주요한(=paramount)

1832 capital
[kǽpətl]
07.충남9급/05.총신대

cap(=head)+i+tal → 우두머리 도시, 머리글자, 머니가 최고

n. 수도; 대문자; 자본, 원금(=money)
a. 1. 주요한, 으뜸가는
12.한성대　2. 사형에 처할만한
• capital punishment 사형제도
• social overhead capital 사회 간접 자본
ⓝ capitalist 자본가; 자본주의의
→ communist 공산주의자 socialist 사회주의자
capitalism 자본주의
→ communism 공산주의 socialism 사회주의
目 Capitol (미국의) 국회의사당

1833 capitalize
[kǽpətəlàiz]
16.홍익대/10.성균관대

cap(=head)+it(=go)+al+ize → 자본을 만들다, 머리를 만들다

vi. 이용하다[on](=take advantage of),
기회로 삼다(=make the most of)
04.서울여대　vt. 1. 자본화하다; 투자하다
2. ~을 이용하다(=exploit)
3. 대문자로 쓰다
• capitalize on cheap labor 싼 노동력을 이용하다
目 recapitalize (회사의) 자본 구성을 재편하다

어근 cip/cap(=head)

추가 어휘

☐ **cap**e 곶, 갑
☐ **cap**itation 인두세, 인원별 계산
☐ per **cap**ita 일인당, 머릿수로 나눠서
☐ **cap**illary 털 모양의; 모세관 (현상)의; 모세관 •pill(=hair)
☐ de**cap**itate (형벌로써) 목을 베다, 해고하다
= behead 목을 베다, 참수형에 처하다

표제어 복습

☐ **cap**ricious 변덕스러운, 마음이 변하기 쉬운 ⊡ N0013
- **cap**rice 변덕, 일시적 기분
- **cap**riciously 변덕스럽게
☐ pre**cip**itate 촉진시키다; 서두르다; ⊡ N0077
- pre**cip**itately 다급히; 갑자기; 곤두박질로
- pre**cip**itation 투하, 낙하, 촉진; 강우(량)
- pre**cip**itous 깎아지른 듯한; 급격하게 일어나는
- pre**cip**ice 절벽, 벼랑; 위기, 궁지
혼동어근 cip(=take, seize) ⊡ R001

어근 phren(=brain)

추가 어휘

☐ **phren**etic(frenetic) 열광적인, 부산한
☐ **phren**itis 뇌염, 정신착란
☐ **phren**ology 골상학

1834 capitulate
[kəpítʃulèit]
04~2.덕성여대

cap(=head)+it(=go)+ul+ate → 머리를 적 앞으로 내놓다

vi. 1. (조건부 또는 무조건) 항복하다(=yield)
2. 굴복하다, 저항을 그만두다
• capitulate to the terrorist's demands 테러리스트의 요구에 굴복하다
ⓝ **capitulation** 조건부 항복; 항복 문서

1835 recapitulate
[rìːkəpítʃulèit]
10.숙명여대/06.서강대

re(=again)+cap(=head)+it(=go)+ul+ate → 자꾸 주제(head)로 되돌아가다

v. (요점을) 되풀이하다(=reiterate); 요약하다(=summarize)
• recapitulate the main ideas 요지를 반복해서 말하다
ⓝ **recapitulation** 요점의 반복, 개요
ⓐ **recapitulatory** 개괄적인, 요약적인

1836 capsize
[kǽpsaiz]
13.단국대/10.숙명여대
06.서강대

cap(=head)+size(=sink) → 머리부터 가라앉다

v. 전복시키다(=overturn); 뒤집히다
n. 전복
• The rough waves capsized the rowboat.
거친 파도는 노 젓는 배를 전복시켰다.
🔁 **turn over** 전복시키다(=capsize), 전복되다; 양도하다 ⊃ IO6612

어근 cereb(=brain)

추가 어휘

☐ **cereb**ellum 소뇌
☐ **cereb**rum 대뇌
  - **cereb**ral 대뇌의
☐ **cereb**ritis 뇌염

R 184   [어근] fac/face(=face) & front(=face, forehead)

1841 facet
[fǽsit]
17.한국외대/16.삼명대
95.서울대학원

face(=face)+t → (보석의) 얼굴, 단면

n. 1. (사물·문제 따위의) 일면, 국면, 양상(=respect, aspect, face)
2. (보석 등의) 자른 면(面)
• one facet of our lives 우리 생활 중 하나의 단면
🔁 **facade**[fəsá:d] (건물의) 정면(=frontage) 겉보기, 외관

1842 facetious
[fəsí:ʃəs]
17,14.단국대/10.서울시9급

face(=face)+t+ious → 얼굴(표정)을 우습게 해 보이는

a. 경박한, 까부는, 우스운(=jocular, humorous); 쾌활한(=blithe)
• Stop being facetious; this is serious.
까불지 마라, 이건 진지한 일이다

1843 efface
[iféis]
05.경기대,서울여대
94.변리사

ef(ex=out)+face → 얼굴(표면)을 (문질러) 없애다

vt. 1. (글·자국·기억 등을) 지우다(=erase, wipe off, obliterate)
2. 눈에 띄지 않게 행동하다[oneself]
• It takes a long time to efface memories.
기억을 지우는 데는 오랜 시간이 걸린다.
ⓐ **effaceable** 지울 수 있는
ⓝ **effacement** 말소; 소멸
🔁 **deface** 외관을 더럽히다, 손상시키다; 지우다 •de(=away)

1844 surface
[sə́ːrfis]

sur(~위의)+face(얼굴, 표면) → 물체의 표면 위의

n. 표면, 수면, 겉보기
vi. 수면으로 올라오다; 표면화되다
a. 표면의, 외관의, 피상적인
• alter the earth's surface 지표면을 변형시키다
• on the surface 외관상
16.국가직9급
🔁 **scratch the surface of** ~을 겉핥다(=superficially deal with)

1845 affront
[əfrʌ́nt]

af(ad=to)+front(=face) → 얼굴을 앞에 두고 모욕하다

n. (공공연하고 의도적인) 모욕(=insult)
vt. (면전에서) 모욕하다
• an affront to society 사회에 대한 모욕

1846 effrontery
[ifrʌ́ntəri]

ef(ex=out)+front(=face)+ery → 대놓고 얼굴을 들이대는

n. 철면피, 뻔뻔스러움
• have the effrontery to ask for two free samples
뻔뻔스럽게 공짜 샘플을 두 개나 요구하다

1847 upfront
[ʌ́pfrʌ́nt]
07.세무직9급

up+front(=face) → 앞으로 내놓은

a. 1. 선불의 2. 솔직한 3. 맨 앞줄의
• pay for it upfront 선불로 결제하다
🔁 **up front** 선불로

tip 호텔의 정면 앞에 있는 프론트(front)는 호텔의 얼굴입니다. 어근 front는 "얼굴, 앞부분"의 의미입니다.

어근 fac/face(=face)

추가 어휘

☐ **fac**ial 얼굴의, 얼굴에 사용하는; 표면의
☐ **fac**eless 익명의, 그 신원을 숨기는
☐ **fac**ia[féiʃə] (점두의) 간판; (자동차의) 계기판
☐ **fac**ing 직면, (집의) ~향(向); 겉단장, 외장
☐ About **face**! 뒤로 돌아!

어근 front(=face, forehead)

추가 어휘

☐ **front** (사물의) 앞면[앞부분]; 앞쪽; 전선; ~쪽으로 향하다
☐ **front**ier 변경, 국경; (학문의) 미개척 영역
☐ **front**age (건물의) 정면
☐ fore**front** 맨 앞, 선두
☐ **front**let 머리띠

표제어 복습

☐ con**front** 직면하다, 당당히 맞서다 ⬛ N0737
  - con**front**ation 직면, 대면; 대립

1851 corporal
[kɔ́ːrpərəl]
15.서울시9급/13.홍익대

corpor(=body)+al → 몸과 관련된
a. 육체의, 신체의(=physical)
n. 〈군대〉 상등병(약어 Corp., Cpl.)
- corporal punishment 체벌

1852 corporeal
[kɔːrpɔ́ːriəl]
14.중앙대

corpor(=body) +eal → 몸체가 있는
a. 형태를 가진(=palpable), 물질적인; 신체의
- corporeal property 유형 자산
🔄 incorporeal 형체가 없는, 영적인

1853 incorporate
[inkɔ́ːrpərèit]
15.한양대/09.중앙대

in(=in)+corpor(=body)+ate(=make) → 덩어리 안에 들어가다
vt.1. (일부로) 포함하다, 편입하다; 가입시키다
2. 법인(주식회사)화하다
3. 생각을 구체화하다
- become incorporated with another 다른 회사와 합병하다
ⓐ incorporated 주식회사의, 유한회사의
ⓝ incorporation 결합, 합동; 법인단체, 회사 (약칭: Inc.)
🔄 corporate 법인의, 법인소유의, 단체의, 공동의
- corporation 법인, 사단법인, 주식회사 (약칭: Co.)

1854 corpse
[kɔːrps]

corp(=body)+se → (죽은) 몸통
n. (특히 사람의) 시체, 송장(=cadaver)
- exhume a corpse 사체를 발굴하다
- a mangled corpse 토막난 시체
🔄 corpus[kɔ́ːrpəs] 신체, 시체; 특히 논문 등의 집성
corps[kɔ́ːr] 군단, 육군의 특수병과
🔄 carcass[káːrkəs] (특히 짐승의) 시체; 폐허

1855 corpulent
[kɔ́ːrpjulənt]
93.행정고시

corp(=body)+ul+ent → 몸통(body) 같은
a. 뚱뚱한, 비만한(=obese, fat)
- a short and corpulent woman 키가 작고 뚱뚱한 여자
ⓝ corpulence 비만, 비대

1856 somatic
[soumǽtik]
06.한양대

soma(=body)+tic →육체와 관련된
a. 신체의, 육체의
- a somatic cell 체세포
ⓝ soma 체세포, 신체
🔄 somatology 생체학, 인체(생리)학
psychosomatic (병이 육체적 장애보다) 정신 상태에 영향 받는

1857 incarnation
[inkɑːrnéiʃən]
15.한양대/03.계명대

in(=in)+carn(=body)+ate(=make)+ion → 몸을 만들어 줌
n. 구체화(=embodiment), 육체화; (어떤 것의) 화신
- the incarnation of evil 악의 화신
ⓥ incarnate ~의 화신이 되다; 구체화하다(=embody)
🔄 reincarnation 윤회, 환생
- reincarnate 환생시키다

1858 emaciated
[iméiʃièitid]
17.단국대/15.중앙대
14.가천대

e〈ex(강조)+mac(=lean)+iat+ed → 야위어진
a. 수척한, 야윈(=lean); (땅이) 메마른
- an emaciated man 수척한 남자
ⓥ emaciate 수척해지(게 하)다(=peak and pine); 메마르게 하다
🔄 macerate 물에 불리다; 쇠약하게 하다

1859 lean
[liːn]
17.단국대/15.숙명여대
13.경희대

→ 기름기가 없는 음식만 먹어서 마른
a. 1. 사람이 여윈, 마른(=emaciated, lanky)
2. 흉작인, 메마른
3. (고기가) 기름기가 적은
- lean meat (지방이 적은) 살코기
v. 기울다[기울이다]; 기대다, 의지하다
n. 기울기, 경사
ⓝ leaning 성향, 기호

어근 body(=body)

표제어 복습
☐ embody 구체화하다, 구현하다 ▶ N0547
- embodiment 구체화, 구현; 화신
☐ body 몸, 신체, 몸통; 시체; 본체; 조직

어근 carn(=body, flesh)

추가 어휘
☐ carnage 살육, 대량학살
☐ carnal 육체의, 육감적인
☐ carnation 카네이션, 살색, 연분홍
☐ carnival 카니발, 사육제; 축제
cf. cannibal 식인종; 식인의, 인육을 먹는
- cannibalism 사람 고기를 먹는 풍습

어근 meag/mac(=lean)

표제어 복습
☐ meager/meagre 빈약한; 여윈 ▶ N0522

1861 handy
[hǽndi]
09.지방직9급
98.단국대/92.광운대

handy → 손에 착 붙어있는

ad.곁에, 바로 가까이에
a. 1. 편리한(=convenient)
- come in handy 여러모로 편리하다, 유용하다
2. 손재주 있는, 능숙한
- handy for various jobs 다양한 일에 유용한
團 **handyman** 잡역부(=factotum), 이것저것 재주 있는 사람

1862 handout
[hǽndàut]
02.덕성여대

hand+out → 바깥에 나누어 주는 것

n. 1. 광고 전단; (교실·학회 등에서 주는) 인쇄물
2. (가난한 사람에게 주는) 지원금, 동냥
- live on handouts from the state 국가에서 주는 지원금에 의지해 살다
團 **hand out** (전단지 등을) 나누어 주다

1863 firsthand
[fə́:rsthænd]
02.사법시험/93.덕성여대

first+hand → 손에서 떠난 다음에 처음으로 받은

a. 직접의, 직접 구입한(=direct)
ad.직접, 바로; 직접 체험에 의해서
- firsthand information 직접 얻은 정보
團 **secondhand** 간접의, 중고의; 간접적으로

1864 maneuver
[mənúːvər]
13.명지대/10.국회8급

man(=hand)+euver → 손으로 채우다

n. (pl.) (군대의) 기동 연습; 교묘한 조치, 책략(=tactics)
v. 연습시키다; 책략을 쓰다, 책동하다
- a shameless political maneuver 몰염치한 정치적 책략

1865 menial
[míːniəl]
13.이화여대/08.경희대
06.대구가톨릭대

mean)men or man(=hand)+ial → 손으로 직접 하는

a. 1. (일 등이) 시시한, 천한(=lowly, humble)
2. 노예근성의
n. 머슴, 하인, 하녀
- perform menial labour 천한 노동을 하다
團 **manual**[mǽnjuəl] 소책자, 편람, 안내서; 손의, 손으로 하는
manure[mənjúər] (유기질) 비료; 거름; 비료[거름]를 주다

---

tip 손톱에 바르는 매니큐어(manicure)라는 단어에서 보듯이
어근 man은 "손, 일손"을 뜻하는 어근입니다

어근 man/manu(=hand)

추가 어휘
☐ **mani**cure 매니큐어
☐ **manu**facture (대규모의) 제조, 생산; 제조업;
　　　　　　　　(pl.) 제품; 제작하다; 날조하다
☐ **man**acle (보통 pl.) 수갑; 속박

표제어 복습
☐ **mani**pulate 능숙하게 다루다; 교묘하게 조작하다 ◪ N0925
☐ **man**age 간신히 ～하다; 잘 해나가다, 다루다 ◪ N0380
　- **man**ageable 관리할 수 있는, 감당할 수 있는
　- **man**agement 경영, 관리, 지배, 감독
　- **man**ager 지배인, 경영자, 감독
☐ e**man**cipate 해방하다, 석방하다 ◪ N0317
　- e**man**cipation (노예 등의) 해방
　- e**man**cipatory 해방의, 석방의
　- e**man**cipated 해방된; 전통에 얽매이지 않는
☐ **manu**mission (노예 등의) 해방 ◪ R0529(3)
☐ **mani**fest 표명하다; 명백한, 분명한 ◪ N0512
　- **mani**festation 명시, 표명; 시위운동, 데모
　- **mani**festo (정당 등의) 선언(서), 성명(서)
　- **mani**festly 명백하게, 분명히

어근 chiro(=hand)

추가 어휘
☐ **chiro**gnomy 손금 보기, 수상술 *gno(=know)
☐ **chiro**graphy 필법 *graph(=write)
☐ **chiro**logy 수화법 *logy(=write)
☐ **chiro**podist 족병 전문의 *pod(=foot)

1871 pedestrian
[pədéstriən]
17.중앙대/09.고려대

pedestr(=foot)+ian → 발로 걸어다니는 사람

n. 보행자, 도보 여행자
a. 1. 도보의, 보행의
2. 평범한, 단조로운
- a pedestrian precinct 보행자 전용 구역
- pedestrian crossing 횡단보도
- a prosaic and pedestrian speech 지루하고 단조로운 연설

團 **zebra crossing** 〈영〉 (길 위에 흰색 사선을 칠한) 횡단보도
crosswalk 〈미〉 횡단보도
crossing 횡단; 교차; 교차로; 건널목, 횡단보도
traverse 횡단 도로; 건널목; 가로지르다; 방해하다
10.경찰2차　**jaywalk** (교통 규칙을 무시하고) 길을 무단횡단하다
walker/footer 보행자, 보행인

1872 peddler
[pédlər]
10.한성대

ped(=foot)+dler → 걸어 다니면서 물건을 파는 사람

n. 행상인; (마약·음란물 등) 불법적인 것을 파는 사람
- a smut peddler 음란물을 파는 행상인
ⓥ **peddle** 행상하다(=hawk) 소문을 퍼뜨리다
ⓐ **peddling** 하찮은, 사소한; 행상

1873 pedestal
[pédəstl]
02.국민대

pedest(=foot)+al → 발처럼 받쳐 놓는 것

n. 받침대, 주춧돌; 기초, 토대
- bronze statue on a granite pedestal 화강암 받침대 위의 청동상
團 **put**[place, set] sb **on a pedestal** 존경하다(=admire),
～를 연장자로 모시다 ➔ IO4407

어근 ped/pod/pus/patch/fetch(=foot)

추가 어휘
☐ **pedi**cure 발치료; 페디큐어 (cf. manicure)
☐ bi**ped** 두발 짐승 *bi(=two)
☐ quadru**ped** 네발 짐승 *quadru(=four)
☐ hexa**pod** 6각류, 곤충 *hexa(=six)
☐ octo**pus** 낙지, 팔각목 *octo(=eight)
☐ deca**pod** 십각류(새우, 오징어) *deca(=ten)
☐ centi**ped**e 지네 *cent(=hundred)
☐ milli**ped**e 노래기 *milli(=thousand)
☐ **fett**er 족쇄; (pl.) 속박, 구속; 족쇄를 채우다
　- un**fett**ered 구속을 벗어난, 자유로운

표제어 복습
☐ im**ped**e (진행을) 늦추다, 방해하다 ◪ N0101
　- im**ped**iment 방해(물), 지장, 장애; 신체장애
　- im**ped**itive 방해되는, 장애의
☐ im**ped**imenta 수하물; 군용 보급품
☐ ex**ped**iency 편법; 편의주의 ◪ N0391
　- ex**ped**ient (수단 따위가) 편의(주의)적인; 편법
　↔ inex**ped**ient 마땅찮은, 부적당한
　- ex**ped**ite (편법을 동원해서) 신속히 처리하다
　- ex**ped**itious 날쌘, 신속한, 급속한
　- ex**ped**ition 신속; (조사단의) 탐험; 원정

1874 pedigree
[pédəgrì:]
06.경북9급

ped(=foot)+i+gree → 계보가 두루미 발을 닮은 데서

n. 가계, 계보, 족보, 혈통(=genealogy, family tree)
- The breeder showed us the dog's pedigree.
  품종개량자는 우리에게 그 개의 혈통을 보여주었다.

1875 podium
[póudiəm]
11.광운대

pod(=foot)+i+um → 발을 디디고 서는 곳

n. (오케스트라의) 지휘대; 연단(=dais, platform, rostrum)
- step up to the podium 연단으로 올라가다
- stand on the winner's podium 시상대에 서다

1876 dispatch
[dispǽtʃ]

dis(=away)+patch(=foot) → 멀리 보내다 or 발을 빼다

vt. 1. 급파하다, 급송하다
   2. (일 등을) 재빨리 해치우다; 빨리 먹어치우다
   3. 죽이다, 처형하다
n. 급파, 전보, 속달; 파견; 신속
- dispatch a courier 특사를 파견하다
- dispatch the assigned task 맡은 일을 신속히 처리하다

ⓣ **patch** 반창고, 천조각; 덧대다, 수선하다

1877 far-fetched
[fáːrfétʃt]
17.한성대/07.한국외대
04.서울여대

far(=away)+fetched(=가지고 온)

a. (변명 등이) 억지로 갖다 붙인, 믿기지 않는
(=improbable, implausible, impractical)
- a farfetched excuse 억지변명
- seem too farfetched to be true 너무 억지스러워서 진짜 같지 않은

ⓣ **far** 1. (거리 · 공간이) 멀리(에) 2. (시간 · 정도가) 아득히
   3. 훨씬, 무척, 대단히, 아주, 너무, 크게

97.공인회계사

fetch 1. (가서) 가지고[데리고, 불러] 오다(=go and get)
   2. 의식을 회복시키다; 숨을 내쉬다; 매혹하다

fetching 사람의 눈을 끄는, 매혹적인

1878 p(a)edology
[pidάləd3i]
97-2.경희대

ped(=child)+o+logy → 아동을 연구하는 학문

n. 1. 아동학, 육아학, 소아과(=pediatrics)
   2. 토양학
ⓣ **pediatrics** 소아과 **pediatrician** 소아과 의사

□ **ped**agogy 교육, 교육학
  - **ped**agogue 선생, 교육자; 현학자
□ encyclo**ped**ia 백과사전
□ ortho**ped**ics 정형외과
□ **ped**antry 현학적인 행동; 형식에 구매됨
  - **ped**antic 학자티를 내는

R 188   [어근] **brace(=arm) & dent(=tooth) & 신체기관에 관한 어근**

1881 brace
[bréis]
10.동국대/97.고려대학원

brace(=arm) → 팔과 관련이 있는 것

n. 1. 버팀대; 꺾쇠; (pl.) 부목, 손목보호대
   2. 〈영〉 (pl.) 바지 멜빵 cf. 〈미〉 suspenders
vt. 버팀대로 받치다, 보강하다; 긴장시키다
ⓣ **be braced with** ~으로 떠받치다
brace (oneself) for ~에 대비하다
- Brace yourself for that. 그것에 대해 대비를 해라.
ⓐ **bracing** 긴장시키는; 기운을 돋우는, 상쾌한; 버팀대, 지주; 자극
ⓣ **bracelet** 팔찌; (pl.) 〈구어〉 수갑(=handcuffs)

1882 dent
[dént]
04-2.단국대

dent(=tooth) → 이빨로 깨문 자국

n. 1. (부딪쳐서) 움푹 들어간 곳, 맞은 자국
   2. 약간의 진전, (초기 단계의) 진척
   3. (영향력 따위의) 약화; (자존심의) 상처
v. 움푹 들어가(게 하)다
ⓐ **dented** 오목한, 찌그러진 ↔ 볼록한: convex, bulgy
- be badly dented in a collision 충돌로 심하게 찌그러지다

1883 denture
[déntʃər]
98.덕성여대

dent(=tooth)+ure → (만들어진) 치아

n. 의치, 틀니(=false tooth)
- wear dentures 틀니를 끼다
ⓣ **dental** 이의, 치과의 **dentist** 치과의사
dental calculus 치석 **scaling** 치석제거
odontology 치과학 **odontalgia** 치통(=toothache)

표제어 복습

□ em**brace** 포옹하다; 포괄하다; 매수하다 ☐ N0573
  - em**brac**ive 포괄적인
  - em**brace**ment 포옹; (기꺼이) 받아들임
  - em**brace**ry 법관 · 배심원 매수죄

추가 어휘

□ in**dent**ure (2장이 1세트로 된) 계약서, 주문서;
        v. 도제살이를 시키다
□ **dent**iculate 톱니모양의, 작은 이 모양의
□ **dand**elion 민들레

□ **nas**al[néizəl] 코의, 비음의
  - **nas**al congestion 코막힘

□ **rhin**al 코의
□ **rhin**oceros 코뿔소
□ **rhin**itis[rainátis] 비염 · 빼의(염증)

1884 pneumatic
[njumǽtik]
10.이화여대

pneum(=lung, air)+atic → 공기와 관련된

a. 공기가 든, 기체의, 바람의
- newly invented pneumatic pump 새로이 발명된 공기 펌프

ⓝ pneumatics 공기 역학

🔲 pneumonia[njumóunjə] 폐렴

pneumonoultramicroscopicsilicovolcanoconiosis
진폐증 〈가장 긴 단어: 줄여서 pneumoconiosis〉

1885 hypodermic
[hàipədə́:rmik]
03-2.광운대

hypo(=under)+derm(=skin)+ic → 피부 바로 아래 조직에 쓰는

a. 1. 피하(皮下)의, 피하 주사용의
2. 자극하는, 기운을 북돋우는
n. 피하 주사; 피하 주사기
- hypodermic injection 피하 주사
- hypodermic needle 피하 주사기

ⓝ hypodermis (동·식물의) 진피, 피하 조직

🔲 subcutaneous[sÀbkju:téiniəs] 피하의, 피하에 주사하는
endermic 피부에 침투하여 작용하는, 피부에 바르는
epidermis 동·식물의 표피, 외피

1886 dermatologist
[də́:rmətálədʒist]
11.서울여대

derm(=skin)+ato+logist → 피부의 병을 연구하는 의사

n. 피부과 전문의
- Dermatologists study skin tissue.
피부과 전문의들은 피부조직을 연구한다.

ⓝ dermatology[dɜ̀:rmətálədʒi] 피부병학
dermatitis 피부염

1887 excoriate
[ikskɔ́:rièit]
17.단국대
98.입법고시/90.고려대학원

ex(=out)+cori(=skin)+ate → 피부를 떨어져 나오게 하다

vt. 1. (껍질·가죽을) 벗기다
2. (사람·연극·책 따위에) 혹평하다(=denounce)
- a speech excoriating the deserters 탈영자를 혹평하는 연설

ⓐ excoriating 혹평하는
ⓝ excoriation 혹평, 비난

🔲 skin 껍질을 벗기다, 몹시 비난하다; (상대팀을) 대파하다(=hammer)
10.국민대

참고어근 coll(=neck)
- ☐ collar[kálər] 칼라, 깃
- ☐ decollate[dikáleit] 목을 베다

참고어근 pile(=hair)
- ☐ pilous/pilose[páilous] 털이 많은(=hairy)
- ☐ pily 솜털이 있는, 솜털 같은, 부드러운
- ☐ capillary[kǽəəi] 털 모양의, 모세관의

참고어근 pneum/pulm(=lung)
- ☐ pulmonary 폐의, 폐 질환의
- ☐ pulmotor 인공호흡기

참고어근 gastr(=stomach)
- ☐ gastric[gǽstrik] 위의
- ☐ gastritis[gæstráitis] 위염 *itis(염증)

참고어근 hem/hemo(=blood)
- ☐ hematic 혈액의
- ☐ an(a)emia[əní:miə] 빈혈(증) *an(=not)
- ☐ hemoglobin 헤모글로빈
- ☐ hemophilia 혈우병

참고어근 oss/osteo(=bone)
- ☐ ossify[ásəfài] 뼈로 변하게 하다; 경화시키다
- ☐ osteology[àstiálədʒi] 골학
- ☐ osteoporosis 골다공증 *poros(=hole)

참고어근 cori(=skin)
- ☐ corium 진피(=dermis) → [복수] coria
- ☐ corious 가죽의, 가죽으로 만든
- ☐ cuirass[kwirǽs] 동체, 갑옷

I 135

head/brain/hair

head는 **머리, 머릿수 → 두뇌 → 이해력 → 우두머리 → 첫머리**
N. 머리 → 두뇌 → 이해력; 머리 → 우두머리 → 첫머리, 선두
V. 선두에 서다, 전진하다, ~쪽으로 향하다

---

1. 머리 → 두뇌 → 이해력; 머리 → 우두머리 → 첫머리, 선두(↔ tail)

13501
head over heels
입사,Teps

거꾸로 떨어질 때 머리(head) 위로(over) 발 뒤꿈치(heel)가 있는 상황
1. 거꾸로(=upside down, topsy-turvy)
2. 충동적으로, 무턱대고(=impulsively; carelessly)
3. 사랑에 깊이 빠져
• He tripped and fell **head over heels** into the gully.
　그는 발을 헛디뎌서 도랑에 거꾸로 떨어졌다. *gully 협곡, 도랑

Ⓡ **fall head over heels in love**
사랑에 빠지다

13502
over one's head
07.광운대,Teps

내 머리의 이해력을 넘어서는(over)
~에게 이해가 되지 않는(=above one's head)
• The theory is way **over my head**.
　이 이론은 내게는 너무 어렵다. *way 훨씬, 너무

Ⓡ **go over one's head**
1. ~에게 너무 어렵다
2. ~의 윗사람[상사]에게로 가다

13503
put one's heads together
입사,Teps

머리를 같이 맞대다
머리를 맞대고 의논하다, 머리를 짜내다(=rack one's brains)
• They **put their heads together**.
　그들은 이마를 맞대고 의논했다.

Ⓢ **use one's head**
머리를 쓰다, 생각하다 *머리를 쓰다

13504
**raise[rear] its[one's]
(ugly) head**
16.가천대

머리를 들다(raise)
(나쁜 것이) 고개를 쳐들다, 다시 나타나다
• Racism has **raised its ugly head** again.
　인종차별주의가 다시 고개를 쳐들었다.

Ⓢ **raise one's head** 나타나다

---

2. V. 선두에 서다, 전진하다, ~쪽으로 향하다

13505
**head (for ⓢⓦ) /
be headed for ⓢⓦ**
07.국민대/03.경찰/입사,Teps

머리를 ~로 향하다(for)
~으로 향하게 하다; ~로 향하다
• Hey, you, where are you **headed for**? 얘, 어디 가니?

13506
head * off ⓢⓑ/ⓢⓣⓗ
05.영남대/04.행자부7급/03.경기대
99~2.세종대/94.군법무관,토플

진로를 떨어져서(off) 향하게 하다
1. **~을 막다, 가로막다, 저지하다**(=forestall, block * off ⓢⓑ/ⓢⓣⓗ)
2. **(방침·방향 등을) 바꾸다; 떠나다**(=leave)
• The town **headed off** the attempt to build another mall.
　그 읍은 다른 쇼핑몰을 건설하려는 시도를 저지했다.

Ⓡ **laugh one's head off**
매우 크게 웃다
- **scream one's head off**
크게 비명지르다

---

3. brain : 두뇌, 지능; 똑똑한 사람

13507
**rack one's brain(s)
(over ⓢⓣⓗ)**
17.지방직9급

두뇌를 쥐어짜다(rack)
생각해 내려고 머리를 쥐어 짜다
• He **racked his brains** to find a solution to the problem.
　그는 그 문제에 대한 해결책을 찾으려고 머리를 짜냈다.

Ⓢ **cudgel[drag/pump] one's brains**
머리를 짜내다, 궁리하다
= **beat one's brains out**
머리를 짜내다, 최선을 다하다

■ brain 보충표현

□ **brainchild** 두뇌의 소산, 창작품, 새로 구상한 것　　□ **brainstorm** 번뜩이는 아이디어
□ **brain drain** (외국이나 경쟁기업으로의) 두뇌 유출

■ hair(머리털, 체모; 털끝만한 것) 보충표현

□ **get in ⓢⓑ's hair** 〈구어〉 ~을 괴롭히다, 안달나게 하다(=bother)
□ **tear one's hair (out)** (슬프거나 노여워서) 머리털을 잡아뜯다; 몹시 흥분하거나 걱정하다 *머리채를 잡아 뜯다
□ **blow ⓢⓑ's hair / make a person's hair curl** (공포로) 머리털이 곤두서게 하다, 오싹하게 하다
□ **have one's hair done** 머리를 하다　　　　　　　□ **set one's hair in curls** 곱슬머리를 하다(만들다)
□ **by a hairbreadth** 가까스로, 아슬아슬하게　　　　□ **to a hairbreadth** 한 치도 틀림없이
□ **within a hairbreadth** 하마터면　　　　　　　　□ **split hairs** (토론 등에서) 사소한 일을 꼬치꼬치 따지고 들다

Ⅱ136 face

face에는 우리말의 "얼굴을 못 들겠다"에서처럼 **체면**의 의미가 있고 **面(낯 면)**의 의미가 그대로 있다.

N. 얼굴, (pl.) 찌푸린 얼굴 → 표면, 겉모양 → 체면(體面)

V. (~쪽으로) 향하다, 문제 등에 직면(直面)하다

1. 얼굴, (pl.) 찌푸린 얼굴 → 표면, 겉모양 → 체면

13601
lose (one's) face
15.한양대/99-2.한성대/97.고려대
96-2.인천대/84.경찰간부,Teps

낯(face)을 잃다
창피를 당하다, 체면을 잃다(=be humiliated in front of others)
• Please, try not to **lose face**. 제발, 체면 좀 지키세요.
🔁 **save one's face** 체면을 지키다, 체면을 세우다

🔳 **have egg on one's face**
체면을 구기다, 창피를 당하다

13602
fly in the face of sb/sth
토플.입사

누구의 면전(face)에서 날아다니다
(공공연히) 반대하다(=go against sth), 대놓고 거역하다
• **fly in the face of** common sense 상식에 공공연히 반대하다.

13603
take sth **at face value**
15.한양대

액면(face value) 그대로 받아들이다(take)
~을 액면 그대로 받아들이다, 곧이곧대로 믿다
• We cannot **take** the rumor **at** its **face value**.
우리는 그 소문을 액면 그대로 받아 들일 수 없다.
🔗 **face value** 액면가(額面價): 표면상의 의미

🔳 take sth with a pinch[grain] of
salt ~을 액면 그대로 믿지 않다.
~을 에누리해서 듣다
🔳 **on the face of it**
언뜻 보기에는, 표면상

2. V. (~쪽으로) 향하다, 문제 등에 직면하다

13604
face up to sth
03.사법시험

무엇 쪽으로(to) 향하다(face)
(정면으로) 맞서다, ~을 인정하고 받아들이다(=accept)
• I have grown up now and I have to **face up to** my responsibilities.
나는 이제 다 컸고 내 의무를 받아들여야 한다.

🔳 **face the music**
당당히 벌을 받다, 잘못을 인정하다
- **face the fact**
(나쁜) 사실을 받아들이다
- **(Let's) face it.**
사실을 직시하자, 터놓고 보자.
- **face it out** (비난, 혹평 등을) 무시하다.
아무렇지 않게 여기다

13605
about-face
13.고려대

반대방향으로(about) 향하기(face)
뒤로 돌기, (태도 등의) 180도 전향
• **About face!** 뒤로 돌이! **Left Face!** 좌향좌! **Right face!** 우향우!

Ⅱ137 tongue/ tooth

* tongue : 혀 → 말 → 언어 → 말주변, 언변
tongue은 말을 하는 데 있어 없어서는 안 될 인체 기관이다
* tooth[pl. teeth] : 이 → 사람에게는 음식을 씹는 신체기관이지만 동물에게는 무기이기도 하다.

13701
with tongue in cheek
14.한양대/95.기술고시

혀를 뺨에 내밀어 볼록하게 만들어 놀리는
성의없이, 진지하지 않게, 농담조로(=insincerely)
• He spoke **with tongue in cheek** when he asked Mr. kim to lend $ 10,000.
그가 김씨에게 1만달러를 빌려달라고 부탁한 것은 농담조로 말한 것이었다.
🔗 **tongue-in-cheek** 농담조

■ tooth 보충표현

☐ **a false[an artificial] tooth** 의치
☐ **to the (very) teeth** 빈틈없이, 완전히
☐ **between one's teeth** 목소리를 죽이고, 나지막한 목소리로
☐ **by the skin of one's teeth** 가까스로, 간신히 * 사람의 이빨 껍질만큼의 차이로(by)
☐ **as scarce as hen's teeth** 매우 드문
☐ **in the teeth of** sb/sth ~임에도 불구하고, 거역하여
☐ **long in the tooth** 늙은, 나이 든, 중년을 지난 * 말의 이가 늙으면 길어지는 데서 유래
☐ **cut a tooth** 이가 나다
☐ **cut one's teeth on** sth 세상 물정을 알게 되다, (학문 · 기술 등을) 처음으로 배우다
☐ **have a sweet tooth** 단것을 좋아하다
☐ **show one's teeth** (이를 드러내어) 적의를 보이다, 위협하다
☐ **armed to the teeth (with** sth**)** (~로) 완전 무장하여
☐ **pull** sb**'s teeth** ~의 무기를 빼앗다; ~을 무력하게 하다

I 138

throat/ neck

* throat : 목구멍, 목소리
목은 발성을 위한 가장 중요한 기관이다.
* neck : 목, 목부분

13801
have a sore throat
06.서울시소방직

아픈(sore) 목(throat)을 가지고 있다
목이 아프다
• I **have** a headache, **a sore throat**, a slight fever.
두통이 있구요, 목이 따끔거리고, 열이 약간 있어요.

13802
clear one's throat
95.고려대/98.경북7급/토플

목청(throat)을 깨끗이 하다(clear)
(말을 시작하기 전에) 헛기침을 하다, 목청을 가다듬다
• Cross **cleared his throat** and spoke in low, polite tones.
크로스는 목청을 가다듬은 뒤에 낮고 정중한 어조로 말했다.

13803
neck and neck
13.동덕여대

경마에서 말의 목과 다른 말의 목이 비슷하게 들어오다
막상막하로, 대등하게
• The two candidates are **neck and neck** in the polls.
두 후보는 여론조사에서 막상막하이다.

I 139

ear

* ear : 귀 → 청각 → 경청
귀를 쫑긋 세운다는 것은 그만큼 깊이 경청하고 있다는 것이다.

13901
be all ears
토플,Teps

모두 귀이다.
열심히 귀 기울이다(=listen, give all one's attention)
• As soon as I mentioned money, Mary **was all ears**.
내가 돈을 들먹이자마자, 메리는 귀를 쫑긋 세웠다.

13902
be up to one's ears
[eyes/eyeball/neck] in sth
13.지방직9급/95.기술고시/입사

사람의 귀(눈/목/눈동자)가 어떤 것에 달려 있다
~에 바쁘다(=be busy); **~에 파묻히다**
• In the summer, I'm not so busy, but during winter, **I'm up to my ears in** work.
여름엔 그렇게 바쁘지 않지만, 겨울 동안에는 일 때문에 꼼짝을 못 한다.

13903
The walls have ears.
06.서울시소방직/06.경기교행

벽에도 귀가 있다
〈속담〉세상에 비밀은 없는 법이다. 누군가 들을지 모르니 말조심해라.
• Talk softly. **Walls have ears**.
조용히 말해라, 누군가 들을지도 몰라.

⑤ keep one's ear to the ground
* 귀를 운동장에 대고 있다
여론에 귀기울이다

Ⅲ go in one ear and out the other
한 귀로 듣고 한 귀로 흘려보내다
close[shut] one's ear to sb/sth
~에 귀를 기울이지 않다.
~을 들으려고 하지 않다
turn a deaf ear to sb/sth
~에 조금도 귀기울이지 않다.
듣고도 못 들은척하다

I 140

eye

* eye : 눈 → 시력 → 관찰력 → 감시의 눈
눈은 예술품을 보기도 하고 누구를 감시하기도 하는 역할을 한다.

14001
have an eye for sth
99.경찰/89.행자부9급,Teps

~에 대한(for) 눈이 있다
~을 보는 눈이 있다(=have good judgement for sth);
기호나 취향을 가지다
• She **has an eye for** music.
그녀는 음악을 보는 눈이 있다. (그녀는 음악에 조예가 깊다.)

14002
have an eye to sb/sth
입사,토플

~에(to) 눈을 두다
1. ~에 눈독을 들이다; ~에 주안점을 두다(=pay attention to)
2. 주의하다(=keep an eye on sb/sth), **~을 돌보다**
• **have an eye to** one's own advantage. 자기의 이익에 주안점을 두다.

⑤ have an ear for sth
~를 듣는 귀가 있다. ~에 조예가 깊다

14003
starry-eyed
01.경기대

– eyed(복합어로 ~의 눈을 가진)
몽상에 찬 눈빛의; 비실제적인
• They were **starry-eyed** about the project.
그들은 그 프로젝트에 대해 몽상에 찬 눈빛이었다.

참 **glassy-eyed** 눈이 흐리멍덩한
- **beady-eyed** 반짝이는 눈의
- **cool-eyed** 냉정한 눈의
- **stern-eyed** 매서운 눈매의
- **lynx-eyed** 날카로운 눈의
- **black eye** (맞아 생긴) 눈 언저리의 검은 멍, 〈구어〉 수치, 불명예
 (=dishonor, infamy)

14004
the apple of the[one's] eye
03.101단

눈동자가 사과처럼 생긴 것에서 유래
눈에 넣어도 안 아픈 것, 매우 소중한 사람[것](=sth precious)
• He has three children, but his youngest daughter is **the apple of his eye**.
그는 세 명의 아이들이 있지만, 그중에서 막내딸이 특별히 사랑스러운 존재이다.

I 141
nose

* **nose** : 코 → 직감 → 참견
코는 냄새를 맡는 인체기관인데, 냄새는 직감이나 낌새를 의미하기도 한다.
또한 코를 킁킁대고 다닌다는 것을 여기저기에 참견하고 다니는 것을 의미한다.

14101
follow one's nose
08.서울시세무직9급

코가 바라보는 방향을 따라가다
똑바로 가다(=go straight on); 본능적으로 행동하다
• Turn left at the corner, then just **follow your nose**.
모퉁이에서 왼쪽으로 돌아서 곧장 앞으로 가시면 됩니다.

I 142
hand

hand는 물건을 주고 받고 일을 하며, 물건을 쥐는 신체의 구성 부분이다.
1. (일을 하는 손) → 일손, 일꾼, 돕기 ¹⁶·사회복지9급
2. (물건을 쥐는 손) → 관리, 지배; 소유; 참견, 관여; (시계 등의) 바늘
V. 건네주다, 넘겨주다
cf. palm: 손바닥으로서 주로 뇌물을 받거나 남을 속이는 부분이다.

1. (일을 하는 손) → 일손, 일꾼, 돕기

14201
shorthanded
15.고려대

일손(hand)이 부족한(short)
일손이 부족한, 인원이 부족한
• We're actually a bit **short-handed** at the moment.
그 순간에는 정말로 우리의 일손이 약간 부족했어요.
참 **shorthand** 속기: 속기하다

give sb **a hand** 도와주다
- (Do you) need a hand?
도와 드릴까요?

14202
an old hand
99-2.동덕여대.Teps

오래된 일꾼(hand)
노련한 사람, 숙련자, ~통(=a person who is very experienced)
• He's **an old hand** at this sort of job. 그는 이 종류의 직업에서는 숙련자이다.

14203
shake hands
98.경찰.Teps

손들을 (서로 잡고) 흔들다(shake)
악수를 하다
• In Englishspeaking countries, men and women **shake hands** when
they say hello.
영어권 국가에서는, 남녀 모두 인사를 나눌 때 악수를 한다.
참 **shakehands** 〈단수취급〉 악수(=handshake)

참 **hand**를 복수명사로 쓰는 경우
- **rub one's hands** 사과하다, 부탁하다
 *손을 비비는 것은 반드시 두 손이 필 요하다
- **put one's hands up**
 〈영·구어〉 항복하다
 *항복할 때 한 손만 올릴 수는 없다
- **clap one's hands** 손뼉을 치다
 *손뼉은 마주쳐야 소리가 나는 법
- **have one's hands full** 매우 바쁘다
 *양손에 물건들을 잔뜩 들고 있는 모습
↪ **have one's hands free**
 손이 비어 있다 → 할 일이 없다

14204
be good[clever] with one's hands
04.여자경찰

손으로 무엇을 잘 한다
손재주가 좋다
• She **is** quite **good with her hands**.
그녀는 손재주가 아주 좋다.

14205
raise one's hand
02.계명대

손을 들어 올리다(raise)
손을 들다
• If you agree, please **raise your hand**. 찬성하시는 분은 손을 들어 주세요.
참 **raise one's hand against** sb ~에게 (때릴 자세로) 손을 쳐들다
- **raise one's hand in salute** 거수 경례를 하다

참 **raise an objection**
이의를 제기하다(=take exception)
- **lift one's hand** 맹세하다, 선서하다

2. (물건을 쥐는 손) → 관리, 지배; 소유; 참견, 관여

14206
on the other hand
13.국가직9급

다른 손에는
한편으로는, 반면에
• **On the other hand**, the price is skyrocketing.
한편으로는 물가가 치솟고 있습니다.

14207

at first hand

사법시험,Teps

다른 사람을 거치지 않고 직접 받은

(이야기나 경험을) 직접, 바로(=directly)
- I got the news **at first hand**. 나는 그 소식을 직접 들었다.

  🔑 **first hand** 직접의(=direct); (물건을) 직접 구입한

🔄 **at second hand** 간접적으로 (=indirectly), 다른 사람을 거쳐서
cf. **second hand** 간접의; (물건이) 중고의

14208

offhand / off-hand

13.지방직9급/05~2.명지대
03.101단/입사

손을 떠나자마자(off)

즉시(=at once, immediately), 그 자리에서; 즉흥적인(=impromptu, ad-lib)
- The question is too important to answer **offhand**.
  그 문제는 너무 중요해서 즉답을 할 수 없다.

🔗 **hands-off** 불간섭의
  *손이 떨어져 있는(off)
  Hands off sb/sth
  (~에) 손을 대지 마라! 간섭하지 마라

🔗 **on hand** 가까이에, 눈앞에; (가지고 있거나 바로 옆에 있어) 이용 가능한

🔗 **at hand** 가까이에; 가까운 장래에

14209

beforehand

⊃ IO3OO1

손을 내밀기 전에

이전에, 미리(=in advance)
- We should have made reservations **beforehand**.
  우리는 미리 예약을 했어야 했다.

  🔑 **take care beforehand** 미리 조심하다(=take precaution)

14210

take a hand in sth

경원대

~에(in) 손(참견)을 두다(take)

~에 참가하다, ~에 관여하다(=take part in, participate in sth)
- If the strike continues, the government will have to **take a hand in** the negotiations.
  파업이 계속되면, 정부가 협상에 관여해야 할 것이다.

🔄 **wash one's hands of** sb/sth
  ~에서 손을 떼다, 관계를 끊다
  *전과 7번이 "나 손 씻었어요"

🔗 **take** sb/sth **in hand** ~에 착수하다, 처리하다(=deal with sb/sth), 돌보다

14211

hand * over sb/sth

16.사회복지9급

지배권을 넘겨주다(over)

~을 넘겨주다, 양도하다
- She **handed over** all her property to her son.
  그녀는 자신의 모든 재산을 그녀의 아들에게 넘겼다.

  🔑 **handover** (권력·책임의) 이양[양도]

14212

hand over fist[hand]

입사

한 주먹씩 넘기다

성큼성큼, 매우 많이씩(=very quickly and in large amounts)
- He's making money **hand over fist**.
  그는 돈을 척척 많이 벌고 있다. *make money hand over fist 돈을 척척 많이 벌다

14213

change hands

98.강남대,Teps

hands(소유자)

소유주가 바뀌다
- The property has **changed hands** several times in recent years.
  그 부동산은 최근 몇 년간에 소유주가 몇 번 바뀌었다.

14214

high-handed

10.경북교행9급
16.서강대

때릴 듯이 손을 높이 드는

고압적인, 독단적인
- He assumed a **high-handed** attitude. 그는 고압적인 태도를 취했다.

  🔑 **heavy-handed** 가혹한, 냉정한

14215

underhand

14.가천대

테이블 밑으로(under) 무언가를 주고 받는

비밀의, 부정직한, 야비한(=devious)
- I would never recommend such **underhand** activities.
  나는 결코 그런 비열한 행동들을 추천하지 않을 것이다.

---

3. V. 건네주다, 넘겨주다

14216

hand * down sth

04.건국대/98.경원대
92.명지대,서울대학원,Teps

아래로(후세에게) 넘겨주다

(문화·풍습 등을 후세에) 전하다(=bequeath); (판결을) 선고하다
- It is a custom **handed down** to us from ancient times.
  이것은 옛날부터 우리에게 전해져 온 풍속이다.

🔗 **hand-me-down(s)** 물림옷, 헌 옷; 기성복의, 헌 옷의

14217

hand * in sth

12.경북교행/11.국가직9급/04~2.영남대
01~2.경기대/98.전남대,Teps

기관 안으로(in) 건네주다(hand)

제출하다(=submit)
- You must **hand in** your report by Friday.
  너는 금요일까지 보고서를 제출해야 한다.

14218

hand * out sth

93.행정고시,Teps

완전히(out) 건네주다(hand)

1. (전단지 등을) 나누어주다(=give * out sth) 2. 분배하다(=distribute)
- He was **handing out** leaflets to members of the audience.
  그는 관객 구성원들에게 전단지를 나누어 주고 있었다.

  🔑 **handout** 광고 전단; (가난한 사람에게 주는) 동냥, 구호품

14219
grease ⓢ**'s palm**
03.숭실대

사람의 palm(손바닥에) 기름칠을 하다(grease)
～에게 뇌물을 건네다
• **Greasing their palms**, he could buy a house very cheaply.
  그는 그들을 매수해서 집을 매우 싸게 살 수 있었다.

ⓢ gild ⓢ**'s palm** ～에게 뇌물을 주다
  * 손바닥을 황금으로 입히다(gild)
= **oil** ⓢ**'s palm**
  * 손바닥에 기름칠하다(oil)
= **tickle** ⓢ**'s palm**
  * 손바닥을 간질이다(tickle)
ⓣ have an itching[itchy] palm
욕심이 많다, 뇌물을 좋아하다
  * 뇌물을 받고 싶어 손바닥이 가렵다

14220
palm * off ⓢ**ᵗʰ (on** ⓢ**)**
05.경기대

05.경기대

손바닥(palm)에 감춘 상태로(off) 다른 사람에게(on) 넘기다
(～에게) 속여서 (가짜를) 팔아먹다(=foist off)
• The jeweler **palmed off** a fake diamond on a customer.
  그 보석상은 고객에게 가짜 다이아몬드를 속여 팔았다.
ⓢ foist off ⓢ**ᵗʰ (on** ⓢ**)** ～에게 속여서 팔다

143
finger/ nail

* **finger**: 손가락 → 만지작거리다 → 삿대질 → 모욕 → 참견
  손가락은 만지는 역할에서 "참견"의 의미가 나오고, 보통 방향을 가리키거나 사람을 지적할 때도
  손가락으로 표시하는 데서 "밀고, 책임전가" 등의 의미가 나온다.
* **nail**: 손톱, 발톱; 못; 못을 박다, 명중시키다

---

1. finger: 손가락 → 만지작거리다 → 삿대질 → 모욕 → 참견

14301
keep one's fingers crossed
06.건국대/96~2.고려대/97.동덕여대,Teps

손가락을 교차시켜(cross) 십자가(cross) 모양을 만들다
행운을 빌다(=hope for good luck)
• I'll **keep my fingers crossed** for you.(=I wish you good luck!)
  당신의 행운을 빕니다.

14302
pull one's finger out
05.성균관대

손가락을 호주머니에서 빼다
〈속어〉 (다시 한번) 열심히 일하기 시작하다, 분발하다(=stop being lazy)
• You've been sitting there all week, it's time you sorted yourself out and
  pulled your finger out.
  너는 일주일 내내 거기서 앉아만 있었어. 이제 마음을 다잡고 다시 열심히 일해야지.

---

2. cf. nail: 손톱, 발톱; 못; 못을 박다, 명중시키다

14303
tooth and nail
03~2.경기대

이로 물어뜯고 손톱으로 할퀴고
전력을 다하여, 필사적으로
• They fought against the robber **tooth and nail**.
  그들은 그 강도에 대항해 필사적으로 싸웠다.

■ finger 보충표현

□ **have[get] a finger in the pie / put one's finger into another's[every] pie** 관여하다, 참견하다(=interfere, barge in)
□ **put one's finger on** ⓢᵗʰ (원인 등을) 지적하다(=point out ⓢᵗʰ), 밝혀내다 * 자기의 손가락을 어디에 두다(가리키다)
□ **point a[the] finger at** ⓢ ～를 비난하다, ～에게 책임을 탓하다
□ **put the finger on** ⓢ (범인을) 밀고하다
□ **get one's fingers burned** 나쁜 경험을 하다, 크게 봉변을 당하다 * 손가락을 불에 데인 경험을 갖다
□ **have sticky fingers** 손버릇이 나쁘다, 잘 훔친다 * 손가락이 끈적끈적해서(sticky) 물건이 잘 달라붙는다
□ **a butter-fingers** 물건을 잘 떨어뜨리는 사람 * 손가락에 버터를 발라 잘 미끄러지는
□ **have** ⓢᵗʰ **at one's finger(s') ends** ～에 정통하다

144

thumb

*thumb : 엄지손가락 → (뭉툭함에서) 서투름
엄지손가락은 뭉툭해서 "서투름"의 상징이 된다. 그리고 주먹을 쥐고 엄지손가락을 위로 세우면 "찬성의 의사표시" 또는 "상대방이 최고임을 암시"하고 반대로 아래로 내리면 "반대의 의사표시"를 의미하기도 한다.

14401
all thumbs
13.지방직9급/03.고려대/01~2.한성대
00.공인회계사/00.세무서/97.경찰간부.Teps

손가락이 모두 엄지처럼 뭉툭한
손재주가 없는, 서투른(=clumsy, awkward)
• Poor Bob can't play the piano at all. He's **all thumbs**.
가엾게도 밥은 피아노를 전혀 못 친다. 그는 손재주가 없다.

图 He's all thumbs.
그는 손재주가 없다.
= All his fingers are thumbs.
그는 손가락이 모두 엄지다.
= He has two left hands.
그는 왼손만 두 개다.
= He has two left feet.
그는 왼발만 두 개다.
图 be clumsy at [sth]
~에 서투르다, 솜씨가 없다
↔ be adept at [sth] ~에 능숙하다

14402
a green thumb
07.서울시9급.Teps

식물을 많이 만져서 엄지가 녹색으로 물듦
원예의 재능, 식물을 잘 기르는 재주(=a green fingers)
• Just look at Mr. John's garden. He has **a green thumb**.
존씨의 정원을 보세요. 그는 원예의 재능이 있네요.

14403
a rule of thumb
02.건국대

투박한 엄지로 대충 재는 방법
손대중, 주먹구구식 방법
• You should tip bellmen $1~2 per bag, as **a rule of thumb**.
대충 어림잡아 호텔사환에게 가방 하나당 1~2달러 정도 팁으로 주어야 한다.

14404
give [sth] the thumbs down
Teps

엄지를 아래로 해서 반대의 표시를 하다
~에 대해 반대표시[거절]를 하다
• All of the critics **gave** her performance **the thumbs down**.
모든 비평가들이 그녀의 연기를 악평했다.
图 give [sth] the thumbs up ~에 대해 찬성표시[승인]를 하다

圈 get the thumbs down from [sb]
~로부터 불승인[거절] 당하다
↔ get the thumbs up from [sb]
~로부터 승인[찬성]을 얻다
图 turn thumbs down
반대하다, 거절하다
*엄지손가락을 아래로 내리다
圈 two thumbs up
극찬, 전폭적 지지, 최고
*두 엄지손가락을 위로 세우다

145

shoulder

*shoulder : 어깨 → 책임을 지는 능력
동사로서 "어깨로 밀치고 나아가다"에서 "냉대"의 의미가 나온다.

14501
straight from the shoulder
01~2.계명대/95.외무고시

어깨로부터 똑바로
솔직히(=frankly), 정면으로, 단도직입적으로
• Harry always speaks **straight from the shoulder**.
해리는 항상 솔직하게 말한다.
图 speak straight from the shoulder 단도직입적으로 말하다

圈 hit straight from the shoulder
당당하게 맞서다

14502
be head and shoulders above [sb]/[sth]
14.지방직9급

(다른 사람의) 머리와 어깨보다 위에 있어 눈에 띄다
~보다 월등히 낫다, 단연 뛰어나다
• He **was head and shoulders above** everyone else on the field.
그는 그 분야에 있어서 다른 사람들보다 월등히 뛰어났다.

■ shoulder 보충표현

□ **give the cold shoulder (to [sb])** ~에게 쌀쌀하게 대하다 ↔ **get the cold shoulder** 무시당하다, 퇴짜 맞다
□ **feel stiff (in one's shoulders)** (어깨가) 뻐근하다
□ **with a chip on one's shoulder** 싸울 기세로
□ **shoulder to shoulder** 협력하여

foot

*foot : 발; 걸음, 도보; 산의 기슭, 최하부; 지불하다

14601
have two left feet
16.한성대

왼발만 두 개이다
동작이 아주 어색하다, 춤을 못 춘다
• When we danced together I found that she **had two left feet**.
  우리가 같이 춤을 추었을 때 나는 그녀가 춤을 못 춘다는 것을 알게 되었다.

14602
foot the bill
07.명지대

비용(bill)을 지불하다(foot)
〈구어〉 (남을 위해) 지불하다, 계산을 치르다(=pay)
• Let's go out and eat. I'll **foot the bill**.
  외식하러 가자, 내가 한턱 낼게.

⟐ **foot up to** sth
(계산이) 합계 ~이 되다(=add up to sth)

14603
equal footing
96.경희대학원

발을 디디는(footing) 장소가 같은
대등한 입장[기반, 지위, 신분]
• We are on an **equal footing** with them.
  우리는 그들과 대등한 입장에 있다. *footing 입장, 기반; 지위, 신분

---

heel

*heel : "뒤꿈치"라는 의미에서 "뒤를 쫓다"라는 의미가 생성된다.

14701
cool one's heels /
kick one's heels
97.성균관대/입사

(기다리느라) 뒤꿈치(heel)가 식었다
〈영〉 오랫동안 기다리다(=wait long)
• He made his visitor **cool his heels** for twenty minutes.
  그는 그를 방문한 사람을 20분이나 기다리게 만들었다.

---

back

1. N. 등 → (1) 짐을 지는 수고 → (2) 뒷면 → 배후
   V.후원하다, 지지하다; 후진시키다, 뒤로 물러서다
2. A. 뒤의, 배후의, 외딴; 되돌아가는, 거꾸로의
   Ad. 뒤로, 후방의, 돌려주어

---

1. N. 등 → (1) 짐을 지는 수고 → (2) 뒷면 → 배후 V. 후원하다, 지지하다; 후진시키다

14801
flat on one's back

등(back)을 대고 납작하게 누운(flat)
(병으로) 누워 있기만 하는
• The old lady was **flat on her back**. 그 노부인은 누워 있기만 했다.
  ⟐ be flat on one's back 몸져누워 있다
    fall flat on one's back 뒤로 자빠지다

14802
back * up sb/sth
07.성균관대/96.고려대학원,Teps

뒤에서 위로 밀어 올려 주다
1. 후원하다, 지지하다, 뒷받침하다(=support); 컴퓨터를 백업하다
2. 교통이 정체하다 cf. back-up 교통정체
• He **backed** me **up** in my business.
  그는 나의 사업에 뒷받침이 되어 주었다.

⟐ **prop * up** sth ~을 버티다, 떠받치다;
  지지하다, 보강하다(=support)
  = **beef * up** sth 증강하다, 보강하다
  = **bolster * up** sb/sth
    지지하다, 보강하다

14803
back out (of sth)
11.동덕여대/01.세종대

몸을 빼서(out) 뒤로 물러나다(back)
벗어나다, (사업 따위에서) 손을 떼다, (약속을) 파기하다
• We can't **back out** now.
  우리는 지금 손 뗄 수는 없다.

⟐ **back away from** sb/sth
  ~에서 물러나다, ~을 피하다

14804
get off one's back
09.경찰2차

누구의 등에서 떨어지다(get off)
더 이상 괴롭히지 않다
• Stop it, **get off my back**!
  그만해, 날 좀 그만 괴롭혀!

⟐ **Get off my back!** 그만 좀 괴롭혀.
  = Stop bugging me!
  = Enough is enough!

---

2. A. 뒤의, 배후의, 외딴; 되돌아가는, 거꾸로의 Ad. 뒤로, 후방의, 돌려주어

14805

backlash (against sb/sth**)**

06.단국대

다시 돌아가게(back)+채찍질함(lash)

역회전; (개혁에 대한) 격렬한 반발, 반동(=negative reaction); 반발하다
- The 1970s saw the first **backlash against** the women's movement.
  1970년대에 여성운동에 대한 첫 반발이 일어났다.

14806

backdrop

13.홍익대

뒤에서 떨어뜨리는 막

(무대의) 배경(=scene), (사건의) 배경
- The meeting took place against a **backdrop** of high tension in the region.
  회합은 그 지역에서의 높은 긴장을 배경으로 열렸다.
- **against a backdrop of** ~을 배경으로

R189 [어근] card/cord/cor/cour(=heart)

1891 discourage
[diskə́:ridʒ]
06.경희대/00.서울여대
91.연세대학원

dis(=away)+cour(=heart)+age → ~할 용기를 빼앗다
vt.1. 낙담시키다(=dismay)
   2. (계획 등을) 말리다, 단념시키다(=deter)
 • discourage tobacco consumption 담배 소비를 줄이다
ⓝ discouragement 낙담, 실의, 기죽이는 것

04.홍익대
ⓟ encourage 용기를 돋우다(=embolden)
  - courage 용기, 담력(=fortitude)

05-2.단국대
  - courageous 용기 있는, 용감한

1892 cardinal
[ká:rdənl]
15.한국외대/98.인하대

card(=heart)+i+nal → 심장과 같이 중요한
a. 가장 주요한(=main), 기본적인; 진홍빛의
n. 추기경
 • a cardinal principle 기본 원칙
 • a cardinal virtue 기본 덕목

1893 accord
[əkɔ́:rd]
16,14.국민대

ac〈ad(=near)+cord(=heart) → 마음이 가까움
n. (공식적인) 합의, 협정; 일치, 조화
v. 일치[조화]하다; 일치시키다
ⓐ accordant 일치한, 합치한

09.광운대/97.지방고시
04.성균관대

🅑 of one's own accord 자진해서(=willingly)
  in full accord 만장일치로(=unanimous)
  according to ~에 따르면, ~에 의해
  in accordance with ~에 따라, ~에 일치하여

15,14.경찰

1894 concord
[kánkɔ:rd, kɔ́ŋ-]
08.건국대/05-2.명지대
01.덕성여대

con(=together)+cord(=heart) → 마음이 하나임
n. 1. (의견 · 이해 등의) 일치(=agreement)
  2. (사물 · 인간 사이의) 조화, 화합(=harmony)
  • in concord with ~와 일치[조화, 화합]하여
  3. (국제 · 민족 간의) 우호협정, 협약
  • There was complete concord among the delegates.
    대표들 간에 완전한 의견의 일치가 있었다.
ⓐ concordant 조화된, 화합하는, 일치하는
ⓝ concordance 일치, 조화, 화합
  concordat 협정, 협약 Concordia (로마신화) 조화와 평화의 여신
🅑 discord 불화, 알력, 불일치 ⊃ NO792

1895 cordial
[kɔ́:rdʒəl, -diəl]
06.경기교행9급

cord(=heart)+i+al → 따뜻한 마음이 있는
a. 화기애애한; 따뜻이 대하는, 성의 있는(=friendly)
n. 설탕을 탄 음료, 주스; 강장제
 • Relations between the two countries have been more cordial.
  두 국가 간의 관계는 더욱 우호적이었다.

98.숭실대/경북대학원
ⓐⓓ cordially 진심으로, 정성껏(=in a friendly manner)
ⓝ cordiality 진심, 충정; 따뜻한 우정

어근 card/cord/cor/cour(=heart)

추가 어휘
☐ **cor**e 핵, (문제의) 핵심; 중심부, 중요 부분
☐ **card**iac (의학) 심장의; 강심제; 심장병 환자
  - **card**ology 심장학
  - **card**iopathy 심장병
  cf. heart attack: 심장마비
  - **card**iovascular 심장혈관의

표제어 복습
☐ dis**card** (불필요한 것을) 버리다, 포기하다 ☑ N0570
☐ dis**cord** 불화, 불일치; 불협화음 ☑ N0792
  - dis**cord**ance 부조화, 불일치; 불화
  - dis**cord**ant 일치하지 않는, 귀에 거슬리는

R190 [어근] anim(=mind, life) & psycho(=mind, soul) & ment(=mind)

1901 narrow-minded
[næroumáindid]
13.서울여대/99-2.동덕여대

narrow(좁은)+minded(~한 마음인) → 마음이 좁은
a. 마음이 좁은, 편협한(=parochial)
 • a narrow-minded and hot-tempered person 속 좁고 성급한 사람
🅑 broad-minded 마음이 넓은, 관대한; 편견이 없는

🅑 minded 합성어 ~한 기질인, ~한 마음인; ~에 관심을 가지는
  absent-minded 멍하니 있는, 넋놓은; 멍청한
  base-minded 마음이 천한, 비열한
  bloody-minded 잔혹한, 살벌한
  civic-minded 공동 사회의 이익을 염두에 둔
  open-minded 편견 없는; 허심탄회한; 포용력이 있는
  feeble-minded 의지가 약한; 저능한

어근 anim(=mind, life)

추가 어휘
☐ **anim**al (식물이 아닌) 동물; (사람이 아닌) 짐승
☐ **anim**ate ~에 생명을 불어넣다; 살아 있는
  - **anim**ation 생기, 활기; 만화영화
☐ in**anim**ate 생명이 없는, 무생물의 *in(=not)
☐ **anim**a 정신, 영혼
☐ **anim**advert 비평하다, 비난하다

1902 magnanimous
[mægnǽnəməs]
11.단국대
06.서울시9급
16.한국외대

magn(=great)+anim(=mind)+ous → 마음이 넓은

a. 도량이 큰, 관대한, 아량 있는
- assume a magnanimous attitude 관대한 태도를 취하다

@ad@ **magnanimously** 관대하게

@반@ **pusillanimous** 무기력한, 나약한, 소심한(=cowardly) *pusill(=small)

1903 animistic
[ǽnəmístik]
11.세종대

anim(=life, mind)+is+tic → 모든 만물에 영혼이 존재한다는

a. 물활론적인(모든 만물이 생명이나 영혼을 가지고 있다고 믿는)
- be based on animistic beliefs 물활론적인 신념에 근거하다

@n@ **animism** 애니미즘(만물이 생명을 가지고 있다고 믿는 것), 정령신앙

1904 animosity
[ǽnəmάsəti]
17.이화여대/16.서강대,성명대
행정고시

anim(=mind, spirit)+os+ity → (적에 대한) 마음

n. 반감, 적대감, 증오(=enmity, hatred)
- animosity against rich people 부유층에 대한 반감
- animosity between the two nations 두 나라 사이의 적개심

@반@ **enmity**[énməti] 적의, 증오, 적개심(=animosity)
　animus[ǽnəməs] 적의, 미움(=hostility) 의지, 의향

1905 psychology
[saikάlədʒi]
98.동국대
06.국민대

psycho(=mind, soul)+o+logy → 마음을 다루는 학문

n. 심리학; 심리(상태)
- a positive psychology for health 건강에 대한 긍정적 심리

@n@ **psychiatrist** 정신과 의사
　psycho 정신병(환)자(=psychopath) 정신병의, 정신의학의
　psychosis 정신이상, 정신병

@반@ **physiology** 생리학; (the~) 생리, 생리기능
　- **physiologist** 생리학자
　- **physiological** 생리학의, 생리적인

1906 psyche
[sάiki]
95.외무고시
11.고려대

psycho(=mind, soul) → 영혼

n. 1. 영혼, 정신
　2. 〈P~〉 프시케 (그리스 · 로마신화 중 영혼의 화신)
　3. 〈구어〉 심리학(=psych, psychology)

v. 정신적으로 혼란시키다, 불안하게 하다
- the unconscious aspects of the human psyche
　인간 정신의 무의식적인 면

@a@ **psychic** (병이) 정신적인, 심리적인; 무당, 영매
　psychedelic (약이) 환각을 일으키는; 환각제의

1907 comment
[kάment]
95.외무고시

com(강조)+ment(=mind) → 자기의 마음을 강하게 밝히는 것

n. 발언, 짧은 논평, 비평, 견해
v. 논평하다, 의견을 진술하다
- decline to comment 언급을 피하다

@n@ **commentary** 주해서, 주석; 논평; 시사 해설
　commentator (시사) 해설자; 주석자

@유@ **mention** 언급하다, 말하다; 언급
　- **Don't mention it.** 천만의 말씀입니다.
　- **not to mention** ~은 말할 것도 없고

R191
[어근] vol(=will)

1911 volition
[voulíʃən]
08.건국대
14.서강대

vol(=will)+i+tion → 자신의 의지에 의한 것

n. 의지(=will), 의지력, 결단력
- leave the company of one's own volition
　자발적으로 회사를 그만두다

@표@ **of one's own volition** 자발적으로, 자기 의지로
　= of one's own accord 자진하여, 자발적으로

@a@ **volitional** 의지의, 의욕적인(=willing)

표제어 복습

☐ un**anim**ous 만장[전원] 일치의 ◨ N0194
　- un**anim**ity (만장) 일치, (전원) 합의
　- un**anim**ously 만장일치로
☐ equ**anim**ity (마음의) 평정; 침착, 태연 ◨ N0933

어근 ment(=mind)

추가 어휘

☐ **ment**al 마음의, 정신의; 정신병의
　- **ment**al hospital 정신병원
☐ **ment**ality 지능의 정도; 정신상태; 심리
☐ **ment**or 좋은 조언자; 선도자; (지도)교사
☐ a**ment**ia[eiménʃə] 백치, 정신박약 *a(=not)
☐ de**ment**ia[diménʃə] 치매 *de(=away)
　- de**ment**ed 미친, 치매가 된
☐ senti**ment** 감정, 정서; 감상, 의견 *senti(=feel)
　- senti**ment**al 감정적인, 감상적인; 눈물이 헤픈

표제어 복습

☐ tempera**ment**al 기질상의 *temper(=stretch) ◨ R1322
　- tempera**ment** 기질, 성질; 격렬한 성미
☐ vehe**ment** (항의, 반대가) 격렬한, 맹렬한 ◨ N0759
　- vehe**ment**ly 열정적으로; 격렬하게
　- vehe**ment**ce 열심, 열정; 격렬함

어근 vol(=will)

표제어 복습

☐ **vol**untarily 자발적으로, 임의로 ◨ N0376
　- **vol**untary 자발적인, 임의의, 고의의
　- **vol**unteer 지원자, 의용병; 자발적으로 나서다
　↔ in**vol**untary 본의 아닌, 무의식중에
　- in**vol**untarily 본의 아니게, 무의식적으로
☐ bene**vol**ent 인자한, 인정 많은 ◨ N0377
　- bene**vol**ence 자비심, 인정; 선행
　↔ male**vol**ent 악의 있는, 사악한
　- male**vol**ence 악의, 나쁜 마음, 증오

혼동어근 volu(=roll) ◨ R059

R192

[어근] spire/spir(=breath)

1921 respiratory
[réspərətɔ̀ːri]
11.상명대/93.기술고시

re(=again)+spir(=breath)+atory → 숨을 내쉬고 다시 들이쉬는

a. 호흡의, 호흡을 위한
- a respiratory disease 호흡기 질환
- SARS(severe acute respiratory syndrome: 중증 호흡기 증후군)

ⓥ respire 호흡하다, 휴식하다, 한숨 돌리다
ⓝ respiration 호흡(=breathing)
respirator 호흡용 마스크, 방독면; 인공호흡장치
🔳 aspirate 빨아들이다, 흡인하다
- **aspiratory** 호흡하는, 흡인의
- **aspirator** 가스 흡입기
🔳 breathe 1. 숨을 들이쉬다 → (생기 등을) 불어넣다
      2. 살아있다 → 한숨 돌리다, 휴식하다
- breathe one' last(breath) 숨을 거두다, 죽다
- breathe in 숨을 들이쉬다 → 귀 기울여 듣다

1922 aspire
[əspáiər]
99.한국외대/경찰간부
88.서울시9급

a⟨ad(=to)+spire(=breath) → ~을 향해 호흡을 가다듬다

vi.열망하다, 염원하다[to](=desire earnestly)
- aspire to success 성공을 열망하다

ⓝ aspiration 열망, 갈망(=desire, zeal), 포부
aspirant 열망하는 사람
ⓐ aspiring 포부를 가진, 야심에 찬

1923 conspire
[kənspáiər]
17.경찰2차

con(=together)+spire(=breath) → 함께 호흡을 맞추다

vi.공모하다, 음모를 꾸미다[with/against](=plot)
- conspire with an accomplice 공범자와 공모하다
- conspire against the emperor 황제에 대해 음모를 꾸미다

ⓝ conspiracy 공모, 음모
conspirator 공모자

1924 expire
[ikspáiər]
15.산업기술대/02.삼육대
96.강남대

15.경찰2차

ex(=out)+spire(=breath) → 마지막 숨을 내쉬다

vi.1. (문서·계약 등이 만기가 되어) 무효가 되다
    2. (임기 등이) 만료되다
    3. 숨을 거두다, 죽다
    4. 숨을 내쉬다
- The contract has expired. 계약이 만기가 되었다

ⓝ expiration (기한의) 만료, 종료, 만기
expiry[ikspáiəri] (계약·보증 기한 따위의) 만료; 사망, 소실
ⓐ expiring 만료[만기, 종료]의
🔳 expiatory[ékspiətɔ̀ːri] 속죄할 수 있는; 속죄를 위한

1925 transpire
[trænspáiər]
17.상명대

trans(=change)+spire(=breath) → 공기로 전환하다

v. 1. (수분·증기를) 발산하다(=vaporize)
    2. 알고 보니 ~이다
    3. 일어나다, 발생하다

ⓝ transpiration 발산, 증발; 누설

---

tip 정해진 기간이 모두 지나서 더 이상 효력이 없는 것을 만료(expiry)라고 합니다. 어근 spir은 "호흡하다, 숨쉬다"인데 숨을 쉬는 것은 곧 살아 있는 것을 의미합니다.

어근 spire/spir(=breath)

추가 어휘
- ☐ perspire 땀을 흘리다, 노력하다 *per(=through)
  - perspiration 발한, 땀, (땀이 나는) 노력
- ☐ suspiration 한숨, 탄식 *sus(sub(=under)
- ☐ spirituous 알코올을 함유한
- ☐ sprightly 활발한, 기운찬
- ☐ spirit 정신, 영혼, 기백; 알코올
  - spiritual 정신적인
  - spirited 활발한, 원기왕성한
  - ↪ dispirit ~의 기를 꺾다. 낙담시키다
  - dispirited 기가 꺾인, 풀죽은, 낙심한

표제어 복습
- ☐ inspiration 자극, 격려, 영감 ☑ N0240
  - inspire 고무[격려]하다; 영감을 주다
  - inspiriting 기운 나게 하는, 고무하는
  - inspired 영감을 받은; 영감에 의한
  - inspiratory 흡입의; 흡입(보조)용의
  - inspirator 활기를 주는 사람; 흡입기

혼동어근 spir(=coil)
- ☐ spiral[spáiərəl] 나선의, 소용돌이 모양의; 나선형
- ☐ spire[spaiər] 뾰족탑, 소용돌이

R193

[어근] viv/vit/vic/vig/veg/vi(=life, live) & live(=live) & bio(=life)

1931 survive
[sərváiv]
07.대구대/96.서울대학원
94.사법시험

sur(super(=over)+viv(=live)+e → 남보다 초과해 살다

vt.~보다 오래 살다(=outlive)
vi.생존하다, 살아남다
- He is survived by his wife and two daughters.
  그는 아내와 두 딸을 남겨두고 죽었다.

ⓝ survival 생존, 살아남음(=existence)
- the survival of the fittest 적자생존
survivor 살아남은 사람, 구조된 사람, 생존자

어근 viv/vit/vic/vig/veg/vi(=life, live)

추가 어휘
- ☐ convivial 연회의 → 들뜬 기분의, 흥겨운
- ☐ vivacious 활발한, 쾌활한, 명랑한
- ☐ vivisect[vívəsèkt] 생체해부를 하다
- ☐ viviparous[vaivípərəs] 태생의; 모체 발아의
- ☐ victual[vitl] (pl.) 식량, 음식
- ☐ viand[váiənd] 식품, (pl.) 음식물, 진수성찬
- ☐ vitamin[váitəmin, vítə-] 비타민

1932 revive
[riváiv]
17.단국대/12.이화여대
09.경찰2차

re(=again)+viv(=live)+e → 다시 살아나게 하다

vt. 1. 부활[부흥]시키다(=enliven); 소생하다
2. 재공연하다, 다시 제작하다
3. (여론을) 환기하다
• try to revive the heart attack victim 심장마비 환자를 소생시키려 하다
ⓝ revival 재생, 소생, 부활; 부흥; 재공연, 리바이벌
🔁 enliven[inláivən] 활기를 띠게 하다

1933 vividly
[vívidli]

viv(=live)+id+ly → 팔팔하게 살아있는 듯하게

ad. 생생하게, 선명하게(=brightly, clearly)
• vividly recall the disaster 재난을 생생하게 떠올리다
ⓐ vivid 선명한, 생생한; 생기 있는
ⓥ vivify[vívəfài] 생명[생기]을 주다; 활기차게 하다, 격려하다

1934 vital
[váitl]
13.명지대

vit(=life)+al → 생명과 관련된

a. 생명의; 치명적인, 극히 중대한(=critical)
• vital signs (맥·호흡·체온·혈압 등의) 생명징후
• play a vital role in the national economy
국가 경제에 핵심적인 역할을 하다
ⓥ vitalize 활력을 부여하다, 생명을 주다
ⓝ vitality 생명력, 활기, 체력
14.이화여대
🔁 revitalize 생기를 회복시키다; 소생시키다; 부흥시키다
devitalize 활력을 빼앗다, 약화시키다

1935 vigorous
[vígərəs]
12.동덕여대/98.공인회계사
96.고려대학원/94.연세대학원

vigor(정력)+ous → 정력이 넘치는

a. 활발한, 격렬한; 활기찬, 건강한
(=robust, enterprising, driving, spry)
• a vigorous student 활기찬 학생 • a vigorous debate 격렬한 토론
ⓝ vigor 활기, 정력; 정신력; 효력, 유효성
17.한국외대/02.경희대
ⓐⓓ vigorously 힘차게(=strongly), 활발하게(=strenuously)

1936 invigorating
[invígərèitiŋ]
03-2.숭실대

in(=in)+vigor(정력)+at+ing → 원기를 불어넣는

a. 기운 나게 하는, 상쾌한; 격려의
• The air tonight is the most invigorating.
오늘밤의 공기는 최고로 상쾌하다.
ⓥ invigorate 기운 나게 하다, 고무하다
14.경희대
ⓝ invigoration 기운 나게 함, 고무, 격려(=galvanization)
invigorator/invigorant 강장제
ⓐ invigorative 심신을 상쾌하게 하는, 고무하는

1937 vegetation
[vèdʒətéiʃən]
13.건국대

veg(=live)+et+ation → 살아있는 것

n. (집합적) 식물, 초목
a. 무위도식의
ⓥ vegetate 무위도식하다
🔁 vegetable 야채, 채소; 식물인간; 식물(성)의
vegetarian 채식(주의)자; 초식 동물; 채식의
- **veggie**[védʒi] 채식주의자; 채소
- **vegan**[védʒən, víːgən] (우유나 달걀도 먹지 않는) 엄격한 채식주의자

1941 alias
[éiliəs]
14.경찰/06.서울시9급
06.가톨릭대

ali(=other)+as → 다른 이름

n. (특히 범죄인이 쓰는) 가명, 별명
• work under alias 가명으로 일하다
• use an alias 가명을 쓰다

1942 alloy
[ǽlɔi]
99.동덕여대

all(=other)+oy → 다른 것을 섞다

n. 합금(=a combination of several metals), 비금속; 혼합물
v. [əlɔ́i] 합금하다; 섞다(=mix), 순도를 떨어뜨리다(=debase)
• made of aluminum alloy 알루미늄 합금으로 만들어진
🔁 ally[əlái] 제휴시키다, 연합하다; 동맹국
allay[əléi] 진정시키다, 완화하다
13.국민대
alley[ǽli] 오솔길, 샛길; (볼링장의) 레인

표제어 복습
☐ **via**ble 실행 가능한, 실용적인 ▣ N0212
- **via**bility 생존 능력; 생활력; 실행 가능성
혼동어근 via(=way, road) ▣ R212

어근 live(=live)
추가 어휘
☐ **live** 살다: ~한 생활을 하다
☐ **live**ly 생기 넘치는, 선명한
☐ **live**lihood 생계(수단)
☐ **life** 삶, 일생, 생활; 수명; 생명; 생물
☐ **life**time 일생, 생애

어근 bio(=life)
추가 어휘
☐ **bio**graphy 전기
☐ auto**bio**graphy 자서전
☐ **bio**nics 생체공학
☐ **bio**chemistry 생화학
☐ **bio**rhythm 생체 리듬
☐ sym**bio**sis 공생(共生) *sym(=together)
- sym**bio**tic 공생하는, 공생의
↔ parasitism 기생관계
☐ anti**bio**sis 항생 작용 *anti(=against)

어근 ali/all/alter(=other)
추가 어휘
☐ **all**ergy[ǽlərdʒi] 알레르기; 반감
☐ **ali**bi[ǽləbài] 현장부재증명, 알리바이 *bi(=place)

표제어 복습
☐ **ali**enate (사이가) 멀어지게 하다; 양도하다 ▣ N0711
- **ali**enation 이간, 불화, 소외; 양도
- **ali**enator 양도인 - **ali**enee 양수인
☐ **alter**native 양자택일; 대안; 선택적인 ▣ N0045
- **alter**nate 교대로 일어나다; 교체하다, 교대시키다
- **alter**nant 번갈은, 교대의

1943 alien
[éiljən, -liən]
93.연세대학원

ali(=other)+en → 다른 나라(행성) 사람

n. 외국인; 외계인; 문외한
a. 외국의, 외래의; 이질적
v. 소외하다; 양도하다
ⓝ alienage 외국인임, 외국인의 신분

1944 inalienable
[inéiljənəbl]
09.이화여대/06.대전시9급
99.세무사

in(=not)+alien(=other)+able → 남(other)에게 줄 수 없는

a. 양도할 수 없는; 빼앗을 수 없는(=unchangeable)
• inalienable right 양도할 수 없는 권리, 천부인권 〈미 독립선언문 구절〉
• All men are endowed with inalienable rights.
  모든 사람은 양도할 수 없는 권리들을 가지고 태어났다.
▣ alienable (재산 등이) 양도할 수 있는

1945 altercation
[ɔːltərkéiʃən]
04.서울여대

alter(=other)+cation → 서로 다른 것을 주장하는 것

n. 언쟁, 논쟁(=dispute)
• have an altercation 언쟁을 벌이다
ⓥ altercate 언쟁하다

1946 egoistic
[iːgouístik]
05.경기대

12.아주대

07.성신여대

ego(=self)+ist+ic → 자기만 아는 사람의

a. 이기주의의; 자기 본위의
• an egoistic person 이기주의적인 사람
ⓝ egoism 이기주의
egotism 자기중심주의, 자만(=self-conceit)
egoist 이기주의자
▣ egocentric 자기중심의, 이기적인; 자기(중심)주의자
▣ ego 자부심, 자존심

- **alter**nation 교대
☐ **alter** 바꾸다, 고치다; 변하다 ▣ N0026
  - **alter**able 바뀔 수 있는
  - **alter**ative 변화를 촉진하는
  - **alter**ant 변화시키는; 염색제
  - **alter**ation 변경, 개조, 수정
  ↪ un**alter**able 바꿀 수 없는, 불변의
☐ **altru**istic 자신보다 남을 위하는, 이타적인 ▣ N0069
  - **altru**ist 애타주의자
  - **altru**ism 이타주의, 애타주의
☐ ad**ulter**ate (음료나 음식에) 불순물을 섞다 ▣ N0560
  - ad**ulter**ated 섞음질을 한; 불순한; 상한
  - ad**ulter**ation 불순품, 조악품
  - ad**ulter**y 간통 ad**ulter**er 간통자
  ↪ unad**ulter**ated 순수한(=pure), 진짜의

R 195

[어근] popul/publ(=people) & demo/dem(=people) & vulg/mulg(=common people)

1951 populace
[pǽpjuləs, pɔ́p-]
13.단국대

popul(=people)+ace → 사람들

n. 일반대중들, 서민(=commonality)
• gain popularity among the populace 대중들 사이에서 인기를 얻다
▣ **popul**ous[pǽpjuləs] 인구가 조밀한
  - **popul**ation 인구, 주민, 개체수
  - **popul**ate 거주시키다; ~에 거주하다

1952 popular
[pǽpjulər, pɔ́p-]
97.서울대학원/96.인하대

05.국민대

popul(=people)+ar → 사람들에 대한

a. 1. 인기 있는(=fashionable, prevalent)
2. 민중의, 통속적인, 대중적인
• the most popular singer 가장 인기있는 가수
• contrary to popular belief 통념과는 반대로
ⓝ popularity 인기, 유행; 대중성
populism 포퓰리즘, 인기영합주의
▣ unpopular 인기 없는, 일반적이지 않은

1953 publicize
[pʌ́bləsàiz]
09.이화여대

publ(=people)+ic+ize → 대중화하다

vt.(일반 사람들에게) 알리다(=proclaim), 광고하다
• publicize a movie 영화를 홍보하다
ⓝ publicity 널리 알려짐; 매스컴의 관심, 홍보(업)
ⓐ public 일반인의, 대중의, 공공의; 공개되는; 일반인

1954 epidemic
[èpədémik]
05.서강대

epi(=around)+dem(=people)+ic → 사람들 주변에 퍼진

a. 유행성의, 유행하고 있는
n. 전염병
• an epidemic of influenza 유행성 독감
▣ pandemic (병이) 전국적으로 유행하는; 유행병 •pan(all)
▣ endemic 지방 특산의, 풍토성의 ⊃ D0508

어근 demo/dem(=people)

추가 어휘
☐ **demo**cracy 민주주의,· 민중정치
☐ **demo**graphy 인구 통계학
☐ **demo**tic 민중의, 일반 대중의
  - **demo**tics (단수취급) 민중학; 사회학
☐ **dem**agogy 민중 선동, (민중) 선동가

표제어 복습
☐ en**dem**ic 지방 특산의, 풍토성의 ▣ N0508

어근 vulg/mulg(=common people)

표제어 복습
☐ di**vulg**e 누설[폭로]하다, 밝히다 ▣ N0299
  - di**vulg**ence 누설, 폭로
☐ **vulg**ar 통속적인, 저속한 ▣ N0909
☐ pro**mulg**ate 선포[공포, 공표]하다, 널리 알리다 ▣ N0781
  - pro**mulg**ation 공포, 선포

R196 [어근] ethno(=nation, people) & race(=race)

1961 ethnic
[éθnik]
13.단국대

ethn(=nation, people)+ic → 민족에 관한
a. 인종의, 민족 특유의, 소수민족의
- ethnic cleansing 소수민족 학살, 인종 청소
ⓝ **ethnicity** 민족성

14.고려대
📵 **polyethnic** 다민족의, 다양한 민족이 살고 있는 •poly(=many)
📵 **ethnology** 민족학, 인종학
ethnography 기술(記述) 민족학
ethnocide 특정 민족 집단의 문화 파괴

1962 biracial
[bàiréiʃəl]
13.경기대/06.서울시9급

bi(=two)+racial(인종의) → 두 인종의
a. 두 인종의, 혼혈의
- biracial children 혼혈 아동
📵 **race** 1. 인종, 인류, 민족 2. 경주, 레이스
racial 인종의, 민족의

96-2.고려대
multiracial 다민족의 •multi(=many)

R197 [어근] person(=person) & 남성과 여성

1971 person
[pə́:rsn]
93.서울시9급

person(=person) → 각각의 사람
n. (개개의) 사람, 개인; (어떤 일을 하는) 사람
- the person in charge 담당자
ⓐ **personal**[pə́rsənl] 개인의, 사적인, 인격적인
ⓥ **personalize** 개인화하다, 인격화하다
ⓝ **personality** 개성, 성격, 인격; 명사(名士)
📵 **personage**[pə́:rsənidʒ] 명사, 유명인; 배역

14.경기대/02.계명대
📵 **in person** 본인이, 자기 스스로, 직접

1972 personnel
[pə̀:rsənél]
93.서울시9급

person(=person)+nel → 사람을 다루는 부서
n. 1. (조직의) 인원, 직원들
2. 인사부, 인사과
- Authorized personnel only 관계자 외 출입금지
- the personnel department 인사과

1973 impersonate
[impə́:rsənèit]
17.가천대

im(=on)+person(=person)+ate → 다른 사람의 옷을 입다
vt. 신분을 사칭하다, 대역을 하다; 흉내내다(=emulate)
a. 구현된, 인격화된
- impersonate the famous actress 유명한 여배우를 흉내내다
ⓝ **impersonation** 인격화, 의인화; 흉내내기, 사칭

11.단국대
📵 **personify** 의인화하다, 인격화하다; 구체화하다
- **personification** 인격화, 의인화; 구현

1974 personable
[pə̀:rsənél]
11.국민대

person(=person)+able → 사람이라 할 만한
a. 용모가 단정한, 매력적인(=agreeable)
- He is a very personable man. 그는 매우 매력적인 남자다.

1975 effeminate
[ifémənət]

ef(ex(강조)+femin(=woman)+ate → 여성성이 강한
a. (남자가) 여자 같은, 나약한
- in an effeminate manner 여성 같은 태도로
📵 **feminine** 여성의, 여성다운(=womanly)
↔ 남자다운: **masculine, macho, manly, virile**

어근 anthrop/andro(=man)

추가 어휘
☐ **anthrop**oid 사람을 닮은, 유인원
☐ **anthrop**ic 인류의, 인류시대의
☐ **anthrop**omorphic 의인화된, 사람의 모습을 닮은
- **anthrop**omorphism 의인화
☐ mis**anthrop**e 인간을 싫어하는 사람(=misanthropist)
☐ **andro**id 인조인간
☐ **andro**gen[ǽdrəʒə] 남성 호르몬
cf. **estro**gen 에스트로겐(여성 호르몬의 일종)
☐ **andro**genize 남성화하다

표제어 복습
☐ **anthrop**ology 인류학, 문화인류학 ☑ N0995
- **anthrop**ologist 인류학자
☐ phil**anthrop**ic(al) 자선의, 박애의 ☑ N0846
- phil**anthrop**ist 박애주의자; 자선가
- phil**anthrop**y 박애, 자선; 자선행위

어근 hum/hom(=man)

추가 어휘
☐ **Hom**o sapiens 인류 •sap(=wise)
☐ **hum**an 사람, 인간; 인간다운
- **hum**anism 인도(인문)주의
- **hum**anist 인문학자, 인본주의자
- **hum**anity 인류, 인간성; (pl.) 인문학
- sub**hum**an 인간 이하의
☐ **hum**ane 자비의, 인정 있는, 친절한
↔ in**hum**ane 몰인정한
☐ **hom**age 존경, 경의
- pay a homage to 경의를 표하다
☐ **hom**icide 살인, 살인자
cf. **hom**icidal 살인(범)의
☐ ab**om**inable 질색인, 혐오할 만한 •ab(=away)
- ab**om**inate 혐오하다, 아주 질색하다
- ab**om**ination 혐오, 증오

어근 muscu(=man, muscle) & vir(=man)

추가 어휘
■ **musc**le 근육; 완력; 힘
- **muscu**lar 근육의; 힘센

□ **mascul**ine 남자의, 남자다운; 힘센
□ **e**mascul**ate** 거세하다; 약하게 하다
■ **vir**ile[vírəl] 사나이의, 남성의, 남자다운
□ **vir**ago[virá:gou] 바가지 긁는 여자, 여장부

어근 fem & gyn(=woman)

추가 어휘

■ **fem**ale 여성, 여자; 여성의(↔ male); 암컷의
□ **fem**inist 여권주의자
  - **fem**inism 페미니즘; 여권 확장 운동
■ **gyn**ecology 부인과
  cf. obstetrics 산과학
□ **gyn**ecoid 여자의, 여성적인
□ miso**gyn**ist 여자를 싫어하는 사람 •miso(=hate)

[어근] dei/div/dev(=god) & the(=god)

1981 deity
[dí:əti]
09.성균관대

dei(=god)+ty → 신적인 존재

n. 신(=god), 하느님
  • worship as a deity 신으로 숭배하다
ⓝ deism[dí:izm] 이신론(理神論), 자연신론

1982 deign
[déin]
05-2.고려대

dei(=god)+gn(=creation) → 신이 황송하게도 만들어 주시다

vi. 1. 〈주로 부정문〉 자신을 낮추어~하다[to R]
  2. (윗사람이) 친히 ~해주다
vt.〈부정문〉 ~을 하사하다, 내리다
  • deign to grant an audience 황송하게 알현을 허락하다

1983 divine
[diváin]
11.국민대/05.명지대

div(=god)+ine(=like) → 미래를 아는 신과 같은

v. 점치다, 추측[직관]으로 알다(=intuit)
a. 신의; 성스러운, 거룩한(=sacred, holy)
  • trust in divine providence 신의 섭리를 믿다
ⓥ divinate 점을 보다, 예측하다
09.고려대 ⓝ divination 예언, 점(=prevision)
  diviner 점쟁이 divinity 신, 신성

1984 devote
[diváut]
08.영남대/03.계명대

dev(=god)+ote → 신께 바치다

vt. 바치다(=dedicate), 전념하다[to], 봉헌하다(=consecrate)
  • devote oneself to ~에 전념하다
ⓝ devotion 헌신(=dedication), 전념; 귀의, (pl.) 기도(=prayer)
99.전남대 ⓐ devout[diváut] 믿음이 깊은(=sincere, pious), 헌신적인(=dedicated)

1985 atheist
[éiθiist]
17.숭실대/09.서강대
97.지방고시

a(an=not)+the(=god)+ist → 신이 없다고 생각하는 사람

n. 무신론자(=one who believes there is no god)
  • a strong atheist to say god cannot exist
  신은 존재하지 않는다고 말하는 강경한 무신론자
ⓝ atheism 무신론, 무신앙 ↔ theism 유신론

1986 polytheistic
[pὰliθíistik]
13.세종대

poly(=many)+the(=god)+is+tic → 믿는 신이 많은

a. 다신교의, 다신론의
  • change from polytheistic to monotheistic
  다신교에서 일신교로 변하다
ⓝ polytheist 다신론자
  polytheism 다신론, 다신교
🔁 monotheism 일신교 •mono(=one)
🔁 pantheism 범신론, 자연숭배 •pan(=many)

1987 enthusiastic
[inθù:ziǽstik]
16.한국외대/10.계명대
09.서강대

en(=in)+thus(=god)+ias+tic → 신을 마음속에 영접하는

a. 열광적인(=exuberant), 광신적인(=zealous)
  • an enthusiastic supporter 열렬한 지지자
ⓐⓓ enthusiastically 열광적으로
17.가천대 ⓝ enthusiasm 열광, 열정(=passion)

어근 the(=god)

추가 어휘

□ **the**ology[θiάləʤi] 신학
□ **the**ologian 신학자
□ apo**the**osis[əpὰθíousis] 신격화(=deification)
□ **the**ocracy 신정주의 체제, 제정일치

[어근] holi/hol/hallo(=holy) & pi(=holy) & secr/sacr/sanct/saint(=holy)

1991 holy
[hóuli]
05-2.아주대

holy → 신성한
a. 신성한, 성스러운(=sacred); 경건한, 독실한
n. 신성한 장소
- the Holy Bible 성서
- a holy shrine 신성한 성당
🔟 **holiday** 휴일, 축제일(=holy day) 〈영〉 휴가

1992 hallow
[hǽlou]
93.서울시7급/92.한국외대
13.경희대

hallo〈holy → 신성하게 하다
vt.1. 신성하게 하다(=make holy), 신에게 바치다
　2. 소리치며 뒤쫓다; 큰 소리로 격려하다
- a hallowed tradition 신성한 전통
ⓐ **hallowed** 신성한(=consecrated)
🔟 **hollow**[hálou, há–] 속이 빈; 오목한; 움푹한 곳; 완전히 ⊃ T1564

1993 pious
[páiəs]
15.경기대/99.전남대,경찰간부
02-2.고려대

pi(=holy)+ous → 신성함을 지닌
a. 경건한, 신앙심이 깊은, 독실한(=devout)
- a pious attitude 경건한 태도
ⓝ **piety**[páiəti] 신앙심; 경건(한 행위)
🔟 **impious** 신앙심 없는, 경건치 않은; 불경한 *im(=no1)
- **impiety** 신앙심이 없음; 불경, 무례(=irreverence)

1994 sacred
[séikrid]
13.성균관대/05-2.아주대
05.명지대/98.동국대

sacr(=holy)+ed → 성스러운
a. 신성한, 성스러운(=holy, divine, treated with great reverence)
- sacred treasures 성물
- sacred songs 성가

1995 consecrate
[kánsəkrèit]
03.계명대
13.경희대
01-2.고려대

con(=together)+secr(=holy)+ate → 다 같이 성스럽게 하다
vt.신성하게 하다, 봉헌하다
- consecrate her life to the service of God
　신을 섬기는 일에 그녀의 일생을 바치다
ⓝ **consecration** 신성화, 헌신
ⓐ **consecrated** 신성한(=hallowed)
🔟 **desecrate** 신성을 모독하다, (신성한 것을) 속되게 쓰다
- **desecration** 신성 모독 **desecrater** 신성 모독자

1996 sacrifice
[sǽkrəfàis]
07.서울시9급

sacr(=holy)+i+fic(=make)+e → 성스럽게 만들다
vt.제물을 바치다, 희생하다
n. 제물, 희생
- sacrifice his life for his country 나라를 위해 그의 목숨을 바치다

1997 sanctity
[sǽŋktəti]
10.중앙대

sanct(=holy)+ity → 성스러운 것
n. 성스러움, 신성함; 존엄성
- the sanctity of human life 인간 생명의 존엄성
ⓥ **sanctify** 신성하게 하다; 죄를 씻다

1998 sanctuary
[sǽŋkʧuèri]
06.한국외대/97.변리사

sanct(=holy)+u+ary → 성스러운 장소
n. 1. 신성한 곳, 성역
　2. 도피처, 피난처; 금렵구역
- seek sanctuary from the enemy 적을 피하기 위한 은신처를 구하다

1999 sanctum
[sǽŋktəm]
02-2.숙명여대

sanct(=holy)+um → 성스러운 장소
n. 사실, 서재(=private place)
- enter the professor's sanctum 교수의 서재에 들어가다

어근 pi(=holy)

추가 어휘
☐ **expiate** 속죄하다, 잘못을 보상하다(=atone)
- **expiation** 속죄; 죄를 선행으로 갚음, 보상
- **expiatory** 속죄의; 보상의
- **expiable** 보상할 수 있는
↔ **inexpiable** 속죄할 길 없는, 죄 많은

어근 secr/sacr/sanct/saint(=holy)

추가 어휘
☐ **execrate** 저주하다, 아주 싫어하다
- **execrable** 저주할, 밉살스러운
☐ **sacrilege** 신성모독
☐ **sacrosanct** 신성불가침의
☐ **sacramental** 성찬의, 신성한
☐ **sacerdotal** 성직자의, 사제의
☐ **saintly** 신성한, 숭고한
☐ **saint** 성인; (S~) 성(聖) ~
☐ **sanctimonious** 독실한 체 하는

표제어 복습
☐ **sanction** 인가; 도덕적 구속력;(국제적) 제재 ◪ N0743

[어근] cross/cruc(=cross) & idol/icon(=image) & mir/mar(=wonder)

2001 crossroad
[krɔ́ːsroùd]
05.경희대

cross+road → 교차하는 길
n. 교차로, 십자로; (선택의) 기로
- The animal rights movement is standing at critical crossroads.
　동물권익운동은 중대한 기로에 서 있다.

어근 cross/cruc(=cross)

추가 어휘
☐ **cruise** 돌아다니다, 순항하다; 순항, 선박여행
☐ **cruiser** 순양함, 순항 비행기
☐ **crusade** 십자군, (주의 등의 옹호를 위한) 운동
☐ **crux** 가장 중요한 점, 난문, 난제; 십자가

2002 excruciating
[ikskrúːʃièitiŋ]
17.한양대

ex(강조)+cruc(=cross)+iate+ing → 십자가에 못 박힌

a. 몹시 고통스러운, 격심한
- an excruciating pain 극심한 고통

관 **cruciate** 십자형의, 교차하는
cruciform 십자가 (모양의 것); 십자형

2003 idolize
[áidəlàiz]
06.숙명여대

idol(=image)+ize(=make) → 성상을 만들다

vt. 우상시하다; 맹목적으로 숭배하다(=admire)
ⓝ **idol** 우상; 숭배물(=icon)
- idol worship 우상 숭배 worship an idol 우상을 숭배하다
idolatry 우상 숭배, 맹목적 숭배

13.세종대

ⓐ **idolatrous** 우상숭배의, 맹신하는
⑤ **icon** 성상; 우상; 우상시되는 사람
- **iconic** 우상의; 상[초상]의; 전통적 양식의
- **iconize** 우상화[시]하다, 숭배하다
- **iconoclast** 우상[구습] 타파주의자
- **iconoclastic** 우상 파괴(자)의; 인습 타파의

2004 admire
[ædmáiər]
06.숙명여대/02.국민대

ad(=to)+mir(=wonder)+e → 누구에게 경탄하다

v. 존경하다(=esteem), 숭배하다; 감탄하다
- admire his teacher 선생님을 존경하다
ⓝ **admiration** 감탄, 찬양의 대상
ⓐ **admirable** 존경스러운, 감탄스러운
⑤ **admiral**[ædmərəl] 해군장성, 제독

☐ **cross**-current 역류; 대립되는 의견

표제어 복습

☐ **cru**cial 결정적인, 중대한 ▣ N0255
  - **cru**cify 십자가에 못 박다, 학대[박해]하다
  - **cru**cible 도가니; 혹독한 시련

어근 **mir/mar(=wonder)**

추가 어휘

☐ **mir**acle 기적, 경이
☐ **mir**age[mirάːʒ] 신기루, 망상
☐ **mir**th 환희, 유쾌함
☐ **mar**vel[mάːrvəl] 놀라운 일, 불가사의; 경탄하다
  - **mar**velous 놀라운, 경이로운, 신기한
☐ **mar**tyrdom[mάːrtərdəm] 순교

I 149 heart

* **heart** : 심장 → (속)마음 → 기분 → 애정 → 인정 → 용기

heart는 원 뜻이 심장이고 심장은 1. 열정, 용기의 원천이며 2. 사랑, 인정의 원천이기도 하다. 3. 또한 인간의 감정도 심장에서 나오는 것이라 하여 감정이나 기분을 뜻하기도 한다. mind가 약간은 이성적인 정신작용임에 비해, heart는 약간은 감성적인 정신작용이라 하겠다.

14901
have the heart[guts] to R
97-2.광운대.Teps

heart 용기 / guts 용기
〈주로 부정문에서〉 ~할 용기가 있다(= have the nerve to R), 뻔뻔스럽게 ~하다
• I **have** not **the heart to** do such a cruel thing.
  난 그렇게 잔인한 짓을 할 용기가 없다.

14902
know[learn] sth **by heart**
05.명지대/98.동국대

마음으로 알다, 배우다
암기하다, 외우다
• He **learns** everything **by heart**. 그는 무엇이든지 암기한다.
  웹 by heart 외워서, 암기하여

14903
**have one's heart set on/
set one's heart on** sth
05.명지대

마음을 어디에 고정하여 두다
~을 간절히 바라다, ~을 몹시 원하다(=want very much);
~하려고 마음 먹다
• She has **set her heart on** going to Europe after graduation.
  그녀는 졸업 후에 유럽에 가길 몹시 원했다.

14904
heart of gold
10.명지대/09.상명대05.명지대.토플.Teps

금과 같은 마음
남을 생각하는 선량한 마음
• They are all good boys with **hearts of gold**. They would never steal.
  그들은 모두 선량한 마음을 가진 좋은 애들이다. 그들이 도둑질했을 리 없다.
  웹 have a heart of gold 마음씨가 아름답다(=be kind-hearted)

웹 take heart 용기를 내다
= **pluck up one's heart**
  용기를 내다, 분발하다
웹 a brave heart 씩씩한 기상
  *멜 깁슨 주연의 영화 "브레이브하트"
웹 lose one's heart 용기를 잃다.
  낙담하다(=discourage), 풀이 죽다

웹 lose one's heart to sb/sth
  ~에게 마음을 뺏기다.
  사랑에 빠지다(=fall in love with sb/sth)

圄 have a heart 인정이 있다 *heart 인정
  ↔ **have no heart** 인정머리가 없다
  ↔ **heart of stone** 무정한 마음
□ **hearted** 합성어
  - **half-hearted** 성의가 없는
  - **cold-hearted** 인정없는
  - **stony-hearted** 냉혹한
  - **light-hearted** 근심걱정없는

I 150 mind/soul/spirit

mind는 body와 대비하여 "**마음, 정신**"의 뜻이다. 마음이란 의미는 하고 싶은 생각 즉, "의견"이란 의미로 확장되며 "기억"이란 의미로 쓰이기도 한다. 또한 사람이 정신이 없다는 것은 곧 미친 것을 의미할 수도 있다. heart가 감성적임에 비해 mind는 이성적인 정신작용에 가깝다.

15001
bring sb/sth **to (one's) mind**
05.명지대.Teps

누구의 기억에 가져오다
~을 생각해 내다; (사물이) ~을 생각나게 하다
• The letter **brought** her face **to his mind**.
  그 편지를 보자 그는 그녀의 얼굴이 떠올랐다.

15002
be of two minds
15-2.경찰/14.산업기술대

두 개의 마음(mind) 속에 있다
망설이고 있다
• She **is of two minds** about what to study at university.
  그녀는 대학에서 무엇을 전공할지에 대해 결정을 못 하고 있다.

圄 ring a bell
  〈구어〉 들어본 적이 있는 것 같다, 낯이 익다
= **cross** sb**'s mind** 생각이 떠오르다
  (=occur to sb)
웹 read sb**'s mind** 속마음을 알아채다
圄 remind A of B A에게 B를 상기시키다
= **put[keep] A in mind of B**
  A에게 B를 생각나게 하다, 상기시키다

■ soul(영혼, 넋; 정신, 마음, 열정) 보충표현

□ **keep body and soul together** 겨우 살아 나가다
□ **put one's heart and soul into** sth ~에 심혈을 기울이다

■ spirit(정신, 마음; 용기, 원기; 시대사조) 보충표현

□ **a moving spirit** 주동자, 중심 인물
□ **in spirits** 활기 있게; 의기양양하게
□ **out of spirits** 기가 죽어, 맥없이
□ **break** sb**'s spirits** ~의 용기를 꺾다

stomach

*stomach : 위, 복부, 아랫배 → 욕망, 기호, 마음

인간의 욕망 중 그 으뜸은 단연 식욕이다. 인체에서 소화를 담당하는 기관인 만큼 위가 "욕망"의 상징이 되는 것은 당연하다.

15101

have[get] butterflies in one's stomach
11.지방직7급/08.고려대/03.숭실대,광운대
99.고려대/97.동덕여대,Teps

사람의 배 속에 나비들이 있다

〈구어〉 (걱정으로) 마음이 조마조마하다
(=feel very nervous before doing something)
• He's **got butterflies in his stomach**. (=He has ants in his pants.)
  그는 안절부절못하고 있다.

15102

I have a stomachache.
= My stomach hurts.
= My stomach pains me.
04-2.명지대

아픈 배(stomachache)를 가지고 있다

배가 아파, 배탈이 났어.
• A: You don't look very well. What's the matter? 너 안 좋아 보여. 무슨 일 있니?
  B: **I have a stomachache.** 배가 아파.

📗 He's got butterflies in his stomach.
  = He has ants in his pants.
  = He has his heart in his boots[mouth].
  = He's on pins and needles.
  = He's on tenterhooks.
    *tenterhook 갈고리(못)
  = He is antsy.
    *antsy 안절부절못하는

사람에 대한 은유적 표현

사람의 성격이나 특징을 빗대어 나타내는 은유적인 표현들은 무수히 많다. 여기서는 시험에 출제되었거나 기타 중요한 표현들을 다루었으니 유심히 봐 두도록 하자.

15201

a big fish
06.국가직7급

큰 물고기

거물, 중요인물(=important person), 권위자
• Better **a big fish** in a little pond than a little fish in a big puddle.
  작은 연못의 큰 물고기가 큰 웅덩이의 작은 고기보다 낫다. *puddle 웅덩이

📗 big wheel *큰 수레바퀴
  = big wig *큰 가발(예전에 고위층일 수록 큰 가발을 썼던 것에서 유래)
  = big gun *큰 총
  = big bug *큰 곤충

15202

a back-seat driver
03-2.숭실대

운전자 뒷자리(back-seat)에 앉아서 이래라 저래라 하는 사람

참견을 잘하는 사람
• John is the worst **back seat driver** I know - he's always telling me what to do.
  존은 내가 아는 최악의 참견쟁이이다. 그는 항상 내게 이래라 저래라 한다.

15203

a late bloomer
99-2.한성대

늦게 꽃봉오리를 피우는 사람

대기만성형의 사람
• **A late bloomer**, she wrote her first novel when she was almost 50.
  대기만성형인 사람으로서, 그녀는 첫 소설을 거의 50살이 다 되어서야 썼다.

📙 a flash in the pan 일시적 유행이나 유명세, 용두사미격인 일이나 사람

15204

a jack-of-all-trades
10.충남대/98.한성대

모든 것을 사고파는 장사(trade)를 하는 책

만물박사, 팔방미인(한 가지 일을 전문으로 하면서 몇 가지 다른 일을 할 수 있는 사람)
• John can do plumbing, carpentry, and roofing - **a real jack-of-all-trades**.
  존은 배관공일도, 목수일도, 지붕일도 할 수 있다. 진짜 만물 박사다.
  🔖 Jack of all trades, and master of none.
    〈속담〉 무엇이든지 다 할 수 있는 사람은 뛰어난 재주가 없다.

15205

a pushover
07.한국외대,Teps

일을 떠넘기기 쉬운 사람

1. 만만한 사람, 잘 속는 사람(=somebody who is easily defeated or outwitted) 2. 매우 쉬운 일(=a task that is easily accomplished)
• You're really **a pushover** to let yourself get stuck with all this work.
  이 일을 모두 떠맡다니 너도 참 사람이 좋구나.
  *get stuck with sth 억지로 일 등을 떠맡다

📗 a babe in the wood
  천진난만해서 잘 속는 사람
  *미국 동화 "The children in the wood"에서 유래

15206

middle-of-the-road
05.고려대

길(노선)의 한 방향으로 치우치지 않는

온건한(=moderate); 무난한, 대중적인
• Their music is very **middle-of-the-road**.
  그들의 음악은 매우 대중적이다.
  🔖 middle-of-the-roader 중도파, 온건파(=nonradicals, the moderates)

📙 ginger group (조직 내) 소수 혁신파, 급진파(=the radicals), 강경파
  *생강(ginger)처럼 매운 사람들
  - the left wing 좌파, 좌익(左翼)
  - the right wing 우익(右翼), 보수파(=the conservative group)

15207

the salt of the earth
03-2.숭실대

세상의 소금(salt) → 마태복음에서유래

평범하지만 정직하고 선량한 사람, 세상을 이끌어 갈 인격이 뛰어난 사람들
• She is **the salt of the earth**. She is the first to help anyone in trouble.
  그녀는 아주 훌륭한 사람입니다. 그녀는 어려움을 당한 사람에게는 누구보다 먼저 구원의 손길을 뻗칩니다.

15208 **the general public** 01~2.단국대	일반적인 사람들(public) 일반대중(=ordinary people who are not members of a particular group or organization) • In that country Korean-made brand names are not widely recognized among **the general public**. 그 나라에서는 한국산 브랜드가 일반대중에 널리 알려져 있지 않다.	**뗑 the rank and file** 평사원, 병졸; 일반 서민
15209 **He is the last man to do so.** 11.지방직7급/02.101단/01.경찰/87.행자부7급	그는 그렇게 할 마지막 사람이다. 〈회화〉 그는 결코 그럴 사람이 아니다.(=He will never do so.) • **He is the last man to tell a lie. (=He is above telling lies.)** 그는 결코 거짓말을 할 사람이 아니다. 圈 the last person 가장 ~하지 않을 것 같은 사람	圈 **the last thing** 가장 ~하지 않은 것 (something very unlikely, unwanted, not intended etc.) 圈 **the last place** 가장 ~하지 않을 곳
15210 **a chip off[of] the old block** 09.국가직9급	낡은 벽돌에서 떨어져 나온 조각 (기질 등이) 부모를 꼭 닮은 자식 • You look like your mother, **a chip off the old block**. (=You're the picture of your mother.) 넌 네 엄마를 쏙 빼닮았구나.	뗑 **be as like as two peas** 꼭 닮다 = be the exact counterpart (of sb/sth) 뗑 **carbon copy / spitting image / dead ringer** 똑같이 닮은 사람 똅 couch 소파; 몸을 누이다
15211 **a couch potato** 05.국민대,Teps	소파(couch)에 앉아 감자칩을 먹으면서 TV를 보는 사람 하루 종일 소파에 앉아 텔레비전을 보는 (게으른) 사람 (=a person who spends a lot of time sitting and watching television) • John spends most of his time watching television. He is a total **couch potato**. 존은 거의 모든 시간을 텔레비전만 보면서 보낸다. 그는 완전히 방구석 귀신이야.	
15212 **a loan shark** 14.명지대	대출 고리대금업자(shark) 고리대금업자(=a person who lends money at very high rates of interest) • She borrowed money from **a loan shark**. 그녀는 고리대금업자에게 돈을 빌렸다.	
15213 **a bull in a china shop** 14.한성대	도자기(china) 가게의 황소(bull) 거칠게 덜렁대는 사람(=a person who is careless, or who moves or acts in a rough or awkward way, in a place or situation where skill and care are needed) • like **a bull in a china shop** 고삐 풀린 망아지마냥	
15214 **dare devil** 13.세종대	감히(dare) 악마에 도전하는 사람 저돌적인[무모한] 사람(=a person who enjoys doing dangerous things, in a way that other people may think is stupid) 똅 dare-devil 무모한, 대담한	
15215 **guinea pig** 14.항공대	기니피그(실험용으로 이용되는 설치류) 기니피그, 실험대상(=experimental subject) • I don't want to serve as a **guinea pig**! 나는 실험대상이 되고 싶지는 않다.	
15216 **a breath of fresh air** 17.경기대	신선한 공기를 호흡한 것 같음 청량제 같이 신선한 사람[것]; 신선한 공기 • He's like **a breath of fresh air**. 그는 청량제 같이 신선한 사람이다.	

■ 사람에 대한 이디엄

☐ **baby kisser** 선거운동 중에 대중의 인기에 영합하는 정치가
☐ **bad sailor** 뱃멀미를 잘하는 사람
☐ **bench warmer** 후보선수
☐ **big brother** 독재자; 독재 국가 *G. Orwell의 소설(1984)에서 유래
☐ **block bully** 골목대장
☐ **book worm** 책벌레, 공부벌레(=a person who likes reading very much)
☐ **brass hat** 고급 장교, 높은 사람, 유력한 사람
☐ **brown bagger** 도시락을 싸가지고 다니는 사람
☐ **busy body** 남의 일에 참견하는 사람
☐ **chain-smoker** 줄담배를 피는 사람, 골초
☐ **cheap skate** 인색한 사람(=a person who does not like to spend money)
☐ **cliff-dweller** 고층 아파트 입주자

- □ **clotheshorse** 옷 자랑하는 사람, 멋쟁이
- □ **country bumpkin** 촌놈, 시골뜨기(=a person from the countryside who seems stupid)
- □ **cream puff** 슈크림; 패기 없는 남자
- □ **dark horse** 다크호스, 의외의 강력한 경쟁 상대
- □ **dutiful son / dutiful daughter** 효자/ 효녀
- □ **eager-beaver** 정력적으로 일하는 사람
- □ **egg-head** 지식인(=a person who is very intelligent and is only interested in studying)
- □ **everybody's friend** 팔방미인
- □ **fair-haired child(boy)** 귀염둥이
- □ **fair-weather friend** 형편이 어려울 때 등 돌리는 친구
- □ **fall guy** 남의 죄를 뒤집어쓰는 사람, 봉(=a person who is blamed or punished for ⓢⓣⓗ wrong that another person has done)
- □ **fence sitter** 형세를 보는 기회주의자
- □ **fender-bender** 가벼운 접촉사고(를 일으킨 사람)
- □ **flag-waver** 극단적인 애국주의자, 선동자
- □ **forty-niner** 일확천금을 꿈꾸는 사람 *1849년에 금광의 붐으로 California에 밀어 닥친 사람
- □ **gold digger** 남자의 돈을 보고 사귀는 여자(=a woman who uses the fact that she is attractive to get money from men)
- □ **good mixer** 사교술이 좋은 사람(=a person who is happy in the company of people)
- □ **good provider** 돈벌이 잘하는 남편
- □ **high-brow** 지식이나 교양이 높은 사람 ⧉**low brow** 저질인(사람), 교양이나 지성이 낮은 (사람)
- □ **higher-ups** 고관, 상사(=a person who has a higher rank or who is more senior than you)
- □ **home-body** 가정적인 사람(=a person who enjoys spending time at home)
- □ **wheeler-dealer** 권모술수에 능한 사람, 수완가
- □ **hot shot** 수완가, 성공자 **hot stuff** 정력가
- □ **human sponge** 인간 기생충
- □ **Indian giver** 보답을 바라고 주는 사람, 준 것을 되찾는 사람
- □ **jail bird** 죄수, 전과자
- □ **Jekyll and Hyde** 이중인격자 *지킬박사와 하이드에서 유래
- □ **Johnny-come-lately** 신입사원, 신참자
- □ **Johnny-on-the-spot** 기다렸다는 듯이 뭔지 즉석에서 대처할 수 있는 사람
- □ **kingpin** 볼링에서 5번 핀; 중심 인물(=the most important person in an organization or activity)
- □ **lame duck** (재선에 실패한) 임기 말의 국회의원 또는 대통령
- □ **land shark** 토지거래로 부당한 이득을 얻는 사람
- □ **line shooter** 자랑꾼
- □ **man Friday** 충실한 하인 *로빈슨 크루소가 하인을 금요일에 만났다고 해서 지어 준 이름에서 유래
  - **cf. girl Friday** (무슨 일이든지 충실히 해주는) 여사무원, 여비서
- □ **moon-lighter** 밤에 아르바이트를 하는 사람
- □ **a nobody** 보잘것없는 사람 *She has married a nobody. 그녀는 보잘것 없는 사람과 결혼했다.
- □ **nobody's fool** 만만치 않은 사람, 빈틈이 없는 사람 *아무도 속이지 못한 사람
- □ **pot boiler** 돈벌이를 위한 저속한 작품 또는 화가
- □ **road hog** 난폭한 운전자, 두 차선에 걸쳐서 가는 운전자
- □ **Sunday driver** 미숙한 운전자 *차가 없는 일요일에만 차를 몰고 나오는 사람
- □ **scarecrow** 허수아비; 갈비씨
- □ **smooth operator** 〈특히 여성에게〉 언변이 좋은 사람, 요령이 있는 사람
- □ **snake in the grass** 안심할 수 없는 인물(=a person who pretends to be your friend but who cannot be trusted)
- □ **the little woman** 마누라, 아내
- □ **wet blanket** 흥을 깨뜨리는 사람(=a person who discourages others or prevents them from enjoying themselves)
- □ **whistle-blower** 내부고발자, 밀고자

R 201 · [어근] tempor(=time) & chron(=time) & ev(=time, age) & sec(=temporal)

2011 contemporary
[kəntémpərèri]
02.계명대

con(=together)+tempor(=time)+ary → 함께 시대를 사는
a. 1. 현대의, 당대의(=modern, present day)
　　2. ~와 동시대[동시기]의[with]
　　3. 같은 연령의, 동년배의
　　• a leading contemporary artist 선도적 현대 예술가
　　• Goethe was contemporary with Beethoven.
　　　괴테는 베토벤과 동시대 사람이었다.
　ⓐ contempo 〈구어〉 최신의; 현대의, 새로운
　　contemporaneous 동시 발생의, (~와) 동시대의
　ⓝ contemporaneity 같은 시대[시기]임
　ⓥ contemporize 시기[시대]를 같이 하다

2012 synchronous
[síŋkrənəs]
13.이화여대/경찰간부

syn(=same)+chron(=time)+ous → 같은 시간에 일어나는
a. 동시(성)의; 동시에 일어나는
　↔ asynchronous 비동시성의, 비동기성의
　ⓥ synchronize 동시에 일어나게 하다, 동시성을 가지다
　ⓝ sync 동시성; 동시 진행; 협조 관계

08.국가직7급
16.한국외대
　　• be in sync with ~와 협조 관계에 있다, 잘 통한다
　　• out of sync 조화를 이루지 못하는

2013 anachronism
[ənǽkrənizm]
08,96-2.고려대

ana(=back)+chron(=time)+ism → 시대를 거슬러 가는 것
n. 시대착오적인 사람[생각], 연대의 오기
　(=a mistake in time order)
　　• commit an anachronism 연대의 오기를 범하다
　ⓐ anachronic/anachronistic 시대착오의

2014 secondary
[sékəndèri]

second(두번째의)+ary → 두 번째로 다룰
a. 이차적인, 부차적인(=subsidiary)
　　• a secondary consideration 부차적인 고려사항
　🔁 second 초, 아주 잠깐; 두 번째의

어근 tempor(=time)

추가 어휘
☐ **tempo** 〈음악〉 템포, 속도, 빠르기; 박자
☐ **tempor**ize (결정·확답을 하지 않고) 미루다

표제어 복습
☐ **tempor**ary 일시적인, 순간의, 임시의 ☑ N0078
　- **tempor**arily 일시적으로, 임시로
　- **tempor**al 시간의; 현세의, 세속의
☐ ex**tempor**ize 즉석에서 연설[연주]하다 ☑ N0900
　- ex**tempor**e 준비 없이[없는], 즉석에서(의)
　- ex**tempor**ary 즉석의, 즉흥적인
　- ex**tempor**aneous 즉석의; 일시 미봉책의
　- ex**tempor**arily 즉석에서, 임시변통으로

어근 chron(=time)

추가 어휘
☐ **chron**ograph 스톱워치
☐ **chron**ometer 정밀시계

표제어 복습
☐ **chron**ic 고질적인, 만성적인 ☑ N0063
　- **chron**ically 만성적으로
☐ **chron**ological 시간 순서대로 된, 연대순의 ☑ N0164
　- **chron**ologically 연대순으로
　- **chron**ology 연대순 배열, 연표
　- **chron**icle 연대기, 일대기, 기록

어근 ev(=time, age)

추가 어휘
☐ co**ev**al 동갑의, 동시대의; 같은 시대의 사람
☐ prim**ev**al 원시 시대의, 초기의 •prim(=start)
☐ medi**ev**al 중세의, 중세풍의 •med(=middle)

표제어 복습
☐ long**ev**ity 장수; 수명 ☑ N0920
　↔ brevity 짧음 ☑ R2026

어근 sec(=temporal)

표제어 복습
☐ **sec**ular 이승의, 현세의; 비종교적인 ☑ N0478
　- **sec**ularize 세속화하다

2021 length
[leŋkθ]
13.경희대/07.삼육대
05.세종대

long⟨leng(=long)+th → 길이

n. 1. 길이, 키; (시간의) 길이; 범위, 정도
2. 가늘고 기다란 물건의 가닥(=skein)
• The carpenter measured the length, width, and height of the cabinet. 목수는 그 장식장의 길이, 넓이, 그리고 높이를 쟀다

ⓥ lengthen 길게 하다, 연장하다(=protract); 길어지다

00.세종대
13.숭실대

🔹 wavelength 파장

04-2.계명대/01-2.대구대

🔹 at length 마침내(=at last); 오랫동안, 자세히
keep [sb] at arm's length 가까이 못 오게 하다, 멀리하다
go to great lengths / go to any length (필요한 것은)
무슨 짓이든지 하다(=endeavor)
over the length and breadth of ∼의 전반에 걸쳐
the length and breadth of ∼의 구석구석

92.외무고시

10.가톨릭대/04.아주대

08.성균관대

어근 long/ling/leng(=long)

추가 어휘
☐ **long**itude 경도(經度), 세로, 길이
  ↔ latitude 위도; 허용 범위 *lat(=side)
☐ **long**-distance 먼 곳의, 장거리 전화의
☐ **long**winded 이야기가 긴, 장광설의
☐ ob**long** 직사각형의(=rectangular), 길쭉한

2022 prolong
[prəlɔ́ːŋ]
07.한국외대/03.세무사
01-2.경기대

pro(=forth)+long(=long) → 앞으로 길게 늘이다

vt. (기간을) 연장하다; (공간을) 늘이다(=elongate)
• Lifting the lid prolongs cooking time.
뚜껑을 열면 요리 시간이 길어진다.

ⓝ prolongment 연장, 연기
prolongation 연장, 연기; 연장부분, 연장선

2023 elongate
[ilɔ́ːŋgeit]
17.한양대

e(ex=out)+long(=long)+ate(=make) → 길게 만들다

v. 길게 하다, 잡아 늘이다(=prolong); 길어지다
a. (가늘고) 긴
• elongate the legs 다리를 길게 늘이다
ⓝ elongation 연장(선); 늘어남

2024 linger
[líŋgər]
06.경희대

ling⟨long(=long)+er → 긴 시간동안 남아있다

vi. 1. (아쉬운 듯이) 남아 있다(=stay), 꾸물거리다(=loiter, lag)
2. 망설이고 있다; (어슬렁어슬렁) 걷다, 산책하다
• linger long in my memory 내 기억에 오래 남아 있다
• die after a lingering illness 숙환 끝에 죽다

17.서울여대

ⓐ lingering 없어지지 않고 오래가는(=residual), 망설이는

2025 malinger
[məlíŋgər]
07.중앙대

mal(=bad)+ling⟨long(=long)+er → 나쁜 쪽으로 남아있다

vi. (특히 병사가) 꾀병을 부리다
• be treated as malingering 꾀병으로 간주하다
ⓝ malingerer 꾀병 부리는 사람(=shirker)

15.홍익대

malingery 꾀병

2026 brevity
[brévəti]
02-2.고려대/98-2,96.세종대

brev⟨brief(=short)+ity → 짧음

n. 1. (문장·문체의) 간결(=briefness, conciseness)
2. (시간의) 짧음, 순간
• Epigrams are sayings characterized by wit and brevity.
경구란 재치와 간결함을 특징으로 하는 격언이다.
ⓐ brief 잠시의; 단명한, 간단한(=concise, succinct); 적요, 개요
ⓝ briefing 요약 보고, 브리핑

2027 abbreviate
[əbríːvièit]
08.고려대/07.서울여대
92.홍익대

ab⟨ad(=to)+brev(=short)+i+ate → (단어를) 짧게 하다

v. (낱말을 생략하여) 줄여 쓰다; 약자로 쓰다(=shorten)
• abbreviate 'Avenue' as 'Ave.' 'Avenue'를 'Ave.'로 줄여 쓰다
ⓐ abbreviated 단축된, 요약된
ⓝ abbreviation 생략, 약어; 생략법

2031 journal
[dʒɚ́ːrnl]
10.경기대

journ(=day)+al → 하루를 다루는 것

n. 1. (일간) 신문, 잡지, 정기간행물
2. 일기, 일지; 의사록
• keep a journal 일기를 쓰다
• the Wall Street Journal 월스트리트 저널
ⓝ journalism 저널리즘, 신문잡지 기고
journalist 저널리스트, 보도 기자, 언론인

tip 신문(journal)은 하루 동안 있었던 일을 전하는 매체입니다.
어근 journ은 "낮, 하루, 시대(day)"를 의미하는 어근입니다.

어근 journ/jour(=day)

추가 어휘
☐ **journ**ey (특히 육로의 장거리) 여행, 여정

2032 adjourn
[ədʒə́ːrn]
94.서울대학원

ad(=to)+journ(=day) → 오늘 하루를 마치고 내일로 미루다

v. (회의 등을) 휴회[정회]하다; 연기하다, 미루다
- adjourn a meeting 회의를 연기하다
- be adjourned for want of a quorum 정족수 부족으로 정회되다

2033 diurnal
[daiə́ːrnl]
94.서울대학원

diurn(=day)+al → 낮에만 다니는

a. 낮에 활동하는
- diurnal animals 낮에 주로 활동하는 동물
- → nocturnal animals 야행성 동물

2034 annual
[ǽnjuəl]
03.고려대/96.숙명여대

ann(=year)+u+al → 1년마다의

a. 해마다의, 한 해 한 번씩의; 일년생의(=yearly)
- the company's annual revenue 그 회사의 연간수입
- annual pension 연금
n. 1. 연감, 연보(=yearbook, almanac)
　　2. 일년생식물
　　cf. 이년생 biennial 다년생 perennial

05.경기대

ⓐⓓ **annually** 매년, 1년에 한 번씩
Ⓝ **annals** 연대기(=chronology), 사료, 실록

2035 anniversary
[ænəvə́ːrsəri]
10.동덕여대

ann(=year)+i+vers(=turn)+ary → 일 년에 한 번씩 돌아오는 것

n. (해마다 돌아오는) 기념일
- 100th anniversary of his birth 그의 탄생 100주년 기념일

06,02-2.숙명여대
04-2.동덕여대

Ⓝ **centennial** 100년마다의; 100주년 기념일 *cent(=hundred)
millennium 천년간, 천년기 *mille(=thousand)

2036 perennial
[pəréniəl]
11.경희대,가톨릭대

per(=through)+enn(=year)+ial → 일년 내내

a. 1. 연중 끊이지 않는, 사철의; 영속적인
　　2. 다년생의
- a perennial and pressing problem 지속적이고 긴급한 문제
ⓐⓓ **perennially** 연중 계속되는(=year-round)

□ **journ**eyman 숙련공, 직공
□ bon**jour** 〈불어〉 안녕하세요.

표제어 복습
□ so**journ** 묵다, (일시) 체류(하다) ◘ N0561
　- so**journ**er 일시 체류자

어근 **noct/nox(=night)**

추가 어휘
□ **noct**urne 녹턴, 야상곡
□ **noct**urn 저녁기도
□ **noct**ambulist 몽유병자 *ambul(=walk)
□ **noct**iflorous (식물) 밤에 꽃이 피는
□ **noct**ilucent 밤에 빛나는; 야광운의
□ **noct**iphobia 어둠 공포증
□ **nyct**alopia 야맹증
□ equi**nox** 주야 평분시 (춘분, 추분)
　- the spring (autumnal) equinox 춘[추]분

표제어 복습
□ **noct**urnal 밤의, 야간의; 야행성의 ◘ N0974
　- **noct**urnally 밤마다, 매일 밤

어근 **date 합성어**

추가 어휘
□ ante**date** 시간적으로 먼저 일어나다
□ post**date** 시간적으로 뒤에 일어나다
□ out**date** 구식이 되게 하다
　- out**dated** 구식의(=obsolete)
□ up**date** 새롭게 하다

어근 **ann/enn(=year)**

추가 어휘
□ **ann**uity 연금
□ de**cenn**ial 10년간의; 10주년 기념일
　- de**cenn**ium 10년간
□ super**ann**uated 고령으로 퇴직한, 낡은

표제어 복습
□ bi**enn**ially 2년마다, 격년으로 ◘ N0965
　- bi**enn**ial 2년마다의; 2년생 식물
□ bi**enn**ale 격년 행사, 비엔날레
□ bi**ann**ually 반년마다, 연 2회의; 2년마다

R204　　[어근] **prim/prin/pri(=first, chief) & proto(=first)**

2041 prime
[práim]
10.고려대/07.이화여대

prim(=first)+e → 제일 처음의, 으뜸의

a. 제1의, 주요한, 으뜸가는
n. 전성기(=heyday); 초기, 봄

03-2.경기대

vt. (목적·작업을 위해) 준비시키다(=prepare); 미리 알려주다
- be already primed for battle 이미 전투태세가 되어 있는
ⓝ **primacy** 제1위, 최고; 탁월함, 발군

09.경기대

Ⓔ **prima**[príːmə] 제일의(=first), 주요한, 으뜸가는
　- **prima donna** 오페라의 여성 주연(=diva)
　- **prima facie case** 언뜻 보기에 증거가 확실한 사건
　primary[práiməri] 제1(위)의; 가장 중요한; 최초의 초기의 초보의;
　　　　　　　　　　　예비의; 기본적인, 본래의
　premier[primjiər] (영국의) 수상; 1위의, 으뜸의

tip 오페라에서 최고로 대접받는 여성 주연을 프리마돈나(prima donna)
라고 합니다. 이처럼 어근 prim은 "첫째의,으뜸의(first)"의 의미를 지닙니다.

어근 **prim/prin/pri(=first, chief)**

추가 어휘
□ **prin**ce 군주, 통치자, 왕자; 1인자
□ **prim**er[prímər, práiˉ] 입문서, 첫걸음; 기폭제; 뇌관
□ **prem**iere[primiər] (연극·영화의) 첫 상연, 첫 공연
□ **prim**ogeniture 장자의 신분, 장자 상속권 *gen(=birth)

표제어 복습
□ **prin**cipal 교장, (대학의) 학장, 조직체의 장 ◘ R1831
□ **prin**ciple 원리, 원칙, 신조 ◘ R0019(2)
□ **pri**or 이전의; ~보다 앞선; ~보다 중요한 ◘ N0541
　- **pri**ority (~보다) 먼저임; (~보다) 중요함; 우선사항

2042 primitive
[prímətiv]
06.계명대

prim(=first)+i+tive → 발달이 첫 단계에 있는

a. 1. 원시사회의; (욕망이) 원초적인
2. (인간·동물·발달이) 초기의, 원시적인 단계의
- primitive tribes 원시 종족들
- a primitive steam engine 초기단계의 증기기관

園 primeval 원시 시대의, 태고의, 초기의 •ev(=age)
primordial 원시의; 최초의; 근본적인

2043 pristine
[prístiːn]
10.동덕여대

pri(=first)+st(=stand)+ine → 처음에 있던 그대로

a. 1. 자연[원래] 그대로의, 오염되지 않은(=immaculate)
2. 초기 상태의, (물건이) 완전 새것 같은
- pristine mountain snow 오염되지 않은 산의 눈
- in pristine condition 새것 같은 상태인

어근 proto(=first)

추가 어휘
☐ **proto**type 원형, 견본
☐ **proto**col 1. (조약의) 초안; 외교 의례
　　　　　　2. (컴퓨터) 프로토콜, 통신규약
☐ **proto**plasm 원형질
☐ **proto**zoan 원생동물, 단세포동물
☐ **prot**agonist 주창자; (연극의) 주인공

R205　[어근] mid/medi/med(=middle) & med/medic(=heal)

2051 amid
[əmíd]
04-2.가톨릭대

a(=on)+mid(=middle) → 중간에 있는, 한복판에

prep. ~의 한복판에(=in the middle of), ~ 의 한창때에
- amid all the confusion 온통 혼란 속의 한복판에

2052 medium
[míːdiəm]
10.동덕여대

medi(=middle)+um → 중간에 있는 것

n. 1. 매개물, 매체; 도구, 수단
2. [(pl.) media] (대중 전달용) 매체[수단]
a. 중간의
- the medium of transportation 대중교통 수단
- medium sized 중간 크기의

園 medial[míːdiəl] 중간에 있는, 중앙의; 평균의, 보통의
median[míːdiən] 중앙의, 중간의; 중앙선, 중앙 부분

2053 intermediate
[intərmíːdiət]
94.서울대학원

inter(=between)+medi(=middle)+ate → 둘 사이의 중간에 있는

a. (두 가지 장소·사물·상태 등의) 중간의; (수준이) 중급의
n. 중간물, 중재[중개]자; 매개, 수단
vi. [intərmíːdièit] 중간[사이]에 끼다; 중재하다, 중개하다
- an intermediate stage in a process 과정의 중간 단계

ⓝ intermediacy 중간; 중개, 중재
ⓐ intermediary 중간의[에 있는], 매개의; 중개자, 매개물; 중간 단계

2054 mediate
[míːdièit]
05.경희대

medi(=middle)+ate → 중간에서 양쪽을 중재하다

vt. 1. 조정하다, 중재하다[between](=intercede, arbitrate)
2. (협상을) 이뤄내다, 화해를 이끌어내다
- mediate between staff and management 직원과 경영진을 중재하다
- mediate a settlement 화해를 이끌어내다

ⓝ mediation 조정, 중재
mediator 조정자, 중재자

2055 mediocre
[míːdióukər]
17.한성대/16.국민대
14.성균관대/96.인하대
13.이화여대

medi(=middle)+ocre → (성적이) 중간 정도인

a. 평범한(=average, commonplace), 썩 좋지는 않은
- a mediocre life 평범한 생활

ⓝ mediocrity 보통, 평범
園 mediocracy 평범한 사람에 의한 통치

어근 mid/medi/med(=middle)

추가 어휘
☐ **mid** 중간의, 중간에 있는
☐ **mid**day 정오
☐ **mid**night 한밤중, 암흑
☐ **mid**st 중앙, 한복판, 한가운데
☐ **mid**land 중부지방
☐ **mid**wife 산파, 조산원
☐ **mid**dling 보통의, 이류의, 웬만한
☐ **mid**dle age 중년(=middle life)
☐ **mid**dle Age 중세
☐ **medi**eval 중세(풍)의; 고풍의, 구식의 •ev(=age)

표제어 복습
☐ im**medi**ate 당장의, 즉시의, 당면한; 인접한 ☒ N0523
　- im**medi**ately 곧, 즉각, 즉시; 직접; 바로 가까이에
　- im**medi**acy 긴박; 즉시(성); 긴급하게 필요한 것
☐ **medd**ling 참견하는, 간섭하는; 참견 ☒ N0858
　- **medd**le 간섭하다, 말참견하다; 만지작거리다
　- **medd**lesome 간섭[참견]하기 좋아하는
　- **medd**ler 쓸데없이 참견하는 사람
☐ **medi**tate 숙고하다[on]; 명상[묵상]하다 ☒ N0873
　- **medi**tation 명상, 묵상; 숙고; 명상록
　- **medi**tative 명상에 잠기는; 심사숙고하는
☐ pre**medi**tate 미리 숙고[계획]하다
　- pre**medi**tated 미리 생각한, 계획적인

혼동어근 med/medic(=heal)

추가 어휘
☐ **medic** 의사(doctor); 위생병
☐ **medic**al 의학의, 의료의, 의사의
　- **medic**al care 의료, 건강 관리(health care)
☐ **Medic**are 〈미〉 노인 의료 보험 (제도)
☐ **Medic**aid 국민 의료 보조 (제도)
☐ **medic**ament 약, 의약
☐ **medic**ation 약물 치료, 투약
☐ **medic**ine (특히) 내복약; 의학

표제어 복습
☐ re**med**y 치료, 치료약; 구제책; 치료하다 ☒ N0510
　- re**med**ial 치료하는, 교정하는, 구제하는
　↪ irre**med**iable 치료할 수 없는, 불치의; 돌이킬 수 없는

R206 [어근] lim/limin/limit(=threshold, boundary)

2061 threshold
[θréʃhould]
05.한양대/04.성균관대
96.세무사

thres(=tread:밟다)+hold → 밟고 지나가는 것

n. 1. (건물의) 입구, 문간; 문지방(=entrance, doorway)
　2. (새로운 경험의) 출발점, 발단(=starting point)
　3. 자극에 반응하기 시작하는 최저점
• He has a low boredom threshold. (=He gets bored easily.)
그는 쉽게 권태를 느낀다.

2062 preliminary
[prilímənèri]
96.행정고시

pre(=before)+limin(=threshold)+ary → 시작하기 이전의

a. 예비적인, 준비의(=preparatory)
n. 예비행위, 예비시험; 서론, 서문
• a preliminary examination 예비시험(=prelim)
• start a preliminary review 예비 심리를 시작하다
ⓝ **prelim** 예비 시험; (경기의) 예선

2063 subliminal
[sʌblímənl]
03-2.경기대

sub(=under)+limin(=threshold)+al → 반응점 아래의

a. 의식되지 않는; 잠재의식의
• subliminal advertising 잠재의식적 광고

2064 sublime
[səbláim]
07.중앙대/93.성균관대
03.경기대

sub(=under)+lim(=threshold)+e → 큰 건물을 문지방 아래에서 올려다 보는

a. 웅대한, 숭고한, 탁월한(=noble)
• create grand and sublime music 웅장하고 숭고한 음악을 창조하다
• the beauty and sublimity of nature 대자연의 아름다움과 장대함
ⓝ **sublimity** 장엄, 웅대(=grandeur) 절정, 극치
ⓥ **sublimate** 승화시키다, 고상하게 하다

2065 limit
[límit]
10.성균관대

14.홍익대

04.경기대
97.단국대
14.성균관대

limit(=boundary) → 경계치에 있는 것

n. 1. 한계(점), 한도(=cap), (허용 한도에 대한) 제한, 허용치
　2. (장소·지역의) 경계
vt. 한정하다, 제한하다
ⓐ **limited** 한정된(=qualified), 유한한(=restricted)
ⓝ **limitation** 한정, 제한, 한도
🔴 **illimitable** 무한의, 광대한

🔳 **off limits** 출입 금지 지역의(=out of bounds)
　without limit(s) 한없이, 무한히; 제한이 없는(=boundless)
　with no limit(s) 제한이 없는(=with no cap)
　go to the limit 할 수 있는 만큼 하다 *극한(the limit)까지 가다

어근 lim/limin(=threshold)

추가 어휘
☐ **delimit** 범위[한계, 경계]를 정하다
☐ **limen**[láimən] 의식의 한계
☐ **limes**[láimiːz] 경계, 국경

표제어 복습
☐ **eliminate** ~을 제외하다, 제거하다 🔲 N0064
　- **eliminable** 제거[배제]할 수 있는
　- **elimination** 제거, 제외; 실격, 탈락

R207 [어근] fin(=end, limit) & termin/term(=end) & ult(=end, beyond)

2071 finalize
[fáinəlàiz]
10.국민대

10.중앙대

fin(=end)+al+ize → 끝을 내다

vt. 마무리 짓다, 결말짓다
• finalize the plan 계획을 확정하다
ⓐ **final**[fáinl] 마지막의, 최종적인; (pl.) 결승전
ⓥ **finish** 끝내다, 끝나다; 완성하다; 죽이다
🔳 **finale**[fináli] 끝, 종극, 대단원 **finis**[fínis] 끝, 대미
　finesse[finés] 교묘한 처리, 기교; 술책, 책략; 교묘히 처리하다

2072 finite
[fáinait]
10.국민대

97.고려대학원

15.99.경기대

fin(=end)+ite → 끝이 있는

a. (양이나 공간이) 한정[제한]된, 유한의(=limited)
• Oil and gas are finite resources on Earth.
석유와 가스는 지구의 한정된 자원이다.
🔳 **infinite**[ínfənət] (시간·공간이) 무한한; 끝없는; 무한한 것; 무한대
　- **infinity**[infínəti] 무한대, 무한거리; 초고감도
　- **ad infinitum**[æd infənáitəm] 무한히, 영구히
🔳 **infinitesimal** 미소한, 극미한; 극미량의(=minute)

2073 refined
[rifáind]
05.아주대/00.서울산업대
96.기술고시

re(=again)+fine(=limit)+ed → 다시 마무리 질을 한

a. 1. 세련된, 품위있는, 우아한; 정제된, 정련된
　2. 교묘한, 정교한(=sophisticated); 정확한
ⓥ **refine** 정제하다; 세련되다, 세밀히 구별하다
ⓝ **refinement** 세련, 우아; 정제, 정련; 정교함
　refinery 정제소, 정련소
🔳 **unrefined** 정제되지 않은; 세련되지 못한; 야비한

어근 fin(=end, limit)

표제어 복습
☐ **confine** 한정하다, 제한[국한]하다; 감금하다 🔲 N0115
　- **confined** 제한된, 한정된, 비좁은
　- **confinement** 제한, 국한, 감금

어근 termin/term(=end)

표제어 복습
☐ **exterminate** 멸종시키다, 박멸하다 🔲 N0250
　- **exterminator** 해충 구제업자, (해충의) 박멸약
　- **extermination** 근절, 절멸
　- **exterminable** 근절할 수 있는
☐ **terminate** 종결시키다, 끝나다 🔲 D0250
　- **termination** 종지, 종료, 종국
☐ **determinedly** 단호하게, 한사코 🔲 N0083
　- **determine** 알아내다, 밝히다; 결정하다, 확정하다
　- **determined** (단단히) 결심한, (결심이) 단호한
　- **determinate** 한정된; 확정된; 명확히 하다
　- **determination** 결심; 결정
　- **determiner** 〈문법〉 한정사

2074 indefinitely
[indéfənitli]
06.가톨릭대

in(=not)+de(=down)+fin(=end)+ite+ly → 끝을 내지 않고서

ad.불명확하게, 막연히; 무기한으로
- be postponed indefinitely 무기한 연기되다
ⓐ indefinite 무기한의, 분명하게 규정되지 않은
ﹰ definite[défənit] 뚜렷한, 명확한

94.대신대

define[difáin] 정의를 내리다; 규정짓다, 한정하다
- define A as B A를 B라고 정의(한정)하다
definition 정의, 말뜻; 한정, 명확, (TV등의) 선명도
definitive 최종적인, 결정적인

2075 interminable
[intə́rmənəbl]
09.중앙대/05.세종대
92.고려대학원

in(=not)+termin(=end)+able → 끝이 없는

a. (지루할 정도로) 끝없이 계속되는(=unceasing)
- The meeting dragged on interminably. 그 회의는 끝없이 길어졌다.
ⓐⓓ interminably 끝없이
ﹰ terminable 끝맺을 수 있는; 기한부의

2076 terminal
[tə́rmənl]
95.서울대학원

termin(=end)+al → 끝에 있는

a. 말단의, 끝의; 종점의, 매학기의
n. 말단, 맨끝; 종점, 터미널
- a terminal illness 불치병

- ☐ de**termin**ism [철학] 결정론 ☑ D0083
  ↔ inde**termin**ism 비결정론
  - prede**termin**e 미리 결정하다, 운명 짓다
- ☐ **term** 말; 용어; 기간, 임기, 지불기일; 약정 ☑ N0051

어근 ult/ultra(=end, beyond)

추가 어휘

- ☐ **ultra**violet 자외선
- ☐ **ultra**modern 초현대적인
- ☐ **ultra**sonic 초음파의
  - **ultra**sonics 초음파학

표제어 복습

- ☐ **ult**imate 최후의, 궁극적인; 근본적인 ☑ N0877
  - **ult**imately 결국, 궁극적으로
  - **ult**imatum 최종제안, 최후통첩; 근본원리

R208 [어근] nov(=new) & neo(=new) ↔ palaeo(=old)

2081 novel
[návəl, nɔ́-]
16.성명대/92.한국외대

nov(=new)+el → (없던 것이) 새로 나와서 신기한

a. 새로운(=new) (↔obsolete), 신기한, 색다른
n. 소설
- a novel way of catching wild elephants
  야생 코끼리를 잡는 새로운 방법
ⓝ novelette/novella 중편 소설
novelty 새로운[신기한] 물건; 신고안품; 신형

2082 innovation
[ìnəvéiʃən]
⳿ NO820

in(=in)+nov(=new)+ation → 안으로 새로운 것[제도]을 들여옴

n. 혁신, 쇄신, 기술혁신; 새 제도
- a radical innovation 철저한 혁신
ⓥ innovate 혁신하다, 쇄신하다

10.고려대

ⓐ innovative 혁신적인(=inventive)

16.한양대

ⓝ innovator 혁신가, 개혁가
ﹰ novation (채무·계약 따위의) 갱신(=renewal)

2083 renovate
[rénəvèit]
10.지방직7급

re(=again)+nov(=new)+ate → 다시 새롭게 하다

vt.(낡은 것을) 개조[보수]하다, 쇄신하다(=revamp)
- The school was built in 1976, renovated in 1987, then again remodeled in 2011. 그 학교는 1976년에 세워져서, 1987년에 보수되었고, 다시 2011년에 개축되었다.
ⓝ renovation 수리, 수선; 쇄신; 원기 회복

2084 neologism
[niάlədʒìzm]
13.중앙대

neo(=new)+log(=speech)+ism → 새로운 말을 만드는 것

n. 신조어(=new word, coinage)
- coin a neologism 신조어를 만들다
ﹰ coinage (어휘·낱말 등의) 신조어(=neologism); 화폐 주조 ⳿ T1391

2085 neophyte
[níːəfàit]
03.행자부7급

neo(=new)+phyte → 새로 시작한 사람

n. 초보자, 수련자(=novice)
- a political neophyte 정치적 초보자

2086 paleontology
[pèiliantάlədʒi]
12.한양대

paleo(=old)+nt+ology(=science) → 오래된 것을 연구하는 학문

n. 고생물학, 화석학(=the study of prehistoric fossils)
- Palaeontology is the study of fossils.
  고생물학은 화석을 연구하는 학문이다.

12.국민대

ⓝ paleontologist 고생물학자

어근 nov(=new)

표제어 복습

- ☐ **nov**ice 초심자, 신출내기, 풋내기 ☑ N0676
  - **nov**itiate 수련[견습] (기간); 견습 신분
  - **nov**a 신성(新星)

접두어 neo(=new)

표제어 복습

- ☐ **neo**lithic 신석기 시대의 •lith(=stone)
- ☐ **neo**teric 현대의, 신식의
- ☐ **neo**natal 신생아의 •nat(=be born)
  - **neo**nate[níːəèt] 신생아
- ☐ **neo**plastic 신생의; 종양의

접두어 paleo/palaeo(=old)

추가 어휘

- ☐ **paleo**lithic 구석기시대의
- ☐ **paleo**logy 고대학
- ☐ **paleo**ecology 고생태학
- ☐ **paleo**graphy 고문서학

[어근] hance/ance(=before)

2091 henceforth
[hènsfɔːrθ]
98.덕성여대

hence(hance(=before)+forth → 앞으로는

ad 앞으로, 지금부터는(=from now on), ~이후로 죽
• Henceforth I shall refuse to work with him.
이제부터는 그와 같이 일하기를 거부할 것이다.

휀 hence 그러므로, 따라서; 지금부터, 향후

2092 ancestor
[ǽnsestər]
00.세무사
11.덕성여대

ance(=before)+cest(=go)+or → 이미 돌아가신 분들

n. 조상, 선조(=forerunner) 생물의 시조; 원형
• The custom has come down to us from our ancestors.
그 풍습은 우리 선조로부터 전해 내려온 것이다.

ⓝ ancestry 조상, 선조; 가계, 가문(=lineage)
ⓐ ancestral 조상의, 대대의

2093 enhance
[inhǽns]
11.국가직9급/99.서울여대
95.세종대
14,12.한국외대

en(=make)+hance(=before) → 앞으로 나아가게 하다

vt.1. (질·능력 등을) 높이다(=improve), 강화하다(=intensify)
2. (가격을) 올리다
• enhance the efficiency of the economy 경제의 효율성을 높이다
ⓝ enhancement 증대, 강화; 인상; 고양
ⓐ enhanced (가치·질을) 높인(=burnished), 증대한

어근 hance/ance(=before)

추가 어휘
☐ **anc**ient 고대의, 먼 옛날의, 오래된

표제어 복습
☐ ad**vance** 진보하다, 승진하다; 선불의 ◘ N0962
- ad**vance**d 고급의, 고등의, 진보한, 첨단의

[어근] line/lign(=line) & rang(=line)

2101 line
[lain]

줄 → 전화선 → 버스 노선 → 글의 행 → 경계선

n. 1. 끈, 줄, 낚싯줄
2. 선, 라인, 전화선, 전화
휀 hold the line 1. 전화를 끊지 않고 기다리다(=hold on) ❍ I17050
2. 물러서지 않다, 고수하다; 현상을 유지하다
3. 열, 줄(=row), (사람이 기다리는) 줄, 행렬(=queue), 생산 라인
휀 Don't cut in line. 새치기하지 마세요.
We are in line. 줄 서 있는 중입니다.
fall into line / fall in line 줄지어 서다; 제자리를 찾아 정리되다;
규정·조약에 따르다
top-of-the-line 최고급품의, 최신식의
4. (버스 등의) 노선, 항로
ⓝ liner 정기선, 정기 항공기혼
5. (종종 pl.) 방침, 주의
휀 I'm in line with you. 너의 생각에 동의한다. ❍ I16934
(=You can say that again.)
take a hard line 강경노선을 취하다
step[get] out of line 방침에 위배되는 행동을 하다
6. 글자의 행, 짧은 편지
휀 Drop me a line. 내게 편지해. ❍ I10609
read between the lines 글[말] 속의 숨은 뜻을 알아내다
7. 정보, 과장된 말(낚시)
휀 give ⓢⓑ a line 거짓말로 현혹시키다, 속이다; 꾀어 들이다
give an outline of ~의 개요를 말하다
8. 경계, 한계; 전선; 운명, 처지
휀 put one's life on the line 목숨을 걸고 ~하다(=risk one's life)
on the line (직장, 경력, 평판 등이) 위기에 처해 있는
9. 계열, 계통, 가계
10. 직업(=trade, profession)
휀 What line (of business) are you in? 직업이 무엇입니까?
= What's your line?
vi. 줄서다, 정렬하다
ⓝ line-up 구성, 진용, 정렬

tip 기본명사 line의 다양한 의미를 잘 파악해 주세요. 기본 개념은 "길게 늘어진 줄이나 선"입니다. 그 기본개념에서 "전화선, 사람이 늘어선 줄, 조립을 위해 길게 늘어선 생산라인"의 의미로 확장됩니다. 또 항상 정해진 선을 따라 운행하는 "노선, 항로"개념으로 확장됩니다. 우리가 "한 줄 적어서 보내"라고 하듯이 영어에서도 "짧은 편지"를 line이라고 합니다. 낚싯줄이라는 의미에서 사람을 낚기 위한 "허위정보"의 의미도 나오고, 조상으로부터 계속 이어진 줄이라는 의미에서 "계통"의 의미도 나옵니다.

어근 line(=line)

추가 어휘
☐ dead**line** 마감시간, 사선, 경계선
☐ head**line** 제목, 표제(를 붙이다)
☐ **line**ar 선의, 직선의; 선 모양의; 1차원의
☐ recti**line**ar 직선의(=right lined) •rect(=straight)
☐ curvi**line**ar 곡선의; 곡선을 이루는 •curv(=curved)
☐ non**line**ar 직선이 아닌; 비선형(非線形)의

2102 lane
[lein]

05.국민대

좁고 길게 이어진 길
n. 1. 도로의 차선
2. 좁은 길, 골목길; (볼링의) 레인
- Stay in Lane. 차선을 지키세요.
- the passing lane 앞지르기 차선
- the fast lane 추월 차선, 고속 차선
- the slow lane 저속 차선
- cross over into the other lane 다른 차선으로 끼어들다

2103 align
[əláin]

15.경찰1차

a〈ad(=to)+lign(=line) → 줄을 나란히 하다
v. 1. 나란히 하다, ~에 맞춰 조정하다; 정렬하다
2. ~와 제휴시키다
- wheel alignment 자동차 바퀴정렬
ⓝ **alignment** 가지런함, 동맹
⬛ **nonaligned** 비동맹의

2104 lineal
[líniəl]

04.명지대

11.덕성여대

line(계통)+al → (직접적인) 계통인
a. 선 모양의; 직계의, 정통의
n. 직계비속
- a lineal ascendant 직계 존속 ↔ a lineal descendant 직계 비속
ⓝ **lineage**[líniidʒ] 혈통, 계통, 가계(=ancestry)
⬛ **collateral** 방계친족
⬛ **linage**[láinidʒ] (인쇄물의) 행수
lineaments[líniəmənt] 얼굴모양, 인상, 생김새

2105 streamline
[stríːmlàin]

07.동덕여대/00.경기대
95.행자부7급

stream(물의 흐름)+line → 선이 물 흐르듯 매끄러운
vt. 간소[합리]화하다(=simplify), 현대화하다(=modernize)
a. 유선형의
n. 유선; 유선형
- streamline the cumbersome bureaucracy
거추장스러운 관료제를 간소화하다
ⓐ **streamlined** 능률적인; 간결한, 현대적인

2106 delineate
[dilínièit]

04.고려대

de(강조)+line(=line)+ate → 선을 그리다
vt. 윤곽을 그리다; 묘사[서술]하다(=portray)
- be clearly delineated 명확히 묘사되다
ⓝ **delineation** 묘사; 도형, 설계; 서술, 기술
ⓐ **delineative** 묘사하는

2107 range
[reindʒ]

11.국민대/01.101단2차

rang(=line)+e → 선으로 그어 놓은 것
n. (변화의) 범위, 한도, 한계; 사정거리(=gamut)
vi. 범위가 ~에 이르다[to], 포함하다
vt. 가지런히 하다, 정렬시키다
- mountain range 산맥
- price range 가격대, 가격폭
- a wide range of experience 폭넓은 경험
- the whole range 전반 = the whole gamut
- range from A to B 범위가 A에서 B까지 이르다
ⓝ **ranger** 돌아다니는 사람; 산림 경비대; (미) 레인저 부대원
⬛ **arrange** 정돈하다; 배열하다; 준비하다, 예정을 세우다
→ **derange** 어지럽히다; 미치게 하다

R211 **[어근] later/lateral(=side)**

2111 lateral
[lǽtərəl]

00-2.서울여대

later(=side)+al → 측면의
a. 옆의, 측면의(=sideways), 좌우의
n. 측면(=side), 옆 부분
- allow for lateral movement 측면의 진동을 고려하다

2112 unilateral
[juˌnəlǽtərəl]

17.한양대/09.이화여대
06.경희대

uni(=one)+later(=side)+al → 한쪽 편에 의한
a. 일방적인(=one-sided, lopsided), 단독의, 편무(片務)의
- a unilateral decision 일방적인 결정

어근 later/lateral(=side)

추가 어휘

☐ multilateral 다변의, 다각적인, 다원적인 •multi(=many)
☐ ambilateral 양측의, 양쪽에 영향을 미치는 •ambi(=two)
☐ trilateral 3자간의; 3각형 •tri(=three)
☐ quadrilateral 4변형의; 4변형의 •quadri(=four)
☐ equilateral 등변(等邊)의 •equ(=equal)
☐ patrilateral 아버지쪽의 •patri(=father)
→ matrilateral 어머니쪽의, 외가의 •matri(=mother)

2113 bilateral
[bailǽtərəl]
06.대구시9급

bi(=two)+later(=side)+al → 두개의 면이 있는

a. 쌍방의, 쌍무적(雙務的)인; 양면이 있는(=mutual)
n. (특히 국제 무역의) 양자간 협정
- by bilateral agreement 상호간의 합의로

2114 collateral
[kəlǽtərəl]
17.서울시9급.국민대
14.명지대

col(com=together)+later(=side)+al → 서로 면을 접하는

a. 1. 서로 나란한, 평행한(=parallel)
2. 부대적인(=additional, accompanying); 방계의
n. 부대 사실; 담보; 방계친
- put up collateral for a loan 대출을 위해 담보를 설정하다
- collateral damage 부수적 피해

R212
[어근] **vi/via/vey/voy(=way, road) & od/hod(=way)**

2121 previous
[príːviəs]
16.산업기술대/87.행자부7급

pre(=before)+vi(=way)+ous → 길 앞에 있는

a. 앞선, 이전의
- a previous notice 사전 통지
- a previous engagement 선약
- the previous quarter 전 분기
@ **previously** 이전에, 미리, 사전에(=formerly)

05-2.단국대

國 **formerly** 전에, 먼저, 이전에
- **former** 전의, 먼저의, 이전의; 전자(前者)의
↦ **the latter** 후자의

2122 obviate
[ábvièit]
07.고려대/05-2.세종대

ob(=away)+vi(=way)+ate → (장애물을) 길에서 치워 없애다

vt. (위험 등을) 제거하다(=eliminate), 미연에 방지하다(=prevent)
- obviate the need for surgery 수술할 필요가 없게 하다
ⓝ **obviation** 방지
田 **nip in the bud** 봉오리 때에 따다 → 미연에 방지하다

2123 envoy
[énvɔi]
04.행.외시

en(=in)+voy(=way) → 길을 나서는 사람

n. 외교 사절, 외교관; 사자(使者)
- send a special envoy 특사를 파견하다

2124 convey
[kənvéi]
08.성명대/99.세종대

con(=together)+vey(=way) → 도로에 같이 올려 놓다

vt. 1. (생각·감정 등을) 전달하다[전하다](=put across)
2. 운송하다, 나르다, 수송하다(=transport, transmit, ferry)
3. (병 등을) 옮기다; (재산을) 양도하다
- convey a message 메시지를 전하다
ⓝ **conveyance** 운반, 수송; 전달; 수송기관; 양도증서
conveyor 운반자; 수송장치
國 **convoy**[kánvɔi] (특히 군함이) 호송하다, 호위하다

2125 exodus
[éksədəs]
16.항공대/12.경희대

ex(=out)+od(=way)+us → 바깥으로 길을 나서는 것

n. 1. (많은 사람들이 한꺼번에 하는) 탈출[대이동]
2. (성서) 출애굽기
- cause a mass exodus 대규모 이동을 초래하다

어근 **vi/via/vey/voy(=way, road)**

추가 어휘
☐ **via**duct 구름다리, 육교 ·duct(=lead)
☐ **voy**age[vɔ́iidʒ] 여행, 항해; 탐험; 여행하다

표제어 복습
☐ imper**vi**ous 통과시키지 않는, 영향받지 않는 ▣ N0704
↦ per**vi**ous 투과시키는, 통과시키는
☐ ine**vit**able 피할 수 없는, 불가피한 ▣ N0060
↦ e**vit**able 피할 수 있는
☐ ob**vi**ous 확실한, 분명한, 뻔한 ▣ N0341
- ob**vi**ously 확실히, 분명히
- ob**vi**ousness 명백함
☐ de**vi**ate 벗어나다, 일탈하다; 빗나가게 하다 ▣ N0084
- de**vi**ation 벗어남, 일탈; 편차
- de**vi**ationism 탈선, 일탈 (행위)
- de**vi**ator 일탈자
- de**vi**ant 정상이 아닌; 이상성격자, 호모
- de**vi**ous 정도를 벗어난, 사악한; 구불구불한
☐ **vie** 우열을 다투다, 경쟁하다 ▣ N0695
- **vie** for ~을 놓고 경쟁하다
- **vie** with sb ~와 경쟁하다
☐ **via**ble 실행 가능한, 실용적인; 살아갈 수 있는 ▣ N0212
- **via**bility 생존 능력; 생활력; 실행 가능성
☐ **trivi**al 하찮은, 사소한; 평범한 ▣ N0211
- **trivi**ality 하찮음, 평범, 진부

어근 **od/hod(=way)**

추가 어휘
☐ **od**ometer (자동차의) 주행 기록계
☐ epis**od**e 사건, 에피소드
☐ met**hod** 방법, 방식
☐ met**hod**ology 방법론
☐ peri**od** 기간, 시대
- peri**od**ic 주기적인, 간헐적인
☐ an**od**e 〈전자〉 양극(陽極)
↦ cat**hod**e 음극

혼동어근 **ode/ody(=sing)**

추가 어휘
☐ **ode** (특정한 사람에게 바치는) 찬가, 송가
☐ mel**ody** 멜로디, 가곡
☐ par**ody** 패러디, 우스운 모방
☐ com**edy** 희극, 코메디
☐ trag**edy** 비극
☐ rhaps**ody** 광시곡, 랩소디
☐ pros**ody** (언어학) 운율, 작시법

2131 wandering
[wάndəriŋ, wɔ́n-]
14.항공대

wander+ing → 헤매는
a. (정처 없이) 돌아다니는, 방랑하는(=nomadic); 헤매는
• a wandering life 방랑하는 삶
ⓥ wander 돌아다니다(=roam), 헤매다; 산만해지다

2132 erroneous
[iróuniəs]
14.한양대/07.고려대

err(=wander)+ne+ous → 제대로 하지 못하고 헤매는
a. 잘못된, 틀린(=wrong)
• be based on erroneous statistics 잘못된 통계에 근거하다
ⓥ err 잘못하다, 실수하다
ⓝ error 잘못, 실수
ⓐ errant 잘못된, 그릇된(=devious)
🔁 erratum 오자, 오식
🔁 arrant 악명 높은, 지독한, 터무니없는(=egregious)
　 errand 심부름, 용건

2133 unerring
[ʌnə́:riŋ]
14.국가직9급/07.고려대
98.입법고시

un(=not)+err(=wander)+ing → 헤매지 않는
a. 정확한, 틀림이 없는(=infallible, faultless)
• with unerring accuracy 틀림없는 정확성으로

2134 vagary
[vəgέəri, véigəri]
01-2.계명대

vag(=wander)+ary → 정상을 벗어나는
n. 예측 불허의 변화, 변덕(=caprice)
• the vagaries of the stock market 주식시장의 예측불허의 변화들
ⓐ vagarious 엉뚱한; 변덕스러운; 방랑하는

2135 extravagant
[ikstrǽvəgənt]
10.경희대/95.단국대

extra(=outside)+vag(=wander)+ant → 정상적인 가격을 벗어난
a. 1. 낭비하는(=wasteful), 사치스런
　 2. (가격 등이) 터무니없이 비싼
　 3. (생각 따위가) 비현실적인
• continue his extravagant lifestyle 사치스러운 생활을 계속하다
• extravagant prices 터무니없는 가격
ⓝ extravagance 사치(품), 낭비; 무절제, 방종

어근 err(=wander)

표제어 복습
☐ aberrant 도리를 벗어난, 탈선적인; 변종의 ◘ N0534
　- aberration 탈선; 변형, 변이
☐ erratic 불규칙한, 변덕스러운; 별난 ◘ N0893
　- erratically 괴상하게, 변덕스럽게

어근 vag(=wander)

추가 어휘
☐ vagrant 방랑하는, 주거 부정의; 부랑자
　- vagrancy 방랑 생활, 부랑
☐ vagabond 방랑자, 노숙자, 부랑자

표제어 복습
☐ vague 애매한, 모호한; 희미한 ◘ N0640
　- vaguely 모호하게

I 153

time

1. 시간, 때, 여가 시간
2. 표준시(standard time)
3. (형기·병역 등의) 기간; (영업·근무시간)
4. (종종 pl.) 시대; 현대(the time)
5. (정해진) 기일
6. 곱, 배, 번

15301
What time is it now?
95.행자부9급

시간을 물을 때 쓰는 표현
〈회화〉지금 몇 시입니까?
- A: **What time is it now?** 지금 몇 시입니까? (=Do you have the time?)
  B: It's 12:45 PM. 오후 12시 45분입니다.

⑤ Do you have the time?
몇 시입니까?
cf. Do you have time (to R)?
(~할) 시간 있으세요?

15302
in record time
03.광운대

기록적인(record) 시간(time)
최단 시간에(=in the shortest time, very quickly)
- She was out of bed and ready for school **in record time** that morning.
  그날 아침에 그녀는 침대에서 빠져나와 후다닥 학교 등교준비를 했다.

15303
at no time
17.광운대

어떤 시점에도 없다.
결코 (~하지 않다), 한 번도 (~하지 않다)
- **At no time** did I feel they were being unreasonable.
  그들이 부당하다고 느낀 적은 단 한 번도 없었다.

15304
like clockwork
01~2.대구대

시계태엽장치(clockwork)처럼 일정하게
규칙적으로(=very regularly), 정확히, 순조롭게
- Everything is going **like clockwork**. 모든 일이 순조롭게 진척되고 있다.

■ time 관련표현

1. 시간, 때, 여가 시간
- ☐ **all the time** 항상(=always, continuously)
- ☐ **at any time** 언제라도
- ☐ **at times / from time to time** 때때로, 이따금
- ☐ **between times** 때때로, 틈틈이
- ☐ **at a time** 동시에; 단번에 **cf. at the same time** 동시에
- ☐ **for the time being** 당분간, 한동안
- ☐ **get one's time** 〈속어〉 내쫓기다, 해고당하다
- ☐ **in one's spare time** 한가한 때에(=at one's leisure)
- ☐ **kill time** 하는 일 없이 시간을 보내다
- ☐ **Take your time.** 서두를 것 없어.
- ☐ **be pressed for time** 시간에 쫓기다

2. 표준시(standard time)
- ☐ **What time is it?** 지금 몇 시지요?
- ☐ **keep good time** 시계가 꼭 맞다 ↔ **lose time** 시계가 늦다

3. (형기·병역 등의) 기간; (영업·근무시간)
- ☐ **full time** 전시간 노동 ↔ **part time** 시간제 노동
- ☐ **serve one's time** 근무 연한을 치르다; 복역하다

4. (종종 pl.)시대; 현대(the time)
- ☐ **once upon a time** 옛날 옛적에
- ☐ **hard times** 불경기 **cf. have a hard time** 힘든 시간을 보내다
- ☐ **behind the times** 시대에 뒤떨어진; 구식의, 노후한 ↔ **before the times** 시대에 앞서서

5. (정해진) 기일
- ☐ **in time** 때맞추어, 제 시간에 **cf. in the nick of time** 정각에
- ☐ **Time is up.** 시간이 다 되었다. * 정해진 시간(time)이 다가왔다(up)

6. 곱, 배, 번
- ☐ **ten times as large as** ~의 10배나 큰
- ☐ **for the first time** 처음으로
- ☐ **time after time / time and again** 몇 번이고

day/date

1. 하루, 낮, 근로일
2. 기념일, 기일, 특정한 날
3. (종종 pl.) 시대(epoch), 시절; 그 시대, 당시(the day)
4. (사람의) 전성기
5. 승리, 승부

cf. date: 날짜 · 연월일; (특히 이성과의) 만날 약속 · 데이트; 날짜를 기입하다; 날짜를 기산하다

15401
What day (of the week) is it today?
93.법원직

요일을 물을 때 쓰는 표현
오늘 무슨 요일이니?(=What's today?)
• A: **What day (of the week) is it today?** 오늘이 무슨 요일이죠?
　B: It is Monday. (=Today is Monday.) 월요일이에요.

🔲 **What day of the month is it (today)?**
오늘이 며칠이니? *날짜 질문
= **What is the date (today)?**

15402
day in and day out
01.여자경찰,Teps

하루에 접어들어(in) 하루가 다 갈 때까지(out)
언제나(=continually) (=through thick and thin)
• It rains **day in and day out**.
　연일 비가 내린다. *물이 탁하든(thick) 맑든(thin) 언제나 변함없이, 시종일관

15403
out of date
14.가천대/02.중앙대/98.건국대/92.연세대학원
15.국민대
99.행자부7급

날짜(date)를 벗어난(out of)
구식이 된, 쓸모없는(=obsolete, dated, out-dated)
• The software is **out of date**. 그 소프트웨어는 구식이다.
웹 dated 구식의(=old-fashioned)
웹 out-dated 구식인(=archaic)

15404
date back (to 시간)
14.국회8급/05.삼육대,Teps

날짜를 거슬러서(back) 기산하다(date)
(시간 · 날짜가) ~로 거슬러 올라가다, ~으로 소급하다
• This record **dates back to** the sixties.
　이 레코드의 제작년대는 60년대까지 거슬러 올라간다.

■ day 관련표현

1. 하루, 낮, 근로일
☐ **Have a nice day!** 〈인사말〉좋은 하루(를 보내)!
☐ **all day long / all the day** 하루 종일, 진종일
☐ **by the day** 하루 단위로 (일하다, 돈을 받다)
☐ **day and night / night and day** 밤낮으로, 자지도 쉬지도 않고
☐ **day by day** 매일매일 cf. **day after day** 매일, 끝이 없이
☐ **day about** 하루 걸러, 격일로
☐ **daybreak** 새벽(=dawn)
☐ **have a day off** 근로자가 하루 쉬다 cf. **off day** 재수 없는 날
☐ **Let's call it a day.** 오늘은 이것으로 그만 하자.
☐ **leave for the day** 퇴근하다

2. 기념일, 기일, 특정한 날
☐ **black-letter day** 재수 없는 날
☐ **red-letter day** 축제일, 경축일; 기념일 *달력의 빨간날

3. (종종 pl.) 시대(epoch), 시절; 그 시대, 당시(the day)
☐ **(in) these days** 오늘날(=nowadays) cf. **in those days** 그 당시[시대]에는
☐ **end one's days** 죽다
☐ **sb's days are numbered.** 수명이 다하다

4. (사람의) 전성기
☐ **Every dog has his day.** 쥐구멍에도 볕 들 날 있다. *똥개도 전성기가 있다.
☐ **in one's prime** 전성기에, 한창 때에(=in one's best days)
☐ **have one's day** 전성기가 있다
☐ **Those were the days.** 옛날이 좋았지.
☐ **salad days** 경험 없는 풋내기 시절, 젊고 활기있는 시대
☐ **That will be the day.** 절대 그런 일은 없을 걸. 꿈 깨라.(=Not on your life.)

5. 승리, 승부
☐ **carry the day** 승리를 거두다
☐ **win the day** 싸움에서 이기다 ↔ **lose the day** 패배하다

way

n. 길 → 코스, 진로 → 방향 → 가는 도중(길 위); [pl.] 습관, 풍습, ~식; 방법, 수단; 경험의 폭
ad. 아주 멀리, 훨씬

15501
pave the way for [sth]
14.숭실대

어디로 가는 길에 포장도로를 깔다(pave)
~을 위해 길을 열다, ~에 대해 준비하다(=prepare)
• The meeting will **pave the way for** reconciliation between the two nations.
그 회담은 두 나라 사이의 화해의 길을 열 것이다.

15502
in no way
11.지방직9급

내가 갈 길이 아니다
결코 ~않다(=not at all)
• I am **in no way** responsible. 나는 결코 책임이 없다.

[참고] **No way!** 천만의 말씀, 말도 안돼!
- There's no way~ 도저히 ~않다.

15503
be way too+형용사
14.광운대

너무 ~ 식이다.
너무 ~하다
• You **are way too** straightforward. 넌 너무 직선적이다.

15504
have a long way to go
03.경찰

가야 할 길이 길게 남아있다
아직 갈 길이 멀다, 앞일이 요원하다
• We **have a long way to go**. 아직 갈 길이 멀다.

[참고] **come a long way**
장족의 발전을 보이다, 계속 출세하다
*승진의 먼 길을 계속 왔다(come)

■ way 관련표현

- □ **any way** 여하간, 여하튼 *어떤 길(way)이든
- □ **by the way** 도중에, 말이 난 김에 *가는 도중(way)에 길 가에서(by)
- □ **get in the way** 방해가 되다 *임금이 지나는 길에 그대로 서있다
  - → **get** (sth) **out of the way** 피하다, 비키다; 치우다, 제거하다
- □ **stand[be] in the way of** (sth) ~의 방해가 되다, ~의 앞길을 가로막다
- □ **give way** 무너지다; 양보하다; 풀이 죽다 *먼저 가라고 길을 줘버리다(비켜주다)
- □ **in one way or another** 어떻게라도 해서 *이 길이 아니면 저 길로라도 (난 간다)
- □ **one way or another / one way or the other** 어떻게 해서든지
- □ **in a big way** 대대적으로, 대규모로 ↔ **in a small way** 소규모로
- □ **in this way** 이렇게, 이런 식으로 *이런 방법(way)으로
- □ **have no way out** 이도 저도 할 수 없다, 코너에 몰리다(=be driven into a corner)
  *밖으로(out) 빠져 나갈 길(way)이 없다 *be held[arrested] with no way out 꼼짝없이 붙잡히다 *영화 노웨이아웃(No Way Out)
- □ **on the[one's] way** ~하는 중에; ~도중에; 〈구어〉임신하여
- □ **out of the way** 터무니없는, 그릇된; 상도(常道)를 벗어나; 길에서 떨어져, 인적이 드문 곳에 *바른길을 벗어난
- □ **the parting of the ways** 결단의 갈림길 *길이 갈라지는 갈림길
- □ **under way** 진행 중인

R214 [어근] eco(=house) & physi(=nature)

2141 economical
[èkənámikəl]
04-2.건국대,세종대

eco(=house)+nom(=law)+ic → 가정의 법칙인

a. 1. 낭비하지 않는, 검소한, 절약하는(=thrifty)
　　2. 경제적인, 절약되는
- an economical way to heat home 경제적으로 집 난방을 하는 방법
- an economical housewife 알뜰한 주부

ⓐ **economic** 경제의, 경제학의
01.한성대 ⓥ **economize** 절약하다(=cut corners)
ⓝ **economics** 경제학; (한 나라의) 경제 상태; 경제면
05.동국대 🔁 **microeconomics** 미시경제학 **macroeconomics** 거시경제학
🔁 **ecumenical** 전반의, 보편적인; 세계 교회주의의

2142 physical
[fízikəl]
15.서울시9급/06.건국대

physi(=nature)+cal → 자연의, 육체적인

a. 1. 육체의, 신체의(=corporeal)
　　2. 물질적인; 형이하의
- physical punishment 체벌
- get physical 체벌로 다루다, 이성의 몸을 어루만지다
- a physical impossibility 물리적으로 불가능한 일
- without physical scuffles 몸싸움 없이

🔁 **metaphysical** 형이상학의; 철학적인; 극히 추상적인
　- **metaphysics** 형이상학, 추상론

2143 physicist
[fízisist]
15.한양대

physic(=nature)+ist → 자연의 법칙을 연구하는 사람

n. 물리학자
- a nuclear physicist 핵물리학자

ⓝ **physics** 물리학
07.강원도9급 🔁 **astrophysics** 천체물리학 •astro(=star)
　　geophysics 지구물리학 •geo(=earth)
🔁 **physician**[fizíʃən] 의사, 내과의사

2144 physiology
[fìziɑ́lədʒi]
06.국민대

physi(=nature)+ology(=science) → 먹으면 싸야 한다는 자연의 법칙

n. 1. 생리학(the science that deals with the way that the bodies of living things operate)
　　2. (the ~) 생리, 생리기능
ⓝ **physiologist** 생리학자
ⓐ **physiological** 생리학의, 생리적인
🔁 **physiognomy**[fìziɑ́gnəmi] 인상, 얼굴; 관상학
　　psychology[saikɑ́lədʒi] 심리학 **psychologist** 심리학자
　　phycology[faikɑ́lədʒi] 조류학(藻類學) **phycologist** 조류학자
🔁 **call of nature** 대소변이 마려움

어근 eco(=house)

표제어 복습

☐ **ecology** 생태학; 자연환경; 환경보존 ▣ N0566
　- **ecological** 생태학적인
　- **ecologically** 생태학적으로, 환경보호적으로
☐ **ecosystem** 생태계 ▣ D0566

R215 [어근] mari/mar(=sea) & nav/naut/naus(=ship, sail) & pisc(=fish)

2151 maritime
[mǽrətàim]
02-2.세종대

mari(=sea)+time → 바다에 관한

a. 1. 바다(위)의, 해양의(=marine, nautical)
　　2. 연해의, 해변의(=seaside, seashore, coastal)
- a maritime climate 해양성 기후
- maritime law 해상법
- a maritime nation 해양 국가

2152 nausea
[nɔ́ːziə]
경찰간부

naus(=ship)+ea → 배를 타면 나는 멀미

n. 뱃멀미, 메스꺼움; 욕지기, 혐오
- I feel nausea. 멀미가 나서 메스껍다.
- I am experiencing dizziness and nausea. 어지럽고 메스껍네요.

ⓐ **nauseous** 메스꺼운, 역겨운
14.경찰1차 ⓥ **nauseate** 구역질나게 하다; 혐오감을 느끼다
🔁 **queasy**[kwíːzi] 역겨운, (속이) 메스꺼운; 불쾌한

어근 mari/marin/mar(=sea)

추가 어휘

☐ **marina**[mərínə] (요트의) 정박지; (해안의) 산책길
☐ **mariner**[mǽrənər] 선원, 수부
☐ **marine**[mərín] 바다의, 바다에 사는, 해군의; 해병대원
☐ sub**marine** 잠수함; 해저의
☐ **mar**sh 늪, 습지(대); 풀밭, 초지
☐ **mer**maid 인어; 여자 수영선수
　cf. **mer**man 남자 수영선수

어근 nav/naut/naus(=ship, sail)

추가 어휘

☐ **nav**y[néivi] 해군
　- **nav**al[néivəl] 해군의, 군함의
☐ **nav**igate 항해하다; 웹사이트를 돌아다니다
　- **nav**igation 항해. 항공, 항법

2153 piscatory/ piscatorial
[pískətɔ́:ri/pískətɔ́:riəl]
05-2.삼육대

pisc(=fish)+atory → 고기를 잡는

a. 어부의; 낚시질의, 어업의
- a piscatory life 어부 생활

ⓝ **piscator** 어부, 낚시꾼
piscatology 어로학

- **nav**igator 항해자, 항공사; 길 안내자
☐ **naut**ical 항해의, 항해술의
  - **naut**ical mile 해리(=sea mile)
☐ astro**naut** 우주비행사
  - astro**naut**ical 우주비행의
☐ aero**naut**ics 항공술, 항공학 •aero(=air)
  - aero**naut** 기구[비행선] 조종사
☐ aqua**naut** 해저탐사원, 잠수 기술자 •aqua(=water)

어근 pisc(=fish)

추가 어휘

☐ **pisc**ivorous (동물이) 물고기를 먹는 •vor(=eat)
☐ **Pisc**es 〈별자리〉 물고기 자리
☐ **pisc**iculture[píikʌitʃtə] 물고기 양식
☐ **pisc**ine[pisíːn, písain] 어류의, 어류에 관한

R216 [어근] hydr(o)(=water) & aqua(=water) & rig(=water)

2161 dehydration
[di:haidréiʃən]
14.인하대

de(=down)+hydr(=water)+ation → (말려서) 물을 줄이다

n. 탈수, 건조; 탈수증
- avoid dehydration by drinking plenty of liquids
  많은 양의 액체를 마심으로서 탈수증을 피하다

14.한양대
ⓥ **dehydrate** 탈수하다, 건조하다
ⓝ **dehydrator** 탈수기, 건조기

2162 irrigate
[írəgèit]
06.서강대/01-2.삼육대
행정고시

ir(=in)+rig(=water)+ate → 물을 안으로 들여오다

vt.1. 물을 대다, 관개하다
   2. 생명을 주다, 비옥하게 하다
- construct aqueducts to irrigate crops
  농작물에 물을 대기 위해 수로를 건설하다
ⓝ **irrigation** 관개, 물을 끌어들임

tip 수족관(aquarium)이라는 단어에서 알 수 있듯이 aqua는 water를 의미하는 어근이며, 물뱀을 뜻하는 머리가 아홉 개가 달린 그리스 신화의 괴물 히드라(Hydra)처럼 hydra라는 어근 또한 역시 물(water)을 뜻합니다.

어근 hydr(o)(=water)

추가 어휘

☐ **hydro**gen[háidrədʒən] 수소
☐ **hydr**ant[háidrənt] 소화전, 급수전
☐ **hydro**phobia 공수병
☐ **hydro**ponics 수경법, 물재배
  - **hydro**ponic 수경법의, 수중 재배법의
☐ **hydr**ate 수화시키다
☐ **hydr**oxide 수산화물
☐ **hydro**lysis 가수 분해
☐ carbo**hydr**ate 탄수화물
☐ **hydro**electricity 수력 전기

어근 aqua(=water)

추가 어휘

☐ **aqua**rium 수족관
☐ **aqua**tic 물의, 수생의; 수생 동물[식물]; 수상경기
☐ **aqu**iculture 수산 양식, 수경법
☐ **aqu**educt 수로, 수도관 ▣ R1352
☐ **aqua**naut 해저탐사원, 잠수 기술자

R217 [어근] flu/flux(=flow) & liqu(=fluid) & lav/lu/lut/lug/lot(=wash) & und(=wave, flood)

2171 flush
[flʌʃ]
01-2.계명대/01.전남대

flu(=flow)+sh → 흘러내리다

v. 1. (얼굴이) 붉어지다, 상기되다(=blush)
   2. (물로) 씻어 없애다
a. 1. 홍조를 띤, 빨개진(=red); 혈색이 좋은
   2. 〈구어〉 아낌없이 쓰는, 손이 큰
   3. 같은 높이의; 서로 맞닿은
n. 홍조; 울컥함
- be flushed with shame 수치심으로 얼굴이 빨개지다
🔵 **blush**[blʌʃ] 얼굴을 붉히다, 빨개지다(=become red)
  plush[plʌʃ] 플러시(천) 호화로운; 편한
  flesh[fleʃ] (인간·동물의) 살, 과육; 피부, 살결
🔶 red face 쑥스러워 하는 얼굴

어근 flu/flux(=flow)

추가 어휘

☐ **flu**id 유동체, 액체 - **flu**idity 유동성
☐ in**flu**enza 독감, 유행성 감기
☐ **flux** (물의) 흐름, 용제
☐ **flu**vial 강의, 강에서 나는
☐ **flu**rry 질풍, 돌풍; 당황, 낭패
☐ **flu**e (보일러의) 연통, 가스도관
☐ **flu**me 가파르고 좁은 골짜기, 도랑, 수로
☐ con**flu**ence (강의) 합류(점); 인파, 집합
☐ melli**flu**ous (목소리 등이) 감미로운

표제어 복습

☐ **flu**ctuate 오르내리다, 변동하다 ▣ N0076
  - **flu**ctuant 변동하는; 기복이 있는

2172 influx
[ínflʌks]
00-2.세종대

in(=in)+flux(=flow) → 안으로 흘러드는 것
n. 유입; 쇄도, 밀어닥침(=rush)
• the large influx of immigrants 대규모의 이민자의 유입
ⓐ influent 흘러 들어가는; 지류

┌─────────────────────────────────────┐
│ 🔺afflux[æflʌks] 유입; (사람 등의) 쇄도; 충혈 │
│ 🔺efflux[éflʌks] (액체 따위의) 유출, 배출(물) │
│ - effluent 유출[방출]하는; 폐수, 오수; 방류 │
│ reflux[ríːflʌs] 역류, 썰물, 퇴조 │
│ - refluent (혈액 등이) 역류하는; 썰물인 │
└─────────────────────────────────────┘

2173 influence
[ínfluəns]
13.경찰2차

in(=in)+flu(=flow)+ence → 안으로 흘러들어오는 것
n. 영향, 영향력(=leverage)
vt.영향을 주다, 영향을 미치다
• drive under the influence of alcohol 음주운전을 하다
• have a strong influence on ~에 강한 영향을 미치다
11.상명대
ⓐ influential 영향력이 있는, 유력한

2174 fluency
[flúːənsi]
13.아주대/06.서강대

flu(=flow)+ency → 외국어가 술술 흘러나오는 것
n. (특히 외국어를) 유창하게 하는 것, 유창성
• have a very high fluency in English 영어에 매우 유창하다
ⓐ fluent 말이 유창한, (사람이) 달변인

2175 liquidate
[líkwidèit]
17.서울여대/07.국회8급
96.중앙대

liquid(=fluid)+ate → 용액으로 만들다
v. (빚을) 청산하다, 갚다; 제거하다, 죽이다
• liquidate a company 회사를 청산하다
• liquidate one's rivals 라이벌을 제거하다
ⓝ liquidation 청산, 파산
ⓥ liquidize 즙으로 만들다, 액상화하다

2176 deluge
[déljuːdʒ]
06.서강대

de(강조)+luge(=wash) → 물이 밀려오다(wash)
n. 대홍수, 범람(=a large flood); 쇄도
vt.범람시키다(=flood); 쇄도하다, 압도하다
• a deluge of information 정보의 홍수
🔺flood[flʌd] 홍수; 쇄도; 범람시키다(=inundate); 쇄도하다
• the Deluge/the Flood/Noah' Flood (성서) 노아의 대홍수

2177 dilute
[dailúːt]
04.입법고시/98.숭실대
96-2.세종대

di(dis=away)+lut(=wash)+e → 씻어내서 없어지게 하다
v. 1. 묽게 하다, 묽어지다; 희석하다(=weaken)
   2. (효과 등을) 약화시키다; 약해지다(=decrease)
a. 묽게 한, 희석한; 묽은, 심심한
• dilute the juice with water 물을 타서 주스를 희석시키다
• dilute solution of acetic acid 아세트산 용액을 희석하다
ⓝ dilution 묽게 하기, 희석
ⓐ diluent 묽게 하는, 희석용의; 희석[액]제
🔺undiluted 희석[묽게]하지 않은
🔺water down 희석하다(=dilute, attenuate); 약화시키다(=weaken)

- **fluc**tuating 변동이 있는, 동요하는; 오르내리는
- **fluc**tuation 변동, 오르내림, 파동; 동요: 흥망
☐ af**flu**ent 풍부한, 유복한, 부유한 ➡ N0170
  - af**flu**ence 풍족; 부유; 유입, 쇄도
☐ super**fluo**us 과잉의, 남아도는, 필요이상의 ➡ N0832
  - super**flu**ity 과다, 과잉; 남아도는 것, 사치품

어근 liqu(=fluid)

추가 어휘

☐ **liqu**id 액체; 액체의, 투명한; 유동성의
  - **liqu**idity 유동성
☐ **liqu**or[líkər] 도수가 높은 술, 증류주
☐ **liqu**efy 액화시키다, 액화되다
  •**liqu**efied natural gas 액화 천연 가스(LNG)
  - **liqu**efaction 액화, 용해

어근 lav/lu/lut/lug/luv/lot(=wash)

추가 어휘

☐ **la**undry[lɔ́ːndri] (the ~) 세탁업, 세탁소; 빨래
☐ **la**vatory[lǽvətɔ̀ːri] 화장실
  (=toilet, water closet, latrine, rest room, John)
☐ **lot**ion[lóuʃən] 화장수, 세척제
☐ ab**lut**ion 목욕, 목욕재계
☐ **lave**[leiv] 씻다, (물에) 담그다
☐ **lava**[láːvə] 용암, 화산암
☐ al**luv**ial[əlúːviəl] 충적의; 충적토
☐ ante**diluv**ian (노아의) 홍수 이전의, 낡은; 구식 사람
  •ante(=before)

표제어 복습

☐ **lav**ish 낭비벽이 있는, 아끼지 않는, 풍부한 ➡ N0434
  - **lav**isher 낭비자
  - **lav**ishly 함부로, 무절제하게

어근 und(=wave, flood)

표제어 복습

☐ red**und**ant 여분의, 남아도는, 장황한 ➡ N0125
  - red**und**ancy 과잉, 잉여 인원; 일시 해고
  - red**ound** (신용·이익 등을) 늘리다, 높이다
☐ ab**und**ant 풍부한, 많은; 풍족한 ➡ N0124
  - ab**und**ance 풍부함, 유복함
  - ab**ound** 풍부하다[in]; (동물이) 많이 있다
☐ in**und**ate 범람시키다, 밀어 닥치다 ➡ N0403
  - in**und**ation 침수, 홍수, 쇄도
  - **und**ulate 물결치다, 흔들리다
  - **und**ulation 파동, 굽이침

R218

[어근] av/avi/au(=bird) & aero(=air) & land(=land) & insul/isol(=island)

2181 aviation
[èiviéiʃən]
04.행자부7급

av(=bird)+ia+tion → 새처럼 날아다니는 것
n. 비행(술), 항공(술); 항공산업
• civil aviation 민간 항공 ↔ military aviation 군용 항공
• the International Civil Aviation Organization
  국제 민간 항공 기구(ICAO)
ⓝ aviator 비행사
ⓥ aviate 비행하다

어근 av/avi/au(=bird)

추가 어휘

☐ **avi**an[éiviən] 새의, 조류의; 새
  - **Avi**an Influenza 조류독감(AI)
☐ **avi**ary[éivièri] 새장(=cage), 새 우리

어근 aero(=air)

추가 어휘

☐ **aeri**al[ɛ́əriəl] 공기의, 공중에서 하는; 항공의
☐ **aero**batic 곡예 비행의
☐ **aero**nautic 항공학의; 항공술의
  - **aero**nautics 항공학

2182 land
[lǽnd]
16.한국외대/08.경희대

land(=land) → 오랫동안 표류하다가 드디어 육지에 상륙하다
vt.1. 〈구어〉 (노력의 결과로서) 획득하다(=win)
2. 상륙시키다, 착륙시키다
n. 뭍, 육지; 토지; 국토
- land a big contract 큰 계약을 성사시키다
- land a job 직장을 구하다
ⓝ **landing** 상륙, 착륙

R219 [어근] ground(=ground) & hum(=earth, ground) & ter/terr(=earth) & geo(=earth)

2191 ground
[graund]
04.서강대
15.국민대
10.성균관대
97.세무사
06.경기대
06.한양대

밟고 닫는 땅 → 근거 → 분야
n. 1. 지면, 땅, 운동장, 공터
2. 기초, 근거(=foundation); (진짜) 이유
3. 배경, 분야, 영역
4. (pl.) 구내
5. (pl.) 찌꺼기(=dregs)
vi. 근거를 두다
ⓐ **ground**ed 기초를 둔, 근거가 있는
- well-**ground**ed 근거 있는(=well-founded)
- be well-**ground**ed in 기초가 탄탄하다(=know thoroughly)
ⓔ **ground**less 기초가 없는, 근거가 없는

⊞ **on the ground that~** ~라는 이유로 •ground 이유 ⊃ IO0432
get off the ground 이륙하다, 활동을 시작하다 ⊃ IO3826
(=start), 행동으로 옮겨지다; 일을 진행시키다(=make progress)
break ground (for) 착공하다, 새 사업을 시작하다 ⊃ IO9502
break new ground 개간하다; 신천지[새로운 분야]를 개척하다
gain[gather] ground 확실한 기반을 얻다, 우세해지다

2192 exhume
[igzjú:m]
07.고려대.중앙대

ex(=out)+hume(=earth, ground) → 땅 밖으로 파내다
vt.(땅에서 시체 등을) 파내다(=unbury), 발굴하다(=excavate)
- be exhumed from a cemetery 공동묘지에서 발굴되다
ⓝ **exhum**ation (시체) 발굴
ⓔ in**hume** 매장하다, 파묻다 •in(=in)

2193 humble
[hʌmbl]
96.고려대학원/87.법원직9급

hum(=ground)+ble → 땅바닥에 엎드리(릴 수 있는)

a. 1.겸손한, 겸허한; 소박한(=modest)
2. (신분 등이) 비천한, 낮은; 보잘 것 없는

vt.하찮게 보다; 천하게 하다, 낮추다
- be very humble toward his superiors 상사 앞에서 매우 겸손한
ⓝ humbleness 겸손, 겸양
🔢 eat humble pie 굴욕을 달게 받다; 백배 사죄하다
  bite the dust 굴욕을 참다; 죽다, 패배하다

2194 humid
[hjúːmid]
07.경북교행

hum(=ground)+id → 땅바닥처럼 축축한

a. 습기가 많은, 축축한(=damp, muggy)
- the hot and humid atmospheric pressure 고온 다습한 기압
ⓝ humidity 습기, 습도
ⓥ humidify 축축하게 하다, 적시다
  → dehumidify 습기를 없애다, 제습하다 •de(=away)

2195 territorial
[tèrətɔ́ːriəl]
13.한국외대

terr(=earth)+itor+ial → 땅 덩어리의

a. 영토의; 텃세를 부리는
- an international territorial dispute 국제적인 영토분쟁
ⓝ territory 영토, 속령, 보호령; 판매담당구역; 분야

2196 esoteric
[èsətérik]
17,08.중앙대

eso(=within)+ter(=earth)+ic → 땅속에 파묻혀 있는

a. 비전(秘傳)의, 비법의; 난해한
- an esoteric language 난해한 언어
ⓝ esoterica (특수한 소수만이 알 수 있는) 심원한 것, 비사
🔢 exoteric[èksətérik] 개방적인, 대중적인, 공개된

어근 geo(=earth)

추가 어휘
- ☐ geology 지질학
- ☐ geography 지리학, 화장실의 위치
- ☐ geometry 기하학
- ☐ geothermal 지열의

R220   [어근] stone(=stone) & lith/petr/lapid(=stone) & cave/cav(=hollow) & camp(=field)

2201 monolithic
[mànəlíθik]

mono(=one)+lith(=stone)+ic → 돌 하나로 이루어진 → 획일적인

a. 돌 하나로 된; 획일적이고 융통성이 없는(=unified)
- a monolithic society 획일적 사회
- a monolithic column 외기둥

2202 cavern
[kǽvərn]
97.고려대학원
06.경희대

cave(=hollow)+rn → 안이 텅 빈 곳

n. (큰) 동굴(=tunnel, grotto, cave, hollow)
- a large cavern in the mountain 산에 있는 큰 동굴
ⓐ cavernous 동굴 같은(=large and hollow)

2203 cavity
[kǽvəti]
15.중앙대

08.아주대

cav(=hollow)+ity → 텅 빈 곳

n. 구멍, 빈 부분; 충치
- fill the cavities 충치를 때우다
ⓝ cave 동굴; 함몰하다; 〈구어〉 굴복하다[in]
🔢 concave 오목한
- a concave lens 오목렌즈 ↔ a convex lens 볼록렌즈
- concavo-convex 요철(凹凸)의

2204 excavate
[ékskəvèit]
07.중앙대/03~2.계명대
06.건국대

ex(강조)+cav(=hollow) +ate → 텅 비게 만들다

vt.굴을 파다, 굴착하다; 발굴하다(=exhume, unearth)
- be excavated by archaeologists 고고학자들에 의해 발굴되다
ⓝ excavation 굴, 굴착, 발굴, 발굴물
  excavator 굴착자, 굴착기

2205 campaign
[kæmpéin]
99~2.경원대

camp(=field)+aign → 넓은 들판에서 벌이는 것

vt.(사회적) 운동을 일으키다, 캠페인을 벌이다
n. 1. 캠페인, (사회·정치적) 운동[활동]; 선거운동
2. 군사 작전, 전투
- an election campaign 선거 운동
ⓝ camp 1. 야영지; 수용소, 막사; 진영;
  2. (방학 동안 특별활동을 하는) 캠프

어근 stone(=stone)

추가 어휘
- ☐ touchstone 시금석; 표준, 기준
- ☐ millstone 맷돌; 무거운 짐
- ☐ hailstone 우박, 싸락눈
- ☐ capstone (돌기둥의) 갓돌; 최고의 업적
- ☐ rubstone 숫돌

표제어 복습
- ☐ milestone 이정표; 획기적 사건 🔲 N0902
- ☐ steppingstone 디딤돌 🔲 D0902

어근 lith(=stone)

추가 어휘
- ☐ Paleolithic 구석기 시대의 •paleo(=old)
- ☐ Neolithic 신석기 시대의 •neo(=new)
- ☐ lithograph 석판(화); 석판으로 인쇄하다
- ☐ lithotomy (방광 결석의) 제거술 •tom(=cut)

어근 petr(=stone)

표제어 복습
- ☐ petrify 돌처럼 굳게 하다; 깜짝 놀라게 하다 🔲 N0601
  - petrified 술이 취한; 극도로 겁에 질린; 돌같이 된
- ☐ petroleum[pətróuliəm] 석유 🔲 D0601
- ☐ petrology 암석학 🔲 D0601

어근 lapid(=stone)

표제어 복습
- ☐ dilapidated (건물이) 낡아빠진, 허름한 🔲 N0569
  - dilapidate (건물 등을) 헐다; 황폐케 하다
  - dilapidation 황폐, 무너짐
- ☐ lapidary 돌에 새긴; 꼼꼼한; 보석 세공인 🔲 D0569

2206 champion
[ʧǽmpiən]
11.단국대

champ(camp(=field)+ion → 운동장에서 최고인 사람

vt. (주의 · 권리 등을) 앞장서서 옹호하다
n. (경기의) 선수권 보유자, 우승자; 뛰어난 사람
a. 우승한; 일류의
- passionately champion the poor 빈곤층을 열정적으로 옹호하다
ⓝ champ 〈구어〉 챔피언; 우적우적 씹어 먹다

□ **lapid**ify 돌이 되게 하다, 석화하다

어근 camp(=field)

추가 어휘
□ en**camp** 야영하다
  → de**camp** 캠프를 철거하다
□ **camp**us (대학의) 교정, 학교의 구내
□ s**cam**per 재빨리 달리다

R221 [어근] sider/astro/star/stell(=star) & sphere(=globe)

2211 consider
[kənsídər]
17.단국대/08.국가직9급
05.동국대/96.기술고시
93.시법시험

con(=together)+sider(=star) → 같이 별을 헤면서 날씨를 생각하다

vt. 1. 숙고하다, 고려하다(=contemplate, deem, get down to)
  2. ~으로 간주하다, ~이라고 생각하다[as/to be]
  3. (어떤 사정을) 감안하다(=take into account, allow for, factor in)
  - consider a question in all its aspects
    문제를 모든 측면에서 고찰하다
ⓐ considered 깊이 생각한 (후의)
🔁 consider A as B A를 B로 간주하다
  = regard~as, think of~as, see ~as, look on[upon]~as
🔁 considering ~을 고려하면, ~을 감안하면 ⊃ NO875
  considerable 중요한, 무시하지 못할; 상당한 ⊃ NO384
  considerate 사려 깊은, 신중한 ⊃ DO384
  reconsider 재고하다; 다시 생각하다; 재심하다

어근 sider(=star)

추가 어휘
□ **sider**eal 별의; 항성의; 성좌의 〈15.중앙대〉
□ de**sire** 바라다, 요구하다; 욕구, 욕망
□ de**sider**atum 몹시 아쉬운 것; 절실한 요구
  - de**sider**ata (도서관) 구입 희망 도서 목록
□ de**sider**ative 소망하는, 바라는

어근 astro(=star)

추가 어휘
□ **ast**eroid 소행성, 불가사리; 별모양의

표제어 복습
□ **astro**nomer 천문학자 ⊡ N0591
  - **astro**nomy 천문학
  - **astro**nomical 천문학(상)의
□ **astro**naut 우주비행사 ⊡ D0591
  - **astro**nautical 우주비행의
□ **astro**physics 천체물리학 ⊡ R2143
□ cat**astro**phe 큰 재해, 대참사, 재난, 대실패 ⊡ N0184
  - cat**astro**phic 큰 재앙의; 파멸의, 비극적인

2212 astrology
[əstrάlədʒi]
13.세종대
04.입법고시

astro(=star)+ology → 별로 점을 치는 학문

n. 점성학 •별의 움직임이나 위치로 인간의 일을 예측하는 것
- believe in astrology 점성술을 믿다
ⓐ astrological 점성술의

2213 disastrous
[dizǽstrəs]
98.가톨릭대
06.경찰간부/92.경기대

dis(=away)+astro(=star)+ous → 하늘에서 별이 사라진

a. 1. 비참한; 재난의
  2. 피해가 막심한; 재난을 일으키는, 파멸을 초래하는
- cause disastrous effects 재앙적인 결과를 초래하다
ⓝ disaster 재해, 재난, 대참사(=cataclysm, catastrophe); 〈구어〉 실패

어근 sphere(=globe)

추가 어휘
□ **sphere** 구체(球體), 구(球); (존재 · 활동의) 범위, 분야
□ hemi**sphere** 반구 •hemi(=half)
□ globe 구체, 지구, 천체; 지구본
  - global 세계적인, 지구의; 전반적인

2214 starry-eyed
[stάːriàid]
01~2.경기대

star(=star)+ry+eyed → 별을 따고자 하는 눈빛의

a. 꿈꾸는 듯한 눈을 한; 몽상적인, 비현실적인
- starry-eyed socialists 비현실적인 사회주의자들
ⓐ starry[stάːri] 별이 총총한, 별의; 비현실적인

2215 stellar
[stélər]
13.세종대

stell(=star)+ar → 별의

a. 별의, 항성의; 별 모양의; 스타의
- the process of stellar formation 별의 형성과정
🔁 interstellar 별과 별 사이의
  stellate 별 모양의
  constellation 별자리

2216 atmosphere
[ǽtməsfiər]
11.단국대/04~2.서강대

atmo(=vapor)+sphere(=globe) → 지구 안의 증기

n. 1. (지구의) 대기; 공기; 기압
  2. (어떤 장소의) 분위기(=ambience)
- a friendly atmosphere 친근한 분위기

R222 [어근] blanc(=white, pale) & pall(=pale) & cand(=light, white) & melan(=black) & blush(=redden)

2221 blanch
[blǽntʃ]
03.경기대

blanc(=white, pale)+h → 하얗게 만들다

v. 1. ~을 희게 하다, 표백하다(=whiten, bleach)
  2. (공포 · 질병이 얼굴을) 창백하게 하다; 창백해지다
- blanch with fear 공포로 얼굴이 창백해지다

어근 blanc(=white, pale)

추가 어휘
□ **blan**ket 담요; 총괄적인; 감추다
□ **bleach**[bliːtʃ] 희게 하다, 표백하다; 표백제

2222 **blankly**
[blǽŋkli]
04.단국대

blank(blanc(=white)+ly → 아무 생각이 없이 머리 속이 하얀

ad. 멍하니, 우두커니
• stare blankly at the ceiling 천정을 멍하니 응시하다
ⓐ **blank** 빈, 공백의; 무표정한; 빈칸, 여백; 말소하다
13.세종대
🔲 **blanky** 공백이 많은

2223 **pale**
[peil]
17.이화여대/16.한국외대

pall(=pale) → 창백한

a. 창백한, 핼쑥한; (색깔이) 옅은, 흐릿한
v. 창백해지다
n. (끝이 뾰족한) 말뚝, 울타리, 경계
ⓥ **impale** (뾰족한 것으로) 찌르다, 꿰뚫다
🔲 **look pale** 안색이 나쁘다 ⊃ I00901
beyond the pale 일반적으로 용인될 수 없는 ⊃ I00901

2224 **pallid**
[pǽlid]
16.한국외대/04-2.고려대

pall(=pale)+id → 창백한

a. (사람의 얼굴이 아파서) 창백한[핼쑥한]
• a pallid complexion 창백한 안색
ⓝ **pallor**[pǽlər] 창백

2225 **melancholy**
[mélənkàli]

melan(=black)+choly → 마음이 어두운

n. 우울(증), 침울
a. 우울한, 울적한(=doleful)
• a melancholy mood 우울한 기분

2226 **blush**
[blʌʃ]
01.전남대

blush(=redden) → 얼굴이 빨개지다

v. (얼굴이) 붉어지다; 부끄러워하다(=become red)
n. 부끄러움, 수줍음; 홍조
• blush with shame 부끄러워 얼굴이 빨개지다
ⓐ **blushful** 얼굴을 붉히는, 수줍어하는
🔲 **flush** 홍조를 띠다, 얼굴을 붉히다 ⊃ R2171

어근 **pall(=white, pale)**

어근 **cand(=light, white)**

추가 어휘
☐ **cand**le 양초
☐ **cand**idate 후보자 •고대 로마에서 공직자는 흰옷을 입은 데서
☐ in**cand**escent 백열광의
☐ **cand**ela 칸델라(광도 측정 단위)

어근 **melan(=black)**

추가 어휘
☐ **melan**in 멜라닌, 흑색소
☐ **melan**oma 흑색종

기본명사로 공부하는 **기.출.숙.어**

I 156

green

green은 우리말로 녹색이지만 때로는 파란색(靑)으로도 번역된다.
녹색은 식물의 색이므로 자연이나 환경과 관련된 의미로 많이 쓰인다.

15601
the green light
07.서울시9급/97.덕성여대,Teps

청신호(green light)
(계획에 대한) 허가, 승인
• After several delays, the project was finally given **the green light**.
그 사업은 수 차례 연기된 끝에 마침내 착수 승인이 떨어졌다.
🔁 give the green light 허가를 하다 ↔ get the green light 허가를 받다

15602
green with envy
12.총양대/00~2.한성대,Teps

질투로(envy) 얼굴이 새파래진(green)
몹시 부러워하는; 시샘하는, 질투하는
• I feel **green with envy** whenever I see you in your new car.
네가 새 차를 타고 있는 것을 보면 언제나 부러워진단 말이야.

■ green 보충표현

☐ **a green thumb** 원예의 재능, 식물을 잘 기르는 재주(=a green fingers)
☐ **a green hand / a greenhorn** 풋내기(=an inexperienced person) cf. **green and fresh** 풋내기의
☐ **a green old age** 노익장, 정정함
☐ **green movements** 자연보호 운동 cf. **green activist** 환경 (보호) 운동가
☐ **the Green Party** (영국과 독일의) 녹색당
☐ **green house effect** 온실효과
☐ **green card** 〈미〉 영주권(=permanent visa), (외국인 노동자에게 발급하는) 입국 허가증; 〈영〉 장애자 증명서
☐ **greenback** 〈미·속어〉 달러지폐(=buck) • 달러 뒷면이 녹색인 데서 유래(우리의 경우 "배춧잎")
☐ **green Christmas** 눈이 오지 않는 크리스마스 ↔ white Christmas

I 157

blue

blues는 우울함을 상징하는 색상이며 때로는 외설적인 의미로도 쓰인다.

15701
blueprint
01~2.한성대

설계도면의 복사사진이 푸른색임에서 유래한 청사진
청사진; (상세한) 계획(=plan, scheme, systematic program)
• Our self-image is the **blueprint** which determines how we see the world.
우리의 자아상은 세상을 어떻게 보느냐를 결정짓는 청사진이다.

■ blue 보충표현

☐ **out of the blue** 뜻밖에, 돌연;불쑥, 느닷없이(=all of sudden, unexpectedly, without any advance notice)
  cf. **a bolt out of the blue (sky)** 청천 벽력, 전혀 예상 밖의 일(푸른 하늘에 번개가 치는 것)
☐ **feel blue** 우울하다(=be depressed, be low-spirited)
☐ **blue in the face** (분노 등으로) 얼굴이 파랗게 질려
☐ **true-blue** 신념이 강한 사람
☐ **blue chip** 우량주
☐ **blue blood** 귀족 혈통, 명문 출신
☐ **blue film** 포르노 영화 cf. **yellow journalism** 선정적 저널리즘, 선정주의
☐ **blue jokes** 음담패설

I 158

red

red는 정열, 사랑, 축하, 유혈, 적자, 좌익의 색깔이다.

158O1
in the red
00~2.한성대/99.고려대,Teps

회계장부에 빨간색으로 표시된(적기된)
재정이 적자인 ↔ in the black 재정이 흑자인
• His bank account is deep **in the red**. 그는 은행에 빚이 많다.

15802
see red
토플,Teps

투우에서 빨간 천을 보고 화내는 황소를 연상
격노하다(=become angry)
• Tom really **saw red** when the tax bill arrived.
세금통지서가 날아왔을 때 탐은 정말로 화가 났다.

15803
red herring
17.성균관대/10.중앙대

빨간색 청어로 사냥개를 훈련시킨 것에서 나온 표현
**사람을 헷갈리게 만드는 것, 주제를 딴 데로 돌리기 위한 부적절한
말**(=irrelevant comment); 훈제청어
• The candidate used the minor issue as a **red herring** to distract voters
from the corruption accusations against him.
그 후보는 그의 부패로 비난으로부터 유권자들의 관심을 돌리기 위한 것으로 작은 이슈
를 이용했다.

🔲 red-ink 손실, 적자상태

■ red 보충표현

□ **red face** 〈구어〉 쑥스러워하는 얼굴 *(얼굴 등이) 빨개진 **cf. have a red face** 쑥스러워하다
□ **red tape** 관료적 형식주의 *예전 잉글랜드에서는 공문서를 붉은 끈으로 묶은 데서 유래
□ **red carpet** 정중한 환대 **cf. get a red carpet treatment** 정중한 환대를 받다
□ **red alert** 적색경보 **cf. yellow alert** 황색경보 → **blue alert** 청색 경보, 제2경계 경보 → **red alert** [긴급] 공습 경보
□ **red light** 적(赤)신호, 위험신호 *빨간 불 □ **Red-letter day** 공휴일. (특별한) 기념일
□ **the thin red[blue] line** (어떤 장소·주의를 끝까지 지키는) 소수의 용감한 사람들 *전쟁영화 "씬 레드라인"
□ **catch someone red handed** 현행범으로 체포하다

I 159

black

black은 우울함, 암흑, 더러움, 불명예를 상징하는 색상이다.

159O1
in the black
04~2.고려대,Teps

회계장부에 검정색(black)으로 부기된 상태인
(재정이) 흑자인 ↔ in the red 재정이 적자인
• Until his finances are **in the black** I don't want to get married.
그의 재정상태가 좋아지기 전에는 결혼하고 싶지 않다.

15902
black out
12.숙명여대/05.경찰/사법시험

완전히(out) 깜깜해지게(black) 하다
1. 기절하다 2. 등화 관제를 하다; 보도제한을 하다
• He **blacked out** after the accident. 그는 사고 후에 의식을 잃었다.
🔲 **black-out** 정전, 등화관제; 기억상실; 보도제한

15903
black sheep (of the family)
07.인천시9급,Teps

(흰 양들 사이에) 검은 양
악한(=villain), **망나니; (집안의) 말썽꾼, 부모 속을 많이 썩이는 자식**
• He's the **black sheep of the family**.
그는 그의 집안의 골칫덩어리이다.

🔲 in one's black book
~의 눈 밖에 난, 남의 미움을 산

🔲 blank ★ out sth
*완전히 비어 있게(blank)하다
1. (나쁜 기억 등을) 일부러 잊다
2. (보이지 않도록) 가리다,
공란으로 처리하다

■ black 보충표현

□ **blackmail** 공갈, 협박
□ **black ball** 반대표; 배척하다, 제명하다
□ **black book** 블랙리스트(요주의 인물 일람표)
□ **black or white** 흑이냐, 백이냐, 양극단의, 판이한
□ **black eye** (맞아 생긴) 눈 언저리의 검은 멍, 〈구어〉 수치, 불명예(=dishonor, infamy)
□ **black and white** 인쇄, 필사; 사진이 흑백인 **cf. put in black and white** 인쇄(문서)의 형태로 적다

□ **black and blue** 멍이 들어
□ **black dog** 〈구어〉 우울증
□ **black market** 암시장 / **black economy** 지하 경제

160

white

white는 순결, 결백, 정직, 공백의 색깔이다.

16001
white paper

백서
(일반적으로) 정식 보고서, 백서(blue book보다 간단함)
- The Defense Ministry's last **white paper** was released in 2000, at the start of inter-Korean exchanges.
  국방부는 남북 경협이 시작되던 2000년 마지막 국방백서를 발간했다.

■ **white book** 백서
*국내 사정에 관한 정부 발행 보고서
Yellow Book 황서
*프랑스 · 중국 정부 간행 보고서
blue book 청서
*영국 의회 또는 정부의 보고서

16002
white elephant
08.경남9급/01.서울시9급

왕으로부터 하사받은 하얀 코끼리를 먹이는 데 엄청난 비용이 들었다는 데서 유래
성가신(처치 곤란한) 물건(=something that is useless and unwanted, especially something that is big and costs a lot of money)
- That old building was a **white elephant** to it's owner.
  그 낡은 건물은 소유주에게 비용만 들어가는 처치곤란한 것이었다.

■ white 보충표현

- □ **white goods** 백색가전기기
- □ **white noise** 백색소음(모든 주파수대역에서 고르게 분포하는 기본적인 잡음)
- □ **white pages** 이름과 전화번호가 알파벳 순서로 나열되어 있는 전화번호부
  cf. yellow pages 업종별 전화번호부
- □ **white lie** 악의 없는 거짓말
- □ **put on [stand in] a white sheet** 참회하다, 회개하다(=repent)

161

rain

비; 비 오듯 하다; 빗발치듯 퍼붓다

16101
rain or shine
03–2.숭실대.Teps

비가 오든, 해가 나든
날씨에 상관없이, 날씨가 어떻든간에
- **Rain or shine**, I'll go. 비가 오건 해가 나건, 나는 갈꺼야

16102
take a rain-check (on sth)
11.지방직9급/06.전남9급/99–2.한성대
97.동국대.토익

우천으로 인해 다음경기입장권을 받다
(약속 · 초대를) 뒤로 미루다(=delay invitation, etc)
- I'm sorry but I'm busy on Saturday-can I **take a rain check**?
  죄송하지만 오는 토요일은 좀 바빠요. 좀 미룰 수 없을까요?
  ■ **rain-check** 우천으로 경기 취소시 주는 다음 경기 입장권: 약속 등의 연기

■ **give (sb) a rain-check**
(약속을) 연기하다

16103
rain cats and dogs
93.경찰.Teps

고양이와 개가 싸우듯이 비가 오다
비가 억수같이 내리다(=rain heavily)
- A : How's the weather today? 오늘 날씨 어때요?
  B : It's **raining cats and dogs**. 비가 억수같이 내리고 있어요.

■ **fight like cats and dogs**
심하게 다투다, 끝까지 싸우다
*개와 고양이처럼 싸우다
■ **cats and dogs** 위험하고 값싼 유가 증권:
잡동사니, 시시한 것(=odds and ends)

■ rain 보충표현

- □ **rain frogs** 큰 비가 내리다
- □ **rain down on** sb ~에 대해 〈비난 따위가〉 쏟아지다
- □ **be rained out[off]** (경기 등이) 비로 중지[연기]되다
- □ **When it rains, it pours. / It never rains but it pours.** 비가 오기만 하면 억수로 쏟아진다. 설상가상
- □ 비가 오는 정도에 따른 표현
  drizzling 이슬비가 내리는 **spitting** 비가 후두둑 떨어지는 **pouring** 비가 억수같이 쏟아지는
  cf. downpour 억수, 호우 **shower** 소나기가 퍼붓다
- □ **It looks like rain.** 비가 올 것 같다.

II 162

water

물, 위험한 곳; 물을 주다, 침을 흘리다

16201
like a fish out of water
13.가톨릭대/07.인천시9급
99.경찰,Teps

물 밖으로 나온 물고기처럼
(장소나 상황 등이 자기와 어울리지 않아) 매우 불편한
(=uncomfortable in a particular environment)
• At a formal dance, John is **like a fish out of water**.
  정식무도회에서 존은 물 밖으로 나온 물고기처럼 굳어있었다.

🔗 **ill at ease** (불안해서) 마음 놓이지 않는,
안절부절못하는

16202
tread water
06.고려대

물에 발을 디디다(tread)
서서 헤엄을 치다; 진전이 없다
• The country has been **treading water** for a decade.
  그 나라는 10년 동안 제자리 걸음을 해왔다.

■ water 보충표현

☐ **hold water** 합리적이다, 이치에 맞다(=be logical, add up, make sense) ☐ **My mouth is watering.** 군침이 도네.
☐ **be in hot[deep] water / get into hot water** 곤란에 빠지다, 난처한 입장에 처하다(=get into trouble)
☐ **It's water under the bridge.** 이미 지나간 일이다. 후회해도 소용없다.

II 163

fire

불; 연소; 화재; 정열, 흥분; 시적 영감
V. 불을 지르다; (상상력을) 자극하다; 발사하다; 해고하다

16301
get fired
15.지방직7급

해고를 당하다(get)
해고되다
• He ended up **getting fired** from his first job.
  그는 결국 그의 첫 직장에서 해고당했다.

🔗 **fire** sb **out** (미·구어) 해고하다
(=discharge)

16302
be[come] under fire
15.서울시9급/12.경기대

집중 사격을 받다
맹비난[비판]을 받다, 공격을 받다
• His comments immediately **came under fire**. 그의 발언은 맹비난을 받았다.

■ fire 보충표현

☐ **catch on fire / catch fire** (갑자기) 불나다(=burn); 불붙듯이 유행하다
☐ **open fire** 사격을 개시하다; (일을) 시작하다 ☐ **cease fire** 사격을 중지하다

II 164

animal

동물의 특성에서 유래한 표현들이 많이 있으며, 이러한 표현들은 동물의 습성을 잘 이해하면 쉽게 암기가
가능하다.

16401
buy a pig in a poke
15.지방직7급

돼지를 한번 쿡 찔러 보고(poke) 사다
물건을 보지도 않고 사다, 충동 구매하다
• She tends to **buy a pig in a poke**.
  그녀는 충동구매를 하는 경향이 있다.

16402
be in the doghouse
16.기상직9급

개집(doghouse) 안에 있다
사이가 좋지 않다; 곤경에 처하다
• I'm really **in the doghouse** with my boss.
  나는 상사와 정말로 사이가 좋지 않다.

16403
like water off a duck's back
14.지방직7급

(기름기가 많은) 오리털에서 떨어지는 물처럼
마이동풍격인, 전혀 효과가 없는
• I told what I thought of him, but it's **like water off a duck's back** for him.
  난 그에 대한 내 생각을 그에게 말했다. 하지만 그에겐 아무 소용이 없었다.

■ **duck**(오리; 물속으로 쏙 들어가다; 피하다 10.동국대) **보충표현**

□ **lame duck** 레임덕(재선이 안 된 임기말의 선거직 관리)　　□ **dead duck** 가망 없는 사람[것], 끝장난 사람[것]
□ **duck soup** 쉬운[만만한] 일[상대]

I 165

air　　1. 공기, 공중　2. 외양, 외모　3. 방송

16501

hot air
91.행정고시/98.경찰간부/토플

열기구를 부풀리는 뜨거운 공기(air)에서 유래
과장, 허풍, 허황된 말(=exaggerated talk, big talk, tall talk)
• His justification for the merger was just **hot air**.
　그의 합병에 대한 정당화는 그저 과장에 지나지 않았다.

■ **air 보충표현**

□ **(up) in the air** 계획이 미정으로, 막연하여(=uncertain, undecided)
□ **walking on air** 너무 행복한(=on cloud nine) *하늘 위를 걷는
□ **put on airs** 젠체하다, 으스대다
□ **give oneself airs** 거만하게 굴다, 잘난 체하다(=put on airs) *자기 자신이 뽐내는 꼴(airs)로 대하다(give)
□ **get the air** 퇴짜 맞다, 친구나 애인에게 버림받다 *바람(air) 맞다
□ **off the air** 방송 중이 아닌, 일을 벗어난 ↔ **on the air** 방송 중에　**cf. on-air** 방송 중인

I 166

piece　　1. 조각, 일부분, 파편; 부분, 부품; 구성요소(=composition) 〈15.서강대〉
2. 한 편의 시[글, 악곡, 각본]
3. 〈구어〉 사람, 여자

16601

**bits and pieces /
bibs and bobs**
92.외무고시/사법시험

조금(bit)과 조각(piece)
부분 부분, 잡동사니(=small objects or possessions, odds and ends)
• Tidy away all your **bits and pieces** before you go to bed.
　자러가기 전에 네 잡동사니들을 치우거라.

图 **in one piece** 완전하게, 멀쩡하게
*깨지지 않고 한 덩어리 그대로

16602

a piece of cake
02.경찰/94.행자부9급,Teps

케이크 한 조각 먹기처럼 쉬운 일
매우 쉬운 일, 식은 죽 먹기(=a duck soup)
• It's **a piece of cake**. (=It's a duck soup for me.)
　이건 식은 죽 먹기처럼 쉬운 일이야.
图 **a hard[tough] nut to crack** 다루기 어려운 것 [사람]
　*깨기 어려운 단단한 호두

图 **It's a piece of cake.**
= It's a duck soup for me.
= It's a walk in the park.
= It's as easy as apple pie.
= It's a cinch. *cinch 안장띠, 쉬운 일
　이건 식은 죽 먹기처럼 쉬운 일이야.

■ **piece 보충표현**

□ **a piece of work** 작품; 곤란한 일
□ **a piece of one's mind** 솔직한 의견; 비난
　cf. give a piece of one's mind 생각한 바를 거리낌 없이 말하다; 비난하다, 꾸짖다(=blame)
□ **come to pieces** 산산조각이 나다; 좌절되다
□ **cut [pull /rip/tear]** sb/sth **to pieces** 잘게[조각조각으로] 자르다, 동강내다; 혹평하다
□ **fall to pieces** 산산이 부서지다; (계획이) 좌절되다
□ **go to pieces** 산산조각이 나다; 마음이 갈기갈기 찢어지다; 건강을 잃다; 자제심을 잃다
□ **piece by piece** 하나하나, 하나씩
□ **piece** sth **together** ~을 잇다, 종합하다
□ **set piece** (문예 등의) 기성 형식에 의한 구성; (축구에서) 코너킥이나 프리킥 등의 계획된 상황

R223

[어근] numer(=number) & calcul(=reckon) & rat(=reckon) & count(=reckon)

2231 number
[nʌ́mbər]
03.경기대

숫자 → 인원수 → 다수
n. 1. 수, 숫자, 총수, 인원수; 전화번호
2. 다수, 상당수
v. 세다, 번호를 매기다; (총수가) ~에 달하다

> **in large numbers** 떼 지어(=in droves)
> **in round numbers** 어림으로, 대략(=roughly, approximately)
> **by the numbers** 구령에 맞추어; 보조를 맞추어; 기계적으로
> **have** sb**'s number** ~의 속셈을 간파하다
> **do a number on** (속임수 등의) 몹쓸 짓을 하다, 신랄하게 비판하다
> **There is safety in number.** 뭉쳐야 산다.

2232 enumerate
[injú:mərèit]
05.한양대/74.외무고시

e(ex(강조)+numer(=number)+ate → 일일이 숫자를 세다
vt. 열거하다
• too numerous to enumerate 너무 많아서 열거할 수 없는
ⓐ enumerative 계산상의, 열거하는
ⓝ enumeration 열거; 계산; 목록, 카탈로그
  enumerator 조사원, 호별 방문 조사원
🔁 numerate 세다, 계산하다 numerical 수의, 숫자로 나타낸

2233 innumerable
[injú:mərəbl]
00~2.경기대
07.숭실대

in(=not)+numer(=number)+able → 셀 수 없이 많은
a. 셀 수 없이 많은, 무수한(=countless, numberless)
• be delayed by innumerable problems 수많은 문제들로 지연되다
🔁 numerous 다수의, 수많은, 셀 수 없이 많은
🔁 numerable 셀 수 있는, 계산할 수 있는
🔁 supernumerary 규정수 이상의, 정원 이외의; 단역배우

2234 reckon
[rékən]
16.교행9급/10.동국대
06.공인회계사

세다 → 판단하다 → 추정하다
v. 1. 세다, 계산하다, 측정하다
2. (가치를) 판단[평가]하다
3. (~의 하나로) 간주하다[with], 추정하다
• reckon with ~을 고려대상에 넣다(=consider)
• He is a man to be reckoned with. 그는 무시할 수 없는 존재이다.
ⓝ reckoning 계산, 결제, 정산

2235 incalculable
[inkǽlkjuləbl]
04.덕성여대/96.외무고시

in(=not)+calcul(=reckon)+able → 셀 수 없이 많은
a. 1. 셀 수 없이 많은, 막대한(=immeasurable)
2. 예상[예측]할 수 없는
• cause incalculable damage 막대한 피해를 일으키다
🔁 calculable 계산[예측]할 수 있는; 신뢰할 수 있는

2236 count
[káunt]
06.한국외대

복싱 심판이 카운트(count)를 세다 or 마트 카운터(counter)에서 계산을 하다
vt. 세다; 셈에 넣다, 포함시키다
vi. 중요하다[for](=be important), 가치가 있다
n. 계산, 셈
🔁 countless 셀 수 없는, 무수한(=innumerable)
🔁 discount 할인하다; 무시하다, 고려하지 않다
15.경찰2차/14.한성대
🔁 count for nothing 중요하지 않다(=be unimportant)
  count on 의지하다, 기대하다(=rely on, depend on)
13.서울시9급
  count sb out (활동에서) ~를 빼다

2237 recount
[rikáunt]
07.전남9급

re(=again)+count(세다) → 다시 일일이 세다
vt. 다시 세다; 자세히 말하다; 열거하다
• recount how it happened 그것이 어떻게 일어났는지 자세히 말하다

2238 ration
[rǽʃən]
12.숙명여대

rat(=reckon)+ion → 계산해서 나누어 주는 것
vt. (식품·연료 등을) 배급을 주다(=allot); (양을) 제한하다
n. (식품·연료 등의) 배급(량); (pl.) 식량, 양식; 적당량
• Fuel was rationed during the war.
  전쟁 동안에 연료가 제한되었다.
12.숙명여대
🔁 ratio[réiʃou] 비율, 비(比)

---

tip 숫자(number)라는 것은 개수를 세기 위한 것이고 중요도를 표시하기 위한 것입니다. "셀 수 없는(innumerable, countless, incalculable)"은 너무 많아서 셀 수 없다는 의미이니 혼동하지 마세요.

어근 calcul(=reckon)

추가 어휘
☐ **calcul**ate 계산하다, 산정하다; 예측하다
☐ **calcul**ating 타산적인, 빈틈없는
☐ **calcul**ated 계산된, 고의적인, 계획적인
☐ **calcul**ator 계산기
☐ **calcul**ation 계산, 계산의 결과; 추정, 예상; 숙고
☐ **calcul**us 계산법, 미적분학

어근 rat(=reckon)

추가 어휘
☐ **rat**e 평가하다, 어림잡다; 등급을 매기다
    n. 비율, 율; 가격, 시세; 요금, 사용료; 등급
  - **rat**ing 등급을 정함; 평가; 시험의 평점
☐ **rat**iocination (삼단논법에 의한) 추리, 추론
☐ **rat**ional 이성의, 이성적인; 합리적인
  - **rat**ionale[ræ̀ʃənǽl] 논리적 근거, 정당한 이유
  - **rat**ionally 이성적으로, 합리적으로
  - **rat**ionalism 이성론(理性論), 합리주의
  - **rat**ionalize (산업이나 회사를) 합리화하다

어근 count(=reckon)

표제어 복습
☐ **ac**count 설명하다; 책임을 지다; 설명, 계정, 이유 ▣ N0030
  - **ac**countable 책임이 있는
  - **ac**countant 회계원, 공인회계사
  - **ac**counting 회계학, 경리, 결산, 정산

2239 ratify
[rǽtəfài]
13.경희대/12.서강대
11.이화여대/10.국민대
07.제주9급/06.경희대/03.경기대
00-2.경기대/96.행자부9급

rat(=reckon)+i+fy → 개수가 맞는지 세어 보다 → 인가하다

vt. 인가[승인]하다; (조약 따위)를 비준하다
(=endorse, formally accept, approve)
• A treaty with a foreign government signed by the President dies if Congress refuses to ratify it.
의회가 비준을 거부한다면 대통령이 외국정부와 맺은 조약은 효력이 상실된다.
• We hope that the republics will ratify the treaty.
우리는 공화국들이 그 조약을 비준하기를 바란다.
ⓝ **ratification** 비준, 재가; 인가, 승인; 추인

2239(1) irrational
[iráʃənl]
16.한양대/14.산업기술대

ir(in(=not)+rat(=calculate)+ion+al → 계산해보지 않고 한

a. 비이성적인, 비논리적인(=unreasonable)
• make irrational decisions 비합리적인 결정을 하다
▣ **rational** 이성적인, 논리적인, 합리적인

R 224 [어근] met/meter/metr/mens(=measure) & quant(=how much) & quot(=how many)

2241 measure
[méʒər]
16.한국외대/11.지방직7급

재다 → 판단하다 → 기준

v. 1. 재다, 측정하다; 평가하다, 판단하다
2. ~의 길이[높이, 폭]이다
n. 1. 측정, 계량 → 기준, 척도
2. 분량, 정도; 비율
3. (pl.) 수단, 대책, 조치(=actions); 조례

13.성균관대
ⓐ measured 신중한, 침착한(=prudent)

Ⅱ for good measure 덤으로, 한술 더 떠서 ⊃ IO3508
07.동덕여대
in a measure/in some measure 다소, 얼마간 ⊃ IOO121
03-1.강남대/사법시험
in (a) large measure 상당히, 대부분(=mostly)
in a humble measure 부족하나마
in full measure 충분히, 듬뿍, 가득
beyond measure 대단히, 매우
06.동국대
measure up to (희망·이상·기대 등에) 일치[부합]하다, ~에 달하다
take measures 조치를 취하다(=take precautions)
half measure 미봉책, 임시변통

2242 perimeter
[pərímitər]
08.이화여대/05.경기대

peri(=around)+meter(=measure) → 주위 둘레를 잰 것

n. 1. (어떤 구역의) 주위[주변](=circumference, periphery)
2. 둘레; 경계선, 한계
• the perimeter of the airport 공항의 주위
▣ **parameter**[pəræmətər] 매개변수, 파라미터; 특징이 되는 요소
diameter[daiǽmətər] 지름, 직경, 배율

2243 symmetrical
[simétrikəl]
96.서울산업대

sym(=same)+metr(=measure)+ic+al → 좌우의 치수가 같은

a. (좌우) 대칭적인; 균형이 잡힌(=well-proportioned)
• a symmetrical pattern 대칭적 무늬
17.건국대
ⓝ **symmetry** 대칭, 균형, 조화(=balance)
11.동덕여대
▣ **asymmetric(al)** 균형이 잡히지 않은(=lopsided), 비대칭의

2244 dimension
[diménʃən]

di(=from)+mens(=measure)ion → ~로부터 잰 길이

n. 1. (pl.) 넓이, 면적; 용적, 크기(=magnitude), 부피
2. 규모, 범위; 차원; (인격 등의) 특질
• dimensions of the room 방의 크기
• a new dimension of war 새로운 차원의 전쟁
ⓐ **dimensional** 치수로 잴 수 있는, 치수의; ~차원의

2245 immense
[iméns]
07.명지대

im(in(=not)+mens(=measure)+e → 잴 수 없는

a. 1. 거대한, 막대한; 헤아릴 수 없는
2. 우수한, 굉장한
• an immense sum of money 막대한 돈
ⓐⓓ **immensely** 대단히, 엄청나게(=enormously)

---

tip 길이를 재는 단위로 미터(meter)를 쓰듯이 어근 met는 "재다, 측정하다(measure)"의 의미입니다.

어근 met/meter/metr/mens(=measure)

추가 어휘
☐ **mete**[miːt] 1. 할당[분배]하다; 측정하다
2. 경계표; 경계
☐ **meter** 미터, 계량기; 계기; 계량하다
☐ **metrology**[mitrálədʒi] 도량형; 계측학
☐ **geometry**[dʒiámətri] 기하학 •geo(=earth)
☐ **altimeter**[ǽltimətər] 고도계 •alt(=high)
☐ **barometer**[bərámitər] 기압계; 표준, 지표
☐ **seismometer**[saizmámətər] 지진계
☐ **speedometer** 속도계
☐ **thermometer** 온도계 •therm(=heat)

표제어 복습
☐ **meticulous** 세심한, 신중한; 소심한 ☐ N0027
- **meticulously** 좀스럽게, 꼼꼼하게
- **meticulousness** 세심함, 꼼꼼함

어근 quot(=how many) & quant(=how much)

추가 어휘
☐ **quota**[kwóutə] 쿼터, 할당(액), 정원
☐ **quotient**[kwóuʃənt] 몫, 지수, 분담
☐ **quorum**[kwɔ́ːrəm] 정족수

2246 commensurate
[kəménsərət]
14.국민대/10.서울여대
00.건국대

com(=together)+mens(=measure)+ur+ate → 같은 치수의

a. 1. (크기·자질 등에) 상응하는[with](=proportionate to)
2. 적당한, 균형이 잡힌[with]
- commensurate with qualifications and experience
  자격과 경험에 상응하는
ⓝ commensuration 균등; 같은 양[크기]; 균형
ⓐ commensurable 균형이 잡힌
⬛ incommensurate 현격한 차이가 나는[with]; 부적당한, 불충분한

2247 quantify
[kwántəfài]
12.숙명여대

quant(=how much)+i+fy → 양을 정하다

vt. 분량을 정하다, 양을 재다, 수량화하다
- be difficult to quantify 수량화하기 어렵다
ⓝ quantity 양, 수량, 분량; 다량, 다수
quantum[kwántəm] 양자(量子); 총량; 뭉
17.항공대
ⓐ quantitative 양적인, 양의

R225

[어근] praise/preci(=price) & crit(=judge) & cens(=assess) & norm(=standard)

2251 priceless
[práislis]
08.덕성여대

price(가치를 매기다)+less → 가치를 매길 수 없는

a. 대단히 귀중한(=invaluable)
- priceless antiques 값진 골동품
ⓐ precious 귀중한, 가치가 있는(=invaluable)
ⓝ price 가격, 값; 상금, 현상금; 값을 매기다
93.연세대학원 **prize** n. 상, 상품; 전리품
vt. 높이 평가하다, 소중히 하다(=value highly)
a. (반어적) 상품을 받을 만한, 굉장한
- **prized** 중요한, 높이 평가 받는; 가치 있는(=valued)

2252 praise
[préiz]
15,06.홍익대
12.성신여대,한양대
98.한국외대/94.기술고시

praise(preci(=price)) → 가치 있게 하다

n. 칭찬, 찬양(=acclaim, laud, extol)
vt. 칭찬하다, 찬양하다(=tout)
- profuse praise 아낌없는 칭찬
- be worthy of praise 칭찬 받을 만하다
ⓝ selfpraise 자화자찬, 자기 자랑

2253 appraise
[əpréiz]
98.서울대학원/94.한국외대

ap(ad(=to)+praise(=price) → 값을 매기다

vt. 1. (가치·손실·업무를) 평가하다
(=assess, evaluate, judge, estimate the value of)
2. 살피다, 뜯어보다
- appraise the house 집을 평가하다
03.동아대
ⓝ appraisal[əpréizəl] 평가, 감정, 견적(=estimate of the value)
⬛ apprise 통지하다, 알리다[of] ⊃ R0021

2254 criticize
[krítəsàiz]
16.홍익대/06.삼육대
01-2.강남대

crit(=judge)+ic+ize → 평가하다

v. 비평[비판]하다(=find fault with); 비난하다(=blame, revile)
- publicly criticize the regime 정권을 공개적으로 비난하다
- openly criticize the government 공개적으로 정부를 비판하다
09.국가직9급/98.건국대
ⓝ critic 비평가, 평론가, 혹평가; 비판하는
critique 비평, 평론; 평론하다
06.경기대
criticism 비평, 평론; 혹평(=put-down) (칸트의) 비판철학
⬛ find fault with 흠잡다(=criticize) ⊃ I11602

2255 censorship
[sénsərʃip]

cens(=assess)+or+ship → 평가해서 삭제하는 것

n. (책·언론에 대한) 검열, 검열제도; 검열관의 직
- strict censorship of the media 미디어에 대한 엄격한 검열
05.경희대
ⓝ censor 검열관; 검열하다, (서적의 일부를) 삭제하다(=expurgate)
ⓐ censorious 검열관 같은, 흠 잡는
⬛ sensor[sénsər] 감지기, 감지장치, 센서 ⊃ R1500

2256 census
[sénsəs]
12.홍익대/92.경기대

cens(=assess)+us → 인구 전체를 평가하는 것

n. 인구조사(=population count), 국세조사
- conduct the census every five years
  매 5년마다 인구총조사를 실시하다

---

tip 비평(critique)이란 어떤 것의 좋고 나쁨을 평가하는 것입니다. 평가 대상이 좋지 않으면 혹평 또는 비난이 될 것이고, 좋으면 호평이 될 것입니다. 어근 crit는 "판단하다, 평가하다(judge)"의 의미입니다.

어근 praise/preci(=price)

표제어 복습
☐ appreciate 평가하다; 감상하다; 가격을 올리다 ◫ N0239
- appreciable 감지할 수 있는
- appreciation 감사, 평가, 감상, 가격의 등귀
↳ unappreciated 진가를 인정받지 못한
↳ depreciate 가치를 저하시키다, 얕보다

어근 crit(=judge)

표제어 복습
☐ critical 결정적인, 중대한; 비판의 ◫ N0580
- crisis 위기, 중대국면
- hypercritical 혹평하는
☐ criterion (판단·평가의) 기준, 척도 ◫ N0901
☐ hypocrite 위선자, 가식적인 사람 ◫ N0519
- hypocritical 위선의, 위선적인
- hypocrisy 위선, 가식

어근 norm(=standard)

표제어 복습
☐ enormous 거대한, 막대한 ◫ N0659
- enormously 엄청나게, 터무니없이
- enormity 거대함, 터무니없음; 극악무도

2257 norm
[nɔːrm]
16.광운대/07.건국대
14.이화여대/12.서강대

norm(=standard) → 기준

n. 표준, 기준(=criterion); 규범, 모범
• become the norm 표준이 되다
ⓐ normative 기준을 정한, 표준의
   normal 정상의, 표준적인
ⓥ normalize 정상화하다, 표준화되다
ⓝ normalcy 정상상태
🔄 abnormal 비정상적인, 변태적인, 병적인 *ab(=away)
   subnormal 정상(보통) 이하의; (특히) 저능의

2258 paranormal
[pərənɔ́ːrməl]
04.고려대

para(=beside)+norm(=standard)+al→ 표준을 벗어난

a. 과학적으로 설명할 수 없는(=unusual); 초자연적인
• paranormal activity 초자연적 현상
🔁 anomaly 비정상, 변칙(=aberration), 예외적인 것 ⊃ R2546
  - anomalous 변칙적인, 예외의(=exceptional); 변태적인(=abnormal)

R226   [어근] worth(=worth) & dign/dain/deign(=worthy) & merit(=merit)

2261 worthwhile
[wəːrθwáil]
12.한양대

worth+while

a. ~할 가치가 있는, ~할 만한
• a worthwhile journey 가치 있는 여행
🔄 worth (얼마의) 가치가 되는, ~할 가치가 있는
  • be worthy of ~할 만하다
🔄 worthless/unworthy 가치 없는, 쓸모없는

2262 noteworthy
[nóutwəːrði]
06.고려대

note(기록하다)+worth(~할 만한)+y → 기록해 둘만한

a. 주목할 만한(=remarkable)
• a noteworthy conversation 주목할 만한 대화
🔄 worthy (얼마의) 가치가 되는, ~할 가치가 있는

2263 blameworthy
[bléimwəːrði]
08.경희대/05.광운대

blame(비난하다)+worth(~할 만한)+y → 비난할 만한

a. 나무랄 만한, 비난할 만한(=reprehensible, culpable)
• blameworthy behaviour 비난할 만한 행동
🔄 praiseworthy 칭찬할 만한, 기특한
🔄 trustworthy 신뢰할 수 있는(=reliable)

2264 dignified
[dígnəfàid]
13.국민대

dign(=worthy)+i+fy+ed → 가치가 높아 보이는

a. 위엄 있는, 품위 있는
• a dignified voice 위엄 있는 목소리
ⓝ dignity 존엄, 위엄, 품위; 명예, 명성; 고위
  dignitary 고위 인사, 고관; 존엄한
ⓐ dainty 고상한, 우아한, 섬세한; 까다로운
🔄 indignity 경멸, 모욕, 무례; 냉대, 수모; 불명예

2265 merit
[mérit]
13.국민대

merit → 장점 → 강점

n. 장점, 공로; 강점, 우수성
vt.(칭찬을) 받을 만하다, 가치가 있다
• a merit system 실적제, 능력주의
• according to merit 공로에 따라
ⓐ meritorious 칭찬할 만한, 공적이 있는
🔄 demerit 잘못, 단점; 벌점
  unmerited 공 없이 얻은, 부당하게 얻은

어근 dign/dain/deign(=worthy)

추가 어휘
☐ condign (처벌이) 적절한, 당연한

표제어 복습
☐ indignation 분개, 분노 N0853
  - indignant (악·부정에 대해) 분개한, 성난
☐ disdain 경멸, 모멸: 경멸하다 N0618
  - disdainful 경멸적인, 무시하는; 오만한

어근 merit(=merit)

추가 어휘
☐ meritocrat 엘리트, 실력자
☐ meritocracy 능력 위주 사회; 엘리트 지배층
☐ emeritus 명예퇴직의, 명예직의
  • an emeritus professor 명예교수

R227   [어근] val/valu/vail(=value, worth, strong) & virt(=worth)

2271 value
[vǽljuː]
17.한양대

value(=worth) → 가치

n. (금전적) 가치, 가격; 값
vt.평가하다, 소중히 하다
• face value 액면 가격
• numerical value 숫자 값
ⓝ valuation 평가, 값을 매김, 사정

어근 val/valu/vail(=value, worth, strong)

추가 어휘
☐ countervail (반대 작용으로) 무효로 만들다
☐ valediction 고별사, 작별인사 *dict(=say)

2272 evaluate
[ivǽljuèit]
16.산업기술대
10.세종대

e〈ex(강조)+value(=worth)+ate → 가치를 매기다
vt.평가하다, 가치를 어림[추정]하다(=appraise, determine)
• evaluate students without bias 학생을 편견 없이 평가하다
ⓝ evaluation 평가, 사정
ⓐ evaluative 평가하는

2273 devalue/ devaluate
[diːvǽljuː/diːvǽljuèit]
00.동덕여대

07.단국대

de(=down)+val(=worth)+uate → 가치를 떨어뜨리다
vt.가치를 감소시키다; (화폐를) 평가절하하다
vi.(화폐가) 가치가 떨어지다
• devalue the currency 화폐를 평가절하하다
ⓝ devaluation 가치 감소; (통화의) 평가절하
囲 undervalue 과소평가하다
   revaluation 평가절상, 재평가 revalue 재평가하다

2274 convalescence
[kànvəlésns]
17.한국외대/97~2.건국대
02.경희대

con(강조)+val(=strong)+esc(=become)+ence → 점차 강해지는 것
n. 요양[회복](기간)(=recovery, recuperation)
• a long and painful convalescence 길고 고통스러운 회복기
ⓥ convalesce (서서히) 건강을 회복하다(=bounce back)
ⓐ convalescent 회복기의; 회복기 환자(=invalid)

2275 valiant
[vǽljənt]
01~2.계명대

00.행자부7급

val(=strong)+i+ant → 마음이 강건한
a. 용맹한(=brave), 단호한; 가치 있는
• Cowards die many times before their deaths; The valiant never taste of death but once. (William Shakespeare)
  겁쟁이는 죽기 전에 여러 번 죽지만, 용감한 사람은 한 번만 죽는다.
• a valiant attempt 가치 있는 시도
ⓝ valiancy 용감, 용맹
   valor[vǽlər] (싸움터에서의) 용기, 용맹(=courage)
ⓐ valorous 씩씩한, 용감한
囲 variant[vέəriənt] 상이한; 여러 가지의, 변화가 많은 ⊃ RO571

2276 virtue
[və́ːrtʃuː]
94.서울시소방/91.행자부9급

11.국민대/10.경희대

virt(=worth)+ue → 가치가 있는 것
n. 덕, 선행, 미덕; 정조, 순결; 장점; 가치
• Honesty is a virtue. 정직은 미덕이다.
ⓐ virtuous 덕이 높은, 고결한; 정숙한
囲 by virtue of ~의 덕분으로
囲 virtually 사실상, 실질적으로(=practically), 거의
  - virtual 사실상의, 가상의

2277 virtuoso
[və̀ːrtʃuóusou, -zou]
97.서울대학원

virt(=worth)+uoso → 가치가 높은 작품을 만드는 사람
n. (예술의) 거장, 대가, 장인
a. 고도의 기교를 보여주는
• a violin virtuoso 바이올린의 거장
• a virtuoso performance 훌륭한 연주

☐ **val**id 논리적으로 타당한; 유효한 ☑ N0238
  - **val**idate 유효하게 하다; 비준하다
  - **val**idity 유효성; 정당성; 효력
  ↔ in**val**id 쓸모없는, 무효의; 병약한; 환자
  - in**val**idate 무효로 하다, 실효시키다
☐ in**val**uable 값을 헤아릴 수 없는, 매우 귀중한 ☑ N0237
  - **val**uable 귀중한; 유익한; (pl.) 귀중품
  ↔ **val**ueless 가치가 없는, 하찮은
☐ a**vail**able 이용할 수 있는; 시간이 있는 ☑ N0107
  - a**vail**ability 효용; (입수) 가능성; 당선 가능성
  - a**vail** 도움이 되다, 쓸모가 있다; 이익, 효용
  ↔ una**vail**able 손에 넣을 수 없는
  ↔ una**vail**ing 효과가 없는, 무익한, 무용한
☐ ambi**val**ent 반대 감정이 병존하는 ☑ N0110
  - ambi**val**ence 반대 감정 병존
☐ equi**val**ent 동등한, ~에 상당하는 ☑ N0235
☐ pre**vail** 유행하다, 보급되다, 우세하다 ☑ N0432
  - pre**vail**ing 널리 퍼져 있는; 우세한, 지배적인
☐ pre**val**ent 일반적으로 행하여지는, 우세한 ☑ N0169
  - pre**val**ence 보급, 유포, 풍조, 유행

R228   [어근] fisc(=money bag) & pecu(=money) & monet/mint(=money) & ven(=sale) & merc(=trade, gift)

2281 fiscal
[fískəl]
13.명지대/93.행자부7급

fisc(=money bag)+al → 돈주머니에 관한
a. 국가 재정의, 국고의; 회계의
• a fiscal deficit 재정 적자
• a fiscal year 회계연도

2282 confiscate
[kɑ́nfəskèit, kɔ́n-]
12.경희대

con(=together)+fisc(=money bag)+ate → 돈주머니를 함께 모으다
vt.몰수하다, 압수하다(=impound)
• confiscate the property 재산을 몰수하다
ⓝ confiscation 몰수, 압수, 사유재산 압류(=seize)

2283 pecuniary
[pikjúːnièri]
05.경기대/03.계명대

pecu(=money)+ni+ary → 돈과 관련된
a. 금전(상)의, 재정상의(=monetary, financial); 벌금형의
• In criminal law, a fine is a pecuniary penalty imposed on an offender by a court. 형법에서 벌금형이란 법원의 결정에 따라 범죄자에게 부과되는 금전상의 형벌이다.
囲 impecunious 돈 없는, 무일푼의

어근 pecu(=money)
추가 어휘
☐ **pecu**late (공금을) 횡령하다, 유용하다
☐ **pecu**lation 공금유용, 횡령

어근 monet/mint(=money)
추가 어휘
☐ **money** 돈
☐ **mint**[mint] 조폐국; 화폐를 주조하다; 원천
☐ **mint**age[mintidʒ] 화폐 주조

어근 ven/vend(=sale)
추가 어휘
☐ **vend** 매각하다, 팔다; 행상하다; 발언하다

2284 monetary
[mánətèri]
04.가톨릭대/01.상명대

monet(=money)+ary → 돈과 관련된
a. 1. 금전(상)의; 금융의(=connected with money)
　2. 화폐의, 통화의
　• tighten monetary policy 금융정책을 강화하다
ⓥ monetize 화폐를 주조하다
ⓝ monetarism 통화주의

2285 venal
[víːnl]
04-2.서울여대

ven(=sale)+al → 관직을 사고 팔 수 있는
a. 1. 매수할 수 있는, 부패한(=bribable, corruptible)
　2. 돈에 좌우되는, 타산적인
　• a venal police officer 부패한 경관
ⓝ venality 매수되기 쉬움
🔵 venial[víːniəl] (과실·죄 따위가) 가벼운, 용서할 수 있는
　vinyl[váinl] 비닐; 비닐로 만든
🔵 bribe 뇌물; 매수하다　bribable 매수할 수 있는

2286 trade
[treid]
04-2.서울여대

trade → 프로야구 선수를 사고파는 것
n. 1. 거래, 장사; 무역
　2. 사업; ~업, ~업계
　3. 직업, 일
v. 1. 장사하다, 거래하다, 교환하다
　2. (나쁘게) 이용하다, 악용하다[on]
13.서울시7급
　•trade on ~을 이용하다

2287 merchandise
[máːrtʃəndàiz]
04-2.서울여대

merc(=trade)+handise → 사고 파는 물건
n. (집합적) 상품, 제품; 재고품
v. (상품을) 광고 선전하다; 매매하다
　• buy a merchandise 상품을 구매하다
ⓝ merchant 상인, 소매상인; 상업용의
🔵 mercantile[máːrkəntìːl] 상업의, 무역의; 돈만 바라는

2288 merciful
[máːrsifəl]
91.연세대학원
03-2.고려대
02.입법고시
10.성신여대/08.명지대
02.중앙대/85.행자부9급

merc(=gift)+i+ful → 선물을 많이 하사하는
a. 자비로운(=lenient); 다행인
　• You're very merciful. 당신은 정말 자비롭군요.
ⓝ mercy 자비; 사면
ⓐⓓ mercifully 인정 많게(=leniently), 다행히도
🔵 merciless 무자비한, 인정사정없는(=ruthless, pitiless)

- **vend**ible 팔 수 있는, 팔리는; (pl.) 팔리는 물건
- **vend**ition 판매, 매각
□ **vend**er/**vend**or 행상인; 매각인; 자동판매기
　↔ **vend**ee 매수인, 사는 사람
□ **vend**ing machine 자동판매기
　혼동어근　ven(=come) ▣ R037

어근 **merc**(=trade, gift)

추가 어휘

□ **merc**enary 돈을 위한; 용병
□ com**merc**ial 상업의, 상업에 종사하는, 영리적인;
　　　　　　　　　광고방송(흔히 cm송)
- com**merc**ial law 상법
- com**merc**ially 상업적으로
- com**merc**ialization 상업화

2291 trust
[trʌst]
06.고려대
05.서강대

신용 → 위탁, 보관
n. 1. 신임(=belief), 신용
　2. 위탁, 보관, 신탁; 기업 합동
v. 신용하다, 맡기다, 위탁하다
ⓝ trustee 피(被)신탁인, 수탁자, 보관인; 신탁통치국
ⓐ trustworthy 신뢰[신용]할 수 있는(=reliable)
　↔ untrustworthy 신뢰할 수 없는, 믿을 수 없는
ⓥ entrust 맡기다, 위임[위탁]하다
🔵 distrust 믿지 않다; 의심하다; 불신(=misgivings)
- distrustful 의심이 많은
　mistrust 신용하지 않다; 불신, 의혹　mistrustful 미심쩍어 하는
　antitrust 독점 금지의, 트러스트 반대의

2292 credit
[krédit]
08.서울교행9급/05.광운대
95.세종대
14.동덕여대

cred(=trust)+it → 믿고 빌려 주는 것
n. 1. 신용, 신용도, 신용거래, 융자
　2. 칭찬, 인정; (영화 끝나고 참여자 명단을 소개하는) 크레디트
　3. (이수) 학점
vt. 믿다, 신용하다, 신뢰하다
　• use credit cards 신용카드를 사용하다
ⓐ creditable 신용할 수 있는; 훌륭한, 칭찬할 만한(=laudable)
ⓝ creditor 채권자 (↔ debtor 채무자)
🔵 on credit 외상으로, 신용 대부로　take credit for ~의 공을 차지하다

---

tip 신용카드(credit card)는 경제적으로 믿을 수 있는 사람에게 카드사가 외상으로 물건을 살 수 있게 하는 금융 시스템입니다. 어근 cred는 "믿다, 신용하다(believe)"의 의미입니다.

어근 **cred**/**cre**(=believe, trust)

추가 어휘

□ ac**cred**it 1. (~한 것으로) 간주하다; 파견하다;
　　　　　　(자격·신용 따위를) 승인하다
- ac**cred**itation 학교·병원 등이 증명서 등으로 인정함
□ mis**cre**ant 악한, 범법자; 이단자
□ re**cre**ant[rékriənt] 겁쟁이, 변절자; 배신하는

표제어 복습

□ in**cred**ible 놀라운, 훌륭한, 믿어지지 않는 ▣ N0719
　↔ **cred**ible 신용할 수 있는, 확실한
- **cred**ibility 진실성; 확실성
□ **cred**itable 칭찬할 만한, 훌륭한
□ **cred**ulous (남의 말을) 잘 믿는, 잘 속는 ▣ N0578
- **cred**ulity 경신, 믿기 쉬움
　↔ in**cred**ulous 의심 많은, 쉽사리 믿지 않는

2293 credence
[krí:dəns]
12.이화여대

cred(=trust)+ence → 믿을 수 있음

n. 신용, 신임, 신빙성
- credence to the theory 그 이론의 신빙성

ⓐ **credential** 신임의; 자격인정의; (pl.) 신임장; 보증서

2294 discredit
[diskrédit]
14.법원직/09.고려대

dis(=not)+cred(=trust)+it → 믿음이 없음

n. 불신(=disbelief); 불명예, 망신
vt. 믿지 않다, 불신하다; 신용을 떨어뜨리다
- discredit the politicians 정치인들의 신용을 떨어뜨리다

ⓐ **discreditable** 신용을 떨어뜨리는, 불명예스러운

2295 creed
[kri:d]
12.경희대
11.서강대

creed(=trust) → 믿음

n. 신조, 신념; 사도신경
- irrespective of religious creed 종교적 신념에 상관없이

🅂 **credo**[kri:dou] 신조; 사도신경

2296 fidelity
[fidéləti]
17.가천대/07.전남9급
91.연세대학원
02-2.고려대

fid(=trust)+el+ity → (상대방에) 믿음을 주는 것

n. 1. 충실, 충성(=faithfulness, allegiance); (부부간의) 정절
2. 정밀, 정확
- Hi-Fi (high fidelity: 원음재생이 충실한)
- fidelity to the Queen 여왕을 향한 충성

🅐 **infidelity** 배신(행위), 간통; 무신앙
- **infidel** 이교도, 무신론자 •in(=not)

🅂 **fealty** 충성, 성실, 신의

2297 unfaithful
[ʌnféiθfəl]
09.고려대

un(=not)+faith(=trust)+ful → 믿음을 주지 않는

a. 1. 불성실한; (배우자가) 부정한
2. (번역 등이) 부정확한
- an unfaithful spouse 불성실한[바람난] 배우자

🅐 **faithful** 충실한, 정숙한; (원본에) 충실한
- **faithfully** 충실히, 정확하게(=to the letter), 단단히

🅐 **faith** 1. 신뢰, 신용, 믿음
2. 신념(belief), 확신
3. 신앙, 신앙심
- keep the faith 〈구어〉 신념을 끝까지 지키다; 정신차려라

어근 fid/fi/fy/feder/feal(=trust)

추가 어휘

☐ **fi**ance 약혼자 (남자)
↔ **fi**ancee[fiːɑːnséi] 약혼녀
☐ **affid**avit[æfidéivit] (법률) 선서서
☐ con**feder**ate 동맹국, 공모자; 연합한
- con**feder**acy (국가, 정당간의) 연합, 동맹
☐ **feder**al 연방제의, 연방정부의
- **feder**ation 연합, 연맹, 동맹
☐ dif**fid**ent 자신 없는, 숫기 없는, 수줍은
- dif**fid**ence 자신이 없음, 수줍음
☐ **fid**uciary 피신탁자(타인의 재산을 대신 관리해주는 사람)
- **fid**ucial 기준의; 신탁의; 신앙에 바탕을 둔

표제어 복습

☐ per**fid**y 배반, 배신행위 ⬛ N0851
- per**fid**ious 배반의, 믿을 수 없는
☐ con**fid**ence 신뢰, 자신감, 비밀 ⬛ N0577
- con**fid**ent 확신하는; 막역한 벗
- con**fid**e (비밀을) 털어놓다, 맡기다
- self-con**fid**ence 자신, 자신 과잉
☐ con**fid**ential 기밀의; 비밀을 터놓는 ⬛ D0577
☐ bona **fid**e 진실된, 진짜의; 선의의; 성실한 ⬛ N0721
☐ de**fi**ant 반항적인, 시비조의, 도전적인 ⬛ N0181
- de**fy** 무시하다, 얕보다; 공공연히 반항하다
- de**fi**ance 도전, 반항; (명령·관습 등의) 무시
- de**fi**antly 시비조로, 대담하게

[어근] fault/fall/fals(=fail, err, deceive) & culp(=fault) & mend(=fault) & ver(=true) & scrut/scrup(=examine)

2301 faulty
[fɔ́:lti]
02.사법시험
04.세종대
88.법원직/입사
14.국가직9급

fault(=fail, deceive)+y → 일이 실패한

a. 1. 결점이 있는, 불완전한; 부적절한(=defective)
2. 비난할 만한

ⓝ **fault** 결점, 단점, 결함, 흠; 잘못, 과오; 비난하다

🅑 **find fault with** 흠을 찾아내다, 비난하다(=criticize)
to a fault 지나치게, 극단적으로(=too much, excessively)

🅐 **faultless** 결점[과실] 없는(=unerring); 완전무결한

2302 falsify
[fɔ́:lsəfài]
14.서울시7급

false(=deceive)+i+fy → 허위로 만들다

vt. (문서 등을) 위조[조작]하다
- falsify the report 보고서를 위조하다

ⓝ **falsification** 위조, 변조

🅐 **false** 틀린, 사실이 아닌, 잘못된; 위조된
- **falsity** 허위, 거짓
falsehood 허위; 틀린 생각; 거짓말
falsetto 가성의; 가성, 가성가수

2303 mendacity
[mendǽsəti]
12.가톨릭대/05-2.세종대
08.중앙대

mend(=fault)+acity → 거짓을 말하는 것

n. (pl.) 허위, 거짓말(=falsehood); 거짓말하는 버릇
- the government of mendacity 거짓말하는 정부

ⓐ **mendacious** 허위의, 거짓의; 거짓말하는

🅑 **white lie** 악의가 없는 가벼운 거짓말(=fib) ⊃ TO947

---

tip 서울대 모토인 "Veritas Lux Mea(진리는 나의 빛)"에서 보듯이 어근 ver은 "진리, 진실"의 의미입니다.

어근 fault/fall/fals(=fail, err, deceive)

표제어 복습

☐ **fall**acious 허위의; 믿을 수 없는 ⬛ N0127
- **fall**ible 오류에 빠지기 쉬운; 정확하지 않은
- **fall**ibility 오류를 범하기 쉬움
↔ in**fall**ible 절대 오류가 없는, 절대 확실한
- in**fall**ibility 무과실성; 절대 확실
☐ **flaw** 흠, 금; 결점, 불비한 점 ⬛ N0994
- **flaw**less 흠 없는; 완전한, 완벽한

어근 ver(=true)

표제어 복습

☐ **ver**ify 증명하다, (진실인지) 확인하다 ⬛ N0723
- **ver**ifiable 확인할 수 있는, 실증할 수 있는
- **ver**ification 증명, 입증; 증거, 근거
- **ver**ifier 입증자, 검증기
☐ **ver**dict (배심원의) 평결; 판정 ⬛ N0724

어근 culp(=fault)

추가 어휘

☐ **culp**a 과실, 과오; 죄
cf. mea **culp**a 나의 잘못으로; (pl.) 나의 실수
☐ in**culp**ate 죄를 씌우다
☐ ex**culp**ate 무죄를 입증하다

2304 amend
[əménd]
07.건국대/02.행자부7급

a(ab=away)+mend(=fault) → 잘못된 것을 없애다

vt.(법률을) 수정하다(=change, revise); (행실을) 고치다
- amend the Constitution 헌법을 개정하다

ⓝ amendment 개정, 수정, 개선
ⓐ amendable 수정할 수 있는, 수정의 여지가 있는
  amendatory 회개시키는
🔁 amends[əméndz] 변상, 보상
- make amends for 배상하다, 보상하다
🔁 emend[iménd] (문서를) 교정하다, 수정하다
  - emendation 교정, 수정
  mend 수리하다, 수선하다, 고치다; 수선
13.한국외대
  - mending (옷 등의) 수선

2305 veracious
[vəréiʃəs]
06.동국대

ver(=true)+ac+ious → 진실만을 말하는

a. 1. (사람이) 진실을 말하는, 정직한
  2. (보고 등이) 정확한, 진실한
- a veracious witness 진실한 증인
- question the veracity of the evidence 증거의 진실성을 의심하다
ⓝ veracity 진실성, 정직; 진실
  verity[vérəti] 진실성, 실재하는 것
ⓐ veritable 진실의, 틀림없는, 참된

- ☐ culprit 범인, 범죄용의자, 형사피고인 ➡ N0308
- ☐ culpable 유죄의, 비난할 만한 ➡ N0862
  - **- culp**ability 유죄
  - **- culp**ably 괘씸하게
  - ↔ in**culp**able 죄 없는, 결백한

접두어 pseudo(=false)

추가 어휘
- ☐ pseudologist 거짓말쟁이
- ☐ pseudologia fantastica 공상허언증
- ☐ pseudomorph 위형(僞形)
- ☐ pseud 많이 아는 체하는 사람
- ☐ pseudo 허위의, 모조의; 협잡꾼
- ☐ pséudograph 위조문서

표제어 복습
- ☐ pseudonym 필명, 아호, 가짜 이름 ➡ N0720

어근 scrut/scrup(=examine)

표제어 복습
- ☐ scrutinize 세밀히 조사하다 ➡ N0019
  - **- scrut**iny 정밀한 조사[검사]; 감시, 감독
  - **- scrut**ator 검사자
  - **- scrut**ineer 투표검사인
- ☐ inscrutable 헤아릴 수 없는 ➡ N0872
  - **- in**scrutability 헤아릴 수 없음, 불가사의
- ☐ scrupulous 꼼꼼한; 양심적인 ➡ N0028
  - ↔ un**scrup**ulous 비도덕적인, 비양심적인

R231   [어근] equ(=equal, same) & simul/simil(=same, equal) & imit/mim(=copy)

2311 equilibrium
[ìːkwəlíbriəm]
17.한양대/14.국민대
03.고려대,경기대

equ(=equal)+libr(=balance)+ium → 균형이 같이 된 상태

n. 1. (마음의) 평정, 안정(=equanimity)
  2. 평형(상태), 균형(=a state of balance, stability)
- recover equilibrium 평정을 되찾다
- an equilibrium in the economy 경제적 균형
- in unstable equilibrium 불안정한 균형 상태에서

2312 iniquity
[iníkwəti]
97.경기대
13.중앙대

in(=not)+equ(=equal)+ity → 공평하지 못한 것

n. 부당성, 부당한 것(=knavery), 죄악
- a den of iniquity 죄악의 소굴
ⓐ iniquitous 대단히 부당한; 사악한(=nefarious)
🔁 inequity 불공평, 불공정

2313 egalitarian
[igælətéəriən]
14.이화여대/12.숙명여대

egal(equal+itari+an → 똑같게 하자는 사람

a. 평등주의(자)의
n. 평등주의자
- egalitarian education 평등교육

2314 equator
[ikwéitər]
13.숙명여대

equ(=equal)+at+or → 남극과 북극까지의 거리가 같은 지점을 이은 선

n. (지구의) 적도
- The Equator is an imaginary line around the Earth forming the great circle that is equidistant from the north and south poles. 적도는 북극과 남극으로부터 같은 거리상에 만든 지구의 둘레를 도는 가상의 선이다.
ⓐ equatorial 적도의
13.산업기술대
🔁 equidistant 등거리의, 같은 거리의(=equally apart in space)
- equidistant diplomacy 등거리 외교

---

tip 평등(equality)이란 서로 같다는 것을 의미하듯 어근 equ는 "같은, 동등한"의 의미를 갖는 어근입니다.

어근 equ(=equal, same)

추가 어휘
- ☐ equate 동등시하다; 평균화하다
  - **- equ**ation 방정식, 등식
- ☐ equinox 춘분, 추분 ↔ solstice (하지, 동지)
  - **- equi**noctial 주야 평분시의
- ☐ equilateral 등변의; 등변

표제어 복습
- ☐ equal ~와 같다; ~에 필적하다; 동등한 ➡ N0424
  - **- equ**alize 같게 하다
  - **- equ**ality 평등, 동등, 균등
  - ↔ in**equ**ality 불평등, 부적당 ·in(=not)
  - **- equ**alitarian 평등주의의; 평등주의자
- ☐ equitable 공평[공정]한; 정당한 ➡ N0549
  - **- equi**ty 공평, 공정; 형평법
  - ↔ in**equi**ty 불공평, 불공정 ·in(=not)
  - **- in**equitable 불공평한, 불공정한
- ☐ equable 균등한; 침착한, 온화한 ➡ D0549
- ☐ equanimity 평정; 침착, 태연 ➡ N0933
- ☐ equivocal 두 가지 뜻으로 해석되는 ➡ N007
- ☐ equivalent 동등한, 맞먹는, 동의어 ➡ N0235
  - **- equi**valence 같음, 등가
- ☐ adequate 충분한[적절한] ➡ N0234
  - **- ad**equacy 적절, 타당성
  - **- in**adequate 부적당한, 부적절한

2315 simulate
[símjulèit]
91.연세대학원

simul(=same)+ate → 비슷하게 만들다
vt. ~한 체 하다, 흉내 내다(=imitate); 모의실험을 하다
- simulate illness 아픈 체 하다
ⓝ **simulation** 가장, 위장; 흉내; 모의실험
  simulator (실험을 위한) 모의장치, 시뮬레이터
🔲 **dissimulate** 숨기다, 가장하다

2316 verisimilitude*
[vèrəsimílətjùːd]
17.단국대

veri(=true)+simil(=same)+itude → 비슷하게 만들다
n. 신빙성(=authenticity); 사실성, 그럴듯함
ⓐ **verisimilar** 정말인 듯한, 그럴듯한

2317 simian
[símiən]
08.삼육대

simi(=same)+an → 인간 비슷한 것
n. 유인원(類人猿), 원숭이(의)
- his simian features 그의 원숭이 같은 생김새
ⓝ **simulacrum** (사람과) 비슷하게 만든 것; 환영
🔲 **ape** 유인원(類人猿), 꼬리 없는 원숭이; 〈속〉 흑인; 흉내내다
- go ape 〈속어〉 미치다; 열중하다
  monkey 꼬리 있는 원숭이; 〈속〉 중국인; 흉내내다
  Primates 영장류 • 꼬리있는 원숭이류+꼬리없는 원숭이류+사람을 포함하는 포유류

2318 mimic
[mímik]
04.서강대

08.숭실대

mim(=copy)+ic → 남을 따라 하는
vt. 흉내 내다, 모방하다(=emulate)
n. 흉내쟁이
a. 흉내를 (잘) 내는; 모방의
- mimic his voice 그의 목소리를 흉내내다
ⓝ **mimesis** 모방, 모사; 의태(=imitation)
🔲 **mime** 흉내, 무언극 **pantomime** 무언극, 동화극; 몸짓

어근 simul/simil(=same, equal)

표제어 복습
- ☐ **simul**taneously 동시에; 일제히 ◪ N0311
  - **simul**taneous 동시에 일어나는, 동시의
  - **simul**taneity 동시발생, 동시성
- ☐ **simil**ar (똑같지는 않지만) 유사한 ◪ N0425
  - **simil**arity 유사성, 비슷함
  - **simil**itude 유사, 닮은 것; 비유
  - ↔ dis**simil**ar ~와 비슷하지 않은, 다른
- ☐ e**mul**ate 모방하다, 경쟁하다 ◪ N0201
  - e**mul**ation 경쟁, 겨룸, 대항
- ☐ as**simil**ate 동화되다, 흡수하다, 소화되다 ◪ N0703
  - as**simil**ation 동화, 동화 작용; 융합
  - ↔ dis**simil**ation 이화(異化) (작용)

어근 imit/mim(=copy)

표제어 복습
- ☐ **imit**ate 모방하다, 흉내 내다 ◪ N0270
  - **imit**ation 모방, 흉내; 모조품
  - **imit**able 모방할 수 있는, 본받을 만한
  - ↔ in**imit**able 흉내 낼 수 없는, 독특한

어근 iso(=same)

추가 어휘
- ☐ **iso**tope 동위 원소
- ☐ **iso**bar (기상) 등압선
- ☐ **iso**sceles 2등변의

R 232 [어근] par/per/pair/peer(=equal, arrange, produce, appear)

2321 arrange
[əréindʒ]

ar〈ad(=to)+range(=set in order) → 질서 있게 배치하다
vt. 1. 마련하다, 준비하다, (계획·약속을 미리) 조정하다(=set up)
2. 처리하다, 해결하다
3. 정리하다, 배열하다
- arrange a meeting 만날 약속을 정하다
ⓝ **arrangement** 정돈, 조정, 배열

2322 disarray
[dìsəréi]
14.명지대

dis(=not)+array(=put in order) → 질서 있게 배치하지 못함
n. 혼란, 난잡; (복장 등이) 단정치 못함
- in disarray 혼란에 빠진, 어지러운(=messy)
- The nation is in disarray following rioting led by the military.
  군부 쿠데타로 인해 나라는 혼란에 휩싸였다.
🔲 **array** 정렬시키다, 배열하다; 정렬; 의상

2323 reparation
[rèpəréiʃən]
16,10.단국대
04-2.단국대

86.행정고시

re(=again)+par(=equal)+ation → (손해를 배상하여) 다시 공평하게 만드는 것
n. (손해에 대한) 배상(=quittance), (패전국이 지불하는) 배상금
- demand reparation for 손해배상을 요구하다
ⓥ **repair** 수선하다, 교정하다; 보상하다
ⓐ **reparative** 수선의, 회복의; 배상의
  reparable 수선할 수 있는, 보상할 수 있는
🔲 **irreparable** 고칠 수 없는, 치료할 수 없는(=irretrievable)
  disrepair 파손됨, 관리가 안 됨
- fall into disrepair 망가지다

2324 peer
[píər]
15.국회8급/01-2.인천대

01-2.고려대

peer(=equal) → 나이가 같은 사람
n. 1. (나이 등이) 동등한 사람; 또래(=friend at same age)
2. (영국의) 귀족 ↔ peeress 귀족부인
ⓝ **compeer** 같은 또래, 동료
v. 1. (~에) 필적하다, 대등하다
2. 응시하다, 자세히 들여다 보다
🔲 **peerless** 비할 데 없는(=unique)

어근 par/pair/peer(=equal)

표제어 복습
- ☐ im**pair** (가치·힘·건강을) 약화시키다 ◪ N0172
  - im**pair**ment 감소, 손상
  - **pair** 짝, 한 쌍, 한 벌, 커플
- ☐ dis**par**ity 서로 다름, 상이; 불균형, 불일치 ◪ N0058
  - dis**par**ate (본질적으로) 다른
  - **par**ity 동가, 동질, 동액, 동량; 일치, 균형
  - **par** 동등; 동가; 평균, 표준; (골프) 기준 타수
- ☐ com**par**ison 비교, 대조; 유사, 필적 ◪ N0348
  - com**par**e 비교하다[with]; 비유하다
  - com**par**ative 비교의; 상대적인; 상당한
  - com**par**able 비교할 수 있는, ~에 필적하는
- ☐ **par**allel 평행한; 아주 유사한; 평행선, 유사점 ◪ N0915
  - un**par**alleled 비할 바 없는, 미증유의

어근 par(=arrange, produce)

추가 어휘
- ☐ ap**par**atus[æpərǽtəs] (한 벌의) 장치, 기계; 기관
- ☐ **par**e[pεər] (과일 따위의) 껍질을 벗기다
- ☐ se**par**able 분리할 수 있는
  - se**par**ate 분리하다, 갈라지다, 해산하다; 별개의
  - se**par**ation 분리, 격리, 이별
- ☐ pre**par**e 준비하다, 채비시키다, 조제하다
  - pre**par**ation 준비, 예습, 숙제
  - pre**par**atory 준비의, 예비의, 서론의

표제어 복습
- ☐ ap**par**el (판매용) 옷, (집합적) 의류 ◪ N0991

2325 disparage
[dispǽridʒ]
03.경기대

dis(=not)+par(=equal)+age → 같은 사람으로 보지 않고 깔아보다

vt. 얕보다, 깔보다(=decry), 경시하다(=belittle)
• a disparaging remark about her appearance
  그녀의 외모에 대한 모욕적인 말
ⓝ disparagement 경멸, 얕봄; 비난; 불명예
ⓐ disparaging 얕보는; 험담하는, 비난하는(=negative)

어근 par/pear(=appear)

추가 어휘
☐ ap**par**ition[æpəríʃə] 유령, 귀신

2326 appearance
[əpíərəns]
16.국민대/01.서울여대
96.단국대

ap⟨ad(=to, near)+pear(=appear)+ance → 가까이로 나타난 것

n. 1. 출현(=emergence, advent)
  2. 외관, 용모, 체면
• make a personal appearance 직접 출연하다
• a fashionable appearance 멋진 외관
ⓥ appear 나타나다, 도착하다, 출연하다; ~으로 보이다

02.법원직/ 97.총신대
10.경북교행/ 08.성균관대

▣ disappearance 사라짐, 소멸(=demise, extinction)
  - disappear 사라지다, 멸종하다(=vanish, evaporate, dissipate)

2327 apparent
[əpǽrənt]
13.광운대/92.용인대

ap⟨ad(=near)+par(=appear)+ent → 비슷하게 보이는

a. 1. 뚜렷이 보이는, 명백한[to](=evident, obvious)
  2. 외견상의, 겉보기에는; 그럴듯한
• It is quite apparent to everybody. 그것은 누구에게나 아주 명백하다.
• an apparent reason 표면상 이유

99-2.세종대
ⓐⓓ apparently 외관상으로, 겉으로 보기에(=seemingly); 명백히

2328 transparent
[trænspέərənt]
09.서강대,한양대

trance(=through)+par(=appear)+ent → 통과해서 보이는

a. 투명한(↔opaque), 비치는; 명백한
• transparent glass 투명한 유리

15.국민대
ⓝ transparency 투명, 투명도

R233

[어근] semble(=appear, same) & prox/prop(=near) & vic(=neighbor)

2331 assemble
[əsémbl]
17.한양대/14.국민대

as(ad(=to)+semble(=appear) → 나타나게 하다

vt. 1. 모으다, 소집하다(=congregate, round up)
  2. 조립하다
vi. 모이다(=turn out); 회합하다
• assemble a committee 위원회를 소집하다
• the assembled crowd 모인 군중
ⓝ assembler 조립공
  assembly 집합, 회합
  cf. Assembly ⟨미⟩ 주 의회의 하원
▣ disassemble[disəsémbl] 해체하다, 분해하다
▣ dissemble[disémbl] (성격·감정 등을) 감추다, 숨기다, 위장하다
  - dissembler 위선자(=hypocrite)
  ensemble 앙상블, 합주단

어근 semble(=appear, same)

표제어 복습
☐ re**sembl**ance 닮음; 유사성, 공통점 ☑ N0977
  - re**semble** ~을 닮다, ~와 공통점이 있다

2332 semblance
[sémbləns]
16.국민대

semble(=appear, same)+ance → 겉으로 보이는 모습 or 같아 보임

n. 1. 외관, 겉모습(=appearance)
  2. 유사(함)
• a semblance of normal life 정상적인 생활의 외관

2333 approximate
[əpráksəmət]
13.동덕여대/03.세종대

ap⟨ad(=to)+prox(=near)+im+ate → 정답에 가까운

a. 거의 정확한, 근사치인, 근접한
v. 비슷하다, ~에 가깝다
• approximate values 근삿값

08.서강대/07.경북교행
ⓐⓓ approximately 대략(=on the average, roughly); 거의(=nearly)
11.국가직7급
ⓝ approximation 근사치, ~에 비슷한 것[to]

2334 propinquity
[proupíŋkwəti]
07.광주9급

prop(=near)+inqu+ity → 가까움

n. (장소·시간적으로) 가까움[근접]; 유사
• propinquity to neighbouring countries 이웃한 나라들과 근접성

2335 vicinity
[visínəti]
07.국회8급/03.가톨릭대
99.단국대

vic(=neighbor)+in+ity → 이웃에 있는 것

n. 근처, 부근(=neighborhood); 인접; 주변(=surroundings)
• the hospital in the immediate vicinity 아주 가까이에 있는 병원
ⓐ vicinal 부근의, 인접의
ⓝ vicinage 근처, 부근; 근접함
🔄 neighborhood 근처, 인근, 근접; 이웃 사람들 ⊃ SO873
 - **neighbor** 이웃(사람) 이웃하다
 - **neighboring** 이웃의, 이웃한

R234   [어근] ne/no/neg/nug/null(=not, deny) & nihil(=zero)

2341 neutralize
[njúːtrəlàiz]
98.한국외대
12.서강대

ne(=not)+utr+al+ize → 아무것도 아니게 하다

vt.1. (노력을) 무효화시키다; (장치를) 무력화하다(=nullify)
 2. (적군을) 제압하다; (화학약품을) 중화시키다
 3. 중립국[중립지대]으로 만들다
• neutralize the alarm system 경보 시스템을 무력화하다
ⓐ neutral 중립의, 누구의 편도 들지 않는
ⓝ neutralization 중립화, 무효화
 neutrality 중립 상태

2342 deny
[dinái]
91.행자부7급

de(강조)+n(ne(=not)+y → 아니라고 하다

vt.1. (어떤 내용·책임을) 부인[부정]하다
 2. (타인의 요청을) 거부하다(=challenge)
 3. (도덕적·종교적 이유로) (~을) 자제하다[oneself]
• deny the rumor 소문을 부인하다
• deny access to the information 정보에 대한 접근을 거부하다
ⓝ denial 부정, 부인; 거부; 절제

2343 annul
[ənʌ́l]
05.경기대

an(ad(=to)+null(=not) → 아무것도 아닌 것으로 하다

vt.무효로 하다, 폐기하다(=nullify)
• annul all previous agreements 이전의 모든 합의를 파기하다
ⓝ annulment 취소, 폐지, 무효선언

2344 negative
[négətiv]
15.지방직9급/13.국가직7급
07.고려대

neg(=deny)+ative → 반대하는

a. 부정적인, 반대의; 소극적인, 비관적인; 음(陰)의
n. 부정어; 거부, 거절; 부정적 측면; 결점; 음수
vt.거부하다, 부정하다; 반증하다
• cast a negative vote 반대에 표를 던지다
• a negative effect 부정적인 영향
• a negative attitude 부정적[소극적인] 태도
• abjure negative attacks 네거티브 공세를 포기하다
🔄 positive 긍정적인, 적극적인; 확신하는; 양(陽)의

2345 negation
[nigéiʃən]

neg(=not, deny)+ation → 아니라고 하는 것

n. 1. 부정, 부인; 거절
 2. 정반대; 반대의 진술, 반론(=denial)
 3. 무(無), 결여, 비존재
• a complete negation of democracy 민주주의에 대한 완전한 부정
ⓥ negate (사실을) 부인[부정]하다; 취소하다(=nullify)
ⓐ nugatory 쓸모없는, 무가치한, 무효의

2346 abnegate
[ǽbnigèit]
11.고려대

ab(=away)+neg(=not, deny)+ate → 거부하고 버리다

vt.1. (쾌락을) 끊다, 자제하다(=abstain)
 2. (권리·책임 등을) 버리다(=abandon)
• abnegate their responsibility 그들의 책임을 저버리다
ⓝ abnegation 거절; 기권; 자제(=self-denial), 극기

어근 ne/no/neg/nug/null(=not, deny)

추가 어휘
☐ **naug**ht/**no**ught 영, 무(無)
☐ **ne**science 무지
☐ **ne**utron 중성자, 뉴트론
☐ re**neg**ade 탈당자, 변절자, 배신자; 배신하다
☐ re**neg**e[riníːg] 약속을 어기다, 취소하다[on]

표제어 복습
☐ **null**ify (법적으로) 무효화하다 ◪ N0944
 - **null** 무효의; 무익한; 하나도 없는; 영, 제로
 - **null**ification 무효, 파기, 취소
☐ **ne**farious 비도덕적인, 사악한; 범죄의 ◪ R0894
☐ **neg**ligible 무시해도 좋은; 하찮은 ◪ N0024
 - **neg**lect 게을리 하다, 소홀히 하다; 간과하다
 - **neg**lectful 소홀히 하는, 부주의한; 태만한
 - **neg**ligent 태만한, 부주의한
 - **neg**ligence 태만, 부주의; 무관심

2347 negotiate
[nigóuʃièit]

neg(=not)+oti(=ease)+ate → (밀고 당기느라) 편히 있지 않다

v. 1. 협상하다, 교섭하다; (거래를) 성사시키다, 타결하다
2. (어음 등을) 양도하다
3. (업무를) 처리하다; (위험구간을) 잘 통과하다
- do not negotiate with terrorists 테러리스트와 협상하지 않다
- negotiate a deal 거래를 성사시키다

16.국민대 ⓝ **negotiation** 협상, 교섭
17.한성대 **negotiator** 협상가, 교섭자
ⓐ **negotiable** 교섭할 수 있는; 어음이 양도할 수 있는

2348 annihilate
[ənáiəlèit]

an⟨ad(=near)+nihil(=zero)+ate → 0에 가깝게 하다

12.서강대 **vt.**전멸시키다(=decimate); (상대를) 완파하다
- annihilate the enemy soldiers 적의 병사들을 전멸시키다
- annihilated by an atomic bomb 핵무기에 초토화된
ⓝ **annihilation** 전멸, 소멸
🔲 **nihilism**[náihəlizm] 허무주의, 무정부주의
- **nihilist** 무정부주의자

R 235 [어근] min(=small) & minim(=smallest) ↔ maj(=great) & max(=largest)

2351 mince
[míns]

min(=small)+ce → (잘라서) 작게 만들다

08.경희대 **vt.**1. (고기 등을) 작게 썰다, 다지다
2. 조심스레[완곡하게] 말[행동]하다
- not mince (one') words 꾸밈없이 솔직히 말하다

n. 다진 고기
ⓐ **mincing** 점잔 빼며 말하는, 점잔 빼며 걷는
🔲 **chop** 절단하다; 잘게 썰다
cf. mince는 chop 보다 더욱 잘게 다지는 경우
- This food processor mixes, chops, slices, shreds, kneads dough and more! 이 음식가공기는 섞어주고, 다져주고, 잘라주고, 잘게 썰어주고, 반죽해주고 또 있습니다.
🔲 **wince** (~에) 움츠러들다, 질겁하다, 꽁무니를 빼다[at] ➡ T1362

2352 ministerial
[minəstíəriəl]
07.국가직7급

min(=small)+ister+ial → (장관들이) 일을 쪼개서 하는

a. 1. 이바지하는, 수단이 되는[to](=instrumental)
2. 장관[각료]의, 행정부의; 성직자의(=clerical)
- ministerial-level meeting 장관급 회담

02.한국외대 ⓥ **minister** 봉사하다; 도움이 되다, 기여하다[to](=serve)

n. 성직자, 목사; 장관 ⟨미⟩ secretary)
ⓝ **ministry**[mínəstri] (정부의) 부; 내각; 장관의 직
ministration 목사의 직무; 목회; 봉사

2353 administer
[ædmínistər]
09.동국대/07.인천9급
99.세무사

ad(=to)+min(=small)+ister → 세부적인 일을 하다

vt.1. (회사·조직·국가 등을) 관리[운영]하다; 집행하다
2. (약을) 투약하다
- administer the project 그 사업을 관리하다
- administer the server 서버를 관리하다
- administer a charity 자선단체를 운영하다
ⓐ **administrative** 관리의, 경영의, 행정의
ⓝ **administration** 경영, 관리; 통치, 행정; 관리자; (대문자로) 정부
administrator 관리자, 이사; 행정관

2354 mite
[máit]
01.경기대

mit(=small)+e → 자그마한 것

n. 1. 약간, 조금; 어린 것(가엾게 여겨지는 아이·동물)
2. 진드기, 치즈벌레
- She's a mite shy. 그녀는 조금 수줍음을 탄다.

어근 min(=small)

추가 어휘
🔲 **min**or 미성년자, 부전공; 중요하지 않은
- **min**ority 소수파, 소수당; 소수민족
🔲 **min**iature 모형, 축소형; 세밀화법; 소형의
🔲 **min**now[mínou] 잔챙이, 잡어; 하찮은 사람
🔲 **min**ion[mínjən] 부하, 추종자; 말괄량이
🔲 **min**ikin 작은 것, 미물, 난쟁이

표제어 복습
🔲 **min**ute 아주 적은; 사소한; 의사록; 잠깐, 분 🔳 N0521
- **min**uteness 미세, 상세
- **min**utia 자세한 점; 상세; 사소한 일
- **min**uscule 대단히 작은; (인쇄) 소문자
↔ **maj**uscule 대문자
🔲 **dim**inish 줄다, 감소하다; 줄이다 🔳 N0354
- **dim**inutive 작은, 소형의; 지소의

어근 minim(=smallest) & max(=largest)

추가 어휘
🔲 **minim**al 최소의, 최소한도의
🔲 **minim**um 최소, 최저한도
↔ **max**imum 최대한
🔲 **minim**ize 최소로 하다
↔ **max**imize 최대로 하다

어근 maj(=great)

추가 어휘
🔲 **maj**or 큰 쪽의, 주요한; 대부분의, 과반수의; 전공의
🔲 **maj**ority 대부분, 대다수, 과반수; 다수당, 다수파
🔲 **maj**esty[mǽʒəti] 폐하; 위엄, 장엄; 주권
- **maj**estic 위엄 있는, 장엄한

2361 magnify
[mǽgnəfài]
16.경찰2차,삼명대
97.고려대학원

magn(=great)+i+fy(=make) → 크게 만들다
vt. 1. (심각성을) 과장[확대]하다(=play up, exaggerate, amplify)
　　2. (더 크게 보이거나 들리도록) 확대[증대]하다(=enlarge)
　　• magnify the role of the federal government
　　　연방정부의 역할을 확대하다
ⓝ magnification 확대, 과장
　　magnifier 확대경, 돋보기
ⓐ magnificent 장대한, 당당한; 숭고한; 훌륭한, 멋진(=splendor)
ⓝ magnificence 웅대, 장엄; 호화; 기품; (M-) 각하, 전하

2362 magnitude
[mǽgnətjùːd]
95.한국외대/93.기술고시
서울대학원

magn(=great)+i+tude → (얼마나 큰가의) 크기, 규모
n. 1. 크기, 양, 규모(=size, dimensions); 거대함
　　2. 중요함, 중대성(=importance)
　　3. (지진의) 진도
　　• the magnitude of the problem 그 문제의 중대성
　　• a 9.0 magnitude earthquake 진도 9.0의 지진

2363 grandeur
[grǽndʒər]
03.경기대

grand(=great)+eur → 그랜저의 위용
n. (건물이나 풍경의) 장엄함(=sublimity); (사람의) 위엄
　　• the grandeur of the Niagara Falls 나이아가라 폭포의 장엄함
　　• delusions of grandeur 과대 망상
ⓐ grand 웅장한, 당당한; 인상적인; 저명한; 상류 사회의
ⓐ grandiose 뽐내는, 과장한; 웅장한, 웅대한
🔁 aggrandize 크게 하다, 확대하다, 과장하다
　　- aggrandizement 증대, 강화

2364 sum
[sʌm]
14.한국외대

sum(=sum) → 합계
n. 총계, 합계; 액수; 산수(=figure)
vt. 합계하다; 요약하다[up]
　　• a large sum of money 상당한 액수의 돈
ⓝ summation 합계, 총계; 요약; (변호사의) 최종변론

2365 summary
[sʌ́məri]
16.명지대/98.경찰

summ(=sum)+ary → 여러 개를 합해 놓은 것
n. 요약(=abstract, compendium), 개요
a. 간략한, 약식의
　　• a summary of his speech 그의 연설의 요약
　　• a summary trial 약식재판
ⓐⓓ summarily 약식으로, 즉결로; 즉석에서
15.아주대/13.단국대
ⓥ summarize 요약하다(=encapsulate)

2366 consummate
[kánsəmèit | kɔ́n-]
17.단국대

con(=together)+summ(=sum)+ate → 두 남녀가 같이 합하다
a. 완성된, 완벽한(=perfect)
vt. 첫날밤을 치러 결혼을 완전하게 하다
　　• with consummate skill 완벽한 기술로
17.한양대
ⓝ consummation 성취; 완성; 첫날밤 치르기

2367 summit
[sʌ́mit]
01.강남대

summ(=highest)+it → 가장 높은 곳
n. 1. (산) 꼭대기 → 정상, 최고점; 절정, 극치
　　2. (국가의) 수뇌부; 정상 회담
　　• hold summit talks 정상 회담을 열다
　　• the summit of his career 그의 경력에 있어 절정

어근 magn(=great)
추가 어휘
☐ **magn**um 큰 술병; 매그넘 탄약통
☐ **magn**um opus 대표작, 대작
☐ **magn**etic 자석[자성]의; 마음을 끄는
☐ **magn**animous 도량이 넓은, 관대한
☐ **magn**ate 고관; 부호; 거물, 왕; 귀족
☐ **magn**iloquent 과장된; 호언장담하는

어근 mega(=great, 100)
추가 어휘
☐ **mega**bit [컴퓨터] 메가비트, 100만 비트
☐ **mega**phone 메가폰, 확성기
☐ **mega**lomania 과대망상(증)
☐ **mega**lopolis 거대도시

어근 grand(=great)
추가 어휘
☐ **grand**iloquent 과장된; 호언장담하는
☐ **grand**ee 고관, 귀인

접두어 micro(=very small) & macro(=large)
추가 어휘
☐ **micro**be 미생물
☐ **micro**organism 미생물(=bacterium)
☐ **micro**cosm 소우주, 인간 사회 🔲 R1682
　　↔ **macro**cosm 대우주, 전체; 확대 모형
☐ **micro**wave 극초단파
☐ **macro**biosis 장수
☐ **micro**economy 미시경제
　　- **micro**economics 미시 경제학
　　↔ **macro**economy 거시경제

2371 gravitate
[grǽvətèit]
06.서울여대

grav/griev(=heavy)+it+ate → 무거워서 아래로 떨어지다
vi. 인력에 끌리다, 가라앉다; ~에 끌리다[to, toward]
　　• gravitate toward each other 서로에게 끌리다
15.기상직9급
ⓝ gravity 인력, 중력; 비중
　　gravitation 만유인력, 중력
ⓐ gravitational 중력의, 인력(작용)의

어근 grav/griev(=heavy)
추가 어휘
☐ **grav**e 무덤, 묘; 종말; (상황이) 중대한, 엄숙한
☐ **grav**eyard 묘지
☐ **grav**estone 비석
　　cf. epitaph 묘비명, 비문
☐ **grav**elly 자갈의, 자갈이 든

2372 engrave
[ingréiv]
94.변리사

en(=make)+grave(=heavy) → 중요한 말을 새기다(만들다)

vt.1. (돌 등에 문자를) 새기다(=carve, incise)
  2. (마음에) 새겨두다
  • engrave an inscription on a tablet 현판에 이름을 새기다
  • engrave a memory more deeply in our minds
    기억을 우리의 마음속에 더 깊이 새기다
ⓝ engraving 판화, 판화술

2373 grief-stricken
[gríːf-stríkən]
14.경기대

grief(=heavy)+stricken → 마음을 무겁게 하는 고통에 시달리는

a. 비탄에 빠진
  • panic and grief stricken survivors 공포와 비탄에 빠진 생존자들
ⓝ grief (누구의 죽음으로 인한) 비탄, 큰 슬픔
ⓥ grieve 슬프게 하다, 슬퍼하다
ⓐ grievous 통탄할, 슬픈

표제어 복습
□ aggravate 악화시키다; 괴롭히다, 화나게 하다 ◘ N0114
  - aggravating 악화시키는
  - aggravation 악화, 심화, 화남
□ grievance 불만, 고충사항 ◘ N0806
□ aggrieved 고민하는, 고통 받은 ◘ D0806
  - aggrieve 괴롭히다, 슬프게 하다
  반의어근 lev/leiv(=raise, lift up, light) ◘ R173

R 238

[어근] car/cargo/charge(=car, burden, load) & load(=load) & burden(=load) & oner/onus(=load)

2381 discharge
[distʃáːrdʒ]
05-2.세종대/00.국민대
98.중앙대

dis(반대)+charge(=charge) → 의무를 지우다의 반대 → 면제하다

v. 1. 해고하다; 제대시키다[하다](=fire, retire); 해방[방면]하다
  2. (총을) 발포하다; 배출[배설]하다; 방전되다
  3. (공식적인 직무나 채무를) 이행하다
  4. (짐을) 내리다, (승객을) 내리다
n. 짐 부리기; 방전; 해방, 면제; 면직, 해고
  • discharge the employees without any hesitation
    주저 없이 종업원들을 해고하다
ⓝ discharger 짐 부리는 사람; 배출 장치
  dischargee (군대에서) 제대 당한 사람
🔠 charge 짐을 싣다; 의무를 지우다; 청구하다; 고발하다 ⊃ NO133

2382 load
[loud]
09.경기대

load(=load) → 짐을 싣다

vt.1. 짐을 싣다, 적재하다
  2. (총알을) 장전하다, (데이터를) 로딩하다
n. 짐, 적재량; 하중; 작업량; 부담; 부하
🔠 be loaded with ~으로 가득하다(=abound with)
🔠 overload 짐을 너무 많이 싣다; 과적
  unload 짐을 내리다
  upload 업로드하다 download 다운로드하다

2383 laden
[léidn]
07.강원9급,성균관대

lade의 과거분사

a. 잔뜩 실은, ~이 가득한[with]
  • laden with luggage 짐을 잔뜩 실은
🔠 be laden with (짐 등이) 가득 실었다; 위험이 따르다(=be fraught with)
🔠 lade 짐을 싣다[with], (책임을) 지우다

2384 burdensome
[bə́ːrdnsəm]
10.이화여대

burden(=load)+some → 짐이 많은

a. 부담스러운, 짐스러운(=onerous)
  • burdensome regulations 성가신 규제
ⓝ burden 무거운 짐; 부담(=liability)
🔠 overburden 과중한 부담을 주다
  disburden 짐을 내리다; 부담을 덜어주다

2385 onerous
[ánərəs, ón-]
16,10.이화여대/12.명지대

oner(=load)+ous → 짐이 많은

a. 성가신, 귀찮은; 부담이 따르는(=burdensome)
  • an onerous responsibility 부담이 되는 책임
ⓝ onus 부담(=burden), 의무, 책임

어근 **car/cargo/charge(=car, burden, load)**

추가 어휘
□ cargo 화물, 뱃짐; 짐을 싣다, 수송하다
□ carry 나르다, 운반하다; 전하다; 휴대하다; 지탱하다;
    거동하다, 처신하다; 새끼를 배다
□ carriage 탈것, 차; (미)유모차; 운반, 수송; 몸가짐, 거동
    cf. miscarriage (자연) 유산, 실패
□ carrier 운반인, 우편집배원((영)postman); 수송기, 운반선
□ recharge 재충전; 재충전하다 •re(=again)
□ surcharge 과도한 부담; 폭리, 할증금; 너무 많이 싣다
    •sur(=over)
□ overcharge 부당한 값을 요구하다; 너무 많이 싣다
    ↔ undercharge 정당한 가격 이하로 청구하다

표제어 복습
□ charge 의무를 지우다; 청구하다; 고발하다 ◘ N0133

어근 **oner/onus(=load, burden)**

추가 어휘
□ exonerate 무죄임을 입증하다; 면제하다 ◘ N0861

2391 clear
[kliər]
09.광운대

clear(=clear) → 맑은 → 안전한

a. 1. 밝은, 맑은, 명백한
2. 안전한; (방해 등이) 전혀 없는
vt. 1. 장애물을 제거하다
2. (법안이 의회 등을) 통과하다; (세관을) 통과하다
3. (혐의 등을) 풀다
4. (재고 등을) 처분하다
vi. 날씨가 개다; 밝아지다
• keep clear of ~을 피하고 있다, 가까이 가지 않다
Ⓝ clearance 정리, 정돈; (출입) 허가

16.국민대
ⓐⒹ clearly 분명하게(=explicitly)
🔁 unclear 불확실한, 분명하지 않은(=ambiguous, obscure)

2392 clean
[kli:n]
07.세종대

clean(=clear) → 맑은 → 깨끗한

a. 깨끗한, 깔끔한; 정확한
vt. 닦다, 청소하다
Ⓝ cleaning 청소, 세탁, 클리닝
cleaner 세제, 청소기, 청소부
ⓐⒹ cleanly 깔끔하게, 솜씨 있게, 깨끗이

13.산업기술대
🔁 keep sth clean ~을 깨끗하게 하다
🔁 cleanse 세척하다, 청결히 하다
- cleansing 깨끗이 함, 정화
clean-cut (외모 등이) 단정한; (의미가) 명확한(=sharp)

2393 clarify
[klǽrəfài]
13.지방직9급/97.세무사
96.송실대

clar(=clear)+i+fy(=make) → 분명하게 하다

vt. 1. (의견 따위를) 명백히 하다(=evince), 해명하다(=illuminate)
2. (액체 등을) 맑게 하다, 정화하다
• clarify the cause of the accident 사고 원인을 명백히 하다
Ⓝ clarity 명석, 명확; 투명, 맑음

2394 purge
[pə:rdʒ]
14.중앙대

purg(=clean)+e → 깨끗하게 만들다

vt. 1. (사람을) 제거[숙청]하다(=extirpate); (나쁜 것을) 몰아내다
2. (몸과 마음을) 깨끗이 하다; 변을 잘 통하게 하다
Ⓝ purgation 정화; 숙청
purgee 추방당한 사람
ⓐ purgatory 속죄의; 연옥, 지옥
purgative 정화하는; 설사약

2395 unexpurgated
[ʌnékspərgèitid]
99.변리사
05.경희대

un(=not)+ex(=away)+purg(=clean)+ated → 불온한 부분을 깨끗하게 하지 못한

a. (책 등이 검열에서) 삭제[수정]되지 않은(=uncensored, uncut)
• an unexpurgated version[edition] 무삭제판
🔁 expurgate (책 등의 불온한 부분을) 삭제하다(=censor, bowdlerize)
• an expurgated edition 삭제판

어근 clear/clar(=clear)

추가 어휘

☐ clarion 〈악기〉 클라리온; 밝게 울려 퍼지는

표제어 복습

☐ declare 공표하다; 신고하다; 단언하다 ▣ N0782
- declaration 선언, 발표, 포고; (세관 등의) 신고서

어근 pure(=clear)

추가 어휘

☐ pure (다른 것이 섞이지 않은) 순수한; 깨끗한; 순전한
- pure-white 순백의
↔ impure 불결한, 불순한 • im(=not)
☐ purify 깨끗이 하다, 정화[정제]하다
- purification 정화, 정제

표제어 복습

☐ puritanical 청교도적인; 금욕적인 ▣ N0847
- puritan 청교도; 도덕적으로 엄격한 사람

명사구로 공부하는 **기.출.숙.어**

Ⅰ 167

기타 명사구
명사구로 이루어진 이디엄들은 대부분 그것의 속성을 잘 이해하면 뜻을 쉽게 도출해 낼 수 있다.

16701

the nuts and bolts
99.사법시험

너트와 볼트
(사물의) 요점, 핵심부분; 어떠한 일을 하기 위한 가장 필수적이고
상세한 설명
• Napoleon gave careful attention to **the nuts and bolts** of his operation.
  나폴레옹은 그의 군사작전의 기초적인 부분에 아주 주의를 기울였다.

16702

part and parcel
01.광운대

부분과 부분이 합해져서 전체를 이룸
필수적인 것, 중요부분, 요점
• Occasional unemployment is **part and parcel** of being an actor.
  때때로 실업자로 있는 것은 배우라는 존재에 있어 필수적인 것이다.

16703

half the battle
07.광운대

절반의 승리
가장 중요한[어려운] 부분, 큰 고비
• Just getting an interview is **half the battle**.
  단지 인터뷰를 잡는 것이 가장 힘든 고비이다.

16704

odds and ends
01.세종대/94.기술고시.Teps

남은 것(odds)과 쓰고 남은 조각(end)
1. 나머지, 잡동사니
2. 집안 주위의 허드렛일(=miscellaneous task, household chores)
• I got some **odds and ends** at the store.
  나는 가게에서 이것저것 잡동사니를 샀다.

S odds and sods
  잡다한 사람들, 어중이 떠중이
R against (all) the odds
  불가능을 넘어서, 역경을 딛고

16705

a bone of contention
93.기술고시

말다툼(contention)의 뼈(bone)
분쟁의 원인, 불화의 씨(=a subject of quarrel)
• The border has always been **a bone of contention** between these
  two countries.
  국경은 그 두 나라간에 항상 불화의 씨가 되어 왔다.

16706

feather in one's cap
고려대

모자에 꽂혀진 깃털
(자랑할 만한) 공적, 영광, 명예
• The negotiator's success in getting the terrorists to release their
  hostages was a real **feather in her cap**.
  테러리스트가 그들의 인질을 풀어주게 하는데 성공한 협상가의 성공은 정말 눈부신
  공적이었다.

16707

glass ceiling
14.소방직9급/07.소방간부

보이지 않지만 존재하는 유리 천장
(여성이나 소수파의) 보이지 않는 승진 장벽
• 겉으로는 승진이 열려 있는 것 같지만 유리천장처럼 실제는 여성의 승진을 가로막는 한계선
• She broke the **glass ceiling**.
  그녀는 보이지 않는 여성에 대한 차별을 깨고 승진했다.

16708

smoking gun
04.상명대

연기가 모락모락 피어 오르는(smoking) 총(gun)
(특히 범죄의) 확실한 증거(=concrete evidence)
• A **smoking gun** was found in the form of an incriminating memorandum
  and Walker was convicted of theft.
  결정적인 증거는 혐의를 둘 수 있는 메모의 형태로 발견되었고 워커는 절도에 대해 유죄
  가 선고되었다.

16709

windfall profit
14.숭실대/02.경찰/외무고시/토플

뜻밖의 횡재(windfall)로 얻은 이익(profit)
초과이윤, 우발이익, 불로소득(=an unexpected lucky gift or gain)
• President Nixon had already proposed a "**windfall profit** tax" for the
  industry.
  닉슨 대통령은 이미 그쪽 산업에 대해 불로소득세를 제안했었다.

16710

holy grail
01.상명대/입사

성스러운(holy) 잔(grail)
1. 성배(聖杯) *그리스도가 최후의 만찬에서 썼다는 술잔
2. 매우 원하지만 얻기 힘들거나 불가능한 것(something that people
   want very much, but which is very difficult or impossible to achieve)
• Nuclear fusion is the **Holy Grail** of energy production.
  핵융합은 에너지 생산의 일종의 성배이다.

16711

soap opera

06.국가직7급/토플

초기에 드라마의 광고시간에 비누회사가 광고를 했던 데서 유래

텔레비전 연속 멜로 드라마
- A: I can't stand **soap opera**. 나는 연속극이 싫어.
  B: Really? I love them. 정말? 난 좋던데.

16712

pipe dream

파이프(pipe)로 아편을 피우며 빠져드는 환각

몽상, 공상, 비현실적인 생각
(=a hope or plan that is impossible to achieve or not practical)
- A work at home job is not just a **pipe dream** these days.
  요즘에는 자택근무가 단지 허황된 생각은아니다.

16713

top dollar

11.중앙대

최고의 금액

(지불할 수 있는) 최고 한도액
- It's your **top dollar** of your credit card.
  이게 당신의 신용카드 최고 한도액입니다.

16714

a thorn in one's side[flesh]

16.한양대

살(flesh)에 박힌 가시(thorn)

골칫거리, 눈엣가시같은 존재
- He was **a thorn in our side** for years.
  그는 수년 동안 우리에게 눈엣가시였다.

I 168
사물의 평가
(수/양/순서/정도/빈도)

삼라만상에 대한 평가방법은 다양하다.
여기에서는 매우 자주 쓰이는 형용사구나 부사구를 다루도록 한다.

---

1. 많고 적음(수 · 양)에 관한 표현

16801

a couple of sb/sth

97.경찰

무엇이 커플(둘: couple)을 이루는

두 개의, 두셋의; 몇 개의(=a few), 몇 사람의
- Actually, it's not mine. It belongs to **a couple of** friends.
  실제, 그것은 내 것이 아니다. 몇몇 친구들의 것이다.

16802

a handful of sb/sth

Teps

한 줌의 → 소수의

소수의(=a small number of sb/sth)
- Only **a handful of** people came to the meeting.
  오직 소수의 인원만이 모임에 왔다.

16803

quite a few

99.홍익대/95.행자부7급

매우(quite)+어느 정도(a few)

많은(=many, a lot of, a great number of sb/sth)
- **Quite a few** of them agreed.
  그들 중 꽤 많은 사람들이 찬성했다.
  Ⅺ only a few 극히 소수의, 근소한; 불과 소수만
  Ⅺ no small 결코 적지 않은, 대단한

16804

no more than~

서울시9급

무엇보다(than) 많지 않은

〈적음을 강조〉 단지 ~에 지나지 않은; 겨우(=only)
- I have **no more than** two dollars.
  나는 겨우 2달러를 가지고 있다.
  Ⅺ no less than~ 〈많음을 강조〉 ~에 못지않게

Ⅾ a drop in the bucket[ocean]
아주 적은 양(=a very small amount),
새발의 피
*양동이/대양에 한 방울

Ⅾ a world of sth 아주 많은
(=a large number[amount] of sth)
a whale of a sth 굉장한, 대단한
a host of sb/sth 다수의, 많은
*host 무리, 떼

---

2. 순서 · 서열에 관한 표현

16805

**second to none /
next to none**

03.광운대/01-2.계명대/00-2.광운대/98.경찰간부
97.행정고시/93.대진대/85.법원직,Teps

누구에게도 둘째가 아닌

누구에게도 뒤지지 않는(=better than all others), 최고의(=the best)
- He is **second to none** in his field.
  그는 그의 분야에서 둘째가라면 서러워할 사람이다. 그가 최고다.

16806

at (the) best

94.서울7급,Teps

최대로 할 때에도

잘해야, 잘 봐줘서(=at the maximum), 기껏해야
- The campaign was **at best** only partially successful.
  그 선거운동은 잘해야 부분적으로 성공적이라 할 수 있었다.
  Ⅺ at (the) worst 아무리 나빠도

Ⅾ second-rate 〈01.전남대〉
2류의, 열등한(=poor in quality);
평범한(=mediocre)

■ 최상급(best, most)과 관련한 표현

☐ **at (the) least** 적어도, 하다못해, 최소한 ↔ **at (the) most** 많아야(=not more than)

☐ **not least** 특히, 그 중에서도 **cf. not the least** 조금도 ~않다

☐ **best of all** 무엇보다도, 특히, 첫째로 ⓔ **most of all** 무엇보다도, 그 중에서도

■ 비교급(more, better)과 관련한 표현

☐ **more and more / better and better** 더욱 많은; 더욱더

☐ **still more / much more** 더욱이, 하물며, 더더군다나

☐ **what is more** 게다가, 더욱이

☐ **what is better** 게다가, 더욱이, 금상첨화로

☐ **more or less** 다소간, 얼마간; 약, ~쯤

☐ **more than all** 그중에서도 특히

☐ **more than somewhat** 대단히, 매우

☐ **and much more** 그 밖에 많이 (있습니다)

☐ **more often than not** 자주, 대개

☐ **the more ~ the more** ~하면 할수록 더욱 더 ~하다

☐ **the more ~ the less** ~하면 할수록 ~하지 않다

☐ **Say no more!** 더 이상 말하지 마라!

☐ **The more the better.** 많으면 많을수록 좋다. 다다익선.

☐ **Better late than never.** 〈속담〉 늦어도 안 하느니보다는 낫다
  - **Better bend than break.** 〈속담〉 부러지기보다는 휘는 것이 낫다. 지는 것이 이기는 것이다.

3. 정도를 나타내는 표현

16807
all the same
98.경찰,Teps

이러나 저러나 같은(same)
그래도, 역시(=nevertheless, nonetheless); 아무래도 좋은, 개의치 않고
• It's **all the same** to me whether he comes or not.
  그가 오든 안 오든 나로선 아무 상관이 없다.

ⓔ **none the less** 그럼에도 불구하고, 그래도, 역시(=nevertheless)
= for all (that)
=in spite of
= notwithstanding

16808
all but (sb/sth)
12.경기대/서울시9급,Teps

~외에(but) 전부(all)
1. 거의(=almost, nearly) 2. ~외는 모두
• My dog was **all but** run over by a car.
  내 개가 거의 차에 치일 뻔했다.

16809
not a bit
96.서울시9급/94.경찰간부

조금(a bit)도 아닌
결코 ~하지 않는, 전혀(=never, not at all, anything but, not ~at all, on no account), 전혀 ~하지 않다.(=not at all), 결코 ~이 아닌(=anything but)
• She has **not a bit** of common sense.
  그녀는 전혀 상식이라고는 없다.

ⓡ **nothing but** 오로지 ~일 뿐이다
(=only)

16810
like anything / like everything / like mad / like crazy
02.입법고시

중요한 것(anything)과 같이
몹시, 매우(=very much; extremely)
• He wanted **like anything** to win.
  그는 몹시 승리를 원했다.

16811
a baker's dozen
15.국회8급

빵집의 한 다스(dozen : 12개)는 13개
13개, 덤으로 주는 것
• There are a few theories for why **a baker's dozen** is 13 instead of 12.
  빵집의 1다스는 왜 12가 아니라 13개인지에 대해 몇가지 가설이 있다.

■ anything/nothing 관련 표현

☐ **for anything I care** 나는 상관없지만

☐ **for anything I know** 잘은 몰라도, 어쩌면, 아마

☐ **for anything** 〈부정문에서〉 무슨 일이 있어도, 도저히

☐ **anything like** 조금은, 좀; 〈부정문에서〉 도저히

☐ **anything of** sb/sth 〈부정문에서〉 조금도; 〈의문문에서〉 조금은

☐ **Anything goes.** 〈구어〉 뭐든지 괜찮다. 무엇을 해도 좋다.

☐ **for nothing** 이유 없이(=without reason); 공짜로; 헛되이

☐ **make nothing of** sth ~을 아무렇지 않게 여기다

☐ **do-nothing** (특히 정치에서) 아무 일도 안 하는; 게으름뱅이

☐ **to say nothing of / not to speak of / not to mention** sth ~은 말할 것도 없이

☐ **Think nothing of it. / It's no big deal.** 〈사과에 대해〉 신경쓰지 마세요.

4. 빈도를 나타내는 부사구

16812
**(every) now and again /
(every) now and then**
11.광운대/01.건국대,Teps

지금(now) 그리고 나중에 또(again)
이따금, 때때로(=sometimes, occasionally)
• **Every now and then** I'll take the kids to the playground.
이따금씩 나는 아이들을 운동장에 데리고 갈 것이다.

통 **(every) once in a while**
가끔, 때때로(=occasionally)

16813
on and off / off and on
92.명지대,Teps

켰다가(on) 껐다가(off)
때때로, 불규칙적으로(=irregularly), 단속적으로(=intermittently)
• He's been smoking for 10 years now, **on and off**.
그는 10년 전부터 지금까지 불규칙적으로 담배를 피워왔다.
판 on and on 지루할 정도로 장황하게, 계속해서(=continuously)

■ 빈도를 나타내는 표현

☐ **from time to time** 때때로, 이따금

= **once and away** 이따금, 때때로

= **on occasion** 가끔씩(=occasionally, periodically) *항상 그러한 것은 아니고 특수한 경우(occasion)에만

= **at intervals** 때때로, 이따금, 간격을 두고

= **by spells** 가끔, 때때로 *spell(기간, 잠깐씩

☐ **by fits and starts** 불규칙하게, 발작적으로

☐ **by periods** 주기적으로

☐ **as often as not** 종종, 자주

☐ **all the while** 그동안 줄곧, 내내

☐ **at every turn** 아주 자주, 늘, 항상; 예외 없이

= **every time one turns around** 아주 자주, 늘(=very often, all the time)

= **all the time** 항상(=always, invariably, ever, continuously)

☐ **once in a blue moon** 아주 드물게(=very rarely, very seldom)

☐ **dime a dozen** 흔해 빠진, 헐값의 *12개에 1다임밖에 안하는

= **ten a penny / two a penny** *1페니에 열 개를 주는

R240 [어근] qui/quit/quiet/quiem(=quiet, rest) & pac/peas/peac(=peace)

2401 disquiet
[diskwáiət]
09.광운대

dis(=not)+quiet(=quiet) → 평온함을 없애다

vt. 불안하게 하다, 걱정하게 하다(=dismay)
n. 동요; 불안, 걱정(=worry, anxiety, qualm)
• The news disquieted many people.
그 소식은 많은 사람들을 불안하게 했다.
ⓐ disquieting 불안하게 하는; 걱정되는
ⓝ disquietude 동요, 걱정, 불안
🔄 inquietude 불안, 근심
🔄 quietude 평온, 안식; 고요함

2402 requite
[rikwáit]
09.광운대 /05.단국대

re(=again)+quit(=quiet)+e → 되돌려주어 조용하게 하다

vt. 1. (~에게) 보복하다[with](=avenge)
2. 보답하다(=reward)
• requite like for like 원수는 원수로 은혜는 은혜로 갚다
ⓝ requital[rikwáitl] 보답, 보상; 보복
16.단국대 🔄 quittance[kwíns] 보상, 보답(=reparation); 면제, 면책;
채무면제 증서
🔄 quite[kwait] 아주, 완전히, 전적으로; 꽤, 제법, 상당히

2403 quiescent
[kwaiésnt]
10.동덕여대

qui(=quiet)+esc+ent → 조용하게 된

a. 정지한, 움직이지 않는; 조용한, 잠잠한
• the quiescent town 조용한 마을
ⓝ quiescence 정지, 무활동; 침묵

2404 pacify
[pǽsəfài]
17.국가직9급(하)/13.성균관대

pac(=peace)+i+fy(=make) → 평화롭게 만들다

vt. 진정시키다, 달래다(=calm down, appease); 평화를 가져오다
• pacify the angry crowd 성난 군중을 달래다
13.성균관대 ⓝ pacification 화해(=reconciliation), 평화조약
🔄 peace 평화, 평온 **peaceful** 평화로운 **peacefulness** 평온함
- **pacifist**[pǽsəfist] 평화주의자, 반전주의자
- **pacifism** 평화주의, 반전론
- **pacific**[pəsífik] 평화로운, 화해적인, 평온한; [P~] 태평양

어근 qui/quit/quiet/quiem(=quiet, rest)

추가 어휘
☐ **quiet** 조용한, 고요한; 평화로운; 한적한
- on the quiet 몰래, 살그머니
☐ **quit** 1. 그만두다, 떠나다; 단념하다
2. 보답하다, 갚다
☐ **requiem** 진혼곡, 애가

표제어 복습
☐ **acquit** 무죄라고 하다, 석방하다 ➡ N0316
- **acquittal** 무죄, 석방; 변제, 이행
- **acquittance** 채무 면제, 채무 변제 영수증
☐ **acquiesce** 잠자코 따르다; 묵인하다[in] ➡ N0195
- **acquiescent** 묵인하는, 순종하는
- **acquiescence** 묵인, 동조
☐ **tranquility** 평온; 고요함, 정적 ➡ N0297
- **tranquil** 조용한, 고요한; 평온한; 차분한
- **tranquilize** 조용하게 하다(해지다); 안정시키다
- **tranquilizer** 진정제, 정신안정제

어근 pac/peas/peac(=peace)

표제어 복습
☐ **appease** 달래다, 진정시키다 ➡ N0296
- **appeasement** 유화, 회유
- **appeasable** 달래기 쉬운
↳ **inappeasable** 달래기 어려운

R241 [어근] pleas/plac(=please) & grat/grac(=thank, pleasing)

2411 pleasant
[plézənt]

08,01.대구가톨릭대/06.동아대

09.경기대

05.경기대

pleas(=please)+ant → 기분이 좋게 하는

a. 쾌적한, 즐거운(=congenial); 상냥한
• a pleasant climate 쾌적한 기후
ⓝ pleasantness 유쾌함, 상냥함(=affability)
🔄 unpleasant 불쾌한, 불편한(=repellent, unsavory)
🔄 please 기쁘게 하다; 제발; ~해주세요.
↳ displease 불쾌하게 하다, 기분 상하게 하다
pleasing 즐거운, 만족스러운; 붙임성 있는
pleased 기쁜, 만족해하는(=gratified)
pleasure 기쁨, 즐거움; 즐거운 일

2412 placebo
[pləsí'bou]
17.숙명여대/10.동국대

plac(=please)+e+bo → 기분이 좋게 만드는 약

n. 위약(환자를 안심시키기 위한 가짜약)
• The placebo effect - the phenomenon where fake medicines sometimes work if a patient believes that they should - is a boon to quacks all the world over.
환자가 약효가 있을 것이라고 믿으면 가짜약도 때때로 약효를 발휘하는 현상인 위약 효과는 전 세계의 돌팔이 의사에게 대단히 유용한 것이다. *quack 돌팔이 의사

2413 gratitude
[grǽtətjù:d]
16.한국외대/03.고려대

grat(=thank)+i+tude → 감사하는 마음

n. 고마움, 감사
• express his gratitude 감사하는 마음을 표현하다
ⓐ grateful 고맙게 여기는; 기분 좋은
🔄 gratuity 팁, 축의금; 퇴직금

어근 pleas/plac(=please)

표제어 복습
☐ **placate** 달래다, 위로하다, 진정시키다 ➡ N0180
- **placatory** 달래는, 회유적인
- **placable** 달래기 쉬운, 온화한, 너그러운
☐ **complacent** 스스로 만족하여 안주하는 ➡ N0094
- **complacency** 자기만족; 만족을 주는 것
☐ **placid** 평온한, 잔잔한; 조용한 ➡ N0932
- **placidity** 조용함, 평온, 온화, 차분함

어근 grat/grac(=thank, pleasing)

표제어 복습
☐ **gratis** 무료로, 공짜로 ➡ N0837
- **gratuitous** 무료의, 무상의; 까닭없는

2414 ingratitude
[ingrǽtətjùːd]
05-2.서울여대

in(=not)+grat(=thank)+i+tude → 감사하지 않는 것

n. 배은망덕, 망은
- be hurt by his ingratitude 그의 배은망덕에 상처를 받다

ⓝ ingrate[ingreit] 은혜를 모르는 사람
10.숙명여대

ⓐ ungrateful 은혜를 모르는; 배은망덕한

2415 ingratiate
[ingréiʃièit]
05-2.서울여대

in(강조)+grat(=pleasing)+i+ate → (상대방을) 만족하게 하다

vt. 환심을 사다[oneself with ⓢ](=insinuate)
- ingratiate himself with his superior 상사의 환심을 사다

2416 grace
[gréis]
16.중앙대

grace(=thank) → 감사함을 표시하는 예절[기도]

n. 1. 우아함, 품위, 예의범절(=honor)
  2. 은총, (식전) 감사기도; 각하
- with grace and dignity 품위있고 위엄있게

ⓐ graceful 우아한, 얌전한, 품위 있는 ↔ graceless 품위 없는, 야비한
  gracious 정중한, 공손한, 상냥한, 친절한

ⓐⓓ graciously 우아하게, 상냥하게(=affably); 고맙게도
97.고려대학원

2417 disgrace
[disgréis]
06.공인회계사/01.삼육대
96.연세대학원/95.기술고시

dis(=away)+grace → (가문의) 기품이 없어지는 것

n. 불명예, 망신, 치욕(=stigma, shame)
vt. (체면에) 먹칠하다, (이름을) 더럽히다
- bring disgrace on the family 가족에게 불명예를 안겨 주다
- a disgrace to the legal profession 법조인들에게 수치스러운 짓

ⓐ disgraced 수치스러운, 불명예의(=ashamed)
01.행정고시
  disgraceful 수치스러운, 불명예스러운(=ignominious)

R242   [어근] hap(=chance, luck) & fort/fortun(=chance, fortune)

2421 chance
[ʧǽns]
15.한국외대

chance → 운, 기회

n. 1. 가능성(=likelihood); 기회
  2. 운, 우연; 우연히 생긴 일
- a chance of survival 생존할 가능성
- meet by chance 우연히 만나다

어근 hap(=chance, luck)

추가 어휘
- ☐ **hap**pen 발생하다, 일어나다; 우연히 ~하다
  - **hap**pening 우연히 일어난 일
- ☐ **hap**piness 행복, 행운
- ☐ per**hap**s 아마도

2422 haphazard
[hæphǽzərd]
12.성균관대/03-2.경기대
01.세종대

hap(=luck)+hazard(=risk) → 운이나 모험에 맡기는

a. 무계획적인, 되는 대로의, 우연한
- in a haphazard fashion 아무렇게나

ⓐⓓ haphazardly 우연히; 되는 대로(=disorderly, randomly)
00-2, 92.경기대

표제어 복습
- ☐ mis**hap** 가벼운 사고, 불상사 ☑ N0803
  - **hap** 우연, 운, 요행; 우연히 일어나다
  - **hap**less 운이 나쁜, 불운한
  - **hap**py 행복한, 행운의

2423 misfortune
[misfɔ́rʧən]
09.성균관대

mis(=bad)+fortun(=chance)+e → 나쁜 운

n. 불운, 불행, 재난(=adversity)
- Misfortunes never come single. 불행은 겹쳐서 온다.

ⓟ fortune 부, 재산; 운수; 운명; 행운, 성공
- make[amass] a fortune 큰 재산을 모으다
- fortune-teller 점쟁이
- soldier of fortune 직업군인, 용병
- as fickle as fortune 몹시 변덕스러운
- cost ⓢ a fortune 비싼 값을 톡톡히 치르다

어근 fort/fortun(=chance, fortune)

추가 어휘
- ☐ **Fortun**a (로마신화의) 운명의 여신, 포르투나

표제어 복습
- ☐ **fort**uitous 우연히 일어난, 뜻밖의 ☑ N0412
  - **fort**uity 우연, 우연한 일

2424 unfortunately
[ənfɔ́rʧənətli]
17.단국대

un(=not)+fortun(=chance)+ate+ly → 운이 나쁘게도

ad. 불행하게도

ⓐ unfortunate 불운한, 불길한; 불행한
ⓟ fortunate 운이 좋은, 행운의; 상서로운(=auspicious)

R243   [어근] am/amor/amour(=love) & phil(=loving, love) & agap/eros(=love)

2431 amateurish
[ǽmətʃúəriʃ]
15.상명대/90.서울대학원

am(=love)+ateur+ish → 특별히 어떤 것을 사랑하는

a. 아마추어 같은, 비전문적인(=inexpert), 서투른
- a website that looks amateurish or unprofessional
  서투르고 직업적으로 만든 것이 아닌 것으로 보이는 웹사이트

ⓝ amateur 아마추어, 비전문가(=nonprofessional), 애호가

어근 am/amor/amour(=love)

추가 어휘
- ☐ **amour**[əmúər] 바람기, 정사
- ☐ **amor**ous[ǽmərəs] 호색적인; 다정다감한
- ☐ en**amor**[inǽmər] 매혹하다, 반하게 하다 •en(=make)
- ☐ par**amour**[pǽrəmùər] 정부, 애인 •para(=beside)

2432 amity
[ǽməti]

am(=love)+ity → 서로 사랑으로 뭉친 것
n. 우호관계, 친목, 친선(=friendship)
- live in amity with one's neighbour 이웃과 화목하게 지내다

2433 amiable
[éimiəbl]
07.성균관대/98-2.고려대
97-2.경원대

am(=love)+i+able → 사랑할 수 있는
a. 붙임성 있는; 상냥한(=agreeable)
- an amiable girl 상냥한 소녀

2434 bibliophile
[bíbliəfàil]

bible(=bible)+io+phil(=love) → 책을 사랑하는 사람
n. 애서가, 서적 수집가(=lover of book)
- a bibliophile whose collection of 10,000 books
  10,000권의 책을 소장하고 있는 애서가
🔣 **biblical**[bíblikəl] 성서의, 성서에서 나온
- **bible** 성서; 권위 있는 서적; 필독서

어근 phil(=loving, love)

추가 어휘
☐ **phil**osophy 철학, 형이상학; 원리, 인생관
☐ **phil**anderer 바람둥이 남자
☐ **phil**atelist 우표수집가
☐ **phil**harmonic 음악 애호의; 교향악단의

표제어 복습
☐ **phil**anthropic 자선의, 박애(주의)의 ✪ N0846
  - **phil**anthropist 박애주의자; 자선가
  - **phil**anthropy 박애, 인자, 자선; 자선행위

어근 eros/agap(=love)

추가 어휘
☐ **eros**[íərəs, érəs] 에로스, 성애, 성충동
☐ **eros**ic 성욕을 자극하는 **eroticism** 호색성
☐ **eros**ica 성애를 다룬 책이나 사진
☐ **agap**e[ɑːɡɑ́ːei] 인간에 대한 신의 사랑

R244 [어근] joy/joli/joc/jok/jov/jub(=gay) & felic(=happy) & bliss/blit(=joy)

2441 jolly
[dʒɑ́li, dʒɔ́li]
01-2.한성대

joy/joli/joc/jok/jov(=gay) → 즐거운
a. 즐거운, 유쾌한, 명랑한(=cheerful)
vt. 즐겁게 하다; 농담하다
n. 흥청망청 놀기
ⓝ **jollity** 즐거움; 〈영〉 술잔치
🔣 **jolly Roger** 해적기

2442 jocular
[dʒɑ́kjulər]
10.서울시9급

joc(=gay)+ul+ar → 즐거운
a. 익살스러운, 웃기는(=facetious)
- jocular words 우스운 말

2443 jubilation
[dʒùːbəléiʃən]
94.고려대학원
17.서강대

jub(=gay)+ilation → 매우 기뻐하는 것
n. 승리감, (성공에 대한) 환호(=joy)
- The whole city was a scene of jubilation. 온 도시가 환호의 도가니였다.
ⓐ **jubilant** 매우 기쁜, 환호하며 좋아하는

2444 jaunty
[dʒɔ́ːnti]
06.경기도9급
94.경기대

꼬마가 새로 산 좋은 티를 입고 의기양양하게 활보하는 모습
a. 의기양양한; 경쾌한; 명랑한
(=showing that you are feeling confident and pleased with yourself)
- walk with a jaunty step 경쾌한 발걸음으로 걷다
🔣 **jaunt**[dʒɔ́ːnt] 소풍(=a short journey for pleasure, excursion)
- go on a jaunt 소풍을 가다

2445 felicity
[fəlísəti]
14.서강대/02.중앙대
95.경기대

17.한국외대

felic(=happy)+ity → 즐거운 일
n. 1. 더할 수 없는 행복; 경사, 길사(=happiness)
2. 절묘하게 어울림[들어맞음]
3. (pl.) 아주 적절한 표현들[비유들]
- with felicity 적절하게, 솜씨 있게
- Felicity is easily found, but hard to be kept.
  행복은 쉽게 찾을 수 있지만, 지키기는 어렵다.
ⓐ **felicitous** (행동·방식·표현이) 적절한(=apt); 행복한
→ **infelicitous** 불행한, (표현 등이) 부적절한
felicific 행복하게 하는, 기쁨을 가져오는
ⓥ **felicitate** 축하하다, 경하하다
ⓝ **felicitation** 축하, 경하; (~s) 축하의 말, 축사 **felicitator** 축하객

어근 joy/joli/joc/jok/jov/jub(=gay)

추가 어휘
☐ **joy** 기쁨, 즐거움, 행복
  - **joy**ful 기쁜, 즐거운
☐ en**joy** 즐기다, 향락하다, 향유하다
☐ **jok**e 농담, 우스갯소리; 웃음거리
☐ **joc**und 명랑한, 유쾌한
☐ **jov**ial 유쾌한, 명랑한, 즐거운
☐ **joc**ose 우스꽝스러운, 익살맞은, 까부는
☐ re**joic**e 좋아하다, 축하다; 기쁘게 하다

2446 blissful
[blísfəl]
12.서강대/93.성균관대

bliss(=joy)+ful → 매우 즐거운

a. 더없이 행복한(=beatific); 즐거운
- have a blissful honeymoon period 행복한 밀월 기간을 보내다
- blissfully ignorant 모르는 게 약인
ⓝ bliss[blis] 다시없는 기쁨; 천상의 기쁨; 천국

2447 blithely
[bláiðli]
00.세무사/97.사법시험

17.단국대/98-2.중앙대

blith(bliss(=joy)+e+ly → 즐겁게

ad. 1. 즐겁게, 명랑하게(=happily and cheerfully)
　　2. 부주의하게, 태평스럽게
- a blithe and carefree girl 명랑하고 근심 걱정 없는 소녀
ⓐ blithe 즐거운, 명랑한, 쾌활한(=facetious); 부주의한
ⓝ blitheness 명랑

R245 [어근] plore(=weep, cry) & plain/plaint(=lament) & gret(=weep)

2451 weep
[wíːp]
07.항공대

weep(=cry) → 울다

v. 1. 눈물을 흘리다, 울다(=cry); 한탄하다
　　2. 물기를 내뿜다, (상처가) 피를 흘리다
- weep loudly in a passion of grief 슬픔에 겨워 큰 소리로 울다

2452 explore
[iksplɔ́ːr]
90.서울시9급

ex(=out)+plor(=cry)+e → 밖을 향해 외치다

vt. 탐험하다, 철저히 조사하다(=scrutinize)
- explore the possibilities 가능성을 조사하다
ⓝ explorer 탐험가, 조사자
　　exploration 탐험, 탐구, 조사

2453 implore
[implɔ́ːr]
16.한국외대

im(in(=toward)+plor(=weep)+e → ~을 향해 흐느껴 울다

v. 간청하다, 애원하다, 탄원하다(=beseech)
- implore him to help 그에게 도움을 간청하다
ⓐ imploring 간청하는, 애원하는

2454 deplorable
[diplɔ́ːrəbl]
16.단국대/12.중앙대
04-2.숭실대/04.중앙대
15.한국외대

de(=down)+plor(=weep)+able → 주저앉아 흐느낄만한

a. (상태·상황 등이) 매우 나쁜, 비참한(=terrible)
- deplorable working conditions 비참한 노동환경
ⓥ deplore 개탄하다; 몹시 한탄[후회]하다(=lament)
ⓐⓓ deplorably 통탄스럽게

2455 lamentable
[lǽməntəbl]
97-2.경원대

15.한국외대

lament(=한탄)+able → 한탄스러운

a. 한탄스러운, 통탄할(=sad)
- a lamentable lack of knowledge 한탄스러울 정도의 지식 부족
ⓥ lament 슬퍼하다, 애도하다(=mourn) 후회하다(=deplore); 비탄; 애가
ⓝ lamentation 비탄, 애도, 애가

2456 plain
[pléin]
09.한양대/02-2.고려대
97.고려대학원

95.서강대

plain(=lament) → 슬퍼하다

a. 1. 명백한, 분명한(=evident)
　　2. (사람·언동 등이) 솔직한, 터놓은
　　3. 쉬운, 평이한, 단순한
　　4. 검소한, 소박한(=austere)
　　5. (여자가) 예쁘지 않은, 못생긴
n. (종종 pl.) 평지, 평원; 광야
v. 〈고어〉 한탄하다, 슬퍼하다 → plaintive
- in plain English 쉽게 말하자면
- plain people 일반 대중, 서민
- a plain woman 못생긴 여자
ⓐⓓ plainly 명백히, 분명히; 솔직하게
⊞ explain 설명하다
　　- explanation 설명, 해명, 변명

2457 plaintive
[pléintiv]
09.서강대/08.고려대
02.경기대
08.고려대

plaint(=lament)+ive → 슬퍼하는

a. (노래 등이) 구슬픈, 애처로운(=sad, plangent, melancholy)
- the plaintive cry of the seagulls 갈매기의 구슬픈 울음소리
⊞ plangent[plǽndʒənt] (소리가) 구슬픈; 울려 퍼지는

어근 plain/plaint(=lament)

표제어 복습
☐ complaint 불평, 불만(거리); 항의; 고소 ◘ N0806
　- complain 불평[항의]하다; 고발하다
　- complainant 〈민사소송〉 고소인, 원고
　- complaintive 자꾸 불평하는
☐ plaintiff 원고, 고소인

2458 regret
[rigrét]
08.경희대/91.행자부9급

re(=back)+gret(=weep) → 과거를 돌아보며 울다

n. 1. 유감, 서운함; 후회
　　2. 슬픔, 비탄, 애도
vt. 후회하다; 유감으로 생각하다; 슬퍼하다
・make an expression of regret 유감을 표명하다
ⓐ regretful 뉘우치는; 슬퍼하는; 애석해 하는
　regrettable (완곡하게) 유감스러운　regrettably 유감스럽게도

R246

[어근] sol(=alone, single, entire, comfort) & dol(=pain, share)

2461 sullen
[sʌ́lən]
14.홍익대/06.성균관대

sull(sol=alone)+en → 혼자 뽀로통해 있는

a. 1. 기분이 언짢아 말을 하지 않는, 시무룩한(=dour)
　　2. (하늘이) 흐린
・wear a sullen look 시무룩한 표정을 하다

2462 solemn
[sáləm]
03.고려대

sol(=entire)+emn → 위엄을 모두 갖춘

a. 1. (사람이) 침통한, 근엄한
　　2. (말・행동 등이) 엄숙한
　　3. (종교 의식・공식적인 행사나 분위기가) 엄숙한
・speak in a solemn voice 엄숙한 목소리로 말하다
・in a solemn atmosphere 장엄한 분위기 속에
97.공인회계사
ⓝ solemnity 장엄, 엄숙
ⓥ solemnize 진지하게 하다
　solemnify ~을 엄숙[장엄]하게 하다　solemnly 엄숙하게, 위엄 있게

2463 solitary
[sálətèri, sɔ́l-]
16.서울시9급,인하대
14.지방직9급

sol(=alone)+it+ary → 혼자인

a. 혼자서 하는; 홀로 있는; 외 딴
・live a solitary life 혼자서 생활하다
・solitary confinement 독방 감금
15.서울여대
ⓝ solitude 장엄, 엄숙

2464 solace
[sáləs, sɔ́l-]
16.한국외대/14.서울여대
06.단국대

sol(=comfort)+ace → 편안하게 해 줌

n. 위안, 위로(가 되는 것)
・his only solace 그의 유일한 위안
ⓝ solatium [souléiʃiəm] 위자료, 배상금

2465 dole
[dóul]

dole(=pain) → 아픔을 느낌

n. 1. 슬픔(=woe), 비탄 **v.** 한탄하다
　　2. 구호품,; 실업수당 **v.** 나누어 주다
・dole out 조금씩 나누어 주다
17.단국대/00.고려대
ⓐ doleful 슬픔에 잠긴(=melancholy); 애절한(=dirgeful)

2466 dolorous
[dóulərəs]
14.중앙대

dole(=pain)+or+ous → 아픔을 느끼는

a. 슬픈, 비통한; 고통스러운
・a dolorous melody 구슬픈 멜로디
ⓝ dolor [dóulər] 슬픔, 비탄
🔲 doldrums 침울, 우울

2467 condolence
[kəndóuləns]
08.서경대/05.동국대

con(=together)+dol(=pain)+ence → 아픔을 같이 하는 것

n. (주로 pl.) 애도, 조의
・I respectfully express my condolence. 삼가 조의를 표합니다.
ⓥ condole 문상하다; 위로하다, 동정하다

어근 sol(=alone, single)

추가 어휘
☐ **sol**e 하나뿐인, 유일한; 독특한; 독점적인
　- **sol**ely 혼자서, 단독으로; 오로지
　- **sol**o 독창(독주); 단독의; 단독으로
☐ **sol**iloquy 독백, 혼잣말 ・loqu(=speak)

표제어 복습
☐ de**sol**ate 황량한, 적막한; 적적한 ▣ N0568
　- de**sol**ation 폐허; 슬픔, 고독감

어근 sol(=comfort)

표제어 복습
☐ con**sol**e 위로하다, 위문하다 ▣ N0674
　- con**sol**ing 위로가 되는
　- con**sol**atory 위안이 되는, 위문의
　- con**sol**able 위안할 수 있는, 마음이 진정되는
　↔ discon**sol**ate 우울한, 위로할 수 없는
　- con**sol**ation 위로, 위안; 패자부활전

어근 sol(=entire)

표제어 복습
☐ **sol**icit (돈・도움・의견을) 간청하다, 구걸하다 ▣ N0672

혼동어근 sol(=sun)

☐ **sol**ar 태양의, 태양을 이용한
☐ **sol**arium 일광욕실
☐ **sol**stice (하지와 동지의) 지(至)
　- summer[winter] solstice 동지[하지]

[어근] tim(=fear) & terr/ter(=frighten) & -phobia (공포증)

2471 timid
[tímid]
03-2.숭실대

tim(=fear)+id → 겁을 먹고 있는

a. 1. 용기[자신감]가 없는(=timorous, cowardly), 소심한(=shy)
2. 주저하는, 망설이는
- as timid as a rabbit 토끼처럼 겁이 많은
- a shy and timid girl 수줍음을 타고 소심한 소녀

11.경기대 ⓝ **timidity** 겁 많음; 수줍음(=fearfulness)
95.고려대 ⓐ **timorous** 겁많은, 소심한; 무서워하는, 겁먹은
🅗 **get cold feet** 겁먹다(=become timid)

2472 terrify
[térəfài]
15.산업기술대
03.한국외대

terr(=frighten)+i+fy(=make) → 놀라게 만들다

vt. 겁나게 하다(=intimidate), 놀라게 하다
- be terrified of the dog 개에 겁을 먹다

ⓐ **terrifying** 겁나게 하는, 무서운(=petrifying)
ⓝ **terror** 공포, 두려움; 테러
ⓥ **terrorize** 두렵게 해서 (~)시키다[into], 공포에 떨게 하다

2473 terrible
[térəbl]
99-2.경원대

terr(=frighten)+ible → 무시무시하게 형편없는

a. 끔찍한, 가공할; 지독한, 형편없는(=horrible)
- make a terrible mistake 끔찍한 실수를 저지르다

ⓐⓓ **terribly** 몹시, 대단히, 굉장히

2474 terrific
[tərífik]
04.경희대

terr(=frighten)+i+fic(=make) → 놀랄 만큼 잘 만든

a. 기막히게 좋은, 훌륭한(↔ terrible)
- a terrific party 끝내주는 파티
- a terrific idea 기막힌 생각

어근 **tim(=fear)**

표제어 복습
☐ **intimidate** 협박[위협]하다 ➡ N0067
- **intimidation** 위협, 협박

어근 **terr/ter(=frighten)**

표제어 복습
☐ **deter** 방해하다[from ~ing] ➡ N0102
- **deterrent** 억지하는; 억지물, 억제책
- **deterrence** 저지, 제지(물); 전쟁억지력
반의어근 **ter/terr(=earth)** ➡ R219

접미어 **-phobia (공포증)**

추가 어휘
☐ **claustrophobia** 밀실 공포증 ➡ R1389
↔ **agoraphobia** 광장 공포증
☐ **acrophobia** 고소 공포증 •acro(=high)
☐ **hydrophobia** 공수병, 광견병 •hydro(=water)
☐ **anthropophobia** 대인기피증 •anthro(=man)
☐ **gynephobia** 여성 기피증 •gyne(=woman)
☐ **ochlophobia** 군중 공포증
☐ **xenophobia** 외국(인)공포증 •xeno(=foreign)
☐ **ornithophobia** 새 공포증 •ornitho(=bird)
☐ **entomophobia** 곤충 공포증 •entomo(곤충)
☐ **neophobia** 새것을 싫어하는 것 •neo(=new)

[어근] trem/trep(=shudder) & hor(=shudder) & nerv/neuro(=nerve)

2481 shudder
[ʃʌ́dər]
98.한국외대

s+ㅎㄷㄷ(인터넷용어: 후덜덜)

vi. (공포·추위로) 벌벌 떨다; (싫어서) 몸서리치다
n. 떨림, 전율; 〈구어〉 몸서리
- shudder with fear 무서워서 덜덜 떨다

2482 tremble
[trémbl]
06.세종대/90.연세대학원

trem(=shudder)+ble → 덜덜 떨리다

vi. 1. (공포·분노·추위 때문에 몸이) 떨리다, 떨다
2. 진동하다; 근심하다
n. 떨림, 진동, 전율
- tremble with fear 무서워서 덜덜 떨다

ⓝ **tremor** 떨림; 진동; 전율
15.단국대 ⓐ **trembling** 떨리는(=tremulous); 떨림, 전율
15.단국대 🅗 **tremulous** 떨리는(=trembling), 떠는

2483 tremendous
[triméndəs]
15.광운대/11.국회속기
01-2.동국대/93.행정고시

trem(=shudder)+en+dous → (너무 큰 괴물 앞에서) 벌벌 떠는

a. 1. 거대한(=titanic), 엄청난(=formidable)
2. 대단한, 굉장한(=stupendous); 무서운
- accomplish tremendous growth 엄청난 성장을 이루다

ⓐⓓ **tremendously** 엄청나게(=immensely)

2484 extremely
[ikstríːmli]
06.세무사

ex(=out)+trem(=shudder)+ly → (정상을) 벗어나 떨게 만드는

ad. 극단적으로, 매우(=exceptionally)
- an extremely arid climate 매우 건조한 날씨
- extremely dangerous 매우 위험한
- an extremely large perimeter 엄청난 크기

ⓐ **extreme** 극도의; 극한의; 극단적인, 과격한

어근 **trem/trep(=shudder)**

표제어 복습
☐ **intrepid** 용맹한, 대담한 ➡ N0066
- **intrepidity** 대담, 용맹
☐ **trepidation** 전율, 공포 ➡ D0066
- **trepid** 소심한, 벌벌 떠는, 겁이 많은

어근 **hor(=shudder)**

표제어 복습
☐ **abhor** 소름 끼칠 정도로 싫어하다, 질색하다 ➡ N0452
- **abhorrence** 혐오, 증오, 질색인 것
- **abhorrent** 아주 싫은, 질색의

어근 **nerv/neuro(=nerve)**

추가 어휘
☐ **neuron** 신경단위, 뉴런
☐ **neural** 신경의
☐ **neurology** 신경학

표제어 복습
☐ **nervous** 신경과민인, 초조한; 신경성의 ➡ N0104
- **nerve** 신경, 신경과민; 용기
- **nervosity** 신경질, 과민성
- **nervously** 신경질적으로
- **nerveless** 냉정한, 침착한
☐ **unnerve** 용기를 잃게 하다, 낙담시키다 ➡ D0104
- **unnerving** 겁먹거나 불편하게 만드는
☐ **neurosis** 노이로제, 신경증 ➡ D0104
- **neurotic** 신경과민의

2485 horrid
[hɔ́:rid]
04~2.덕성여대

horr(=shudder)+id → 싫어서 치가 떨리는
a. 1. 아주 싫은, 역겨운(=nasty)
2. 무시무시한, 꺼림칙한
• a horrid scene beyond description
형언할 수 없을 정도로 끔찍한 광경
ⓝ **horror** 공포, 전율; 공포영화

99.경원대
ⓐ **horrible** 무서운, 끔찍한(=gruesome) 지독한(=terrible)
horrific 무서운, 소름이 끼치는, 지독한
horrify 무서워하게 하다, 소름끼치게 하다
horrendous 〈구어〉 무서운, 끔찍한

☐ **ener**vate 기력을 빼앗다, 무기력하게 하다 ☑ N0603
- **ener**vated 활력을 잃은, 무기력한, 나약한
- **ener**vation 쇠약, 허약, 무기력

R249   [어근] demn/dam(=injury, loss, curse) & noc/nox/nec/nic(=harm, death)

2491 damage
[dǽmidʒ]
11.경원대/07.감정평가사

dam(=injury)+age → 손상을 입은 상태
n. 1. (남에게서 받은) 손해, 피해(=detriment, havoc)
2. (pl.) 손해배상금

15.숙명여대
• cause damage to ~에 피해를 입히다
vt. 피해를 입히다, 훼손하다(=impair)

16.한국외대/10.국민대
ⓐ **damaging** 손해를 입히는(=detrimental)

13.이화여대/02.동국대
🔄 **undamaged** 손상되지 않은, 완전한(=intact)

어근 demn/dam(=injury, loss, curse)

추가 어휘
☐ (God) **dam**n 1. 〈욕설〉 빌어먹을, 제기랄
2. 저주받아라, 저주하다
- **dam**ned 지독하게, 굉장히
☐ **dam**nation 지옥살이, 저주, 천벌
☐ in**demn**ify 배상하다[for]; 면책하다 • in(=not)
- in**demn**ity (배상·보상의) 보장; 배상금
- in**demn**ification 배상(금), 보상; 면책

2492 condemn
[kəndém]
18.경찰1차/12.한국외대
10.고려대/98.동국대

con(강조)+demn(=curse) → 욕을 퍼붓다
vt. 1. (강하게) 비난하다, 나무라다(=denounce)
2. (~에게) 유죄선고를 하다[to](=sentence, convict)
• condemn terrorist acts 테러 행위를 규탄하다
ⓝ **condemnation** 비난(=denunciation)
ⓐ **condemnable** 비난받을 만한

어근 noc/nox/nec/nic(=harm, death)

표제어 복습
☐ in**noc**uous 해가 없는, 독이 없는, 악의가 없는 ☑ N0068
→ **noc**uous 유해한, 유독한
   혼동어근 necr/nec(=dead, death) ☑ R175

2493 innocent
[ínəsənt]
14.11.경희대
02.101단.경원대

in(=not)+noc(=harm)+ent → 해가 없는
a. 1. 순진한, 순결한, 무해한
2. 죄 없는, 결백한(=not guilty)
• The innocent man refuted the accusation.
그 결백한 사람은 고소에 대해 반박했다.
🔄 **nocent** 해로운; 유죄의

2494 noxious
[nάkʃəs, nɔ́k-]
15.고려대
04.한성대/98.중앙대

nox(=harm)+ious → 해가 있는
a. 유해[유독]한(=harmful, deleterious); 불건전한
• noxious gases 유해가스
🔄 **innoxious** 해가 없는, 독이 없는

2495 obnoxious
[əbnάkʃəs, -nɔ́k-]
00.건국대/98.광운대

ob(강조)+nox(=harm)+ious → (타인들에게) 해가 되는
a. 비위 상하는, 불쾌한, 싫은(=disagreeable)
• Most people would just put her down as obnoxious.
대부분의 사람들은 단지 그녀를 불쾌한 사람으로 여기곤 했다.

2496 pernicious
[pərníʃəs]
08.공인노무사/03.중앙대
98.숭실대

per(=thoroughly)+nic(=harm)+ious → 완전히 해로운
a. 매우 해로운 영향을 미치는; 치명적인(=harmful deadly)
• have pernicious side effects 치명적인 부작용이 있다
• pernicious anemia 악성 빈혈
ⓐⓓ **perniciously** 해롭게, 치명적으로

[어근] tox(=poison) & venom(=poison)

2501 toxic
[táksik, tɔ́k-]
06.영남대/94.서울산업대

tox(=poison)+ic → 독이 있는
a. 유독한, 중독성의
n. 유독화학약품
• dump toxic waste 유독 폐기물을 버리다
ⓐ toxicant 유독한; 독극물, 살충제
toxin 독소 toxicity 유독성

2502 intoxicated
[intáksikèitid, -tɔ́k-]
07.경남9급
17.서강대

in(=in)+tox(=poison)+ic+ated→ 독한 술을 마신
a. 술 취한; 흥분한(↔ sober 술 취하지 않은)
• driving while intoxicated 음주운전
ⓐ intoxicating 알코올이 든; 도취케 하는(=captivating)
ⓝ intoxication 취함, 취한 상태; 중독
🔄 detoxicate/detoxify 독성을 제거하다; 알콜 중독치료를 받다

2503 venomous
[vénəməs]
04.경기대

venom(=poison)+ous → 독이 있는
a. 1. 악의에 찬, 원한을 품은
2. 독액을 분비하는; 독이 있는
• a venomous tongue 독설
• a venomous snake 독사
ⓝ venom (독사 따위의) 독액, 독; 원한, 악의
🔄 venose/venous 정맥의 vein 정맥, 혈관
- intravenous 정맥으로 들어가는, 정맥주사의; 정맥 주사

[어근] agon(=contest) & venge/vend/vind(=revenge)

2511 antagonistic
[æntæɡənístik]
05~10.경찰/01.변리사
96.숙명여대

anti(=against)+agon(=contest)+istic → 서로 대항해 경쟁하는
a. 적대하는, 사이가 나쁜(=hostile); 상반되는(=opposed)
• be antagonistic to ~와 맞지 않다(반대이다)(=be opposed to)
• be antagonistic to each other 서로 맞지 않다
• differences between antagonistic groups
반대 그룹 사이의 의견 차이
ⓝ antagonism 반대, 적대, 대립; 적대심
antagonist 적대자, 적; 경쟁자
ⓥ antagonize 대항하다, 반대하다

2512 agony
[æɡəni]
15.경기대

agon(=contest)+y → 경쟁에서 오는 고통
n. 극심한 고통(=torment), 괴로움
• be in agony 극심한 고통을 느끼다
ⓥ agonize 고민[고뇌]하다; 몹시 괴롭히다

2513 avenge
[əvéndʒ]
05.단국대

a(ad(=to)+venge(=revenge) → 누구에게 복수하다
vt.(부정·악행에 대해) 정당한 보복을 하다(=requite)
• avenge his mother's death 그의 어머니의 죽음에 대한 복수를 하다
ⓝ avenger 복수를 하는 사람

2514 vengeance
[véndʒəns]
17.한국외대/00.인천대
06.성균관대

venge(=revenge)+ance → 복수를 하는 것
n. 복수, 앙갚음(=retribution); 복수심
• with a vengeance 〈구어〉 격렬하게, 철저히(=in the fullest sense)
🔄 vendetta 상호복수, (주로 혈연간의) 복수

2515 vengeful
[véndʒfəl]
06.성균관대

veng(=revenge)+ful → 복수심이 가득한
a. 복수심에 불타는, 앙심을 품은(=vindictive)
• a vengeful person 복수심이 가득한 사람

2516 vindictive
[vindíktiv]
06.성균관대/01.고려대

vind(=revenge)+ic+tive → 복수심이 가득한
a. 복수심을 품은(=vengeful), 악의에서의(=malicious)
• a vindictive person 복수심이 강한 사람
• a vindictive action 보복행위
🔄 vindicative 변호하는, 변명적인 ⊃ DO864

혼동어근 gon/angle(=angle)

■ **angle** 각도, 각, 기울기; 관점
- **angul**ar 각의
□ tri**angle** 삼각형 •tri(=three)
□ rect**angle** 직사각형 •rect(=direct)
□ quadr**angle** 사각형 •quadr(=four)
■ poly**gon** 다각형 •poly(=many)
□ tetra**gon** 4각형 •tetra(=four)
□ penta**gon** 5각형 •penta(=five)
□ hexa**gon** 6각형 •hexa(=six)
□ octa**gon** 8각형 •octa(=eight)
□ nona**gon** 9각형 •nona(=nine)
□ diago**nal** 대각선 •dia(=across)

어근 venge/vend/vind(=revenge)

표제어 복습
□ re**veng**e 복수하다; 복수, 앙갚음 ▣ N0854
- re**veng**eful 복수심에 불타는

I 169

일상표현　생활영어 문제에 자주 출제되는 일상표현

1. 아는 사람끼리 안부인사

16901
What's up?
02.공인회계사

〈안부인사로서〉

1. 어떻게 지내니? 요즘 어때? 뭐 특별한 일 없어?

圓 **What's up?**	**Not much.** 아니, 뭐 별로
= What's new? →	= Nothing much.
뭐 특별한 일 없어?	= Nothing special. 특별한 건 없어

2. 무슨 일이니? 왜 그래? *상대방을 걱정하거나 무슨 일이 있을때 묻는 질문

圓 **What's going on?** *안부인사로도 쓰임
= What's happening? *안부인사로도 쓰임
= What's cooking? = What's coming off?
= What's the deal?
• You look worried. **What's up?** 걱정이 있어 보인다. 무슨 일이니?
• **What's up?** Something wrong? 왜 그래? 무슨 문제라도 있니?

圓 **What's on?**
(극장이나 TV에서) 뭐가 상영 중이니?
★ **What's on TV tonight?**
오늘 저녁 TV에서 뭐 하지?
★ **What's on the theater?**
극장에서 뭐가 상영 중이니?
= What's playing[running]?
圓 **What for?** 왜? 무엇때문에?

16902
How are you doing?
07.인천시7급
14-3.경찰

잘 지내니? 요즘 어때? *오랜만에 만난 사람에게 근황을 물을 때

圓 **How are you doing?** → Not bad. 괜찮아.
= How are you getting along? → So so. 그저 그래.
= How is it going? → It couldn't be better. 더할 나위 없이 좋아.
= How goes it with you? → It couldn't be worse. 최악이야.
= How does it go with you?

2. 오랜만에 만난 사람에게 하는 인사말

16903
Long time no see.
입사.토플.Teps

오랜만입니다.
cf. How have you been? 그 동안 어떻게 지냈니?

圓 It's been a long time. = It's long time since I saw you last.
= It's been a while. = I haven't seen you for a long time.
= It's been ages. = I haven't seen you for ages.
= It's ages since I last showed you.

3. 상대방을 걱정해주는 인사말

16904
Are you sick?
89.법원직

어디 아프세요?

圓 **Something wrong?**
= Are you feeling okay?
= Are you hurt? 어디 아프니?, 다쳤니?

16905
What is troubling you?

무슨 일로 고민하고 있니?

圓 **What's your worry[trouble]?**
= What are you worrying about?
= What's on your mind?

16906
What's wrong with you?
11.지방직7급/08.서울시9급

무슨 안 좋은 일 있어? 무슨 문제 있어?

圓 **What's eating you?** = What's getting on your nerves?
= What happened to you? = What's tormenting your brain?
= What's the matter with you? = What's the problem with you?
= What's weighing on your mind?
cf. What does it matter with you? 그게 너랑 무슨 상관이니?

4. 작별 인사

16907
I have to get going.

그만 가봐야 할 것 같네요. *자리에서 먼저 일어나고자 할 때

圓 **I'm afraid that I have to be leaving now.**
= I've got to[must] go now. = I must be on my way now.
= I think I should be going. = I must go now.
= I'd better get going. = I should be going now.
= I'd better say goodbye. = I have to run.
= Well, I gotta go.

16908
It's been nice talking with you.
91.행자부9급

이야기 정말 즐거웠어요.

📖 I really enjoyed your company.
함께 해서 정말 즐거웠습니다.
= It was nice meeting you.
만나서 즐거웠어요.

16909
Let's get together again soon.
91.행자부9급

곧 만나요. *get together 만나다

📖 Catch you later! 자 그럼 다음에!
= See you again[later].
= See you around.
= I'll see you later.

16910
Let's keep in touch.
98.법원직

계속 연락하고 지내자. *오랜만에 우연히 만난 친구와 헤어질 때

📖 Keep me in touch. 계속 알려주세요.
= Keep me informed.
= Keep me posted.

16911
So long.

(작별 인사로) 안녕.(=goodbye)

---

5. 제3자에 대한 안부 인사와 답변

16912
Remember me to your brother.
97.경찰/94.법원직

네 형에게 안부 좀 전해주렴.

📖 Give my wishes to your brother.
= Say hello to your brother, please.

16913
The same to you.
00.101단

(인사말에 대한 답변으로) 당신도요.

---

6. 제안, 권유, 질문

16914
Would you like to R?
13.기상직9급/07.건국대

~하는 건 어때요? ~은 어떨까요?
• **Would you like to go fishing tomorrow?** 내일 낚시하러 갈래?

■ 제안하는 말(~합시다. ~하는 건 어때요? ~은 어떨까요?)
   = **Why not ~ ?**
      • Why not take a day off? 하루 쉬는 게 어때?
   = **Why don't you ~?** ~합시다. ~하는 건 어때요? ~은 어떨까요?
      • Why don't you come shopping with me? 나랑 쇼핑하러 가지 않을래?
   = **Let's ~**
      • Let's go to the movie tonight. 오늘 저녁에 영화 보러 가자.
   = **How about ~?** 1. ~하면 어떨까요? ~하지 않겠습니까? ~에 대해 어떻게 보십니까?
      • How about a short walk? 잠깐 산책 나갈까요?
   = **what do you say to ~ing ?** ~은 어떨까요? ~하면 어떨까요?
      • What do you say to going for a walk? 산책하러 가실래요?
   = **What do you think of ~ing?** 1. ~하는 건 어때? 2. ~에 대해서 어떻게 생각하니?
      • What do you think of having dinner with me? 나랑 같이 저녁 먹지 않을래?
      • What do you think of the new general manager? 새 매니저를 어떻게 생각하세요?
   = **what do you think about** sth**?**
      • What do you think about learning the Korean language? 한국어를 배워 보는 게 어떠니?

16915
How do you like sth?
00.법원직/98.단국대

1. ~은 어떻습니까?, 마음에 드십니까?
• **How do you like your new job?** 새 직장은 어떠세요?

2. ~은 어떻게 해드릴까요?
• **How do you like your coffee?** 커피를 어떻게 해드릴까요?
• **How do you like your steak?** 스테이크는 어떻게 해드릴까요?
12.경북교행
🔲 How did you like it? 어땠어요? 어떻게 마음에 들었어요?

16916
How come? / How come ~?
03.행정고시/90.법원직

어째서? 왜? (★ How did it come that ~ ?의 단축형)

---

7. 응원, 칭찬

16917
Way to go!
06.경찰1차/04.경찰

〈응원·격려의 말〉 그거다, 좋아, 힘내라!, 파이팅!
• A : I just got a promotion at work, honey! 자기야! 나 승진했어.
  B : That's good! **Way to go.** 좋아, 잘됐네

16918
Hang in there.

참고 견뎌라, 버텨.

16919
You did a good job!

잘했어! 훌륭해!

> 🔁 Good job! 잘했어!
> = Good for you!

8. 격려, 동정의 말

16920
That's too bad.
07.국민대/92.법원직

그것 참 안됐구나. 유감입니다.

> 🔁 I'm sorry to hear that.
> = I'm sorry for you.
> = I'm sorry about it.
> = I'm sorry.

16921
(I'm) afraid so./ I hope not.
13.서울시7급/88.법원직

유감스럽지만 그런 것 같습니다.
🔁 **I'm afraid not.** 그렇지 않을 걸.(=I don't think so.)
🔁 **I hope so.** 나도 그렇게 생각한다, 나도 그러길 바래.

16922
What are friends for?
14.소방직9급/12.국가직9급

친구 좋다는게 뭐니?

9. 부탁과 감사인사, 사과와 그에 대한 대답

16923
Will you do me a favor?/
Will you do a favor for me?
09.대구대

부탁 하나 드려도 될까요?

> 🔁 Can you do me a favor?
> = May I ask a favor of you?
> = May I ask you a favor?
> → Sure. What can I do for you?
> 물론이죠, 무엇을 도와 드릴까요?

16924
Q : Would you mind ~ing?
A : No, I don't mind.
**   No, of course not.**
**   No, certainly not.**
11.경북교행/00.경찰

Q. ~해 주시겠어요?
A. 그러죠.
• A : **Would you mind holding** your tongue? 입 좀 다물어 주시겠어요?
  B : **Of course not.** 그러죠.

16925
Do you mind if ~?
13.기상직9급

내가 ~해도 될까?
• A : **Do you mind if** I smoke here? 여기서 댐배를 펴도 될까요?
  B : No, I don't mind. 괜찮아요.
🔁 **Would you mind if ~?** 제가 ~해도 괜찮습니까? *좀더 공손한 표현
   Would you mind if I open the window? 창문 좀 열어도 되겠습니까?
   = Would you mind my opening the window?

16926
Can I borrow ~?
15.한성대

(무엇 좀) 빌려 주실수 있어요? *내가 타인에게 빌리다
• **Can I borrow** some money? 돈 좀 빌릴 수 있을까?
• **Could you lend me** some money? 돈 좀 빌려 줄 수 있나요?
🔁 **Could you lend me ~?** (무엇 좀) 빌릴 수 있나요? *타인이 나에게 빌려 주다

16927
That's no sweat!
13.지방직7급/03.광운대

걱정 마라, 힘든 일은 아니야! 문제없어!(=No problem!)
• **No sweat**, traffic is right at this time of day.
  걱정하지 마라, 이 시간에는 교통이 복잡하지 않아.

16928
I can't thank you enough.
17.경찰1차

어떻게 감사의 말씀을 드려야 할지 모르겠습니다.

16929

It's my great pleasure.

96.법원직

천만에요. 별말씀을. *감사하다는 상대방의 인사에 대한 대답

> 통 **The pleasure is mine.**
> = **My pleasure.** 별말씀을. *제 기쁨입니다.
> = <미> **You're quite welcome.** 천만에요. *당신 일이라면 대환영입니다.
> = <영> **Don't mention it.** 별말씀을. *말씀하지 않으셔도 됩니다.
> = **Any time.** 언제든지요.
> = **Not at all.** 전혀.
> = **Think nothing of it.** 1. 〈사례에 대해〉 아무것도 아닌 것으로 생각하세요.
>   2. 〈사과에 대해〉 신경쓰지 마세요.

16930

Be my guest.

12.10경북교행/11.국가직9급

(상대방의 부탁을 들어주며) 그러세요. 그렇게 하세요.

16931

That's no big deal at all.

00.동덕여대

문제없어!(=There's no problem.) 식은 죽 먹기다

*어떤 부탁에 대해 승낙의 표시로

16932

It's no big deal.

12.국가직9급/04.행자부9급/92.법원직

12.국가직9급

별일 아냐, 신경 쓰지마. *실수에 대해 상대방의 사과의 말에 대해

> 통 **Think nothing of it.**   = **Forget about it.** 잊어버려.
> = **Don't bother.** 자책하지마.   = **Just ignore it.** 그냥 무시해버려.
> = **Never mind.** 염두에 두지마. = **It's quite all right.**

16933

Good deal!

12.사회복지9급

좋아! 바로 그거야!, 훌륭하군!(=Very good.)
* **Good deal! You're in.** 좋아! 너도 우리와 같이해.
혼 **a good deal of** 다량의
  It's a good deal. 정말 싸게 샀어.

> ■ **deal** 다루다, 처리하다, 대우하다, 거래하다; 나누어주다; 거래, 협정;
>   사항, 중요인물; 다량, 대량
> - **deal with** sb / sth (문제 사건 등을) 다루다, 처치하다, 처리하다(=cope with sth);
>   거래하다; 사귀다
> - **big deal** 큰 거래; 거물, 대단한 것
>   cf. **Big Deal!** 〈구어〉 그것이 어쨌다는 거야, 별것 아니지 않아!
> - **make a big deal (out) of** sth (아무것도 아닌 것으로) 큰 소동을 벌이다
> - **No deal!** 〈미·속어〉 싫어, 안돼
> - **raw deal** 부당한 취급[대우] ↔ **square deal** 공정한 취급[처사]
> - **That's a deal.** 좋아 알았다; 그것으로 결정짓자.

10. 상대방 말에 대한 반응 – 동감, 호응, 맞장구 ↔ 반대

16934

You said it.

10.09.경찰/03.행자부7급,명지대/01.법원직
98.사법시험/법원직

내 말이 그 말이야! 동감이야.

> 통 **You are telling me.** 맞았어. 바로 그거야!
> = **I quite agree with you.**   = **I totally agree with you.**
> = **I couldn't agree more.**   = **I agree with you 100%[completely].**
> = **I hear you loud and clear.** = **You can say that again.**
> = **You don't say.**   = **That makes two of us.**
> = **I'm in line with you.**   = **You are right.**
> = **I feel the same way.**

16935

That figures. / It figures.

10.09.경찰/03.행자부7급,명지대/01.법원직
98.사법시험/법원직

그렇구나. 내가 생각한 대로야. 그건 당연하다.

> 통 **That makes sense.**
> = **That explains it.**

16936

Do I make myself clear?

내 말 이해되니? 알아듣겠어?

> 통 **Are you with me?** 알아듣겠어?

16937

Are you following me?/
Do you follow me?

16경찰1차/15.한성대

내가 무슨 말을 하고 있는지 이해되니?
혼 **I don't follow you.** 무슨 말인지 못 알아듣겠습니다.

16938

I get the picture.

무슨 말인지 알겠다.

图 **Got it. = Got you. = I see your point.**

凹 **That's Greek to me.** 도무지 모르겠다.　 **= I'm sorry I didn't catch that.**

16939

What's your point?

무슨 말을 하려는 거야?

图 **What are you up to?**
= **What are you getting at?**
= **What are you trying to say?**
= **What do you intend by your words?**
cf. What do you mean by that? 무슨 의도로 그렇게 말하는 겁니까?

16940

Can you be more specific?/
Can you specify it?

14.지방직9급

좀 더 자세히 말해줄래?

16941

Are you for or against
my opinion?

08.지방직7급/07.인천시9급

내 의견에 찬성인가요 반대인가요?

凹 **I'm all for it.** 나는 전적으로 찬성한다.
= **I'm with you.** 나는 당신 편입니다.

凹 **She speaks our language.**
그녀는 우리랑 같은 생각이다.

16942

Over my dead body.

15.숭실대

내 눈에 흙이 들어가기 전에는 절대로 안돼.

图 **I'm against it.** 나는 반대야.
= **I have to disagree.**
= **No way.** 안 돼!

16943

I will eat my hat.

12.중앙대

(절대 그럴 일이 없다는 투로) 내 손에 장을 지진다.

16944

let's toss (up) for it.

13.경찰2차

동전 던지기를 해서 결정하자.

16945

I beg your pardon? /
Pardon? /
Pardon me?

00.여자경찰/92.법원직

1. 다시 한번 말씀해 주실래요? *상대방의 말을 되물을 때 쓰며 말끝을 올린다.
2. 실례입니다만.. *상대방의 말과 반대되는 뜻을 나타낼 때나. 모르는 사람에게 말을 걸 때 쓴다.
• **I beg your pardon**, but I don't think so.
실례입니다만, 저는 그렇게 생각하지 않습니다.

图 **Excuse me?**
= **What did you say?**
= **What's that?** 뭐라고?
= **How's that again?**
= **Come again?**
* **Oh, I didn't hear you. Come again?**
어, 잘 못 들었는데. 뭐라고 했어요?
= **Again, please.**

16946

This is none of your
business.

04-2.계명대/97.인천시9급

네가 관여할 일이 아니다.

图 **Mind your own business.**
= **Go about your business.** *go about sth 착수하다. 노력하다
= **You have nothing to do with this.**
= **This is none of your concerns.**
= **Keep your nose out of this.**

16947

I've had it.

06.대구시9급

진절머리가 난다. (그건 이제) 지긋지긋하다.

11. 푸념, 신세한탄

16948

Just my luck.

98.한성대

또 글렀군! 내 팔자가 그렇지 뭐.
*원하던 일이 제대로 이루어지지 않은 경우의 푸념

16949

Well, it's not my day.

98.한성대

제길, 오늘은 되는 일이 없네.

16950

Don't forget (to+R/that~)

11.경북교행

(~하는 것을) 잊지마.

凹 **I completely forget about it.** 완전히 잊고 있었어요.
I just slipped my mind. 깜빡했어요.

R252

[어근] order/ordin/ordain(=order) & mand/mend(=order, trust) & per(=order, command)

2521 order
[ɔ́ːrdər]
08.광운대

순서 → 정돈 → 계급 → 명령 → 주문

n. 1. 순서, 차례; 정돈, 정렬
• in order 순서에 따라
2. 서열, 순위; 계급
3. 정상 상태, 건강한 상태
• out of order 고장 난 ⊃ IOO32O
4. 명령, 훈령
• in order to R ~하기 위해서
5. 주문, 주문서
• May I take your order?/Are you ready to order?
〈웨이터가 손님에게〉 주문하시겠어요?
• make sth to order ~을 주문을 받아 만들다
• place an order (with sb) for a thing (~에게) ~을 주문하다
vt. 명령하다(=decree); 규정하다; 주문하다; 정돈하다
ⓐ orderly 순서 바른, 정돈된; 순종하는
14.한양대 🔁 disorder 무질서, 혼란; 소동, 소란 (가벼운) 병;
v. 혼란시키다; 병들게 하다; 혼란에 빠지다
00-2.경기대 - disorderly 무질서한, 난잡한; 무질서하게(=haphazardly)

2522 ordain
[ɔːrdéin]
13.국회8급

ordain(=order) → (신의 뜻대로 살것을) 명령하다

v. 1. (성직자로) 임명하다
2. (하느님·법률·운명이) 미리 정하다
• ordain a bishop 주교로 임명하다
ⓐ ordained 운명 지어진(=determined)

2523 preordained
[priːɔːrdéind]
06.성균관대

pre(=before)+ordain(=order)+ed → 이미 정해진 대로

a. 이미 정해져 있는(=predetermined), (운명 등이) 미리 예정된
• be preordained to meet 애초부터 만날 운명이다
ⓥ preordain 예정하다, 미리 운명을 정하다(=predetermine)
🔁 predestined 운명 지어진, 예정된
- destine (운명으로) 정해지다

2524 coordinate
[kouɔ́ːrdənèit]
04.입법고시

co(=together)+ordin(=order)+ate → 서로 순서가 같은

vt. 통합하다; 조정하다
a. [kouɔ́ːrdənət] 동등한, 동격의, 대등한
n. 좌표; 등위어구
• a coordinate clause 등위절
• coordinate positions 입장을 조율하다
ⓝ coordinator 조정자, 진행자, 코디네이터
coordination 조정; 동등, 대등관계

2525 command
[kəmænd]
04.입법고시

com(=together)+mand(=order) → 명령하다

vt. 1. 명령하다, 지휘하다; 강요하다
2. (자기감정을) 억누르다
• command oneself[one's temper] 자제하다
3. 획득하다
4. ~의 위치에 있다
• a house commanding a fine view 전망이 좋은 집
n. 명령; 지휘, 지휘권; 전망, 조망; 언어 구사능력
ⓐ commanding 지휘하는; 당당한; 인상적인; 전망이 좋은
ⓝ commander 지휘관; 사령관; 부함장; 경찰서장
ⓥ commandeer 징발하다, 징집하다

📕 at one's command 마음대로 쓸 수 있는(=at one's disposal)
have a command of / have at one's command
~을 마음대로 쓸 수 있다
under (the) command of ~의 지휘하에
in command of ~을 지휘하고
on[upon] command 명령을 받고
have a good command of a language
(언어를) 자유자재로 구사하다

88.행자부7급

어근 order/ordin/ordain(=order)

추가 어휘
☐ **ordin**ance 법령, 조례, 포고(=decree)
☐ **ordin**al 서수; 서수의

표제어 복습
☐ **ordin**ary 보통의, 통상적인, 평범한 🔲 N0891
- **ordin**arily 보통, 대개, 통상적으로
↳ extra**ordin**ary 이상한, 색다른; 임시의 🔲 N0892
- extra**ordin**arily 엄청나게, 유별나게
☐ in**ordin**ate 지나친, 과도한; 무절제한 🔲 N0532
- in**ordin**acy 과도, 지나침; 무질서, 무절제
- in**ordin**ately 지나치게, 과도하게
☐ sub**ordin**ate 계급이 낮은, 종속적인, 부하의 🔲 N0950
- sub**ordin**ation 예속, 종속; 복종
↳ insub**ordin**ate 순종하지 않는, 반항하는

어근 mand/mend(=order, trust)

추가 어휘
☐ counter**mand** (명령을) 취소하다 •counter(=against)
☐ re**mand** 송환하다, 반송하다; 재구류하다; 반송, 귀환
☐ com**mand**o 특공대

표제어 복습
☐ **mand**atory 강제의, 의무의, 필수의; 위임의 🔲 N0003
- **mand**ate (정치적) 위임, 명령; 명령하다
☐ repri**mand** 꾸짖다, 질책하다; 견책하다 🔲 N0574

어근 per(=order, command)

추가 어휘
☐ im**per**ative 반드시 해야 하는, 긴급한; 책무 🔲 N0455

2526 commendation
[kàməndéiʃən]
15.국회8급

com(강조)+mend(=trust)+ation → 강한 신뢰를 줌

n. 1. 칭찬(=panegyric); 추천; 상, 훈장, 표창
   2. 위임, 위탁
   • deserve a commendation 칭찬을 받을만하다
ⓥ commend 칭찬하다, 추천하다, 위탁하다
ⓐ commendable 칭찬할 만한(=exemplary), 훌륭한
🔁 recommend 추천하다; 권하다; 위탁하다
   - recommendation 추천, 권고; 추천서, 소개장

2527 demand
[dimǽnd]
02.숙명여대

de(강조)+mand(=order) → 강하게 주문하다

vt. 1. 요구하다, (일이 인내·주의를) 필요로 하다(=call for)
   2. 청구하다
   3. 다그치다, 묻다; 소환하다
n. 1. 요구(=imperative), 요구사항; 청구
   2. 수요, 수요량
   • demand quick action 빠른 조치를 필요로 하다
   • supply and demand 수요와 공급
16.한양대,홍익대
ⓐ demanding 요구가 지나친, (일이) 노력을 필요로 하는

2528 imperious
[impíəriəs]
07.감정평가사

im(강조)+per(=order)+i+ous → 강하게 명령하는

a. 전제적인, 오만한(=overbearing); 긴급한
   • with an imperious manner 오만한 태도로
🔁 imperial 제국의, 황제의; 품질이 좋은
   - imperialism 제국주의
   - imperator 전제 군주; 황제
   - imperium 절대권, 주권; (국가의) 명령권
   - empire 제국; 왕국; 황제의 통치

R253 [어근] crat/cracy(=rule) & arch(=rule, government, old, chief) & domin/dom(=rule, lord)

2531 rule
[rú:l]
02.건국대

통치 → 규칙 → 지배하다

n. 규칙, 습관, 관례; 지배, 통치(=control)
v. 1. 지배하다, 통치하다
   2. (감정을) 억제하다
   3. 판결하다

07.동국대/04.강남대
00-2.고신대/93.행정고시

⊞ rule of thumb 주먹구구, 손대중; 경험 법칙
as a rule 대개, 일반적으로
(=usually, generally, in general, on the whole)
rule out 1. 배제하다, 제외시키다(=exclude), 제거하다
(=remove, eliminate)
2. 불가능하게 하다, 가능성을 없애 버리다
(=prevent, preclude)
rule with a rod of iron 압제[학정]를 하다
rule against ~에게 불리한 재결·결정을 하다

07.동국대/04.강남대
00-2.고신대/93.행정고시
92.행정부7급

2532 unruly
[ʌnrú:li]
14.홍익대

un(=not)+rule(=rule)+ly → 다스릴 수 없는

a. 다루기 힘든(=adamant), 제멋대로인
   • an unruly child 다루기 힘든 아이

2533 autocratic(al)
[ɔ́:təkrætik, -ikəl]
03-2.세종대

auto(=self)+crat(=rule)+ic → 자기 스스로 법을 만드는

a. 독재의, 독재적인(=dictatorial, high-handed)
   • People do not want a dictatorial and autocratic government
   any more. 국민들은 더 이상 독재적이거나 전제적인 정부를 원하지 않는다.
ⓝ autocracy 독재정치(=tyranny)
   autocrat 독재자
🔁 democracy 민주주의 •demo(=people)
   - democrat 민주주의자; 민주당원

2534 monarchy
[mánərki]
08.가톨릭대

mono(=one)+arch(=rule)+y → (왕) 혼자서 지배하는 것

n. 군주정치, 군주제 (↔ republic 공화제, 공화국)
   • The French Revolution changed France from a monarchy to a
   republic. 프랑스 혁명은 프랑스를 군주제로부터 공화제로 변화시켰다 .
ⓝ monarch[mánərk] 군주, 제왕 monarchism 군주제
   monarchist 군주제주의자, 왕정복고주의자

어근 crat/cracy(=rule)

표제어 복습

☐ aristocracy 귀족정치; [the ~] 귀족, 귀족사회
   - aristocrat 귀족, 귀족적인 사람
☐ bureaucracy 관료 정치 → 까다로운 행정제도, 관료주의
   - bureaucrat 관료; 관료적인 사람
☐ meritocracy 실력 사회, 능력 위주 사회; 엘리트 지배층
   - meritocrat 엘리트, 실력자
☐ technocracy 기술자 지배(전문 기술자에 의한 통치)
   - technocrat 전문 기술자

어근 arch(=rule, government, old, chief)

추가 어휘

■ anarchy 무정부상태; 무질서, 혼란 •an(=not)
   - anarchist 무정부주의자, 테러리스트
☐ autarchy 전제정치, 독재권 •auto(=self)
☐ autarky[ɔ́:tɑ:rki] 경제적 자급자족
☐ oligarchy 과두정치, 소수 독재정치
   ↔ polyarchy 다두정치 •poly(=many)
■ archangel 대천사, 천사장 •arch(=chief)
☐ archipelago 군도, 다도해
☐ architect 건축가, 설계자
   - architecture 건축 설계, 건축학

표제어 복습

☐ archaic 고대의, 고풍의; 구식의 ◘ N0951
☐ patriarch 가장, 족장, 원로 •patri(=father) ◘ R1654
☐ matriarch 여자 가장 •matri(=mother) ◘ R1653

2535 plutocracy
[plu:tάkrəsi]
15.한국외대

pluto(=wealth)+cracy(=rule) → 돈으로 다스리는 것

n. 금권정치; 부호계급, 재벌
- Plutocracy is government by the affluent.
  금권정치란 부유층에 의한 정치체제이다.
- ⓝ plutocrat (영향력이 큰) 부호, 재벌
15.서강대
- ⓐ plutocratic 금권정치의

2536 hierarchy
[háiərὰ:rki]
99.명지대

hier(=holy)+archy(=rule) → 성스러운 지배층

n. 1. 계급제(도), 계층제, 서열
2. 지배층, 권력층
- based on hierarchy of rank and seniority 연공서열에 기반을 둔
- ⓝ hierarch 교주, 고위 성직자, 제사장; 권력자
11.법원직
- ⓐ hierarchic(al) 계층제의, 위계 조직의

2537 overarching
[òuvərά:rtʃiŋ]
07.아주대

머리 위에 아치형의 왕관을 쓴

a. 무엇보다 중요한(=dominant)
- the overarching factor 가장 중요한 요인

2538 archivist
[ά:rkəvist]
00-2.단국대

arch(=old)+iv+ist → 오래된 것을 보관하는 사람

n. 기록[공문서] 보관인
- ⓝ archive[ά:rkaiv] 고기록; 기록보관소; 기록을 보관하다

어근 domin/dom(=rule, lord)

추가 어휘
- ☐ dominical 주 예수 그리스도의, 주일의
- ☐ dominie 목사

표제어 복습
- ☐ dominate 지배하다; 우세하다; 억누르다 ☑ N0049
  - dominance 우월, 우세; 권세; 지배
  - domination 지배, 통치, 우세
  - dominion 지배[통치]권, 주권, (pl.) 영토
  - dominator 지배자, 통솔자; 지배력
    cf. dominatrix 여자 지배자
  - dominant/dominative 지배적인, 유력한, 우세한
- ☐ indomitable 굴복하지 않는 ☑ D0049
- ☐ domineer 권세를 부리다, 압제하다 ☑ D0049
  - domineering 횡포한, 거만한
- ☐ predominantly 우세하게, 지배적으로 ☑ D0049
  - predominance 우세, 지배
  - predominate 능가하다, 압도하다, 지배하다

R254

[어근] leg(=law) & reg(=rule) & nom(=rule, law) & code(=book, law)

2541 illegal
[illí:gəl]
05.아주대

il(in=not)+leg(=law)+al → 법에 허용되지 않는

a. 불법의, 비합법적인(=unlawful)
- illegal parking 불법주차
- 囲 legal 법률의, 합법의; 법률가의; 법으로 승인된
  - legality 적법, 합법(성) - legalize 적법화하다, 합법화하다
- 圄 regal[rí:gəl] 국왕의; 제왕다운, 당당한 •reg(=rule)

2542 privilege
[prívəlidʒ]
12.경희대/97.경찰
89.행자부9급

privi(=one's own)+leg(=law) → 법으로 특별히 소유를 인정하는 것

n. 특권(=prerogative); 면책특권; 특허; 특별한 혜택
- offer power and exclusive privileges 권력과 배타적 특권을 제공하다
- ⓐ privileged 특권[특전]이 있는; 면책 특권의
- 囲 privacy 사생활, 은둔, 비밀
  - private 사적인, 사립의, 비밀의, 민간인의; 병사, 졸병
  - privy 은밀히 관여하는, 일개인의, 사유의

2543 allegiance
[əlí:dʒəns]
17.가천대/10.경희대

al(ad=to)+leg(=law)+ance → 법을 향한 태도

n. 충성(=fidelity)
- pledge allegiance to the flag 국가에 대해 충성을 맹세하다
- 圄 allegation[æligéiʃən] (증거가 없는) 혐의, 주장

2544 regulation
[règjuléiʃən]
14.한양대

reg(=rule)+ul+ation → 규칙에 맞게 하는 것

n. 규제, 단속; 법규; 조정
- do away with the regulation 규제를 폐지하다
- ⓥ regulate 규제하다, 단속하다; 조정하다
- ⓐ regular 정기적인, 규칙적인; 정규의; 정시의
- 囲 irregular 불규칙한, 고르지 못한; 비정규의
12.이화여대
  unregulated 규제되지 않은, 조정되지 않은
  deregulate 규제를 완화하다

2545 interregnum
[intərrégnəm]
13.이화여대

inter(=between)+reg(=rule)+num → 통치자가 바뀌는 사이

n. (내각 경질·왕의 폐위에 따른) 지도자의 공백 기간(=hiatus)
- during the interregnum 궐위기간 동안에

2546 anomaly
[ənάməli]
16.단국대/한양대

a(=not)+nom(=rule)+al+y → 정해진 규칙을 벗어난 것

n. 비정상, 변칙(=aberration), 예외인 것
- a genetic anomaly 염색체 이상
- ⓐ anomalous 변칙적인, 예외의(=exceptional); 변태적인(=abnormal)
- 圄 anomie[ǽnəmi:] 사회적 무질서, 아노미

---

tip legislate(법률을 제정하다)에서 보듯이 leg는 '법'을 의미합니다. 혼동하기 쉬운 어근 reg는 '다스리다(rule)'를 의미하며 쉬운 단어로 regulation(규제)이 있답니다.

어근 leg(=law)

추가 어휘
- ☐ legislate 법률을 제정하다
  - legislative 입법의; 입법권
  - legislature 입법부

어근 reg(=rule)

추가 어휘
- ☐ regime[reiʒí:m] 정권, 정치 체제; 통치 방식
  •ancient regime 구체제, 구제도
- ☐ regnant 통치하는, 군림하는; 지배적인
- ☐ regent[rí:dʒənt] 섭정(을 하는 사람)
  - regency 섭정기, 섭정정치
- ☐ reign[rein] 지배; 통치; 군림하다, 지배하다
- ☐ regnum 왕국
- ☐ regiment[rédʒəmənt]〈군대〉 연대

표제어 복습
- ☐ legitimate 합법적인, 적법의, 정당한
  - legitimacy 정통성, 합법성; 정당성, 적출
  - ↔ illegitimate 불법의, 법으로 용인되지 않은
  - illegitimacy 위법, 불법; 사생

어근 nom(=rule, law)

추가 어휘
- ☐ economy 절약, 경제
- ☐ antinomy 이율배반, 자가당착

표제어 복습
- ☐ autonomous 자치의; 자율의 ☑ N0413 •nom(=rule)
  - autonomy 자치; 자율권; 자주성
  - ↔ heteronomous 타율의
  - heteronomy 타율, 타율성
- **혼동어근** nomen(=name, word) ☑ R093

2547 code
[kóud]
95.변리사

code(=law) → 규칙을 통해 만드는 것

n. 1. 암호, 부호
2. (사회적) 관례; (국가의) 규정; 법전
- a secret code 비밀번호, 암호
- a dress code (직장이나 파티의) 복장규정
- the penal code 형법전

ⓥ codify 법전으로 편찬하다, 성문화하다; 체계적으로 정리하다

2548 decode
[di:kóud]
98.중앙대

de(=not)+code(=law) → 규칙화(부호화)한 것을 없애다

vt. 암호를 풀다, 해독하다
- decode the cipher 암호를 해독하다

ⓝ decoding 디코딩, 암호화한 것을 해독하는 것

🔁 encode 암호화하다, 부호화하다(=encrypt)
- encoding 부호화

R255

[어근] jud/judg(=judge) & jur/juris(=swear, law, right) & just(=right) & litig(=dispute)

2551 judicial
[dʒuːdíʃəl]
11.법원직/08.홍익대

jud(=judge)+i+cal → 법을 판단하는

a. 1. 사법의, 재판의(=legal)
2. 공정한; 판단력 있는
- the inadequacies of the judicial system 사법 제도의 불합리성
- the threat to judicial independence 사법권 독립에 대한 위협

ⓐ judiciary 사법부, 사법 제도; [집합적] 판사; 사법의, 법원의

ⓝ judicature 사법 행정; [집합적] 재판관

🔁 juridical 사법상의, 재판상의
cf. extrajudicial 소송행위 외의, 재판 밖의

🔁 jurisdiction 사법권, 재판권, 관할권
judge 법관, 판사 jury (집합적) 배심원단 juror 배심원

2552 judicious
[dʒuːdíʃəs]
01.입법고시/95.서울대학원
94.연세대학원

jud(=judge)+i+ous → 판단을 잘 하는

a. 현명한, 신중한, 판단력이 있는(=wise)
- They made judicious use of government incentives.
그들은 정부의 장려금을 현명하게 사용했다.

🔁 injudicious 분별없는, 지각없는

2553 adjudicate
[ədʒúːdikèit]
14.고려대/13.이화여대

ad(=to)+jud(=judge)+ic+ate → 무엇이 옳은지 판단하다

v. 1. 판결을 내리다, 재결하다
2. 심판을 보다
- adjudicate on the case 그 사건에 대해 판결하다

ⓝ adjudication 판결, 선고, 재결

ⓐ adjudicative 판결의

2554 abjure
[æbdʒúər]
15.서강대/13.중앙대

ab(=away)+jur(=swear)+e → 버릴 것을 맹세하다

vt. (신념을 공식적으로) 포기하다, 버리다(=renounce)
- abjure her beliefs 그녀의 신앙을 버리다

🔁 adjure 간청하다, 엄명하다

2555 conjure
[kándʒər]
90.고려대학원

con(=together)+jur(=swear)+e → 신에게 맹세하는 주문을 외다

vt. 1. 요술을 쓰다; 주문으로 영혼을 불러내다
2. 간청하다, 기원하다
3. 떠올리게 하다, 마음속에 그리다[up]
- conjure up an image of stark deserts
황량한 사막의 이미지를 떠올리게 하다

ⓝ conjuration 기원; 주문, 마법
conjurer 마법사

2556 litigious
[lítídʒəs]
16.가천대/04-2.고려대

litig(=dispute)+i+ous → 다툼·분쟁을 좋아하는

a. 소송[논쟁]하기 좋아하는(=lawsuit-loving); 소송상의
- the litigious nature of our society 소송을 좋아하는 우리 사회의 특성

02.명지대
ⓥ litigate 소송을 제기하다(=take legal action), 법정에서 다투다

ⓝ litigation 제소, 고소; 소송(=lawsuit)

94.사법시험
ⓝ litigant 소송 당사자 (원고 또는 피고)(=parties in a lawsuit)
cf. plaintiff 원고 ↔ defendant 피고

---

tip 죄를 판단(judge)하는 판사(judge)와 배심(jury)에서 보듯이, 어근 jur은 "법률"의 의미를, 어근 jud는 "판단하다"의 의미를 가집니다.

어근 jud/judge(=judge)

추가 어휘

☐ judge 법관, 판사; 재판하다, 판단하다
- judgment 판단, 판결; 재판; 의견
☐ prejudge 심리하지 않고 판결하다; 미리 판단하다
☐ prejudgment 예단, 선입관

표제어 복습

☐ prejudice (성별, 인종에 대한) 편견 🔲 N0649
- prejudiced 편견을 가진, 편파적인
↔ unprejudiced 편견이 없는, 공평한
- prejudicial 해를 끼치는; 편견을 갖게 하는

어근 jur/juris(=swear, law, right)

추가 어휘

☐ jurisprudence 법률학, 법리학
☐ injure 상처를 입히다, 다치게 하다 *in(=not)
- injury 상해, 손상; (권리) 침해
- injurious 해로운, 상처를 입히는

표제어 복습

☐ perjure (선서 후에) 위증하다 🔲 N0716
- perjury 위증; 위증죄

어근 just(=right)

추가 어휘

☐ just 1. 공정한, 적절한
2. 막, 방금; 정확히 딱; 단지, 그저
☐ justice 정의, 공평성; 사법, 재판; 판사
☐ justify 옳음을 보여주다, 정당화시키다
- justifiable 정당한 (이유가 있는)
- justified 당연한, 정당한, 이유가 있는
- justification 타당한 이유

2557 adjust
[ədʒʌ́st]
01.행자부7급

ad(=to)+just(=right) → 옳게 만들다
v. 1. 조절하다, 조정하다, 맞추다[to]
   2. 적응하다; 적응시키다(=accommodate, conform, adapt)
   • adjust the volume 볼륨을 조절하다
   • adjust oneself to a new circumstance 새로운 환경에 적응하다
ⓝ adjustment 조정, 수정
ⓐ adjustable 조절이 가능한
   adjusted 조절된, 적응한 ↔ maladjusted 환경에 적응 못 하는
ⓝ adjustability 조절기능, 적응력

R256
[어근] bar(=prohibit, stick) & ban(=prohibition) & tric/trig(=obstacle) & lic(=to be allowed)

2561 bar
[bɑːr]
96.한서대
04.입법고시
09.고려대

막대기 → 금하다 → 변호사
n. 1. 막대기, 빗장, 창살, 장벽
   • behind (the) bars 감옥에 있는, 투옥된 (=in prison)
   2. 술집, 바, 간이식당
   cf. cabaret[kǽbəréi] 카바레
   3. 법정, 법조계, 변호사단
   • bar exam 변호사 시험
vt. 빗장을 지르다, 금하다, 방해하다
🔁 disbar 변호사(barrister)의 자격을 박탈하다
   sidebar (배심원을 제외한) 판사, 검사와 변호사 사이의 협의
   cf. side-bar 부차적인, 보조적인, 시간제의
   barrister[bǽrəstər] 법정 변호사

2562 barely
[béərli]
97-2.고려대

bar(=prohibit)+e+ly → 금지당한 것과 마찬가지로
ad. 1. 거의 …않다
   2. 간신히, 겨우, 가까스로
   • His handwriting is so bad that it is barely readable.
   그의 손 글씨는 너무 엉망이라 거의 읽을 수 없다.
🔁 bare 노출된, 발가벗은

2563 barrier
[bǽriər]
14.항공대

bar(=prohibit)+ier → 넘지 못하게 막아 놓은 것
n. 장벽, 장애(물); (넘기 힘든) 한계
   • tariff barriers 관세 장벽
🔁 barricade 바리케이드, 장애물

2564 barrage
[bərɑ́ːʒ, bǽ-]
14.항공대
17.성균관대

bar(=prohibit)+age → 적이 공격하지 못 하도록 퍼붓다
n. 일제 엄호 사격, 집중포화(=blast); 질문공세
vt. 일제히 퍼붓다
   • a barrage of questions 쏟아지는 질문공세
🔁 barrack[bǽrək] 1. (군인들의) 막사; 막사생활을 하다
   barrel[bǽrəl] 쏜살같이 질주하다(=dash); 맥주 통; 배럴(석유 단위)

2565 embarrassed
[imbǽrəst]
94.성결대

em(=make)+bar(=prohibit)+rass+ed → 못 하도록 막아서 당황한
a. 1. 쑥스러운(=humiliated), (실수 등으로) 당황스러운
   2. 궁색한, 쪼들리는
   • Her rude manner embarrassed the others at the party.
   파티에서의 그녀의 버릇없는 태도는 다른 사람들을 당황하게 했다.
ⓥ embarrass 당황스럽게[쑥스럽게, 난처하게] 만들다

2566 contraband
[kɑ́ntrəbænd, kɔ́n-]
01.여경/74.행정고시

contra(=against)+ban(=prohibit)+d → 금지된 것을 들여오는 것
n. 밀수품
   • smuggle contraband 밀수품을 몰래 가지고 들여오다
🔁 bandit 강도, 산적

2567 intricate
[íntrikət]
10.동덕여대/99.경찰
88.행자부7급

in(=in)+tric(=obstacle)+ate → 장애물 안에 있는
a. 얽힌, 복잡한; 난해한(=complicated)
vt. 〈고어〉 복잡하게 만들다, 얽히게 하다
   • The intricate directions were difficult to understand.
   그 복잡한 사용법은 이해하기가 힘들었다.
ⓝ intricacy (pl.) 얽힌[복잡한] 일

---

tip bar는 '기다란 막대기'를 뜻하는 단어에서 막대기로 만든 창살의 의미로 확장되며, 막대기로 막는 것에서 "금지하다"의미도 추가됩니다.

어근 bar(=prohibit, stick)

표제어 복습
□ embargo 입출항(수출입)금지; (보도) 금지, 제한 ▣ N0960

어근 ban(=prohibition, decree)

표제어 복습
□ ban 금지하다; 금지, 금지령; 파문 ▣ N0057
   - banish (국외로) 추방하다, 마음에서 떨어버리다
   - banishment 추방, 유형, 유배
□ banal 진부한, 상투적인 ▣ N0954
   - banality 진부한 것

어근 tric/trig(=obstacle)

표제어 복습
□ intrigue 당황하게 하다; 흥미를 돋우다; 음모를 꾸미다; 음모, 밀통; 줄거리 ▣ N0310
   - intriguing 음모를 꾸미는; 호기심을 돋우는
   - intriguer 음모자, 책사; 간통자
□ extricate (위기에서) 구해내다, 구출하다 ▣ N0675
   - extrication 구출, 탈출
   - extricable 구출[해방]할 수 있는
   ↔ inextricable 탈출할 수 없는; 해결할 수 없는; 불가분의

2568 illicit
[ilísit]
03.101단/01.영남대
98-2.경기대

in⟨il(=not)+lic(=to be allowed)+it → 허가받지 못해서 불법인

a. 불법[부정]의; 무허가의(=unlawful, illegal)
- prevent illicit traffic in drugs 마약의 불법거래를 방지하다

🔁 **licit** 합법의, 정당한

🔁 **license** 면허(장), 인가; 허가하다, 면허를 주다
- **a license plate** 자동차 번호판

R257 [어근] crim/crimin(=guilty, crime, separate) & pen/pun(=penalty, punishment)

2571 criminal
[krímənl]

13.세종대

crimin(=guilty, crime)+al → 죄를 지은 사람

n. 범인, 범죄인(=gangster)

a. 형사상의(=penal), 죄가 되는
- a criminal code 형법
- criminal proceedings 형사 소송 절차

ⓝ **criminality** 범죄성; 범죄 행위, 범행

ⓥ **criminalize** ~을 범죄로 규정하다
↔ **decriminalize** (사람·행위를) 기소(처벌) 대상에서 제외하다

🔁 **crime** 죄, 범죄, 죄악
- **criminology** 범죄학; 형사학

2572 incriminate
[inkrímənèit]
10.경희대

in(=on)+crimin(=guilty, crime)+ate → 누구에게로 죄를 씌우다

vt.1. 죄를 뒤집어씌우다, ~이 유죄인 것처럼 보이게 하다
2. (~의) 원인으로 간주하다
- No incriminating evidence was found.
유죄의 증거는 발견되지 않았다.

ⓝ **incrimination** 죄를 씌움; 유죄로 하는 것

🔁 **criminate** 고발[기소, 고소]하다, 비난하다
- **criminative** 고발하는, 죄를 씌우는; 비난하는
recriminate 맞고소하다; 되받아 비난하다
- **recrimination** 맞비난, 맞고소 (=countercharge)

2573 penal
[píːnl]
86.사법시험

변리사

pen(=punishment)+al → 처벌의

a. 형벌의, 형법의, 형사상의
- penal code 형법
- sentence a person to penal servitude 징역형을 선고하다

ⓝ **penalty** 형벌, 벌금; 벌칙, 벌점, 불이익

ⓥ **penalize** 유죄를 선고하다; 벌하다

2574 impunity
[impjúːnəti]
07.서울시9급

im⟨in(=not)+pun(=punishment)+ity → 처벌받지 않음

n. 형벌을 받지 않음, 무사
- with impunity 벌을 받지 않고, 무사히
- If laws are not enforced, crimes are committed with impunity.
법이 시행되지 않으면, 범죄를 행해도 처벌받지 아니한다.

ⓥ **punish** 처벌하다, 벌하다, 응징하다

ⓝ **punishment** 형벌, 처벌(=sanction), 징계
punisher 응징자, 처벌자

ⓐ **punitive** 벌의, 형벌의, 징벌의

2575 repent
[ripént]
02.중앙대

95.성균관대

re(=again)+pen(=punishment)+t → 다시 마음으로 처벌을 받다

vt.(~을) 후회하다, 뉘우치다(=stand in a white sheet)
- repent of his activities 그의 행동들을 회개하다

ⓐ **repentant** 후회하는, 뉘우치는, 회개하는(=penitent)

ⓐⓓ **repentantly** 뉘우치듯(=contritely)

ⓝ **repentance** 후회, 참회

---

tip 범죄(crime)는 어떤 죄를 저지르는 것을 의미하므로
어근 crimin은"죄가 있는(guilty)"의 의미입니다.

어근 crimin(=separate)

표제어 복습

☐ dis**crimin**ation 구별, 식별(력), 차별 대우 ▣ N0023
- dis**crimin**ating 구별할 수 있는; 식별력이 있는
- dis**crimin**atory/dis**crimin**ative 차별적인
- dis**crimin**ate 구별[식별]하다; 차별하다
↔ indis**crimin**ate 무차별의, 마구잡이의
- indis**crimin**ately 무차별적으로

어근 pen/pun(=penalty, punishment)

표제어 복습

☐ **pen**itent 회개하는, 뉘우치는; 회개자 ▣ N0685
- **pen**itence 회개, 참회, 뉘우침
- **pen**ance 참회, 속죄, 고해성사
↔ im**pen**itent 회개하지 않는

2581 cause
[kɔːz]
13.한국외대/05~2.경원대
05.국민대

cause(=reason) → 이유

n. 원인, 이유; 근거, 대의명분(=objective)
vt. 야기하다, 초래하다
- die for a cause 대의명분을 위해 죽다

ⓝ causality[kɔːzǽləti] 인과관계
causation (다른 사건의) 야기, 원인
☞ because ~ 때문에, 왜냐하면

tip because(~때문에)는 원인이나 이유를 설명하는 접속사입니다.
따라서 cause는 이유(reason)을 의미하는 어근입니다.

어근 cause/cus/cuse(=reason)

표제어 복습

☐ accuse 고발[기소]하다; 비난하다 ◪ N0307
  - accused 고발[고소·기소]된; (the ~) 피고인
  - accusing 고소하는, 비난하는
  - accusatory 기소의, 비난의
  - accusation 기소, 고발; 비난
  - accuser 비난자; 고소인; 고발자

어근 text(=weave)

추가 어휘

☐ text 본문, 원문, 교과서
  - textual 본문의; 원문의; 교과서의
☐ textile 직물의, 방직된(=woven); 직물
☐ texture 짜임새, 구성, 구조; (세포) 조직

표제어 복습

☐ pretext 구실, 변명, 핑계 ◪ N0825

2582 excuse
[ikskjúːz]
12.경희대/07.세종대
95.중앙대

ex(=out)+cuse(=reason) → 빠져나가기 위한 이유

n. 변명, 구실, 핑계거리(=pretext)
vt. 1. 용서하다; 변명하다
2. 면제해주다(=exempt)
- absurd excuses for their despicable deeds
  그들의 비열한 행동에 대한 어리석은 변명들

ⓐ excusable 변명이 되는, 용서할 수 있는

2583 context
[kántekst, kɔ́n-]
12.숙명여대/00.세무사

con(=together)+text(=weave) → 전체적으로 짜 맞춘 관계

n. 1. 문맥, (문장의) 전후 관계
2. (어떤 일의) 정황, 배경
- high-context 상황에 민감한

ⓐ contextual (문장의) 전후 관계의, 문맥상의
ⓝ contexture 조직, 구조; 문장의 구성
☞ syntax[síntæks] 구문론[법]; 통사론[법]; 문장론; 체계

2591 strengthen
[stréŋθən]
13.경희대/01.국민대

strength(=strong)+en(=make) → 힘 있게 만들다

vt. 1. 강화하다(=consolidate, fortify, solidify)
2. 증강하다, 증원하다(=reinforce)
- strengthen cooperation between Korea and China
  한중 간의 협력을 강화하다

ⓝ strength 힘, 체력; 강점, 장점
ⓐ strong 힘 센, 강한, 튼튼한(=robust); 유력한, 확실한; (술이) 독한

tip 파워(power)는 힘이요, 권력입니다. 포스(force)는 물리적인 힘을 나
타냅니다. 어근 force는 "힘센, 강한(=strong)"을 의미하는 어근입니다.

어근 pot/pow/poss(=powerful, capable of)

추가 어휘

☐ possible 가능한, 있음직한
  - possibility 가능성
  ↔ impossible 불가능한

표제어 복습

☐ potent 강력한, 유력한; 영향력이 있는 ◪ N0098
  - potency 유력한 것; 권력; 효능; 가능성, 잠재력
  - potential 가능한; 잠재적인; 가능성, 잠재력
  - potentiality 가능성; 잠재력
  ↔ impotent 무기력한, 무능한; 허약한
  - impotence 무력, 무기력, 허약
☐ omnipotent 전능의, 무엇이든 할 수 있는 ◪ D0098

2592 empower
[impáuər]
02~2.숭실대/00~2.서울여대

em⟨en(=give)+power → 힘(권력)을 주다

vt. 1. 권한을 부여하다, 권력을 위임하다(=authorize)
2. ~할 능력[자격]을 주다
- The President is empowered to veto a bill.
  대통령에게 법안을 거부할 권한이 부여되어 있다.

ⓝ empowerment 권한 부여; 권력 위임

어근 fort/force(=strong)

추가 어휘

☐ effort 노력, 수고; 성과
  - effortless 노력하지 않는, 힘들이지 않는
☐ perforce 부득이, 필연적으로 •per(=completely)

어근 rob(=strong)

추가 어휘

☐ robot 로봇
  - robotics 로봇공학

2593 force
[fɔːrs]
85.법원직9급

14.지방직7급

05.동국대

그는 포스가 장난이 아니다

vt. 강제하다, 억지로 시키다[to, into](=compel, impel)
n. 1. 힘, 체력, 기(氣); 무력, 병력; (pl.) 군대
2. 영향력, 설득력
- be forced to resign 사임을 강요받다
- come into force 발효되다, 시행되다

ⓐ forceful 힘 있는, 강력한; 설득력 있는; 강제적인(=compelling)
forcible 강제적인; 폭력적인; 강력한
☞ Tour de force 역작, 걸작
task force team 단기간의 특별 임무를 위해 구성된 프로젝트 팀
work force 전종업원; 노동력, 노동인구

표제어 복습

☐ robust 건장한, 튼튼한; 확고한 ◪ N0382
  - robustness 건장함, 강함
☐ corroborate 확증하다, 보강하다 ◪ N0819
  - corroboration 확증; 보강 증거

2594 enforce
[infɔ́ːrs]
11.고려대/03.가톨릭대

en(=give or on)+force(힘) → (법에) 효력을 주다

vt. 1. (법률 따위를) 시행[실시]하다, 집행하다
2. (행위를) 강요[강제]하다, 억지로 시키다
3. (주장·요구 등을) 강력히 주장하다
- enforce the law 법을 집행하다

ⓐ enforceable 시행[집행, 강제]할 수 있는
enforced 강제된, 강제적인
ⓝ enforcement (법률의) 시행, 집행; (복종의) 강제

2595 **reinforce**
[ri:infɔ́:rs]
08.고려대

re(=again)+en(=give or on)+force(힘) → 다시금 힘을 주다

vt. 강화[증강, 보강]하다(=strengthen); 힘을 북돋우다
- reinforce the protection of intellectual property
  지적 재산권의 보호를 강화하다
- reinforce to withstand earthquakes 지진에 견디도록 보강하다

ⓝ reinforcement 보강, 강화, 증원; 보급(품)

2596 **fortify**
[fɔ́:rtəfài]
02.고려대/01.국민대
99.행자부9급

fort(=strong)+i+fy(=make) → 강하게 만들다

vt. 1. 강화하다, 튼튼히 하다; 요새화하다(=strengthen)
2. (술 등을) 독하게 하다; 영양가를 높이다

ⓝ fortification 축성, (pl.) 성채, 요새; 강화

관 fortress [fɔ́:rtris] 요새, 성채; 요새지(=bulwark)
forte 1.[fɔ́:t] 장점, 특기 2.[fɔ́:tei] (음악) 포르테, 강하게

2597 **fortitude**
[fɔ́:rtətjù:d]
⊃ NO981

fort(=strong)+i+tude → 강함

n. 불굴의 용기
- with fortitude 의연하게

2598 **comfort**
[kʌ́mfərt]
08.고려대

com(=with)+fort(=strong) → 옆에서 힘을 실어주다

n. 1. (pl.) 생활을 편하게 해주는 물건(=conveniences)
2. 위안, 위로; 위안이 되는 물건[사람]

vt. 위로하다, 격려하다, 안심시키다(=soothe)
- be comforted by family and friends 가족과 친구들에게 위로를 받다

12.경희대/98.총신대 ⓐ comfortable 편안한; 안락한(=cozy); 수입이 충분한
↔ uncomfortable 기분이 언짢은, 마음이 편치 못한, 불편한

관 discomfort 불쾌, 고통; 불안하게 하다

91.서울시9급 표 feel at home 편안함을 느끼다
88.행자부9급 ill at ease 불편한
99.경찰 feel like a fish out of water 불편함을 느끼다
00.세종대 feel out of place 불편함을 느끼다

2599 **debilitate**
[dibílətèit]
08.고려대

de(=반대)+bil(=strong)+it+ate → '강하게 하다'의 반대

vt. 쇠약[허약]하게 하다(=enfeeble)
- debilitate the strength of the opponent 상대의 강점을 약화시키다
- be debilitated by hunger and disease 굶주림과 병으로 무력해지다

ⓝ debility (병에 의한) 쇠약 debilitation 쇠약화

R260 [어근] custom(=custom) & sort(=kind, class)

2601 **custom**
[kʌ́stəm]

custom(=custom) → 관습적인

n. 1. 풍습, 관습, 관례
2. 관세, 세관, 통관
3. 단골고객

a. 주문한, 맞춤의; 세관의
- custom office 세관(=customshouse)
- custom tariff 관세율, 관세표
- customs duties 관세 customs-free 무관세의

ⓝ customer 고객, 단골, 거래처; 〈구어〉 놈, 녀석; 세관 관리
ⓐ customable 관세가 붙는(=dutiable)
관 tariff [tǽrif] 관세; 관세법; 관세를 부과하다

2602 **customary**
[kʌ́stəmèri]
13.경희대/01.국민대

custom(=custom)+ary → 관습적인

a. 습관적인; 관습상의(=traditional)
n. (pl.) 관습법
- customary law 관습법
- customary practice 관행

98.덕성여대 ⓐⓓ customarily 습관적으로, 관례상(=traditionally)
13.고려대/11.경희대 ⓥ customize ~을 주문을 받아서 만들다

2603 accustom
[əkʌ́stəm]
02.계명대
14.국민대
12.지방직9급

ac〈ad(=to,near)+custom(=custom) → 습관에 가깝게 만들다

vt. 길들게 하다; 익숙하게 하다[to]
- I was not accustomed to such a practice.
  나는 그러한 관습에 익숙하지 않았다.

ⓐ accustomed 늘 하는, 익숙한, 습관이 된
- be accustomed to ~하는 데 익숙해지다(=be used to)

2604 sort
[sɔːrt]
13.세종대
13.세종대

sort(=kind, class) → 종류별로 분류하다

n. 종류, 부류(kind); (특정 부류의) 사람
v. 분류하다, 구분하다 해결하다
- all sorts of animals 모든 종류의 동물들
- It's all sorted. 모두 정리되었어요.

🔁 **assort** 분류하다, 구분하다(=classify); (~와) 어울리다[with]
assortment 분류; (여러 가지의) 모음; 각양각색의 사람[물건]

🔁 **sort out** 골라내다, 분류하다, 정돈하다 ⊃ IOO316
out of sorts 건강이 좋지 않은; 기분이 언짢은 ⊃ IOO3O6

2605 consort
[kánsɔːrt | kɔ́n-]
13.서울여대

con(=together)+sort(=class) → 같이 분류할 수 있음

v. 일치하다, 조화하다; 교제하다[with](=associate with)
n. (특히 왕·여왕의) 배우자(=spouse); 일치, 조화; 연합
- in consort (with) (~와) 함께(=together)

Ⅱ170

상황표현   생활영어 문제에서 자주 출제되는 장소별 상황표현들입니다.

1. 쇼핑과 가격 흥정

17001

rip * off [sb]

18.서울시9급/11.지방직7급/07.동덕여대
03-2.고려대/03.여자경찰

사람을 완전히 껍질을 벗겨(rip) 내다(off)
바가지를 씌우다
• I got **ripped off** by the cab driver. 난 택시 운전 기사에게 바가지를 썼다.
리 rip-off 도둑질, 강탈(exploitation), 사기; 사취

■ 물건을 비싸게 샀을 때 쓰는 표현
□ That's a rip-off. 너무 비싸네요.
= That's too steep. * 너무 가파르다 → 비싸다
= The price is too high. * 가격이 너무 높다
= That's too much. 치른 돈이 너무 많다 → 비싸다
= That's extremely expensive.
= That's totally unreasonable.
= That is a terrible price.

17002

It's a steal!/What a steal!

10.동덕여대

아주 싸게 샀네요.

■ 물건을 싸게 샀을 때 쓰는 표현
□ What a bargain!/It's a bargain! 아주 싸게 샀네요! (06.경북9급)
= That's a good buy! * 아주 싼 값으로 잘 샀다
= It's dirt cheap! * as cheap as dirt "흙만큼 싼"에서 유래
cf. dirt cheap 아주 싼(=very cheap)
□ buy [sth] for a song 헐값으로 사다 * 노래 한 곡 불러주고 사다 (92.동덕여대)

17003

haggle over [sth]

07.동덕여대

(값 · 조건 등을 깎으려고) 옥신각신하다
• They spent hours **haggling over** the price of fish.
그들은 생선값을 깎느라 몇 시간을 소비했다.
• They are **haggling over** the budget bill.
그들은 예산안을 둘러싸고 승강이하고 있다.

17004

What can I do for you?

00.101단/입사/토플,Teps

무엇을 도와 드릴까요? (찾으시는 것이 있나요?) * 가게 주인이 손님에게
• A: **What can I do for you?** 무엇을 도와 드릴까요?
B: No, thanks. I'm just looking around. 아뇨, 그냥 둘러보고 있는 중이에요.
A: Take your time and look around. 천천히 둘러보세요.

■ 쇼핑몰에서 자주 쓰는 표현
□ **May I try it on?** 그거 한번 해봐도(입어봐도, 신어봐도, 껴봐도) 되나요?
□ **What are your hours?** 영업시간이 어떻게 됩니까?
□ **Very sorry, it's out of hours.** 죄송하지만 영업 시간이 끝났습니다.
= We are sorry, but our business hours are over for the day.
□ **Closed today. /Closed for the day.** 〈게시물〉 금일 휴업
□ **I'd like to have a refund for this.** 환불하고 싶은데요.
□ **Can I get a refund?** 환불이 되나요?
□ **The article is out of stock.** 그 물건은 떨어졌습니다.
cf. out of stock/all sold out 품절되어
□ **clip joint** 바가지를 씌우는 저질업소

韓 가격 관련 표현
- **Name your price.**
원하는 가격을 불러보세요.
- **You just name it.**
〈가게 주인이 손님에게〉
(찾는 물건이 무엇인지) 무엇이든
말씀만 하세요.
- **Can't you come down just a little more?**
조금만 더 깎아주실 수 없나요?
- **I'll take it if you give me a discount.**
깎아 주시면 살게요.
- **off-price** 할인의
*an off-price store 할인 판매점
- **on sale** 할인 중인; 판매 중인
*Every item in the store is on sale!
전 품목이 세일이에요!
*The latest model is on sale now.
최신 모델이 지금 판매되고 있다.

韓 I'm just browsing. 그냥 구경 중이에요.
= I'm just looking.
Cf. Browser Welcome! 구경환영!
韓 Why don't you look around some more? 좀 더 구경하시지 그래요?

17005
What are your symptoms?
06.서울시소방직/02.공인회계사

증상이 어떠세요? * 의사가 환자에게

■ 증상에 대한 표현
→ **I have a sore throat.** 목이 아픕니다.
→ **I have a runny nose.** 콧물이 납니다.
→ **I have a stuffy nose.** 코가 막혔어요.
→ **I have a slight fever.** 미열이 있어요.
→ **I'm running a temperature[fever].** 열이 나요.
→ **I have a headache.** 두통이 있어요.
→ **I've got a touch of flu.** 감기 기운이 있어요.
→ **I guess I'm catching a flu.** 감기에 걸린 것 같아요.
　　cf. have a cold/ get a cold/take cold 감기에 걸리다
→ **I'm aching all over.** 몸살이 났어요.
→ **I have a hangover.** 술을 먹었더니 머리가 띵해요.
→ **I feel dizzy.** 현기증이 납니다.
→ **I have a pain in my arm. It's very sore and it feels stiff.**
　　팔에 통증이 있구요. 조금만 닿아도 아프고 뻐근해요 .

■ 〈약국이나 처방전〉 관련 회화표현
☐ **Please take this prescription to the pharmacy.**
　　이 처방전을 약국으로 가져가세요.
☐ **I'd like to have this prescription filled.** 이 처방전 좀 조제해 주세요.
☐ **This medicine is obtainable only on a physician's prescription.**
　　〈게시〉 이 약은 의사의 처방 없이는 조제하지 않음.
☐ **I bought the medicine over the counter.** 나는 처방전 없이 약을 샀다.
　　cf. over the counter 처방전 없이

go down with/come down with sth
병 등에 걸리다

17006
Do you have anything to declare?
10.동덕여대/01.경찰

신고할 것이 있습니까? * 공항세관에서

■ 〈비행, 공항〉 관련 회화표현
☐ **I'd like to book a flight to Chicago.** 시카고 편 비행기 예약을 하고 싶습니다.
☐ **We're all booked up.** 예약이 꽉 찼습니다.
☐ **I flew in on a red-eye from New York.** 나는 야간 비행 편으로 뉴욕에서 왔다.
　　cf. red-eye 눈의 충혈 **red-eye flight** (기내 일박의) 야간 비행편
☐ **The flight had been delayed one hour, due to weather conditions.**
　　날씨 때문에 비행기가 한 시간 연착되었다.
☐ **baggage claim** 공항의 수하물 찾는 곳 **carousel** 수하물 컨베이어 벨트

17007
Can you save my place for me, please?
07.공인노무사/06.선관위9급

〈매표소 등의 줄에서〉 제 자리 좀 봐주실 수 있나요?
• A: Oh, dear! 어머니!
　B: What's the matter? 무슨 문제라도 있어요?
　A: I'm afraid I've left my purse in my car! 차에 지갑을 두고 왔나봐요!
　B: Well, you'd better go and get it before you buy your ticket.
　　그래요, 표를 끊기 전에 빨리 가서 가져오는게 좋겠네요.
　A: **Would you save my place for a minute, please?** 자리 좀 봐주세요.
　B: Yes, of course. Hurry up! 물론이죠. 서두르세요!

Are you in line?
줄을 서 계신 것입니까?
　- **Did you see that lady cut in the line?** 저 여자 새치기하는 것 봤니?
cf. cut in line /jump the line
새치기하다!

17008
Is this seat taken[occupied]?
07.공인노무사

여기 자리 있습니까?
• A: **Is this seat occupied?** 여기 자리 있습니까?
　B: Yes, my friend is sitting here. 예, 제 친구 자린데요.

I'm saving it for my friend.
예, 제 친구 자리 맡아 놓은 건데요 .
No, have a seat. 아뇨, 빈자리입니다.
= Nobody has taken it.
아뇨, 앉으세요.
= No, You can take it.
아뇨, 앉으셔도 되요.
Excuse me, but I think you are in my seat.
죄송하지만 여긴 제 자리인데요.

5. 길 묻기

17009

Can you tell me how to get to Seoul Station?

13.기상직9급/11.경북교행/02.사법시험/01.101단

서울역 가는 길 좀 가르쳐 주시겠습니까?

图 Can you show[tell] me the way to Seoul Station?

= How can I get to Seoul Station?

閏 How can I get there?
거기에 어떻게 가면 되죠?
= How do I go there?

17010

Where am I?

01.여자경찰

여기가 어디에요?

閏 You can't miss it.
(길을 알려 주면서) 금방 알 수 있을거에요.
閏 I'm a stranger here myself.
저도 초행길이에요.
= I'm new here myself.

17011

**Thank you anyway./
Thank you the same.**

97.법원직

어쨌든 고맙습니다. *질문에 대한 상대방의 답변이 만족스럽지 못할 때 하는 인사말

6. 택시, 교통경찰, 정체

17012

**Where are you going?/
Where to, sir?**

00.경찰/96.단국대/행자부7급/입사

〈택시 기사가〉
어디로 모실까요?

■ 〈택시〉 관련 회화표현
□ **Take me to** sw ~로 데려다 주세요.
□ **Are we there yet?** 아직 멀었어요?
□ **We are almost there.** 거의 다 왔습니다.
□ **Here we are.** (목적지에) 다 왔습니다.
　　cf. Here it is. (물건 중심으로) 여기 있습니다.
　　Here you are. (사람 중심으로) 여기 있습니다.

17013

The streets are jammed with cars.

교통이 매우 혼잡하다.

图 The traffic is very heavy.
= The traffic is congested.
= The traffic is bumper to bumper.

17014

get a flat (tire)

07.동덕여대

타이어가 펑크나다
• My car barely started this morning, and to add insult to injury, I **got a flat tire** in the driveway.
오늘 아침, 내 차는 좀처럼 시동이 걸리지 않았다. 엎친 데 덮친 격으로 도로에 나오는데 타이어가 펑크나고 말았다.

閏 I had a flat tire.
*차나 사람이 주어인 경우
My tire blew out.
*타이어가 주어인 경우
= The tire was punctured.

17015

How did you come here?

안양대/입사

여기에 어떻게(무엇을 타고) 오셨는지요?

閏 What brought you here?
여기에 어떤 일로 오셨는지요?

17016

tow away

13.국가직7급/12.경북교행

견인하다
• Any vehicle parked on the street will **be towed away**.
이 거리에 주차된 모든 차량은 견인될 것이다.
웹 tow away zone 견인지역　tow truck 견인차

7. 직업, 직장, 입사 지원

17017

What do you do for a crust?

00.101단

직업이 무엇입니까? *a crust (양식, 생계)

图 **What is your job[occupation]?**　= What do you do?
　cf. What are you doing? 넌 무엇을 하고 있니?
　= What do you do for a living?　= What are you?
　= What are you about?　　　= What business are you in?
　= What type of work do you do?
　= What line of work[business] are you in?

■ 〈직업〉 관련 회화표현
□ **I'm looking for a job.** 일자리를 찾고 있어요.
□ **Have you heard of any job opening?** 너 취직자리 있다는 말 들었니?
□ **He wears two hats. = He has two jobs.** 그는 두 가지 직업을 가지고 있다.
□ **We are a two-paycheck couple.** 우리는 맞벌이 부부입니다.
□ **I'm sick and tired of being a salaried worker.** 월급쟁이 생활 지긋지긋해.

閏 I'm a police officer. 경찰관입니다.
→ I'm a businessman.
사업을 합니다.
→ I own a gas station.
주유소를 운영해요.
→ I'm out of work.
전 실업자입니다.

17018

What's he like?

01~2.인천대

그 사람 어때요? *사람의 인격이나 성격 등에 대한 평가에 대해 질문

图 **What sort of a man is he?**

图 What does she look like?
(외모, 생김새에 대한 질문) 그 여자 어떻게 생겼는데?

17019

What has become of him?
06.동덕여대/88.법원직

그는 어떻게 되었을까? 무슨 일이 그에게 일어났을까?

🔁 **becoming** 잘 어울리는
- *The dress is becoming her.
  그 옷은 그녀에게 잘 어울린다.

17020

Is the position still available?
11.사회복지9급/06.동덕여대

그 일자리 아직도 지원할 수 있나요?
→ **It's been filled.** 이미 자리가 찼습니다.

> ■ 〈입사 지원〉 관련 회화표현
> □ **Can I apply for another one?** 다른 자리에 지원해도 됩니까?
> □ **I applied for the position, but I wasn't chosen.**
>   그 직장에 지원했지만 채용되지 못했다.
>   - **apply for a position** 일자리에 지원하다
>   - **apply for admission to a school** 학생모집에 지원하다
>   - **apply to a school for admission** 입학허가를 신청하다
>   - **send in a written application** 원서를 제출하다
>   - **fill out an application blank** 신청서에 필요사항을 기입하다
> □ **a letter of recommendation** 추천장 **resume** 이력서 **certificate** 자격증
> □ **When is the deadline for applications?** 신청 마감은 언제입니까?
> □ **The deadline for application has expired.** 지원 마감 날이 넘어갔다.
> □ **The deadline for applications is May 30th.**
>   지원서의 제출 기한은 5월 30일입니다.
>   = **Applications should be submitted by May 30.**

17021

Shake a leg!
07.국민대

다리를 흔들며 가라!
서둘러!
🔁 **Hurry up, or we'll be late.** 서두르지 않으면 늦어요.
  = Make haste, or you will be late.
  = Move it, or you'll miss the boat.

🔁 **Take your time.** 천천히 하세요.
  = Take plenty of time.
  = Take it easy.
  = There's no rush.

---

8. 학업, 전공

17022

What are you majoring in?
What's your major?
13.국가직7급/01.법원직/01.국민대/입사

전공이 무엇입니까?
🔁 **What are you specializing in?**

🔁 **What grade are you in?**
  몇 학년이니?

17023

burn the midnight oil
07.광운대/03.숭실대

밤을 새워 공부하다; 철야로 일하다
- I have to go home and **burn the midnight oil** tonight.
  난 오늘 집에 가서 밤을 새워 공부해야 한다.

🔁 **cram for an examination**
  (벼락치기로) 시험 공부를 하다

---

9. 초대, 접대, 약속, 만남

17024

Such as they are~ /
such as it is
01.101단/95.외무고시/92.행자부9급/88.서울시7급

~ 변변치 못하지만
- This is my present for you, **such as it is.**
  변변치 못하지만 선물이니 받아주십시오.

17025

What little ~
06.울산시9급

적지만 있는 그대로(=the little~)
- He has shown me many kindnesses and I want to pay him back **what little** I can.
  그는 내게 많은 친절을 베풀어 주어서 나는 적지만 있는 대로 그에게 보답하고 싶다.

17026

Suit yourself.
09.국가직9급,한양대/99.동국대

마음대로 하세요. 좋을 대로 하세요.
- A : I'd rather not go. 난 가지 않는게 좋겠어.
  B : I see. **Suit yourself.** 알았어. 마음대로 해.

17027

come over

91.법원직

(자기의 집에) 건너오다, 들르다, 방문하다
- Won't you **come over** and have some tea?
  (우리 집에) 건너와서 차 한잔하시겠어요?
- You should **come over** for dinner. (우리 집에) 저녁 먹으러 오셔야 해요.

potluck party 이웃 간에 간단한 wine 이나 pie 등 먹을 음식을 각자 지참하며 즐기는 파티

17028

Just bring yourself.

몸만 와. 빈손으로 와. *초대장이나 초대하면서

17029

Can you stay for dinner?

01.동덕여대

(방문한 손님에게) 저녁 식사하고 가세요.
圖 **Why don't you stay for dinner with us?**
= Why not stay for dinner with us?
→ Well, if you insist. 정 그러시다면 *마지못해 하는 수락의 표현
= I would if you insist. = I would if you don't mind.
= I would if it's no trouble. 폐가 안된다면요.
→ I'd be glad to. 기꺼이 그러죠. *왜 진작 말하지 않았냐는 듯이^^
→ I'm afraid I can't. Maybe some other time.
아무래도 안 되겠네요. 다음번에 하기로 하죠. *정중한 사양

15.광운대

圈 **overstay one's welcome** 너무 오래 머물러서 폐를 끼치다

17030

What do you say to going out to lunch?

91.법원직

점심 드시러 가실래요?
圖 **Would you like to go for lunch?**
= How about lunch together?
= Why don't we have lunch?
= Let's go for lunch.

圈 **over lunch** 점심식사를 하면서
*Let's discuss the matter over lunch.
점심 식사를 들면서 얘기합시다.

17031

Let me treat you.

제가 대접할게요.
• **Let me treat you** to a meal in return for the help you've given me.
당신에게 신세를 진 대가로 한턱낼게요.
圈 **I'll stand you a dinner.** 저녁을 내가 살게. *stand 대접하다
= I'll stand you to a treat.
= I'll treat you to a dinner.
= I'll give you a treat.

圈 **Give it a name.**
〈한턱낼 때〉 무엇이든 말해.

17032

May I have a moment of your time?

잠시 시간 좀 내 주실 수 있어요?
圖 **Can I borrow some of your time?** 시간 좀 내 주실래요?
= Can you spare me a moment?
= You got a minute?
= Do you have time?
cf. Do you have the time? 지금 몇 시예요?

17033

keep [sb] waiting

07.영남대

(사람을) 기다리게 하다
• I'm sorry I **kept you waiting**. Have you been here long?
기다리게 해서 죄송합니다. 많이 기다리셨죠?

17034

What brought you here?

08.지방직7급

여기에 어떤 일로 오셨죠?

---

10. 좋아하는 음식, 취향

17035

What's your favorite food?

01.국민대

무슨 음식을 좋아하니?

■ 좋아하는 음식 표현하기
→ **My favorite dish is fried chicken.** 프라이드치킨을 좋아해.
→ **Well, It depends. But I like fish and vegetables most.**
글쎄, 때에 따라서. 그러나 생선류와 야채류를 가장 좋아해.
→ **I don't really have a favorite. Actually, I'm not particular about my food.** 난 딱히 좋아하는 게 없어. 정말로 음식에 대해서 가리지 않아.

17036

To each his own.

99.한성대

사람마다 취향이 다르잖아.
(=Everyone has different tastes.)

圈 **each to one's own**
사람마다 좋아하는 것이 있다.

17037

be completely[fully] booked
15.서울시9급

예약이 꽉 찼다.
• A: Do you have any vacancies? 빈 자리 있나요?
  B: I'm sorry. We **are completely booked**. 죄송합니다. 예약이 꽉 찼네요.

17038

May I take your order?/ Are you ready to order?
07.세무직9급/99.한성대

〈웨이터가 손님에게〉 주문하시겠어요?

■ 〈음식 주문, 식당〉 관련 회화표현
□ **I'm not being helped here.** 〈손님이 종업원에게〉
  아무도 주문을 안 받네요. 여기 웨이터 없나요?
□ **Are you being waited on?** 〈종업원이 손님에게〉 주문하셨습니까?
  = **Are you being helped?**
  = **Are you being served?**   = **Did you order?**
□ **What kind of food do you have today?** 오늘 어떤 음식을 드시겠습니까?
□ **What is today's special?** 오늘의 특별 요리는 무엇인가요?
□ **Make it two.** (앞에 시킨 사람과) 같은 것으로 주세요.   = **Same here.**
□ **How would you like your steak, sir?** 스테이크를 어떻게 해드릴까요?
□ **Could you put this in a doggy bag?** 남은 음식 좀 싸주실 수 있나요?
  = **Can you give me a doggy bag?**
    *doggy bag 남긴 음식을 싸 가지고 가는 봉지
□ **Here or to[for] go?** 여기서 드실 건가요, 아니면 가지고 가실건가요?
□ **on the side** 1. 〈미〉 곁들여 나오는 요리로(=in addition to the main dish)
                2. 덤으로; 부업으로
  cf. side dish (주된 요리에) 곁들이는 요리 **main dish** 주요리(main course)

17039

This is on me.
05. 선관위9급/07~2.영남대/00~2.광운대

(음식값을) 이번엔 내가 낼게.
동 **I'll treat this time.** *treat 대접하다, 접대하다; 한턱, 대접
  = **It's my treat.**   = **I'll get this.**
  = **I'll pay for this.**   = **Let me get it.**
  = **Let me take care of the bill.**   = **I'll foot the bill.**
  = **I'll pick up the tab[bill, check].**
답 **Well, If you insist.** 정 그러시다면. (신세 좀 지겠습니다.)
  *마지못해 상대방 호의를 받아들인다는 표현

■ 〈계산〉 관련 회화표현
□ **Let's go Dutch.** 각자 내자.
  = **Let's split the bill.** *계산서를 쪼개자.
  = **Let me share the bill.** *계산서를 나누자.
  = **Let's go fifty-fifty.** *50 대 50 으로 하자
□ **This is on the house.** 〈종업원이 손님에게〉 이건 서비스로 드리는 거예요.
□ **Can I have the check[bill], please?** 계산서 갖다 주시겠어요?
  = **Please bring me the check.** 계산서 좀 가져다 주세요.
□ **Would you make that separate checks?**
  〈웨이터에게〉각자 지불할 수 있는 계산서로 주시겠어요?

17040

help oneself to [sth]
13.경찰2차

(음식 등을) 마음대로 집어먹다, 자유로이 먹다
• **Help yourself to** the dish. 마음껏 드세요.
• **Help yourself to** whatever you want. 마음대로 골라 드세요.
• Mike **helped himself to** a large portion of cheese cake on the dessert table.
  마이크는 디저트테이블에 있는 치즈 케이크의 대부분을 마음대로 먹었다.

17041

Would you like another helping?

한 그릇 더 드시겠어요?
• A: **Would you like another helping?**
  B: I've had enough. 충분히 먹었어요. 배가 부르네요.(= I'm full.)

17042

I'm starved to death.

배고파 죽겠다.
동 **I'm starving.**
  = **I'm famished.**
  = **My stomach is growling.** *growl 으르렁거린다. 배가 꼬르륵거린다

17043

My mouth is watering.

군침이 도네.

13. 은행

17044

How would you like your bill?
11.기상직9급

지폐를 어떻게 드릴까요?

14. 전화통화

17045

**May I speak to~ ? /
Can I speak to~?**
00.101단

~와 통화할 수 있을까요? ~를 바꿔 주세요.
- A: **May I speak to** Mr. Kim?
  B: This is he. =It's me. =Speaking. 전데요.

17046

Who's this, please?
97.경찰

〈전화를 받는 이에게〉
실례지만 누구시죠?
图 **Who is this speaking[calling]?**
  = Who is speaking[calling], please?
  = May I ask who's calling, please?

17047

put ⓢⓑ **through (to** ⓢⓑ**)**
15.지방직7급/07.동덕여대
97-2.단국대/96.법원직

(전화를) 연결하다, 연결해주다
- Could you please **put** me **through to** Ms. Kensington?
  켄싱턴씨 좀 연결해 주실 수 있을까요?

17048

**You're wanted on the
phone.**
94.법원직

〈상대방에게 전화를 돌려주며〉 전화 받으세요.
图 **A phone for you.**
  =There's a call for you.

17049

**be on the phone /
be on the line**
94.법원직

전화를 받고 있다. 통화 중이다.
- In a minute Mom. **I'm on the phone.** 잠깐만요, 엄마, 통화 중이에요.
  囝 be on the other phone 다른 전화를 받고 있다.(=be on another phone)

17050

hold the line / hold on.
97.경찰/97-2.단국대
88.법원직/토플/입사6회

on 인 상태로(끊지 않고) 유지하다(hold)
전화를 끊지 않고 기다리다
- **Hold the line,** please. 끊지 말고 기다려 주십시오.
- Will you **hold on**? 끊지 않고 기다리시겠습니까?

17051

May I take a message?
96.법원직

〈본인이 부재시〉
메모를 남겨 드릴까요?, 용건을 전해 드릴까요?
- I'm sorry, but Sally is out to lunch. **May I take a message?**
  죄송하지만, 샐리는 점심식사 하러 밖에 나갔습니다. 용건을 전해 드릴까요

17052

**You have the wrong
number.**
01.101단

전화를 잘못 거셨습니다.
- A : Hello, is this 587-4834? 여보세요. 587-4834번이죠?
  B : No, I'm sorry. **You have the wrong number.** This is 787-4833.
  아니요, 죄송합니다만 잘못 거셨네요. 여기는 787-4833번입니다.

17053

I'll give you a ring later.
12.지방직9급/99.단국대/97-2.단국대

나중에 전화할게.
图 **I'll ring you up later.**
  = I'll give you a call later.
  = I'll call you up later.
  = I'll give you a buzz later.

17054

I'm returning your call.
15.서울시7급

전화주셨다고 해서 전화드리는 겁니다.

■ 〈전화〉 관련 회화표현
□ **The line is busy.** 〈미〉 전화는 통화중입니다.
  = **The number is engaged.** 〈영〉
□ **This telephone line is interrupted.** 이 전화는 불통이다.
  = **The telephone is out of order.**
  = **The wire[line] is dead.**
□ **May I use your phone?** 전화 좀 써도 될까요?
□ **Will somebody answer the telephone?** 누가 전화 좀 받아 줄래요?
□ **I can't hear you. Will you speak louder, please?**
  전화가 잘 안 들려요. 조금 더 크게 말씀해 주세요.
□ **tap a telephone** 전화를 도청하다

〈전화연결 기본표현 흐름도〉

(A) **Who do you want to speak to?** 누구를 바꿔 드릴까요?

→ (B) **May I speak to Mr.Kim?** 김씨와 통화할 수 있을까요?

→ (B) **Can you put me through to Mr. Kim?** * put ~ through (전화를) 연결하다

    ← (A) **There is no one here by that name.** 그런 사람 여기 없는데요.

    ← (A) **I guess you have the wrong number.** 전화번호를 잘못 누르신 것 같은데요.

        = **You got the wrong number.**

    ← (A) **One moment please. I'll connect to his line.** 잠시만 기다리세요. 그를 연결해 드릴게요.

    ← (A) **I'll put you through. Hold on, please.** 연결해 드리겠습니다. 끊지 말고 기다리세요.

        = **I'll transfer your call. Hang on, please.** ☞ hang 참고

        ↘ (A) **Mr. kim, there is a call for you.** 김씨, 전화가 와 있어요. 전화 받으세요.

= **You have a call.**	= **Answer the phone.**
= **It's for you.**	= **You are wanted on the phone[line].**

      ↘ (C) **Please, transfer this call to the office.** 사무실로 돌려 주세요.

         = **Connect me with the office.**

      ↘ (C) **In a minute, I'm on the phone.** 잠깐만요, 제가 통화 중이에요.

← (A) **He's on another line. Would you like to hold?** 그는 다른 전화를 받고 있어요. 기다리시겠습니까?

= **He's on another line. Could you hold, please?**
= **He's on the other phone. Will you hold on?**

← (A) **He's stepped out. = He's out.** 그는 외출 중입니다. ☞ step out 참고

    → (B) **When will he be back?** 언제쯤 돌아오나요?

        = **When do you expect him back ?**

    ← (A) **Well. Any minute.** 곧 오실 거에요.

    ← (A) **Probably in an hour. May I take a message?**
        한 시간 내로 오실 것 같은데요. 메모 남겨 드릴까요?

= **Would you like to leave a message?**
= **Can I take a message?**
= **May I have your message?**
= **Is there any message?**

      → (B) **No, thanks. I'll call again.** 아뇨, 감사합니다. 다시 걸게요.

← (A) **He's gone for the day.** 퇴근하셨는데요. ☞ leave 참고

← (A) **He's on leave[vacation].** 그는 휴가 중입니다. ☞ on 참고

← (A) **What's this about?** 무슨 일로 전화하셨죠?

= **What's this regarding[concerning]?**
= **What's this in regard to?**

   → (B) **I'm returning Mr. Kim's call.** 김씨가 전화 하셨다기에 거는 건데요.

INTRODUCTION

- PART 3. SYNONYM/THEME & WORDS(동의어표제어)에서는 앞의 〈TOP1000표제어〉와 〈어원표제어〉에서 다루지 않은 기출어휘들을 〈동의어표제어〉로 테마별, 동의어별로 다룹니다. (약 1,100여 개)

- 새로운 기출어휘들을 20개의 큰 테마로 나누고 그 아래에 다시 160개의 작은 테마로 분류한 다음 관련 동의어나 테마 어휘를 일목요연하게 소개하였습니다.

- 페이지 오른쪽의 심화코너에서는 앞에서 학습한 동의어표제어와 관련이 있는 동의어, 테마 어휘들을 다루는데, 이에는 추가어휘 뿐만 아니라 〈TOP1000표제어〉와 〈어원표제어〉를 동의어별로 같이 복습할 수 있도록 하였고 인덱스링크를 부여하여 쉽게 찾아 볼 수 있도록 하였습니다.

학습방법

- 동의어별 어휘학습과 PART 1, 2 의 복습

  - PART 3. 에서는 동의어별, 유사한 테마별로 관련어휘를 묶어서 학습합니다. 동의어 문제를 묻는 국내 시험의 경향상 같은 의미를 갖는 어휘(동의어), 또는 같은 분야에서 사용되는 어휘(테마어)를 한꺼번에 학습함으로써 효율성을 극대화할 수 있습니다.

  - 또한 PART 1, 2에서 빈출순서별, 어원별로 이미 학습했던 어휘들을 동의어별로 묶어서 일목요연하게 복습할 수 있어 학습효과가 배가 될 것입니다. 오른쪽 편에 있는 회색 칸 속의 심화코너에 있는 단어들을 정리하면서 뜻이 잘 기억나지 않는 단어들은 링크인덱스를 통해 앞에서 학습한 부분을 직접 찾아보면서 앞에서 학습했던 어휘 중 암기가 덜 된 부분을 확인 정리하면 복습에 많은 도움이 됩니다.

  - 동의어표제어 앞에는 모두 고유의 링크인덱스 번호를 표기하여 두었는데, 번호 앞에 T(Theme)자만 추가하면 해당 단어의 고유의 링크인덱스 번호(색인번호)가 됩니다. 마지막 자리가 0으로 끝나는 경우는 우측의 심화 코너(회색박스) 안에 있는 단어임을 의미합니다.

수록된 테마

DAY 01. 인간의 신체와 능력		
T001. 머리 부분	T002. 몸	T003. 몸매
T004. 외모	T005. 재능과 능력	T006. 능숙한, 현명한 ↔ 서투른, 어리석은
T007. 신체의 동작		
DAY 02. 오감과 육감		
T008. 희미한 ↔ 명쾌한	T009. 시각	T010. 청각, 후각, 촉각
T011. 빛, 빛나다; 불, 불타오르다	T012. 예언, 조짐, 직감	
DAY 03. 인간의 성격과 마음		
T013. 평온, 침착	T014. 걱정, 불안	T015. 동요하다, 흔들리다
T016. 변덕스러운 ↔ 불변의	T017. 고집 센, 반항하는	T018. 유순한, 순종적인, 상냥한
T019. 용기, 용감한 ↔ 겁 많은, 무서운	T020. 무관심한, 냉담한	T021. 열정적인, 광적인
T022. 거만한, 건방진, 버릇없는 ↔ 예의바른	T023. 아첨하다, 허세를 부리다, ~인 체 하다	T024. 까다로운, 신중한 ↔ 무모한, 부주의한
DAY 04. 인간의 감정		
T025. 기쁨, 행복; 웃다	T026. 슬픈; 울다	T027. 우울한, 침울한, 음침한
T028. 분노, 화나게 하다	T029. 화를 잘 내는, 성격이 나쁜	T030. 괴롭히다, 짜증나게 하다
T031. 불쾌한, 싫어하다 ↔ 좋아하다	T032. 놀라운, 놀라게 하다, 당황하게 하다	T033. 조롱하다, 모욕하다
T034. 까부는, 경박한 ↔ 수줍어하는		
DAY 05. 질병과 의학, 그리고 죽음		
T035. 상처와 충격	T036. 고통	T037. 마비와 기절
T038. 장애 관련	T039. 건강과 질병	T040. 건강한 ↔ 허약한; 시들다
T041. 의사와 치료	T042. 죽음과 장례	T043. 사후세계
DAY 06. 결혼, 가정, 아동, 교육		
T044. 매력적인, 매혹하다	T045. 약혼과 결혼, 그리고 이혼	T046. 출산과 성장
T047. 가족과 부양	T048. 조상과 후손; 존경하다; 근본	T049. 교육과 학문
T050. 충고와 처벌		

DAY 07. 집단과 사회, 민족		
T051. 군중, 덩어리, 모이다	T052. 모으다, 축적하다	T053. 집단과 조직, 연합
T054. 추방하다; 분열, 해체	T055. 기증, 자선	T056. 명성 ↔ 오점

DAY 08. 의식주		
T057. 주거와 거주	T058. 건물과 보수	T059. 장소와 위치
T060. 이동과 방랑	T061. 시골과 도시	T062. 음식과 식당
T063. 음식재료와 요리	T064. 먹다, 마시다	T065. 식탐과 탐욕
T066. 잠과 휴식	T067. 의상과 장식	T068. 단정한 ↔ 지저분한
T069. 위생과 청결		

DAY 09. 쇼핑, 여행과 여가생활		
T070. 유행과 인기	T071. 고급품과 가짜	T072. 쇼핑과 쇼핑몰
T073. 여행과 레저	T074. 취미생활	T075. 이국적인, 이상한

DAY 10. 직장과 업무		
T076. 취업, 승진, 은퇴	T077. 초보와 숙련자	T078. 게으른 ↔ 부지런한
T079. 힘든 일 → 피곤한	T080. 업무처리	T081. 도구, 장비
T082. 위임, 대리, 보조		

DAY 11. 사건, 사고, 분쟁		
T083. 장애물과 곤경	T084. 위험; 피하다, 벗어나다	T085. 유발하다, 자극하다, 선동하다
T086. 원인과 결과, 영향	T087. 혼란, 소동, 진압	T088. 약탈과 전리품; 샅샅이 뒤지다
T089. 분쟁, 논쟁과 대립	T090. 불화와 화합	

DAY 12. 매스미디어(Mass Media)		
T091. 출판, 신문, 방송	T092. 장황한, 지루한	T093. 공공연한 ↔ 은밀한, 감추어진
T094. 숨기다, 감추다, 은닉하다	T095. 조사와 분석	T096. 폭로하다; (비판이) 신랄한, 통렬한
T097. 난잡한, 음탕한, 선정적인	T098. 칭찬하다, 찬양하다	

DAY 13. 언어와 의사결정		
T099. 말, 언어	T100. 말하다; 수다스러운; 즉흥적인	T101. 지지하다, 허가하다; 동의하다, 묵인하다
T102. 동의하다 ↔ 반대하다	T103. 부정하다, 거절하다; 연기하다	T104. 토론, 투표; 번복
T105. 숙고하다	T106. 이상적인, 비현실적인 ↔ 현실적인, 가능한	

DAY 14. 문학, 철학, 종교, 역사		
T107. 문학과 예술	T108. 수사법, 교훈	T109. 윤리와 철학
T110. 추론: 추정, 암시, 수수께끼	T111. 종교와 믿음	T112. 성직자, 예배당, 의식
T113. 역사		

DAY 15. 정치, 국가, 외교, 군사		
T114. 정치 체제; 연합, 자치; 영토	T115. 권력 쟁탈, 충성과 배신	T116. 정치와 외교
T117. 정점 ↔ 바닥	T118. 군대와 무기	T119. 전투, 돌진
T120. 승리와 패배		

DAY 16. 법률과 범죄		
T121. 법률; 불법의; 폐지	T122. 고소[고발, 기소]하다, 비난하다	T123. 트집을 잡다, 잔소리하다
T124. 구속하다, 감금하다 ↔ 석방하다	T125. 재판절차; 증거, 공정한 ↔ 불공정한	T126. 유죄 → 처벌 → 가혹한
T127. 범인, 악당, 잔인한	T128. 범죄 – 침입, 강도, 절도	T129. 범죄 – 마약, 중독, 밀수, 유괴, 협박
T130. 범죄 – 사기, 속임수	T131. 범죄 – 날조, 조작, 횡령	

DAY 17. 경제, 금융, 산업		
T132. 경제활동 – 유리, 불리	T133. 부유한 ↔ 가난한	T134. 호황, 급등, 팽창
T135. 불경기, 폭락, 실패	T136. 위축, 축소	T137. 구조조정, 합병
T138. 산업활동과 마케팅	T139. 금융과 자산	

DAY 18. 우주와 생물		
T140. 우주와 지구	T141. 동물	T142. 식물
T143. 멸종과 박멸		

DAY 19. 시간과 공간; 물질, 형태		
T144. 시간, 빈도	T145. 측정	T146. 적은, 경미한, 사소한
T147. 거대한, 막대한, 가득한	T148. 포괄적인; 범위	T149. 분해, 부분, 조각
T150. 모양, 형태, 특성, 물질		

DAY 20. 환경, 자원, 기상, 재해		
T151. 환경, 지형	T152. 토지와 농작물	T153. 자원의 낭비와 절약
T154. 자원의 과잉 ↔ 부족, 기근	T155. 재난, 재해	T156. 구멍, 틈
T157. 침투하다, 스며들다	T158. 항구, 표류하다, 물결	T159. 날씨와 온도
T160. 환경오염, 쓰레기		

동의어(테마별)로 정리하는 기.출.어.휘
인간의 신체와 능력

001 [테마] 머리 부분

0011 cerebral
[sərí:brəl, sérə-]
13.세종대

a. 뇌의, 두뇌의
- cerebral paralysis 뇌성마비
- cerebral apoplexy 뇌일혈
- cerebral haemorrhage 뇌출혈
- Three major parts of the brain are the Cerebrum, the cerebellum and the medulla oblongata.
  뇌의 세 가지 주요 부분은 대뇌, 소뇌 그리고 연수이다.
- ⓝ cerebrum 대뇌
- 집 cerebellum 소뇌

0012 brainwashing
[bréinwàʃiŋ]
10.경희대

n. 세뇌; 강제적 사상개조
- brainwashing by the media 미디어에 의한 세뇌
- ⓥ brainwash 세뇌하다, 세뇌하여 ~하게 하다[into]
- 집 brainstorming n. 브레인스토밍(각자가 아이디어를 내어 최선책을 결정하는 창조능력 개발법)
  - brainstorm 영감; 브레인스토밍으로 토의하다

0013 skeleton
[skélətn]
05.가톨릭대

n. 1. (인체의) 골격, 해골; (건물 등의) 뼈대
2. 〈구어〉 뼈와 가죽만 남은 사람, 깡마른 사람
3. 골자, 윤곽, 개략
- the whole skeleton of the house 집의 전체 뼈대
- He is a mere skeleton. 그는 매우 말랐다.
97.지방고시
- 집 skeleton in the closet 남에게 감추고 싶은 집안의 비밀
- 집 skull[skʌ́l] 두개골, 해골; 〈속어〉 전문가, 지식인

테마	머리, 얼굴 부분

- ☐ head 머리, 두뇌; 책임자, 수장; ~으로 향하다
- ☐ brain 뇌, 두뇌, 이해력
- ☐ skull 두개골
- ☐ scalp 머리 가죽
- ☐ forehead 이마, 앞부분
- ☐ temple 관자놀이; 사원
- ☐ eyebrow 눈썹
  cf.eyelash 속눈썹 eyelid 눈꺼풀, eyeball 안구
- ☐ iris 홍채; 아이리스, 붓꽃
- ☐ pupil 동공; 학생, 제자
- ☐ nostril 콧구멍, 콧방울
  cf.snout 돼지의 주둥이 muzzle 개의 주둥이
- ☐ cheek 뺨, 볼 cf.cheekbone 광대뼈
- ☐ jaw 턱
- ☐ chin 아래턱
- ☐ dimple 보조개
  cf.pimple 여드름 freckle 주근깨 wart 사마귀

002 [테마] 몸

0021 abdominal
[æbdámənl]
10.경희대

a. 배의, 복부의; 개복(술)
- abdominal pain 복통
- ⓝ abdomen[ǽbdəmən] 복부(=belly)
- 집 stomach (소화기관으로서) 배, 위
  belly 몸에서 배의 부위 tummy 배를 의미하는 유아어
  navel[néivəl] 배꼽, 중앙

0022 flank
[flæŋk]
01.전남대

n. 옆구리; (건물, 산, 대열 등의) 측면(=side)
- a flank attack 측면 공격
- 집 flunk[flʌ́ŋk] (시험 등에) 실패하다, 낙제하[시키]다(=fail)
  frank[frǽŋk] 솔직한, 터놓는(=open), 노골적인(=outspoken)

0023 liver
[lívər]
00.경원대

n. 간장, 간
a. 간장색의(=hepatic); 적갈색의
- die of liver cancer 간암으로 죽다
- ⓐ liverish 간이 나쁜; 화를 잘 내는
- 집 hepatic[hipǽik] 간장의; 간장에 좋은; 간장약
  - hepatitis[hèəátis] 간염 hepatoma 간암

0024 drool*
[drúːl]
13.경희대

v. 침을 흘리다(=salivate)
- drool over (탐이 나서) 군침을 흘리다
- 집 salivate[sǽləvèit] 침을 흘리다 saliva 타액, 침
- 집 spit 침, 침을 뱉다

테마	신체부분의 명칭

- ☐ chest 가슴 cf.bosom 가슴, 유방 heart 심장
- ☐ armpit 겨드랑이
- ☐ forearm 전박, 팔뚝
- ☐ elbow 팔꿈치
- ☐ waist 허리
- ☐ cell 세포
- ☐ palm[pɑ́m] 손바닥; 야자나무 ◘ I142
- ☐ nail 손톱; 못 cf.thumbnail 엄지손톱
- ☐ shin[ʃín] 정강이
- ☐ knee 무릎 (관절) cf.kneel 무릎을 꿇다
- ☐ lap 무릎 (앉았을 때 허리에서 무릎까지)
- ☐ thigh[θái] 허벅다리, 대퇴부
- ☐ calf 종아리; 송아지
- ☐ skin 피부, 가죽
- ☐ dermal 피부의 cf.dermis 진피

테마	인체 내부기관의 명칭(과 병명)

- ☐ organ (생물의) 기관 cf.organic 기관의, 유기적인
- ☐ kidney 신장, 콩팥 → nephritis 신장염
  kidney stone 신장결석
- ☐ heart 심장 → heart attack 심장마비
- ☐ stomach 위 → gastric[stomach] ulcer 위궤양
- ☐ lung(s) 허파, 폐 → pneumonia 폐렴
- ☐ blood vessel 혈관 cf.artery 동맥 vein 정맥
- ☐ bronchus 기관지 → asthma 천식
- ☐ appendix 맹장, 충수 → appendicitis 맹장염
- ☐ intestine 창자, 장; 소장 → enteritis 장염
  cf.viscera 내장, 창자 rectum 직장
- ☐ anus 항문 - anal 항문의
- ☐ bladder 방광 cf.urethra 요도 urine 오줌

고급 어휘

□ **palpitate**[pǽlpitèit] vi. 고동치다, 가슴이 뛰다, 두근거리다(=throb, flutter, thump)
   - His heart was palpitating with fear.
     그의 심장은 두려움으로 고동치고 있었다.
□ **brawn**[brɔːn] n. 근육(=muscle); 근력, 완력
   - brain before brawn 힘보다는 머리
   ⓐ brawny 근골이 억센(=strapping), 건건한
   🔒 **brown**[braun] 갈색(의)

■ 003   [테마] 몸매

0031 corpulent
[kɔ́ːrpjulənt]
⊃ R1855

a. 뚱뚱한, 비만인(=obese)
   - a corpulent man 뚱뚱한 남자
ⓝ corpulence 비만, 비대
🔒 fat 살찐, 지방이 많은, 기름기 많은; 지방
   - fatness 뚱뚱함, 비만(=obesity)

0032 plump
[plʌmp]
95.행자부7급

a. 포동포동한, 토실토실한(=chubby)
v. 털썩 떨어뜨리다[떨어지다]; 강력하게 지지하다
   - a plump baby 토실토실한 아기
🔒 chubby 토실토실 살찐; (얼굴이) 통통한(=plump)
   cf. buxom (여자가) 통통하고 귀여운, 가슴이 풍만한(=busty)

0033 haggard
[hǽgərd]
02.세무사/01-2.경기대

a. 1. 여윈, 수척한(=gaunt)
   2. (매가) 길들지 않은, 야생의; 광포한
n. (잡힌) 야생의 매, 사나운 매
   - the haggard faces of the released prisoners
     풀려난 죄수들의 수척한 얼굴

0034 gaunt
[gɔːnt]
06.세종대

a. 몹시 여윈, 수척한(=haggard)
   - look pale and gaunt 창백하고 수척해보이다
   - a gaunt face 수척한 얼굴
ⓝ gauntness 몹시 여윔, 수척함
🔒 gauntlet 목이 긴 장갑
🔒 scrawny[skrɔ́ːni] 뼈만 앙상한, 가죽만 남은

0035 lanky
[lǽŋki]
13.경희대/08.단국대

a. 마르고 키 큰(=lean), 호리호리한
   - tall and lanky basketball player 키가 크고 마른 농구선수
ⓐ lank 머리카락이 (볼품없게) 곧은
🔒 rank 계급, 신분, 순위; 등급을 매기다; 무성한, 부패한
🔒 skinny (특히 보기 흉할 정도로) 깡마른; (옷이) 딱 붙는

0036 slender
[sléndər]
13.경희대/08.단국대

a. 1. 호리호리한(=slim), 날씬한
   2. (양·크기가) 얼마 안 되는; 빈약한
   - her slender waist 그녀의 늘씬한 허리
🔒 slim 날씬한, 호리호리한; 빈약한

0037 stocky
[stɑ́ki, stɔ́-]
94.수원대

a. 땅딸막한(=short and heavy); (체격이) 다부진
   - too small and stocky 너무 작고 땅딸막한
ⓝ stock (나무) 줄기, 그루터기

0038 stubby
[stʌ́bi]
00.경기대

a. 그루터기 같은; 뭉뚝한, 땅딸막한(=thick and short, stumpy)
   - stubby fingers and toes 뭉뚝한 손가락과 발가락
ⓝ stub[stʌb] (나무의) 그루터기; (쓰다 남은) 토막
🔒 pudgy[pʌ́dʒi] 땅딸막한(=stubby, stocky), 뚱뚱한

0039 dwarf
[dwɔːrf]
13.국회8급

vt. 작게 하다, 작아보이게 하다
n. 난쟁이
   - be dwarfed by ∼보다 작아 보이다

동의어 사람의 몸매에 관한 어휘들

□ lean, thin, gaunt, haggard, skinny, emaciated, scrawny 야윈, 수척한
□ slender, slim, slimmish, svelte, slight 날씬한
□ chubby, plump 통통한, 포동포동한 * 좋은 의미
□ obese, overweight, corpulent, fat, rotund, stout, tubby, portly, porky, bacony, blubbery, matronly 아주 뚱뚱한, 비만인 * 부정적인 의미
□ stocky, tubby, pudgy 땅딸막한
□ lanky, gangling, beanpole 마르고 키 큰, 키다리

고급 어휘
□ **rotund**[routʌ́nd]
   a. 1. (사람, 얼굴 등이) 둥근, 토실토실한(=round and fat)
      2. (소리 등이) 낭랑한(=sonorous)
      3. (문체 따위가) 과장된, 화려한
   - rotund man 둥글둥글하게 살찐 남자
   - rotund voice 낭랑한 목소리
   - rotund speech 과장된 연설
   🔒 orotund (목소리가) 쩌렁쩌렁 울리는

0041 comely
[kʌ́mli]
02.고려대

a. (여자가) 용모가 아름다운, 미모의(=handsome); 〈고어〉 알맞은
• a comely young woman 미모의 젊은 여성
• look comely and cute 예쁘고 귀여워 보이다

97.경희대
団 uncomely 예쁘지 않은, 못생긴(=ugly); 어울리지 않는
13.광운대
囿 handsome (특히 남자가) 잘생긴, 멋진

0042 homely
[hóumli]

a. 1. (얼굴이) 못생긴
2. 제집같이 편안한; 수수한
• a fat homely girl 뚱뚱하고 못생긴 소녀
• homely atmosphere 편안한 분위기

囵 homily[háməli, hɔ́m−] 훈계, 설교(=sermon)

0043 unseemly
[ənsíːmli]
92.서울대학원

a. 보기 흉한, 꼴사나운; 어울리지 않는
ad. 보기 흉하게, 꼴사납게
• an unseemly quarrel 보기 흉한 싸움질

17.가천대
団 seemly 알맞은, 적당한; 품위 있는, 점잖은
囿 seeming 외견상의, 겉보기의(=ostensible)
14.한국외대
囵 unsightly (사물이나 행동이) 보기 흉한(=repulsive)
ungainly 볼품없는(=unseemly, indecent); 다루기 힘든(=awkward)

0044 bombshell
[bɑ́mʃel]
01.성명대

n. 1. (불쾌한) 폭탄선언, 몹시 충격적인 일[소식]
(=thing or event that was not planned for)
2. 매우 아름다운 여성
3. 폭탄(=bomb); 포탄(=shell)
• drop[explode] a bombshell 폭탄선언을 하다
• like a bombshell 돌발적으로

囵 bombard[bɑmbɑ́rd | bɔm−] 포격[폭격]하다; (질문 등을) 퍼붓다
bombastic 과장한, 허풍떠는; 보기 흉하게, 꼴사납게

0045 sturdy
[stə́ːrdi]
13.한국외대/10.경희대

a. 튼튼한, 건장한(=stout, robust); 견고한
• a short and sturdy man 작고 건장한 남자

囵 stout[staut] 뚱뚱한; 튼튼한; 용감한

0046 shaggy
[ʃǽgi]
13.홍익대

a. 털이 많은; 거친(=thick)
• very long and shaggy hair 매우 길고 덥수룩한 머리털

0047 becoming
[bikʌ́miŋ]
00~11.경찰

a. 1. (옷 등이) 어울리는(=suitable)
2. 알맞은, 적절한
• The dress is becoming her. 그 옷은 그녀에게 어울린다.

ad becomingly 어울리게, 잘 맞게
99.경찰/88.법원직
囵 become of 〈What(ever)을 주어로〉 ~은 어떻게 되는가?

동의어 　 **잘생긴, 예쁜 ↔ 못생긴**

■ handsome (특히 남자가) 잘생긴, 멋진
□ fair (주로 여자가) 아름다운, 매력적인
□ lovely 귀여운, 사랑스러운, 아름다운
□ pretty (사람이) 귀여운; (사물이) 예쁜
□ attractive (사람이) 매력적인, 마음을 끄는 ▣ D0326
□ bonny 〈스코 방언〉 어여쁜, 아리따운
□ pulchritudinous (여자가) 외모가 아름다운
■ ugly 얼굴이 못생긴, 추한; 험악한
□ unsightly (사물이나 행동이) 보기 흉한
□ 여자 → 매력적인 glamourous
　　　　 → 몸매가 좋은 shapely
□ 남자 → 근육질인 muscular
　　　　 남자다운, 씩씩한 macho

고급 어휘

□ sinewy [sinjui]
a. 1. (남자가) 근육질의, 건장한(=brawny, muscular)
2. (고기가) 질긴, 힘줄이 많은
• The fighter had a strong, sinewy body.
그 권투선수는 강하고 근육질의 몸을 가졌다.
• sinewy steak 질긴 스테이크

□ burly [bə́rli] a. 몸이 건장한, 억센(=stout)
• a burly man 건장한 남자

□ stalwart [stɔ́lwart]
a. 1. 건장한(=sturdy, strong, stout, robust)
2. 신념이 굳은(=faithful, firm, steadfast)
• a stalwart supporter 확고한 지지자

□ distaff [distæf, −tɑːf]
a. 여자의, 여성의(=female), (특히) 모계의
n. 물레질

□ foppish [fápi, fɔ́p−]
a. 멋 부리는, 외모에 신경을 쓰는
ⓝ foppery 멋 부리기
• He was a typical foppish man.
그는 전형적인 멋 부리는 사람이었다.

테마 　 **털과 수염에 관한 단어**

■ blond(e) 금발의
□ brunet(te) 백인종 가운데 거무스름한 피부·머리칼을 가진
■ mustache 콧수염
□ beard 턱수염
cf. sideburns/sideboards 짧은 구레나룻
whiskers 구레나룻, (고양이·쥐 등의) 수염
goatee 염소수염

고급 어휘

□ hirsute [hə́ri] a. 털이 많은(=hairy), 덥수룩한
ⓝ hirsutism (특히 여성의) 다모증(多毛症)
• Hirsutism is an excessive and increased hair growth that can be attributed to high levels of male hormones.
다모증은 과도하게 털이 나는 것으로서 높은 수준의 남성호르몬이 그 원인으로 생각된다.

□ hoary [hɔ́ri] a. (머리가) 백발의(=gray−haired)
• The man was hoary and wrinkled.
그 남자는 백발이 성성하고 주름투성이였다.

0051 knack
[næk]
13.한양대

n. (타고난) 재주, 능력(=talent); (경험으로 익힌) 요령
- get[learn] the knack 요령을 터득하다
- have a knack for sth ~하는데 소질이 있다

圖 talent (타고난 특수한) 재능(=knack), 소질
 - talented 재능이 있는, 유능한 ↔ talentless 무능한

0052 flair
[flɛər]
00.경기대

n. (타고난) 재주, 재능; 솜씨
- have a flair for ~에 재능이 있다

0053 superior
[səpíəriər]
00.경기대

a. 1. 뛰어난(=excellent), 보다 나은[to]
 2. 우수한, 고급의, 우세한
n. 상급자, 윗사람
- superior to the others 다른 사람에 비해 탁월한
ⓐ superiority 우월, 탁월, 우세

0054 puissant*
[pjúːəsənt]
98.고려대학원

a. 힘 있는, 권력이 있는, 강력한(=strong)
- impacts from puissant culture 강력한 문화로부터의 영향
回 impuissant 무능한, 허약한

0055 spry
[sprai]
96.고려대학원

a. 활발한, (나이에 비해) 기운찬(=vigorous)
- He was amazingly spry for a man of almost 80.
 그는 거의 80세에 달하는 나이에 비해서 놀랍도록 정정했다.
圖 sprightly 기운찬, 원기 왕성한, 쾌활한

0056 feckless*
[féklis]
15.한양대

a. 허약한, 무기력한, 무능한
- a lazy and feckless man 게으르고 무능한 남자
ⓝ fecklessness 무기력, 무책임

0057 protean*
[próutiən]
07.고려대

a. 다방면의, 재주가 있는(=versatile); 변화무쌍한
- show off his protean talent 그의 다재다능한 재주를 자랑하다

0058 inborn
[inbɔ́ːrn]
07.계명대/95.경기대

a. 타고난, 선천적인(=innate)
- an inborn ability 타고난 능력
- have an inborn talent for music 음악에 천부적인 재능이 있다

뉴앙스 **능력, 재능**

- ☐ ability 어떤 일을 능란하게 할 수 있는 능력
- ☐ capability 구체적인 일에 요구되는 능력 ☑ D0236
- ☐ capacity 사물을 이해하는 능력, 정신능력 ☑ N0236
- ☐ competence 어떤 것을 잘하는 능력; 능숙함 ☑ D0208
- ☐ faculty 어떤 특정 분야의 선천적·후천적인 능력 ☑ R0604
- ☐ talent 예술 분야에 있어서의 선천적인 능력 ◀▥
- ☐ knack 어떤 일을 쉽게 할 수 있는 자질, 능력 ◀▥
- ☐ genius 과학·예술 등에서의 비범한 재능(천재성) ☑ R1605
- ☐ flair 천부적인 재능, 능력; 예민한 직감 ◀▥
- ☐ gift/endowment 타고난 재능이나 자질 ☑ R0063
- ☐ proficiency 훈련이나 연습을 통한 숙달, 능숙 ☑ R0601
  - language proficiency 언어능력
- ☐ aptitude 소질, (학과목이나 예술분야) 적성 ☑ R0625
  - Scholastic Aptitude Test (SAT: 미 수학능력 시험)
- ☐ intelligence 이해나 학습의 능력, 지능 ☑ R0537

동의어 **강력한, 강한, 효력 있는**

- ☐ strong 힘센; 체력이 강한; 수단 등이 강력한 ☑ R2591
- ☐ robust (사람·몸이) 건장한; (신념이) 확고한 ☑ N0382
- ☐ effective 효력 있는; (약이 병에) 효과가 있는 ☑ D0056
- ☐ vigorous 정력적인, 원기 왕성한; 강력한 ☑ R1935
- ☐ mighty 강력한, 힘센; 〈구어〉 굉장한, 대단한
- ☐ influential 영향력이 있는; 세력 있는, 유력한 ☑ R2173
- ☐ telling (주장 등이) 효과적인, 강력한; 인상적인
- ☐ forceful (주장 등이) 힘 있는, 설득력이 있는 ☑ R2593
- ☐ forcible 억지로 시키는; 강력한, 힘찬, 설득력 있는 ☑ R2593
- ☐ potent 강력한, 유력한; 영향력이 있는 ☑ N0098

동의어 **유능한 ↔ 무능한**

- ☐ competent 유능한, 능력이 있는 ☑ N0208
  - ↔ incompetent
- ☐ talented 재능이 있는, 유능한 ↔ talentless ◀▥
- ☐ useful 〈구어〉 유능한, 수완이 있는 ↔ useless
- ☐ capable 유능한; ~할 능력이 있는 ☑ D0236
  - ↔ incapable 무능한
- ☐ potent 강력한, 성적 능력이 있는 ↔ impotent ☑ N0098
- ☐ powerful 강한, 세력 있는, 효능 있는 ↔ powerless
- ☐ qualified 자격 있는, 적격의 ☑ D0745 ↔ unqualified
- ☐ efficient 능률적인, 유능한 ☑ N0579 ↔ inefficient

뉴앙스 **타고난, 선천적인 ↔ 후천적인**

- ▣ inborn (성격이나 재능이) 타고난, 선천적인 ◀▥
- ☐ inbred [inbréd] 타고난; 근친교배의
  - cf.crossbred 교배종, 잡종
- ☐ natural (본성 등이) 타고난, 선천적인, 자연스러운
- ☐ congenital 병적 소질이 유전은 아니지만 태어날 때 부터 가지고 있는 ☑ N0956
- ☐ inherited (성격이나 병을) 유전적으로 물려받은 ☑ D0697
- ☐ hereditary (특히 병적 소질을) 유전으로 물려받은 ☑ N0034
- ☐ indigenous 타고난; 토착의 ☑ N0061
- ☐ innate (성질 등은) 타고난, 선천적인 ☑ N0062
- ☐ inherent 본래부터 있는, 내재된 ☑ N0374
- ▣ acquired 후천적인, 획득한 ☑ D0476
- ☐ postnatal 출생 후의, 출생 후에 일어난 ☑ D0542

0061 awkward
[ɔ́ːkwərd]
15.홍익대/02.건국대
94.행정고시

a. 어색한(=gauche), 불편한, 곤란한; 서투른(=clumsy)
• an awkward walk 어색한 걸음걸이
• an awkward position 불편한 자세
• ask awkward questions 곤란한 질문을 하다

0062 gauche
[gouʃ]
15.홍익대

a. (태도 등이) 어색한; 눈치 없는; 서투른(=awkward)
• a gauche young woman 서투른 젊은 여성

0063 silly
[síli]
03.사법시험

a. 어리석은, 바보 같은(=inane); 유치한
• a silly idea 바보 같은 생각

0064 folly
[fáli, fɔ́li]
04~2.영남대
06.공인노무

n. 어리석은 행동[생각], 바보짓(=stupidity)
• the follies of youth 젊은 날의 어리석은 행동들
꼬 foolhardy 무작정의, 무모한(=adventurous); 소견머리 없는

0065 imbecility
[imbəsíləti]
17.숙명여대/96.고려대학원

n. 정신박약, 저능; 바보짓(=idiocy, stupidity)
• be amazed at the imbecility 어리석음에 놀라다
ⓝ imbecile 저능아(idiot와 moron의 중간); 저능한
꼬 idiot[ídiət] 백치(세 살 이하의 지능수준)
　　moron[mɔ́ːran. -rɔn] 정신박약자; 〈구어〉 저능아, 바보

0066 drivel*
[drívəl]
10.숙명여대

n. 군침, 콧물 → 어리석은 소리
v. 침[코]를 흘리다 → 바보 같은 소리를 하다
• It's just drivel. 그건 헛소리에 불과하다.
꼬 drip 1. (액체가) 똑똑 떨어지다; 똑똑 떨어지는 물방울(소리)
　　　　2. 군소리, 실없는 말

0067 astute
[əstjúːt]
12.경희대/11.명지대

a. 빈틈없는(=shrewd); 약삭빠른(=savvy)
• an astute business man 빈틈없는 사업가
ⓐⓓ astutely 통찰력 있게, 빈틈없이(=shrewdly)

0068 canny
[kǽni]
15.지방직7급/00.국민대

a. 영리한(=shrewd); 신중한; 눈치 빠른; 검소한
• canny and strategic choices 영리하고 전략적인 선택들
• a canny investor 영리한 투자자
꼬 uncanny 신비한, 비정상적인; 초자연적인 ➡ TO756

0069 alacrity
[əlǽkrəti]
15.서강대

n. 민첩함(=quickness, agility); 활발
* with alacrity 민첩하게(=expeditiously)
• The old man still moves with alacrity. 그 노인은 아직도 동작이 민첩하다.

동의어 서투른, 어색한

☐ clumsy 동작이 서투른; 말이 서툴러 상처를 주는 ➡ N0986
☐ maladroit 서투른, 솜씨 없는 ➡ D0367
☐ unhandy 다루기 불편한 → 손재주가 없는 → 서투른
☐ all thumbs 서투른 ➡ I14401
☐ bumbling 실수를 많이 하는; 연설자가 더듬거리는
☐ bungling 서투르게 하여 망치는 → 서투른
☐ botchy[bátʃi.bɔ-] 누덕누덕 기운; 솜씨가 서투른
　*make a botch of ~을 망쳐놓다
☐ butcherly 백정 같은 → 서투른 cf.butcher 도살업자
☐ gawky[gɔ́ːki] 특히 어린 사람이 서투른; 덜 된

뉘앙스 어리석은, 멍청한

☐ foolish (일반적으로 행동이) 바보 같은, 어리석은
☐ stupid 행동이나 판단이 어리석은, 지능이 우둔한 ➡ S0853
☐ fatuous 사람·행동이 지능이나 생각이 없는 것 같은 ➡ N0638
☐ inane 행동이나 행위가 매우 어리석은 ➡ R1559
☐ ridiculous 매우 어리석고 말도 안 되는 ➡ R0725
☐ absurd 어리석고 불합리한 ➡ N0301
☐ ludicrous 너무 터무니없어 웃기는 ➡ R0726
☐ silly 지능이 낮은, (언행이) 어리석고 황당하게 만드는 ◀▥
☐ absent-minded /wooden/ distrait 넋이 나간, 멍한
☐ dull-headed / crass / asinine 멍청하고 우둔한
☐ idiotic / imbecilic / doltish 지능이 매우 낮은

동의어 바보, 얼간이

☐ fool 어리석은 사람; (남의) 놀림감
☐ nut 〈구어〉 바보, 얼간이
☐ jerk 〈속어〉 바보
☐ idiot 백치, 바보(3살 이하의 지능수준)
☐ imbecile 지능이 idiot보다는 높고 moron보다는 낮은
☐ moron[mɔ́ran. -rɔn] 저능아, 바보; 정신박약자
☐ dunce[dʌns] 열등생, 저능아
☐ dolt[doult] 바보, 얼뜨기 cf.doltish 멍청한
☐ lummox[lʌ́məks] 재치 없고 둔한 녀석, 멍청이(=lump)
☐ zany[zéini] 어릿광대; 바보; 엉뚱한, 괴짜 같은(=clownish)

뉘앙스 영리한, 기민한, 재빠른

☐ agile 머리 회전이나 동작이 빠른 → 날렵한 ➡ N0369
☐ nimble 동작이 빠르고 생각이 영리한 → 민첩한 ➡ N0757
☐ shrewd 상황 판단이 빠르고 영리한 → 약삭빠른 ➡ N0447
☐ astute 상황 판단이 빠르고 기회를 잘 이용하는 ◀▥
☐ acute ➡ N0446 / sharp ➡ D0631 인식·판단능력이 뛰어난
☐ intelligent / smart / clever / bright
　　두뇌가 명석해서 학습능력이 뛰어난 → 총명한
☐ ingenious 새롭게 잘 구상해내는 → 창의력이 있는 ➡ N0751
☐ canny 특히 장사·정치에 있어 영리하고 판단력이 좋은 ◀▥
☐ sagacious 판단력이나 이해력이 좋은 → 현명한 ➡ N0754

뉘앙스 현명한

☐ wise 지식이나 경험이 있어 현명한 결정이나 조언을 하는
☐ sensible 감정보다 이성에 따라 현명한 결정을 하는 ➡ N0222
☐ judicious 조심스럽고 현명한 판단을 하는 ➡ R2552
☐ sagacious 훌륭한 판단력과 이해력을 가진 ➡ N0754
☐ prudent 판단이나 결정을 할 때 신중하고 현명한 ➡ N0224
☐ discerning 사물이나 사람을 잘 판단할 수 있는 ➡ D0273

▌007 [테마] 신체의 동작

0071 pace
[péis]
01-2.계명대

n. 걸음걸이(=footstep, gait) ; 보조, (일의) 속도(=speed)
- keep pace with ~와 보조를 맞추다 ; ~에 뒤지지 않다

v. 천천히 걷다, 속도를 유지하다
⊞ phase[féiz] (변화·발달 과정 중의 한) 단계[시기] ➡ R0841

0072 tramp
[træmp]
00.경기대

v. 1. 무거운 걸음으로 걷다 ; 방랑하다, 도보로 여행하다
　 2. 내리 밟다, 짓밟다
- tramp the streets looking for work 일을 찾아 거리를 터덜터덜 걷다
ⓝ tramper 쿵쿵대며 걷는 사람 ; 도보여행자 ; 부랑자

0073 stride
[straid]
09.경희대/03.경기대
02.성균관대/98.입법고시

v. 큰 걸음으로 걷다 ; 활보하다, 넘어서다
n. 큰 걸음, 활보 ; (pl) 진보, 발전
⊞ take in one's stride/take sth in stride
　 1. 냉철하게 대처하다(=deal calmly with)
　 2. (어려운 일을) 무난히 해결하다
- It was a very rude remark, but Naomi took it in stride.
　 매우 무례한 말에도 불구하고 나오미는 그냥 넘겨버렸다.

0074 plod
[plad, plɔd]
00.경기대

v. 1. (지쳐서) 터벅터벅 걷다
　 2. 꾸준히 일하다[공부하다]
- plod on through the rain 빗속을 터벅터벅 걷다

0075 dodder*
[dádər]
15.중앙대

vi. 비틀거리다, 비틀거리며 걷다 ; (중풍이나 노령으로) 떨다
- begin to dodder 비틀거리기 시작하다

0076 zip
[zip]
12.경기대

v. 1. 쌩하고 지나가다(=move at high speed)
　 2. 지퍼로 잠그다 ; (컴퓨터) 파일을 압축하다
n. 지퍼 ; 활기 ; 〈점수〉 영
- zip past us at high speed 고속으로 우리를 지나쳐가다
- zip code 우편번호

0077 breathtaking
[breθtei,kiŋ]
12.동국대

a. (너무 아름답거나 놀라워서) 숨이 멎는 듯한(=amazing)
- a breathtaking view 숨이 멎는 듯한 풍경
⒜ breathtakingly 숨 막히게
⊞ breathe[brið] (일반적으로) 숨 쉬다 ; 한숨 돌리다
　 breath[breθ] 숨, 호흡 ; 휴식

008 [테마] 희미한 ↔ 명쾌한

0081 hazy
[héizi]
14.이화여대/00.법원직

a. 안개가 낀, 흐릿한, 모호한(=blurred, misty)
- hazy with smog 스모그로 흐릿한
- a hazy idea 모호한 생각

ⓝ haze 아지랑이, 안개, 연무(=fog); (신입생 등을) 신고식 시키다

0082 opaque
[oupéik]
09.서강대

a. (유리·옷 등이) 불투명한; (글이) 불분명한, 이해하기 힘든
- opaque glass 불투명한 유리
- The jargon in his talk was opaque to me.
  그가 말하면서 사용한 전문용어는 이해하기가 힘들었다.

🔤 vitreous[vítriəs] 유리 같은, 유리로 된; 투명한(=glassy)
- vitreous china[porcelain] 유리 같이 투명한 자기

0083 murky
[mə́:rki]
09.경기대

a. 1. (연기·안개 등으로) 흐린(=obscure); (물이) 탁한
2. (성격, 과거 등이) 어두운
- a murky future 막연한 미래
- have a somewhat murky past 다소 어두운 과거가 있다

0084 limpid
[límpid]
10.명지대

a. (액체가) 맑은, 투명한; 명쾌한(=lucid)
- The river was very limpid. 그 강은 매우 맑았다.
- write in a limpid style 명쾌한 문체로 쓰다

🔤 limp 절뚝거리다, 느릿느릿 가다; 기운이 없는

0085 material
[mətíəriəl]
13.가천대

a. 물질의, 유형의; 중요한
n. (물건) 재료, (교육) 자료, 소재; 직물, 천
- material comforts 물질적인 위안
- material evidence 물적 증거, 중요한 증거

🔤 immaterial 실체 없는, 무형의; 정신상의, 영적인

테 마 안개, 어둠 → 흐릿한, 애매한

- [ ] **foggy** 안개가 낀 → 흐릿한 cf.fog 안개
- [ ] **misty** (엷은) 안개가 낀 → 흐릿한 cf.mist 엷은 안개
- [ ] **hazy** 흐린, 안개 낀 → 모호한 ◀▦
- [ ] **murky** 안개로 흐린, 물이 탁한 → 어두운 ◀▦
- [ ] **overcast** 구름이 덮인 → 흐린
- [ ] **faint** (색이나 빛 등이) 희미한; 연약한 ☑ N0604
- [ ] **vague** 막연한, 애매한, 흐릿한, 멍한 ☑ N0640
- [ ] **dim** 어둠침침한 → 흐릿한 → 이해력이 둔한 ☑ T0275
- [ ] **blurred** (사진·시야가) 흐릿한; 희미한 ☑ N0274
- [ ] **bleary** (피곤에서 눈이) 흐릿한, 윤곽이 흐릿한
- [ ] **dusky** 어둑어둑한, 거무스레한 → 음울한 cf.dusk 땅거미
- [ ] **shadowy** 그늘이 져서 우둑어둑한; 어둑해서 어슴푸레한
- [ ] **fuzzy** 흐린, 모호한; 보풀 같은

뉘앙스 투명한, 비치는

- [ ] **transparent** 반대쪽이 보일 정도로 투명한 ☑ R2328
- [ ] **translucent** 반투명의(빛은 통하나 반대쪽이 보이지 않는)
- [ ] **see-through** 옷이 안이 들여다보이는
- [ ] **diaphanous** (옷이나 천이) 속이 비치는 ☑ R0840
- [ ] **gauzy**[gɔ́:zi] 가볍고 투명해서 비치는
- [ ] **gossamer**[gásəmər] 아주 가는 거미줄 → 얇고 가벼운
- [ ] **crystalline** 수정 같은 → 투명한; 결정체로 된

동의어 명료한, 명쾌한

- [ ] **clear** 맑은, 밝은; 명백한 ☑ R2391
- [ ] **understandable** 이해할 수 있는; 어떤 것이 정상적인
- [ ] **comprehensible** 이해할 수 있는 ☑ D0261
- [ ] **lucid** 맑은, 투명한, 명쾌한 ☑ N0343
  - **pellucid / luculent** 명쾌한, 명료한 ☑ D0343
- [ ] **perspicuous** (언어·문제 등이) 명쾌한, 명료한 ☑ N0789
  - **transpicuous** 명쾌한, 명료한 ☑ D0789
- [ ] **trenchant** (윤곽 등이) 분명한; 신랄한 ☑ R1086
- [ ] **distinct** 뚜렷한, 명백한, 분명한 ☑ D0096
- [ ] **limpid** 맑은, 투명한; 명쾌한 ◀▦
- [ ] **luminous** 빛나는; 이해하기 쉬운, 명쾌한 ☑ N0515

뉘앙스 명백한

- [ ] **evident** 외적 증거로서 명백한 ☑ R0761
- [ ] **obvious** 의문의 여지가 없을 정도로 분명한 ☑ N0341
- [ ] **apparent** 한 번 보아도 알 수 있을 정도로 분명한 ☑ R2327
- [ ] **manifest** 곧바로 이해할 수 있을 정도로 분명한 ☑ N0512
- [ ] **blatant** 나쁜 행동이 노골적이어서 뻔히 보이는 ☑ N0625
- [ ] **explicit** 숨기지 않아서 명백한, 때로는 노골적인 ☑ N0513

동의어 유형의, 물질적인 ↔ 무형의

- [ ] **physical** 육체의, 신체의; 물질적인; 형이하의 ☑ R2142
  - ↪ **metaphysical** 형이상학의; 철학적인; 극히 추상적인
- [ ] **tangible** 손으로 만질 수 있는 → 명백한, 뻔한 ☑ N0007
  - ↪ **intangible** 만질 수 없는, 무형의
- [ ] **palpable** 손으로 만질 수 있는 → 명백한, 뻔한 ☑ N0511
  - ↪ **impalpable** 실체가 없는, 무형의 → 이해하기 어려운
- [ ] **perceptible** 지각할 수 있는 → 느낄 수 있을 정도로 상당한
  - ↪ **imperceptible** 지각할 수 없는 → 미세한 ☑ N0344
- [ ] **touchable** 만질 수 있는 → 감동시킬 수 있는 ☑ R0341
  - ↪ **untouchable** 만질 수 없는 → 접촉이 금지된, 금제의
- [ ] **corporeal** 육체적인, 물질적인, 유형의, 유체의 ☑ R1852
  - ↪ **incorporeal** 형체[육체]가 없는, 무형의

0091 glimpse
[glimps]
12.홍익대/04.세종대

n. 1. 흘끗 봄[보임], 일견, 일별
2. (새로운 것에 대한) 짧은 경험[into]
v. 얼핏 보다; 깨닫다
- give[take] a glance (o)
- get[catch] a glimpse (o)　• give a glimpse (X)

09.성균관대

🔁 glance 흘끗 쳐다보다
　glimpse 얼핏 보이다

0092 ogle*
[óugl]
15.중앙대

v. 추파를 던지다[at](=leer, make eyes at)
- ogle the woman 그 여자에게 추파를 던지다

🔁 leer 음흉하게 보다[at](=ogle)

0093 mirage
[mirá:3]
07.경북교행9급

n. 신기루, 망상(=delusion)
- a mirage of an oasis in the desert 사막의 오아시스 신기루

0094 iridescence
[irədésns]
00.세무사/97.행.외시

n. 무지갯빛(보는 각도에 따라 색이 변함)
(=display of changing of colors)
ⓐ iridescent 무지개색의, 진주색의, 훈색의

🔁 iris[áiəis] (눈의) 홍채; 붓꽃

0095 descry
[diskrái]
11.인천대/92.고려대학원

vt. 어렴풋이 ~을 알아보다(=discern), 발견하다(=espy)
- barely descry the enemy vessels 적군의 배를 겨우 알아보다

0096 obfuscate
[ábfəskèit]
⊃ R1489

vt. (판단 등을) 흐리게 하다, (일부러) 애매하게 하다
(=obscure ↔ elucidate)

🔁 fuscous 암갈색의, 거무스름한　•fusc(=dark)

뉴앙스　보다

- ☐ look 일반적인 의미로서 보다 ☑ I077
  - look at 시선을 돌려서 보다
- ☐ watch 사람이나 사물을 주의 깊게 보다 ☑ I079
- ☐ peer 자세히 들여다 보다(샅샅이 보다) ☑ R2324
- ☐ stare 놀라거나 화가 나서 빤히 쳐다보다 ☑ I079
- ☐ gaze 넋을 잃고 오랫동안 보다(응시하다)
- ☐ glimpse 얼핏 보이다(우연히, 완전히 보지 못함) ◀▦
- ☐ glance 흘끗 보다 ◀▦
- ☐ see 구경이나 관광하다, 책, 신문, TV를 보다 ☑ I078
- ☐ sight 무엇을 발견하거나 찾아낸 경우에 보다 ☑ R0771
- ☐ peek 재빨리 또는 몰래 보다
- ☐ peep 몰래 숨어서 훔쳐보다　**cf.peep show** ☑ I079
- ☐ goggle 눈이 휘둥그레져 바라보다; 고글, 보호안경
  　cf.gaggle 거위 떼, 꽥꽥 우는 소리; 여자들 무리
  　　gargle 양치질하다
- ☐ squint 곁눈질을 하다, 실눈으로 보다; 사팔뜨기(의)

뉴앙스　환각, 환영, 착각, 환상

- ☐ illusion (특히 사람·상황에 대한) 오해, 착각; 환각 ☑ R0724
- ☐ delusion 잘못 생각하고 있는 것; 망상 ☑ R0723
- ☐ pipe dream 이루기 힘든 허황된 생각 ☑ I16712
- ☐ daydream 현실을 잊어버리게 만드는 공상; 백일몽
- ☐ mirage 신기루 같이 헛된 생각 ◀▦
- ☐ hallucination 약이나 병으로 인해 헛것이 보이는 것; 환각
- ☐ fantasy 이루어지기 힘든 즐거운 상상; 공상 ☑ R0840
- ☐ phantom 상상 속에서만 존재하는 환영, 허깨비 ☑ R0843
- ☐ reverie[révəri] 꿈꾸듯 좋은 일들을 생각하는 것, 몽상
- ☐ misunderstanding 오해

뉴앙스　인식하다, 식별하다

- ☐ perceive 지각하다, 감지하다 ☑ D0344
- ☐ observe 관찰하다, (관찰에 의하여) 알다 ☑ R0116
- ☐ recognize 인지하다; (공식적으로) 인정하다 ☑ R1431
- ☐ appreciate 진가를 알다, 올바르게 인식하다 ☑ N0239
- ☐ discern (차이점·명확하지 않은 것을) 알아보다 ☑ D0273
- ☐ descry (멀리 있는 것을) 어렴풋이 알아보다 ◀▦
- ☐ spot (쉽지 않은 것을) 발견하다, 분별하다 ☑ N0502
- ☐ detect (나쁜 짓 등을) 발견하다; 간파하다 ☑ R1392
- ☐ apprehend (의미나 상황을) 파악하다 ☑ N0140
- ☐ comprehend (의미를) 파악하다, 이해하다 ☑ D0261

뉴앙스　지각할 수 있는; 구별할 수 있는

- ☐ cognizable 인식할 수 있는 ☑ R1436 *gn(=know)
- ☐ recognizable 쉽게 알아볼 수 있는 ☑ R1431 *gn(=know)
- ☐ perceptible / perceivable (사물이) 지각할 수 있는
  ☑ D0344 *cept(=take)
- ☐ discernible 눈으로 보고 알 수 있는 N0273 *cern(=observe)
- ☐ appreciable 감지(평가)할 수 있을 정도로 상당한 ☑ D0239
- ☐ noticeable 명확하여 쉽게 눈에 띄는 ☑ R1428
- ☐ distinguishable (사물이) 구별[분간]할 수 있는 ☑ D0096
- ☐ differentiable (사물이) 구별할 수 있는 ☑ D0284

0101 eavesdrop
[íːvzdràp]
06.경기도9급

vi. 엿듣다, 도청하다
• You must not peep or eavesdrop. 훔쳐보거나 엿듣어서는 안 된다.
ⓝ eavesdropping 엿듣기, 도청
圏 **overhear** 말하는 사람이 모르게 우연히 듣다

0102 din
[din]
10.홍익대/98~2.동국대

n. 소음, 시끄러운 소리(=loud noise)
v. 소음으로 귀를 멍하게 하다, 큰소리로 말하다
• making an awful din 지독한 소음을 내다
圏 **den**[den] (야수가 사는) 굴(=burrow), 도둑의 소굴; 남성의 서재

0103 clang
[klæŋ]
08.서경대

vi. 〈의성어〉 땡그랑[철커덩]하고 울리다
• The gates clanged shut. 대문이 철커덩하고 닫혔다.
圏 **clack**[klæk] 〈의성어〉 딸깍하는 소리; 지껄여대다
crackle[krǽkl] 〈의성어〉 탁탁 (타는) 소리를 내다
crank[kræŋk] ㄴ자형 손잡이; 변덕, 괴짜; 크랭크를 돌려서 촬영하다
- **crank up** 시작하다

0104 horn
[hoːrn]
94.행정부9급

n. 1. (사슴 등의) 뿔; (달팽이 등의) 촉수(=antler, feeler)
2. 뿔나발, 뿔피리(=bugle, trumpet)
3. 자동차의 경적
ⓐ hornlike 뿔 모양의
horned 뿔이 있는, 뿔 모양의; 초승달 모양의
圏 **hone**[houn] 숫돌; (기술을) 연마하다; 동경하다

┌───┐
│ 団 on the horns of dilemma 곤경에 빠진 ⊃ I00413
│ take the bull by the horns 용감하게 난국에 맞서다 ⊃ I03717
│ blow one's own horn 자랑하다(=brag about) ⊃ I13301
│ toot one's own horn 자기자랑을 하다, 허풍을 떨다 ⊃ T1387
└───┘

0105 fragrant
[fréigrənt]
01.여지경찰

a. 향기로운, 향긋한(=odorous)
• fragrant oils and perfumes 향기로운 오일과 향수들
ⓝ fragrance 향기로움; 향기
圏 **flagrant** (나쁜 행동이) 노골적인, 명백한(=blatant) 극악한 ⊃ R1795

0106 aromatic
[ærəmætik]
95.고려대

a. 향이 좋은, 방향의(=odorous)
n. 방향제, 향료
• use aromatic oils 향이 좋은 오일을 쓰다
ⓝ aroma (기분 좋은) 향기, 방향
aromatherapy 방향요법

0107 rancid
[rǽnsid]
04~2.고려대

a. 1. 썩은 냄새[맛]가 나는; 상한(=spoiled)
2. 불쾌한, 역겨운
• a rancid smell coming from the kitchen 부엌에서 나는 상한 냄새
ⓝ rancidity 썩은 냄새; 악취
圏 **fetid**[fétid] 악취가 나는, 구린

테 마 스파이(spy)영화에 나올법한 것들

■ **eavesdrop** 엿듣다, 도청하다 ◀━
- **bugging** 도청 , **wiretapping** 전화 도청
☐ **overhear** 말하는 사람이 모르게 우연히 듣다
☐ **tap** 꼭지, 구멍을 내어 꼭지를 달다 → 도청하다
☐ **intercept** 가로채다 → 교신을 감청하다
■ **trail** 지나간 자국 → 뒤를 밟다, 미행하다
- 미행자 a shadow(er), a tail
☐ **shadow** 그림자처럼 따라다니다 → 미행하다
☐ **We've got company!** 미행이 따라 붙었군!
■ **espionage** (다른 나라·기업에 대한) 스파이활동 ⊡ R0740
☐ **stool pigeon** (경찰의) 앞잡이, 정보원
• act as a stool pigeon 경찰의 정보원 역할을 하다

테 마 촉수, 감각기관

☐ **antenna** (동물의) 촉각, 더듬이; (달팽이의) 뿔
☐ **feeler** (동물의) 더듬이, 촉각; 척후(병), 염탐꾼
☐ **smeller** 냄새 맡는 사람; 촉각, 촉모
☐ **tentacle** 동·식물의 촉수, 더듬이 ⊡ R0342
☐ **palpus** (곤충 등의) 촉수 ⊡ D0511 *palp(=feel)

테 마 냄새: 향기와 악취

[향기 → 향수, 향료]
☐ **perfume** 향수, 향기 ⊡ R1802
☐ **aroma** 향기, 방향 ◀━
☐ **fragrance** 향기로움; 향기 ◀━
[냄새 → 단서, 기미]
☐ **scent** (희미한) 냄새, 향기, 향수 → 단서, 낌새
☐ **smell** 후각, 냄새; 향기, 악취 → 낌새
[악취 → 불쾌, 화학]
☐ **odor** (향기의 의미도 있으나) 주로 불쾌한 냄새 ⊡ D0777
- **odorous** 향기로운, 도덕적으로 구린 ⊡ N0777
☐ **stink** 악취, 코를 찌르는 냄새; 화학, 자연과학
☐ **stench**[stentʃ] 불쾌한 냄새, 악취
☐ **fetor**[fíːtər] 강한 악취
☐ **reek**[riːk] 악취; 악취를 풍기다

┌──────────────────────────────────┐
│ **고급 어휘**
│ ☐ **tinge**[tindʒ]
│ n. 엷은 색조, 기미 vt. 기미를 띠게 하다[with]
│ • be tinged with madness 광기를 띠다
│ ☐ **whiff**[hwif]
│ n. 1. 풍기는 냄새; 기미, 기색
│ 2. (담배연기 등을) 한번 내뿜기; 엽권련
│ v. 담배를 피우다
│ • a whiff of her perfume 확 풍겨오는 그녀의 향기
│ ☐ **miasma**[miǽzmə]
│ 1. (늪에서 나오는) 독기(=swamp gas)
│ 2. 불쾌한 냄새나 기운
│ • a miasma of stale alcohol 김빠진 술의 쾌쾌한 냄새
│ ☐ **noisome**[nɔ́isəm]
│ a. 악취가 나는(=rancid, putrid, fetid) 불쾌한
│ • noisome smells 고약한 냄새
│ • a noisome dungeon 역겨운 지하감옥
└──────────────────────────────────┘

[테마] 빛, 빛나다; 불, 불타오르다

O111 burnish
[bə́ːrniʃ]
17.항공대/14,12.한국외대

vt. 광을 내다(=polish) ; 이미지를 쇄신하다(=enhance)
n. 윤기, 광택
- burnish his image 그의 이미지를 개선하다

O112 polish
[páliʃ, póliʃ]
17.항공대

vt. 닦다, 윤을 내다(=burnish)
n. 광택, 윤
- polish the floor 바닥을 광을 내다
- shoe polish 구두약
ⓐ polished 닦은, 연마한, 광택 있는

O113 effulgence*
[ifʌ́ldʒəns]
14.중앙대

n. 광휘, 광채
- the effulgence of diamonds 다이아몬드의 광채
ⓐ effulgent 빛나는, 눈부신
🔁 refulgent 빛나는(=beaming, radiant), 찬란한

O114 flash
[flæʃ]
97-2.인천대
06.경기도9급

n. 1. 번쩍하는 빛, 섬광
2. 순간; 흘긋 봄
* in a flash 순식간에, 눈 깜짝할 사이에
* a flash in the pan 일시적 유행, 용두사미격인 일이나 사람
vt. 시선을 흘긋 보내다; (눈빛으로) 감정을 나타내다
vi. 번쩍거리다; 휙 지나가다; 문득 떠오르다

O115 shimmer
[ʃímər]
10.고려대

vi. 희미하게 빛나다, 빛을 받아 어른거리다
n. 희미한 빛, 반짝임
- shimmer on the water 수면 위에 어른거리다

O116 flare
[flɛ́ər]

vi. 1. (불이) 확 타오르다[up]
2. (분노 · 폭력 사태가) 터지다[up]; 버럭 화를 내다
3. (바지 등이) 나팔모양으로 벌어지다
- Violence flared up again last night. 지난밤에 다시 폭력사태가 터졌다.
ⓝ flare-up (분노 등의) 갑작스러운 표출; (불길이) 확 타오름
🔁 flair[flɛər] 천부적인 재능, 재간; 예리한 육감
frail[freil] 깨지기 쉬운; 무른, 연약한; 덧없는
flail[fleil] 도리깨질하다; 도리깨

O117 blink
[bliŋk]

V. 1. (눈을) 깜빡거리다; (불빛이) 깜빡이다
2. 보고도 못 본 체하다, 간과하다[at]
- blink in the bright sunlight 밝은 햇빛에 눈을 깜빡이다
🔁 on the blink (기계가) 고장 난, 몸 상태가 좋지 않은 ➲ IO0426
in a blink 눈 깜짝할 사이에

O118 kindle
[kíndl]
12.이화여대/98.건국대

00.중앙대

10.숙명여대/07-2.가톨릭대

vt. 불붙(이)다; 부추기다(=incite), 흥분시키다[하다]
- kindle a spark of hope inside her.
그녀 안의 희망의 불꽃을 타 오르게 하다
🔁 enkindle 불을 붙이다; (감정 · 정열을) 타오르게 하다(=stir up);
타오르다
rekindle 다시 불붙이다; 재연시키다; 재연하다(=revive)

동의어 광택; 광을 내다

- ☐ sheen[ʃiːn] 광휘, 광채; 광택, 윤
- ☐ gloss 광택, 윤; 윤이 나다 ☑ R1810
- ☐ glaze 유리창을 끼우다; 미끄럽게 하다, 윤이 나다 ☑ R1810
- ☐ shine[ʃain] 빛남, 광택; 광을 내다; 빛나다
cf.shoeshine boy 구두닦이 소년

동의어 빛나는, 윤이 나는

- ☐ lustrous 광택 있는, 윤기가 흐르는; 저명한 ☑ R1484
- ☐ luminous 빛나는, 반짝이는; 명쾌한 ☑ N0515
- ☐ glossy 윤이 나는; 화려한 ☑ R1810
- ☐ shining 빛나는, 반짝이는; 두드러진
- shiny 해가 쬐는; 광택이 있는
- ☐ sleek[sliːk] (털이나 머리카락이) 윤이 나는

뉘앙스 반짝이다, 빛나다

- ☐ sparkle (보석 등이) 반짝이다 ☑ R1817
- ☐ flash (불빛이 잠깐) 비치다 ⬅
- ☐ blink (불빛이) 깜깜이다 ⬅
- ☐ shimmer (표면에 비쳐) 희미하게 빛나다 ⬅
- ☐ glimmer 불빛이 깜빡이다. 희미하게 빛나다 ☑ R1814
- ☐ gleam 어슴푸레 빛나다; (깨끗하게) 빛나다 ☑ R1810
- ☐ twinkle[twiŋkl] (별이나 불빛이) 반짝거리다
- ☐ glow (뜨거운 것이) 은은히 타오르다, 빛나다 ☑ R1813
- ☐ glitter (다이아몬드처럼) 반짝반짝 빛나다 ☑ R1816
- ☐ glint (빛이 반사되어) 반짝이다 ☑ R1810
- ☐ glisten (눈물, 땀에 젖어) 번들거리다; 반짝이다 ☑ R1810
- ☐ coruscate (빛이) 반짝이다; 재치가 넘치다

고급 어휘
- ☐ bask[bæsk] vi. 햇볕을 쬐다, 불을 쬐다; (은혜 등을) 입다
- He basked in royal favor. 그는 왕의 총애를 받았다.

테마 불, 조명

- ☐ illuminator 조명기구
- ☐ torch[tɔːrtʃ] 횃불, 빛; 광명
- ☐ candle 양초; 등불, 별
- ☐ flashlight 손전등, 회중 전등
- ☐ lamp (전기, 가스, 기름 등의) 램프
- ☐ bulb[bʌlb] 전구
- ☐ light 빛, 발광체, 광원; (집합적) 등불, 등화
- ☐ lighting 조명장치; (집합적) 무대조명; 명암
- ☐ lightning 번개, 번갯불, 전광
- lightning bug 반딧불(=the glow of a firefly)
- ☐ ignis fatuus 도깨비불, 인광
(=a corpse-candle, a death fire)

O121 herald
[hérəld]
12.국회8급/11.서울여대

vi. ~의 도래를 알리다(=foreshadow), 예고하다(=augur)
n. 왕의 사자, 전령; ~신문
- herald the coming of spring 봄이 오는 것을 알리다
foreshadow 전조가 되다, 징후를 보이다

O122 usher
[ʌʃər]
14.국민대/05.서울여대
98.동국대

vt.1. 안내하다(=guide), 인도하다
2. 도래를 알리다[in](=herald)
n. (교회·극장 등의) 좌석 안내원
- usher the ladies to their seats 숙녀들을 그들의 자리로 안내하다
- The return of swallows ushered in spring.
제비가 돌아와 봄이 왔음을 알렸다.

O123 augur
[ɔ́:gər]
11.서울여대

v. 점치다, 징조를 나타내다(=herald)
n. 예언자, 점쟁이
- That will augur well for a successful year.
그것은 성공적인 해가 될 것이란 조짐이 될 것이다.
augury[ɔ́:gjuri] 점, 전조

O124 prophetic
[prəfétik]
01.변리사

a. 예언적인, 예언하는 힘을 가진
- It turned out to be prophetic words. 그것은 예언이었음이 밝혀졌다.
prophecy 예언; 예언 능력
prophet 예언자

O125 foreboding
[fɔːrbóudiŋ]
01.한국외대

n. (특히 불길한) 예감, 전조(=presentiment, premonition)
- have a sense of foreboding 뭔가 나쁜 일이 일어날 것 같은 예감이 들다
forebode (나쁜 일을) 예감[예언, 예보]하다; ~의 전조가 되다
foreboder 예언자; 전조
bode[boud] 징조가 되다; 조짐이다

O126 hunch
[hʌntʃ]
03.변리사

n. 1. 〈구어〉 예감, 직감, 육감(=premonition)
- It's just a hunch. 그냥 직감이야.
2. 두꺼운 조각; 덩어리; 혹, 군살
vt.(등을) 구부리다
hunchback 꼽추
hump[hʌmp] (낙타 등의) 혹; 등을 구부리다; 분투하다[oneself]
- humped 혹이 있는; 등이 굽은

뉘앙스 미리 알리다, 예언하다

- foretell ■ P0367 / prophesy ◀▥ / augur ◀▥ / divine ■ R1983 / forespeak
(신비한 능력으로 미래의 일을) 예언하다, 점치다
- predict ■ D0085 / forecast ■ P0366 / foresee ■ N0964 / prognosticate ■ R1432
(정보를 바탕으로 날씨나 미래를) 예측하다
- herald (어떤 표시가 무슨 일이 일어날 지를) 알려주다 ◀▥

동의어 예언; 예언자

- prescience 예지, 혜안, 통찰 ■ D0345
- prediction 예보, 예언 ■ D0085
 - predictor 예언자 ■ D0085
- prognostication 예지, 예언 ■ R1432
 - prognosticator 예지자, 예언자
- divination 예언, 점 ■ R1983
 - diviner 점쟁이
- fortune-teller / soothsayer 점쟁이
- vaticination[vætisənéiʃən] 예언, 예언하는 것
- Cassandra 〈그리스 신화〉불길한 예언자
- sibylline [síbəlìn, -làin] 예언적인, 점쟁이의

뉘앙스 징조, 예감, 육감

- portent ■ N0982 / omen ■ D0398 / boding
(특히 불길한 일이 일어날 것 같은) 징조나 조짐
- a portent of disaster 재난의 징조
- premonition ■ R1452 / presentiment ■ R1506 / foreboding ◀▥
(무언가 안 좋은 일이 일어날 것 같은) 느낌이나 예감
- a premonition of failure 실패의 예감
- hunch ◀▥ / intuition ■ R0777
(증거는 없지만 문득 느껴지는) 직감이나 육감
- feminine intuition 여자의 직감
- sign / indication ■ R0873 / symptom ■ N0581
(특히 질병의) 징후나 증상

뉘앙스 분별력, 통찰력

- judgment (일반적으로) 판단, 판단력 ■ R2550
- discernment 좋고 나쁨을 구별할 수 있는 안목 ■ D0273
- discrimination 좋고 나쁨, 차이를 구분하는 식별력 ■ N0023
- insight 복잡한 상황, 문제를 정확히 이해하는 통찰력 ■ R0773
- penetration 본질을 관통해 들여다 볼 수 있는 통찰력 ■ T1571
- acumen 이해와 결정을 빠르고 적절하게 하는 능력 ■ R1749
- perspicacity 정확하고 빠르게 이해하는 능력 ■ D0789
- clairvoyance 천리안, 투시력; 비상한 통찰력 ■ R0750
- sagacity 판단이나 이해력이 뛰어난 현명함 ■ D0754

동의어 길조의 ↔ 흉조의

- lucky 행운의, 행운을 가져오는 ↔ unlucky
- fortunate 운이 좋은, 다행의 ■ S0811
 ↔ unfortunate 불운한, 불행한 결과를 가져오는
- favorable (상황이) 유리한, 순조로운 ■ N0448
 ↔ unfavorable 불운한, 불리한; 불길한
- propitious 상서로운, 길조의; (날씨 등이) 좋은 ■ R1045
- auspicious 길조의 상서로운 ■ N0258
- fortuitous 우연히 행운 등을 가져오는 ■ N0412
- promising 전도유망한, (날씨가) 좋아질 것 같은 ■ R0529(1)
- ominous / ill-omened 불길한, 나쁜 징조의 ■ N0398
- hap 우연, 운, 요행 ↔ mishap 사고, 불상사 ■ N0803

013

[테마] 침착, 평온; 달래다

0131 calm
[ka:m]
10.경북교행9급
10.한양대/07.고려대

a. 1. 침착한(=levelheaded), 차분한(=tranquil)
　　2. (바다나 물결이) 잔잔한(=placid)
n. 고요함, 평온, 평정, 침착
v. (화를) 가라앉히다(=soothe, defuse); 가라앉다
　　* calm down 진정하다, 진정시키다

96.고려대학원
ⓝ calmness 고요, 평온, 침착(=composure)
ⓐd calmly 침착하게, 조용히(=with equanimity)
06.가톨릭대
ⓐ calmative 진정시키는; 진정제

0132 aplomb
[əplám]
13.중앙대/11.상명대

n. 태연자약(=nonchalance), 침착, 평정(=poise)
　• His nonchalance and aplomb in times of trouble always encouraged his followers. 혼란스러운 시기에 그의 태연함과 침착함은 추종자들에게 늘 용기를 북돋아 주었다.

0133 serene
[sərí:n]
05.가톨릭대

a. 맑게 갠; 잔잔한; 조용한, 평온한
　• look as calm and serene 차분하고 평온해 보이다
ⓝ serenity 고요함; 평온, 침착
🔟 serenade[sèrənéid] 세레나데, 소야곡 * seren(=evening)

0134 hush
[hʌʃ]
04.경기대

n. 침묵, 고요함(=silence); 쉬쉬해 버림
　• A hush fell over the crowded. 침묵이 군중들을 엄습했다.
v. 1. 입 다물게 하다, 쉿 하다
　　2. (불안 등을) 진정시키다, 잠잠하게 하다
ⓐ hushed 조용해진, 고요한
🔟 hush-hush (계획 등이) 극비의; 보도 등을 덮어 두다
　　hush-up 〈구어〉 (사건의) 무마, 은밀한 수습

0135 allay
[əléi]
⊃ RO165

vt. 가라앉히다, 진정시키다(=alleviate); 고통을 완화하다
　• allay his anger 그의 분노를 가라앉히다

0136 assuage
[əswéidʒ]
16.사회복지9급/05.중앙대

vt. (고통이나 불안 등을) 진정시키다, 달래다(=alleviate, soothe)
　• assuage their concerns 그들의 걱정을 달래다
ⓝ assuagement 완화, 진정

0137 palliate
[pǽlièit]
97.성균관대

vt. 1. (병·통증의 치료 없이) 증상만 완화시키다
　　2. (잘못을) 변명하다, (과실을) 참작하다
　• drugs to palliate the pain 통증을 완화하기 위한 약
ⓝ palliation (병·통증의) 일시적 완화; 잘못의 경감

0138 lull
[lʌl]
09.한국외대

n. 진정, 잠잠, 소강상태(=pause)
vt. (어린애를) 달래다; 마음을 안정시키다
　• a lull in the fighting 전쟁의 소강상태
🔟 lullaby[lʌ́ləbài] 자장가(=cradlesong)

동의어 침착(한), 차분(한)

☐ equanimity (마음의) 평정, 침착 ☑ N0933
☐ equilibrium 자세의 안정, 균형, (마음의) 평정 ☑ R2311
☐ aplomb (특히 어려운 상황에서) 침착함, 태연자약 ⬅
☐ composed (마음이) 가라앉은, 침착한 ☑ D0148
　 - composure 침착, 냉정
☐ collected 침착한; 모은, 수집한 ☑ R0533
☐ sedate 차분한; 냉정한; 진정시키다 ☑ D0931
☐ imperturbable 쉽게 동요하지 않는; 차분한 ☑ R0675
☐ coolness 냉정, 침착
☐ poised[pɔizd] 〈사람이〉 침착한; (~할) 준비가 된
☐ restful 편안한, 평화로운 ☑ R0472
☐ sangfroid[saŋfrwɑ́ː] 침착, 냉정, 태연자약

동의어 고요(한), 평온(한)

☐ calm 고요한, 잔잔한; 평온한, 차분한 ⬅
　 - calmness 고요, 평온, 냉정, 침착 ⬅
☐ quiet 조용한, 고요한; 평온한, 한적한; 차분한 ☑ R2400
　 - quietude 고요[조용]함, 평온, 정적 ☑ R2401
☐ still 정지한 → 바람이 없는, 잔잔한 → 조용한
　 - stillness 고요, 정적
☐ silence 고요, 정적; 침묵
　 – silent 조용한, 침묵을 지키는
☐ serene 맑게 갠, 잔잔한; 조용한, 평온한 ⬅
　 - serenity 바다 등이 고요함 또는 생활이 평온한 ⬅
☐ tranquil 조용한, 고요한, 평온한
　 - tranquility 평온, 고요함, 정적 ☑ N0297
☐ hush 침묵, 고요함, 쉬쉬해 버림 ⬅

동의어 진정시키다, 완화하다

☐ soothe 진정시키다, 달래다; 경감시키다 ☑ N0764
☐ appease (원하는 것을 주어서) 달래다, 진정시키다 ☑ N0296
☐ calm (화를) 가라앉히다. ⬅
☐ allay 가라앉히다, 진정시키다; 고통을 완화하다 ⬅
☐ placate (사람을) 달래다, 위로하다, 진정시키다 ☑ N0180
☐ alleviate 고통을 완화시키다, 경감하다 ☑ N0012
☐ mitigate 고통이나 형벌을 가볍게 하다 ☑ N0179
☐ relieve 걱정이나 고통을 경감하다 ☑ R1734
☐ palliate 병이나 고통을 일시적으로 완화시키다 ⬅
☐ assuage 고통이나 불안 등을 진정시키다 ⬅
☐ lull (어린애를) 달래다; 마음을 안정시키다; 잠잠 ⬅
☐ remit (빚·형벌을) 줄여주다, 경감하다 ☑ R0527
☐ extenuate 정상을 참작하다, (벌을) 경감하다 ☑ D0600
☐ mollify[mɑ́ləfài] 누그러뜨리다, 완화시키다 〈01.변리사〉
☐ ease[i:z] 고통이나 걱정을 덜어주다
☐ buff[bʌf] 충격을 완화하다; ~광; 담황색
☐ relax 긴장을 풀다, 규제를 완화하다 ☑ R0292
☐ deregulate 규제를 완화하다 ☑ R2544

014

[테마] 걱정, 불안

0141 anxious
[ǽŋkʃəs]
13.지방직7급/10.홍익대

a. 1. 걱정하는, 불안해하는[for] (=uneasy)
　　2. 몹시 ~하고 싶어 하는[for]
　• anxious for her safety 그녀의 안전을 걱정하는
　• be anxious for peace 평화를 갈망하다

96.성균관대
ⓐ anxiety 불안감, 염려; 열망
🔟 angst[ǽŋkst] 불안감(=a feeling of anxiety and worry)

뉘앙스 근심, 불안, 걱정

☐ worry (일반적으로) 걱정; 근심, 걱정거리
☐ misgiving 제대로 하고 있는지에 대한 걱정·불안감 ☑ N0870
☐ disquiet 어떤 일이 벌어질 지에 대한 불안, 동요 ☑ R2401
☐ apprehension 나쁜 일이 일어나지 않을까 하는 불안 ☑ D0140

| O142 **qualm**
[kwɑːm]
16.단국대/08.한국외대
05-2.고려대 | n. 1. (종종 pl.) 불안감(=misgivings) ; 거리낌(=compunction)
2. 일시적 현기증
• An ignorant thug would fight, steal, and do other naughty things without qualms. 무례한 폭력배는 양심의 가책도 전혀 없이 싸우고, 훔치고, 다른 못된 짓들을 하려고 한다. * thug 폭력배 |

□ **anxiety** 불확실한 일에 대한 불안감, 염려 ◀◀◀
□ **uneasiness** 심리적인 불편함
□ **concern** (특히 많은 사람들이 같이하는) 우려 ☑ N0158
□ **solicitude** 다른 사람에 대한 걱정 ☑ D0672
□ **qualm** 어떤 것을 하는 것에 대한 꺼림칙함 ◀◀◀

| O143 **stew**
[stjuː]
16.중앙대 | v. 1. 마음 졸이게 하다, 조바심하다(=worry)
2. 뭉근한 불로 끓이다
n. 스튜(고기와 채소를 넣어 끓인 국물요리)
• stew over his exams 시험 때문에 마음을 졸이다 |

동의어 신경과민인, 신경질적인

□ **nervous** 신경과민인, 초조한 ; 신경성의 ☑ N0104
□ **strained** 팽팽한, 긴장한 ☑ D0749
□ **tense** 팽팽한 ; (신경 · 감정이) 긴장한 ; 시제 ☑ R1312
□ **hysterical** 히스테리적인, (병적으로) 흥분한
□ **stressful** 걱정을 일으키는, 스트레스가 많은
□ **on edge** 초조하여, 불안하여 ☑ I00403
□ **on the rag** ⟨미 · 구어⟩ 화나서, 초조하여
□ **run round in circles** 하찮은 일에 초조해하다
□ **sensitive** 감수성이 예민한, 예민한 ; 신경질적인 ☑ N0223
□ **jumpy**[dʒʌmpi] (병적으로) 과민한
□ **jittery**[dʒítəri] 신경과민인, 불안한
 • jittery investors 불안한 투자자들
 - jitter 안달하다, 안절부절못하다
□ **snitchy** 신경질적인
 - snit 흥분(한 상태), 초조
 • be in a snit (필요 이상으로) 흥분해 있다, 화가 나 있다

| O144 **fidget**
[fídʒit]
08.세종대 | v. (초조 · 지루함 등으로) 가만히 못 있다 ; 안달하게 하다
• in a fidget 안절부절하여
• begin to fidget with boredom 지루해서 꼼지락거리기 시작하다
ⓐ fidgety (지루하거나 신경질적이어서) 가만히 있지 못하는
🔄 midget[mídʒit] 난쟁이, 꼬마 ; 소형의, 극소형의
　gadget[gǽdʒit] 간단한 기계장치
　budget[bʌ́dʒit] 예산 ; 가계생활비 |

| O145 **fuss**
[fʌs]
12.성균관대 | v. 법석을 떨다, 안달하다
n. 호들갑, 야단법석
• Don't fuss about it so much. 그렇게 안달하지 마라. |

| O146 **panic**
[pǽnik]
17.홍익대 | n. 극심한 공포, 공황(상태) ; 허둥지둥함
• in panic 크게 당황하여
ⓐ panicky (걱정으로) 전전긍긍하는
• get panicky over ~에 전전긍긍하다
🔄 finicky (외모에) 몹시 신경을 쓰는, 까다로운 |

■ **015**　　**[테마] 동요하다, 흔들리다**

| O151 **shake**
[ʃeik]
17.항공대/14,12.한국외대 | v. 1. 흔들다, 흔들리다 ; 동요시키다
2. 떨다, 떨리다 ; 악수하다
• shake with fear 공포에 떨다
• shake hands with ~와 악수하다
🔄 unshakable 흔들리지 않는, 확고부동한
🔄 quake 공포로 와들와들 떨다, 몸서리치다　earthquake 지진 |

동의어 흔들리다, 떨다, 동요하다

□ **fluctuate** (감정 등이) 동요하다 ; 오르내리다 ☑ N0076
□ **undulate** 물결치다, 흔들리다 D0403
□ **shudder** (공포 · 추위 때문에 몸이) 떨리다, 떨다 ☑ R2481
□ **tremble** (공포 · 추위 때문에 몸이) 떨리다, 떨다 ☑ R2482

고급 어휘
□ **seismic**[sáizmik]
　a. 지진의, 지진성의
　　(connected with or caused by earthquakes)
　• seismic intensity 지진의 강도
　🔄 seismology 지진학　seismometer 지진계
　　seismograph 지진계, 진동계

| O152 **quiver**
[kwívər]
97.경희대 | v. (곤충이 날개를) 떨다 ; (가볍게) 떨다[떨리다] ; 진동하다
n. (몸의 일부가) 떨림, 가벼운 전율
• quiver slightly with excitement 흥분으로 가볍게 떨리다
🔄 quaver[kwéivər] 목소리가 떨리다 |

| O153 **shiver**
[ʃívər]
12.경북교행9급 | v. (추위 · 두려움 등으로 가볍게) (몸을) 떨다(=vibrate)
n. 전율 ; 오싹한 느낌, 오한
• shiver with cold 추위에 떨다 |

| O154 **vibrate**
[váibreit]
12.경북교행9급
17.단국대 | v. 흔들리다, 진동하다(=quiver) ; 목소리가 떨리다
• vibrate with tension 긴장감으로 떨리다
ⓐ vibrant 떠는, 진동하는
ⓝ vibration 진동(=oscillation)
　vibrator 진동기
🔄 librate[láibreit] 흔들리다, 떨다 |

동의어 갈등과 주저

□ **hesitation** 주저, 망설임 ; 우유부단 ☑ R0100
□ **indecision** 우유부단, 주저 ☑ R1083
□ **vacillation** 동요, 망설임, 우유부단 ☑ R1554
□ **ambivalence** 반대감정 병존 ☑ D0110
□ **inner conflict** 내면의 갈등
□ **scruple**[skrúːpl] 망설임, 양심의 가책 주저하다 ; 양심의 가책을 느끼다
　• without scruple 거리낌 없이

| O155 **oscillate**
[ásəlèit, ɔ́s-]
04.경기대
17.단국대 | v. 1. 진동하다, 흔들리다(=vibrate, quiver)
2. (마음이) 흔들리다, 갈팡질팡하다[between](=vacillate)
• oscillate between going out and staying home
　밖에 나갈지 집에 있을지 갈팡질팡하다
ⓝ oscillation 진동(=vibration) ; 주저, 동요
　oscillometer 진동 측정기 |

0156 sway
[swei]
14.한양대/98.한국외대

v. 1. 흔들리다(=swing), 흔들다(=shake); 동요하다
2. (수동형으로) 좌우되다
n. 동요; 지배력, 영향력
- be swayed by sentiment 감정에 좌우되다

⬛ **swing** 흔들리다, 진동하다; (한 점을 축으로 하여) 빙 돌다

0157 waver
[wéivər]
07.세종대

v. 흔들리다; 동요하다; 망설이다
- waver in their faith 그들의 신념이 흔들리다

⬛ **wave**[weiv] (손·깃발을 흔들어) 인사하다(=give a greeting) ⊃ **TO989**

0158 dangle
[dǽŋgl]
16.한성대

v. (달랑달랑) 매달리다(=hang, swing), (남의 꽁무니를) 따라다니다
- dangle from the ceiling 천장에 매달려 있다

[테마] 변덕스러운 ↔ 불변의

0161 fickle
[fíkl]
06.인천대/02-2.명지대
96.한국외대

a. 변덕스러운(=capricious); (날씨 등이) 변하기 쉬운
- as fickle as a reed 갈대처럼 변덕스러운
- unpredictable and fickle weather 예측할 수 없고 변덕스러운 날씨

ⓝ **fickleness** 변덕

⬛ **pickle**[píkl] 1. (pl.) (소금·식초에) 절인 것; 오이절임
2. 곤란한[난처한, 불쾌한] 입장, 곤경

0162 whimsical
[hwímzikəl]
08.한국외대/89.행자부7급

a. 1. 마음이 잘 변하는, 변덕스러운(=capricious)
2. 엉뚱한, 기발한
- She is so whimsical. 그녀는 변덕이 심하다
* on a whim 즉흥적으로, 충동적으로

ⓝ **whim** 변덕, 잘 변하는 마음, 일시적인 생각(=impulse)

0163 mercurial
[mərkjúəriəl]
17.서강대/95.한국외대

a. 1. 변덕스러운(=capricious, erratic); 쾌활한
2. 수은의
- This lady is very whimsical even when there is presumably little or no reason.
  이 여자는 (생각을 바꿀) 이유가 거의 없다고 생각될 때에도 매우 변덕이 심하다

ⓝ **mercury** 수은; (대문자로) 수성

⬛ **quicksilver** 수은; 수은의 → 변덕스러운

0164 steadily
[stédili]
02-2.서울여대

ad. 착실하게, 견실하게; 척척; 끊임없이(=continuously)
- increase steadily 꾸준히 상승하다

ⓐ **steady** 꾸준한, 변함없는, 한결같은, 안정된

⊞ **unsteady** 불안정한, 불규칙한, 확고하지 못한

동의어 망설이는, 주저하는

- ☐ **irresolute** 결단력이 없는, 우유부단한 ⬛ D0264
- ☐ **indecisive** 결단력이 없는, 우유부단한 ⬛ R1083
- ☐ **hesitant** 주저하는, 망설이는(=hesitative) ⬛ R0100
- ☐ **vacillating** 흔들리는 → 동요하는 → 망설이는 ⬛ R1554
- ☐ **wavering** 흔들리는, 펄럭이는 → 떨리는, 주저하는
- ☐ **pendulous** 매달린, 흔들리는 → 주저하는 ⬛ R0250
- ☐ **tentative** 시험 삼아 하는, 임시의 → 주저하는 ⬛ N0739
- ☐ **halting** (말을) 더듬는; 절뚝거리는 → 망설이는
- ☐ **lingering** 없어지지 않고 오래가는 → 망설이는 ⬛ R2024

동의어 변덕스러운 ↔ 불변의

- ☐ **changeable** 변하기 쉬운; 변덕스러운 ⬛ S0761
  - ↔ **changeless** 변함없는
- ☐ **unstable** 불안정한, 변하기 쉬운 ⬛ N0244
  - ↔ **stable** 안정된, 지속적인
- ☐ **mutable** 변하기 쉬운, 변덕스러운 ⬛ D0193
  - ↔ **immutable** 불변의 ⬛ N0193
- ☐ **capricious** 변덕스러운, 변하기 쉬운 ⬛ N0013
- ☐ **volatile** 휘발성의 → 변덕스러운 ⬛ N0243
- ☐ **fickle** 변덕스러운, (날씨가) 변하기 쉬운 ◀▦
- ☐ **whimsical** 마음이 잘 변하는, 변덕스러운 ◀▦
- ☐ **mercurial** 수은의 → 변하기 쉬운, 쾌활한 ◀▦
- ☐ **variable** 변동하는 ⬛ R0572
  - ↔ **invariable** 불변의, 변화 없는
- ☐ **alterable** 바뀔 수 있는 ⬛ D0026
  - ↔ **unalterable** 바꿀 수 없는, 불변의 ⬛ D0026
- ☐ **impermanent** 비영구적인 ⬛ D0081
  - ↔ **permanent** 영속하는, 영구적인, 불변의 ⬛ N0081
- ☐ **inconstant** 변하기 쉬운
  - ↔ **constant** 끊임없이 계속하는, 불변의
- ☐ **consistent** 시종일관된, 모순이 없는 ⬛ R0203
  - ↔ **inconsistent** 일관성이 없는, 모순된
- ☐ **steady** 꾸준한, 변함없는 ↔ **unsteady** 불안정한 ⬛ R0190
- ☐ **inequable** 불균등한 ↔ **equable** 한결같은, 균등한 ⬛ D0549
- ☐ **checkered / chequered** 체크무늬의; 기복이 심한
  - checkered life 파란만장한 삶

동의어 불규칙적인, 예측 불가능한

- ☐ **unpredictable** 예측할 수 없는 ⬛ N0085
  - ↔ **predictable** 예측할 수 있는 ⬛ D0085
- ☐ **irregular** 불규칙적인, 비정기적인 ⬛ P0459
  - ↔ **regular** 규칙적인, 정기적인
- ☐ **precarious** 불확실한, 위험한 ⬛ N0011
- ☐ **desultory** 두서없는, 종잡을 수 없는 ⬛ N0800

[테마] 고집 센, 반항하는

0171 dogged
[dɔ́:gid]
16.서강대
17.단국대

a. 완강한, 끈덕진
- with his dogged perseverance 그의 끈질긴 인내로
- dogged determination 확고한 결정
- ad doggedly 끈질기게(=tenaciously), 억세게
- 图 pigheaded 고집 센, 옹고집의

0172 bigotry
[bígətri]
10.경희대/98.사법시험

n. 편협(한 행위)(=prejudice) ; 고집불통
- struggle against religious bigotry 종교적 편협성과 맞서 싸우다
- root out racism and bigotry 인종차별과 편협함을 뿌리 뽑다
- n bigot 고집쟁이, 고집통이
- a bigoted 고집불통의

0173 recalcitrant
[rikǽlsitrənt]
01-2.고려대

a. 완강하게 반항하는(=defiant), 고집 센; (병이) 저항성의
n. 고집쟁이, 반항자
- a recalcitrant child 반항적인 아이

0174 unflinching
[ənflínʃin]
11.가톨릭대/06.삼육대
11.경희대

a. 위축되지 않는, 불굴의(=unyielding, resolute)
- He possessed vast erudition and unflinching courage.
  그는 폭넓은 지식과 불굴의 용기를 가지고 있었다.
- v flinch 주춤하다, 움찔하다[from] 기가 꺾이다
- 图 clinch 1. 박은 못의 끝을 구부리다 → (토론 등을) 매듭짓다(=conclude)
  2. (권투) 포옹하다

0175 stickler
[stíklər]
17.한성대

n. (~에) 엄격한 사람, 잔소리꾼[for]
- a stickler for punctuality 시간 엄수에 엄격한 사람
- v stickle (하찮은 일을) 억세게 우기다, 완강히 주장하다
- 图 sticker 고집하는 사람, 끈기 있는 사람; 스티커

0176 steely
[stí:li]
97.사법시험

a. 강철로 된; 단단한, 확고한(=strong); 냉혹한
- have a steely determination 확고한 의지가 있다
- n steel 강철, 강(鋼); 견고함

0177 challenge
[tʃǽlindʒ]
12.서울여대
11.이화여대

v. ~에 이의를 제기하다(=impugn); 도전하다
n. 1. (능력이나 기술을 시험하는) 도전, 시험대
   2. (권위에 대한) 도전, 저항; (배심원의) 기피
- challenge the validity of the vote 투표의 효력에 이의를 제기하다
- n challenger 도전자
- a challenging 1. (일이 능력을 시험하는 것 같이) 힘이 드는(=formidable)
  2. (태도가) 도전적인

뉴앙스 고집 센, 완고한; 확고한

- [ ] determined 어떠한 결심을 확고하게 한 ▸ D0083
- [ ] unyielding 생각이 확고하여 쉽게 바꾸려 하지 않는 ▸ D0167
- [ ] tenacious 매우 확고해서 쉽게 포기하지 않는 ▸ N0046
- [ ] pertinacious 행동·의견을 쉽게 바꾸려 하지 않는 ▸ R0098
- [ ] adamant 마음을 전혀 바꾸려 하지 않는 ▸ N0381
- [ ] resolute 굳게 결심한 ▸ D0264
- [ ] persistent 의지가 확고하고 참을성 있는 ▸ N0082
- [ ] dogged 어떤 상황에도 굴복하지 않는 ◂
- [ ] stubborn 타고난 성격이 고집이 센 ▸ S0855
- [ ] obstinate 남의 충고에 귀 기울이지 않는 ▸ N0287
- [ ] obdurate 잘못되었음에도 고치려 하지 않는 ▸ N0775
- [ ] headstrong 고집불통인, 억지를 쓰는 ▸ R1821
- [ ] pigheaded 쉽게 의견을 바꾸지 않고 우기는 ◂
- [ ] intractable 고집스러운, 완고한 ▸ N0462
- [ ] bigoted 비합리적인 선입관에 사로잡혀 고집을 부리는 ◂

동의어 불굴의, 굽히지 않는

- [ ] indomitable 굴복하지 않는; 지지 않으려는 ▸ D0049
- [ ] die-hard 끝까지 버티는; 완고한
- [ ] hard-bitten 완고한, 고집 센; 백전백승의; 불굴의
- [ ] inflexible 구부러지지 않는; 융통성 없는 ▸ D0594
- [ ] inexhaustible 지칠 줄 모르는; 끈기 있는 ▸ D0016
- [ ] unflagging 지치지 않는, 지칠 줄 모르는 ▸ T0798

뉴앙스 반항적인, 도전적인

- [ ] defiant (주로 공격적인 태도로) 반항적인 ▸ N0181
- [ ] rebellious (규칙·통념 등에 대해) 반항[반역]하는 ▸ N0288
- [ ] contumacious 권위에 대해 반항적인 ▸ R0676
- [ ] malcontented (특히 권력이나 체제에 대하여) 반항적인
- [ ] mutinous (권위자의 명령에) 반항하는, 반항적인 ▸ T0877
- [ ] unwilling 마음이 내키지 않아 하기 싫어하는 ▸ N0520
- [ ] disobedient 부모의 말을 잘 따르지 않는 ▸ D0279
- [ ] challenging 일 등이 많은 노력과 결심이 필요한, 힘든 ◂
- [ ] recalcitrant 완강하게 반항하는, (병이) 잘 낫지 않는 ◂
- [ ] a chip on one's shoulder 시비조
- [ ] wayward[wéwəd] 다루기 힘든, 고집스러운
  - wayward behavior 고집스런 태도

[테마] 유순한, 순종적인, 상냥한

0181 meek
[mi:k]
00.인천대/96-2.인하대
08.명지대

a. 유순한, 온순한; 굴종적인(=humble, obedient)
- By the time he was brought before the judge, he was as meek as
  a church mouse. 판사 앞에 불려갔을 때, 그는 교회의 쥐처럼 온순했다.
- 图 as meek as a church mouse 지극히 온순한
  = as meek as a lamb[a maid, Moses]

뉴앙스 유순한, 순종적인; 유연한; 복종

- ■ obedient 순종하는, 유순한 ▸ N0279
  - obedience (명령이나 권위에 대한) 복종
  - obeisance 스스로 우러나서 복종하거나 존경하는 것
- [ ] docile 가르치기 쉬운 → 온순한, 유순한 ▸ N0610
  - docility (성격적으로) 유순하거나 온순함

0182 malleable [mǽliəbl] 16.서강대	**a.** 펴 늘일 수 있는; 유순한, 가르치기 쉬운 • Silver is the most malleable of all metals. 은은 가장 연성인 금속이다. 🔲 **unmalleable** 금속에 두들겨 펼 수 없는
0183 biddable* [bídəbl] 14.중앙대	**a.** 고분고분한, 순종적인(=pliant) • a biddable child 순종적인 아이 ⓥ **bid** (경매에서) 값을 부르다, 응찰하다; 명령하다 ⓝ 가격제시, 호가, 응찰; 노력 ⓝ **bids** 경매 입찰
0184 limber [límbər] 91.연세대학원 14.중앙대	**a.** 나긋나긋한, 유연한(=supple); 융통성 있는 **v.** 몸을 유연하게 하다, 준비운동을 하다 • have a limber body 몸이 유연하다 🔲 **lissome** 몸이 호리호리한; 유연한, 부드러운
0185 supple [sʌpl] 91.연세대학원 18.서울시9급	**a.** (몸이) 유연한(=limber); 순종적인 • help to keep you supple 유연성을 유지하는데 도움이 되다 ⓝ **suppleness** 유연성(=plasticity), 나긋나긋함

0186 limp
[limp]
97.고려대
	a. 1. 축 늘어진(=lifeless and drooping), 맥 빠진
	    2. 유연한, 부드러운
	vi. 절뚝거리다; 느릿느릿 가다; 진척이 안 되다
	• go limp and crumple in the chair 축 늘어져 의자에 주저앉다
	
	  🔲 **limpid**[límpid] 투명한; (문체가) 명쾌한(=lucid) ⊃ **TOO84**
	      lymph[limf] 림프액; 혈청; 수액
	      nymph[nimf] 요정; 애벌레
	      rim[rim] 가장자리; (바퀴의) 테두리; 속이다

0187 clement
[klémənt]
04-2.경기대
98-2.안양대
	a. 1. (성격이) 온화한, (처벌 대상에게) 관대한
	    2. (날씨 등이) 온화한, 따뜻한(=mild)
	• A clement judge reduced his sentence.
	  관대한 판사는 그의 형을 줄여 주었다.
	ⓝ **clemency** (성격의) 온화, 관대; (기후의) 온화
	🔲 **inclement** 냉혹한; (날씨가) 험한, 궂은
	    - **inclemency** (날씨·기후 등의) 험악, 혹독함

0188 irenic* [airénik] 09.중앙대	**a.** 평화의, 평화적인 • an irenic attitude toward former antagonists 이전의 적에 대한 평화적인 태도
0189 inimical [inímikəl] 09.이화여대/03.성균관대 94.경기대	**a.** 1. 비우호적인(=unfavorable), 적대적인(=hostile) 2. 해로운(=harmful) • inimical opinions 적대적인 의견들 • inimical to the environment 환경에 해로운
0189(1) warlike [wɔ́rlaik] 04.행정고시/01.가톨릭대	**a.** 호전적인(=belligerent, bellicose) • a warlike race 호전적인 민족

🔲 **amenable** 순종하는 → 복종할 의무가 있는 🔁 N0607
🔲 **submissive** 복종하는, 고분고분한 🔁 D0768
    - **submission** 패배를 인정하고 명령을 따르는 것, 복종
🔲 **pliable / pliant** 순종적인, 말을 잘 듣는 🔁 R1291
🔲 **tractable** 다루기 쉬운, 유순한(↔ **intractable**) 🔁 N0462
🔲 **supple** 휘기 쉬운, 유순한 ◀◀
🔲 **compliant** 고분고분한, 순종하는 → 비굴한 🔁 D0090
🔲 **ductile** (금속이) 연성인 → 유순한(↔**inductile**) 🔁 R1351
🔲 **yielding** (물질이) 유연한 → 고분고분한 🔁 D0167
🔲 **mild** 온화한, 순한   **mildly** 부드럽게, 가볍게
🔲 **lithe**[laið] (몸이) 나긋나긋한, 유연한
■ **subordination** (권력으로) 복종시키는 것, 종속 🔁 D0950
🔲 **subdual** 정복; (통증의) 완화 🔁 R1363
🔲 **subjection** (신하·국민·피지배층으로서) 복종, 종속 🔁 D0335

동의어 **상냥한, 친근한, 우호적인**

🔲 **friendly** 친한 친구처럼 친근하게 대하는 🔁 S0823
🔲 **favorable** 호의적인, 호감이 가는; 유리한 🔁 N0448
🔲 **hospitable** 손님을 환대하는, 친절한 🔁 N0609
🔲 **cordial** 마음에서 우러난, 따뜻하게 대하는 🔁 R1895
🔲 **amicable** (대인관계가) 우호적인, 평화적인 🔁 N0608
🔲 **amiable** 남에게 호감을 사는, 사귀기 쉬운 🔁 R2433
🔲 **pleasant** (사람이) 상냥한; 즐거운, 쾌적한 🔁 R2411
🔲 **genial** 상냥한, 친절한, 다정한; 온화한 🔁 R1608
🔲 **benign** 상냥한, 친절한, 자애로운 🔁 N0373
🔲 **generous** 너그러운, 관대한 🔁 R1607
🔲 **gentle** 상냥한, 친절한, 온화한 🔁 R1608
🔲 **agreeable** 쾌적한; 상냥한 🔁 N0606
🔲 **affable** 사귀기 쉬운, 붙임성 있는, 상냥한 🔁 N0155
🔲 **benevolent** 인정 많은, 친절한 🔁 N0377
🔲 **well-disposed** 마음씨가 착한, 사람이 좋은
    ↔ **ill-disposed** 호감을 갖고 있지 않은, 비우호적인
🔲 **debonair**[dèbənɛ́ər] (남자가) 사근사근한, 정중하고 맵시 있는

동의어 **적대적인, 호전적인**

🔲 **unfriendly** 비우호적인, 불친절한 🔁 S0823
🔲 **unfavorable** 호의적이지 않은, 불리한 🔁 D0448
🔲 **antagonistic** 적대하는, 사이가 나쁜 🔁 R2511
🔲 **hostile** 적의 있는, 적대하는 🔁 N0331
🔲 **adversarial** 대립관계에 있는, 적대적인 🔁 D0449
🔲 **belligerent** 호전적인, 싸우기 좋아하는 🔁 N0463
🔲 **bellicose** 호전적인, 싸우기 좋아하는 🔁 R1184
🔲 **pugnacious** 싸우기 좋아하는 🔁 N0859
🔲 **aggressive** 공격적인, 적극적인 🔁 R0403
🔲 **militant** 공격적인, 교전중인, 호전적인 🔁 R1185
🔲 **martial** 전쟁의; 호전적인 🔁 R1180
🔲 **hawkish** 매파의, 강경파의; 호전적인

[테마] 용기, 용감한 ↔ 겁 많은, 무서운

O191 bold
[bould]
16.항공대/05~2.단국대
00.고려대.단국대

a. 1. 대담한(=audacious); 뻔뻔스러운
2. (선이) 굵은, 볼드체의
• bold enough to do that 그것을 할 만큼 대담한
• call for bold measures 대담한 조치를 요청하다

04~2.가톨릭대 **ad** boldly 대담하게(=defiantly), 뻔뻔스럽게
16.경기대 **n** boldness 대담(=audacity), 배짱
04.홍익대 **v** embolden 용기를 돋우어 주다(=encourage)

O192 gut
[gʌt]
97~2.광운대

n. 1. (pl.) 〈구어〉 용기, 배짱(=courage), 끈기; 요지, 실질; 직감
* have the guts[heart] to R ~할 용기가 있다
• do not have a gut 배짱이 없다
2. 장, 창자, 소화관

반 gutless 배짱이 없는
12.중앙대 **유** ballsy [bɔːlzi] 배짱 있는, 강심장의; 의욕적인

O193 mettle
[métl]
13.경희대/08.고려대

n. 용기, 기개(=courage), 근성
• a man of mettle 패기만만한 사람
• prove his mettle 그의 용기를 증명하다

ⓐ mettlesome 기대가 있는, 혈기왕성한

O194 temerity
[təmérəti]
06.서강대/05.고려대
96.고려대학원

n. 무모(한 행위), 만용(=audacity)
• have the temerity to R 대담하게도 ~하다
• students who have the temerity to complain their professor
무모하게도 교수님에게 불평하는 학생들

ⓐ temerarious 무모한, 무분별한, 저돌적인

O195 fearless
[fíərlis]
17.숙명여대/08.서울여대
00.대구대

a. 무서움이 없는, 용감한(=intrepid)
• brave and fearless soldiers 용감하고 두려움이 없는 군인들
• She is completely fearless. 그녀는 전혀 두려움이 없다.

반 fear 공포, 두려움; 무서워하다 fearful 무시무시한; 두려워하는
유 peerless [píərlis] (뛰어남이) 비할 데 없는 peeress [píəris] 여성 귀족

O196 gallant
[gǽlənt]
05.명지대/03.계명대
92.강남대

a. 1. 용감한, 씩씩한(=brave, courageous), 당당한
2. (여성에게) 친절한(=courtly)
n. 멋쟁이
• be gallant in his behavior toward the enemy
용감한 태도로 적을 대하다
• be gallant in his behavior toward the woman
여성에게 친절하게 대하다

ⓝ gallantry 용감, 용감한 행위; (특히 여성에게) 정중한 행위
ad gallantly 용감하게, 정중하게

O197 scared
[skɛərd]
13.인천대

a. 겁을 집어먹은, 겁에 질린
• I'm scared. 무서워요.
• Don't be scared. 겁내지 마세요.

v scare 겁주다, 겁먹게 하다
15.가톨릭대 **유** scary 무서운, 겁나는; 겁 많은

O198 craven
[kréivn]
97.건국대

a. 겁 많은, 비겁한(=cowardly)
n. 겁쟁이
• a craven coward 비겁한 겁쟁이

뉘앙스 겁이 없는, 대담한, 용감한종

☐ brave 어렵거나 위험한 일을 두려워하지 않는
☐ bold 용감하고 확신에 차 위험을 두려워하지 않는 ◀▥
☐ courageous 위험이나 공포에 주눅 들지 않는 R1891
☐ fearless 무서움이 없는 ↔ fearsome 무서워하는 ◀▥
☐ intrepid 무서움을 모르는, 용맹한
☐ gallant 어려운 상황에 용기를 보이는 ◀▥
☐ valiant / valorous 어떤 상황에도 용감하고 흔들림이
없는 ◫ R2275
☐ spunky [spʌ́ŋki] 용감하고 열정적인
☐ doughty [dáuti] 어떤 두려움도 없이 결연한
☐ chin-up 용감한; 턱걸이
☐ impavid [impǽvid] 대담한, 겁 없는 ↔ pavid 겁이 많은
☐ stout [staut] 용감한; 뚱뚱한, 튼튼한
☐ gamely [géimli] 용감하게(=bravely)
• struggle gamely 용감하게 싸우다

뉘앙스 용감, 용맹, 담력

☐ bravery 어떠한 행동을 통해서 드러난 용감성
☐ heroism 영웅적 행위, 용기 있는 행동 ◫ S0900
☐ courage (주로 정신적인 것을 강조) 용기, 담력 ◫ R1891
☐ daring [déəriŋ] 모험적인 기상[용기]; 대담성; 참신함
- dare ~할 용기가 있다, 감히 ~하다; 모험
☐ gallantry (주로 전투에서의) 용맹함 ◀▥
☐ prowess (특히 전쟁에서의) 용맹, 용감한 행위 ◫ N0453
☐ temerity (지나친 자신감으로 인한) 무모함, 만용 ◀▥
☐ pluck [plʌk] 담력, 용기, 원기; 잡아 뜯다, 따다(=pick)
- plucky 용기 있는, 원기 왕성한
↔ pluckless 용기가 없는
☐ grit [grit] 왕모래; 용기, 담력; 쓸리다, 이를 갈다

동의어 겁이 많은, 겁에 질린

☐ cowardly 겁이 많은, 비겁한 ◫ S0825
☐ timid / timorous 용기[자신감]가 없는, 소심한 ◫ R2471
☐ pusillanimous 소심하고 나약한 ◫ R1902
☐ trepid 소심한, 벌벌 떠는 ◫ D0066
☐ pavid [pǽvid] 겁많은 ↔ impavid 대담한
☐ funky [fʌ́ŋki] 1. 겁내는; 겁쟁이의 2. 펑키한 3. 악취가 나는
☐ sheepish 양처럼 소심하고 수줍어하는

동의어 겁쟁이

☐ coward 겁쟁이, 비겁한 사람 ◫ S0825
☐ crybaby 〈구어〉 울보, 겁쟁이
☐ willyboy 〈구어〉 계집애 같은 소년; 겁쟁이
☐ funk 〈구어〉 겁쟁이, 얼간이; 겁, 공황
☐ poltroon [paltrúːn] 겁쟁이; 비겁한
☐ wimp [wimp] 〈구어〉 무기력한 사람, 나약한 사람, 겁쟁이
☐ dastard [dǽstərd] 비겁자, 겁쟁이
☐ chicken heart 겁쟁이, 소심한 사람
☐ 겁쟁이에 비유되는 동물: hare, rabbit, chicken,
hen, mouse, turkey, sheep
☐ chicken game 누가 겁쟁이인지 가리는 자동차 게임

020 [테마] 무관심한, 냉담한

0201 nonchalant
[nànʃəláːnt, nɔ́n-]
⊃ **NO471**

a. 무관심한(=indifferent); 차분한
- a nonchalant attitude 무심한 태도
- be nonchalant about ~에 대해 무관심하다
ⓝ nonchalance 만사태평, 태연

0202 insouciant
[insúːsiənt]
10.숙명여대/08.중앙대

a. 무관심한, 태평한(=nonchalant, indifferent)
- an insouciant manner 태연자약한 태도
ⓝ insouciance 태평함

0203 phlegmatic
[flegmǽtik]
11.경희대

a. 침착한, 냉담한(=impassive); 담이 많은
- take a phlegmatic approach 침착한 접근을 취하다
ⓝ phlegm 담, 가래; 냉담, 무기력

0204 crass
[kræs]
14.홍익대

a. 우둔한, 무신경한; 지독한(=nasty)
- Crass behavior is stupid and does not show consideration for other people.
우둔한 행동이란 어리석거나 다른 사람에 대한 배려를 하지 않는 것이다.
ⓝ crassitude 우둔

0205 obtuse
[əbtjúːs]
17.성명대/13.성균관대
02~2.국민대

a. 둔한(=insensible), 둔감한; 뭉툭한
- Are you being deliberately obtuse? 일부러 둔한 척 하는 거니?

0206 tepid
[tépid]
98~2.세종대,경기대

a. (물이) 미지근한(=slightly warm); (태도가) 미온적인
- take a shower with a tepid water 미지근한 물로 샤워하다
ⓝ tepidity 미지근함

0207 listless
[lístlis]
09.한국외대/94.연세대학원

a. 1. 내키지 않는, 무관심한(=unconcerned)
2. 무기력한, 나른한(=languid)
- The weather made her listless and lethargic.
그녀는 날씨 때문에 나른하고 무기력했다.

0208 lassitude
[lǽsətjùːd]
10.중앙대/98.경기대

n. 나른함, 권태; 무기력(=languor)
- feel lassitude on a hot summer day
뜨거운 여름 날씨에 무기력함을 느끼다

0209 ennui*
[aːnwíː]
92.행정고시

n. 권태, 따분함, 무료함(=boredom)
- She was suffering from ennui. 그녀는 권태기에 빠져 있었다.

동의어 무관심한, 냉담한

- [ ] indifferent 관심이 없는, 무관심한[to] ✚ N0070
  - indifference 무관심
- [ ] uninterested (이해관계가 없어서) 관심이 없는 ✚ R1595
- [ ] unconcerned 무관심한, 관련이 없는 ✚ D0158
- [ ] uninvolved 무관심한; 관련되지 않은 ✚ R0594
- [ ] callous 못 박힌; 무감각한, 냉담한 ✚ N0969
- [ ] insensitive 무감각한, 둔감한 ✚ D0223
- [ ] carefree 태평스러운, 걱정이 없는 ✚ R1401
- [ ] apathetic 관심이 없거나 열의가 없는, 냉담한 ✚ N0091
  - apathy 냉담, 무관심
- [ ] dispassionate 공평한, 감정에 좌우되지 않는 ✚ D0209

고급 어휘
- [ ] stolid[stálid] a. 둔감한(=dull, impassive), 무신경의
  - He is stolid and phlegmatic. 그는 무신경하고 냉담하다.
  ⓝ stolidity 둔감, 무신경(=dullness, impassiveness)

뉘앙스 열의가 없는, 마지못해 하는, 냉정한

- [ ] lukewarm 사람이나 태도 등이 열의가 없는 ✚ N0642
- [ ] tepid 감정이나 반응이 뜨뜻미지근한 ◀▪▪
- [ ] disinterested 이해관계가 없는, 사심이 없는 ✚ R1595
- [ ] halfhearted[hǽfháːrtid] 일을 열의 없이 건성으로 하는
- [ ] spiritless[spíritlis] 기운이 없거나 풀이 죽어 열의가 없는
- [ ] indisposed 몸이 아파 할 수 없는 → 내키지 않는 ✚ D0010
- [ ] reluctant 내키지 않지만 마지못해 동의하는 ✚ N0134
- [ ] unwilling 하기를 꺼리는, 마지못해 하는 ✚ N0520
- [ ] uninviting 마음이 끌리지 않는 → 내키지 않는 ✚ T0445
- [ ] undisposed 좋아하지 않는 → 마음 내키지 않는
- [ ] apathetic 어떤 것에 전혀 관심을 보이지 않는 ✚ N0091
- [ ] aloof 다른 사람과 거리를 두는, 냉담한 ✚ N0641
- [ ] detached 초연한, 객관적인 ✚ R0349(1)
- [ ] dispassionate 감정적이 아닌, 냉정한 ✚ D0209
- [ ] passionless 열정이 없는 ✚ D0209

---

021 [테마] 열정적인, 광적인

0211 card-carrying*
[kaːrd-kǽriiŋ]
12.아주대

a. (정치 조직의 회원이) 정식의, 열성적인
- a card-carrying member 정식 회원

0212 enthusiastic
[inθùːziǽstik]
⊃ R1987

a. 열렬한, 열광적인(=exuberant), 열중한
- an enthusiastic supporter 열렬한 지지자
- enthusiastic about everything 매사에 열정적인
ⓝ enthusiasm 열광, 열중, 열의[for]

0213 zealous
[zéləs]
12.상명대,숭실대
02~2.세종대
15.항공대
94.기술고시

a. 열심인, 열성적인, 열광적인(=enthusiastic)
- a zealous supporter 열성적인 지지자
- zealous about their children's education 자녀들의 교육에 열성적인
ⓝ zeal [ziːl] 열심, 열성, 열의(=passion, fervor)
zealot [zélət] 열중하는 사람; 광신자
🔁 jealous [dʒéləs] 질투가 많은, 시샘하는 - jealousy 질투, 시샘, 경계심

동의어 열정과 냉정

- [ ] passion 열정, 격정; 욕정; (예수의) 수난 ✚ D0209
- [ ] fervor 열렬; 열정, 열성; 백열 ✚ D0814
- [ ] ardor/ardour[áːrdər] 열정, 정열
- [ ] verve[vəːrv] 활력, 활기, 열정

동의어 열정적인

- [ ] passionate 열렬한, 열정적인; 정욕적인 ✚ N0209
- [ ] impassioned / impassionate 감동적인, 열정적인 ✚ D0209
- [ ] ardent 불타는 듯한, 열렬한 ✚ R1798
- [ ] fervent 열렬한, 강렬한; 타는 듯한 ✚ N0814
- [ ] keen 열정적인; 열렬한; 간절히 하고 싶은 ✚ N0758
- [ ] incandescent 백열의, 백열광을 내는; 열렬한 ✚ R2220

O214 fanatic
[fənǽtik]
94.기술고시

n. 열광자, 광신자, 마니아(=zealot)
a. 광적인, 열렬하게 좋아하는(=frantic, lunatic, enthusiastic)
• a religious fanatic 종교적 광신자
ⓝ fan 〈구어〉 팬, ~광(狂)
ⓐ fanatical 열광 [광신]적인
ⓐⓓ fanatically 열광하여, 광적으로
ⓝ fanaticism 열광, 광신(적인 언동)

O215 maniac(al)
[méiniæk]
05.국민대

a. 광적인, 광기의(=demented, lunatic)
n. (폭력적이고 난폭한) 미치광이(같이 구는 사람), ~광
• drive like a maniac 난폭하게 운전하다
ⓝ mania[méiniə] ~에 대한 열광, 마니아[for]
• have a mania for gambling 도박에 미치다
11.동덕여대 ▣ buff[bʌf] 1. ~팬 ~광 2. 담황색

O216 lunatic
[lúːnətik]
90.서울대학원

n. 미치광이(=insane person), 심신상실자
• a lunatic asylum 정신병원, 정신요양소
• the lunatic fringe (정치·사회운동의) 소수 과격파
▣ lunar 달의, 달 같은

O217 craze
[kreiz]
07.단국대

n. (일시적인) 열광, 대유행(=fad, vogue)
vt. 미치게 하다
• be all the craze 대유행이다
• the latest craze sweeping the nation 전국을 휩쓸고 있는 최신 유행
ⓐ crazy 미친 → 열광적인
▣ nutty[nʌti] 미친(=mad, crazy)

O218 vogue
[voug]
92.경기대/경기도9급

n. (대)유행, 성행(=popularity)
* be in vogue 유행하다(=be in fashion)
* out of vogue 유행이 지난

O219 freak
[friːk]
01-2.경기대

vt. 1. 기겁[흥분]을 하다[하게 만들다][out](=upset)
• The news freaked me out. 그 뉴스는 나를 기겁하게 만들었다.
2. 〈보통 과거분사〉 얼룩지게 하다
n. 1. 기형, 변종; 괴물, 괴짜
• a freak of nature 기형아
2. 광적으로 관심이 많은 사람, ~광(狂); 마약 상용자
3. 변덕, 일시적 기분; 장난
4. 얼룩
ⓐ freaked 얼룩진
ⓝ freckle 주근깨, 기미; 얼룩

O219(1) eager
[íːgər]

a. 열렬한, 간절히 바라는(=impatient), 열심인
* be eager for sth ~을 열망하다
* be eager to do sth ~하기를 간절히 바라다
• He's eager to meet her. 그는 그녀를 만기기를 간절히 바란다.
ⓐⓓ eagerly 열심히, 간절히
▣ eager beaver 아주 열심인 사람, 공부벌레

테 마 | 미치광이, 광인, 정신 이상자
- ☐ **madman** 미친 사람; 상식을 벗어난 사람; 멍청이
- ☐ **lunatic** 미치광이; 심신상실자 ◀▦
- ☐ **insane (man)** 정신 이상[착란]자▶ ◘ R1559
- ☐ **bedlamite** 정신병자, 미치광이
- ☐ **headbanger** 정신 이상자; 헤비메탈의 열광적인 팬
- ☐ **psychopath** 정신병질자 (略) psycho.
- ☐ **nut / freak** 괴짜, 바보; 미치광이; 열렬한 애호가
- ☐ **zealot / fanatic / maniac** 광신자, 열광자 ◀▦
- ☐ **aficionado**[əfìʃənάːdou] 열렬한 애호가, 광
  • a jazz aficionado 재즈광

테 마 | mania(=madness)
- ☐ **egomaniac** 병적으로 자기중심적인 사람
- ☐ **monomania** 편집광(한 가지 일에만 집중함)
- ☐ **megalomania** 과대망상증 *mega(=very large)
- ☐ **pyromania** 방화광
- ☐ **kleptomania** (병적) 도벽, 절도광
- ☐ **nymphomaniac** (여자) 색정증 환자

테 마 | 병적인 정신상태
- ☐ **hysteria** (특히 여자의) 히스테리; 병적 흥분
- ☐ **paranoid** 편집증의; 피해망상의; 편집증 환자
- ☐ **suspicional** (병적으로) 의심이 많은
- ☐ **prurient** (병적으로) 호색적인; 호색, 색욕
- ☐ **shopaholic** 〈구어〉 병적으로 쇼핑을 좋아하는 사람
- ☐ **neurotic** 노이로제에 걸린, 신경과민의; 신경증 환자
- ☐ **schizophrenia** [skitsəfríːniə] 정신분열증

고급 어휘
- ☐ **amuck / amok**[əmʌ́k]
  a. 미쳐 날뛰는(in a state of rage)
  • run amok 미쳐 날뛰다, 난동을 부리다
- ☐ **delirious**[dilíəriəs] a. (일시적) 정신 착란의; 너무 좋거나 흥분되어 어쩔 줄 모르는
  • I was delirious with joy. 나는 기뻐서 어쩔 줄 몰랐다.
  ⓝ delirium 일시적 정신착란; 열광
- ☐ **gung-ho**[ɡʌ́ŋ-hóu] a. 열렬한, 매우 열성적인
  * 중국어 공화(工和)에서 유래
  • a gung-ho supporter 열렬한 지지자
- ☐ **kilter**[kíltər] n. 정상적인 상태, 양호한 상태
  • out of kilter 상태가 나쁜 • in kilter 상태가 좋은

테 마 | 몹시 ~하고 싶어 하는
- ☐ **be impatient for** ~을 몹시 기다리다 ◘ N0555
  = **be eager for** ~을 몹시 바라다
  = **be itching for** ~하고 싶어 못 견디다
  = **have an itch for** ~하고 싶어 못 견디다
  = **be anxious for** 몹시 ~하고 싶어 하다
  = **be dying for** ~하고 싶어 못 견디다
  = **crave for** 갈망하다

0221 supercilious
[sù:pərsíliəs]
17.국민대/12.국회8급
07.감정평가사/04.고려대

a. 거만한, 건방진, 거드름 피우는(=haughty, lofty)
- have a supercilious manner 태도가 거만하다
- pompous and supercilious comments 젠 체하고 건방진 발언들
- a supercilious young woman 거드름피우는 젊은 여성

ⓝ superciliousness 거만함, 오만함

0222 insolent
[ínsələnt]
16.국회8급/10.단국대
99.세무사

a. 건방진, 오만한, 무례한(=rude, impertinent)
- He has never been insolent to his superiors.
  그는 그의 윗사람들에게 무례한 적이 결코 없었다. * superior 윗사람

ⓝ insolence 건방짐, 오만, 무례

0223 stuck-up
[stʌk-ʌp]
09,00.경기대

a. 거드름 부리는, 점잔빼는, 거만한(=conceited)
- She is very stuck-up, She thinks she's of a higher class than
  everyone else. 그녀는 너무 거드름을 부린다. 그녀는 자신이 다른 사람들보다
  급이 높다고 생각한다.

0224 overweening*
[òuvərwíːniŋ]
05-2.고려대

a. 자만에 찬, 지나친(=immoderate)
- overweening ambition 지나친 야망

0225 perky*
[pə́ːrki]
13.고려대

a. (사람이) 자신에 찬, 활기찬; 으스대는, 건방진
- be very perky 매우 활기차다

ⓥ perk 거만하게 굴다

0226 hubris
[hjú:bris]
17.중앙대/06.한국외대
99.명지대

n. 오만(=hauteur), 자기 과신(=arrogance)
- Hubris and vanity are all human vices.
  오만과 허영심은 모두 인간의 악덕이다.

ⓐ hubristic 오만한, 자신감이 강한

0227 rude
[ruːd]
96.고려대학원

a. 1. 버릇없는, 무례한, 교양 없는; 음란한
   2. 미가공의; 투박한
- Don't take any notice of his rude remark.
  그의 무례한 말은 조금도 염두에 두지 마.

0228 impudent
[ímpjudnt]
04.경기대/01.서강대
95.수원대

a. 무례한, 버릇없는, 뻔뻔스러운(=presumptuous)
- He was impudent enough to ask for more money.
  그는 뻔뻔스럽게도 더 많은 돈을 요구했다.

ⓝ impudence 뻔뻔스러움, 몰염치; 건방짐
🔁 imprudent 경솔한, 무모한, 분별없는

0229 courteous
[kə́ːrtiəs]
09.광운대/01.전남대

a. 예의 바른, 공손한, 세련된(=polite)
- He is a courteous young man. 그는 예의 바른 젊은이이다.

ⓐ courtly 공손한, 고상한; 우아하게
ⓝ courtesy 예의, 정중, 공손, 친절, 호의
15.고려대
🔁 court[kɔrt] n. 안마당, 경기장; 중정, 법정
            v. 비위 맞추다; 구애하다, 얻으려고 하다
- pay one's court 비위를 맞추다
🔁 courtship (결혼 전의) 연애 (기간), 관심 끌기
🔁 discourteous 무례한, 버릇없는

동의어 거만한, 건방진; 오만, 지나친 자신감

- ☐ pride 자랑, 긍지, 자부심; 교만, 오만, 자만심
- ☐ presumption 뻔뻔스러움; 가정, 추측 ☑ D0494
- ☐ pretension 자만, 자칭; 핑계; 요구, 주장 ☑ D0268
- ☐ arrogant 거만한, 오만한; 젠체하는 ☑ N0531
  - arrogance 거만, 오만 ☑ D0531
- ☐ haughty 오만한, 거만한, 건방진 ☑ N0621
  - haughtiness 오만함
- ☐ assuming 건방진, 거만한, 주제넘은 ☑ D0269
- ☐ presumptuous 주제넘은, 건방진, 뻔뻔스러운 ☑ N0623
  - presuming 주제넘은, 건방진 ☑ D0494
- ☐ conceit 자부심, 자만심; 기발한 표현 ☑ N0992
  - conceited 자부심이 강한; 우쭐대는 ☑ D0992
  - self-conceit 자만심, 자부심 ☑ D0992
- ☐ contumacious 반항적인, 오만한 ☑ R0676
- ☐ pompous 거드름 피우는, 거만한 ☑ N0622
  - pomposity 거드름, 거만한 언행 ☑ D0622
- ☐ vainglorious 자만심[허영심]이 강한 ☑ D0750
- ☐ impertinent 주제넘은, 건방진; 적절하지 못한 ☑ D0093
- ☐ overbearing[ouvərbeəriŋ] 거만한, 고압적인
- ☐ bumptious[bʌmpʃəs] 오만한, 거만한
- ☐ brash[bræʃ] 자신만만한; 성급한, 경솔한; 속쓰림, 소나기
- ☐ bravado 허세; 허세를 부리다
- ☐ high horse 거만, 오만(한 태도)
- ☐ bighead 자만심; 자만하는 사람

표 현 잘난 체하다

- ☐ mount[ride] the high horse 뽐내다; 빼기다
- ☐ be on one's high horse 오만한 태도를 취하다
- ☐ give oneself airs 젠체하다, 잘난 체하다
- ☐ put on airs 잘난 체하다 ☑ I04423
- ☐ put on the dog 부자인 체하다, 으스대다

동의어 버릇없는, 무례한 ↔ 예의바른

- ☐ impolite 버릇없는, 무례한, 실례되는 ☑ P0458
  ↔ polite 공손한, 예의바른
- ☐ disrespectful 무례한, 실례되는 ☑ D0041
- ☐ spoiled 응석받이로 자라 버릇이 없는; 상한 ☑ D0683
- ☐ ill-mannered 버릇없는, 예의 없는
- ☐ pert 버릇없는, 까부는 ☑ D0093
- ☐ saucy[sɔ́si] 뻔뻔스러운, 건방진; 외설적인
- ☐ brazen[bréizn] 뻔뻔스러운; 놋쇠로 만든
- ☐ cheeky[ʧíːki] 건방진, 뻔뻔스러운

테 마 젠틀맨과 무례한 사람

- ■ cavalier[kævəliər] 기사도 정신의 소유자; 예의 바른 사내
- ☐ goodie (영화 등의) 주인공; 항상 예의 바른 사람
- ☐ precisionist (말씨·예의범절 등에) 깐깐한[엄격한] 사람
- ■ boor 예의를 모르는[무례한] 남자; 촌뜨기
- ☐ hooligan 무뢰한; 불량소년, 부랑아
- ☐ lout 버릇없는 사람, 시골뜨기(=boor)
  cf. rout 완패, 대패; 떠들썩한 군중; 패배시키다

테 마 멋쟁이, 맵시꾼

- ☐ dandy n. 멋쟁이(남자); 훌륭한 것; 댄디형 범선
          a. 〈구어〉 일류의, 근사한, 멋진
- ☐ fop[fɑp] 맵시꾼, 멋쟁이
- ☐ dude[djúːd] 젠체하는 사람; 멋쟁이
- ☐ beau[bóu] 멋쟁이 사내, 한량; 애인, 남자친구
- ☐ swell 〈구어〉 멋쟁이; 맵시 있는, 고상한

O231 fawn
[fɔːn]
11.중앙대

vi. 알랑거리다, 아첨하다
n. 어린 사슴, 새끼염소
- fawn over the king 왕에게 아첨하다
☑ **pawn**[pɔːn] 전당포, 저당물; 전당 잡히다; (체스) 졸(卒)

O232 blandish
[blǽndiʃ]
14.숭실대/96.덕성여대

vt. ~에게 아첨하다, 감언으로 속이다(=flatter)
- We must kill a man who blandishes another person into doing something.
  우리는 다른 사람에게 아첨하여 뭔가를 하게 하려는 사람을 매장해야 한다.
ⓝ blandishment 아첨, 감언
☑ **brandish**[brǽndiʃ] (특히 무기를) 휘두르다

O233 adulation
[ædʒuléiʃən]
14.이화여대

n. 지나친 칭찬, 무비판적인 찬사나 추종
- enjoyed the adulation 찬사를 즐기다
ⓥ adulate 아첨하다, 무턱대고 칭찬하다
ⓐ adulatory 아첨하는 알랑거리는

O234 unctuous*
[ʌ́ŋktʃuəs]
08.중앙대

a. (말이) 살살 녹이는; 매끈한
- with unctuous words 살살 녹이는 말로
ⓝ unction 바르는 기름, 고약, 연고; 감언

O235 showy
[ʃóui]
16.한국외대/00.세종대
12.중앙대

a. 현란한, 화려한, 허세를 부리는(=pretentious)
- a showy pattern 화려한 무늬
- wear showy jewelry 화려한 장신구를 걸치다
☑ **highfalutin**[háifəlúːtn] 허세를 부리는, 호언장담의
- by highfalutin words 호언장담하는 말로

O236 bluff
[blʌf]
13.경희대/11.법원직
13.경희대

n. (포커에서 패가 센 것처럼) 허세 부리기, 엄포
vt. 허세부리다, 허세를 부려 속이다
a. 절벽의, 깎아지른 듯한
- make a bluff (허세를 부리며) 으르다
☒ **bluff one's way out** 속여서 빠져나가다

O237 frank
[fræŋk]
95.서울대학원
95.고려대

a. 솔직한, 숨김이 없는, 노골적인(=forthright, candid)
- To be frank with you 솔직히 말하면 사실은
- have a very frank conversation 노골적인 대화를 나누다
ⓐⓓ frankly 솔직하게
ⓝ frankness 솔직(=candor)
☑ **flank** 옆구리; (건물, 산,대열 등의) 측면

O238 insincere
[ìnsinsíər]
07.국민대/04~2.고려대
95.기술고시

a. 진실하지 못한, 위선의; 성실치 못한
- He didn't think that her statement had been insincere.
  그는 그녀의 말이 가식적이었다고 생각하지 않았다.
ⓝ insincerity 불성실, 무성의; 위선, 불성실한 언행
ⓐⓓ insincerely 무성의하게(=with tongue in cheek)
☒ sincere 성실한, 참된, 진실의(=devout)
  - sincerity 성실, 정직(=candor), 진심

동의어 아첨; 아첨하다; 알랑거리는

- ■ flatter 아첨하다, 치켜세우다; 우쭐해지다 ☑ N0162
- ☐ ingratiate 환심을 사다 ☑ R2415
- ☐ sweet-talk 아첨하다 ☑ I08306
- ☐ blarney[bláːrni] 아첨하다; 아첨, 감언
- ☐ butter[bʌ́tər] 버터를 바르다 → 아첨하다
- ☐ cringe[krindʒ] 움츠리다; (비굴하게) 굽실거리다
- ☐ toady[tóudi] 아첨하다, 알랑거리다; 아첨꾼
  cf. toad 두꺼비
- ☐ grovel[grʌ́vəl] (윗사람에게) 굽실거리다, 비굴하게 굴다
  - grovel in the dust 땅에 머리를 조아리다; 굽실거리다
- ■ obsequious 아첨하는, 알랑거리는 ☑ R1372
- ☐ smarmy[smáːrmi] 침이 마르도록 아첨하는(=unctuous)
  - a smarmy car salesman 아부가 심한 차 세일즈맨
- ☐ truckle[trʌ́kl] 굽실거리다, 맹종하다
  - Don' truckle to your boss! 사장에게 굽실거리지 좀 마!

고급 어휘
☐ fulsome[fúlsəm]
  a. 1. (아첨이) 지나친; (음식이) 역겨운
    2. 포괄적인(=comprehensive)
  - fulsome praise 지나친 칭찬
  - fulsome panegyric 지나친 찬사

테 마 허세를 부리는 사람, 위선자

- ☐ sour grapes 지기 싫어 허세를 부리는 것
  * (이솝우화) 여우가 손이 닿지 않는 포도를 신 포도라고 한 데서 유래
- ☐ a paper tiger 종이호랑이 → 허세 부리는 사람
- ☐ make a display 과시하다, 허세를 부리다
- ☐ a wolf in sheep's clothing 양의 탈을 쓴 이리, 위선자
- ☐ a double-dealer 안팎에 표리가 있는 사람
- ☐ a double-faced man 두 얼굴의 사람
- ☐ a whited sepulcher 위선자
- ☐ double[dual, split] personality 이중인격
- ☐ janus 야누스 → 로마신화의 두 얼굴을 가진 출입구의 수호신
  cf. janitor 수위, 문지기
- ☐ centaur 켄타우루스 → 이중인격자
  * 그리스 신화의 반인반마(半人半馬)의 괴물
- ☐ a Jekyll and Hyde 이중인격자
  * 지킬박사와 하이드에서 유래
- ☐ Pharisee 바리새 사람 → (종교적) 위선주의자
- ☐ prig 도덕군자인 체하는 사람

뉘앙스 솔직한, 정직한, 성실한

- ☐ frank (이야기 · 사람 · 의견 등이 지나칠 정도로) 솔직한 ◀▥
- ☐ candid 솔직한, 숨김없는 ☑ N0021
- ☐ forthright 주저하지 않고 단도직입적인, 솔직한 ☑ N0795
- ☐ downright 때로는 노골적일 정도로 솔직한 ☑ R1412
- ☐ upright 도덕적인 행동기준에 따르고 있는 ☑ R1412
- ☐ outright 노골적인, 솔직한 ☑ R1411
- ☐ outspoken 까놓고[거리낌 없이] 말하는 ☑ P0058
- ☐ plain (사람 · 언동 등이) 솔직한, 터놓은 ☑ R2456
- ☐ sincere (사람이) 전혀 위선적이지 않고 성실한 ◀▥
- ☐ honest (사람이) 솔직하고 성실한
- ☐ veracious (사람이) 정직한; (이야기가) 진실한 ☑ R2305
- ☐ straightforward 똑바른, 솔직한

O239 **feign**
[fein]
17.가천대/11.한양대 09.성균관대/98.전남대

vt. (감정이나 느낌이) ~인 척하다(=pretend, affect)
• He feigned illness so that he could stay off work.
그는 아픈 척해서 직장에 나가지 않았다.
• feign ignorance 모른 체하다
ⓐ feigned 꾸민, 허위의

혼 **fain** 기꺼이 ~하는(=glad); 기꺼이, 쾌히
feint 공격하는 체하다
paint 페인트, 페인트칠하다, 화장하다
faint 희미한, 어렴풋한; 졸도하다 ➲ N0604

뉘앙스 가장하다, 사칭하다

- ☐ affect (감정이나 느낌을) 가장하다 ◘ N0018
- ☐ pretend 남을 속일 의도로 꾸미다 ◘ N0268
- ☐ assume 태도나 겉모습을 가장하다 ◘ N0269
- ☐ disguise 변장시키다, (사실 · 감정을) 감추다 ◘ N0761
- ☐ make believe ~인 체하다 ◘ I07035
- ☐ put on an act 연극하다, 시늉하다 ◘ I04423
- ☐ take on 흉내 내다, ~인 체하다 ◘ I03709
- ☐ dissemble (성격 · 감정 등을) 감추다, 위장하다 ◘ R2331
- ☐ impersonate 신분을 사칭하다, 대역을 하다 ◘ R1973
- ☐ arrogate (칭호나 권리가 있는 척) 사칭하다 ◘ D0531

024 [테마] 까다로운, 신중한 ↔ 무모한, 부주의한

O241 **gingerly**
[dʒíndʒərli]
11.가톨릭대/04-2.고려대 94.기술고시

ad. 몹시 조심스럽게, 신중하게(=cautiously, carefully)
a. 몹시 조심스러운, 아주 신중한, 주의 깊은
• handle delicate instrument gingerly
정밀한 기계들을 조심스럽게 다루다
• walk gingerly on the ice 조심조심 얼음 위를 걸어가다

혼 **gingery**[dʒíndʒəri] 생강의; 톡 쏘는, 얼얼한; 기운찬
- **ginger** n. 생강; 매운 맛; 정력, 원기; 자극; 황갈색;
v. 활기를 돋우다, 격려하다

O242 **chary**
[ʧέəri]
16.가천대

a. (조심스러워) ~을(하기를) 꺼리는[of], 신중한
• chary of lending money 돈을 빌려주기를 꺼리는

뉘앙스 꼼꼼한, 세심한, 신중한

- ☐ careful 조심성 있는, 주의 깊은 ◘ S0772
- ☐ cautious 실수나 위험을 피하기 위해 조심하는 ◘ N0220
- ☐ meticulous 실수하지 않게 꼼꼼하게 주의를 기울이는 ◘ N0027
- ☐ scrupulous 양심에 반하는 일이 아닌지 조심하는 ◘ N0028
- ☐ punctilious 사소한 것에도 지나치게 의식하는 ◘ R1209
- ☐ circumspect 무엇인가를 세밀히 살펴보고 행동하는 ◘ N0928
- ☐ wary 위험 · 계략을 탐지하기 위해 주의를 기울이는 ◘ N0221
- ☐ prudent 경험이나 지혜가 있어 사려 깊고 신중한 ◘ N0224
- ☐ discreet 비밀 · 신뢰를 지키기 위해 언행을 조심하는 ◘ D0095
- ☐ chary 조심스러워서 무엇을 하는 것을 꺼리는 ◀
- ☐ leery[líəri] 미심쩍어 무엇을 하는 것을 꺼리는[of]
- ☐ heedful[híːdfəl] ~에 세심한 주의를 기울이는[of] ◀
- ☐ attentive (다른 사람의 말에) 주의를 기울여 듣는 ◘ R1314

O243 **fussy**
[fʌsi]
00-2.세종대

a. 1. (하찮은 일에) 안달복달하는, 까다로운(=fastidious)
2. 신경질적인
3. 지나치게 꾸민
• so fussy about details 사소한 것들에 지나치게 안달복달하는
• very fussy about food 음식에 매우 까다로운

O244 **squeamish**
[skwíːmiʃ]
01.행자부7급

a. 1. (도덕적으로) 결벽증이 있는, 매우 까다로운(=fastidious)
2. 비위가 약한
• I am not squeamish in such cases. 나는 그런 경우에는 까다롭지 않다.
• If you're squeamish, just don't look. 비위가 약하면 쳐다보지 마라.

동의어 까다로운, 가리는

- ☐ fastidious 까다로운, 깔끔 떠는, 지나치게 꼼꼼한 ◘ N0366
- ☐ be particular about ~에 까다롭다(=fastidious) ◘ R1096
- ☐ choosy 까다로운, 가리는 게 많은
- ☐ prim[prim] (경멸적으로) 지나치게 깔끔한, 새침한
- ☐ picky[píki] 성미가 까다로운; (하찮은 일에) 법석을 떠는
- ☐ finicky[fíniki]/ finical (음식 • 옷 등에) 지나치게 까다로운
- ☐ prissy[prísi] 지나치게 깔끔한, 몹시 까다로운

O245 **reckless**
[réklis]
17.한국외대/14.한성대 경찰간부

a. 무모한, 부주의한(=careless, heedless)
• be charged with reckless driving 부주의한 운전으로 기소되다
• reckless spending 무모한 지출

O246 **unheeding**
[ʌnhíːdiŋ]
03.고려대

a. 주의를 기울이지 않는(=oblivious), 부주의한
• drum into unheeding ears 소귀에 경 읽기
ⓥ heed (남의 충고 · 경고에) 주의를 기울이다
동 **heedless** 세심한 주의를 기울이지 않는
반 **heedful** 세심한 주의를 기울이는

O247 **watchful**
[wáʧfəl]
16.가천대

a. (사고가 생기지 않도록) 지켜보는, 경계하는(=alert)
* keep a watchful eye on ~에서 눈을 떼지 않다
• be alert and watchful 방심하지 않고 지켜보는
반 **unwatchful** 방심하고 있는, 부주의한

뉘앙스 부주의한, 경솔한 ↔ 주의하는, 신중한

- ☐ incautious 경솔한, 부주의한 ↔ cautious
- ☐ careless 경솔한, 부주의한 ↔ careful
- ☐ imprudent 현명하지 못한, 경솔한 ↔ prudent
- ☐ heedless, unheedful, unheeding
부주의한 ↔ heedful
- ☐ unwatchful 방심하고 있는, 부주의한 ↔ watchful
- ☐ inadvertent 의도하지 않은, 무심코 ↔ advertent
- ☐ indiscreet (말이나 행동이) 조심성 없는 ↔ discreet
- ☐ unwary 조심성 없는, 방심한 ↔ wary
- ☐ inattentive 부주의한, 태만한 ↔ attentive

025 　[테마] 기쁨, 행복; 웃다

O251 beatific
[bìːətífik]
93.성균관대

a. 기쁨에 넘친(=blissful), 행복에 넘친
• a beatific smile 기쁨에 넘치는 미소

O252 gleefully*
[glíːfəli]
13.경기대

ad. 매우 기뻐서, 유쾌하게
• He had greeted her gleefully. 그는 그녀를 기쁘게 맞이했다.
ⓐ gleeful 신이 난, 고소해 하는
ⓝ glee 큰 기쁨, 환희, 기뻐 날뜀

O253 euphoria
[juːfɔ́ːriə]
09.고려대/07.전북9급

n. (지나친) 행복감(=joy over); 희열
• the euphoria of the election victory 선거 승리로 인한 도취감
• in a state of euphoria all day 온종일 행복한 상태로
📗 beatitude[biːǽtitjùːd] 더할 나위 없는 행복
　 nirvana[niərvάːnə] 1. (불교에서의) 열반, 해탈
　　　　　　　　　　　 2. 지극한 행복(=bliss), 무아지경
• Nirvana is an eternal state of being. 열반은 존재의 영원한 상태이다.

동의어　유쾌한, 쾌활한, 즐거운; 기쁨, 즐거움, 행복

■ merry 명랑한, 웃고 즐기는
　- merriment 웃고 즐김
☐ gay 명랑한, 쾌활한; 동성애(자)의
　- gaiety 명랑, 유쾌함, 쾌활; 잔치 기분
☐ joyful 기쁜, 즐거운
　- joy 큰 기쁨(을 주는 것, 사람)
☐ delightful 정말 기분 좋은, 유쾌한
　- delight 큰 기쁨을 주는 것, 즐거운 일
☐ pleasurable 즐거운
　- pleasure 기쁨, 즐거움, 즐거운 일
☐ cheerful 쾌활한, 명랑한
　- cheer 환호, 갈채; 쾌활
☐ blithe 명랑한, 쾌활한; 즐거운 🔲 R2447
☐ exhilarating 기분을 돋우는, 신나는, 유쾌한 🔲 N0470
☐ jolly 즐거운, 유쾌한, 명랑한 🔲 R2441
☐ jovial[dʒóuviəl] 유쾌한, 명랑한, 즐거운 🔲 R2440
☐ jocund[dʒάkənd] 명랑한, 유쾌한 🔲 R2440
☐ vivacious 활발한, 쾌활한, 명랑한 🔲 R1930
☐ convivial 연회의 → 들뜬 기분의, 흥겨운 🔲 R1930
☐ mirthful 명랑한, 떠들썩하게 웃는, 즐거움에 겨운
　- mirth[məˈrθ] 환희, 명랑, 즐거움
☐ delectable 맛이 있는 → 즐거운, 유쾌한
☐ scrumptious 맛좋은 → 유쾌한, 훌륭한, 굉장한
■ happiness 행복, 만족, 기쁨
☐ felicity 더할 수 없는 행복; 경사 🔲 R2445
☐ bliss 매우 큰 행복, 더없는 기쁨 🔲 R2446
☐ ecstasy 무아경, 황홀경
☐ gratification 만족(감), 희열; 만족시키는 것 🔲 D0161
☐ jubilation 승리감, (성공에 대한) 환호 🔲 R2443
☐ hedonism 쾌락주의; 향락주의 🔲 S0900

O254 giggle
[gígl]
12.홍익대

vi. 깔깔대다, 키득거리다
• She started to giggle. 그녀는 깔깔대기 시작했다.

O255 titter
[títər]
05-2.경기대

vi. (신경질적으로) 킥킥 웃다(=giggle)
• After a while, the audience started tittering and giggling.
　 잠시 후 청중들은 킥킥거리고 깔깔대기 시작했다.

O256 sneer
[sníər]

vi. 비웃다, 빈정대다[at]
• sneer at his opponent's misfortune 상대편의 불운을 비웃다

O257 travesty*
[trǽvəsti]
04.경기대

n. 희화화; 졸렬한 모방(=parody)
vt. 1. (진지한 작품을) 우스꽝스럽게 만들다(=burlesque)
　 2. (말·행동을) 서투르게 흉내 내다
　 3. 변장[위장]시키다
📗 parody[pǽrədi] 패러디, 풍자[조롱]적인 개작

뉘앙스　웃다

☐ laugh 기쁘거나 재미있어 소리 내어 웃다
☐ smile 소리 내지 않고 표정만으로 웃다, 미소를 짓다
☐ giggle 깔깔대다(laugh in a childlike way) ◀▥
☐ sneer 경멸조로 비웃다
　(to show contempt by means of derisive smile) ◀▥
☐ snigger (비웃음조로) 실실 웃다
　(laugh quietly in a disrespectful way)
☐ grin 이를 드러내고 싱긋 웃다(to smile widely)
☐ chuckle 조용하게 킬킬 웃다(laugh quietly)
☐ chortle (좋아서) 깔깔 웃다
　(laugh in a way that shows you are very pleased)
☐ guffaw (실없이) 크게 웃다(laugh loudly)
☐ smirk 능글능글[히죽히죽] 웃다
　(to smile in a self-satisfied, affected or foolish manner)
☐ snicker 낄낄 웃다, 숨죽여 웃다
　(laugh quietly in a disrespectful way)
☐ simper 바보같이 웃다(smile in a rather silly way)

고급 어휘

☐ warble[wɔ́ːrbl]
　v. 1. (새가) 지저귀다
　　 2. (여자가 목소리를 떨며) 노래하다(=yodel)
　• The canary warbled most of the day.
　　 그 앵무새는 온종일 지저귀었다.

O258 farce
[faːrs]
12.숭실대

n. 광대극, 익살극; 웃음거리
• The contents of the magazine alternated between serious and farcical. 그 잡지의 내용은 진지함과 익살스러움의 사이를 오락가락했다.
ⓐ farcical 익살극의, 익살맞은, 바보스러운(=absurd, ludicrous)

테 마 우스운, 익살스러운; 광대

☐ humorous 재미있는, 유머러스한
☐ ludicrous 우스운, 터무니없는 🔁 R0726
☐ risible 잘 웃는; 우스운; (pl.) 유머 감각 🔁 R0726
☐ droll[droul] 익살스러운, 우스꽝스러운(=humorous); 어릿광대; 익살 • a droll story 웃기는 이야기
  - drollery 익살스러운 짓; 해학
☐ clownish[kláuniʃ] 광대 같은, 우스꽝스러운
  - clown[klaun] 어릿광대; 시골뜨기
☐ burlesque[bərlésk] 풍자극;
  스트립쇼가 있는 버라이어티쇼; 익살스럽게 흉내내다
☐ waggish[wǽgiʃ] 익살스러운, 우스꽝스러운

▌026   [테마] 슬픈; 울다

O261 mournful
[mɔ́ːrnfəl]
97-2.총신대/93.서울여대
97-2.인하대
16.가천대

a. 슬픔에 잠긴, 애처로운(=sorrowful); 죽음을 애도하는
• mournful cries of owls 올빼미의 구슬픈 울음소리
• have a mournful look on her face 슬픈 얼굴을 하고 있다
ⓥ mourn (불행 등을) 한탄하다; (죽음에) 애도하다
ⓝ mourning 비탄, 애도, 슬픔; 상(喪)

O262 lamentable
[lǽməntəbl]
➲ R2455

a. 슬픈(=sad); 유감스러운, 통탄할
• a lamentable decision 유감스러운 결정
• lamentable conduct 개탄스러운 행위
ⓥ lament 슬퍼하다, 애도하다(=mourn) 후회하다; 비탄; 애가
ⓝ lamentation 비탄, 애도, 애가

> ⑤ elegy[élədʒi] 애가, 애도가(song of sorrow)
> requiem[rékwiəm] 망자를 위한 진혼곡, 만가
> dirge[dəːrdʒ] 장송곡
> • the funeral dirge 장례식의 장송가
> epicedium[èpisíːdiəm] 장송가, 애가

O263 mawkish
[mɔ́ːkiʃ]
14.단국대/13.중앙대

a. 1. 지나치게 감상적인(=maudlin)
  2. 역겨운(=cloying)
• an inevitable mawkish ending
  불 보듯 뻔한 눈물샘을 자극하는 마지막 장면
⑤ maudlin (책, 영화, 노래가) 감상적인, (술에 취해) 넋두리를 하는

O264 bemoan
[bimóun]
13.중앙대

v. 슬퍼하다, 한탄하다(=lament)
• bemoan their lack of funds 자금 부족을 한탄하다
• bemoan his fate 그의 운명을 한탄하다
⑪ moan[moun] 신음하다, 한탄하다; 불평하다

O265 whimper
[hwímpər]
09.이화여대

vi. 훌쩍훌쩍 울다; 울먹이며 말하다
• began to whimper 훌쩍이기 시작하다

동의어 측은한, 불쌍한, 슬픈; 슬픔에 잠긴

☐ pitiful / pitiable / piteous 가엾은; 경멸할 만한 🔁 R1497
☐ miserable 불쌍한, 비참한; 초라한 🔁 R1496
☐ woeful[wóufəl] 비참한, 애처로운; 재앙의; 슬픔에 잠긴
☐ rueful[rúːfəl] 가엾은, 애처로운; 슬픔에 잠긴
☐ wretched[rétʃid] 비참한, 불쌍한; 초라한; 비열한

고급 어휘
☐ jeremiad[dʒèrəmáiəd]
  n. (장황한) 넋두리, 푸념, 한탄(=lament)
  • His account of the event was lengthy jeremiad.
  행사에서의 그의 연설은 긴 넋두리에 불과했다.

동의어 눈물이 나게 하는, 애절한, 감상적인

☐ lachrymose[lǽkrəmòus] 눈물 나게 하는, 애절한
☐ maudlin[mɔ́ːdlin] 눈물 나게 하는, 감상적인
☐ slushy[slʌ́ʃi] 실없이 감상적인; 눈 녹은, 진창의
☐ soppy[sɑ́pi, sɔ́-] 몹시 감상적인; 질퍽한
☐ saccharine[sǽkərin] 당분의; (지나치게) 달콤한, 감상적인
☐ melodrama 감상적인 통속극, 멜로드라마
  cf. soap opera 일일 연속극

뉘앙스 울다

☐ cry 소리 내 울다(to produce tears from your eyes because
  you are unhappy or hurt)
☐ sob 흐느껴 울다(to cry noisily, taking sudden, sharp breaths)
☐ wail 울부짖다, 통곡하다, 한탄하다
  (to make a long loud high cry because you are sad or in pain)
☐ yowl 슬프게 울다
  (to make a long loud cry that sounds unhappy)
☐ blubber 엉엉 울다(to cry noisily)
☐ groan 신음하다, 불평하다(to make a long deep sound
  because you are annoyed, upset or in pain, or with pleasure)
☐ whine 구슬피 울다(to make a long high unpleasant sound
  because you are in pain or unhappy), 징징대다

테 마 (동물이) 짖다

☐ bark (개 등이) 짖다
☐ howl (개나 늑대 등이) 소리를 높여 울부짖다
☐ whine 낑낑거리다
☐ yelp / yap 캥캥 짖어대다
☐ growl 성내어 으르렁거리다
☐ snarl 이빨을 드러내고 으르렁거리다
☐ bay 사냥개가 짐승을 뒤쫓으며 짖어대다

[테마] 우울한, 침울한, 음침한

O271 **glum**
[glʌm]
97.고려대학원

a. 시무룩한, 침울한(=dejected); 뚱한
- You look glum. What's up?
  우울해 보여. 무슨 일 있어?

O272 **dour**
[duər]
13.경희대/06.성균관대

a. 뚱한, 시무룩한(=sullen); (장소가) 음침한
- A powerful orator, Jim is, in fact, less dour than he's made out to be.
  설득력 있는 연설사인 Jim은 실제로 다른 사람이 말하는 것보다 덜 무뚝뚝하다.

🔁 **sulky** 뚱한, 기분이 언짢은(=sullen) 음산한
- a sulky adolescent 뚱해 있는 젊은이

O273 **morose**
[məróus]
17.서강대/14.홍익대

a. 뚱한, 시무룩한(=sullen)
- a morose young woman 시무룩한 젊은 여자

O274 **lugubrious**
[lugjúːbriəs]
11.서울여대/06.삼육대

a. 애처로운, 침울한(=excessively sad)
- a lugubrious outlook on life 삶에 대한 우울한 전망

O275 **dim**
[dim]
08.명지대

a. (빛·장소가) 어두운; (형체·기억이) 흐릿한(=faint)
- in a dim corner 어두운 구석에
- I have a dim recollection of it. 나는 그것에 대해 기억이 희미하다.

O276 **somber/sombre**
[sámbər, sóm-]
10.홍익대/04.한양대

15.상명대

a. 1. 어둠침침한, 거무스름한
   2. 침울한(=gloomy, serious and sad in appearance or feeling)
- The room is somber and dark. 그 방은 어둠침침하고 어두웠다
- have a somber expression 침울한 표정을 짓다

ⓝ **somberness** 우울함, 침울함
ⓐ **somberly** 거무스름하게; 침울하게

O277 **saturnine**
[sǽtərnàin]
13.경희대,중앙대

a. 1. (얼굴이) 음침한; 무뚝뚝한(=sullen)
   2. 토성의 영향을 받고 태어난; 납중독의
- a saturnine expression on his face 음침한 그의 얼굴 표정

ⓝ **Saturn**[sǽtərn] 토성; 납

동의어 우울한, 풀이 죽은, 낙담한

- ☐ **gloomy** 우울한, 침울한; 음침한; 비관적인 ➡ N0397
- ☐ **dismal** 우울한, 쓸쓸한; 참담한 ➡ N0459
- ☐ **melancholy** 우울한, 구슬픈; 우울(증) ➡ R2225
- ☐ **depressed** 의기소침한, 침울한 ➡ R1225 * de(=down)
- ☐ **dejected** 낙심한, 풀죽은 ➡ R1232 * de(=down)+ject(=throw)
- ☐ **discouraged** 낙담한 ➡ R1891 * dis(=not)+courage(용기)
- ☐ **dispirited** 기가 꺾인 * dis(=not)+spirit(용기)
- ☐ **disheartened** 낙담한 * dis(=not)+heart(용기)
- ☐ **disappointed** 실망한, 기대가 어긋난 ➡ R1204
- ☐ **disconsolate** 우울한, 절망적인 ➡ D0568
- ☐ **downcast** 풀이 죽은 * down+cast(=throw)
- ☐ **forlorn** 버림받은; 절망적인 ➡ P0083
- ☐ **pull a long face** 우울한 얼굴을 하다 ➡ I10809
- ☐ **dreary**[dríəri] (풍경·날씨 등이) 쓸쓸한, 음울한; 따분한
- ☐ **mopish**[móupiʃ] 침울한, 풀이 죽은

동의어 어두침침한, 음침한, 쓸쓸한

- ☐ **dark** 어두운; 검은색의; 암울한; 사악한
- ☐ **gloomy** 어두운, 음침한 ➡ N0397
- ☐ **bleak** (전망이) 어두운; (장소가) 황량한 ➡ N0887
- ☐ **desolate** 황량한, 적막한; 쓸쓸한 ➡ N0568
- ☐ **deserted** 황폐한, 버려진 ➡ D0386
- ☐ **dismal** 우울한, 쓸쓸한; 참담한 ➡ N0459
- ☐ **stygian**[stídʒiən] 캄캄한, 음침한(dark or gloomy)
  - stygian basement 어두운 지하실
- ☐ **tenebrous**[ténəbrəs] 어두운, 음침한
  - tenebrous atmosphere 침울한 분위기

고급 어휘

- ☐ **dun**[dʌn]
  a. 암갈색의(=umber); 어두침침한, 우울한(=gloomy)
  n. (특히 성이 있는) 언덕(=hill)
  cf.dune 해변의 모래언덕
  n. v. 빚 독촉장; 빚 독촉을 하다
  cf.knoll[noul] n. 작고 둥근 언덕(a small round hill)

[테마] 분노; 화나게 하다

O281 **anger**
[ǽngər]
17.숙명여대/04.경기대
02.전남대/96.강남대
92.성심여대

n. (일시적) 화, 분노(=ire, outrage, indignation, resentment)
vt. 화나게 하다
- give vent to one's anger 분노를 표출하다

ⓐ **angry** 화난, 성난
ⓐ **angrily** 노하여, 화가 나서

O282 **ire***
[aiər]
17.숙명여대

n. 〈문어〉 화, 분노(=anger)
vt. 화나게 하다
- provoke the ire of environmentalists 환경론자들의 분노를 불러일으키다

O283 **wrath**
[ræθ]
98-2.국민대

n. 분노, 노여움; 천벌
- incur the wrath of her father 그녀 아버지의 노여움을 사다

O284 **exasperate**
[igzǽspərèit]
15.명지대/05.숭실대
99.전남대

vt. 격분시키다(=infuriate); 좌절시켜 화나게 하다(=frustrate)
- exasperate ⓢⓑ to desperation ~을 화나게 하여 자포자기하게 하다
- I was exasperated at her ill behaviour.
  나는 그녀의 나쁜 행동 때문에 화가 났다.

ⓐ **exasperated** 화가 난, 약 오른(=impatient)
   exasperating 분통이 터지게 하는
ⓝ **exasperation** 격분, 분노; 격화
🔁 **asperity** 무뚝뚝함; (보통 pl.) 거친 말, 신랄한 말

동의어 분노, 격분; 격노한

- ☐ **outrage** 격분, 분개 ➡ N0177
  - rage 격노, 폭력사태; 격렬히 화를 내다 ➡ D0177
  - enrage 몹시 화나게 하다, 격노시키다 ➡ D0177
- ☐ **fury / furor** 격노, 분노 ➡ D0178
  - furious 성내어 날뛰는, 격노한 ➡ N0178
  - infuriate 격분시키다 ➡ D0178
- ☐ **frenzy** 격분, 격앙; 격분하게 하다 ➡ R0283
  - frenzied 열광적인, 광분한
- ☐ **resentment** 분개, 분노 ➡ N0396
  - resent 분개하다; 괘씸하게 생각하다 ➡ D0396
  - resentful 화난; 원망하는; 성 잘 내는 ➡ D0396
- ☐ **indignation** (악·부정에 대한) 분개, 분노 ➡ N0853
  - indignant (악·부정에 대해) 분개한, 성난
- ☐ **exacerbation** 분노; 악화 ➡ D0293
  - acerbate 화나게 하다
- ☐ **incensed** 몹시 화가 난, 격분한 ➡ R1801
  - incense 몹시 화나게 하다; 향, 향료

0285 scandalize
[skǽndəlàiz]
99.세무사

vt. (충격적인 행동으로) 분개하게 만들다(=offend)
• They were scandalized to hear the news.
그들은 그 소식을 듣고 아연실색했다.
ⓝ scandal 추문, 스캔들; 불명예, 치욕; 악평
ⓐ scandalous 수치스러운, 창피스러운; 중상하는
☑ gossip 잡담, 남의 뒷말, 험담

0286 chagrin
[ʃəgrín]
13.홍익대/06.서울여대
97.한양대

vt. 억울하게 하다; 분하게 하다(=annoy)
n. 억울함, 원통함, 분함(=irritation)
• To her chagrin, the party ended just as she arrived.
원통하게도, 그녀가 도착하자마자 파티는 끝나버렸다.

▌029 [테마] 화를 잘 내는, 성격이 나쁜

0291 livid
[lívid]
02.건국대
03-2.경기대

a. 〈구어〉 격분한(=furious); (얼굴색이) 흙빛의, 검푸른
• His face turned livid with anger. 그의 얼굴은 노여움으로 흙빛이 되었다.
☑ rabid[rǽbid] 맹렬한, 열광적인; 미친 듯한; 광견의

0292 irate
[airéit]
13.이화여대/94.연세대학원

a. 노한, 성난(=angry)
• pacify the irate 성난 군중을 달래다

0293 irascible
[irǽsəbl]
07.중앙대

a. 성을 잘 내는, 성급한(=petulant)
• highly jealous and irascible 매우 질투심이 강하고 화를 잘 내는

0294 peevish*
[píːviʃ]
15.홍익대

a. 짜증[화]을 잘 내는(=petulant), 투정을 하는
• He was a sickly, peevish child. 그는 병약하고 짜증을 잘 내는 아이였다.
ⓥ peeve 약 올리다, 약 오르다; 화나게 하다; 약 올림, 초조
• After all, dishonesty and lying are two of my biggest pet peeves.
어쨌든, 정직하지 않은 것과 거짓말하는 것 두 가지는 내가 가장 혐오하는 것이다.

0295 crotchety*
[krátʃəti]
11.이화여대

a. 쉽게 짜증[화]을 내는(=petulant); 변덕을 부리는, 괴팍한
• a crotchety old lady 괴팍한 노부인

0296 grouchy
[gráutʃi]
11.경희대/98.경기대

a. 화를 잘 내는, 잘 투덜거리는(=irritable), 토라진
• be grouchy all day long 하루 종일 토라져있다

0297 brash*
[bræʃ]
17.한국외대

a. 성급한(=rash, reckless), 성마른; 자신만만한
• brash and uncompromising 성마르고 타협을 모르는

0298 grumpy
[grʌ́mpi]
12.서울여대

a. 성격이 나쁜, 심술이 난(=cantankerous)
• with grumpy face 심술난 얼굴로
ⓝ grump 성격이 나쁜 사람
12.서울여대
☑ cantankerous 심술궂은, 성미 고약한(=grumpy)
• a cantankerous patient 신경질적인 환자
☑ grumble 투덜거리다, (천둥이) 으르렁거리다
- grumbling 불평, 항의

동의어 화를 잘 내는, 짜증 내는; 성급한

☐ ill-tempered 화를 잘 내는, 성미가 까다로운 ☑ R1321
☐ touchy 성 잘 내는; 과민한; (주제가) 민감한 ☑ R0341
☐ petulant 심술을 부리는; 까다로운 ☑ R0667
☐ impetuous 기질·성격 등이 성급한, 열렬한 ☑ N0363
☐ hasty 판단·결정 등이 조급한, 성급한; 성마른 ☑ S0738
☐ rash[ræʃ] 성급한, 조급한; 무모한, 경솔한 ☑ R1144
☐ querulous 불평 많은, 성 잘 내는, 짜증내는 ☑ R1030
☐ testy[tésti] 성미 급한, 성 잘 내는; 퉁명스러운
☐ choleric[kálərik] 화를 잘 내는
☐ bilious[bíljəs] 담즙의; 성마른; 색채가 몹시 싫은
☐ ornery[ɔ́ːrnəri] 성미가 고약한, 괴팍한
• an ornery old woman 성미가 고약한 노부인
☐ crabbed[krǽbid] 심술궂은; (필체 등이) 알아보기 힘든

▌030 [테마] 괴롭히다, 짜증나게 하다

0301 bother
[báðər]
12.홍익대/06.고려대

vt. 괴롭히다, 성가시게 하다(=perturb)
vi. 신경 쓰다, 애를 쓰다
n. 성가심, 성가신 일
• I really don't want to bother you. 폐를 끼치고 싶진 않습니다.
• Don't bother. 신경 쓰지 마세요.
08.경찰
ⓐ bothering 귀찮게 하는, 괴롭히는(=cumbersome, harassing)

뉘앙스 괴롭히다, 짜증나게 하다

☐ annoy 짜증나거나 귀찮게 하다 ☑ N0176
☐ irritate 짜증나거나 귀찮게 하다 ☑ N0103
☐ offend 감정을 상하게 하다 ☑ R1172
☐ rankle (불쾌한 감정 등이) 끊임없이 마음을 괴롭히다 ◀▥
☐ bother (병이나 어떤 문제가) 신경 쓰이게 하다 ◀▥
☐ harrow (정신적으로) 괴롭히거나 고민하게 하다 ◀▥
☐ hassle (계속 요구하거나 문제를 일으켜서) 들볶다

0302 vex
[veks]
16.가천대
11,03중앙대

vt. 짜증나게[성가시게] 하다, 괴롭히다(=annoy, nettle)
• She was vexed that I was late. 내가 늦어서 그녀는 짜증이 났다.
ⓐ vexing 짜증나게 하는, 애태우는(=annoying)
ⓝ vexation 괴롭게 함, 분통

0303 nettle
[nétl]
11.중앙대/10.이화여대

vt. (쐐기풀처럼) 찌르다 → 신경질 나게 하다(=vex)
n. 쐐기풀
• She nettles me very often. 그녀는 나를 자주 짜증나게 한다.

0304 galling*
[gɔ́:liŋ]
95.고려대학원

04-2.국민대

a. 짜증나게 하는, 골치 아픈, 화나는(=vexing)
• a galling experience 짜증나는 경험
ⓥ gall 1. (피부 등을) 쓸리게 하다; 성나게 하다
    2. 찰과상, 벗겨짐; 화나는 일, 고민거리
    3. 뻔뻔스러움, 철면피; (동물의) 쓸개즙; 쓴맛
    4. (식물의 잎·줄기 따위에 생기는) 벌레혹
ⓝ nuisance[njúːsns] 폐, 성가심, 귀찮음; 불쾌한 사람

0305 bully
[búli]
10.경기대/09.동덕여대

vt. (약자를) 괴롭히다(=torment), 왕따시키다
n. 약자를 괴롭히는 사람, 불량배
• You should never bully anyone. 너는 절대 다른 누군가를 괴롭혀선 안 된다.
• I was often picked on by bullies when I was young.
  나는 어렸을 때 종종 불량배들한테 괴롭힘을 당했다. * pick on 괴롭히다

0306 harrowing
[hǽrouiŋ]
00.세무사

93.동국대

a. 비참한, 괴로운(=harassing)
n. 약탈
• a very harrowing experience 매우 비참한 경험
ⓥ harrow 1. 써레질하다; 정신적으로 괴롭히다; 써레 2. 약탈하다
ⓕ harry 약탈하다(=plunder); (계속적인 질문 등으로) 괴롭히다

0307 distress
[distrés]
⊃ RO272

n. 고민(거리), 곤란; 고통의 원인(=misery)
v. 괴롭히다, 고민하게 하다
• Nothing could alleviate his distress.
  어느 것도 그의 고통을 덜어줄 수 없었다.

0308 rankle
[rǽŋkl]
06,01.대구가톨릭대
95.효성대

v. 1. (불편한 감정 등이) 마음을 괴롭히다[with](=irritate)
   2. 곪다, 상처가 아프다
• His colleague's harsh criticism rankled him for days.
  동료의 혹독한 비평이 며칠 동안 그의 마음을 괴롭혔다.

0309 pester
[péstər]
06.고려대

05-2.아주대

vt. 괴롭히다, 못살게 굴다; 조르다
n. 훼방, 성가신 사람
• He's always pestering me. 그는 항상 나를 못살게 군다.
ⓝ pest 〈고어〉 흑사병·해충 → 성가신 사람, 골칫거리
ⓝ pestilence 역병, 페스트; (유해 곤충의) 떼(=plague)
   pesticide 구충제, 살충제
ⓕ pesky 귀찮은, 성가신(=troublesome)
• a pesky fly (성가신(귀찮은) 파리

0309(1) bristle
[brísl]
04.중앙대

vi. 1. (~에 화가 나서) 발끈하다[with](=become irritated)
   2. 털이 곤두서다
n. (돼지 등의) 뻣뻣한 털
• bristle with rage 화가 나서 발끈하다
ⓕ fur[fər] 토끼·담비 등의 부드러운 털; (집합적) 모피동물
   feather[féðər] 깃털(=plumage) (집합적) 조류

☐ badger[bǽdʒər] (계속 조르거나 물어서) 성가시게 하다
☐ irk (변화가 없는 것이) 짜증나게 하다 ◨ D0867
☐ provoke 자극하여 화나게 하다, 자극하다 ◨ R1016
☐ rub ⓢⓑ (up) the wrong way 비위를 건드리다 ◨ I03837
☐ get on ⓢⓑ's nerves 신경질 나게 하다 ◨ I03838

고급 어휘
☐ ruffle[rʌ́fl] 헝클다; 성나게 하다; 화나다
   *ruffle up the feathers 사람이 성내다
☐ pique[piːkéi] 불쾌하게 하다; 불쾌(감)
☐ rile[rail] vt. 1. 화나게 하다, 짜증나게 하다(=annoy)
                2. 물을 혼탁하게 하다
   • Nothing ever seemed to rile him.
     그는 그 무엇에도 화가 나지 않는 모양이었다.
   ⓐ riled 화난; 혼탁해진

뉴앙스 육체적으로 괴롭히다
☐ afflict (병이나 어떤 문제가) 심신을 괴롭히다 ◨ D0801
☐ torment (사람이나 동물을) 잔인하게 괴롭히다 ◨ R1304
☐ torture (정보를 캐내거나 처벌로) 고문하다 ◨ R1303
☐ rack (몸을 비트는) 고문하다; 몹시 괴롭히다 ◨ T0527
☐ tease (특히 동물을) 집적거려 괴롭히다 ◨ T0341
☐ assault 타인을 (성)폭행하다 ◨ R0464
☐ harass (특히 성적으로) 불쾌감[괴롭힘]을 주다 ◨ D0590
☐ molest (특히 아동을) 성추행하다 ◨ R1140

고급 어휘
☐ sadistic[sədístik] a. 가학적인
   • the vicious and sadistic cruelty 사악하고 가학적인 잔인 행위
   ⓝ sadism 사디즘, 가학성
   ⊞ masochistic 피학대적인
      - masochism 마조히즘, 자기 학대

표현 화를 내다
☐ hit the ceiling[roof] 화가 나서 길길이 뛰다 ◨ I09709
= fly off the handle (느닷없이) 화를 내다 ◨ I09709
= lose one' temper[cool] 화를 내다 ◨ I11902
= blow one' fuse 몹시 화내다
= fly into a rage 벌컥 화를 내다
= be enraged at ~에 몹시 화내다

고급 어휘
☐ gnash[næʃ] v. (매우 화가 나거나 갖지 못해) 이를 갈다
   • gnash one' teeth 이를 갈다
☐ seethe[siːð] vi. 끓어오르다(=boil, fume, simmer),
   소용돌이치다; (화가 나서) 속이 끓다
   • seethe with anger 화가 나서 속이 부글부글 끓다

---

031 [테마] 불쾌한, 싫어하다 ↔ 좋아하다

0311 fond
[fand, fond]
07.공인노무사

02.법원행시

13.중앙대

a. 좋아하는[of](=penchant); 다정한, 너무 귀여워하는
   * be fond of ~을 좋아하다(=have a soft spot for)
   • Sheep are fond of flocking together 양들은 몰려있길 좋아한다.
   • a fond farewell 다정한 작별인사
ⓝ fondness 좋아함[for], 유난히 귀여워 함
⊞ fondle 애지중지하다; 애무하다
   - fondling 사랑하는 자식; 애완동물
ⓕ cosset[kásit, kɔ́s-] (지나칠 정도로) 애지중지하다

동의어 좋아하는 것, 편애
☐ fond 좋아하는[of], 너무 귀여워하는 ◀▥
☐ favorite 마음에 드는, 매우 좋아하는 (것) ◨ R0897
☐ fancy 좋아함, 욕망, 원하다, 끌리다 ◨ R0845
☐ partiality 매우 좋아함[for] 편파, 편애 ◨ D0036
☐ dote 망령들다, 맹목적으로 사랑하다 ◨ R0066
☐ penchant 애호, 선호, 성향 ◨ R0255
☐ preference 더 좋아함, 편애[for] ◨ D0552
☐ favoritism 특정인을 특별히 대우해 주는 것 ◨ R0897

0312 abominable
[əbάmənəbl]
13.홍익대

a. 질색인, 심히 끔찍한, 혐오스러운
- an abominable crime 끔찍한 범죄
- live in abominable conditions 끔찍한 상황에서 살다

ⓥ abominate 혐오하다, 아주 질색하다
ⓝ abomination 혐오, 증오

0313 odious
[óudiəs]
11.한양대/09.고려대

a. 싫은(=abhorrent, hateful), 불쾌한, 혐오스러운(=disgusting)
- an odious fellow 밉살스러운 녀석
- an odious crime 혐오스러운 범죄

ⓝ odium 혐오, 싫어함

0314 gruesome
[grúːsəm]
06.서울여대

a. 소름 끼치는, 섬뜩한, 끔찍한(=horrible)
- a gruesome murder scene 끔찍한 살해 현장

ⓐⓓ gruesomely 소름끼치게

0315 lurid
[lúərid]
08.동국대

a. 1. (범죄 묘사가) 선정적인, 끔찍한(=grisly)
2. 창백한, 핼쑥해진
- lurid dime novels 선정적인 싸구려 소설

🔄 grisly[grízli] 소름 끼치게 하는(=lurid), 불쾌한(=grim)
- grisly and gruesome violence 소름 끼치고 무시무시한 폭력

0316 queasy*
[kwíːzi]
97.성균관대

a. 역겨운, (속이) 메스꺼운; 불쾌한
- I'm feeling queasy. 속이 메스꺼워요

🔄 quasi[kwézai] 유사의; 준(準)…, 반(半)

0317 disgust
[disgʌst]
99.한국외대

n. 혐오감, 역겨움(=revulsion); 넌더리
v. 역겹게 하다, 정떨어지게 하다
- feel disgust at his behavior 그의 행동에 역겨움을 느끼다

ⓐ disgusting 역겨운, 구역질나는, 혐오스러운
🔄 gust[gʌst] 맛, 미각; 기쁨, 만족

0318 hate
[heit]

vt. (무엇을) 몹시 싫어하다[질색하다](=abhor), 증오하다
n. 미움, 증오; 몹시 싫은 것
- I hate violence in any form. 나는 어떤 형태의 폭력도 싫어한다.

ⓐ hateful 혐오스러운
ⓝ hatred 증오, 혐오

동의어 혐오[질색]하다; 끔찍한, 싫은; 혐오

- ■ abhor 소름끼칠 정도로 싫어하다 ➡ N0452
  - abhorrent 아주 싫은, 질색의
  - abhorrence 혐오, 증오
- ☐ loathe 몹시 싫어하다, 질색하다 ➡ N0616
  - loathful 혐오스러운, 메스꺼운
- ☐ detest 혐오하다, 몹시 싫어하다 ➡ N0617
  - detestable 몹시 미운, 증오하는
  - **detestation** 증오, 혐오; 몹시 싫은 것
- ☐ dislike 싫어하다; 싫어함, 혐오 ➡ P0461
- ■ revolt 혐오감을 주다; 반란을 일으키다; 반란 ➡ R0596
  - **revolting** 역겨운, 혐오스러운
- ☐ disgust 혐오감, 역겨움; 역겹게 하다 ◀━
  - **disgusting** 역겨운, 구역질나는
- ■ repellent 혐오감을 주는; 격퇴하는 ➡ D0131
  - repel 혐오감을 주다
- ☐ appalling 소름끼치는; 형편없는 ➡ N0451
- ☐ hideous 소름끼치는; 불쾌한, 가증스러운 ➡ N0865
- ☐ dreadful 무서운; 끔찍한; 몹시 불쾌한 ➡ D0869
- ☐ dire (결과가) 몹시 나쁜, 끔찍한 ➡ N0249
- ☐ terrible 끔찍한, 지독한, 형편없는 ➡ R2473
- ■ aversion 싫음, 혐오 ➡ D0186
- ☐ antipathy 반감, 혐오, 질색 ➡ R1493
- ☐ nausea 뱃멀미, 메스꺼움; 혐오 ➡ R2152
  - nauseous 메스꺼운, 역겨운
- ☐ disrelish[disrélɪʃ] 싫음, 혐오; 싫어하다, 혐오하다

표현 ~을 싫어하다, ~하기 싫어하다

- ☐ have a strong aversion to ~이 질색이다
  - = have a abhorrence for
  - = have a strong dislike for
- ☐ be allergic to ~을 싫어하다
  - = be averse to
  - = have a dislike to
  - = have a disrelish for
  - = have a distaste for
- ☐ be loath to R ~하기 싫어하다
- ☐ be disinclined to R ~는 것이 내키지 않다
  - = be reluctant to R
  - = be indisposed to R
  - = be unwilling to R
- ☐ be sick (and tired) of ~에 넌더리나다
  - = be tired of
  - = be disgusted with

┃032 **[테마] 놀라운, 놀라게 하다, 당황하게 하다**

0321 amazing
[əméiziŋ]
12.동국대/07.단국대
94.협성대

a. (감탄스럽도록) 놀라운, 굉장한(=incredible, astonishing, staggering)
- have many amazing abilities 많은 놀라운 능력을 지니다
- an amazing performance 굉장한 연기
- Amazing Grace (찬송가) 놀라운 은총

ⓐⓓ amazingly 놀랍게도, 굉장히
ⓥ amaze (예상치 못한 것으로) 몹시 놀라게 하다, 경악하게 하다

뉴앙스 깜짝 놀라게 하다; 놀라운, 굉장한

- ☐ amaze 경이로운 것을 보여줌으로써 놀라게 하다 ◀━
  - amazing 감탄스럽도록 놀라운
- ☐ astonish 믿을 수 없는 일로 사람을 놀라게 하다 ➡ D0760
  - astonishing 정말 놀라운, 믿기 힘든 ➡ D0760
  - cf. astounding 몹시 놀라게 하는

O322 startling
[stɑ́ːrtliŋ]
15.한양대/12.홍익대

a. 깜짝 놀랄, 아주 놀라운(=surprising)
- startling revelations 놀라운 폭로사실들
- accomplish a startling achievement 굉장한 업적을 이루다
ⓐ startled 놀란(=surprised)
ⓥ startle 깜짝 놀라게 하다

O323 consternation
[kànstərnéiʃən, kɔ̀n]
10.경희대/04.입법고시

n. 깜짝 놀람, 경악; 실망(=dismay)
- yell with consternation 경악하여 고함을 지르다
- cause massive consternation 엄청난 실망을 초래하다
ⓥ consternate 깜짝 놀라게 하다

O324 baffle
[bǽfl]
11.명지대/09.서강대
07.중앙대

vt. 당황하게 하다(=puzzle), 좌절시키다
n. 당혹, 좌절
- be absolutely baffled by the puzzle 그 수수께끼에 완전히 어리둥절하다
ⓐ baffling 당황하게 하는, 이해할 수 없는
匽 puzzle 퍼즐, 수수께끼; (난처한 질문 등으로) 어리둥절하게 만들다
- puzzling 헷갈리게 하는

O325 fluster
[flʌ́stər]
09.지방직2차/07.이화여대

vt. 정신을 못 차리게 하다, 당황케 하다(=bewilder)
vi. 당황하다, 어리둥절하다
n. 정신을 못 차림, 당황
- all in a fluster 몹시 당황하여
匽 flutter[flʌ́tər] (깃발 등이) 펄럭이다; (새 등이) 파닥이다
frustrate[frʌ́streit] 좌절시키다; 좌절시켜 화나게 만들다

O326 embarrassment
[imbǽrəsmənt]
13.홍익대

n. 당황; 어색함, 쑥스러움
- blush with embarrassment 쑥스러움에 얼굴을 붉히다
- conceal her embarrassment 그녀는 당혹감을 감추다
ⓥ embarrass 당황스럽게[쑥스럽게] 만들다
ⓐ embarrassed 쑥스러운, 당황스러운
embarrassing 쑥스럽게 하는, 난처한

O327 flummox*
[flʌ́məks]
11.고려대

v. 어리둥절하게 하다; 실패하다
- be flummoxed by the suggestion 그 제안에 당황하다

O328 flabbergasted*
[flǽbərgæstid]
13.경기대

a. 깜짝 놀란, 어리둥절한
- I was flabbergasted at his reply. 그의 대답에 나는 깜짝 놀랐다.
ⓥ flabbergast 깜짝 놀라게 하다

O329 skittish
[skítiʃ]
16.중앙대/15.숙명여대

a. 1. (특히 말이) 잘 놀라는(=frightened, spooky)
   2. (사람이) 변덕스러운
   3. (시장이) 급변하기 쉬운
- skittish financial markets 급변하기 쉬운 금융시장
- skittish investors 잘 놀라는 투자자들

☐ astound 어처구니없어 할 정도로 놀라게 하다 ▣ N0760
☐ consternate 깜짝 놀라게 하다, 당황케 하다 ◀≡
☐ startle 별안간 펄쩍 뛸 정도로 놀라게 하다 ◀≡
- startling 놀랄 정도로 색다르고 뜻밖인
☐ stun 기절할 정도로 놀라게 하다, 기절시키다
- stunning 깜짝 놀랄, 충격적인; 굉장히 아름다운
☐ surprise 예기치 않은 일로 상대방을 놀라게 하다
- surprising (일반적으로) 놀라운, 놀랄
☐ shock 깜짝 놀라게 하여 ~한 상태에 빠뜨리다
☐ petrify 깜짝 놀라게 하여 몸을 굳게 만들다 ▣ N0601
☐ dismay 매우 놀라고 실망케 하다 ▣ N0292
☐ incredible (믿기 어려울 만큼) 놀라운, 훌륭한 ▣ N0719
☐ staggering (너무 엄청나서) 충격적인 ▣ N0415
☐ terrific 무서운 → 굉장한, 훌륭한 ▣ R2474
☐ awesome 경외심을 일으키는 → 대단히 멋진 ▣ T0704

뉘앙스 당황[난처]하게 하다; 당황한

☐ puzzle (난처한 질문 등으로) 어쩔 줄 모르게 하다 ◀≡
- puzzling 헷갈리게 하는
☐ perplex (어떤 일이 복잡하게 꼬여) 난처하게 하다 ▣ R1293
- perplexed 당황한, 어리둥절한
☐ baffle (계획·노력 등을) 좌절시켜 당황하게 하다 ◀≡
☐ embarrass (난처한 질문 등으로) 어리둥절하게 하다 ◀≡
☐ disconcert 불안하고 당황하게 하다 ▣ D0706
- disconcerted 당황한
☐ bewilder (이해하기 힘들어) 어리둥절하게 하다 ▣ P0697
- bewildered 당황한
☐ befuddle 어리둥절하게 하다, 당황하게 하다 ▣ P0698
- befuddled 정신을 못 차리는, 혼란스러운
☐ confound (사람을) 당황하고 혼란스럽게 하다 ▣ R1267
- confounded 당황한
☐ confuse 혼란시키다, 어리둥절하게 하다 ▣ D0294
- confused 혼란스러워 하는, 당황한 ▣ N0294
☐ discomfit (계획이 좌절되어) 당황스럽게 만들다 ▣ N0881
☐ ruffle[rʌ́fl] (사람의 마음을) 산란하게 만들다
☐ quizzical[kwízikəl] (어떤 행동에) 놀라거나 재미있어 하는
- with a quizzical expression 당황한 표정으로

---

033 [테마] 경멸, 조롱하다, 비방하다, 비꼬다

O331 scorn
[skɔːrn]
01.고려대/99.건국대
88.행정부7급
14.건국대

n. 경멸, 멸시, 조롱(=contempt, disdain, mock)
vt. 경멸하다, 퇴짜 놓다
- His poetry was the object of scorn. 그의 시는 조롱의 대상이었다.
ⓐ scornful 경멸하는, 업신여기는(=derisive)

O332 flout
[flaut]
12.서울여대

10.단국대

vt. 업신여기다[at]; (공공연히 법을) 무시하다
n. 경멸, 조롱
- flout the law continuously 지속적으로 법을 어기다
匽 snub[snʌb] 모욕하다, 업신여기다(=disdain); (참석을) 거부하다
ⓐ 들창코의 땅딸막한

O333 taunt
[tɔːnt]
14.경기대/03-2.고려대

vt. 놀리다, 조롱하다, 비웃다(=insult)
n. 조롱(=mockery), 심한 빈정댐
- They taunt me and beat me. 그들은 나를 놀리고 때렸다.

뉘앙스 얕보다, 경멸하다

☐ despise (사람·물건이) 시시하다고 얕보고 멸시하다 ▣ D0441
☐ scorn (사람·물건에) 강한 경멸감을 느끼다 ◀≡
☐ disdain (사람·물건을) 하찮게 여기고 경멸하다 ▣ N0618
☐ disparage (사람·물건이) 가치가 없다고 헐뜯다 ▣ R2325
☐ slight (사람을 존중하지 않고) 무례하게 대하다 ▣ T1462
☐ belittle (사람·물건을) 하찮은 것으로 폄하하다 ▣ P0694
☐ spurn (경멸스러운 태도로) 거절하거나 상대방을 쫓아내다
☐ flout 공공연히 법을 무시하고 이를 어기다 ◀≡

표현 경멸하다, 깔보다, 무시하다

☐ look down on 낮추어 보다, 깔보다, 경멸하다 ▣ I07703
= look down one's nose at ▣ I07703

0334 pejorative
[pidʒɔ́:rətiv]
13.이화여대/07.강원7급
06.공인노무사

a. (말 등이) 경멸적인(=derogatory, disparaging)
• an unflattering or pejorative word 노골적이고 경멸적인 단어
🔁 **derogatory** (말·표현이 명예를) 깎아내리는, 경멸적인 ⊃ **N0810**
scurrilous[skə́rələs] (말이) 상스러운, 입에 담지 못할

0335 decry
[dikrái]
14.중앙대/09.이화여대
05.중앙대

vt. 헐뜯다, 깎아내리다, 매도하다(=disparage)
• decry the efforts of your opponents 상대의 노력을 깎아내리다
• decry its effects 그것의 효과를 매도하다
🔁 **descry** 어렴풋이 ~을 알아보다, 발견하다 ⊃ **T0095**

0336 slur
[slə:r]
09.고려대

07.중앙대

n. 비방(하는 말); 치욕
vt. 비방하다; 불분명하게 발음[말]하다
• cast a slur on his character 그의 인격에 대한 비방을 하다
🔁 **calumny**[kǽləmni] 비방; 비방하다
calumniate 중상하다, 비방하다

0337 ironic(al)
[airánik]
01~2.영남대/95.기술고시

14.한양대

a. 반어적인, 비꼬는; 역설[모순]적인(=paradoxical)
• an ironical expression 반어적 표현
• It is a little ironic. 그건 좀 아이러니하다.
ⓝ **irony** 빈정댐, 풍자; 반어(법)
ironist 빈정거리기 좋아하는 사람, 풍자 작가
⒜ **ironically** 비꼬아, 반어적으로
🔁 **iron**[áiərn] 철, 쇠, 아이론(다리미); 다림질하다; 확고한, 단호한
- **irony**[áiərəni] 쇠의, 쇠로 만든; 쇠 같은

0338 satiric(al)
[sətírik]
14.한양대/12.성균관대
11.국가직7급

13.명지대

11.서울여대

a. 비꼬는, 풍자적인, 빈정대는
• a satiric novel 풍자소설
• satirical and provocative 풍자적이고 도발적인
ⓝ **satire**[sǽtaiər] 풍자, 비꼼, 야유
satirist[sǽtərist] 풍자가, 비꼬기 좋아하는 사람
🔁 **sarcastic**[sɑːrkǽstik] 빈정대는, 비꼬는(=mordant); 풍자적인
- **sarcasm**[sɑ́ːrkæzm] 비꼼, 빈정거림, 풍자
sardonic[sɑːrdánik] 냉소적인, 비꼬는(=sneering)
cynical[sínikəl] 빈정대는, 냉소적인
- **cynic**[sínik] 비꼬는 사람, 빈정대는 사람

0339 raillery
[réiləri]
14.고려대/13.가천대

n. 농담, 놀림, 야유(=mockery, banter)
• interchange of extemporaneous raillery 즉흥적인 농담의 주고받음

= set ~ at naught 🔲 **I04507**
= thumb one's nose 🔲 **I06608**
= have a contempt for
☐ **play down** 경시하다, (중요하지 않듯) 축소하다 🔲 **I07509**
 - **downplay** ~을 중시하지 않다, 얕보다(=play down)
☐ **make light of** ~을 경시하다, 얕보다, 깔보다 🔲 **R1481**
= think little of~ / think nothing of~

동의어 **조롱하다, 비웃다, 놀리다**

☐ **deride** 비웃다, 놀리다, 바보 취급하다 🔲 **N0589**
☐ **mock** (흉내를 내며) 조롱하다; 깔보다, 무시하다 🔲 **N0762**
☐ **sneer**[sniər] 비웃다, 냉소하다, 비꼬다[at] 🔲 **T0256**
☐ **fleer**[fliər] 비웃다, 조롱하다[at]; 비웃음, 우롱
☐ **gibe**[dʒaib] 비웃다, 우롱하다[at], 웃음거리로 만들다
☐ **gird**[gəːrd] 조롱하다, 비웃다[at]; 조롱, 조소
☐ **scoff**[skɔ(ː)f] (종교 등을) 조롱하다, 비웃다[at]; 조롱
☐ **twit**[twit] 꾸짖다 → 조롱하다, 비웃다
☐ **jeer**[dʒiər] 놀리다, 야유하다[at]; 야유
☐ **banter**[bǽntər] (악의 없는) 농담; 놀리다, 농담하다
☐ **chaff**[tʃæf] (악의 없는) 놀림, 야유; 놀리다, 농담하다
☐ **jest**[dʒest] 농담, 놀림, 희롱; 놀리다, 농담하다
☐ **snide**[snaid] (은근히) 헐뜯는

테 마 **명예훼손, 욕설; 비방하다**

■ **libel** 문서에 의한 명예훼손(죄); 비방하다 🔲 **R0285**
☐ **slander** 구두에 의한 명예훼손(죄); 비방하다 🔲 **N0809**
☐ **contempt** 모욕죄 🔲 **N0214**
 - **contempt of court** 법정모독죄
☐ **smear**[smiər] 오점, 얼룩 → 〈구어〉명예훼손 🔲 **T0567**
☐ **blasphemy** 신성모독, 모욕적인 언동; 불경 🔲 **R0890**
 - **blaspheme** (신을) 모독하다
☐ **obloquy** 치욕, 불명예; 비방 🔲 **R0910**
☐ **invective**[invéktiv] 욕설, 독설, 비난의 말; 독설의
☐ **diatribe** 통렬하게 비난하는 연설; 비방
■ **defame** 비방하다, 중상하다 🔲 **R0895**
 - **defamation suit** 명예훼손 소송
☐ **revile** 욕하다, 매도하다 🔲 **R1744**
 - **revilement** 욕, 욕설, 매도
☐ **abuse** 모욕하다, 욕하다; 욕 🔲 **N0135**
☐ **denigrate**[dénigrèit] 검게 하다 → 폄하하다, 모욕하다
 - **denigration** 명예훼손, 중상모략
☐ **traduce** 비방하다, 중상하다
 - **traducement** 중상, 비방
☐ **asperse** 헐뜯다; (세례물을) 뿌리다
 - **aspersion** 비방, 중상; 성수살포 🔲 **R1633**

동의어 **모욕하다, 모욕당하다**

☐ **insult** 모욕적 언동으로 타인을 화나게 하거나 마음을 다치게 하다; 모욕 🔲 **R0466**
☐ **offend** 불쾌한 언동으로 타인의 감정을 상하게 하다 🔲 **R1172**
☐ **hurt** 감정을 상하게 하다
☐ **affront** 특히 면전에서 모욕하다; 모욕 🔲 **R1845**
☐ **humiliate** 굴욕감을 느끼게 하다, 창피를 주다 🔲 **N0442**
☐ **bring[put]** ⓢⓑ **to shame** ~에게 망신을 주다, 모욕하다
☐ **suffer an insult**[indignity/affront] 모욕당하다
☐ **add insult to injury** 혼내 주고 모욕까지 하다
☐ **eat humble pie / eat crow** 굴욕을 참다
☐ **have egg on one's face** 창피를 당하다

[테마] 장난치다; 까부는, 경박한 ↔ 수줍어하는

O341 **tease**
[tiːz]
05-2.고려대/96.92.강남대

vt. 1. (장난으로) 놀리다, 집적거리다(=tantalize, pull [sb]'s leg)
　　2. (동물을 건드려서) 괴롭히다
　　3. (정보 따위를) 기어이 얻어내다[out](=uncover)
n. 집적거림, 성가신 사람
• My brother often teases me by asking foolish questions that I cannot answer.
　형은 종종 내가 대답할 수 없는 바보 같은 질문들을 해서 날 놀리곤 했다.
ⓝ teaser 괴롭히는 사람; 프로 예고[소개]; 티저 광고
ⓐ teasing 집적거리는, 못살게 구는
ⓐⓓ teasingly 성가시게, 집요하게
▣ tantalize[tǽntəlàiz] 감질나게 하다(=tease)
　- tantalizing 감질나게 하는
　badger 오소리 → 집적대다, 골리다, 괴롭히다; 조르다

O342 **wordplay**
[wəːrdplei]
12.홍익대

n. 재미있는 말장난, 재담(=pun)
• The jokes themselves are often based on puns and wordplay.
　농담 그 자체는 종종 말장난과 재담에 기초하고 있다.
▣ pun[pʌn] (다의어 · 동음이의어를 이용한) 말장난
　badinage[bǽdənɑːʒ] 가벼운 농담, 야유(=banter); 놀리다

O343 **frolic***
[frɑ́lik]
94.서울여대

n. 장난, 까불기, 놀이(=play)
vi. 즐겁게 뛰놀다
• frolic in the street 길거리에서 뛰어놀다
ⓐ frolicsome 흥겨운

O344 **vault***
[vɔːlt]
08.고려대

vi. 뛰다, 도약하다; 뛰어넘다
n. (은행의) 금고; 지하납골당; 아치형 지붕
• vault a fence 울타리를 뛰어넘다
▣ leapfrog 등 짚고 넘기를 하다, 뛰어넘다

O345 **impish**
[ímpiʃ]
12.이화여대

a. 짓궂은, 장난스러운(↔cherubic)
• with an impish smile 장난스러운 미소를 지으며

O346 **cherubic**
[tʃərúːbik]
12.이화여대

a. 천사의, 순진한
• She smiled a cherubic smile. 그녀는 천사 같은 미소를 지었다.
ⓝ cherub[tʃérəb] 그림의 날개가 달린 아기천사; 아름답고 천진한 사람
▣ seraph[sérəf] 제1계급의 천사(=angel)

O347 **puerile***
[pjúəril]
15.한국외대

a. 어리석은(=inane); 어린아이 같은(=childish), 유치한
• a puerile question 유치한 질문

O348 **bashful**
[bǽʃfəl]
91.연세대학원

a. 수줍어하는, 부끄럼타는(=shy)
• a very bashful girl 매우 수줍어하는 소녀
ⓐ abashed 부끄러워하는, 겸연쩍은
　↔ unabashed 부끄러운 기색이 없는, 뻔뻔한
▣ bash[bæʃ] 〈구어〉 세게 때리다, 강타하다; 맹렬히 비난하다
▣ shy 수줍은, 부끄럼 타는; 겁 많은; 〈구어〉 부족한[of]
　coy (특히 여자가) 수줍어하는; 부끄러워하는

O349 **prudish***
[prúːdiʃ]
05.경기대

a. (특히 성적으로) 고상한 체하는, 내숭떠는
• a prudish old lady 고상한 체 하는 노부인
ⓝ prude 성적으로 정숙한 체하는 사람

O349(1) **ashamed**
[əʃéimd]
91.연세대학원
08.국회8급

a. (~해서) 부끄러운, 창피한(=disgraced, humiliated)
• I'm ashamed to say it, but~ 말하기 부끄럽지만
* be ashamed of (~을) 부끄러워하다
▣ shame 수치심, 창피(=disgrace)
　- shameful 수치스러운, 창피한, 부끄러운(=ignoble)
▣ unashamed 수치를 모르는, 뻔뻔스러운

고급 어휘

☐ **titillate**[títəlèit]
vt. 1. 간질이다(=tickle)
　　2. (성적인 요소로) 흥미를 불러일으키다
• titillate semi-nude shots of the actress
　여배우의 세미누드로 흥미를 자극하다
ⓐ titillating 흥을 돋우는, 기분 좋게 자극하는

☐ **chafe**[tʃeif]
v. 1. 손을 비벼서 따뜻하게 하다
　　2. 약 올리다; 피부가 쓸려 벗겨지다
• chafe under their poor treatment
　푸대접을 받아 화가 나다

고급 어휘

☐ **quip**[kwip]
n. 재치 있는 말; 어물쩍거리는 말(=quibble)
v. 빈정대다, 조롱하다
ⓝ quipster 빈정대기[비꼬기] 잘하는 사람

☐ **rejoinder**[ridʒɔ́indər]
n. (즉각적이고 재치 있는) 대답; 말대꾸
• a witty rejoinder 재치있는 대답

☐ **quirk**[kwərk]
n. 1. 변덕, (운명 등의) 급변; 기벽
　　2. 재치 있는 말(=quibble), 경구
• by a quirk of nature 자연의 변덕으로

동의어 뛰어놀다; 말괄량이

☐ **romp** vi. (아이가) 뛰어 놀다; (경주에서) 쉽게 이기다
n. 말괄량이, 장난꾸러기
☐ **gambol**[gǽmbl] (생기 있게) 뛰어다니다, 뛰어 놀다
☐ **cavort**[kəvɔ́rt] 신이 나서 뛰어 다니다, 신나게 뛰놀다
☐ **prance**[præns] (뽐내며) 활보하다; 뛰어 돌아다니다
☐ **urchin**[ə́ːrtʃin] 부랑아; 개구쟁이
☐ **waif**[weif] 집 없이 떠돌아 비쩍 마른 아이
☐ **gamin**[gǽmin] 집 없는 남자아이, 장난꾸러기
☐ **gamine**[gæíːn] 집 없는 여자애; 말괄량이(=tomboy)
☐ **hoyden**[hɔ́idn] 말괄량이(=boisterous girl)
■ 말괄량이(여자아이): romp, hussy, minx, tomboy, kitten, flapper, gamine, hoyden
■ 왈패(남자아이): roughneck, rowdy

동의어 까부는, 경박한

☐ **light** 가벼운 → 경솔한, 차분하지 않은
☐ **frivolous** 경박한, 경솔한; 사소한 ⊡ N0362
☐ **flippant** 경박한, 경솔한; 무례한 ⊡ N0813
☐ **facetious** 익살맞은, 허튼소리의 → 경박한 ⊡ R1842
☐ **flirtatious**[flərtéiʃəs] 경박한; 추파를 던지는 ⊡ T0977
☐ **frisky**[friski] 놀고 싶어 하는; 까부는

동의어 수줍어하는, 부끄러워하는

☐ **blushful** 불그레한, 얼굴을 붉히는, 수줍어하는
　- blush 얼굴을 붉히다, 부끄러워하다 ⊡ R2226
☐ **flush** (얼굴이) 붉어지다; 홍조를 띤 ⊡ R2171
☐ **shamefaced** 부끄러워하는, 창피하게 여기는, 수줍어하는
☐ **diffident** 자신이 없는, 숫기가 없는, 수줍은
☐ **demure**[dimjúər] (주로 여성이) 정숙하게 행동하는, 점잔 빼는

035 [테마] 상처와 충격

O351 bruise
[bruːz]
11.경원대/96.고려대학원
07.인천9급

n. 타박상, 멍; (과일 등의) 흠, 상처(=damage)
v. 타박상을 입히다; 멍이 들다; (마음을) 아프게 하다
- have a bruise on my arm 팔에 멍이 들다
目 black and blue 멍이 들어
   black eye (맞아 생긴) 눈언저리의 멍, 〈구어〉 수치, 불명예

O352 scar
[skaːr]
05.건국대

n. 흉터, (마음 등의) 상처; 〈영〉 절벽
v. 상처를 남기다; 흉터가 남다
- scar-faced 얼굴에 흉터가 있는

O353 sore
[sɔːr]
06.서울시 소방
00-2.고려대/94.변리사

a. (상처가) 아픈; 성난
- have a sore throat 목이 따끔거리다
- get sore 화를 내다(=ger angry)
- sore about ~의 일로 화가 난
目 soar 높이 치솟다; 급상승하다 ⊃ NO998

O354 stricken
[stríkən]
98-2.동덕여대

a. (탄환 등에) 맞은, (질병에) 걸린; ~에 시달리는 *strike의 과거분사
- poverty-stricken families 가난에 찌든 가족들
- be stricken by a heart attack 심장마비에 걸리다

O355 traumatic
[trəmǽtik, trɔː-]
16.한성대/09.경희대
01.경기대

a. 외상성의, 정신적 충격이 큰(=painful, deeply shocking)
- a post-traumatic stress disorder 외상 후 스트레스 장애
- recall painfully the traumatic experience
   충격적 경험을 고통스럽게 떠올리다
ⓝ trauma[tráumə, trɔ-] 정신적 외상; 정신적 충격

O356 jolt
[dʒoult]
08.동덕여대

n. 심한 요동, 급격한 동요; 정신적 충격(=shock)
v. 갑자기 세게 흔들리다; 정신적 충격을 주다
- feel the earth jolt and shake 땅이 요동치고 흔들리는 것을 느끼다
- The car jolted along. 그 차는 덜커덩거리며 갔다.
目 jilt[dʒilt] (애인을) 차다; 퇴짜 맞은 • a jilted bride 버림받은 신부

뉘앙스 상처, 부상

- □ harm (일반적으로) 상처, 아픔, 손해
- □ injury 사고 등에 의한 상해
- □ wound (총, 칼에 의한) 상처, 부상
- □ scratch 할퀸 상처, 생채기, 찰과상
- □ slash 깊이 베인 상처; 베다, 난도질하다
- □ gash[gæʃ] 깊이 베인 상처, 자상; 깊이 베이다
- □ laceration[læsəréiʃən] 찢어진 상처, 열상
   - lacerate (피부나 살을) 베다, 잡아 찢다
- □ contusion[kəntjúːʒən] 타박상, 멍듦
   - contuse 타박상을 입히다, 멍들게 하다
- □ lesion[líːʒən] (조직·기능의) 장애, 손상(=injury)
   • skin lesions of the allergy 알레르기로 인한 피부 손상

036 [테마] 고통

O361 pain
[pein]
06.세종대/04.성균관대
09.경희대

n. 1. (육체적·정신적인) 통증, 고통(=throe); 골칫거리
   2. (보통 pl.) 노력, 수고
- I can't stand this pain. 나는 이 고통을 참을 수 없어.
- No pains, No gains. 노력이 없으면 얻는 것도 없다.
ⓐ painful 아픈(=traumatic), 고통스러운 ↔ painless 아픔이 없는, 쉬운
目 take (much) pains (매우) 수고하다, 애쓰다 ⊃ IO3722

O362 misery
[mízəri]
⊃ R1496

n. (정신적·육체적인 심한) 고통, 고통의 원인(=affliction); 빈곤
- live in misery for several years 고통 속에서 몇 년을 살다

O363 throe
[θróu]
04.성균관대

n. 심한 고통(=pains); (pl.) 진통; 임종의 고통
vi. 고민하다, 몹시 괴로워하다
- the creative throes of genius 천재의 창작의 고통

O364 anguish
[ǽŋgwiʃ]
16.항공대

n. (주로 정신적인) 고통(=affliction), 고뇌, 괴로움
v. 괴로워하다; 괴롭히다
- He groaned in anguish. 그는 괴로움에 신음했다.

O365 thrash
[θræʃ]
09.고려대
09.고려대

v. 1. 몸부림치다(=writhe), 뒹굴다
   2. (매로) 때리다
- began to thrash wildly 심하게 몸부림치기 시작하다
目 thrash out (문제를) 토의 끝에 해결하다, 결론에 도달하다
   thrash about (잠자리에서) 엎치락뒤치락하다
目 writhe[raið] (고통으로) 몸부림치다(=thrash), 괴로워하다
目 trash[træʃ] 쓰레기; 엉망으로 만들다

뉘앙스 고통, 고민, 고뇌

- □ pain 아픔을 나타내는 일반적인 말(정도를 불문) ◀▦
- □ affliction (육체적·정신적) 고통 또는 그 원인 ◘ N0801
   cf.infliction 고통을 가하기, 가해진 고통
- □ ache[eik] 몸의 일부에 느끼는 계속되는 아픔
   - heartache 심적 고통 toothache 치통
- □ smart[smɑːrt] 아리거나 따끔따끔 쑤시는 아픔
- □ pang[pæŋ] 별안간 닥치는 일시적이고 단속적인 아픔
- □ twinge[twindʒ] 찌릿하고 쿡쿡 쑤시는 통증; 양심의 가책
- □ gout[gáut] 통풍(무릎이나 손목이 아픈 병); 예술적 소양
- □ sore 짓무르거나 염증으로 닿으면 아픈 상처 ◘ T0353
- □ complaint (심하지 않은) 통증[질환] ◘ N0807
- □ labo(u)r 분만 시의 진통, 산고 ◘ R0681
- □ anguish (주로 정신적) 고통; 고뇌; 괴롭히다 ◀▦
- □ distress (주로 정신적) 고통, 곤경; 고충 ◘ R0272
- □ torment (주로 정신적인) 고통, 고뇌; 고민거리 ◘ R1304
- □ agony (죽음의) 심한 고통, 고민, 고뇌; 고투 ◘ R2512
- □ throe 심한 고통; (pl.) 진통; 임종의 고통 ◀▦
- □ suffering (pl.) 재해, 수난 → 고통, 괴로움, 고난 ◘ R0485

동의어 진통제, 진정제

- □ painkiller 〈구어〉 진통제
- □ lenitive (약이) 진정[완화]시키는; 진정제 ◘ D0092
- □ sedative 진정시키는, 달래는; 진정제 ◘ N0931

0366 anodyne
[ǽnədàin]
12.상명대/11.고려대
97.성균관대

n. 진통제(=painkiller); 감정을 완화시키는 것
a. 진통작용을 하는; 온건한
- She took some anodyne to relieve the pain.
  그녀는 통증을 완화시키기 위해 진통제를 먹었다.
🗣 painkiller 진통제

☐ calmative 진정시키는; 진정제 ⟡ T0131
☐ analgesic [ænəldʒíːzik] 아픔을 느끼지 않는; 진통제
☐ paregoric [pærigɔ́rik] 진통제; (어린이용) 지사제
☐ balm [bɑːm] 향유, 발삼; 방향제, 진통제; 고통을 완화하다
☐ emollient [imɑ́ljənt] (피부) 연화약; 완화제

▌037　[테마] 마비와 기절

0371 spasm
[spǽzm]
12.명지대

n. 〈의학〉 경련(=convulsion), 발작; 충동
- a painful muscle spasm 고통스러운 근육경련
- have a spasm 경련을 일으키다
@ spasmodic 경련성의, 돌발적인
🗣 spastic [spǽstik] 뇌성마비의; 뇌성마비 환자

동의어 발작, 경련

☐ fit (병의) 발작; 경련; (감정·행동의) 격발
☐ attack 발병; (병의) 발작
☐ spasm 〈의학〉 경련; 발작, 충동 ◀━
☐ stroke (뇌졸중 등의) 발작
☐ paroxysm (주기적) 발작; (감정의) 격발
☐ bout (병의) 발병 기간; 발작
☐ epilepsy 간질(병)

0372 coma
[kóumə]
93.한국외대

n. 혼수(상태)(=unconsciousness); 무감각
- fall[lapse, go] into a coma 혼수상태에 빠지다
- comatose state 몹시 졸리는 상태
@ comatose 혼수상태의(in a coma), 몹시 졸리는

뉘앙스 혼수상태, 실신

☐ coma (병 등으로 인해 장기간) 의식이 없는 상태 ◀━
☐ lethargy 혼수상태, 무기력 ⟡ D0473
☐ stupor 약이나 음주, 충격 등으로 멍한 상태 ◀━
☐ blackout 일시적으로 기억상실이나 의식이 없는 것
☐ swoon / faint / syncope [síŋkəpi]
　뇌의 혈액 부족으로 인한 일시적 의식 불명; 졸도
☐ asphyxia 질식으로 인한 기절
☐ trance [trǽns] 최면에 걸려 인사불성인 상태
☐ sopor 깊은 잠에 빠짐, 기면(嗜眠) ⟡ R1762
☐ unconsciousness 무의식 상태
☐ vegetative state 식물인간 상태

0373 swoon*
[swuːn]
04-2.고려대

vt. (성적인 매력 때문에) 황홀해하다(=enrapture); 기절하다
n. 기절, 졸도
- fall into a swoon 졸도하다

0374 polio
[póuliòu]
04.입법고시

n. 소아마비, 소아마비 환자
- suffer from polio as a child 어렸을 때 소아마비를 앓다
- a polio vaccine 소아마비 백신
🗣 cholera 콜레라 measles 홍역 smallpox 천연두

테마 마비(paralysis) 관련

☐ paralysis 마비, 중풍; 무기력 ⟡ D0602
　- paralyze 마비시키다, 무기력하게 하다 ⟡ N0602
☐ cerebral paralysis 뇌성 마비
☐ infantile paralysis 소아마비(=poliomyelitis, polio)
☐ total paralysis 전신 마비
☐ partial paralysis 부분 마비, 반신불수(=hemiplegia)
☐ facial paralysis 안면 마비
☐ sensory paralysis 감각 마비
☐ cardiac paralysis 심장마비, 심장발작(=heart attack)

0375 numb
[nʌm]
04.고려대/02.계명대

a. (추위 등으로) 감각이 없는, 마비된; 멍한
vt. 감각이 없게 만들다, 멍하게 만들다
- numb with cold 추워서 감각이 없는
ⓥ benumb 무감각하게 하다, 마비시키다

☐ apoplexy 뇌졸중(뇌의 상처로 인해 몸이 마비되는 상태)
☐ vegetable (식물처럼 움직이지 못하는) 식물인간
☐ physically disabled 신체장애가 있는
☐ traffic congestion [jam] 교통마비, 교통정체
☐ anesthesia 마취

0376 stupefy
[stjúːpəfài]
04.단국대
98.세무사

vt. 1. (수동) (충격 등으로) 멍하게 하다(=stun) 놀라게 하다
　 2. 마비시키다
- be stupefied with alcohol 술에 취해 멍해지다
ⓝ stupor 무감각; 마비, 혼수; 망연자실(=insensibility)
🗣 palsy [pɔ́ːlzi] 마비(상태); 중풍
　- palsied 중풍에 걸린, 마비된

☐ paraplegic 하반신 마비의; 하반신 마비 환자
　- paraplegia 하반신 마비

▌038　[테마] 장애 관련

0381 autism
[ɔ́ːtizm]
12.경희대

n. 자폐증(현실과 동떨어진 자기만의 세계에 틀어박히는 정신 분열증)
@ autistic [ɔːtístik] 자폐증의
🗣 artistic [ɑːrtístik] 예술적인

테마 신체적·정신적 장애

☐ deaf-blind 청각 장애의
☐ deaf-mute (특히 선천적인) 농아자
☐ speech impediment [defect] 언어장애
☐ mogilalia [mɑ̀dʒəléiliə] (말더듬 따위의) 언어 장애
☐ developmental disorder 발달 장애(자폐증 등)
☐ mental deficient 정신박약자

O382	**stultify** [stʌ́ltəfài] 17.이화여대/07.중앙대	**vt.** 바보처럼 보이게 하다, 망쳐놓다 • stultify the debate 토론을 망쳐놓다 ⓐ stultifying (생각을) 무디게 하는, 바보로 만드는
O383	**deaf** [def] 16.홍익대 10.명지대	**a.** 귀가 먼, 귀머거리의; 충고에 귀 기울이지 않는 • the deaf and dumb 농아자 ⓐ deafening 귀청이 터질 듯한(=stentorian) 🔲 fall on deaf ears 주의를 끌지 못하다 turn a deaf ear to 듣고도 못 들은 체 하다

O384	**dumb**
	[dʌm]
	07.세무사/06.명지대
	13.숙명여대
		a. 1. (발성기관의 장애로) 말을 못하는
		    2. 말을 하지 않는, 무언의(=mute, silent, speechless)
		    3. 〈구어〉 우둔한; 바보
		• strike dumb 말문이 막히게 하다, 어안이 벙벙해지다
		🔲 dumb down 지나치게 단순화하다
		    cf.dumb and dumber (영화 "덤 앤 더머")

O385	**mute** [mjuːt]	**a.** 무언의; 침묵한; (장애로) 말을 못하는 **n.** (타고난 청각장애로 인한) 벙어리 • stand mute of malice 묵비권을 행사하다 ⓝ muteness 침묵, 무언

O386	**mutilate**
	[mjúːtəlèit]
	00.변리사
		vt. 1. (신체를) 훼손하다, 불구로 만들다(=injure)
		    2. (물건을) 못 쓰게 만들다
		    3. (문장 등을) 삭제하여 불완전하게 하다
		• be mutilated in the accident 사고로 불구가 되다
		ⓝ mutilation (수족 등의) 절단, 불구, 손상; 훼손
		🔲 maim[méim] 손·발을 잘라 불구로 만들다 maimed 불구의
		    cf.mayhem 신체 상해; (고의의) 파괴, 무차별 폭력
		    mangle[mǽŋgəl] 난도질하다; 엉망으로 만들다
		    slash[slæʃ] 닥치는 대로 마구 베다, 난도질하다

O387	**amputate*** [ǽmpjutèit] 13.경기대	**vt.** (손·발 등을 수술로) 절단하다, 잘라내다 • decide to amputate his leg 그의 다리를 절단하기로 결정하다 ⓝ amputation 절단

- ☐ **mental retardation** 지능장애; 정신지체
- ☐ **hang-up** 심리적 장애, 콤플렉스
- ☐ **trauma** 정신적 충격, 쇼크
- ☐ **purblind** [pə́rblàind] 눈이 침침한, 우둔한
  - a purblind bigot 우둔한 고집쟁이

▮039　[테마] 건강과 질병

O391	**disease** [dizíːz]	**n.** (주로 감염에 의해 발병되는) 병, 질병, 질환 • acute disease 급성 질환 ↔ chronic disease 만성 질환 • malignant disease 악성[불치]의 질병 ↔ benign disease 양성인 질병 • infective disease 전염성 질병 ↔ non-contagious disease 비전염성 질병 • congenital disease 선천성 질환 ↔ acquired disease 후천성 질환 • hereditary disease 유전성 질병 • degenerative disease 퇴행성(退行性) 질환 • incurable[untreatable/obstinate] disease 난치병 • debilitating disease 소모성 질환 • endemic disease 풍토병 • inveterate disease 고질병, 난치병 • terminal disease 불치병 • vocational disease 직업병 🔲 decease[disíːs] 사망, 사망하다

O392	**condition**
	[kəndíʃən]
		n. 1. (건강) 상태; (치유가 안 되는 만성적인) 질환
		    2. (생활·작업 등의) 환경, 상황, 처지
		    3. (요구) 조건, 전제 조건
		• a serious heart condition 심각한 심장질환
		• poor working conditions 열악한 근무환경

뉘앙스　**병, 질병**

- ☐ **illness** (일반적으로) 병, 질병
- ☐ **sickness** 아파서 일하지 못하는 상태, 병
- ☐ **trouble** 신체에 어떤 문제가 있는 것, 탈, 병
- ☐ **disease** (주로 감염에 의해 발병되는) 질병 ◀▥
- ☐ **malady** (만성적인) 질병, 사회적인 병폐 🔲 P0544
- ☐ **ailment** [éilmənt] (그렇게 심각하지 않은) 질병
  - ail 괴롭히다, 아프게 하다 ailing 병든
- ☐ **infirmity** 오랜 기간 동안 계속되는 질병; 병약함 🔲 R0312
- ☐ **condition** 건강 상태, 몸의 이상, 병 ◀▥
- ☐ **disorder** (신체의 정상적인 기능을 저해하는) 장애 🔲 R2521
- ☐ **affection** 질병(자주 쓰이진 않음) 🔲 D0018
- ☐ **complaint** 심하지 않은 신체부위의 통증이나 질환 🔲 N0807
- ☐ **syndrome** (특정 증상을 보이는) 증후군; 행동양식
  - Down' syndrome 다운 증후군
  - acquired immune deficiency syndrome
　후천성 면역 결핍증(AIDS)

동의어　**해로운 ↔ 해가 없는, 무해한**

- ☐ **harmful** 유해한, 건강에 해로운
  - ↔ **harmless / unharmful** 해롭지 않은 ◀▥
- ☐ **nocuous** 유해[유독]한 ↔ **innocuous** 해가 없는 🔲 N0068

0393 harmful
[háːrmfəl]
17.국민대/16.교행직9급
08.공인노무사.고려대
06.숙명여대/05.아주대
01.계명대/98.중앙대.숭실대

09.05국민대/05.명지대

03.입법고시

n. 해로운(=detrimental, deleterious, pernicious, noxious)
- harmful to health 건강에 해로운
- harmful to youths 젊은이에게 해로운
- point out harmful effects 해로운 영향을 지적하다
- reduce harmful chemicals 유해화학물질을 줄이다
ⓝ harm 해; 피해, 손해; 해를 끼치다, 손상시키다
☑ harmless 무해한(=innocuous)

0394 deleterious
[dèlitíəriəs]
17.서강대/08.덕성여대.고려대
04.한성대

a. (심신에) 해로운, 유해한(=harmful, noxious)
- Abortions can have deleterious effects on women's health.
  낙태는 여성 건강에 해로운 영향을 미칠 수 있다.

0395 poisonous
[pɔ́izənəs]
94.서울산업대

a. 유독한, 독이 있는(=toxic), 유해한
- a poisonous gas 독가스
ⓝ poison 독, 독약

0396 baneful
[béinfəl]
17.중앙대

01.국민대

a. 파멸을 초래하는, 유해한(=baleful); 사악한
- baneful to the people 국민에게 유해한
- exert baneful influence upon 유해한 영향을 미치다
ⓝ bane 파멸의 원인; 맹독; 죽음, 멸망(=perdition)

0397 baleful
[béilfəl]
17.중앙대

a. 악의적인, 해로운(=baneful); 불길한
- a baleful influence 해로운 영향
ⓝ bale 1. 재앙, 슬픔 2. 짐짝, 화물; 더미, 뭉치
   vt. 뭉치다, 짐짝을 만들다

- ☐ noxious 유해한, 유독한 ↔ innoxious 해가 없는 ☑ R2494
- ☐ nocent 유죄의, 유해한 ↔ innocent 무해한, 결백한 ☑ R2493
- ☐ detrimental 손해를 입히는, 해로운, 불이익의 ☑ N0048
- ☐ pernicious 매우 해로운 영향을 미치는, 치명적인 ☑ R2496
- ☐ malignant 악의가 있는; 해로운; (병이) 악성의 ☑ D0615
- ☐ injurious 해로운; 상처를 입히는 ☑ R2550
- ☐ toxic / toxicant 유독한; 독극물 toxin 독소 ☑ R2501
- ☐ venomous 독이 있는; 악의에 찬 ☑ R2503
- ☐ virulent [vírjulənt] 유독한, 악의 있는

테 마 독과 해독제

- ☐ antidote 해독제, 방어수단 ☑ N0280
- ☐ counterpoison 해독제 * counter(=against)
- ☐ detoxicant 해독제 * de(=away)
  cf.toxic 유독화학 약품; 유독한 toxicant 독물, 살충제
- ☐ antivenom 해독제, 항독소 * anti(=against)
  cf.venom (독거미나 독사의) 독액
- ☐ mithridate (고대의) 모든 독을 치료하는 만능 해독제
- ☐ vaccine 백신, 바이러스 예방 프로그램
- ☐ viper [váipər] 독사(=poisonous snake); 음흉한 사람
  - viperous 사악한

█ 040   [테마] 건강한 ↔ 허약한; 시들다

0401 decrepit
[dikrépit]
06.경찰 2차, 경기대

a. 병약한, 노쇠한; 오래 써서 낡은
- a decrepit old man 병약한 노인

0402 feeble
[fíːbl]
06.경기대/00~2.고려대
93.세종대

a. (몸이) 연약한, 허약한; (효과가) 미미한(=weak)
- His pulse was very feeble. 그의 맥박은 매우 약했다.
- a feeble old man 허약한 노인
ⓝ feebleness 약함, 미약함
ⓥ enfeeble 약화시키다(=weaken, debilitate)
☑ feeble-minded 의지가 약한; 저능한

0403 giddy
[gídi]
11.경희대/00.경기대

a. 1. 현기증 나는, 어지러운(=vertiginous); 아찔한
   2. 들떠 있는, 경솔한
- feel giddy 현기증을 느끼다
ⓐⓓ giddily 아찔하게, 현기증 나게; 경솔하게
ⓝ giddiness 현기증; 경솔

0404 anemic
[əníːmik]
10.경희대

a. 빈혈의, 허약한
- Symptoms of anemia include weakness, fatigue and iron deficiency.
  빈혈의 증상은 허약, 피로, 철분 결핍을 포함한다.
- very anemic growth 매우 무기력한 성장률
ⓝ anemia [əníːmiə] 빈혈증

0405 tonic
[tánik, tɔ́n-]
11.고려대

06.고려대

n. 강장제, 기운을 돋우는 것; 토닉 워터
- use ginger as a tonic 강장제로 생강을 사용하다
- gin and tonic 진토닉(진에 토닉워터를 타고 레몬 조각을 넣은 칵테일)
☑ juice 즙, 주스 → 〈구어〉 기운, 활기, 정력(=inspiration)
  - juicy 즙이 많은 → 수지가 맞는 → (이야기가) 흥미진진한

0406 sap
[sæp]
04.경기대/03.홍익대

vt. (체력·신앙 등을) 약화시키다(=weaken)
n. (나무나 식물의) 수액, 액즙 → 원기, 생기
- The flu sapped him of his strength. 감기가 그의 체력을 약화시켰다.
- Amber is a fossilized tree sap. 호박은 화석화된 나무 수액이다.
ⓐ sappy 수액이 많은; 기운이 넘치는; 어리석은
   ↔ sapless 수액이 없는; 마른, 시든; 활기 없는

뉘앙스 허약한, 병약한

- ☐ weak (가장 일반적인 의미로) 약한, 연약한
- ☐ feeble 연약한, 나약한; (효과가) 미미한 ◀▦
- ☐ infirm (오랜 기간 병을 잃거나 나이가 들어) 허약한
- ☐ debilitated (병 등으로 인해) 쇠약해진 ☑ R0312
- ☐ decrepit 나이가 들어 쇠약해진 ◀▦
- ☐ effete / effeminate (남자가) 여자처럼 나약한
- ☐ ill / sick / ailing 병든, 병을 앓고 있는
- ☐ wan / pale / pallid / ashen 핏기 없이 창백한
- ☐ asthenia [æsθíːniə] 무기력, 쇠약

표 현 어지럽다

- ☐ I feel dizzy. 어지럽다.
  = My head reels[spins, swims]. 머리가 빙빙 돈다.
  = My head is whirling.
  = I feel a little light-headed. 머리가 약간 어지럽다.

테 마 강장제, 각성제, 흥분제

- ☐ pick-me-up 기운을 돋우는 음료[음식]; 흥분[강장]제
- ☐ restorative 강장제; 의식회복약
- ☐ invigorator 자극물, 강장제
- ☐ refreshment 원기 회복; 가벼운 다과
- ☐ stimulant 흥분제, 자극제; 커피, 차, 술 등의 자극물
- ☐ pep pill (pl.) 각성제, 흥분제

동의어 원기, 생기, 기운, 활력

- ☐ sap 나무의 수액 → 원기, 생기 ◀▦
- ☐ juice 주스, 액즙 → 기운, 활기 ◀▦
- ☐ marrow [mǽrou] 골수 → 영양식, 원기, 활력
- ☐ pepper / pep 후추 → 자극성 → 원기, 활력
- ☐ steam 증기 → 원기, 활력, 추진력
- ☐ vitality 생명력, 체력, 활기, 생기

0407 sag
[sæg]
99.서울여대
08.단국대

vi. 축 처지다, 늘어지다(=droop) ; 약해지다 ; (시세가) 떨어지다
- His cheeks are beginning to sag. 그의 볼 살이 처지기 시작한다.
ⓐ saggy (무거워) 아래로 처진 축 늘어진
🔒 soggy 흠뻑 젖은(=soaked) ; 기운 없는

0408 drooping
[drúːpiŋ]
12.홍익대

a. 늘어진, 축 처진(=weary) ; 풀이 죽은
- a drooping branches 늘어진 가지들
ⓥ droop 축 늘어지다, 시들다 ; 약해지다

0409 wither
[wiðər]
00.세종대/97.서울대학원
96.상명대

vi. (식물이) 시들다 ; (색이) 바래다(=wilt)
vt. 시들게 하다, 위축시키다
- The vines got a strange disease, and the grapes started to wither.
  포도 덩굴이 이상한 병에 걸려 포도가 시들기 시작했다.

0409(1) wilt
[wilt]
12.경희대/00.세종대

vi. (식물이) 시들다(=wither) ; (사람이) 지치다, 풀이 죽다
vt. 시들게 하다, 위축시키다
- begin to wilt in the heat 더위에 지치기 시작하다

☐ **vigor** 정력, 기력, 활기, 체력
- vim and vigor 정력
☐ **stamina** 지구력, 체력, 정력(=vitality, vigor)
☐ **leaven**[lévən] 효모; 발효시키다; 생기를 주다
- A baker leavens bread with yeast.
  제빵업자는 효모로 빵을 발효시킨다.

동의어 무기력하게 하다

☐ **exhaust** 다 써버리다 → 고갈시키다 ▣ N0016
☐ **enervate** 기력을 빼앗다, 무기력하게 하다 ▣ N0603
☐ **debilitate** 쇠약[허약]하게 하다 ▣ R2599
☐ **drain** 배수[방수]하다 → (힘을) 고갈시키다 ▣ T0795
☐ **enfeeble** 약하게 만들다 → 약화시키다 ◀▥
☐ **devitalize** 활력을 빼앗다ㆍde(=away) ▣ R1934
☐ **emasculate** (남자를) 거세하다 → 무기력하게 하다

동의어 시들다, 늘어지다

☐ **wither** (주로) 식물이 말라죽다, 시들다 ◀▥
☐ **wilt** 식물이나 꽃이 열이나 물 부족으로 축 늘어지다 ◀▥
☐ **droop** 약해지거나 피곤해서 축 늘어지다 ◀▥
☐ **flag** 피곤하거나 약해져서 축 늘어지다 ▣ T0798
☐ **wizen**[wizn] 시들다, 시들게 하다
- wizened 시든(=withered) 주름진, 쭈글쭈글한
☐ **shrivel**[ʃrívəl] 쪼글쪼글해지다, 오그라들다 ; 시들다

▌041 [테마] 의사와 치료

0411 heal
[hiːl]

vt. 치료하다, 상처를 낫게 하다, (마음을) 치유하다
vi. 치유되다, 낫다, 회복하다
- heal the wounds 상처를 치료하다
- The wound did not heal readily. 상처는 쉽게 아물지 않았다.
ⓝ healing (몸이나 마음의) 치유[치료]

0412 therapeutic
[θèrəpjúːtik]
14.고려대/13.성균관대

a. 치료법의, 치료상의
- have no therapeutic effect 치료효과가 없다
ⓝ therapy 치료, 요법

🔒 physiotherapy 물리 치료   psychotherapy 심리요법
aromatherapy 향기 요법   hypnotherapy 최면 요법
chemotherapy 화학요법   shock therapy 충격 요법
speech therapy 언어치료

0413 pharmaceutic(al)
[fàːrməsjúːtik]
91.서울대학원

a. 조제의, 약학의
n. 조제약
- a pharmaceutical company 제약회사
ⓝ pharmaceutics 약학, 조제학
pharmacy 약국; 약학, 제약업   pharmacist 약사

0414 pathology
[pəθálədʒi]
98.강남대

n. 병리학(the study of the causes and consequences of disease)
- a pathology laboratory 병리학 연구실
ⓐ pathological 병리학상의; 병적인
🔒 pathognomy 질병징후학, 진단학
etiology 병인론, 원인론

뉘앙스 치료, 처치, 치유, 요법

☐ **treatment** 병이나 부상 때문에 받은 처치나 치료 ▣ P0704
☐ **remedy** 병을 치료하거나 고통을 줄이기 위한 치료 ▣ N0510
☐ **healing** 다시 건강해지는 것, 치유
☐ **cure** 치유하는 약, 치유법 ▣ R1405
☐ **therapy** (정신적인 문제나 질병 치료를 위한) 요법, 치료법

테 마 몸의 이상에서 입원까지의 과정

사람의 몸이 이상이 생기면 일정한 symptom(증상, 증후)을 느끼게 되죠. 그러면 우리는 병원을 찾게 되고 의사선생님으로부터 diagnosis(진단, 진찰)을 받은 후 적절한 remedy나 medical treatment(치료)를 받는데, 어떤 때는 injection(주사)을 맞기도 하고 운이 좋으면 prescription(처방전) 한 장 받아들고 나오기도 하죠. 운이 나쁘면 병세가 심해 hospitalization(입원)해야하는 경우도 있고요.

테 마 약, 약국, 약사

☐ **drug** 주로 "마약(=narcotic drug)"의 의미로 많이 쓰임
☐ **medicine** 일반적인 치료ㆍ예방을 위한 약으로 특히 내복약
 * 가루약 powder, 정제 tablet, 알약 pill, 물약 liquid
☐ **medicament** 내복ㆍ외용을 포함하는 의약품
☐ **remedy** 치료약의 의미나 치료의 의미로 많이 사용
☐ **placebo** 플라시보; 유효 성분이 없는 심리 효과용 가짜약
☐ **pharmacy** (일반적으로) 약국; 약학, 제약업 ◀▥
☐ **pharmacist / druggist** 약제사, 약사
☐ **drugstore**[drʌ́gstɔ̀ːr] 잡화 판매를 겸하는 약국
☐ **dispensary** (병원에 있는) 조제실; 양호실 ▣ D0836
☐ **chemist** 약사; 화학자 ▣ S0884
☐ **apothecary** (과거의) 약종상 ▣ R0140
☐ **clinic** (병원ㆍ의과대학 부속의) 진료소; 개인[전문] 병원

O415 swarthy
[swɔ́ːrði]
04.경기대

a. (얼굴이) 까무잡잡한(=dark)
- have a swarthy complexion 얼굴이 까무잡잡하다
- a tall swarthy man 키가 크고 거무잡잡한 남자

🔄 ashy / ashen 회색의, 잿빛 같은, 창백한
- ash (타고 남은) 재; (pl.) 유골

O416 charlatan
[ʃɑ́ːrlətn]
15.홍익대/10.중앙대
08.삼육대

n. 엉터리[돌팔이] 의사; 사기꾼(=deceiver)
- He knows nothing about medicine-he's a complete charlatan.
  그는 약에 대해서 아무것도 모른다. 그는 완전히 돌팔이이다.

O417 quack
[kwæk]
11.숙명여대/09.국가직9급

n. 1. 엉터리[돌팔이] 의사; 사기꾼
   2. 꽥꽥 우는 소리
- get a check-up with the quack 돌팔이 의사에게 검진을 받다

🔄 mountebank[máuntəbæŋk] 사기꾼, 협잡꾼; 돌팔이 의사

테마 얼굴의 색깔(안색, 혈색)

- [ ] complexion 안색, 얼굴빛, 혈색 🔲 D0559
    - complexioned (복합어로) 얼굴빛이 ~ 한
- [ ] 얼굴빛이 검은: swarthy, dark-complexioned, black-faced ↔ fair-complexioned 얼굴이 흰
- [ ] 불그스레한, 혈색이 좋은 flush, rosy, sanguine, florid
    - rubicund[rúbikʌnd] 얼굴이 불그스레한, 혈색이 좋은
    - ruddy[rʌdi] 얼굴이 불그스레한, 혈색이 좋은
- [ ] 창백한, 핏기 없는: pallid, pale, wan, ashen, white-faced
    - sallow 누르스름한, 흙빛의(병적인 안색)남자

동의어 의사의 다양한 명칭

- [ ] intern (의과대학 학생으로 병원에서 훈련 중인) 수련의, 인턴
- [ ] doctor (정식으로 의료교육을 받은) 의사
- [ ] specialist (특별한 분야를 전문으로 하는) 전문의
- [ ] practitioner (병원에 고용되지 않은) 개업의 🔲 R0659(5)
- [ ] charlatan / quack (무면허) 돌팔이 의사 ◀▥
- [ ] vet[vet] 수의사(=veterinarian); (상세히) 조사하다

고급 어휘
- [ ] swathe[swað]
    n. 붕대(=bandage); 기다란 띠 모양의 것[지역]
    v. (붕대, 천 등으로) 싸다
- [ ] syringe[sərindʒ]
    n. 주사기 cf.injection 주사, 주사액
    - hypodermic syringe 피하주사기
- [ ] scalpel[skǽlpəl] 외과용 메스
- [ ] carcinogen[kɑːrsínədʒən] n. 발암물질
    ⓐ carcinogenic 암을 유발하는
    🔄 cancer 암, 악성 종양
- [ ] inoculate[inάkjulèit]
    vt. 1. (백신을) 접종하다(=vaccinate)
        2. (사상을) 심다(=inculcate)
    ⓝ inoculation (예방)접종(=vaccination)
    ⓐ inoculative 접종의, 종두의
- [ ] prophylactic[pròufəlǽktik]
    a. (병을) 예방하는 n. 예방약, 콘돔
    - prophylactic measure 예방조치

█ 042 **[테마] 죽음과 장례**

O421 smother
[smʌ́ðər]
96.고려대학원

v. 1. 숨이 막히(게 하)다; 질식시키다(=suffocate, stifle)
   2. (불을) 덮어 끄다, (불을) 묻어 두다
   3. (하품을) 삼키다, (감정을) 억누르다
n. 1. 짙은 연기, 농무, 자욱한 먼지
   2. 큰 소동, 대혼란, 혼란 상태
- smother the fire with a blanket 담요로 덮어 불을 끄다
ⓐ smothery 질식시키는, 연기[먼지]가 자욱한
🔄 smolder 그을다, 연기 피우다; (감정이) 울적하다

O422 stifle
[stáifl]
06.국민대/02.국비유학생

v. 1. 숨이 막히게 하다(=suffocate); 숨이 막히다, 질식하다
   2. (감정 등을) 억누르다(=smother), 억압하다
- be stifled by the fumes 연기에 질식하다
- stifle the urge 충동을 억누르다

O423 asphyxiation*
[æsfìksiéiʃən]
07.충북9급

n. 질식(=suffocation)
- The cause of his death was asphyxiation.
  그는 질식으로 사망하였다.
ⓥ asphyxiate 질식시키다, 질식하다

동의어 질식시키다 → 억제·억압하다

- [ ] smother / stifle / asphyxiate 질식시키다, 질식하다 ◀▥
- [ ] choke[ʧouk] 질식시키다 → (감정·눈물을) 억제하다
    - choking 숨 막히는, (감동하여) 목이 메이는
- [ ] strangle 목 졸라 죽이다 → 억제하다 🔲 R0270
- [ ] throttle[θrάtl] 목을 조르다, 질식시키다 → 억누르다
    n. 내연기관의 스로틀 밸브
- [ ] muffle[mʌ́fl] 목도리로 감싸다 → (감정을) 억제하다
    - muffler 목도리; (내연기관의) 소음기(속칭 마후라)
- [ ] apnea[ǽpniə] 무호흡, 일시적 호흡 정지; 질식

0424 ghastly
[gǽstli]
13.단국대/03.경기대

a. (모습이) 송장 같은, 창백한; 무시무시한; 지독한
- turn ghastly pale 얼굴이 흙빛이 되다
- a ghastly mistake 지독한 실수

0425 macabre
[məká:brə]
06.대전시7급

a. (죽음 등과 관련되어) 섬뜩한[으스스한](=morbid)
- a macabre tale 섬뜩한 이야기

0426 bereavement
[birí:vmənt]
15.한국외대

n. 사별(=death), 가족의 죽음
- suffer a bereavement 가족을 잃다
- be bereft of all hope 모든 희망을 잃다
ⓥ bereave (가족·친지를) 사별하다, 여의다
ⓐ bereft 상실한, 잃은

0427 bequeath
[bikwí:ð -kwí:θ]
16.가천대/92.명지대

vt. 1. (유언장에 명시하여) 물려주다, 유증하다
2. (유산으로) 남기다(=hand down)
- bequeath her entire estate to her son
그녀의 아들에게 자신의 모든 재산을 물려주다
🔲 demise 양도하다, 유증하다 ➔ NO699
    devise 부동산을 유증하다 ➔ RO754

0428 sepulchral*
[səpʌ́lkrəl]
97-2.동덕여대

a. 무덤의; 매장에 관한; (목소리가) 음침한
- in sepulchral tones 음침한 목소리로
ⓝ sepulcher[sépəlkər] 무덤, 분묘(=tomb, grave)

0429 pyre*
[paiər]
17.홍익대

n. (화장을 위한) 장작더미(=a pile of wood)
- He set fire to the funeral pyre.
그는 장례용 장작더미에 불을 붙였다.

뉴앙스 **죽이다, 살해하다, 도살하다**

- ☐ kill 죽이다, 살해하다 (가장 일반적인 말)
  - killing 살인, 대성공
- ☐ murder 계획적으로 살인하다 (주로 살인사건 등)
  - murderer 살인범
- ☐ homicide (계획적) 살인; (경찰의) 강력계
- ☐ suicide 자살, 자해; 자살자 ➔ R1757
- ☐ manslaughter (고의가 아닌) 과실 치사, 고살
- ☐ slay 살해하다 (주로 신문 등의 저널리즘에서 사용)
  - slayer 살인범
- ☐ slaughter 많은 사람·동물 등을 잔인하게 학살[도살]하다
  - slaughterer 학살자
- ☐ massacre 많은 사람을 잔인하게 학살하다; 학살
- ☐ butcher 정육점 주인 → 잔인한 살인자; 도살[학살]하다
  - butchery 도살업, 학살
- ☐ holocaust (나치의 유대인 학살처럼 전쟁에서의) 대량 학살
- ☐ genocide (특정 민족에 대한 조직적) 집단 학살 ➔ R1758
- ☐ assassinate (정치인 등을) 암살하다
  - assassin 암살자, 자객
- ☐ gore 피, 핏덩이; 살인 * 고어 영화

표현 **죽다, 사망하다**

- ☐ pass away 죽다, 가버리다
  = bite the dust = kick the bucket
  = breathe one's last = go to one's grave
  = push up daisies = depart this life

뉴앙스 **죽음, 목숨에 관한**

- ☐ lethal 공격, 무기, 약 등이 죽음에 이르게 하는 ➔ N0248
- ☐ deadly 죽음에 이르게 하는, 죽은 거나 다름없는 ➔ R1751
- ☐ fatal 죽음의 원인이 되는, 운명의 ➔ D0605
  - fatality (재난·질병 등으로 인한) 사망자 ➔ N0605
- ☐ mortal (인간처럼) 언젠가 죽음을 맞이하게 되는 ➔ D0247
  ↔ immortal (신처럼) 죽지 않는 ➔ N0247
- ☐ morbid 죽음 같은 것에 병적으로 관심이 많은 ➔ N0886
- ☐ casualties 사고로 인한 사상자(사망자+부상자) ➔ R1257

테마 **시체, 장례식, 무덤**

- ■ autopsy / postmortem 검시, 부검
- ☐ anatomy / dissection 해부
- ☐ cadaver 의학실습용 해부용 시체
- ☐ carcass (특히 동물의) 시체; 잔해
- ☐ carrion 죽어 썩어가는 짐승 고기
- ■ obituary 부고, 사망 기사
- ☐ knell (장례식에서의) 종소리, 곡하는 소리
- ☐ cortege 장례 행렬; 수행원
- ■ grave 무덤(가장 일반적인 말) cf.graveyard 묘지
- ☐ tomb[tuːm] 큰 무덤, 능
- ☐ mausoleum (왕족 등의) 큰 무덤, 능
- ☐ cemetery[sémətèri] 공동묘지
- ☐ crematorium / crematory 화장터
- ☐ charnel house 납골당 vault 지하 납골소
- ☐ morgue 시체공시소(변사체의 신원이 확인될 때까지 보관하는 장소)
- ☐ mortuary 영안실

○431 **haunted**
[hɔ́:ntid]
12.성균관대/08.광운대

a. 귀신이 붙은, 유령이 출몰하는; (무엇에) 홀린
- a haunted house 귀신이 나오는 집
- The feeling of impending disaster haunted him all the time.
  그는 항상 사고가 임박했다는 느낌에 사로 잡혔다.
ⓥ **haunt** 자주 다니다; (유령 등이) 출몰하다; 늘 따라다니다

07-2.가톨릭대
ⓐ **haunting** 마음에서 떠나지 않는, 잊히지 않는(=unforgettable)
🔄 **taunt**[tɔːnt] 조롱하다, 비웃다, 놀리다 ⊃ TO333
   daunt[dɔːnt] 위압하다, 으르다; 기를 죽이다 ⊃ DO454

○432 **spooky**
[spú:ki]
13.홍익대/98-2.광운대

a. 1. 유령이 나올듯한(=ghostly)
2. 잘 놀라는, 겁 많은(=skittish); 신경질적인(=nervous)
- a spooky house 유령이 나올 것 같은 집
ⓝ **spook** 〈구어〉 유령, 도깨비; 흑인

○433 **doppelganger**
[dάpəlgæŋər]
14.항공대

n. (본인과 판박이인) 분신령, 도플갱어
- A doppelganger is an apparition in the form of a double of a living person. 도플갱어는 살아있는 사람의 분신의 형태로 있는 유령이다.

테 마 유령, 악마

- ☐ **ghost** (일반적) 유령, 죽은 사람의 영혼; 환영
- ☐ **specter** 유령, 요괴, 귀신, 도깨비
- ☐ **phantom** 환영(幻影), 허깨비; 유령; 유명무실한 것
- ☐ **apparition** 유령, 망령, 환영; 불가사의한 것
- ☐ **bogy**[bóugi] 악귀, 악령 cf.bogeyman 무서운 사람
- ☐ **vampire** 흡혈귀
- ☐ **zombie** 죽은 자를 살리는 영력으로 되살아난 시체
- ☐ **demon**[dí:mən] 악령, 악마, 악의 화신
- ☐ **fiend**[fíːnd] 악마, 귀신; 열광자
  - **fiendish** 악마 같은, 불쾌한
- ☐ **devil**[dévl] (기독교·유대교·이슬람교에서) 악마
- ☐ **satan**[séitn] (기독교에서의) 사탄
- ☐ **diabolic** 악마의, 악마 같은

테 마 사후세계에 대한 생각들

- ☐ **transmigration** 윤회(죽으면 영혼이 다른 몸으로 옮겨 감)
- ☐ **nirvana**[niərvάnə] 열반, 해탈
- ☐ **possession** 빙의, 영혼이 붙음
- ☐ **exorcist** 퇴마사(기도나 마법으로 귀신을 쫓아내는 사람)
- ☐ **medium** (산 사람과 죽은 사람을 이어주는) 영매, 무당

044 **[테마] 매력적인, 매혹하다**

O441 charm
[tʃɑːrm]
99-2.경원대

vt. 매혹하다(=fascinate), 매혹하여 ~시키다
n. 매혹, 매력
- She charmed them into believing her.
  그녀는 그들이 자신을 믿도록 매혹했다.

07.계명대
ⓐ charming 매력 있는, 매력적인(=engaging)

O442 mesmerize
[mézməràiz]
17.단국대/10.가톨릭대,경기대
96.기술고시
15.단국대

vt. 매혹시키다(=hypnotize, fascinate); 최면을 걸다
- be mesmerized by the painting 그 그림에 매료되다
- mesmerize the audience 청중을 매혹시키다
ⓐ mesmerizing 최면을 거는(=hypnotic)
mesmeric 최면술의; 매혹적인
ⓝ mesmerization 최면술, 최면 상태(=hypnosis)

O443 grip
[grip]
14.국회8급

vt. 꽉 쥐다; 마음을 끌다; 사로잡다
* be gripped by ~에 사로잡히다
n. 움켜 쥠; 통제, 지배; 이해, 파악
ⓐ gripping (연극·책 따위가) 흥미를 끄는, 매혹하는
🅗 get[have] a grip on 이해하다, 파악하다; 통제하다 ⊃ IO3814
🅗 come[get] to grips with
맞붙잡고 싸우다; [문제 등에] 정면 대처하다 ⊃ IO5428
🅢 grasp[græsp] 꽉 잡다, 움켜쥐다; 파악하다; 이해, 능력

O444 cajole
[kədʒóul]
09.대구대/06.세종대
05-2.경기대

vt. 꼬드기다, 회유하다(=persuade ⓢⓑ by flattery, coax)
* cajole ⓢⓑ into ~ing ~를 ~하도록 부추기다
* cajole ⓢⓣⓗ out of ⓢⓑ ~를 속여 ~을 빼앗다
- cajole him into signing the contract
  그를 꼬드겨 계약서에 서명하게 하다

O445 inviting
[inváitiŋ]
13.한성대

a. 매혹적인, 마음이 끌리는; 초대하는
- an inviting offer 마음이 끌리는 제안
ⓥ invite 초청하다, 초대하다, 관심을 끌다
ⓝ invitation 초청, 초대장; 매력, 유인
invitational 초대받은 선수만 참가하는 경기
ⓐ invitatory 초대의
🅐 uninviting 마음이 끌리지 않는

O446 enmesh
[inméʃ]
06.세종대/03-2.단국대

vt. (곤경 등에) 빠뜨리다, 말려들게 하다; 그물로 잡다
- be enmeshed in nets 그물에 걸리다
- be enmeshed in difficulties 곤경에 처하다
ⓝ mesh 그물, 망, 망사; 올가미; 그물로 잡다

표현 **~에 매료되다, 홀리다**

☐ be charmed by ~에 매료되다
= be captivated by
= be enchanted by
= be fascinated by
= be enthralled by
= be allured by
= be tempted by
= be bewitched by
☐ be possessed by ~에 홀리다
☐ be blinded by ~에 눈이 멀다
= be enamored with

뉘앙스 **유혹하다, 부추기다, 유인하다**

■ 아름다움이나 매력 등으로 반하게 하다
attract ➡ N0326 fascinate ➡ N0643 captivate ➡ R0013
enthrall ➡ D0828 charm ⬅ enchant ➡ R0820
bewitch ➡ P0699 spellbind 마법을 걸다, 매혹시키다
cf.spell 주문, 마법
■ 꾀어서 나쁜 일을 하도록 부추기다
entice ➡ N0327 beguile ➡ N0821 tempt ➡ R0707
seduce ➡ R1359(1)
■ 미끼로 꾀다, 유인하다
lure ➡ N0830 allure ➡ D0830 bait, decoy
■ 감언으로(속여서) 빼앗다
cajole ⬅, coax ➡ T1302, hoax ➡ T1301 wheedle ➡ T1300
defraud ➡ D0823 inveigle ➡ T1300 bamboozle ➡ T1304

테마 **매력적인, 매혹적인**

☐ attractive (사람이나 사물이) 마음을 끄는 ➡ D0326
☐ appealing 마음을 끄는, 매력적인 ➡ R0661
☐ captivating (사람이나 사물이) 마음을 사로잡는 ➡ R0013
☐ charming (사람이) 홀딱 반할 정도로 매력적인 ⬅
☐ engaging / winsome 매력이나 애교가 있는 ➡ T0456
☐ adorable 홀딱 반할만한; 숭배할 만한 ➡ R0904
☐ fascinating 매혹적인, 대단히 흥미로운 ➡ D0643
☐ bewitching (미소 따위가) 매력적인, 넋을 빼놓는 ➡ P0699
☐ riveting 〈영·구어〉 매혹적인, 흥미진진한 ➡ N0829
☐ enthralling 마음을 사로잡는, 아주 재미있는 ➡ N0828
☐ gripping (연극·책 따위가) 흥미를 끄는, 매혹하는 ⬅
☐ catchy (음악 등이) 사람의 마음을 붙잡는 ➡ I11206
☐ groovy 〈속어〉 매우 자극적인, 매혹적인

테마 **함정, 올가미, 그물**

☐ pit[pit] 구멍, 구덩이; 함정; 뜻밖의 위험
☐ pitfall[pítfɔ̀ːl] (동물·사람 등을 잡는) 함정
☐ trap[træp] 덫, 올가미, 함정; 속임수, 음모 *부비트랩
- entrap 덫으로 옭아매다, 함정에 빠뜨리다
☐ snare[snɛər] 덫, 올가미; 함정, 유혹; 덫으로 잡다
- ensnare 함정에 빠뜨리다, 유혹하다
☐ noose[nuːs] 올가미; 교수형에 쓰이는 밧줄
☐ lasso[lǽsou] (카우보이가 주로 쓰는) 던지는 올가미
☐ hook[huk] 갈고리, 낚싯바늘; 올가미
☐ web[web] 거미줄; 함정, 계략; 함정에 빠뜨리다
☐ bait[beit] 미끼; 미끼로 유인하다 *로취베이트(바퀴벌레 잡는)
☐ decoy[díːkɔi] 유인하는 장치, 미끼; 유인[유혹]하다
☐ net 그물 cf.seine 예인망 dragnet 저인망

O451 **bachelor**
[bǽtʃələr]
00.경기대

n. 미혼 남자; 학사 ↔ bachelorette 독신 여성
- bachelor party 총각파티
- bachelor's degree 학사 학위

O452 **spinster**
[spínstər]
94.협성대

n. 노처녀(=old maid)
- a lonely spinster 외로운 노처녀
🔄 **maiden** 처녀, 아가씨; 최초의
nubile[njúːbil] 여자가 혼기가 된(=marriageable)

O453 **celibate**
[séləbət]
06.가톨릭대

n. (종교적인 이유의) 독신자, 독신주의자
a. 독신의; 금욕생활의(=abstinent)
- Catholic priests are required to be celibate.
  가톨릭 성직자는 독신자여야 한다.
ⓝ celibacy 독신, 독신 생활; 금욕

O454 **groom/ bridegroom**
[bráidgrùːm]

n. 신랑
- the bride and groom 신랑 신부
ⓝ groomsman 신랑 들러리
🔄 **bride** 신부 **bridesmaid** 신부 들러리

O455 **woo**
[wuː]
91.고려대학원/공인회계사

v. 1. 구애하다(=court); 지지를 호소하다
2. (명예·재산 등을) 얻으려고 노력하다
3. (재앙 따위를) 초래하다
- woo customers by cutting prices 가격 인하로 고객을 유치하다
- woo the voters with promises of electoral reform
  선거 개혁의 공약을 통해 유권자의 지지를 호소하다
🔄 **woe**[wou] 비애, 고통, 고뇌; (pl.) 불행, 재난
- woeful 비참한, 애처로운; 재앙의

O456 **engage**
[ingéidʒ]

v. 1. 약속하다; 보증하다; 계약하다, 예약하다
* engage for 약속하다, 보증하다
- I can' engage for such a thing. 그런 것을 약속할 수 없다.
2. 〈수동〉 (약속이) 차 있다, ~으로 바쁘다[in]
- be engaged with ~으로 바쁘다(=be booked up)
- The line[Number] is engaged. (=The line' busy.)
  그 번호는 통화 중입니다.
- I am engaged, or I would accept.
  약속이 있습니다. 그렇지 않으면 받아들이겠습니다만.
3. 약혼시키다
- She is engaged to be married. 그녀는 약혼 중에 있다.
4. 종사시키다, 관여하다[~oneself in]
- be engaged in ~에 종사하다(=be occupied with)
5. (적군과) 교전하다
- engage an enemy 적과 교전하다
6. 고용하다(=employ)
- engage by the hour 시간제로 고용하다
12.서강대 ⓝ engagement 약속, 계약; 약혼; 고용; 교전
07.국민대 ⓐ engaging 매력 있는(=charming, winsome), 애교 있는(=winning)
engaged 바쁜(=busy, occupied), 사용 중인; ~에 종사하는; 교전 중인
🔄 **disengage** 연결[접속]을 풀다, 교전을 중지하다

O457 **divorce**
[divɔ́ːrs]
15.건국대

n. 이혼; 분리
v. 이혼하다; 분리하다
- file for divorce 이혼소송을 제기하다
ⓝ divorce[divɔ̀rséi] 이혼남 ↔ divorcee[dəvɔ̀rsi:] 이혼녀
🔄 **widow** 미망인, 과부 ↔ **widower** 홀아비

테 마 **결혼 관련**

- ☐ tie the knot 결혼을 하다
- ☐ dowry 신부의 혼인 지참금 ➡ R0064
- ☐ newlyweds 신혼부부
- ☐ consummation 첫날밤 치르기 ➡ R2366
- ☐ concubine 내연의 처 ➡ R0210
- ☐ love child / bastard / illegitimate 사생아 ➡ D0231

테 마 **남녀관계의 진행과정**

제3자의 소개로 만나는 데이트 blind date 자리에서 서로 급속히 친해져서 hit it off 일방이 청혼 proposal을 하고 상대방이 수락하면 accept 결혼식 wedding 을 올리게 된다. 부부간의 conjugal 의무에는 배우자 spouse 에 대한 정조 fidelity의 의무가 있는데 이를 일방이 간통 adultery 등으로 위반하게 되면 부부관계에 금이 가게 된다. 별거 separation 에서 시작하지만 대부분은 이혼 divorce 을 통해 결별 break-up 로 치닫게 된다. 이혼 split-up 후에는 천문학적인 위자료 alimony 청구서가 상대방 변호사로부터 날아올 것이다.

○461 **spawn**
[spɔːn]
14.06.경희대/96.중앙대

v. 1. (물고기 등이) 산란하다
　2. ~을 야기하다, 일으키다(=generate, produce)
n. (물고기 · 개구리 · 조개 · 새우 등의) 알; 산물, 결과
　• spawn fears of a long recession 장기 경제침체에 대한 우려를 낳다
ⓝ spawning (물고기 등의) 산란

○462 **hatch**
[hæʧ]
08.서울시9급/07.국민대

v. 1. (알을) 까다; 부화하다[시키다]
　2. (계획 · 음모 · 거래를) 만들어내다
n. 1. 한 배(의 병아리); 부화
　2. 승강기, 해치; (비행기 등의) 출입구
　• hatch many copycat flicks 많은 아류작들을 양산하다
　• Down the hatch! 〈구어〉 건배
ⓝ hatchery (물고기 등의) 부화장
　hatchling[hæʧliŋ] 알에서 갓 부화한 새끼 새

○463 **inchoate**
[inkóuət]
97-2.고려대

a. 초기의, 방금 시작한; 불완전한
　• in an inchoate stage 초기 단계인
　• inchoate ideas 시작단계의 생각들
ⓝ inchoation 시작, 개시, 기원

○464 **callow***
[kǽlou]
96.세종대

a. 깃털이 아직 다 나지 않은, 미숙한(=immature)
　• a callow youth of sixteen 16살의 미숙한 청년

○465 **embryonic**
[èmbriánik]
08.고려대
92.성신여대

a. 1. 태아의(=fetal), 태아기의
　2. 미발달의, 초기의(=rudimentary)
　• human embryonic stem cell 사람의 배아 줄기세포
ⓝ embryo (보통 임신 8주까지의) 태아; 배, 애벌레, 싹

> 団 embryo 임신 8주까지의 태아 → fetus 임신 9주 후의 태아
> → neonate 생후 1개월 내의 신생아 → infant 7세 미만의 유아
> (=toddler) → child 14세 이하의 아동 → adolescent 18세 이하의
> 청소년(=teens)

○466 **puberty**
[pjúːbərti]
05-2.서울여대

n. 사춘기; 개화기　* pube(털)+rty → 성기에 털이 나는 시기
　• When an organism's reproductive functions begin to mature,
　　we say it has reached the age of puberty.
　　생체의 생식 기능이 성숙해지기 시작할 때, 사춘기에 접어들었다고 한다.
ⓐ pubescent 사춘기에 이른
ⓝ pubescence 솜털로 덮인 상태, 사춘기에 이름
団 pubes 음모, 음부　pubic 음부의

○467 **precocious**
[prikóuʃəs]
11.인천대/10.중앙대

a. 조숙한, 시기적으로 빠른
　• The girl is too precocious for her age.
　　그 소녀는 나이에 비해 너무 조숙하다.
ⓝ precocity 조숙, 올됨

○468 **rejuvenate**
[ridʒúːvənèit]
10.강남대

v. 1. 다시 젊어지(게 하)다(=make sb look young again)
　2. 원기를 회복하다
　• Her large weight loss has rejuvenated her.
　　엄청난 체중 감량으로 그녀는 다시 젊음을 되찾았다.
　• juvenile delinquents 비행 청소년　juvenile books 아동용 도서
団 juvenile 소년, 소녀, 미성년자; 아동용; 젊은, 성인이 아닌

테 마 　생물 번식을 위한 씨, 종자

☐ **spore** 홀씨, 포자, 종자 ▶ D0507
　- **sporadical** 때때로 일어나는 ▶ N0507
☐ **germ** 배; 세균, 병균; 기원, 근원 ▶ R1622
☐ **seed** (식물의) 씨, 종자; 싸움 등의 원인
　- **sow** 씨를 뿌리다, 파종하다
☐ **kernel** (쌀 · 보리 · 밀 등의) 낟알, 열매, 씨; 핵심 ▶ T1089
☐ **spawn** (물고기 · 개구리 · 조개 · 새우 등의) 알 ◀▦
☐ **sperm / semen** 정자, 정액 ▶ R1620
☐ **ovum** 난자(=egg cell) ▶ R1630
☐ **burgeon** 움, 눈, 새싹 ▶ D0678

뉘앙스 　초기의, 시작의

☐ **early** 어떤 정해진 시간보다 일찍 또는 어떤 기간의 초기에
☐ **beginning** 처음 시작하는 단계의
☐ **primitive** 원시시대의, 원시적인 단계의 ▶ R2042
☐ **pristine** 원상태에서 바뀌거나 발달하지 않은 ▶ R2043
☐ **embryonic** 태아기의 → 아직 발달하지 않은 ◀▦
☐ **initial** 제일 처음의, 시초의 ▶ D0052
☐ **incipient** 이제 막 시작한, 초기 단계의 ▶ R0018

테 마 　임신과 출산

☐ **conception / pregnancy / fetation / gravidity** 임신
☐ **delivery / childbirth / birth / parturition** 출산, 분만
☐ **Caesarean operation** 제왕절개수술
☐ **contraception** 피임 **contraceptive** 피임약
☐ **morning sickness** 입덧
☐ **obstetrician** 산과 의사
☐ **gynecology** 부인과 의사
☐ **premature birth** 조산(早産)
☐ **miscarriage** 유산 **stillbirth** 사산(死産)
☐ **sterility** 불임증
☐ **pseudopregnancy** 상상임신
☐ **toxemia of pregnancy** 임신 중독증
☐ **maternity leave** 출산 휴가
☐ **baby shower** 출산 축하 선물을 주는 파티
☐ **When is your baby due?** 출산 예정일이 언제죠?
　= **When are you expecting your baby?**
☐ **My wife is expecting in May.** 5월이 출산 예정일이에요.

테 마 　사람의 성장과정

☐ 태아기 **the fetal[prenatal] life**
☐ 유아기(1~7세) **babyhood, infant**
☐ 유년기(5~11세) **childhood**
☐ 사춘기(12~17세) **adolescence** ▶ N0677, **puberty** ◀▦
☐ 청년기 **youth**
☐ 미성년자 **juvenile** ◀▦
☐ 성인 **adult** * 한국 만 20세, 미국 18세 **grown-up**
☐ 장년기 **maturity** ▶ N0571, **manhood,**
　　the prime of the life
☐ 노년기(65세 이상) **old age, senility**
☐ **sexagenarian** 60대의 사람
　septuagenarian 70대의 사람
　octogenarian 80대의 사람
　nonagenarian 90대의 사람

O469 grown-up
[grounʌp]
96–2.건국대

n. 어른, 성인(=adult)
a. 성숙한, 어른이 된
• grown-up fiction 성인 소설

O469(1) senility
[siníləti]
09.국민대

n. 노쇠, 망령
ⓐ senior 고위의; 고령자의; (스포츠 경기가) 성인의
ⓝ senescence 노화 과정(the process of becoming old)

테 마 익은, 성숙한

- [ ] **ripe** 충분히 익은, 성숙한; 기회가 무르익은
- [ ] **mellow** 과일이 잘 익어 맛있고 향기로운
  - ↔ **callow** 깃털이 아직 다 나지 않은, 미숙한
- [ ] **fullfledged** 깃털이 다 난; 완전히 성장한
  - ↔ **fledgling** 풋내기의, 미숙한, 초보 단계의 **☐ N0241**
- [ ] **immature** infant/premature baby 미숙아
- [ ] **maturity** of age 성년
- [ ] **grown-up** 어른, 성인; 성숙한, 어른이 된 ◀▪▪▪

▌047   [테마] 가족과 부양

O471 affinity
[əfínəti]
17.산업기술대

n. 친밀감(=closeness); 관련성; 인척관계
• a close affinity between A and B a와 b사이의 밀접한 관계

테 마 가족과 친척

- [ ] **the immediate family** 직계 가족
- [ ] **the collateral family** 방계 가족
- [ ] **sibling** (부모가 같은) 형제, 자매 **☐ N0996**
- [ ] **relative** 친척, 인척, 일가 **☐ R0511**
- [ ] **cousin**[kʌ́zn] 사촌 **cf.maternal cousin** 외사촌
- [ ] **avuncular**[əvʌ́ŋkjulər] 숙부(삼촌) 같은, 자상한
- [ ] **kith and kin** 친척과 지인, 일가친척

O472 resort
[rizɔ́ːrt]
14.경찰/08.국가직7급
06.홍익대/05.성균관대
01.덕성여대

vi. 1. 의지하다(=rely on), (폭력 등의 수단에) 호소하다[to]
• resort to violence 폭력에 의지하다
2. (어떤 장소에) 자주 드나들다
n. 1. 의뢰, 의지; (어떤 수단에) 호소하기(=recourse)
* as a last resort 최후의 수단으로서
2. 행락지, 리조트
🔲 leisure 여가, 한가한 시간

테 마 의지[의존]하다, ~에 달려있다

- [ ] **depend on** ~에 달려 있다, ~에 좌우되다
  - = **be dependent on**
  - = **be contingent on**
  - = **hinge on**
  - = **be up to**
- [ ] **depend on** ~에 의지하다
  - = **count on**
  - = **rely on**
  - = **fall back on**
  - = **turn to**

O473 onerous
[ánərəs, ɔ́n–]
⊃ R2385

a. 성가신, 귀찮은; 부담이 따르는(=burdensome)
• assign me onerous tasks in every weekend
매주 내게 아주 힘든 일들을 할당하다
• an onerous duty 성가신 일
🔳 onus 부담(=burden), 의무, 책임

뉘앙스 의무와 책임; 책임이 있는

- [ ] **duty** 도덕적 또는 법적으로 해야 할 의무나 본문
- [ ] **responsibility** 맡겨진 일이나 의무를 수행하는 책임
  - **responsible** (결과에) 책임을 져야 할 **☐ N0304**
- [ ] **charge** 자신에게 맡겨진 일이나 지위에 따른 책임 **☐ N0133**
- [ ] **obligation** 약속 · 계약 · 법률 등에 의해 생기는 의무 **☐ D0139**
  - **obligatory** 의무로서 지워지는 **☐ N0139**
- [ ] **accountability** 자신의 행위나 결정에 따르는 책임 **☐ D0030**
  - **accountable** 책임이 있는 **☐ D0030**
- [ ] **liability** 법적으로 부담해야 할 책임 **☐ N0089**
  - **liable** 책임져야 할, 책임 있는

O474 answerable
[ǽnsərəbl]
13.숙명여대

a. (자신의 행동 · 결정에) 책임을 져야하는(=liable)
• answerable for his conduct 그의 행동에 책임을 져야 하는
ⓝ answer 대답, 답; (질문, 편지에) 답하다
🔳 reply to (질문, 편지에) 답하다

O475 upkeep*
[ə́pkiːp]

n. 유지(비); (가족 등의) 부양(비)
• Tenants are responsible for the upkeep of rented property.
세입자는 임대물을 유지할 책임이 있다.

테 마 부양하다

- [ ] **support** 재정적으로 지원하다, 부양하다 **☐ R0499**
- [ ] **fend for** (처자식을) 부양하다 **☐ N0838**
- [ ] **feed** 먹이 · 음식 · 젖을 먹이다, 부양하다 **☐ I125**
- [ ] **nurture** 성장하는 동안 돌보거나 보호하다 **☐ R1582**
- [ ] **sustain** 부양하다, 먹여 살리다 **☐ N0043**
- [ ] **keep[maintain/support/provide for] one's family**
  가족을 부양하다
- [ ] **dependent** 부양가족 **☐ D0002**
- [ ] **breadwinner** 집안에서 밥벌이를 하는 사람 **☐ I06508**
- [ ] **bring home the bacon** 생활비를 벌다 **☐ I06508**

O481 forebear
[fɔ́ːrbɛ̀ər]

n. 선조, 조상
- descend from Egyptian forebears 이집트인의 조상의 후손이다
- 🔄 **forbear**[fɔːrbɛ́ər] 삼가다, 참다

- ■ **ancestry** 〈집합적〉 조상, 선조; 가계, 가문 ➡ R2092
- □ **ancestor** 조상, 선조; 생물의 시조; 원형 ➡ R2092
- □ **antecedent** (pl.) 선례; 조상; 선행사; 선행의 ➡ R0381
- □ **forefather** (보통 pl.) 조상, 선조 ➡ P0362
- □ **forerunner** 선구자, 전신; 전조 ➡ R0421
- □ **precursor** 선구자, 선배; 전조 ➡ R0422
- □ **forebear** 선조, 조상 ◀━━
- □ **progenitor** 선조; 선구자, 창시자 ➡ D0696
- ■ **progeny** (집합적) 자손; 후계자 ➡ N0696
- □ **posterity** 〈집합적〉 자손; 후세 ➡ P0423
- □ **offspring** (사람·동물의) 자손, 새끼 ➡ P0101
- □ **successor** 후임자, 상속자, 후계자, 계승자 ➡ R0383
- ■ **descendant** 자손, 후예; 제자, 문하생 ➡ N0543
  - ↔ **ascendant** 선조, 조상; 우세, 우월
- ■ **pioneer** 개척자, 선구자; (새 분야를) 개척하다
  - a pioneer in the field 그 분야의 선구자
- □ **scion**[sáiən] (특히 귀족·명문의) 귀공자, 자제; 자손

O482 revere
[riviər]
07-2.가톨릭대/07.동국대

vt. 존경하다(=respect), 숭배하다(=adore)
- be revered as a national hero 국가적 영웅으로 추앙받다
- revere the old professors 노교수를 존경하다
- ⓝ **reverence** 존경; 경의, 경외; 존경하다, 숭상하다
- ⓐ **reverent** 숭배하는, 공경하는
  reverend 숭상할 만한; 성직자의; (pl.) 목사
02-2.고려대
- 🔄 **irreverence** 불경, 불손(=impiety)
  - **irreverent** 불경한, 불손한

O483 venerable
[vénərəbl]
11.경희대

a. 존경할 만한(=respectable); 숭고한
- a venerable tradition 숭고한 전통
- ⓥ **venerate** 존경하다, 숭배하다(=respect)
- ⓝ **veneration** 존경, 숭배, 숭상

- □ **hereditary** 유전성의, 유전하는, 유전적인 ➡ N0034
  - **heredity** 유전(성), 유전적 특질
- □ **inheritance** 유전적 성질; 상속재산 ➡ D0697
- □ **recessive heredity** 열성 유전
- □ **prepotency** 우성 유전
- □ **GMO** 유전자조작 식품(genetically modified organism)
- □ **atavism**[ǽtəvìzm] 격세 유전

O484 chromosome
[króuməsòum]
13.이화여대

n. 염색체
- Each chromosome contains many genes.
  각각의 염색체는 많은 유전자를 포함하고 있다.
- 🔄 **gene**[dʒiːn] 유전자
  genome[dʒíːnoum] 게놈
  genotype[dʒénətàip] 유전자형

- ■ **inherent** 본래부터 있는, 내재된 ➡ N0374
- □ **intrinsic** 본래 갖추어진, 내재된, 본질적인 ➡ N0698
- □ **immanent** (어떤 성질이) 내재하는, 내재적인 ➡ R0223
- ■ **innate** (성질 등을) 타고난, 천부적인 ➡ N0062
- □ **inborn** (재능 등이) 타고난, 선천적인 ◀━━
- □ **congenital** (질병이) 선천적인; (성격이) 타고난 ➡ N0956
- ■ **essential** 필수적인, 본질적인 ➡ R1593
- □ **integral** 없어서는 안 될, 절대 필요한 ➡ N0099
- □ **internal** 내부에 있는, 내면적인, 내재적인 ➡ P0024

O485 inborn
[inbɔ́ːrn]
➲ TOO58

a. (재능 등이) 타고난, 선천적인(=innate); 천성의
- have an inborn talent for ~에 대해 타고난 재능이 있다
- an inborn instinct 타고난 본능

O486 ingrained
[ingréind]
14.가천대/13.동국대
12.서울여대/96.서울대학원

a. (편견·습관이) 깊이 배어든, 뿌리 깊은
(=inveterate, embeded, entrenched)
- a deeply ingrained prejudice 깊이 뿌리내린 편견
- an ingrained habit 몸에 깊이 밴 습관
- be ingrained in our society 우리 사회에 깊숙이 자리 잡다

- □ **principle** 원칙, 신조; 원리, 법칙 ➡ R0019(2)
- □ **fundamental** 기본, 기초, 원리; 기초의, 근본적인 ➡ D0395
- □ **rudiment** 기본, 기초원리, 초보 ➡ D0242
  - **rudimentary** 원리의, 기초의; 기본의 ➡ N0242
- □ **elemental** (pl.) 기본 원리; 요소의, 기본적인 ➡ T1492
- □ **postulate** 가정, 가설; 기본원리 ➡ R0139
- ■ **basis** 근거, 이유; 기초, 기반; 기준 ➡ R1741
- □ **ground** 기초, 근거, 이유; 땅, 운동장 ➡ R2191
- □ **foundation** 토대, 기반, 근거; 재단 ➡ N0395
- □ **pedestal** 받침대; 기초, 토대 ➡ R1873
- □ **substructure** (건조물 등의) 기초; 하부구조, 토대

O487 bedrock
[be'dra,k]
99.세종대

n. 근본(=foundation); 기반암(최하층의 바위)
a. 최저의, 근본적인
- the bedrock of society 사회의 근본
- the bedrock price 최저 가격
00.경기대
- 🔄 **bed** 하천바닥(=deposit); 토대, 지층; 묻다, 숙박하다
  embed 〈수동〉 깊숙이 박다, 새겨 넣다

O488 underlying
[ʌndərláiiŋ]
17.단국대

a. 기초를 이루는, 근원적인(=intrinsic); 밑에 놓인
- underlying causes 근본적인 원인
- ⓥ **underlie** ~의 기저를 이루다
- ⓝ **underlay** 밑받침, 깔개

O491 training
[tréiniŋ]
16.한양대

n. 훈련, 교육, 연수
• finish a training course 교육과정을 마치다
ⓥ train 훈련시키다, 훈련하다
　　n. 1. 기차, 열차 2. 무리 3. 연속, 일련

뉘앙스 훈련, 단련, 수련, 수업

☐ exercise (일반적으로) 심신의 단련·훈련·연습 ▣ R1084
☐ training 직업 훈련, 스포츠 경기를 위한 신체적 훈련 ◀▥
☐ practice 기술을 습득하기 위해 규칙적으로 반복하는 연습
　　▣ R0659(5)

O492 upbringing
[ʌ́briŋiŋ]
01.아주대

n. (특히 유아기 때 가정에서 이루어지는) 가정교육,
　 양육 (=education, breeding)
• a good upbringing and schooling 훌륭한 가정교육과 학교교육
▣ homeschooling (정규 학교를 보내지 않고) 집에서 교육시키는 것
　　schooling (정규적인) 학교 교육
　　alternative school (전통적인 교육 과정을 탈피한) 대안 학교

☐ drill 지도자 밑에서 규칙적이고 반복적으로 행하는 집단적인
　　훈련; 군사 훈련
☐ discipline 마음이나 행동을 통제할 수 있게 하는 수양
　　또는 규칙 등을 준수하는 훈련 ▣ R0019
☐ tuition / tutoring (개인·소규모 집단에게 하는) 수업

고급 어휘
☐ catechism[kǽtəkizm]
　　n. 1. 교리문답, 문답식 교수법
　　　 2. (정견발표 후) 잇따른 질문
☐ rote[rout] n. 기계적인 암기, 기계적인 학습
　　• learn by rote 기계적으로 외우다

O493 heuristic*
[hjuərístik]
17.중앙대

a. (교육이) 체험적인[스스로 발견하게 하는]
• a heuristic method 발견적 학습법

O494 scholarly
[skάlərli]
10.국민대/01.고려대
77.행정고시

a. 학구적인(=erudite), 학문을 좋아하는
• accomplish many scholarly achievements 많은 학문적 업적을 이루다
ⓝ scholar 학자, 학식이 있는 사람
　　scholarship 장학금; 학식
▣ scholastic 학교의, 학교 교육의
▣ academic 대학의; 학문적인
　　philosopher 철학자; 철인; 현인, 현명한 사람

뉘앙스 학식이 있는, 학구적인; 학자

☐ academic (실용성 보다는) 이론적인; 대학의
☐ scholastic 학교의, 학교 교육의 ◀▥
☐ scholarly 공부에 많은 시간을 보내는, 학구적인 ◀▥
☐ bookish 활동적인 것보다 공부나 독서에 관심이 많은
☐ learned (많이 공부하여) 지식이 많은
☐ erudite 학문적 지식이 많은, 박식한 ▣ N0266
☐ sage 현명한, 현명한 체하는; 현인, 박식한사람 ▣ D0754
☐ pedantic[pədǽntik] 지나치게 문법 등을 따지는, 현학적인
☐ smattering[smǽtəriŋ] 어설프게 아는, 겉핥기로 아는
☐ highbrow 지식인; 지식인인 체하는 사람
　　cf.lowbrow 지식이 낮은 (사람)
☐ wiseacre[wáizèikər] 아는 체하는 사람
☐ sophomoric 미숙한; 아는 체하는; (대학의) 2학년생의
　　cf.sophomore 2학년생 freshman 신입생
　　junior 3학년생 senior 4학년생

O495 pundit
[pʌ́ndit]
07.경기대/93.동국대

n. 전문가, 권위자(=expert); 석학(=savant)
• political pundits 정치 전문가들
• the economics pundit 경제 전문가
▣ guru 교사, (정신적) 지도자; (어떤 부문의) 권위자 *힌두교에서 유래

테 마 모방하는 사람; 흉내내다

☐ mimic 동작이나 목소리를 흉내 내는 사람이나 동물;
　　사람의 행동이나 목소리 등을 흉내 내다 ▣ R2318
☐ copycat 범죄나 행동을 맹목적으로 따라하는 사람 ◀▥
☐ imitator 유명한 사람의 행동이나 말을 따라하는 사람
　　- imitate 진짜와 비슷하게 만들다, 모방하다 ▣ N0270
☐ counterfeit (주로 물건을) 비슷하게 만들다(모조) ▣ N0318
☐ emulator 에뮬레이터(컴퓨터의 호환성을 위한 장치)
　　- emulate (흠모하는 대상을) 모방하다 ▣ N0201
☐ simulator 실험을 위한 모의장치, 시뮬레이터 ▣ R2315
　　- simulate 흉내를 내다; 모의실험을 하다
☐ impersonate (신분을) 사칭하다; 대역을 하다 ▣ R1973
☐ epigone[épəgòun] (일류 예술가의) 모방자, 아류
☐ pastiche[pæstíːʃ] (글·그림의) 모방 작품

O496 copy
[kάpi]
15.성명대/86.행정고시

n. 1. 사본, 복사(본)(=replica), 모방
　 2. (책·신문 등의) 한 부, 광고 문안
vt. 베끼다, 복사하다(=duplicate)
• a copy of the manuscript 원고의 사본
• I copy that. (무전용어) 알아들었습니다.
▣ copycat : 모방하다

O497 copycat
[kάpikæt]

n. 범죄나 행동을 맹목적으로 따라하는 사람
vt. 모방하다, 흉내 내다
• Copycat crimes are replicated and inspired by knowledge of
　 similar crimes, especially crimes shown widely in the media.
　 모방범죄는 특히 미디어에서 널리 보도된 범죄를 따라하거나 유사한 범죄의 지
　 식에 의해 영감을 받은 범죄이다.

050   [테마] 충고와 처벌

0501 counsel
[káunsəl]
77.행정고시

n. (전문가에 의한) 조언, 충고; (법정의) 변호인
vt. (전문가와) 상담하다; 충고[조언]하다
圖 **council**[káunsəl] 회의, 평의회, 자문회의; 지방의회 ➔ **T1145**

0502 exhortation
[ègzɔːrtéiʃən]
05.행자부7급/04.명지대
98.경기대

n. 강력한 권고, 충고(의 말)(=advice, expostulation)
• In spite of my exhortation, they went ahead with the plan.
내 권고에도 불구하고 그들은 그 계획을 계속 추진했다.
ⓥ **exhort** 간곡히 타이르다, 권하다, 훈계하다
16.서울시7급
ⓐ **exhortative/exhortatory** 권고[훈계]적인(=hortatory)

0503 hortatory
[hɔ́ːrtətɔ̀ːri]
16.서울시7급

a. 권고[장려]적인, 충고의(=exhortative)
• a hortatory speech 충고의 말
ⓝ **hortation** 권고, 장려

0504 caveat*
[kéiviæt]
07.공인노무사

n. (특정 절차를 따르라는) 통고[경고](=warning)
• add one important caveat 중요한 경고 하나를 추가하다

0505 flog
[flag, flɔg]
14.서울시7급

vt. 채찍질하다; 매질하여 ~하게 하다
* flog to death (생각이나 이야기를) 지겹도록 써 먹다
* flog a dead horse 죽은 말에 채찍질하다, 헛수고를 하다

0506 cudgel
[kʌ́dʒəl]
15.숙명여대

n. 곤봉(=club)
vt. 곤봉으로 때리다
圖 **club** n 스포츠 동호회[구단]; 남성 사교단체; 곤봉(=cudgel)
vt. 곤봉으로 때리다

0507 swerve
[swəːrv]
04-2.가톨릭대/97.경기대

vt. 1. 빗나가다, 벗어나다; 일탈하다[from] (=turn aside)
2. 확 방향을 틀다(= turn sharply)
• He never swerved from his purpose.
그는 결코 그의 목적에서 벗어나지 않았다.
• swerve to the right 오른쪽으로 획 방향을 틀다

뉘앙스 충고하다, 조언하다

☐ **advise** (일반적으로) 지식이나 경험을 가진 사람이 조언하다 **R0753**
- **advice** 조언, 충고
☐ **counsel** (변호사·의사 등의) 전문가가 상담[조언]하다
- **counseling** 카운슬링, 상담
☐ **admonish** (연장자나 높은 사람이) 아랫사람에게 주의를 주다 **R1453**
- **admonition / admonishment** 충고, 경고, 훈계
☐ **exhort** 어떤 일을 하도록 간곡하게 타이르거나 설득하다 ◀▥
☐ **urge** 열심히 설득하고 격려하다 **D0116**
☐ **caution** 위험이나 실수를 피하도록 주의시키다 **D0220**
☐ **warn** 위험이나 처벌을 강하게 경고하다 **R1451**
- **warning** 경고, 경보, 훈계
☐ **tocsin**[táksin, tɔ́k-] 경보, 경종(=alarm bell)

동의어 벌하다, 매질하다

☐ **punish** 벌하다, 응징하다 **R2574**
☐ **penalize** 벌주다, 벌칙을 적용하다 **R2573**
☐ **chasten** 잘못을 깨닫게 하다, 벌하여 바로잡다 **N0684**
☐ **dress down** 꾸짖다, 매질하다 **I12401**
☐ **corporal[physical/bodily] punishment** 체벌
☐ **scourge** 매질하다, 혼내다 **R0425**
☐ **whip**[hwip] 채찍질하다; 매질하다
☐ **lash**[læʃ]채찍으로 때리다, 심하게 나무라다
☐ **spank**[spæŋk] (특히 아이의 엉덩이를) 찰싹 때리다
☐ **bludgeon** 몽둥이로 치다; 으르다; 강제로 시키다
• be bludgeoned to death 몽둥이에 맞아죽다
☐ **pummel / pommel**[pʌ́məl] (주먹으로 연달아) 치다

고급 어휘
☐ **whack**[wæk] vt. 1. 세게 치다[때리다](=swipe)
2. (사람을) 살해하다[해치우다][out]
3. 분배하다[up]
• whack the dog with a stick 막대기로 개를 때리다

051 [테마] 모이다; 군중, 덩어리

O511 flock
[flak, flɔk]
11.서울여대

v. 떼 짓다; (많은 수가) 모이다(=congregate)
n. (양·염소·오리·새 등의) 떼; (사람의) 무리
- Sheep are fond of flocking together. 양들은 무리를 짓길 좋아한다.

O512 crowd
[kraud]
08.전남대/04-2.고려대

vi. 군집하다, 붐비다[with]
  * be crowded with ~으로 북적거리다, 붐비다
vt. 밀어 넣다, 떠밀어내다(=shove)
n. 군중, 무리
- come in crowds[droves/flocks] 떼 지어 몰려들다
📖 shove[ʃʌv] 난폭하게 밀다, 떼밀다, 밀치다(=crowd)
  cf.shovel 삽; (삽으로) 뜨다; (설탕 등을) 많이 퍼 넣다

O513 throng
[θrɔːŋ]
17.서강대/12.홍익대

n. 군중, 다수(=crowd, mob); 사람의 떼
v. 떼를 지어 모여들다; 모여 있다
- a throng of shoppers 쇼핑 인파
- The party was thronged with people. 그 파티에는 사람들이 북적거렸다.

O514 swarm
[swɔːrm]
94.행자부7급

vi. 1. (장소가 사람·동물로) 빽빽이 차다[with]
  * be swarming with ~으로 북적거리다, 붐비다(=be full of)
  2. 떼를 지어 다니다
n. (벌·개미의) 무리, 떼
- The beach swarms with children on summer weekends.
  그 해변은 여름 휴일 동안 아이들로 만원이다.

O515 jostle*
[dʒɑsl, dʒɔs-]
97.고려대학원

v. (난폭하게) 밀다, 밀치다(=push); 밀어제치며 나아가다
- jostle through a crowd 군중을 헤치고 가다

O516 muster*
[mʌstər]
04-2.경기대

v. 1. (병사들이) 집합하다(=gather), 소집하다
  2. (지지를) 모으다; (용기 등을) 내다[up]
n. 소집, 집결
- muster all the soldiers 모든 군인들을 소집하다
- muster up courage 용기를 내다

O517 huddle
[hʌdl]
08.서경대

vi. (춥거나 무서워서) 옹기종기 모이다
vt. 뒤죽박죽 모으다; (옷을) 대충 걸치다
n. 어중이떠중이의 집단, 군중; 작전회의
- huddle around campfires 모닥불 주위로 옹기종기 모이다
📖 hurdle[hərdl] 경기용, 허들, 장애물; (장애물을) 뛰어넘다

O518 corral*
[kərǽl]
12.이화여대

vt. 울타리 안으로 몰아넣다, (사람을) 한 곳으로 모으다
n. (말·소 등을 가두는) 울타리, 가축우리
- They drove the ponies into a corral.
  그들은 조랑말을 우리 안으로 몰아넣었다.

테 마 (사람이) 모이다, 집합하다

- ☐ flock 떼 짓다, (많은 수가) 모이다 ◀━
- ☐ crowd 군집하다, 붐비다 ◀━
- ☐ cluster 떼 짓다, 밀집하다 🔲 N0916
- ☐ congregate 모이다, 집합하다; 많이 모으다 🔲 N0701
- ☐ aggregate 집합하다, 모이다; 모으다 🔲 R0331
- ☐ assemble (사람을) 모으다, 모이다, 소집하다 🔲 R2331
- ☐ muster (병사를) 소집하다, 집합하다 ◀━
- ☐ swarm 빽빽이 차다, 떼를 지어 다니다 ◀━
- ☐ round up (사람이나 가축을) 끌어 모으다 🔲 I02207
- ☐ come together 함께 만나다, 회합하다
- ☐ rally (지지를 위해) 규합하다, 다시 불러 모으다 🔲 R0268

고급 어휘
- ☐ rendezvous[rɑ́ndəvùː]
  n. 만날 약속, 만남, 회합 장소
  vi. (약속 장소에서) 만나다
- ☐ tryst[trist]
  n. 회합, 밀회
  - A tryst is a meeting between lovers in a quiet secret place. '밀회'란 연인들이 조용하고 은밀한 곳에서 가지는 만남이다.

테 마 무리, 떼; 묶음, 다발

- ■ herd[hərd] 가축의 떼, (특히) 소떼, 돼지 떼
- ☐ horde[hɔrd] 큰 무리; 유목민의 무리; 떼 지어 이동하다
- ☐ flock[flɑk] (양·염소·오리·새 등의) 떼; (사람의) 무리
- ☐ drove[drouv] (소·돼지·양의) 떼 지어 가는 무리
- ☐ school (물고기·고래의) 떼
- ☐ shoal[ʃoul] (물고기) 떼, 무리; 모래톱; 다수, 다량
- ☐ swarm (벌·개미 등의) 떼 ◀━
- ☐ skein[skein] 실타래; (날짐승의) 떼
- ☐ bevy[bévi] (작은 새·동물 등의) 떼
- ■ sheaf[ʃiːf] (곡물을 베어 묶은) 단, 다발
- ☐ bunch[bʌntʃ] 다발, 묶음; 떼거리
- ☐ bundle[bʌndl] 꾸러미, 묶음; 딸려 오는 물건
- ☐ truss[trʌs] (건초나 짚의) 다발
- ☐ hank[hæŋk] 실의 한 타래, 다발
- ☐ wad[wad] (지폐·서류의) 뭉치, 다발
- ☐ roll 돌돌 말린 것, 명부; (부품) 덩어리
- ☐ panoply[pǽnəpli] 많은 수의 모음, 집합; (도구의) 한 벌
  - use the full panoply of security measures
    여러 보안조치들을 총동원하다

표 현 떼로 몰려오다, 쇄도하다

- ☐ come in crowds[droves / flocks] 떼 지어 몰려오다
- ☐ come in a body 떼 지어 도착하다
- ☐ in large numbers 떼 지어(=in droves)
- ☐ turn up in hordes 떼를 지어 나타나다
- ☐ mob 떼 지어 습격하다, 쇄도하다
- ☐ overwhelm (수나 양으로) 압도하다

[테마] 모으다, 축적하다

O521 **gather**
[ǽðər]
17.광운대/10.성균관대
03.고려대/04-2.경기대
96.고려대학원/95.서울시9급

v. 1. (사람들이) 모이다(=congregate, converge)
2. (사람들을) 모으다(=round up, muster up)
3. 수집하다, 징수하다
4. 추정하다(=believe)
5. (수집한 정보로) 알다, 이해하다
6. (속도·양 등이) 더해지다, 늘어나다
* gather up 한데 모으다. 집결하다; 체포하다
• gather together in one room 한방에 모여들다
• I gather that ~ ~으로 알고 있다.
ⓝ gathering (친목회 등의) 사교적인 모임이나 집회; 군중. 수확물

00-2.단국대/97.변리사
ⓔ gather pace 빨리 가다. 속도를 올리다
gather[gain] ground 확실한 기반을 얻다, 우세해지다

O522 **hoard**
[hɔːrd]
08.선관위9급.대구대
01.경기대

vt. 축적하다(=accumulate); 사재기하다[up](=store up)
n. 비축[물], 축적, 사재기
• hoard food and gasoline 식품과 휘발유를 비축하다
• a hoard of money 돈의 축적
ⓔ horde[hɔːrd] 큰 무리; 유목민의 무리; 떼 지어 이동하다. 떼 짓다
• Football fans turned up in hordes. 축구 팬들이 떼를 지어 나타났다.

O523 **garner**
[ɡáːrnər]
06.경기대

vt. 축적하다(=amass); (지지·표·인기 등을) 얻다
n. 축적, 저축
• garner more popularity 보다 많은 인기를 얻다

O524 **glean**
[ɡliːn]
17.가톨릭대/14.국회8급

v. (이삭을) 줍다; (정보·지식을 여기저기서) 모으다(=collect)
• glean information 정보를 조금씩 모으다

O525 **stock**
[stɑk, stɔk]
01-2.고려대

n. 1. 자본금, 주식, 공채
2. 재고품; 축적
3. 나무줄기; 혈통, 가계
a. 재고의; 표준의, 상투적인; 주식의
vt. 재고품으로 쌓아두다, 저장하다
• The stocks are in short supply. 재고가 바닥이다.
• the stock market 주식시장 • stock articles 재고품
ⓔ stockholder 주주 (cf. 영: shareholder)
ⓔ out of stock 품절되어

O526 **pile**
[pail]
85.연세대학원

n. 쌓아 올린 더미(=stack); 다수, 대량[of]
vt. 쌓아 올리다(=heap); 축적하다, 모으다[up]
• a pile of hay 건초 더미
• pile up money 돈을 축적하다
ⓔ compile 책을 편집하다. 자료를 수집하다(=gather)
compiler 편집자, 편찬자
compilation 편집, 편집물; (책이나 CD 등의) 모음집
ⓔ file[fail] 서류철; 줄; 철하여 보관하다. 소송을 제기하다 ⊃ R1664

O527 **rack**
[ræk]
05-2.국민대
07.국민대

vt. 1. (생각을) 짜내다. 착취하다
2. 고문하다, 고통을 주다
n. 걸이, 선반, 시렁; 고문, 파괴, 파멸
ⓔ rack[cudgel, drag, beat] one's brain 머리를 짜내다
= put one's heads together
rack up (많은 이윤을) 축적하다. 승수를 쌓다. 달성하다(=gain)

O528 **heap**
[hiːp]

v. 쌓아 올리다, 축적하다; 모이다[up]
n. (아무렇게나 쌓아 놓은) 더미; 많음
• heap up wealth 부를 축적하다

동의어 모으다, 축적하다

☐ accumulate 축적하다, 모으다; 모이다 ⊡ P0215
☐ amass 모으다, 축적하다; 모이다 ⊡ P0216
☐ collect 모으다; (세금을) 징수하다 ⊡ R0533
☐ raise (기금 등을) 모으다, 조달하다 ⊡ N0681
☐ put together 모으다, 조립하다; 종합하다 ⊡ I04412
☐ hoard up 저장하다, 축적하다 ◀▥
= heap up 쌓아 올리다, 축적하다 ◀▥
= pile up 축적하다, 모으다 ◀▥
= store up 비축하다. 저장해두다
= stack up 쌓다, 쌓아올리다

O531 **clot**
[klat, klɔt]
08.서울시7급

n. (피 등의) 엉긴 덩어리, 혈전; (사람의) 소집단
v. (혈액이나 크림이) 엉기다[응고시키다](=congeal)
- a clot of blood 핏덩어리
- Blood has clotted around the wound. 상처에 피가 엉겨 붙었다.

O532 **congeal***
[kəndʒíːl]
15.명지대

v. 굳다, 엉기다; 응고시키다(=coagulate)
- This congealed muck was interfering with the filter.
  엉겨 붙은 오물이 필터를 가로막고 있었다.
🔄 **coagulate** 응고하다, 응고시키다; 굳어진
cuddle v. 응고하다[시키다]; 부패시키다[부패하다]; 파괴하다

O533 **juggernaut***
[dʒʌ́gərnɔ̀ːt]
14.경희대

n. 엄청난 파괴력(을 가진 것), 강력하고 거대한 조직
- Already an economic juggernaut, China is given a good chance of overtaking the U.S.
  이미 거대경제국인 중국은 미국을 추월할 충분한 가능성이 있다.

O534 **doyen***
[dɔ́iěn]
12.중앙대

n. (단체의) 원로, 중진, 수석 * 여성형 doyenne
- the doyen of Italian fashion 이탈리아 패션의 원로
🔄 **dean** (대학의) 학과장

O535 **cadre***
[kædri, káːdrei]
12.서강대

n. (종교 단체·정당 등의 조직의) 핵심 그룹, 간부회, 지도자집단
- A cadre is a small group of people who have been specially chosen, trained, and organized for a particular purpose.
  핵심그룹이란 특정 목적을 위해 특별히 선발되어 훈련시키고 잘 조직한 사람들의 소규모 그룹이다.

O536 **associate**
[əsóuʃièit]
⊃ RO334

v. 1. 연합[제휴]하다; 교제하다[with](=connect, affiliate)
2. 연상시키다
n. 동료, 친구; 공범자
a. 연합한, 한패의
- Mr. Rogers is associated with a well-known law firm.
  Rogers씨는 유명한 법률 회사와 제휴관계를 맺고 있다.
ⓝ **association** 협회, 조합, 사단; 연합; 교제, 연상

테 마 덩어리, 덩이

- ☐ **agglomeration** 응집, 덩어리 ✚ D0912
- ☐ **hunch** 덩어리, 혹, 군살; 예감, 직감 ✚ T0126
- ☐ **lump**[lʌmp] 덩어리, 덩이; 각설탕, 혹, 부어 오른 멍
- ☐ **chunk**[tʃʌŋk] (빵·목재 따위의) 큰 덩어리 → 상당량
- ☐ **gobbet**[gábit] 날고기·음식의 한 덩어리; 곡의 일부
- ☐ **clod**[klad, klɔd] 흙 등의 덩어리 → 하찮은 것
- ☐ **clump**[klʌmp] (흙) 덩어리; (사람·사물의) 집단; 수풀, 관목
- ☐ **dollop**[dálap] 치즈·버터같이 말랑말랑한 덩어리
- ☐ **loaf**[louf] 빵의 한 덩어리 • a loaf of bread

테 마 집단, 집회, 모임

- ☐ **group** 그룹, 무리, 집단 (가장 일반적인 말)
- ☐ **community** (이해·종교·문화 등을 공유하는) 공동사회, 공동체; 지역 사회; 군집, 군락
  - **communal** 공동사회의, 공동체의
- ☐ **concourse** 집합, 군집; 군중; (역·공항 등의) 중앙홀
- ☐ **social** 친목회; 사회의; 사교적인; 군거성의
- ☐ **gathering** 친목회 등 주로 사교적인 집회
- ☐ **party** 사교를 목적으로 하는 모임
- ☐ **club** (회원이 특권을 누리는) 회원제 조직
- ☐ **brethren** 동업자들, 같은 교인들
- ☐ **agora** (고대 그리스) 정치 집회 → 집회장, 시장, 광장
- ☐ **convention** (정치·종교·노조 등의) 대표자 대회, 집회
- ☐ **alumni reunion** 동창회 모임 reunion 동창회, 친목회
- ☐ **fraternity** (재학 중인 남학생들의) 사교클럽

고급 어휘
- ☐ **caucus**[kɔ́kəs] n. 〈미〉 정당의 간부회의, 전당대회
  - hold a caucus 당직자 회의를 열다
- ☐ **clique**[klíːk]
  n. v. (배타적인) 도당(small exclusive group), 파벌(=faction); 도당을 이루다
  - the evils of an academic clique 학벌의 폐해
- ☐ **esprit de corps**[esprís−dəkɔ́ːr]
  n. 단체정신, 단결심

뉘앙스 친구, 벗, 동지, 동료

- ☐ **associate** (일 등에서의) 동료, 패, 친구; 공범자 ◀▦
- ☐ **intimate** (허물없이 지내는) 친한 친구 ✚ N0970
- ☐ **buddy / chum / pal** 〈구어〉 친구, 단짝
- ☐ **fellow** (나쁜 일의) 한패; 동료, 동지, 동배
- ☐ **companion** 동료, 친구, 벗; 말동무, 동반자 ✚ P0321
- ☐ **company** 친구, 벗, 동행, 일행; 회사 ✚ P0321
- ☐ **coterie** (공통의 취미를 가진) 동료 ✚ P0320
- ☐ **colleague** (주로 관직·교수 등 직업상의) 동료 ✚ R0532
- ☐ **mate** (노동자 등의) 동료, 친구; 배우자
- ☐ **comrade**[kámræd] (곤경·위험을 같이 겪은) 동지, 전우
  - **camaraderie** 우정, 동지애
- ☐ **cohort**[kóuhɔrt] (동일한 특성을 지닌) 집단, 한패
- ☐ **alumnus** 남자 졸업생[동창생] (복수형 alumni)
  ⊷ **alumna**[əlʌ́mnə] 여자 동창생

0541 banish
[bǽniʃ]
94.피어선대/91.서울대학원

vt. (국외로) 추방하다(=relegate, exile)
• The king banished the young prince. 왕은 어린 왕자를 추방했다.

0542 ostracize
[ɑ́strəsàiz, ɔ́s-]
13.단국대/11.이화여대
12.서울여대

vt. (사람을) 배척하다, (사회적으로) 추방하다(=banish)
• be ostracized by his colleagues 동료들에게 외면당하다
• ostracize the offenders 범죄자들을 추방하다
ⓝ ostracism 추방, 배척(=exclusion)

0543 eunuch*
[júːnək]
14.고려대

n. 거세당한 사람, 내시
• a political eunuch 정치적으로 거세당해 아무런 영향력이 없는 사람
🔘 **maverick** 독불장군, 무소속 정치가 • 낙인찍지 않은 송아지에서 유래
• maverick politicians 무소속 정치인
mugwump 당의 노선에 따르지 않는 정치인; 지지정당이 없는 사람

0544 forsake
[fərséik]
16.중앙대/15.경기대
03-2.계명대/98.효성대
05.고려대

vt. 1. (습관·종교·조국 등을) 버리다(=abandon, leave)
2. (친구·가족 등을) 저버리다
• forsake his faith 그의 신념을 버리다
• forsake a friend in need 곤경에 처한 친구를 저버리다
ⓐ forsaken 버림받은, 버려진(=derelict)

0545 waive
[weiv]
13.가천대/11.단국대
01-2.세종대

vt. 1. (권리·주장 등을) 포기[철회]하다(=concede, forgo)
2. (요구·청구 등을) 보류하다; 미루다; 고려하지 않다
• waive the right to a trial 소송할 권리를 포기하다
• waive the tuition fees 수업료를 받지 않다
ⓝ waiver (권리·요구 등의) 포기; 권리포기증서

0546 schism*
[sízm]
07.중앙대

n. (단체의) 분리, 분열, 분파
• The church seems to be on the brink of schism.
그 교회는 분열 직전에 있다.
ⓐ schismatic 분리적인; (교회) 분리론자
🔘 **chasm**[kǽzm] 깊게 갈라진 폭, 넓은 틈

0547 quarantine
[kwɔ́ːrəntìːn]

n. (전염병 확산을 막기 위한) 격리, 검역
vt. 검역하다, 격리하다
• be in quarantine 검역중이다
🔘 **cordon**[kɔ́rdn] (방역·경계를 위한) 비상 차단선; 교통을 차단하다

☐ expel 권리·자격을 박탈하여 쫓아내다, 퇴학시키다 ➡ R0663
☐ expatriate 권력·법의 힘으로 모국에서 추방하다 ➡ R1656
☐ exile 정치적 이유로 국외로 추방하다 ➡ R0468
☐ banish 벌로서 국외로 추방하다 ◀━
☐ deport 체류권한이 없는 외국인을 국외로 추방하다 ➡ R0496
☐ extrude (압력을 가하여) 밀어내다, 추방하다 ➡ D0856
☐ evict 세든 사람을 쫓아내다, 퇴거시키다 ➡ R0855
☐ ostracize 동료 등이 사람을 따돌리다 ◀━
☐ turn away ⓢ 쫓아버리다, 해고하다 ➡ I06604
☐ kick out ⓢ 쫓아버리다, 해고하다 ➡ I10103

뉘앙스 그만두다, 버리다

☐ quit (학교나 직장을) 그만두다; (장소를) 떠나다 ➡ R2400
☐ abandon (사람·지위를) 버리다, (습관을) 그만두다 ➡ N0042
☐ forsake (조국이나 사람을) 저버리다 ◀━
☐ forswear 맹세코 그만두다, 부인하다 ➡ P0082
☐ renounce (공식적으로 지위, 신념을) 포기하다 ➡ R0882
☐ abjure (공공연히 신념 등을) 버릴 것을 약속하다 ➡ R2554
☐ abdicate (왕위에서) 물러나다, 퇴위하다 ➡ R0875
☐ surrender (자기 것을) 넘겨주다, 항복하다 ➡ R0069
☐ discard (더 이상 필요 없어서) 버리다 ➡ N0570
☐ waive (권리나 주장을) 포기하다 ◀━
☐ yield (영토 등을) 양도하다 ➡ N0167
☐ unlearn 잘못된 지식이나 습관을 버리다
☐ wean 젖을 떼다; (습관을 서서히) 끊게 하다[away, from]

테 마 분리[격리,분할]하다; 분열, 해체

☐ divide 나누다, 분할하다; 분열시키다 ➡ R0765
☐ separate (일반적으로) 분리하다; 헤어지다 ➡ R2320
☐ segregate 주로 인종 차별의 일종으로 격리하다 ➡ N0283
☐ quarantine 검역을 위해 격리하다 ◀━
☐ dissociate 분리하다 → 관계를 끊다 ➡ R0334
☐ disconnect 분리하다 → 연락[전원]을 끊다 ➡ R0260
☐ disjoint (뼈를) 탈구시키다, 관절을 빼다; 해체하다 ➡ R0321
  - disjunction 분리, 분열; 괴리
☐ disengage 연결[접속]을 풀다, 교전을 중지하다 ➡ T0456
☐ break up (부부간에) 헤어지다, 결별하다[with] ➡ I09510
  - breakup 분산; 붕괴, 파괴; 불화; 해산
☐ split 나누다, 분열되다; 쪼개짐, 균열, 파편 → 분열, 분파
  - split up 분열시키다, 분할하다; (남녀가) 헤어지다[with]
☐ disintegrate 분해되다, 산산조각 나다, 붕괴되다
  - disintegration 분해, 붕괴, 분열 ➡ N0100
☐ disunite 분열시키다, 사이를 멀어지게 하다 ➡ P0583
  - disunion 분리, 분열; 내분, 알력, 불화
☐ disorganization 해체, 분열; 혼란; 무조직
☐ sever 자르다, 절단하다; 단절하다 ➡ R1073
  - severance 절단, 분리; (관계 따위의) 단절
☐ cleave[kliːv] (쪼개어) 나누다, 찢다; 고수하다
  - cleavage 쪼개짐, 분열; 가슴골
  - cloven (짐승의 발굽이) 갈라진(=split)
☐ rend[rend] 찢다; 분열시키다; 쪼개지다, 분열하다
  - rent 틈(=crevice) 분열, 불화 • rend asunder 산산조각이 나다
☐ sunder[sΛndər] 분리시키다, 절단하다
  - asunder 따로따로 떨어져, 두 동강이 되어
☐ secede (당·연방·교회 등에서) 탈퇴하다[from] ➡ R0384
☐ dissect 해부하다, 나누다; 분석하다 ➡ R1071
☐ dismember (죽은 동물을) 해체하다, 분할하다 ➡ P0112
☐ fission[fiʃən] 분열; 원자의 핵분열

O551 bestow
[bistóu]
11.중앙대.이화여대

vt. 무상으로 주다, 수여하다[on]
- He graciously accepted the honor bestowed upon him.
  그는 자기에게 수여된 훈장을 정중하게 받았다.

뉘앙스 주다

- [ ] give "주다"의 가장 일반적인 표현
- [ ] donate 자선기관에 기증하다 ☑ R0061
- [ ] contribute (돈 등을) 기부하다, 기여하다 ☑ N0207
- [ ] subscribe (돈의) 기부를 약속하다, 기부하다 ☑ N0980
- [ ] bestow (너그러운 체 또는 존경을 담아) 무상으로 주다 ◀▥
- [ ] present 정식으로 주다, 증정하다, 선물하다 ☑ R1591
- [ ] confer 윗사람이 상, 학위, 자격 등을 부여하다 ☑ R0481
- [ ] grant 요청에 따라서 주다 ◀▥
- [ ] afford (편의 따위를) 제공하다 ☑ N0485
- [ ] provide (주로 유상으로 물건을) 제공[공급]하다 ☑ R0756
- [ ] endow (학교 · 병원 등에) 재산을 증여하다 ☑ R0063
- [ ] dole out (구호품 등을) 조금씩 나누어 주다 ☑ R2465
- [ ] solicit ⓢⓑ for a contribution 기부를 권유하다 ☑ N0672
- [ ] vouchsafe [vautʃséif] (특별한 호의로) 하사하다; 허락하다
  - He vouchsafed to attend the party.
    그분이 파티에 참석해 주셨습니다.

O552 grant
[grænt]

vt. 1. (금품 · 권리 등을) 주다, 수여하다
2. (탄원 · 간청 등을) 들어주다, 승인하다, 허가하다
n. (정부나 단체에서 주는) 보조금
- She spent a very brief time in jail, and was granted amnesty in 1940.
  그녀는 감옥에서 매우 짧은 시간을 보냈고, 1940년에 사면 받았다
📗 take it for granted ~을 당연한 것으로 여기다

O553 sponsor
[spánsər, spɔ́-]
14.아주대

n. (방송 프로그램 · 스포츠 행사 등의) 스폰서, 후원자
vt. 후원하다; (행사를) 주관하다
- an official sponsor of the Winter Olympics 동계올림픽의 공식 후원사

테 마 후원자

- [ ] supporter 일반적 지지자, 후원자, 보좌역 ☑ R0499
- [ ] patron (예술가 · 자선 사업의) 후원자; 단골손님 ☑ R1657
- [ ] benefactor (학교 · 병원 · 자선 기관의) 후원자 ☑ R0606
- [ ] sponsor (방송 프로그램 · 스포츠 행사 등의) 스폰서 ◀▥
- [ ] promoter (예술 공연 · 스포츠 행사 등의) 기획자 ☑ D0256
- [ ] backer 후원자, 경매에서 돈을 건 사람

O554 eleemosynary*
[èlimásənèri]

a.n. 자선적인, 자선의; 구호를 받는 사람
- eleemosynary institution 자선 시설

테 마 자비로운, 자선의; 자선단체

- [ ] charity 박애; 자선; (pl.) 자선사업, 자선단체 ☑ R1408
  - charitable 자선의, 자비로운, 관대한
- [ ] beneficent 자선심이 많은, 인정 많은 ☑ D0044
- [ ] benefactor (학교 · 병원 등의) 후원자, 기부자 ☑ R0606
- [ ] philanthropic 자선의, 인정 많은, 박애의 ☑ N0846
  - philanthropist 박애주의자; 자선가 ☑ D0846
- [ ] generous 아끼지 않고 잘 베푸는, 관대한 ☑ R1607
- [ ] munificent 대단히 후한, 손이 큰 ☑ R0076

O555 philistine
[fíləstiːn]
16.고려대/13.단국대
05.경희대

n. (미술 · 문학 · 음악 등을 모르는) 교양 없는 사람, 속물
- The conference is full of philistines who care only for money and nothing for culture and the arts.
  그 회의에는 문화나 예술에는 전혀 관심도 없고 오로지 돈만 밝히는 속물들로 가득하다.

O556 snob
[snab]
05.경희대

n. 고상한 체하는 사람, 속물
- She is a snob who often feels herself superior to others.
  그녀는 종종 자신이 다른 사람들보다 우월하다고 생각하는 속물이다.
ⓝ snobbery 속물근성
ⓐ snobbish 속물의
📗 worldling (물질적인 부분에만 관심을 가지는) 속물
Babbitt 교양 없는[돈벌이만 생각하는] 사람

0561 renowned
[rináund]
15.서울여대/13.경찰2차
97.세종대

a. 유명한, 명성 있는(=celebrated, high-profile)
- a world renowned pianist 세계적으로 유명한 피아니스트
- be renowned for its quality 그것의 질로 유명하다
ⓝ renown 명성(=fame, repute, reputation)

0562 high-profile
[hai-próufail]
15.서울여대

a. 세간의 이목을 끄는(=renowned)
- a very high-profile issue 세간의 미목을 끈 사건
関 profile 옆얼굴, 옆모습; 인물소개

0563 screen
[skri:n]
01.행정고시/99.서울여대

vt. ~이 ~을 가리다; 차단하다; 지키다; 심사하다
n. 방충망; 체, 여과기(=filter); (영화의) 스크린
- The hotel was screened by a block of flats.
  그 호텔은 한 채의 아파트에 가려져 있었다.

동의어 눈에 띄는; 저명한

☐ famous 유명한 ↔ infamous 악명 높은 ◘ N0530
☐ notable 주목할 만한; 유명한; 중요한 ◘ R1425
☐ noted 유명한, 저명한, 주목할 만한 ◘ R1425
☐ noticeable 눈에 띄는, 주목할 만한 ◘ R1428
☐ eminent (학문 등에서) 저명한 ◘ N0537
☐ prominent 돌출된; 저명한, 탁월한 ◘ N0538
☐ prestigious 명망 있는, 일류의 ◘ R1193
☐ distinguished 유명한, 저명한; 현저한 ◘ D0096
☐ celebrated 유명한, 저명한 ◘ D0539
☐ illustrious (업적 등이) 빛나는, 저명한 ◘ R1485
☐ lustrous 광택 있는; 훌륭한, 저명한 ◘ R1484
☐ conspicuous 눈에 잘 띄는, 현저한, 저명한 ◘ N0153
☐ remarkable 주목할 만한, 비범한 ◘ R0975
☐ marked 뚜렷한, 현저한 ◘ R0971
☐ outstanding 눈에 띄는, 걸출한 ◘ R0181
☐ well-known 유명한, 잘 알려진
☐ striking 이목을 끄는, 두드러진, 인상적인 ◘ R1161
☐ big-name 일류의, 저명한
☐ splendent [spléndənt] 번쩍이는, 빛나는; 훌륭한, 저명한
☐ sterling [stə́ːrliŋ] 진정한, 훌륭한, 권위 있는;
  (영국화폐) 파운드의

0564 stain
[stein]
16.경기대/92.행자부7급

v. 오염시키다; (명예 등을) 더럽히다(=taint); 더러워지다
n. 얼룩, 때; 오점, 흠
- stain the teeth 치아를 변색시키다
- take out a stain 얼룩을 빼다
関 stainless 때 끼지 않은; 녹슬지 않는

0565 taint
[teint]
16.경기대
07.동덕여대,서울여대

vt. 오염시키다; (명예 등을) 더럽히다(=stain)
n. 오점, 오명
- tainted with deadly toxin 치명적인 독성 물질로 오염되다
関 taintless 더러워지지 않은, 깨끗한

0566 blemish
[blémiʃ]
06.아주대/04-2.고려대

vt. 흠집을 내다; (명성·인격 등을) 더럽히다
n. 오점, 결점; 흠
- hide a skin blemish 피부의 결점을 숨기다
ⓥ blame 나무라다, 비난하다

0567 smudge
[smʌdʒ]
14.아주대

vt. 1. (잉크·페인트를 문질러) 번지[게 하]다(=smear, blemish)
2. (더러운) 자국[얼룩]을 남기다
n. (더러운) 자국, 얼룩
- Catherine was crying and her mascara had smudged.
  캐더린은 울고 있었고 그녀의 마스카라가 얼룩져 있었다.
関 smear 마구 바르다; 문질러 못 알아보게 하다; 비방하다
  (기름기 등의) 얼룩; 비방

0568 besmirch*
[bismə́ːrʧ]
06.고려대

vt. 더럽히다, 변색시키다; (명예 등을) 손상시키다(=defile)
- try to besmirch his reputation 그의 평판을 손상시키려 하다
関 smirch (명성 등을) 더럽히다; 흠, 오점(=stain)

0569 blur
[bləːr]
12.중앙대/06.고려대

n. 얼룩(=smear); (도덕적인) 오점
vt. 흐리게 하다, 더럽히다
- There was a large blur in one corner of the painting.
  그림의 한쪽 모서리에 큰 얼룩이 있었다.
관 blear (눈이 눈물로) 흐린, 침침한
06.고려대

0569(1) vitiate*
[víʃièit]
07.동국대

vt. (효과를) 떨어뜨리다, 망치다(=spoil); 무효로 하다
- Changes at this point may actually vitiate the entire system.
  이 시점에서의 변경은 전체 체계를 망칠지도 모른다.

동의어 더럽히다, 얼룩지게 하다

☐ pollute 더럽히다, 오염시키다; 타락시키다 ◘ T1601
☐ corrupt 타락시키다, 매수하다; 타락한 ◘ N0686
☐ contaminate 더럽히다, 오염시키다 ◘ R0348
☐ tarnish (명예를) 더럽히다; 흐려지다 ◘ N0503
☐ defile (신성한 것이나 명예 등을) 더럽히다 ◘ R1665
☐ disgrace (이름을) 더럽히다; 불명예 ◘ R2417
☐ dishonor 명예나 평판을 더럽히다; 불명예 ◘ T0984
☐ discolor [diskʌ́lər] 색상이 흐려지다, 빛이 바래다
☐ blotch [blɑʧ, blɔʧ] (잉크 등의) 얼룩, 반점; 얼룩지게 하다
☐ blot [blɑt, blɔt] 잉크의 얼룩; 흠, 오점; 명예를 더럽히다
☐ soil [sɔil] 때 묻히다, 더럽히다; 더러워지다; 흙, 땅, 토질

057 [테마] 주거와 거주

O571 abide
[əbáid]
03-9.경찰/95.성균관대
16.서강대/96.가톨릭대

vt. 머무르다, 체재하다, 살다(=dwell)
vt. (부정·의문문에서) 참다, 견디다(=stand, bear)
- abide in a small village 작은 마을에 살다
- I can't abide that man. 저 사람은 질색이야.
ⓐ abiding 지속적인, 불변의(=enduring); 변함없는(=staunch)
ⓝ abidance 체제, 거주
🔳 abide by 1. (약속 등을) 지키다, 고수하다(=stick to)
　　　　　 2. (결정·규칙에) 따르다, (결과 따위를) 감수하다

O572 dwell
[dwel]
06.영남대

vi. 1. ~에 살다, 거주하다[in](=abide)
　　 2. (마음 등에서) 머무르다, 곰곰이 생각하다[on]
* dwell on ~을 (곰곰이) 생각하다(=contemplate): 머뭇거리다
- dwells in the country 시골에 거주하다
ⓝ dweller 거주자, 주민 dwelling (자신이) 사는 집, 거처; 주택

O573 abode
[əbóud]
14.중앙대

n. 거주지, 집; 주소; (장기) 체류
- with no fixed abode 일정한 주거지가 없는
- live in a humble abode 초라한 집에 살다

O574 colony
[kάləni, kɔ-]
97.고려대학원

n. 1. 식민지; (직업·관심사 등이 같은 사람들의) 정착촌
　　 2. (동일 지역에 서식하는 동·식물의) 군집
- Australia is a former British colony. 호주는 영국의 이전 식민지이다.
- form a new colony 새로운 군집을 이루다
ⓝ colonialism 식민주의, 식민 정책

O575 denizen
[dénəzən]
05-2.단국대

87.행정부7급

n. (특정 지역에 사는) 사람이나 생물, 주민(=dweller)
- denizen of the village 그 마을의 주민
- the denizens of the forest 숲에 사는 생물들
ⓝ denizenship 영주권, 공민권
🔳 citizen (시민권을 가진) 시민, 국민; 민간인(=civilian)
- citizenship 시민권

O576 lodge
[lɑdʒ, lɔdʒ]

12.홍익대

n. 1. 조그만 집, 오두막; (행락지 등의) 여관, 소규모 별장
　　 2. (공제 조합·비밀 결사 등의) 지부
　　 3. (동물, 특히 비버의) 굴
v. 1. (일시적으로) 재워주다; 묵다, 머무르다
　　 2. (은행에 돈을) 예치시키다
　　 3. (고소장·신고서 등을) 제출하다, (이의 등을) 제기하다
- lodge at a hotel 호텔에서 묵다
- lodge complaints anonymously 익명으로 항의를 제기하다
🔳 dislodge 이동시키다, 몰아내다; (지위에서) 쫓아내다

O577 burrow
[bə́:rou]
10.홍익대/06.성균관대
97.고려대학원/92.경기대

n. (여우·토끼 등의) 굴(=hole)
v. 1. 굴을 파다; 잠복하다
　　 2. 뒤지다, 샅샅이 찾다[in/into]
- Ground squirrels in the western United States live in underground burrows. 미국 서부에서 서식하는 얼룩 다람쥐는 땅속 구멍에서 산다.
- He burrowed into the pile of charts feverishly.
　그는 열정적으로 진료기록 더미를 꼼꼼히 조사했다.
🔳 bureau [bjúərou] 〈미〉 (관청의) 국(局) cf.〈영〉 department
- FBI(Federal Bureau of Investigation) 연방 수사국

뉘앙스 숙박하다, 거주하다

☐ **put up at** (호텔 등에 일시적으로) 묵다 🔁 I04411
☐ **stay over** 하룻밤을 묵다, 외박하다
☐ **sojourn** (집을 떠나 다른 곳에서) 일시 체류하다 🔁 N0561
☐ **accommodate** (지낼 공간을) 제공하다, 숙박시키다 🔁 N0565
☐ **lodge** (일시적으로) 재워주다 ◀▥
☐ **billet** [bílit] (전시에 군인들을 민간인의 집에) 숙박시키다
☐ **reside** (특정한 곳에) 거주하다
☐ **abide / dwell** 거주하다[in] ◀▥

테 마 거주, 거처, 주소

☐ **residence** (특히 크고 좋은) 대저택; 거주 🔁 R0216
☐ **abode** (문어 또는 익살스럽게) 사는 곳 ◀▥
☐ **dwelling** (자신이) 사는 집, 거처; 주택 ◀▥
☐ **domicile** (공식적이고 법적인) 주소 🔁 R1673
☐ **address** (편지를 받을) 주소 🔁 R1419

테 마 거주자, 시민, 원주민

☐ **denizen / dweller** 특정 장소에 사는 사람이나 동식물 ◀▥
☐ **inhabitant** 특정 장소에서 사는 사람이나 동식물 🔁 N0388
☐ **resident** 특정지역에 거주하는 사람 🔁 R0216
☐ **citizen** 특정 국가의 시민권을 가진 시민이나 국민
☐ **native** 원래 그 지역에 살던 토착민이나 자생종 🔁 R1612
☐ **aborigine** 원주민, 토착민; (pl.) 토착 동식물 🔁 R1714
☐ **naturalized citizen** 다른 나라에서 귀화해 온 사람
☐ **exotic animal** 외래 동물

테 마 오두막집, 통나무집

☐ **lodge** 조그만 오두막집; 소규모 별장; 여관 ◀▥
☐ **cottage** [kάtidʒ] 시골집, 작은 집; (교외의) 작은 주택
☐ **hut** [hʌt] (통나무) 오두막; 산장, 임시 막사
☐ **cabin** [kǽbin] (통나무) 오두막집; (배의) 선실, 객실
☐ **shack** [ʃæk] 판잣집, 오두막집, 통나무집
☐ **shanty** [ʃǽnti] 오두막집, 판잣집; 선술집
☐ **bungalow** 방갈로/(베란다가 붙은 간단한 목조 단층집)
☐ **pension** 하숙집, 하숙식 호텔; 기숙학교
☐ **hovel** [hʌ́vəl] 가축우리, 헛간, 오두막집(=hut), 누옥; 광
☐ **barn / shed** 헛간, 가축우리

테 마 동물의 집

☐ **hive** [haiv] 꿀벌통; 활동의 중심지
☐ **nest** [nest] (새·곤충 등의) 둥지, 보금자리
☐ **den** [den] (야수가 사는) 굴; 도둑의 소굴; 서재 🔁 T0102
☐ **lair** [lɛər] (들짐승의) 굴, 도둑의 소굴
☐ **burrow** (여우나 토끼 등이) 땅 밑에 파놓은 굴 ◀▥
☐ **warren** [wɔ́rən] 토끼 사육장, 토끼굴; 빽빽이 들어선 곳

고급 어휘
☐ **nestle** [nésl] **vi.** 1. 편안하게 드러눕다
　　　　　　　　　 2. (집이 아늑한 곳에) 자리 잡다
　　　　　　vt. 따뜻이 안다[눕히다]
- She hugged him and he nestled against her chest.
　그녀는 그를 꼭 껴안았고 그는 그녀의 품속에 파고들었다.

[테마] 건물과 보수

O581 **portal**
[pɔ́:rtl]
02.고려대

n. 1. (으리으리한) 정문, 입구; (인터넷) 포털사이트
2. (pl.) 시작, 발단(=beginning)
• at the portals of happiness 행복의 입구에서

O582 **ramshackle**
[ræ'mʃæ,kəl]
05.동국대

a. (집 등이) 쓰러져 가는, 넘어질 듯한(=crumbling)
• look ramshackle, like a haunted house
유령이 나오는 집처럼 금방이라도 쓰러질 것처럼 보이다.
🔁 **rickety**[ríkiti] 낡아빠진, 곧 무너질 것 같은

O583 **crumble**
[krʌ́mbl]
01-2.인천대
05.동국대

v. (빵 등을) 가루로 만들다; 산산이 무너지다
• The earthquake made the wall sink and start to crumble.
그 지진으로 벽이 가라앉고 무너지기 시작했다.
ⓐ crumbling 무너질 듯한(=ramshackle)
ⓝ crumb 작은 조각, 빵 부스러기; 파편
🔁 **pulverize**[pʌ́lvəràiz] 가루로 만들다, 부수다; 부서지다
- pulverization 분쇄

O584 **refurbish**
[ri:fə́:rbiʃ]
16.서강대
12.한국외대

v. 새로 꾸미다, 새단장하다(=restore)
• refurbish an old rundown hotel
오래된 허름한 호텔을 새단장하다
🔁 **refurb** 리퍼브(반품된 제품을 다시 손질해 싼 값에 파는 것)
retrofit (구형장치에 새 부품을) 새로 장착하다, 설비를 개량하다

O585 **revamp**
[rivæ'mp]
15.명지대/10.지방직7급
97.서울시립대

vt. (더 보기 좋도록) 개조[수리]하다(=renovate, revise)
• She is revamping her resume to make it seem more impressive.
그녀는 자신의 이력서가 더 인상적으로 보이도록 다시 고치고 있다.

O586 **ameliorate**
[əmíːljərèit]
10.강남대,경기대
06.경기도7급

v. 개량하다, 개선하다(=improve); 좋아지다
• ameliorate the situation 상황을 개선하다

테 마 입구, 현관, 복도

- ☐ porch[pɔ:rtʃ] 밖으로 지붕을 낸 현관, 입구
- ☐ portico[pɔ́:rtəkòu] 기둥으로 받쳐진 현관
- ☐ portal 특히 우람한 건물의 정문; 입구 ◀
- ☐ parvis[pɑ́:rvis] 교회·사원의 앞뜰[현관]
- ☐ hallway 빌딩 등의 현관; 복도
- ☐ doorway 문간, 현관, 출입구
- ☐ door (문짝이 달린) 출입구; 문
- ☐ corridor 복도, 회랑
- ☐ lobby 휴게실·응접실로 사용되는 현관의 홀

테 마 건물의 구성 부분

- ☐ 주춧돌, 초석 footstone, foundation stone
- ☐ 기둥 pillar, post, pole, column
- ☐ 건물의 외벽 outer wall
- ☐ 지하실 basement, cellar
- ☐ 층 story, floor • second floor 2층
- ☐ 지붕, 옥상 roof, rooftop, housetop
- ☐ 복도 corridor, passage, hallway
- ☐ 계단 stairway, stairs

고급 어휘
- ☐ silo[sáilou]
  n. 1. 유도탄 지하 격납고
  2. 곡물을 저장하는 탑 모양의 건축물
- ☐ alcove[ǽlkouv]
  n. 큰 방에 딸린 작은 골방, 우묵한 곳

뉘앙스 새롭고 좋게 만들다; 수리하다

- ☐ innovate 새로운 사상이나 물건을 도입하다 ▣ D0820
- ☐ renovate 낡은 건물 등을 청소·보수·개조하다 ▣ D0820
- ☐ refurbish 건물이나 방 등을 청소하거나 새로 장식하다 ◀
- ☐ revamp 외관을 개선하기 위해 모양을 바꾸다 ◀
- ☐ remodel 건물의 모양이나 구조를 바꾸다, 개조하다
- ☐ refit 배 등을 수리, 개장하다
- ☐ reform 제도 등을 개혁[개선]하다 ▣ R0642
- ☐ renew 새롭게 하다; 계약을 갱신하다 ▣ P0393
- ☐ turn over a new leaf 생활을 일신하다 ▣ I06609
- ☐ mend 작은 구멍 등을 간단히 수선하다 ▣ R2304
- ☐ repair 시계·자동차·기계류 등을 수리하다(=fix)
- ☐ patch ~에 천조각을 대고 깁다 → 수선하다

[테마] 장소와 위치

O591 **scene**
[si:n]
13.홍익대/06.울산시9급
96.입법고시

n. 1. (범죄나 사고 등이 일어난) 현장
2. (특정한 일이 벌어지는) 장면; (연극·영화의) 장면
3. (연극의) 무대; 배경(=backdrop)
4. 남부끄러운 꼴, 소동
• crime scene investigation 범죄 현장 조사(CSI)
ⓝ scenery (한 지방 전체의) 풍경; 무대 배경
🔁 have[make] a scene (특히 공공장소에서) 싸우다 ⊃ IO4325
make the scene 〈속어〉 (특수한 장소에) 나타나다 ⊃ IO4325
behind the scenes 무대 뒤에서, 막후에서; 남몰래
on the scene 현장에, 그 자리에
steal the scene 〈구어〉 주의를 딴 데로 돌리게 하다
split the scene 돌아오다

뉘앙스 장소, 위치; 지역; 구역

- ☐ place 특정한 장소를 나타내는 가장 일반적인 말 ▣ R0166
- ☐ spot 특정한 지점, 사고 등의 현장 ▣ N0502
- ☐ scene 범죄나 사고 등이 일어난 현장 ◀
- ☐ location 특정한 일이 일어난 장소, 야외 촬영지 ▣ R0161
- ☐ site (건물·도시 등이 있거나 들어설) 위치 ▣ R1001
- ☐ district[dístrikt] (행정·사법·선거·교육의) 행정구, 지구
- ☐ section 특히 도시 등의 구역, 지구 ▣ R1072
- ☐ territory 특정한 나라의 영해를 포함한 영토 ▣ R2190
- ☐ region 명확한 한계가 없는 광대한 지방, 지역 ◀
- ☐ zone 확실한 특징이 있는 경계가 명확한 구역
- ☐ belt / strip 어떤 지역적 특징을 갖는 가늘고 긴 지역
- ☐ area 경계가 애매하고 분명치 않은 지역

0592 regional
[ríːdʒənl]
99.명지대

a. 지방의, 지역의(=local) ; 국부적인
- regional governments 지방정부들
- regional anesthesia 국부 마취
ⓝ region 지방, 지역; 범위, (신체) 부위

0593 enclosure
[inklóuz]
⊃ R1383

n. (울타리로) 둘러싼 땅, 구내; 동봉, 포위
- within the enclosure of the school 그 학교의 구내에
ⓥ enclose 에워싸다, 둘러싸다; 동봉하다

0594 spacious
[spéiʃəs]
07.경원대
13.세종대

a. (방이나 공간이) 널찍한(=roomy)
- The rooms were spacious, with tall windows and high ceilings.
  창문이 크고 천정이 높은 그 방은 널찍했다.
🔄 roomy[rúːmi] 널찍한

0595 spatial
[spéiʃəl]
11.고려대/99.행자부9급
94.서울대학원

a. 공간의, 공간적인; 장소의, 우주의
- the design of the spatial arrangement of the production system
  생산체계의 공간 배열에 대한 설계
🔄 space 공간, 우주, 장소

0596 edge
[edʒ]
92.연세대학원

n. 1. 가장자리, 모서리, 끝, 언저리
  2. (날붙이의) 날
  3. 우세, 유리(=advantage)
🔳 on edge 긴장된, 초조한(=nervous, irritable) ⊃ I00403
  on the edge of ~의 가장자리에; ~의 직전에 ⊃ I00403
  cutting-edge (기술이나 제품 등이) 최첨단의 ⊃ I09305
  get the edge on ~에 이기다(=win over), 조금 우세하다 ⊃ I03804

0597 brink
[briŋk]
11.성신여대/02-2.숙명여대
95.효성대

n. 1. 가장자리, 가, 끝, 언저리 (=edge, verge)
  2. 위기, 중대한 국면; (~할) 찰나
🔳 on the brink[edge, verge] of ~의 직전에 ⊃ I00404
- on the brink of collapse 붕괴 직전에
🔄 blink (눈을) 깜빡거리다; (불빛이) 깜빡이다 ⊃ T0117

0598 border
[bɔ́ːrdər]
92.연세대학원

v. 1. 접경하다, 접하다; 인접하다[on]
  2. (좋지 않은 성질인) ~에 아주 가깝다[on]
n. 가장자리, 경계, 국경
- border on madness 광기에 가깝다
ⓐ bordering 경계를 서로 맞대고 있는, ~에 가까운[on]

0601 exodus
[éksədəs]
⊃ R2125

n. 1. (많은 사람들이 한꺼번에 하는) 탈출[이동, 이주](=departure)
2. 〈성서〉 출애굽기
• a mass exodus of refugees into neighbouring countries
이웃나라로의 난민의 대량 탈출

0602 oust
[aust]
12.아주대/07.상명대

vt. (일자리·권좌에서) 몰아내다[from](=depose)
• be ousted from power 권좌에서 축출되다

0603 nomadic
[noumǽdik]
17.가톨릭대/14.항공대
11.경기대

a. 1. 유목의, 유목민의
2. 방랑(생활)의(=roving, migratory)
• a nomadic tribe 유목민
• live a nomadic life 유랑생활을 하다

15.숙명여대

ⓝ nomad[nóumæd] 유목민, 유목민족, 떠돌이
ⓥ nomadize 유목생활을 하다; 방랑하다
⊞ sedentary 정착해 있는, 앉아서 일하는 ⊃ NO150

0604 hover
[hʌ́vər, hóvər]
05.서울여대

vi. (새·헬기 등이) 공중을 맴돌다; 배회하다; 망설이다
• Seagulls hovered over the surging waves.
갈매기들이 물결치는 파도 위를 맴돌았다.
ⓝ hovering 호버링(헬리콥터가 공중에 정지해 있는 상태)

0605 prowl
[praul]
09.상명대/05.성균관대

vi. 1. (먹이·범행대상을 찾아) 돌아다니다(=hunt)
2. 배회하다(=move around)
• prowl the streets 거리를 배회하다

0606 loaf*
[louf]
03.경기대

vi. 빈둥거리다, 어슬렁거리다
n. 빵 한 덩어리
• a loaf of bread 식빵 한 덩이

0607 gallivant*
[gǽləvænt]
16.홍익대

vi. (신나서) 여기저기 돌아다니다(=roam)
• go gallivanting 건들거리며 돌아다니다

0608 stroll
[stroul]
10.명지대

vi. 한가로이 거닐다, 산책하다; (정처 없이) 떠돌다
n. 산책
• stroll around the park 공원을 거닐다

0609 saunter*
[sɔ́:ntər]
15.한국외대

vi. 거닐다, 산보하다; 빈둥거리다(=loiter)
n. 산책
• saunter through life 빈둥거리며 일생을 보내다

테마 퇴거, 주거이동

- ☐ move out 이사해 나가다
- ☐ remove 이동하다, 이사하다[to]
- ☐ evict (세든 사람을 법적 절차에 의해) 퇴거시키다 ⊡ R0855
- ☐ evacuate 집을 비우다, (위험지역에서) 대피하다 ⊡ N0387
- ☐ dislodge 강제로 이전시키다 ⊡ T0576
- ☐ exodus (많은 사람들의 집단) 출국, 이주 ◀▥
- ☐ oust (권좌에서) 쫓아내다 ◀▥

테마 이민과 이주

- ☐ immigration office 출입국 관리 사무소, 이민국
- ☐ visa (입출국의 허가를 표시하는) 사증, 비자
- ☐ passport 여권, 패스포트; 통행증
- ☐ illegal immigrant 불법 체류자
- ☐ cross a frontier 국경을 넘다
- ☐ greenhorn 〈속어〉 갓 이민 온 사람
- ☐ consulate[kánsəlit] 영사관
- ☐ naturalization 귀화
- ☐ acquire citizenship 시민권을 얻다
- ☐ permanent residency 영주권

테마 여기저기 떠도는 사람

- ☐ gypsy 집시같이 생활하다; (G~) 집시
- ☐ vagabond[vǽgəbànd] 방랑자, 부랑자 ⊡ R2130
- ☐ hobo[hóubou] 부랑자; 뜨내기 일꾼
- ☐ rover[róuvər] 유랑자; 입석 손님
- ☐ nomad 유목민, 떠돌이 ◀▥
- ☐ tramper 도보여행자; 부랑자 ⊡ T0072
- ☐ bird of passage 철새(=migratory birds); 뜨내기
- ☐ peregrine[pérəgrin] 송골매; 외지 체류자; 방랑하는

테마 거닐다, 산책하다; 방랑하다

- ☐ roam 돌아다니다, 거닐다, 방랑하다 ⊡ N0563
- ☐ amble 느릿느릿 걷다(=stroll) ⊡ R0451
- ☐ ramble (어슬렁어슬렁) 거닐다; 산책하다 ⊡ R0452
- ☐ rove[rouv] 헤매다, 배회하다, 유랑하다; 배회, 유랑
  - roving 이동해 다니는, 방랑하는
- ☐ stride 큰 걸음으로 걷다; 활보하다 ⊡ T0073
- ☐ tramp 터벅터벅 걷다; 도보로 여행하다; 유랑하다 ⊡ T0072
- ☐ airing 외출, 산책, 바람 쐼
- ☐ promenade 산책(하다); 무도회 ⊡ R1360
- ☐ meander[miǽndər] 정처 없이 헤매다; 굽이쳐 흐르다

0611 rural
[rúərəl]
07.중앙대/92.명지대

a. (도시와 비교하여) 시골의(=bucolic); 농업의
• live in rural areas 시골지역에 살다
ⓝ ruralist 농촌생활자
⊞ urbane 도시풍의; 세련된 ⊃ NO910

테마 시골의, 지방의, 농업의 ↔ 도시의

- ■ boorish[búəriʃ] 촌티 나는, 상스러운, 버릇없는
  • a boorish girl 촌뜨기 같은 여자
  - boor 촌뜨기, 무례한 사람
- ☐ provincial (수도에 대하여) 지방의; 시골풍의, 편협한
  - province 지방; 주
- ☐ churlish[tʃə́:rliʃ] 농부의; 야비한, 천한
  - churl 시골뜨기; 비천한 사람
- ☐ agrarian[əgréəriən] 농업의; 농지의, 토지의; 농민의
  - agricultural 농업의, 농사의, 농학상의
- ■ townish[táuniʃ] 도시의; 도시 특유의; 도시풍의

0612 bucolic
[bjuːkálik,-kɔ́l-]
11.단국대/07.중앙대

a. 목가적인, 시골풍의, 소박한(=rural, rustic)
n. 목가, 전원시
• The meadow was the scene of bucolic gaiety.
그 목초지는 목가적 유쾌함의 풍경이었다.

0613 pastoral
[pǽstərəl]
92.명지대

a. 1. 목가적인, 시골의(=rural or rustic)
　2. 양치기의, 목회자의
• the charm of pastoral scenery 목가적인 풍경의 매력
ⓝ pastor 목사, 사제

0614 idyllic*
[aidílik]
13.서강대

a. 목가적인, 전원풍의, 한가로운(=very peaceful)
• an idyllic life 목가적인 생활
🔁 arcadian 목가적인(=idyllic), 목가적 이상향의
　sylvan[sílvən] 숲의; 목가적인

0615 rustic
[rʌ́stik]
11.단국대/92.명지대

a. 시골특유의, 소박한(=pastoral, bucolic); 무례한
• the rustic charms of a country lifestyle 시골 생활양식의 소박한 매력들

0616 uncouth
[ʌnkúːθ]
15.단국대/96.고려대학원
05.세종대

a. (언동이) 세련되지 않은(=indecorous), 무례한(=rude)
• the spruce clerks and uncouth sailors
단정한 점원들과 무례한 선원들
🔁 couth 예의 바른, 세련된(=urbane)

□ civic[sívik] 시의, 도시의; 시민의
□ metropolitan 수도의, 대도시의; 도시적인; 도시인
　- metropolis 수도; 중심지, 주요 도시
□ municipal[mjuːnísəpəl] 자치 도시의, 시(市)의, 시영의

고급 어휘
□ raffish[rǽfiʃ]
　a. (사람의 행동·옷 등이) 자유분방한; 저급한
　• a raffish rocker 자유분방하게 사는 로커

062　　[테마] 음식과 식당

0621 taste
[teist]
11.홍익대

02.덕성여대
01.전남대
87.법원직

14.한양대

n. 맛, 풍미(=savour); 입맛; 기호, 취향
v. 맛보다, 경험하다; ～의 맛이 나다
• a very salty taste 매우 짠 맛
ⓐ tasteful 고상한, 우아한
🔲 in good taste 점잖은(=polite), 격조 높은, 멋있는
　taste good 좋은 맛이 나다
　to one's taste 성미(기질, 취향)에 맞는
🔁 distaste[distéist] 불쾌감, 혐오감, 싫음
　- distasteful 싫은, 불쾌한, 맛없는
　tasteless 아무런[전혀] 맛이 없는, 무맛인
🔁 brackish 소금기 있는(=salty); 맛없는, 불쾌한

0622 potable
[póutəbl]
⊃ R1574

a. 물이 마시기에 알맞은(=drinkable)
n. (보통 pl.) 음료(=beverage), 술(=liquor, booze)
• The water in the jar is potable.
이 병에 있는 물은 마실 수 있다. *jar 병, 단지

0623 edible
[édəbl]
⊃ R1563

a. 먹을 수 있는, 식용에 알맞은(=eatable)
n. (pl.) 식료품(=comestibles)
• an edible mushroom 식용버섯
ⓝ edibility 식용으로 알맞음, 먹을 수 있음
🔁 inedible 먹을 수 없는, 식용으로 부적합한

0624 diet
[dáiət]
06.국가직9급/02.서강대

n. 1. 일상의 음식물; 식생활, 식습관
• It's never too late to improve your diet.
식생활 개선은 늦는 법이 없다.
　2. (치료·체중 조절을 위한) 규정식; 식이요법
• Have you been on a diet? You're lost a lot of weight.
다이어트를 했니? 살이 많이 빠졌네.
　3. (워낙 많이 보고 경험해서) 지긋지긋한 것, 매번 나오는 것
• a steady diet of violence and stupidity on television
텔레비전에 지겹도록 나오는 폭력과 어리석음

테 마　음식물, 식품, 식량, 먹이

□ food 먹거리, 음식의 가장 보편적인 말
□ provision 주로 비축해 둔 식량, 저장품 ☑ R0756
□ ration 배급된 식량(군대에서 하루치 정량) ☑ R2238
□ victual / vittle[vítl] (pl.) 음식물, 양식
□ viand[váiənd] 식품, (pl.) 음식물, 진수성찬
□ prey 육식동물의 먹이 ☑ D0850
□ feed 가축의 먹이, 사료; (구어) 식사 ☑ I125
□ fodder 여물　forage 목초

테 마　마실 것(음료, 주류)

□ soda 소다수 (soda pop: 사이다)
□ soft drink 청량음료(=cooling water)
□ cordial 알코올이 없는 과일주스에 물을 탄 달콤한 음료
□ liquor 독주, 증류주
□ spirits 증류주, 화주(매우 도수가 높은 술)
□ highball 위스키에 소다수 따위를 섞은 음료
□ booze 〈구어〉 (종류를 가리지 않고 일반적으로) 술
　* hit the booze 술을 마시다

고급 어휘
□ repast[ripǽst]
　n. 식사(=meal), (한 번의) 식사량(=portion)
　• a light repast 가벼운 식사　• a dainty repast 성찬
□ regimen[rédʒəmən]
　n. (건강을 유지하기 위한) 식이요법
　• a strenuous training regimen 고강도 훈련 요법
　🔁 regiment (군대의) 연대　regime 제도, 정치 체제
□ brunch[brʌntʃ]
　n. 〈구어〉 늦은 아침 식사(breakfast+lunch)
　• take[have] brunch 늦은 아침 식사를 하다
□ ambrosia[æmbróuʒə]
　n. (그리스신화) 신들의 음식, 맛이 매우 좋은 음식
□ calorific[kælərifik]
　a. 열의, 열을 발생하는(=heat-producing)
　ⓝ calorie 칼로리, 열량　ⓐ caloric 열의, 고칼로리의

O625 buffet
[bəféi, bú-]
17.인하대

n. 1. 뷔페; 간이식당; (서랍달린) 찬장(=sideboard)
　2. 타격(=blow)
v. 강타하다, 때려눕히다; 뒤흔들다
- buffet the waves 파도와 싸우다
- be buffeted by political upheaval 정치적 격변에 뒤흔들리다

테 마 | 음식점

- □ restaurant 요리점, 레스토랑; (큰 호텔 따위의) 식당
- □ cafeteria 간이식당(snack bar), 구내식당
- □ bistro (편안한 분위기의) 작은 식당
- □ canteen 부대 내 매점; (공장·학교 등의) 구내식당; 식기
- □ buffet (열차 등의) 간이식당; 뷔페
- □ mess hall 군대의 식당
- □ kiosk (신문, 음료 등을 파는 길거리) 매점; 광고탑

▌063　[테마] 음식재료와 요리

O631 gastronomy*
[gæstránəmi]
17.중앙대

n. 요리법(=recipe); 미식학(=gourmandism)
- Gastronomy is the activity and knowledge involved in preparing and appreciating good food.
　미식학은 좋은 음식을 준비하고 음미하는 행위와 지식이다.

🔑 culinary[kjúːlənèri] a. 요리용의, 주방의
- the culinary art 요리법

테 마 | 요리하는 방법

- □ grill / broil 석쇠로 고기를 굽다
- □ roast 오븐에 굽다
- □ simmer / stew (약한) 불로 끓이다
- □ boil 끓는 물에 삶다
- □ steam 증기로 찌다
- □ parch 볶다, 굽다(=roast), 태우다(=scorch), 말리다
- □ singe / scorch / sear 고기 등의 표면을 그슬리다

O632 desiccated
[désəkèitid]
10.국회직8급

a. 건조한, 말린(=dry), 분말의
- desiccated fruits 말린 과일들
ⓥ desiccate 건조시키다, (음식물을) 말려서 보관하다

O633 seasoning
[síːzəniŋ]
98-2.동덕여대

n. 양념, 조미료(=condiments, spice)
- Taste the soup and adjust the seasoning.
　수프의 간을 보고 양념을 조절해라.

🔑 seasoned 경험 많은, 노련한(=adroit) *여러 계절을 거친
🔑 condiment[kándəmənt] (주로 pl.) 조미료, 양념
　spice[spais] 향신료, 양념

테 마 | 물기를 없애다

- □ evaporate (액체를 기체로) 증발시키다 ☑ R1557
  - vaporize 증발시키다, 기화시키다 ☑ R1556
- □ dehydrate (빨래를) 탈수하다, (음식을) 건조시키다 ☑ R2161
  - dehydration 탈수, 건조; 탈수증
- □ desiccate (식품을) 물기를 빼서 분말로 보관하다 ◀▦
- □ dehumidify 습기를 없애다, 제습하다 ☑ R2194
  - dehumidifier 제습기
  ↦ humidifier / vaporizer 가습기

O634 vessel
[vésəl]
98.덕성여대

n. 1. 용기, 그릇(=container, receptacle)
　2. (대형) 배, 선박; 비행선
　3. (혈관 등의) 관
- a vessel containing wheat 밀을 담은 그릇
- charter a vessel 배를 전세 내다
- a capillary vessel 모세 혈관 blood vessel 혈관

08.경희대
97.고려대
🔑 decanter[dikǽntər] (식탁용) 마개 있는 유리병
　tumbler (밑이 편편하고 손잡이가 없는) 큰 컵; 곡예사

테 마 | 그릇, 용기(receptacle)

- □ 접시 plate (평평한), dish (옴폭한) platter (큰), saucer (받침 접시)
- □ 잔 cup, glass, goblet (받침 달린 잔)
- □ 주전자 kettle, teakettle
- □ 냄비 pot (깊은), pan (얇은), saucepan
- □ 사발, 공기 bowl
- □ 대야 basin

고급 어휘

□ jar[dʒɑːr]
n. 1. (아가리가 넓은) 병, 항아리
　2. (귀에 거슬리는) 잡음, 충격
v. 1. (귀·신경 등에) 거슬리다
　2. (불의의 타격 등으로) 깜짝 놀라게 하다
ⓐ jarring (소리가) 귀에 거슬리는
🔑 ajar 문이 조금 열려

O635 spinach
[spinitʃ]

98.한국외대

n. 1. 시금치
2. 〈미 · 구어〉 필요 없는 것, 군더더기
• Spinach is rich in iron and very good for you.
시금치는 철 성분이 풍부해서 네게 매우 유익하다.

테 마	음식의 재료

■ 곡물류
☐ grain 곡물, 낟알; (사람의) 성질
 - granary 곡물창고(storehouse for grain), 곡창
 - granulate 알갱이로 만들다
☐ rice 쌀, wheat 밀, barley 보리, rye 호밀, oat 귀리, 연맥, corn 옥수수, bean 콩, pea 완두콩
■ 열매채소
☐ eggplant 가지, cucumber 오이, tomato 토마토, pumpkin 호박
■ 뿌리채소
☐ turnip 순무, radish 무, carrot 당근, potato 감자, sweet potato 고구마
■ 잎, 줄기 채소
☐ scallion 봄 양파, 부추류, leek 부추, onion 양파 cabbage 양배추, parsley 파슬리, endive 꽃상추, lettuce 양상추
■ 육류
☐ cow, ox, bull 소→beef 소고기|calf 송아지→veal 송아지고기
☐ pig, hog 돼지 → pork 돼지고기
☐ turkey 칠면조, 맛없는 요리
☐ sheep 양→mutton 양고기| lamb 어린 양→lamb 양고기

▌064　[테마] 먹다, 마시다

O641 suck
[sʌk]

06.단국대

vt. 1. (액체 · 공기 등을) 빨다, 빨아 먹다; 술을 마시다
2. 〈주어+sucks〉 엉망이다, 형편없다
• suck up the air 공기를 빨아들이다
• It sucks! 〈속어〉 엉망이네
🔁 suction 빨아들임; 흡인력
• a suction pump 흡입 펌프

동의어	꿀꺽꿀꺽 마시다

☐ gulp[gʌlp] 꿀꺽꿀꺽 마시다, 쭉 들이키다
☐ gulf[gʌlf] 만(灣); 심연; 깊은 곳으로 삼키다
 - engulf (소용돌이 등이) 삼키다, 몰입하다
☐ quaff[kwaf] 꿀꺽꿀꺽 마시다, 단숨에 들이키다
☐ guzzle[gʌzl] 꿀꺽꿀꺽 마시다; 폭음하다
☐ swill[swil] 꿀꺽꿀꺽 마시다, 폭음하다
☐ swig[swig] 마구 들이키다

O642 stuff
[stʌf]

16.광운대

v. 채워 넣다, 쑤셔 넣다; 너무 많이 먹다
n. (어떤) 것, 물건, 재료; 가장 중요한 것
• She stuffed herself at the dinner. 그녀는 저녁을 너무 많이 먹었다.
ⓐ stuffy 통풍이 잘 안 되는, 케케묵은, 구식의
• I have a stuffy nose. 코가 막혔어요.

🔲 a stuffed shirt 얌전빼는 사람; 유력자, 명사; 부자 ➲ IO4117
hot stuff 정력가
stuff one's face 〈속어〉 잔뜩 먹다(=eat greedily, overeat)
know one's stuff 능란하다, 수완이 있다 ➲ I115O2

뉘앙스	먹다, 마시다

☐ eat (가장 일반적으로) 먹다
☐ consume 먹거나 마시거나 소비하여 없애다 ➲ N0276
☐ ingest (음식이나 약 등을) 섭취하다 ➲ R0506
☐ devour (배가 고파서) 게걸스럽게 먹다 ➲ R1562
☐ swallow (음식이나 마실 것을) 삼키다 ➲ I127
☐ sip / sup 조금씩 음미하며 찔끔찔끔 마시다 ➲ R1575
☐ tipple[tipl] (술을) 조금씩 습관적으로 마시다; 술
• He tippled the cognac. 그는 꼬냑을 주로 마셨다.

O643 cram
[kræm]

06.대구소방9급

v. 1. (쑤셔) 넣다(=jam, stuff), 억지로 먹이다
2. 벼락공부를 하다
• cram food into his mouth 입에 음식을 쑤셔 넣다
• cram the night before an exam 시험 전날 벼락치기 공부를 하다

O644 bolt
[boult]

03.경기대

vt. 1. (음식을) 씹지 않고 급히 삼키다
2. 볼트로 죄다, 빗장을 질러 잠그다
vi. 뛰어 나가다, 달아나다; 탈당하다
n. 볼트, 빗장; 도망, 탈당; 번갯불
• People who bolt their food often get indigestion.
음식을 급히 먹는 사람들은 종종 소화불량에 걸린다.

표 현	과식하다, 탐식하다

☐ overeat 과식하다 cf.vomit 토하다
☐ gorge oneself 게걸스럽게 먹다, 포식하다
☐ overindulge oneself 지나치게 많이 먹다
☐ have a wolf in one's stomach 탐식하다
☐ eat like a horse 잔뜩 먹다
 ↪ eat like a bird 아주 조금 먹다, 입이 짧다
☐ Your eyes are bigger than your stomach.
네 눈이 네 위보다 크네. (다 먹지도 못하면서 욕심을 부릴 때)

0645 chew [tʃuː]
13.서강대

v. 씹다(=masticate), 깨물어 부수다; 숙고하다
- difficult to chew 씹기 힘든

> 📵 **masticate** (음식 등을) 씹다(=chew)
> - mastication 씹음
> 📵 **munch**[mʌntʃ] 우적우적 씹어 먹다; 간단한 식사, 스낵
> **nibble** 조금씩 갉아먹다; 서서히 잠식하다
> **chomp** (음식을) 쩝쩝 먹다
> - chomp at the bit (빨리 하고 싶어) 안달하다

17.중앙대

0646 graze [greiz]

v. 1. (가축이) 풀을 뜯어먹다, 방목하다(=feed); 〈속어〉 식사하다
2. (TV 채널을) 자주 바꾸다
3. 스치며 지나가다; (피부가) 스쳐 벗겨지다
- The cows were grazing. 소들이 풀을 뜯고 있었다.

테 마 먹보와 미식가, 그리고 거식증

테 마 먹보와 미식가, 그리고 거식증

- ☐ 대식가 guttler, gobbler, glutton, trencherman, foodaholic, cormorant
- ☐ 소식가 light[small] eater
- ☐ 미식가, 식도락가 epicure, gourmand, gourmet (먹는 것을 즐기는 사람) gastronomer, bon vivant
- ☐ 채식주의자 vegetarian ↔ meat-eater 육식가
- ☐ 거식증 sitophobia
  cf.anorexia 신경성 식욕부진증, 거식증
- ☐ 폭식증 sitomania cf.bulimia 이상 식욕 항진, 폭식증
- ☐ epicurean [èpikjuəríən] 향락주의자, 미식가
  - epicureanism 식도락; 쾌락주의, 향락주의

▌065   [테마] 식탐과 탐욕

0651 greed [griːd]
06.홍익대/03-2.세종대
01-2.경기대

n. 큰 욕심, 탐욕; 식탐[for]
- an insatiable greed for money 만족을 모르는 금전욕
ⓐ greedy 탐욕스러운, 식탐하는(=avaricious)

0652 covetous [kʌ́vitəs]
07.부산9급/95.사법시험

a. (남의 것을) 몹시 탐내는, 탐욕스러운(=desirous)
- cast covetous eyes on the plains of Indus
  인더스 평원에 탐욕스러운 시선을 던지다
ⓥ covet 몹시 탐내다, 갈망하다
ⓐⓓ covetously 탐욕스럽게
ⓝ covetousness 욕심, 탐욕
📵 cupidity 탐욕, 욕심

0653 gluttonous [glʌ́tənəs]
14.중앙대/03-2.경기대
03.세종대/96-2.고려대

a. 게걸들린; 탐욕스러운, 욕심 많은(=greedy, voracious)
- a gluttonous and lazy man 탐욕적이고 게으른 남자
ⓝ glutton 대식가; 열성가
gluttony 대식, 폭음, 폭식
ⓥ gluttonize 대식하다, 포식하다
glut 배불리 먹이다; 욕망을 만족시키다; 과잉공급하다

0654 unquenchable [ənkwénʃəbl]
14.지방직/06.공인회계사
01.서울여대/97.행.외시

a. 억제할 수 없는, 물리지 않는(=insatiable)
- an unquenchable thirst for truth 진실에 대한 물리지 않는 갈증
- with an unquenchable desire 억제할 수 없는 욕망으로
ⓥ quench[kwentʃ] 갈증을 가시게 하다; 불을 끄다
ⓝ quencher 음료

0655 cloying [klɔ́iiŋ]
13.중앙대

a. 싫증나게 하는, 물린
- Sweets served too often cloy the palate. 단것도 너무 자주 먹으면 물린다.
ⓥ cloy 잔뜩 먹이다, 물리게 하다(=satiate); 싫증나다
📵 blase[blɑzéi] (이미 경험해서) 쉽게 감동 받지 않는, 물린
- blasé attitude 무감동한 태도
pall v. 물리다, 흥미를 잃다; 물리게 하다(=satiate) n 관을 덮는 보; 검은 장막

0656 yearn [jəːrn]
12.성신여대/86.법원직

vi. 1. 애타게 바라다, 열망[갈망]하다[for](=long for)
2. 그리워하다, 동경하다[for]
3. 동정하다, 불쌍히 여기다
- yearn for a baby 아이를 간절히 바라다
- yearn for his home 그의 고향을 그리워하다
ⓝ yearning 동경, 열망; 동정(=longing, craving)
📵 yen[jen] 〈구어〉 열망, 동경; 열망하다 - have a yen for ~을 동경하다
📵 yawn[jɔːn] 하품하다; 하품

0657 long [lɔːŋ]
86.법원직
99.세무사

vi. 애타게 바라다, 열망하다[for](=yearn for)
- long for liberty 자유를 갈망하다
ⓝ longing 갈망, 열망, 동경; 갈망하는, 동경하는
📵 wistful[wistfəl] 탐내는, 동경하는; 생각에 잠긴
- cast a wistful eye 동경의 눈초리를 보내다

동의어 탐욕(스러운), 욕심 (많은)

- ☐ desire (일반적으로) 욕구, 욕망; 식욕, 정욕
- ☐ insatiable 만족할 줄 모르는, 탐욕스러운 ◘ N0277
- ☐ avaricious 탐욕스러운, 욕심 많은 ◘ R1521
  - avarice (금전 따위에 대한) 탐욕
- ☐ voracious 식욕이 왕성한; 탐욕스러운 ◘ N0780
  - voracity 폭식, 탐욕
- ☐ avid 열렬히 원하는, 열망하는 ◘ R1522
  - avidity (열렬한) 욕망, 갈망; 탐욕
- ☐ rapacious 탐욕스러운 → 강탈하는 ◘ R0051
  - rapacity 강탈, 탐욕
- ☐ ravenous 게걸스럽게 먹는 → 탐욕스러운 ◘ R0050
- ☐ miserly 인색한 → 욕심 사나운 ◘ N0661
- ☐ predatory 육식하는, 약탈하는 → 탐욕스러운 ◘ D0850
- ☐ vulturous[vʌ́ltʃərəs] 독수리 같은 → 탐욕스러운
- ☐ swinish / piggish / hoggish 돼지 같은 → 탐욕스러운
- ☐ grasping 돈 등을 꽉 쥐고 쓰지 않는 → 욕심 많은
- ☐ grabber 욕심꾸러기; 강탈자

표 현 갈망하다, 애타게 바라다

- ☐ yearn for ~을 동경하다, 애타게 바라다
  = long for
  = crave for
  = thirst for
  = hunger for
  = have an itch for ~하고 싶어 못 견디다
  = have an itch to R

DAY 08 529

O661 nap
[næp]
93.인제대

vi. (특히 낮에) 잠깐 자다, 낮잠을 자다
n. 낮잠, 선잠
- He naps everyday after lunch for an hour.
  그는 매일 점심을 먹고 난 후 잠시 낮잠을 잔다.

테 마 잠

- □ siesta[siéstə] (더운 나라에서) 점심시간에 잠시 자는 낮잠
- □ morning sleep 늦잠
- □ oversleep 늦잠 자다(=rise[get up] late)
- □ slugabed 늦잠꾸러기(=a late riser); 게으름뱅이
- □ sleepyhead 잠꾸러기, 잠보

O662 drowsy
[dráuzi]
01.전남대/98.동국대

a. 졸리는, 꾸벅꾸벅 조는; 졸리게 하는(=somnolent)
- The tablets can make you drowsy. 그 약을 먹으면 졸릴 수 있습니다.
ad) drowsily 졸린듯이, 나른하게(=lethargically)

O663 snore
[snɔːr]

vi. 코를 골다 n. 코골기
- snore very loudly 매우 크게 코를 골다

> 웹 snooze[snuːz] 특히 낮에 졸다, 빈둥거리다; 낮잠
> sniff[snif] 코를 킁킁거리다, 냄새를 맡다
> snort[snɔːrt] 콧김을 내뿜다, 콧방귀 뀌다; 마약을 흡입하다
> snorkel[snɔ́ːrkəl] 잠수부가 쓰는 호흡용 튜브
> 웹 snare[snεər] 덫, 덫으로 잡다
> sneer[sniər] 비웃다, 비웃으며 말하다

테 마 잠과 관련된 단어들

- □ insomnia 불면증 ▣ R1761
  - insomniac 불면증 환자
- □ somnambulism / noctambulism 몽유병
  (=sleepwalking)
  - somnambulist / noctambulist 몽유병자
- □ somniloquy 잠꼬대(하는 버릇) ▣ R1761
- □ nightmare 악몽
- □ REM 급속 안구 운동(Rapid Eye Movement)
  (수면 중에 눈알이 빠르게 움직이는 현상)
- □ sleeping pill 수면제

O671 vest
[vest]
11.서울여대

v. (권한을) 부여하다; (재산이) 귀속하다
 * be vested in (권리나 의무로서) 주어지다(=given to)
 * vest authority in [sb]/vest [sb] with authority ~에게 권한을 부여하다
n. 조끼
ⓝ vestment 의복; 정복, 예복
vesture (집합적) 의복, 의류; 덮개; 옷을 입히다

테 마 옷, 의류, 의상

- □ wardrobe[wɔ́ːrdroub] 소유하고 있는 의상; 옷장
- □ clothing / clothes (집합적) 옷, 의류
- □ apparel (판매용) 옷, (집합적) 의류 ▣ N0991
- □ attire[ətáiər] 복장, 차림새; 차려 입히다
- □ costume[kástjuːm] 복장이나 옷차림, 무대의상
- □ garb[gɑrb] (직업, 시대, 나라에 특유한) 복장
- □ garment[gɑ́ːrmənt] 의복(한 점), 특히 여성복
- □ accouterment[əkúːtərmənt] (pl.) (개인의) 복장; 장비
- □ habiliment[həbíləmənt] (pl.) 작업복; 장비, 설비(=kit)
- □ frock[frak] (길고 헐렁한) 원피스; 성직자복, 작업복
- □ dress 특히 여성복
- □ suit 신사복이나 여성복의 한 벌
- □ uniform 제복, 군복, 운동선수의 유니폼

O672 mantle
[mǽntl]
06.경기대

n. 1. 망토, 덮개; 맨틀(지각과 중심핵의 중간부)
   2. 책무(=a position of responsibility)
v. 망토를 입히다; 가리다
- take on the mantle of presidency 의장의 책무를 맡다
> 웹 dismantle 분해하다, 해체하다(=tear down); 옷을 벗기다 ⊃ T1491

O673 decorate
[dékərèit]
08.강남대/96.성균관대

06.세무사

vt. 1. 장식하다[with](=beautify, ornament)
   2. 벽지를 바르다; 훈장을 주다
- One side of the church wall was decorated with mosaics.
  교회의 한쪽 벽면은 모자이크로 장식되어 있었다.
ⓝ decoration 장식(=adornment), (pl.) 장식물; 훈장
ⓐ decorative 장식의, 장식용의
> 웹 decor (실내) 장식 deck 장식하다, 꾸미다; 갑판, 지붕
> decal[díkæl] (도안·그림 등을) 전사(轉寫)하다

테 마 장식, 장식물; 장식하다

- □ decorations 특별한 행사에 보다 매력적으로 보이도록
  꾸미는 물건 ◀▥
- □ ornament 방이나 정원 등을 꾸미는데 쓰이는 물건 ▣ N0906
- □ adornment 주로 사람이 착용하는 장식물, 장신구 ▣ D0907
- □ fulsome decor 지나친 장식
- □ garnish[gáːrniʃ] 장식품, 장식물; 장식하다; 압류하다
  - garnish with vegetables 야채를 곁들인
- □ bedizen[bidáizən] 야하게 치장하다
- □ blazon[bléizn] (방패 등의) 문장; 장식하다, 과시하다
- □ emblazon[imbléizn] (화려한 색으로) 꾸미다, 장식하다
- □ gild[gild] 도금을 하다; 치장하다, 미화하다
  - ring made of silver and gilded brass
    은과 금박을 입힌 놋쇠로 만든 반지
- □ pigment[pígmənt] (자연적인) 색소; 안료; 채색하다
- □ primp[primp] 치장하다, 맵시내다
  - She always primps herself before going out.
    그녀는 밖에 나가기 전에 항상 치장을 한다

O674 embellish
[imbéliʃ]
02-2.단국대

vt. 아름답게 하다; 장식하다(=decorate); (이야기를) 윤색하다
- embellish the true story 실화를 윤색하다
ⓝ embellishment 꾸밈, 장식; 윤색; 장식물
> 웹 embroider 수놓다, 장식하다; (이야기를) 윤색하다

0675 frill
[fril]
98.행자부7급

n. 1. 주름장식; (pl.) 꼭 필요하지 않은 장식(품)(=luxuries)
• a flat with no frills 가외의 것은 제공하지 않는 아파트
2. 뽐냄, 우쭐거림; 점잔 빼는 태도
v. 주름을 잡다; 가장자리 장식을 붙이다
ⓝ frillery 주름 잡기[장식] frilling 주름 장식
🔹 no-frills (서비스나 제품이) 꼭 필요하지 않은 것을 포함하지 않은

0676 plume*
[plu:m]
15.서강대

n. 1. 커다란 깃털, (투구에 꽂는) 깃털장식
2. (연기・수증기의) 기둥
vt. 깃털로 장식하다; ~으로 우쭐대다[on]
• plumes himself on his success 자신의 성공을 뽐내다
🔹 fume[fju:m] 연기, 가스, 증기
- fumigate 그을리다; 훈증 소독하다

0677 trinket*
[tríŋkit]
12.중앙대

n. 값싼 장신구
• sell trinkets on the streets 거리에서 장신구를 팔다

0678 gaudy
[gɔ́:di]
15.경기대
15.경기대

a. 야한, 촌스럽게 번지르르한(=showy), 저속한
• a gaudy vest of many colors 색깔이 얼룩덜룩한 야한 조끼
🔹 showy 눈에 띄는, 야한(=gaudy)

0679 kitschy*
[kítʃi]
02.덕성여대

a. 천박한, 저질의(=funny and cheap); 대중에게 영합하는
• Isn't this lamp kitschy? 이 램프 싸 보이지 않니?
ⓝ kitsch 저속한 작품, 졸작

▌068 [테마] 단정한 ↔ 지저분한

0681 decorous
[dékərəs]
06.중앙대
15.단국대

a. 예의 바른, 점잖은(=modest); 단정한
• behave in a decorous manner 점잖게 행동하다
ⓝ decorum 단정, 예의 바름
ⓐⓓ decorously 점잖게, 단정하게
🔹 indecorous 예절이 없는(=uncouth), 예의에 어긋나는

0682 indecent
[indí:snt]
11.명지대/07.홍익대

a. 점잖지 못한(=improper, vulgar), 외설적인
• access to indecent material on the Internet 음란물에 대한 접근
🔹 decent[dí:snt] 점잖은, 예의 바른(=polite, modest, courteous)

0683 tidy
[táidi]
96.용인대
02.세무사

a. 1. (모양새가) 깔끔한, 잘 정돈된(=neat)
2. 〈구어〉 상당한, 꽤 좋은
v. 깨끗이 정리하다, 정돈하다[up]
• be always neat and tidy 깔끔하고 단정한
🔹 untidy 단정치 못한(=unkempt), 흐트러진

0684 unkempt
[ʌnkémpt]
02.세무사/98-2.세종대

a. (머리가) 헝클어진; (외모가) 단정하지 못한(=untidy)
• her unkempt appearance 그녀의 단정하지 못한 외모

0685 spruce
[spru:s]
10.동국대

v. 말쑥하게 꾸미다, 몸치장하다[up]
a. 단정한, 말쑥한
n. 가문비나무
• spruce up before going out 나가기 전에 몸치장하다

0686 sloppy
[slápi, slɔ́-]

a. 1. (복장 등이) 너절한(=messy) ; (길 등이) 질퍽한
2. (일을) 적당히 얼버무린
• a sloppy kitchen 지저분한 부엌

94.동덕여대   @ad sloppily 엉성하게, 단정치 못하게(=messily)

14.국회8급   ⓢ bedraggled (비, 흙탕물에) 젖은, 후줄그레한(=wet and dirty)

01.원광대   shabby[ʃǽbi] 초라한, 허름한, 지저분한(=ragged, tatty)
• a shabby hotel 낡고 더러운 호텔

0687 sordid
[sɔ́ːrdid]

a. 1. (환경 등이) 더러운; 비도덕적인, 야비한(=squalid)
2. (동식물이) 칙칙한 빛깔의

01.경기대   • a sordid business 비열한 사업

16.경기대   ⓢ sleazy[slíːzi] (장소·사람이) 더럽고 추잡한, 행실이 나쁜; 싸구려의
• a sleazy hotel 지저분한 싸구려 호텔

16.경기대   lousy 형편없는, 불결한(=sleazy); ~가 우글거리는[with]

0688 dingy
[díndʒi]

a. (건물이나 방이) 칙칙한; 더러운(=squalid)

15.단국대   • a small dingy room 작고 지저분한 방

ⓢ dinge[dindʒ] 흑인

0689 drab*
[dræb]

a. 생기 없는, 칙칙한; 단조로운

07.중앙대   • reveal a drab plumage 칙칙한 색깔의 깃털을 드러내다
• wear drab clothes 단조로운 옷을 입다

| 069   [테마] 위생과 청결

0691 wholesome
[hóulsəm]

a. 1. (도덕적으로) 건전한, 건강한, 유익한(=worthy)
2. 건강에 좋은(=healthful), 위생에 좋은

15.단국대/97.변리사   • a wholesome idea 건전한 생각

ⓦ unwholesome 몸에 나쁜, 해로운; 불건전한

테 마   건전한, 건강한 ↔ 건강하지 못한

- [ ] healthful 건강한, 건강에 좋은(↔unhealthful)
- [ ] healthy 건강한, 건전한(↔unhealthy)
- [ ] sound 건전한, 건강한(↔unsound)
- [ ] wholesome 건전한, 건강한(↔unwholesome) ◀▥
- [ ] salutary 건강에 좋은, 유익한 ◨ R0469(1)
- [ ] salubrious 기후가 건강에 좋은(↔insalubrious) ◨ R0469(2)
- [ ] sanitary 위생적인(↔unsanitary) ◀▥
- [ ] moral 도덕적인, 정숙한(↔immoral)

0692 sanitary
[sǽnətèri]

a. (공중) 위생의; 위생적인(=hygienic), 청결한
• strict sanitary procedures 엄격한 위생 절차
• The Food Sanitation Act (식품위생법)

98.전남대

07.인천7급   ⓝ sanitation 공중위생, 위생설비(=hygiene)
ⓥ sanitize 위생적으로 하다; 불온한 부분을 삭제하다(=expurgate)
ⓝ sanitizer 살균제

15.숙명여대   ⓦ unsanitary 비위생적인, 건강에 좋지 않은; 불결한
ⓢ sanatorium / sanitarium (환자) 요양소

0693 hygiene
[háidʒiːn]

n. 위생, 위생학
• care about personal hygiene 개인위생에 신경을 쓰다
@a hygienic 위생적인(=sanitary), 위생에 좋은
ⓝ hygienist 위생사, 위생학자

13.경희대   ⓦ unhygienic 비위생적인(=unclean)

테 마   깨끗이 만드는 것

- [ ] detergent 세제, 세정제
  - synthetic detergent 합성 세제
  - liquid detergent 액체 세제
- [ ] bleach[bliːtʃ] 표백제
- [ ] fabric softener 섬유 유연제
- [ ] laundry 세탁소
- [ ] washing 세탁, 빨래
- [ ] cleaner 세제, 청소기, 청소부
- [ ] rinse[rins] 헹굼, (헹구는) 린스제; 헹구다

0694 f(a)ecal*
[fíːkəl]

a. 똥의, 배설물의
• excrete through fecal matter 배설물을 통해 배출하다

15.한국외대   ⓝ f(a)eces 똥, 배설물

0695 wipe
[waip]

v. 1. (먼지·물기 등을) 닦아내다, 훔치다
2. (얼룩·기억을) 지우다; 전멸시키다[out](=destroy)

09.명지대   • wipe out entire towns 마을 전체를 몰살시키다
• wipe off dirt 먼지를 닦아내다

동의어   지우다, 삭제하다

- [ ] remove (물건을) 옮기다, 치우다, 삭제하다 ◨ R0580
- [ ] delete 삭제하다, 지우다 ◨ D0198
- [ ] efface 지우다; 회상·기억 등을 지워 없애다 ◨ R1843
- [ ] obliterate 흔적, 기억 따위를 없애다 ◨ N0636
- [ ] erase 글자 등을 지우다; 기억 따위를 지우다 ◨ R1145
- [ ] eradicate 화학 용제로 얼룩을 지우다 ◨ N0047
- [ ] expunge 기록·흔적·기억 등을 지우다 ◨ R1200
- [ ] expurgate 책·영화 등의 불온한 부분을 삭제하다 ◨ R2395
- [ ] take out (얼룩 등을) 지우다 ◨ I03739

0696 **scrub**
[skrʌb]

96.고려대학원

16.서강대

v. (때 등을) 북북 문질러 없애다, 씻다(=clean)
n. 1. 세정, 세척
　　2. 작은 나무, 관목; 쓸모없는 녀석
　　• scrub the tables 테이블을 깨끗이 닦다

> 回 **scrape**[skréip] 1. 문지르다, 긁어내다; 페인트 등이 벗겨지다
> 　　　　　　　　 2. 근근이 살아가다(=get by)
> 　　　　　　　　 n. (규칙 위반 등으로 스스로 초래한) 고생, 곤경
> 　　 **scrap**[skræp] 1. (신문의) 오려낸 것, 고철, 쓰레기(로 버리다) ⊃ **T1605**
> 　　　　　　　　 2. 싸움질
> 　　 **scarab**[skǽrəb] 풍뎅이 • 스타크래프트의 리버가 쏘는 무기

☐ **wipe out** (기억에서) 지우다, 전멸시키다 ◀▥
☐ **wipe off** 얼룩을 지우다
☐ **blot out** (안 좋은 기억을) 애써 잊다 ◘ I00327
☐ **rub out** 종이나 칠판의 글을 지우다 ◘ R1145
☐ **brush off** 솔질하여 (먼지 등을) 없애다

▌070   [테마] 유행과 인기

0701 trend
[trend]
07.경희대

n. 경향, 동향(=tendency) ; 방향(=direction)
- the trend of public opinion 여론의 동향

0702 sweeping
[swíːpiŋ]
12.경기대/11.성신여대

a. 휩쓰는(=prevalent) ; 대대적인, 광범위한(=overall)
- sweeping the whole country 전국을 휩쓸고 있는
- make sweeping changes 대대적인 변화를 가져오다
- ⓥ sweep (빗자루로) 쓸다 ; 급속히 퍼지다 ; (경기에서) 완승을 거두다

0703 fashionable
[fǽʃənəbl]
96.인하대

a. 최신 유행의(=popular), 유행에 따른 ; 상류층의
- Today, it is fashionable for young people to wear trainers.
  요즘 젊은이들 사이에 트레이닝복을 입는 것이 유행이다.
- the fashionable society 상류사회
- ⓝ fashion 유행, 패션 ; 스타일, 방식
- 🔲 chic[ʃiːk] n. 멋, 세련 ; a. 우아한, 맵시 있는 *시크한

0704 awesome
[ɔ́ːsəm]
08.경희대
05-2.숭실대/04-2.경희대

a. 1. 아주 인상적인, 멋지는
2. 무시무시한(=formidable)
- The movie was awesome. 그 영화 아주 좋았어.
- 🔲 awful[ɔ́ːfl] 지독한(=very bad), 무시무시한 끔찍한(=despicable, abysmal)
- awfully 대단히, 몹시 ; 두려워서
- 🔲 awe[ɔː] 경외감, 외경심 ; 〈수동〉 경외심을 갖게 하다

0705 lift
[lift]
16.국회8급

v. 1. 들어 올리다
2. (제제를) 풀다
- lift a ban 금지를 풀다
3. (기분 등이) 좋아지(게 하)다
- lift the mood of customers 고객들의 기분을 좋게 하다
4. 훔치다 *shoplifting 훔치기
5. 얼굴 주름을 없애다 *facelift 주름제거성형

n. 승강기, 차 태워주기

0706 cater
[kéitər]
13.숭실대/06.서울여대

v. 1. (행사에) 음식물을 공급하다
2. 만족시키다[to](=gratify)
- cater for a feast 연회용 요리를 만들다
- cater to local consumers 국내 소비자를 만족시키다

0707 smug
[smʌg]
06.경기대

a. 자아도취에 빠진(=complacent) ; 우쭐대는
- in smug satisfaction 자아도취에 빠져서
- He is so smug and arrogant. 그는 너무 우쭐대고 오만하다.
- 🔲 narcissism 자아도취

0708 gloat
[glout]
08.세종대/00.공인회계사

vi. 1. (남의 불행을) 고소해 하다[over]
2. (자신의 성공에) 흡족해 하다
- gloat over his rival's disappointment 라이벌의 실망을 고소해 하다
- ⓐⓓ gloatingly 자못 기쁜 듯이, 고소하다는 듯이

뉘앙스   동향, 경향 ; 기질; 애호, 편애

- ☐ tendency / trend / drift / stream / tide / current
  유행이나 흐름이 일반적으로 특정방향으로 흘러가는 것
- ☐ disposition / propensity / predisposition
  성격적으로 특정 행동을 하는 성향이나 병에 잘 걸리는 소질
- ☐ penchant / fondness / predilection / fancy
  어떤 것을 유달리 좋아하는 것, 애호
- ☐ inclination (어떤 것을 하려는) 의향이나 경향
- ☐ proclivity (주로 부정적인) 버릇이나 기질 🔳 R1283
- ☐ bent / aptitude (특히 어떤 것을 좋아하거나 잘 하는)
  소질 또는 적성
- ☐ diathesis[daiǽθisis] (병에 걸리기 쉬운) 특이 체질
- ☐ partiality / favoritism (좋아하는) 어떤 것을 불공정하게
  잘 대우해 주는 것
- ☐ bias / prejudice (인종·성별에 대해 가지는) 편견, 선입관

동의어   유행하는, 통용되는

- ☐ popular 인기 있는, 대중적인 🔳 R1952
- ☐ widespread 널리 보급된, 광범위한 🔳 N0834
- ☐ prevalent 일반적으로 행하여지는, 유행하는 🔳 N0169
- ☐ prevailing (특정 시기에) 지배적인, 유행하는 🔳 D0432
- ☐ pervasive 널리 퍼진 ; 구석구석 스며드는 🔳 N0228
- ☐ current 통용되는, 현재 유행하고 있는 🔳 R0429(1)
- ☐ epidemic (병 등이) 유행하는 🔳 R1954
- ☐ rampant (병·나쁜 것이) 유행하는, 만연하는 🔳 N0461
- ☐ sweeping 폭넓게 영향을 미치는 ◀
- ☐ overall / extensive 전면적인, 광범위한 🔳 T1483/N0385
- ☐ be all the rage 대유행이다 🔳 D0177
- ☐ in fashion[vogue] 유행하고 있는
  ↳ out of fashion[vogue, mode] 유행이 지난

동의어   만족시키다, 기쁘게 하다 ↔ 불만

- ☐ satisfy 만족시키다, (요구를) 충족시키다 🔳 R1531
  - satisfaction 만족, 만족을 주는 것
  - ↳ dissatisfaction 불만, 불평
- ☐ gratify 만족시키다, (요구를) 충족시키다 🔳 N0161
  - gratification 만족시키기, 만족감
- ☐ please 만족시키다, 기쁘게 하다 🔳 R2411
  - ↳ displease 불쾌하게 하다 🔳 R2411
- ☐ gruntle 만족시키다, 기쁘게 하다 🔳 D0808
  - ↳ disgruntle 기분을 상하게 하다 🔳 D0808
- ☐ satiate 충분히 만족시키다, 물리게 하다 🔳 D0277
- ☐ slake[sleik] (갈증 등을) 해소하다, (욕구를) 충족시키다
  - slake one's thirst 갈증을 풀다
- ☐ contentment 만족, 흡족함 🔳 R1316
  - ↳ discontent 불만, 불평 🔳 R1316
- ☐ grievance 불평거리, 불만의 원인 🔳 N0806
- ☐ complaint 불평, 불평거리 🔳 N0807
  - complain 불평하다, 항의하다
- ☐ grumble[grʌ́mbl] 투덜거리다 ; 불만사항
  - grumbling 불평, 항의
- ☐ grouse[graus] 불평하다, 투덜거리다[about]
  - He groused about his job. 그는 자기 직장에 대해 투덜거렸다.
- ☐ repine[ripáin] 불평하다. 투덜거리다[at]
  - repine at one's unfortunate 자신의 불운을 불평하다

0711 gem [dʒem]
01–2.경기대

n. 보석; 보석처럼 소중한 사람[것](=jewel)
• He is a gem in our office.
  그는 우리 사무실에서 없어서는 안 될 사람이다.
ⓐ gemmy 보석을 함유한[박은]; 보석 같은, 반짝거리는
ⓝ gem(m)ology 보석학
  gemmologist 보석 학자, 보석 감정인
  gemstone 보석의 원석, 준보석
📘 lapidary 보석 세공인; 보석 전문가

03–11.경찰
📙 the apple of the eye 아주 소중한 것[사람]

테 마	보석의 종류
☐ jewel[dʒúːəl] 보석; (보석 박은) 장신구, 보석 장식
☐ jewellery / jewelry[dʒúːəlri] [집합적] 보석류
☐ jade[dʒeid] 비취, 옥(玉); 비취색, 옥색
☐ sapphire 청옥, 사파이어
☐ ruby (carbuncle) 홍옥, 홍수정, 루비
☐ emerald 에메랄드, 취옥; 밝은 초록색
☐ turquoise[tɔ́ːrkwɔiz] 터키 옥; 하늘색, 청록색
☐ diamond 다이아몬드, 금강석
☐ birthstone 탄생석(태어난 달을 상징하는 보석)
☐ bullion[búljən] 금[은] 덩어리; 순금, 순은

0712 phony/ phoney [fóuni]
04.경기대/97–2.동국대

a. 가짜의, 허위의(=sham); 겉치레의(=put-on)
n. 가짜, 위조품; 사기꾼
vt. 위조하다, 속이다, 날조하다[up]
• a phony excuse 엉터리 변명

04.경기대
📘 sham[ʃæm] 허위의; 가짜, 엉터리

13.중앙대
  pinchbeck 가짜 물건(=fakery); 모조금(동과 아연의 합금)
  put-on ~인 체하는, 겉치레의, 가짜의(=phoney) ⊃ IO4421
📗 pony[póuni] 조랑말; 자습서; 돈을 지불하다, 결제하다[up]

테 마	가짜, 위조, 모방한 것들
☐ forged papers 위조서류
☐ bogus note 위조지폐
☐ phony company 유령회사(=paper company)
☐ imitation jewelry 모조 보석
☐ fake diamond 가짜 다이아몬드
☐ spurious article 위조품
☐ mimic trial 모의재판
☐ copycat crime 모방 범죄
☐ feigned illness 꾀병, 아픈 체하는 것

0713 bogus [bóuɡəs]
12.숙명여대/09.이화여대

a. 가짜의; 위조의
• a bogus note 위조지폐(=a forged note, a counterfeit note)
• distinguish between bogus and genuine refugees
  가짜 피난민과 진짜 피난민을 식별하다
📗 vogue[voug] 유행, 유행품

0714 high-end [haiend]
16.경기대

a. 고급의(=upscale), 고가의(=upmarket)
• high-end and low-end stores 고가매장과 저가매장
📙 low-end 값이 싼, 저가의

국회8급
📘 upmarket 고급의, 고가의

테 마	진짜의 ↔ 가짜의
☐ real 진짜의, 진정한, 현실의 ↔ unreal 실재하지 않는
☐ faithful 충실한, 사실대로의 ↔ unfaithful / faithless
☐ truthful 진실의, 성실한 ↔ untruthful / truthless
☐ genuine 진짜의, 진심의, 진품의 ☑ N0371
⋯ spurious 가짜의, 위조의 ☑ N0320
☐ authentic 진짜의 ☑ D0926
⋯ counterfeit 위조의, 가짜의, 모조의 ☑ N0318
⋯ fake 가짜의, 모조의, 위조의 ☑ N0717
☐ veracity 진실을 말함, 진실성 ☑ R2305
⋯ mendacity 거짓말하는 것 ☑ R2303
☐ original 원본, 원문, 원작 ☑ R1713
⋯ duplicate 복사본, 복제품 ☑ N0976
☐ true color 진실, 진상, 본색
☐ apocryphal[əpάkrəfəl] (작품이) 의심스러운; 가짜의

0721 fair [fɛər]
05.가톨릭대/01.중앙대

n. (농산물) 품평회, 박람회, 전시회; 정기 시장(=market)
a. 1.공정한(=impartial); 타당한
• a fair trade law 공정거래법
2. (하늘이) 맑게 갠; (여자가) 아름다운
3. 철저한, 완전한
4. 평평한, 장애물이 없는; (바람이) 순조로운
• fair wind 순풍
ⓝ fairness 공정성(=equity); 살결이 힘
📙 unfair 부당한, 불공평한(=inequitable)
📗 pair[pɛər] 한 쌍, 한 벌
  pear[pɛər] 배, 배나무
  fare[fɛər] 운임, 요금, 통행료 ⊃ RO396

0722 outlet [áutlet, -lit]
13.한양대

n. 직판점, 할인매장; 배출구, (감정의) 배출수단
• a factory outlet 공장 할인점
• an electrical outlet 전기 콘센트
📗 inlet 후미(=estuary), 만

테 마	시장, 쇼핑센터, 전시회
☐ mall 〈미〉 쇼핑몰, 쇼핑센터
☐ bazaar (중동 지역의) 시장, 시장거리; 자선시장, 바자회
☐ fete 모금목적으로 직접 만든 물건을 파는 경연 잔치
☐ market 가축·식료품 등을 파는 시장 → 식료품 가게
☐ mart 물건을 사고파는 상업 중심지 → 시장
☐ emporium[impɔ́ːriəm] 중앙시장; 큰 상점; 상업 중심지
☐ department store 백화점 *각 매장이 구분되어 있다는 의미
☐ shop 〈영〉, store 〈미〉 주로 소규모 소매가게, 상점

테 마	설비, 편의시설
☐ facilities (생활의 편의를 위한 공공) 시설; 화장실 ☑ D0390
☐ amenities 쾌적한 편의[문화·오락] 시설; 화장실 ☑ N0999
☐ conveniences 편리한 설비, 시설, 문명의 이기 ☑ R0375
☐ accommodation(s) 숙박 설비 ☑ D0565

O723 row
[rou]
07.한양대

n. 1. 열, 줄(=line), 좌석의 줄
   2. 법석, 소동, 말다툼
v. (배를) 젓다, 노를 젓다
- lose three games in a row 세 게임을 연달아 지다
- row across the lake 노를 저어 호수를 건너다

raw[rɔ:] 날것의, 가공하지 않은; 미숙한; 벌거벗은, 음란한
rowboat (노를 젓는) 보트

O724 queue
[kju:]
08.국민대

n. 1. (길게 늘어선) 줄, 대기 행렬
   * in a queue 줄을 지어
   2. 땋은 머리, 짐승의 꼬리
v. 줄을 서서 차례를 기다리다[up]
- queue up before the theater 극장 앞에 줄지어 서다

cue[kju:] 신호, 암시, 단서

O725 book
[buk]
15.지방직9급.서울시9급

vt. (식당·호텔·비행기 좌석을) 예약하다
- I'll book a table right now. 지금 테이블을 예약할게요.
- I'm afraid we are fully booked. 죄송하지만 예약이 꽉 찼습니다.

O726 cozy
[kóuzi]
03-6.경찰/98.총신대

a. 아늑한, (따뜻하고) 안락한, 편안한(=comfortable)
- a cozy bistro 편안한 식당
- a cozy atmosphere 아늑한 분위기

snug 아늑한, 기분 좋은

O727 bill
[bil]
11.지방직7급
11.기상직9급

n. 1. 〈식당의〉 계산서; 고지서, 청구서
   * settle a bill 계산을 마치다
   * pick up the bill[tab] (음식값 등을) 지불하다
   * foot the bill (남을 위해) 지불하다, 계산을 치르다
   * split[share] the bill (비용 따위)를 각자 부담하다
   2. 지폐(=note); 어음, 증권
   * break a bill 지폐를 바꾸다
- Can you break this bill for me, please?
   이 지폐를 잔돈으로 바꾸어 주실 수 있나요?
- How would you like your bills? 지폐를 어떻게 (교환해) 드릴까요?
   3. (국회에 제출된) 법안
- withdraw a bill 법안을 철회하다
- introduce a new bill 새 법안을 제출하다
- veto a bill 법안에 거부권을 행사하다
   4. 벽보, 광고지

O728 defray
[difréi]
13.단국대

vt. (비용을) 지불[부담]하다(=pay)
- The total amount is defrayed out of the national treasury.
   모든 비용은 국고 부담으로 한다.

---

073 [테마] 여행과 레저

O731 leisure
[lí:ʒər, léʒə]
17.가천대

n. 여가, (일에서 해방된) 자유 시간
a. 한가한, 바쁘지 않은
- enjoy leisure activities 여가활동을 즐기다
   * at leisure 한가하게
ⓐ **leisurely** 한가한, 여유로운, 느긋한; 느릿느릿
leeway[lí:wei] (자신이 원하는 대로 할 수 있는) 자유[재량]

테마 | 여가, 오락, 취미

☐ leisure (일에서 해방된) 자유 시간 ◀▥
☐ hobby 취미
☐ pastime 시간을 보내기 좋은 오락, 소일거리
☐ amusement (재미있는) 오락, 놀이
☐ recreation 오락삼아 하는 일
☐ relaxation 휴식 삼아 하는 일
☐ entertainment (영화·음악 등의) 오락(물)

O732 trip
[trip]
99.조선대

n. (특히 짧은) 여행, 출장
v. 헛디디다, 발이 걸려 넘어지[게 하]다(=stumble)
- a business trip 출장
- How was your trip? 여행은 어땠니?

뉘앙스 | 여행하다

☐ trip (짧게 다녀오는) 여행, 출장 ◀▥
☐ tour (여러 곳을 둘러보는) 관광 여행 ◀▥
☐ journey (육로의 장거리) 여행, 여정; 여행하다 ▶ R2030
☐ travel (먼 곳 또는 외국에) 여행하다
☐ trek 길고 힘든 여행을 하다; (산악지방을) 걷다; 트레킹
☐ voyage 항해하다; 바다[육지, 하늘]의 여행을 하다

O733 tour
[tuər]
96.고려대학원

n. (여러 곳을 둘러보는) 관광 여행; 순회 (공연)
v. 관광하다, 유람하다; 순회공연하다
- a package tour in the Philippines 필리핀 패키지 여행
ⓝ tourist 관광객
- tourist attraction 관광명소
🔁 detour 우회로; 우회하다
contour 윤곽(=outline); 형세; 등고선
tournament 승자 진출전, 토너먼트

O734 baggage
[bǽgidʒ]

n. 수하물, 짐, (여행용) 가방 《영》 luggage
- baggage claim 수하물 찾는 곳
- Excuse me, where is the baggage claim area?
  실례합니다만, 수하물 찾는 곳이 어디입니까?
🔁 carousel (공항에서 짐을 찾는) 수하물 원형 컨베이어 ⊃ **R0488**

O735 toll
[toul]
14.경기대/13.숭실대

n. 1. (정부가 징수하는) 사용료, 통행료, 장거리 전화요금
2. (전쟁·재난 등의) 희생자 수
vt. (조종을) 울리다; (사냥감을) 유인하다
- tollgate 고속도로 통행료 징수소
- the death toll 사망자수
17.국민대 🔁 take one's toll on ~에 큰 타격을 주다(=do much damage on)

O736 knockabout
[nakəbáut]
98.한국외대

n. 1. (돛이 하나 있는) 소형 요트(=sailboat)
2. (손쉽게 탈 수 있는) 소형 실용차
a. 1. 과장된 몸짓으로 사람들을 웃기는
2. 《구어》 방랑생활의; (옷이) 막일할 때 입는
🔁 knockdown 강력한, 반항할 수 없는; 조립식의
knockoff 싸구려 불법 복제품, 모조품, 해적판
knockout 권투의 녹아웃 :매력적인 여성
knock up 급히 만들다; 녹초가 되게 만들다

O737 landscape
[lǽndskeip]
16.상명대

n. 풍경, 경관, 경치(=scenery); 지형
- the beauty of the landscape 풍경의 아름다움
- the political landscape 정치적 지형, 정치상황

O738 topography*
[təpɑ́grəfi]
13.서강대

n. 지형, 지세(=physical features of a region)
- a map showing the topography of the island
  그 섬의 지형을 보여주는 지도

O739 bivouac
[bivuǽk]
07.대구가톨릭대

v. 야영[노숙]하다(=camp)
n. 야영(=camp), 야영지(=campsite)
- We bivouacked on the outskirts of the city. 우리는 교외에서 야영했다.

□ excursion / jaunt / outing 소풍, 짧은 여행
□ walkabout 도보 여행
□ junket (호화) 유람 여행
□ odyssey 장기간의 방랑이나 모험
□ expedition 탐험이나 조사를 위한 여행
□ peregrination 긴 여행(=journey)
  - peregrine 유랑성의; 송골매
□ sortie[sɔ́rti] 1. (낯선 고장으로의) 짧은 여행
  2. 돌격; (군용기의) 단기 출격

테 마 여행 관련

□ **itinerary** 여행 스케줄, 여행기 ◘ R0391
□ **destination** 행선지, 목적지 ◘ R0200
□ **souvenir** 여행에서 구입한 기념품 ◘ R0370
  cf.keepsake 누군가에게 받아 간직하는 기념품, 유품

뉘앙스 가격, 요금, 수수료

□ **price** 물품을 파는 사람이 매기는 개개의 상품 가격
  - a selling price 판매가
□ **cost** 주로 물건의 생산, 유지에 들어가는 비용
  → 원가, (종종 pl.) 비용, 경비 ◘ I040
□ **fee** 서비스 수수료, 보수, 사례금 및 공공요금
□ **charge**(s) 판매 대가로 청구하는 일정한 요금, 대금 ◘ N0133
□ **rate** 단위당 기준 가격 → 요금, 대금, 운임 ◘ R2230
□ **fare** 주로 교통수단의 요금 ◘ R0396
□ **toll** (국가, 지방 관청 등이 징수하는) 사용료(세)
  → 통행료, 장거리 전화요금 ◀▥

테 마 배(ship)의 종류

□ **rafts** 뗏목; 고무보트
  - rafting (스포츠로서의) 뗏목타기, 래프팅
□ **boat** 보통 지붕 없는 작은 배, 어선, 객선
□ **rowboat** (노로 젓는) 보트
□ **ferryboat** 연락선(간단히 줄여 ferry로 칭함)
□ **car ferry** 자동차를 운반하는 연락선
□ **yacht** 경주·유람용의 대형 요트
□ **cruiser** 유람용 요트; 순양함
  (motorboat보다 크지만 yacht보다 작은)
□ **barge** (바닥이 편편한) 짐배, 바지선
□ **dandy** 돛대가 2개 있는 작은 범선

뉘앙스 전망, 조망, 경치, 풍경

□ **scene** 특정한 장소의 풍경 ◘ T0591
□ **scenery** 한 지방의 자연 풍경 전체, 경치 ◘ T0591
□ **landscape** 전체적인 풍경이나 경치 ◀▥
□ **sight** 시각에 의해 보인 그대로의 광경 ◘ R0771
□ **vista** 멀리 내다보이는 경치, 조망, 원경 ◘ R0751
□ **panorama** 전체적으로 보이는 경치, 조망 ◘ P0661
□ **view** 일정한 장소에서 눈에 들어오는 풍경·경치
□ **outlook** 특정한 위치에서 보는 조망; 전망 ◘ P0051
□ **perspective** 멀리서 내다본 경치; 전망, 관점 ◘ R0733

0741 celluloid*
[séljəlòid]
10.동국대

n. 셀룰로이드(과거 영화 필름에 쓰던 물질), 영화 필름
a. 영화의
• be made on celluloid 영화로 만들어지다

0742 troupe*
[tru:p]
08.단국대

n. (주로 순회) 공연단, 극단
• join a dance troupe 무용단에 들어가다
집 **trooper** 기병; 주 경찰관; 용사

0743 busker*
[bʌskər]
09.중앙대

n. (거리에서 공연하는) 악사
• perform on the streets and subways as a busker
거리의 악사로 거리나 지하철에서 공연하다
Ⓥ **busk**[bʌsk] (길에서) 공연하다; ∼을 준비하다
집 **berserk**[bərsə́rk] 광포한

0744 mural
[mjúərəl]
17,09.국민대

n. 벽화(=painting)
a. 벽의(=wall), 벽에 붙인, 벽에 그린
• be decorated with a huge mural 거대한 벽화로 장식되어 있다
집 **intramural** 교내의, 건물 내의 구내의
  extramural 교외의, (강연 등이) 외래의

0745 dabbler*
[dǽblər]
13.중앙대

n. 취미삼아 하는 사람, 애호가
• The museum curators viewed her instead as a mere dabbler.
미술관 큐레이터들은 그녀를 단순히 취미로 그림을 그리는 사람으로 생각했다.
Ⓥ **dabble** 1. (스포츠・예술 등을 취미 삼아) 조금 해보다
  2. (물에 발을 담그며) 첨벙거리다 **➲ T1588**
집 **dilettante**[dilitánti] 아마추어 평론가, 문학・예술의 애호가(=dabbler)
  • a dilettante life 취미생활

0751 humdrum
[hʌ́mdrʌm]
13.홍익대

a. 평범한, 단조로운(=repetitious), 따분한
• a humdrum life 단조로운 생활

0752 unwonted
[ʌnwɔ́:ntid]
08.경기대/94.입법고시
07.한양대

a. (행동이) 평소와 다른(=unusual, unaccustomed), 뜻밖의
• with unwonted kindness 평소와는 달리 친절하게도
• the unwonted behavior of the animals 동물들의 예사롭지 않은 행동
집 **wont** ∼에 익숙한[to](=accustomed to), ∼하는 것이 습관인

0753 exotic
[igzátik]
96.홍익대

a. 외국산의, 이국적인, 색다른(=unusual)
• be attracted by his exotic features 그의 이국적인 용모에 끌리다
• an exotic dancer 스트립 댄서

0754 eerie
[íəri]
13.홍익대/12.05.성균관대

a. 기분 나쁜, (이상하고 기괴해서) 섬뜩한(=weird, spooky)
• an eerie silence 섬뜩한 정적
• As I entered the corridor which led to my room that eerie feeling
came over me.
내방을 따라 난 복도를 들어갔을 때 무언가 섬뜩한 느낌이 나를 엄습했다.

0755 weird
[wiərd]
05.성균관대

a. 1. 기이한, 기묘한
2. 기괴한, 섬뜩한
• a weird costume 기괴한 복장

O756 uncanny
[ʌnkǽni]
17.국가직7급/15.서강대
00.국민대

a. 1. 신비한, 비정상적인(=extraordinary, odd)
　2. 초자연적인(=supernatural, preternatural)
　3. 섬뜩한, 무시무시한
　• an uncanny ability 신비한 능력
🔁 canny 영리한; 신중한(=shrewd); 빈틈없는; 검소한 ⊃ TOO68

O757 odd
[ad, ɔd]
75.행정고시

a. 1. 이상한, 특이한(=eccentric)
　2. 짝이 안 맞는, 홀수의, 여분의
　3. 잡다한, 주워 모은
　• an odd ball 사귀기 힘든 사람
　• odds and ends 잡동사니, 허드렛일

13.경기대
🔁 odds 1. (어떤 일이 있을) 공산[가능성](=chances), 확률
　　　　2. 역경, 곤란 • against all odds 역경을 딛고
　　　　3. 차이, 불평등, 다툼
　• at odds over (의견에) 반대하는
　• at odds with ~와 의견이 일치하지 않는 ⊃ IO1609

O758 grotesque
[groutésk]
04.숭실대/01-2.서울여대

a. 1. 기괴한[기이한](=queer)
　2. 터무니없는; 끔찍한(=dreadful)
　• a grotesque distortion of the truth 터무니없는 진실왜곡
🔁 queer[kwiər] 기묘한, 괴상한; 〈속어〉 동성애의

☐ extraordinary 이상한, 색다른 🔲 N0892
☐ odd 홀수의 → 상식 밖의 → 기묘한, 이상야릇한 ◀▥
☐ abnormal 비정상적인 → 변태적인 → 병적인 🔲 P0071
☐ offbeat 색다른, 별난, 엉뚱한
　• She has many offbeat habits.
　그녀는 별난 습관들을 많이 가지고 있다.

테마 괴짜, 기인

☐ psycho 괴짜, 기인; 정신병환자
☐ freak 〈구어〉 괴짜; 기형, 괴물, 마약중독자
☐ character 〈구어〉 괴짜, 기인; 등장인물
☐ oddball 〈구어〉 괴짜, 괴벽스런 사람
☐ crank 〈구어〉 기인, 괴짜; 변덕쟁이
☐ weirdo[wiərdou] 이상한 사람; (위험한) 정신병자

동의어 미술, 건축양식 관련 단어

☐ grotesque 그로테스크풍(인간·동물·식물의 공상적인
　형상을 결합시킨 장식) → 괴기한 ◀▥
☐ Gothic 고딕 양식; 중세풍의 → 교양 없는, 멋없는
☐ byzantine 비잔티움(Byzantium)의 → (미로처럼) 복잡한;
　권모술수의
☐ Corinthian (고대 그리스의) 코린트식의 → 문체가 화려한
☐ baroque 바로크 양식의 → 괴이한, 괴상한

076 [테마] 취업과 은퇴

O761 **job**
[dʒab, dʒɔb]

n. 1. (보수를 받고 일하는) 직장, 일자리
  • How do you like your new job? 새 직장은 어떠세요?
  2. (해야 할) 일, 과제; (절도 등의) 범죄
  * do a great[good] job (일을) 아주 잘해내다 ➩ IO7103
  * do a snow job on 감언이설로 속이다 ➩ IO7112

뉘앙스 직업

☐ job "직업"을 뜻하는 가장 일반적인 말 ◄▥
☐ occupation (어느 정도의 업무훈련을 요하는) 정규직업 ➩ N0766
☐ profession 변호사, 의사 등 대체로 전문직 ➩ R0890
☐ career [kəriər로] 주로 전문적인 직업; 경력
☐ business 실업, 상업 등 영리를 추구하는 직업
☐ calling "신의 명령에 의한 일"이므로 천직
☐ vocation 원래는 "천직", 생업, 직업에 두루 사용 ➩ R1013
☐ trade 목수같이 손의 기술을 요하는 직업; 무역 ➩ R2286

O762 **inaugurate**
[inɔ́ːgjurèit]
15.가천대

vt. 1. 〈수동〉(~으로) 취임하게 하다[as]
  2. (새 시대의) 개시를 알리다
  3. 개관[개통, 개소]식을 거행하다
  • be inaugurated as President 대통령으로 취임하다
  ⓝ inauguration (대통령·교수 등의) 취임(식); 개시

뉘앙스 시작하다, 개시하다

☐ begin (가장 일반적으로) 시작하다, 착수하다
☐ start 출발하다, 시작하다; 시동하다
☐ set about (활동을) 의욕적으로 시작하다; 공격하다 ➩ IO4513
☐ set out (여행을) 시작하다, 출발하다 ➩ IO4514
☐ set in (계절이) 시작되다; (병이) 생기다 ➩ IO4514
☐ commence (문어적으로) 시작하다, 개시하다 ➩ R1364
☐ initiate 시작하다, 창설하다, 가입시키다 ➩ D0052
☐ embark on (새로운 일이나 사업을) 시작하다 ➩ N0959
☐ launch (신제품을) 출시하다, (새 사업에) 진출하다 ➩ R1245
☐ inaugurate 〈수동〉 취임하다; (새 시대를) 열다 ◄▥
☐ onset (질병의 발병처럼) 불쾌한 일의 시작 ➩ N0679

O763 **nepotism**
[népatìzm]
10.이화여대,상명대
03.단국대

n. 연고자[친척] 등용(=favoritism towards relatives)
  • His rapid promotion was clearly due to nepotism.
    그의 빠른 승진은 분명히 친족 등용에 의한 것이었다.
  ⊞ spoils system 엽관제
  * 집권당이 관직·이권을 전리품으로 당원에게 배분하는 일
  ↔ merit system 능력주의 * 실적이나 능력에 따라 인재를 등용

테 마 승진의 불합리한 기준

☐ promote according to seniority
  연공서열에 따라 승진시키다
☐ glass ceiling (여성·소수 인종의) 보이지 않는 승진 상한선
☐ spoils system 엽관제
☐ pull the strings 연줄을 이용하다
☐ parachute 관직에 낙하산 인사로 앉히다

O764 **pledge**
[pledʒ]
14.명지대/07.이화여대

n. 맹세, 서약, (선거) 공약(=oath); 저당, 담보
vt. (정식으로) 약속[맹세]하다(=swear); 담보를 맡기다
  • breach one's pledge 맹세를 깨다
  • election campaign pledge 선거 공약
  ⊟ oath [ouθ] 맹세, 서약; 선서
  • I gave evidence under oath. 나는 선서를 하고 증언했다.

뉘앙스 약속, 맹세

☐ promise 반드시 지켜야 할 의무는 없는 자발적 약속
☐ pledge 약속의 이행을 엄숙하게 다짐하는 맹세 ◄▥
☐ guarantee 반드시 책임지겠다는 약속이나 보장 ◄▥
☐ oath 공적으로 하는 서약이나 선서, 법정 선서 ◄▥
☐ commitment 하기로 했던 또는 해야만 하는 일 ➩ N0206
☐ engagement 미리 해두는 만남의 약속 ➩ T0456
☐ rendezvous 특정 장소·일시에 만나기로 하는 약속 ➩ T0510
☐ appointment 병원 예약처럼 방문·만남의 약속 ➩ R1203
☐ reservation 호텔이나 열차 등의 예약 ➩ N0106

O765 **guarantee**
[gæ̀rəntíː]
15.한국외대/14.명지대
07.이화여대

n. 굳은 약속, 확약; 보장, 품질보증서
vt. 보증하다, 보장하다; 품질을 보증하다
  • a two-year guarantee 2년 품질보증

O766 **retirement**
[ritáiərmənt]
01.상명대

n. 은퇴, 퇴직; (퇴직) 연금; 은거
  • retirement pension[benefit] 퇴직 연금
  • retirement pay 퇴직금
  ⓥ retire 1. 퇴직[은퇴]하다[시키다]; (경기에서) 중도에 탈락하다
    2. 자리를 뜨다; 퇴각하다; 잠자리에 들다
    3. 해안선이 쑥 들어가다
  ⓐ retired 은퇴한, 퇴직한; 외딴, 구석진

테 마 직장에서의 상벌과 신분변화

☐ 징계 처분 disciplinary action
  – 파면, 면직 disciplinary dismissal
  – 정직 suspension from office[duty]
  – 감봉 salary reduction; (punitive) wage cut
  – 견책 reprimand
☐ 승진[진급] promotion
☐ 좌천, 강등 relegation, demotion
  - degradation(좌천, 파면 포함)
  - sinecure 한직(閑職), 명목뿐인 목사직
☐ 인사이동 changes of personnel
  - reshuffle (내각 등을) 개편하다; 인사이동

O767 **abeyance**
[əbéiəns]
13.숙명여대

n. (일시적) 중지(상태), 정지(=pause); 소유자 미정
  • be held in abeyance 미결인 채로 남아있다
  ⊟ obey 따르다, 복종하다 ➩ DO279
  - obeisance 존경, 복종

O768 reward
[riwɔ́ːrd]
03.세종대

n. 보수, 보상(=remuneration); 사례금
vt. 보상[보답/사례]하다
• a financial reward 재정적 보상
ⓐ rewarding ~할 만한 가치가 있는, 보람이 있는

15.경기대
🔁 quid pro quo (…에 대한) 보상[대가]으로 주는 것

뉘앙스 보수, 봉급, 임금

☐ **pay** 급료를 나타내는 구어적인 말로서 가장 일반적
☐ **remuneration** 한 일에 대한 보수 ☑ N0668
☐ **salary** 통상적으로 지적·전문직의 사람의 급여 또는 월마다 정기적으로 지급되는 임금 ☑ R0460
☐ **wage** 시급, 일당, 주급 등 기간 단위로 지급하거나 육체 노동의 대가로 지급되는 임금
☐ **fee** 의사, 변호사 등에 의뢰인이 지불하는 사례금
☐ **payroll** 급여대장; 종업원 수; (종업원의) 지불 급료 총액
☐ **paycheck** 급여로 지급되는 수표
☐ **stipend** 주로 장학금, 공직자의 연금 ☑ R0082
☐ **incentive / bonus** 보너스, 상여금, 장려금

▌077　[테마] 초보와 숙련자

O771 tyro / tiro
[táiərou]
14.중앙대/06.계명대,경기대

n. 초심자, 초학자(=novice, beginner)
• He appears to be a tyro when it comes to economics.
　경제학에 대해서라면 그는 초학자로 보인다.

05-2.경원대
🔁 rookie 신인선수, 신병, 신참; 풋내기

O772 verdant*
[və́ːrdnt]
13.고려대

a. 신록의, 푸릇푸릇한; 미숙한(=inexperienced), 순진한
• verdant lawns 파릇파릇한 잔디밭
🔁 vernal[vəˊːrnl] 봄의, 봄에 피는; 청춘의

O773 skillful
[skílfəl]
17.이화여대/07.경찰2차
06.한국외대/04.입법고시
94.고려대학원/93.대진대

a. 숙련된, 능숙한(=adept, deft, adroit, accomplished)
• His skillful violin playing attested to the endless hours he had spent practicing.
　능숙한 바이올린 연주는 그가 무수한 시간 동안 연습했음을 입증했다.
• He is very skillful at his work. 그는 그의 일에 매우 능숙하다

92.경기대
ⓐⓓ skillfully 솜씨 있게, 능숙하게(=deftly)
ⓝ skillfulness 숙련, 손재주(=dexterity)

05.세종대
🔁 unskilled 특별한 기술이 없는[필요 없는]
　unskillful 서투른, 솜씨 없는
🔁 skill 솜씨, 기량, 기술

O774 inure
[injúər]
09.중앙대/01.대구가톨릭대

vt. 1. 〈보통 수동〉 익히다, 단련하다(=accustom, harden)
* become inured to 이골이 나다, 익숙해지다
• be inured to danger 위험에 단련되어 있다
vi. 효력을 발생하다; 도움이 되다

O775 virtuoso*
[və̀ːrtʃuóusou]
97.서울대학원

n. (예술의) 거장(=highly skilled artist); 미술품 애호가
• gain a reputation as a virtuoso
　거장으로서 명성을 얻다

O776 masterpiece
[mǽstərpiˌs]
01.경기대

n. 걸작, 명작, 대표작
• This picture counts as a masterpiece.
　이 그림은 명작으로 여겨진다.
🔁 magnum opus (예술가, 음악가, 작가의) 대표작

동의어 초보자, 견습생

☐ **inexpert** 미숙한 사람, 신참; 미숙한 ☑ R0713
☐ **novice** 초심자, 신출내기, 풋내기 ☑ N0676
☐ **apprentice** 도제, 실습생, 수습생 ☑ R0027
☐ **beginner** 초학자, 초심자
☐ **neophyte** (수도원의) 수련자; 신참 ☑ R2085
☐ **greenhorn** 미숙한 사람, 풋내기; 갓 들어온 이민
☐ **green hand** 미숙한 사람, 풋내기

동의어 숙련된 ↔ 미숙한

■ **skilled** 경험이나 지식, 능력을 가지고 있는 ◀━
　- **skillful** 특정 능력이 요구되는 일을 잘하는, 능숙한
　↔ **unskillful** 서투른, 솜씨 없는
☐ **experienced** 경험을 쌓은; 노련한
　↔ **inexperienced** 경험이 부족한, 미숙한 ☑ R0712
☐ **practiced** 경험이 풍부한, 숙련된 ☑ R0659(5)
☐ **proficient** (연습이나 훈련으로 인해) 숙달한 ☑ R0601
☐ **adept** 숙련된, 숙달된 ☑ N0233
☐ **expert** 숙련된, 노련한, 전문가인 ☑ R0713
☐ **conversant with** ~에 정통한, ~에 밝은 ☑ D0029
☐ **versed in** ~에 정통한, 조예가 깊은 ☑ D0029
☐ **be good at** ~에 능숙하다, 잘하다 ☑ I12839
■ **fledgling** 풋내기의, 미숙한; 애송이 ☑ N0241

동의어 숙련가, 장인, 전문가

☐ **expert** 숙련가; 권위자, 전문가 ☑ R0713
☐ **adept** 숙련자, 노련가 ☑ N0233
☐ **craftsman** (숙련된) 장인, 기능공, 숙련공 ☑ R0621
☐ **virtuoso** 주로 예술분야의 거장이나 명인 ◀━
☐ **maestro** 대음악가, 명지휘자; (예술의) 명인, 거장
☐ **maven**[méivən] 〈속어〉 숙달한 사람, 명수

0781 lazy
[léizi]
07.서울시7급
05.성균관대/01.중앙대

a. 1. 게으른, 태만한(=slothful, indolent)
　2. 나른한; 느긋한; 느린
　• She is so lazy that She will not even lift a finger.
　　그녀는 너무 게을러서 손가락 하나 까딱하지 않으려 한다.
　• a lazy summer afternoon 나른한 여름철 오후
ⓝ laziness 게으름, 나태함(=indolence); 느긋함
　lazybones (보통 단수 취급) 게으름뱅이

0782 slovenly
[slʌ́vənli]
01.덕성여대

a. 1. 부주의한(=careless); 게으른
　2. 단정치 못한(=slipshod)
　• His room is in a terrible mess ; he is very slovenly.
　　그의 방은 완전히 쓰레기장이다. 그는 너무 지저분하다.
ⓝ sloven 옷차림이 단정치 못한 사람; 게으른 사람
04.경기대
🔳 drone 게으름뱅이(=lazy person); (꿀벌의) 수벌; 무인비행기

0783 slipshod
[slípʃad]
01.덕성여대/98-2.광운대

a. 1. (일을) 대충 하는, 엉성한(=careless)
　2. 단정치 못한(=slovenly)
　• The student was criticized for his slipshod work.
　　그 학생은 숙제를 아무렇게나 해 왔다고 꾸지람을 들었다.

0784 idle
[áidl]
17.한양대

a. 게으른, 아무것도 안하는, 놀고 있는
vt. 특별히 하는 일 없이 보내다, 빈둥거리다; 공회전하다
　* idle away 빈둥거리며 놀고 있다
　• Don't idle away your time. 빈둥거리며 시간을 낭비하지 마라.
ⓝ idleness 게으름(=indolence), 아무것도 안 하는 상태; 놀고 지냄
　idler 게으름뱅이; 쓸모없는 인간

0785 shirker*
[ʃə́ːrkər]
15.홍익대

n. 회피자(=malingerer), 게으름뱅이
　• He's a lazy shirker. 그는 게으른 회피자이다.
ⓥ shirk 게으름 피우다 → 일·의무·책임 등을 회피하다

0786 travail
[trəvéil]
10.중앙대/06.경기대

n. 하기 싫거나 불쾌한 일, 어려운 문제
　• in spite of all travails 모든 어려운 문제에도 불구하고

0787 chore
[tʃɔːr]
07.경북9급

n. 자질구레한 일, 허드렛일, (pl.) 잡일, 가사
　• My main chore around the house is taking out the trash.
　　나의 집에서의 주요 허드렛일은 쓰레기를 갖다 버리는 것이다.
🔳 char[tʃɑːr] 〈영〉 잡역부; 허드렛일(=chore); 까맣게 태우다

0788 goof*
[guːf]
05.국민대

vi. 농땡이 부리다[off]; 실수하다, 바보짓을 하다
n. 바보, 멍청이
　* goof off 빈둥거리다, 농땡이 부리다
　• goof off at school 학교에서 농땡이 부리다

0789 hustle
[hʌ́sl]
05.가톨릭대

v. 1. 난폭하게 떠밀다[밀다]
　2. 서두르다; 서두르게 하다, ∼할 것을 재촉하다[into]
　3. 척척 해치우다, 힘차게 해내다, 분투하다
n. 정력적 활동, 원기; 대활약; 분투
　• hustle her into a room 그녀를 방 안으로 밀어 넣다
　• hustle to be in time for the meeting 회의에 늦지 않게 서두르다
　• Hustle it up! (기운 내서) 해치워버려!
　• the hustle and bustle of city life 바쁘고 부산한 도시 생활
🔳 hurtle[hə́ːrtl] 돌진하다, 돌진시키다
　rustle[rʌ́sl] (낙엽 등이) 살랑살랑 소리내다; 활발히 움직이다
03-2.경기대
　- rustling 살랑살랑 소리 나는; 활동적인, 활발한; 가축 도둑질

동의어 게으른, 나태한 ↔ 부지런한

- ■ lazy (가장 일반적으로) 게으른, 나태한 ◀▥
- ☐ sluggish (동작이) 느린; 나태한, 불경기의
- ☐ slothful 나태한, 게으른, 느린, 굼뜬 🔲 D0896
- ☐ shiftless 게으른, 의욕이 없는 🔲 D0734
- ☐ otiose[óuʃiòus] 아무 짝에도 쓸모없는, 게으른
- ☐ supine[supáin] 반듯이 누운; (게을러서) 행동이 굼뜬
- ☐ malinger (특히 병사가) 꾀병을 부리다 🔲 R2025
- ■ diligent 일이나 맡은 바에 있어 열심히 하는 🔲 R0539
- ☐ industrious 근면한, 부지런한 🔲 D0474
- ☐ hardworking 부지런한
- ☐ sedulous 근면한, 부지런히 일하는 🔲 R0212
- ☐ assiduous 부지런한, 끈기 있는 🔲 N0305
- ☐ studious[stjúːdiəs] 면학에 힘쓰는

동의어 게으름뱅이

- ☐ lazybones 게으름뱅이 ◀▥
- ☐ drone (꿀벌의) 수벌 → 게으름뱅이 ◀▥
- ☐ sloven 게으른 사람, 단정치 못한 사람 ◀▥
- ☐ idler 게으름뱅이; 쓸모없는 인간 ◀▥
- ☐ shirker (해야 할 일을) 회피하는 사람 ◀▥
- ☐ truant 게으름뱅이 → (학교의) 무단 결석자
- ☐ do-nothing 아무 일도 안하는, 태만한 → 게으름뱅이
- ☐ dolittle 〈구어〉 게으름뱅이, 나태한 사람
- ☐ sluggard 게으름뱅이, 건달 🔲 D0474

테 마 농땡이 부리다

- ☐ play truant 학교를 무단결석하다, 시간을 빼먹고 놀다
- ☐ cut[skip] a class 학교를 빼먹다
- ☐ play hooky 학교를 빼먹다, 꾀부려 쉬다
- ☐ skulk (나쁜 짓을 꾸미며) 몰래 숨다; 농땡이 부리다

0791 snap
[snæp]
07.대구교행

n. 1. 덥석 물기 → 2. 스냅사진 → 3. 〈구어〉 쉬운 것, 쉬운 일
a. 성급한
• It's a snap. 쉬운 일이야.

0792 moil*
[mɔil]
13.중앙대

vi. 악착같이 일하다(=lucubrate)
n. 힘든 일, 고역
• The miners continued to moil and toil in the mine.
광부들은 광산에서 쉴 새 없이 일을 계속했다.
圄 toil (뼈 빠지는) 일, 노역; 힘써 일하다
 - toil and moil 부지런히[쉴 새 없이] 일하다

0793 hectic
[héktik]
10.경희대/05~10.경찰

a. 1. 정신없이 바쁜, 빡빡한; 흥분한(=exciting)
  2. 피로를 낳는; 폐결핵의
• a very hectic week 정신없이 바쁜 한 주
• get away from the hectic city life 빡빡한 도시 생활에서 벗어나다
ⓐⓓ hectically 광적으로

0794 bustle
[bʌsl]
05.중앙대.한성대

v. 1. 바삐 움직이다[일하다][about](=walk energetically)
  2. (바쁘게) 서두르다(=rush)
  3. 〈구어〉 붐비다, 북적거리다
n. 활기, 붐빔; 야단법석
• bustle about on the streets 거리를 바삐 걸어가다
• be bustling with customers 손님들로 북적거리다
• the hustle and bustle of city life 바쁘고 부산한 도시 생활
99.가톨릭대
ⓐ bustling 분주한, 떠들썩한, 붐비는(=uproarious)

0795 drain
[drein]
15.10.한국외대
12.경희대
94.사법시험

v. 1. 배수[방수]하다, (물을) 빼서 말리다
  2. 고갈시키다, 지치게 하다(=exhaust)
  3. (재물·인재를) 국외로 유출시키다[away]
• All the strength drained out of my body. 온몸의 힘이 쭉 빠졌다.
ⓐ drained 고갈된, 녹초가 된(=exhausted)
ⓝ drainage 배수; 배수구; 오수

0796 weary
[wíəri]
12.홍익대

a. (몹시) 지친, 피곤한, 피곤하게 하는; ~에 싫증난[of]
• She looked pale and weary. 그녀는 창백하고 지쳐 보였다.
• be weary of his jokes 그의 농담에 싫증나다
ⓝ weariness 권태, 피로
ⓐ wearisome 피곤하게 하는, 따분하게 하는

0797 untiring
[ʌntáiəriŋ]
15.서강대

a. 지치지 않는, 지칠 줄 모르는, 끈기 있는(=sedulous)
• due to his untiring efforts 그의 끈기 있는 노력 때문에
ⓐ tireless 지칠 줄 모르는(=indefatigable)
ⓥ tire 피곤하게 하다, 지치(게 하)다
ⓐ tired 피곤한, 지친, 싫증난
11.국민대
ⓝ tiredness 피로, 권태
圄 tiresome 귀찮은, 지루한(=irksome)

0798 unflagging
[ənflǽgiŋ]
01.덕성여대
08.중앙대

a. 지치지 않는, 지칠 줄 모르는(=indefatigable)
• require unflagging efforts 지치지 않는 노력을 필요로 하다
圄 flag 1. (활력·활동·흥미·기력 등이) 떨어지다; 시들해지다
     2. 기(旗); 기를 올리다, 기로 신호하다
08.홍익대
cf.flagship (그룹·시스템·제품에서) 가장 중요한[최고인] 것 본사

표현 **쉬운 일과 힘든 일**

☐ It's a piece of cake. 그건 식은 죽 먹기다. ➡ I16602
  = It's (as) easy as apple pie[duck soup].
  = It's a walk in the park.
  = It's a cinch.
  = It's a snap. ➡ T0791
☐ That's no sweat. 별 거 아니야. 문제없어. ➡ I16927
☐ hot potato 어려운 문제; 다루기 힘든 일
☐ keep[have, put] one's nose to the grindstone
  힘써 공부하다[일하다]
☐ put on a hair shirt 힘든 길[삶]을 택하다

동의어 **힘이 드는, 고된**

☐ laborious (많은 시간과 노력을 요하는) 힘든 ➡ R0682
☐ strenuous 힘이 많이 드는, 몹시 힘든 ➡ N0464
☐ grueling 힘이 드는, 녹초 만드는 ➡ N0805
☐ exhausting 지치게 하는 ➡ D0016
☐ painstaking 일이 많은 노력을 요하는, 공들인
☐ backbreaking 몹시 힘이 드는 * 등뼈를 부러뜨리는
☐ toilsome [tɔ́ilsəm] 힘이 드는, 고생스러운
☐ operose [ápəròus, ɔ́p—] 많은 노력을 요하는; 근면한

뉘앙스 **피곤, 피로, 권태**

☐ fatigue 심한 일이나 운동으로 인한 극심한 피로 ➡ D0816
☐ tiredness 반복적인 일로 인한 권태로움을 포함 ◀▥
☐ weariness 오랫동안의 여정[일]으로 인해 지친 상태 ◀▥
☐ strain 과도한 긴장으로 인해 오는 심신의 피로 ➡ N0749
☐ lassitude 심신이 지쳐 무기력한 상태, 권태 ➡ T0208
☐ languor 주로 피곤에서 오는 나른함 ➡ D0173
☐ exhaustion 심한 일이나 탈수 등으로 인한 탈진 ➡ D0016

표현 **지친, 녹초가 된; 녹초가 되다**

■ exhausted 지친, 기진맥진한 ➡ D0016
☐ fatigued 지친
☐ jaded [dʒéidid] 지칠 대로 지친, 싫증난
  - jade 옥; 지치게 하다
☐ beat-up 지쳐 빠진; 낡은 ➡ I09904
☐ run-down 지친; 낡은 ➡ I05807
☐ used-up 지쳐 버린; 낡은
■ wear out 지치게 하다 ➡ I12303
  = do in 〈구어〉 녹초로 만들다
  = knock up / sew up
☐ be worn-out 녹초가 되다, 몹시 지치다
  = be dead beat / get dead tired
  = be played out
  = be tired out
  = be used up
  = pumped out
  = be overrun oneself
  = run out of steam 기력이 다하다

O8O1 deal
[diːl]
12.경희대/09.명지대
05.강남대

vi. 1. 다루다, 처리하다(=cope with, manage), 대우하다; 종사하다
* deal with (문제 등을) 다루다, 처리하다(=cope with); 거래하다
* deal in ~에 종사하다
2. 거래하다(=trade, do business, negotiate, bargain)

vt. 나누어주다, 분배하다

n. 1. 거래(=bargain); 협정, 밀약
* That's a deal. 좋아 알았다; 그것으로 결정짓자.
* No deal! (미·속어) 싫어!, 안 돼!
2. 사항, 중요 인물, 대우 * big deal 큰 거래: 거물, 대단한 것
  cf. Big Deal! 〈구어〉 그것이 어쨌다는 거야, 별 것 아니지 않아!
* make a big deal (out) of (아무것도 아닌 것으로) 큰 소동을 벌이다
• Don't make a mountain out of a molehill.
  〈속담〉 사소한 문제를 거창하게 말하지 마라, 침소봉대하지 마라
* raw deal 부당한 취급[대우] ↔ square deal 공정한 취급[처사]
  - get a raw deal 푸대접을 받다, 부당한 대우를 받다
3. 다량, 대량 * a great deal of 다량의(=a lot of)

동의어 일을 맡다
☐ undertake 힘든 일을 맡아서 착수하다 ◘ P0196
☐ take on 일이나 책임을 맡다 ◘ I03709
☐ take over (일·기업을) 인계받다, 인수하다 ◘ I03708
☐ assume (권력·역할·책임을) 떠맡다; 장악하다 ◘ N0269
☐ inaugurate (공적인 자리에) 취임시키다 ◘ T0762

표 현 ~으로 해나가다 ↔ ~없이 지내다
■ manage with ~으로 해나가다, 꾸려가다 ◘ N0380
 = make do with
 = go with
 = get along with
■ manage without ~없이 해나가다 ◘ N0380
 = do without
 = go without
 = get along without
 = dispense with
 = make do without

O8O2 tackle
[tǽkl, téikl]
10.경희대

v. 1. (힘든 문제와) 씨름하다; 부지런히 시작하다(=undertake)
2. 태클하다; ~와 논쟁하다
• tackle the problem 문제를 다루다

동의어 싸우다 → 분투하다 → 노력하다
☐ battle 싸우다 → 분투하다 ◘ R1163
☐ tackle (힘든 문제나 상황과) 맞붙어 싸우다 ◀▥
☐ strive 분투[항쟁]하다 → ~을 얻으려고 애쓰다 ◀▥
☐ struggle 맞서 싸우다 → 고심하다 ◀▥
☐ grapple 꽉 붙잡다 → 싸우다 → 해결하려고 노력하다 ◀▥
☐ wrestle 맞붙어 싸우다 → 악전고투하다, 전력을 다하다
☐ endeavo(u)r ~을 하려고 노력하다, 시도하다

O8O3 strive
[straiv]
98.경기대

vi. (~을 얻으려고) 노력하다, 애쓰다[for](=make efforts)
• strive for fame 명성을 얻으려고 노력하다

O8O4 struggle
[strʌ́gl]
01.인천대

vi. 1. 투쟁하다, 허우적거리다
2. (맞서) 싸우다; ~와 싸우다, 고심하다[with](=grapple with)

n. 투쟁, 분투, 싸움
• struggle against injustice 부정에 맞서 싸우다

O8O5 grapple
[grǽpl]
17.경기대/03.성균관대
01.인천대

vi. 1. 붙잡고 싸우다[with]
2. (해결책을 찾으려고) 고심하다[with](=struggle with)
• grapple with a problem 문제를 해결하려고 노력하다
• grapple with the issue 그 문제로 고심하다

O8O6 necessary
[nésəsèri]
13.한국외대/04.국회사무처
97.경원대/96.서울대학원

a. 필수적인(=indispensible, imperative)

n. 필수품, 필요한 것
* It is necessary to R ~할 필요가 있다.
• It is sometimes necessary to tune out the criticism of others.
  가끔 다른 사람들의 비판을 무시하는 것이 필요하기도 하다. * tune out 무시하다
Ⓝ necessity (pl.) 필수품; 불가결한 것
Ⓐ unnecessary 불필요한(=obsolete, superfluous)

테 마 선택과 필수, 필수품
■ option 장래에 선택할 수 있는 권리, (과목의) 선택 ◘ R0541
 - optional 선택 가능한, 선택의, 임의의
☐ alternative 양자택일, 대안 ◘ N0045
☐ selection 여러 개 중에 신중히 고르는 것, 고른 것 ◘ D0860
☐ choice (두 개 이상 중에) 선택하는 것 또는 그 기회
 - choose 여러 개 중에 선택하다, 고르다
☐ adoption (사상·계획 등의) 채택, (외국어의) 차용 ◘ R0542
■ necessary 없어서는 안 될; (pl.)필수품, 필요한 것 ◀▥
☐ indispensable 없어서는 안 되는, 긴요한 ◘ N0254
☐ essential 본질적인, 없어서는 안 될 ◘ R1593
☐ requisite 필수의; 필수품, 필요조건 ◘ D0671
☐ prerequisite 필요조건, 선수과목 ◘ N0671
☐ required (학과가) 필수의 ◘ R1033
 - requirement (신청에 있어) 요구되는 조건이나 요건
☐ commodity 유용한 것, 상품, 일용품 ◘ R0636

O8O7 key
[kiː]
18.서울시9급

a. 가장 중요한, 필수적인(=integral)

n. 열쇠, 해결의 실마리; 핵심
• a key concern 주된 관심사
Ⓔ play a key role in sth 중요한 역할을 하다 ⊃ I0750 5
 under lock and key 자물쇠를 채워 ⊃ I0120 6

0808 route
[ruːt, raut]
00-4.여자경찰

n. 1. (목적지로 가는) 길, 항로, 경로
2. (비유적) 수단, 방법, 길
• the shortest route 가장 빠른 길
• the transmission route 감염 경로
04-2.고려대
🅔 en route 도중에(=on the way)
• en route to London 런던으로 가는 중에

0809 mechanistic
[mèkənístik]
14.한양대

a. 기계적인; 기계론적인
• in a mechanistic way of thinking 기계론적인 사고방식으로
ⓐ mechanical 기계의; (일처리가) 기계적인
ⓝ mechanic 수리공, 정비사
　mechanics 〈단수취급〉 역학, 기계학; 〈복수취급〉 제작기법
　mechanism 기계적 장치; 메커니즘, 정해진 절차나 방법

테 마 길, 도로, 차도 → 수단, 방법

☐ way (일반적 의미의) 길, 도로; 행동, 방침, 방법 🅓 I155
☐ route 어떤 목적지를 향한 정해진 경로; 수단 ◀▥
☐ shortcut 지름길, 손쉬운 방법 🅓 T1444
☐ avenue (도시의) 큰 대로; 수단, 방법 🅓 R0376
☐ concourse (공원 내의) 차도; 큰 길, 가로수길 🅓 R0420
☐ boulevard [búləvàrd] 넓은 가로수길; 큰길, 대로
☐ street 거리 양쪽에 건물이 줄지어 서 있는 도로
☐ road 주로 도시와 도시를 연결하는 도로
☐ path 작은 길, 보도
☐ footpath 보도
☐ lane 차선, 좁은 길 🅓 R2102
☐ aisle / passage 통로, 복도
☐ alley 좁은 골목길, 오솔길, 샛길 🅓 R0165
☐ track / trace / trail 밟아서 생긴 작은 길 🅓 R1346/R1345

█ 081　[테마] 도구, 장비

0811 utilize
[júːtəlàiz]
13.한국외대

vt. (~을 쓸모 있게, 유용하게) 이용하다(=tap)
• be utilized as a tool 도구로 사용되다
ⓝ utility 유용, 효용; 쓸모 있는 것, 공익설비

0812 tap
[tæp]
96.입법고시

vt. 1. (토지·광산 등을) 개발하다(=exploit); 이용하다(=utilize)
2. 가볍게 두드리다; 두드려서 만들다
n. (수도 등의) 꼭지; 가볍게 두드림, 탭댄스; 도청
• tap his own experiences 자신의 경험을 활용하다
ⓐ untapped (자원 등을) 아직 이용[개발]하지 않은

0813 tool
[tuːl]
17.단국대

n. 연장, 공구; 도구, 수단(=implement)
• a very useful tool 매우 유용한 도구
• a tool for success 성공을 위한 수단

0814 gear
[giər]
17.단국대

n. 1. 톱니바퀴, 기어
2. (특정 용도의) 장치, 도구; 장구, 장비, 무기
3. (영·구어) 매력적인 것; 고급(품)
vt. 알맞게 하다, 조정하다[to]
vi. 태세를 갖추다[up]
03.행자부 9급
🅔 be geared to ~에 맞추어지다(=be oriented to)
96.행시/02.경찰
　gear up 준비를 갖추다
🅢 equip 장비를 갖추다; 준비를 갖춰주다
- equipment 장비, 용품, 설비 • office equipment 사무용품

0815 utensil
[juːténsəl]
11.국민대

n. (주로 가정에서 사용하는) 기구, 가정용품
• cooking utensils and dishes 조리기구와 접시

0816 gadget
[gǽdʒit]
15.서강대/13.숭실대

n. (작고 유용한) 도구; 간단한 기계장치(=gizmo) * 가제트 팔
• a useful gadget 유용한 도구
🅢 gizmo [gízmou] (새롭고 유용한) 간단한 장치

동의어 이용하다, 활용하다

■ utilize 일반적으로 이용하거나 소용되게 하다 ◀▥
☐ harness 자연력을 동력 등으로 이용하다 🅓 N0924
☐ exploit 천연자원 등을 산업 활동에 이용하다 🅓 N0257
☐ capitalize 상황을 자신에게 유리하도록 이용하다 🅓 R1833
☐ mobilize (물자·수단·군대를) 동원하다 🅓 D0199
■ take advantage of (기회, 자원, 남을) 이용하다 🅓 I03705
　= capitalize on ~을 이용하다
　= impose upon ~에 편승하다; (지위 등을) 이용하다
　= make use of (기회 등을) 이용하다
　= avail oneself of (기회 등을) 이용하다
　= cash in on ~을 이용하다
　= play on (사람의 감정을) 이용하다
　= make the most[best] of ~을 최대한 활용하다
　= trade on (부당하게) ~을 이용하다

뉘앙스 도구, 기구, 연장, 장치

☐ tool 비교적 단순한 도구, 연장 ◀▥
☐ instrument 복잡하고 정밀한 도구, 기계 🅓 R1155
☐ implement 특정한 일을 위해 사용하는 도구 🅓 N0156
☐ gear 특정 용도를 위한 도구, 장비; 무기 ◀▥
☐ equipment 어떤 일을 하기 위해 필요한 장비 ◀▥
☐ device 특정한 일을 하기 위해 고안된 장비 🅓 R0754
☐ apparatus (한 벌의) 장치, 기계, 기구; 기관 🅓 R2320
☐ appliance (가정용) 기기, 장치; 전기 제품[기구] 🅓 R1295
☐ utensil (특히 가정용) 기구, 용구; 가정용품 ◀▥
☐ gadget 솜씨 있게 만든 유용한 작은 기계나 도구 ◀▥
☐ tackle 도구, 장치; (특히) 낚시 도구 🅓 T0802

고급 어휘

☐ rig [rig] **n.** 의복; 장비, 채비, 낚시도구
　vt. 1. 장비를 갖추다, 채비하다
　　　 2. 〈구어〉 (옷을) 입히다; 급히 만들다
　　　 3. 부정한 수단을 쓰다
• rig a ship 배에 장비를 달다
• rig the market 시장을 조작하다
☐ paraphernalia
　(특정한 활동에 필요한) 용품, 자잘한 소지품
• skiing paraphernalia 스키용품

0817 hammer
[hǽmər]
10.국민대
96.지방고시

vt. 1. 망치로 치다; 마구 때리다, 쳐부수다
　　 2. 압승하다, 일방적으로 이기다(=skin)
vi. 꾸준히 일하다; 반복해서 강조하다
n. 해머, 망치
劯 hammer out 1. 애써 생각해 내다; 머리를 짜내 풀다
　　　　　　　 2. 망치로 두드려 ~을 만들다
　 • hammer out a solution 해결책을 짜내다
劯 sledgehammer 큰 쇠망치, 강타; 압도적인

0818 ratchet
[rǽtʃit]
16.서강대

n. 래칫(한쪽 방향으로만 회전하는 톱니바퀴); 착실한 상승
vi. 서서히 오르다[up]; 서서히 내리다[down]
　 * ratchet up 서서히 올리다(=augment) ↔ ratchet down 서서히 내리다
　 • ratchet up the speed 속도를 서서히 올리다

☐ **nail** 손톱; 못, 징 → 체포하다, 명중시키다
　 * hit the nail on the head 바로 알아맞히다 ☑ I09702
☐ **screw** 나사, 나사못 → 강요하다; 압박하다
☐ **rasp** (이가 거친) 줄 → 거친 목소리로 말하다 ☑ R1140
　 - **raspy** 삐걱거리는, 귀에 거슬리는; 신경질적인
☐ **serrate / serrated** 톱니 모양의, 톱니가 있는
　 • serrate leaves 가장 자리가 톱니 모양인 나뭇잎

테 마　물건 등을 들어 올리는 장치들

☐ **lever** 지레, 레버; 수단, 방편 ☑ R1735
☐ **elevator** 〈미〉 엘리베이터, 승강기
　 - **elevate** (사물을) 들어 올리다; 향상시키다 ☑ R1732
☐ **lift** 〈영〉 승강기; 들어 올리다, 인상하다
☐ **heaver**[hívər] 지렛대, 짐꾼
　 - **heave** (무거운 것을) 들어 올리다; 토하다
☐ **hoister**[hɔist] 감아올리는 기계[기중기], 호이스트
　 - **hoist** (기중기 등을 써서) 올리다; (물가 등을) 상승시키다
☐ **crane**[krein] 기중기, 크레인
☐ **winch**[wintʃ] / **windlass** 무거운 물건을 들어 올리는 장치, 윈치

▌082　[테마] 보조, 위임, 대리

0821 ancillary
[ǽnsəlèri]
13.단국대

a. 보조적인(=accessory), 부속적인, 부수적인
n. 종속적인 것; 자회사(子會社); 부품; 조수(=auxiliary)
　 • ancillary staff 보조직원들

0822 appurtenance*
[əpə́:rtənəns]
14.중앙대

n. 부속품, 종속물
　 • change all the furniture and appurtenances of the room
　　 모든 가구와 방의 부속물들을 교체하다

0823 proxy
[prάksi, prɔ́k-]
17.지방직9급

n. 대리(권), 위임; 대리인(=surrogate)
　 • vote as a proxy 대리로 투표하다
劯 carte blanche n. 백지위임장, 백지위임
　 • give a carte blanche 전권을 주다, 백지위임하다

☐ **subordinate** 하급의; 종속적인; 하급자 ☑ N0950
☐ **subsidiary** 자회사, 보조물; 보조의 ☑ N0548
☐ **accessory** 공범, 부속품; 액세서리; 보조의 ☑ R0380
☐ **annex** 부가물, 부속물, 별관; 합병하다 ☑ R0266
☐ **wing** 중심 건물에서 옆으로 늘인 부속 건물
☐ **auxiliary** 보조의, 예비의; 보조자; 조동사 ☑ R1700
☐ **adjunct** 부속물, 조수, 수식어구 ☑ R0320
☐ **adjuvant**[ǽdʒəvənt] 도움이 되는, 보조의

테 마　대리, 대행; 대리하다

☐ **surrogate** 대리인, 대행자; 대리의, 대용의 ☑ R1039
☐ **deputize** ~에게 대리를 명하다, (상급자를) 대행하다 ☑ R1514
　 - **deputy** (권한을 대신 행사하는) 대리인, 대의원
☐ **delegate** (조직·국가를 대표하여 파견된) 대표; 위임하다, 파견하다 ☑ N0713
☐ **vicarious** 대행의, (경험이) 간접적인 ☑ R0574
☐ **sub** 대리인, 대타, 교체선수
☐ **fill-in** 대리, 땜빵 ☑ I12103
☐ **agency** (타인의 일을) 대행하는 사람, 대행사; 대리점 ☑ R0657
☐ **acting** 직무대행의 ☑ R0650
☐ **reserve** (만약을 위한) 예비품, 예비군, 예비 선수 ☑ D0106
☐ **understudy**[ʌ́ndərstʌ̀di] (연습 중의) 임시 대역 배우
☐ **scapegoat**[skéipgout] 남의 죄를 대신 지는 사람, 희생양
☐ **ersatz**[éərzɑts] 대용품; 대용의

동의어　대신하다, 대체하다

■ **replace** (일반적으로) 대신[대체]하다, 교환하다 ☑ D0715
☐ **supplant** (물건을) 대체하다; (사물에) 대신하다 ☑ N0408
☐ **substitute** (원래의 것이 없어 다른 것으로) 대신하다 ☑ N0545
☐ **supersede** (낡은 것을 새로운 것이) 대신하다 ☑ N0714
■ **take the place of** ~를 대신하다, 대체하다 ☑ I03710
　 = fill in for ⓢ
　 = fill in ⓢ's shoes

= stand in ⓢ's shoes
= step into ⓢ's shoes
= sit in for ⓢ
☐ put oneself in ⓢ's shoes 입장을 바꾸어 생각하다
☐ **fill the breach** (위급할 때) 대신하다, 대역을 맡다

동의어 위임, 위임하다
_____

☐ mandate (통치권한을) 위임; 위임하다 ☐ D0003
☐ commission (정부가 위원회 등에) 위임; 위원회 ☐ D0206
☐ assign (사람에게 특정 업무를 하도록) 배정하다 ☐ R0985
☐ consign (남의 관리 · 보호에) 위탁하다, 위임하다 ☐ R0986
☐ **entrust** (타인에게 책임 · 사무 · 금전 등을) 맡기다 ☐ R2291
☐ leave A to B A를 B에게 맡기다

083　[테마] 장애물과 곤경

O831 clog
[klag, klɔg]
03.경기대
05-2.고려대/99-2.경원대
06.단국대/03.숭실대

n. 방해물, 장애(물); (먼지로 인한 기계의) 고장
v. 방해하다; (흐름을) 막다, 막히다
• be clogged with traffic 교통이 꽉 막히다
🔡 **roadblock** (도로상의) 바리케이드; 장애물
block 막다, 차단하다(=obscure, hinder, balk)
n. 사각형 덩어리, 건물, 구역; 장애, 방해

O832 snag
[snæg]
13.동국대

n. (예상 밖의) 곤란한 일, 뜻하지 않은 차질
v. (날카로운 것에) 걸리다, 찢기다; 방해하다
* hit a snag 뜻밖의 장애에 부딪치다
• hit a snag with the project 그 프로젝트에서 난관에 부딪치다

O833 hitch
[hitʃ]
11.고려대/06.성균관대

n. (지체하게 하는) 장애[문제], 걸림돌
vt. 1. (고리·밧줄 등으로) 묶다; (갑자기) 홱 움직이다
　　2. 낚아채다; 〈속어〉 결혼시키다
vi. (지나가는 차를) 얻어 타다
• hitch in the negotiations 협상의 장애
• without a hitch 거침없이, 술술, 무사히
• hitch a ride 〈구어〉 히치하이크하다; 편승하다
🔡 **hitchhike** 히치하이크하다
🔡 **hike**[haik] v. 도보여행하다; 〈미〉 (물가 등을) 갑자기 올리다
n. (가격 등의) 인상

O834 stunt
[stʌnt]
10.성균관대

v. (성장·발전을) 방해하다(=prevent, hinder)
n. 묘기, 곡예, 스턴트
• stunt the baby's growth 아이의 발육을 방해하다

O835 balk
[bɔːk]
06.단국대

vt. 방해하다, 좌절시키다(=block)
vi. 뒷걸음치다, 망설이다[at]
n. 장애, 장애물; (야구에서의) 투수의 보크
• balk the robber's plans 도둑의 계획을 좌절시키다
• balk at buying new cars 새 차 사는 것을 망설이다

O836 quandary
[kwάndəri, kwɔ́n-]
07.고려대/05.경기대

n. 곤경, 난처한 처지(=plight)
* in a quandary 곤경에 처하여
• The government appears to be in a quandary about what to do with so many people. 정부는 너무 많은 사람들과 함께 무엇을 해야 할 지에 관해 곤경에 빠져 있는 듯하다.

O837 mire
[maiər]
09.이화여대/07.서울여대
17.홍익대
14.중앙대/90.고려대학원

v. 진창[곤경]에 빠뜨리다[빠지다](=bog)
n. 진창, 수렁; 궁지, 곤경
• sink in deep mire 깊은 곤경에 빠지다
• The country was mired in recession.
그 나라는 경기 침체의 수렁에 빠졌다.
ⓐ mired 수렁에 빠진
🔡 **quagmire**[kwǽgmàiər] 수렁, 진창; 곤경
stymie[stáimi] 곤경, 난처한 상태; 방해하다(=thwart)

O838 bog
[bag, bɔg]
07.서울여대

n. 습지(=marsh), 수렁(=mire)
vt. 수렁에 빠뜨리다
* bog down 수렁에 빠지다; 꼼짝 못하다
• The car was bogged down in the swamp.
그 차는 늪에 빠져 오도 가도 못했다.

O839 strand
[strænd]
07.명지대

v. 좌초해[시키다]; 오도 가도 못하게 하다
n. (실·전선·머리카락 등의) 가닥
• be stranded on a deserted island 무인도에 고립되다

동의어 방해하다, 훼방하다; 장애, 장애물

☐ **hinder** 어떤 행위 또는 그 진행에 방해를 하다 ➡ N0014
　- **hindrance** 방해물, 장애물; 고장
☐ **impede** 방해물을 놓아 진행·운동을 방해하다 ➡ N0101
　- **impediment** 방해(물) → 신체장애(특히 언어장애)
☐ **deter** 그만두게 하다, ~못하게 막다[from] ➡ N0102
　- **deterrence** 저지, 제지; 전쟁억지력
☐ **prevent** 방해하여 어떤 일을 못하게 막다[from] ➡ N0188
　- **prevention** 방지, 방해, 예방
☐ **thwart** 훼방 놓다, 방해하다, 좌절시키다 ➡ N0729
☐ **obstruct** 장애물을 놓아 길·통로를 가로막다 ➡ R1154
　- **obstruction** 진로나 흐름의 물리적 방해
☐ **interfere with** 쓸데없이 말참견하거나 간섭하여 방해하다
　- **interference** 간섭, 방해 → 통신 방해 ➡ R0484
☐ **interrupt** 말을 가로막다, 일을 일시적으로 중단하다 ➡ N0498
　- **interruption** 중단, 끊김 → 방해
☐ **disturb** 일 등을 방해하거나 마음을 어지럽히다 ➡ R0673
　- **disturbance** 소란, 소동; 방해; 걱정
☐ **encumber** 방해하다, 무거운 짐을 지우다[with] ➡ R0219
　- **encumbrance** 방해물, 폐가 되는 것
☐ **retard** 발전이나 성장의 속도를 늦추다 ➡ N0897
☐ **obstacle** 장애(물), 방해(물) 지장이 되는 것 ➡ R0199
☐ **barrier** 장벽, 방책 → 장애, 방해 ➡ R2563
☐ **barricade** (길을 가로막기 위한) 바리케이드 ➡ R2563
☐ **stumbling block** 장애물
☐ **setback** (일 진행의) 걸림돌, 차질; 좌절, 실패 ➡ N0735

테 마 곤경, 궁지; 진창, 수렁

◼ **plight** 곤경, 궁지, (어려운) 상태 ➡ N0165
☐ **predicament** 곤경, 궁지 ➡ N0379
◼ **swamp**[swamp] 늪, 습지; 늪[궁지]에 빠뜨리다
☐ **marsh**[marʃ] 늪, 습지
☐ **morass**[mərǽs] 저습지; 곤경, 궁지
☐ **slough**[slau] 진창, 늪지대; 수렁[진창]에 처넣다
☐ **sludge**[slʌdʒ] 진흙, 진창; 침전물, 슬러지
☐ **lurch**[ləːrtʃ] n. 1. (배가) 갑자기 기울어짐; 경향 2. 곤경
　* leave a person in the lurch 궁지에 빠진 사람을 내버려두다
☐ **nonplus**[nanplʌs] n. 곤란한 입장, 궁지, 곤경; 당혹
　　　　vt. 난처하게 만들다
　* be[stand] at a nonplus 진퇴양난에 처하다
◼ **be in a quandary** 곤경에 처하다
　= be in a predicament
　= be in a jam[fix / bind/ trouble]
　= be in hot water / in deep water
☐ **be off the hook** 곤경에서 벗어나다, 의무에서 해방되다
☐ **drive** sb **to the wall** ~을 궁지에 몰아넣다

0841 loom
[luːm]
11,06경기대/07.경북9급

vi. 1. 어렴풋이 나타나다(=appear, emerge), 흐릿하게 보이다
　2. (위험 등이) 불안하게 다가오다
n. 베틀, 직기
　• loom through the fog 안개 사이로 어렴풋이 나타나다
　• Cloth is made on a loom. 옷은 베틀로 만든다.

0842 endanger
[indéindʒər]
06.국가직9급/99-2.한양대

vt. 위험에 빠뜨리다, 위태롭게 하다(=imperil, jeopardize)
　• The appearance of mammoth shopping malls has endangered small stores in neighboring towns.
　　거대한 쇼핑몰의 출현은 이웃 도시들의 소매점을 위태롭게 했다.

0843 rescue
[réskjuː]
02.세무사,건국대

vt. (위험에서) 구출하다, 구조하다, 구하다(=preserve)
n. 구출, 구원, 해방
　• rescue the sailors from the sinking ship
　　가라앉는 배에서 선원들을 구조하다

0844 save
[seiv]
10.국민대

v. 1. (죽음·손실 등에서) 구하다, 구조하다(=rescue, salvage)
　2. (명예·신용·체면 등을) 지키다
　• save one's face 체면을 지키다, 체면을 세우다
　2. 모으다, 저축하다(=lay by); 절약하다
　3. (시간·수고 등을) 덜어주다, (불쾌한 일을) 피하다
prep. ～을 제외하고는(=except)
　• save his life 그의 목숨을 구하다
　• save for a rainy day 만일을 위하여 저축하다
　• try to save time 시간을 줄이려 하다
ⓝ saving 절약(=thrift), 예금; 절약하는, 검소한; ～외에는
10.계명대
🅱 safe 안전한(=secure), 무사한; 금고 ↔ unsafe 위험한
　- safety 안전함, 안전성

0845 escape
[iskéip, es-]
16.교행9급/00.경찰
99.행자부7급

vi. 달아나다(=run away, fly the coop); (위험에서) 벗어나다
vt. 1. 피하다, 면하다(=avoid)　2. (기억에서) 잊히다
　• He had a narrow escape. 그는 간신히 도망쳤다.
🅱 escape clause 면책조항, 예외조항
　have a narrow escape 가까스로 탈출하다, 구사일생하다

0846 shun
[ʃʌn]
14.홍익대/13.한양대

vt. ～을 피하다(=avoid, eschew), 멀리하다
　• He shunned all of his neighbours. 그는 모든 이웃들을 피했다.
　• He was shunned by his friends. 친구들은 그를 멀리했다.

0847 dodge
[dadʒ, dɔdʒ]
01.사법시험

10.동국대
97.부산대

vt. (재빨리) 피하다; (질문·법망을) 교묘히 빠져 나가다(=evade)
　• dodge all the difficult questions 어려운 질문은 모두 회피하다
ⓝ dodger 속임수[발뺌]를 잘하는 사람; 협잡꾼 * 메이저리그의 LA Dodgers
🅱 duck 오리; 물속으로 (쑥) 들어가다 →(의무·타격 등을) 피하다
　loophole 빠져나갈 구멍, 법률의 허점(=means of escape)
　sidestep 옆으로 비켜 공격을 피하다, (책임 등을) 회피하다

0848 skirt
[skəːrt]
12.서울여대

vt. 1. (특히 곤란한 주제에 대해) 언급을 피하다
　* skirt around 회피하다
　2. (가장자리를) 둘러 가다
n. 치마; (차량·기계 등의) 철판 덮개; (pl.) 교외
　• skirt the issue 그 이슈를 회피하다

0849 distance
[dístəns]
12.명지대

n. 1. (공간, 시간상의) 거리, 간격
　2. (사람 사이의) 거리(감), 서먹함
vt. 간격을 두다, 멀리하다(=alienate)
🅱 in the distance 먼 곳에, 저 멀리
　keep one's distance (from) ～으로부터 일정한 거리를 유지하다
　keep [sb] at a distance (사람을) 피하다, 가까이 못 오게 하다
　know one's distance 제 분수를 알다
　striking distance 공격 유효 거리, 사정거리
13.한국외대
ⓐ distant 먼, 멀리 떨어져 있는; (사람에게 거리를) 두는(=aloof)

동의어 긴급(한), 절박(한), 임박(한)

- ☐ **imminent** (위험·사태 등이) 임박한, 촉박한 🔲 N0251
- ☐ **impending** (불길한 일이) 박두한 🔲 N0365
- ☐ **forthcoming** 특정한 일이나 날 등이 곧 다가오는 🔲 P0365
- ☐ **imperative** 긴급한, 즉시 처리를 요하는 🔲 N0455
- ☐ **pressing** (문제·용무 따위가) 긴급한 처리를 요하는 🔲 R1221
- ☐ **urgent** 일 등이 긴급한 처리를 요하는; 촉박한 🔲 N0116
- ☐ **exigent** 즉각적인 조치 등이 요구되는 🔲 R0650
- ☐ **emergent** (나라나 단체가 갑자기) 나타나는 🔲 D0281
　- emergency 비상사태, 비상시, 위급 🔲 D0281

뉘앙스 위험한, 위태로운; 위험, 위험성

- ☐ **danger** 위험한 상황
　- **dangerous** 위험한, 위태로운
- ☐ **risk** 자기 스스로 무릅쓰는 위험
　- **risky** 위험성을 수반하는
- ☐ **hazard** 우연에 좌우되는 위험, 모험 🔲 D0465
　- **hazardous** 위험이나 모험을 수반하는 🔲 N0465
- ☐ **peril** 피할 수 없는 큰 위험 🔲 R0714
　- **perilous** 매우 위험한 🔲 R0714
- ☐ **jeopardy** 위험성, 위험한 상황 🔲 N0245
- ☐ **adventure** 위험한 행동, 모험 🔲 R0371
- ☐ **precarious** 불확실한, 위태로운 🔲 N0011
- ☐ **insecure** 불안정한, 위태로운 🔲 D0477

표현 피하다, 회피하다

- ☐ **ward off** 피하다, 물리치다 🔲 R0073
- ☐ **stave off** (위험·파멸 등을) 저지하다, 막다 🔲 I00515
- ☐ **fend off** 피하다, 다가오지 못하게 하다 🔲 N0838
- ☐ **turn aside** 옆으로 비키다; (질문 등을) 슬쩍 피하다 🔲 I06603
- ☐ **steer clear of** ～을 피하다, 멀리하다 🔲 I03308
- ☐ **keep away (from)** 가까이 하지 못하게 하다 🔲 I04124
- ☐ **stay away from** ～에서 떨어져 있다, 가까이 하지 않다 🔲 I03308
- ☐ **keep off** 접근시키지 않다; 출입을 금지하다
- ☐ **head off** (방침·방향 등을) 바꾸다 🔲 I13506
- ☐ **cop out (of)** 책임을 회피하다, 발뺌하다

동의어 피하다, 회피하다, 빠져나가다

- ☐ **avert** (위험·타격 등을) 피하다 🔲 N0186
- ☐ **elude** 교묘히 피하다, 회피하다 🔲 N0187
- ☐ **eschew** 피하다, 삼가다 🔲 N0492
- ☐ **evade** (적·공격 등을 교묘하게) 피하다, 모면하다 🔲 N0491
- ☐ **avoid** (의식적으로) 피하다, 회피하다 🔲 N0688
- ☐ **circumvent** 우회하다, (교묘하게) 회피하다 🔲 N0417
- ☐ **shirk** 게으름 피우다, 일·의무·책임 등을 회피하다 🔲 T0785
- ☐ **fudge** 문제에 대한 정면 대처를 피하다, 얼버무리다

고급 어휘
- ☐ **parry** [pǽri] vt. 슬쩍 피하다; (질문 등을) 회피하다
　• I will attempt to parry her by ducking around the corner.
　　나는 한쪽 구석에 몸을 숨겨서 그녀를 피려고 했다.
- ☐ **prevaricate** [priváərəkèit] 얼버무리다, 발뺌하다
- ☐ **scamper** [skǽmpər]
　vi. 1. (아이나 동물이) 재빨리 달아나다
　　2. 급히 읽어 내리다[through]
- ☐ **scuttle** [skʌ́tl]
　vi. 황급히 달리다, 허둥지둥 달아나다[away]
　vt. 1. (고의적으로) 배를 침몰시키다[=sink]
　　2. (계획을) 중지[폐기]하다
　n. (배의) 작은 승강구; 석탄 통

O851 fuel
[fjúːəl]
11.동국대/10.동덕여대

v. 1. 부채질하다, 자극하다(=stimulate)
2. 연료를 공급하다; 주유하다
n. 연료
- The conflict was fueled by racism. 그 분쟁은 인종차별에 의해 촉발되었다.
🔁 **stoke**[stouk] v. 1. 불을 때다, 연료를 더 넣다; 배불리 먹이다[먹다]
2. (대중들의 감정을) 더 부추기대[돋우다]
- stoke public outrage 대중의 공분을 일으키다

O852 spark
[spaːrk]
12.성신여대

v. 촉발시키대[off](=set off); 불꽃을 일으키다
n. 불꽃, 섬광; 재능이 번득임
- spark a controversy 논쟁을 촉발시키다
ⓐ **sparkling** 반짝거리는; 탄산이 든; 흥미로운

O853 goad*
[goud]
99.경기대

vt. 1. 선동하다, 부추겨 ~시키다
2. 막대기로 몰아세우다, 못살게 굴다
n. 막대기, 자극
- goad him into losing his temper 그가 화 나도록 자극하다
🔁 **prod**[prad. prɔd] n. (가축 몰이용의 찌르는) 막대: 자극
v. 자극하다, 재촉하다; 찌르다(=poke)
- prod him into finding a job 그가 일자리를 찾도록 재촉하다

O854 foment*
[foumént]
13.서강대

vt. 1. (폭력을) 조장하다, 선동하다(=incite, agitate)
2. 찜질하다
- He was accused of fomenting unrest.
그는 불안감을 조장한 죄로 기소되었다.
🔁 **ferment** 발효시키다; 조장하다, 선동하다
torment 괴롭히다, 고통을 주다

O855 abet*
[əbét]
04.세종대

vt. (나쁜 일을) 사주하다, 교사하다
- abet a crime 범죄를 교사하다
ⓝ **abetment** 교사, 선동
abettor 선동자

O856 roil*
[rɔil]
13.서울여대

v. 1. (액체를) 휘젓다(=agitate, churn, stir up); 혼란케 하다
2. (사람을) 화나게 하다
- roil financial markets 금융시장을 교란시키다

O857 whet*
[wet]
16.고려대

vt. 1. (식욕, 호기심 등을) 자극하다(=stimulate)
2. (칼 등을) 갈다
- This will whet your appetite. 이것이 당신의 식욕을 돋우어 줄 것이다.
ⓐ **whetting** 자극하는

동의어 야기하다, 유발하다; 선동하다

- ■ **cause** (일반적으로) ~의 원인이 되다; 초래하다 🔳 R2581
- ☐ **generate** (결과·상태·감정을) 일으키다, 초래하다 🔳 R1609
- ☐ **bring about** 초래하다, 야기하다 🔳 I06501
- ☐ **incur** (좋지 않은 결과를) 초래하다 🔳 R0428
- ☐ **lead to** ~으로 이어지다, ~을 초래하다 🔳 I01514
- ☐ **result in** (결과를) 낳다, 야기하다 🔳 R0467
- ☐ **provoke** 화나게 하다; (사건·사태를) 야기하다 🔳 R1016
- ☐ **induce** 권유하다; 야기하다 🔳 N0406
- ■ **instigate** (폭동이나 파업을) 선동하다; 유발하다 🔳 R1194
- ☐ **stir** 자극[선동]하다[up] 🔳 R1195
- ☐ **trigger** (총을) 발사하다; 유발하다 🔳 N0486
- ☐ **incite** 자극하다, 선동하다 🔳 R1003
- ☐ **set on** 부추기다, 선동하다
- ☐ **needle** 바늘로 찌르다 → 자극하다, 선동하다
- ☐ **blow the coal** 화난 데 부채질하다 → 선동하다

고급 어휘
- ☐ **rouse**[rauz]
v. 1. (특히 깊이 잠든 사람을) 깨우다(=arouse)
2. 고무하다, 분발시키다, 분발하다
- rouse public opinion 여론을 환기시키다
- ☐ **detonate**[détənèit] vt. 폭발시키다(=explode), 촉발하다
- detonate explosives 폭발물을 폭발시키다
ⓝ **detonation** 폭발, 폭음 (=explosion)
- ☐ **firebrand**[fáiərbrænd]
n. 횃불; (파업 등의) 선동자; 말썽꾼
- ☐ **demagogue**[déməgɔ̀g] 선동가, 선동연설가

동의어 촉진하다, 고무하다

- ☐ **encourage** 용기를 북돋우다, 격려하다 🔳 R1891
- ☐ **inspire** 영감을 주다; 용기를 북돋우다 🔳 D0240
- ☐ **invigorate** 기운 나게 하다, 고무하다 🔳 R1936
- ☐ **motivate** ~의 동기가 되다, 유발하다 🔳 R0582
- ☐ **promote** 증진[촉진]하다, 장려하다 🔳 N0256
- ☐ **spur** 박차를 가하다; 격려하다, 자극하다 🔳 N0694
- ☐ **stimulate** 자극하다; 고무되다 🔳 N0693
- ☐ **patronize** 후원하다, 장려하다 🔳 R1657
- ☐ **cheer** 응원하다, 용기를 북돋우다
- ☐ **hearten** 기운 나게 하다, 용기를 북돋우다
- ☐ **arouse** (감정·호기심 등을) 자극하다 🔳 D0681

동의어 움직이게 하는 힘 (자극, 동기, 동력)

- ☐ **incentive** 격려, 자극, 동기 → 장려금 🔳 R1801
- ☐ **inducement** 권유, 유도, 유인하는 것(특히 금전) 🔳 D0355
- ☐ **incitement** (폭력적·불법적인 일의) 선동, 자극 🔳 R1003
- ☐ **promotion** 승진, 진급; 촉진, 진흥 🔳 D0256
- ☐ **motive** 동기, 동인(動因), 자극 🔳 R0582
- ☐ **motivation** (행동의) 동기 부여; 학습 의욕 유발 🔳 R0582
- ☐ **momentum** 움직이고 있는 물체의 탄성, 탄력 🔳 R0580
- ☐ **propellant** 추진시키는 것 → 로켓기관용의 추진제 🔳 R0664
- ☐ **impellent** 추진력 → 밀어붙이는, 몰아대는 🔳 R0664
- ☐ **impetus** 추진력; 자극제 🔳 R0666
- ☐ **impulse** 추진력, (물리적인) 충격; 충동 🔳 D0467
- ☐ **impulsion** 충동; 고무, 격려, 자극 🔳 D0467
- ☐ **carrot and stick** 회유와 위협

O861 **mainspring**
[méinspriŋ]
98.세무사

n. (시계의) 큰 태엽; 주된 부분[원인, 동기][of]
• the mainspring of a reform movement 개혁 운동의 주된 동기
圓 **wellspring** 원천, 수원; (무한한) 자원; 근원

O862 **spin-off**
[spinɔ́f]
05.동국대/95.중앙대

n. 1. (산업·기술 개발 등의) 부산물, 파급 효과, 부작용
2. (성공적인 영화, 책, TV프로 등의) 후속편
3. 자회사, 계열사
• We may expect some potential invisible earnings from spin-off industries, such as trade, tourism and finance.
우리는 관광, 무역, 금융과 같은 파생산업으로부터 얼마간의 잠재적인 무형소득을 기대할 수 있다.
圓 **spin off** 원심력으로 분리하다; 부수적으로 생산하다; (회사를)분리 신설하다
圐 **spin** 뱅뱅 돌다; (물레를) 잣다, 공전하다, 헛돌다; (가격 등의) 급락
圓 **by-product** 부산물; (예상치 않았던) 부차적 결과(=side-effect)

O863 **upshot**
[ʌ́pʃat]
16.서강대

n. (최후의) 결과, 결말(the final outcome[result] of a situation)
• the upshot on the meeting 회의의 결말

O864 **backfire**
[bǽkfaiər]
16.한양대

vi. 1. 역효과를 낳다, 실패하다
2. (엔진이나 차량이) 역화를 일으키다
n. 역화, 부작용
• a risky policy that could have backfired
역효과를 낼 수도 있는 위험한 정책
06.고려대
圓 **backwater** 역류, 배수; 침체된 지역
圐 **militate**[mílətèit] (불리하게) 작용하다[against]
• militate against the success of the campaign
그 캠페인의 성공에 불리하게 작용하다

O865 **clout**
[klaut]
14.명지대

n. 1. 권력, 영향력(=influence, power)
2. 〈구어〉 (주먹·손바닥으로) 때림; 과녁
v. (주먹·손바닥으로) 때리다(=hit), 치다
• political clout 정치적 영향력
• He is a mere figurehead in a company with no clout at all.
그는 실제적인 영향력이 전혀 없는 이름만 사장이다.

뉘앙스 원인과 결과, 성과, 영향

☐ **cause** 어떤 결과·행동을 일으키는 직접적인 원인 ◨ R2581
☐ **effect** 원인(cause)에 대응되는 말로 어떤 원인에서 생기는 직접적인 결과 ◨ N0056
- **side effect** 약물 등의 부작용
- **aftereffect** 여파, 후유증
☐ **result** 어떤 것의 최종적인 결론 또는 결과로서 구체적인 경우에 주로 사용 ◨ R0467
☐ **consequence** 직접적이지는 않지만 어떤 사건의 귀결로서 나타나는 결과 또는 그 영향의 중대성 ◨ D0488
☐ **conclusion** 상황에 대한 정보를 종합해서 내린 결론 ◨ R1384
☐ **outcome** 어떤 행위나 사건의 결과 또는 영향 ◨ P0052
☐ **fruit** 농작물 등의 열매, 수확물
☐ **aftermath** (전쟁·재해 등의) 여파, 영향, 후유증 ◨ N0732
☐ **fall-out** 예기치 않은 나쁜 결과, 부산물
☐ **spin-off** 기대하지 않은 의외의 유용한 부산물 ◀━

표 현 유래하다, 기원하다

☐ **derive from** (단어·관습·감정 등이) ~에서 비롯되다
☐ **arise from** (일 등이) ~에서 생기다, 비롯되다
☐ **spring from** 샘, 원천 → ~에서 기원하다, ~의 결과이다
☐ **stem from** 줄기 → (사건·감정 등이) ~에서 생기다
☐ **issue from** (냄새·소리가) ~에서 나오다
☐ **originate in** (물건이나 사람이) ~에서 유래하다
☐ **be rooted in** 뿌리 → ~에서 기원되다
☐ **result from** (사건 등이) ~에서 비롯되다
☐ **result in** 어떠한 결과로 귀착되다, 끝나다

테 마 영향을 주다, 영향을 미치다

■ **affect** 어떤 것이 다른 것에 영향을 미치다 ◨ N0018
☐ **influence** 사상이나 행동이 다른 사람에 영향을 주다 ◨ R2173
☐ **impress** 깊은 인상이나 감명을 주다[on] ◨ R1222
☐ **impact** 강한 영향을 주다[on] 충격을 주다 ◨ N0420
☐ **tell on** 즉효가 있다, 영향을 미치다
■ **have an effect on** ~에 영향을 미치다
= **impact on**(= have an impact on)
= **have influence on**
= **exert influence on**
= **have repercussions on**
= **cut across**

O871 **miscellaneous**
[mìsəléiniəs]
15.한양대
13.중앙대

a. 여러 가지 종류의, 이것저것 다양한(=diverse)
• all sorts of miscellaneous items 온갖 종류의 잡동사니 물건들
ⓝ **miscellany** 잡다한 것
圓 **farrago**[fərǽgou] 잡동사니, 뒤죽박죽

O872 **muddle**
[mʌ́dl]
17.상명대/10.국민대
98.경찰

n. 혼란(=mess), 혼란상태, 뒤죽박죽
vt. 혼란스럽게 하다; 혼동하다; 뒤죽박죽을 만들다
• in a muddle 어수선하게, 당황하여(=in a mess)
• We're in a muddle because we missed our plane.
우리는 비행기를 놓쳐서 어리둥절한 상태이다.

동의어 뒤죽박죽의; 잡동사니

☐ **diversity** 다양성; 여러 가지, 잡다한 것 ◨ N0059
☐ **mess** 혼란, 뒤죽박죽, 엉망진창; 곤경 ◨ N0935
☐ **odds and ends** 잡동사니, 허드렛일
☐ **litter**[litər] 어질러진 물건, 잡동사니; 찌꺼기, 쓰레기
☐ **pell-mell** 난잡한, 엉망진창인; 난잡, 뒤범벅
☐ **mixed-up** 〈구어〉 머리가 혼란한, 불안정한
☐ **topsy-turvy** 뒤죽박죽의; (방·상태 등이) 혼란된
☐ **jumble**[dʒʌ́mbl] 뒤범벅(이 된 물건); 혼란, 동요
☐ **medley** 잡동사니, 뒤범벅; 접속곡, 메들리
☐ **mishmash**[míʃmæ̀ʃ] 뒤범벅, 잡동사니

0873 intertwine
[intərtwain]
02.한국외대/97.건국대

v. 서로 얽히게 하다, 서로 뒤엉키다
- a combination of many complexly intertwined trait
  서로 복잡하게 뒤엉켜있는 많은 특징들의 결합

🔄 twine 꼰 실, 꼬기; 뒤얽힘, 분규; 꼬다

0874 clutter
[klʌ́tər]
08.고려대
16.홍익대

vt. 어지르다, 혼란스럽게 하다[up]
n. 뒤죽박죽; 난잡, 혼란
- * clutter with (어수선하게) 채워 넣다
- * clutter up (장소를) 어지르다, (어수선하게) 채우다(=fill up)

@d) a clutter 어지러이 흩어진, 혼잡하여

0875 uproar
[ʌ́prɔ̀ːr]
11.경희대
99.가톨릭대

n. 소동, 소란, 야단법석(=hubbub)
- cause an uproar 소란을 일으키다

@ uproarious 법석 떠는, 떠들썩한(=bustling); 매우 재미있는

🔄 hubbub[hʌ́bʌb] 왁자지껄, 소동, 소란
🔄 roar 고함치다; 으르렁거리다
  - roaring 포효하는; 활발한; 떠들썩한; 포효, 굉음

0876 chaotic
[keiátik]
16.가톨릭대/14.서강대

a. 혼란 상태인
- be in a chaotic condition 혼란한 상태에 있다

ⓝ chaos 무질서, 혼돈, 카오스

0877 mutiny
[mjúːtəni]
14.경찰2차
99.세무사/92.한국외대
12.중앙대

n. (특히 함선·군대 등에서의) 폭동, 반란(=rebellion)
v. 폭동[반란]을 일으키다(=rebel); 반항하다
- try to mutiny 반란을 꾀하다
- put down a mutiny 반란을 정복하다

@ mutinous 반항하는, 반항적인(=contumacious); 폭동의
ⓝ mutinousness 반항, 반란, 폭동

0878 violent
[váiələnt]
16.가천대

a. 격렬한, 맹렬한, 난폭한(=tumultuous); 폭력적인
- show violent behavior 폭력적인 행동을 보이다

@d) violently 맹렬하게(=drastically)
ⓝ violence 폭력, 폭행

0879 muffle
[mʌ́fl]
10.상명대

vt. 1. (따뜻하게 하기 위해) 목도리로 감싸다
2. 소리를 약하게 하다(=dampen)
3. (감정을) 억제하다
- The falling snow muffled the sound of our footsteps.
  우리의 발자국 소리가 내리는 눈에 묻혀 버렸다.

ⓝ muffler 목도리; (내연기관의) 소음기 • 속칭 마후라
@ muffled 소리가 차단된, 소리를 죽인

□ sundry[sʌ́ndri] 가지가지의, 잡다한
- sundry goods 잡화
□ helter-skelter 허둥지둥, 무질서하게; 난잡한

테 마 복잡한, 얽힌

□ complicated 뒤얽힌 → 복잡한; 풀기 어려운 ☑ N0342
□ complex 복합의 → 복잡한, 뒤얽힌 ☑ N0559
□ elaborate 정교한 → 복잡한 ☑ N0818
□ sophisticated 정교한; 매우 복잡한 ☑ N0817
□ involved 여러 가지가 뒤얽힌 → 복잡한; 연루된 ☑ R0594
□ entangled 실 등이 뒤얽힌 → 복잡한, 분규에 휘말린 ☑ R0346
□ compound 합성의, 혼성의, 복합의 → 복잡한 ☑ N0428
□ imbroglio 복잡한 줄거리, 뒤얽힘; 분규, 혼란
□ embroil (분쟁에) 휘말리게 하다 ☑ P0705

테 마 대혼란, 소동

□ turmoil 소란, 소동, 혼란 ☑ N0290
  - tumult 소란, 소동; 소요, 폭동 ☑ D0290
□ havoc (대규모의) 파괴, 약탈; 대혼란, 무질서 ☑ T1556
□ commotion (잠시 시끌벅적한) 소동, 동요 ☑ N0885
□ tempest 폭풍 → 격동 ☑ R1323
□ ado[ədúː] 야단법석(=fuss), 소동; 고생, 고심
  - make much ado about nothing 하찮은 일에 호들갑을 떨다
□ brouhaha[bruːháːhaː] 괜한 소동; 센세이셔널한 여론
  - What's all the brouhaha about? 웬 야단법석이야?
□ snafu[snæfúː] 대혼란(의), 수습할 도리가 없는 (상태)
  - a temporal snafu 일시적인 대혼란
□ bedlam[bédləm] 정신병원; 소란스러운 곳; 대소동, 혼란
□ shambles[ʃǽmblz] 도살장; 난장판; 〈구어〉 대혼란
□ maelstrom[méilstrəm] 큰 소용돌이 → 대혼란, 동란, 격동
□ mayhem[meihém] 신체상해, 무차별 폭력; 〈구어〉 대혼란

테 마 폭동, 소요, 반란

□ riot[ráiət] (공공장소에서의 폭력적인) 소요, 폭동
□ revolt (정치적인) 반란, 폭동; 혐오 ☑ R0596
□ insurrection (정부나 권력에 대한) 반란 ☑ R1710
□ insurgence 폭동, 반란 (행위) ☑ R1710
□ uprising[ʌ́pràiziŋ] (권력에 반기를 들고) 봉기하는 것
  - uprise 일어서다; 폭동을 일으키다
□ resistance 저항, 반대; 레지스탕스 ☑ D0748
□ protest 항의, 항의의 표시로서의 시위 ☑ R0692
□ demonstration 시위, 데모 ☑ R0857

동의어 격렬한, 맹렬한

□ impetuous 성급한; 맹렬한, 격렬한 ☑ N0363
□ extreme 극도의, 과격한, 극단적인 ☑ P0043
□ intense 강렬한, 격렬한, 집중한 ☑ R1313
□ fierce 사나운, 맹렬한, 격렬한 ☑ T1277
□ furious 격노한; 사납게 날뛰는, 맹렬한 ☑ N0178
□ ferocious 사나운, 흉포한; 맹렬한 ☑ N0612
□ severe 엄한, 엄격한; 맹렬한 ☑ R1074
□ vehement (항의, 반대가) 격렬한, 맹렬한 ☑ N0759
□ rabid 맹렬한; 난폭한 ☑ T0291

고급 어휘
□ quash[kwaʃ] **vt.** 1. (반란 등을) 진압하다; 억누르다
  2. (판결 등을) 파기하다
  - The government quashes any attempt of an uprising.
    정부는 폭동의 그 어떤 시도도 눌러버린다.
□ squash[skwaʃ, skwɔʃ] **vt.** 짓누르다, 진압[억압]하다
  - squash a riot 폭동을 진압하다

[테마] 약탈과 전리품; 샅샅이 뒤지다

0881 plunder
[plʌ́ndər]
07.경기9급/93.동국대

n. (군대나 도둑에 의한) 약탈; 약탈품(=loot)
vt. (특히 전시에) 약탈[강탈]하다(=harry)
- be plundered by the invaders 침략자에 의해 약탈당하다
- fear of invasion and plunder 침략과 약탈에 대한 두려움
ⓝ plunderer 약탈자, 도적

0882 loot
[luːt]
07.경기9급

n. 전리품(=plunder); 도난당한 귀중품; 약탈
vt. (주로 폭동 뒤에 상점에서 물건을) 약탈하다
- share the loot 전리품을 나누다
- Arson and looting laid waste entire city blocks.
  방화와 약탈이 전 도시 구역을 폐허로 만들었다.
ⓝ looter 약탈자, 도둑

> 🔁 moot[muːt] (문제를) 의제로 삼다; 토론의 여지가 있는
> - moot court 모의 법정
> toot 나팔을 불다
> hoot 부엉부엉, 부엉이; 야유하는 소리　soot 그을음, 검댕이
> boot n. 1. (pl.) 부츠, 장화 2. 이익 3. 〈미〉 신병
> 　　　 vt. 해고하다; 컴퓨터를 부팅하다
> - bootless 무익한(=useless, futile)

0883 pillage
[pílidʒ]
07.경원대

n. (군대에 의한) 약탈(=plundering); 약탈품
vt. (특히 전시에) 약탈[강탈]하다
- be subjected to ruin and pillage 파괴와 약탈에 시달리다

0884 forage
[fɔ́ːridʒ]
15.숙명여대/00~2.고려대

vi. 1. 마구 뒤지며 찾다, 뒤지다(=search for)
　　 2. 식량을 찾아 돌아다니다; 침략하다
vt. 식량을 징발하다; 약탈하다
n. 마초, 꼴, (소·말의) 사료(=fodder); 약탈
- forage for food around the city 음식을 구하러 도시를 돌아다니다
ⓝ forager 마초 징발 대원; 약탈자
foraging 채집 수렵; 채집 수렵생활의
🔁 ferret out 찾아내다, 색출하다(=search for)
10.동국대
🔁 foliage[fóuliidʒ] (초목 하나의) 잎(=leaf); 잎 무늬 장식
97.고려대

0885 rummage
[rʌ́midʒ]
98.동국대

v. (장소·서랍·호주머니를) 샅샅이 뒤지다[수색하다]
　　 (=to search a place diligently)
n. 잡동사니, 쓰레기(=rubbish)
- rummage through his pockets 그의 호주머니를 뒤지다
🔁 fumble[fʌ́mbl] 손으로 더듬어 찾다; 말을 더듬다
pat-down 〈미〉(옷을 입은 채로 하는) 몸수색

테 마 약탈(하다); 약탈자; 전리품

- [ ] ransack 약탈을 위해 샅샅이 뒤지다, 약탈하다 ▣ N0742
- [ ] sack (특히 점령지를) 약탈하다; 노략질 ▣ D0742
- [ ] despoil 귀중한 것을 빼앗고 그곳을 파괴하다 ▣ D0683
  - despoliation 약탈; (자연환경의) 파괴 ▣ D0683
- [ ] spoliation (교전국이 중립국 선박에) 약탈, 노획 ▣ D0683
  - spoiler 약탈자, 망치는 사람 ▣ D0683
- [ ] depredation 약탈; 파괴의 흔적 ▣ D0850
  - predator 약탈자; 육식동물, 포식자 ▣ N0850
- [ ] maraud[mərɔ́d] 약탈하려고 습격하다, 약탈하다
  - marauder 약탈자
- [ ] booty[búːti] [집합적] 전리품, 노획물
- [ ] trophy[tróufi] 전리품; 전승[사냥] 기념물; 우승상패
- [ ] freebooter 약탈자; 해적
- [ ] buccaneer[bʌkəníər] 해적(=pirate)
- [ ] rape 〈고어〉 약탈하다 → 강간하다
- [ ] vandalism 예술·문화의 고의적 파괴

고급 어휘
- [ ] foray[fɔ́rei] v. 습격하여 적의 소유물을 침탈하다
  n. 침략, 급습; (새로운 분야로의) 진출
  - make a foray into the low-end markets
    저가시장으로 진출하다
- [ ] quarry[kwɔ́ri]
  v. (기록 등을) 뒤져서 찾아내다; 채석하다
  n. 1. 채석; (지식 등의) 출처
  　 2. 사냥감(=prey); 추구의 대상
  - a quarry of information 지식의 원천

[테마] 분쟁, 논쟁과 대립

0891 skirmish
[skə́ːrmiʃ]
08.선관위9급

vi. (군대가) 작은 교전을 하다; 사소한 싸움을 벌이다[with]
n. 작은 접전, 사소한 충돌
- The skirmish grew into a major battle.
  그 작은 충돌이 확대되어 큰 전투가 되었다.
🔁 combat (전쟁 시의) 전투, (범죄와의) 전쟁; 전투하다, 싸우다
battle (특정 지역에서의 조직적이며 장기간에 걸친) 전쟁, 전투

0892 contretemps
[kántrətàːŋ]
12.중앙대

n. 1. 사소한 싸움, 논쟁(=dispute, argybargy)
　　 2. 공교롭게 일어난 사건
- a contretemps with police 경찰과의 사소한 마찰
12.중앙대
🔁 argybargy 토론, 언쟁

0893 bicker
[bíkər]
12.10.경희대

n. (사소한) 말다툼(=quarrel)
vi. (사소한 일로) 다투다[over/about]
- bicker over a trivial thing 사소한 일로 말다툼하다

뉴앙스 싸우다, 말다툼하다

- [ ] skirmish 군대가 소규모로 충돌하다 ◀▦
- [ ] contretemps / bicker / squabble 사소한 일로 싸우다 ◀▦
- [ ] haggle (흥정을 하며) 실랑이를 벌이다 ◀▦
- [ ] wrangle (특정 사안을 두고) 장기간 다툼을 벌이다 ◀▦
- [ ] brawl[brɔːl] 거칠고 폭력적인 싸움; 거칠게 싸우다
- [ ] fracas[fréikəs] 거칠고 시끌벅적하게 벌어지는 싸움
- [ ] tussle[tʌ́sl] 난투; 서로 부둥켜안고 격렬하게 싸우다
- [ ] melee[méilei] 군중들 사이에 벌어지는 시끌벅적한 싸움, 혼전
- [ ] scuffle[skʌ́fl] 마구잡이로 치고받는 싸움; 난투하다
- [ ] tiff[tif] 애인·가까운 친구 간에 사소한 말다툼을 하다

0894 squabble
[skwábl, skwɔ́-]
16.서강대/08.광운대

vi. (중요하지 않은 일로) 말다툼하다(=spar) n. 말다툼
• squabble over trifles 사소한 것들로 다투다

16.서강대

🔟 spar 스파링하다, 옥신각신하다(=squabble)

93.기술고시
brawl[brɔːl] (종종 공공장소에서 주고받는) 말다툼; 말다툼하다

92.연세대학원
quarrel (가족이나 친구 사이의) 말다툼, 언쟁(=contention); 다투다
- quarrelsome 싸우기 좋아하는, 논쟁하기 좋아하는
　　　　(=contentious, pugnacious)

0895 haggle
[hǽgl]
16.중앙대/09.중앙대
07.동덕여대

v. 1. 말다툼하다, 따지다(=argue with)
　 2. (흥정을 위해) 실랑이를 벌이다
* haggle over[with] (값을 깎으려고) 옥신각신하다
• They spent hours haggling over the price of fish.
　그들은 생선 값을 깎느라 몇 시간을 소비했다.

0896 wrangle
[rǽŋgl]
15.서강대

n. (복잡하고 오래 계속되는) 언쟁[다툼](=brawl)
vi. (보통 오랫동안) 언쟁을 벌이다[다투다][over]
• wrangle over the problem 그 문제를 두고 언쟁을 벌이다

13.한국외대
ⓝ wrangling 논쟁(=dispute)

0897 polemic
[pəlémik]
11.지방직7급,중앙대

n. (특정 주제에 대한 격렬한) 논쟁, 격론(=contention, heated debate)
• Before long, the dispute degenerated into fierce polemics.
　오래지 않아, 그 논쟁은 치열한 격론으로 전락했다.
ⓥ polemicize 논쟁하다, 반론하다
ⓐ polemical 논쟁의, 논쟁을 좋아하는

0898 polarization
[pòulərizéiʃən]
98.서울대학원

n. 양극화; (정당 · 의견 등의) 대립
• polarization between the blacks and whites 흑백 간의 대립
ⓐ polar 남극, 북극의; (성격이) 정반대의
ⓥ polarize 양극화하다, 대립하다, 분열하다[시키다]
🔟 pole[poul] 막대기, 기둥; 극, 극지
　 Polaris[pəléəris] 북극성

12.상명대
　 bipolar[baipóulər] 양극단의; 조울증의

동의어 논쟁하기 좋아하는

☐ quarrelsome 논쟁하기 좋아하는, 싸우기 좋아하는 ◀💬
☐ controversial 논쟁을 좋아하는; 쟁점이 되는 🔼 N0185
☐ contentious 다투기 좋아하는, 논쟁하기 좋아하는 🔼 N0105
☐ pugnacious 싸우기 좋아하는 🔼 N0859
☐ argumentative 논쟁을 좋아하는; 논쟁적인 🔼 T1024
☐ disputatious 논쟁적인; 논쟁을 좋아하는 🔼 R1513
☐ contradictious 반박하기[논쟁하기] 좋아하는 🔼 D0652
☐ polemical 논쟁의; 논쟁을 좋아하는 ◀💬
☐ agonistic 다투기 좋아하는; (고대 그리스의) 경기의

뉘앙스 정반대인, 반대의

☐ opposite 위치가 맞은편인, 행동 · 생각이 정반대인 🔼 N0074
☐ contrary 다른 사람 또는 앞의 말과 정반대인 🔼 N0654
☐ antithetic 다른 것과 현격한 대조를 보이는 🔼 R0143
☐ reverse 동전의 뒷면처럼 면해 있는 방향이 반대이거나
　순서가 반대인 🔼 N0183
☐ inverse (양 · 위치가) 역[반대]의 🔼 R0557
☐ obverse 어떤 것과 대응되는 다른 면이나 사람 🔼 R0559
☐ dissenting 의견을 달리하는, 반대하는 🔼 D0651
☐ diametric(al)[dàiəmétrikəl]
　1. 정반대의, 180도로 다른　2. 직경의

▌090　　[테마] 불화와 화합

0901 strife
[straif]
00-2.동덕여대

n. (개인 · 집단 간의) 갈등, 불화, 다툼(=conflict)
• strife between the parties 두 정당간의 다툼
• a major cause of strife 갈등의 주요원인
🔟 stripe[straip] 줄무늬; 채찍질

0902 feud
[fjuːd]
13.인천대

n. (두 집안 사이의 오랫동안의) 불화, 반목
• a family feud 가정불화

0903 peacemaking
[píːsméikiŋ]
16.홍익대/15.이화여대

n. 중재, 조정, 화해
a. 중재하는, 평화를 가져오는(=conciliatory)
🔟 peaceful 평화적인, 평화로운(=placid)
- peacefulness 평화로움, 평온함(=tranquility)

동의어 불화, 반목, 싸움

☐ conflict 싸움, 분쟁; 충돌, 마찰, 충돌하다 🔼 N0332
☐ discord 불화, 다툼, 알력, 불일치; 불화하다 🔼 N0792
☐ friction 마찰; 알력, 불화, (의견) 충돌 🔼 R1115
☐ dissension 의견의 차이; 불일치; 불화 🔼 D0651
☐ contention 언쟁, 논쟁; 싸움, 다툼 🔼 D0105
☐ breach (법률 · 약속 등의) 위반; 절교 🔼 R1111
☐ alienation 이간, 불화, 소외; 양도 🔼 D0711
☐ breakup 분산; 붕괴, 파괴; 불화; 해산 🔼 I09510

동의어 중재하다, 조정하다, 개입하다

☐ arbitrate 중재하다, 조정하다 🔼 D0075
　- arbitration 중재, 조정; 중재 재판, (국제분쟁의) 중재
☐ mediate 중재[조정]하다; 화해시키다 🔼 R2054
　- mediation 조정, 중재, 매개
☐ intercede 중재[조정]하다 🔼 R0382
　- intercession 중재, 조정, 알선
☐ intervene 개입하다 🔼 N0857
　- intervention 조정, 중재; 타국에의 내정간섭

0904 match
[mætʃ]
05-2.경기대/05.한양대
95.연세대학원

06.국민대

n. 1. 경기, 시합, 매치(=contest)
　 2. 경쟁상대, 적수; 짝, 결혼, 배우자
　 3. 성냥
vt. ~에 필적하다, 대등하다; 경쟁시키다
vi. 조화하다, 어울리다
• Experts are concerned that food production cannot match population growth on a consistent basis.
전문가들은 식량생산이 일관되게 인구증가에 부응할 수 없을 것이라고 염려하고 있다.
🔳 **matchless** 무적의, 비길 데 없는(=inimitable)
unmatched 타의 추종을 불허하는, 비길 데 없는
outmatch ~보다 낫다, ~보다 한수 위다

0905 mismatch
[mismætʃ]
17.인하대/12.아주대

n. 어울리지 않는 조합[짝], 부조화
vt. 짝을 잘못 짓다
• mismatch between statement and behaviour 말과 행동의 부조화

0906 harmonious
[haːrmóuniəs]
09.동덕여대/95.외무고시
11.서강대

a. 조화된(=cooperative, congruous), 사이가 좋은
• establish a harmonious relationship 조화로운 관계를 확립하다
ⓝ **harmony** 조화; 화음; 배합
🔳 **disharmony** 불일치(=discord), 부조화; 불협화음
- **disharmonious** 조화되지 않는, 부조화의

동의어　조화시키다, 조화로운

☐ **consort**[kɑ́nsɔrt | kɔ́n-] 조화[일치]하다[with] ⏹ R2605
☐ **rapport**[rǽɔ] 친밀한 관계 ⏹ R0495
☐ **mix** 섞다, 혼합하다 → 사이좋게 어울리다 ⏹ T1375
☐ **tune** 곡조, 선율; 조화; 조화시키다 ⏹ R0826
　- **in tune with** 장단이 맞아서, 조화되어; 협력하여
　- **out of tune** 음조가 맞지 않는; 비협조적인
☐ **tone in with** 혼합하다, 조화하다 ⏹ R0825
☐ **go (together) with** ~와 어울리다, 조화되다 ⏹ I05510
☐ **out of step (with)** 조화되지 않는 ⏹ I05702
☐ **in balance** 균형이 잡혀, 조화하여 ⏹ I05103

091 · [테마] 출판, 신문, 방송

0911 brochure
[brouʃər]

n. 가제본한 책, (업무 안내 등의) 소책자(=pamphlet)
• a travel brochure 여행안내책자

☑ pamphlet (가철한) 소책자; 시사에 관한 소논문
manual 소책자; 편람, 안내서; 입문서
gazette[gəzét] (시사문제 등의) 정기 간행물; 관보, 공보
tome[toum] 크고 묵직한 책 (특히) 학술서

0912 issue
[íʃuː]
15.한국외대

n. 1. (출판물의) 발행, 배포; (정기간행물의) 호
2. 주제, 쟁점; (걱정되는) 문제
3. 자녀, 후손(=posterity)
• without issue 자녀 없이

12.경북교행
v. 1. (여권, 영장을) 발부[교부]하다
2. (성명 등을) 발표하다; (주식 등을) 발행하다

ⓝ issuance 배포, 발행

13.중앙대/91.행정고시
☒ take issue with 논쟁하다, 이의를 제기하다 ⊃ IO3726

0913 skim
[skim]
10.지방직7급/02~2.경기대
98~2.세종대

v. 1. 대충[대강] 읽다[over/through]
(=to look quickly through, thumb through)
2. 스쳐가다, 미끄러지듯 나아가다
3. (뜬 찌끼 등을) 걷어내다
• skim through the newspaper 신문을 대충 읽다

ⓝ skimming 걷어[떠]낸 것, 뜬 찌끼

98~2.건국대

☒ skip 뛰어다니다; 훑어보다, 건너뛰다
skid (차·비행기 등이) 미끄러지다; (물가 등이) 급속히 떨어지다
slither 주르르 미끄러지[게 하]다(=slip, slide); 미끄러지듯 나아가다
10.지방직7급
thumb through ~을 급히 훑어보다, 휙휙 넘기다
scan 1. 자세히 조사하다; 2. (신문·책 등을) 대충 훑어 보다

0914 browser
[bráuzər]
08.계명대/05.동국대

n. 1. (인터넷) 웹 브라우저
2. (가게에서 사지는 않고) 구경만 하는 사람
• Browsers Welcome! (가게에서) 구경 환영!

ⓥ browse 방목하다, 대충 읽어보다; (웹 등의 정보를) 열람[검색]하다
n. 1. 연한 잎, 새싹, 어린 가지
2. (정보 등의) 열람, 검색
3. (상품 등을) 대충 훑어보기

0915 scoop
[skuːp]

n. 1. 특종 기사(=beat, exclusive)
2. 일확천금, 대성공(=smash hit)
3. 국자(=dipper); 술

vt. 푸다, 퍼 올리다; 긁어모으다(=gather up)
• get a scoop 특종을 잡다

0916 jot
[dʒat, dʒɔt]
05.성균관대/98.한국외대

vt. 간단히 적어두다, 메모하다[down](=write down)
n. (매우) 적음, 조금
• jot down the telephone number 전화번호를 메모하다

ⓝ jotter 메모하는 사람; 메모장, 메모지   jotting 메모, 비망록

☒ jut[dʒʌt] 돌기, 돌출부; 돌출하다

0917 sketchy
[skétʃi]
12.국민대

a. 대충의, 개략적인
• get sketchy information 대략적인 정보를 얻다

ⓥ sketch 스케치[하다]; 개요[를 제시하다][out]

테 마 · 책이 세상에 나오기까지

저자 author, writer가 책을 출판해 publish 줄 출판사 publishing company와 계약을 하는데, 그 계약서 contract에는 저작권료 royalty 등의 상세한 계약조건 terms and conditions을 담은 조항 stipulation이 명시됩니다. 출판계약을 하더라도 저작권 copyright은 여전히 저자에게 유지되고 출판사는 판매권만 계약기간 내에 가지는 것입니다. 저자로부터 원고 manuscript를 넘겨받게 되면 출판사가 편집 editing과 교정 proofreading을 한 후에 인쇄를 하는데 예상 판매량을 예측하여 발행부수 circulation를 결정합니다. 책이 인기가 좋으면 일정기간 후에 내용을 개정 revision하여 개정판 a revised edition을 출간하기도 합니다.

뉘앙스 · 고시(告示), 공표, 공포, 포고하다

☐ **promulgate** 새로운 법률을 널리 알리다, 공포하다 ▣ N0781
☐ **declare** 공개적이고 공식적으로 선언[공표]하다 ▣ N0782
☐ **proclaim** (특히 국가적 중대사를) 선언[포고]하다 ▣ N0783
☐ **announce** 공개적이고 공식적으로 알리다, 고지하다 ▣ R0881
☐ **decree** 당국이 향후 일정, 결정, 법령을 포고하다 ▣ R0781
☐ **notify** 어떤 사실을 공적기관에 알려주다, 신고하다 ▣ R1427
☐ **publicize** 사건이나 사실 등을 세상에 널리 알리다 ▣ R1953
☐ **bulletin** 관보, 공보 등에 고시하다, 게시하다 ▣ R0598
☐ **manifest** (태도나 감정을) 분명히 표명하다 ▣ N0512
☐ **profess** 개인의 감정, 신념 등을 고백[공언]하다 ▣ R0890

표 현 · 대충 훑어보다

☐ **skim through** (책이나 신문을) 대충 훑어보다
= **thumb through**
= **flip through**
= **leaf through**
= **riffle through**

테 마 · 방송, 매스컴

☐ **bulletin** 뉴스 속보; 게시, 관보 ▣ R0598
☐ **call-in** 시청자 전화참가프로
☐ **commentary** 해설(기사), 논평
☐ **coverage** 보도, 취재; 보상 범위 ▣ D0416
  - **cover** 보도하다; 취재하다 ▣ N0416
☐ **erroneous report** 오보
☐ **correspondent** (신문·방송 등의) 특파원 ▣ R1051
☐ **exclusive** 독점기사, 특종 ▣ N0031
☐ **broadcast** 방송하다, 방영하다
  - **live broadcast** 생방송
  - **rebroadcast** 재방송, 중계 방송
  - **spot broadcasting** 현지 방송

O921 prolix
[proulíks]
08.경기대
13.고려대

a. 장황한(=verbose) ; 지루한
- He writes a prolix style. 그의 문체는 장황하다.
- a prolix manuscript 장황한 원고
ⓝ prolixity 장황함, 지루함

동의어 장황한; 지루한

- ■ redundant 말이 많은, 장황한, 군더더기의 ☑ N0125
- ☐ wordy 장황한, 말이 많은 ☑ R0921
- ☐ verbose 말이 많은, 장황한 ☑ N0630
  - verbiage 쓸데없는 말·글로 오히려 이해하기 어려운 것
- ■ tedious 너무 길어서 지루한, 따분한 ☑ N0352
- ☐ prosaic (삽화도 없는) 산문체여서 지루한 ☑ N0629
- ☐ dull 단조롭고 지루한, 재미없는 ☑ N0631
- ☐ monotonous 변화가 없어 지루한, 단조로운 ☑ R0827
- ☐ pedestrian 평범한, 단조로운 ☑ R1871
- ☐ insipid 무미건조한, 재미없는 ☑ R1576
- ☐ irksome 재미가 없는 일을 함으로써 싫증이 나는 ☑ N0867
- ☐ tiresome 활기가 없어 답답하고 지겨워지는 ☑ T0797
- ☐ wearisome 긴 시간 노력으로 피곤하거나 견딜 수 없는

O922 boring
[bɔ́:riŋ]
04.영남대
01.고려대,국민대

a. 재미없는, 지루한(=tedious, tiresome)
- a boring book 지루한 책
- The speech was long and boring. 그 연설은 길고 지루했다.
ⓥ bore 1. (말을 너무 많이 해서) 지루하게 만들다
　　　　2. (깊은 구멍을) 뚫다
ⓝ boredom 지루함, 권태

O923 harangue
[hərǽŋ]
11.경희대/06.보험계리사

n. (대중 앞에서의) 긴 연설, 열변; 설교
- We don't need harangue; we need concise statements.
  우리는 긴 설교 따위 필요 없다. 단지 간략한 한마디만 필요할 뿐.

동의어 긴 연설, 장황한 이야기

- ☐ gabfest[gǽbfèst] 긴 사설; 〈미·구어〉 간담회
- ☐ jobation 〈영·구어〉 장황한 잔소리, 긴 사설
- ☐ screed[skri:d] (비난을 위한) 장황한 이야기
- ☐ tirade[táireid] (타인을 비난하는) 장황하고 격한 연설
  - a tirade against the church 교회를 성토하는 장황한 연설
- ☐ litany[litni] (같은 말을 되풀이하는) 장황한 설명, 이야기

O924 tautological
[tɔ:təládʒikl]
13.서강대

a. 동의어 중복의(=repetitive); 과다한(=redundant)
- The statement "He is brave or he is not brave" is a tautology.
  "그는 용감하거나 또는 그는 용감하지 않다"라는 말은 동의어 중복이다.
ⓝ tautology 〈수사학〉 동의어[유의어] 반복 사용, 중복어

동의어 말을 되풀이하다, 반복하다

- ☐ repeat 되풀이하여 말하다, 반복하다 ☑ R1044
- ☐ reiterate 강조하기 위해 말을 되풀이하다 ☑ N0065
- ☐ recapitulate 요점을 되풀이하다; 요약하다 ☑ R1835
  - recap 재생시키다 * recapitulate의 〈구어〉
- ☐ harp on 남의 흠 등을 되풀이하여 말하다
- ☐ echo 남의 말을 메아리처럼 따라하다
- ☐ pattern 행동 등의 패턴 → 같은 일의 반복
- ☐ pleonasm[plíːənæzm] 〈수사학〉 중복어 사용, 췌언

O925 pithy*
[píθi]
17.서강대

a. (표현이) 간결하고 함축적인(=laconic)
- This article is short and pithy. 이 기사는 간결하고 함축적이다.

뉘앙스 간결한; 과묵한; 퉁명스러운

- ■ succinct (말이) 간결하면서도 분명한 ☑ N0525
- ☐ laconic 짧고 간결하게 말하는 ☑ N0626
- ☐ terse 불친절해 보일 정도로 말이 짧은 ☑ N0811
- ☐ concise 꼭 필요한 말로 압축해서 줄인 ☑ N0353
- ☐ compact (내용을 압축하여) 간결한 ☑ R0362
- ■ taciturn 친해지기 힘들 정도로 입이 무거운 ☑ N0298
  cf.tacit 직접적으로 말하지 않고 암묵적으로 통하는 ☑ D0298
- ☐ reticent 타인에게 자신의 일을 잘 말하지 않는 ☑ N0627
- ☐ quiet 말을 잘 하지 않고 조용한 성격의
- ☐ reserved 자신의 감정·생각을 잘 드러내지 않는 ☑ D0106
- ☐ incommunicative 말하기 싫어하고 붙임성이 없는 ☑ T1002
- ☐ unforthcoming 〈영〉 말수가 적어 붙임성이 없는
- ■ short-spoken 퉁명스럽게 느껴질 정도로 말수가 적은
- ☐ blunt 세련됨 없이 있는 그대로 딱 잘라 말하는 ☑ N0632
- ☐ abrupt 말을 퉁명스럽고 비호감적으로 하는 ☑ D0524
- ☐ curt 짧고 퉁명스럽게 대답하는 ◀▦
- ☐ brusque 거만해 보일 정도로 짧게 말하는 ◀▦
- ☐ short 화가 나서 짧고 무례하게 말하는[with]
- ☐ surly[sə́rli] 뿌루퉁한, 퉁명스러운; (날씨가) 고약한
- ☐ gruff[grʌf] 목소리가 낮고 거친, 퉁명스러운
- ☐ aphasia[əféiʒə] 실어증

O926 encapsulate
[inkǽpsjulèit]
17.지방직7급/15.아주대
09.동덕여대

vt. 1. (글을) 요약하다(=epitomize, condense, summarize)
2. 캡슐에 넣다
- His ideas were encapsulated in the book.
  그의 사상은 그 책에 잡약되어 있다.

O927 curt
[kə:rt]

a. 짧고 퉁명스러운(=rudely brief)
- a curt answer 퉁명스러운 대답
ⓐⓓ curtly 퉁명스럽게, 무뚝뚝하게

O928 brusquely
[brʌ́skli]

ad. 퉁명스럽게, 무뚝뚝하게(=bluntly)
- The doctor answered brusquely. 그 의사는 퉁명스럽게 대답했다.
ⓐ brusque 퉁명스러운, 무뚝뚝한

[테마] 공공연한 ↔ 은밀한, 감추어진

0931 overt
[ouvə́ːrt]
14.이화여대/07.전남9급

a. 공공연한; 명백한(=obvious)
• show overt hostility to the strangers.
  이방인들에 대한 노골적인 적대감을 보이다

0932 telltale
[telteil]
17.한양대

a. 숨기려 해도 숨길 수 없는(=revealing)
n. 밀고자, 고자쟁이
• look for a telltale sign 숨길 수 없는 증거를 찾다

0933 covert
[kóuvərt | kʌv-]
14.고려대
14.고려대

a. 감추어진(=ulterior); 암암리의(=secret, clandestine)
• The union leader was found to have covert ties with management.
  그 노조 지도자는 경영진과 은밀한 관계를 가지고 있는 것으로 밝혀졌다.
🔳 stealthy 몰래 하는, 남의 눈을 피하는
　sly[slai] 남의 눈을 속이는, 은밀한; 교활한 *on the sly 살짝, 남몰래

0934 ulterior
[ʌltíəriər]
14.고려대

a. (동기나 속셈이) 따로 숨어있는, 이면의(=covert); 이후의
• an ulterior motive 숨은 동기, 저의

0935 subrosa*
[sʌb róuzə]
16.중앙대

a. (연락·회담 등이) 은밀한(=furtive)
• hold a meeting sub rosa 비밀리에 모임을 갖다
ad sub rosa 은밀하게, 남몰래(=secretly)

동의어　명백한, 공공연한

- [ ] obvious (누가 봐도) 확실한[분명한], 뻔한 ➡ N0341
- [ ] blatant 뻔한, 명백한 ➡ N0625
- [ ] explicit 명백한, 분명한, 노골적인 ➡ N0513
- [ ] palpable 뚜렷한, 명백한 ➡ N0511
- [ ] manifest 명백한, 분명한 ➡ N0512
- [ ] evident 분명한, 명백한 ➡ R0761
- [ ] apparent 뚜렷이 보이는, 명백한 ➡ R2327
- [ ] conspicuous 두드러진, 눈에 잘 띄는 ➡ N0153
- [ ] discernible 인식[식별]할 수 있는 ➡ N0273
- [ ] perceptible / perceivable 지각할 수 있는 ➡ D0344
- [ ] crystal clear 수정같이 맑은, 명명백백한

동의어　감추어진, 은밀한

- [ ] furtive 남몰래 하는, 은밀한 ➡ N0275
- [ ] surreptitious 남몰래 하는, 은밀한 ➡ N0516
- [ ] clandestine 은밀한, 암암리의, 남몰래 하는 ➡ N0827
- [ ] cryptic (동물이) 몸을 숨기기에 알맞은 ➡ N0517
- [ ] secret 비밀의, 은밀한 ➡ P0091
- [ ] creeping 서서히 진행되는, 잠행성의
- [ ] undercover 비밀로 행해지는, 비밀의 ➡ T1153
- [ ] under-the-table 비밀리의 ➡ I01203
- [ ] hush-hush (계획 등이) 극비의 ➡ T0134

094

[테마] 숨기다, 감추다, 은닉하다

0941 whitewash
[hwaitwaʃ]
05.고려대/04.경기대
00.사법시험

n. 1. (결점을 숨기기 위한) 눈속임, 겉치레(=camouflage)
　2. 백색 도료, 회반죽(=plaster, mortar)
vt. 결점[과실]을 호도하다, 눈속임하다(=conceal)
• The company lost no time in whitewashing its part in this affair.
  그 회사는 이 문제에 대한 회사의 역할을 즉시 은폐시켰다.

0942 camouflage
[kǽməflɑːʒ]
17.지방직7급/12.삼명대
08.선관위9급/05.프뢰익대
04.경기대

vt. 위장하다, 감추다(=conceal)
n. (군인의) 위장, (보호색을 통한 동물의) 위장(=whitewash)
• Chameleons are especially good at changing their colors which
  enable them to be camouflaged in the natural habitat.
  카멜레온은 그들의 자연서식지에서 그들을 숨겨줄 수 있는 색깔로 바꾸는데
  특히 능하다

0943 hide
[haid]
14.고려대
94.연세대학원
15.홍익대
13.국회사서직

vt. (남이 보거나 찾지 못하게) 감추다[숨기다](=conceal, cache)
vi. 숨다, 잠복하다
• try to hide his secret 그의 비밀을 숨기려 하다
ⓐ hidden 숨겨진(=obscure), 숨은, 비밀의; 신비의
🔳 cache[kæʃ] 은닉하다(=hide), 캐시에 저장하다; 은닉처
　stash[stæʃ] (물건을 안전한 곳에) 보관하다, 숨기다[away]; 은닉한 것

0944 veil
[veil]
08.세종대
10.이화여대

vt. 베일을 씌우다 → (감정 등을) 감추다, 숨기다
n. 베일, 면사포
• veil one's intentions 의도를 숨기다
🔳 unveil ~을 베일을 벗기다, 밝히다

0945 veneer
[vəníər]
12.이화여대
17.이화여대

n. 베니어판, 합판 → 겉치레, 허식
v. (결점을) ~으로 감추다; 베니어판을 붙이다
• a veneer of piety 독실한 체함
🔳 shroud 수의, 장막; 뒤덮다, 감추다
- shrouded 덮인, 가려진

테 마　비밀을 감추다 ↔ 누설하다

- ■ conceal 숨기다, 비밀로 하다 ➡ N0321
- [ ] skeleton in the closet 감추고 싶은 집안의 비밀 ➡ T0013
- [ ] cover up 싸서 감추다, 은폐하다 ➡ I12202
- [ ] keep[hold] back (비밀을) 감추다, 말하지 않다 ➡ I04126
- [ ] That would be telling. 〈영·구어〉 그건 비밀이다
- [ ] It's just between ourselves. 이건 우리끼리의 비밀이야.
- [ ] come to light (사실이) 드러나다, (비밀이) 알려지다 ➡ R1481
- [ ] let on (that)/ let in on 비밀을 누설하다 ➡ I11108
- [ ] let out / let slip (that) 무심코 입 밖에 내다 ➡ I11109
- [ ] let the cat out of the bag (무심결에) 비밀을 누설하다 ➡ I11110
  = spill the beans

동의어　칠하다, 바르다 → 결점을 감추다

- [ ] lacquer 래커[옻]를 칠하다 → 결점을 감추다
- [ ] paint 페인트, 도료 → 겉치장; 칠하다; 화장하다
- [ ] varnish 니스, 광택제 → (결함을 감추기 위한) 겉치레
　니스를 칠하다 → (속이려고) 겉꾸밈하다
- [ ] plaster 회반죽; 고약; 회반죽을 바르다
- [ ] mortar 모르타르, 회반죽; 회반죽을 바르다
- [ ] lubricate 기름을 치다 → (사람을) 매수하다
- [ ] cloak 외투; 외투를 입다 → 덮어 감추다
- [ ] blanket 담요; 담요를 덮다 → (사건을) 덮어 버리다 a 총괄적인

O946 masquerade
[mǽskəréid]
15.가천대/12.경희대
06.고려대

n. 가면무도회 → 가장(=fake)
vt. 가장하다(=disguise)
- He is good at subterfuge, at gaining entry to factories by masquerading as a laborer.
  그는 속임수에 능하여 노동자로 가장하여 공장에 들어가는 데에 능하다.
13.고려대
目 mask 가면; 가면을 씌우다 → (감정 등을) 감추다
  ↔ **unmask** 가면을 벗기다, 정체를 드러내다

O947 white lie
[hwait lai]
08.광운대/05.동국대

n. 악의 없는(남에게 피해를 주지 않는) 거짓말(=fib)
- tell a white lie 선의의 거짓말을 하다
目 black lie 악의 있는(남에게 피해를 주는) 거짓말

뉘앙스 거짓말
- ☐ **lie** 거짓에 대해 강한 비난이 담겨진 말
- ☐ **fib** 실제로 해가 되지 않는 가벼운 거짓말
- ☐ **falsehood** 일부러 하는 거짓말 ◘ R2302
- ☐ **falseness** 허위(남을 속이려는 의도가 있음)
- ☐ **falsity** 허위 *falseness보다 딱딱한 말
- ☐ **fabrication** 속이기 위해 그럴 듯하게 꾸며냄 ◘ N0718
- ☐ **invention** 일부러 조작하거나 꾸며낸 것; 날조 ◘ R0370
- ☐ **deceit** 허위를 사실로 믿게 하려는 기만 ◘ D0215
- ☐ **mendacity** 거짓말하는 버릇이나 성격에 중점 ◘ R2303

▮095 [테마] 조사와 분석

O951 sift
[sift]
10.가톨릭대/05~2.경기대

v. 1. 체질하다, 거르다; 엄밀히 조사하다[through]
  2. 정선하다, 추려내다[out](=winnow out)
- sift through the evidence 증거를 엄밀히 조사하다

O952 winnow
[wínou]
05~2.경기대

v. 1. 까부르다, 키질하다; 분석·검토하다
  2. (좋은 것을 고르기 위해 나쁜 것을) 골라내다[out](=sift)
- winnow out the chaff from the grain 곡물에서 겨를 골라내다

O953 comb
[koum]
14.숭실대

vt. 1. 빗질하다 → 구석구석 찾다, 세밀히 조사하다[through]
  2. (불필요한 것을) 정리하다, 제거하다[out]
n. 빗; (닭의) 볏
- comb through the evidence 증거를 세밀히 조사하다

O954 dig
[dig]
17.단국대

v. (땅을) 파내다; (무엇을 찾기 위해) 뒤지다, 찾아내다
- dig up scandal 스캔들을 파헤치다
目 dig up (땅을) 파 뒤집다; ~에 대해 알아내다
  dig into ~을 열심히 먹기 시작하다; (무엇을) 파헤치다
  dig out (~에서) ~을 파내다, 발굴하다

O955 canvass
[kǽnvəs]
11.한국외대

vt. 1. 자세히 조사하다(=scrutinize, examine)
  2. (표 등을) 부탁하고 다니다; 권유하다
- John canvassed the papers, hunting for notices of jobs.
  존은 구직공고를 뒤지면서 서류를 자세히 조사했다.
- canvass for votes 선거운동을 하다

O956 prying
[práiiŋ]
02.세종대

a. (호기심을 가지고) 엿보는; 캐기 좋아하는(=inquisitive)
- She is a prying busybody. 그녀는 캐기 좋아하는 참견쟁이다.
ⓥ **pry** 엿보다; 꼬치꼬치 캐다[into]; (비밀을) 알아내다
- pry into the affairs 남의 일을 꼬치꼬치 캐다
95.서강대
目 nosy 코가 큰 → 참견하기 좋아하는

동의어 정밀하게 조사하다, 확인하다
- ■ **investigate** 조사하다, 수사하다, 연구하다 ◘ D0544
- ☐ **scrutinize** 세밀히 조사하다, 철저히 검사하다 ◘ N0019
- ☐ **delve** (땅을) 파다 → 철저히 조사하다 ◘ N0583
  - delve into (서적, 기록 등을) 탐구하다
- ☐ **probe** 탐침으로 검사하다 → 엄밀히 조사하다 ◘ N0741
  - probe into ~을 조사하다
- ☐ **winnow** 키질하다 → 분석·검토하다 ◀▦
- ☐ **sift** 체질하다 → 엄밀히 조사하다 ◀▦
  - sift through 엄밀히 조사하다(=examine thoroughly)
- ☐ **dig** (땅을) 파내다 → (찾기 위해) 뒤지다 ◀▦
  - dig into ~을 파헤치다
- ☐ **suss** (~에 대해) 이해하다, 알아차리다[out]; 검토하다
- ■ **look into** 조사하다; ~의 속을 들여다보다 ◘ I07706
  = inquire into ~을 조사하다
  = look over 조사하다; ~을 훑어보다
  = check up on 조사하다, 진위를 확인하다
  = comb through 구석구석 철저히 찾다, 이 잡듯이 뒤지다
  = beat about 이리저리 찾다

테마 조사, 검사, 감독, 검열
- ☐ **investigation** 조사, 수사, 연구 ◘ D0544
- ☐ **examination** 조사, 검사, 심사
- ☐ **observation** 관찰, 정탐, 감시; 관측 ◘ R0116
- ☐ **survey** (설문) 조사, 측량, 점검 ◘ R0759
- ☐ **surveillance** (경찰 등의 기관에 의한) 감시 ◘ R0759(1)
- ☐ **supervision** 감독, 관리, 지휘; 감시, 통제 ◘ R0757
- ☐ **scrutiny** 정밀한 조사, 검사; 감시, 감독 ◘ D0019
- ☐ **checkup** 정밀조사; 건강진단 ◘ I00312
- ☐ **overhaul** 총 점검 정비; 정밀 검사 ◘ N0929
- ☐ **censorship** (연극·영화·책 등의) 검열; 검열관의 직 ◘ R2255
- ☐ **inspection** (공식적인) 검열, 시찰 ◘ R0735
- ☐ **audit** 회계 감사 ◘ R0812

0957 interloper
[íntərlòupər]
13.중앙대

n. 1. 남의 일에 참견하는 사람
2. 불법 침입자(=intruder), 무면허 상인
• They were treated as interlopers in their new country.
그들은 새 조국에서 불법침입자로 취급받았다.
ⓥ interlope 불법영업하다, 참견하다

0958 canard
[kənάːrd]
16.서강대

n. 헛소문, 유언비어(=unfounded rumor)
v. 헛소문이 퍼지다
• It is impossible to protect oneself from such a base canard.
그런 비열한 유언비어로부터 자신을 보호하는 것은 불가능하다.

096 [테마] 폭로하다; (비판이) 신랄한, 통렬한

0961 reveal
[rivíːl]
13.경희대/98.동국대
92.연세대학원,서경대

vt. 1. 폭로하다(=betray, unfold); (비밀을) 누설하다(=divulge)
2. (안 보이던 것을) 보이다, 드러내다
• reveal a secret 비밀을 폭로하다
• revealed his identity 그의 신분을 밝히다
🔟 bring out (성질을) 드러내게 하다(=reveal) ⊃ IO65O2

0962 unearth
[ənəːrθ]
08.대구대/06.고려대
98.한양대

vt. 1. 파내다, 발굴하다(=exhume)
2. 새로운 사실을 발견하다(=discover), 폭로하다(=reveal)
• unearth evidence that was pertinent to the case
그 사건에 적절한 증거를 찾아내다

0963 bitter
[bítər]
10.상명대

a. 1. (맛이) 쓴; (경험 등이) 쓰라린
2. (언쟁 등이) 격렬한; (비판 등이) 통렬한(=acrimonious)
• draw bitter criticism 통렬한 비난을 불러오다
ⓐⓓ bitterly 심하게, 몹시
ⓥ embitter 쓰라리게 하다, 화나게 하다

0964 scathing
[skéiðiŋ]
09.고려대/97-2.경희대
91.서울대학원

a. 냉혹한, 가차 없는, 통렬한(=ruthless, acrimonious)
• a scathing comment remark 신랄한 비평
= a biting[catty/caustic/cutting] remark
ⓥ scathe 〈고어〉 상처를 입히다; 손상
ⓐ unscathed 상처가 없는, 다치지 않은, 손상을 입지 않은

0965 blistering*
[blístəriŋ]
11.국회8급

a. (행동이) 맹렬한; 지독히 더운; (비판이) 신랄한
• a blistering attack 맹렬한 공격
• a blistering criticism 신랄한 비평
ⓝ blister 물집, 기포; 물집이 생기(게 하)다; 맹비판하다

0966 vitriolic*
[vìtriάlik]
12.서울여대

a. 황산의; 신랄한, 통렬한
• a vitriolic attack on the president 대통령을 향한 신랄한 공격
🔟 caustic 부식성의 → 통렬한, 신랄한
🔟 vitreous[vítriəs] 유리 같은, 유리로 된 투명한

0967 shrill* [ʃril]
97.광운대,동국대

a. (목소리·소리가) 날카로운(=sharp); (비평이) 신랄한
• the shrill sound of a siren 째지는 듯한 사이렌 소리

0968 strident [stráidnt]
14.홍익대/01-2.고려대

a. 귀에 거슬리는(=noisy); (비판이) 공격적인
• a strident voice 거슬리는 목소리

0969 hoarse [hɔːrs]
09.경기대/02-2.경기대
97.건국대

a. 1. 목쉰; 쉰 목소리의, 귀에 거슬리는(=rough, husky, harsh)
2. (물·천둥소리 등이) 떠들썩한
• He shouted himself hoarse. 그는 너무 고함을 질러 목이 쉬었다.
ⓥ hoarsen 목쉬게 하다; (목소리가) 쉬다

09.서울시9급 🔁 raucous [rɔ́kəs] 쉰 목소리의, 귀에 거슬리는(=loud)
16.홍익대 🔁 stentorian [stentɔ́riən] (목소리가) 우렁찬(=deafening)
orotund [ɔ́rətʌnd] (목소리가) 쩌렁쩌렁 울리는(=sonorous); 과장된

동의어 귀에 거슬리는 소리와 감미로운 소리

■ 귀에 거슬리는 소리
☐ abrasive 목소리가 귀에 거슬리는 🔁 R1146
☐ cacophonous 불협화음의; 귀에 거슬리는 🔁 R0821
☐ rasping 삐걱거리는 소리 등이 귀에 거슬리는 🔁 R1140
☐ grating [gréitiŋ] (창살 등이) 삐걱거리는; 귀에 거슬리는
☐ husky [hʌ́ski] 쉰 목소리의, 허스키한
☐ gruff [grʌf] 목소리가 걸걸한, 쉰 목소리의
☐ gravelly [grǽvəli] 자갈이 많은; 목소리가 귀에 거슬리는
■ 감미로운 소리
☐ euphonious 음조가 좋은, 듣기 좋은 🔁 R0821
☐ mellifluous (목소리 등이) 감미로운 🔁 R2170
☐ dolce [dóultʃei] (음악이) 감미로운, 달콤한
☐ dulcet [dʌ́lsit] 듣기에 아름다운, 감미로운

---

097   [테마] 음란한, 난잡한, 선정적인

0971 obscene [əbsíːn]
17.단국대/05.경희대
05.경희대

a. 외설스러운, 음란한(=lewd, suggestive); 지긋지긋한
• obscene books 음란서적
ⓝ obscenity 외설; 음란한 말[행동]
🔁 lewd [luːd] 외설적인, 음란한(=obscene)

0972 salacious [səléiʃəs]
ⓒ RO463

a. 외설스러운, 음란한
• a salacious book 음란서적

0973 licentious [laisénʃəs]
12.이화여대/05-2.경기대

a. 음탕한, 음란한(=wanton, promiscuous)
• The licentious monarch brought about his kingdom's downfall.
그 방탕한 군주는 자신의 왕국의 몰락을 초래했다.

0974 wanton [wɑ́ntən]
07.중앙대/05-2.경기대

a. 1. (파괴·위해 행위가) 이유 없는, 무자비한
2. (특히 여자가) 음탕한, 바람둥이의(=licentious)
n. 바람둥이
• commit wanton murder 이유 없는 살인을 저지르다
• a wanton hussy 음탕한 여자

0975 promiscuous [prəmískjuəs]
12.이화여대/03-2.경기대

a. 성생활이 난잡한(=licentious); 무차별의(=indiscriminate)
• promiscuous use of drugs 무차별적인 미약의 남용

0976 nasty [nǽsti]
04-2.덕성여대

a. 1. 끔찍한, 형편없는, 역겨운(=horrid)
2. (성격·행동 등이) 못된, 고약한
3. 추잡한, 음란한
• Compose yourself before answering that nasty letter.
그런 추잡스런 서신에 답을 하기 전에 침착하세요

동의어 음탕한, 외설스러운, 선정적인

☐ indecent 점잖지 못한, 외설적인 🔁 T0682
☐ sensual 관능적인, 육체적인; 호색적인 🔁 D0223
☐ amorous 호색적인, 육체적 욕망을 갈구하는 🔁 R2430
☐ lustful 호색적인, 탐욕스런 🔁 R1484
☐ prurient [prúəriənt] 호색의, 음란한
☐ lecherous [létʃərəs] 색을 밝히는, 호색적인
☐ lascivious [ləsíviəs] 음탕한, 선정적인
☐ bawdy [bɔ́di] 외설적인, 음탕한
☐ risque [riskéi] (공연·농담 등이) 음란한
☐ ribald [ríbəld] 상스러운, 음란한 말을 하는
☐ erotic 성애의; 성욕을 자극하는

동의어 바람둥이, 요부; 매춘부

■ philanderer 바람둥이 남자 🔁 R2430
☐ libertine 방탕한 사람, 자유사상가 🔁 R0281
☐ debaucher 난봉꾼
 - debauch 주색에 빠지다, 방탕하다; 여자를 유혹하다
 - debauchery 방탕, 주색에 빠짐; 유흥, 야단법석
☐ roue [ruéi] 방탕아, 난봉꾼
☐ rake [reik] 갈퀴; 난봉꾼
☐ wastrel [wéistrəl] 낭비하는 사람, 방탕아
☐ profligate [prɑ́fligət] 방탕한; 낭비하는 사람; 방탕자
☐ lecher [létʃər] 호색가, 음란한 사람
■ coquette [koukét] 바람둥이 여자, 요부; 교태를 부리다
☐ whore [hɔːr] 매춘부; 단정치 못한 여자
☐ slattern [slǽtərn] 매춘부; 단정치 못한 여자
☐ slut [slʌt] 매춘부; 단정치 못한 여자
☐ courtesan [kɔ́rtəzən] 정부, 고급 매춘부

0977 flirtatious*
[fləːrtéiʃəs]
16.가천대

a. 추파를 던지는, 교태를 부리는; 경박한
- a flirtatious young man 치근덕거리는 젊은 남자

ⓥ flirt (이성과) 장난삼아 연애하다, 추근거리다[with]; 휙 집어 던지다

ⓝ flirtation 남녀 간의 불장난

圏 flit[flit] (새, 모기 등이) 휙휙 날다; 야반도주

0978 voluptuous*
[vəlʌ́pʃuəs]
12.경희대

a. (여자가) 육감적인, 풍만한; 관능적인
- a voluptuous woman 요염한 여자

ⓝ voluptuousness 요염함(=seductiveness)

0979 wallow*
[wálou, wɔ́l-]
15.고려대

vi. 1. (수렁 속에서) 뒹굴다(=flounder, welter), 몸부림치다
2. (주색에) 빠지다
- wallow in luxury 사치에 빠지다

■ 매춘부 prostitute, streetwalker, street girl, call girl, working girl, hooker, limmer, strumpet, hustler, floozy, floozie, hussy, jade, slut, tart, tramp, wanton, wench, harlot, moll

고급 어휘

☐ brothel[bráθəl, brɔ́θ-] n. 매음굴, 사창가
☐ pander[pǽndər]
　n. 포주(=pimp); 남의 약점을 이용하는 사람
　vi. 1. 남의 약점을 이용하다;
　　　 2. (저속한 욕망에) 영합하다[to]
　- pander to populism 대중적 인기에 영합하다
☐ venereal[vəníəriəl] a. 성교의, 성병의
　- venereal disease 성병
　圏 syphilis 매독　gonorrhea 임질

█ 098　[테마] 칭찬하다, 찬양하다

0981 extol
[ikstóul]
11.서강대

vt. 크게 칭찬하다, 극찬하다(=exalt)
- extol the virtues of organic farming 유기농업의 장점을 극찬하다

0982 glorify
[glɔ́ːrəfài]
08.서강대

vt. 찬미하다, 찬양하다(=exalt); 미화하다
- glorify Japanese imperialism 일본 군국주의를 미화하다

ⓝ glorification 찬송, 찬미
ⓝ glory 영광, 영예; 찬양; 자랑으로 여기다
ⓐ glorious 영광스러운

0983 panegyric
[pæ̀nidʒírik]
15/13.국회8급

n. 칭찬하는 글, 찬사(=commendation)
- deliver a panegyric of the Emperor 황제에 대한 찬사를 전하다

0984 hono(u)r
[ánər, ɔ́nər]
92.법원직

n. 존경, 영광(스러운 것), 명예; 훈장
　* in honor of ~에 경의를 표하여
　* honor box (거리의) 무인 신문 판매대

v. 영광을 베풀다, (훈장 등을) 수여하다
ⓐ hono(u)rable 훌륭한, 고결한; 친애하는
　honored 명예로운
　honorary (학위·지위 등이) 명예의, 명예회원의
圏 dishono(u)r 불명예, 망신, 치욕; (어음의) 부도
　- dishono(u)rable 불명예스러운, 수치스러운

12.중앙대
圏 honorarium (pl. honoraria) (전문적 서비스에 대한) 사례비
圏 honest 정직한, 솔직한 ↔ dishonest 정직하지 못한

0985 accolade
[ǽkəlèid]
15.한양대

n. 명예, 표창(=tribute); 기사 작위 수여식
- Oscar is the highest accolade. 오스카상은 최고의 명예이다.

0986 kudos*
[kjúːdou]
07.중앙대

n. (특정한 성취나 위치에 따르는) 영광, 영예
- receive kudos for its originality 독창성으로 칭찬을 받다

동의어 칭찬하다, 찬양하다, 찬미하다

☐ praise (가장 일반적으로) 칭찬하다; 칭찬, 찬양 ➡ R2252
☐ compliment 칭찬하다; 증정하다; 칭찬, 인사 ➡ R1542
☐ exalt 칭찬하다, 찬양하다; 승진시키다 ➡ N0691
☐ laud 찬미[찬양]하다; 찬양 ➡ D0634
☐ applaud 박수를 치다, 칭찬하다 ➡ N0423
☐ acclaim 갈채하다, 환호하다, 찬양하다 ➡ N0445
☐ eulogize 찬양하다, 찬송하다 ➡ R0913
☐ commend 추천하다, 칭찬하다 ➡ R2526

뉘앙스 환영이나 찬사의 표시

☐ praise (일반적으로) 칭찬, 찬미, 찬양 ➡ R2252
☐ applause 환호하거나 박수를 쳐서 보내는 찬사 ➡ D0423
☐ acclaim 특히 예술작품에 대한 찬사나 갈채 ➡ N0445
☐ accolade 상을 주면서 표시하는 칭찬; 기사 작위 수여 ◀▥
☐ eulogy 찬양하는 글, 찬사 ➡ R0913
☐ panegyric 공식적으로 칭찬하는 글, 찬사 ◀▥
☐ encomium[enkóumiəm] 사교적인 칭찬의 표현, 칭송
☐ eclat[eiklá] 빛나는 성공; 갈채, 환호
☐ cheer 응원이나 칭찬을 위해 소리를 지르는 것
☐ compliment 칭찬이나 찬미를 표현하는 말; 찬사 ➡ R1542
☐ tribute 감사, 칭찬, 존경의 표시 또는 바치는 물건 ➡ R0071
☐ anthem[ǽnθəm] 국가·교가 등 특별한 행사에 부르는 노래
☐ hymn[him] / doxology (기독교) 신을 찬송하는 노래, 성가
☐ paean[píən] 승리의 노래, 찬가

고급 어휘

☐ garland[gárlənd]
　n. (승리나 영예의 표시인) 화관, 화환
　- get[gain, win] the garland 승리를 거두다
☐ lionize[láiənàiz]
　v. 명사 대우를 하다; 명승지를 구경하다
　- The magazine lionized the actress.
　　그 잡지는 그 여배우를 추켜세웠다.
　圏 lion 사자; 유명인; 명물

O987 clap
[klæp]
91.연세대학원

13.가톨릭대

n. 박수, 손뼉 치기, 갈채; 파열음
v. 박수를 치다, 손뼉을 치다
  • clap one's hands 박수하다
콰 clap out 1.손뼉을 치다 2.녹초가 되게 하다
  * clapped out 지친, 낡아빠진
콰 handclap 손뼉, 박수

O988 hail
[heil]
11.덕성여대/00-2.경원대

v. 1. (신문 등에서 훌륭한 것으로) 묘사하다(=acclaim)
    2. 인사하다, 축하하다
    3. (택시를) 불러 세우다; (사람을) 부르다(=page)
n. 싸락눈, 우박
  • hail as a great success 대성공작으로 묘사하다
ⓝ hailer 환호하는 사람; 휴대용 확성기
콰 hailstone (낱개의) 우박, 싸락눈 **hailstorm** 우박을 동반한 폭풍
콰 hale [heil] (특히 노인이) 건강한(=healthy)

O989 wave
[weiv]
03-7.경찰/93.변리사

97.덕성여대

v. 1. (손·깃발을 흔들어) 인사하다(=give a greeting)
    2. 흔들다, 나부끼다
n. 파도, 물결; 파동
  • It was no use pretending that I had not seen him, having previously waved to him.
    내가 그를 보지 않은 척 해봐야 소용이 없어서, 그에게 손을 흔들어 인사했다.
콰 greet 인사하다, 환영하다
  - **greeting** 인사, (pl) 인사장

표현 환영, 환대, 찬사

☐ hero's welcome (영웅을 환영하는 듯한) 열광적인 환영
☐ give [sb] a welcome 환영하다
    - be given a welcome 환영을 받다
☐ rush out of the room to greet a visitor
    버선발로 뛰어나가 손님을 맞다
☐ welcome [sb] with open arms 쌍수를 들어 환영하다
☐ give [sb] the red carpet treatment 아주 특별하게
    대우해주다
☐ give [sb] a hand ~에게 박수갈채를 보내다
☐ give standing ovation 기립박수를 쳐주다 ▣ 103909
    cf.get[receive] a standing ovation 기립박수를 받다

099 **[테마] 말, 언어**

0991 jargon
[dʒɑ́ːrgən]
07.경남9급/05.경희대

n. (특정 직업의 사람들끼리 쓰는) 전문어; 은어
- medical jargon 의학 용어 legal jargon 법률 용어
- technical jargon 기술[전문] 용어

0992 vernacular
[vərnǽkjulər]
11.경기대

n. (특정 지역·집단이 쓰는) 토착어, 방언, 자국어
a. 자국의, 토착의; 풍토적인
- written in the vernacular 토착어로 쓰인

0993 hieroglyphic/
hieroglyph
[hàiərəglífik]

n. 상형문자(=picture writing)
- a hieroglyphic character 상형 문자
- Hieroglyphs emerged from the preliterate artistic traditions of Egypt.
  상형문자는 문자사용 이전 시대에 이집트의 예술적인 전통에서 나타났다.
🔗 ideogram 표의문자, 기호(a written symbol representing)

0994 highlight
[háilait]
17.국민대

vt. (관심을 갖도록) 강조하다; 강조표시를 하다
n. 하이라이트, 가장 흥미로운 부분
- highlight the difference 차이점을 부각시키다

0995 beckon
[békən]
13.인천대
00-2.광운대

v. (고갯짓이나 손짓으로) 신호하다, 부르다(=gesticulate)
- beckon to the waiter 웨이터에게 손짓하다
🔗 page[peidʒ] v. 이름을 불러 사람을 찾다(=call aloud)
n. (호텔 등의) 사환

0996 accost
[əkɔ́ːst]
16.단국대

vt. (모르는 사람에게) 말을 걸다; (매춘부가) 손님을 끌다
- He accosted me in the street.
  그는 거리에서 내게 다가와 말을 걸었다.
🔗 bandy (타격·말 따위를) 주고받다[with]; (소문 등을) 퍼뜨리다[about]
- bandy compliments with a person 인사를 주고받다

테마 **방언, 사투리, 은어; 암호**

- ■ slang[slæŋ] 속어; 도둑의 은어; 특수 통용어
- □ cant[kænt] 위선적 말투; 일시적 유행어; 은어
- □ argot[árgou, -gɑt] 변말, 은어; (도둑 등의) 암호말
- □ patois[pǽtwɑ] 방언, 지방 사투리, 특수어; 은어
- □ provincialism[prəvínʃəlizm] 사투리, 방언; 지방 기질
- ■ password 파일이나 기기에 접근할 수 있는 암호 ☑ R0778
- □ secret code 비밀암호
- □ countersign (군대) 암호, 응답신호 ☑ R0980
- □ watchword (군대) 암호; 표어, 슬로건 ☑ R0778
- □ cryptography / cryptology 암호해독법 ☑ R0860
- □ parole[pəróul] 암호; 가석방
- □ shibboleth[ʃíbəliθ] 표어, 군호; (특수 계급의) 관습, 복장; (진부한) 사상
- □ scribble[skríbl] 악필, 난필; 갈겨쓰다

테마 **말, 용어**

- □ term (특정 주제에 사용되는) 용어, 말 ☑ N0051
- □ terminology 전문용어, 기술용어 ☑ D0051
- □ lingo 외국어, 전문용어 ☑ R0920
- □ wording 연설이나 작문에 쓰인 특별히 고른 문구나 어법
- □ usage 언어에서 특정 단어의 어법
- □ diction 용어선택, 말씨, 발성법 ☑ R0871
- □ phraseology[frèiziɑ́lədʒi] 문체, 어투
- □ vocabulary 어떤 사람이 쓸 수 있는 단어의 범위
- □ lexicon 사전(=dictionary), 어휘 목록(=vocabulary)
  - lexicographer 사전편찬자
- □ nomenclature 학문에서 새로운 이름을 붙이는 것 ☑ R0934

동의어 **강조하다; 과장하다**

- ■ accentuate 강조하다, 두드러지게 하다 ☑ R0824
- □ emphasize 강조하다, 중시하다, 역설하다 ☑ N0876
- □ underscore 밑줄을 긋다, 강조하다 ☑ P0194
- □ underline 밑줄을 긋다, 강조하다 ☑ P0193
- □ punctuate 구두점을 찍다; 강조하다 ☑ R1206
- □ stress 강세, 강조; 강조하다 ☑ R0272
- ■ exaggerate 지나치게 강조하다, 과장하다 ☑ R0502
- □ play up 과장하다, 지나치게 부풀리다 ☑ I07508
  - ⟷ play down 경시하다, 축소하여 다루다 ☑ I07509
- □ point up 이야기 등을 강조하다 ☑ R1201
- □ puff[pʌf] 과장된 칭찬, 과대 선전
- □ hoopla[húːplɑ] 요란한 선전, 야단법석; 고리 던지기
- □ fustian[fʌ́stʃən] 호언장담, 과장한 말; 퍼스티언 천
- □ superlative[səpə́rlətiv] 최상급; 과장된 표현

1001 talkative
[tɔ́ːkətiv]
08.경희대/07.감정평가사
05-2.삼육대/97.한국외대

a. 이야기를 좋아하는; 말이 많은(=loquacious, garrulous)
• A stupid fellow is talkative; a wise man is meditative.
어리석은 이는 말이 많고, 현명한 이는 사색을 즐긴다.

1002 communicative
[kəmjúːnəkèitiv]
05-2.삼육대

a. 1. 말하기 좋아하는, 속을 잘 털어 놓는
2. 통신의, 의사 전달의
• She is so communicative. 그녀는 수다스럽다.
• communicative competence 의사소통 능력
ⓝ communication 전달; 통신, 교통; (병의) 전염
ⓥ communicate 전달하다, 의사를 소통하다
🔒 uncommunicative 말 없는; 속을 털어놓지 않는
incommunicative 말수가 적은, 과묵한
09.경기대 🔗 communicable 전염성의(=contagious)

1003 prate*
[preit]
11.중앙대

vt. 재잘거리다, 수다 떨다(=jabber)
n. 수다, 쓸데없는 말
• prate about it so tediously 그것에 대해 너무 지겹도록 재잘거리다
11.중앙대 🔗 jabber[dʒǽbər] 재잘거리다(=prate); 재잘거림; 주사기
shoot the breeze 잡담하다, 쓸데없이 지껄이다

1004 gibberish*
[dʒíbəriʃ]
14.중앙대

n. 영문 모를 말, 횡설수설
• His explanations are just gibberish to me.
그의 설명은 내게 횡설수설에 지나지 않았다.
ⓥ gibber (공포에 질려) 빠르게 알아들을 수 없는 말을 하다
🔗 waffle 쓸데없는 말을 지껄이다; (정치인이) 모호한 태도를 취하다 [on]
n. 1. 쓸데없는 말; 애매(모호)한 말 2 와플
14.중앙대 - waffling 모호한, 미적지근한

1005 mumble
[mʌ́mbl]
08.세종대/05-2.중앙대

v. (알아들을 수 없을 만큼 작은 목소리로) 웅얼거리다(=mutter)
n. 중얼거림
• mumble an apology 사과의 말을 웅얼거리다

1006 mutter
[mʌ́tər]
06.건국대/05-2.중앙대

v. (특히 기분이 나빠서) 중얼거리다(=mumble); 투덜거리다
n. 중얼거림, 불평
• mutter a few words 몇 마디 중얼거리다

1007 ad hoc
[æd hák, -hɔ́k]
05.성균관대

ad. 임시변통[임기응변]으로(=not planned in advance)
a. 임시의, 특별한 목적을 위한
• an ad hoc committee 특별위원회

1008 unrehearsed
[ʌnrihə́ːrst]
00.입법고시

a. 리허설을 하지 않은, 즉흥적인(=impromptu)
• an unrehearsed performance 즉흥 공연
🔗 rehearse 리허설[예행연습]을 하다
- rehearsal 리허설, 예행연습

1009 boisterous
[bɔ́istərəs]
17.명지대/13.경희대
12.서울여대/06.경기9급

a. 1. (사람·행동이) 활기가 넘치는, 잠시도 가만히 있지 못하는
2. 떠들썩한, 시끄러운(=rowdy)
• Most of the children were noisy and boisterous.
대부분의 아이들은 시끄럽고 잠시도 가만히 있지질 못한다.
• a boisterous party 떠들썩한 파티
13.경희대 🔗 rowdy 소란스러운, 소동을 벌이는(=boisterous)
obstreperous 시끄럽고 통제하기 힘든
rambunctious 사납게 날뛰는, 난폭한; 떠들썩한, 혼란스러운

1009(1) stammer
[stǽmər]
04.단국대

v. 말을 더듬다(=falter); 더듬으며 말하다
n. 말 더듬기
• He stammers when he is excited.
그는 흥분했을 때 말을 더듬는다.

뉘앙스 수다스러운, 말이 많은

□ **loquacious** 사교적으로 장황하게 이야기하는 ▷ N0351
□ **talkative** 특별한 의미 없이 쉴 새 없이 떠들어대는 ◀▩
□ **garrulous** 사소한 일을 길게 이야기하는 ▷ N0812
□ **verbose** 너무 장황하게 늘어놓아 지겹게 만드는 ▷ N0630
□ **wordy** 딱딱하거나 문학적 표현을 많이 늘어놓는 ▷ R0921
□ **talky** (극·소설 등이) 쓸데없는 대화가 많은
□ **multiloquent** 말주변이 좋은, 말이 많은 ▷ R0910

고급 어휘
□ **dais**[déiis] **n.** (귀빈을 위한) 단상, 연단, 높은 자리
□ **rostrum**[rástrəm,rɔ́s-] **n.** 연단, 단상
• stand on the winner's rostrum 시상대 위에 서다
□ **raconteur**[rækantə́r] **n.** 이야기꾼, 만담가
• be renowned as a raconteur 만담가로 유명하다

동의어 재잘거리다, 수다를 떨다

□ **chatter**[tʃǽtər] 재잘거리다, 수다스럽게 지껄이다
- **chattering** 재잘거리는, 수다를 떠는
□ **natter**[nǽtər] 쓸데없는 말을 재잘대다
□ **prattle**[prǽtl] 말을 더듬거리다, 쓸데없는 말을 하다
- **prattling** 수다를 떠는 cf.prattler 수다쟁이
□ **babble**[bǽbl] 옹알거리다, 쓸데없는 말을 하다[about]
- **babbling** 재잘거리는 cf.babbler 수다쟁이
□ **blather**[blǽðər] 쓸데없는 말을 계속 지껄이다; 허튼 소리
□ **blabber**[blǽbər] 수다쟁이; 지껄여대다[about]
□ **gabble**[gǽbl] 빠르게 지껄이다, 재잘거리다
□ **twaddle**[twádl] 쓸데없는 소리를 하다
□ **cackle**[kǽkl] (암탉이) 꼬꼬댁 울다 → 시끄럽게 지껄이다

테 마 – umble (무언가 제대로 못하는 모양)

□ **jumble** 뒤범벅을 만들다; 혼란스럽게 만들다
□ **scramble** 뒤범벅을 만들다; 앞을 다투어 빼앗다;
급히 서둘러 하다; (전투기의) 긴급 출격
□ **crumble** 부스러뜨리다, 가루로 만들다
□ **rumble** 와글와글 소리치다; 우르르 울리다
□ **fumble** 손으로 더듬어 찾다; 말을 더듬다
□ **grumble** 투덜거리다, 불평하다

동의어 임시변통, 미봉책; 즉흥적인; 임기응변하다

■ 임시변통, 미봉책
□ **stopgap** 구멍마개 → 임시변통의, 미봉책의
□ **half measure** (보통 pl.) 미봉책, 임시변통
□ **lash-up** 급히 임시변통한 것; 즉석에서 고안한 것
□ **ad-lib** 즉흥적인; (대사를) 즉흥적으로 지껄이다
□ **rough-and-ready** 졸속의, 임시변통의; 대강의
□ **Band-Aid** 임시처방, 미봉책
□ **make-do** 임시변통의 (물건), 대용의 (물건)
■ 즉흥적인, 즉석의
□ **impromptu** 즉석에서의, 즉흥적인, 임시변통의 ▷ N0218
□ **extemporaneous** 즉석의; 일시 미봉책의 ▷ D0900
□ **improvisatory** 즉석에서의, 즉흥적인 ▷ D0146
□ **offhand** 즉석의, 그 자리에서; 즉흥적인 ▷ I14208
□ **on-the-spot** 현장의, 즉석의, 즉결의 ▷ D0502
□ **off-the-cuff** 즉석의, 준비 없이 ▷ I00503
■ 임기응변하다, 즉흥으로 하다
□ **play (it) by ear** 악보 없이 연주[노래]하다 ▷ I07501
□ **ad-lib a speech** 즉흥 연설을 하다
□ **wing it** 즉흥적으로 하다
□ **freestyle** (랩·연주·춤 등을) 즉흥적으로 하다
□ **act according to circumstances** 상황에 따라 처신하다

[테마] 지지하다, 보증하다; 허가하다

1011 prop
[prap, prɔp]
06.경희대/05~2.가톨릭대

vt. 버팀목을 대다; 지지하다, 후원하다
n. 지주, 버팀목(=crutch); 지지자, 후원자
* prop up 지지하다
• some evidence to prop up the hypothesis
  그 가설을 지탱하기 위한 몇 가지 증거
📷 **underprop** 밑에서 지탱하다 → 지원하다

뉘앙스 **지지하다, 옹호하다**

☐ **support** (사람·주의·정책을) 지지하다, 후원하다 ⏵ R0499
☐ **advocate** (공개적으로) 지지하다, 주창하다 ⏵ N0983
☐ **sustain** (주장·이론 등을) 뒷받침하다, 지탱하다 ⏵ N0043
☐ **maintain** (권리·주장 따위를) 옹호하다, 주장하다 ⏵ R0091
☐ **uphold**[ʌphóuld] (법률·원칙·결정 등을) 지지하고 유지하다
☐ **reinforce** (의견·주장을) 증거로 강화[보강]하다 ⏵ R2595
☐ **brace** 버팀대로 받치다 → ~으로 보강하다 ⏵ R1881
☐ **vindicate** (진실, 결백, 주장의 정당성을) 입증하다 ⏵ N0864
☐ **champion** (주의·권리 등을) 앞장서서 옹호하다 ⏵ R2206
☐ **back up** 뒤에서 밀어주다 → 후원하다, 지지하다 ⏵ I14802
  = **stand by** (사정이 안 좋을 때에도) 지지하다 ⏵ I04703
  = **stand behind** 뒤에 서다; 지지하다 ⏵ I04705
  = **stand up for** ~을 옹호하다, 지지하다 ⏵ I04705

1012 crutch
[krʌtʃ]
06.경희대

n. 목다리, 목발; 버팀목(=prop); 정신적인 지주
• a necessary crutch for the capitalistic system
  자본주의의 필수적인 버팀목
• (as) funny as a crutch 전혀 재미없는
🔵 **fulcrum**[fúlkrəm] 지렛목; 지레받침; 받침대, 지주(支柱)
  strut[strʌt] 지주(支柱), 버팀목, 받침대
🔵 **clutch**[klʌtʃ] (꽉) 붙잡음; 클러치; 위기; 꽉 쥐다

1013 beef-up
[biːf-ʌp]
98.입법고시
15.국가직7급

n. 증강, 보강(=reinforcement)
• begin beefing up military spending 군비지출을 증강하기 시작하다
📷 **beef up** 증강하다, 강화하다
ⓝ **beef** 쇠고기; 근육, 힘
  • beef about ~에 대해 불평하다
🔵 **beep**[biːp] 〈의성어〉 삑 하는 소리, 발신음; 경적을 울리다

1014 warrant
[wɔ́:rənt]
14.경찰1차

15.아주대/06.서울시9급

n. 영장(=writ); 면허장; 정당한 이유; 보증
vt. 1. 정당화하다(=justify); 〈구어〉 보증하다(=guarantee)
  2. 정식으로 허가하다
• a warrant of arrest 체포 영장 a search warrant 수색 영장
ⓝ **warranty** (품질 등의) 보증(서)(=guarantee); 근거, 정당한 이유[for]
📷 **unwarranted** 부당한, 까닭 없는(=gratuitous)

동의어 **비준(하다), 허가, 승인(하다)**

☐ **allow** 허락하다, 인정하다, 허용하다
  - **allowance** (반대하지 않고 내버려 두는) 용인 ⏵ N0669
☐ **permit** 허락하다; 묵인하다, 용납하다 ⏵ R0523
  - **permission** (권한이 있는 기관이나 개인의) 허락, 허가증
☐ **admit** 입장[입학, 입회]를 허락하다
  - **admission** 입장, 입학, 입회를 허가하는 것 ⏵ R0525
☐ **approve** (일반적으로) 승인하다, 찬성하다 ⏵ R0701
  - **approval** 승인, 찬성
☐ **validate** (법적으로) 비준하다; (문서로) 승인하다 ⏵ D0238
  - **validation** (사실임을 법적으로 확인하는) 비준, 인가
☐ **approbate**[æprəbèit] (공식적으로) 승인하다, 인가하다
  - **approbation** 승인; (주로 일반 대중의) 찬동
☐ **ratify** 인가[승인]하다; (조약 따위를) 비준하다 ⏵ R2239
  - **ratification** (조약에 서명함으로써 유효하게 하는) 비준
☐ **sanction** (공식적으로) 인가[재가]하다; 비준, 재가 ⏵ N0743
☐ **endorse** 승인하다, 보증하다, 배서하다 ⏵ N0088
  - **endorsement** 시인, 승인; 지지, 추천; 배서
☐ **confirm** 확인하다, 확증하다; (비준으로) 승인하다 ⏵ N0160
  - **confirmation** 확증, 확인, 증거
☐ **license** 정부나 기관이 발급하는 면허나 허가 ⏵ R2568
☐ **accreditation** 학교·병원이 증명서 등으로 인정함 ⏵ R2290
☐ **imprimatur**[ìmprimάːtər] 인가, 승인; (가톨릭의) 출판허가

1015 wager
[wéidʒər]
12.동국대/04.경기대

v. 보증하다, 책임지고 맡다; 내기를 걸다
n. 내기, 내기에 건 돈
• wager a good deal of money on ~에 많은 돈을 걸다
🔵 **waggle**[wǽgl] 흔들다, 흔들리다

1016 authority
[əθɔ́:rəti, əθάrəti]
15.성명대/14~3.경찰

16.단국대
17.상명대/13.한양대
16.단국대

n. 권한, 지휘권; 당국; 재가, 인가
• the local authority 지방 당국
• vest the authority in him 그에게 그 권한을 부여하다
ⓥ **authorize** 인가하다, 권한을 부여하다
ⓐ **authoritative** 권위 있는(=magisterial), 당국의
📷 **authoritarian** 권위주의적인, 독재적인
🔵 **magisterial** 권위 있는(=authoritative), 위엄 있는

[테마] 동의하다 ↔ 반대하다

1021 connive
[kənáiv]
17.가천대

vi. 묵인[방조]하다[at]; ~와 공모하다[with](=collude)
• connive with terrorists 테러리스트와 공모하다
ⓝ **connivance**[kənáivəns] 묵과, 묵인(=condonation)
  * in connivance with ~와 공모하여
  * with the connivance of ~의 묵인 하에

뉘앙스 **동의하다, 따르다**

☐ **acquiesce** (수동적이거나 동의하지 않지만) 따르다 ⏵ N0195
☐ **agree** (일반적으로) 동의하다, 의견이 일치하다
☐ **accept** (제안 등을 자진해서) 받아들이다 ⏵ N0349
☐ **accede** (제안이나 요청에) 동의하다 ⏵ D0260
☐ **assent** (제안·의견을 이성적으로 판단해서) 동의하다 ⏵ R1502
☐ **consent** (제안·요청에 자발적으로) 동의하다 ⏵ R1502
☐ **comply with** (법률·규칙 등에) 따르다 ⏵ N0090
☐ **subscribe to** ~에 동의하다 ⏵ N0980

1022 **squeal*** [skwiːl] 02.삼육대

v. 1. (맹렬히) 반대하다, 항의하다[against](=complaint)
2. 깩깩거리다, 크게 소리를 지르다; 밀고하다[up]
- The car squealed to a halt. 차가 끽소리를 내며 정지했다.

1023 **rebuttal** [ribʌtl] 07.국가직7급 12.서울여대

n. 원고의 반박; 반증(=refutation)
- make a rebuttal 반박하다
- an effective rebuttal speech 효과적인 반박 연설

ⓥ rebut 논박하다(=disprove), 반증을 들다

1024 **argue** [ɑ́ːrgjuː] 17.상명대 06.한양대

vi. 언쟁을 하다, 말다툼하다
vt. (상대방 주장을 논박하면서) 주장하다
- argue with him 그와 언쟁하다
- argue that the scheme is wrong 그 계획은 틀렸다고 주장하다

ⓐ arguable 논쟁의 여지가 있는
argumentative 논쟁을 좋아하는, 따지기 좋아하는
ⓝ argument 논쟁; 언쟁, 말다툼

1025 **straddle** [strǽdl] 05.서강대/92.경주대 15.서강대

v. 다리를 벌리다; 양다리를 걸치다
n. 양다리 걸치기, 태도 불분명
- straddle the fence 확실한 태도를 취하지 않다

동 splay (팔다리를) 벌리다[out]
관 for or against ~에 대한 찬성이냐 반대냐
pros and cons 찬반양론 ⊃ P0383
관 noncommittal (사람이) 의견 등을 명확히 표현하지 않는, 두루뭉술한
- a noncommittal attitude 아리송한 태도 ⊃ R0520

동의어 반대하다, 반박하다

- ☐ dissent 의견을 달리하다, 반대하다; 반대 의견 ◘ N0651
- ☐ contradict 부정[부인]하다; 반박하다 ◘ N0652
- ☐ object 반대하다, 이의를 제기하다 ◘ R1234
- ☐ disapprove 반대하다[of]; 비난하다 ◘ R0702
- ☐ refute 논박하다, 반박하다 ◘ N0333
- ☐ confute (주장이) 틀렸음을 입증하다, 논박하다 ◘ R1268
- ☐ disagree 동의하지 않다, 의견이 다르다 ◘ P0462
- ☐ renounce ~와 관계를 끊다, 의절하다; 부인하다 ◘ R0882
- ☐ deprecate 강력히 반대하다, 비난하다 ◘ N0619
- ☐ demur [dimə́ːr] 난색을 표하다, 이의를 제기하다
  - without demur 이의 없이
  - demurrer 항변자, (피고의) 이의신청

테마 주창자, 지지자 ↔ 반대자

- ■ initiator ◘ D0052/ originator ◘ R1713 창시자, 발기인
- ☐ exponent (사상 · 신념 등의) 주창자, 지지자 ◘ N0650
- ☐ proponent 제안자, 발의자, 지지자 ◘ R0137
- ☐ advocate 주창자, 옹호자 ◘ N0983
- ☐ supporter / follower 추종자, 지지자 ◘ R0499
- ☐ adherent (정당 등의) 지지자 ◘ R0102
- ■ opponent 적, 상대자, 반대자 ◘ R0137
- ☐ adversary 적수, 상대편 ◘ D0449
- ☐ contender 경쟁자, (논쟁의) 상대방 ◘ D0105
- ☐ antagonist 적대적으로 반대하는 사람, 경쟁자 ◘ R2511
- ☐ dissenter (공식적으로 수용된 것을) 반대하는 사람 ◘ D0651

103 [테마] 부정하다, 거절하다; 연기하다

1031 **gainsay** [géinsèi] 16.중앙대

vt. 부정[부인]하다, ~에 이의를 제기하다(=oppose)
- No one can gainsay the fact.
  누구도 그 사실을 부인할 수 없다.

1032 **repudiate** [ripjúːdièit] 12.서강대,중앙대 08.경남9급

vt. 거절하다, 부인하다; 의절하다
- repudiate a suggestion 제안을 거부하다
- repudiate his old friend 그의 오랜 친구와 의절하다

ⓝ repudiation 부인, 거절; 의절, 이혼

1033 **spurn** [spəːrn] 11.홍익대/03.고려대

vt. 퇴짜 놓다, 일축하다, 거절하다(=reject)
- spurn his kinsfolk 그의 일족들을 쫓아내다
- spurn an invitation 초대를 거절하다

1034 **rebuff** [ribʌf] 14.숙명여대/06.세종대

vt. 거절하다; 저지하다
n. 거절, 저지(=reject)
- meet a rebuff 퇴짜 맞다

1035 **veto** [víːtou]

n. (대통령의) 법률안 거부권; 금지
vt. (거부권 행사로) 거부하다
- The president vetoed the bill, and the Senate failed by a single vote to override his veto. 대통령은 그 법안에 대해 거부권을 행사했고, 상원은 한 표 차이로 법률안거부권 행사를 무효화시키는데 실패했다.

1036 **dawdle** [dɔ́ːdl] 11.이화여대 97-2.동국대 08.중앙대

v. 빈둥거리다, 늑장을 부리다; (시간을) 낭비하다[away]
- Hurry up, and don't dawdle! 서둘러, 빈둥거리지 말고!

동 dally [dǽli] 빈둥거리다, (시간을) 낭비하다
tarry [tǽri] 지체하다, 늑장부리다
loiter [lɔ́itər] 빈둥거리다, 빈둥거리며 시간을 보내다
loll [lal, lɔl] 하는 일 없이 빈둥거리다; 축 늘어져 앉다

1037 **shelve** [ʃelv] 07.충북9급

vi. 선반에 얹다; 무기한 보류하다(=postpone)
- decide to shelve the project 그 프로젝트를 무기한 연기하기로 결정하다

ⓝ shelf 선반, 책꽂이 *be put on the shelf 선반에 얹히다; 일시 보류되다

뉘앙스 거절하다, 기각하다, 각하하다

- ☐ refuse (요청 · 부탁 등을) 거절[거부]하다 ◘ R1264
- ☐ reject (주장 · 생각 · 계획 등을) 거절[각하]하다 ◘ N0790
- ☐ dismiss (안건 · 신청 등을) 기각하다 ◘ N0132
- ☐ spurn (거만하게) 한마디로 거절하다 ◀
- ☐ rebuff (친근한 제안 등을) 불친절하게 거절하다 ◀
- ☐ decline (초대 등을) 공손하게 거절하다 ◘ N0120
- ☐ deny (어떤 내용 · 책임을) 부인[부정]하다 ◘ R2342
- ☐ repulse (어떤 사람의 도움을) 거절하다, 물리치다 ◘ D0131
- ☐ ignore 승인하지 않다, 묵살하다 ◘ R1434
- ☐ disown 자기 것이 아니라고 하다; 인연을 끊다
  - disown one's son 아들과 인연을 끊다

동의어 연기하다, 뒤로 미루다, 보류하다

- ■ delay 미루다, 늦추다; 지연 ◘ R0164
- ☐ defer 연기하다, 미루다; (징병을) 유예하다 ◘ N0159
- ☐ postpone (결정이나 행사를) 뒤로 미루다 ◘ N0493
- ☐ adjourn (회의 등을) 휴회[정회]하다; 연기하다 ◘ R2032
- ☐ procrastinate 해야 하는 것을 하기 싫어 미루다 ◘ N0747
- ☐ suspend (판단이나 결정을) 보류하다 ◘ R0251
- ☐ reserve (회계에서 잔액을) 이월하다 ◘ D0106
- ■ put off 나중으로 미루다, 연기하다 ◘ I04413
- ☐ hold off (결정 · 행위 등을) 미루다, 연기하다 ◘ I04207
- ☐ put ~ on the back burner 뒷전으로 미루다 ◘ I04404
- ☐ put ~ on ice (할 일을 일단) 보류해 두다 ◘ I04404
- ☐ put ~ behind 지난 일을 잊게 하다 ◘ I04406
- ☐ lay on the table (의안의) 심의를 보류하다

1041 poll
[pal, pɔl]
03-2.고려대/02.전남대

n. 투표(=vote), 투표수, 투표결과; 여론조사(=public opinion poll)
v. 여론조사를 하다; 투표하다(=vote, ballot)
- go to the poll 투표하러 가다
- take a poll 여론 조사를 하다

1042 vote
[vout]
15.광운대

n. 투표, 표결, 선거; 투표권
 * cast one's vote[ballot] (for) ~에게 투표하다
- cast a vote[ballot] 투표하다
v. 투표하다; 투표하여 가결하다
- vote for the bill 법안에 찬성표를 던지다
 ↔ vote against the bill 법안에 반대표를 던지다
ⓝ voter 투표자, 유권자
- swing voters (선거의) 부동층

1043 opine*
[oupáin]
11.경희대

v. 의견을 밝히다; ~이라고 생각하다[that]
- opine on the subject 그 주제에 대해 의견을 밝히다

1044 broach*
[broutʃ]
16.산업기술대

v. 1. (이야기를) 꺼집어내다, 발의하다
   2. (잠수함 등이) 수면으로 떠오르다
n. 끝이 뾰족한 것, 꼬챙이, 첨탑
- a matter hard to broach 꺼내기 어려운 말
🔁 brooch[broutʃ] (가슴에 다는) 브로치

1045 moot*
[muːt]
12.숭실대
13.중앙대

a. 토론의 여지가 있는(=controversial); 가설적인
vt. (문제를) 의제로 삼다, 토론하다
- a moot court 모의 법정 - a moot point 논쟁점
🔁 table 의안을 상정하다

1046 elicit
[ilísit]
15.한성대/08.강남대
01.세종대

vt. (사실·반응 등을) 이끌어 내다(=draw forth, invoke)
- elicit a positive response 긍정적인 반응을 이끌어내다
- unable to elicit any answer 어떠한 답변도 이끌어내지 못하는

1047 trample*
[træmpl]
05-2.고려대

05-2.고려대

vt. 짓밟다, 밟아 뭉개다(=crush); (남의 권리를) 무시하다
- trample on the views of ordinary people
  평범한 사람들의 의견을 무시하다
🔁 tramp 무거운 걸음으로 걷다; 도보로 여행하다; 짓밟다 ➲ T0072
🔁 crush 눌러 부수다, 뭉개다, 분쇄하다; 충돌하다; 밀치고 나아가다
   stamp 짓밟다; 진압하다; 고무인을 찍다
   stomp 짓밟다(=stamp); (화가 나서) 발을 쿵쿵거리며 걷다

테 마 의사, 입법의 결정과정 및 방법

☐ 만장일치 unanimity ☑ D0194
☐ 다수결 decision by majority
   - 절대다수 absolute majority
   - 겨우 넘는 과반수 shoestring majority
   - 소수의견 minority opinion, dissenting opinion
   - 사사오입 round off (round up ↑, round down ↓)
   - casting vote 찬반 동수일 때 의장이 던지는 결정투표
☐ 부결 reject, vote down(부결하다)
☐ 가결 approval, passage
☐ 대통령의 법률안 거부권 veto ☑ T1035

고급 어휘
☐ gavel[gǽvl]
   n. (의장이 쓰는) 의사봉 v. 의장을 맡다, 개회하다
   - rap a gavel 의사봉을 두드리다
☐ tug-of-war n. 줄다리기, (현상에서의) 주도권 싸움
   - expand into a political tug-of-war
     정치적인 주도권 싸움으로 확대되다
   cf. tug 세게 잡아당기다, 끌어당기다; 예인선
☐ rubber-stamp
   n. 내용검토 없이 마구 찬성 도장을 찍는 사람
   vt. (법률·계획 등을) 잘 살펴보지도 않고 인가하다
   - The parliament was a rubber stamp for the dictator.
     의회는 독재자의 거수기였다.

뉴앙스 논쟁, 논의, 토론; 말다툼하다

☐ discuss 문제를 다각도로 검토해 논의하다 ☑ R1160
   - discussion 토론, 토의
☐ debate 공식적으로 찬성·반대로 나누어 토론하다 ☑ R1164
   - debatable 논쟁의 여지가 있는
☐ dispute 의견이 충돌되어 격렬하게 논쟁하다 ☑ R1513
   - disputable 논쟁의 여지가 있는
☐ contend 논쟁에서 무엇이 사실임을 주장하다 ☑ D0105
   - contentious 논쟁을 일으키기 좋아하는 ☑ N0105

뉴앙스 무시하다

☐ ignore 인정하기 싫어 무시하다, 모르는 체하다 ☑ R1434
☐ disregard 중요하지 않은 것으로 여기다, 경시하다 ☑ N0300
☐ neglect 태만이나 부주의로 소홀히 하다
☐ override 권력·지위를 이용하여 남의 의견을 깔아뭉개다 ☑ P0133
☐ overturn (이미 한 결정을) 번복하다 ☑ P0138
☐ overrule (타인의 신청을) 기각하다; (앞의 결정을) 파기하여
   무효로 만들다 ☑ P0139(2)
☐ laugh off (나쁜 일에 전혀 신경 쓰지 않는 것처럼) 웃어넘기다
☐ pay no attention to 주의를 기울이지 않다
☐ shrug off[away] 시시하다고 무시해 버리다

1051 muse
[mjuːz]
04-2.서울여대

v. 사색하다, 깊이 생각하다[on, upon, over, about]
  * muse about ~에 대해 명상하다(=meditate on)
  • muse about the plan 그 계획에 대해 숙고하다
n. 1. (예술가 등에게 영감을 주는) 뮤즈
  2. (Muse, 그리스 신화) 시, 음악의 여신
ⓥ bemuse 멍하게 만들다, 생각에 잠기게 하다
⊟ amuse 재미있게 하다, 즐겁게 하다

1052 contemplate
[kántəmplèit, kɔ́n]
93.사법시험/90.서울대학원

v. 1. 고려하다, 심사숙고하다; 생각하다
  2. 응시하다, 감상하다
  • He is contemplating a tour around the world after his retirement.
    그는 은퇴 후에 세계여행을 생각하고 있다.
ⓝ contemplation 숙고, 명상, 묵상
ⓐ contemplative 심사숙고하는, 명상에 잠기는

1053 pore
[pɔːr]
15.국회8급/14.국가직9급
13.서강대

v. 1. 숙고하다(=ponder), 열심히 연구하다[over](=examine)
  2. 응시하다(=stare, gaze, peer)
n. 털구멍, 모공, 작은 구멍
  • pore over a book 열심히 책을 읽다
⊟ porous[pɔ́:rəs] 작은 구멍이 많은; 스며드는
  - porosity 다공성; 작은 구멍 cf.osteoporosis 골다공증

1054 ruminate
[rúːmənèit]
11.이화여대

v. 1. 곰곰이 생각하다[on/over/about]
  2. 소가 먹이를 반추하다
  • ruminate on the issue 그 문제에 대해 심사숙고하다
ⓝ rumination 심사숙고; 반추

1055 deem
[diːm]
17.단국대/02.중앙대
02-2.고려대

vt. ~라고 간주하다, 생각하다(=regard, consider)
  • We deem that he is honest.
    우리는 그가 정직하다고 생각한다.

1056 thoughtful
[θɔ́:tfəl]
02.경기대

02.숙명여대

08.한국외대

a. 1. 생각에 잠긴(=pensive, meditative)
  2. 배려심 있는, 사려 깊은(=considerate)
  • make a thoughtful decision 사려깊은 결정
ⓐⓓ thoughtfully 생각에 잠겨(=pensively)
ⓝ thought (특정한) 생각; 사고; 심사숙고; 배려, 염려
⊟ thoughtless 생각이 없는, 둔한(=tactless), 인정없는
⊟ come into one's thought 생각이 떠오르다 ⊃ IO5416
  lose one's train of thought (하던 말의) 줄거리를 잊어버리다 ⊃ I11908

1057 dilemma
[dilémə]
17.아주대

n. 진퇴양난, 딜레마
  • be in a dilemma 딜레마에 빠지다
⊟ leave [sb] stranded ~를 오도 가도 못하게 하다
  enemies on every side 사면초가

1058 unmethodical
[ʌnməθɑ́dikəl]
98.중앙대

a. 체계가 없는, 종잡을 수 없는, 산만한(=desultory)
  • in a clumsy and unmethodical manner 서투르고 산만하게
⊟ methodical 조직적인 방식의, 질서정연한
⊟ method (조직적인) 방법, 일정한 순서, 체계, 질서

1059 aimlessly
[éimlisli]
08.덕성여대/03.경찰
92.행정고시
14.지방직7급

ad. 목적 없이, 무목적적으로(=at random)
  • wander around aimlessly 정처 없이 여기저기 떠돌다, 서투르고 산만하게
ⓝ aim 목적 목표; 조준; 겨누다
  * aim at 겨누다(=zero in on)
⊟ at random 닥치는 대로, 마구잡이로, 무작위로(=aimlessly)

뉘앙스 깊이 생각하다, 숙고하다

☐ consider 주의 깊게 생각하다 ⊡ R2211
☐ deliberate 결정하기 전에 잘 생각해 보다 ⊡ N0644
☐ mull over 결정하기 전에 장기간 숙고하다 ⊡ I00803
☐ ponder 여러 각도에서 주의 깊게 생각하다 ⊡ N0874
☐ weigh up 결정하기 전에 비교해서 생각하다
☐ cogitate[kádʒətèit] 어떤 것에 대해 장시간 깊이 생각하다
☐ meditate 조용하고 깊이 생각하다, 명상하다 ⊡ N0873
☐ reflect 과거의 일을 되돌아보며 곰곰이 생각하다 ⊡ R1288
☐ speculate 어떤 일이 일어난 이유를 추측해보다 ⊡ R0744
☐ dwell on 잊어버려야 할 것을 두고두고 생각하다 ⊡ T0572

표현 깊이 생각하다

☐ Consult your pillow. 자면서 잘 생각해 봐.
☐ I'll sleep on it. 숙고해 볼게.
☐ after much thought 잘 생각한 뒤에, 숙고한 후에
☐ on second thought 다시 생각해 보니
☐ have second thoughts 재고하다; 생각을 바꾸다

동의어 이도저도 못하는 상황

☐ impasse 교착상태, 답보상태; 막다른 골목 ⊡ N0773
☐ deadlock 막다른 상태, 교착상태 ⊡ N0774
☐ standstill 정지, 답보상태 ⊡ R0192
☐ standoff 막다름, 교착상태 ⊡ R0192
☐ gridlock[grídlàk] (도로상의 교통) 정체; 교착상태
☐ dead-end / blind alley / cul-de-sac 막다른 골목
☐ Catch-22 (모순된 상황에) 꼭 묶인 상태; 딜레마

동의어 산만한, 두서없는

☐ digressive 주제를 벗어나기 쉬운, 지엽적인 ⊡ N0799
☐ desultory 두서없는, 종잡을 수 없는 ⊡ N0800
☐ rambling 횡설수설하는, 장황하고 두서없는 ⊡ R0452
☐ discursive (글·이야기 등이) 산만한 ⊡ R0427
☐ excursive 본론에서 벗어난, 산만한 ⊡ R0427
☐ cursory 서두르는, 마구잡이의 ⊡ R0427
☐ random 닥치는 대로의, 무작위의
☐ slapdash 물불을 가리지 않고; 되는 대로의
  • slapdash construction 날림 공사

1061 ideal
[aidíːəl]
12.지방직7급

a. 1. 가장 알맞은, 이상적인
2. 상상의, 비현실적인
n. 이상, 이상적인 것
- She's not my ideal type. 그녀는 내 이상형이 아니다.
- an ideal future 가상의 미래
ⓝ **idea** 1. 발상, 사상 2. 감, 느낌, 생각 3. 인식, 이해
ⓐ **idealistic** 이상주의(자)의 ↔ **realistic** 현실적인
ⓝ **idealism** 이상주의, 관념론

1062 realistic
[ri:əlístik]
07.중앙대

a. 1. (계획 등이) 현실적인(=down-to-earth); 현실을 직시하는
2. (묘사가) 사실적인
- a realistic target 현실적인 목표
ⓐⓓ **realistically** 현실적으로 말해서
ⓐ **real** (가상·허구가 아닌) 진짜의, 현실적인, 실제의
ⓝ **realism** 현실주의, 사실주의
ⓥ **realize** 실현하다; 깨닫다, 알아차리다
ⓐ **realizable** 실현할 수 있는
🔲 **unrealistic** 비현실적인, 비사실적인
🔲 **surreal**[sərí:əl] 초현실적인, 비현실의(=surrealistic)
- a surreal mix of fact and fantasy 사실과 환상의 비현실적인 조합
- **surrealism** 초현실주의

1063 workable
[wə́ːrkəbl]
97.효성대
98.고려대학원

a. (아이디어 등이) 실행[운용] 가능한
- propose workable solutions 실행 가능한 해결책을 제안하다
ⓥ **work** 일하다, 작업하다; 운용하다, 작동하다
🔲 **unworkable** 실행 불가능한

1064 achievable
[ətʃíːvəbl]
92.광운대

a. 성취할 수 있는; 달성할 수 있는
- a practical and achievable target 실용적이고 달성 가능한 목표
ⓥ **achieve** 달성하다, 성취하다; 해내다, 성공하다
ⓝ **achievement** 업적, 성취, 달성(=accomplishment)
🔲 **unachievable** 달성할 수 없는

1065 unfulfilled
[ʌnfulfíld]
98.세무사

a. 실현되지 않은, 이행되지 않은(=unexecuted, unfinished)
- remain a dream unfulfilled 실현되지 못한 꿈으로 남다
ⓥ **fulfill** (의무 등을) 이행하다; 실행하다; 성취하다

1066 armchair
[áːrmtʃɛər]
03.국민대

a. 탁상공론적인(=impractical)
n. 안락의자
- His criticism is nothing but an armchair opinion.
  그의 비평은 탁상공론에 지나지 않는다.

1067 quixotic*
[kwiksátik]
03.국민대

a. 돈키호테식의; 공상적인, 비현실적인(=idealistic and impractical)
- The adjective "quixotic" meaning "idealistic and impractical",
  derives from the protagonist's name of the novel "Don Quixote".
  "공상적이고 비현실적인"의 뜻인 "quixotic"이라는 형용사는 소설 "돈키호테"의
  주인공 이름에서 유래한다.

테 마 계획이나 정책에 대한 평가

☐ **down-to-earth** 현실적인, 실제적인 ◪ N0263
☐ **practical** 현실적인, 실제적인; 실용적인 ◪ R0659(3)
  ↔ **impractical** (생각 등이) 비현실적인
☐ **realistic** (계획 등이) 현실적인, 현실성이 있는 ◀▦
  ↔ **unrealistic** 비현실적이고 실행이 불가능한
☐ **idealistic** (현실은 생각하지 않는) 이상주의의 ◀▦
☐ **armchair** (실제는 모르는) 탁상공론식의 ◀▦
☐ **red tape** 관료적 형식주의

동의어 가능한 ↔ 불가능한

☐ **possible** 가능하지만 가능성이 비교적 낮은 ◪ R2590
  ↔ **impossible** 불가능한 ◪ R2590
☐ **probable** 확실하지는 않지만 가능할 것 같은 ◪ R0706
  ↔ **improbable** 일어날 것 같지 않은 ◪ R0706
☐ **practicable** 실행 가능한, 실용적인 ◪ R0659(3)
  ↔ **impracticable** 실행 불가능한
☐ **feasible** 실행할 수 있는, 가능한; 있음직한 ◪ N0054
  ↔ **infeasible / unfeasible** 실행 불가능한 ◪ D0054
☐ **viable** 실행 가능한; 실용적인 ◪ N0212
  ↔ **unviable** 실행 불가능한; 성장할 수 없는 ◪ D0212
☐ **attainable** 이룰 수 있는, 도달할 수 있는 ◪ R0092
  ↔ **unattainable** (목표 등이) 도달하기 힘든 ◪ R0092
☐ **out of the question** 전혀 불가능한 ◪ I00308

107 [테마] 문학; 진부한 표현

1071 sobriquet*
[sóubrikèi, -kèt]
08.중앙대

n. 별명(=nickname), 가명
• A sobriquet is a humorous name that people give someone or something.
별명은 사람들이 어떤 사람이나 물건에 붙이는 재미있는 이름이다.
12.경기대
🔟 moniker 별명(=nickname)

1072 surname
[sá:rnèim]
14.항공대

n. 성(姓)(=family name); 별명
• His first name is Michael and his surname is Jackson.
그의 이름은 "마이클"이고 성은 "잭슨"이다.
🔟 namesake 이름이 같은 사람, 따온 이름
• If a person, place, or thing is named after a different person, place, or thing, the latter is said to be the namesake of the former.
만약, 사람이나 장소, 물건에 다른 사람이나 장소, 물건의 명칭을 따서 붙인다면 후자를 전자의 namesake라고 부른다.

1073 lyric
[lírik]
13.동국대

a. 서정적인, 서정시의; 노래가사의
n. 서정시, (노래) 가사
• a lyric poem 서정시

🔟 poetry 〈집합적〉 시
• lyric poetry 서정시   • epic poetry 서사시
• prose poetry 산문시   • satirical poetry 풍자시
cf. a poem 한편의 시

1074 hackneyed
[hǽknid]
12.경기대/11.이화여대
08.세종대

a. 낡은, 진부한(=trite)
• use a hackneyed expression 진부한 표현을 사용하다
• This essay lacks originality and freshness; in fact, it is quite hackneyed.
이 에세이는 독창성이나 신선함이 부족하다. 사실상 매우 진부하다.

1075 platitude
[plǽtitjù:d]
14.11.서강대

n. 진부한 이야기, 평범한 의견(=banality)
• mouth a platitude 평범한 의견을 이야기하다

1076 cliche
[kli:ʃéi]
13.건국대/97.서울대학원
05-2.고려대

n. 상투적인 문구, 진부한 표현
• His speech was just a collection of clichés and truisms.
그의 연설은 판에 박힌 문구와 뻔한 소리의 모음에 지나지 않았다.
🔟 chestnut 진부한 이야기; 밤(나무)
truism[trú:izm] 뻔한 소리; 진부한 문구
bromide 진부한 생각, 틀에 박힌 문구; 평범한 사람; 브로마이드 사진

1077 threadbare
[θrédbɛər]
12.이화여대

a. 1. 진부한, (변명 등이) 뻔한
2. (옷 등이) 너덜너덜해진; 누더기를 걸친; 초라한
• a threadbare excuse 뻔한 변명

1078 musty
[mʌ́sti]
14.경희대

a. 곰팡내 나는, 케케묵은
• The room smelled musty and stale.
그 방은 퀴퀴하고 곰팡내가 났다.
ⓝ must 1. 곰팡이 2. (발효 중의) 포도액

1079 semantic
[simǽntik]
14.고려대

a. 의미의, 의미론의
• a semantic difference 의미적인 차이
ⓝ semantics 의미론, 의미

테 마 가명, 필명, 익명, 별명

☐ pseudonym (본명 대신에 쓰는 작가의) 필명, 아호 ☑ N0720
  ↔ autonym 본명, 실명(으로 낸 저작) ☑ D0720
☐ allonym 작가의 가명; 가명으로 발표된 저작 ☑ R0930
☐ anonym (이름을 밝히지 않는) 익명(의 저작물) ☑ D0033
☐ cryptonym 익명(=anonym) ☑ R0860
☐ nom de plume 필명, 아호
☐ alias (특히 범죄인이 쓰는) 가명, 별명 ☑ R1941
☐ moniker (사람이나 사물의 이름을 달리 바꾼) 별명 ◀━━
☐ nickname 애칭이나 약칭으로서의 이름; 닉네임
☐ unidentified 국적·소유·신원이 미확인의, 정체불명의
☐ cognomen 성(sumame); 별명, 가명 ☑ R0930

테 마 글의 문체, 문학의 종류

☐ prosy 산문체의 → 평범한, 지루한, 단조로운
  - prose 산문, 산문체 ☑ D0629
☐ verse 운문, 시 ☑ R0550
☐ epic 서사시의; 서사시적인 → 웅장한; 대규모의
☐ satiric 풍자적인, 비꼬기 좋아하는
☐ stilted [stiltid] (말, 문체 등이) 딱딱한, 부자연스러운
☐ histrionic 배우의; 연기의; 신파조의 → 부자연스러운
  - histrionics 연극; 연극 같은 행동
☐ thespian 희곡의, 연극의; 비극의
  • the International Thespian Festival 국제연극축제
☐ denouement (연극이나 책의) 대단원, 결말(=ending)

테 마 독창적인, 창의력이 있는 ↔ 진부한

■ original (작품이) 독창적인, 참신한; 원작의 ☑ R1713
☐ originative 독창적인, 발명의 재간이 있는
☐ creative (특히 예술작품이) 창조적인, 독창적인 ☑ R1703
☐ imaginative 상상력이 풍부한; 상상의 ☑ N0752
☐ ingenious (문제 해결을 위한) 창의력이 있는 ☑ N0751
■ banal 진부한, 상투적인 ☑ N0954
☐ stereotyped 판에 박힌, 진부한; 연판으로 인쇄한 ☑ R0648
☐ trite 진부한, 독창적이지 못한 ☑ R1147
☐ trivial 진부한, 상투적인 ☑ N0211
☐ conventional 틀에 박힌, 상투적인 ☑ N0192

테 마 곰팡이 → 케케묵은, 진부한

☐ stale 김빠진, 곰팡내 나는 → 진부한 ☑ R0194
☐ moldy 곰팡이가 핀, 곰팡내 나는 → 케케묵은
  - mold [móuld] 1. 곰팡이 2. 틀, 거푸집; 성격
☐ fusty 곰팡내 나는 → 케케묵은, 숨 막힐 듯한
☐ stuffy 통풍이 잘 안되는 → 케케묵은, 구식의
☐ frowzy 곰팡내 나는 → 후텁지근한, 누추한
☐ mildew 흰곰팡이 cf. penicillium 푸른곰팡이

1081 innuendo*
[ìnjuéndou]
04-2.경기대
- n. 1. 빗대어 하는 말, 빈정거림, 풍자
  2. 〈법률〉 주석, 설명 조항
- ad. 〈법률〉 즉
- a bit of sexual innuendo 다소 성적인 풍자

1082 rhetoric
[rétərik]
- n. 수사법, 미사여구(clever language which sounds good but is not sincere or has no real meaning)
  - spout political rhetoric 정치적 미사여구를 남발하다
- ⓐ rhetorical 수사적인, 미사여구의; 웅변적인

1083 oxymoron
[àksimɔ́:ran, ɔ̀k-]
09.동국대/93.서울대학원
- n. 모순어법(a rhetorical figure of speech in which contradictory terms are used together, often for emphasis or effect)
  - "Cruel kindness" is an example of oxymoron.
    "잔인한 친절"은 모순어법의 한 예이다.

14.건국대
> **圖 irony** 반어법(the use of words to express something different from and often opposite to their literal meaning)
> **euphemism** 완곡어법(a polite word or expression that is used to refer to things which people may find upsetting or embarrassing to talk about, for example sex, the human body, or death.)
> **metaphor** 은유(an expression in which the person, action or thing referred to is described as if it really were what it merely resembles)
> **simile** 직유(a figure of speech in which a thing is described by being likened to something)
> **personification** 의인(the representation of an idea or quality as a person or human figure)
> **analogy** 유추(an imitation of a linguistic pattern already prominent elsewhere)
> **alliteration** 두운법(the repetition of the same sound at the beginning of each word or each stressed word in a phrase)
> **spoonerism** 실수로 두 단어의 앞의 발음을 서로 바꾸어 말함으로써 우스꽝스러운 결과가 나타나는 것 (a phrase in which the speaker accidentally exchanges the first sounds of two words, with a funny result, for example 'sew you to a sheet' instead of 'show you to a seat')

1084 myth
[miθ]
12.한성대/10.한양대
04.성균관대
- n. 신화; (많은 사람들이) 근거 없는 믿음, 낭설
  - the gods of Greek and Roman myth 그리스 로마신화에 나오는 신들
  - dispel the myth 그런 근거 없는 믿음을 떨쳐버리다
- ⓝ mythology 〈집합적〉 신화; 신화집

1085 maxim
[mǽksim]
11.숭실대/08.건국대
05.경희대
- n. 격언, 좌우명(=aphorism, adage, principle)
  - Most fables tell stories about animals and then offer a maxim at the end.
    대부분의 우화는 동물에 관한 이야기를 하고 난 다음 결말에 교훈을 제시한다.

1086 aphorism
[ǽfərìzm]
17.이화여대
13.중앙대
13.중앙대
- n. 격언, 금언; 경구
  - An aphorism is a short, pithy statement containing a truth of general import. 경구는 일반적 의미의 진실을 포함하는 짧고 핵심을 찌르는 말이다.
- ⓐ aphoristic 격언의(=gnomic)
- 圖 **gnome**[noum] 격언, 금언
  - gnomic (발언이) 현명한, 금언적인

1087 didactic
[daidǽktik]
12.서강대/11.국가직7급
- a. 교훈적인(=instructive), 설교하는(=preachy)
  - a didactic novel 권선징악적인 소설

1088 axiomatic(al)
[æ̀ksiəmǽtik | -ikəl]
10.중앙대
- a. (이론의 여지가 없이) 자명한
  - It is axiomatic that ~ ~라는 것은 자명하다
- ⓝ axiom[ǽksiəm] 자명한 이치, 공리, 격언

1089 gist
[dʒist]
07.이화여대/97.변리사
09.국민대
- n. (the ~) (말·글의) 요지, 요점[골자](=the essence)
  - The gist of what he said was that happiness comes from within, not from without. 그가 한 말의 요점은 행복이란 내부에서 오는 것이지 외부에서 오는 것이 아니란 것이다.
- 圖 **kernel**[kɔ́ːrnl] (the ~) (사물의) 핵심, 요점; (쌀·밀 등의) 열매, 씨

테 마 풍자, 익살, 해학

- ☐ **satire** 풍자, 비꼼; [집합적] 풍자 문학 ◘ T0338
- ☐ **sarcasm** 비꼼, 빈정거림, 풍자 ◘ T0338
- ☐ **cynical** 빈정대는, 냉소적인 ◘ T0338
- ☐ **irony** 반어법, 풍자; 모순 ◘ T0337
- ☐ **lampoon**[læmpúːn] 풍자문; 글로써 풍자하다
  - lampoonery 풍자문 쓰기; 풍자, 풍자 정신
- ☐ **pasquinade**[pæ̀skwənéid] 풍자(문,시)
- ☐ **burlesque**[bərlésk] 익살 연극; 풍자적 희극
- ☐ **drollery**[dróuləri] 익살스러운 짓; 인형극, 촌극; 해학
- ☐ **clownery**[kláunəri] 익살, 어릿광대짓

테 마 주석(註釋), 각주, 논평

- ☐ **note** 주(註), 주석, 주해; 난외의 방주
- ☐ **gloss** (행간·난외의) 어구 주석 cf.glossarist 어휘 주해자
- ☐ **comment** (책·논설 등에 대한) 주해, 주석
- ☐ **commentary** (일련의) 논평, 주석, 설명; 논평집
- ☐ **annotation** 주석(을 달기)
- ☐ **scholium** 주석, 평주(評註); (수학 등의) 예증
- ☐ **exegesis** (특히 성경의) 주해, 해석, 설명

테 마 속담, 격언, 금언, 경구

- ☐ **proverb** 속담, 격언, 금언, 교훈 ◘ R0924
- ☐ **saying** 속담, 격언, 전해 내려오는 말
- ☐ **saw**[sɔː] 1. 속담, 격언; 상투적인 말 2. 톱; 톱질하다
- ☐ **precept** 교훈, 훈시 → 격언 ◘ R0019(3)
- ☐ **dictum** 전문가의 의견 → 격언, 경구 ◘ R0871
- ☐ **apothegm**[ǽpəθèm] 경구, 격언
- ☐ **epigram**[épəgræm] 경구, 풍자시 ◘ R0950
- ☐ **adage**[ǽdidʒ] 금언, 격언, 속담
- ☐ **sententious**[senténʃəs] 격언식의; 간결한; 독선적인
  - sardonic and sententious style 냉소적이고 격언적인 문체

테 마 요점, 핵심, 핵

- ☐ **core** (the ~) 핵, (문제의) 핵심; 중요 부분 ◘ R1890
- ☐ **substance** (the ~) 요지, 실체; 중요성 ◘ D0017
- ☐ **essence** (사물의) 본질, 정수, 실체 ◘ R1593
- ☐ **nub** (the ~) 요점, 요지, 핵심
- ☐ **pith** (the ~) 핵심, 요점; 고갱이
- ☐ **nitty-gritty** (the ~) (문제의) 핵심, (사물의) 본질
  - * get down to the nitty-gritty 본론[핵심]으로 들어가다

[테마] 윤리와 철학

1091 ethics
[éθiks]
12.국민대/10.경희대

n. (단수취급) 윤리학, 윤리(=morality)
- business ethics 기업 윤리
- public order and social ethics 공중 질서와 사회 윤리

ⓝ ethic [éθik] 윤리, 도덕

13.경찰2차 ⓐ ethical 도덕적인, 윤리적인

10.가톨릭대 🔁 unethical 비윤리적인, 도리에 어긋나는

1092 ontological*
[ὰntəládʒikəl]
14.이화여대

a. 존재론적인
- Ontology is the branch of philosophy that deals with the nature of existence. 존재론은 존재의 본질을 다루는 철학의 한 분야이다.

ⓝ ontology 〈철학〉 존재론, 형이상학

12.중앙대 🔁 teleological (철학) 목적론의 teleology (철학) 목적론

1093 empirical
[impírikəl]
14.이화여대

a. 경험에 의거한, 실증적인, 경험주의의
- an empirical study 실증적 연구

ⓝ empiricism 〈철학〉 경험[실증]주의, 경험론

1094 roseate*
[róuziət]
01.고려대

a. 장밋빛의, 낙관적인(=rosy)
- a roseate future 장밋빛 미래

ⓐ rosy 장밋빛의(=roseate), 장래가 밝은, 낙관적인; 혈색이 좋은

1095 buoyant
[bɔ́iənt]
07.울산시9급

a. 경기가 좋은; 낙천적인; 부력이 있는
- a buoyant economy 활황인 경제

ⓥ buoy [búːi bɔ́i] 부표(를 띄우다); 희망을 북돋우다

ⓝ buoyancy 부력; 쾌활함

테 마 **좋은 사람이 되기 위해 필요한 것들**

☐ ethic 윤리(사람의 행동에 영향을 주고 통제하는 도덕적 원칙)
☐ morality 도덕(행동의 옳고 그름에 대한 기준이나 원칙)
☐ virtue 덕목, 덕(높은 도덕적 수준의 행동이나 태도)
☐ conscience 양심(행동의 옳고 그름을 판단하는 마음)
☐ altruism 이타심(자신보다 남을 먼저 돌보는 마음)
☐ common sense 상식(합리적인 결정을 하기 위한 능력)
☐ generosity 관대함(남에게 베풀 수 있는 마음)

┌─ **고급 어휘** ─────────────────────
│ ☐ platonic [plətánik]
│ a. 관념적인(=ideal); 정신적 연애를 하는
│ 🔁 agape 사랑, 아가페(인간의 신에 대한 사랑)
│ ☐ antinomy [æntínəmi] n. 〈철학〉 이율배반; 자가당착
│ ⓐ antinomic 이율배반적인, 모순된
└─────────────────────────────

테 마 **낙관적인 ↔ 비관적인**

☐ sanguine 붉은, 혈색이 좋은; 낙천적인 ➡ N0469
☐ optimism 낙관론, 낙천주의 ➡ R0543
 - optimistic 낙천주의의, 낙관적인
 - optimist 낙관주의자
☐ pessimistic 비관적인 ➡ R0543
 - pessimism 비관주의, 비관론; 염세주의
 - pessimist 비관론자, 염세주의자
☐ skeptical 의심 많은, 회의적인 ➡ N0472
 - skepticism 회의론, 회의적 태도
☐ nihilism 허무주의, 니힐리즘 - nihilist 허무주의자
☐ cynical 냉소적인, 비꼬는; 비관적인
 - cynic 빈정대는 사람, 견유학파

[테마] 추론, 추정; 암시, 수수께끼

1101 extrapolate
[ikstrǽpəlèit]
15.고려대/10.이화여대

vt. (어떤 사실이나 기존자료를 통해) 추정하다[from](=infer)
- extrapolate from a handful of pottery fragments
한 움큼의 도자기 조각들을 가지고 추정하다

ⓝ extrapolation (기존 사실에서의) 추정

1102 analysis
[ənǽləsis]
97.행.외시

n. 분석, 검토
- in the last[final] analysis 결론적으로, 결국
- according to the analysis 분석에 따라

17.싱명대 ⓝ analyst 분석가, 해설가

ⓐ analytic(al) 분석적인

16.건국대 ⓥ analyze/analyse 분석하다(=dissect)

98.한국외대 🔁 assay [ǽsei | əséi] 분석하다(=analyze), 시금(試金)하다, 평가하다

1103 clue
[kluː]
00.홍익대

n. 단서, 실마리
vt. ~에게 실마리를 주다, 정보를 주다
- look for a clue 단서를 찾다

1104 connotation
[kὰnətéiʃən]
11.단국대,숭실대

n. 언외(言外)의 의미, 함축(=implication)
- have a derogatory connotation 경멸적인 언외의 의미를 담고 있다

ⓥ connote (단어가 어떤 의미를) 함축하다

ⓐ connotative 함축성 있는, 암시하는

뉘앙스 **추론하다, 추측하다**

■ infer (어떤 사실에 근거하여) 추론[추측]하다 ➡ N0205
 - inference 추론, 추정
☐ deduce (사실·가설 등으로부터) 추론하다, 연역하다 ➡ D0355
☐ suppose (알고 있는 것을 근거로) 가정하다 ➡ R0138
 - supposition 상상, 추측, 가정
☐ presume (확실한 증거 없이) ~이라고 여기다 ➡ N0494
☐ assume (확실한 증거 없이) 사실이라고 가정하다 ➡ N0269
 - assumption 가정, 추측, 가설
☐ surmise (정확히 모르지만 있는 정보로) 추측하다 ➡ R0522
☐ conjecture (충분한 근거 없이) 어림짐작하다 ➡ N0582
☐ guess [ges] (지식이나 정보 없이) 짐작하다; 추측
☐ gather 〈구어로〉 헤아리다, 추측[추정]하다 ➡ T0521
☐ speculate (본질이나 이유 등을) 추측하다 ➡ R0744
 - speculation 추측, 추론
☐ suspect (확실한 증거 없이) 의심하다 ➡ R0739
■ hypothesize (무엇을 설명하기 위해) 가설을 세우다 ➡ R0142
 - hypothesis 가설; (조건 명제의) 전제; 단순한 추측
☐ postulate (이론의 근거로 삼기 위해 무엇이 사실이라고) 상정하다; 가정, 가설 ➡ R0139
☐ presuppose 미리 가정하다, ~을 전제로 하다 ➡ R0138
☐ conclude 전제에 의거하여 결론에 이르다 ➡ R1384
■ reasoning 추리, 추론; 논법; (추론의 결과로서의) 논거
☐ ratiocination (삼단논법에 의한) 추리, 추론 ➡ R2230
☐ deduction 연역법 ➡ D0355 ↔ induction 귀납법 ➡ D0355
☐ dialectic 변증(법)적인; 변증법 ➡ R0535

1105 inkling
[íŋkliŋ]
08.동국대

n. (일어나고 있거나 일어날 일에 대해) 눈치 챔; 암시(=hint)
- have no inkling of what was going on
  무슨 일이 벌어지고 있는지 전혀 눈치 채지 못하다
- **get[have] an inkling of** ~을 어렴풋이 알다, 눈치 채다
  give sb **an inkling of** ~에게 ~을 넌지시 비추다

1106 tip
[tip]
07.대구교행9급

96.효성가대/행정고시

n. 1. (뾰족한) 끝, 끝 부분(=point)
2. 봉사료, 팁
3. 조언, 암시; (범죄 등의) 내부 정보
4. 쓰레기터, 쓰레기장 같은 곳

vt. 1. 팁을 주다; 비밀 정보를 주다
- tip off 미리 정보를 주다, 밀고하다
2. (물건을) 뒤집어엎다; (기울여) 내용물을 따르다
3. 전복하다, 뒤집히다[over]
- Who tipped you off? 누가 당신에게 얘기해 주던가요?
- No Tipping. 〈영〉 쓰레기를 버리지 마시오.

1107 maze
[meiz]
10.서강대/97.경기대

10.서강대/97.경기대

n. 미로, 미궁(=labyrinth)
- get lost in the maze 미로에서 길을 잃다
- get out of the maze 미로에서 빠져나오다
- **labyrinth**[lǽbərinθ] 미궁, 미로(=maze), 미로 정원; 복잡한 사건

1108 puzzle
[pʌzl]
06.동덕여대/행정고시

10.인천대

04.건국대

n. 수수께끼(=enigma), 퍼즐; 당황
vt. 당황하게 하다
- Mark was absolutely baffled by the puzzle.
  마크는 그 수수께끼에 완전히 어리둥절했다.
ⓐ puzzling 헷갈리게 하는, 당혹스러운
- **conundrum** 수수께끼, 재치 문답
  riddle 수수께끼(를 내다); 체질하다 * be riddled with ~투성이다

1109 arcane
[aːrkéin]
15.가천대/08.이화여대

a. 비밀의, 불가사의한(=mysterious, secret), 난해한
- a slightly arcane argument 약간 난해한 주장
- **mysterious** 신비한, 수수께끼 같은(=arcane)
  - **mystery** 신비(한 것), 수수께끼 비밀의식
    mystique[mistík] 신비감, 불가사의함; 비법, 비결
  - **mystify** 어리둥절하게 하다; 미혹하다; 신비화하다
  - **mystic** 신비적인, 불가사의한(=esoteric)

▌111   [테마] 종교와 믿음

1111 wonder
[wʌ́ndər]
05.성균관대/05-2.단국대

n. 경이로운 것, 기적, 놀라움
a. 놀라운, 경이로운
vi. 이상하게 여기다, 의아해하다
vt. [wonder if] ~이 아닐까 생각하다, ~인가 궁금해 하다
- Seven Wonders of the World 세계의 7대 불가사의
- I wonder if it is true. 그게 참말일까?
ⓐ wonderful 놀랄만한, 훌륭한, 굉장한
- **marvel**[máːrvəl] n. 놀라운 일, 불가사의함
  v. 놀라다, 이상하게 여기다
  - **marvelous** 놀라운, 믿기 어려운
- The medicine has a marvelous efficacy.
  이 약은 놀라운 효능이 있다.

1112 amulet
[ǽmjulit]
06.국민대

n. (불운 등으로부터 보호해주는) 부적
• wear amulets to ward off accident and sickness
  사고나 질병을 물리치기 위해 부적을 휴대하다
🔄 talisman[tǽlismən] 부적
  periapt[périæpt] 부적

1113 gospel
[gáspəl, gɔ́s-]
08.경희대

n. 복음, 교리; (절대적인) 진리
• gospel truth 절대적인 진리, 움직일 수 없는 사실

1114 catholicity
[kæθəlísəti]
13.경희대

n. 보편성(=variety), 포용성
• depend on its catholicity 그것의 포용성에 의지하다
ⓐ catholic[kæθəlik] 보편적인, 일반적인; 가톨릭교회의

1115 religious
[rilídʒəs]

a. 종교의; 신앙심이 깊은
• He's very religious. 그는 아주 신앙심이 깊다.
• a religious occasion 종교적인 행사
ⓝ religion 종교, 신앙, 신조

1116 profane
[prəféin]
14.한양대

a. 신성모독적인, 불경한; 세속적인
v. 신성을 더럽히다, 모독하다
• a profane word 불경스런 말
• profane the national flag 국기를 모독하다
ⓝ profanity 신성모독, 불경

1117 worship
[wə́:rʃip]
11.세종대

n. 예배, 숭배; 흠모
v. 예배하다, 숭배하다(=admire); 흠모하다
• family worship 가족 예배
• Idol worship is forbidden in Islam.
  이슬람교에서는 우상 숭배가 금지된다.
🔄 idolize 우상시하다, 맹목적으로 숭배하다 ⊃ R2003
- idol 우상, 숭배물
  put[place/set] (sb) on a pedestal 존경하다(=admire).
  ~를 연장자로 모시다 ⊃ IO4407
🔄 fetish[fétiʃ] 미신의 대상; (이성이나 유명인을) 맹목적으로 좋아하는 것
• make a fetish of ~을 맹목적으로 숭배하다

1118 anathema
[ənǽθəmə]
13.홍익대

n. 저주, 파문; 절대 반대하는 것, 아주 싫은 것
• Racism is an anathema to me.
  인종차별주의를 절대 반대한다.

1119 heresy
[hérəsi]
97.동국대
03.고려대

n. 이교, 이단, 이설
(=religious belief opposed to the orthodox doctrines of the Church)
• be regarded as a heresy 이단으로 간주되다
ⓐ heretic(al) 이교의, 이단의, 이설의; 이단자

테 마 비과학적인 믿음

☐ superstition (과학적으로 설명할 수 없는) 미신 🔲 R0189
☐ shamanism 샤머니즘
  *주술사가 초자연적 존재와 교류하여 병을 치료한다는 원시적 종교
☐ animism 정령신앙 * 모든 물체에 영혼이 깃들어 있다는 신앙
☐ phallicism 남근숭배
  *남자의 생식기처럼 생긴 물건을 숭배하는 것

테 마 믿음, 교리, 신조, 주의, 학설

☐ belief 믿음, 신념 → (종교 · 정치상의) 신조, 교의
☐ tenet 교의, 주의, 신조, 신념 🔲 N0946
☐ faith 신념, 확신 🔲 R2297
☐ creed / credo (종교의) 교리 → 신조, 신념 🔲 R2295
☐ doctrine (종교의) 교리 → 주의, 공식정책; 학설 🔲 R1471
☐ dogma 교의, 교리; 신조, 정론; 독단적 주장 🔲 R1471
☐ teachings 가르침, 교훈, 교의(敎義); 학설
☐ ideology 관념학 → (사회 · 정치상의) 이데올로기
☐ zeitgeist[tsáitgaist] 시대정신, 시대사조(the spirit of the time)
  • become new zeitgeist of the government
    정부의 새로운 시대정신이 되다

테 마 신성한, 신앙심이 깊은 ↔ 불경스러운

■ holy 신성한, 성스러운; 경건한 🔲 R1991
☐ divine 신의; 신성한; 성스러운 🔲 R1983
☐ saintly 성자 같은; 매우 성스러운 🔲 R1990
☐ sacred 신성한, 성스러운 🔲 R1994
☐ consecrated 신성한 🔲 R1995
☐ hallowed 신성시되는, 신성한 🔲 R1992
☐ sacrosanct 신성불가침의 🔲 R1990
■ pious 경건한, 신앙심이 깊은 🔲 R1993
  ↔ impious 신앙심 없는; 불경한
☐ devout 믿음이 깊은, 헌신적인 🔲 R1984
☐ dedicated 전념하는, 헌신적인 🔲 D0937
☐ sanctimonious 독실한 체하는 🔲 R1990
■ blasphemous 불경스러운; 모독적인 🔲 R0890
☐ desecrate 신성을 모독하다 🔲 R1995

테 마 기도와 저주

■ benediction 축복; (식전 · 식후의) 감사기도 🔲 N0848
☐ blessing 축복의 기도), 은총; 좋은 점
☐ saying grace (식전 · 식후의) 감사기도
☐ prayer 기도, 기도문; 기도하는 사람
☐ devotions 기도 🔲 R1984
■ curse 저주, 저주의 말; 욕, 욕설 🔲 R0424
☐ malediction 저주, 악담, 비방 🔲 D0848
☐ abuse 욕설 🔲 N0135

1121 layman
[léimən]
04.명지대

n. (성직자가 아닌) 속인, 평신도; (전문가에 대하여) 비전문가
- a distinction between clergy and laymen 성직자와 비종교인의 차이
- **laity**[léiəti] (성직자가 아닌) 평신도; 문외한
- **clergy**[klə́ːrdʒi] (특히 기독교의) 성직자들
  - clergyman 성직자

테 마 신자 ↔ 무신론자

- [ ] **votary**[vóutəri] (특정 종교의) 신봉자; 숭배자, 애호가
  - votaries of Judaism 유대교 신자들
- [ ] 각 종교의 신자: Buddhis 불교도, Muslim 이슬람교도, Christian 기독교도, Catholic 가톨릭교도
- [ ] **atheist** 무신론자 ◘ R1985
- [ ] **agnostic** 불가지론자 ◘ R1433
  - * 신이 존재하는지 아닌지 알 수 없다는 사람
- [ ] **infidel** 이교도, 무신론자 ◘ R2296
- [ ] **freethinker** 자유사상가, 무신론자
- [ ] **unbeliever** 종교에 믿음이 없는 사람
- [ ] **pagan**[péigən] / **heathen**[híːðən] (지역에서 주종교가 아닌 다른 종교를 믿는) 이교도

1122 monk
[mʌŋk]
97.법원직9급

n. (속세를 떠난) 수도사, 성직자, 승려
- became a monk 승려가 되다
ⓐ monkish 수도원의
- **friar**[fráiər] 탁발 수도사, 탁발승
  mendicant 구걸하는, 탁발하는; 거지(=beggar)
  - mendicancy 거지; 탁발, 구걸
  - a mendicant friar 탁발 수도사

테 마 가톨릭의 성직자

- [ ] **priest** 성직자; 사제, 신부, 목사
- [ ] **nun** 수녀
- [ ] **minister** 성직자, 목사; 장관
- [ ] **pontiff** 제사장; 주교 등 고위 성직자
- [ ] **bishop** (가톨릭) 주교
- [ ] **pope** [the P~] (로마) 교황
- [ ] **conclave** 추기경의 교황 선거 회의; 비밀회의
- [ ] **pontificate** (가톨릭) 교황의 직책[임기];
  v. 독단적으로 말[행동]하다

1123 parochial
[pəróukiəl]
13.서울여대

a. 교구의; 편협한(=provincial)
- I am not being biased or parochial. 나는 편향되거나 편협하지 않다.
ⓝ parish 교구, 지방 행정구
- **ecclesiastical** 교회 조직의, 성직(聖職)의
  - ecclesiastical architecture 교회 건축

테 마 성전, 예배당

- ■ **church** (기독교의) 교회, 성당; 예배
- [ ] **chapel**[tʃǽpəl] (교회 또는 학교·병원·군대·교도소 등의) 부속 예배당
- [ ] **abbey** 대성당
- [ ] **monastery** 수도원
- [ ] **cloister** 수도원, 수녀원
- [ ] **convent** 수녀원

1124 anticlerical*
[æntiklérikəl]
10.세종대

a. (정치에) 종교가 개입하는 것을 반대하는
- an anticlerical policy of Socialism
  사회주의의 종교의 정치개입을 반대하는 정책
- **clerical** 성직자; 사무원의; 성직자의
  preacher 전도사, 설교가
  - preach (교회에서) 설교하다, (짜증나게) 설교하다
  - preachy 설교하려 드는, 설교조의(=didactic)
  evangelist[ivǽndʒəlist] 복음 전도자, 선교사

- ■ **temple** (불교·힌두교·유대교 등의) 신전; 사원
- [ ] **shrine**[ʃrain] (신성시되는) 성지, 성소; 사당, 신전
- [ ] **Mecca** 메카(마호메트의 탄생지); 성지, 동경의 땅
- [ ] **pilgrim** 순례자, 성지 참배인
  - pilgrimage 성지 순례
- [ ] **martyrdom** 순교
  - martyr (특히 기독교의) 순교자; 박해하다
- [ ] **baptism** (기독교) 세례(식), 영세

고급 어휘

- [ ] **anoint**[ənɔ́int] v. 성유(聖油)를 바르다; (액체를) 바르다
  ⓝ anointment 기름 부음, 문질러 바름
- [ ] **christen**[krísn] v. 세례명을 주다, 세례하다(=baptize)
  ⓝ christening 세례식, 명명식
- [ ] **aplomb**[əplám, əplɔ́m]
  a. 계시록의, 대참사를 예언하는(=prophetic)
  ⓝ apocalypse 계시, 요한묵시록; 대참사
- [ ] **jihad**[dʒihάːd] (이슬람교도의) 성전(聖戰), 지하드

1125 ceremonial
[sèrəmóuniəl]
13.서울여대
15.국민대

a. 의식[예식]의, 의식용의; 정식의(=formal)
n. 의식, 의식 절차
- in ceremonial dress 예복 차림으로
ⓝ ceremony 의식(=ritual), 예식; 격식
- a wedding ceremony 결혼식
- stand on ceremony 너무 격식을 차리다
- master of ceremonies 사회자, 진행자(약칭 MC)
- **funeral**[fjúːnərəl] 장례식; 장례의
  - funereal[fjuníəriəl] 장송의, 슬픈, 음울한(=sad, solemn)

1126 ritual
[rítʃuəl]
15.국민대

n. 종교상의 의식절차(=ceremony), 의례, 제사
a. 의식의; 의례적인
- perform a ritual 의식을 거행하다
ⓐd ritually 의식에 따라
ⓝ rite[rait] (종교상의) 의식, 의례

테 마 경조사, 연회, 의례, 축제

- ■ 잔치, 연회 feast, banquet, party, revel
  - 결혼잔치 a wedding feast
  - 생일잔치 a birthday party
- ■ 의식, 의례 ceremony, rite, ritual – 장례식 funeral
  - 제사 sacrificial rites, a religious service
  - 위령제 a memorial service
- ■ 축제 festival, gala

1127 festive
[féstiv]
11.경북교행

a. 축제의; 축하하는
- a festive occasion 축제 행사
- feel a festive atmosphere 축제 분위기를 느끼다
ⓝ festival 축제, 기념제

1128 revel
[révəl]
95.서울대학원

v. 마시고 흥청거리다, 한껏 즐기다
n. (흥청거리며 벌이는) 연회, 술잔치
- revel all day and all night 밤낮으로 흥청거리며 즐기다
- revel in ~에 열광하다
ⓝ revelry 술잔치(=merry-making)
🔁 libel[láibəl] (문서에 의한) 명예 훼손; 비방(죄) ⊃ RO285
14.숙명여대
🔁 binge[bindʒ] 진탕 먹고 마심 흥청망청, 과도한 열중
carousal[kəráuzəl] 흥청거림, 술잔치

동의어 축제, 연회, 술잔치

- □ gala[géilə,gǽ-] 축제, 잔치; 경기 대회
- □ banquet[bǽŋkwit] 연회, 축하연
- □ feast[fiːst] 축하연, 잔치, 연회; 축제일
- □ fete[feit] (옥외에서 모금 목적의) 축연, 야외 파티
- □ bacchanal[bǽkənəl] 술 마시며 떠들어대는; 떠들썩한 술잔치
  * 그리스 신화의 술의 신 Bacchus 바쿠스(로마신화 Dionysus)
- □ libation 제사에 쓰는 술, 음주(an alcoholic drink)

113　[테마] 역사

1131 fossil
[fásəl, fɔ́səl]
08.상명대/06.대전시9급

n. 화석(化石); 구식 사람, 낡은 제도
a. 화석의; 구식의
- Palaeontology is the study of fossils. 고생물학은 화석을 연구하는 학문이다.
- fossil fuel 화석 연료(석유·석탄·천연 가스 등)
ⓥ fossilize 화석으로 되다; 고정화되다

1132 arch(a)eologist
[ɑ̀ːrkiálədʒist]
17.성균관대

n. 고고학자
- Archaeologists have unearthed an enormous ancient city.
  고고학자들은 거대한 고대도시를 발굴했다.
ⓝ arch(a)eology 고고학
ⓐ arch(a)eological 고고학의, 고고학적인
🔁 anthropologist 인류학자

1133 antique
[æntíːk]
11.동국대

a. 고대의; 구식의(=old)
n. 골동품
- a genuine antique 진짜 골동품
ⓐ antiquated 시대에 뒤진, 구식의(=behind times, outworn)
ⓝ antiquity[æntíkwəti] 고대; 태고; 고대 유적
antiquarian[æntikwéəriən] 골동품 수집가
🔁 antic[ǽntik] 별난, 괴상한; 우스꽝스러운 짓

1134 era
[íərə, érə]
97.서울대학원

n. 1. (역사·정치상의) 시대, 시기(=epoch)
2. (새로운 시대를 여는) 중대한 사건, 신기원
- the era of space exploration 우주 탐험의 시대
- mark a new era 새 시대의 한 획을 긋다
- the beginning of a new era 새로운 시대의 시작
🔁 epoch[épək, íːpɔk] 신기원, 새로운 시대; 중요한 사건

1135 watershed
[wɔ́ːtərʃed]
12.한국외대

n. (중요한 변화를 나타내는) 분수령, 중요한 시기[사건]
(=landmark, turning point)
a. 획기적인, 분수령이 되는
- a watershed in modern American history
  근대 미국역사에 있어 분수령

1136 spell
[spel]
03.경기대/96.외무고시

n. 1. (일 등의) 차례, 순번, 교대; 근무시간
2. 한차례; 잠시 동안; 〈미〉 병의 발작
3. 주술, 주문; 마력
v. 1. 교대하다, 교대로 일하다
2. 주문으로 얽어매다; 매혹하다
3. 철자하다, ~이라고 읽다; 〈구어〉 초래하다
- a warm spell 한동안 따뜻한 날씨
15.국회8급/95.교원대학원
🔁 spell out 자세히[명쾌하게] 말하다[설명하다](=state clearly)

테 마 역사적 시대 구분

- □ Stone Age 석기 시대
  - paleolithic 구석기 시대의
  - neolithic 신석기 시대의
- □ Bronze Age 청동기 시대
- □ Iron Age 철기 시대
- □ prehistoric times 선사(先史) 시대
- □ the Middle Ages 중세 시대(약 AD 1000 ~ AD 1450)
  - medieval 중세의
- □ Modern times 근세

테 마 연대나 시대

- □ radiocarbon dating 방사성 탄소에 의한 연대 측정
- □ anachronism 연대의 오기, 시대착오 ➡ R2013
- □ date back to (과거 어느 시점까지) 거슬러 올라가다
  = trace back to
- □ turn the clock back 과거로 되돌아가다, 역행하다
- □ time warp 시간 왜곡
  * 타임머신처럼 과거나 미래의 것이 현재에 존재하는 것

뉘앙스 시간, 기간, 시대

- □ age 큰 특색이나 권력자로 대표되는 시대
- □ era 근본적 변화나 큰 사건으로 특징되는 시대
- □ epoch (중요한 사건이 일어났던) 시대; 신기원
- □ period 기간(길고 짧음에 관계없음); (발달 과정의) 단계
- □ day 기념일; (the~) 전성기; (종종 pl.) 시대, 시절
- □ time 시간, 때; 세월; 기간, 형기; 근무시간; 여가; (종종 pl.) 시대, 연대, 시대풍조; ~할 때, 시기
- □ hour 1시간; 정해진 시간; (pl.) 수업시간, 근무시간
- □ season 철, 계절; 한창 때, 제철; 좋은 기회, 좋은 시기
- □ term 일정한 기간, 기한; 학기, 형기, 회기; 지불기한
- □ spell (날씨 등이 계속되는) 기간; 잠깐; (교대) 근무 시간
- □ aeon / eon[íːən] 10억 년; 영겁

1137 bout
[baut]
96.외무고시

n. 1. (일의) 한바탕, 한차례(=spell)
   2. (권투 등의) 시합, 한판 승부
   3. (병의) 발작; 발병기간
- have a bout of depression 우울증을 한차례 겪다
- have a bout with ~와 한판 승부를 벌이다
- a drinking bout 술 마시기 시합
- a severe bout of flu 심한 독감 치레

1138 heyday
[héidèi]
07.이화여대/97.건국대
95.서울대학원

n. (one's ~) 한창(때), 전성기, 절정(=golden age)
- in one's heyday 한창 때에, 전성기에
- Steam railways had their heyday in the 19th century.
  증기 철도는 19세기가 전성기였다.

1139 enslavement
[insléivmənt]
12.한양대

n. 노예화; 노예 상태(=servitude)
- sexual exploitation and enslavement 성적 착취와 성 노예화
ⓥ enslave (사람을) 노예로 만들다; (무엇의) 노예가 되게 하다

동 servitude 노예 상태

관 slave 노예 slavery 노예 (상태·신분), 노예제도
  serfdom 농노 제도; 농노의 신분

표현 전성기

☐ golden age (예술·문학 등의) 황금시대, 전성기
  • one's golden days 전성시대
☐ glory days 절정기, 전성기
☐ halcyon years 번영기
☐ in one's palmy days 전성시대에
☐ in one's prime 인생의 한창때에
☐ Every dog has his day. 쥐구멍에도 볕들 날이 있다

|114 [테마] 정치 체제; 연합, 자치; 영토

1141 tyranny
[tírəni]
07.경희대/03.경기대
00.경기대

n. 독재 정치; 압제; 포학한 행위(=domination, autocracy)
• The misuse of power is the very essence of tyranny.
  권력의 남용은 독재의 본질이다.
ⓐ tyrannical 전제군주적인; 압제적인
ⓝ tyrant[táiərənt] 폭군, 압제자

1142 despotic
[dispátik, -pɔ́t-]
03-2.세종대

97-2.경원대
03.경기대

a. 전제 정치의, 독재의(=tyrannical, autocratic); 횡포한
• a despotic monarchy 전제 군주국
• be ruled by a despotic tyrant 횡포한 독재자의 지배를 받다
ⓝ despot 절대 군주; 폭군, 독재자
  despotism 독재 정치, 전제 정치(=tyranny)

1143 sovereign
[sávərin, sɔ́-]
15-2.경찰

n. 주권자, 통치자, 군주
a. 주권이 있는; 자주적인; 최고의
• Sovereign power resides with the people. 주권은 국민에게 있다.
ⓝ sovereignty 주권, 통치권
🔼 diadem[dáiədèm] 왕관(=crown); 왕권

1144 confederation
[kənfèdəréiʃən]
97.서강대

n. (국가·사업체 등의) 연합[연맹], 연합국
• A confederation is an organization or group consisting of smaller groups or states.
  연합은 보다 작은 그룹들이나 국가들로 구성된 조직이나 그룹이다.
ⓥ confederate 동맹[연합]하다; 동맹한; 동맹국, 연합국
ⓝ confederacy 연합, 동맹국
🔼 federation 연방 정부 federalism 연방주의

1145 council
[káunsəl]
92.명지대

n. (지방 자치 단체의) 의회; 협의회, 평의회, 심의회
• a student council 학생 (자치) 위원회
• a city council 시 의회 • a county council 군 의회
🔼 county (영국의) 주; (미국의) 군
🔼 counsel[káunsəl] 상담, 의논, 협조; 충고[권고]하다 ⊃ T0501

1146 laissez-faire*
[lesei-feə(r)]
13.홍익대/08.중앙대

n. 불간섭주의, (자유) 방임주의
• a laissez faire attitude 자유방임적 태도

1147 hamlet
[hæmlit]
05.경희대/00.경기대

n. 작은 마을, 촌락, (소)부락(=very small village)
• He was born in a hamlet, many miles from the nearest city.
  그는 가장 가까운 도시로부터 수마일이나 떨어진 작은 마을에서 태어났다.

표 현 정치[정부]체제, 형태, 이념에 따른 분류

- ■ democracy 민주주의 ↔ socialism 사회주의
- ☐ social democracy 사회민주주의
- ☐ capitalism 자본주의 ↔ communism 공산주의
- ☐ totalitarianism 전체주의 (cf. nazism, fascism)
- ☐ monarchy 군주정치, 군주제 ↔ republic 공화국
- ☐ federation 연방국가
- ☐ autonomy 자치국가; 자치단체
- ■ absolute monarchy 절대 군주제
- ☐ constitutional monarchy 입헌 군주제
- ☐ the parliamentary government 의원내각제
  • the Prime Minister (의원내각제의) 총리
- ☐ the presidential system 대통령제
- ☐ bicameral system 양원제(상원과 하원을 두는 것)

테 마 권력의 장악

- ☐ change of regime 정권 교체
- ☐ military junta[regime] 군사 정권
- ☐ puppet regime 허수아비 정권[괴뢰 정권]
- ☐ scramble for power 정권의 쟁탈, 세력 다툼
- ☐ coup / coup d'etat 불법적이고 폭력을 통한 정권 교체; 쿠데타
- ☐ interim government 임시 정부, 과도정부
- ☐ usurp 권리 없이 남의 권력이나 자리를 찬탈하다 ❏ R1772
- ☐ seize 권력 등을 강탈하다; 압류하다 ❏ R0011
- ☐ take over (권력이나 일을) 인계받다, 떠맡다 ❏ I03708

뉘앙스 단체나 국가들의 결합

- ■ coalition 두 개 이상의 정당이 구성하는 연립 정부 ❏ R1691
- ☐ confederation 각 나라가 독립성을 갖고 연합한 국가 ◀▥
- ■ federation 여러 국가들이 중앙정부의 통제를 받는 연방국가
- ☐ superstate (여러 나라들이 연합하여 만든) 초강대국
- ☐ union (개인·단체·국가 등의) 연합 조직, 노동조합 ❏ P0582
- ☐ alliance 국가나 정당 간의 일시적 동맹이나 결연 ❏ R0268
- ☐ league 주로 스포츠의 경기 연맹 ❏ R0532
- ☐ bloc[blak] 비슷한 이해를 가진 국가나 의원들의 연합
- ☐ cooperation 공동의 목적을 가지고 일하는 협동조합 ❏ R0684
- ■ centralism 중앙 집권제 ↔ decentralism 분권주의 ❏ D0216
- ☐ central government 중앙정부
  ↔ local government 지방정부
- ☐ local self-governing system 지방자치제
- ☐ autonomous district[region] 자치구
- ☐ governor 주지사, 총독, 지배자
  ↔ governess 여자 가정교사; 지사 부인

테 마 마을, 읍, 시, 군, 주

- ☐ hamlet (교회가 없는) 작은 규모의 마을 ◀▥
- ☐ village 마을 *hamlet보다는 크고 town보다는 작음
- ☐ town 읍이나 시 또는 변두리에 대해 도회지
- ☐ city 도시, 도회; 시(市) *town보다 큰 도시
- ☐ metropolitan city 수도 등 주요 대도시
- ☐ county 영국에선 주(州), 미국에선 군(郡)
- ☐ state 미국의 주(州); province(캐나다의 주)

1148 hermit
[hə́:rmit]
15.항공대/02.중앙대
97.경기대

n. 세상을 등진 사람, 은둔자(=recluse); 수행자; 벌새
• He lived like a hermit. 그는 은둔자처럼 살았다.
ⓝ hermitage 은신처, 쓸쓸한 외딴 집; 수도원; 은둔 생활
🔄 은둔자 : eremite, anchorite, troglodyte 선사시대 혈거인

테 마 외딴 곳, 오지, 벽지

☐ outback 오지, 미개척지
☐ backwoods / boondocks 산간벽지, 오지
☐ upcountry (해안에서 먼) 내륙지방, 산간벽지
☐ hinterland 배후지; 오지, 시골; 내륙지역
☐ an outlying region 외딴 지역
☐ nook (아늑하고 조용한) 구석진 곳(=corner), 피난처
  * look in every nook and corner 구석구석 찾아보다
☐ uncharted 지도에도 없는, 미지의
☐ wasteland 불모지, 황무지
☐ enclave 타국의 땅으로 둘러싸인 영토;
   소수의 이문화(異文化) 집단의 거주지
   • The Vatican is an independent enclave in Italy.
   바티칸은 이탈리아 땅에 둘러 싸여 있는 독립국이다.

---

115 [테마] 권력 쟁탈, 충성과 배신

1151 plot
[plat, plɔt]
17.경찰1차/15.경기대

v. 음모를 꾸미다(=conspire); 줄거리를 짜다
n. 1. 작은 구획의 땅, 작은 토지
   2. 음모, 책략, 계획
   3. (소설 등의) 줄거리
   • a vegetable plot 야채밭
   • plot a coup 쿠데타를 모의하다

동의어 음모, 계략, 책략

☐ intrigue 음모, 계략; 음모를 꾸미다 ➡ N0310
☐ maneuver 교묘한 조치, 책략 ➡ R1864
☐ tactics 전술, 용병학 ➡ R0344
☐ stratagem / strategy 계략, 술책; 전략 ➡ R0659(1)
☐ artifice 책략, 계략; 속임수 ➡ R0623
☐ cabal[kəbǽl] 음모; 비밀결사; 파벌; 음모를 꾸미다
☐ frame-up 〈구어〉 (남을 모함하려는) 음모, 무고

1152 scheme
[ski:m]
11.경희대
15.중앙대

n. 1. 계획, 안(案), 설계(=contrivance)
   2. 음모, 책략, 계략
   • a scheme to defraud investors 투자자들에게 사기를 치려는 계획
🔄 machination[mækənéiʃən] (보통 pl) 음모, 책략; 책동
   ruse[ru:z] 책략, 계략

테 마 배신자, 반역자, 반란자, 배교자, 탈당자

☐ apostate (특히 종교적으로) 배신자; 변절자 ➡ R0186
☐ renegade 탈당자, 변절자, 배신자 ➡ R2340
☐ turncoat 변절자, 배신자
☐ traitor 배반자, 배신자; 반역자 ➡ R1343
☐ betrayer 매국노, 배신자, 밀고자 ➡ D0852
☐ quisling[kwízliŋ] (조국을 팔아먹는) 매국노
☐ rebel 반역자, 반항자 ➡ D0288
☐ insurgent (자국 정부에 대한) 반란자 ➡ R1710
☐ whistleblower 밀고자, 내부 고발자
☐ deserter 탈영병, 직장 유기자 ➡ D0386
☐ recreant 겁쟁이 → 변절자 ➡ R2290
☐ scab / ratter / fink 〈속어〉 노조의 배신자

1153 undercover
[ʌndərkʌvər]
15.가천대

a. 비밀로 행해지는, 비밀의
   • an undercover operation 비밀작전
   • an undercover agent 비밀 요원, 첩보원

1154 topple
[tápl, tɔ́pl]
01.경기대

v. 넘어뜨리다, 넘어지다; (권좌에서) 끌어내리다[from](=overturn)
   • topple a government 정권을 전복하다

동의어 뒤집다, 전복시키다

☐ capsize (배를) 뒤집다, 뒤집히다, 전복시키다 ➡ R1836
☐ overthrow (정부·국가·군주 등을) 전복시키다 ➡ P0139(1)
☐ overturn 뒤집다; (결정 등을) 번복하다 ➡ P0138
☐ overrule (결정·이의 등을) (권력으로) 뒤엎다 ➡ P0139(2)
☐ bring down (정부를) 타도하다
☐ rollover (자동차의) 전복 (사고)

1155 spearhead
[spíərhed]
12.숭실대,이화여대

vt. 선봉에 서다(=lead), 진두지휘하다
n. (공격의) 선봉, 선두
   • spearhead the political reform 정치개혁의 선봉에 서다

동의어 개혁에 대한 다양한 사고방식

■ 보수주의자: conservative, standpatter
  – 전통주의자: traditionalist
  – 반동주의자: reactionary
■ 중도파: middle-of-the-roader
■ 진보주의자: progressionist
  – 개혁주의자: reformist
  – 점진주의자, 온건파: moderate, gradualist
  – 급진주의자, 과격파: radicalist, extremist, come-outer
■ left-wing 좌익 ↔ right-wing 우익
■ chauvinist[ʃóuvənist] 맹목적 애국주의자, 성차별 주장자
  • a male chauvinist 남성 우월주의자
  cf. jingoist 호전적 애국주의자

1156 shore
[ʃɔːr]
15.국민대

vt. 지주로 받치다, 떠받치다, 보강하다[up](=sustain)
n. 1. (건물 · 담장 · 나무 등의) 지주(支柱), 버팀목
2. 해안[해변], 호숫가
• shore up support for the plan 그 계획에 대한 지지를 떠받치다

■ 116 [테마] 정치와 외교

1161 interim
[íntərəm]
95.중앙대

a. 임시의, 과도기의, 잠정적인(=temporary)
n. 잠정 조치, 가협정
• take interim measures 과도기적인 조치를 취하다
🔄 modus vivendi 잠정협정, 타협

1162 heckle
[hékl]
87.행정고시

vt. (청중이 연설자에게 야유를 보내) 방해하다(=interrupt)
• The audience heckled the speaker several times.
청중이 연설자를 여러 번 방해했다.

1163 bluff
[blʌf]
🔄 TO236

vt. 허세를 부리다(=deceive), 엄포를 놓다
n. 1. 허세, 속임수
2. 절벽, 깎아지른 곳
• I think he's just bluffing. 그가 단지 엄포를 놓는 것이라 생각한다.
ⓝ bluffing 블러핑, (카드 게임에서) 허세

1164 card
[kɑːrd]
11.법원직
15.한국외대

n. 1. 두꺼운 종이, 카드
2. (신분을 나타내는) 카드, (은행의) 카드
3. 카드 게임, (카드의) 패; 비책

> **班** be on the cards 가능성이 있다, 예정되어 있다(=be likely to happen)
> **have a card up one's sleeve** 비책이 있다.
> **play one's best card** 비장의 방책을 쓰다
> **play one's last card** 최후 수단까지 다 쓰고 이제 별 도리 없다
> **show one's cards** 자기 패[비책]를 내보이다
> **put all one's cards on the table** 계획을 공개하다
> **shuffle the cards** 카드를 섞어 쳐서 떼다; 역할을 바꾸다

1165 comity*
[káməti, kɔ́m-]
14.고려대

n. (국제 관계에서의) 예의, 우의(=courtesy, civility)
• It was the first international treaty of friendship and comity between the Filipinos and Spaniards.
그것은 필리핀과 스페인 사이에 처음 이루어진 국제적인 우호관계와 친교 조약이다.
🔄 rapprochement (국가 간의) 친선, 친교회복(=reconciliation)
• Korea-Japan Rapprochement Treaty 한일 친선협정

1171 zenith
[zíːniθ]
14.지방직7급/0~22.경기대
01.강남대

n. (명성·성공·권세 등의) 정점, 절정(=summit); 천정
- It felt as if we had traveled from nadir to zenith.
  그것은 마치 우리가 천국과 지옥을 오간 느낌이었다.
- He is at the zenith of his career. 그는 자신의 경력의 정점에 있다.
- nadir 최악의 순간, 바닥, 천저 ⊃ NO879

1172 apex
[éipeks]
14.지방직7급/13.이화여대
92.서울대학원

n. 꼭대기, 정점, 정상; 절정, 극치(=tip-top↔ nadir)
- The pyramidal form of the system reflects thus numerical progression from apex to base.
  이 시스템의 피라미드 모양의 형태는 최정상에서부터 맨바닥까지 수직인 진행을 반영한다.
- tip-top 꼭대기 → 정상; 절정, 최고

1173 pinnacle
[pínəkl]
14.지방직7급/13.국회8급
10.영남대

n. 작은 뾰족탑, 산봉우리; 정상, 정점(↔ nadir)
- Music reached its pinnacle in the nineteenth century.
  음악은 19세기에 절정에 도달했다.
- summit 꼭대기 → 정상; 절정; (국가의) 수뇌부; 정상 회담
  vertex[vɔ́ːrteks] 최고점, 꼭대기; 꼭짓점; 천정
  peak[piːk] 뾰족한 끝, 산꼭대기; 절정 최고점; 성수기

1174 apogee
[ǽpədʒiː]
15.한양대

n. 최고점, 극점(=climax); 〈천문〉 원지점
* 달·인공위성 따위가 궤도상에서 지구와 가장 멀어지는 위치
- Apogee is when the Moon is furthest from Earth.
  원지점은 달이 지구에서 가장 멀리 있을 때를 말한다.
- perigee[péridʒiː] 근지점

1175 crest
[krest]

06.대전9급

n. (새의) 볏 → 꼭대기; 최상, 극치
v. 꼭대기에 이르다, 최고조에 달하다
* ride[be on] the crest of the[a] wave 절정에 이르다
- crestfallen 풀이 죽은, 의기소침한, 낙담한 * 꼭대기에서 떨어진

1176 abyss
[əbís]
11.국민대/04~2.경희대

n. 심연, 깊이 갈라진 틈; 나락
- on the brink of an abyss 나락에 빠지기 직전인
@ abysmal 심연의, 한없이 깊은; 지독한(=awful)

- ☐ at the zenith[apex/pinnacle] of ~의 절정에
  ↔ at the nadir of ~의 최악의 상태에
- ☐ the acme of beauty 아름다움의 극치
- ☐ apex court 최고법원
- ☐ convene a summit 정상회담을 열다
  - summit conference 정상 회담
  - summit diplomacy 정상 외교
- ☐ the vertex of a triangle 삼각형의 꼭짓점
- ☐ peak hours[times] 전력 소비나 교통량이 가장 많은 시간
  - peak season 성수기
  ↔ off-season/slack season 비수기
- ☐ reach a pinnacle 정점에 이르다
- ☐ reach the culmination in ~에서 최고조에 달하다

1181 troop
[truːp]
09.지방직9급

n. (대규모의) 병력, 군대
- stationary troops 주둔군, 상비군
- a troop increase 군대 증강
- trooper 기병, 포병

1182 enlist
[inlíst]
12.성신여대

v. 입대하다(=enroll), 입대시키다; 협력을 얻다
- enlist in the army 육군에 입대하다
- enlist the help 힘을 빌다
- enroll (이름을) 명부에 올리다, 등록하다; 입대하다
- roster[rástər, rɔ́s~] (순서 등을 적은) 명부(=list, roll, rota); 〈야구의〉 등록선수

1183 matador*
[mǽtədɔːr]
17.상명대

n. 투우사(=bullfighter)
- The bull tossed the matador.
  황소는 투우사를 뿔로 받아쳤다.

- ☐ squad 분대(군대 조직의 가장 작은 단위)
- ☐ platoon 소대(2개 이상의 분대로 구성)
- ☐ company 중대(2개 이상의 소대로 구성)
- ☐ battalion 대대(2개 중대 이상으로 구성)
- ☐ regiment 연대(battalion보다 크고 brigade보다 작은 부대)
- ☐ brigade 여단(2개 이상의 연대로 편성)
- ☐ division 사단(몇 개의 연대나 여단으로 구성)
- ☐ corps 군단(2개 이상의 사단으로 구성)
- ☐ echelon[éʃəlàn] (종종 pl.) (지휘 계통·조직 등의) 단계, 계층(=hierarchy); 사다리꼴 편성
  - the lower echelons of society 사회의 하층 계급

- ☐ soldier (일반적으로) 군인, 사병
- ☐ warrior 전사, 무인; (특히) 고참병, 역전의 용사
- ☐ fighter 전사, 투사, 무사; 직업 권투 선수
- ☐ veteran 노병, 노련가; 퇴역군인(ex-serviceman)
- ☐ mercenary 용병; 돈을 위해 일하는 사람 ☑ R2280
- ☐ combatant 전투원, 전투부대; 교전국; 투사 ☑ R1163
- ☐ militant 투쟁[호전]적인 사람, 투사; 호전적인 ☑ R1185
- ☐ militia (정규군이 아닌) 민병대 ☑ R1185
- ☐ sniper[snáipər] 저격병, 저격수
- ☐ garrison[gǽrisn] 수비대, 주둔병; 요새

1184 **foible** [fɔ́ibl] 12.서울여대	**n.** 펜싱 칼의 가는 부분; 단점, 약점(=defect) • one of his personal foibles 그의 약점들 중 하나 **텔 forte**[fɔːrt] 펜싱 칼의 굵은 부분; 장점	

1184 foible [fɔ́ibl] 12.서울여대
n. 펜싱 칼의 가는 부분; 단점, 약점(=defect)
• one of his personal foibles 그의 약점들 중 하나
四 forte[fɔːrt] 펜싱 칼의 굵은 부분; 장점

1185 foil [fɔil] 12.홍익대
n. 1. 플뢰레(펜싱용 검); (pl.) (펜싱경기의) 플뢰레 종목
2. (음식 등을 싸는 얇은) 박, 호일
3. 남을 돋보이게 하는 사람[것][for]
vt. (상대방의 계획 등을) 좌절시키다, 뒤엎다(=thwart, frustrate)
• She acted as a foil to her beautiful sister.
그녀는 아름다운 그녀의 여동생이 더욱 돋보이도록 행동했다.
• He was foiled in his plan. 그의 계획이 좌절되었다.
四 epee[eipéi] 끝이 뾰족한 에페

1186 brandish* [brǽndiʃ] 99.세종대 96.덕성여대
vt. (칼, 창 등을) 휘두르다(=wave, wield), 과시하다
• He appeared in the lounge brandishing a knife.
그가 칼을 휘두르며 라운지에 나타났다.

> 텔 blandish[blǽndiʃ] 아첨하다, 감언으로 설득하다 ⊃ TO232
> bland 온화한; (맛이) 부드러운; 김빠진, 재미없는
> - blandly 온화하게, 부드럽게
> brand (상품, 가축 등에 찍는) 소인, 낙인; 상표
> - brandnew 아주 새로운, 신품의

1187 shot [ʃat, ʃɔt]
n. 1. 발포, 총성, 발사; 포탄, 포환
2. (상대를 겨냥한) 말, 행동
3. 시도, (농구의) 슛
4. 주사, (독한 술) 한 잔
5. 사진
• snapshot 스냅사진
10.서울시9급
四 a long shot 거의 승산이 없는 것, 무모한 도전
a shot in the dark 억측, 막연한 추측

1188 javelin* [dʒǽvlin] 97.고려대
n. 던지는 창, (투창 경기용) 창(=the right spear)
• hurl a javelin 투창을 던지다
텔 spear[spiər] (무기로서의 보통) 창
lance[læns] (말을 타고 싸우는) 기병용 창

테 마 칼의 종류
☐ knife (일반적으로) 칼
- kitchen knife 식칼 cutter 절단기 razor 면도칼
☐ cutlery 식탁용 날붙이 ⊃ R1061
☐ blade (주로 면도기, 스케이트 등의) 칼날
☐ sword 검 (주로 무력적인 것과 관련)
☐ dagger 단검
☐ saber[séibər] 기병대 검; 무력, 군정
cf. saber-rattling (말로 하는) 무력의 과시, 무력시위
☐ bayonet[béiənit] 총검; (the) 무력; (pl.) 보병
☐ scabbard (칼·검 따위의) 집 cf.scabbard fish 갈치
☐ sheath 칼집, 덮개; ~을 집어넣다, ~을 싸다
☐ guillotine 기요틴, 단두대, 참수형; 재단기
- pillory[piləri] (손과 목을 끼우는 형틀인) 칼; 오명

테 마 쏘거나 던지는 무기, 병기
☐ 투석기: catapult
☐ 활: bow 활 ← arrow 화살 ← archer 궁수
cf. archery 궁술; 활과 화살
☐ 총: rifle 소총 shotgun 엽총 revolver 권총
☐ 대포, 포: cannon 대포 ← cannonball 포탄
- gun 대포(cannon보다 일반적, 통속적) 총)
☐ 미사일: missile 미사일(날아가는 무기를 총칭)

■ 119 [테마] 전투, 돌진

1191 dart [daːrt] 06.아주대
vi. (던진 화살처럼) 날아가다; 돌진하다(=dash)
vt. (화살 등을) 쏘다
n. 화살 던지기; 다트
• dart into a church 교회로 쏜살같이 달려가다

1192 dash [dæʃ] 09.서강대/06.아주대 17.숭실대
vi. 돌진하다(=dart); (세차게) 충돌하다
vt. 내던지다; (물 등을) 끼얹다; 낙담시키다
• dash to the finish line 결승점을 향해 돌진하다
ⓐ dashed 지독한, 낙심한
텔 hurtle[hɔ́rtl] 돌진하다(=rush, dash), 돌진시키다; 내던지다

1193 rush [rʌʃ] 00-2.세종대
v. 급히 움직이다, 너무 서두르다; 재촉하다; 덤벼들다
n. 돌진; 급격한 증가; 쇄도(=influx)
• I'm in no rush. 전 바쁘지 않아요.
• be in a rush 서두르다; 서둘러[성급히] 결정하다
• gold rush 새로 발견된 금광지로 사람들이 몰려드는 것
• rush hour (출퇴근) 혼잡 시간대, 러시아워

1194 hurl [həːrl] 08.세종대/06.경희대
v. 1. (난폭하게) 힘껏 던지다
2. 욕설[비난]을 퍼붓다[at]
• use catapults to hurl heavy stones
무거운 돌을 던지기 위해 투석기를 이용하다
ⓝ hurling 던짐, 투척; <스포츠> 헐링

뉘앙스 던지다, 팽개치다
☐ throw "던지다"를 뜻하는 가장 일반적인 말
☐ cast "가벼운 것을 던지다"의 격식 차린 말 → 시선을 던지다, 표를 던지다, 배역을 주다 ⊃ I104
☐ hurl 난폭하게 힘껏 던지다 → 욕설을 퍼붓다
☐ toss 위쪽을 향하여 가볍게 던지다 → 배구의 토스
☐ sling 투석기나 고무총 등으로 던지다
☐ pitch 어떤 목표를 향하여 던지다 → 야구의 피칭
☐ pelt (돌을) 내던지다 → (질문·욕설 등을) 퍼붓다
• be pelted with questions 질문 공세를 당하다
☐ fling 세차게 휙 내던지다, 내동댕이치다 → 욕설을 퍼붓다, 곤경에 빠뜨리다
☐ barrage 일제 엄호 사격, 집중포화; 질문공세 ⊃ R2564
☐ fusillade 일제 사격; (질문, 비난의) 연발[of](=barrage)
• a fusillade of questions 질문의 연발
☐ volley 일제 사격; 질문의 연발
☐ blitzkrieg[blitskriːg] 전격전, 대공습

1195 maul
[mɔːl]
02-2.경기대/98.동국대

vt. 1. 뭇매질하다(=beat), 난폭하게 다루다
　　2. (짐승 등이) 할퀴어 상처를 내다
　　3. 혹평하다
n. (나무로 만든) 큰 메, 망치
　• The boxer mauled the other fighter. 그 권투선수는 상대 선수를 뭇매질했다.
　• receive a mauling from the critics 비평가들로부터 혹평을 받다
ⓝ mauler 혹평가 mauley 〈속어〉 손, 주먹
Ⓔ mall[mɔːl] 〈미〉 쇼핑몰, 쇼핑센터
Ⓢ pound 마구 치다, 빻다
　batter 난타하다, 때려 부수다
　slate[sléit] 1.〈주로 수동태〉예정하다 2. 혹평하다
　• be slated for demolition 철거될 예정이다

1196 smack
[smæk]
01.경기대

v. 1. 세게 부딪치다; 소리 내어 내려놓다(=bash)
　　2. 혀를 차다; 소리 내어 입맛을 다시다
n. 찰싹하는 소리; 입맛 다심, 혀 차기
　• smack books down on the table 책을 테이블에 세게 내려놓다
Ⓔ smack down 콧대를 꺾다
　- smackdown 격렬한 대립, 결정적 패배
Ⓢ bash[bæʃ] 후려치다, 세게 치다; 맹렬히 비난하다

1197 bulwark
[búlwərk]
00-2.경기대

n. 성채, 보루(=strong wall for defence or protection)
　• a bulwark of democracy 민주주의의 보루

1198 ambush
[ǽmbuʃ]
03-2.고려대

v. 매복하다, 잠복하다
n. 매복, 잠복
　• get ambushed by the terrorists 테러리스트의 불시의 습격을 받다
ⓝ ambusher 매복, 복병
Ⓔ bush 덤불, 관목

12.국회8급
Ⓢ lurk[ləːrk] (나쁜 짓을 하려고) 잠복하다; 위험이 도사리다
　- lurking 잠복해 있는
16.단국대
　waylay[wéilei] 길가에 숨어서 기다리다; (길가는 사람을) 불러 세우다
　hunker down 쭈그리고 있다, 숨다, 잠복하다[down] ⊃ IO1105
　stakeout (주로 형사의) 잠복근무

뉘앙스 물다, 할퀴다, 꼬집다

☐ bite "물다, 깨물다"의 일반어 ⊡ I1102
　- bite the dust 쓰러지다, 패배하다; 죽다
　- bite the hand that feeds one 은혜를 원수로 갚다
☐ snap (짐승 등이) 물어뜯다, 덥석 물다
☐ nip (개 등이) 손가락을 물다, 물고 늘어지다
☐ claw (고양이나 매 등의 날카롭고 굽은) 발톱, 발톱으로 할퀴다
☐ scratch 가려운 곳을 긁다, 할퀴어 상처를 내다
☐ pinch (신체의 한 부분을) 꼬집다 → 몹시 절약

동의어 요새, 보루, 아성

☐ fortress 요새, 성채; 안전한 장소 ⊡ R2596
　• an impregnable fortress 난공불락의 요새
☐ stronghold 성채; 사상 등의 본거지, 아성
　• a stronghold of conservatism 보수주의의 아성
☐ bastion[bǽstʃən] 요새, 군사적 거점; 보루, 아성
　• the last bastion of human rights 인권의 최후의 보루
☐ citadel[sítədl] 성, 요새; 거점
☐ rampart[rǽmpart] 성벽; 방어하다

▌120 [테마] 승리와 패배

1201 rout
[raut]
17.서강대

vt. 적을 패주시키다
n. 대패; 떠들썩한 군중, 불온집회
　• rout the enemy 적을 패주시키다
Ⓔ lout[laut] 촌뜨기 tout[taut] 강매하다, 조르다

1202 stampede*
[stæmpíːd]
11.중앙대

v. 1. (놀라서) 우르르 달아나(게 하)다[from]
　　2. 쇄도하(게 하)다
　　3. (충동적인 행동을) 취하게 하다[into](=force)
n. 우르르 달아남, 쇄도
　• stampede us into overeating 우리가 과식하게 만들다

1203 triumph
[tráiəmf]
01.건국대

n. 승리(=victory), 정복; 대성공, 업적, 승리감(=jubilation)
v. 승리하다, 이기다, 성공하다; 이겨내다[over]
　• a shout of triumph 승리의 환호성
　• triumph over a disease 병을 극복하다
ⓐ triumphant 승리를 얻은; 성공한; 의기양양한
14.가천대
Ⓔ umpire[ʌ́mpaiər] 심판; 판정자

동의어 때리다, 대파하다

☐ .skin 껍질을 벗기다, 몹시 비난하다; (상대팀을) 대파하다 (=hammer) ⊡ R1887
☐ trounce[trauns] 실컷 때리다; 완파하다, 참패시키다
☐ wallop[wɑ́ləp] 세게 때리다; 대파하다
☐ smite[smait] 치다, 세게 때리다; 패배시키다; 매혹하다

표현 항복하다, 굴복하다

■ throw in the towel[sponge] 항복하다 ⊡ I10303
　= throw up one's hands (in defeat) ⊡ I10304
　= put one's hands up *두 손을 높이 들다
　= knuckle under (to) *주먹 밑으로 굽히다
　= buckle under *혁대 아래로 굽히다
　= hang[show] the white flag *백기를 내걸다
　= lower one's flag[colors] *깃발을 내리다
　= say uncle *싸움에 져서 삼촌이라고 부르다
☐ give in to 굴복하다, 양보하다 ⊡ I03905
■ succumb 굴복하다; 쓰러지다, 죽다 ⊡ N0690
☐ surrender 양보하다; 항복하다 ⊡ R0069
☐ yield to 양복하다, 굴복하다, 포기하다 ⊡ N0167
☐ prostrate[prɑ́streit] 쓰러뜨리다; 굴복시키다; 굴복한

1204 trump
[trʌmp]
04.고려대/02.덕성여대

v. 비책을 써서 이기다(=beat)
n. [trump card] 으뜸패; 최후수단, 비책
- play one's trump card 비장의 수를 쓰다

🄓 trump up 날조하다, 조작하다
13.동국대
- trumped up (혐의, 기사 등이) 날조된, 조작된
- a trumped-up story 날조된 기사
12.서울여대
🄔 trumpet (큰 소리로) 알리다(=proclaim)

테 마 이기다, 압도하다, 우세하다

- [ ] win (싸워서) 이기다 → (승리하여 상품을) 획득하다
- [ ] defeat 패배시키다, 쳐부수다 🄓 R0617
- [ ] conquer 정복하다, 이기다, 승리하다 🄓 R1035
- [ ] vanquish (전쟁·경쟁에서) 완파하다, 정복하다 🄓 R0854
- [ ] subdue 정복하다, 진압하다 🄓 R1363
- [ ] carry the day 승리를 거두다, 성공하다 🄓 I06302
- [ ] have the upper hand 이기다, 우세하다 🄓 I04311
- [ ] dominate 지배하다, 우세하다 🄓 N0049
- [ ] predominate 압도하다, 지배하다 🄓 D0049
- [ ] top dog 승자 ↔ underdog 패자

테 마 정복[극복]할 수 없는 ↔ 극복할 수 있는

- [ ] unconquerable 정복하기 어려운 🄓 R1035
  ↔ conquerable
- [ ] invincible 정복[극복]할 수 없는 ↔ vincible 🄓 R0853
- [ ] impregnable 난공불락의; 신념이 확고한 🄓 N0456
  ↔ pregnable
- [ ] invulnerable 공격할 수 없는, 이겨낼 수 없는
  ↔ vulnerable 취약한, 공격받기 쉬운 🄓 N0001
- [ ] inexpugnable 정복[격파]하기 어려운, 난공불락의
  ↔ expugnable 취약한, 쉽게 정복되는
- [ ] unassailable 난공불락의; 논쟁의 여지가 없는 🄓 R0464
- [ ] subduable 정복할 수 있는 🄓 R1363
- [ ] vanquishable 정복할 수 있는
- [ ] quellable 진압할 수 있는
- [ ] impassable 통행할 수 없는; 극복하기 어려운
  ↔ passable
- [ ] unbeatable 패배시킬 수 없는, 무적의 ↔ beatable
- [ ] unbeaten 져 본 적이 없는, 무적의
- [ ] inapproachable 당해낼 수 없는, 무적의
- [ ] matchless 비길 데 없는, 무적의 🄓 T0904
- [ ] unmatched 상대가 없는, 무적의
- [ ] unrivaled 경쟁자[상대]가 없는, 무적의
- [ ] unequaled 필적할 것이 없는, 무적의

121 [테마] 법률; 불법의; 폐지

1211 law
[lɔː]
03,101단/01.영남대

n. (일반적으로) 법, 법률; 법학; 법칙
- a federal law 연방법
- be against the law 법에 반하다

🔼 **lawyer** 법률가, 변호사
lawbreaker 법률 위반자, 범죄자
outlaw 불법화하다, 금지하다 ➲ P0059(4)
lawsuit 소송

1212 unlawful
[ənlɔ́ːfəl]
03,101단/01.영남대
98,경기대

a. 불법의, 비합법적인(=illicit)
- an unlawful assembly 불법 집회
- be arrested for unlawful entry 불법침입으로 체포되다

🔼 **lawful** 법이 허용하는, 합법적인(=licit)

1213 iniquity
[iníkwəti]
➲ R2312

n. 부정[불법]행위, 부당한 것(=knavery), 죄악
- a den of iniquity 죄악의 소굴
- result in many iniquities 많은 불법행위를 유발하다

ⓐ **iniquitous** 부정한, 불법의; 사악한(=nefarious)

🔼 **knavery**[néivəri] 부정행위, 비행(=iniquity)

1214 perpetrate
[pə́ːrpətrèit]
95,홍익대
13,중앙대

vt. (범행·악행을) 저지르다, 범하다(=commit)
- perpetrate a robbery 강도짓을 저지르다
- perpetrate serious crime 심각한 범죄를 저지르다

ⓝ **perpetrator** 가해자, 범인

1215 recusant*
[rékjuzənt]
11.경희대

a.n. 복종을 거부하는 (사람); 반항적인
- The recusant were mutilated and sent to the mines and quarries.
복종을 거부한 사람들을 불구로 만들거나 광산이나 채석장으로 보내졌다.

1216 desuetude*
[déswitjùːd]
03.경기대

n. 폐지(상태), 쓰이지 않음
- fall into desuetude 폐지되다

🔼 **desuete**[diswit] 시대[유행]에 뒤진, 한물간

1217 forbid
[fərbíd]

vt. 금하다, 금지하다(=ban, interdict, prohibit); 방해하다
- forbid him alcohol 그의 음주를 금하다
- a forbidden area 금단의 영역

ⓐ **forbidden** 금지된 **forbidding** 험악한, 으스스한

뉘앙스 법률, 법령

☐ **law** (일반적) 법률
☐ **act** (국회를 통과한) 법령, 조례 ➲ R0650
☐ **statue** 법령, 법규, 제정법; 정관 ➲ R0182
☐ **code** (국가의) 규정, (개별적) 법전; 관례 ➲ R2547
  - penal code 형법전 cf.penal 형벌의, 형사상의, 형법의
  - the code of civil[criminal] procedure 민사[형사]소송법
  - administrative law 행정법
  - commercial law/Commercial Code 상법
☐ **constitution** 헌법 **civil law** 민법 **criminal law** 형법

테 마 합법의 ↔ 불법의

☐ **legal** 법률로 정한; 합법적인
  ↔ **illegal** 불법의, 비합법적인 ➲ R2541
☐ **lawful** 법률에 의해 허가·인가되어 있는
  ↔ **unlawful** 법을 어기는, 비합법적인
☐ **licit** 합법의, 정당한 ↔ **illicit** 불법의, 무허가의 ➲ R2568
☐ **legitimate** 자격·권리가 합법적인, 적법의 ➲ N0231
  ↔ **illegitimate** 법에 의해 인정받지 못하는 ➲ D0231

동의어 강제적인, 의무의 ↔ 자발적인

☐ **mandatory** 강제의, 의무의 ➲ N0003
☐ **obligatory** 의무로 지워지는 ➲ N0139
☐ **compulsory / compulsive** 법으로 강제된 ➲ N0138
☐ **compelling** 어쩔 수 없는, 강제적인 ➲ N0337
☐ **coercive** 강압적인, 위압적인 ➲ D0286
☐ **forceful** 강력한, 강제적인 ➲ R2593
☐ **imperative** 반드시 해야 하는, 필수적인, 명령적인 ➲ N0455
☐ **peremptory** (명령 등이) 절대적인 ➲ R0030
☐ **arm-twisting** 팔을 비트는 → 강요하는, 강제적인
■ **spontaneous** 자발적인 ➲ N0219
☐ **willing** 기꺼이 ~하는; 자발적인 ➲ D0520
☐ **unurged** 강제 당하지 않은 → 자발적인 ➲ D0116
☐ **unbidden / unbid** 명령 받지 않은 → 자발적인
☐ **unprompted** 남에게서 지시받은 것이 아닌 → 자발적인
☐ **self-directed** 스스로 방향을 정하는 → 자발적인
☐ **self-imposed** 의무 등을 스스로 부과한 → 자발적인
☐ **unforced** 강제적이 아닌 → 자발적인

동의어 폐지하다

☐ **abolish** (법률·제도·관습 등을) 폐지하다 ➲ N0407
☐ **abrogate** (법령·합의 등을) 폐지[폐기]하다 ➲ N0942
☐ **repeal** (법률 등을) 폐지[폐기]하다 ➲ N0943
☐ **nullify** 법적으로 효력을 잃게 하다 ➲ N0944
☐ **annul** 무효로 하다, 폐기하다 ➲ R2343
☐ **rescind** (법률·조약을) 무효로 하다, 폐지하다 ➲ R1088
☐ **revoke** (명령·약속·면허 등을) 취소하다, 폐지하다 ➲ N0738
☐ **cancel** 취소하다, (이전 결정을) 무효화하다
☐ **deregulate** 규제 등을 철폐하다 ➲ R2544

동의어 금지하다

☐ **ban** 금지하다; 금지령 ➲ N0057
☐ **prohibit** 금하다, 금지하다; 방해하다 ➲ N0481
☐ **inhibit** 금하다, (스스로) 억제하다 ➲ D0389
☐ **proscribe** (관습 등을) 금지하다; 추방하다 ➲ R0948
☐ **interdict** (행동·사용을) 금지하다; 방해하다 ➲ R0874
☐ **bar** 금하다, 방해하다; 막대기 ➲ R2561
☐ **outlaw** 불법화하다; 금지하다 ➲ P0059(4)

1221 blame
[bleim]
08.성균관대/03.경희대
02.세종대

vt. 1. 비난하다(=charge, criticize, censure)
   2. ~을 탓하다, ~의 책임으로 보다
   • blame him for neglect of duty 그의 직무 태만에 대해 비난하다
   ⓐ blamable 비난받을 만한 ↔ unblamable / blameless 결백한

1222 impeach
[impíːtʃ]
02.선관위9급
17.가천대
93.변리사

vt. (공무원을) 탄핵[고발, 고소]하다
   (=accuse or charge with a crime before a tribunal), 비난하다
   • be impeached for taking a bribe 뇌물을 받은 혐의로 탄핵당하다
   ⓝ impeachment 탄핵; 비난
   🔁 arraign[əréin] (피고인에게 죄를 인정하는 지 여부를 묻는) 기소인부절차를 밟다; 비난하다
   - arraignment 기소인부절차; 규탄

1223 fulminate*
[fʌ́lmənèit]
12.경희대
12.서강대

vt. 폭발음을 내다; (비난 등을) 퍼붓다(=storm)
   • fulminate against the crime 그 범죄에 대해 비난을 퍼붓다
   ⓝ fulmination 폭발, 맹렬한 비난
   🔁 lambast(e)[læmbéist] 매질하다; (공개적으로) 맹비난하다

1224 censure
[sénʃər]
03.경희대/01.변리사
92.서울대학원

n. 비난, 책망; 혹평
vt. 비난하다, 책망하다; (비평가가) 혹평하다(=reproach, blame)
   • She was censured for the negligence of her duties.
     그녀는 직무태만으로 견책을 받았다.
   ⓐ censurable 비난할 만한

1225 scold
[skould]
17.서강대/15.홍익대
96.입법고시/96.인천시9급
98~7.경찰

vt. (특히 아이를) 야단치다[꾸짖다](=chide, take ~ to task, call down)
   • Don't scold the boy. It's not his fault.
     그 소년을 나무라지 마라. 그건 그의 잘못이 아니야.
   • scold him for playing truant 학교를 빼먹었다고 그를 꾸짖다
   ⓝ scolding 잔소리, 꾸지람; 잔소리가 많은
   🔁 upbraid[ʌpbreid] 신랄하게 비판[비난, 힐책]하다, 호되게 나무라다
   • upbraid him with vehemence 그를 호되게 나무라다

1226 chide
[tʃaid]
17.서강대/15.홍익대/13.경희대
13.경희대

vt. 꾸짖다(=scold), 잔소리하다
   • She often chided her son for his idleness.
     그녀는 종종 자기 아들을 게으름 피운다고 꾸짖었다.
   🔁 berate[biréit] 꾸짖다, 질타하다(=chide)

1227 reproach
[ripróutʃ]
17.가천대/08.건국대
96.외무고시/91.연세대학원

vt. 책망하다(=reprimand, call down, dress down); 비난하다(=blame)
n. 질책, 비난; 치욕, 창피
   • reproach his son for being late 늦었다고 아들을 꾸짖다
   • above[beyond] reproach 나무랄 데 없는, 훌륭한
   ⓐ reproachable 비난할 만한
   ↔ irreproachable 비난할 여지가 없는(=impeccable)

1228 rebuke
[ribjúːk]
10.이화여대
91,86.서울대학원

vt. (잘못에 대해) 질책하다, 꾸짖다(=reprove)
n. 비난, 힐책
   • The judge rebuked the prisoner for making a disturbance.
     판사는 그 죄수가 난동을 피운 것에 대해 질책했다.
   • He accepted the rebuke with as much grace as he was able.
     그는 할 수 있는 최대한으로 기꺼이 비난을 받아들였다.

동의어 비난하다, 고발하다; 비난, 비평

- □ criticize 비난[비판]하다, 비평하다 ➋ R2254
  - criticism 잘못에 대한 비난 또는 예술에 대한 비평
- □ charge 비난하다, 고발하다, 기소하다 ➋ N0133
- □ accuse 고발[기소]하다; 비난하다 ➋ N0307
  - accusation (법적인 비난) → 고소, 고발
- □ prosecute 기소하다 ➋ R1371
  - prosecution 기소 * 검찰이 피고인을 재판에 세우는 것
- □ indict 기소하다, 고발하다 ➋ R0872
  - indictment 기소, 공소
- □ condemn 강하게 비난하다, 유죄선고를 하다 ➋ R2492
  - condemnation 비난, 유죄판결
- □ denounce / denunciate 맹렬히 비난하다 ➋ N0787
  - denunciation 공공연한 비난, 탄핵
- □ reprimand 꾸짖다, 질책하다 (견책[징계]하다 ➋ N0574
- □ reprehend 꾸짖다, 나무라다, 비난하다 ➋ D0863
  - reprehension 질책, 견책
- □ reprove 꾸짖다, 나무라다 ➋ R0703
  - reproof 비난, 질책, 꾸지람
- □ declaim 맹렬히 비난하다 ➋ D0785
- □ impugn 비난 공격하다, 논박하다 ➋ R1181
- □ maul 뭇매질하다; 혹평하다 ➋ T1195
- □ excoriate (사람·연극·책 따위에) 혹평하다 ➋ R1887
- □ lash[læʃ] 채찍으로 때리다, 심하게 나무라다 ➋ T0500
- □ flagellate[flǽdʒəlèit] 채찍질하다(=flog, whip), 질책하다
- □ inveigh[invéi] 통렬히 비난하다, 독설을 퍼붓다
- □ objurgate[ábdʒərgèit] (엄하게) 꾸짖다

표현 꾸지람하다, 꾸짖다, 야단치다

- □ take[call, bring] 🆂 to task for ~을 꾸짖다 ➋ I03721
  - = call 🆂 on the carpet ➋ I09003
  - = lay down the law ➋ I04608
  - = dress 🆂 down ➋ I12401
  - = give 🆂 a long lecture
  - = tell 🆂 a thing or two
  - = give 🆂 a tongue-lashing
  - = bawl 🆂 out
- □ pick on 혹평하다 ➋ I11001
- □ hold the bag 〈美구어〉 (비난 따위를) 혼자 덮어쓰다
- □ get away with 처벌받지 않고 지나가다 ➋ I03833
- □ get off easy[lightly] 아주 가벼운 벌만 받다
  - = get a slap on the wrist

동의어 비난할 만한 ↔ 비난할 수 없는

- □ blameworthy 비난할 만한 ↔ blameless
- □ reproachable 비난할 만한 ↔ reproachless
- □ condemnable 비난할 만한
- □ censurable 비난할 만한
- □ reproachful 비난하는
- □ denunciatory 비난의

1231 nagging
[nǽgiŋ]
06.서울여대/96-2.고려대

a. 1. 잔소리가 심한, 바가지를 긁는
　　2. (공포 · 고통 따위가) 떠나지 않는, 끈질긴
　• a nagging suspicion among some scientists
　　과학자들 사이에 끊이지 않는 의심
　ⓥ nag 들볶다, 바가지 긁다; (고통 등이) 끈질기게 느껴지다
　🆂 needle[níːdl] vt. 바늘로 찌르다, 잔소리로 볶아대다, 괴롭히다
　　　　　　　　ⓝ 바늘, 주사

1232 carping
[káːrpiŋ]
02-2.경기대

a. 트집 잡는, 잔소리 심한
　• have a carping tongue 잔소리가 심하다
　ⓥ carp 흠을 들추다, 트집 잡다, ~에게 투덜거리다; 불평; 잉어
　🆃 carve[kɑːrv] 1. (돌 따위에 이름 등을) 새겨 넣다, 조각하다
　　　　　　　2. 고기를 저미다(=slice, mince) 분할하다
　• carve out 잘라내다, 개척하다
　• carve out a new career 새로운 경지를 개척하다

1233 nitpicking*
[nítpikiŋ]
06.국민대

a. 남의 흠을 잡아내는
n. 사소한 것에 흠잡기
　• I'm sick and tired of his nitpicking. 나는 그의 흠잡기에 진절머리가 난다.
　ⓥ nitpick 별것 아닌 트집[흠]을 잡다

1234 caviler*
[kǽvələr]
02.심육대

n. 트집쟁이(=fault-finder)
　• He who cavils at other's faults does not see his own.
　　남의 트집을 잡는 사람은 자신의 결점은 보지 못한다.
　ⓥ cavil (하찮은 일에) 트집을 잡다

　🆃 cavalier[kævəlíər] 기사도 정신의 소유자; 기사다운
　　cavalry[kǽvəlri] 기병대, 기갑부대; 승마
　　cavalcade[kævəlkéid] 기마대; (거리의) 행렬, 퍼레이드
　　chivalry[ʃívəlri] 기사도(정신)
　　- chivalrous 기사도적인; 용기 있는, 여성에게 정중한

고급 어휘
☐ niggle[nígl]
　n. 트집; 신경 쓰이는 것
　v. 트집 잡다; (걱정 등이) 신경 쓰이게 하다
　ⓐ niggling (걱정으로) 신경 쓰이는; (가벼운 통증이) 계속되는
　• Niggling worries began to fade.
　　신경 쓰이는 걱정들이 사라지기 시작했다.
☐ termagant[tɔ́ːrməgənt]
　n. 잔소리가 심한 여자(=shrew, virago)
☐ vixen[víksn]
　n. 1. 암여우 2. 바가지 긁는 여자
　• A female fox is a vixen. 암컷 여우를 "암여우"라고 한다.

테 마　각종 –쟁이들
☐ blabber / chatterbox / bigmouth 수다쟁이
☐ ignoramus 무식쟁이
☐ pigheaded person 고집쟁이
☐ weathercock 변덕쟁이
☐ sycophant 아부쟁이(=flatterer, toady)
☐ copycat 흉내쟁이(=mimic)
☐ mischief-maker 이간질쟁이
☐ fast liver 난봉쟁이(=libertine, debauchee)
☐ yarn-spinner 허풍쟁이(=trombenik)

1241 shackle
[ʃǽkl]
05.노동부7급

vt. 족쇄를 채우다; 구속하다
n. 족쇄, 수갑
　• be shackled by the law 법에 의해 구속을 받다
　🅴 unshackle 쇠고랑[속박]을 풀어주다; 자유의 몸이 되게 하다

1242 tether*
[téðər]
15.가천대

vt. (동물이 멀리 가지 못하게 말뚝에) 묶다, 속박하다
n. (소 · 말 등을 매어 두는) 밧줄; (능력의) 한계
　• be beyond one's tether 힘이 미치지 않다; 권한 밖이다
　🅴 untethered 묶여있지 않은

1243 unleash
[ənlíːʃ]
07.서강대

vt. 가죽 끈을 풀다 → 속박을 풀다, 해방하다
　• The unleashed power of the atom has changed everything save
　　our modes of thinking.
　　고삐 풀린 원자력은 우리의 사고방식을 제외하고는 모든 것을 변화시켰다.
　🅴 leash 가죽 끈, 사슬; 구속; 속박하다

1244 unbridled
[ʌnbráidld]
13.인천대/07.강원7급
06.항공대

a. 통제되지 않은, 굴레를 벗은(=unrestrained, uncontrolled)
　• According to this report, John was a man of intellect, unbridled
　　desire, and leadership.
　　이 보고서에 따르면, 존은 지적이고, 얽매이지 않은 욕망과 통솔력을 가진
　　사람이었다.
　🅴 bridle[bráidl] 말굴레, 고삐; 속박, 구속; 제어하다, 억제하다
09.중앙대
　🅴 untrammeled 속박 받지 않는, 자유로운
　　- trammel[trǽməl] (물고기를 잡는) 그물, 족쇄; 구속물, 속박

테 마　구속하는 물건
☐ handcuff[hǽndkʌf] 수갑; 수갑을 채우다, 구속하다
☐ manacle[mǽnəkl] 수갑; 수갑을 채우다, 구속하다
☐ fetter[fétər] 족쇄; 속박, 구속; 족쇄를 채우다 ☑ R1870
　　↔ unfettered 구속[속박]을 벗어난, 자유로운
☐ yoke[jouk] (소 등에 씌우는) 멍에; 속박, 굴레, 지배
　　↔ unyoke 멍에를 벗기다; 해방하다
☐ rein[rein] 고삐, 통제, 제어; 구속; 제어하다
　　↔ unrein 고삐를 늦추다; ~을 풀어주다
☐ straitjacket (난폭한 죄수에게 입히는) 구속복; 구속하다

뉘앙스　무죄라고 하다, 석방하다
☐ acquit (법원 등이) 무죄로 결정하여 석방하다 ☑ N0316
☐ exonerate 혐의가 무죄임을 입증하다 ☑ N0861
☐ absolve 죄가 없음을 밝히다, 무죄로 하다 ☑ R0303
☐ exculpate 결백을 입증하다, 무죄로 하다 ☑ R2300
☐ be found innocent 결백함이 밝혀지다
☐ discharge (속박이나 의무에서) 해방하다 ☑ R2381
☐ release (갇힌 상태에서) 풀어주다, 놓아주다 ☑ N0767
☐ liberate 자유롭게 만들다, 해방하다 ☑ S0741
☐ emancipate (주로 노예 등을) 해방하다 ☑ N0317
☐ set free 석방하다, 풀어주다 ☑ I04508
☐ turn loose 풀어주다, 해방시키다
☐ let off (처벌하지 않거나 가벼운 처벌로) ~를 봐주다

1245 clamp [klæmp]
14.지방직7급

vt. 죔쇠로 고정시키다, 꽉 물다; 강제하다
n. 죔쇠

형 clamp down on [sb]/[sth] 강력히 단속하다
- clamp down on drugs 마약을 강력히 단속하다
clamp ([sth]) on [sb]/[sth] (제한·법률 등을 강압적으로) 실시하다

> **뉘** cramp[kræmp] 경련, 쥐; 속박; 막다, 방해하다 **⊃ NO596**
> clump[klʌmp] n. (흙) 덩어리; (사람·사물의) 집단; 수풀; 강타, 구타
> v. 무리 짓다; 터벅터벅 걷다
> crump[krʌmp] 우지끈하는 소리; 털썩 넘어짐
> crumb[krʌm] 작은 조각, 빵 부스러기; 조금

1246 incarcerate [inkɑ́ːrsərèit]
15.숙명여대

15.서강대

vt. 투옥하다, 감금하다(=confine)
- be incarcerated for 10 years 10년 동안 투옥되다
ⓐ incarcerated 감금된, 감금의
ⓝ incarceration 투옥, 감금, 유폐
파 carceral[kɑ́rsərəl] 교도소의
뉘 immure[imjúər] 감금하다, 가두다
- immurement 감금, 칩거

1247 internment [intə́ːrnmənt]
03.명지대

n. (정치 또는 전쟁을 이유로) 유치(=detainment), 억류, 수용
- be confined in an internment camp 포로수용소에 억류되다
ⓥ intern 1. 구금[억류]하다 2. 인턴(interne), 수련의; 교육실습생
파 internal 내부의, 내면적인, 내재적인 **⊃ POO24**
interment 매장 **⊃ R2190**

혼 police cell 유치장(경찰 조사 단계에서 임시로 구금되거나 경범죄
위반으로 인한 구류 집행 장소)
detention house 구치소(재판을 받는 동안 임시로 구금되는 장소)
prison, correction(al) institution, jail, penitentiary
교도소(재판이 확정되어 징역이나 금고 등의 자유형을 집행하는 장소)

테 마 체포 → 구속 → 석방

누군가 범죄의 혐의 suspicion가 있고 도주 runaway의 가능성이 있으면 법원이 체포·구속영장 arrest warrant 을 발부하고 경찰이나 검찰이 이를 집행한다. 체포·구속 arrest /apprehension을 집행하는 수사기관은 미란다 원칙 (Miranda rule: 묵비권 행사나 변호인 선임권이 있음을 알려주는 것) 을 체포당하는 사람에게 고지할 의무가 있다. 불구속 수사 (investigation without detaining)가 원칙이므로 피의자 the accused는 보석금 bail을 납입하고 석방 release을 신청할 수 있는데 보석으로 석방되면 구속되지 않은 상태에서 재판을 받게 되는 것이지 형벌이 면제되는 것 impunity은 아니다.

테 마 용의자 → 피고인 → 죄수

☐ criminal 범인 * 일반적으로 범죄를 행한 사람을 지칭
☐ suspect 용의자 * 범인으로 의심받아 조사 중인 자
☐ accused 피고인 * 어떤 죄로 기소되어 재판을 받는 사람
☐ prisoner 죄수 * 일반적으로 교도소에 수감중인 사람
☐ culprit 미결수 * 범죄사건으로 구속되어 재판이 진행 중인 자
☐ convict 기결수 * 재판 결과 범죄자로 확정되어 형 집행 중인 자

뉘앙스 감금하다, 투옥하다; 감옥

☐ confine 사람이나 동물을 좁은 공간에 가두어 두다 **⊡ N0115**
　- confinement 제한, 한정 → 감금, 유폐(장소 불문)
☐ detain 경찰서 유치장이나 감옥, 병원 등에 가두다 **⊡ N0562**
　- detention (판결 전의) 구치, 유치, 구금
　- retention 유치, 구치, 감금; 압류, 차압; 보유, 기억력
☐ incarcerate 사람을 달아나지 못하도록 감옥에 가두다 ◀▥
　- incarceration 투옥, 감금
☐ lock up 짧은 기간 동안 유치장 등에 가두다
　- lockup 폐문 → 감금; 〈구어〉 유치장, 구치소, 교도소
☐ intern 전시에 정치적인 이유로 구금하거나 억류하다 ◀▥
☐ keep ~ in custody 재판이 진행되는 동안에 구치하다
　- custody 구류, 감금
☐ jail[dʒeil] 교도소에 수감하다; 교도소
☐ imprison 교도소에 수감하다 **⊡ R0020**
　- imprisonment 투옥, 구금; (법) 자유형(징역, 금고 등)
☐ ward 병동, 병실, 감방; (병동 등에) 수용하다 **⊡ R0073**
☐ duress[djuərés] 구속, 감금; 강요, 강제
　• under duress 협박을 받아
☐ dungeon[dʌ́ndʒən] (성내에 있는) 지하감옥

▌125 [테마] 재판절차: 증거, 공정한 ↔ 불공정한

1251 attorney [ətə́ːrni]

n. (법정에서 남을 대변하는) 변호사; (법률) 대리인
- a defense attorney 피고측 변호인
- attorney at law (영국) 변호사
- a district attorney (미국) 지방검사(DA)
혼 미국 형사재판의 흐름
미국에서는 어떤 사람이 범죄 crime를 저지른 혐의 suspicion가 있으면 용의자 the suspect라고 부른다. 경찰이 수사 criminal investigation한 후에 범죄의 증거 evidence가 있으면 용의자를 검 사 prosecutor가 재판에 회부하는데 이를 기소 prosecute, indict 라고 한다. 기소된 이후부터 용의자는 피고인 the accused으로 불리게 된다. 이에 법정 court에서 재판 trial을 통해 유죄 guilty 또는 무죄 not guilty를 배심원단 jury이 평결 verdict하고, 이에 따라 법관 judge은 형을 선고 sentence한다.

테 마 소송에 관련된 사람들

☐ (민사소송) 원고 plaintiff
　↔ 피고 the defendant **⊡ D0725**
☐ (형사소송) 고소인 accuser
　↔ 피고인 the accused **⊡ D0307**
☐ 검사 prosecutor **R1371** cf.district attorney (지방검사)
☐ 변호사 attorney (at law) / lawyer / advocate
⊡ N0983
☐ 대배심 grand jury * 기소여부를 결정하는 민간인
☐ 배심원단 jury **R2551** * 재판에서 유무죄를 결정하는 민간인
　- juror 배심원
☐ 재판관, 판사 judge **⊡ R2551**
　cf.magistrate[mǽdʒəstrèit] 치안판사, 하급판사

1252 plead
[pliːd] 06.감정평가사

v. 1. 탄원하다, 간청하다(=beseech)
2. (피고인이 유·무죄를) 답변하다; 변호하다; 주장하다
- to plead guilty/not guilty 유죄[무죄]라고 답변하다
- hire a lawyer to plead his case 사건을 변호하기 위해 변호사를 고용하다
ⓝ plea 탄원, 청원, 간청; 변명, 구실; (피고의) 답변서

테 마 질문, 심문
- ☐ question 일반적으로 묻는 질문이나 토론할 문제 ☑ R1032
- ☐ inquiry 실험이나 조사를 위한 문의나 질문, 조사 ☑ D0071
- ☐ query 의혹을 밝히거나 확실한 정보를 얻고자 하는 질문 ☑ D0071
- ☐ inquisition (배심·공적 기관의) 심리, 취조 ☑ D0071
- ☐ interrogation 공식적 조사, 사법기관에서의 심문 ☑ R1038
- ☐ hearings 청문회
- ☐ examination 학교에서의 학과목 시험 또는 선발을 위한 시험, 〈구어〉에서는 주로 exam으로 약칭해서 씀
- ☐ quiz 지식을 측정하기 위한 간단한 테스트
- ☐ forensic[farénsik] 법의학(의), 과학 수사(의)

1253 token
[tóukən] 08.국민대

n. 표시, 증거, 상징; 버스 토큰
- a token of my gratitude 감사의 표시
팁 in token of ~의 표시[증거]로(=as a sign of) ~의 기념으로 ⊃ IO0116
by the same token 게다가; 같은 이유로; 마찬가지로

테 마 증인, 증언, 위증; 입증하다, 증명하다
- ■ 증인, 증언, 위증; 증명하다
- ☐ 증인: witness, testifier, deponent, attester, eyewitness
- ☐ 증언: testimony, witness, deposition, verbal evidence
- ☐ 법정 선서: oath
  - 선서하다: swear [to], take an oath
- ☐ 위증(죄): perjury D0716, false testimony
- ☐ 위증하다: perjury N0716, forswear, testify falsely, perjure oneself, commit give false evidence
- ☐ 증거, 물증: evidence / proof D0334
  - decisive[crucial/definite/concrete/conclusive] evidence 명백한[결정적] 증거
  = ample proof/grand proof
- ☐ smoking gun (범죄의) 확실한 증거
- ■ 입증하다, 증명하다, 증언하다
- ☐ testify 증명하다, (선서를 하고) 증언하다 ☑ N0722
- ☐ attest (주로 법정에서) 증언하다, 입증하다 ☑ N0927
- ☐ verify (증거 등에 의하여) 입증하다, 증거를 대다 ☑ N0723
- ☐ corroborate (증거를 대서) 이론을 보강하다 ☑ N0819
- ☐ confirm (진술·증거 등을) 확인하다 ☑ N0160
- ☐ validate 정당성을 입증하다, 실증하다 ☑ D0238

1254 check
[tʃek] 11.한국외대

v. 1. (무엇의 진위·사실 여부를) 알아보다[확인하다]
2. (제대로 되어 있는지) 살피다, 점검하다
3. (증가나 악화를) 억제[저지]하다 저지하다
4. (하고 싶은 말이나 감정을) 억누르다[참다]
n. 저지, 억제; 감독, 감시; 〈미〉 수표 〈영〉cheque
- check the authenticity of this check 이 수표가 위조인지를 확인하다
- check the growth in crime 범죄율 증가를 억제하다
팁 check up on ~을 확인하다
check in 숙박 수속을 하다
↔ check out (호텔 등에서) 체크 아웃하다
keep in check 막다, 저지하다, 제어하다
팁 unchecked 손을 쓰지 않은, 억제되지 않은(=unrestrained); 점검받지 않은

1255 even-handed
[íːvənhǽndid] 13.한양대

a. 공평한, 공정한
- be completely evenhanded to all parties 모든 당사들에게 철저히 공평한

테 마 편향된 ↔ 공평한; 편견, 선입관, 편파
- ■ prejudiced 편견을 가진 ↔ unprejudiced 편견이 없는
  - prejudice 미리 내린 판단 → 선입관, 편견 ☑ N0649
- ☐ biased 편견을 지닌 ↔ unbiased 편견이 없는 ☑ N0037
  - bias 엇갈린, 비스듬한 → n. 선입견, 편견
- ☐ partial 불공평한, 편파적인 ↔ impartial 공평한 ☑ N0036
  - partiality 부분적임 → 편견; 편파, 불공평, 편애
- ☐ inequitable 불공평한 ↔ equitable 공평한 ☑ N0549
- ☐ jaundiced 황달에 걸린 → 편견을 가진 ◀━
- ☐ discriminatory 차별하는, 차별적인 ☑ D0023
- ☐ predisposed ~하는 성향이 있는 ☑ D0010
- ☐ lopsided 한쪽으로 기울어진; 균형을 잃은(=uneven)
- ■ preconception 미리 생각함 → 선입견, 편견; 예상
- ☐ prejudgment 미리 판단함 → 예단, 선입관 ☑ R2550
- ☐ preoccupation 선취 → 선입관 ☑ D0766
- ☐ prepossession 미리 가짐 → 선입관, 호감, 편애, 두둔
- ☐ predilection 우선적으로 고름 → 편애, 선호 ☑ R0536
- ☐ preference 우선적으로 지님 → 편애, 더 좋아함 ☑ D0552
- ☐ favoritism 좋아하는 것 → 편애, 편파 ☑ R0897

1256 jaundiced
[dʒɔ́ːndist] 15.경기대/12.홍익대 03-2.경기대

a. 1. 편견을 가진; 비뚤어진 시선으로 보는(=mistrustful)
2. 황달에 걸린
- have a jaundiced view of religion 종교에 대해 비뚤어진 시선으로 바라보다
ⓝ jaundice 황달; 비뚤어짐, 편견

1261 guilty
[gílti]
16.건국대/07.경남9급
02.101단

a. 유죄의; 죄책감을 느끼는
• plead not guilty 무죄를 주장하다
• You don't have to feel guilty about it.
그것에 대해 네가 죄책감을 느낄 필요는 없다.
뗌 not guilty 무죄의(=innocent)

동의어 **죄 있는, 유죄의 ↔ 죄 없는, 무죄의**

□ guilty 유죄의 ↔ not guilty 무죄의 ◀▥
□ blamable 비난받을 만한 ↔ unblamable / blameless
□ culpable 유죄의, 비난할 만한 ◘ N0862 ↔ inculpable
□ sinful (도덕적으로) 나쁜, 벌 받을
□ nocent 해로운, 유죄의 ↔ innocent 순결한, 결백한 ◘ R2493
□ peccable 죄를 짓기 쉬운 ↔ impeccable 나무랄 데 없는 ◘ N0306
□ faulty 결점이 있는 ↔ faultless 과실[결점]이 없는 ◘ R2301
□ flawed 흠 있는, 금이 간 ↔ flawless 흠 없는 ◘ D0994
□ maculate 오점이 있는 ↔ immaculate 오점이 없는 ◘ N0504

1262 sentence
[séntəns]
01.101단

vt. (형을) 선고하다
n. 1. (형의) 선고; 형
2. 문장, 글
• be sentenced to life imprisonment 종신형을 선고받다
• a jail sentence 징역형 a sentence of death 사형
• custodial sentence 구류판결

테 마 판결, 결정, 선고; 석방, 사면

□ sentence (판사가 형을) 선고하다; 선고 ◀▥
□ verdict (배심원단의 유무죄에 대한) 평결 ◘ N0724
□ judgment 재판, 심판; 판결(=ruling, finding) ◘ R2550
□ adjudgment 판결 cf.adjudication 재결, 심판, 판결
□ acquittal 무죄방면 • 무죄 판결로 석방하는 것 ◘ D0316
□ bail[beil] 보석(금) • 재판 중 수감된 사람이 돈을 내고 석방되는 것
□ parole[pəróul] 가석방 • 형기 중 어떤 조건하에 석방해 주는 것
□ probation[proubéiʃən] 집행 유예, 보호관찰 ◘ R0704
　　• 죄는 인정되나 형 집행을 일정기간 유예해 주는 것
□ amnesty 사면 • 사면권자의 명령으로 죄를 없애 주는 것 ◘ R1463
□ the privilege of exemption from liability 면책특권

1263 excuse
[ikskjúːz]
◘ R2582

n. 변명, 핑계(=pretext, apology)
v. 용서하다(=condone), 양해하다; 면제해주다(=exempt)
• excuse for being late 늦은 것에 대한 핑계
• I've lost all patience with you and your excuses.
나는 너와 네가 늘어놓는 변명들을 정말 참을 수가 없다.
ⓐ excusable 변명[용서]이 되는 ↔ inexcusable 용서할 수 없는
excusatory 변명의

1264 stiff
[stif]
01.경찰

04-2.단국대
01.경찰

a. 1. 뻣뻣한, 경직된; (근육이) 뻐근한, 긴장된
2. (조건·벌 등이) 가혹한, 엄한; (물가 등이) 매우 비싼
• a stiff penalty 가혹한 처벌
• That's a stiff price. 그것 엄청 비싸군요.
뗌 scared stiff 깜짝 놀라 몸이 굳은(=petrified)
뗌 steep[stiːp] 가파른, 경사가 급한; 세금 등이 터무니없는; 액체에 적시다

동의어 **엄격한**

□ strict (규칙 등이) 엄격한, (타인에 대해) 엄한 ◘ N0330
□ stringent (규칙 등이) 엄중한, 엄격한 ◘ N0329
□ rigorous (규칙 등이) 엄격히 따라야 하는 ◘ R0275
□ rigid (규칙 등이) 매우 융통성이 없는 ◘ R0275
□ severe (처벌 등이) 엄한, 가혹한 ◘ R1074
□ stern (표정·목소리 등이) 근엄한 ◀▥
□ austere (사람의 외모나 행동이) 엄격하고 금욕적인 ◘ N0175
□ puritanical (도덕적으로) 매우 엄격한, 금욕적인 ◘ N0847
□ steely[stíːli] (사람의 성격이) 몹시 엄격한
□ exact 상세한 부분까지 매우 정확한, 엄밀한 ◘ R0650
□ straitlaced[stréitléist] 엄격한, 딱딱한
□ martinet[mɑ̀ːrtənét] (규율에) 아주 엄격한 사람

1265 harsh
[hɑːrʃ]
11.서울시9급/03.고려대

11.단국대

a. 1. (성질·태도·처벌이) 가혹한, 엄한; 잔인한
2. (날씨·생활환경이) 혹독한, 황량한
3. (소리가) 귀에 거슬리는; (색 따위가) 눈에 거슬리는, 조잡한
• avoid harsh punishment 가혹한 처벌을 피하다
• the harsh and remote deserts of Arizona
혹독하고 외딴 아리조나 사막
ⓥ harshen 거칠게 만들다; 거칠어지다; 엄하게 하다
뗌 draconian[dreikóuniən] (처벌 등이) 매우 엄격하고 가혹한(=ruthless)

1266 stern
[stəːrn]

a. 1. (표정·목소리 등이) 근엄한; 엄격한
2. 심각한
n. (배의) 선미, 고물
• a stern family 엄격한 가정

동의어 **복수, 보복; 원한을 품다, 복수하다**

■ retribution (부정·악행에 대한) 응보, 천벌 ◘ R0072
□ reprisal (나포, 포획 등을 통한) 복수, 앙갚음 ◘ R0028
□ vengeance 복수, 앙갚음 ◘ R2514
□ vendetta 가문이나 혈연간의 상호복수 ◘ R2514
□ tit for tat 보복, 앙갚음
□ an eye for an eye 같은 방법에 의한 보복 ◘ D0289
■ retaliate (당한 것과 같은 방법으로) 보복하다 ◘ N0289
□ avenge (부정·악행에 대해 정의감으로) 보복을 하다 ◘ R2513
□ revenge (개인적인 감정이나 원한으로) 복수하다 ◘ N0854
□ requite 보답하다, 보상하다; 복수하다 ◘ R2402
　　- requital 보상이나 복수
■ have an ax(e) to grind 원한이 있다, 딴 속셈이 있다
□ have a gripe against ~에게 원한이 있다
　　= hold a grudge against
□ get back at ~에게 보복하다
□ even the score 되갚다, 복수하다
□ take it out on [sb] ~에게 분풀이를 하다

1267 nemesis
[néməsis]
15.한국외대
14.고려대/가톨릭대

n. 1. 천벌, 인과응보; 네메시스 • 그리스 신화의 복수의 여신
2. 이길 수 없는 강한 상대
• face her nemesis 강한 상대를 만나다
뗌 Furies (그리스·로마신화) 복수의 3여신
have it coming 벌을 받아 마땅하다

1271 scoundrel
[skáundrəl]
09.이화여대
15.한국외대

n. (비열한) 악당, 불량배
• a notorious scoundrel 악명 높은 악당
圖 scamp[skæmp] 건달, 망나니, 개구쟁이(=prankster)

테 마 악당, 악한

□ villain 악당, 악한, 악역 ☑ R1747
□ rascal 불량배, 악한, 파렴치한 ☑ R1140
□ rogue 악당, 사기꾼; 사기 치다 ☑ R1030
□ gangster 갱 단원, 조직폭력배
□ ruffian[rʌfiən] 악한, 폭력배
□ hoodlum[húːdləm] 깡패, 폭력배
□ hooligan 훌리건 *축구 시합 등에서 난동 부리는 관객

1272 wicked
[wíkid]
07.고려대/06.명지대
03.숭실대/94.강남대

a. 1. 못된, 사악한(=malevolent, vicious, malicious, nefarious)
   2. 짓궂은
• a wicked rogue 사악한 악당
• have a wicked grin 음흉한 미소를 짓다
ⓝ wickedness 사악, 악의

1273 knavery*
[néivəri]
97.경기대

n. 악당근성; 못된 짓, 부정행위(=iniquity)
• We cannot condone such knavery in public officials.
  우리는 공무원의 그런 부정을 묵과할 수 없다.
ⓝ knave 악한, 악당

동의어 사악한, 부도덕한

□ evil 사악한, 악의가 있는; 불길한 ☑ R1746
□ malign 해로운, 악의가 있는; 악성인 N0615
  - malignant 해로운, 악의가 있는; 악성인 ☑ D0615
□ malevolent 악의 있는, 사악한 ☑ D0377
□ vicious 악의가 있는, 사악한, 부도덕한 ☑ N0613
□ malicious 악의적인, 심술궂은; 고의의 ☑ N0509
□ nefarious 비도덕적인, 사악한; 범죄의 ☑ R0894
□ iniquitous 대단히 부당한; 사악한 ☑ R2312
□ sinister 불길한, 재수 없는; 사악한, 음흉한 ☑ N0687
□ devious (방법 등이) 정도를 벗어난, 사악한 ☑ D0084
□ miscreant 사악한; 이단의 ☑ R2290

1274 brutality
[bruːtǽləti]
03.고려대

n. 잔인성, 무자비; 잔인한 행위
• commit a brutal crime 흉악 범죄를 저지르다
ⓐ brutal 잔혹한, 악랄한; 인정사정없는
ⓝ brute 짐승
圓 cruelty[krúəlti] 잔인, 잔인한 행위
  - cruel[krúəl] 잔인한, 무자비한; 냉혹한

동의어 사나운, 잔인한

□ bestial[béstʃəl] 짐승 같은 → 야만적인, 흉포한
  - beast 짐승, 짐승 같은 사람
  - beastly 짐승 같은, 더러운, 추접한; 잔인한
□ atrocious 흉학한, 형편없는 ☑ D0855
□ ferocious 사나운 흉포한; 잔인한 ☑ N0612
□ rampageous 날뛰며 돌아다니는, 사나운 ☑ D0461
□ berserk[bərsə́rk] 광포한, 미친 듯이 날뛰는
□ rabid[rǽbid] 개가 공수병에 걸린 → 광포한, 난폭한
□ ogre[óugər] (동화 속의) 사람을 잡아먹는 도깨비; 야만인
  • Napoleon was nothing but the Corsican Ogre.
    나폴레옹은 코르시카 야만인에 지나지 않았다.
  圓 ogle 추파를 던지다(make eyes at), 추파

1275 barbarous
[bɑ́ːrbərəs]
15.국가직7급

a. 잔혹한; 야만적인
• a barbarous punishment 잔혹한 처벌
• bestial and barbarous practices 비인간적이고 야만적인 풍습
ⓝ barbarity 야만, 잔인(한 행위)
barbarian 야만인, 미개인

1276 savage
[sǽvidʒ]
03.경기대

a. 야만적인; 포악한, 사나운; 맹렬한
n. 야만인(=barbarian)
• have a savage temper 포악한 성격이다
ⓝ savagery 야만성; 흉포한 행위

동의어 무자비한, 포악한

□ ruthless 무자비한, 무정한; 냉혹한 ☑ N0450
□ relentless 냉혹한, 가차없는, 끈질긴 ☑ N0611
□ unrelenting 가차없는, 엄한, 무자비한 ☑ D0611
□ pitiless 무자비한, 매정한 ☑ R1497
□ inexorable 냉혹한, 용서 없는 ☑ R0903
□ heartless 무정한, 냉혹한
□ scathing 냉혹한, 가차 없는, 통렬한 ☑ T0964
□ fell 포악한, 악랄한; (나무를) 쓰러뜨리다

1277 fierce
[fiərs]
00.동아대

a. 사나운(=ferocious), 격렬한; 지독한
• a fierce dog 사나운 개
• after a fierce battle 격렬한 전투 후에
圓 piercing 피어싱(몸에 구멍을 뚫어 장식하는 것)
  a. 꿰뚫는; (추위가) 찌르는 듯한

1278 truculent
[trʌ́kjulənt]
10.이화여대/96.입법고시

a. 반항적이고 공격적인, 거친
• Your truculent attitude will alienate any supporters you may have
  won to your cause. 당신의 거친 태도는 당신의 명분을 지지하는 사람들을 멀
  리하게 할 것이다.

테 마 잔인한 행위들, 가혹행위

□ massacre 대학살; (경기에서의) 완패 ☑ T0420
□ slaughter (전쟁에서의) 대량 학살; (가축) 도살 ☑ T0420
□ holocaust (전쟁에서의) 대학살, (나치) 홀로코스트
□ ethnic cleansing 인종 청소(소수 민족을 학살하는 것)
□ wartime atrocities 전시 잔혹행위
□ sexual abuse[molestation] 성적 학대
□ child abuse[molestation] 아동 학대
□ animal abuse 동물 학대
□ torso murder 토막살인
□ serial[consecutive] murders 연쇄 살인
□ torture 고문 ☑ R1303
□ cannibalism 식인 풍습, 동족끼리 서로 잡아먹음 ☑ R1850

1281 felony
[féləni]
13.경찰2차

n. 중범죄, 흉악범죄(방화, 살인 등)
• A felony is a very serious crime such as armed robbery.
  중범죄는 무장강도 같은 매우 중대한 범죄이다.
• commit a felony 중죄를 범하다
ⓝ felon 중죄인, 흉악범
⑪ misdemeanor 경범, 비행 ⊃ NO526

┌───┐
│ ⑪ abduction 유괴(=kidnap)   │
│ arson 방화 arsonist 방화범(=firebug)   │
│ homicide 살인(=murder) narcotic 마약(=drug, dope) │
│ assault 폭행 racket 공갈 협박   │
└───┘

1282 larceny
[lάːrsəni]
16.홍익대

n. 절도(죄)(=theft)
• be arrested for grand larceny 중절도죄로 체포되다
ⓢ theft[θeft] 절도, 절도죄 thievery 도둑질

1283 filch*
[filtʃ]
11.경희대

vt. 좀도둑질하다, 쓱싹하다
• filch money from his coat pocket 그의 코트에서 돈을 슬쩍하다
ⓝ filching 도둑질 filcher 좀도둑

1284 mug
[mʌg]
07.동국대/03-2.경기대
99.공인회계사

v. 1. 강도가 습격하다(=hold up)
2. 벼락치기 공부를 하다[up](=cram for)
n. 머그잔; 얼간이; (용의자의) 얼굴 사진(a mug shot)
• He had been mugged in the street. 그는 거리에서 강도를 당했다.

1285 raid
[reid]
12.한성대

n. 습격, 급습(=infiltration, incursion, invasion)
vt. 급습하다, 침입하다
• a surprise raid 기습공격
ⓝ raider 침략자, 침입자

1286 swoop
[swuːp]
17.광운대

n. 급습, 기습
vi. 급강하하다, 위에서 덮치다; 기습하다
* swoop down on ~을 갑자기 덮치다
* in[at] one fell swoop 단번에[일거에]

1287 violation
[vàiəléiʃən]
09.고려대

n. (법의) 위반(=infraction), 침해; 성폭행
• a violation of human rights 인권 침해
ⓥ violate (법·합의 등을) 위반하다, 침해하다
ⓔ violent 폭력적인; 맹렬한, 심한

1288 inroad
[inroud]
16.가천대

n. 침해, 침략(=encroachment); (새로운 영역에의) 진출
• make inroads into the global market 글로벌 시장에의 진출

1291 opiate*
[óupiət]
15.고려대

n. 아편제; 진정제
• an opiate addict 아편중독자
ⓝ opium[óupiəm] 아편

테 마 범법자, 죄인, 범인

☐ offender 범죄자, 위반자 ☒ R1172
☐ culprit 범죄자, 죄인 ☒ N0308
☐ criminal 범인, 범죄인 ☒ R2571
☐ wrongdoer 나쁜 짓을 하는 사람; 범죄자
☐ lawbreaker 법률 위반자, 범법자
☐ sinner (종교적으로) 죄인
☐ trespasser 불법침입자, 위반자 ☒ R0411
☐ transgressor 불법 침입자, 위반자 ☒ R0406
☐ delinquent 직무태만자, 비행소년 ☒ N0325

동의어 훔치다, 강도하다

☐ rob 강탈하다, 강도질하다 - robber 강도범
  - robbery 강도 *타인의 물건을 폭력을 사용하여 강탈
☐ heist[haist] 노상강도; 강도질하다(=rob or steal)
☐ theft 절도, 절도죄 *폭력을 사용하지 않고 훔침
  - thief 도둑, 절도범
☐ steal 훔치다, 도둑질하다 - stealing 절도
☐ burgle (빈집을) 털다 - burglar 도둑, (특히) 밤도둑
  - burglary 절도, 빈집털이
☐ sneak 도둑질하다, 슬쩍하다
☐ pickpocket 소매치기(하다)
☐ shoplift 가게 물건을 훔치다
  - shoplifter (가게 등의) 좀도둑
☐ pilfer[pilfər] 좀도둑질하다, 슬쩍하다 pilfering 좀도둑질
  - pilferer 좀도둑(=sneak, filcher)
☐ purloin[pərlóin] 훔치다, 도둑질하다
☐ swipe[swaip] 훔치다, 들치기하다
☐ pinch[pintʃ] (물건·돈을) 훔치다, 슬쩍하다
☐ poach 밀렵하다; (남의 권리·직원·고객을) 가로채다

동의어 침입하다, 침해하다, 위반하다

☐ encroach upon (남의 땅을) 잠식하다, 침해하다 ☒ N0499
☐ trespass on (허락 없이) 무단 침입하다; 침해하다 ☒ R0411
☐ invade (군대가 타국의 영토로) 침략하다; 침해하다 ☒ N0890
☐ intrude 사유지에 침입하다; 참견하다 ☒ N0856
☐ infringe 법률 등을 어기다; 남의 권리를 침해하다 ☒ N0769
☐ impinge (남의 재산, 권리 등을) 침해하다 ☒ D0769
☐ infract 법률 등을 어기다, 위반하다 ☒ R1112
☐ transgress 한도를 넘다 → 법률 등을 위반하다 ☒ R0406
☐ break into 남의 건물에 힘으로 침입하다 ☒ I09508
☐ unlawful entry 불법 침입 housebreaking 주거침입
☐ tort[tɔːrt] (민사상) 불법행위(=wrongdoing)
  • commit a tort 불법 행위를 범하다

테 마 중독자 – -holic/-aholic

☐ alcoholic 알코올 중독자; 알코올 중독의
☐ workaholic 일벌레; 일벌레의
☐ computerholic 컴퓨터중독
☐ shopaholic 쇼핑 중독자

1292 smuggle
[smʌgl]
00-4.경찰/97-6.경찰

v. 1. 밀수입[수출]하다, 밀수하다
2. 밀입국하다, 밀항하다; 은닉하다
- He was accused of drug trafficking and smuggling fake goods.
  그는 마약 밀거래와 위조품 밀수 혐의로 기소되었다. *traffic 밀거래하다
ⓝ smuggler 밀수업자; 밀수선
smuggling 밀수(=contraband, racket)

1293 trafficking
[trǽfikiiŋ]
14.숭실대

n. (불법적인 것의) 밀매(=illegal trade)
- root out drug trafficking 마약밀매를 근절하다
- human trafficking 인신매매
ⓥ traffic 불법적인 거래를 하다[in]

1294 kidnap
[kídnæp]
08.건국대

vt. (몸값 요구를 목적으로 여자나 아이를) 유괴하다(=abduct)
n. 납치, 유괴
- a plot to kidnap the child 그 아이를 납치하려는 음모
- be charged with kidnap 납치 혐의로 기소되다
ⓝ kidnapping 납치, 유괴
🔲 abduct (폭력을 행사하여) 유괴하다, 납치하다 ⊃ R1359
hijack (비행기 등을) 공중 납치하다
shanghai[ʃǽŋhái] 유괴하다; 속여서[억지로] (싫은 일을) 시키다
🔲 ransom[rǽnsəm] (인질·포로의) 몸값; 몸값을 요구하다
hostage[hάstidʒ, hɔ́-] 인질, 볼모; 저당, 담보
captive[kǽptiv] 포로; (사랑 등에) 빠진 사람

1295 threaten
[θrétn]
14.명지대,홍익대
12.국가직9급,경희대
13.한국외대
01,97.경찰/93.행정고시

v. 1. 위협(협박)하다[with] (=intimidate, menace)
2. (위험 등이) 임박하다
- The mayor threatened across-the-board spending cuts.
  시장은 전면적인 예산삭감을 하겠노라고 으름장을 놓았다.
- be threatened with death 목숨을 위협받다
ⓐ threatening 협박하는, 위협적인(=menacing)
ⓝ threat 위협, 협박(=menace)

1296 blackmail
[blǽkmeil]
06.충북9급

n. 협박 (행위); 갈취
vt. 협박하다, 갈취하다
- Blackmail and kidnapping are the things we all detest.
  공갈과 유괴는 우리 모두가 혐오하는 것들이다.

1297 browbeat
[bráubiːt]
11.명지대/10.서울시9급

v. (~하게 하려고) 위협하다, 겁주다[into](=intimidate, threaten)
- The judge told the lawyer not to browbeat the witness.
  판사는 변호사에게 증인을 위협하지 말라고 말했다.

---

130 [테마] 범죄 – 사기, 속임수

1301 hoax
[houks]
16.단국대/11.중앙대
05-2.국민대

n. 날조, 골탕 먹임, 속이기
vt. 장난으로 속이다, 속여서 ~하게 하다[into](=swindle)
- A hoax is an attempt to trick an audience into believing that
  something false is real.
  날조는 듣는 사람으로 하여금 거짓을 진짜처럼 믿게 하려고 속이려는 것이다.

1302 coax
[kouks]
11.경희대/06.성균관대

vt. 구슬려 ~시키다[into](=cajole); 감언으로 얻어내다(=extract)
- The boy coaxed the girl. 소년은 그 소녀를 구슬렸다.

1303 finagler*
[finéiglə(r)]
10.중앙대

n. 사기꾼(=swindler)
- Sticky-fingered finaglers are harmful to the best interests of the
  community. 손버릇이 나쁜 사기꾼들은 지역사회의 권익에 유해하다.
ⓥ finagle 속이다, 사기 치다

표현 ~에 몰두하다, ~에 빠지다

☐ be addicted to ~ 에 중독되다, 탐닉하다
= be engrossed in ~에 몰두[전념]하다
= be absorbed in
= be occupied in
= be involved in
= be indulged in
= be immersed in
= be crazy about
= be lost in = be rapt in
= be up to one's ears
= devote[dedicate] oneself to

동의어 강요하다, 억지로 시키다

☐ constrain 압박하다 → 억지로 시키다, 강요하다 🔲 R0274
☐ intrude 억지로 밀어넣다 → 강요하다, 강제하다 🔲 N0856
☐ obtrude 쑥 내밀다 → 의견을 무리하게 강요하다 🔲 D0815
☐ besiege 포위하다 → 의견을 강요하다 🔲 R0172
☐ squeeze 짜내다, 압박하다 → 강요, 갈취하다
☐ extort (약속·자백 등을) 무리하게 강요하다 🔲 N0979
☐ drive ~하게 몰아가다; 억지로 ~하게 하다 🔲 I072
☐ compel 억지로 시키다, 강요하다 🔲 D0337
☐ impel (생각이) ~하게 몰아대다, 억지로 ~시키다 🔲 R0664
☐ urge 재촉하다, 억지로 ~시키다, 강조하다 🔲 D0116
☐ oblige 어쩔 수 없이 ~하게 하다; 의무를 지우다 🔲 D0139

동의어 상대방을 ~하게 하다

☐ threaten 위협(협박)하다[with] ⟸
☐ menace 심각한 해를 가한다며 협박하다[with] 🔲 N0419
☐ intimidate 위협하여 ~하게 하다[into] 🔲 N0067
☐ coerce 위협 등으로 ~하게 강요하다[into] 🔲 N0286
☐ scare 〈구어〉 겁주어 ~하게 하다[into] 🔲 T0197
☐ bully 힘이나 폭력으로 ~하게 하다[into] 🔲 T0305
☐ pressurize 압력 등을 가하여 ~하게 하다[into] 🔲 R1221
☐ frighten 위협하여 (~을) 하게 하다[into] 🔲 N0598
☐ dissuade (설득하여 ~하지 않도록) 단념시키다[from] 🔲 N0791
☐ force 강제하다, 억지로 시키다[into] 🔲 R2593
☐ cow 위협하다, 으르다; 암소

동의어 속이다, 사기 치다; 사기꾼

☐ deceive 속이다, 기만하다 🔲 D0215
☐ delude 속이다, 착각하게 하다 🔲 R0723
☐ trick 속이다, 장난치다 🔲 D0322
☐ mislead (잘못된 정보 등으로) 오도하다 🔲 P0532
☐ swindle 남을 속이다, 사취하다 🔲 N0822
☐ defraud 속이다, 속여서 빼앗다 🔲 D0823
  - fraud 사기, 기만 🔲 N0823
☐ beguile 구슬리다, 속여서 ~하게 하다 🔲 N0821
☐ gull 속이다, 사기치다; 잘 속는 사람 🔲 D0128
☐ cheat 시험이나 게임, 부부관계 등에서 부정행위를 하다
☐ swindler / finagler / deceiver / faker /
  con-man / crook / kidder / juggler / sharper /
  impostor / gypper / faitour / shammer 사기꾼

1304 bamboozle*
[bæmbúːzl]
11.국회8급

vt. 속이다; 속여서 ~하게 하다[into]
• He was bamboozled by con men.
  그는 사기꾼에게 속았다.

1305 gimmick*
[gímik]
06.영남대
08.중앙대

n. 1. (요술쟁이의) 비밀장치, 속임수
   2. (광고 등에서 주의를 끌기 위한) 수법
• as a marketing gimmick 마케팅 수법으로서
🅣 legerdemain[lèdʒərdəméin] 손으로 하는 요술; 속임수(=trickery)

1306 wile*
[wail]
93.서울대학원

n. (보통 pl.) 책략, 농간(=clever tricks); 속임수, 사기
vt. 속이다; (시간을) 즐겁게 보내다[away]
• use her seductive wiles 그녀의 유혹적인 속임수를 쓰다
ⓐ wily 약삭빠른, 교활한

1307 chicanery*
[ʃikéinəri]
10.이화여대

n. 속임수(=trickery), (속이기 위한) 구실, 핑계
• African Americans were denied the right to vote through
  chicanery in the past.
  미 흑인들은 과거에 교묘한 핑계로 인해 투표할 권리를 거부당했다.

▌131   [테마] 범죄 – 날조, 조작, 횡령

1311 contrive
[kəntráiv]
15.중앙대/06.국회8급

vt. 1. 고안하다(=devise), 연구하다
    2. 나쁜 일을 꾸미다(=concoct)
• contrive a new system 새 시스템을 고안하다
ⓐ contrived 인위적인, 부자연스런(=artificial)

1312 weave
[wíːv]
02.선관위9급

vt. (천을) 짜다; 조립하다; 이야기를 꾸미다
n. (베) 짜기(=cloth making)
• Weaving is an art among the Navaho of Arizona and New Mexico.
  베짜기는 애리조나와 뉴멕시코주의 나바호족 사이에서는 예술이다.
ⓝ weaver (베) 짜는 사람, 직공
🅣 interweave 섞어 짜다; 뒤섞이다

1313 trumped-up*
[trʌmpid-ʌp]
13.동국대

a. 날조된, 조작된(=fabricated)
• be arrested on a trumped-up charge 조작된 혐의로 체포되다
🅣 trump up 날조하다
🅣 trump 비책을 써서 이기다; 비책 ⊃ T1204

1314 fudge
[fʌdӡ]
13.한양대/98.강남대

vt. 적당히 꾸며대다; 얼버무리다
n. 꾸며낸 이야기, 허튼소리; 임시방편
- without fudging or tampering with the data
  데이터를 날조하거나 변경함이 없이

🔁 **purge**[pərdӡ] 제거[숙청]하다; (몸과 마음을) 깨끗이 하다 ➲ R2394
fuzzy[fʌźi] 보풀 같은; 흐트러진; 흐릿한
pudgy[pʌdӡi] 땅딸막한, 뚱뚱한

1315 doctor*
[dάktər, dɔ́-]
➲ R1472

vt. 1. (보고서 · 증거 등을) 변조[조작]하다; 개작하다
　　2. 치료하다; 손질하다
n. 의사; 박사
- doctor the evidence 증거를 조작하다

1316 embezzle
[imbézl]
12.경기대/10.지방직7급

vt. 착복하다, 횡령하다(=misappropriate, peculate, defalcate)
- embezzle large sums of money from his clients
  고객들의 많은 돈을 횡령하다

🔁 **misappropriate** 공금을 횡령하다. (맡은 돈을) 사적으로 쓰다 ➲ R0024
defalcate[difǽlkeit] (자금을) 횡령하다
peculate (공금을) 횡령하다, 유용하다 ➲ R2280

1317 wrest
[rest]
15.중앙대
04.경기대

vt. 1. 비틀다, 비틀어 떼다; 억지로 얻어내다(=extort)
　　2. 왜곡하다
- wrest control of the Gaza Strip 가자지구의 통제권을 탈취하다

🔁 **milk** (돈 · 정보 등을) 억지로 짜내다(=extract money by guile from)
wrench[rentʃ] (세게) 비틀다, 비틀어 떼다[off](=twist)
garble[gάrbl] 왜곡하다, 윤색하다　**garbled** 왜곡된

테 마　**사유재산의 박탈 → 몰수, 압수, 징발**

☐ **deprivation** 음식이나 돈, 권리 등을 빼앗는 것 ▣ N0324
☐ **confiscation** 특히 공적인 처벌로서의 몰수, 압수 ▣ R2282
☐ **forfeiture** 공적인 처벌로서의 몰수, 벌금 ▣ R0612
☐ **seizure** 법적인 권한에 의한 압수, 압류 ▣ R0011
☐ **expropriation** (특히 토지 등의) 수용, 징발
☐ **requisition** (정부의 공식적) 지원요청 ▣ D0671
☐ **commandeering** (전시에 군대의) 징용, 징발

테 마　**남의 것을 뺏는 수단**

☐ **extortion** 강탈, 갈취(협박하여 남의 것을 뺏는 것)
☐ **menace / threat / intimidation / blackmail** 협박, 공갈
☐ **robbery / holdup** 강도
☐ **theft / thievery / stealing / burglary** 절도
☐ **appropriation** 유용, 도용 *남의 것을 허가 없이 사용하는 것
☐ **swindling / fraud** 사기
☐ **exploitation** 착취 *부당하게 노동력이나 이익을 착취하는 것

132 [테마] 경제활동 – 유리, 불리

1321 advantage
[ædvǽntidʒ, ədvάːn-]
17.국민대/14.항공대
08.계명대

n. 1. 유리(한 입장); 유리한 점, 강점(=merit)
2. 득, 이득
• have a strong advantage over a newcomer 신인에 비해 훨씬 유리하다
ⓐ advantageous 이로운, 유리한, 유익한(=favorable)

▣ take advantage of ➲ IO37O5
1. [좋은 의미] (기회나 자원 등을) 이용하다(=utilize)
2. [나쁜 의미] (남의 호의, 약점 등을) 이용하다(=exploit, impose on)
have the advantage of ~이라는 이점이 있다
with advantage 유리하게, 유효하게
to ⓢ**'s advantage** ~에게 유리하게
↔ **to** ⓢ**'s disadvantage** ~에게 불리하게
gain an advantage 유리한 입장이 되다

10.영남대/08.동덕여대

▣ disadvantage 불리한 처지[입장](=liability), 손해
- disadvantageous 불리한, 손해를 입히는; 불편한
▣ vantage[vǽntidʒ] 우세, 유리
cf.vintage[víntidʒ] 포도수확, 포도주; 구형, 오래됨

1322 handicap
[hǽndikæp]
05.서울여대

n. 1. (신체적·정신적) 장애; 불리한 조건
2. (약한 선수에게 주어지는 이점인) 핸디캡
• overcome many handicap 많은 불리한 조건을 극복하다
ⓐ handicapped 신체적 장애가 있는

1323 shortcoming
[ʃɔ́ːrtkʌ̀miŋ]

n. (보통 pl.) 결점, 단점, 불충분한 점
• a significant shortcoming 중요한 결점
• have lots of shortcomings 많은 단점들이 있다

1324 glitch*
[glitʃ]
17.홍익대

n. 사소한 문제(=problem), (기계 등의) 결함, 고장
• a glitch in the negotiations 협상에서의 사소한 문제
• a glitch in the plan 계획상의 차질

1325 serendipity
[sèrəndípəti]
04-2.국민대

13.홍익대
07.광운대

n. 1. (pl.) (운 좋게 발견한) 뜻밖의 재미
2. 기대하지 않았던 것을 뜻밖에 찾아내는 재능
• Many scientific discoveries are a matter of serendipity.
많은 과학적인 발견들은 우연히 발견하는 능력의 문제이다.
ⓐⓓ serendipitously 우연히(=accidently)
▣ fluke 요행수, 요행; 요행으로 득점하다

1326 return
[ritə́ːrn]
02.전남대

vi. 1. (본래의 상태로) 되돌아가다, 회복하다
2. (병이) 재발하다; 대답하다
n. 귀환, 복귀; 재발; 반환, 답례; 회답; 반품, 수익, 이윤
vt. 반환하다, 답례하다, 대꾸하다, 답신하다
• high return 고수익
▣ in turn(s)/by turns 번갈아, 차례로(=one after another, alternately)
➲ IO662O
in return (for) (~에) 대한 답례로 ➲ IOO115

1327 bottom
[bάtəm, bɔ́-]

16.광운대
14.인하대

n. (강·호수 등의) 바닥, 밑바닥; 아래쪽; 최하위
▣ rock bottom (가격의) 최저; 밑바닥
• rock-bottom prices 최저 가격
hit the bottom (주가나 경기가) 바닥을 치다
= **hit rock bottom**
= **bottom out**
Give me the bottom line! 요점만 얘기해!
bottom-up 상향식의 ↔ **top-down** 하향식의

테 마 손해와 이익(손익)

■ 손익, 손익계산 profit and loss
☐ 이익이 되는 profitable, lucrative, paying
↔ 이익이 없는 unprofitable, profitless
☐ 손해를 보고 팔다 sell ~ at a loss[sacrifice]
= sell under cost = sell ~ to disadvantage
☐ 이익을 남기고 팔다 sell ~ at a profit
☐ 본전에 팔다 sell ~ at cost
☐ 밑져야 본전이다 Trying wouldn't do any harm.
■ lucrative 이익이 있는, 수지맞는; 유리한 ▣ N0008
☐ profitable 수익성이 좋은, 이득이 되는 ▣ N0433
☐ well-paying 보수가 좋은
☐ remunerative 보수가 있는; 수지 맞는 ▣ D0668

테 마 손해, 손실, 상해, 불이익

☐ damage (남에게서 받은) 손해, 피해 ▣ R2491
☐ loss (분실, 유실 등 잃음으로써 입은) 손해
☐ injury (사고 등에 의한) 상해, 손상 ▣ R2550
☐ detriment (신체나 물건에 해를 초래한) 손상 ▣ D0048
☐ harm (행위나 사건으로 인해 일어난) 피해, 상해 ▣ T0393
☐ hurt (배신이나 부당한 대우 등으로 받은) 마음의 상처
☐ disadvantage 불리한 조건[처지]이나 그로 인한 손해 ◀
☐ disbenefit 불이익

테 마 결점, 약점, 결함; 흠집, 금

■ flaw 흠, 결점 ↔ flawless 흠 없는, 완전한 ▣ N0994
☐ fault 결점, 단점, 과실 ↔ faultless 결점이 없는 ▣ R2301
☐ spot 반점, 얼룩 ↔ spotless 오점이 없는, 흠 없는 ▣ N0502
☐ stain 얼룩, 때, 오점 ↔ stainless 녹슬지 않는 ▣ T0564
☐ taint 더러움, 오점 ↔ taintless 더러워지지 않은 ▣ T0565
☐ sully[sʌ́li] 더럽히다 ↔ unsullied 더럽혀지지 않은
■ drawback 고장; 철수, 철회; 환불 → 결점, 약점 ▣ R1332
☐ defect 결점, 결함, 약점; 부족액 ▣ N0726
☐ imperfection 불완전 → 결함, 결점, 단점 ▣ D0726
☐ weakness 약함, 가냘픔, 나약 → 결점, 약점 ▣ S0854
☐ failing 실패, 낙제 → 결점, 약점
☐ demerit 잘못, 과실; 벌점 → 단점, 결점 ▣ R2265
☐ inadequacy 불충분함, 부족함; 약점 ▣ D0234
■ scar 상처로 인해 생긴 흉터 ▣ T0352
☐ crack 깨져서 생긴 갈라진 금 ▣ IO96
☐ bruise 부딪혀서 생긴 멍 또는 과일에 생긴 상처 ▣ T0351
☐ scratch 할퀸 상처, 생채기

1331 wealthy
[wélθi]
03.고려대
77.행정고시

a. 부유한, 부자인, 풍족한(=affluent, opulent)
- He tends to jump to a conclusion that all wealthy people are happy.
  그는 모든 부자들은 행복하다고 속단하는 경향이 있다.
ⓝ wealth 부, 재산; 풍부(=affluence)

1332 halcyon*
[hælsiən]
11.중앙대

a. 풍요로운, 번영의; 평온한, 행복한
- halcyon days 황금기

1333 galore*
[gəlɔ́ːr]
04-2.국민대
05.아주대

a. 〈주로 명사 뒤에서〉 (숫자나 양이) 많은, 풍부한(=abounding)
- I read books galore 나는 책을 많이 읽는다.
⑤ oodles[úːdlz] 많음, 풍부

1334 indigent
[índidʒənt]
05-2.단국대/96.세종대
96.세종대

a. 궁핍한, 가난한; 결핍이 있는(=poor, needy)
n. 궁핍자, 빈민
- care for poor and indigent people 가난하고 궁핍한 사람들을 돌보다
⑤ needy (경제적으로) 어려운, 궁핍한(=indigent)
- in need 어려움에 처한, 궁핍한

1335 penurious
[pənjúəriəs]
90.고려대학원

a. 가난한(=poverty-stricken), 결핍된; 인색한
- The conditions of tenant life were penurious.
  소작인 생활의 상황은 궁핍했다.
ⓝ penury 극빈, 빈곤, 궁핍 cf. penny 1페니, 조금
⑤ penniless 무일푼인, 몹시 가난한

1336 well-to-do
[weltudu]
01.입법고시/ 93.세종대
11.국민대

a. 유복한, 부유한(=wealthy, rich)
- My brother will marry a well-to-do businesswomen.
  내 형은 부유한 여성 사업가와 결혼할 것이다.
⑤ well-off (남들 보다) 부유한, 유복한

1337 ragged
[rǽgid]
98.경희대

a. 1. (옷이) 찢어지고 해진; (행색이) 초라한(=tattered, torn)
2. 몹시 지친
* run ⑤ⓑ ragged ~를 녹초로 만들다
3. 들쑥날쑥한, 우둘투둘한
- She has been run ragged by her three children.
  그녀는 세 명의 아이들 때문에 녹초가 되었다.
ⓝ rag 넝마. (pl.) 누더기
ⓑ go from rags to riches 벼락부자가 되다 ➲ IO5513
feel like a (wet) rag 몹시 피곤하다, 매우 지치다 ➲ I11705
⑤ tatter (주로 pl.) 넝마, 누더기 tattered 해진, 누더기를 두른

08.동덕여대
11.덕성여대

⑤ rugged[rʌ́gid] 울퉁불퉁한, 튼튼한(=sturdy); 주름진; 거친; 엄한, 고된
cragged / craggy 바위가 많은(=rocky), 울퉁불퉁한
crag 험한 바위산

1338 pariah*
[pəráiə]
14.중앙대

n. 최하층민, 부랑자, 이단아
- be regarded as an international pariah
  국제적인 이단아로 간주되다

1339 largess(e)*
[laːrdʒés]
13.중앙대

n. (아낌없이 주는) 금품; 부조, 원조
- strategic largess 전략적 원조
- dependent on government largess 정부의 원조에 의존하는

동의어 풍부한, 유복한, 부유한

- ■ **abundant** 풍부한, 많은, 풍족한 *und(=flood) ➲ N0124
- □ **affluent** 풍부한, 유복한, 부유한 *flu(=flow) ➲ N0170
  - **superfluous** 필요 이상의, 불필요한 ➲ N0832
- □ **lavish** 풍부한, 넉넉한; 남아도는 *lav(=wash) ➲ N0434
- □ **opulent** 부유한, 풍부한; 호화로운 *op(=wealth) ➲ N0437
- □ **copious** 풍부한, 막대한; 다작의 *op(=wealth) ➲ N0438
- □ **profuse** 풍부한; 낭비하는; 후한 *fus(=pour) ➲ N0656
- □ **prosperous** 번영하는; 부유한 ➲ N0657
- □ **ample** 충분한, 풍부한; (크기가) 큰 ➲ N0658
- □ **plentiful** 많은, 풍부한 *plen(=fill) ➲ R1544
- □ **overflowing** 넘쳐흐르는
- ■ **better off / better-off** 이전보다 부유해진 ➲ I00505
- □ **well-to-do** 유복한, 부유한 ➲ T1336
- □ **well-off** (남들 보다) 부유한, 유복한 ➲ T1336
- ■ **upstart /parvenu(e)** 벼락부자, 벼락출세자
- □ **from rags to riches** 가난뱅이에서 부자로 ➲ I05513

테 마 가난한, 빈곤한

- ■ **poor** 가난한; (실력이) 형편없는; (자원이) 부족한
- □ **destitute** 빈곤한, 극빈의, 궁핍한 ➲ N0378
- □ **impoverished** 가난해진, 가난한 ➲ N0662
- □ **necessitous** 가난한, 궁핍한 ➲ R0380
- □ **impecunious** 돈 없는, 무일푼의 ➲ R2283
- □ **deprived** 가난한, 불우한 ➲ D0324
- □ **poverty-stricken** 가난에 찌든
- ■ **badly-off / bad off** 궁핍한, 가난한 ➲ I00506
- □ **hard-up** 돈에 쪼들리는, 궁색한 ➲ I00506
- □ **down and out** 무일푼인, 가난한 ➲ I01101
- □ **dirt-poor** 찢어지게 가난한
- □ **flat broke** 완전히 파산한 ➲ I09515
- □ **bankrupt** 파산한; 파산자 ➲ N0842

테 마 아웃사이더(outsider)

- □ **outsider** 따돌림 받는 사람, 이단자; 문외한
- □ **hippie** 1960년대 후반에 등장한 기성세대에 반발하는 젊은 세대
- □ **hooligans** 축구장에서 난동을 부리는 열광적 관중
- □ **dropout** 기성 사회로부터의 낙오자(=straggler)
- □ **lumpen** 룸펜; 부랑자
- □ **hobo / loafer / tramp / vagabond / ragamuffin** 부랑자, 노숙자

1341 upbeat
[Ápbì:t]
15.숙명여대

n. (경기의) 상승, 호조, 호경기
a. 낙관적인, 즐거운
- He has a refreshingly upbeat attitude. 그는 매사에 긍정적이다.

1342 hike
[haik]
05.서울시9급

v. 1. 〈미〉 (물가 등을) 갑자기 올리다
2. 도보여행하다
n. (가격 등의) 인상
- hike the call rate 콜금리를 올리다
- go on a hike 도보여행을 하다
🔵 spike[spaik] 급등, 급증; 급등하다

1343 bulge
[bʌldʒ]
16.서울여대/99.동국대

n. (수·양·인구의) 급증, 팽창, (가격의) 급등; 볼록한 것
v. (~으로) 가득 차다[with], 불룩하다; 툭 튀어 나오다
- a bulge in the population 인구의 급증
🔵 bloat[blout] 부풀게 하다, 부풀다(=swell) 팽창시키다

1344 swell
[swel]
05.경희대

v. 1. 부풀다, 붓다, 부어오르다[up]
2. 증가시키다[하다], 팽창하다(=expand, distend)
n. 큰 파도; 팽창, 증가
a. 일류의, 대단한, 멋진
- The sprained ankle swelled up badly. 삔 발목이 심하게 부었다.
05.경기대
ⓐ swollen 부푼, 팽창한, 부은(=distended)
🔳 swelled head 자만, 자부

1345 expand
[ikspǽnd]
13.산업기술대/97.행정부7급

vt. 확대[확장]하다, (사업 등을) 확장시키다(=branch out)
vi. 넓어지다, 팽창하다, 확장되다; 부연설명하다
- meet the needs of its expanding population
팽창하는 인구의 수요를 맞추다
16.법원직
ⓝ expansion 확장, 팽창
ⓐ expansive 툭 트인, 광범위한

1346 enlarge
[inláːrdʒ]
16.상명대/07.성균관대

v. 확대[확장]하다(=magnify, augment), 증보하다; 확장되다
- enlarge market size 시장 규모를 확대하다
- enlarge the image 이미지를 확대하다
ⓝ enlargement (사진 등의) 확대, (책의) 증보

1347 dramatic
[drəmǽtik]
16.경기대

a. 1. (변동이) 매우 갑작스러운, 급격한
2. 희곡의, 극적인
- a dramatic drop of nearly 50 percent in the birth-rate
거의 50%에 달하는 출산율의 급격한 하락
12.덕성여대
ⓐⓓ dramatically 극적으로, 급격히
ⓝ drama 희곡, 연극, 극적인 사건

동의어 급증(하다), 폭등(하다), 확산하다

- ☐ **soar** 높이 치솟다, 급상승하다, 폭등하다 🔷 N0998
- ☐ **surge** 급증[급등]하다; 급증, 급등; 쇄도 🔷 R1715
- ☐ **upsurge** 급증, 고조, 쇄도 🔷 R1715
- ☐ **zoom**[zúːm] (비행기의) 급상승, 급등; 급등하다[up]
- ☐ **boom**[búːm] (갑작스러운) 인기, 붐; 급격한 증가
  - **booming** 경기가 좋은, 호황의
- ☐ **rocket**[rάkit] 로켓; 치솟다, 급등하다; 급부상하다
- ☐ **skyrocket**[skáirὰkit] 갑자기 높이 날아오르다; 급등하다
- ☐ **shoot up** 마구 쏘다; (가격이) 급등[폭등]하다 🔷 I05508
- ☐ **sharp upturn** (경기 등의) 급상승

동의어 부풀어 오르다, 팽창하다

- ☐ **inflate** (공기·가스 등으로) 부풀게 하다 🔷 R1782
  - **inflation** 인플레이션, 통화 팽창; (물가 등의) 폭등
  - cf.**deflation** 통화 수축, 디플레이션
    - **reflation** 통화 재팽창, 경기부양
- ☐ **puff up** 부풀어 오르다; 우쭐대다
- ☐ **turgid** 부어 오른, 부푼; (문체 등이) 과장된 🔷 R0671
- ☐ **tumid** 부어 오른, 비대한; 과장된 🔷 R0670
- ☐ **billow**[bílou] (바람에 치마 등이) 부풀어 오르다; (연기가) 피어오르다; 큰 물결, 파도

동의어 넓히다; 확장(하다), 확대(하다)

- ☐ **dilate** (동공과 같은 신체를) 확장시키다, 확장되다 🔷 N0919
- ☐ **distend** (내부 압력에 의해) 팽창시키다, 넓어지다 🔷 R1311
- ☐ **extend** (철도·기간 등 길이를) 연장하다, 늘이다 🔷 N0692
  - **extension** 연장, 확장; 연기, 유예 🔷 D0385
- ☐ **spread out** 퍼지다; (사업 등의) 범위를 넓히다 🔷 I00313
- ☐ **branch out (into)** (새로운 분야로) 확장하다 🔷 I00314
- ☐ **magnify** (렌즈 따위로) 확대하다 → 과장하다 🔷 R2361
  - **magnification** 보다 크게 보는 것, 확대, 과장
- ☐ **aggrandize** (범위·크기를) 확대하다 → 과장하다 🔷 R2363

1351 plummet
[plʌ́mit]
14.한양대/09.경기대
07.성신여대/06.보험계리사

vi. (인기·물가 등이) 곤두박질치다(=plunge, take a nosedive)
n. 급락, 폭락
- Share prices plummeted for several days. 주가가 며칠간 곤두박질했다.
🔵 plunge 떨어지다, 추락하다 ⊃ NO884
12.지방직9급(하),사회복지9급
🔳 take a nosedive / go into nosedive 급감하다, 폭락하다
09.경기대
(=plummet)

1352 slump
[slʌmp]
14.항공대/01-2.고려대

n. (가치·수량·가격 등의) 폭락; 불황; 슬럼프
vi. 급감[급락, 폭락]하다; 푹 쓰러지다
- the global economic slump 글로벌 경제 불황
- be in a slump 부진의 늪에 빠지다
🔵 doldrums[dóuldrəmz] 열대 무풍대; 침체기, 정체기; 침울
- The economy is in the doldrums. 경제가 침체기에 빠져 있다.

동의어 하락하다, 급락하다

- ☐ **fall** (일반적으로) 떨어지다, 하락하다, 붕괴하다 🔷 I105
- ☐ **decline** (물가 등이) 떨어지다, 하락하다 🔷 N0120
- ☐ **drop** (갑자기) 떨어지다, 가격이 하락하다 🔷 I106
- ☐ **collapse** 붕괴되다, 실패하다; 폭락하다 🔷 N0728
- ☐ **tumble**[tʌ́mbl] 넘어지다, (가격이) 폭락하다
- ☐ **dip** (가격 등이) 일시적으로 감소하다

1353 hiccup*
[híkʌp]
08.고려대

n. 1. (주식 시세의) 일시적 하락; 약간의 문제(=disruption)
2. 〈의성어〉 딸꾹, 딸꾹질 *히껍
• a recent sales hiccup 최근의 판매량 급감
• a slight financial hiccup 약간의 재정적 문제

1354 flounder
[fláundər]
16.서울시7급/06.한성대
04.법원행시

vi. (어쩔 줄 몰라서) 허둥대다; (곤경에) 허우적대다
n. 〈물고기 이름〉 도다리
• flounder in mud 진흙탕 속에서 허우적대다
• The country's economy is floundering and the future is uncertain.
그 나라의 경제는 허우적댔고 미래는 불확실했다.

1355 crash
[kræʃ]
97.덕성여대

v. 1. 때려 부수다; (차가) 충돌하다; 부서지다
2. 실패하다; 추락하다; 와르르 무너지다
n. 큰 음향; 충돌; 추락; 파산
• crash on the sofa 소파에 털썩 주저앉다
• survivor at the crash 추락사고의 생존자
➡ clash[klæʃ] 쨍 울리다, 큰소리를 내며 충돌하다; 무력 충돌

1356 debacle
[deibáːkl]
17.단국대/13.숙명여대
08.세무직9급/02~2.경기대

n. 1. 대실패; (정부의) 붕괴(=disruption); (시장의) 폭락
2. 대재해; 대홍수, 산사태
• debacle of the dynasty 왕조의 붕괴
• a complete debacle 완전한 실패

1357 failure
[féiljər]
07.덕성여대

01.전남대

n. 1. 실패, 실패작; 불이행
2. 고장, (신체 기능의) 부전
3. (기업의) 도산, 파산; 낙제
• Failure to follow these installation instructions will invalidate
your guarantee.
이 설치 안내서를 따르지 않으면 보증서는 무효가 됩니다.
• after repeated failures and frustrations 반복된 실패와 좌절 후에
Ⓥ fail 실패하다, 낙제하다[시키다]; 게을리 하다; 도산하다, 고장나다
• fail in the exam 낙제하다
➡ flunk[flʌŋk] (시험 등에) 실패하다, 낙제제[시키]다(=fail)

1358 fiasco
[fiǽskou]
02~2.명지대

n. (연극 · 연주 등에서의) 큰 실수; 대실패(=an utter failure)
• end in a fiasco 대실패로 끝나다

1359 gaffe
[gæf]
15.중앙대/13.홍익대

15.중앙대

n. 1. (문법적) 실수(=mistake, solecism)
2. (사교상의) 결례, (부주의한) 실수(=blunder, slip, bungle)
• make a gaffe 실수를 하다
➡ solecism[sɑ́lisizm] (말 · 글에서의) 실수(=gaffe)
faux pas (사교적인 자리에서의) 무례, 실례
➡ blow the gaff 비밀을 무심코 누설하다

표 현	악화되다, 나빠지다 ↔ 호전되다, 나아지다

☐ make worse 악화되다
☐ go bad 썩다, 나빠지다
☐ go from bad to worse 점점 더 악화되다
☐ grow worse and worse 더욱 나빠지기만 하다
☐ look up (물가 등이) 오르다; 방문하다
☐ pick up 경기가 좋아지다; 사람을 도중에서 태우다
☐ become[get] better 좋아지다, 나아지다
☐ take a favorable turn 호전되다

표 현	실패하다

☐ break down 고장 나다, 몰락하다, 실패하다 ☒ I09501
☐ fold up 쓰러지다, 망하다 ☒ I00702
☐ fail in ~에 실패하다
☐ fall through 실패로 끝나다, 수포로 돌아가다 ☒ I10504
 = come to grief / end in failure
☐ fall down on the job 제대로 일을 안 하다, 실패하다
☐ fall flat (on one's face) (계획 따위가) 완전히 실패하다
 = fall to the ground
☐ cook sb's goose (좋은 기회 등을) 망치다

테 마	실패와 성공

■ downfall 급격한 낙하 → 몰락, 멸망, 실패
☐ flop 털썩 주저앉다 → (책 · 연극 · 영화 등의) 실패작
☐ disaster 재난, 재앙 → 끔찍한 실패(작)
■ success 성공, 합격, 출세; (파티 · 연극 등의) 대성공
☐ coup 쿠데타 → 대히트, 대성공, 큰 인기
☐ smash hit (책 · 흥행 · 배우 등의) 대성공, 큰 히트
☐ self-made 자력으로 입신출세한; 자기가 만든
☐ sleeper 예상외로 (갑자기) 성공한 사람[연극, 영화, 책]

테 마	잘못, 실수, 실책, 과오

☐ error 잘못 · 실수를 나타내는 일반적인 말
☐ mistake 기준에서 벗어난 오류나 판단의 잘못
☐ lapse 부주의에 의한 가벼운 실수 ☒ N0880
☐ blunder 큰 실수, 어리석은 실수 ☒ N0727
☐ slip 미끄러짐 → 실수 ☒ R1251
☐ miscarriage 실패, 실수; 유산; 배달 착오
☐ screwup 중대한 실수, 실책
☐ flop[flap, flɔp] 탈썩 주저앉음; 〈구어〉 실패, 실패작
☐ prattfall [prǽtfɔ̀l] 엉덩방아 → 겸연쩍은 실패[실수]
☐ muff[mʌf] 야구에서 공을 놓치기 → 실수, 실책

1361 recoil
[rikɔ́il]
06.건국대
96.고려대학원

vi. 1. (무서운 것을 보고) 움찔하다[흠칫 놀라다], 움츠려 들다
2. 반동하다, (행위가 자신에게) 되돌아오다
n. 되튐, 반동; 위축(=shrink)
• recoil at the sight of the snake 뱀을 보고 움찔하다
⊞ coil[kɔil] 똘똘 감다; (뱀이) 똬리를 틀다; 고리, 코일

1362 wince
[wins]
10.이화여대

vi. 움찔하고 놀라다; 주춤하다; 꽁무니를 빼다[at]
• wince in pain 고통에 움찔하다

1363 taper
[téipər]
08.경기대
14.한양대

v. 점점 가늘어지다[게 하다][off](=narrow); 점점 작아지다
• Immigration began to taper off slowly.
이민자수가 서서히 줄어들기 시작했다.
⊞ peter out 점점 작아지다, 흐지부지되다

1364 lower
[lóuər]
93.인제대

v. 낮추다, 줄다(=reduce), (가치·힘·체력 등을) 떨어뜨리다
• lower blood pressure 혈압을 낮추다

동의어　수축(하다), 위축(되다)

☐ shrink 오그라들다, 움츠러들다, 뒷걸음치다 ☒ N0917
☐ contract (근육을) 수축시키다, 축소되다 ☒ N0482
　- contraction (근육 등의) 수축, 축소
☐ shrivel[ʃrivəl] 주름지다, 오그라들다, 줄어들다; 시들다
　- shriveling 열이나 추위 등으로 주름이 지는 것
☐ diffidence 자신이 없음, 수줍음

뉘앙스　줄이다, 단축하다, 삭감하다

☐ diminish ☒ N0354 / decrease ☒ R1701 /
　lessen ☒ S0732 줄다, 줄이다
☐ shorten 짧게 줄이다, 단축하다 ☒ T1444
☐ reduce (일반적으로) 양을 적게 만들다 ☒ N0118
☐ abbreviate (보통 단어나 구를) 줄여 쓰다 ☒ R2027
☐ abridge (책 등을) 요약하거나 축소하다 ☒ N0628
☐ curtail (주로 정해진 일정보다) 단축해서 끝내다 ☒ N0117
☐ abate (안 좋은 것이) 완화되다, (비가) 잦아지다 ☒ N0588
☐ let up (폭풍우 등이) 가라앉다 ☒ I11104
☐ alleviate (고통 등을) 완화하다, 경감하다 ☒ N0012
☐ retrench (비용 등을) 절감하거나 긴축하다 ☒ R1087
☐ cut down / cut back on (양이나 비용을) 줄이다 ☒ I09309
☐ slash (대폭적으로) 줄이다; 난도질하다
☐ trim (주로 불필요한 부분을) 없애서 다듬다 ☒ T1424
☐ dwindle 점차 감소하다, 위축하다 ☒ N0119
☐ drop off 차츰 없어지다; 쇠약해지다 ☒ I10602
☐ attenuate 약화시키다, 가늘게 하다; 묽어지다 ☒ N0600

1371 reengineering
[riːendʒiniəriŋ]
00.공인회계사

n. 조직 재충전, 리엔지니어링
• Reengineering is the radical redesign of an organization's processes,
especially its business processes.
리엔지니어링은 조직의 업무처리, 특히 사업과정의 근본적인 재설계이다.

1372 shakeout
[ʃéikàut]
14.고려대

n. 기업의 구조조정, (조직의) 대대적인 개혁; 주식의 폭락
• an economic shakeout 경제 개혁
⊞ shake out (먼지 등을) 털다

⊞ downsizing 소형화; (기구 등의) 축소; (대폭적) 인원 삭감
　- downsize 소형화하다; 인원을 대폭 축소하다
　workout 기업의 회생작업
　walkout 〈미·구어〉 동맹파업(=strike); (회의 등에서의) 항의성 퇴장
　- walk out (항의하고) 퇴장하다; 동맹 파업하다

1373 sack
[sæk]
07.세무사

n.vt. 1. 해고; 해고하다(=fire)
2. 약탈; 약탈하다
3. 봉지, 자루; 침낭, 잠자리
⊞ get[have] the sack 〈구어〉 해고당하다, 파면되다
　hit the sack 〈속어〉 잠자리에 들다, 자다
⊞ fire 해고하다
• You are fired. 넌 해고야!
- get fired 해고되다
get the ax(e) 해고당하다 ⊃ I038O1

테 마　경제적 위기와 도산

경기가 boom 호황일 때에는 잘 나가던 기업도 depression,
recession 불경기 또는 slump 경기침체가 장기화되거나
financial panic 금융공황이 발생하게 되면 경제적 어려움을 겪게
됩니다. mortgage loan 담보부 채무를 redemption 상환하
지 못하여 collateral 담보물을 잃기도 하고, 발행한 bill, draft 어
음이 bounced 부도처리되면서 bankruptcy, insolvency
파산을 선언하고 liquidation 청산절차에 들어가기도 합니다. 국가
가 경제적 어려움을 겪는 경우에는 moratorium 지불유예를 선언
하기도 하고 IMF에 bailout 구제 금융을 신청하기도 합니다.

동의어　해고; 해고하다, 해고당하다

■ redundancy 〈영〉 잉여 인원; 일시 해고 ☒ D0125
☐ dismiss 해고하다, 내쫓다, 해산시키다 ☒ N0132
☐ discharge 해고하다, 제대시키다 ☒ R2381
☐ oust (다른 사람을 대신 앉히기 위해) 내쫓다 ☒ T0602
☐ furlough (조업 단축 등에 의한) 일시 해고; 일시 휴가
■ lay off (일시) 해고하다 ☒ I04604
☐ kiss off 해고하다 ☒ I00508
☐ kick out 해고하다 ☒ I10103
☐ turn off 해고하다 ☒ I06602
☐ turn away / turn out 해고하다 ☒ I06604 / I06618
☐ let out / let go of 해고하다 ☒ I11102 / I11109
☐ give the bucket[kick/boot/gate/chuck] 해고하다
■ get the bucket[kick/boot/gate/chuck/hook
/hoof] 해고당하다
☐ get a pink slip 해고당하다
☐ get the brush off 해고당하다
☐ get one's time 내쫓기다, 해고당하다

1374 combine
[kəmbáin]
11.동덕여대/02.한성대
93.연세대학원
05.고려대
11.동덕여대

v. 1. (하나의 단일체로) 결합하다[결합되다](=cement)
2. 합병하다(=merge)
• Neon is an element which does not combine readily with any other element. 네온은 다른 원소들과 쉽게 결합되지 않는 원소이다.
ⓝ combination 결합(=amalgam), 조합
ⓢ cement[simént] 시멘트; 접합하다(=combine), (우정을) 굳게 하다

1375 mingle
[míŋgl]
95.연세대학원/97~2.인하대
17.가천대
11.동덕여대
06.공인노무사

vt. (두 가지 이상의 것을) 섞다, 혼합하다(=blend, mix)
vi. 교제하다, 어울리다[with](=interact)
• mingle history and fiction 역사와 허구를 혼합하다
• mingle with dishonest people 부정직한 사람과 어울리다
ⓟ intermingle 섞다, 혼합하다
commingle[kəmíŋgl] 혼합하다, 합치다
ⓢ blend[blénd] 섞다, 혼합하다(=mix); 섞이다; 혼합물
mix 섞어서 만들다, 혼합하다(=intersperse)
- mixture (서로 다른 것들이 섞인) 혼합물(=conglomeration)

1376 splice
[splais]
05.가톨릭대

vt. 1. 합쳐 이어 붙이다, 접합하다, 합성하다(=join)
2. 〈구어〉 결혼시키다
• image splicing 이미지 합성
ⓟ split 쪼개다, 분리시키다; 분리하다, 분배하다

1377 melange
[meilά:nʒ]
15.중앙대

n. (여러 가지의) 혼합물, 잡탕(=concoction)
• a marvellous melange of different sounds
여러 가지 소리의 놀랄만한 혼합

1378 synopsis
[sinάpsis, -nɔ́p-]
03~2.세종대/86.사법시험

n. 개요, 대의, 줄거리(=outline of the plot); 일람(표)
• a synopsis of the movie 영화의 줄거리
ⓐ synoptic 개요의, 대의의

1379 cull
[kʌl]
16.서강대

vt. (꽃을) 따다; 추려내다, 발췌하다
n. 추림, 선택; (pl.) (폐품·열등품으로) 추려낸 것
• cull from various examples 다양한 사례로부터 발췌하다
ⓔ curl[kə́ːrl] 곱슬곱슬하게 하다

동의어 융합; 결합, 연결

■ 융합: 둘 이상이 합쳐서 구분이 안 될 정도로 녹아 든 상태
☐ blend / mix 물질을 서로 뒤섞다, 혼합하다 ◀▥
☐ fuse 녹이거나 용해시켜서 하나로 만들다 ◘ D0765
☐ amalgamate 회사 등이 합쳐서 더 큰 회사가 되다 ◘ D0702
☐ merge 두 개가 합쳐서 구분이 안 되게 융합되다 ◘ N0282
■ 결합: 둘 이상의 것을 결합하여 새로운 하나의 것으로 만듦
☐ unite 결합하다, 합치다, 통합하다; 결속시키다
☐ join 결합하다, 맞붙이다, 접합하다, 연결하다
☐ combine 결합시키다; (사람·회사 등을) 합병시키다 ◀▥
☐ connect 연결하다, 잇다, 결합하다, 접속하다
☐ link 연결[연접]하다, 잇다

동의어 줄거리, 요약

☐ summary (핵심 요점만 서술한) 개요, 요약 ◘ R2365
☐ epitome (문학작품 등의) 줄거리, 발췌, 요약 ◘ N0422
☐ precis (보고서 등의 핵심만 추려낸) 요약, 개략 ◘ R1082
☐ compendium (특정 주제에 대한) 개요, 적요 ◘ R0254
☐ abstract 필요한 부분만을 뽑아낸 초록, 발췌 ◘ R1335
☐ conspectus (전체적인 시각을 보여주는) 개관 ◘ R0734

▌138 [테마] 산업활동과 마케팅

1381 bellwether
[belwéðər]
08.중앙대
08.중앙대
10.성신여대/07.국가직7급

n. 방울 단 길잡이 숫양 → (산업계의) 선두자, 주도자
• the bellwether of the Korean economy 한국 경제의 선두 주자
ⓟ wether[wéðər] 거세한 숫양
ⓟ tycoon[taikúːn] 실업계의 거물 *일본의 대군(大君)이라는 말에서 유래
ⓟ topnotch 최고점; 일류의, 훌륭한(=excellent)

1382 hub
[hʌb]
12.서강대/95.세종대

n. (바퀴 등의) 축, 활동의 중심(=center, core, heart)
• a hub of industry 산업의 중심지
• a financial and logistics hub of Northeast Asia
동북아의 금융과 물류의 중심지

1383 turnover
[tə́ːrnóuvər]
07.세무직9급/97.경남7급

n. 1. (상점의 재고) 회전율; (기업의) 총매상고
2. (기업의 직원) 이직률; 재편성
• a fast turnover of stock 빠른 재고 회전율
• quite a high turnover of staff 높은 이직률
ⓟ turn over 뒤집어엎다, 양도하다, 숙고하다 ➔ IO6612
ⓟ rev[rév] 1. 회전 속도를 올리다; (생산력을) 증가시키다
2. 향상시키다[up]
• rev up the stagnant economy 침체된 경기를 활성화시키다

으뜸과 버금

☐ 으뜸, 일류, 최고 the top, the head, the best, the first
☐ 버금, 2류, 2등 the next, the second
☐ keynote 으뜸음(=tonic); 주음; 요지, 기조, 원칙
☐ first class 1급, 제1류, 1등(=first rank, first grade)
- first-class 최고급의, 일류의; 〈구어〉 굉장히 좋은
☐ nonpareil[nὰnpəréil] 둘도 없는 것; 극상품; 비할 데 없는
☐ prime 제1의, 주요한; 으뜸가는 ◘ R2041
☐ supreme (정도·품질 등이) 최고의, 최상의 ◘ P0143
☐ runner-up (경기, 경쟁의) 차점자, 2등한 사람
☐ tertiary[tə́rʃièri] 제3의, 세 번째의(=third)

생산고, 산출량

☐ product 생산(고), (총)생산[산출]량
• GDP(gross domestic product): 국내총생산
• GNP(gross national product): 국민총생산
☐ output 생산고, 산출량 ↔ input 투입량, 입력
☐ turnout 생산액, 생산고
☐ fruit (pl.) 생산물, 산물, 결과

1384 trade
[treid]
13.서울시7급

n. 1. 거래, 무역
• FTA 자유 무역 협정(Free Trade Agreement)
2. 사업, 영업; 직업; (특정) 업계
• Two of a trade seldom agree. 같은 장사끼리는 화합이 안 된다.
• Jack of all trades, and master of none.
무엇이든지 다 할 수 있는 사람은 뛰어난 재주가 없다.
v. 1. 거래하다, 교역[교환]하다[with]
2. (부당하게) 이용하다, 악용하다[on](=abuse)
• trade on the credulity of the public 대중의 맹신을 이용하다
ⓝ trader (일반적으로) 상인, 무역업자
16.건국대/12.지방직7급
🔤 tradeoff 교환, 맞바꾸기; 균형

1385 barter
[báːrtər]
06.명지대

v. 물물교환하다, 교역하다(=exchange)
n. 물물교환
• barter system of trading objects for other objects or services
어떤 물건을 다른 물건이나 용역과 교환하는 물물교환
🔤 barter system 물물교환제도, 구상무역

1386 banner
[bǽnər]
05.동아대

a. 우수한(=very good), 주요한, 일류의, 대성공의
n. 1. 기(旗)(=flag), 광고용 현수막, 인터넷 배너광고
2. (정치, 종교적인 주장의) 기치
• a banner year of my life 내 인생에서의 최고의 해
• under a banner of peace 평화라는 기치 아래

1387 flaunt
[flɔːnt]
07.중앙대/05.노동부7급
04.입법고시

v. (부ㆍ지식 등을) 과시하다, 자랑하다(=boast)
• In New York, the rich flaunt their wealth while the poor starve on the streets.
뉴욕에서 부자들은 자신들의 부를 과시하는 반면에 가난한 사람들은 길거리에서 굶어죽는다.
🔤 vaunt[vɔːnt] 자랑하다(=boast), 장점을 치켜세우다
* make a vaunt of ~을 자랑하다(=make boast of)

00.행.외시
99.세종대
93.기술고시
06.경북 9급
06.경북9급/01.계명대
98.계명대

13.경희대

🔲 boast about ~에 대해 자랑하다
= brag about / make brag of ~을 자랑하다(=make boast of)
= blow one's own horn 자랑하다(=brag about), 떠벌리고 다니다
= blow one's own trumpet 자화자찬하다(=boast of one's work)
= toot one's own horn 자기자랑을 하다, 허풍을 떨다
= plume oneself on(upon) ~을 자랑하다, 뽐내다(=pride oneself on)
= pride oneself on ~을 자랑하다(=be proud of, take pride in)
= take pride in ~을 자랑하다, 긍지를 가지다(=be proud of)
= drum up 지지를 얻으려고 애쓰다, 선전하다

테 마 독점, 전매

🔲 monopoly 독점(권), 전매(권) ➡ P0585
🔲 franchise 독점 판매권, 체인점 영업권; 참정권 ➡ R0284
🔲 proprietary (상품이) 특정인(회사)만 만들고 팔 수 있는 ➡ R0023
🔲 forestall 매점(買占)하다, (매점ㆍ매석으로) 시장 거래를 방해하다 ➡ R0168
🔲 exclusive 독점적인, 배타적인 N0031
🔲 antitrust 독점 금지의, 트러스트 반대의 R2291

테 마 국가 간의 무역관련 용어

🔲 trade agreement 무역 협정
🔲 FTA(Free Trade Agreement) 자유무역협정
↔ protective trade 보호무역
🔲 impose a tariff 관세를 부과하다
• retaliative tariff 보복관세 • tariff barrier 관세장벽
🔲 trade deficit 무역 적자 ↔ trade surplus 무역 흑자
🔲 safeguard 긴급 수입 제한 조처 ➡ R1393
🔲 reciprocal ➡ N0429/ mutual ➡ N0430 상호간의

테 마 광고와 홍보의 방법

🔲 advertisement 광고(略. Ad) ➡ R0550
🔲 publicity 홍보[광고(업) ➡ R1953
🔲 propaganda (허위나 정치적 주장의) 선전 ➡ D0831
🔲 promotion 판매 촉진, 판촉(상품) ➡ D0256
🔲 marketing 마케팅(상품의 기획에서 판매까지의 전 과정)
🔲 commercial 라디오나 TV를 통한 광고방송 *cm송 ➡ R2280
🔲 obituary (신문 등에 내는) 사망 광고, 부고 ➡ R0394
🔲 placard 플래카드, 벽보, 포스터
🔲 banner 기(旗), 광고용 현수막, 인터넷 배너광고 ◀▥
🔲 billboard (보통 옥외의 커다란) 광고판
🔲 signboard (상점 앞에 거는) 간판
🔲 promotional flyer 홍보용 전단지

1391 coinage
[kɔ́inidʒ]
13.중앙대

n. 1. 동전들, 주화; 화폐 주조
2. (어휘 · 낱말 등의) 신조어(=neologism)
• the issue of coinage 주화의 발행

1392 penny-pinching
[pénipintʃiiŋ]

a. 돈 한 푼에도 벌벌 떠는, 구두쇠의
• a penny-pinching miser 돈 한 푼에 벌벌떠는 구두쇠
ⓥ pinch pennies 지출을 최대한 줄이다
ⓥ pinch 꼬집다. 집다; 위기 곤란
* feel the pinch 경제적 곤경에 빠지다

> 🅿 penny[péni] 1페니(영국의 화폐로서 1/100파운드)
> - penniless 무일푼의
> • I have not a penny to my name. 땡전 한 푼 없다.
> dime[dáim] (미국의) 다임, 10센트 동전; 한 푼
> • a dime a dozen 흔해 빠진 평범한; 헐값인
> • turn on a dime (차가) 급커브를 돌다
> buck[bʌk] (미 · 속어) 달러; 수사슴
> • make a fast buck 손쉽게 돈을 벌다

1393 property
[prɑ́pərti, prɔ́-]
07.가톨릭대/04-2.동국대
96.세무사

n. 1. 재산, 자산(=asset, patrimony): 부동산
2. 속성, 특성
• I will relinquish my claims to this property.
나는 이 재산에 대한 나의 권리를 포기할 것이다.
🅴 estate 소유지, 사유지; 재산(=properties), 재산권

1394 tax
[tæks]

n. 세금
vt. 과세하다; (육체적, 정신적으로) 힘들게 하다
• The kids are really taxing my patience today.
그 아이는 오늘 나를 정말 힘들게 하고 있다.
• income tax 소득세 • property tax 재산세
• value added tax 부가세 • tax-free 면세

1395 invest
[invést]

v. 1. (수익을 위해) 투자[출자]하다
2. (시간 · 노력 등을) 투자하다
• Mutual funds provide an easy way for people to diversify their investment.
뮤추얼펀드는 사람들에게 투자를 다각화할 수 있도록 해준다.
ⓝ investment 투자, 투자액
investor 투자자

1396 hedge
[hedʒ]
11.고려대

n. 1. 울타리; 경계
2. (손실에 대한) 방지책[against]; 양다리 걸치기, 연계매매
v. 울타리를 치다; 에워싸다; 한정하다; 연계매매하다
• hedge fund 국제 증권 및 외환 시장에 투자해 단기 이익을 올리는 민간투자자금

1397 stipulate
[stípjulèit]
12.성신여대/08.서울여대

vt. 약정하다, (계약서 등이) ~을 규정하다(=set down)
• The will does stipulate that you must wait until you are thirty years old to receive the money. 유언장에는 네가 그 돈을 받으려면 서른 살이 될 때까지 기다려야 한다고 명시되어 있다.
ⓝ stipulation 계약조항, 규정
🅸 set down (규정을) 적어두다. (원칙, 규칙으로) 정하다 ⊃ IO45O3

1398 budge
[bʌdʒ]
00-2.강남대/96.서울대학원

v. 1. 〈부정문에서〉 (태도 · 의견 등을) 바꾸다(=yield)
2. 〈부정문에서〉 (문 등이) 약간 움직이다
* not budge an inch 조금도 양보하지[물러서지] 않다
• She won't budge an inch on the issue.
그녀는 그 사안에 대해서 한 치도 생각을 바꾸려 하지 않았다.
🅿 pudge[pʌdʒ] 땅딸막한 사람[동물]

☐ **currency** 통화, 화폐; (화폐의) 유통, 통용
   - **current** (화폐 등이) 통용하는, 유통되고 있는 🔗 R0429(1)
☐ **cash** 현금, 현찰; 현금 거래의; 현금 결제의
   - **cashier** (은행 따위의) 출납계
☐ **bill** 지폐, 약속어음; 계산서, 청구서 🔗 T0727
☐ **draft** (은행이 발행한) 어음 🔗 R1347
☐ **money order** 우편환
☐ **check** 〈미〉 수표(영: cheque)
   - **traveler's check** 여행자 수표
   - **bounced check** 부도 수표(=rubber check, bad check)
   - **forged check** 위조 수표(=bogus check)
☐ **certificate of deposit** 양도성 예금증서(CD)
☐ **voucher** 상품권, 할인권 🔗 R1018
☐ **treasury** (영 · 미국의) 재무부
   - **treasurer** 회계담당자
   - **treasure** 보물, 대단히 귀중한 것
☐ **numismatics** 화폐[고전]학
   - **numismatist** 화폐연구기금 동전수집가
☐ **mint** 조폐국; 화폐를 주조하다; 〈구어〉 거액, 다량
   - **mintage** 화폐 주조 🔗 R2280

☐ **invest** "돈 · 자본을 투자하다"의 일반적인 말 ◀▦
☐ **speculation** 가격 폭등을 노린 주식 · 토지 등에 투기 🔗 R0744
☐ **venture** 사업에서 금전상의 위험을 무릅쓴 행위 🔗 R0371
☐ **bet** "돈을 걸다, 내기를 하다"의 일반적인 말
☐ **gamble** 노름이나 도박 등의 사행성 투기
   - **gambler** 노름꾼
☐ **wager** 경마 등에 돈을 걸고 내기를 하다(=bet) 🔗 T1015
☐ **stake** 말을 매는 말뚝 → (경마 등의 내기에) 건 돈 🔗 R0195
☐ **gamester** 도박꾼, 노름꾼(=gambler)

☐ **agreement** 일치, 합의, 협정 🔗 S0851
☐ **contract** (서면으로 된) 계약(서) (가장 일반적임) 🔗 N0482
☐ **covenant** (금전을 지불하기로 한) 약정, 계약 🔗 R0370
☐ **compact / pact** (국가나 개인의) 공식적 계약, 협약 🔗 R0362
☐ **accord** (조직이나 국가 간의 공식적인) 협정, 조약 🔗 R1893
☐ **convention** (국가 간의 공식적인) 조약, 협약 🔗 D0192
☐ **treaty** (국가 간의 공식적인) 조약, 협정 🔗 T1160
☐ **entente**[ɑːntɑ́ːnt] (두 국가 간의) 우호 조약
☐ **concordat** (교황과 국왕 · 정부간의) 정교협약
☐ **modus vivendi** 잠정협정; 생활방식
☐ **stipulation** 계약의 조항, 명문화된 조건 ◀▦
☐ **terms and conditions** 거래조건 🔗 D0051
☐ **proviso** (법률이나 조약의) 단서조항 🔗 R0756
☐ **escape clause** 면책 조항, 예외 조항

▌140 [테마] 우주와 지구

1401 comet
[kάmit, kɔ́-]
15.인하대

n. 혜성
- A comet is a bright object with a long tail that travels around the sun.
  혜성은 태양의 주변을 도는 긴 꼬리를 가진 밝은 물체이다.

🔳 **planet**[plǽnit] 행성
- A planet is a large, round object in space that moves around a star.
  행성은 별 주변을 도는 우주상의 크고 둥근 물체이다.

1402 meteorologist
[mìːtiərάlədʒist]
14.숭실대

n. 기상학자
- A meteorologist is a person who studies the earth's atmosphere to predict weather conditions.
  기상학자는 기상 상태를 예측하기 위해 지구의 대기를 연구하는 사람이다.
ⓝ **meteorology** 기상학, 기상
🔳 **meteor**[míːtiər] 유성(=meteorite); 화려하게 나타났다 금방 사라지는 사람[것]
  - **meteoric** 유성의; 대기의
🔳 **astronomer** 천문학자 ⊃ NO591

1403 crater
[kréitər]
16.인하대

n. (화산의) 분화구; (운석이 떨어져 생긴) 구멍
  • a meteorite crater 운석이 떨어져 생긴 큰 구멍
  • a volcanic crater 화산 분화구

1404 ebb
[eb]
16.한양대

n. 썰물, 간조; 감퇴
vi. 빠지다; 썰물이 되다; 약해지다
  • the ebb and flow of the tide 썰물과 밀물
🔳 **at a low ebb** 쇠퇴기인(=in a bad or inactive state) ⊃ IO16O5
🔳 **flow** 밀물, 밀려들다 cf. the ebb and flow 간만, 썰물과 밀물
🔳 **tide**[taid] 조수, 조류(밀물과 썰물); 파도, 흐름

1405 worldly
[wə́ːrldli]
12.한국외대/10.국민대
07.성균관대/03.입법고시
99.사법시험

a. 이 세상의, 속세의; 세속적인(=secular, mundane)
  • be interested in worldly success 세속적인 성공에 관심을 가지다
  • refrain from worldly passions 세속적인 욕망을 억제하다

1406 ethereal
[iθíəriəl]
14.이화여대

a. (이 세상 것이 아닌) 천상의; 무형의(↔ tangible)
  • her ethereal voice 그녀의 천상의 목소리
🔳 **supernal** 천상의(이 세상의 것 같지 않게 아름다운)

테 마 행성(planet)의 이름

☐ **Mercury** 수성; 수은
☐ **Venus**(=Lucifer) 금성, 샛별(=morning star)
☐ **Earth** 지구
☐ **Mars** 화성 (로마신화의 전쟁의 신)
☐ **Jupiter** 목성(로마신화의 최고의 신)
☐ **Saturn** 토성(로마신화의 농업의 신); 납
☐ **Uranus** 천왕성
☐ **Neptune** 해왕성; 바다, 해양
☐ **Pluto** 명왕성(로마신화의 지옥의 신) *태양계 행성에서 퇴출됨
☐ **solar system** 태양계
☐ **Milky Way** 은하계, 은하수(=Galaxy)

테 마 달과 관련한 표현

☐ 보름달 **full moon**
  ↔ 초승달 **new moon, crescent**
☐ **lunar**[lúːnər] 달의, 태음(太陰)의
  • lunar eclipse 월식
  ↔ **solar** 태양의, 태양에 관한 🔳 R2460
☐ **wane** 달이 이지러지다; (달의) 이지러짐 🔳 N0171
☐ **decrescent** 달이 이지러지는, 하현의 🔳 R1701
  ↔ **increscent** 달이 점점 차는, 상현의

테 마 속세의, 현세의

☐ **mundane** 현세의 세속적인; 일상적인 🔳 N0154
☐ **secular** 이승의, 속세의, 현세의; 비종교적인 🔳 N0478
☐ **earthly** 세속적인; 이승의 🔳 P0470
☐ **terrestrial** 지구의, 지상의; 현세의 *terr(=earth) 🔳 R2190
  cf. **extraterrestrial** 지구 밖의, 외계의
☐ **vulgar** 통속적인, 평범한 🔳 N0909

테 마 하늘·창공·천상(의)

☐ **celestial**[səléstʃəl] 하늘의, 천상의, 천국의; 천사
☐ **heavenly**[hévənli] 천국의
☐ **firmament**[fə́ːrməmənt] 창공, 하늘
☐ **welkin**[wélkin] 하늘, 천국
☐ **empyrean**[èmpiríːən] 신들이 사는 최고로 높은 하늘
☐ **azure**[ǽʒər] 푸른 하늘; 하늘빛의(=sky-blue)
☐ **skyscraper**[skάiskrèipər] 마천루, 초고층 빌딩 *하늘을 긁는 것

▌141 [테마] 동물

1411 nomenclature
[nóumənklèitʃər]
⊃ RO934

n. (분류학적인) 학명, 명칭, 명명법
  • the nomenclature of woody plants 목본의 학명

■ 생물의 분류체계
species 종(種) 〈 **genus** 속(屬) 〈 **family** 과(科) 〈 **order** 목(目) 〈 **class** 강(綱) 〈 **phylum** 문(門) 〈 **kingdom** 계(界)

테 마 생물의 분류

☐ **classification** 분류법, 범주, 유형 🔳 N0546
☐ **taxonomy** 분류학, 분류 체계 🔳 R1098
☐ **appellation** 명칭, 호칭, 통칭, 명명
☐ **botany** 식물학 **botanist** 식물학자
☐ **zoology** 동물학 **zoologist** 동물학자

1412 cetacean*
[sitéiʃən]
14.중앙대

n. 고래목의 동물; 고래목의
- Cetacean are animals such as whales, dolphins, and porpoises.
고래목의 동물은 고래, 돌고래, 그리고 작은 돌고래 같은 동물이다.

1413 fauna
[fɔ́ːnə]
12.경희대

n. (특정 지역의) 동물군
- the flora and fauna of the African jungle 아프리카 정글의 동식물
🔗 flora[flɔ́rə] (특정 지역의) 식물군

1414 larva
[lɑ́ːrvə]
12.경희대

n. 애벌레, 유충
- The butterfly life cycle has four stages: egg, larva, pupa and adult.
나비의 생태주기는 4단계로 이루어져 있는데, 알, 유충, 번데기, 성충이 그것이다.
ⓐ larval 애벌레의, 미숙한
🔗 lava[lɑ́və] 용암
🔗 pupa[pjúːpə] 번데기

1415 motley*
[mɑ́tli, mɔ́t-]
02-2.세종대

a. 1. 잡색의, 얼룩덜룩한
2. 혼성의; 잡다한(↔ homogeneous)
- a motley crew 오합지졸, 온갖 사람이 모인 것
ⓐ mottled 잡색의, 얼룩덜룩한
06.중앙대
🔗 variegated[vέəriəgèitid] 잡색의, 얼룩덜룩한(=varicolored)
02-2.한성대
🔗 intermarry (다른 종족과) 결혼하다; 근친결혼을 하다
miscegenation 다른 종족간의 (특히 흑백간의) 결혼; 혼혈

1416 clone
[kloun, klɔn]
07.한성대

vt. (생물 등을) 복제하다(=duplicate)
n. 복제 생물[인간]
- try to clone a human 인간 복제를 시도하다
🔗 crone[kroun] 쪼그랑할멈

1417 tame
[teim]
04.서울시9급/00.서울여대

vt. 길들이다(=domesticate, break in)
a. (짐승 등이) 길들여진
- tame a wild horse 야생마를 길들이다
🔗 untamed 길들이지 않은, 야생의(=wild); 억제할 수 없는

1418 feral
[fíərəl]
13.서강대

a. (집에서 키우던 동물이) 야생에서 사는(=undomesticated)
- a feral cat 도둑고양이

1419 torpid
[tɔ́ːrpid]
02.행.외시

a. (동물이) 동면하는; 활발치 못한(=lethargic)
- Snakes are torpid all winter. 뱀은 겨울 내내 동면한다.
ⓐ torporific 감각을 둔하게 하는, 마비성의

고급 어휘

☐ scavenger[skǽvindʒər]
　n. 썩은 고기를 먹는 청소 동물; 〈영〉 청소부
　ⓥ scavenge (거리를) 청소하다; 썩은 고기를 찾아 헤매다
　🔗 carrion[kǽriən] 썩은 고기, 죽은 짐승 고기
☐ mane[mein] n. (말이나 사자의) 갈기
☐ quail[kweil] n. 메추라기
　v. 움찔하다, 위축되다[at](=flinch, recoil, wince)
☐ pinion[pínjən]
　n. 깃털(=feather, plumage), 새의 날개; 톱니바퀴
　vt. 양손을 묶다; 속박하다
　- be pinioned against the wall 담벼락에 묶이다
☐ molt/moult[moult]
　v. (새나 동물 등이) 털갈이 하다, 허물을 벗다
☐ perch[pərtʃ]
　n. (새의) 횃대(=roost); 〈구어〉 안전한 지위
　v. (새가) 앉다; 자리 잡다[on]
☐ muzzle[mʌzl]
　n. (개·고양이 등의) 주둥이, 부리; 부리에 씌우는 망
　v. 부리에 망을 씌우다, 입막음하다
☐ proboscis[proubásis]
　n. (코끼리 등의) 긴 코(=long snout)

테 마　동종의 ↔ 이종의

■ homogeneous 동종의, 같은 ▣ N0039
　= similar, same kind, identical
　= kindred, allied, cognate(조상이 같은)
■ heterogeneous 이종의, 다른 ▣ D0039
　= diverse, dissimilar, different, xenogeneic
■ 얼룩덜룩한
☐ speckled[spékld] 얼룩덜룩한, 반점이 있는
☐ brindled[bríndld] (소, 고양이 등이) 얼룩무늬의
☐ pied[paid] 얼룩덜룩한, 잡색의
☐ piebald[páibɔ̀ːld] 얼룩의, 잡색의; 얼룩말
☐ dapple[dǽpl] 얼룩무늬의; 얼룩지게 하다

테 마　복제하다; 복사하다

☐ reproduce 복사[복제]하다, 번식하다; 재생하다 ▣ R1358
☐ duplicate 복사[복제]하다; 중복되다; 복사본 ▣ N0976
☐ replicate 복사하다, (바이러스가) 자기 복제를 하다 ▣ N0660
☐ copy 사본, 복사본; 복사하다 ▣ T0496
☐ facsimile (원본 그대로의) 복사, 모사전송; 팩스 ▣ R0600
☐ transcribe 베끼다, 복사하다; 등사하다, 번역하다 ▣ R0945
☐ cut and paste 스크랩하여 편집한

테 마　조류

■ poultry[póultri] 가금류(사육하는 조류)
☐ 닭(fowls): hen(암탉) / cock, rooster(수탉) chick, chicken (병아리)
☐ 오리(duck): drake (수오리), duckling (새끼오리)
☐ 칠면조(turkey): turkey cock, gobbler(칠면조 수컷) turkey hen(칠면조 암컷)
☐ 거위(goose): geese(복수형) / gosling (거위새끼)
☐ 알(egg): lay eggs(알을 낳다) brood(알을 품다)
　- spawn 물고기·개구리의 알
■ a bird of prey 맹금
☐ 독수리: eagle, vulture, Accipitridae
☐ 매: hawk, falcon, haggard
☐ 올빼미/부엉이: owl

1421 bloom
[blu:m]

v. 꽃이 피다; 개화시키다; 번성하다
n. (화초의) 꽃
• be in full bloom 꽃이 만발하다

> 🔲 **blossom**[blásəm] (나무의) 꽃; 꽃이 피다
> **sprout**[spraut] 눈, 싹(=shoot); 젊은이; 싹트다; 급속히 성장하다
> **bud**[bʌd] 눈, 꽃봉오리; 자라기 시작하다
> - **budding** 싹트기 시작하는, 신예의(=nascent)
> **mushroom**[mʌʃruːm] 갑자기 성장[발전]하다(=grow quickly); 버섯

03.세종대

테 마 수목, 화초의 일생과 비유적 개념

☐ 싹이 트다[시작, 성장]: burgeon, sprout, bud, germinate
☐ 가지가 뻗다[확장]: branch out
☐ 꽃이 피다[절정, 전성기]: blossom, bloom
☐ 열매를 맺다[과실, 결과]: bear fruit, fructify
☐ 시들다[쇠퇴, 몰락]: wither, droop, wilt, languish
■ **bouquet**[boukéi] 부케, 꽃다발; (포도주의 특별한) 향
☐ **wreath** n. 화환, 화관 • a laurel wreath 월계관
☐ **fructify** (식물, 노력 등이) 열매를 맺(게 하)다

1422 branch
[bræntʃ]
09.96.동덕여대

n. 1. 가지; 가지 모양의 것
2. (강의) 지류(=tributary); (학문의) 분과; 지점(=subsidiary)
vi. (둘 이상으로) 갈라지다
• open a new branch 새로운 지점을 열다
13.산업기술대
🔲 **branch out** (사업을) 확장시키다

테 마 (나무의) 가지

☐ **branch** 가지, 가지 모양의 것; 분과, 지점 ◀━
☐ **bough**[bau] 큰 가지, 주지(主枝)(=large branch)
☐ **limb**[lim] 큰 가지(=bough); 팔다리, 사지; 날개; 분과
☐ **twig**[twig] 잔가지(=sprig); 불현듯 깨닫다
☐ **sprig**[sprig] (요리용) 잔가지; 자손(offspring)
☐ **spray** 1. (장식용) 잎이나 꽃이 붙어 있는 잔가지
　　　　　2. 물안개, 스프레이
☐ **offshoot**[ɔːfʃut] 옆가지, 분파, 파생적 결과
　　• an offshoot of a larger religious organization 큰 종교조직의 분파

1423 truncate
[trʌŋkeit]
03-2.고려대

vt. 1. (아래나 위를 잘라서) 길이를 줄이다(=cut)
2. (인용구의 일부를 생략하여) 줄이다
• an attempt to truncate discussions 토론을 짧게 줄이려는 시도
ⓝ **trunk**[trʌŋk] 나무줄기; 몸통; 도로의 본선 간선; 대동맥

테 마 자르다, 베다, 썰다

☐ **mince** (고기·야채를) 작게 썰다, 다지다 ◘ R2351
☐ **chop** (고기·야채를) 잘게 썰다 ◘ R2351
☐ **hash**[hæʃ] (고기를) 저미다, 다지다; 잘게 썰다
☐ **slice**[slais] 얇게 베다, (칼로) 썰다
☐ **shred**[ʃred] 조각조각으로 찢다; 채를 치다
☐ **carve**[kaːrv] (고기를) 베어 나누다; 새기다; 조각하다
☐ **clip**[klip] (가위로) 자르다, 깎다(trim), 정원을 다듬다
☐ **shear**[ʃiər] (큰 가위로) 베다; 털을 깎다
☐ **snip**[snip] 가위로 자르다; 싹둑 자르다

1424 prune
[pruːn]
97.변리사

vt. 1. (나무를) 전지하다, (가지를) 치다[back]
2. (불필요한 부분을) 제거하다; 비용을 줄이다
n. 마른 자두
• The hedge needs pruning back. 울타리에 전지를 해야 한다.
13.한국외대
🔲 **trim** 깎아 다듬다, 정돈하다; 장식하다; 산뜻한, 정돈된

1425 bush
[buʃ]
98.효성대

n. 덤불, 관목(=shrub)
• A bush is a large plant which is smaller than a tree and has a lot of branches. 관목은 나무보다는 적은 큰 식물로 가지가 많이 있다.
ⓐ **bushy** 관목이 우거진, 덤불이 많은; (머리) 숱이 많은
🔲 **beat around the bush** 빙빙 돌려말하다, 요점을 피하다 ⊃ IO9902
beat the bushes 샅샅이 조사하다
98.효성대
🔲 **shrub**[ʃrʌb] 관목(=bush); 떨기나무
thicket[θíkit] 덤불, 잡목 숲
bramble 가시나무 덤불, 들장미; 검은딸기나무

1426 timber
[tímbər]
91.서울시9급

n. 삼림, 목재(=wood)
• It was made of timber. 그것은 목재로 만들어졌다.
🔲 **timbre**[témbər, tim—] 음색음色(=tone), 음질, 특색
🔲 **lumber**[lʌ́mbər] 1. 잡동사니, 쓸데없는 물건(=junk)
　　　　　　　　2. 〈미〉 판재, 재목(=board); 벌채하다
　　　　　　　　3. 쿵쿵 걷다, 육중하게 움직이다
- **lumberer** 제재업자

테 마 식물이 무성한, 숲이 울창한

☐ **flourishing** 번영하는 → 식물이 잘 자라는, 무성한 ◘ D0229
☐ **rampant** 만연하는 → 식물이 무성한, 우거진 ◘ N0461
☐ **thriving** 번성하는 → 무성한 ◘ D0020
☐ **exuberant** (식물 등이) 무성한 ◘ N0468
☐ **luxuriant** 식물이나 털이 보기 좋게 무성한 ◘ R1486
☐ **woody** 수목이 우거진; 숲이 많은
☐ **rank** 식물이 지나치게 무성한, 땅이 기름진, 부패한
☐ **lush**[lʌʃ] 풀이 많은, 무성한, 우거진 → 싱싱한 → 풍부한
☐ **reedy** 갈대 같은 → 갈대가 무성한 **reed** 갈대

1427 deforestation
[diːfɔ̀ːristéiʃən]
05.경희대

n. 산림 벌채, 벌목(=the action of clearing an area of trees)
• Deforestation is a negative aspect of golf course building. 산림벌채는 골프장 건설의 부정적 측면이다.
🔲 **forest** 숲, 삼림
🔲 **afforestation** 조림, 식림 **reforestation** 다시 조림하는 것

1428 gnarled
[naːrld]
12.지방직7급

a. 1. (나무가) 나무가 울퉁불퉁하고 비틀린(=twisted), 옹이가 많은
2. 마음이 비뚤어진
• What's more amazing is that the gnarled trees sprout form rocks.
더욱 놀라운 것은 뒤틀린 나무가 바위로부터 싹이 난다는 것이다.
ⓝ **gnarl** 옹이, 마디
🔲 **knotty** 마디가 많은; (문제가) 해결이 곤란한
• the key to solving the knotty issue 골치 아픈 문제를 푸는 해결책
🔲 **thorny** 가시가 많은, 가시 같은; 고통스러운, 괴로운
• a thorny bush 가시덤불
- **thorn** 가시; 고통을 주는 것

1431 deracinate*
[diræsəneit]
13.단국대

vt. 1. ~을 뿌리뽑다, 근절시키다(=uproot)
　　2. (사람을 조국·고향으로부터) 고립시키다(=seclude)
• deracinate violence and terrorism 폭력과 테러를 근절하다

1432 extirpate
[ékstərpèit]
14.중앙대/96.광운대
93.성균관대

vt. 1. (해충 등을) 근절[박멸]하다(=eradicate, purge)
　　2. (종양을) 적출하다
• extirpate the cause 원인을 제거하다
ⓝ extirpation 근절, 적출

1433 rid
[rid]
05-2.명지대

vt. 없애다, 면하게 하다[of]
＊ rid oneself of 면하다, 벗어나다
• Luckily he could rid himself of drug addiction.
　다행히도 그는 마약중독에서 벗어날 수 있었다.
⊞ get rid of 제거하다, 치우다(=do away with, dispose of) ⊃ IO381O
⊞ lid[lid] 뚜껑, 눈꺼풀, 모자
• blow[lift, take] the lid off 폭로하다
• keep the lid on 억제하다; 입막음하다

1434 ingrained
[ingréind]
⊃ TO486

a. (습관·태도·편견 등이) 뿌리 깊은(=entrenched)
• an ingrained habit 몸에 깊이 밴 습관
⊞ entrenched 깊이 자리 잡은(=ingrained), 확립된 ⊃ R1O87
rooted (사상·습관 등이) 뿌리 깊은, ~에 뿌리를 둔
• a deeply rooted prejudice 깊게 뿌리박힌 편견

1435 inveterate
[invétərət]
05-2.국민대

a. (병·습관 등이) 뿌리 깊은; (병이) 만성의(=chronic)
• an inveterate disease 고질병
• an inveterate liar 상습적인 거짓말쟁이
⊞ veteran 노병, 노련가; 퇴역군인(ex-serviceman) ＊ veter(=old)

1436 underdog
[ə'ndərdɔg]
12.경희대

n. 약자, (이길 가능성이 적은) 약체, 패배자
• relations between the top dog and the underdog
　갑과 을 사이의 관계
⊞ top dog (경쟁의) 승재[우세한 쪽]

테 마 박멸(하다), 전멸(시키다), 멸종

☐ eradicate 뿌리째 뽑다, 박멸하다, 근절하다 ⊡ N0047
　- eradication 근절시킴, 박멸
☐ exterminate (종족·질병·해충 따위를) 멸종시키다 ⊡ N0250
　- extermination 근절시킴, 박멸
☐ annihilate 전멸시키다; (상대를) 완파하다 ⊡ R2348
　- annihilation 전멸, 소멸
☐ eliminate 제거하다, 삭제하다 ⊡ N0064
　- elimination 제거, 삭제 ⊡ D0064
☐ extinguish 소멸시키다, (불을) 끄다 ⊡ D0144
　- extinction (동식물 등이) 멸종된 상태
☐ endangered 멸종 위기에 처한

표 현 뿌리 뽑다, 근절하다

☐ get rid of ~을 제거하다 ⊡ IO381O
☐ wipe out 지워 없애다 → 제거하다 ⊡ TO695
☐ root out 뿌리를 뽑아 없애다 → 근절하다 ⊡ IO0331
☐ root up 뿌리를 뽑다 → 없애다 ⊡ P0123
☐ put an end to ~을 끝내다, 없애다 ⊡ IO4415
☐ dispose of 해치우다. 죽이다 ⊡ IO3307
☐ weed out 잡초를 뽑아 없애다 → 제거하다 ⊡ IO0330

테 마 자연의 법칙

☐ the law of the jungle 약육강식의 법칙
　- The weak are the prey of the strong. 약육강식
☐ the survival of the fittest 적자생존
☐ dog-eat-dog 동족상잔, 치열한 경쟁
☐ food chain 먹이 사슬
☐ natural enemy 천적
☐ symbiotic relationship 공생관계

▌144   [테마] 시간, 빈도

1441 dawn
[dɔːn]
02.감평사/ 93.서울대학원

n. 새벽, 시초
v. 이해되기 시작하다
• from dawn till dusk 새벽에서 황혼까지
🔁 It dawns on sb that ~ ~을 이해하기 시작하다, 깨닫기 시작하다

1442 twilight
[twáilàit]
96.계명대

n. (해지기 전의) 황혼, 땅거미(=dusk); 황혼기, 쇠퇴기
• return at twilight 땅거미가 질 무렵 돌아오다
🔁 dawn 새벽 → sunrise 일출 → noon 한낮 → sunset 일몰
→ twilight/dusk 황혼
* From Dusk Till Dawn (영화: 황혼에서 새벽까지)

1443 throwback
[θroubæk]
12.경기대

n. 1. 후퇴, 역전(=reversion); 격세 유전(=atavism)
  2. 구시대적인 사람
• a throwback to the 1970s 1970년대식의 것
🔁 throw back (이야기가) 거슬러 올라가다, 뒤로 돌아가다

1444 short
[ʃɔːrt]

a. 1. (길이가) 짧은, (거리가) 가까운
🔁 shortcut 지름길; 손쉬운 방법; (방법이) 손쉬운
  shortsighted 근시안의
  short-term 단기의 ↔ long-term 장기의
  2. 간결한, 간단한
ⓥ shorten 짧게 하다, 줄이다, 삭감하다
ⓐⓓ shortly 곧, 얼마 안 있어, 간단히, 짧게

05.홍익대
97.변리사/토플

🔁 In short 간단히 말해서(=In brief)
  make short work of ~을 재빨리 해치우다, 일을 척척 해내다
  cut sth short (계획했던 것보다) 일찍 중단하다, 빨리 끝내다
  cut sb short 남의 말을 가로막다
  3. 불충분한, 부족한
🔁 shortage 부족, 결핍; 결점

05.서강대

  shortfall 부족, 부족분
  shortcoming 결점, 단점

01. 변리사

  shorthanded 일손이 부족한, 인원이 부족한
🔁 fall short of 미치지 못하다
  run short (of) 떨어지다, 바닥이 나다, 부족하다, 불충분하다
  = run out of (식량·연료 등이) 바닥나다, 고갈되다, 떨어지다
  4. 무뚝뚝한
ad. 갑자기, 짧게, 무뚝뚝하게, 부족하게
n. 짧은 반바지; 부족, 결손

테마 짧은, 순간적인

☐ **brief** (기간적으로) 짧은, 단명한 🔲 R2026
☐ **temporary** 일시적인, 순간의; 임시의 🔲 N0078
☐ **ephemeral** 순식간의, 덧없는, 일시적인 🔲 N0079
☐ **transient** 잠깐 머무르는, 일시적인 🔲 N0080
☐ **transitory** 일시적인, 잠시 동안의, 덧없는 🔲 D0080
☐ **fleeting** (시간·인생 등이) 어느덧 지나가는 🔲 R0442
☐ **passing** 지나가는, 일시적인
☐ **evanescent** 덧없이 사라지는, 무상한 🔲 R1555
☐ **momentary** 한순간의, 극히 짧은 사이의 🔲 R0584
☐ **fugitive** 덧없는, 일시적인; 도망자 🔲 R0443
☐ **fugacious** 금방 사라지는, 덧없는 🔲 R0446

1445 eternal
[itɔ́ːrnəl]
02.동국대

a. 1. 영원[영구]한(=immortal), 불후의, 불변의
  2. 끝없는, 끊임없는
• Love is transitory, but art is eternal. 사랑은 찰나이고, 예술은 영원하다.
ⓝ eternity 영원, 영구, 영겁; 영원한 존재, 불멸

1446 everlasting
[evərlǽstiŋ]
02.여자경찰

a. 영원한(↔ ephemeral); 끊임없는
• everlasting life 영원한 삶
• be tired everlasting complaints 끊임없는 불평에 지치다

테마 영원한, 불변의, 끊임없는

☐ **immortal** 죽지 않는 → 불멸의, 영원한 🔲 N0247
☐ **perpetual** 영속하는; 끊임없는 🔲 N0196
☐ **perennial** 연중 끊이지 않는 → 영구한 🔲 R2036
☐ **permanent** 영속하는, 영구적인, 불변의 🔲 N0081
☐ **immutable** 불변의, 변하지 않는 🔲 N0193
☐ **persistent** 끊임없이 지속[반복]되는 🔲 N0082
☐ **constant** 끊임없이 계속하는; 불변의 🔲 N0411
☐ **incessant** 끊임없는, 쉴 새 없는 🔲 D0985
☐ **unceasing** 끊임없는, 쉴 새 없는 🔲 D0985
☐ **ceaseless** 끊임없는, 부단한 🔲 D0985
☐ **continuous** 연속적인, 그칠 줄 모르는 🔲 D0315
☐ **endless** 끝이 없는 → 장황한; 무수한
☐ **timeless** 시간[시대]을 초월한 → 영원한; 무한한
☐ **unbounded** 한정되지 않은 → 끝없는, 무한의
☐ **boundless** 끝없는, 무한한 🔲 R0261

1447 rarely
[réərli]

12.서강대
13.서울시7급
14.지방직9급

ad. 좀처럼 ~하지 않는(=seldom), 드물게
- I rarely watch TV. 거의 TV를 보지 않는다.
- In the past people rarely moved from one area to another.
  과거에는 사람들이 여기서 저기로 거의 옮겨 다니지 않았다.
ⓐ rare 드문, 희귀한, 진귀한
ⓝ rarity 진귀한 것, 희박
🔁 hardly (주로 준부정) 거의 ~않다, (드물게) 간신히

1448 infrequent
[infrí:kwənt]

02.감평사

10.경기대

a. 자주 일어나지 않는, 드문
- infrequently used items 자주 사용되지 않는 항목
ⓐⓓ infrequently 드물게
🔁 frequent 자주 일어나는, 빈번한
- frequently 자주, 종종(=often, more often than not)

테 마 때때로, 이따금씩, 종종
- [ ] intermittent 간헐적인, 때때로의 ☑ N0414
- [ ] on occasion 때때로, 이따금씩(=occasionally)
  = off and on / on and off
  = at intervals
  = from time to time
  = (every) now and again[then]
  = once in a while
  = by fits and starts
- [ ] by periods 주기적으로(=periodically)
- [ ] as often as not 종종, 자주
- [ ] once in a blue moon 아주 드물게

145 [테마] 측정

1451 scale
[skeil]

08.지방직9급

90.고려대학원

n. 저울; 규모; 비늘
vt. 비늘을 벗기다; 껍질을 벗기다; 치석을 제거하다
- The scale is used to weigh the crops.
  그 저울은 곡물의 무게를 재는 데 사용된다.
- full-scale models of ~의 실물과 같은 사이즈의 모형
- a large-scale rally 대규모의 시위
ⓝ scaling 스케일링; 치석 제거; 비례 조정
ⓐ scaly[skéili]/squamous[skwéiməs] 비늘이 있는; 비늘 모양의

1452 gauge
[geidʒ]

01.서강대

n. 게이지, 측정기, 측정(=measure); 치수; (평가의) 기준
vt. 측정하다, 재다
- check the fuel gauge 연료계를 확인하다
🔁 gorge[gɔːrdʒ] 골짜기, 협곡; 포식 탐식; 게걸스레 먹다 ➋ R1565
  gouge[gaudʒ] 둥근 끌로 파다, (눈을) 후벼 파다; 사기(치다)
  gorget[gɔ́ːrdʒit] 갑옷의 목가리개, (여성복의) 목가리개

1453 girth
[gəːrθ]

06.국민대/97.고려대학원

n. 1. (물건의) 둘레 치수(=circumference), 허리둘레
2. 비만, 비대
- We were amazed by the girth of the redwood trees.
  우리는 그 삼나무의 몸통 둘레에 깜짝 놀랐다.

1454 unfathomable
[ənfǽðəməbəl]

10.숙명여대

01.명지대

a. 깊이를 알 수 없는, (사람의) 심중을 알 수 없는
- unfathomable human courage 끝 모를 인간의 용기
🔁 fathomless 깊이를 잴 수 없는; 불가해한
ⓥ fathom[fǽðəm] (수심을) 재다; (남의 마음을) 헤아리다(=understand)
  ⓝ 수심의 측정 단위
🔁 plumb[plʌm] v. 1. (물의 깊이를) 추로 재다 2. 완전히 이해하려고 애쓰다
  3. 배관 공사를 하다 a. 수직의(=vertical)
- plumber 배관공 plumbing 배관(공사, 시설)

1455 score
[skɔːr]

08.광운대

n. 1. 득점, 스코어; (시험의) 점수, 성적
2. 새긴 금, 긁힌 자국; 회계 기록, 빚
3. 20개, 20명; (pl.) 다수, 많음
- in scores 많이, 한꺼번에 몰려서
4. (the) (사건의) 진상, 내막
- know the score 진상을 알다
5. (영화의) 배경 음악
v. 1. 득점을 얻다, 이익을 얻다
2. 채점하다; 밑줄을 긋다

테 마 미국의 측정 단위
- ■ 길이를 재는 단위
- [ ] inch 인치 (2.54cm)
- [ ] feet 30.48cm * 발의 길이에서 유래
- [ ] yard 0.914m, 3feet, 많은 양 * 막대 하나의 길이
  cf. the whole nine yards 일체, 전부
  - yardstick 야드자 → 비교 판단의 척도
- [ ] mile 약 1,609m * 100보에서 유래
- ■ 부피, 무게를 재는 단위
- [ ] pint[paint] 파인트, 〈미〉 약 0.47리터, 〈영〉 약 0.57리터
- [ ] quart[kwɔːrt] 쿼트(1/4 gallon)
  * 1/4에서 유래 〈미〉 약 0.95리터, 〈영〉 약 1.14리터
- [ ] gallon[gǽlən] 갤런(4 quarts) * 사발의 뜻에서 유래
- [ ] ounce[áuns] 온스 (28.35그램)
- [ ] pound[páund] 파운드 (약 453그램)

동의어 둘레
- [ ] circumference 원주, 원둘레; 주위, 주변 ☑ R0487
- [ ] periphery 바깥둘레; 주변, 주위 ☑ N0356
- [ ] perimeter 둘레; 주위, 주변 ☑ R2242
- [ ] diameter (원 등의) 직경, 지름 ☑ P0223

테 마 사물의 측정
- [ ] size 크기, 치수
- [ ] dimension 넓이, 면적, 용적, 부피; 차원 ☑ R2244
- [ ] extent 넓이, 길이, 면적, 양; 범위, 정도 ☑ D0692
- [ ] length 길이, 키; 범위 ☑ R2021
- [ ] height[hait] 높이, 키
- [ ] altitude 고도, 높이; 해발 ☑ R1740
- [ ] weight 무게, 중량
- [ ] amount 총액, 총계, 수량 ☑ R1721
- [ ] volume 양, 부피, 용량; 큰 덩어리 ☑ R0593
- [ ] bulk 부피, 용적 → 대량 ☑ T1471
- [ ] quantity 양, 수량; 질량 ☑ R2247
- [ ] capacity 담거나 넣을 수 있는 정도; 정원, 용량 ☑ N0236

1456 degree [digríː]
85.법원직

n. 1. (각도, 온도 단위) 도
  2. (어느) 정도
  * by degrees 점차로, 차차(=gradually, little by little)
  3. 학위
  • 〈영〉 do a degree / 〈미〉 take[get] a degree 학위를 취득하다
  圖 a bachelor's degree 학사 학위
  a master's degree 석사 학위
  a doctor's degree 박사 학위

1457 read [riːd]
13.지방직7급

vt. 1. (온도계가) ~을 가리키다 2. ~을 해석하다
vi. 1. (~라고) 적혀있다 2. (책 등이) 읽히다
  • The thermometer read five degrees below zero.
  온도계는 영하 5도였다.
  • This sentence may be read several ways.
  이 문장은 여러 가지로 해석될 수 있다.

1458 tilt [tilt]
95.연세대학원

n. 경사, 기울기(=inclination)
v. 기울이다, 기울다
  • the tilt of the earth's axis 지구 축의 기울기

1459 obliquely [əbláikli]
04-2,경기대/02,국민대

ad. 1. 비스듬히 (기울어져)
  2. 간접적으로(=indirectly)
  3. 부정하게
  • refer only obliquely to the case 그 사건에 대해서 간접적으로 언급하다
10.동국대
  @ oblique 비스듬한, 기울어진; 간접적인; 부정한
    v. (비스듬히) 기울다, 구부러지다
  ⓝ obliqueness 경사; 경사도
    obliquity 부정행위; 성격이 비뚤어짐; 경사(도), 에두른 말

테 마 위치의 표시

☐ facade [fəsɑ́ːd] 길에서 보이는 건물의 정면 ☑ R1841
☐ face 건물 등의 정면, 동전의 앞면
☐ front 건물의 정면, 앞부분
☐ reverse (동전 등의) 뒷면; 반대 ☑ N0183
☐ back (사람의) 등, 뒷면
☐ hind 뒤쪽의, 후방의(=rear) ☑ P0441
☐ opposite (마주 보고 있는) 맞은 편, 반대편 ☑ N0074
☐ flank 옆구리, 측면(=side)

테 마 기울기, 경사; 기울다

☐ inclination 기울기, 경사도 → 경향 ☑ N0936
☐ lean 기울기, 경사; 기울다, 기울이다 ☑ R1859
  - leaning 한쪽으로 기울어진 것 → 성향
☐ slope [sloup] 땅이나 표면이 경사진 곳, 비탈
☐ slant [slǽnt] 경사, 비탈 → (마음 등의) 경향, 편향
☐ acclivity 오르막 경사 ☑ R1280
  → declivity 내리막 경사 ☑ R1280
☐ diagonal 선이 비스듬한, 대각선의 ☑ R2510
☐ precipice (거의 수직의 가파른) 절벽, 낭떠러지 ☑ D0077
☐ careen [kəríːn] (배가) 기울다; 기울이다; 질주하다

146 [테마] 적은, 경미한, 사소한

1461 paltry [pɔ́ːltri]
13.단국대

a. (금액 등이) 얼마 안 되는(=meager); 하찮은
  • a paltry salary 얼마 안 되는 월급

1462 slight [slait]
93.서울대학원

a. 약간의, 조금의, 경미한(=negligible); 가냘픈
n. 모욕, 무시
vt. 경시하다, 무시하다
  • a slight fever 미열
  图 wee [wiː] (양이) 적은, 조금[약간]의; (시각이) 매우 이른
    • a wee bit 아주 조금
    puny [pjúːni] 아주 작은, 보잘것없는; 허약한
    • a puny little man 허약한 작은 남자
02.동아대
    tiny [táini] 아주 작은[적은](=diminutive, minute)

1463 petty [péti]
98.변리사

a. 사소한, 하찮은(=niggling); 옹졸한
  • store up petty grudges 사소한 원한들을 묻어두다
  图 niggling [nígliŋ] 하찮은 일이 신경이 쓰이는; 사소한(=petty)

1464 trifle [tráifl]
93.서울시7급

n. 1. 시시한[하찮은] 것; 사소한 일(=small thing)
  2. 소량, 조금; 소액, 푼돈
  3. (문학·음악 따위의) 소품; 소곡
v. 소홀히 하다; (시간·돈 따위를) 허비하다
  • argue about trifles 사소한 일로 말다툼하다
09.명지대
  @ trifling 하찮은, 사소한(=trivial); 적은, 조금의; 경박한
  圀 a drop in the bucket 아주 적은 양 ⊃ I10611
    a handful of 소량의, 소수의 ⊃ I16802

1465 mere [miər]
93.기술고시

a. 겨우 ~의, ~에 불과한, 단순한
  • It's mere surmise that ~ ~은 순전히 추측일 뿐이다
  • depend on a merely tenuous income 오직 보잘 것 없는 수입에 의지하다
  @ merely 한낱, 그저, 단지, 오직

동의어 빈약한, 적은; 하찮은

☐ negligible 무시해도 좋은; 하찮은, 사소한 ☑ N0024
☐ trivial 하찮은 사소한 ☑ N0211
☐ insignificant 중요하지 않은 → 하찮은, 사소한 ☑ N0040
☐ unimportant 중요하지 않은 → 사소한, 하찮은
☐ scanty 얼마 안 되는, 빈약한; 불충분한 ☑ N0226
☐ skimpy [skímpi] 불충분한, 빈약한; 옷이 작아 몸이 드러나는
☐ meager / meagre (질이나 양이) 빈약한; 불충분한 ☑ N0522
☐ tenuous 가는; 빈약한, 부족한; 보잘 것 없는 ☑ N0599
☐ minute 아주 적은, 미세한; 사소한, 하찮은 ☑ N0521
☐ slender 양이나 크기가 충분하지 않은, 빈약한 ☑ T0036
☐ sparse 드문드문한, (인구 등이) 희박한 ☑ R1632
☐ faint 흐릿한; (가능성·기회 등이) 희박한 ☑ N0604
☐ peddling 행상 → 하찮은, 사소한 ☑ R1872
☐ piddling / fiddling 사소한, 시시한
☐ exiguous [igzígjuəs] 얼마 안 되는, 매우 적은

테 마 작은 것, 소량; 파편

☐ infinitesimal 극미량; 미소한 ☑ R2072
☐ mite 진드기 → 약간, 조금 ☑ R2354
☐ particle 극히 작은 조각, 미립자; 극소량 ☑ R1095
☐ diminutive 지소 접미사; 아주 작은 ☑ D0354
☐ miniature 축소 모형, 미니어처 ☑ R2350
☐ minority 소수파, 소수당, 소수민족 ☑ R2350
☐ minimum 최소[최저] 한도, 최저액, 최저치 ☑ R2350
☐ minuscule 소문자; 대단히 작은, 하찮은
☐ modicum 소량, 조금 ☑ R0630
☐ bit 작은 조각, (음식의) 한 입 → 조금
  - tidbit 음식의 한 입; 토막 뉴스 ☑ R1211

whit
[hwit]
93.서울시7급/92.한국외대

n. 〈보통 부정문에서〉조금, 극소량(=very small amount)
* not a whit 조금도 ~않다(=not at all)
• have not a whit of conscience 양심이라곤 조금도 없다
13.세종대 ▣ smidgen[smídʒən] 아주 조금, 매우 적은 양

1467 **paucity**
[pɔ́ːsəti]
10.영남대

n. 부족, 결핍; 소수, 소량
• the paucity of solutions to the problem 문제에 대한 해결책 부족

□ morsel (음식의) 한 입 → 소량, 조금 ▣ R1211
□ fragment 부서진 조각, 파편; 소량 ▣ R1114
□ fraction 파편, 단편, 작은 부분 → 소량, 조금 ▣ R1115
□ crumb[krʌm] 빵 부스러기 → 근소, 조금
□ soupcon 조금, 소량, 기미[의]
□ iota (부정문에서) 아주 조금

---

147 [테마] 거대한, 막대한; 가득한

1471 **bulky**
[bʌ́lki]
03-2.세종대
96-2.건국대

a. 부피가 큰; 커서 다루기 힘든
• a bulky jacket 거추장스러운 재킷
ⓝ bulk 체적, 용적, 부피; 대부분(=majority)

테 마 거추장스러운, 성가신

□ unwieldy 칼을 휘두르기 힘든 → 다루기 힘든 ▣ N0923
□ massive 육중한, 건장한; 대규모의 ▣ P0216
□ troublesome[trʌ́blsəm] 말썽부리는, 골치 아픈, 성가신
□ burdensome 부담스러운, 짐스러운 ▣ R2384
□ onerous 부담이 따르는, 성가신, 귀찮은 ▣ R2385
□ gadfly 쇠파리; 귀찮은[성가신] 사람

1472 **hefty**
[héfti]
10.한양대/97.고려대

a. (물건이) 크고 무거운; (돈 액수가) 많은, 두둑한
• He was bringing in a hefty five hundred dollars a week.
일주일에 500달러라는 많은 수입을 받고 있었다.
ⓝ heft 중량, 무게; 중요성; 영향력)
☑ loft[lɔːft] 건물의 맨 위층, 지붕 밑 다락방
- lofty 매우 높은, 우뚝 솟은; 당당한, 거만한 aloft 위로, ~위에

동의어 거대한, 육중한

□ enormous 거대한, 막대한, 엄청난 ▣ N0659
□ immense 거대한, 막대한; 헤아릴 수 없는 ▣ R2245
□ tremendous 거대한, 엄청난; 굉장한 ▣ R2483
□ voluminous (체적·용적이) 큰, 다작의 ▣ R0593
□ prodigious (놀라울 정도로) 큰, 거대한 ▣ N0383
□ colossal 거대한, 수량 등이 엄청난, 어마어마한 ▣ N0466
□ extensive (수·양·정도가) 엄청난 ▣ N0385
□ sizable[sáizəbl] 상당한 크기의, 꽤 큰
□ hulking[hʌ́lkiŋ] 몸집이 큰, 부피가 큰
- hulk 덩치 큰 사람; 부피가 큰 물건
□ behemoth[bihíːməθ] 거대한 짐승, 거인; 거대 회사[조직]
□ gargantuan[ɡɑːrɡǽntʃuən] 거대한, 엄청난
* Rabelais의 소설 Gargantua and Pantagruel에 나오는 거인 왕

1473 **towering**
[táuəriŋ]
12.숭실대

a. 1. 우뚝 솟은, 매우 높은
2. (야망 등이) 큰(=big), 훌륭한
• a towering hotel 고층 호텔
• a towering ambition 크나큰 야심

1474 **huge**
[hjuːdʒ]
12.경희대/11.명지대
92.성심대

a. 거대한(=gigantic); 막대한(=vast, prodigious)
• The huge forest fire was put out by the heavy rain.
폭우로 인해 대형 산불이 꺼졌다.
• make a huge profit 막대한 이익을 얻다
ⓝ hugeness 거대함, 엄청남

05-2.서울여대

☑ mammoth[mǽməθ] 거대한; 매머드(신생대의 큰 코끼리); 거대한 것
gigantic[dʒaiɡǽntik] 거인 같은; 거대한, 막대한(=huge)
- giant (신화의) 거인, 거대한 것; 거장, 대가
titanic[taitǽnik] 거대한, 강력한 - titan 〈그리스 신화〉타이탄; 거인
monstrous[mánstrəs] 거대한, 엄청난
- monster 괴물, 엄청나게 큰 것
☑ chimerical[kimérikəl] 공상적인, 비현실적인
- chimera 괴물, 가공의 괴물; 이루어지기 힘든 환상

01-2.동국대
14.한국외대

15.서강대

고급 어휘
□ myriad[míriəd] 무수한; 무수히 많음
• a myriad of stars 무수한 별
□ welter[wéltər]
n. (정신없을 정도로) 엄청난 양; 뒹굴기; 뒤죽박죽
vi. 1. 뒹굴다; 탐닉하다 2. (파도가) 넘실거리다
☑ welt[welt] 채찍 자국(이 나게 때리다); 구타(하다)

1475 **vast**
[væst]
07.가톨릭대

a. 거대한, 광대한; (수·양이) 막대한(=huge)
• a vast number of people
막대한 수의 사람들
ⓝ vastness 광대함

동의어 (양이) 상당한, 막대한

□ substantial 상당한, 많은; 중요한 ▣ N0017
□ considerable 상당한, 꽤 많은; 중요한 ▣ N0384
□ significant 중요한, 의미 있는, 상당한 ▣ D0040
□ innumerable 셀 수없이 많은, 무수한 ▣ R2233

1476 **stupendous**
[stjuːpéndəs]
06.중앙대/93.행정고시

a. 엄청난; 굉장한(=tremendous, monumental); 거대한
• To climb Mount Everest on a bicycle would be a stupendous
accomplishment.
자전거로 에베레스트 산을 오르는 것은 굉장한 업적이 될 것이다.

1477 **load**
[loud]
⊃ R2382

vt. 1. (많은 짐을) 싣다, 적재하다
2. (탄환을) 장전하다; (데이터를) 로딩하다
n. 짐, 화물; 적재량; 하중; 작업량, 마음의 부담
* be loaded with ~으로 가득하다(=abound with)
☑ ridden [합성어로 쓰여] ~이 가득한, ~에 시달리는
• debt-ridden 빚에 시달리는 crime-ridden 범죄가 만연한
- be ridden with ~이 득실거리다; ~에 시달리다

1478 laden
[léidn]
⊃ R2383

a. 짐을 잔뜩 실은(=loaded), ~으로 가득한
* be laden with 가득 실었다; 위험이 따르다 (=be fraught with)
• The tables were laden with food. 테이블에 음식이 가득했다.

1479 teem
[ti:m]

07-2.단국대

vi. 풍부하다; 가득 차다, 많이 있다[with](=abound)
• The pond teems with fish = Fish teem in the pond.
연못에 물고기가 우글우글하다.

00.변리사
94.행자부7급
08.서강대/00.사법시험

07.경희대

B be teeming with ~으로 가득하다, 우글우글하다
(=be crowded with)
= **be filled with (something)** (장소가) ~으로 가득하다
= **be crowded with** ~으로 북적거리다, 붐비다
= **be fraught with** ~으로 가득하다(=be filled with)
= **be swarm with** ~이 충만하다, 가득하다
= **be rife with** ~로 가득차 있다, ~투성이다
= **be full of** ~ 투성이다, ~이 많다, 가득 차다
= **be awash in** (장소가) ~으로 가득하다(=be filled with)
= **be abundant with** ~이 가득하다, 수두룩하다
= **be ridden with** ~이 득실거리다; ~에 시달리다
= **be riddled with** (나쁜 것으로) 가득하다, ~투성이다

---

148 [테마] 범위, 포괄적인

1481 gamut
[gǽmət]
16.서강대

n. 전음계; 전반, 전 영역
• the whole gamut 전반
• run the gamut from A to B 범위가 A에서부터 B까지 이르다

테 마 범위와 한계
☐ **range** (변화의) 범위, 한도, 한계; 사정거리 ⊡ R2107
☐ **bound** (pl.) 범위, 한계 ⊡ R0261
☐ **compass** 컴퍼스; (도달 가능한) 범위 ⊡ R0412
☐ **circumference** 영역, 범위; 원주, 주위 ⊡ R0487
☐ **extent** 범위, 한계; 넓이, 길이, 면적, 양 ⊡ D0692
☐ **horizon** (사고·지식의) 범위, 한계; 지평선, 수평선
☐ **perimeter** 경계선, 한계; 주변, 주위 ⊡ R2242
☐ **spectrum** 스펙트럼, 분광; (일반적인) 범위 ⊡ R0738
☐ **province** (개인의 관심·지식의) 범위, 분야; 지방
☐ **purview** (활동·직권 등의) 범위, 영역; 한계, 시야 ⊡ R0758
☐ **sphere** (존재·활동의) 범위, 분야; 구체, 구(球) ⊡ R2210
☐ **domain** 영토; (지식·활동의) 영역[분야], 세력 범위 ⊡ R1670
☐ **turf**[tə́:rf] 영역, 세력권; 잔디
• a fierce turf war 치열한 세력 다툼

1482 systematic(al)
[sìstəmǽtik, -ikəl]
12.성균관대

a. 1. 체계적인, 조직적인, 규칙적인
2. (인체) 전체에 영향을 주는
• He was so prudent and systematic that he did well whatever he set out to do.
그는 너무나 신중하고 체계적이어서 시작하는 일이면 무엇이나 잘했다.
㋐ **systematically** 조직적으로, 질서 정연하게
ⓝ **systematics** (pl.) (생물) 분류학, 계통학
  system 제도, 체제, 체계; (기계의) 시스템; (동물 내부의) 기관
ⓥ **systematize** 체계화[조직화]하다

1483 overall
[ouvərɔ́:l]
05.한성대/01.대구대
95.외무고시

a. 포괄적인, 종합적인(=comprehensive, across-the-board, all-out)
ad. 전반적으로
• When you read a novel, get a quick, overall view.
소설을 읽을 때에는 즉각적이고 폭넓은 시각을 가져라.
• Overall, the number of single women is increasing.
전반적으로, 미혼 여성의 수가 증가하고 있다.
B across the board 전면적인, 종합적인(=overall) ⊃ IO1701
all-out 전면적인, 전체적인, 철저한(=overall)

동의어 포괄적인, 전반적인
☐ **comprehensive** 포괄적인, 종합적인, 광범위한 ⊡ N0261
☐ **sweeping** (지나치게) 포괄적인; 휩쓰는 ⊡ T0702
☐ **embracive** 포괄적인 ⊡ D0573
☐ **generic** (명칭 등이) 일반적인, 포괄적인 ⊡ R1605
☐ **general** 일반의, 총체적인, 전반적인 ⊡ R1606
☐ **extensive** 광대한, 넓은 범위에 걸친 ⊡ N0385
☐ **blanket** 담요 → 총괄적인 ⊡ T0940
☐ **inclusive** 모든 것을 포함한, 포괄적인 ⊡ D0031
☐ **wide-ranging** 광범위한; 다방면에 걸친
☐ **catholic** 천주교의 → 보편적인, 일반적인 ⊡ T1114
☐ **holistic** 전체론의, 전체적인, 전신용의 ⊡ N0707
☐ **universal** 전 세계의 → 보편적인, 전반적인 ⊡ R0559(1)
☐ **global** 세계의 → 전반적인 ⊡ R2210
☐ **cosmical** 우주의 → 보편적인 ⊡ R1680
☐ **whole** 전체의, 전부의, 모든; 온전한; 전체

1484 shallow
[ʃǽlou]
14.숙명여대/07.경기대
96.서울대학원

a. 얕은, 얄팍한; 피상적인(=superficial)
• It was a purely cosmetic and shallow measure.
그것은 순전히 표면적이고 피상적인 조치였다.
B skin-deep (상처 등이) 깊지 않은; 피상적인

1491 dismantle
[disma̐ntl]
12.경희대/03.공인회계사

vt. 분해하다, 해체하다(=tear down); 옷을 벗기다
• dismantle a machine 기계를 분해하다
⊞ mantle 망토, 덮개; 맨틀; 책무; 망토를 입히다 ⊃ TO672

테 마 구성하다 ↔ 분해하다

☐ constitute 구성하다, 구성 요소가 되다 ⊡ R0188
☐ compose 조립하다, 구성하다 ⊡ N0148
  ↪ decompose 분해하다, 부패하다 ⊡ D0148
☐ assemble (사람을) 모으다, (기계를) 조립하다 ⊡ R2331
  ↪ disassemble 해체하다, 분해하다
☐ put together (부분·요소 등을) 모으다, 조립하다 ⊡ I04412
☐ make up (여러 요소로) 구성하다 ⊡ I07001
☐ piece together (조각조각) 잇다, 종합하다
☐ integrate 통합하다, 완전하게 하다 ⊡ D0100
  ↪ disintegrate 분해[해체]하다, 분열시키다 ⊡ D0100
☐ synthesize 종합하다; 합성하다 ⊡ D0558
☐ resolve 분해하다, 용해하다 ⊡ N0667
☐ take down / tear down 집을 헐다, 분해하다 ⊡ I09401

1492 element
[élǝmǝnt]
01.고려대

n. 1. (전체를 구성하는) 요소, 성분
2. (더 이상 분해할 수 없는) 원소
3. 기본, 기본 원리
• consist of multiple elements 여러 요소로 구성되다
ⓐ elementary 초보의, 초급의, 쉽고 간단한; 기본적인(=rudimentary)
• elementary school 초등학교
ⓝ elemental (pl.) 기본 원리, 근본; 원소의, 원리의, 기본적인

뉘앙스 성분, 구성 요소; 구성하다

☐ part 전체의 일부분을 이루는 부분, 일부, 부품
☐ element (전체를 형성하는) 구성 요소, 성분 ◀━
☐ constituent 성분, (구성) 요소; 선거권자 ⊡ R0188
☐ integrant (통일체를 이루는 불가결한) 구성 부분, 요소 ⊡ D0100
☐ component (기계·스테레오 등의) 구성 요소, 성분 ⊡ D0428
☐ ingredient (요리의) 재료, 원료; (중요한) 구성 요소 ⊡ R0408
☐ factor (어떤 현상의) 원인, 요인, 요소; 인자 ⊡ R0609(1)

1493 segment
[ségmǝnt]
94.강남대

n. 구획, 단편, 조각, 부분(=section, part, division)
v. 분할하다, 가르다; 갈라지다
• a segment of an orange 오렌지의 조각
ⓐ segmental 부분의; 분절의

테 마 부스러기, 파편, 조각

☐ sediment 침전물, 찌꺼기, 앙금 ⊡ R0214
☐ dregs 찌꺼기, 앙금, 쓰레기 ⊡ T1608
☐ deposit 예금, 적립금; 침전물 ⊡ R0132
☐ remnants 나머지, 잔여, 자투리, 유물 ⊡ R0221
☐ remains / remainder 남은 것, 나머지; 유적 ⊡ R0221
☐ fragment 부서진 조각, 파편; 산산이 부수다 ⊡ R1114
☐ piece 조각, 단편, 파편
  * fall to pieces / fall to bits 산산이 부서지다 ⊡ I10510
☐ crust[krʌst] 빵 껍질; 딱딱한 껍질; 생계; (사물의) 표면
☐ scrap 한 조각, 파편, 쓰레기; 스크랩 ⊡ T1605
☐ wreckage[rékidʒ] (난파한 배의) 잔해; 난파
☐ splinter[splíntǝr] 쪼개진 조각, 파편; 쪼개다
☐ rubble[rʌ́bl] 돌 조각, 잡석; 파편
☐ shard[ʃɑ́rd] (도자기의) 사금파리, 파편; (동물의) 비늘
☐ slab[slǽb] 석판, 넓적하고 두꺼운 조각
  • a slab roof 슬래브 지붕
☐ pulverize 가루로 만들다, 부수다; 부서지다 ⊡ T0583
☐ smash 박살내다, 박살나다; 힘껏 때리다; 분쇄하다
☐ piecemeal 단편적인, 조금씩의; 하나씩, 조금씩
  • by piecemeal 조금씩, 점차로
  • piecemeal rate 일한 분량에 대한 지불, 능률급

1494 debris
[dǝbríː]
05~2.경기대
05.고려대.동국대

n. 부스러기, (파괴물의) 파편, 잔해
• Rescue workers have found debris floating on the surface of the water.
  구조요원들은 바다 위에 떠있는 잔해를 발견했다.

1495 chip
[tʃíp]
06.보험계리사
16.국민대

n. (떨어져 나간) 조각; 감자튀김; (도박판) 칩
v. 이가 빠지다
⊞ a chip of the old block 부모를 꼭 닮은 자식 ⊃ I15210
  chip in (선물 따위를 위해) 돈을 추렴하다, 기부하다
  chip away at 을 조금씩 깎아먹다(=gradually weaken)
  blue chip 우량주
  a chip on one's shoulder 시비조

1496 flake
[fléik]
94.서울대학원

vi. (페인트 등이) 엷은 조각으로 벗겨지다[off]
n. 1. 얇은 조각, 박편, 파편 2. 플레이크(낟알을 얇게 으깬 식품)
• The paint is beginning to flake off. 페인트가 벗겨지기 시작한다.
⊞ flake out 약속을 못 지키다; (피곤하여) 잠들다
  - flake-out 대실패; 바보짓
⊞ flak[flǽk] 대공포; 격렬한 비난, 혹평

1497 crumble
[krʌ́mbl]
⊃ TO583

v. (빵 등을) 가루로 만들다; 부스러지다, 산산이 무너지다
n. 빵가루
ⓝ crumb (특히 빵·케이크의) 부스러기; 소량

1498 shatter
[ʃǽtǝr]

v. 산산이 부수다, 박살내다; 흩뿌리다(=disperse)
n. (pl) 파편, 조각; 파손, 분쇄
• His hope was utterly shattered. 그의 희망은 산산이 부서졌다.
ⓐ shattered 산산이 부서진; 충격을 받은; 기진맥진한
⊞ scatter 흩뿌리다, 탕진하다; 쫓아버리다 ⊃ R1631

1501 shape
[ʃeip]
18.경찰1차
08.전남대

n. 1. 모양, 형태; 형체
2. 상태, 몸매
v. 모양을 만들다, 구체화하다; 적응시키다
☐ shape up 자리를 잡아가다, 호전되다
in (good) shape 상태가 좋은, 건강한(=in good health)
↔ out of shape 상태가 나쁜, 건강이 안 좋은(=in bad health)

1502 breakable
[bréikəbl]
12.상명대/07.세무사
00.인천대

a. 깨지기 쉬운(=fragile)
• pack breakable ornaments carefully
깨지기 쉬운 장식품들을 조심스럽게 포장하다
• An breakable rule is hard and fast.
깨뜨릴 수 없는 규칙은 확고한 것이다.
ⓝ breakage 파손, 파손된 물건

1503 frail
[freil]
02-2.경기대/95.홍익대

a. 깨지기 쉬운; 연약한, 허약한(=weak)
• My grandmother is old and frail. 내 할머니는 노쇠하고 연약하시다.
ⓝ frailty 약함, 허약함, 취약점
☐ frangible[frǽndʒəbl] 깨지기[부서지기] 쉬운; 약한

1504 brittle
[brítl]
09.단국대/08.경기대
98.한양대

a. 잘 부러지는, 깨지기 쉬운(=fragile, breakable); 연약한
• Whereas rock is brittle, metal is tough and can be beaten and bent into shape.
바위는 부서지기 쉬운 반면 금속은 강하고 두들겨 펴고 구부려서 모양을 만들 수 있다

1505 flimsy
[flímzi]
02.숙명여대

a. 1. (종이나 천이) 얇은, 잘 찢어지는, 약한
2. 조잡한, (변명 등이) 엉성한
• The cabin was made with flimsy material.
그 오두막은 약한 재료로 지어졌다.

1506 gelatinous*
[dʒəlǽtənəs]
00.경기대

a. 아교질의, 젤리 같은(=semiliquid)
• be made of gelatinous substances
젤리 같은 물질로 만들어졌다
ⓝ gelatine[dʒélətn] 젤라틴, 갖풀 gelation 동결, 빙결
ⓥ gelatinize 아교질로 만들다, 아교질이 되다
ⓐ gelatinoid 젤라틴 상태의 (물질), 아교질의 (물질)

1507 mush*
[mʌʃ]
14.홍익대

n. 곤죽, 죽같이 걸쭉한 것(=something soft)
• make a mush of 망쳐놓다

1508 sodium*
[sóudiəm]
12.숭실대

n. 나트륨(=natrium)
• Salt is a sodium compound. 소금은 나트륨 합성물이다.

1509 steel
[stiːl]
12.홍익대

vt. (~에 대비해서) 마음을 단단히 먹다[oneself](=prepare)
n. 강철, 철강
• steeled myself to try again 다시 시도하려고 마음을 단단히 먹다
☐ iron 철, 쇠

테 마 깨지기 쉬운; 연약한 ↔ 단단한, 튼튼한

■ fragile 깨지기 쉬운 ➡ N0197
☐ breakable / frail / brittle / flimsy 깨지기 쉬운, 약한 ◀━
■ weak 약한, 허약한, 힘이 없는
☐ delicate 연약한, 깨지기 쉬운; 정교한, 섬세한 ➡ N0779
☐ feeble (몸이) 연약한, 허약한; (효과가) 미미한 ➡ T0402
☐ effeminate (남자가) 여자 같은, 나약한 ➡ R1975
■ invalid 병약한; 환자 ➡ D0238
☐ debilitated (병으로) 쇠약해진 ➡ R2599
☐ decrepit 병약한, 노쇠한; 오래 써서 낡은 ➡ T0401
☐ infirm (고령 등으로) 약해진, 노쇠한 ➡ R0312
■ hard 굳은, 단단한, 견고한; 튼튼한 ➡ R0311
☐ adamant 매우 단단한, 견고한; 고집불통의 ➡ N0381
■ sturdy 튼튼한, 건장한, 견고한 ➡ T0045
☐ solid 고체의; 단단한, 견고한 ➡ D0708
☐ durable 오래 견디는, 튼튼한; 내구재 ➡ R0233
☐ strong 튼튼한, 강한, 강력한; (술이) 독한
☐ robust (체격이) 강건한, 건장한, 튼튼한 ➡ N0382

테 마 들러붙는, 붙이는 것

☐ coherent 서로 밀착되어 있는, 응집성의 ➡ N0338
  - cohesive 점착력이 있는, 결합력 있는 ➡ D0338
☐ adherent 들러붙는; 신봉하는 ➡ R0102
  - adhesive 잘 들러붙는, 끈끈한
☐ sticky 끈적거리는, 들러붙는 ➡ R0101
  - sticker 스티커; (자동차의) 주차 위반 딱지
☐ attach 붙이다, 접착하다 ➡ R0349
  ↔ detach 떼어내다 ➡ R0349(1)
☐ gluey 아교질의; 들러붙는
  - glue 아교, 접착제, 풀
☐ plaster 회반죽, 고약, 반창고
☐ viscous 끈적거리는, 점착성의
  • a viscous fluid 끈적거리는 액체
  - viscosity 점도, 점착성
☐ mucous 점액을 분비하는; 점액질의

테 마 금속(metal) 관련

☐ 비금속(base metal) : iron 쇠 copper 구리
  lead/plumbum 납 tin 주석
☐ 귀금속(noble metal): gold, silver, platinum 백금
  mercury 수은: 액체금속
☐ solder[sάdər, sɔ́-] 납과 주석의 합금, 납땜; 납땜하다
☐ alloy 합금, 비금속 ➡ R1942
☐ alchemist 연금술사
☐ smith / blacksmith 대장장이
☐ furnace 용광로 refinery 제련소
☐ founder 주조자, 주물공 ➡ D0395

151 [테마] 환경, 지형

1511 environment
[inváiərənmənt]

n. (주변의) 환경; (자연) 환경
- Human activity has a serious effect on the environment.
  인간의 활동은 환경에 심각한 영향을 미친다.
- a controlled environment 통제된 환경
ⓐ environmental 환경의, 주변의
ⓝ environmentalist 환경보호론자
ⓥ environ[inváiərən] 둘러싸다, 포위하다

1512 surrounding
[səráundiŋ]
07.국회8급,한국외대
04.중앙대/97~9.경찰

n. 1. (pl.) 주변의 상황, 환경(=condition, situation, environment)
  2. 주변(=vicinity)
a. 인근의, 주위의(=ambient)
- accommodate oneself to new surroundings
  새로운 환경에 순응하다
- the surrounding environment 주변 환경
ⓥ surround 둘러싸다, 포위하다
- be surrounded by ~에 둘러싸이다

1513 ruin
[rúːin]
99.건국대

vt. 1. 망치다, 엉망으로 만들다(=ravage)
  2. 파산시키다, 폐허로 만들다
n. 몰락, 파멸; 폐허, 유적
- be ruined by the storm 폭풍에 엉망이 되다
- ruin the atmosphere 분위기를 망치다
ⓐ ruinous (비용이) 감당할 수 없는; 파괴적인; 폐허가 된
ⓝ ruination 파괴, 파멸

1514 mar
[maːr]
12.국민대

vt. (좋은 것을) 망쳐놓다, 훼손하다
- mar the beautiful landscapes 아름다운 풍경을 망쳐놓다
- be marred by a scar 흉터 때문에 망쳐지다

1515 blight
[blait]
13.단국대
16.법원직

v. 망치다(=damage); (식물을) 시들게 하다
n. 식물의 마름병, (곡식의) 병충해
- a blighted tree 말라죽은 나무
回 bright[brait] 밝은, 선명한 영리한
- brighten 밝아지다; 생기가 나다
回 muck[mʌk]
  v. 거름을 주다; 〈영〉 망쳐놓다[up]
  n. 외양간 거름(=manure), 퇴비
- be in a muck 오물 투성이가 되어 있다; 혼란 상태에 있다

1516 plateau
[plætóu]
16.고려대

n. 높고 평평한 땅, 고원; 정체기
v. 정체기에 들다
- reach a plateau 정체기에 이르다

1517 ridge
[ridʒ]
15.산업기술대

n. 산등성이, 산마루, 봉우리; 이랑
- Hacksaw Ridge 〈영화〉 핵소 고지
- a dividing ridge 분수령

뉘앙스 상황, 환경, 처지, 분위기

☐ environment (사회·문화적) 환경, (the~) 자연환경 ◀━
☐ surroundings 주변(의 상황), 처지, 환경 ◀━
☐ circumstances (경제적·물질적인) 환경, 처지 ➡ R0205
☐ condition 처해있는 상황이나 상태 ➡ T0392
☐ milieu[miljúː] (살거나 일하는 곳의 문화적) 환경
- social and cultural milieu 사회, 문화적 환경
☐ situation (건물·도시의) 위치[환경]; 정세
☐ mood 특정 때에 느끼는 기분이나 분위기
☐ atmosphere 특정 장소나 상황의 분위기 ➡ R2216
☐ ambience 어떤 장소에서 느껴지는 분위기나 특징 ➡ N0913
☐ background (사진의) 배경; (개인의 출신) 배경
- the diversity of ethnic backgrounds 다양한 민족적인 출신 배경
☐ backdrop (무대의) 배경, (어떤 사건의) 배경 ➡ I14806
☐ setting (어떤 일이 일어나는) 환경[장소]

고급 어휘

☐ aura[ɔ́rə] n. (사람이나 물체의) 기운, 독특한 분위기; 영기
- She had an aura of authority.
  그녀는 권위적인 인상을 풍겼다.
☐ karma[kάrmə]
  n. 1. 인과응보, 업보; 숙명
    2. 〈구어〉 (사람·장소가 풍기는) 특징적인 분위기
- Hinduism believes very strongly in the afterlife, that is why good Karma is so important. 힌두교는 매우 강력하게 내세의 삶을 믿는다. 그것이 좋은 업보를 쌓는 것이 중요한 이유이다.
☐ kismet[kízmit]
  n. 숙명, 운명(=destiny, fate) 알라신의 뜻
- Kismet is another word for fate. It is derived from the Arabic term qisma. 숙명은 운명의 다른 말로서 아라비아말의 qisma에서 유래되었다.
☐ mien[miːn] n. 풍채, 태도
- dignified mien 근엄한 태도
☐ charisma[kərízmə]
  n. 카리스마, 대중을 끌어당기는 강한 매력, 지도력
- The President has great personal charisma.
  대통령은 매우 카리스마가 넘친다.

테 마 망치다, 손상시키다, 해치다

☐ injure 신체·건강·감정·명성 등을 해치다 ➡ R2550
☐ hurt 다치게 하다, 아프게 하다
☐ wound (칼, 총포 등으로) 상처를 입히다
☐ damage (금전·가치에) 손해[피해]를 입히다 ➡ R2491
☐ impair 가치를 떨어뜨리거나 건강을 해치다 ➡ N0172
☐ wreck 난파시키다, 파괴하다 → 몸을 망치다
☐ ravage 황폐하게 하다, 유린하다 ➡ N0889
☐ devastate 유린하다, 황폐시키다 ➡ N0213

테 마 사막, 초원, 평원, 고지

☐ desert (지형적으로 비가 오지 않아 메마른) 사막 ➡ N0386
☐ wasteland 황무지, 문화적 불모지
☐ badlands 침식이나 지나친 경작으로 생긴 황무지
☐ wilderness 미개척지, 황야(=desert)
☐ prairie[préəri] (나무는 드물고 풀로만 덮여 있는) 대초원
☐ meadow[médou] (건초로 쓰이는 풀로 덮인) 목초지
☐ plain 넓고 평평한 땅, 평원
☐ plateau 높고 평평한 땅, 고원 ◀━
☐ highland 산이나 해발이 높은 지역, 고지

1521 sterile
[stéril]
06.단국대/02.고려대
95.경기대

a. 1. (땅이) 불모의, 메마른
2. (사람·동물이) 불임의
3. 살균한, 소독한
• a sterile wasteland 메마른 황무지
• A mule is the sterile animal of a horse and donkey.
노새는 말과 당나귀 사이에서 나온 불임의 동물이다.
13.경희대
ⓥ sterilize 불모화하다

1522 barren
[bǽrən]
06.경희대/95.연세대학원
93.용인대
14.고려

a. 불모의; 임신 못하는(=lifeless); 재미없는
n. (pl.) 불모지, 황야
• The desert is barren land. 그 사막은 불모의 땅이다.
🔄 jejune[dʒidʒúːn] 불모의, 메마른; 무미건조한, 재미없는

1523 fruitful
[frúːtfəl]
04.숭실대

a. 수확이 많이 나는, 비옥한; 생산적인(=prolific)
• a fruitful and constructive debate 생산적이고 건설적인 토론
🔄 unfruitful / fruitless 열매를 맺지 않는; 헛된

1524 arable
[ǽrəbl]
15.경기대/05.동아대
98-2.세종대
09.중앙대

a. 경작할 수 있는, 경작에 알맞은(=plowable, cultivable, fertile)
n. 경작지
• China is losing arable land as a result of its urbanization.
중국은 도시화의 결과로 경작이 가능한 땅이 줄고 있다.
🔄 fallow 휴한지; (땅 등을) 묵히고 있는, 미개간의(=unexploited)
wasteland 불모지, 황무지 reclaimed land 간척지

1525 crop
[krap, krɔp]
10.국가직9급

n. (농)작물, 수확량
v. 경작하다, (작물이) 소출을 내다; 머리를 짧게 깎다
• the most important crop 가장 중요한 농작물
🔄 crop up 나타나다, 발생하다(=happen)

1526 reap
[riːp]
12.한양대

v. 수확하다, (좋은 결과를) 거두다
• As a man sows, so he shall reap. 자기가 뿌린 씨는 자기가 거둔다.
ⓝ reaper 수확하는 사람[기계]
🔄 leap[liːp] 뛰어 오르다, 도약하다

1527 harvest
[háːrvist]
98.덕성여대

v. 수확하다(=reap), 채취하다(=pick); 획득하다
n. 수확기, 수확물; 소득
• harvest crops 곡식을 추수하다
• a poor harvest 흉작

1528 cadastral*
[kədǽstrəl]
90.고려대학원/경찰간부

a. 토지 대장의, 지적(地籍)도의
• an exhaustive cadastral survey for tax purposes
세금징수를 위한 철저한 토지 조사
ⓝ cadastre[kədǽstər] 토지대장
🔄 feudal[fjúːdl] 영지의, 봉건제도의
• feudal system 봉건제도

동의어 비옥한 ↔ 불모의

- ■ fertile 비옥한, 다산의 ↔ infertile 메마른 🔲 N0123
- ☐ productive 생산적인, 다산의, 비옥한 🔲 R1357
- ☐ prolific 다작의; 다산의; 열매를 많이 맺는 🔲 N0230
- ☐ fecund 다산의, 비옥한, 기름진 🔲 R1600
- ☐ fruitful 수확이 많이 나는 ↔ unfruitful, fruitless ⬅
- ☐ tillable[tíləbl] 갈 수 있는, 경작에 알맞은 ↔ untillable
- ■ sterile / barren / jejune 불모의, 메마른 ⬅
- ☐ arid (땅 등이) 건조한, 메마른 🔲 N0567

테마 경작과 관련한 어휘군

- ☐ 토양 soil
- ☐ 경작 cultivation, farming, tillage
  - 경작하다 cultivate, farm, till, plow
  - 경작에 적합한 arable, tillable
- ☐ 개간, 간척하다 reclaim, recover
  - 간척지, 매립지 innings, a reclaimed land
- ☐ 삼림 등을 개척하다 deforest, clear
  - 삼림 개척지 a clearing
- ☐ 비료 fertilizer(특히 화학비료)
- ☐ 거름, 퇴비 manure / muck

테마 경작하다, 수확하다

- ☐ till 1. 땅을 갈다, 경작하다 2. (상점 계산대의) 돈 서랍
- ☐ plow 갈다, 경작하다; 쟁기, 경작, 농업
- ☐ plant 식물을 심다, 굴 등을 양식하다
- ☐ sow 뿌리다, 심다
- ☐ cultivate 경작하다, 양식하다
- ☐ reap 베어내다, 수확하다 ⬅
- ☐ harvest 거두어들이다, 수확하다 ⬅

1531 profligate
[práfligət, prɔf-]
12.중앙대/08.경희대

a. 낭비하는(=wasteful); 방탕한
• live in a profligate way 방탕하게 살다
ⓝ profligacy 방탕, 난봉

동의어 낭비하는, 방탕한

- ☐ prodigal (돈·시간·물자를) 낭비하는 🔲 R0659(2)
- ☐ extravagant 낭비하는, 사치스런; 터무니없이 비싼 🔲 R2135
- ☐ lavish 낭비벽이 있는, 사치스런; 후한 🔲 N0434
- ☐ wasteful 낭비하는, 낭비적인
- ☐ thriftless 돈을 헤프게 쓰는, 낭비하는 🔲 D0020
- ☐ dissipative 흩어지는, 낭비적인 🔲 D0945
- ☐ spendthrift[spéndθrift] 낭비하는; 돈을 헤프게 쓰는 사람

1532 spare
[spɛər]
05.한양대

12.지방직7급

vt. 1. (남에게) 시간을 할애하다, 내주다
• Can you spare me a moment? 시간 좀 내주실 수 있어요?
2. 살려 주다, 불쾌한 일을 피하게 하다
• Spare my blushes. 너무 치켜세우지 마세요.
3. 아끼다, 절약하다
• Spare the rod, and spoil the child. 매를 아끼면 아이를 망친다.
🎣 spare no effort 노력을 아끼지 않다
n. 예비품, 비상용품(=extra)
a. 1. 예비의, 여분의, 여가의
• We should make use of the spare time.
우리는 자투리 시간을 잘 활용해야 한다.
2. 인색한, 아끼는
ⓐ sparing 아끼며 사용하는, 절약하는
↔ unsparing 인색하지 않은, 후한, 통이 큰
🎣 Spartan 스파르타식의, 엄격하고 간소한

동의어 **절약하다 ↔ 낭비하다**
■ economize 절약하다 🔼 R2141
☐ save 저축하다, 절약하다 🔼 T0844
☐ stint 아끼다, 아까워하다 🔼 D0435
☐ pinch one's pennies 절약하다 🔼 T1392
☐ tighten (one's) belt 씀씀이를 줄이다
■ waste 낭비하다, 헛되이 쓰다
☐ squander 낭비하다, 탕진하다 🔼 N0833
☐ lavish 아낌없이 주다, 낭비하다 🔼 N0434
☐ dissipate (시간·돈 등을) 낭비하다; 소멸하다 🔼 N0945
☐ fritter (시간·돈 등을) 낭비하다[away]; 점점 줄어들다
• fritter away one's money 돈을 조금씩 다 써버리다
☐ splurge 돈을 물 쓰듯 하다(spend money freely)
• splurge on a trip 여행에서 돈을 물 쓰듯 하다

1533 niggardly
[nígərdli]
06.계명대

a. ad. 인색한, 쩨쩨한(=stingy); 인색하게
• He's niggardly with his money. 그는 돈에 관해서 인색하다.
🎣 niggard[nígərd] 구두쇠; 인색한

1534 skimp
[skimp]
08.경희대

v. (돈·시간 등을) 지나치게 아끼다[on], 인색하게 굴다
• Don't skimp on fuel in winter. 겨울에는 기름을 너무 아끼지 마세요.
🎣 scrimp (지나치게) 절약하다

1535 ascetic(al)
[əsétik]
17.한국외대/15.중앙대
07.세종대

a. 금욕적인(=austere), 고행의
n. 금욕주의자, 수도자(=hermit)
• live a ascetic life 금욕적인 삶을 살다

동의어 **검소한, 금욕적인, 인색한; 구두쇠**
☐ frugal 절약하는, 검소한 🔼 N0174
  - frugality 검소하고 소박함
☐ austere 검소한, 소박한, 금욕적인 🔼 N0175
☐ saving 절약하는, 검소한 🔼 T0844
☐ economical 검소한, 절약하는; 절약되는 🔼 R2141
☐ thrifty 검약하는, 아끼는; 번성한, 무성한 🔼 D0020
  - thrift 절약, 검약; 번성, 무성 🔼 D0020
☐ puritanical 청교도적인; 엄격한, 금욕적인 🔼 N0847
☐ abstemious 절제하는, 삼가는(=abstinent) 🔼 D0689
☐ stingy 인색한, 쩨쩨하게 구는; 적은, 부족한 🔼 N0435
  - stingy person 인색한 사람 *찔러도 피 안 나올 사람
☐ parsimonious 인색한; 지나치게 검소한 🔼 D0227
☐ miserly 구두쇠 같은, 인색한 🔼 N0661
  - miser 구두쇠, 욕심꾸러기
☐ pinch-penny 구두쇠 *1페니(문돈)도 꽉 죄고 사는
☐ skinflint 지독한 구두쇠 *피부가 딱딱한 사람
☐ tightwad 구두쇠 *wad많은 돈을 꽉 쥐고만 있는
☐ curmudgeon 심술궂은 노인; 구두쇠

1536 stoic(al)*
[stóuik]
11.단국대

a. 스토아 철학의; 금욕의
• An ascetic life is the essence of Stoicism.
금욕적인 생활은 스토아 철학의 정수이다.
ⓝ Stoicism 스토아 철학, 극기, 금욕

테 마 **사람 이름, 종족, 집단에서 유래한 단어**
☐ Stoic 스토아 철학자 → 금욕의 ◀💬
☐ puritanical 청교도적인 → 금욕적인 🔼 N0847
☐ laconic Laconia 사람 → 간결한, 말수가 적은 🔼 N0626
☐ Pharisee 바리새(파의) 사람 → 위선자
☐ mogul 무굴사람 → 거물, 중요인물(=magnate, tycoon)
• a movie mogul 영화계의 거물
☐ amazon 여장부, 여걸(female warrior) → 사나운 여자
☐ bohemian 보헤미안 사람 → 자유분방한(생활을 하는 사람)
☐ galvanize "Galvan" 박사 → 전기로 자극하다 🔼 N0592
☐ mesmerize "Mesmer" 박사 → 최면을 걸다, 매혹시키다 🔼 T0442

█ 154   **[테마] 자원의 과잉 ↔ 부족, 기근**

1541 surplus
[sə́ːrpləs]
11.경희대/95.연세대학원

n. 나머지; 과잉; 잉여금, 흑자
a. 여분의; 과잉의
• a surplus of wheat 남아도는 밀
🎣 overplus 여분, 과잉, 과다
🎣 deficit 결손, 부족(액); 적자; 결함; 약점 ⊃ DO121

동의어 **과다, 과잉, 잉여**
☐ excess 과잉, 과다; 초과량, 잉여분 🔼 D0151
  - excessive 과도한, 지나친
☐ superfluity 과다, 과잉; 남아도는 것 🔼 D0832
  - superfluous 불필요한, 필요 이상의 🔼 N0832
☐ redundancy 여분, 과잉, 잉여 🔼 D0125
  - redundant 여분의, 과다한, 남아도는 🔼 N0125
☐ overabundance 과잉, 과다 🔼 D0124
☐ plethora 과다, 과잉; 다량 🔼 R1545

1542 lack
[læk]
13.가천대

n. (~의) 부족, 결핍[of]
v. ~이 없다, 부족하다
- a lack of rain 강우량의 부족
ⓐ lacking (~이) 없는, 부족한[in](=deficient)

1543 drought
[draut]
07.중앙대

n. 가뭄; (장기간의) 부족, 결핍
- The long drought has retarded this tree's growth.
오랜 가뭄이 나무의 성장을 늦추었다.

1544 famine
[fǽmin]
96.기술고시

n. 식량 부족, 기근(=starvation)
- The country faces famine and rampant diseases.
그 나라는 기근과 유행병에 직면하고 있다.
ⓥ famish 굶주리게 하다, 아사시키다; 굶다, 아사하다
ⓐ famished 굶주린, 몹시 배고픈
- be famished 배고파 죽을 지경이다
🔁 feminine 여성의, 여성다운(=womanly) ⊃ R1975

1545 starvation
[staːrvéiʃən]
96.세종대

n. 기아, 굶주림(=famine); 궁핍, 결핍
- Starvation is the cause of death for more people around the world than one would like to admit.
기아는 전 세계적으로 우리가 인정하고 싶을 정도 보다 많은 사람들의 사망하는 원인이다.
ⓥ starve 굶주리다, 굶어 죽다; 굶겨죽이다
- I'm starved to death. 배고파 죽겠다. = I'm starving.

155 [테마] 재난, 재해

1551 calamity
[kəlǽməti]
13.경희대.아주대

n. 큰 재난(=catastrophe), 불행
- a natural calamity such as flood or hurricane
홍수나 허리케인 같은 자연재해

1552 avalanche
[ǽvəlæntʃ]
17,12.홍익대

n. 눈사태(=massive snow); (우편물·질문 등의) 쇄도
vi. (우편물·질문 등이) 쇄도하다
- Avalanches not only endanger life but block important avenues of communication and disrupt commercial activity.
눈사태는 생명을 위험하게 할 뿐만 아니라 의사소통의 중요한 수단을 차단하고 상행위를 중단시킨다.
🔁 snowball 눈덩이

1553 blast
[blæst]
14.항공대/04-2.세종대

n. 1. 돌풍, 한바탕의 바람
2. (증오 등의) 폭발; 비난 공격(=barrage)
vt. 1. 나팔 등을 불다, 경적을 울리다
2. 로켓 등을 발사하다
3. 남을 호되게 야단치다[off]
- at full blast 온힘을 다하여, 전속력으로
🔁 gust[gʌst] 돌풍, 소나기; 감정의 격발
- gusty 바람이 심한, (웃음이) 돌발적인
gale[geil] 질풍, 강풍; (감정·웃음 등의) 폭발

1554 bluster
[blʌstər]
00-2.동덕여대
06-3.경찰

v. 1. 고함치다; 엄포를 놓다
2. (파도·바람 따위가) 거세게 불다
n. 휘몰아침; 시끄러움, 떠들썩함; 허세, 공갈
ⓐ blustery / blusterous (바람이) 휘몰아치는
- a cold, blustery day 춥고 바람이 많이 부는 날
blustering 호통 치는; 휘몰아치는
🔁 bellow (소가 큰소리로 울다; (천둥이) 크게 울리다; 고함을 지르다
n. 울부짖는 소리, 고함소리
- bellow off 야단쳐서 쫓아버리다

1555 desperate
[déspərət]
08.경기9급/04.국민대
97.사법시험

a. 1. 절망적인, 자포자기한, 회복의 가망이 없는
2. 필사적인, 목숨을 건
3. 간절히 필요로 하는, 절실한
4. 상황이 극심한, 대단히 위험한(=dire)
• Desperate people take desperate measures.
물에 빠진 사람은 지푸라기라도 잡는다.
ⓥ despair 절망하다, 단념하다; 절망, 자포자기
ⓐⓓ desperately 필사적으로; 절망적으로; 극도로
ⓝ desperation 필사적임; 자포자기; 절망
desperado 자포자기한 무법자, 겁없는 자

테 마 재해를 당한 사람들

□ fatality (재난·질병으로 인한) 사망자 수 ◘ N0605
□ casualties (사고로 인한) 사상자, 피해자 ◘ R1257
□ the injured 부상자
□ victim 희생자
□ survivor 생존자
□ the sufferers 이재민
□ death toll 사망자 수

1556 havoc
[hǽvək]
10.강남대
06.이화여대,단국대

05.경희대,경기대
01-2.경기대/98.입법고시
93.연세대,고려대학원
17.국민대

n. 1. (대규모의) 파괴, 황폐(=destruction, devastation, damage)
2. 대혼란, 무질서, 아수라장(=disorder)
• The hurricane caused great havoc on the island.
허리케인이 그 섬을 초토화시켰다.
• The tornado wreaked havoc on the town.
토네이도가 그 마을을 완전히 쑥밭으로 만들었다.
🅴 wreak[wreck] havoc on ~을 크게 파괴하다(=devastate)
= make havoc of
= play[work, create] havoc with ➲ IO7510
🅴 wreak[rik] (큰 피해 등을) 입히다[가하다]; 초래하다
wreck[rek] 망가뜨리다, 난파시키다; 난파선; 사고자동차 잔해
- wreckage[rékidʒ] (사고 자동차·비행기 등의) 잔해

뉘앙스 파괴하다, 황폐시키다

□ destroy 완전히 파괴하거나 허물어서 존재하지 않게 하다 ◘ R1153
□ demolish (특히 오래된 건물 등을) 완전히 허물다 ◘ R1142
□ devastate (국토를) 황폐시키거나 완전히 파괴하다 ◘ N0213
□ dilapidate (건물 등이 낡아서) 헐다 ◘ D0569
□ dismantle (기계나 구조물을) 분해[해체]하다 ◘ T1491
□ tear down (건물이나 기계를) 헐다, 분해하다 ◘ I09401
□ ravage (전쟁·재해 등이 나라, 경제 등을) 파괴하다 ◘ N0889
□ ruin (사람·건강·여자의 몸을) 망치다, 타락시키다 ◘ T1513
□ vandalism 예술·문화의 고의적 파괴; (비문화적) 야만 행위

1557 restore
[ristɔ́ːr]
16.서강대/98.홍익대

vt. 1. 재건하다, 복구하다(=rehabilitate, refurbish)
2. (건강을) 되찾다; (물품을) 반환하다
• restore youth and vigor 젊음과 정력을 되찾다
ⓝ restoration 회복, 복구, 복원, 복직(=rehabilitation)

동의어 회복하다, 회수하다

□ get back 돌아오다; 되찾다
□ regain (잃은 것을) 되찾다, 회복하다; 탈환하다 ◘ P0396
□ recover 되찾다, 회수하다; 건강을 회복하다 ◘ P0397
□ recuperate (병·피로에서) 회복하다; 만회하다 ◘ R0019(4)
- recoup (쓰거나 잃은 돈을) 되찾다, 회수하다 ◘ R0019(4)
□ rehabilitate (장애자·범죄자를) 사회 복귀시키다,
복구[재건]하다 ◘ D0844

┃ 156 **[테마] 구멍, 틈**

1561 hiatus
[haiéitəs]
17.단국대/08.이화여대

93.성균관대

n. 갈라진 틈; (일정 기간 행위의) 중단, 공백(=opening, break)
• Talks between the two countries have resumed after
a five-year hiatus.
5년의 공백 후에 두 나라 간의 회담이 재개되었다.
🅴 opening 틈, 입구; 빈자리, 공석; 개시, 개장

테 마 동굴, 땅굴; 틈, 균열

■ cave 동굴 *hollow보다 크고 cavern보다 작은 ◘ R2203
□ cavern 큰 동굴 ◘ R2202
□ cavity 구멍, 빈 부분, 충치 ◘ R2203
□ tunnel 통행을 위해 산·땅 밑을 뚫어 만든 땅굴
□ grotto[grátou] 인위적으로 돌을 쌓아 만든 작은 동굴, 석굴
■ chasm[kǽzm] (지면·바위의) 크게 갈라진 틈; 깊은 수렁
□ chink[tʃiŋk] (빛·바람 등이 새는) 좁은 틈; 빠져나갈 구멍
□ cleft[kleft] 갈라진 틈; 쪼개진 조각
□ crack[kræk] 갈라진 금, 틈, (문·창 등의) 조금 열린 틈
□ crevice[krévis] (바위 등의 좁고 깊게) 갈라진 틈, 균열
□ gap[gæp] 갈라진 틈, 구멍, 공백; (문화·사회적) 격차
□ gash[gæʃ] 깊은 상처, 갈라진 틈
□ rift[rift] (갈라진) 금, 균열; 단층; 찢다, 깨다
□ fissure[fiʃər] 갈라진 틈, 균열
□ groove[gruːv] (목재·금속 따위 표면에 새긴) 홈; 최고조

1562 niche
[nitʃ]
08.고려대/05.동국대

n. 1. (수익 가능성이 높은) 틈새시장
2. 특정 분야; 벽의 움푹 들어간 곳
• carve out a niche market 틈새시장을 개척하다
🅴 nick 새김눈(=notch), 깨진 홈
* in the nick of time 아슬아슬한 때에, 마침 제때에 ➲ IO0104
notch 새김눈, 칼자국; 단계, 급

1563 aperture*
[ǽpərtʃər]
02-2.세종대

n. 1. (폭이 좁은) 구멍, 틈(=orifice); 균열
2. (카메라의) 조리개
• An aperture is a narrow hole or gap. 틈은 폭이 좁은 구멍이다.
🅴 orifice[ɔ́(ː)rəfis] (관·굴뚝·상처 등의) 구멍, 뚫린 데

고급 어휘

□ gape[geip]
n. 입을 딱 벌림; 갈라진 틈
v. (놀라서) 입을 딱 벌리다; 하품하다; (상처가) 벌어지다
• He gaped in astonishment. 그는 놀라서 입을 딱 벌렸다.
cf. agape 놀라 입을 딱 벌리고

1564 hollow
[hálou, hɔ́-]
13.상명대

n. 움푹 꺼진 곳; (사물의 안쪽이 텅 빈) 구멍
a. 속이 빈, 움푹 꺼진; 헛된, 무의미한
• a hollow in the ground 땅바닥의 구멍
핍 hallow 신성하게 하다, 신에게 바치다 **⊃ R1992**

1565 perforation
[pə̀ːrfəréiʃən]
01~2.삼육대/학사경장

n. (위 등의) 천공; (구멍을 내서 만든) 절취선(=hole)
• A perforation is a hole made by puncturing a surface.
천공이란 표면을 찔러서 만든 구멍이다.
ⓥ perforate (~에) 구멍을 내다; 꿰뚫다(=pierce)
ⓐ perforated 구멍이 난; 천공의 **perforative** 쉽게 관통하는
ⓝ perforator 천공기

1566 porous
[pɔ́ːrəs]
12.이화여대

a. 작은 구멍이 많은; 스며드는(↔impermeable 스며들지 않는)
• The stone is extremely porous. 그 돌은 매우 구멍이 많다.
ⓝ pore[pɔːr] (돌이나 피부에 있는) 구멍
porosity 다공성; 작은 구멍
핍 osteoporosis 골다공증
핍 bore 1. v. 구멍을 뚫다 ⓝ 시추공
　　　　2. v. 지루하게 하다 ⓝ 따분한 것

1567 pit
[pit]
05.가톨릭대

12.국민대

n. 1. (지면의) 구멍, 웅덩이, 움푹 들어간 곳; 탄광
2. 함정(=pitfall)
3. 맹수 우리, 투견장
• pit bull 투견, 매우 공격적이고 무자비한 사람
4. (복숭아 등의) 씨, 핵
v. 1. 겨루게 하다, 경쟁시키다[against]
• pit against ~을 ~와 겨루게 하다
• be pitted against each other 서로 겨루게 되다
2. 구멍을 내다; 움푹 들어가다
핍 pittance 소량, 쥐꼬리만한 수입(a small allowance or wage)

테 마　구멍

☐ hole (일반적으로) 구멍
☐ hollow 다른 부분보다 움푹 들어간 곳 ⬅
☐ slit[slit] 가늘고 긴 구멍; 동전 투입구; 가느다랗게 째다
☐ slot[slat, slɔt] 돈 넣는 구멍 따위 cf.slot machine
☐ crater (화산의) 분화구; (운석이 떨어져 생긴) 구멍 ⬛ T1403
☐ basin[béisn] 움푹 들어간 분지, 웅덩이; 대야, 세면기

▌157　[테마] 침투하다, 스며들다

1571 penetrate
[pénətrèit]
17.국민대/16.국민대
05.건국대

vt. 1. 관통하다(=go through, permeate); 침투하다(=invade)
2. 스며들다; 이해하다
• The sun's rays can penetrate water up to 10 feet.
태양광은 10피트의 물을 관통할 수 있다.
• Television penetrates nearly every home in the land.
텔레비전은 지구상의 거의 모든 가정에 스며들고 있다.
ⓝ penetration 관통, 침투; 간파, 통찰력
ⓐ penetrative 침투하는; 통찰력 있는
penetrable 침투[관통]할 수 있는[to]; 영향을 받기 쉬운
핍 impenetrable 뚫고 들어갈 수 없는(=impervious) 이해할 수 없는
핍 permeate 스며들다; (사상이) 퍼지다, 영향을 미치다 **⊃ N0402**
- permeation 침투, 삼투, 녹아 들어감

1572 infiltration
[ìnfiltréiʃən]
12.한성대/05.행자부9급
17.가천대

n. 스며듦(=permeation); 침입, 침투, 잠입
• infiltration of rain water into the ground 빗물이 땅바닥에 스며듦
ⓥ infiltrate 스며들다(=permeate); 잠입[침투]하다
핍 filtration 여과 (과정)
99.서울여대　filter 필터, 여과 장치; 여과하다, 거르다(=screen)

1573 percolate*
[pə́ːrkəlèit]
07.단국대

vt. 1. (액체·기체 등이) 스며들다
2. (소식·생각이 사람들 사이로) 서서히 퍼지다(=spread slowly)
3. 여과하다, 커피를 끓이다
• Changes percolate through gradually. 변화는 천천히 퍼진다.
ⓝ percolation 여과; 삼출, 삼투
percolator 여과기, 여과 장치가 달린 커피끓이개
핍 osmose[ázmous, ǽ-] 삼투하다[시키다]
- osmosis 삼투, 조금씩 흡수함; (접촉을 통해) 서서히 터득함

테 마　통과시키는 ↔ 불침투성의

☐ impervious 통과시키지 않는; 영향받지 않는 ⬛ N0704
　　↔ pervious 투과시키는, 통과시키는
☐ permeable 투과성[삼투성]의 ⬛ D0402
　　↔ impermeable 스며들지 않는, 불침투성의
☐ impenetrable 뚫고 들어갈 수 없는; 이해할 수 없는 ⬅
　　↔ penetrable 침투[관통]할 수 있는; 영향을 받기 쉬운

동의어　스며들다, 흠뻑 적시다

☐ permeate 스며들다; (사상이) 퍼지다 ⬛ N0402
☐ penetrate 관통하다, 스며들다 ⬅
☐ infiltrate 스며들다, 침투하다 ⬅
☐ percolate 스며들다, 서서히 퍼지다 ⬅
☐ imbue 듬뿍 스며들게 하다, 고취하다 ⬅
☐ soak 물이나 액체에 흠뻑 적시다[젖다] ⬛ D0705
☐ sop[sap, sɔp] (액체가) 스며들다, 흠뻑 젖다
☐ saturate 물에 흠뻑 적시다, 담그다, 포화시키다 ⬛ R1532
☐ drench 흠뻑 물에 적시다, 물에 담그다 ⬅

1574 imbue
[imbjúː]
10.세종대/94.대전시7급

vt. 1. (수분 등을) 듬뿍 스며들게 하다; 물들이다, 더럽히다
　　2. (감정·의견·가치를) 가득 채우다(=fill), 고취하다[with]
　• imbue a mind with patriotism 애국심을 고취하다

1575 drench
[drentʃ]
98-2.경기대

vt. 흠뻑 물에 적시다, 물에 담그다(=soak)
n. 호우, 폭우; 흠뻑 젖음
　• be completely drenched in sweat 땀으로 흠뻑 젖다
　• be drenched[soaked] to the skin 흠뻑 젖다
ⓝ drencher 억수, 호우; 소방용 급수장치

01.사법시험

ⓐ drenched 흠뻑 젖은(=very wet)
　drenching 흠뻑 적시는, 억수로 쏟아지는
🔃 sodden[sɑ́dən, sɔ́d-] 물에 젖은, 흠뻑 젖은
　• on a sodden track 흠뻑 젖은 트랙

1576 watertight
[wɔ́ːtərtàit]
95.행정고시

a. 방수의(=water-resistant); 빈틈없는
　• wear a watertight coat 방수코트를 입다
　• yield watertight results 빈틈없는 결과를 산출하다
🔃 waterproof 방수의; 방수복

1577 ooze
[uːz]
08.경기대/04.단국대

vi. 1. (걸쭉한 액체가) 흐르다, 새어 나오다[out](=exude)
　　2. (비밀 등이) 새다
vt. (비밀 등을) 누설하다; (매력 등을) 발산하다
n. 1. 스며나옴, 분비; 분비물
　　2. 보드라운 진흙; 습지
　• Pus is oozing out of the wound. 상처에서 고름이 흘러나온다.
ⓐ oozy 1. 줄줄 흘러나오는, 나오는 2. 진흙의

04.단국대
08.경기대

exude[igzúːd] 스며나오(게 하)다, 삼출하다
seep[siːp] 스며나오다, 뚝뚝 떨어지다, 새다; (사상이) 침투하다
leak[liːk] (물 등이) 새다, (비밀이) 누설되다

▌158　[테마] 항구, 표류하다, 물결

1581 canal
[kənǽl]
11.경기대

n. 운하, 인공수로(=aqueduct)
v. ～에 운하를 만들다[파다]
　• a lock canal 갑문식 운하 an irrigation canal 관개용 수로

10.아주대

ⓥ canalize 운하를 파다; (특정한 목표로) 방향을 잡다
🔃 channel[tʃǽnl] 수로, 해협; 경로; 접근 수단
　• a reliable channel 믿을 만한 소식통

1582 dock
[dak, dɔk]
13.서강대

1. n. 선창, 부두(=pier), 방파제(=jetty); 항공기의 격납고
　vt. 배가 부두에 들어가다; 우주선이 도킹하다
2. n. (급료의) 감액
　v. 절감하다, 삭감하다
　• Tourists stand on the dock. 관광객들이 부두에 서 있다.
　• He threatened to dock her fee. 그는 그녀의 월급을 깎겠노라고 협박했다.
🔃 levee[lévi] 1. 둑, 제방, 선창 2. 알현식
　quay[kiː] 부두, 방파제; 선창
　wharf[hwɔːrf] 부두, 선창

1583 harbo(u)r
[hɑ́ːrbər]
05.국민대

n. 항구; 피난처, (야생동물의) 보금자리(=shelter)
vt. 1. 정박시키다
　　2. (생각 등을 마음에) 품다(=cherish)
　　3. (죄인을) 숨겨주다
　• harbor a grudge against ～에 대해 앙심을 품다
　• harbor the refugees 피난민에게 거처를 제공하다

13.동국대

🔃 haven[héivn] 항구; 피난처, 안식처
　• a tax haven 조세도피처
　anchor[ǽŋkər] 닻; 앵커, 뉴스 사회자; 정박시키다; 정박하다
　- anchorage 정박지 anchorite 은둔자(=hermit)
　berth[bəːrθ] (열차·배 등의) 침대, 정박위치; 직업; 정박하다[시키다]
　moor[muər] (배를) 잡아매다, 정박시키다; 황무지; 무어 사람, 흑인

1584 float
[flout]
15.아주대
15.단국대

v. (물에) 뜨다, 띄우다; (물·공기 중에) 떠돌다(=drift)
- float on the water 물 위를 떠다니다
- The logs float down the river. 통나무들이 강을 떠내려간다.

ⓐ floating 떠다니는(=adrift); 유동적인

ⓐⓓ afloat (물 위에) 떠서, 해상에; 헤매고; 빚지지 않고
- keep afloat 빚지지 않고 살아가다(=keep one's head above water)

🔳 flotage 부유물, 표류물 **flotilla** 소함대

1585 waft*
[wæft, waːft]
17.중앙대

v. (향기나 소리가 공중에서) 퍼지다; 표류하다, 떠돌다
n. 풍겨오는 냄새
- Pleasant scents waft through the air. 기분 좋은 향기가 공기를 통해 밀려온다.

1586 ripple
[rípl]
12.성균관대/99.사법시험
16.법원직

v. 잔물결을 일으키다[이루다]; 파문을 일으키다
n. 잔물결, 파문
- a ripple of applause 박수의 물결
- The lake rippled gently. 호수에 조용히 잔물결이 일었다.

🔳 surf[səːrf] 해안으로 밀려드는 물결

1587 swirl
[swəːrl]
16.서울여대

vi. 1. 소용돌이치다(=whirl, twirl, gyrate, spin)
2. 빙빙 돌[리]다; 어질어질하다
n. 소용돌이
- a swirling torrent 소용돌이치는 급류

🔳 whirl[hwəːrl] 소용돌이치(게 하)다. 빙빙 돌(리)다; (차 등이) 질주하다
- whirlpool 소용돌이, 혼란 **whirlwind** 회오리바람
  whorl[wəːrl] (지문, 조개 등의) 나선형 모양

1588 dabble
[dǽbl]
00-2.세종대
13.중앙대

v. 1. (물이나 흙탕물을) 튀기다(=splash), 물장난하다
2. 취미[장난] 삼아 해보다
- dabble in water 물장난을 치다

ⓝ dabbler 물장난하는 사람; 애호가

1589 splash
[splæʃ]
03.계명대

v. 1. (물, 흙탕물을) 튀기다, 튀다(=slush); 첨벙거리다
2. 뉴스를 화려하게 다루다; 돈을 뿌리다
n. 첨벙하는 소리; 대서특필
- Stop splashing me! 내게 물 튀기지 매!

🔳 make a splash 깜짝 놀라게 하다, 평판이 자자해지다

🔳 slush[slʌʃ] 진흙을 튀기다; 녹기 시작한 눈, 진창; 폐유, 슬러시

<table>
<tr><td colspan="2">테 마 물결, 파도</td></tr>
</table>

- ☐ **wave** "물결, 파도"를 뜻하는 가장 일반적인 말
- ☐ **billow**[bílou] 큰 물결, 파도; 소용돌이치다
- ☐ **surge** 큰 파도, 놀 🔳 R1715
- ☐ **swell** 큰 물결, (바다의 큰) 놀 🔳 T1344
- ☐ **ripple** 잔물결 ◀🔳
- ☐ **spume**[spjuːm] (파도가 심할 때 생기는) 거품(이 일다)

▌159 [테마] 날씨와 온도

1591 weather
[wéðər]
13.동국대/12.국민대
07.경희대
05.국민대

n. 날씨, 기상 → 악천후
v. (역경 등을) 뚫고 나가다
- weather the crisis 위기를 헤쳐 나가다
- in all weathers 비가 오나 바람이 부나
- weather permitting 날씨가 좋으면
- in the weather 비바람을 맞고, 밖에서
- weather through 폭풍우[위험, 곤란]를 뚫고 나아가다

ⓐⓓ weatherwise 날씨에 관한 한
- It was a dreadful day, weatherwise. 날씨에 관한 한 아주 지독한 날이었다.

🔳 under the weather 아픈(=ill, sick), 기분이 좋지 않은 ⊃ IO1201

1592 drizzle*
[drízl]
97.고려대학원

vi. 이슬비[안개비]가 내리다
n. (종종 a ~) 이슬비, 보슬비

ⓐ drizzling 이슬비가 내리는

🔳 spitting 비가 후두두 떨어지는
  pouring 비가 억수같이 퍼붓는(=downpouring)

🔳 It never rains but it pours. 불행은 겹친다.
  It rains cats and dogs. 비가 억수로 쏟아진다.

<table>
<tr><td colspan="2">테 마 기후가 좋은, 온화한 ↔ 가혹한</td></tr>
</table>

- ■ **temperate** 기후가 온화한, 온난한 🔳 R1323
- ☐ **benign** (기후·풍토가) 좋은, 온화한 🔳 N0373
- ☐ **clement** (날씨 등이) 온화한, 따뜻한 🔳 T0187
- ☐ **moderate** 기후가 온화한 🔳 R0632
- ☐ **mild** 따뜻한, 온화한
- ■ **severe** 날씨가 매우 나쁜, 혹독한 🔳 R1074
- ☐ **harsh** 날씨가 사람에 살기에 힘든 🔳 T1265
- ☐ **rigorous** 날씨 등이 혹독한 🔳 R0275
- ☐ **rough** (바다·하늘·날씨 등이) 거친, 험한; 대충 만든

<table>
<tr><td colspan="2">테 마 기상, 날씨, 자연현상에 관한 표현</td></tr>
</table>

- ☐ 폭우 a pouring[heavy, torrential] rain
- ☐ 폭설 a heavy snow, a storm of snow
- ☐ 혹한 the bitter cold, intense[severe] cold
- ☐ 폭염 intense[severe, torrid, scorching] heat
- ☐ 가뭄[가물] a drought
- ☐ 장마 a spell of rainy weather
- ☐ 이슬 dew → dewy (이슬이 맺힌)
- ☐ 안개 haze(연무) → mist → fog(농무: dense fog)
- ☐ 서리 (white) frost 서리(=rime) / black frost (된서리)
- ☐ 우박 hail, hailstone
- ☐ 진눈깨비 sleet / sleety (진눈깨비가 오는)

1593 sweltering
[swéltəriŋ]
13.동국대/10.영남대
16.홍익대
16.홍익대
13.동국대

a. 찌는 듯이 무더운(=very hot, scorching); 더위 먹은
- the sweltering heat of the dog days 한 여름의 찌는 듯 무더운 열기
图 searing[síəriŋ] 타는 듯한(=parching)
parching[pɑ́ːrtʃiŋ] 태우는 듯한
scorching[skɔ́ːrtʃiŋ] 태우는 듯한, 몹시 뜨거운

1594 muggy
[mʌ́gi]
99.전남대
96.숭실대
01-2.고려대
16.중앙대

a. (날씨가) 덥고 습기찬, 후덥지근한(=hot and damp)
- It was a hot, very muggy evening. 뜨겁고 매우 후덥지근한 저녁이었다.
图 dank[dæŋk] (날씨가) 차갑고 습기찬, 축축한(=damp and cold)
图 damp[dæmp] 축축한, 습기찬
moist[mɔist] 축축한, 습한; 눈물 젖은
- moisture 습기, 수분
图 lichen[láikən] 이끼(=moss)

1595 stifling
[stáifliŋ]
99.경기대

a. (공기가) 숨막힐 듯한, 답답한
- It's stifling in here. 이 방은 너무 답답하다.
ⓥ stifle 숨이 막히다; 질식시키다; (감정을) 억누르다

1596 chilling
[tʃíliŋ]
01.국민대

a. 1. 무서운, 으스스한(=frightening)
2. 쌀쌀한; 냉정한(=frigid, cold)
- a chilling story 으스스한 이야기
ⓝ chill 추위, 차가움; 차가운; 냉담한; ~을 오싹하게 하다
cf. chill factor 바람의 냉각효과지수, 체감온도

1597 frigid
[frídʒid]
95.동덕여대

a. 몹시 추운(=cold); 냉랭한, 쌀쌀한
- People near the North Pole have a frigid climate.
북극근처의 사람들은 혹한의 기후를 겪는다.
图 gelid[dʒélid] 얼음 같은, 몹시 차가운(=icy); 냉랭한(=frigid)
hyperborean 북극의(=arctic); 매우 추운
- hyperborean blast 북극지방의 폭풍

1598 freeze
[friːz]
05-2.경기대

v. 1. 얼게 하다, 동결시키다
2. (공포, 충격 등으로) 얼어붙다
3. 〈명령문〉(경찰이 범인에게) 꼼짝마!
- The police officer shouted "Freeze!" 경찰은 "꼼짝 매"라고 외쳤다.
ⓐ frozen 냉동된, 결빙된; (자금이) 동결된
回 unfreeze 녹이다, 해동하다
图 transfix (공포 따위로) 그 자리에 얼어붙게 하다; ~을 고정시키다
12.한양대
图 frost 서리, 성에; 얼어붙게 하다 defrost (냉동식품을) 녹이다
rime[raim] 서리(=white frost); 서리로 덮다

1599 glacier
[gléiʃər]
08.국가직9급

n. 빙하
- The glacier began to melt. 빙하가 녹기 시작했다.
ⓥ glaciate 얼리다, 결빙시키다(=freeze)
ⓐ glaciated 빙하로 덮힌

1601 pollute
[pəlúːt]
05-2.중앙대/05.한국외대
95.행정고시

98.경원대

vt. 1. 더럽히다, 오염시키다(=contaminate)
　2. 타락시키다
• People abuse the natural resources of the earth by wasting or polluting them.
　사람들은 낭비하거나 오염시킴으로써 지구의 천연자원을 남용한다.
• Electric motors are good for zero pollutant emissions and low noise.
　전기 자동차는 오염물질 방지와 낮은 소음에 적합하다.
ⓝ pollution 오염, 공해; 타락
　pollutant 오염물질, 오염원
　polluter 오염자, 오염원

1602 spew
[spjuː]
05.한국외대

v. 1. (연기 등을) 내뿜다, 분출하다[out](=emit); 뿜어 나오다
　2. 토하다; (감정을) 털어놓다
• spew toxic smoke into the air 유독연기를 대기 중으로 내뿜다

1603 turpitude*
[tə́ːrpətjùːd]
13.중앙대

n. 비열(=baseness), 타락, 비열한 행위
• laziness and moral turpitude 게으름과 도덕적 타락

1604 depraved
[dipréivd]
03.세종대

a. 타락한, 부패한(=corrupt), 저열한
• a depraved society 타락한 사회
ⓥ deprave 나쁘게 만들다, 타락시키다
ⓝ depravity 부패, 악행, 비행

1605 scrap
[skræp]
04-2.단국대

vt. 쓰레기로 버리다(=discard); (계획 등을) 파기하다
n. 1. 조각, 파편; 쓰레기; (신문 등의) 스크랩, 발췌
　2. 다툼; 싸움
• scrap an old computer 낡은 컴퓨터를 버리다
✎ scrape[skréip] 1. 문지르다, 긁어내다; 페인트 등이 벗겨지다 ⊃ TO696
　2. 근근이 살아가다(=get by)

1606 junk
[dʒʌŋk]
98-2.명지대
16.숭실대

n. 폐물, 쓰레기, 시시한 것; 〈구어〉 마약
• junk food 정크 푸드(칼로리는 높으나 영양가가 낮은 인스턴트 식품 등)
• junk bond 정크 본드(수익률이 높지만 신용도가 낮은 채권)
• junk mail 광고메일, 스팸 메일

1607 trashy
[træʃi]
12.강남대

a. 쓰레기 같은, 저질의
• listen to hundreds of trashy songs 쓰레기 같은 수 백곡의 노래를 듣다
ⓝ trash 쓰레기, 인간쓰레기; 엉망으로 만들다; 버리다

1608 dreg
[dreg]
15.국민대
93.서울대학원

n. 1. (pl.) 찌꺼기(=grounds, leftover), 앙금
　2. 하찮은 것, 쓰레기
• dregs of humanity 인간쓰레기
✎ offal[ɔ́fəl] (먹다 남은 내장 등의) 고기 찌꺼기; 쓰레기

테 마 환경오염의 원인과 결과

■ 환경오염의 원인
☐ sewage 오수, 하수 sewerage 하수시설
☐ waste water 폐수 ⇒ water pollution 수질오염
☐ garbage 쓰레기 ⇒ soil contamination 토양오염
☐ exhaust gas 배기가스 ⇒ air pollution 대기오염
☐ carbon emissions 탄소 배출 carbon tax 탄소세
☐ fossil fuel 화석연료
☐ nuclear power plant 원자력 발전소
■ 환경오염의 결과
☐ ecocide 환경 파괴 cf. ecosystem 생태계 ⊡ D0566
☐ the ozone layer 오존층
☐ global warming 지구 온난화
☐ greenhouse effect 온실효과
☐ acid rain 산성비
☐ radioactivity 방사능

고급 어휘
☐ gush[gʌʃ] v. 분출하다, 내뿜다; (말을) 지껄여 대다
• A fountain gushes out. 샘이 용솟음치듯 한다.
☐ spout[spaut]
v. 1. (물·증기 등을) 내뿜다, 분출하다
　2. 거침없이 말하다
• A fountain is spouting out. 분수가 물을 뿜고 있다.
☐ spurt[spəːrt]
v. (용암 등이) 분출하다(=gush out) 내뿜다
n. 용솟음, 분출; 급등
• Blood spurted out from the wound.
　상처에서 피가 솟구쳐 나왔다.

동의어 썩은, 타락한, 부패한

☐ rotten 썩은, 타락한 ⊡ R1131
☐ addled[ǽdld] 썩은; 혼란스러운
　- addle 썩다, 썩이다; (머리를) 혼란시키다[with]
☐ decomposed 썩은, 부패된 ⊡ D0148
☐ spoiled 상한, 부패한 ⊡ D0683
☐ rancid 썩은 냄새가 나는, 상한 ⊡ T0107
☐ putrid 썩거나 고약한 냄새가 나는 ⊡ R1134
☐ corrupt 타락한, 부도덕한; 부패한 ⊡ N0686
☐ decadent 퇴폐적인 ⊡ R1254
☐ decayed 부패한, 썩은 ⊡ R1254
☐ immoral 도덕적으로 타락한 ⊡ P0455

테 마 쓰레기, 폐물

☐ rubbish[rʌ́biʃ] 쓰레기, 찌꺼기, 폐물; 소용없는 물건
☐ garbage[gɑ́ːrbidʒ] 음식 찌꺼기, 쓰레기
☐ refuse 폐물, 쓰레기(=rubbish); 거절하다 ⊡ R1264
☐ litter[litər] 어질러진 물건, 잡동사니; 찌꺼기, 쓰레기
☐ wastes[weist] 폐물, (산업) 폐기물, 쓰레기
☐ raffle[rǽfl] 잡동사니, 쓰레기; 복권판매
☐ dross[drɔs] 불순물, 가치 없는 것, 쓰레기

* discipline 학과, 학문의 부문(a subject that people study or are taught, especially in a university)
* branch 부문, 분과(a division of an area of knowledge or a group of languages)

natural science [자연과학]

- [ ] astrology 점성학, 점성술
- [ ] astronomy 천문학
- [ ] astrophysics 천체 물리학
- [ ] geology 지질학
  - geophysics 지구 물리학
- [ ] petrology 암석학
- [ ] gem(m)ology 보석학
- [ ] geography 지리학
- [ ] cosmology 우주론, 우주철학
- [ ] physics 물리학
- [ ] chemistry 화학
- [ ] physiology 생리학
- [ ] biology 생물학; 생태학(=ecology)
  - microbiology 미생물학
- [ ] biochemistry 생화학
- [ ] bacteriology 세균학
- [ ] ecology 생태학(=bionomics)
- [ ] zoology 동물학
- [ ] botany 식물학
- [ ] entomology 곤충학
- [ ] ornithology 조류학
- [ ] ichthyology 어류학
- [ ] eugenics 우생학, 인종개량법
- [ ] euthenics 생활 개선학, 환경 우생학
- [ ] meteorology 기상학
- [ ] climatology 기후[풍토]학
- [ ] oceanography 해양학
- [ ] electronics 전자 공학, 일렉트로닉스
- [ ] aeronautics 항공학
- [ ] dietetics 영양학, 식이요법(학)
  cf. sitology 식품학, 영양학

cultural science [인문과학]

- [ ] theology 신학
- [ ] ethics 윤리, 도덕; 윤리학
- [ ] civics 국민윤리
- [ ] philosophy 철학, 형이상학
- [ ] (a)esthetics 미학
- [ ] linguistic 언어학
- [ ] phonology 음운학, 음운론
- [ ] phonetics 음성학, 발음학
  cf. sonics 음파학, 음향 공학
- [ ] etymology 어원학, 어원연구, 품사론
- [ ] semantics 의미론
- [ ] morphology 형태학; [언어]형태론
- [ ] philology 비교언어학, 문헌학
- [ ] graphology 필적학, 필적 관상법
- [ ] archaeology 고고학

social science [사회과학]

- [ ] anthropology 인류학, 문화인류학
  - ethnology 민족학, 인종학
  - ethnography 기술 민족학
  cf. ethnic 인종의, 민족의; 민족학의
- [ ] ergonomics 인간공학
- [ ] sociology 사회학
- [ ] politics 정치학, 정치
- [ ] economics 경제학
- [ ] jurisprudence 법률학, 법리학
- [ ] forensics [단수·복수취급] 웅변술; <미> 토론학
  cf. forensic 법의학의, 과학수사의; 법정의, 토론의
- [ ] criminology 범죄학
- [ ] psychology 심리학
  cf. physiology 생리학
- [ ] statistics 통계학
- [ ] gerontology 노인학
- [ ] pedagogy 교육학
- [ ] pedology 1. 소아학, 육아학(pediatrics)
              2. 토양학

medical science [의학]

- [ ] p(a)ediatrics 소아과(학)
- [ ] genetics 유전학
- [ ] immunology 면역학
- [ ] phrenology 골상학
- [ ] embryology 발생학, 태생학
- [ ] cardiology 심장학
- [ ] neurology 신경학
- [ ] pathology 병리학
- [ ] etiology 병인론, 인과 관계학, 원인론
- [ ] orthop(a)edics 정형 외과(학)
- [ ] pharmacology 약학, 약리학
- [ ] obstetrics 산과학, 산파술
- [ ] gyn(a)ecology 부인과 의학
- [ ] anatomy 해부학

(the science of) agriculture [농학]

- [ ] horticulture 원예학
- [ ] forestry 임학, 조림학
- [ ] dendrology 수목학
- [ ] pomology 과수 원예학
- [ ] agronomics 작물학, 농업경영학

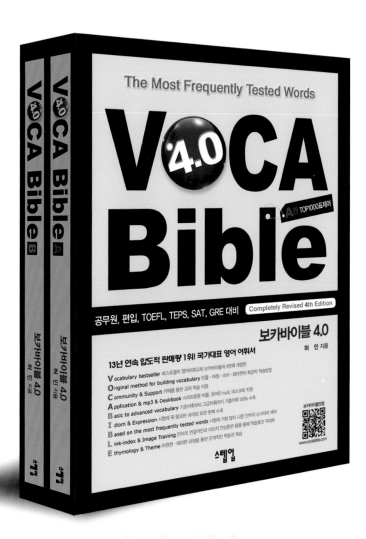

▶ 보카바이블 4.0[A권] - 표제어1000 이미지로 완전정복(총40강)

▶ 이미지로 완전정복[A권] - DAY5씩 묶음(총8강)

▶ 보카바이블 4.0[A권] - 동의어 자동암기(총40강)

▶ 동의어 자동암기[A권] - DAY5씩 묶음(총8강)

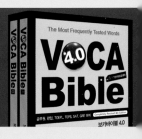

▶ 보카바이블 4.0[B권] - 접두어로 어원훈련(기초편) (총10강)

▶ 보카바이블 4.0[B권] - 어원으로 단어확장(어근편)(총30강)

▶ 공무원 기출숙어 하루 10문제 풀어보기 (총49강)

▶ 공무원 · 편입 영어단어 적중률 분석

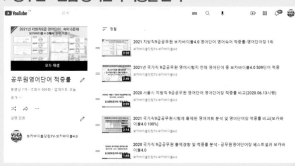

보카바이블닷컴에 제공되는 학습자료 리스트

《보카바이블 4.0 – MP3》
· 보카바이블 4.0 – TOP1000표제어 원어민 mp3 (2번 발음)
· 보카바이블 4.0 – TOP1000표제어 원어민 mp3 (1번 발음)
· 보카바이블 4.0 – A권<TOP1000표제어 mp3>(표제어 순서: TTS 발음만 녹음)
· 보카바이블 4.0 – A권<TOP1000표제어 mp3>(랜덤 순서: TTS 발음만 녹음)
· 보카바이블 4.0 – B권 〈어근표제어>mp3 (DAY11~40, 교재순서)–영문발음 TTS
· 보카바이블 4.0 – B권<어근표제어>mp3 (DAY11~40, 랜덤순서)–영문발음 TTS
· 보카바이블 4.0 – B권<접두어표제어 mp3>(DAY01~10, 교재순서)–영문발음 TTS
· 보카바이블 4.0 – B권<접두어표제어 mp3>(DAY01~10, 랜덤순서)–영문발음 TTS
· 보카바이블 4.0 – B권<동의어표제어 mp3>(DAY01~20, 교재순서)–영문발음 TTS
· 보카바이블 4.0 – B권 〈동의어표제어 mp3>(DAY01~20, 교재순서)–영문발음 TTS

《보카바이블 4.0 – 스터디자료》
· 보카바이블 4.0 스터디 자료1,2 (A권 – TOP1000 표제어 쪽지시험지–표제어/랜덤 순서)
· 보카바이블 4.0 스터디 자료3,4 (B권 – 어근표제어 쪽지시험지–표제어/랜덤 순서)
· 보카바이블 4.0 스터디 자료5,6 (B권 – 접두어표제어 쪽지시험지–표제어/랜덤 순서)
· 보카바이블 4.0 스터디 자료7,8 (B권 – 동의어표제어 쪽지시험지–표제어/랜덤 순서)
· 보카바이블 4.0 스터디 자료9 (B권 – 숙어표제어 쪽지시험지–표제어 순서)

《보카바이블 4.0 – 색인》
· 보카바이블 4.0 – 전체색인
· 보카바이블 4.0 – 숙어색인
· 보카바이블 4.0 – 기본단어 색인
· 보카바이블 4.0 – 어원색인